Wolfgang Lindig · Lexikon der Völker

Lexikon der Völker

Regionalkulturen in unserer Zeit

Herausgegeben von Wolfgang Lindig

Mit 206 vorwiegend farbigen Abbildungen
und 26 teils farbigen Karten

Verlag C. H. Beck München

Sonderausgabe. 1986. – Die erste Auflage erschien 1981
unter dem Titel »Völker der Vierten Welt«
im Verlag Wilhelm Fink/Ferdinand Schöningh
München · Paderborn · Wien · Zürich

Autoren
Zentral- und Nordasien, Kaukasus, Südwest-Asien: Dr. Irmtraud Müller-Stellrecht
Vorderindien: Dr. Mohan K. Ramaswamy
Hinterindien: Dr. Roland Mischung
Südostasiatischer Archipel, Ozeanien: Dr. Gerda Kröber
Nordamerika, Mexiko: Prof. Dr. Wolfgang Lindig
Südamerika, Mittelamerika, Lappen: Prof. Dr. Mark Münzel
Afrika: Prof. Dr. Wolfgang Weissleder
    Überarbeitung und Ergänzungen:
    Nordafrika: Dr. Karl Heinz Striedter
    Ostafrika, Nordostafrika: Dr. Ulrich Braukämper
    Westafrika: Prof. Dr. Rüdiger Schott, Dr. Renate Wente-Lukas
    Südafrika: Prof. Dr. O. Raum

ISBN 3 406 31296 9

© C. H. Beck'sche Verlagsbuchhandlung (Oscar Beck), München 1986
Satz: LibroSatz, Kriftel
Druck: Westfalen-Druckerei KG, Paderborn
Buchbinderarbeiten: Graphischer Betrieb Schöningh, Paderborn
Kartographie: Huber + Oberländer, München

Vorwort zur Sonderausgabe

Dieses Buch informiert über jene Völker, die in der Weltöffentlichkeit kaum Beachtung finden und auch in den großen Lexika oft nicht aufgeführt sind. Gleichzeitig vermittelt dieses Buch einen Eindruck von der kulturellen Vielfalt der Menschheit in Vergangenheit und Gegenwart.

Kennzeichnend für die Mehrheit der in diesem Buch vorgestellten Volksgruppen ist, daß sie keine eigenen Nationalstaaten ausgebildet haben, sondern in kleineren sozialen Einheiten, wie Stämmen oder Dorfverbänden, leben. Erläutern wir das an einem Beispiel: Die Kambodschaner (die in unserem Buch nicht beschrieben werden) hatten schon lange vor der europäischen Kolonialexpansion einen Staat errichtet. Sie werden daher nicht beschrieben. Die Montagnards dagegen, die eine Minderheiten-Volksgruppe in Kambodscha und Vietnam bilden, werden in diesem Buch vorgestellt.

Diese Auswahl, die wir hier treffen, hängt mit der Geschichte der Wissenschaft zusammen, welche die Autoren vertreten: der Völkerkunde. Sie ist hervorgegangen aus einer allgemeinen Menschheitskunde, die alle Völker der Erde umfassen sollte. Seit dem Ende des 18. Jahrhunderts spalteten sich jedoch die Orientalistik, Turkologie, Indologie, Sinologie usw. als Spezialdisziplinen ab, und zwar in dem Maße, in dem das Interesse der gelehrten Welt für bestimmte Einzelvölker (Araber, Turkvölker, Inder, Chinesen usw.) wuchs. Für die Völkerkunde blieben jene Völker, für die sich keine Spezialdisziplin interessierte. Es handelte sich um die sogenannten primitiven Völker, oft ohne Schrift, meist ohne eigenen Staat, die kleinen, vergessenen Völker auch.

Es ist ein Verdienst der Völkerkunde, gerade bei jenen Völkern, die keiner Spezialwissenschaft für würdig erachtet wurden, Werte aufzudecken, die in anderen Kulturen schon längst vergessen waren. Gerade jene Stammesgesellschaften gewährten ihren Mitgliedern oft ein hohes Maß an persönlicher Freiheit, hatten den Zusammenhalt im Dorf, in der Familie solidarisch ausgebildet. Gerade jene Kulturen, die keinen so hohen technischen Stand erreichten, hatten deshalb auch noch nicht die Natur vergessen, mit der sie in einem ökologischen Gleichgewicht lebten, – ein Faktum, das im hochindustrialisierten Europa zunehmende Brisanz gewinnt und für viele Menschen wieder als ein Vorbild begriffen wird. Das Buch sucht u. a. auch einen Beitrag zum Abbau des eurozentrischen Hochmuts gegenüber den sogenannten primitiven Völkern zu leisten.

In der gegenwärtigen Entwicklungsdiskussion wird heute allmählich – endlich! – jene Erkenntnis nachvollzogen, um derentwegen die Völkerkundler jahrzehntelang eher belächelt wurden: daß gerade jene Randgruppen der Menschheit auch noch einen Rest von Wissen und Verständnis für Zusammenhänge bewahrt haben, deren Vergessen für die Entwicklung der sogenannten unterentwickelten Länder katastrophale Folgen hat. Verlassen wir doch endlich die Antike, in der jeder Fremde ein Barbar war, auf den herabgeblickt wurde, weil er ein anderes Wertsystem besaß!

Aus dem Überleben dieser Randgruppen, das angesichts des übermächtigen, jahrhundertelangen Drucks von Kolonialismus, Neokolonialismus und »Fortschritt« fast wie ein Wunder wirkt, kann heute auch eine ermutigende Anregung für die Regionalismusdiskussion kommen, die ja gerade eine Rückkehr zu überschaubareren kleinen Gruppen, eine Ablehnung der anonymen verwalteten Welt unserer Zeit anzudeuten scheint.

In der ersten Auflage hieß das Buch »Völker der Vierten Welt«. Die Bezeichnung ist problematisch. Wie aber soll man jene Völker nennen, die man noch bis Mitte dieses Jahrhunderts mit der naiven ethnologischen Unbefangenheit der zu Ende gehenden Kolonialzeit als *Naturvölker* klassifizierte? Naturvölker im alten Sinn des Wortes gibt es heute nicht mehr, hat es vielleicht nie gegeben, genau so wenig wie »Primitive«, ein in der angelsächsischen Literatur häufig gebrauchtes Wort. »Schriftlose Völker«, ein beliebtes Ausweichwort, trifft heute ebenfalls nicht mehr zu, denn die meisten »Völker der Vierten Welt« haben längst eine eigene Schrift ersonnen oder aber die Schrift von der Mehrheitsbevölkerung jener Länder übernommen, in denen sie die ethnische Minderheit bilden. Die Bezeichnung »Völker der Vierten Welt« für jene Völker, die von der Völkerkunde (oder Ethnologie) in ihrer wissenschaftlichen empirischen Erforschung untersucht werden, hat sich indessen bisher nicht durchgesetzt. Wir haben daher für die zweite Auflage den Titel geändert.

Es ist den einzelnen Bearbeitern der Kontinente und Subkontinente überlassen worden, welche ethnischen Gruppen sie mit einbeziehen wollten, und der jeweilige Gesamtüberblick des betreffenden Stichwortes (Südamerika, Vorderindien, Westafrika usw.) gibt eine klare Aussage über die behandelten Gruppen.

Mit dem Wort »ethnische Gruppe« taucht ein weiteres Problem auf. Wie soll man diese Völker im einzelnen bezeichnen? Der in der Völkerkunde übliche Begriff »Stamm« ist für viele Gruppen dann falsch, wenn er eine Stammesidentität und eine Stammesstruktur impliziert, die viele dieser Gruppen gar nicht suchen. Der Begriff »Gruppen«, »Ethnien« oder ähnliches aber ist zu unscharf, als daß er Gebrauch finden sollte. Die Autoren haben sich deshalb entschlossen, einen Ausdruck für die jeweilige Bevölkerung zu finden, die ihrem Selbstverständnis genügt oder in der einen oder anderen Weise heute gebräuchlich geworden ist. Ein Beispiel: In Nordamerika gibt es für alle Indianer die Bezeichnung »Stamm«, weil er von der US-Regierung (ähnlich ist es in Kanada) eingeführt worden ist, und zwar auch für Gruppen, die niemals eine Stammesidentität besaßen, also etwa die Navajo. Es gibt aber offiziell heute die Bezeichnung »Navajo-Stamm« für die von der US-Regierung geschaffene Institution der indianischen Selbstverwaltung (im Rahmen der eigenen Zuständigkeiten). Die betroffenen Stämme freilich haben sich mit zunehmender Selbstbehauptung die Bezeichnung »Nation« gegeben, ein Begriff, der sich an die europäischen geschichtlichen Vorbilder anlehnt.

Ein Problem stellte die Quantifizierung dar. Fast keine der angegebenen Zahlen ist mit hundertprozentiger Sicherheit überprüfbar. Das liegt zum einen an der Unsicherheit der Bevölkerungszählungen und den darin verwendeten Kriterien, zum anderen daran, daß es eine immer größer werdende Zahl von Angehörigen einer bikulturellen Welt gibt, d. h. Menschen, die sich sowohl in der familien-orientierten tribalen Welt wie in der Staatsgesellschaft, in der sie leben müssen, zurechtfinden. Meist sprechen sie auch die Staatssprache – oft eine Kolonialsprache –, sind also bilingual. Und die Erziehung der heutigen Generation ist mehr oder weniger stark von der Schulbildung des betreffenden Staates bzw. der früheren Kolonialmacht geprägt.

Eine weitere grundsätzliche Überlegung stand am Anfang der Konzeption dieses Buches. Sollte man die alte, die traditionelle Kultur beschreiben, die doch eigentlich eine Rekonstruktion einer heilen Welt durch die Ethnologen darstellt? Doch wohl nicht. Uns schien das Anliegen einer modernen Völkerkunde eher die heutige Lage dieser Menschen zu sein, die sich ergibt aus der Basis der alten, voreuropäischen Kultur (die oft nur aus älteren Berichten bekannt ist oder auch nur archäologisch erfaßt werden kann), ihrem historischen Schicksal (das in den meisten Fällen der Kolonialismus war) und der heutigen politischen Entwicklung in der nach- bzw. neokolonialen Periode.

Besonders schwierig war es für alle Mitarbeiter, für jedes Volk den vierten Punkt, die gegenwärtige Lage zu beschreiben bzw. zu charakterisieren. Viele Informationen stammen aus zurückliegenden Jahren, manchmal gibt es überhaupt keine schriftlichen Informationen, z. B. in den Ländern, die in den letzten Jahren selbständig geworden sind und den Kontakt mit der Außenwelt abgebrochen haben. Deshalb haben sich die Autoren geeinigt, den Versuch einer vollständigen Darstellung gar nicht erst zu machen, sondern mehr aus dem eigenen Erfahrungsbereich zu schöpfen und bei solchen Völkern die gegenwärtigen Strukturen und Organisationen zu beschreiben, die sie persönlich kennen oder über die zuverlässige Quellen zur Verfügung stehen. Daraus ergeben sich Disproportionen, die bewußt in Kauf genommen wurden und die dem Leser auch nicht verschwiegen werden sollen. Wer sich für ein bestimmtes Volk interessiert, der kann in der regional gegliederten Biographie den roten Faden aufnehmen und sich selbst weiter informieren. Die hier angegebenen Titel sind in den meisten größeren Bibliotheken vorhanden.

Diese Sonderausgabe ist identisch mit der ersten Auflage aus dem Jahre 1981.

Hinweise für den Benutzer

Das Lexikon verzeichnet knapp 400 Völkergruppen und Völker in alphabetischer Reihenfolge. Jedem Artikel liegt im Prinzip folgende Gliederung zugrunde:

1. Demographische Daten
2. Grundstrukturen der traditionellen Ordnung
3. Geschichtliche Ereignisse von Bedeutung
4. Die heutige Situation

Nur bei Kurzartikeln findet der Leser diese vier Grundeinheiten nicht, sondern wird lediglich in großen Zügen informiert.

Wer ein Volk zwar lokalisieren kann, sich aber des Namens nicht sicher erinnert, sollte die *Überblicksartikel* (etwa »Indianer« oder »Hinterindien«), vor allem aber die *Überblickskarten* aufsuchen:

Afrika

Nordost-Afrika	S. 24 (Abb. 10)
Islamisierung Westafrikas	S. 124 (Abb. 67)
Südafrika	S. 266 (Abb. 147)
Westafrika	S. 402 (Abb. 225)

Amerika

Nordamerika	S. 140/141 (Abb. 76)
Mexiko	S. 142 (Abb. 77)
Andengebiet	S. 178 (Abb. 99)
Nördliches Südamerika und tropisches Tiefland	S. 378/379 (Abb. 209)

Asien

Südwest-Asien	S. 50 (Abb. 23)
Kaukasus	S. 115 (Abb. 61)
Hinterindien	S. 131 (Abb. 70)
Zentral- und Nordasien	S. 172/173 (Abb. 97)
Vorderindien	S. 395 (Abb. 220)

Südostasiatische und pazifische Inselwelt

Südostasiatischer Archipel	S. 147 (Abb. 79)
Ozeanien mit seinen Kulturarealen Melanesien, Mikronesien und Polynesien	S. 233 (Abb. 132)
Neuguinea und Melanesien	S. 299 (Abb. 165)

Das *Ethnonymen-Register* (S. 448–451) verzeichnet Völker, denen kein eigener Artikel gewidmet ist oder die auch unter einem anderen Namen bekannt sind, und verweist auf den Artikel, in dem das betreffende Volk mit behandelt ist.

Ein *Glossar* (S. 416–420) erklärt ethnologische Fachausdrücke. Alle im Text mit einem Kreuz⁺ bezeichneten Ausdrücke sind hier erläutert.

Die *Bibliographie* (S. 421–447), die regional angelegt ist, bietet mit 1248 Titeln eine reiche Auswahl weiterführender Literatur.

Abchasen

Ursprünglich im SW-Kaukasus ansässiges Volk, durch Auswanderung im letzten Drittel des 19. Jh. heute auch in der Türkei und den Ländern des Nahen Ostens. In der UdSSR sind die A. in der Abchasischen ASSR zwischen Schwarzem Meer und Hauptkamm des Großen Kaukasus zentriert (1970: 83 000); in den Ländern des Nahen Ostens verschwinden sie statistisch unter den Tscherkessen, in der Türkei sind sie weitgehend assimiliert. Sprache: adygisch-abchasischer (= nordwestl.) Zweig der kaukasischen Sprachfamilie.

Die fruchtbaren Ebenen am Schwarzen Meer mit ihrem subtropischen Klima sind für den Bodenbau sehr günstig; Wein war schon im Altertum ein wichtiger Ausfuhrartikel Abchasiens. In den östlicher gelegenen und bergigen Gebieten lag das Hauptgewicht auf Viehzucht mit Almwirtschaft (Schafe und Ziegen), ergänzt durch Jagd und Bienenzucht. Das soziale Leben der A. war stark an tscherkessischen Strukturen orientiert: eine feudale Adelsschicht, die sich einem überlieferten Ritterideal verpflichtet fühlte, stand über freien Bauern, Hörigen und Sklaven, die in Kriegszeiten zu verteidigen sie die Pflicht, in Friedenszeiten zu besteuern sie das Recht hatte. Tscherkessischer Einfluß auch auf Kleidung (Tscherkesska) und Schönheitsideal (Frauenkorsett, um den Wuchs der Brust zu unterdrücken und eine schlanke Figur zu fördern). Die A. blieben auch unter osmanischer Herrschaft überwiegend dem Christentum treu, das sie im 6. Jh. aus Georgien erreichte; die Kirche spielte immer eine führende Rolle in Politik und Geistesleben, nicht zuletzt auch als wirtschaftliche Macht. Heidnische Gottheiten (Schmiedegott) und Kulte blieben aber daneben lebendig; man opferte weiterhin den häuslichen Schutzgeistern oder versuchte, mit magischen Praktiken das Jagdglück, die Ernte oder den Viehbestand zu fördern.

Politisch wurde das Schicksal Abchasiens überwiegend von Byzanz, Persien, Georgien und, seit dem 15. Jh., von den Osmanen bestimmt. Russischer Einflußnahme folgte 1864 die Annektion. Unabhängigkeitsbestrebungen (Abchasien wird 1917 Mitglied im »Bund der nordkaukasischen Völker«) werden 1921 durch die Rote Armee liquidiert.

Seit damals erlebte Abchasien einen tiefgreifenden Wirtschaftswandel durch Intensivierung des Anbaus (Zitrusfrüchte, Tee, Tabak), Trockenlegung der Schwarzmeersümpfe, Aufforstung und nicht zuletzt die Einrichtung zahlreicher staatlicher Kolchosen.

Lit.: 34, 40
Karte: Kaukasus (Abb.:61)

Abelam

Die A. leben im Vorhügelland des Prinz-Alexander-Gebirges nördl. der Sepik-Niederung im Gebiet von Maprik (= Ost-Sepik-Provinz von Papua-Neuguinea), ca. 30 000. Ihr Lebensraum gehört zu den dichtest besiedelten Gebieten Neuguineas (mehr als 150 E/km²). Die A. sprachen eine nicht-melanesische Sprache, die der vorauustronesischen Ndu-Sprachfamilie angehört (→ Papua). Insgesamt bilden sie eine relativ einheitliche Sprach- und Kulturgruppe.

Sie siedeln in langgezogenen, auf Bergrücken angelegten Weilern, die sich zu lockeren Dorfschaften von 300 bis 800 Personen zusammenschließen und eine wirtschaftlich-politisch autonome Einheit darstellen. Die Häuser bestehen aus einer dem Boden aufgesetzten, leicht abgeschrägten Dachkonstruktion, die mit Sagoblättern abgedeckt ist. In größeren Siedlungen gruppieren sich die Häuser um einen offenen Platz, der von einem bis zu 25 m hohen Tambaran-Haus überragt wird, das ausschließlich religiösen Zwecken dient und hinter seinen bunten, mit Klanahnen verzierten Fassaden Schlitztrommeln, sakrale Skulpturen und Geräte beherbergt. Buntbemalte Jams-Vorratshäuser, Koch- und Menstruationshütten sowie eingezäunte Gräber ergänzen das Bild eines typischen A.-Dorfes.

Der patrilineare+ Klan, der eine bestimmte Sektion des Dorfes und des umliegenden Landes sein eigen nennt, bildet die wichtigste soziale Einheit. Innerhalb des Klans fungieren einzelne Männer als Wortführer. Sie werden nimandu, die ›Großen Männer‹, genannt und haben sich als besonders erfolgreiche Krieger, Künstler oder Jams-Pflanzer hervorgetan. Zwischen den Männern der verschiedenen Klangruppen besteht eine zeremonielle Tauschpartnerschaft.

Die A. sind Pflanzer: sie kultivieren Jams, Taro, Banane und Zuckerrohr. Als Haustiere halten sie Hunde, Hühner und Schweine. Letztere werden als Symbole des Wohlstands nur zu bestimmten zeremoniellen Anlässen geschlachtet oder dem Tauschpartner angeboten.

Im Mittelpunkt der A.-Kultur steht der Jams-

Abb. 1: Da schon in den dreißiger Jahren das Christentum Eingang in das Gebiet der Abelam (Ost-Sepik-Provinz, Papua Neuguinea) gefunden hat, sind Kulthäuser (tambaran) nur noch selten anzutreffen. (Foto: Nelke)

Kult, mit dem sich viele Zeremonien verbinden. Als wichtigstes Kriterium für die soziale Einstufung der A.-Männer gilt die Fähigkeit, möglichst große Pfahljams-Knollen zu züchten. Nur dem vollinitiierten, mit der Welt der Ahnen und Geister vertrauten Mann ist die Aufzucht dieser ›heiligen Feldfrüchte‹ in gesonderten Gärten vorbehalten. Um die Pflanzen zum Wachstum zu reizen, scheut man keine Mühe. Oft wird ein besonderes Pigment – rote ›heiße Zauberfarbe‹ – zur Wachstumsstimulanz an die junge Jamsknolle gegeben. Nach der Ernte werden die längsten Wurzelknollen im Wettbewerb zur Schau gestellt und mit den Insignien der nimandu, mit dem Cymbium-Brustschmuck, Schmuckringen aus Muschelschale, Federn und Masken verziert. Die größten Exemplare erhalten den klaneigenen Namen des Züchters, der sich mit seinem Anbauprodukt aufs engste verbunden fühlt. Erst nach der rituellen Übergabe an den Tauschpartner dürfen die Jamsknollen gegessen werden.

Wie überall in Neuguinea ist auch bei den A. die traditionelle Kultur heute in Auflösung begriffen. Doch halten die A. noch in stärkerem Maße als andere Papua-Gruppen an ihren Traditionen, dem Kult und der damit verbundenen Kunstproduktion fest.

Mit Gründung der Verwaltungsstation Maprik in den dreißiger Jahren wurde der Prozeß der Akkulturation⁺ eingeleitet. 1938 wurden bereits 2 Missionsstationen der römisch-katholischen Kirche eingerichtet. Nach dem 2. Weltkrieg nahmen 4 weitere Missionen ihre Tätigkeit auf. Sie teilten sich das Gebiet um Maprik, so daß in den verschiedenen Regionen der A. der Kulturwandel unterschiedliche Ausmaße erreichte. Generell läßt sich die Tendenz formulieren, daß sich traditionelle Strukturen der A.-Kultur in den nördl. Gebieten stärker erhalten haben als in den Südteilen des Landes. Hier ist das Tambaran-Haus z. B. schon völlig aus der dörflichen Szenerie verschwunden. Auch der Tourismus hat in den letzten Jahren seinen Weg ins Maprik-Gebiet gefunden; er trägt u. a. dazu bei, daß die ehemals sakrale Kunst der A. heute kommerziell vermarktet wird.

Lit.: 354, 362
Karte: Neuguinea und Melanesien (Abb.: 165)
Abb.: 1

Abb. 2: Kuskusschwänze, Cymbium-Muschelschalen, Paradiesvogelfedern und Hüte aus Menschenhaar schmücken die Tänzer. Mbowamb, Hagenberg, Papua Neuguinea. (Foto: Nelke)

Abb. 3: Kulthaus am mittleren Sepik, Papua Neuguinea. Im Kulthaus werden Sakralobjekte (Masken, Ahnenschädel) aufbewahrt; hier trifft die Welt der Lebenden auf die der Toten. (Foto: Nelke)

Aceh
auch: Atjeh, Atjeher, Atchinesen

Bewohner der Landschaft und Provinz Aceh im Mittelwesten Sumatras (Republik Indonesien). Das Gebiet der A. (1970 etwa 2 Mio. einschließlich der Insel Simalur) besteht vorwiegend aus Bergland, dem sich ein schmaler Schwemmlandsaum vorlagert.
Kulturell werden die A. zu den Jung-Indonesiern (→ Indonesier) gerechnet. In physischer Hinsicht sind sie ein Mischvolk: an ihrer Ethnogenese waren u. a. Javaner, → Batak, Malaien, Inder und Araber beteiligt. Von jeher war NW-Sumatra wichtige Einfallspforte für alle aus Indien stammenden Einwanderungen und Kulturströmungen (Hinduismus, Buddhismus, Islam). Ab Mitte des 13. Jh. ist der Islam nachweisbar, den indische Kaufleute aus Gujarat nach NW-Sumatra brachten.
Die A. bewohnen zum größten Teil die Küstengebiete. Sie betreiben Landwirtschaft (Anbau von Reis, Zuckerrohr, Tabak, Mais, Pfeffer, Erdnüssen, Kokos, Gummibäumen) und Fischfang. Sie siedeln in Dörfern, die in Distrikten zusammengeschlossen sind. Die Häuser, in denen mehrere Familiengruppen zusammenleben, waren früher auf Pfählen errichtet. Die Wände wurden aus Bambus, die Dächer aus Blättern der Sago- oder Nippa-Palme gefertigt. Das Handwerk der A. war hoch entwickelt. Es umfaßte u. a. die Kunst des Waffenschmiedens, die Verarbeitung von Edelmetallen (Gold, Silber) und die Herstellung von Baumwoll- und Seidenstoffen.
Die A. gelten als die strenggläubigsten Muslime im südostasiatischen Archipel. Viele A. pilgern einmal im Leben nach Mekka. Doch trotz des starken muslimischen Einflusses haben sie kulturelle Elemente bewahrt, die auf die vor-islamische Zeit bzw. auf die Stufe der alt-indonesischen Völker (→ Indonesier) verweisen. So ist z. B. die Verwandschaftsrechnung der A. bilateral+. Die Wohnsitzregelung ist matri-+ bzw. uxorilokal+.
Im 16. Jh. bildete sich in Aceh ein Staatswesen heraus, das im 17. Jh. seinen Einfluß über weite Teile der malaischen Halbinsel, über den gesamten Norden Sumatras bis Palembang geltend machen konnte. Nur schwer ist es mit den Gesetzen des Islams in Einklang zu bringen, daß von 1641 bis 1699 vier Frauen hintereinander in Aceh die Sultanswürde trugen. Ab Mitte des 17. Jh. schwächte sich die Macht Acehs und seiner Sultane. Das Reich zerfiel in mehrere Kleinstaaten. Der letzte Sultan von Aceh unterwarf sich nach über dreißigjährigem Widerstand im Jahre 1903 der niederländischen Kolonialmacht. Diese unterstellte das Gebiet bis 1918 einer Militärverwaltung. Bis nach dem 2. Weltkrieg blieb Aceh auf sich gestellt. Erst dann versuchten die Holländer erneut und vergeblich, ihre Herrschaft in Aceh zu festigen. Nach Gründung des indonesischen Staates im Jahre 1949 kämpften die A. von 1953 bis 1961 um ihre politische Autonomie. Erst seit 1961 ist Aceh eine Provinz der Republik Indonesien, die verwaltungsmäßig einen Sonderstatus einnimmt. Noch heute streben die A. einen separaten Staat an.

Lit.: 328, 343
Karte: Südostasiatischer Archipel (Abb.: 79)

Aché
Guayakí

Indianisches Jägervolk in O-Paraguay, v. a. zwischen Curuguaty und Saltos del Guairá; unter 1000. Sprache: Tupí.
Jagd, Sammeln wildwachsender Waldprodukte. Anpassung an die Natur des tropischen Regenwaldes bei größtmöglicher Schonung der Umwelt. Das Jagdterritorium jeder Gruppe war in Zonen unterteilt, die nach einem Rotationssystem nacheinander durchjagt wurden. Das erinnert etwas an das Rotationssystem im Brandrodungsbau+ und hat ähnliche, nur hier auf das Wild anstatt auf den Boden bezogene Regenerationswirkung: Während die Jäger sich auf die nächste Zonen konzentrieren, kann in der vorher durchjagten, nun in Ruhe gelassenen Zone das vom Menschen gestörte natürliche Gleichgewicht wiedererstehen. Strenge Jagdregeln garantierten den Wildbestand: Verbot der Jagd auf junge, trächtige oder Leittiere; Schonzeiten. Bestimmte Tierarten, bei denen der Jäger von fern nicht erkennt, ob er ein zur Jagd freies Exemplar vor sich hat, durften nur im Nahkampf erlegt werden.
Ferner wurden viel wilder Honig und Frucht, Mark und Sproßspitzen der Pindópalme gegessen. Pindópalmen und Bäume, deren Blüten Honigbienen anziehen, durften nicht gefällt werden. Auch ohne Jagdglück war die Ernährung gesichert: Durch allerlei kleines, stets reichlich zu bekommendes Getier, wie Vögel, Schlangen, Mäuse und als Leckerbissen proteinreiche Maden und Ameisen. Vor allem durch den Vitamin-

reichtum des Honigs und den Proteinreichtum des Wildbrets dürften die A. zu den besternährten Völkern der Erde gehört haben. Das mag ein Grund dafür gewesen sein, daß sie, obwohl sie den Bodenbau von ihren Nachbarn kannten, ihn nicht oder wenig praktizierten – sie brauchten ihn nicht.

Ein Teil lebte in festen Dörfern mit bis zu über 300 Einwohnern, die sich aber für den größten Teil des Jahres in mobile Kleingruppen von je über 50 Menschen aufspalteten, so getrennt durch die Jagd- und Sammelreviere zogen, dabei in flüchtigen Windschirmen nächtigten und nur hin und wieder im gemeinsamen Dorf zusammenkamen. Andere A. zogen überhaupt ständig ohne festen Wohnsitz in derartigen Kleingruppen umher, die kein Dorf, aber ein fest umrissenes Territorium besaßen. Auch diese dorflosen Gruppen fanden sich meist wenigstens einmal im Jahr zu größeren Einheiten zusammen. So war einerseits der jägerischen Notwendigkeit Rechnung getragen, in möglichst kleinen Gruppen umherzuziehen, andererseits aber ein loser Zusammenhalt einer größeren Gruppe garantiert.

Innerhalb der Gruppe: Altersklassen und Prestigeränge, die v. a. durch Jagderfolg bestimmt sind. Besonders erfolgreiche Krieger und Jäger stellten eine Führungsgruppe oder, wenn nur einer diesen höchsten Rang erreicht hatte, den Anführer. Ein Häuptlingstum gab es aber nicht, auch keine Medizinmänner. Arbeitsteilung existierte nur zwischen den Altersklassen und v. a. den Geschlechtern, hier dafür um so ausgeprägter.

Die Seele geht nach dem Tod ins Erdreich ein. Die Tränen der klagenden Frauen begießen Pflanzen, an denen sie sich in die Baumwipfel schwingen kann, von wo ein Teil zur Großen Mutter in der Sonne aufsteigt, der andere Teil in Tiere oder Bäume eingeht. Wenn eine werdende Mutter ein solches Tier oder die Frucht eines beseelten Baumes ißt, geht die Seele in das werdende Kind über. Der Mensch steht durch diesen Kreislauf in engster Seelenbeziehung zur Umwelt, den Tieren und Bäumen, und zu den Vorfahren, die in ihm wiedergeboren werden. Ein Teil der A.-Gruppen verzehrte ihre Verstorbenen, im Glauben, deren Seelen gingen so in die Lebenden über.

Die A. waren als Halb- oder Vollnomaden schwer zu kontrollieren. Daher versuchte man seit früher Kolonialzeit, sie seßhaft zu machen. Von Nachbarn (erst den früh christianisierten, von den Weißen bewaffneten → Guaraní, später weißen Neusiedlern) wurden sie von landwirtschaftlich wertvollem Gelände vertrieben. Vertreibung und Versuche zwangsweiser Ansiedlung nahmen oft grausame Ausmaße an. Im 20. Jh. waren die einst bis weit nach Brasilien und Argentinien hinein verbreiteten A. dort ausgerottet oder zwangsweise assimiliert. Aus Paraguay werden seit Ende des 19. Jh. Greueltaten gegen A. gemeldet, insbesondere die Jagd auf Eltern, um nach deren Ermordung Kleinkinder als billige Arbeitskräfte großzuziehen.

Abb. 4.: Aché-Frau, Paraguay. (Foto: Münzel)

Ende der 50er Jahre, mit zunehmend rascherer Erschließung O-Paraguays, begann eine immer systematischere Verfolgung. Seit Ende 60er Jahre durchkämmten Menschenjagdexpeditionen in Zusammenarbeit mit der Armee die Wälder, brachten A. um, nahmen andere, v. a. Kinder gefangen und steckten einen Teil in ein Lager, wo die Gefangenen teils verhungerten, teils an Krankheiten starben, teils zu Landarbeitern umgezogen wurden. Von 1962 wohl weit über

Afar

Abb. 5: Getreideverkauf auf einem Markt am Ostabfall des äthiopischen Hochlandes. Die Nomaden des Tieflandes kaufen pflanzliche Grundnahrungsmittel von den Bauern ein. (Foto: Weissleder)

Abb. 6: Die kuppelförmigen Behausungen der Afar-Nomaden in den Halbwüsten Nordost-Äthiopiens sind aus Zweigen und Gras errichtet. Dornverhaue schützen das Vieh nachts gegen Raubtiere. (Foto: Weissleder)

2000 ging die Zahl der A. auf 1972 wenig mehr als 1000 zurück. Die Überlebenden arbeiten heute als Landarbeiter, die gelegentlich in die Wälder zurückkehren und vorübergehend wieder jagen und sammeln. Zwei Missionsstationen versuchen, solche Trupps bei sich seßhaft zu machen.

Lit.: 687, 704, 751, 756, 772 (49)
Karte: Südamerika (Abb.: 78)
Abb.: 4

Afar
Danakil, Ez. Dankali

Ein den Saho kultur- und sprachverwandtes Volk in NO-Äthiopien in den Küstengebieten des Roten Meeres (Eritrea, Äthiopien, Djibouti); ca. 250 000. Sprache: Ost-Kuschitisch.
Die Vorfahren der A. waren ursprünglich Bodenbauer und Viehzüchter in SO-Äthiopien. Ab 1000 n. Chr. hat sich ein Teil ganz auf die Großviehzucht spezialisiert und eine nomadische Lebensweise angenommen, nachdem sie in ihr heutiges, heißes und wüstenhaftes Gebiet abgedrängt worden waren. Ein anderer Teil des Volkes entwickelte am unteren Awasch-Fluß eine Oasenkultur, intensiver Garten- und Feldbau mit künstlicher Bewässerung, die stark arabisch-orientalisch geprägt ist. Baumwolle und Zuckerrohr wurden zu wichtigen Marktprodukten. Bei den Nomaden bilden Ziegen, Kamele und Rinder die Grundlage der Wirtschaft; an der Küste wird auch Fischfang betrieben. An verschiedenen Stellen der Danakil-Niederung wird Salz abgebaut; es ist neben Viehzuchtprodukten das Hauptausfuhr- und Handelsprodukt der A. Die Lokalgruppen sind in männlicher Linie verwandte Familien; sie werden als Teile von übergeordneten Stämmen und Unterstämmen verstanden, seit islamischer Zeit: Sultanaten. Doch schloß man sich nur in Krisen- und Kriegszeiten zu größeren Einheiten zusammen. Die Staffelung in Altersgruppen schafft eine Organisation, innerhalb derer Zwistigkeiten beigelegt werden können. Wenn dies nicht erreicht wird, führen Streitigkeiten oft zu langwierigen Blutfehden.
Eine Art von Adel übt eine gewisse territoriale Kontrolle aus und setzt sich durch größeren Reichtum von der Allgemeinheit ab. Früher besaßen die A. zahlreiche Sklaven und waren selbst intensiv am Sklavenhandel beteiligt. Nominell sind alle A. Moslem, aber in organisierter Form tritt der Islam nur in den Oasensultanaten und in den Küstengebieten hervor. Bei den Nomaden des Zentralgebietes ist er stark von älteren religiösen Vorstellungen und Praktiken beeinflußt. Vom 13. bis 16. Jh. hatten die A. als einer der Hauptträger des Staates Adal mehrfach das Reich der Amhara ernsthaft bedroht. Im 19./20. Jh. wurden die A. in das äthiopische Kaiserreich eingegliedert. Die Lebensweise der A. blieb jedoch im wesentlichen unverändert bis etwa 1965. Sie haben lange gezögert, das Nomadenleben aufzugeben, aber ihr Widerstand bricht allmählich zusammen. Mit Unterstützung der franz. Kolonialmacht ist es ihnen zeitweilig gelungen, gegenüber den Somali eine beherrschende Stellung zu gewinnen. Der alte Name »Französisch-Somaliland« wurde 1967 durch den Namen »Französisch-Afar und Issa-Territorium« ersetzt. Seit 1975 kämpft eine »Afar Liberation Front« (ALF) um größere Autonomie-Rechte gegen die äthiopische Militärregierung. Zehntausende von A. sind im Verlauf der Kampfhandlungen in den seit 1977 unabhängigen Staat Djibouti geflohen. Der Bau einer strategischen Straße durch das Awaschtal, Bewässerungsanlagen und die Schaffung von Baumwoll- und Zuckerrohrplantagen brachten Verbesserungen, aber andererseits auch neue Spannungen, da den Nomaden z. T. die Lebensgrundlage entzogen wurde.

Lit.: 1060, 1061, 1062
Karten: Afrika (Abb.: 148)
        Nordost-Afrika (Abb.: 10)
Abb.: 5, 6

Agariya

Die ca. 12 000 zählenden A., Eisenschmelzer und Schmiede, leben im indischen Bundesstaat Madhya Pradesh. Sie glauben an ihre Abstammung aus dem Feuer, in dem sie ihren Gott, ihren Diener, ihren Freund und Gefährten sehen. Sie führen ihren Namen auf ag (Feuer) zurück, was im Zusammenhang mit dem Hindu-Feuergott Agni zu sehen ist, bzw. Agyasar, dem aus der Flamme geborenen Dämon. Eisen und Feuer stehen im Mittelpunkt ihrer vielen Sagen und Mythen, worauf auch die Einteilung ihrer Gesellschaft in Klane basiert. Die A. haben eine jahrtausendealte Tradition (seit ca. 2000 v. Chr.), und Berichten zufolge stellten sie bereits in der Frühzeit der Geschichte vorzügliches Eisen her. Mit großer Sicherheit stammt von ihrem Können auch die schätzungsweise 3000 Jahre alte Säule aus nicht rostendem Eisen beim Kutab Minar (New Delhi). Die A. haben durch den Verkauf ihrer Erzeugnisse, die wegen ihrer guten Gebrauchseigenschaften sehr geschätzt sind, auch Kontakte zur Bevölkerung ihrer Umgebung, was sich auf die Lebensführung jedoch kaum auswirkt. Im Bewußtsein ihres mythischen Ursprungs, der ihnen einst übernatürliche Kräfte verliehen hatte, beachten sie strenge Rituale bei den Fertigungsmethoden und Vorschriften hinsichtlich der Arbeitsstätten. Die Sonne gilt als feindlich; Arbeiten mit und an Eisen im Sonnenlicht sind verboten, so daß der Schmelzvorgang nachts stattfindet. Die Schmelzöfen sind so ausgerichtet, daß sie nicht direkt von Sonnenstrahlen getroffen werden, anderenfalls wird nach Ansicht der A. das Metall spröde und ist nicht formbeständig. Bestimmte Farben darf es in der Schmiede nicht geben: man fürchtet rotes Tuch, das die Werkstatt in Brand setzen kann; schwarz ist für Eisen und Braunkohle schädlich, und gelb ist gefährlich, weil es die Farbe von Duah Deo, dem Heiratsgott ist. Eisen und Reinheit (Keuschheit) sind für die A. von fundamentaler Bedeutung und verbinden sich zur symbolischen Einheit in einem Metall, das sie kuari loba nennen, was sich sinngemäß mit »Erstlingseisen« übersetzen läßt. Es ist ein äußerst wertvolles Produkt, das Kultwert hat.

Lit.: 149
Karte: Vorderindien (Abb.: 220)

Aimaq

Auch Chahar A., von Persisch *chahar* »vier«, ein irreführender Name, denn es handelt sich um mehr als vier Stämme, die zu dieser Konföderation in W-Afghanistan zwischen iranischer Grenze und Hazaradschat gerechnet werden: die Taimani (zwischen 40 000 und 185 000; im S der Provinz Ghor); die Dschamschidi (zwischen 34 000 und 85 000; im N der Provinz Ghor); die Firuzkohi (zwischen 40 000 und 110 000; im N der Provinz Ghor); die Taimuri (zwischen 33 000 und 75 000; im W der Provinz Herat); die Zuri (zwischen 15 000 und 70 000; südl. der Taimani); die A. Hazara oder Hazara von Qala-e Nau, nicht zu verwechseln mit den zahlenmäßig weit stärkeren → Hazara des Hazaradschat (zwischen 50 000 und 55 000; in der Provinz Badghis). Einige zu den A. gerechnete Gruppen leben auch auf der iranischen Seite der Grenze, dort Berberi genannt. Sprache: Persisch.

Die A. leben überwiegend als halbnomadische⁺ Viehzüchter und Ackerbauern. Den Winter verbringen die Familien in festen Siedlungen, im Sommer ziehen sie mit ihren Tieren (Schafe und Ziegen) auf die Sommerweiden. Dort leben sie überwiegend in Jurten⁺, nicht den schwarzen Zelten der afghanischen Nomaden (Ausnahme: Taimani). Vor allem die südlichen Taimani sind fast Vollbauern, pflanzen Weizen und Gerste, oft auf bewässerten Feldern, und verbringen auch die Weidezeit direkt bei ihren festen Dörfern in Zelten. Vollnomadismus gibt es noch bei den Taimuri. Die A. sind Sunniten⁺.

Über die Herkunft der A. besitzen wir keine gesicherten Erkenntnisse. Eindeutig ist aber, daß es sich um die Nachkommen verschiedener – u. a. türkischer, persischer, mongolischer und arabischer – Volksgruppen handelt. Die eigenen Überlieferungen weisen in die unteschidlichsten Richtungen; so glauben die Dschamschidi, einst z. Zt. von Timur aus Sistan zugewandert zu sein, die Firuzkohi halten sich für die Nachfahren einer persischen Garnison, die ebenfalls von Timur in ihr heutiges Wohngebiet verlegt wurde, die Taimani berufen sich auf eine paschtunische Herkunft, die Hazara A. sollen sich vom Gros der Hazara im 15. Jh. abgespalten haben und damit mongolischer oder turkomongolischer Herkunft sein, aber auch eine von ihren Namensbrüdern im Hazaradschat völlig unabhängige Ethnogenese wird für sie geltend gemacht. Fluktuationen auch innerhalb der einzelnen A.-Gruppen sind belegt und machen die Frage nach ihrer Herkunft und Ethnogenese⁺ noch schwieriger. Hinzu kommt, daß sie noch wenig erforscht sind, eine Tatsache, die sich auch in den weit auseinanderliegenden Schätzungen über ihre Volkszahl widerspiegelt. Das Siedlungsgebiet der A. kam erst Ende des 19. Jh. unter die Hoheit der zentralafghanischen Regierung von Kabul und wurde damit auch den paschtunischen Nomaden als Sommerweidegebiet eröffnet.

Lit.: 8, 12
Karte: Südwest-Asien (Abb.: 23)

Ainu

Bevölkerung auf S-Sachalin, den Kurilen und Hokkaido. Die japanischen A. werden auf 16 000 geschätzt. Einige Hundert A. leben in der UdSSR (Kurilen, S-Sachalin). Die A. fallen innerhalb ihrer mongoliden Nachbarn durch ihre europiden Gesichtszüge, starke Behaarung und helle Haut auf. Sie sprechen eine isolierte, d. h. keiner Sprachfamilie zugehörige Sprache.
Die A. waren seßhafte Jäger und Fischer (Bär, Rentier, Seesäuger). War der Wild- und Fischbestand eines Gebietes erschöpft, wurden die Siedlungen verlegt. Ergänzt wurde die Nahrung durch wildwachsende Pflanzen. Übernommen von Paläosibiriern und Amur-Völkern waren Hundezucht, Schlitten und Schneeschuh, auch der Kult des Bären, den man bei einem großen Fest zu Tode marterte, rituell schließlich tötete und durch Reden mit seinem Tod zu versöhnen suchte. Chinesisch-mandschurische Elemente (so der Drachenkult) wurden den A. wahrscheinlich durch Amur-Völker vermittelt, japanischer Einfluß durch die engen historischen Kontakte forciert. Daneben bestand eine eigene, in dieser Umwelt sehr fremdartig anmutende Kultur. Ihre Kleider fertigten die A. aus Ulmenbast, Vogelbälgen und mit Applikationen und Stickereien reich verzierten Fellen, auch aus Fischhaut, an. Die Frauen tatauierten sich Hände und Oberlippen.
Über die Herkunft der A. wurde schon viel gerätselt. Genannt wurde neben dem sibirischen Festland u. a. auch die Südsee. Früher waren die A. weiter verbreitet (im 7. Jh. n. Chr. bis Tokio; auch auf S-Kamtschatka); erst allmählich wurden sie von Japanern abgedrängt. Dabei kam es auch zu häufigen kriegerischen Auseinandersetzungen. Die verstärkte Kolonisierung ihres Siedlungsraums durch Japan seit dem 18. Jh. brachte die A. in ernste wirtschaftliche Not; Hunger und Krankheit, aber auch grausame Behandlung als »Wilde«, dezimierten sie. Die Ausrottung des Wildbestandes durch japanische Kolonisten und eingeschränkte Fischereirechte zwangen sie schließlich, zum Bodenbau überzugehen.
Obwohl die A. in Japan schon seit langem volle Gleichberechtigung genießen, ist es trotz Aufklärungsfeldzügen der Regierung nur schwer möglich, die rassischen Vorurteile der Bevölkerung gegen sie abzubauen. Viele A. versuchten, sich vollständig den Japanern anzugleichen. Ihre Sprache wird vielfach nicht mehr gesprochen. Arm sind die A. auch heute noch. Viele sind als billige Arbeitskräfte in der Fischindustrie beschäftigt oder betätigen sich im »Tourismus«, d. h. sie lassen sich in alter Tracht fotografieren und verkaufen eigene Schnitzereien. Nur wenige der A. sind noch Bauern. Zur Erforschung der in der UdSSR lebenden A. wurde auf S-Sachalin eine Zweigstelle der Akademie der Wissenschaften errichtet.

Lit.: 70, 105
Karte: Zentral- und Nordasien (Abb.: 97)

Akan

Sammelbezeichnung für eine westafrikanische Gruppe von sprachlich und kulturell verwandten, wahrscheinlich aus dem Norden eingewanderten Völkern: den Twi-Fanti, Aschanti und Guang in S-Ghana und den Anyi-Baule in SO-Elfenbeinküste. Sie gehören zu den Kwa-Sprachen; ihre Zahl wird auf wenigstens 5 Mio. geschätzt. Ein auf Twi-Fanti-Grundlage entwickeltes Standard-Akan ist neben Englisch die wichtigste Sprache Ghanas (s. Aschanti).

Lit.: 979, 980, 1008, 1011, 1012, 1013, 1017

Akwẽ

Indianer in Brasilien. Die ca. 1800 Xavante vom R. das Mortes bis zum R. Batovi (Mato Grosso) und die 600 Xerente am R. Tocantins (Goiás). Sprache: Gê. Ihre Kultur ähnelt derjenigen der → Timbira, doch spielten Jagd und Sammelwirtschaft bei den A. eine größere Rolle.
Im 18. Jh. leisteten die A. so heftigen Widerstand gegen die eindringenden Sklavenjäger und Goldsucher, daß die Schatzsuche eingestellt wurde. Im 19. Jh. teilten sich die A., die Xerente schlossen schließlich Frieden mit den Brasilianern. Die Xavante dagegen nahmen 1859 einen Guerillakrieg gegen die Weißen auf, den sie erst 1946 beendeten, als man ihnen versprach, man wolle ihnen kein Land wegnehmen. Gegen den dann doch einsetzenden Landraub wehrten die Xavante sich: Sie töteten Vieh, das auf ihrem Land weidete, zündeten Felder an. Damit erzwangen sie 1950 die Markierung eines Reservates, das jedoch in der Folgezeit verkleinert wurde. Hunger und Krankheiten der ihrer Existenzgrundlage beraubten Xavante ließen ihre Zahl (im Jahre 1946: 6000) sinken. 1972 wurde ihr Wider-

Abb. 7: Brandrodungsfeld im Amazonasgebiet. Typisch die Mischung verschiedener Pflanzensorten und das Belassen von Resten der ursprünglichen Wald-Vegetation. (Foto: C. Münzel)

Abb. 8: Indianerin im Amazonasgebiet gräbt Knollen aus einer Brandrodungspflanzung aus. Links vorn ein verkohlter Baumstamm der ursprünglichen Vegetation. (Foto: C. Münzel)

stand zur Revolte mit Straßenblockaden u. ä. Anhaltende Unruhen zwangen die Regierung 1974 zur Erweiterung der Reservatsgrenzen, die aber in der Praxis weiterhin von weißen Siedlern und Viehzüchtern verletzt werden. Erneute Proteste gegen den Landraub äußerten sich z. B. 1979 darin, daß Xavante Gehöfte von Neusiedlern niederbrannten.

Die Xerente, deren Eiweißbedarf nicht mehr gedeckt war, weil weiße Siedler den Wald abgeholzt und so die Jagd unmöglich gemacht hatten, gingen seit 1953 zum demonstrativen Viehdiebstahl über. 1956 erzwangen sie die Zusicherung eines Reservats, dessen tatsächliche Festlegung sie 1971 nach weiteren Unruhen erreichten. Die Verletzung der Reservatsgrenzen durch weiße Siedler führte seit 1972 zu neuen Unruhen, bei denen die Xerente demonstrativ das auf ihrem Land weidende Vieh der Weißen schlachten und Landgüter niederbrennen.

Lit.: 750
Karten: Südamerika (Abb.: 78)
         Nördliches Südamerika (Abb.: 209)
Abb.: 7, 8

Alëuten

Mit den Eskimo sprachlich und kulturell eng verwandte Bewohner der Alëuten-Inseln und des westl. Teils der Alaska-Halbinsel; um 1740 ca. 16 000, heute ca. 1500; Sprache: das Alëutische der Eskimo-Alëutischen Sprachfamilie.

Die A. lebten von der Jagd auf Säugetiere (Robben, Seelöwen, Walrosse, Wale), vom Fischfang und von Mollusken. Durch den warmen Japan-Strom bleibt ihr Wohngebiet auch im Winter meist eisfrei, so daß auch in der kalten Jahreszeit gejagt und gefischt werden kann. Wie die Eskimo kannten die A. kleine Kajaks und große Fellboote. Sie lebten in festen Dörfern, in Häusern aus Holzplanken mit Dachtür. Die Korbflechterei war hoch entwickelt. Die Anführer einer Insel oder mehrerer Dörfer erbten ihre Ämter.

Ab 1745 gründeten die Russen in ihrem Gebiet die ersten Handelsposten. Durch Infektionskrankheiten und infolge Verschleppung auf Walfangschiffen wurden die A. stark dezimiert. Ab 1824 setzte eine Phase der Konsolidierung und Christianisierung (Griechisch-Orthodoxe Kirche) ein. 1867 kamen die A. unter amerikanische Herrschaft.

Heute sind nur noch Reste der traditionellen Kultur vorhanden.

Lit.: 466, 471
Karte: Nordamerika (Abb.: 76)

Algonkin

Eine in Nordamerika weit verbreitete indianische Sprachfamilie; vor allem im östl. Kanada (Cree), den Neuenglandstaaten (Abnaki, Micmac, Mahican, Delaware) und im Mittelwesten (Shawnee, Ojibwa, Fox, Menominee) sowie im nördl. Plainsgebiet (Arapaho, Blackfoot, Cheyenne) (s. Karte).

Im engeren Sinne sind die A. ein kleiner Stamm am oberen Ottawa River, Kanada; heute ca. 2000. Ihre traditionelle Kultur basierte auf der Jagd, dem Fischfang und etwas Maisbau. Heute leben die A. als Fallensteller, Jagdführer für Freizeitjäger und Fernfahrer.

Lit.: 439
Karte: Nordamerika (Abb.: 76)

Alt-Taiwanesen

Altmalaiische Bevölkerungsschicht, die sich im gebirgigen Ostteil der überwiegend von Chinesen besiedelten Insel Taiwan erhalten hat. Lediglich die mit 90 000 zahlreichste A.-Gruppe der Ami siedelt in Tälern und an dem schmalen Saum der Ostküste. Außer diesen sind die größten und bekanntesten A.-Gruppen die Atayal, Paiwan, Bunun, Puyuma, Rukai und Tsou. Die 2000 Yami der südlich vorgelagerten Insel Botel Tobago werden ebenfalls zu den A. gerechnet. Zahl: um 1970 ca. 250 000. Sprachen: austronesisch.

Unter den Wirtschaftsformen der A. nimmt die der Yami eine Sonderstellung ein: hier steht der Fischfang im Vordergrund, ergänzt durch den Anbau von Taro auf Bewässerungsterrassen. Die A. der Hauptinsel sind dagegen traditionell Brandrodungsbauern (v. a. Hirse und Kartoffeln); daneben spielt bei den Binnenland-orientierten Gruppen die Jagd eine wichtige Rolle sowohl für die Ernährung als auch in der religiösen Vorstellungswelt; nur die Ami betreiben in größerem Umfang Fischfang von Plankenbooten aus. Materielle Kultur: Wohnhäuser aus Schieferplatten oder Bambus (mit grasgedecktem Dach), oft halb im Boden versenkt; Männerhäuser und Hirsespeicher stets auf Pfählen; Töpferei (außer Atayal); Kleidung aus Hirschfell oder gewebten Stoffen mit applizierten Perlen und Pflanzensamen; Gesichts- und Körpertatauierung. Im Gegensatz zur patrilinear+ orientierten Verwandtschaftsordnung der meisten Inlandsgruppen sind die küstennahen Ami mutterrechtlich organisiert. Ihre Gesellschaft wird durch ein System von Altersklassen bestimmt, die alle Männer durchlaufen müssen, bevor sie in späteren Jahren zu Respektspersonen und Beratern ihrer Gemeinschaft werden. In den Dörfern der A. spielte früher das Männerhaus eine wichtige Rolle als Schlafstätte und Ausbildungszentrum (»Kaserne«) der jungen Männer sowie als Versammlungsort der Dorfgemeinschaft. Die A. besaßen keine zentralen Stammesorganisationen. Ihre voneinander unabhängigen Dörfer wurden meist von einem informellen Ältestenrat geleitet. Nur die Paiwan und Rukai kannten Häuptlingsgeschlechter: der Titel des Dorfhäuptlings wurde stets in der Familie vererbt, die innerhalb der Lokalgemeinschaft auf den ältesten Stammbaum zurückblicken konnte. Der Häuptling war nominell Inhaber aller Landrechte und hatte ein Anrecht auf Ernteabgaben, die allerdings im Verlauf religiöser Gemeinschaftsfeste wieder an die Dorfgemeinschaft zurückflossen. Mit Ausnahme der friedlichen Yami wurden die A. früher als kriegerische Kopfjäger gefürchtet. Die Kopfjagd wurde vor allem anläßlich von Jünglingsweihen und Hochzeiten ausgeübt und stand offensichtlich im Zusammenhang mit Fruchtbarkeits-Vorstellungen. Daneben spielten Ahnenkult und Schamanismus+ (oft Frauen) in der traditionellen Religion eine zentrale Rolle.

Im 17. Jh. wurde Taiwan von der holländ. Ostindischen Gesellschaft beherrscht, die durch Missionsarbeit und Einrichtung eines Häuptlingssystems die traditionelle Kultur der A. nachhaltig beeinflußte. Die Vertreibung der Holländer durch China im Jahre 1661 hatte einen starken Zustrom chinesischer Bauern aus den Festlandsprovinzen Fukien und Kwangtung zur Folge, die die A. der westl. Tiefländer Taiwans assimilierten oder in die unwirtliche Gebirgslandschaft des Ostens abdrängten. Die während der japan. Verwaltung 1895–1945 begonnene Politik der künstlichen Isolierung der A.-Siedlungsgebiete wird mit einigen Einschränkungen von der heutigen nationalchinesischen Regierung fortgesetzt; gleichzeitig finden jedoch mit wachsendem Erfolg Versuche statt, Bergdörfer ins Tiefland umzusiedeln und hier den Anbau von Naßreis sowie die Aufzucht von Büffeln und Rindern einzuführen. Die in der Ebene lebenden A. gleichen sich rasch ihren chines. Nachbarn an und geben meist schon nach kurzer Zeit ihre Sprache zugunsten des Chinesischen auf.

Lit.: 203, 220, 239, 278

Altaier

Sammelbezeichnung für eine Reihe türkisch sprechender Völker im Altai, einem Gebirgssystem in Südsibirien (UdSSR; kleine Teile im S und SO gehören zur VR Mongolei und zur VR China). Die Mehrzahl der A. (insgesamt 1970: 56 000) lebt im »Autonomen Gebiet Hochaltai«, das bis 1948 »Autonomes Gebiet der Oiraten« hieß. Unter dem von politischen Erwägungen bestimmten neuen Begriff »Altaier« werden u. a. die Telengiten, Teleuten, Kumandinen, Tubalaren, Lebediner und »eigentlichen« Altaier verstanden.

Die halb- oder vollnomadischen A. wanderten mit ihren Herden (Rinder, Pferde, Schafe, Ziegen) bevorzugt in den südaltaischen Gebirgssteppen. Im nördl. Altai wurde, vor allem in direkter Nachbarschaft zu russischen Siedlern, in geringem Umfang Bodenbau getrieben. Jagd- und Rentierzucht, Einsammeln von Vegetabilien (Zedernnüsse) lieferten hier die Grundlagen der Ernährung. Meist an Flußläufen lagen die Siedlungen, je nach Wirtschaftsform bestehend aus Felljurten, mit Birkenrinde verkleideten Hütten oder festen Blockhäusern. Hier lebte die monogame Kleinfamilie, die Teil eines großen Sippenverbandes, des »Knochens«, war. Die Oberhäupter dieser Sippen hatten unter zaristischer Verwaltung ihre Macht stetig erweitern können. Die Mitglieder einer Sippe waren zu gegenseitiger Hilfe verpflichtet, besaßen eigene Schutzgötter und Geister, die an heiligen Stätten (Berge, Seen, Steine) verehrt wurden. Die Religion der A. ist durch hochkulturlich-dualistische+ Einflüsse äußerst kompliziert. Einem guten Schöpfergott steht der Herrscher der Unterwelt, Erlik Khan, gegenüber, der mit Pferdeopfern gnädig gestimmt werden muß. Mit ihm verhandelt auch der Schamane+, wenn eine Menschenseele entführt wurde. Gute Erdgeister, im Nordaltai auch eine Fruchtbarkeitsgöttin, waren die Wohltäter der Menschen. Das Christentum drang im 19. Jh.

im Nordaltai ein; im Süden bestand weiterhin lamaistischer+ Einfluß, der sich Anfang des 20. Jh. durch die messianische Bewegung des Burchanismus noch verstärkte.

Die A. bildeten sich wahrscheinlich seit dem 5. Jh. v. Chr. aus türkisch sprechenden Einwanderern aus der NW-Mongolei und nicht-türkischen Voreinwohnern des Altai heraus; dieser langsame Assimilationsprozeß war im 1. Jt. n. Chr. abgeschlossen. Politisch stand der Altai immer wieder im Machtbereich zentralasiatischer Staaten und Stammesgruppierungen. Die letzte Fremdherrschaft war jene der westmongolischen Oiraten oder Dsungaren im 17. und 18. Jh. Die Vernichtung ihres Reiches durch China ließ im Altai ein Machtvakuum entstehen, in das Rußland vorstoßen konnte. Den A. brachte die zaristische Administration nur wenig Gutes: forcierte Missionierung, Verschuldung, hohe Steuerlast; Landraub und Zersiedlung durch russische Kolonisten unterstützten den russischen Druck zur Seßhaftwerdung der Nomaden. Die zahlreichen russischen Einwanderer ließen die A. bald zu einer Minderheit in ihrer eigenen Heimat werden.

Die Reaktion der A. auf ihre verzweifelte Situation war seit Anfang des 20. Jh. die Entwicklung eines altaischen Nationalismus, der neben politischen vor allem religiöse Aspekte besaß. Zentralfigur des sogenannten Burchanismus, einer messianischen Bewegung, war der sagenumwobene Oirat Khan, ein Dschingiskhanide und angeblich der letzte große Herrscher der Oiraten. Er erschien auf einem weißen Pferd einem altaischen Hirten im Traum (1904) und gab ihm, neben den Befehlen, den höchsten Gott Burchan zu verehren und die blutigen Opfer abzuschaffen, antirussische und kirchenfeindliche Anweisungen, prophezeite auch die baldige Befreiung vom russischen Joch. Der Burchanismus, eine eindeutig national-mongolische Bewegung innerhalb der türkischen A., stand in direktem Zusammenhang mit der Niederlage Rußlands gegen Japan, 1904, die in weiten Teilen Asiens den Glauben an die russische Unbesiegbarkeit erschüttert hatte. Die zaristischen Behörden reagierten mit Verfolgung, Verhaftung, die russischen Siedler mit Pogromen. Nach der Revolution bezogen die Sowjets anfangs eine verständnisvolle Position, da der Burchanismus klare antikoloniale Züge besaß; seit 1933 wurde er jedoch als pan-türkisch und pan-mongolisch verdammt und verfolgt. Diese Sinneswandlung war mit eine Reaktion auf den damals noch immer allzu lebhaften altaischen Nationalismus politischer Prägung, dessen Ziel es seit Anfang des Jahrhunderts gewesen war, eine eigene »oiratische« Republik zu gründen. Die nationalistischen Führer hatten sich während der Revolution zuerst den »Weißen«, dann den »Roten« angeschlossen, um dieses Ziel zu verwirklichen. 1922 wurde auch tatsächlich das »Autonome Gebiet der Oiraten« – allerdings in wesentlich bescheideneren Grenzen als geplant – eingerichtet, aber 1948 unter dem Vorwurf nationalistisch-bürgerlicher Umtriebe und Kontakte zu oiratischen Nationalisten im chinesischen Sinkiang in »Autonomes Gebiet Hochaltai« umbenannt, der Name »Oiraten« damit ausgetilgt. Der Burchanismus soll – wie überdies auch der Schamanismus+ – noch heute im Verborgenen weiterbestehen, gefördert nicht zuletzt durch die gemessen an gemeinsowjetischen Verhältnissen relative Rückständigkeit, die trotz mancher Anstrengungen, wie Modernisierung der Viehzucht und Intensivierung der Landwirtschaft, noch heute unter den A. herrscht.

Lit.: 69, 73, 85, 92
Karte: Zentral- u. Nordasien (Abb.: 97)

Ambo
Ovambo

Gruppe von acht Bantuvölkern in den Savannenländern des nördl. Namibia und SW-Angola. Zusammen mit Herero und Nyankeka-Humbi bilden sie den Kern der SW-Bantu; ca. 500 000. Verwandt mit ihnen sind die Mbundu in S-Angola. Sprache: SW-Bantu.
Bei den A. halten sich der Bodenbau (Hirse) und Großviehhaltung (Milch, Milchprodukte) die Waage, obwohl Jagen und Sammeln, wie auch das Fischen, noch zum Lebensunterhalt beitragen. Viele A. arbeiten heute als Vertragsarbeiter in den Bergwerken und Industriebetrieben von Namibia. Sie sind erfolgreiche Händler.
Einige der A.-Völker bildeten früher Kleinstaaten, deren Könige auch priesterliche Funktionen ausübten. Außer einer erblichen Aristokratie gab es Freie und Sklaven. Die Verwandtschaft ist matrilinear. Noch heute ist die Vielehe üblich; der ersten Frau gebührt der Vorrang, aber jede Frau steht mit ihren Kindern einem eigenen Haushalt vor und besitzt ihre Hütte. Die polygynen+ Kernfamilien wohnen in eingefriedeten Gehöften, denen das Haus des Familienvaters

Abb. 9: Bei der Ausbeutung der reichen Bodenschätze Namibias stellen die aus dem Norden des Landes angeworbenen Ambo einen Großteil der Arbeiter. (Foto: Brugger)

angegliedert ist. Ein heiliges Feuer darin symbolisiert Einheit und Fortdauer.

Lit.: 1175, 1181, 1199, 1202, 1203, 1232
Karten: Afrika (Abb.: 148)
       Südafrika (Abb.: 147)
Abb.: 9

Ambonesen

Die Insel Ambon ist das wirtschaftliche und kulturelle Zentrum des Molukken-Archipels (Provinz Malukku im Osten der Republik Indonesien).
Die autochthone Bevölkerung Ambons wird kulturell zu den Jung-Indonesiern (→ Indonesier) gerechnet. In ihrem körperlichen Habitus ist sie melanid geprägt (dunkle Hautfarbe, schwarzes Kraushaar), zeigt jedoch heute auch starke Beimischungen von javanischen, malaiischen und europäischen Einflüssen; ca. 114 000 (1971).

Die Inselbewohner siedeln zumeist in kleinen Dörfern, die aus lokalisierten Segmenten patrilinearer $_+$ Abstammungsgruppen gebildet werden. Jede Familie besitzt mehrere Stücke Land, auf denen sie Sago, Pfeffer, Mais, Reis und tropische Knollenfrüchte anbaut. Kopra und Gewürznelken werden für den Export erzeugt.
Schon früh waren die A. Fremdeinflüssen ausgesetzt: in Verbindung mit dem Gewürzhandel lenkten die Molukken-Inseln schon seit Jahrhunderten die Aufmerksamkeit fremder Staaten auf sich. Zunächst hatte das hindu-javanische Reich Madjapahit Stützpunkte auf Ambon. Das muslimische Fürstentum Ternate machte später seinen Einfluß geltend; mit ihm fand der Islam Eingang. 1512 kamen die Portugiesen, die schon früh mit der Verbreitung des Christentums begannen. Zu Beginn des 17. Jh. folgten Niederländer und Briten, die sich die Insel wechselseitig streitig machten. 1623 gewannen die Niederländer im »Massaker von Ambon« die Oberhand über den Archipel. 1796 eroberten die Briten die Inseln. Nach zweimaligem Hin- und Her konn-

ten sich ab 1814 die Niederländer etablieren. Ambon wurde eines der wichtigsten Zentren der ›Vereenigten Oost-Indischen Compagnie‹. Die Mehrheit der A. sind heute Anhänger der protestantischen Kirche. Lediglich im N der Insel überwiegt der Islam.

Mehr als andere indonesische Völker wurden die A. während der niederländischen Kolonialepoche zu Arbeiten herangezogen, die der Aufrechterhaltung des Kolonialsystems dienten. Sie nahmen vor allem Positionen von Soldaten, Polizisten und Verwaltungsangestellten ein. Im 2. Weltkrieg wurde die Insel von Japanern besetzt. Nach der Gründung der Republik Indonesien (1949) lösten sich die A. von der Zentralregierung in Jakarta. Die Niederländer hatten ihnen noch in der »Round Table Conference« von Den Haag weitgehende Autonomie zugesichert, die ihnen die neue indonesische Regierung verwehrte. Als im April 1950 die Republik »Süd-Molukken« ausgerufen wurde, ließ der damalige Präsident Sukarno die Separationsbewegung mit Waffengewalt niederschlagen. Die A. waren als Kollaborateure mit den Feinden, den Holländern, verrufen. Ihr Widerstand wurde im November 1950 gebrochen. Guerillatätigkeit wurde, vor allem von den christlichen A., noch bis 1968 auf der Nachbarinsel Ceram fortgesetzt. Um Verfolgungen zu entgehen, verließen Anfang der fünfziger Jahre ca. 12 000 A. ihre Heimat. Staatenlos leben sie noch heute als Flüchtlinge in den Niederlanden. Hier suchen sie in militanten Aktionen (bekanntgeworden sind ihre Geiselnahmen) die Weltöffentlichkeit auf ihre politische Situation aufmerksam zu machen. Sie kämpfen dreißig Jahre nach Gründung der Republik Indonesien um die rechtliche Anerkennung ihrer autonomen Republik ›Süd-Molukken‹. 15% der 33 000 heute in den Niederlanden lebenden A. haben keinen Paß und verweigern die Integration in den niederl. Staat.

Lit.: 347
Karte: Südostasiatischer Archipel (Abb.: 79)

Amhara
Abessinier

Das führende Staatsvolk des modernen Äthiopien. Nach dem arabischen Namen Habascha verbreitete sich seit dem 16. Jh. durch die Portugiesen die Bezeichnung Abessinier; einschließlich der verwandten Tigray ca. 15 Mio. Ihre Sprache, das Amharische oder Amarinya, ist eine semitische Sprache mit kuschitischen Einflüssen. Heute ist Amharisch die offizielle Staats- und Schriftsprache Äthiopiens; Ge'ez, aus dem sich das Tigray (Tigrinya) und vermutlich auch das Amharische entwickelt haben, ist als Umgangssprache ausgestorben, lebt aber noch als liturgische Sprache mit einer umfangreichen Literatur und Geschichte fort. Die Christianisierung seit dem 4. Jh. und die noch frühere Übernahme und Abwandlung der sabäischen Silbenschrift haben wohl den A. ein für Afrika ungemein starkes ethnisch-kulturelles Selbstbewußtsein gegeben.

Ackerbau und Viehzucht sind die fast ausschließliche Grundlage der Wirtschaft der A. bis in die jüngste Zeit geblieben; vor allem bei den Tigray ist Terrassierung und künstliche Bewässerung verbreitet. In den höheren Lagen Z-Äthiopiens (bis zu 3400 m) sind Weizen und Gerste die Hauptanbauprodukte. In mittleren Lagen sind verschiedene Sorten von Durra (Hirse) und vor allem Tef, eine kleinwüchsige Hirseart (Eragrostis abyssinica) die bevorzugten Getreidearten; auch Hülsenfrüchte (Bohnen, Erbsen und Linsen) sind wichtige Nutzpflanzen. Gebiete unter 1600 m werden von den A. durchweg gemieden. Der in der älteren Literatur übliche Name »Abessinier« bezog sich deshalb nur auf die im Hochland lebenden A. Daneben züchten die A. Zebu-Rinder, Schafe und Ziegen. Die Handwerker, Töpfer, Gerber, Schmiede, gelten – wie überall in Äthiopien – als verachtet und sind vom Konnubium mit »gemeinfreien« Bauern ausgeschlossen. Die A. zeigten kein großes Interesse am Handel. Als Händler traten bis in die Gegenwart überall Angehörige islamischer Ethnien (Araber, Somali, Gurage u. a.) hervor. Für die A. als das einzig Erstrebenswerte galt das Bauern- und Kriegertum. Seit dem Ende des letzten Jh. bildeten sie überall in den von ihnen eroberten Gebieten eine Art Feudaladel.

Bis zum Sturz Haile Selassies (1974) und der Machtübernahme der Militärs und der Gründung einer sog. Demokratischen Volksrepublik war die Gesellschaftsordnung bestimmt von einem feudalen System von Lehnsherrschaften mit einem teilweise abhängigen Bauerntum. Landbesitz war der wichtigste Faktor für die gesellschaftliche Stellung eines jeden. In der jahrhundertelangen Geschichte des äthiopischen Kaiserreiches waren bis zu zwei Drittel des verfügbaren Acker- und Weidelandes in Händen einer Adels- und Priesterelite unter der Lehensobrigkeit des

Amhara

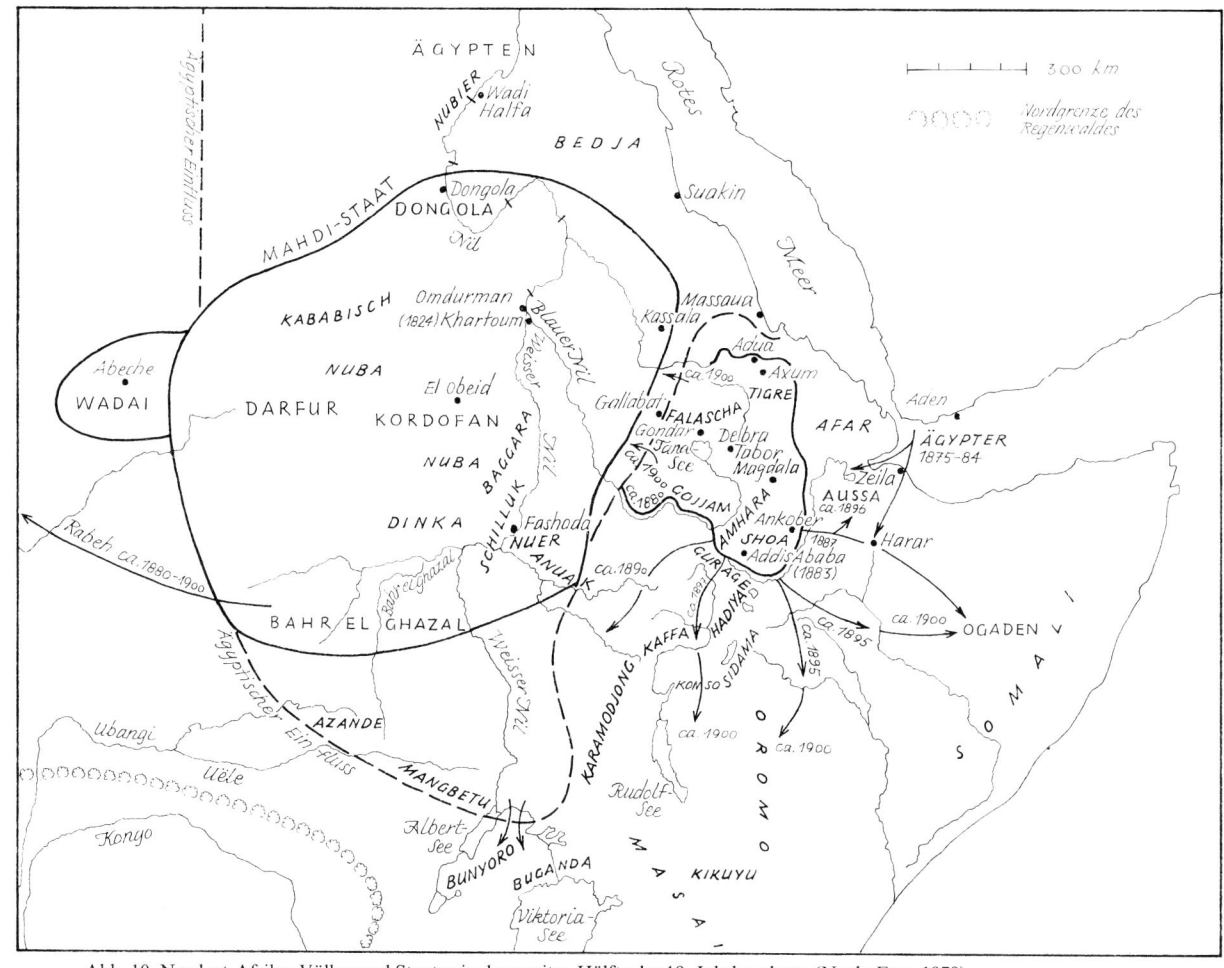

Abb. 10: Nordost-Afrika; Völker und Staaten in der zweiten Hälfte des 19. Jahrhunderts. (Nach: Fage 1978)

Kaisers. Eigentliche Städte als urbane Zentren hat es in Äthiopien bis zum 20. Jh. kaum gegeben; Streusiedlungen und Weiler waren den Hofhaltungen der Großen und den zahlreichen Klöstern angegliedert, bis dann im Laufe der letzten hundert Jahre die Konsolidierung in Dörfer einsetzte oder entlang den in der kurzen italienischen Kolonialepisode gebauten Landstraßen auch kleine Landstädte entstanden, deren Wirtschaft nun nicht mehr ausschließlich auf der Landwirtschaft beruht. Was die kleinen ländlichen Gemeinden zusammenhält, genauso wie es die Nation formte, ist ihr religiöses Leben, das sich um die Ortskirche organisiert. Die Priester leben unter ihren Gemeindemitgliedern und arbeiten wie diese auf dem Land.

Die A. werden als Nachkommen von südarabischen Eroberern angesehen, die in den letzten Jahrhunderten v. Chr. in den nördl. Raum des heutigen Äthiopien eindrangen. Dort vermischten sie sich mit den ansässigen Kuschiten, vor allem mit den Proto-Beja und Proto-Agaw. Ihr eigenes Reich, mit der Hauptstadt Aksum in der Nähe von Adua, begründete seine Macht und seinen Wohlstand auf die Vermittlerrolle im afrikanisch-arabischen Handel.

Die Christianisierung der A. wird traditionell von der Bekehrung der aksumitischen Könige im 4. Jh. n. Chr. hergeleitet. Das aksumitische Reich schloß sich der monophysitischen Richtung an und blieb bis 1957 der Koptischen Kirche Ägyptens verbunden (Synode von Alexandria). Die faktische Verbindung von Staatskirche und Monarchie datiert aber erst in das Jahr 1270,

Abb. 11: Die in Äthiopien herrschenden Amhara sind als orthodoxe Christen für ihre farbenprächtigen Gottesdienste bekannt. Die Kirche blieb auch nach der Revolution von 1974 einflußreich. (Foto: Weissleder)

Abb. 12: In den Kleinstädten Äthiopiens, hier in einer Amhara-Gemeinde der Provinz Schoa, verkaufen Ladenbesitzer einheimische Gebrauchs- und Importartikel an die umwohnende Landbevölkerung. (Foto: Weissleder)

wenn auch die Grundlage des unlöslichen Bündnisses zwischen Kirche und Krone noch weiter in der Vergangenheit liegt, in der Ableitung von der salomonischen und der sabäischen Tradition; denn auf der legendären Abstammung der amharischen Herrscherdynastie von König Salomon und der Königin von Saba beruhte der imperiale Anspruch der salomonischen Dynastie der A. auf die Vorherrschaft in dem erstarkenden Kaiserreich. Durch den Islam isoliert, verlagerte sich die Macht der christlichen A. immer mehr ins Innere des Landes; Ende des 19. Jh. wurde Addis Abeba neue Hauptstadt des Reiches. Danach setzte eine neue Expansionswelle ein. Eroberung der südlich angrenzenden Gebiete bis in die Tiefländer des Sudan und der Somali-Tafel am Osthorn und die damit einhergehende Unterwerfung einer Vielzahl fremder Stämme und Völker (Oromo, Hadiya, Sidama, Kaffa u. a.) weiteten das Kaiserreich Äthiopien auf das Fünffache seines ursprünglichen Besitzstandes aus. In Kämpfen und Verträgen mit den europäischen Kolonialmächten gelang es Kaiser Menilek II. (1889–1913) die Anerkennung der noch heute zumeist gültigen Grenzen zu erlangen. Mit Ausnahme einer kurzen italienischen Besatzungszeit (1936–41) blieb das von den A. dominierte Äthiopien das einzige vom Kolonialismus freigebliebene Reich Afrikas.

Unter Haile Selassie versuchten die A. mit Hilfe europäischer Berater Anschluß an die moderne westliche Zivilisation zu erlangen. Diese Bestrebungen wurden nach der Rückkehr Haile Selassies aus dem Exil verstärkt. Aus militär-strategischen Gründen engagierten sich nach dem Zweiten Weltkrieg die Amerikaner, bis sie nach der Machtübernahme eines »Provisorischen Militärrates« das Land 1977 zugunsten einer sowjetisch-kubanischen Präsenz verlassen mußten.

Lit.: 1043, 1054, 1059, 1075, 1076, 1084, 1091
Karten: Afrika (Abb.: 148)
      Nordost-Afrika (Abb.: 10)
Abb.: 11, 12

Amuesha

Zentralperuanische Indianer der Aruak-Sprachfamilie am Anden-Osthang (östl. Teile der Dpts. Junín, Pasco, Huánuco); 1974 ca. 3500–5000.

Landraub und Abholzung durch Nichtindianer zwangen die A., ihre früher stark jägerisch-sammlerische Wirtschaft ganz auf die weniger Raum benötigende Landwirtschaft umzustellen. Landlose Bauern sind Landarbeiter, viele Mädchen Hausangestellte in den Städten. Die Kleinbauern pflanzen ungiftigen Maniok und Mais für die Eigenernährung, Kaffee für den Markt. Offiziell gehört das Land seit der Bodenreform 1969–76 zu großen Teilen den indianischen Gemeinschaften, zu anderen Teilen einzelnen Personen, teils auch wird es offiziell nicht als indianisches Eigentum anerkannt. Nach A.-Rechtsauffassung dagegen gehört es jeweils den direkten Nachkommen in männlicher Linie desjenigen, der sich zuerst dort niederließ. Es wird von den Kleinfamilien einzeln genutzt; solange aber die Familienväter sich noch einer gemeinsamen Abstammung bewußt sind, müssen sie sich in Bedarfsfällen Land gegenseitig so viel wie möglich zur Verfügung stellen.

Diese Verpflichtung und die gemeinsame Abstammung bilden ein loses Band für Gemeinschaften ohne feste Führung. Das alte Häuptlingstum wurde durch Mission und Verwaltung weitgehend aufgelöst zugunsten der Abhängigkeit von Missionaren und anderen »patrones«. Seit ca. 1960 begehren die A. auf und re-organisieren sich als eigenständige Gemeinden nach hochandinem Muster. Die Bodenreform 1969–76 verwirrte diesen Prozeß teilweise, indem die neuen Landbesitzgrenzen nicht immer Rücksicht auf die Grenzen der Gemeinden nahmen.

Nah am zentralandinen Hochland, mußten die A. sich besonders intensiv mit von dort ins Waldland eindringenden Einflüssen und Bedrohungen auseinandersetzen.

Seit Mitte des 16. Jh. drangen Spanier aus dem Hochland vor. Mitte des 18. Jh. hatten sie das obere Huancabamba-Tal dem Hacienda-System unterworfen, das keinen Platz mehr für unabhängige A. ließ. Im übrigen A.-Gebiet waren die A. teils den Haciendas, teils Missionsstationen unterworfen, teils aber auch noch frei.

1742 schlossen sich die A. dem Aufstand des Atahualpa (→ Asháninka) an. Eine Einheit der indianischen Befreiungsarmee eroberte das obere Huancabamba-Tal und vertrieb Spanier und Mischlinge. Die span. Truppen deportierten darauf die gesamte A.-Bevölkerung des noch unter ihrer Kontrolle verbliebenen Gebietes um Pozuzo ins Hochland, wo die A. in wenigen Jahren erfroren, verhungerten oder sonst zugrundegingen. Die übrigen A. aber hatten sich ihre Unabhängigkeit zurückerrungen.

Im 19. Jh. eroberte die peruanische Armee die Region gegen heftigen A.-Widerstand. Nach jahrelangen erbitterten Kämpfen besetzten die Peruaner 1869 die wirtschaftlich wichtigen Salzminen. Sie wendeten die Taktik der verbrannten Erde an, zerstörten jedes erreichbare Feld und Haus der A. In den 50er und 60er Jahren fielen immer wieder peruanische Banden im zentralen A.-Gebiet ein, brannten die Häuser nieder, vergewaltigten und ermordeten Frauen, verschleppten Kinder in die Zwangsarbeit oder in Missionsinternate. Es gelang den Peruanern erst, den Guerilla-Widerstand der A. zu brechen, als diese 1879/80 durch eine Gelbfieber-Epidemie geschwächt wurden.

Ende des 19. Jh. unterworfen, wurden die A. der Kontrolle der Haciendas oder der Franziskaner-Missionen unterstellt. Das beste Land wurde an Neusiedler verteilt. Der Wald, bis dahin Basis für Jagd und Sammelwirtschaft der A., wurde fast völlig vernichtet. Heute versuchen die A., das ihnen verbliebene Land gegen Umsiedlungspläne zu verteidigen.

Lit.: 783, 784
Karte: Südamerika (Abb.: 78)

Andamaner

Die Bewohner der Andamanen-Inseln in der Bucht von Bengalen sind ein bereits in der Antike bekanntes Volk. Während Mitte des 20. Jh. noch 500 A. gezählt wurden, waren es 1971 (laut Zensus) nur noch 19. Von einer anderen Bevölkerungsgruppe, den Onge, lebten 129, deren Zahl aber auf den Nikobaren über 13 000 betrug. Die A. gehören zu den Negrito-Völkern, wie die Semang von Malaysia und die Kleinwüchsigen auf den Philippinen; sie sprechen eine eigene Sprache, die keine bekannte Verbindung zu anderen Sprachen hat. Charakteristisch ist die Verwendung von Affixen zur Funktionsbestimmung des jeweiligen Wortes; es gibt nur zwei Zahlenbegriffe: ›eins‹ und ›mehr als eins‹. Die A. sind ausschließlich Jäger und Sammler, deren einzige Waffe Pfeil und Bogen ist, der sowohl zum Fischfang als auch für die Jagd auf Wildschweine benutzt wird. Sie sind Töpfer und verarbeiten Metallstücke zu Pfeilspitzen.

Lit.: 150, 151, 154, 168, 181

Angas

Größte Bevölkerungsgruppe auf dem südl. Plateau (Bauchi-Plateau, Jos-Plateau) in N-Nigeria; ca. 70 000. Sprache: (W-)Tschadisch (früher Tschado-Hamitisch oder Plateau-Sahel).

Die A. sind seßhafte Feldbauern, die ihre Felder in den Bergen auf Terrassen, nach einem Rotationssystem bebauen und die Brache beachten (Sorghum [Durra], Finger- und Kolbenhirse; Tabak, Bohnen und Erdnüsse). Kleinvieh (Ziegen, Hühner) spielen nur als Opfertiere eine Rolle; die Ziege auch als Brautgabe. Der als sakral geltende Hirsespeicher im Gehöft trägt einen Fries aus den Schädeln der erlegten Jagdtiere.

Die Vorstellung von einem Himmels- und Schöpfergott und einem Stammvater, der Vermittler zwischen den Menschen und Gott ist, bestimmt das religiöse Leben. Die Feste und Riten spielen sich auf Megalithplätzen vor den Gehöften ab.

Männerbünde und Initiation der Jungen von sieben Jahren, bei der diese auch beschnitten werden, prägen das rituelle Leben der A. Kopfjagd, und damit verbunden Kannibalismus, werden von den Mitgliedern der Männerbünde ausgeübt.

Die A. sind primär patrilinear+ organisiert. Die Bindungen zur mütterlichen Linie spielen jedoch ebenfalls eine wichtige Rolle, und das Gebot der Exogamie+ in dieser Gruppe von Verwandten darf niemals gebrochen werden. In dieser matrilinearen+ Gruppe vererbt sich die Gabe zur Magie.

Das Oberhaupt des A.-Dorfes ist ein Priester, der früher religiöse und politische Macht auf sich vereinte; er wird als Nachkomme des Gründerahnen angesehen.

Die A. in den Bergen verstanden sich früher auf die Eisenreduktion, in den Ebenen hatten die A. die Weberei übernommen. Sie leben heute noch von der bäuerlichen Subsistenzwirtschaft.

Lit.: 927, 928, 960
Karte: Afrika (Abb.: 148)

Anuak

Bauernvölker am oberen Nil in SW-Äthiopien und der Republik Sudan, oft als ein Unterstamm der → Schilluk angesehen, mit denen sie kulturell eng verwandt sind; ca. 45 000. Sprache: W-Nilotisch.

Hirse, Gerste und eine Art von Kohl sind die Hauptprodukte des Feldbaues, aber auch Mais, Maniok und Tabak werden vereinzelt gepflanzt. Fische liefern einen wichtigen Beitrag zur Ernährung; Ziegen und Schafe werden in großer Zahl gehalten. In Gebieten, die nicht der Tsetse-Fliege ausgesetzt sind, werden auch Rinder, vor allem der Milch wegen, gehalten. Im Sumpfland des »Sudd« sind die A. geschickte Krokodiljäger.

Jede lokale Gruppe wird von einem Oberhaupt repräsentiert, der als Vater des Landes bezeichnet wird. Er hat eine besonders enge rituelle Beziehung zum Boden, und sein Amt ist durch den Besitz von besonderen Insignien gekennzeichnet. Zu seinen Amtspflichten gehört Freigebigkeit gegenüber seinen ärmeren Verwandten.

Dem Amt des Oberhauptes eines bestimmten Dorfes kam so viel Prestige zu, daß man ihn oft als »König« bezeichnet, ohne ihm jedoch Regierungs- oder Verwaltungsrechte zuzuerkennen. Außerhalb seines Dorfes hatte ein solcher »König« keinerlei politische oder richterliche Autorität.

Im 2. Weltkrieg kämpften die A. – mit Waffen von den Engländern versorgt – gegen die Italiener. Bis in die Gegenwart besteht eine erhebliche Fluktuation über die nur spärlich markierte Grenze Äthiopiens–Sudan hinweg.

Lit.: 1034, 1040
Karte: Afrika (Abb.: 148)

Apache

Nordamerikan. Indianerstämme, v. a. in Arizona und New Mexico; ca. 15 000. Sprache: Athapaskisch der Na-Dené-Sprachfamilie. Man unterscheidet (nach sprachlichen Kriterien) zwischen den Westlichen A. (Cibecue, Coyotero, Tonto und Mimbreño), die heute auf den Reservationen von Fort Apache und San Carlos im östl. Z-Arizona leben, und den Östlichen A. (Mescalero, Jicarilla, Lipan und Kiowa A.). Die Chiricahua stehen den Westlichen A. nahe, die

Abb. 13: Als Berggeister gekleidete Apache bei der Mädchenpubertätszeremonie, dem bedeutendsten kollektiven Ritual der Apache-Indianer. Die Berggeister können auch Krankheiten heilen.

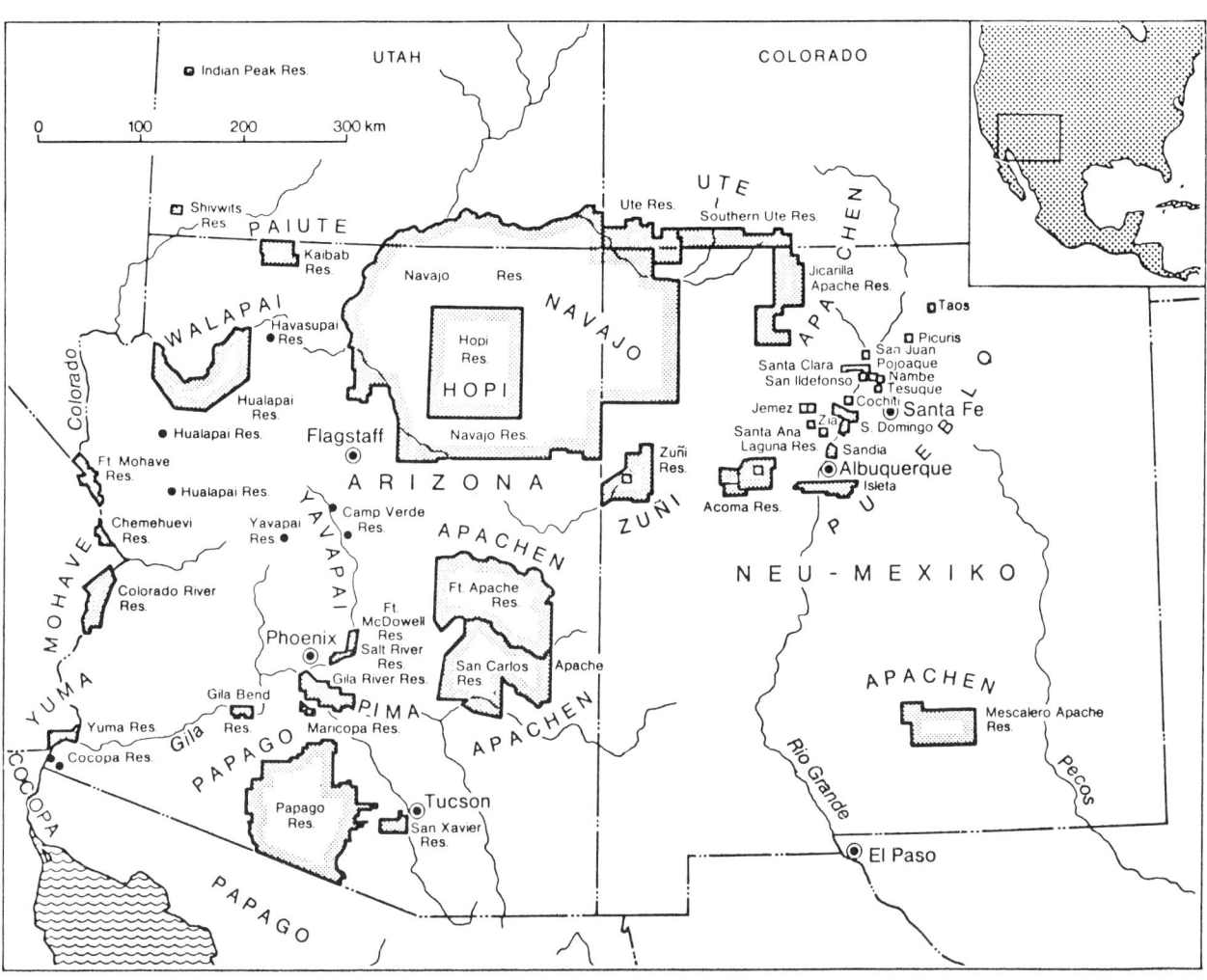

Abb. 14: Reservationen in Arizona und New Mexico, USA. Viele Stämme des Südwestens leben – im Gegensatz zu anderen indianischen Völkern Nordamerikas – auch heute noch in ihren früheren Wohngebieten.

Jicarilla leben heute auf einer Reservation im nordwestl. New Mexico, die Mescalero und Lipan sowie Teile der Chiricahua auf der Mescalero-Reservation im südöstl. New Mexico.
Zusammen mit den Navajo wanderten die A. seit dem 13. Jh. von Norden in die Steppen und Gebirge des Südwestens ein. Sie waren ursprünglich Jäger (Bison, Antilope, Hirsch) und Sammler (Mescalwurzeln, Grassamen, Kaktusfrüchte, Mesquite-Körner), einige Gruppen betrieben etwas Maisbau. Die östl. Gruppen waren stark von der Plainskultur, später dann von den Pueblo-Indianern beeinflußt. Die heutigen Stämme kannten früher (Ausnahme: Kiowa A., die zusammen mit den Kiowa leben) keine zentrale Stammesorganisation, sondern lebten in autonomen Lokalgruppen, die sich gelegentlich unter einem einflußreichen Häuptling zusammenschlossen. Die Lokalgruppen der Westlichen A. bestanden aus Matriklanen+; die Abstammungsrechnung der Chiricahua und der östl. Gruppen war bilateral+. Sie bewohnten kuppelförmige grasbedeckte Hütten (wickiup) und trugen Leder-, später Baumwollkleidung; die Korbflechtkunst war hoch entwickelt. Glaubensvorstellungen: Das ganze Universum besteht aus Kraft- oder Machtfeldern, die sich in Tieren, Pflanzen, Bergen, Gegenständen oder Zauberern manifestieren; jede Machtquelle, die Gutes oder Böses für den Menschen hervorruft,

konnte in (magischen) Zeremonien positiv beeinflußt werden: bei Krankenheilungen, vor der Jagd, im Krieg. Die Medizinmänner (Schamanen) waren Leiter von Krankenheilungszeremonien. Wichtigstes Kultritual bei den A. war die Mädchenpubertätszeremonie – von den Weißen oft fälschlich als »Teufelstanz« bezeichnet, weil die Berggeister (ga'an) in schwarzen Masken mit großen hölzernen Kopfaufsätzen zu diesem Anlaß zu Trommelschlägen tanzten. Nach dem Ritual waren die Mädchen in die Gemeinschaft der Frauen aufgenommen.

Seit dem großen Aufstand der Pueblo-Indianer gegen die Spanier (1680), an dem sich vermutlich auch A. beteiligten, und im Besitz von Pferden und Gewehren, setzten sich die A. gegen die in den Südwesten einströmenden Angloamerikaner erbittert zur Wehr, denn ihre Jagd- und Sammelgebiete waren die bevorzugten Weideflächen der Viehzüchter; und in den Bergen O-Arizonas kam es zu einem boomartigen Abbau von Bodenschätzen. Zuerst in offenen Kämpfen, dann in Guerillataktik, überfielen mehrere A.-Banden die Minenstädte, die Missionen und Viehbetriebe. Von amerikanischen Truppen verfolgt, wichen sie nach Nordmexiko aus, wo sie ebenfalls die Siedlungen von Weißen oder seßhaften Indianern angriffen, um sich dann wieder auf das Gebiet der USA zurückzuziehen. Vor allem während des amerikanischen Bürgerkrieges beherrschten die A., unter der Führung des Chiricahua-Häuptlings Cochise über ein Jahrzehnt lang den ganzen Südwesten. Als nach dem Bürgerkrieg starke amerikanische Kavallerie-Verbände nach Arizona verlegt wurden, die von befestigten Forts mitten im A.-Land aus operierten, mußten sich die A. immer mehr in die unzugänglichen Berge von O-Arizona zurückziehen. 1886 ergaben sich die Chiricahua unter ihrem Häuptling Geronimo, nachdem ihre kampffähigen Mannschaften durch die Vernichtung ganzer Lokalgruppen reduziert worden waren, den Amerikanern. Sie wurden als Gefangene nach Florida, später nach Fort Sill in Oklahoma deportiert und erst nach 27 Jahren wieder freigelassen. Ein Drittel ließ sich in Oklahoma nieder, zwei Drittel zogen auf die Mescalero-Reservation.

Das Schicksal der auf der San Carlos Reservation untergebrachten Westlichen A. (und Teile der Chiricahua) ist ein Beispiel von vielen Indianern der Reservatszeit. Ab 1887 wohnten hier 3000 A. aus verschiedenen Lokalgruppen, zunächst in einer einzigen Barackensiedlung in der Nähe eines Forts. Sie erhielten von der amerikanischen Regierung täglich Rationen; denn sie durften nicht zur Jagd oder zum Sammeln in die nahen Berge ihrer Heimat ziehen: bis 1904 lebten sie allein von den ihnen zugeteilten Rationen. Dann wurde die Armeekontrolle durch eine Verwaltung des »Bureau of Indian Affairs« (BIA) ersetzt. Damals war es erklärtes Ziel der Amerikaner, die A. zu seßhaften Ackerbauern umzuschulen. Dieses Vorhaben gelang nur zum Teil. Mit Hilfe künstlicher Bewässerung sollten größere Anbauflächen geschaffen werden. Doch die BIA-Agenten gingen dabei zu Werke, ohne die bestehenden indianischen Führungsstrukturen zu beachten; wahrscheinlich kannten sie sie auch gar nicht. Man ernannte einfach solche Indianer, die man zufällig kannte, zu Polizisten, bestimmte einige ältere Männer zu Schiedsrichtern, die in einem Gericht Streitigkeiten zu schlichten hatten, und der örtliche Agent wählte die Saatfrüchte aus, plante die Aussaat und überwachte den Anbau. Ohne die ihm Anvertrauten überhaupt zu fragen, verpachtete er ihr Land an amerikanische Viehzüchter. Die Einkünfte wurden an die Treuhandschaftsverwaltung des Innenministeriums abgeführt, während die tatsächlichen Besitzer praktisch keine Verfügungsgewalt über ihr eigenes Geld hatten. Im Laufe der Jahre wurde die BIA-Verwaltung noch autoritärer: Der Superintendant verfügte eigenmächtig mit einem Stab von bezahlten Angestellten über alle Ressourcen der Reservation. Niemand überprüfte seine Entscheidungen oder forderte gar die Teilnahme von Indianern an den Planungen und den Ausführungen. Um 1920 waren die A. Entrechtete auf ihrem eigenen Land, das zu großen Teilen an weiße Rancher verpachtet war, in deren Betrieb sie mitunter als Cowboys Beschäftigung fanden. Andere A. hatten die Reservation verlassen und arbeiteten als einfache Bauarbeiter bei verschiedenen Wasserprojekten der Amerikaner. Als die Regierung angesichts der stark anwachsenden weißen Bevölkerung in Z-Arizona beschloß, einen Staudamm in unmittelbarer Nähe der A.-Siedlung zu bauen, mußten die Indianer in neu errichtete Siedlungen umziehen, ohne vorher auch nur befragt zu werden. Das BIA entschied nunmehr, daß die A. wohl doch besser als Viehzüchter ausgebildet werden sollten. Die alten Pachtverträge mit den Ranchern wurden nicht mehr erneuert, und die A. erhielten ihr gesamtes Weideland zurück. Fachleute des BIA begannen mit der Entwicklung einer A.-eigenen Viehzucht. Auch neue Farmen in der Nähe der Siedlungen wurden geplant. Als jedoch das Ackerland zum Anbau bereitstand, wußten

die A. nicht, wem diese Parzelle oder jene gehörte, denn sie selbst waren – wieder einmal – bei der Planung nicht befragt worden. Die alten traditionellen Strukturen, die Lokalgruppe mit den Klanen+, hatten sich inzwischen aufgelöst. Aus den dynamischen Familienverbänden früherer Zeit war eine Agglomeration mehr oder weniger apathischer und resignierender Indianer geworden; die alte indianische Gesellschaft der A. war nach fünfzig Jahren der Überwachung und Verplanung restlos zerstört.
Inzwischen haben sich viele A. an die neue Entwicklung im Südwesten mehr oder weniger angepaßt. Als Farmer, meist als Viehzüchter, aber auch in anderen Berufen – so z. B. bei der Bekämpfung von Waldbränden – sind manche recht erfolgreich geworden. Die Generation der Unterdrückten lebt heute nicht mehr, und die Jüngeren kennen nur die bikulturelle Welt der Gegenwart mit etwas besseren Ausbildungs- und Bildungsmöglichkeiten.

Lit.: 615, 627, 628, 630, 642, 651, 657
Karten: Nordamerika (Abb.: 76)
Reservationen in Arizona und New Mexico (Abb.: 14)
Abb.: 13

Anuntsu
Nambikuara

Indianische Jäger und Sammler, die traditionell nur wenig Bodenbau betrieben, im NW des brasilianischen Mato Grosso, über 500 (Anfang des 20. Jh. noch mehrere Tausend) in 24 Dörfern. Die Kultur dieser erst Anfang des Jahrhunderts in Kontakt mit den Brasilianern getretenen Indianer war materiell besonders einfach. Die meisten sind in wenigen Jahrzehnten an von den Weißen eingeschleppten Krankheiten zugrundegegangen.

Lit.: 693, 716
Karte: Nördliches Südamerika (Abb.: 209)

Arawak

Teile der Aruak (s. dort) in der Küstenzone der drei Guyanas bis nach Venezuela; über 2000. Die A. waren unter den ersten Indianern Guyanas, die von europäischen Produkten stark abhängig wurden; sie haben sich heute kulturell weitgehend der Mischlingsbevölkerung der Küste angepaßt, der sie ihrerseits einige Kulturelemente vermittelt haben. Viele haben ihre eigene Sprache aufgegeben. Dennoch bewahren sie ein Bewußtsein ethnischer Eigenart.

Lit.: 717, 730
Karten: Südamerika (Abb.: 78)
Nördliches Südamerika (Abb.: 209)

Arapaho

Nordamerikanische Indianer, seit 1830 in eine nördl. Gruppe (am oberen Platte River, heute zusammen mit den Wind River Shoshone auf der Wind River Reservation in Wyoming) und eine südl. Gruppe (am Arkansas River, zunächst auf einem Reservat in Oklahoma, das 1892 aufgeteilt und in den Privatbesitz von Indianern und Weißen überging) gespalten; ca. 2000 Nördliche A. und 3000 Südliche A. (vermischt mit Südlichen Cheyenne). Sprache: Algonkin.
Die A. waren einst Maisbauern und lebten im Mittelwesten. Auf ihrer Westwanderung nahmen sie auf den Plains die charakteristischen Züge der Plainskultur an: sie wurden zu nomadischen Bisonjägern, die in Zeltlagern lebten. Sie glaubten an eine übernatürliche Macht, die sich in verschiedenen Objekten manifestiert. Von hoher symbolischer Bedeutung war die Flachpfeife (›Flat Pipe‹) des Stammes; sie wurde in einem heiligen Bündel aufbewahrt. Man verehrte sie als Quelle der Kraft des Stammes. Wichtigstes Ritual, auch heute noch, ist der Sonnentanz. In der sozialen Organisation spielten neben den Verwandtschaftsgruppen, die eine matrilokale+ Wohnsitzregelung befolgten, nach Alter gestaffelte Männerbünde und geheime Medizinbünde eine wichtige Rolle.
Mit den → Shoshone, → Ute und → Pawnee waren die A. (auch nach 1840) in häufige Kämpfe verwickelt; mit den → Cheyenne verbanden sie sich eng. Gemeinsam mit einigen Cheyenne fochten A.-Gruppen auf der Seite der → Teton-Dakota am Little Bighorn gegen Oberst Custer (1876), nachdem der Stamm im Vertrag von Medicine Lodge (1867) in Reservate eingewiesen worden war.
Die Nördlichen A. leben seitdem auf der Wind River Reservation, Wyoming, v. a. als Viehzüchter. Pachtverträge über den Abbau von Öl- und Gasvorkommen erbringen weiteres Einkom-

Arapaho 32

men; Bewässerungsprojekte sollen für bessere landwirtschaftliche Nutzung sorgen. Für den Tourismus werden Erholungsparks und »Points of Interest« (Geisterstädte, historische Stätten) ausgebaut.

Lit.: 564, 566, 574, 575, 578, 581, 583, 590, 607
Karten: Nordamerika (Abb.: 76)
　　　　Ausbreitung des Pferdes (Abb.: 46)
　　　　Zwangsumsiedlung i. d. Indianer-Teritorium (Abb.: 168)
Abb.: 15, 16

Abb. 15: Bemaltes Tipi aus Leinwand auf einem Powwow-Platz in der Wind River Reservation in Wyoming (1964). Die Zeltmalerei der Arapaho-Indianer knüpft an diejenige der Blackfoot an. Auf diesem Tipi sind kreisförmige Symbole für Sterne, ein mit Adlerfedern geschmückter Schild und Jagdszenen zu sehen. Früher bestanden die Zelte der Arapaho aus zusammengenähten Bisonhäuten; sie gehörten zum Typus mit drei Grundpfählen, der sehr stabil war und von den meisten Plains-Indianern verwendet wurde. Die alten Zeiten sind jedoch vergangen. Tipis werden heute nur noch vorübergehend zu religiösen Zwecken und zum Wohnen benutzt. (Foto: Hartmann)

Abb. 16: Arapaho-Kinder zu Pferde in Wyoming (1964). Pferde sind auch heute noch der Stolz der Plains-Indianer. Viele Familien besitzen mehrere dieser Reittiere. (Foto: Hartmann)

Arhuaco
Ica

Indianische Gebirgsbauern im südl. Teil der Sierra Nevada de Santa Marta, Nordkolumbien; ca. 6000. Sie pflanzen für die Eigenversorgung Bananen, süßen Maniok, Mais, für den Markt Kaffee und Zuckerrohr, und halten ein paar Kühe, Schweine, Ziegen, Hühner. Die tiefer gelegenen, fruchtbareren Felder werden ihnen heute oft von Nichtindianern geraubt. Sie bilden etwa 65 »pueblos« (Siedlungsgemeinschaften um Dörfer wie bei den Kogi). Starke Organisation unter einem Oberhäuptling und den nichtchristlichen Priestern ist die Basis eines gut organisierten Widerstandes gegen Landraub und gegen das Eindringen von Touristen. Allerdings besteht eine Spaltung in Traditionalisten (ca. 2000, die z. B. nicht an kolumbianischen Wahlen teilnehmen) und gemäßigte Modernisten.

Lit.: 683, 706
Karte: Nördliches Südamerika (Abb.: 209)

Arikara

Nordamerikanische Indianer am oberen Missouri River; heute auf der Fort Berthold Reservation, North Dakota; ca. 700. Sprache: Caddo. Die A. gehörten mit den Hidatsa und den Mandan zu den intensivsten Bodenbauern der Prärien (Mais, Bohnen, Kürbisse, Sonnenblumen, Tabak); sie wurden als »Die Dorfstämme« bezeichnet, weil sie in befestigten Siedlungen mit großen erdbedeckten Häusern lebten, während die meisten Prärie- und Plainsstämme in der Zeit der großen Bisonjagden in Zeltlagern wohnten. Die Felder, die von den Frauen bearbeitet wurden, lagen in den Flußauen. Die Männer ergänzten die reiche Ernte von Feldfrüchten durch Wildbret (Hirsch, Elch, Bison). Es gab einen regen Tauschhandel mit den nomadischen Bisonjägern der Plains. Die Dörfer wurden von erblichen Häuptlingen »regiert«, deren Autorität allerdings von den Männer- und Geheimbünden eingeschränkt war.
Als amerikan. Pelzhändler immer häufiger den

Missouri aufwärtszogen, kam es Mitte des 19. Jh. zu ersten Zusammenstößen. Ihnen folgten verheerende Pockenepidemien. Auch die ständigen Kämpfe mit den Dakota trugen mit zu einem starken Bevölkerungsrückgang bei. 1860 schlossen sich die A. den Mandan und Hidatsa an und ließen sich bei Fort Berthold nieder. 1880 wurde für sie dort ein Reservat eingerichtet. Ab 1950 wurden sie wegen Dammarbeiten und aufgrund von Erdölexplorationen umgesiedelt.

Lit.: 574, 587
Karten: Nordamerika (Abb.: 76)
    Ausbreitung des Pferdes (Abb.: 46)

Armenier

In der ganzen Welt verstreut lebendes Volk Armeniens (im heutigen Dreiländereck Sowjetunion, Türkei, Persien); geschätzte Gesamtzahl: 4 Mio. Das geschlossenste Verbreitungsgebiet der A. liegt heute in der UdSSR (1970: 3,559 Mio.), insbesondere der Armenischen SSR (1970: 2,208 Mio.), der Aserbaidschanischen SSR (1970: 484 000), der Grusinischen (= Georgischen) SSR (1970: 452 000). In der Türkei leben nach den Pogromen des 19. und 20. Jh. nur noch ca. 70 000 A. (eine ungenaue Zahl, da viele A. sich nicht mehr zu ihrem Volkstum bekennen), im Iran 130 000, Syrien 120 000, Libanon 70 000, Irak 30 000, Zypern 5000. 250 000 A. wanderten in die USA aus, viele auch in europäische Länder. Sprache: Armenisch, ein eigenständiger Zweig der indoeuropäischen Sprachfamilie.

Armenien ist ein Hochgebirgsland mit trockenem Kontinentalklima, Bodenbau daher vielfach nur mit Bewässerung und – in steilen Lagen – auf Terrassenfeldern möglich. In tiefergelegenen Gebieten Anbau von Wein, Obst, Getreide; im Bergland überwog Viehzucht (Schafe, Ziegen) mit sommerlichem Almbetrieb. Ein Teil der A. war im Handel tätig, meist in den nordkaukasischen, georgischen und osmanischen Städten (insbesondere Istanbul); durch geschicktes Geschäftsgebaren verdrängten sie hier nicht selten die einheimische Händlerschaft. Anti-armenische Ausschreitungen galten zwar meist dieser Händlerschicht, trafen aber in der Hauptsache, besonders im Osten der Türkei, die armenischen Bauern. Zentrum der armenischen Dörfer – im Gebirge festungsartige Hangstufenanlagen, in flacheren Gebieten Kuppeldachhäuser, oft halb- unterirdisch – war die Kirche. Das Christentum war in Armenien schon im 3. Jh. zur Staatsreligion erhoben worden und wurde trotz innerkirchlicher Spaltungen zur alle A. einigenden Kraft gegen die Expansion des Islam und politische Teilung. Kirchen, Klöster und Wallfahrtsorte waren eher nationale Gedenkstätten, christliche Feiertage die Demonstration des armenischen Zusammengehörigkeitsgefühls. Der reiche heidnische Volksglaube lebte oft unter dünnem christlichen Firnis weiter.

Die früheste Geschichte der A. ist mit dem Geschick des Reiches Urartu, das im 8. Jh. v. Chr. fast das gesamte spätere Armenien umschloß, eng verbunden: nach ihrer Einwanderung im 7. Jh. v. Chr. vermischten die indogermanischen A. sich hier mit der vorindogermanischen Bevölkerung und nahmen von den Urartäern mesopotamische und altmediterrane Einflüsse besonders im Geistesleben auf (Kybele- und Attiskulte), zugleich auch starke iranische Strömungen (Ahura Mazda, Mithra, Anahita), die später viel zum synkretistischen+ Gepräge der armenischen Kultur beitrugen. Die Lage Armeniens zwischen Iran und Byzanz bzw. später dem osmanischen Reich führte zur mehrfachen Teilung Armeniens in zwei kulturelle und politische Einflußzonen. Diese Zerrissenheit förderte die Parteienbildung zwischen den mächtigen Adelsgeschlechtern, die sich untereinander bis zur Selbstzerstörung bekämpften. Ein armenischer Nationalstaat konnte sich immer nur kurze Zeit gegen diese zentrifugalen Kräfte halten. Schon seit dem 11. Jh. suchten A. durch Auswanderung in die Länder des Vorderen Orients und nach Rußland der politischen Unsicherheit ihrer Heimat zu entfliehen. Anti-armenische Pogrome in der Osttürkei, die ihren Höhepunkt mit der Machtübernahme der Jungtürken im 1. Weltkrieg erreichten, führten zur Vertreibung und Liquidierung von zwei Dritteln der dort lebenden A.

Die moderne Entwicklung des ehemaligen Armenien läßt sich kontinuierlich nur im einzig heute noch geschlossenen Siedlungsgebiet der A. in der UdSSR verfolgen. Dort kam es 1920 nach der gewaltsamen Auflösung der »Unabhängigen Armenischen Republik« (gegründet 1918) durch die Rote Armee zu tiefgreifenden wirtschaftlichen Veränderungen: Abschaffung der Privatwirtschaft und Einrichtung von Kolchosen und Sowchosen, Intensivierung von Landwirtschaft und Viehzucht, daneben Ausbau der Industrie (Buntmetalle, Chemie, Maschinenbau, Nahrungsmittelindustrie), dem aber durch Energiemangel Grenzen gesetzt sind. Einschneidend für das armenische Selbstbewußtsein waren die staatlichen Eingriffe in die Strukturen der Kirche, in der jahrhundertelang die armenische Kultur, das starke Nationalgefühl und der nie erlöschende Wille zur staatlichen Eigenständigkeit bewahrt worden waren.

Lit.: 43, 46, 53
Karte: Kaukasus (Abb.: 61)

Aruak

Indianische Sprachfamilie in Südamerika; wichtige Völker: → Amuesha, → Asháninka, Dzazé, Matsiguenka, Mojos, Palikur, Paraujano, Terêna, → Wayú; → Xinguanos. Die A.-sprechenden Völker werden mit der Ausbreitung der Töpferei im südamerikanischen Waldland in Verbindung gebracht, manchmal auch mit der Verbreitung eines starken, an den Gedanken des hochkulturlichen Fürstentums erinnernden Häuptlingstums.

Karte: Südamerika (Abb.: 78)

Aschanti
Ashanti, Asante

Westafrikanisches Volk im dicht besiedelten, heute stark gelichteten Regenwald des südl. Ghana und in angrenzenden Gebieten von Togo und Elfenbeinküste; ca. 1 Mio. Die A. gehören zur Gruppe der Akan, unter deren Stämmen sie kulturell und politisch dominierten. Sprache: Twi der Kwa-Sprachengruppe. Sprachlich und kulturell stehen ihnen die Akyem, Anyi (Agni), Baule und Fanti nahe.
Die Mehrzahl der A. lebt in aus rechteckigen Giebeldachhäusern bestehenden Dörfern von der Landwirtschaft. Zur Selbstversorgung werden Bananen, Jams, Maniok sowie eine Vielfalt von Gemüsen angebaut; Hauptplantagenprodukt ist Kakao. Haustiere (Schafe, Schweine, Ziegen und Hühner) werden fast überall gehalten. Der Handel spielt eine sehr wichtige Rolle im Leben der A. Sie exportieren Kakao, Bauholz, Bauxit und andere Mineralien. Der Anbau für den Markt in der modernen A.-Wirtschaft hängt, wie in ganz Ghana, stark von der Kakao-Produktion und seinem Weltmarktpreis ab. Früher spielten das Gold (»Goldküste«) und der Sklavenhandel eine wichtige Rolle. Um die Herrschaft über Gold und Sklaven wurden viele Kriege ausgetragen. Berühmt sind die aus Gelbguß bestehenden sogenannten Goldgewichte der A., die – heute von Sammlern begehrt – gegen Goldstaub eingetauscht wurden. Die Bedeutung eines A.-Häuptlings hing vom Besitz solcher »Gewichte«, die als Kleinplastiken dargestellt sind, ab. Die A.-Könige hatten das Recht auf allen Goldstaub, der auf dem Markt von Kumasi auf den Boden fiel. Bei einer Gelegenheit erbrachte die Siebung des Bodens mehr als tausend Unzen Gold. Symbol der Nation und der Amtsgewalt ist der »Goldene Stuhl«, ein mit Goldblech beschlagener Schemel, der allerdings nicht als Thron benutzt wurde, sondern die Ahnenwelt verkörpert und eine Verbindung zwischen den lebenden und toten A. darstellt.
Die Stellung des einzelnen in der A.-Gesellschaft wird durch seine Abstammungslinie bestimmt, die nicht die des Vaters, sondern die der Mutter ist. Jedoch wird auch der väterlichen Abstammung ein bestimmter Wert zuerkannt, so in dem Glauben, daß jeder Mensch aus zwei Elementen zusammengesetzt ist: Blut von der Mutter, Geist vom Vater. Mitglieder der mütterlichen Klane (abusua) unterstützen einander beim Hausbau, bei der Landarbeit, bei Beerdigungsriten. Die väterliche Abstammung bestimmt die Zugehörigkeit zu den exogamen ntoro-Unterteilungen, die religiöse und sittliche Verpflichtungen regeln. Die A. waren gefürchtete Krieger; sie kannten eine Art allgemeine Wehrpflicht und vermochten in kurzer Zeit größere Truppenverbände aufzustellen. Das A.-Land war aber auch ein Zentrum des Kunsthandwerks (Goldgewichte, andere Goldarbeiten, hölzerne Puppen, Grabplastiken aus Terrakotta, Weben, Farbdrucke u. a. m.). Frauen wie Männer wählen die Oberhäupter der politischen Einheiten. Jedoch sind Frauen wegen des Menstrualtabus selbst nicht wählbar. Es bleibt den Oberhäuptern und den Ältestenräten überlassen, den inneren Frieden zu wahren und die Beziehungen nach außen zu regeln. Im vorkolonialen A.-Staat waren die Dörfer zu regionalen Einheiten zusammengefaßt, über die der Häuptling eines Hauptdorfes als Oberhäuptling amtierte. Der Oberhäuptling von Kumasi, der Hauptstadt des A.-Landes, war Stammesoberhaupt und König (Asantehene). Er wurde auf die gleiche Weise gewählt wie jeder Dorfhäuptling; trotz seiner religiösen Weihe – der »Einstuhlung« – ist er kein absoluter Monarch gewesen. Seine Hauptfunktionen waren überwiegend religiöser und militärischer Art. Die Mutter des Königs oder seine Schwester waren traditionell seine

Aschanti 36

Abb. 17: Die Aschanti in Ghana sind seit alters her Meister der Goldschmiedekunst. (Foto: Chesi)

Hauptberaterinnen. Die Vertreter der Organisationen junger Männer (mmerante) berieten den König, ehe er eine Entscheidung traf.
Die Religion der A. kennt einen fernen obersten Gott; daneben gibt es aber eine Vielzahl geringerer Götter und Geister wie auch die allgegenwärtigen Geister der Vorfahren. Noch heute liefert die traditionelle Religion die Grundlage des A.-Weltbildes, obwohl große Teile der Bevölkerung nominell Christen oder Muslime sind.
Das Königreich der A. kann mindestens bis zum Beginn des 16. Jh. nachgewiesen werden. Vermutlich stammen die A. aus den Savannen nördl. der westafrikanischen Regenwaldzone und lebten in der Nachbarschaft der Dagomba, eines Mosi-Reiches. Sie erkämpften sich ihre politische Unabhängigkeit, bauten eine staatliche Organisation auf und zogen nach Süden in ihre heutigen Wohnsitze. Durch Bündnisse und Eroberungen gliederten sie immer mehr Stämme in ihren Staat ein. Ihr stärkster Gegner war das Reich Denkera, das Anfang des 18. Jh. vom Begründer der A.-Konföderation, Osei Tutu (ca. 1695–1731), unterworfen wurde. Der innerafrikanische und – später – der internationale Sklavenhandel spielten seit jeher eine dominierende

Abb. 18: Aus Kupferlegierungen stellen die Aschanti Masken, Gefäße und Figürchen, die früher als Goldgewichte ihren Zweck erfüllten, für den Verkauf an Touristen her. (Foto: Chesi)

Rolle in der wirtschaftlichen und politischen Geschichte der A. Mit dem Beginn des 18. Jh. waren die A. zu einem Hauptversorger engl. und holländ. Sklavenhändler geworden, wobei allerdings die Fanti im Süden den A. den Zugang zur Küste verwehrten. Die endgültige Abschaffung des Sklavenhandels (1807) verwickelte die A. in einen 70 Jahre währenden Konflikt mit England (1824–96) und leitete das Abklingen ihrer Macht ein. 1874 nahmen die Engländer Kumasi ein, die nördl. Provinzen fielen ab, die südlichen bildeten die »Gold Coast Colony«. 1902 wurde das restliche A.-Reich zur britischen Kronkolonie, der Asantehene jedoch blieb Titularherrscher bis zur Gewinnung der Unabhängigkeit (1957), als das Königreich in der Republik Ghana aufging. In Ghana standen die A. bis 1960 in Opposition zu Präsident Kwame Nkrumah. Heute stellen die A. das wohl progressivste Element in Ghana. Die Blüte des Landes basiert auf ihren nach modernen wirtschaftlichen Techniken arbeitenden Kakaoplantagen und anderen Unternehmungen.

Lit.: 977, 1005, 1015 (s. auch Akan)
Karte: Westafrika, 19. Jh. (Abb.: 225)
Abb.: 17, 18

Asháninka
Campa

Indianische Bauern, Jäger, Fischer am Oberlauf des Ucayali und dessen Zuflüssen, O.-Peru, ca. 20 000. Sprache: Aruak.
Brandrodungsanbau+ v. a. von süßem Maniok, aber auch von ca. 50 weiteren Kulturpflanzen. Jagd oder Fischfang decken den Eiweißbedarf und beanspruchen über die Hälfte der Arbeitszeit des A.-Mannes. 1969 waren allerdings nur mehr ca. 12% der A. Selbstversorger, die nur für die eigene Familie jagten und Pflanzungen anlegten: 51% jagten und pflanzten marktorientiert, 37% arbeiteten überwiegend als Waldarbeiter. Baumwolle wird für die Kleidung angebaut, das hemdartige weite Gewand (»cushma«) der Männer und Frauen.
Die Einzelfamilie siedelt teils allein, häufiger mit 3–10 weiteren Familien zusammen. Solche Siedlungen hatten früher mächtige Häuptlinge, deren es heute nur noch wenige, mit schwindender Autorität, gibt. Der alte Häuptlingstitel bezeichnet heute eher Vorarbeiter auf Pflanzungen der Peruaner. Bis in unsere Generation schlossen sich Krieger über mehrere Siedlungen hinweg zu Trupps unter mächtigen Kriegshäuptlingen zusammen. Ein Mann steht oft mit einem anderen, entfernt wohnenden in einer zeremoniellen Handelspartner-Beziehung. Dies und Heiraten mit Partnern aus entfernten Siedlungen legt ein Netz von Kontakten quer durch weite Regionen. Zwiste von Haus zu Haus, Siedlung zu Siedlung sind häufig und werden oft durch Wegziehen einer Partei gelöst. Das trägt zu dem – auch durch Notwendigkeiten der Jagd geförderten – häufigen Wohnsitzwechsel bei, der verhindert, daß ein Ort durch langandauernde Überbewirtschaftung ökologisch geschädigt wird.
Medizinmänner erkennen unter Drogeneinfluß den wahren Charakter der – für den Laien in ganz falschem Gewand erscheinenden – Realität. Sie bekämpfen feindliche Medizinmänner und böse Geister und stellen so ein Gleichgewicht zwischen Gut und Böse her. Dies ist in der Grundstruktur die gleiche Religion wie bei den meisten Waldindianern des tropischen Südamerika, aber die ausgeprägte Unterscheidung von moralisch gut und böse läßt an christlichen oder hoch-andinen Einfluß denken. Der Mensch wird nach dem Tod je nach seinen Taten zu einem guten oder bösen (und unglücklichen) Geist. Ähnlich den hoch-andinen Göttern wird der Herr der Tiere durch Flehen zum Mitleid erweicht.

Im Gebiet der A. wurden Metalläxte vorspanischer hoch-andiner Kulturen gefunden, welche die A. wohl gegen Federn, Häute, Salz eintauschten. Mit dem Handel ist wohl auch kultureller Einfluß gekommen. Die christliche Mission begann 1635 und war zunächst recht erfolgreich. Sie führte Viehzucht und Metallverarbeitung ein. 1742 waren die A. jedoch die Hauptträger des Aufstandes der Atahualpa, eines Ketschua, der das Inkareich erneuern wollte, aber Anhang v. a. bei den Waldindianern östl. des Inkagebietes fand. A., Amuesha und Piro strömten im Gebiet der A. zu einer mit Steinschleuder, Pfeil und Bogen bewaffneten Guerilla-Armee zusammen, die die Spanier aus großen Teilen des ostperuanischen Waldlandes vertrieb.
Erst 1847 gelang der peruanischen Armee das erneute Eindringen ins A.-Gebiet, erst 1920 gaben die A. die militärische Blockade der letzten wichtigen Verkehrsader in ihrem Land auf. Der größere Teil der A. wurde gegen Ende des 19. Jh. unterworfen, nicht durch Waffen, sondern durch Herstellung wirtschaftlicher Abhängigkeit von Industrieprodukten. Die Peruaner nutzten dabei die heftigen inneren Zwiste unter den A.: Sie boten den einen Waren für Überfälle auf andere. Teils von feindlichen A., teils von peruanischen Menschenjägertrupps wurden viele Frauen und Kinder der A. zur Arbeit auf Pflanzungen oder in Haushalten verschleppt, ihre Männer ermordet. 1966 stellte die Untersuchung einer A.-Gruppe fest, daß 30% entweder in der Jugend selbst gegen ihren Willen zur Zwangsarbeit verschleppt worden waren oder von verschleppten Eltern oder Großeltern abstammten. Bis heute besitzen die A. ein ausgeprägtes Nationalgefühl und distanzieren sich von den Peruanern.

Lit.: 691, 780, 793
Karte: Nördliches Südamerika (Abb.: 209)

Asmat

Asmat bezeichnet eine Landschaft in SW-Neuguinea (zwischen Lorentzfluß und Digul) und ist zugleich Eigenname der dort lebenden Bevölkerung; ca. 40 000.
Der Name A. hat verschiedene Bedeutungen: er wird u. a. auf das Wort As-asmat zurückgeführt, das soviel wie »Wir, die Baummenschen« heißt. Nach traditionellem Glauben wurden die A. einst von einem Urzeit-Heroen aus einem Baumstück geschnitzt und zum Leben erweckt. Alle

anderen Stämme und Rassen der Menschen dagegen entsprangen dem Leib eines Reptils. Die mythische Baum-Mensch-Identität, die Ausdruck in kunstvollen Schnitzereien fand, erklärt sich auch aus der Tatsache, daß der Lebensraum der A. ein riesiger Sumpfwald ist: noch hundert Kilometer landeinwärts macht sich das Auf und Ab der Gezeiten bemerkbar. Die Flüsse sind die Hauptverkehrsadern, die wie ein dichtes Netz das Land durchziehen. Steine, ja selbst Bambus für den Schaft der Steinäxte, mußten die A. noch bis vor kurzem von den flußaufwärts, in höheren Regionen lebenden Bevölkerungsgruppen einhandeln.

Die A. gewinnen ihre Nahrung aus dem Meer, den Flüssen und dem Wald. Ihre Hauptnahrung bildet das Mark der wildwachsenden Sagopalme, die in den Sumpfwäldern sehr gute Wachstumsbedingungen findet. Die Dörfer der A. liegen längs der Flüsse und umfassen bis zu 2000 Menschen. Das Dorf ist eine wirtschaftlich und politisch autonome Einheit. Die Häuser, die auf 5–6 m hohen Pfählen errichtet werden, sind in Verteidigungslage gebaut. Sie werden in der Regel von den Mitgliedern einer patrilinearen+ Großfamilie bewohnt. Mehrere Großfamilien bilden einen Klan+, dessen Mitglieder in einem bestimmten Abschnitt des Dorfes geschlossen siedeln. Jede Klangruppe hatte ihr eigenes Männerhaus (yeu), das bis zu 60 m lang sein konnte; es war sowohl Kultzentrum als auch Wohnhaus der unverheirateten Männer. Hier traf die Welt der Lebenden auf die der Toten: in jedem Balken und Raumabschnitt wohnte ein bestimmter Ahnengeist. Geschmückte Ahnenschädel, Masken und sakrale Musikinstrumente wurden im yeu aufbewahrt. Bis vor einigen Jahren noch spielte die Kopfjagd im Leben der A. eine zentrale Rolle. Sie stellte eine im Mythos begründete Notwendigkeit dar und wurde als Fruchtbarkeitsritus aufgefaßt. Erst die absichtsvolle Tötung ermöglichte das Entstehen neuen Lebens und erlaubte damit den Totenseelen, von den Lebenden Abstand zu nehmen und den Weg ins Reich der Ahnen zu beschreiten. Eindrucksvolle Monumente der Philosophie der A. sind die mbis- oder Ahnenpfähle: die bis zu 8 m hohen, aus Mangrovenholz geschnitzten Pfähle bestehen aus einer Säule in- und übereinanderstehender Figuren, die einem Einbaum aufgesetzt ist. Die mbis-Pfähle mahnen die Lebenden an ihre Pflicht, die Toten zu rächen – denn dargestellt ist der jeweils Letzt-Verstorbene und das künftige Opfer der Kopfjagd. Nach erfolgreicher Tötung wurden die mbis-Pfähle in die Sagogründe des Klans geworfen, um hier Fruchtbarkeit und allgemeines Pflanzenwachstum zu fördern.

Dörfliche Anführer sind bei den A. alte, erfahrene Männer, die über profunde Kenntnisse der Mythologie, Tatkraft und Geschicklichkeit verfügen.

Aufgrund der Abgeschiedenheit ihres Lebensraumes konnten die A. noch bis Mitte der 50er Jahre frei von Störungen durch die Außenwelt ihr traditionelles Leben führen. Von der See kaum zugänglich und von der Landseite her durch eine Kette schneebedeckter Bergzüge geschützt, blieben ihre Kontakte mit der westlichen Welt auf ein Minimum beschränkt und zunächst ohne weitreichende Folgen. Schon 1623 landete der niederländische Händler Jan Karstens vor der Küste von Asmat, eineinhalb Jahrhunderte später folgte der Weltumsegler James Cook. Erst 1953 geriet A. unter die ständige Kontrolle der niederländischen Kolonialverwaltung. Heute sind die A. Staatsbürger der Republik Indonesien. Die Kopfjagd wurde bei Strafe verboten; den Menschen damit ein Kernelement ihres Daseins genommen. Dem Christentum, das neue Wertsysteme brachte, mißtrauen heute viele A. – zugleich zweifeln sie an der Glaubwürdigkeit ihrer alten Traditionen.

Von staatlicher und privater Seite wurden in den letzten Jahren Projekte zur Förderung des traditionellen Kunsthandwerks begründet: die einheimischen Schnitzer sollen zu neuen Leistungen angespornt, für den Absatz der Produkte in Amerika, Europa und Indonesien soll gesorgt, die zurücklaufenden Gelder von den Missionen für den Bau von Schulen und Krankenhäusern verwendet werden.

Lit.: 356, 358
Karte: Neuguinea u. Melanesien (Abb.: 165)

Assiniboin

Auch: Stonies (in Kanada), nordamerikanischer Indianerstamm westl. des Winnipeg-Sees und in den nördl. Teilen Montanas und North Dakotas, USA; heute auf den Reservationen von Fort Belknap und Fort Peck, Montana, sowie mehreren Reservationen in Kanada; ca. 5000. Sprache: Sioux.

Die A. waren einst eine Gruppe der Yanktonai-Dakota, trennten sich aber im 17. Jh. von diesen und wanderten nach Norden, wo sie sich den Cree anschlossen, um an dem Pelzhandel mit der

Assiniboin

Abb. 19: Dave J. Hawley, ein Assiniboin-Halbblut, gehörte 1964 zu den bekanntesten Persönlichkeiten in Hays, Fort Belknap Reservation, Montana. Er trägt eine von ihm gefertigte Adlerfederhaube und eine mit Glasperlen verzierte Lederweste. (Foto: Hartmann)

Hudson's Bay Company teilnehmen zu können. Sie bekämpften später wiederholt ihre ehemaligen Stammesgenossen, die Dakota.

Seit ihrem Aufenthalt in den Plains hatten die A. die charakteristische Plains-Kultur angenommen: Sie lebten überwiegend von der Bisonjagd (schon vor der Übernahme des Pferdes), die sie mit kleinen Jagdgruppen betrieben, und hausten in Lederzelten (Tipis). Mit den seßhaften Stämmen am oberen Missouri tauschten sie Wildbret und Felle gegen Gewehre und andere europäische Geräte sowie Mais ein. Obwohl sie eine Jäger- und Kriegermentalität entwickelt hatten und oft in Kämpfe mit anderen Plainsgruppen verwickelt waren (Blackfoot, Dakota), hatten sie ein außergewöhnlich freundschaftliches Verhältnis zu den Weißen. Ihre wichtigste religiöse Zeremonie, der Sonnentanz (oder: Medicine Lodge Dance), wird noch heute regelmäßig abgehalten. Durch mehrere schwere Pockenepidemien zwischen 1820 und 1830 ging ihre Zahl von über 10 000 (um 1780) auf knapp 8000 zurück.

Die A. in Alberta, Kanada, haben sich heute dem Tourismus geöffnet. Es werden Wanderungen (zwischen Mai und September) in die Rocky Mountains vom »Stoney Indian Wilderness Centre« (Exshaw, Alberta) organisiert, und die (zahlenden) Gäste werden in die handwerklichen Techniken, Mythen und Geschichte des Stammes eingeführt.

Lit.: 574, 582, 590, 594, 597
Karten: Nordamerika (Abb.: 76)
        Ausbreitung des Pferdes (Abb.: 46)
Abb.: 19

Athapasken

Angehörige der Sprachfamilie des Athapaskischen (→ Na-Dené); man unterscheidet zwischen N-A. (im westl. Kanada und in Zentral-Alaska) und S-A. (→ Navajo, → Apache in Arizona und New Mexico).

Lit.: 439
Karte: Nordamerika (Abb.: 76)

Abb. 20: Der Bumerang war früher wichtigstes Jagd- und Kultgerät der Ureinwohner Australiens. Heute schnitzen ihn seßhafte Aborigines zum Verkauf als touristisches Souvenir. (Foto: Hutterer)

Australier

In der Völkerkunde wird die Bezeichnung A. mit eingeschränkter Bedeutung verwendet. Man versteht darunter die Ureinwohner des Kontinents, heute offiziell »Aborigines« genannt. Zu Beginn der europäischen Kolonisation (Ende des 18. Jh.) lebten nicht mehr als 300 000 Menschen in dem Erdteil, die in Hunderte von »Stämmen« und ebenso viele Sprachgruppen zersplittert waren. Heute (1970): 130 000 Aborigines: davon zwei Drittel Mischlinge.

Vorgeschichtliche und anthropologische Befunde weisen darauf hin, daß die A. vor ca. 30 000 Jahren aus Asien in den Kontinent eingewandert sind. Die frühesten Einwanderer waren die Vorfahren der Tasmanier, deren letzte Vertreter um die Mitte des vorigen Jahrhunderts von weißen Kolonisten ausgerottet worden sind. Die Tasmanier wurden von den nachfolgenden A. (anthropologisch »Australide« genannt) absorbiert bzw. auf die SO-Australien vorgelagerte Insel Tasmanien abgedrängt.

Charakteristisch sind für das physische Erscheinungsbild der A. ein hoher, schlanker Körperwuchs, eine dunkle Haut- und Augenfarbe, schwarzes, lockiges Haar, tiefliegende Augen, eine breite Nase und eine schmale, längliche Kopfform.

Die A. besaßen bei Ankunft der Europäer eine Kultur, die trotz lokaler Sonderentwicklungen erstaunlich einheitlich war. Sie stellte das Ergebnis eines Jahrtausende währenden Anpassungsprozesses an die Bedingungen des geographischen Raumes dar. Die Wirtschafts- und Lebensform der A. wie auch die materielle Ausstattung ihrer Kultur wurden durch die Armut der Umwelt geprägt: Wüsten, Steppen und Savannen bedecken den größten Teil des Kontinents. Die A. waren nicht seßhaft und kannten nicht die produktive Bearbeitung des Bodens. Ihre traditionelle Wirtschaftsform war das Wildbeutertum: die Nahrung wurde durch Sammeln, Jagd und Fischfang gewonnen. Der Fischfang wurde lediglich an den Küsten intensiv betrieben. Die Jagd war in den klimatisch begünstigten Gebieten des Nordens und Südostens von Bedeutung, wo ausreichende Vegetation vorherrschte. Die Jagd (Känguruh, Opossum und Emu) wurde von den Männern betrieben. Als Jagd- und Kriegswaffe fanden Speer (mit Speerschleuder), Wurfstock, meist Bumerang genannt (wobei der wiederkehrende Bumerang gewöhnlich nicht als Jagdwaffe benutzt wurde) und Keule Verwendung. Während Fischfang und Jagd nur Zusatznahrung lieferten, beruhten die eigentlichen Grundlagen der Ernährung auf den Erträgen des Sammelns. Es waren vor allem die Frauen, die ausgerüstet mit Grabstock (zum Aufwühlen des Bodens) und Tragetaschen sowohl pflanzliche Produkte (Wurzeln, Beeren, Knollen, Früchte, Blätter, Samen) als auch kleineres Getier (Eidechsen, Ratten, Würmer, Larven) sammelten.

Der materielle Besitz der A. war einfach und bedingt durch die nomadisierende Lebensweise auf das Notwendigste beschränkt. Lasttiere waren unbekannt. Die einzelnen Geräte mußten leicht transportabel sein und vereinigten in der Regel mehrere Funktionen auf sich (Keule = Jagd- und Kriegswaffe). Die Kenntnis der Metallverarbeitung und der Töpferei fehlte. Holz, Stein, Knochen und Muscheln lieferten Rohmaterialien für Waffen, Werkzeuge und Geräte. Schilf und Gräser wurden zu Flechtwerk verarbeitet. Kleidung wurde in voreuropäischer Zeit nicht getragen. Beide Geschlechter schmückten sich mit Hüftgürteln aus Menschen- oder Opossumhaar. Lediglich im Süden verwendete man bei Kälte Umhänge aus Känguruhfellen. Als Unterkunft dienten einfache Schutzdächer bzw. Windschirme aus Buschwerk.

Die Spärlichkeit der Nahrungsgrundlage erlaubte den A. nicht, in größeren Sozialverbänden zusammenzuleben. Die wichtigste wirtschaftliche und politische Einheit war die Lokalgruppe (Horde), ein Verband von patrilinearen+ Verwandten und deren angeheirateten Frauen, die aufgrund des vorherrschenden Exogamiegebotes+ immer anderen Lokalgruppen entstammten. Ein Häuptlingstum hatte sich nicht ausgebildet. Meist waren es alte Männer, denen die Aufgabe zukam, über die strengen Gesetze der bestehenden Sozialordnung zu wachen. Diese Männer waren jedoch keine politischen Führer. Sie wurden respektiert, weil sie das größte Wissen über die religiösen Rituale, Mythen und Wasserplätze hatten und über diplomatische Beziehungen zu Nachbargruppen verfügten.

Der Wildwechsel und die Reifezeit der Nahrungspflanzen bestimmten die Wanderungen der Lokalgruppen, die aufgrund mythischer Überlieferungen an ein bestimmtes Territorium gebunden waren. D. h. jede Lokalgruppe war Eigentümerin eines bestimmten Gebietes, auf dem die heiligen Kultstätten lagen. Mehrere Lokalgruppen bildeten einen »Stamm«, der weder in wirtschaftlicher noch in politischer Hinsicht in Erscheinung trat, sondern lediglich eine sprachliche Einheit darstellte.

Die A. hatten eine sehr ausgeprägte, hochent-

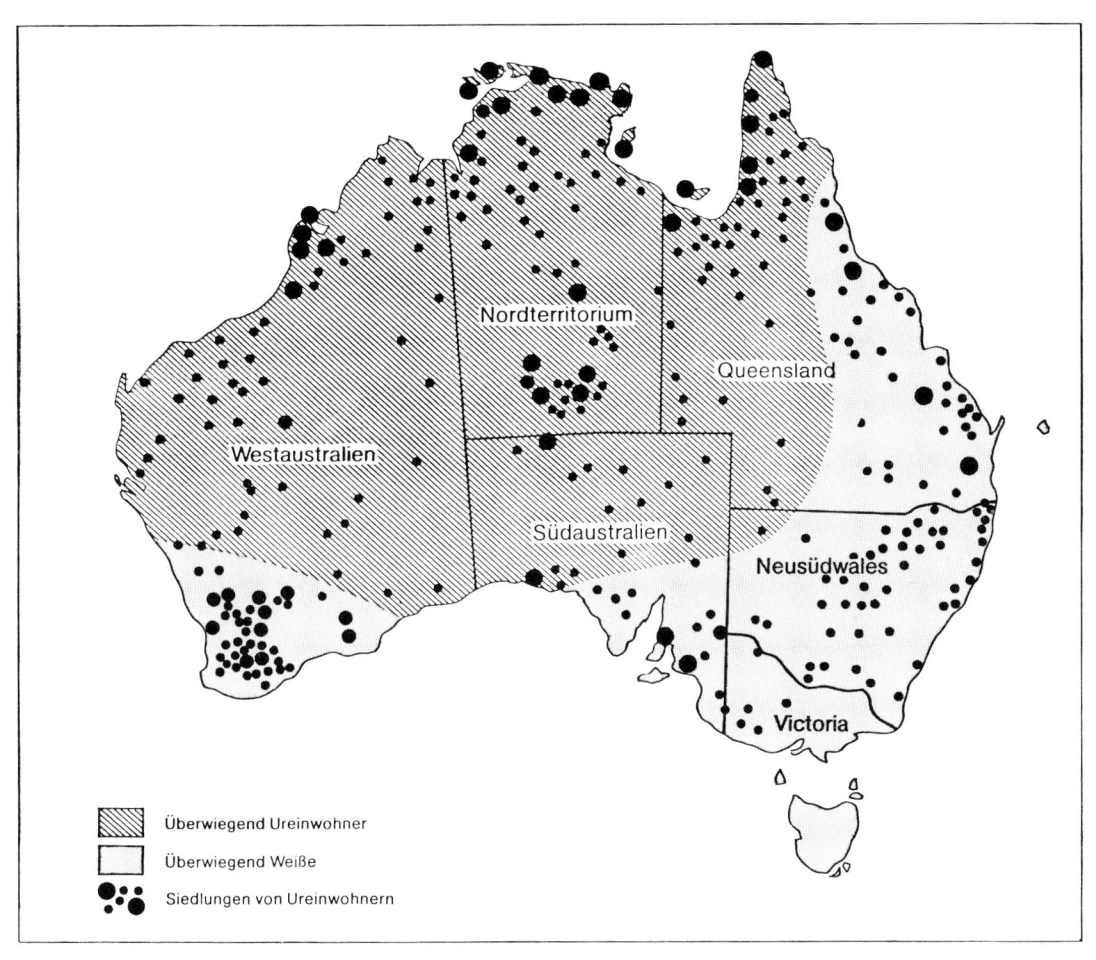

Abb. 21: Australien. Hauptverbreitungsgebiete der Aborigines, wie die Ureinwohner Australiens im Lande genannt werden. (Nach: Bild der Völker, Bd. 1)

wickelte Sozialstruktur, die ihrer unsteten Lebensweise und fast primitiv anmutenden materiellen Kultur auffallend entgegenstand. Die Verwandtschaftsrechnung und Heiratsordnung waren außerordentlich kompliziert.

Der Totemismus[+] prägte das gesellschaftliche und religiöse Leben: Jeder Mensch stand in einer engen mystischen Beziehung zu einem Totem – einer Pflanze oder einem Tier. Menschen mit gleicher Totemzugehörigkeit bildeten einen Klan[+], einen Sozialverband von überregionaler Bedeutung. Klan-Mitglieder pflegten eine gemeinsame mythische Tradition und galten als miteinander verwandt. Sie mußten ihre Heiratspartner aus anderen Klanen wählen.

Die Religion der A. zeichnete sich durch außerordentliche Mythenvielfalt aus. Man glaubte, daß in der Urzeit lebende Traumwesen die Welt einst mit schöpferischer Lebenskraft erfüllten. Diese übernatürliche Kraft konnte an besonders heiligen Plätzen (in Bäumen, Felsen und an Wasserstellen) wirksam werden. So fanden zu bestimmten Zeiten an den verschiedenen Kultplätzen Riten zur Vermehrung bestimmter Tier- oder Pflanzenarten statt.

In der Konfrontation mit Europa haben die Aborigines ein den Indianern der USA vergleichbares Schicksal erfahren. Die ersten europäischen Siedler ließen sich im Jahre 1788 in Australien nieder. Der Kontinent war zunächst von Großbritannien als Strafkolonie ausgewählt worden. Doch bereits nach der Jahrhundertwende kamen die Europäer – z. T. von Goldfunden angelockt – in Scharen ins Land. Schnell waren sie den Ureinwohnern zahlenmäßig überlegen.

Die Besetzung des Landes wurde rigoros vorangetrieben. Man drang in die Territorien der verschiedenen Stämme ein, legte Straßen an, vertrieb die Lokalgruppen von ihren Kultplätzen und machte hemmungslos Jagd auf sie. Ziel war die Errichtung von Viehstationen. Kontinuierlich wurde das Weideland auf Kosten der Aborigines ausgedehnt. Zum Schutz der Weidetiere (Schafe und Rinder) schoß man die Wildtiere nieder und raubte damit den Ureinwohnern die Existenzgrundlage. Setzten sie sich zur Wehr, wurden sie vertrieben oder umgebracht. In verschiedenen Landesteilen, vor allem im S und mittleren W, wurde ihre Ausrottung systematisch betrieben. Restgruppen wurden in Wüstenregionen abgedrängt.

Erst gegen Ende des vorigen Jh. entschlossen sich die Verwaltungen zu einer Schutzpolitik – zur Einrichtung von Stationen und Reservaten. Der Tenor jener Politik war allerdings eher der, daß man den Ureinwohnern in Schutzgebieten ein sanfteres Aussterben ermöglichen wollte. Man ging davon aus, daß der Niedergang dieser Rasse unaufhaltsam sei. Es stellte sich heraus, daß die Prognosen falsch waren.

In den dreißiger Jahren wurden die Aborigines als »Forschungsobjekt« der Völkerkunde entdeckt. Das Interesse einer breiteren Öffentlichkeit wurde damit auf ihr Schicksal gelenkt – eine auf Assimilation gerichtete Politik eingeleitet. Doch Rassismus und Diskriminierung sind noch immer verbreitet.

Die A. leben heute in einer bikulturellen Welt: Ihrer traditionellen Kultur entwurzelt, sind sie Fremde im eigenen Land. Ihr Anteil an der weißen Bevölkerung liegt unter einem Prozent. Obwohl der fünfte Erdteil zu den reichsten Ländern der Welt gehört, zählen seine Ureinwohner zu den Ärmsten der Armen. Es fehlt ihnen an den notwendigsten Dingen – Gesundheit, Nahrung, Wohnung und Ausbildung – Faktoren, die für das rein physische Überleben erforderlich sind.

1961 waren es in den Reservaten des Nordwestens und in den ariden Zonen des westl. Z-Australiens noch etwa 2000 A., die ihr Leben als halb-nomadische Wildbeuter führten. Doch auch bei diesen Menschen ist die traditionelle Kultur in Auflösung begriffen. Australien ist das einzige englischsprachige Land der Erde, das seiner Urbevölkerung Eigentumsrechte an Grund und Boden verwehrte. Reservat-Land gehört der Krone und kann ohne Befragung der Bewohner an Viehzüchter und Bergwerkkonzerne verpachtet werden. Alle Reservate stehen unter weißer Leitung. Keinem A. ist es gestattet, sich dort ohne Erlaubnis aufzuhalten, selbst wenn das Reservat auf traditionellem Stammesgebiet liegt. Die Landesregierungen von Queensland und West-Australien räumen seit 1957 Bergbau-Unternehmen Schürfrechte in den Schutzgebieten ein. Im Reservat der Yirkalla (Northern Territory) baut eine Firma unter staatlicher Aufsicht seit einigen Jahren Bauxit ab. Die A. dieses Gebietes können im Umkreis von 50 km nicht mehr im Meer fischen, da alle Tiere vergiftet sind. Sie haben ihre Hauptproteinquelle verloren, eine Entschädigung dafür noch nicht erhalten. Queensland hat erklärt, es werde alle Reservate schließen und die Jagdgründe der Ureinwohner an sich ziehen, um diese zu assimilieren, – eine moderne Variante des Landraubs. Nur zwei Bundesstaaten, Süd-Australien und Victoria, haben bisher den Ureinwohnern körperschaftliche Rechte an Reservat-Land zugestanden.

Die Mehrheit der A. lebt heute als Viehtreiber (stock boy) und Hilfsarbeiter auf den Farmen, Missions- und Regierungsstationen der Weißen. In der Regel erhalten sie nur ein Fünftel der Löhne ihrer weißen Kollegen. Seit 1968 haben sie per Gesetz Anspruch auf gleiche Bezahlung für gleiche Arbeit. Doch die Anwendung dieses Gesetzes machte sie oft zu Arbeitslosen. Ihre zu kostspielig gewordene Arbeitskraft wurde von den Weißen durch den Einsatz billigerer Mittel (Zäune, Maschinen) ersetzt.

Bis zum 2. Weltkrieg waren Kinder der A. vom staatlichen Schulsystem ausgeschlossen. Ihre Ausbildung ist noch heute mangelhaft: Aborigines werden später eingeschult, kommen langsamer voran, werden eher entlassen und schließen die Ausbildung auf einem niedrigeren Niveau ab als die weißen Australier. Die Hälfte der A. ist arbeitslos. Von den Arbeitskräften sind 98% ungelernte Arbeiter. Viele wandern in die Städte ab, wo sie sich in die Gruppe der erwerbslosen Wohlfahrtsempfänger einreihen. Sie siedeln in gettoartigen Slums. Ihnen werden baufällige Häuser zu überhöhten Mieten überlassen.

Ihr Gesundheitszustand ist gemessen am Standard der Weißen besorgniserregend. Fehl- und Unterernährung üben in Verbindung mit Krankheitenhäufung eine demoralisierende Wirkung aus. In W-Australien (A.: 2% der Gesamtbevölkerung) waren Anfang der siebziger Jahre ein Drittel aller Gefängnisinsassen und Fürsorgezöglinge Farbige. Das Hauptvergehen: Mißbrauch von Alkohol. Im Nordterritorium konzentrieren sich Dreiviertel aller Tuberkulosefälle auf die Ureinwohner, die nur ein Viertel der

Gesamtbevölkerung ausmachen. Die Säuglingssterblichkeit ist fünf mal so hoch wie bei den Weißen. Der »Medical Service« ermittelte unter den 25 000 Aborigines von Sydney, daß ein Viertel der 6000 Kleinkinder »Biafra-Babys« sind – in hohem Maße unterernährt. Krankheiten, die unter der weißen Bevölkerung seit fünfzig Jahren nicht mehr aufgetreten sind, grassieren unter den Farbigen nach wie vor.

Die Ureinwohner Australiens sind Entwurzelte ohne Zukunftshoffnung. In der Welt der Weißen werden sie oft als »folkloristisches Fossil« betrachtet. Der Einfluß ihrer Kultur reduziert sich auf bunte Postkarten- und Briefmarkenmotive und ist ferner an Straßen- und Städtenamen erkennbar.

Weder Regierung noch Mission haben den ersten Bewohnern ihres Kontinents bis heute Ersatz bieten können für das, was sie ihnen genommen haben.

Lit.: 307–322
Karte: Australien (Abb.: 21)
Abb.: 20

Avá-Chiriguano
Westl. Guaraní, Guarayos

Indianervolk in Bolivien (zwischen R. Guapay und Alto Pilcomayo, 22 000), Argentinien (N-Salta, SO-Jujuy, 15 000), Paraguay (Chaco v. a. um Mariscal Estigarribia, 1200). Sprache: Guaraní.

Die A. galten bis ins 20. Jh. als beste Maisbauern östl. der Anden, u. a. weil sie das Gelände für den Anbau jeweils verschiedener Maissorten besonders sorgfältig auswählten. Mais ist ihr Grundnahrungsmittel (ähnlich wie Maniok z. B. bei den → Küsten-Kariben), aber sie verkaufen ihn auch in die Städte der Weißen. Ferner bauen sie an: Süßkartoffel, Maniok, Bohne, Erdnuß, Melonen, Zuckerrohr, Tabak, Baumwolle u. a. Sie züchten Schafe, Hühner, Pferde, Rinder. Aus der Wolle weben die Frauen Hängematten und Kleidung. Die Landwirtschaft ist stark von der Gemeinschaftsarbeit, z. B. beim Roden oder Abernten eines Feldes geprägt, die der Häuptling koordiniert. Jeweils der Einzelbauer, dem von der Gemeinschaft geholfen wurde, veranstaltet zum Dank ein Fest, bei dem er einen Teil seines durch die Hilfe ermöglichten Überschusses in Form von Speise und Trank an die Festgäste abgibt.

Heute wird dieses traditionelle Bild durch neue Abhängigkeiten aufgelöst. Die Dörfer sind abhängig vom Besuch nichtindianischer Händler, die Industrieprodukte vermitteln. Ein Großteil der A. verläßt für 3–4 Monate das Dorf – in dem dann nur noch Alte und Kranke zu finden sind – zu Saisonarbeiten, oft in Form von Kontraktarbeit. Viele A. suchen Arbeit als Dienstboten oder Landarbeiter und verlassen ihr Dorf für Jahre. Zwar ist der Bildungsgrad der A. relativ hoch (v. a. in Paraguay viele Facharbeiter/Handwerker), doch finden sich nur wenige entsprechende Arbeitsplätze.

Etwa 8–10 Familien bilden ein Dorf mit einem Häuptling, der auf Grund seiner Fähigkeiten aus einem größeren Kreis von Männern gewählt wird, die in männlicher Linie von einem Häuptling abstammen. Der Häuptling ist Bauer wie die anderen, im täglichen Leben praktisch ohne Privilegien, beratend, nicht befehlend. Bei Versagen setzt man ihn ab. Ihm zur Seite steht ein Dorfrat aus den Medizinmännern und anderen angesehenen Männern. Oft sind mehrere Dörfer zu einem Territorium mit einem Oberhäuptling zusammengeschlossen. Die Abwanderung vieler A. aus den Dörfern auf die Haciendas oder in die Vorstädte führt heute zur Auflösung der alten Dorforganisation an vielen Orten.

Ähnlich wie in der Volksfrömmigkeit z. B. in Spanien oder Paraguay hat bei den A. der Katholizismus nicht-christliche Elemente aufgenommen und so die Basis einer lebendigen Volksreligion gebildet. Das wichtigste religiöse Volksfest ist Karneval, wo das Tragen von Masken Elemente des indianischen Geister- und Ahnenkultes weiterführt. In vorchristlicher Zeit war dies das Fest der Maisernte.

Zunächst östl. des R. Paraguay, drangen die A. seit 15. Jh. in mehreren Eroberungswellen nach W vor. Um 1471 zogen A.-Krieger durch den Chaco bis zu den Anden und bestürmten die Grenzen des Inkareiches. Weitere Attacken folgten. Mehrmals schlugen die A. Truppen des Inka in die Flucht. Ihr Ziel waren Metallwerkzeuge der Inka und Salz aus den Chaco-Sümpfen. Ihre Westwanderung wurde später durch Druck der Weißen von O auf die A. verstärkt. Im Chaco unterwarfen die A. Voreinwohner (der Aruak-Sprachfamilie, verwandt den Terêna) einem auf straffe militärische Organisation gestützte Herrschaftssystem, das dem der → Guaikurú im Chaco ähnelte: Die A. waren Eigentümer des Bodens, den die Unterworfenen in kollektiver Zwangsarbeit bestellen mußten. Ein typisches Zahlenverhältnis in einem Häuptlingsterritorium war etwa das von 350 A. gegenüber 4000 Unterworfenen.

1690 setzte die Mission mit dem Versuch ein, die A. aus den Dörfern in neue Missionssiedlungen unter span. Kontrolle zu holen, was das Ende des A.-Herrschaftssystems bedeutet hätte. Die A. leisteten erbitterten Widerstand. Erst gegen Ende des 18. Jh., unter zunehmendem militärischem Druck der Spanier, schlossen einzelne Häuptlinge Frieden mit den Missionaren. Hieraus erwuchsen Konflikte zwischen den nunmehr prochristlichen und den weiter anti-christlichen A. Die den A. unterworfenen Voreinwohner nutzten die Gelegenheit zu Aufständen. So nahm die Macht der A. im 19. Jh. stark ab. Sie unternahmen noch zahlreiche Aufstände, die aber alle, oft äußerst blutig, niedergeschlagen wurden. Der letzte Aufstand war der von 1891, der mit der Erschießung Tausender A. durch die bolivianische Armee in Curujuquy am 28. 1. 1892 endete.

Seit dem 15. Jh. war eine allmähliche Angleichung zwischen den A.-Eroberern und den unterworfenen Voreinwohnern erfolgt, so daß 1892 beide schon fast zu einem Volk – allerdings noch mit deutlicher sozialer Schichtung und inneren Gegensätzen – zusammengewachsen waren. Daß seit dem 19. Jh. beide gemeinsam einer neuen Unterdrückung unterworfen wurden, nivellierte die Unterschiede noch weiter: Sowohl die A. als auch ihre früheren Untertanen mußten nun auf Land, das nun keinem von beiden mehr gehörte, als Landarbeiter für Weiße arbeiten. Heute ist nur noch bei einem kleinen Teil der Nachkommen erkennbar, ob sie von den ehemaligen Herren oder von den ehemaligen Knechten abstammen. Alle sprechen die Sprache der A., und alle haben auch Kulturelemente der unterworfenen Voreinwohner bewahrt.

Im Chaco-Krieg zwischen Bolivien und Paraguay 1932–35 schloß sich ein Großteil der A. den Paraguayern an. Einige folgten den sich zurückziehenden paraguayischen Truppen nach Paraguay, wo sie seitdem, als Verbündete des Chaco-Krieges, unter den Indianern eine vergleichsweise privilegierte Stellung einnehmen, z. B. seit 1955 volles Bürgerrecht besitzen.

Karte: Nördliches Südamerika (Abb.: 209)

Awaren

NO-kaukasisches Volk, hauptsächlich in der Daghestanischen ASSR (UdSSR), zwischen Großem Kaukasus und Kaspischem Meer. Volkszahl 1970: 396 000. Sprache: daghestanischer (= nordöstl.) Zweig der kaukasischen Sprachfamilie. Zu den A. werden heute (abgesehen von den »eigentlichen« A.) dreizehn Minderheiten mit verwandten Dialekten (awaro-andische-zesnische [didoische] Sprachen) und weitgehend gemeinsamer Kultur und Geschichte gerechnet, die am Rande oder mitten im Siedlungsgebiet der »eigentlichen« A. wohnen.

Die karge Gebirgslandschaft des Daghestan war seit jeher für Viehzucht geeigneter als für Bodenbau. Schafhaltung war der wichtigste Zweig der awarischen Wirtschaft, schwierig jedoch durch das Fehlen von Winterweiden, die in tieferen Lagen von dortigen Großgrundbesitzern gepachtet werden mußten. Die A. waren im ganzen Kaukasus für ihre kunstvollen Metallarbeiten aus Gold, Silber und Kupfer bekannt, berühmt auch als Waffenhersteller und Schnitzer. Die zerklüftete daghestanische Bergwelt bestimmte die Siedlungsweise: terrassenförmig am Hang sich hochziehende Dörfer, oft von Wachttürmen überragt, eine Lage, die sie zu fast uneinnehmbaren Festungen werden ließ. Hier wohnten geschlossene Sippenverbände, die sich auf einen gemeinsamen Ahnen zurückführten. Das Christentum wurde im 11. Jh. vom Islam abgelöst, der durch die Geistlichkeit außerordentlichen Einfluß auf das staatliche Leben der A. gewann. Schon im 9. Jh. n. Chr. läßt sich ein awarischer Staat nachweisen, der sich mit zeitlichen Unterbrechungen immer wieder gegen mächtige Nachbarn durchsetzen konnte (Kumüken, osmanischer Hegemonieanspruch). Erst Ende des 18. Jh. brachte die Niederlage gegen Rußland den Verlust der staatlichen Eigenständigkeit.

Durch seine Unzugänglichkeit konnten die Umwälzungen der Sowjetzeit in Awarien sich nur mit zeitlicher Verzögerung durchsetzen. Grundvoraussetzung war die verkehrsmäßig bessere Erschließung des Berglandes. Die soziale Struktur ließ sich nur langsam verändern; Fälle von Blutrache waren noch bis weit in die dreißiger Jahre hinein üblich. Heute jedoch haben die Kolchosen und Sowchosen die Sippe als wirtschaftliche Einheit endgültig abgelöst.

Die Wirtschaft Awariens wurde durch geeignetere Anbaupflanzen, Einführung neuer Wirtschaftszweige (u. a. Seidenraupenzucht) und anderer Viehrassen stabilisiert. Das berühmte Kunsthandwerk wird noch gepflegt; die awarische Sprache, die seit 1938 mit kyrillischen Buchstaben geschrieben wird, dient als Unterrichtssprache in den ersten Volksschulklassen.

Lit.: 47, 49, Karte: Kaukasus (Abb.: 61)

Abb. 22: Schaf-Pferch im Gehöft von Ketschua-Indianern im Gebiet von Cuzco, Peru. Links der Eingang zum Wohnhaus, rechts ein Stallgebäude. (Foto: C. Münzel)

Aymara

Indianische Sprache und deren rund 2 Mio. Sprecher in Bolivien und Peru (Schwerpunkt um den Titicacasee, nach S bis zum Salar de Uyuni). Die Vorfahren der A. waren möglicherweise die Erbauer von Tiahuanaco und Träger einer die Zentralanden beherrschenden Kultur gegen Ende des 1. Jt. n. Chr., vielleicht in einem dem Inka-Reich vorangegangenen Imperium. Im 15. Jh. dem Inka-Reich unterworfen, konnten die A. hier als einzige Sprachgruppe weiter eine wichtige Rolle neben den Ketschua spielen.

Ob die A. als ein »Volk« zu bezeichnen sind, ist ähnlich umstritten wie im Fall der → Ketschua. Die Bezeichnung »Stamm der A.« ist ebenso unsinnig wie »Stamm der K.«. Daß die A. im Kerngebiet eines modernen Staates leben (die Sprache wird auch in Boliviens Hauptstadt La Paz viel gesprochen), dessen Bevölkerung mehrheitlich indianisch ist, gibt Bestrebungen in Richtung eines A.-Nationalismus stärkeres Gewicht als entsprechenden Tendenzen bei den Ketschua. Ganz grob kann man bei den A. drei soziale Hauptgruppen unterscheiden, bei denen sich das Problem der ethnischen und kulturellen Identität jeweils unterschiedlich stellt:

a) Die Kleinbauern mit relativ großer wirtschaftlicher Selbständigkeit. Bei ihnen sind die Abwehr des städtischen Einflusses und die Verachtung der aus der bäuerlichen Bevölkerung hervorgegangenen, aber heute von ihr getrennten Minenarbeiter Grundlage eines starken Bewußtseins der ländlichen Traditionen, die mit der A.-Sprache in Verbindung gebracht werden. Deutlich ist hier die Tendenz zu einem indianischen Nationalismus, der die A. als zentrales Volk unter den bolivianischen Indianern sieht.

b) Die Minenarbeiter, in Tradition und Sprache den Bauern eng verwandt. Bei ihnen ist das gewerkschaftliche Engagement, das sie mit Nicht-A. verbindet, heute stärker als das A.-Bewußtsein. Sie sind eher auf einen gesamtbolivianischen Nationalismus mit indianischen Akzenten ausgerichtet.

c) Die groß- und kleinstädtische Bevölkerung ländlicher Herkunft. Sie bemüht sich heute meist eher um Anpassung an die städtische Lebensweise als um Bewahrung der ländlichen A.-Traditionen und scheint zwischen indianischem Be-

wußtsein und Integrationswunsch zu schwanken.
Die Zweiteilung in Kleinbauern und Minenarbeiter stammt schon aus der Kolonialzeit. Die ländliche A.-Kultur ist derjenigen der Ketschua ähnlich, jedoch vielleicht noch stärker das Ergebnis eines gegenseitigen Durchdringungsprozesses indianischer und kolonialspanischer Kultur. Die A. sind auf dem Land Gebirgsbauern, die Kartoffeln, Gerste, Quinoa (Chenopodium quinoa, eine Meldenart), Zwiebeln u. a. anbauen, großenteils nicht für den Eigenverbrauch, sondern für den Markt. Sie halten Lama- oder Schafherden, viele Familien in höhergelegenen Regionen sind überhaupt in erster Linie Hirten und nicht Bauern. Die Solidarität innerhalb der Dorfgemeinschaft ist insgesamt vielleicht stärker als bei den Ketschua.

Lit.: 800
Karte: Nördliches Südamerika (Abb.: 209)
Abb.: 22

Ayoré
Moros

Indianer im N-Chaco (Bolivien-Paraguay, ca. 4000). Sprache: Zamuco. Kultur ähnlich der der → Matako und → Guaikurú.
Anpassung an wenig fruchtbares Gelände und zwei deutlich unterschiedene Jahreszeiten: In der Regenzeit pflanzen sie, dann ziehen sie als Jäger und Sammler weiter, um zur Erntezeit zum Feld zurückzukehren. Heute großenteils in festen Siedlungen bei Missionen, gehen sie stärker zur Landwirtschaft über. Während der Wanderperiode übernehmen sie nun auch Gelegenheitsjobs z. B. als Holzfäller.
50–300 A. bilden eine Lokalgruppe, die sich auf den Wanderungen in kleinere Gemeinschaften auflöst. Sie hat einen oder mehrere Häuptlinge, deren Amt teilweise vom Vater erblich ist, jedenfalls aber nur von erfolgreichen Kriegern ausgefüllt werden kann. Der Häuptling hat Anspruch auf einen Teil der Jagd- und Sammelbeute und landwirtschaftlicher Produktion und auf Hilfe jüngerer Krieger bei seinen Arbeiten, muß aber seinerseits Bedürftige versorgen, Feste ausrichten, Gäste bewirten. Prestige hängt vom Ruhm in den bis Ende der 60er Jahre fast alltäglichen Kämpfen zwischen Lokalgruppen ab.
Quer durch die Lokalgruppen geht die Einteilung in 7 Sippen, die sich jede auf einen mythischen Ahnen in väterlicher Linie zurückführen. Mitglieder der gleichen Sippe dürfen einander nicht heiraten.
Die Beziehungen der A. zur Umwelt hängen von einem komplizierten Beziehungssystem ab, in dem jedes Objekt, jedes Wesen der Natur in eine besondere Verbindung zu jeweils einer der 7 Sippen gebracht wird. So steht z. B. die Lokomotive in besonderer Beziehung zu einer Sippe, deren Ahne das Feuer entdeckt hat. Die Seele eines Verstorbenen geht zunächst ins Jenseits, wo sie ein neues Leben beginnt; wenn sie dort stirbt, kehrt sie zur Erde zurück und geht hier in ein Tier, das mit der Sippe des Verstorbenen in Beziehung steht; von dort geht sie in ein werdendes Kind der gleichen Sippe ein, wenn dessen Mutter das Tier verzehrt. So steht der Mensch in einer ständigen, engsten Kreislaufbeziehung zu den Teilen der Natur, die seiner Sippe zugeordnet sind.
Heute leben ca. 40–50% der A. bei protestantischen oder katholischen Missionen. Häufig werden ihnen ihre religiösen Feste als »heidnisch« verboten. Der Gegensatz zwischen »Protestanten« und »Katholiken« unter den A. (die nicht wirklich bekehrt sind, sondern nur mit der einen oder der anderen Mission ein Bündnis eingehen) ersetzt teilweise die alten Gegensätze zwischen Lokalgruppen.
Bis ins 20. Jh. unabhängig, töteten die A. bisweilen weiße Eindringlinge und galten als »wild«. Insbesondere griffen sie Camps der Erdölprospektoren an. Die paraguayische Armee befreite in den 40er Jahren jeden Soldaten vom Wehrdienst, der einen A. tötete. Paraguayische Soldaten ließen sich stolz mit dem Kopf eines getöteten A. fotografieren. In den 50er Jahren erging in der paraguayischen Armee ein Verbot, A. zu töten, doch scheint es, daß auch danach Lagerplätze der A. als Zielscheibe bei Manövern dienten, bei denen die Vernichtung von Guerilla-Trupps geprobt wurde. 1972 protestierte die paraguayische katholische Kirche gegen eine Privataktion, die anscheinend die systematische Ausrottung einer A.-Gruppe zum Ziel hatte.
Zwischen Weißen und anderen A. in die Zange genommen, schlossen erste A.-Gruppen in Bolivien in den 40er Jahren (erstmals wohl 1947), in Paraguay 1958 mit den Weißen Frieden. Sie gerieten in der Folgezeit in immer stärkere Abhängigkeit von Missionen, bei denen heute viele siedeln.

Lit.: 736, 745, 746
Karte: Nördliches Südamerika (Abb.: 209)

Azande
Asande, Zande, Niam-Niam

Ein afrikanisches Bauernvolk im Quellgebiet von Nil und Kongo in den Republiken von Zentralafrika, Sudan und Zaïre; ca. 2 Mio. Sprache: Adamaua-Ubangi. Die A. gehören zu Bevölkerungsgruppen, deren Vorfahren gegen Ende des 18. Jh. von N in ihr heutiges Wohngebiet, die Feuchtsavanne, einwanderten und die autochthonen Stämme verdrängten oder assimilierten. Die A. sind seßhafte Bauern und leben v. a. vom Anbau von Mais, Hirse, Erbsen und Süßkartoffeln; Kleinviehzucht ist unbedeutend. Die Familien leben in verstreut gelegenen Gehöften. Die Vielehe ist auf die Aristokratie beschränkt: da diese aber eine relativ große Anzahl der Frauen monopolisiert, ist es für junge Männer der einfachen Schicht oft schwierig, einen eigenen Haushalt zu gründen. Dazu kommt, daß Ehebruch schwer geahndet wird. Die Mädchen werden schon in frühester Kindheit mit ihrem künftigen Mann verlobt. Der vergleichsweise hohe Brautpreis war überwiegend in Speerklingen zu entrichten.

Ahnenkult und Hochgottvorstellungen bilden den Kern der Religion, werden aber in vieler Hinsicht von dem Glauben an und der Furcht vor Zauberei und Hexerei überschattet. Alltägliche Mißgeschicke, die den Menschen befallen können, werden dem bösen Wirken von Zauberern zugeschrieben. Selbst Mißernte, Unfall, Krankheit, sogar der Tod im hohen Alter sind Erscheinungen, die auf Hexerei zurückgeführt werden. Wenn ein A. Unheil erleidet oder von häuslichen Schwierigkeiten heimgesucht wird, sucht er einen anderen dafür verantwortlich zu machen. Durch ein kompliziertes System von Orakeln wird der Schuldige gefunden. Jemand auf magische Weise Schaden zuzufügen, gilt als Verbrechen und muß bestraft werden. Früher war es üblich, Hexer zu erstechen, jetzt aber werden sie wiederum durch Hexerei aus der Welt geschafft.

Die Aristokratie, aus der Schicht der Eroberer, der Adelskaste der Avongara, hervorgegangen, gilt als stolz und konservativ. Das Reich der A. war straff organisiert und bestand aus mehreren kleinen Staaten, die von Angehörigen des Adels gegründet worden waren. Den Unterworfenen wurde eine gewisse Unabhängigkeit auf lokaler Ebene zugestanden. Die A. waren benachbarten Stämmen überlegen (Kunsthandwerk, Musik, zentrale politische Organisation) und »azandesierten« sie (z. B. Abandja, Nsakare, Banda, Mandja, Baja).

Lit.: 855, 868, 878, 893, 941, 949, 961
Karte: Nordost-Afrika (Abb.: 10)

Bachtiaren

Eine noch teilweise nomadisch lebende Stammeskonföderation in W-Persien. Zentrum ist das Zagros-Bergland; im N gehört ein Teil des iranischen Hochlands, im S der nördliche Streifen des Tieflands von Khuzistan zum Siedlungs- und Wandergebiet der B. Sprache: Iranisch; Volkszahl: ca. 400 000.

Die traditionelle Lebens- und Wirtschaftsform der B. war der Bergnomadismus, d. h. das saisonale Aufsuchen von Weiden in unterschiedlichen Höhenlagen der Berge. Der Wanderzyklus bewegte sich zwischen den Sommerweiden im höchsten Zagros und den Winterweiden im südlichsten und daher wärmsten Teil ihres Wandergebiets. Von dort brachen die einzelnen Gruppen mit ihren Herden (zwei Drittel Schafe, ein Drittel Ziegen) nach N zu den gemeinsamen Weiden auf. Hab und Gut führte man auf Lasttieren mit (Esel, Maultiere, Tragochsen). Zwar gab es sowohl bei den Sommer- wie Winterweiden feste Häuser, doch blieb die traditionelle Behausung der Nomaden weiterhin das schwarze Ziegenhaarzelt, das sich leicht abschlagen und schnell wiederaufbauen ließ, wenn im Lauf des Sommers die Weiden in immer höhere Bergregionen (bis 4000 m) verlegt wurden. Vier bis zehn, im Frühjahr auch zehn bis fünfzehn Familien oder Zelte mit Eltern, Kindern, Großeltern und unverheirateten Geschwistern bildeten eine Lagergemeinschaft. Jede Familie besaß ihren persönlichen Besitz an Ackerland; die verschiedenen Weiden gehörten einer größeren Stammesgruppe gemeinsam. Sie wurden jedes Jahr in gleichbleibendem Turnus aufgesucht. Die Viehwirtschaft bildete die Ernährungs- und Lebensgrundlage der nomadischen B., doch war man auf den Bodenbau als Nebenerwerb angewiesen. Bei allen Weiden, ob im südl. Tiefland oder im zentralen Zagros, wurden Felder angelegt, die allerdings meist nur minimale Erträge an Weizen und Gerste lieferten. Auf den höchsten Höhenstufen war nur noch Regenfeldbau möglich, in den fruchtbaren Gebirgstälern dagegen konnten die Felder bewässert werden (Reis, Getreide, Obst). Handel und Tausch bildeten neben

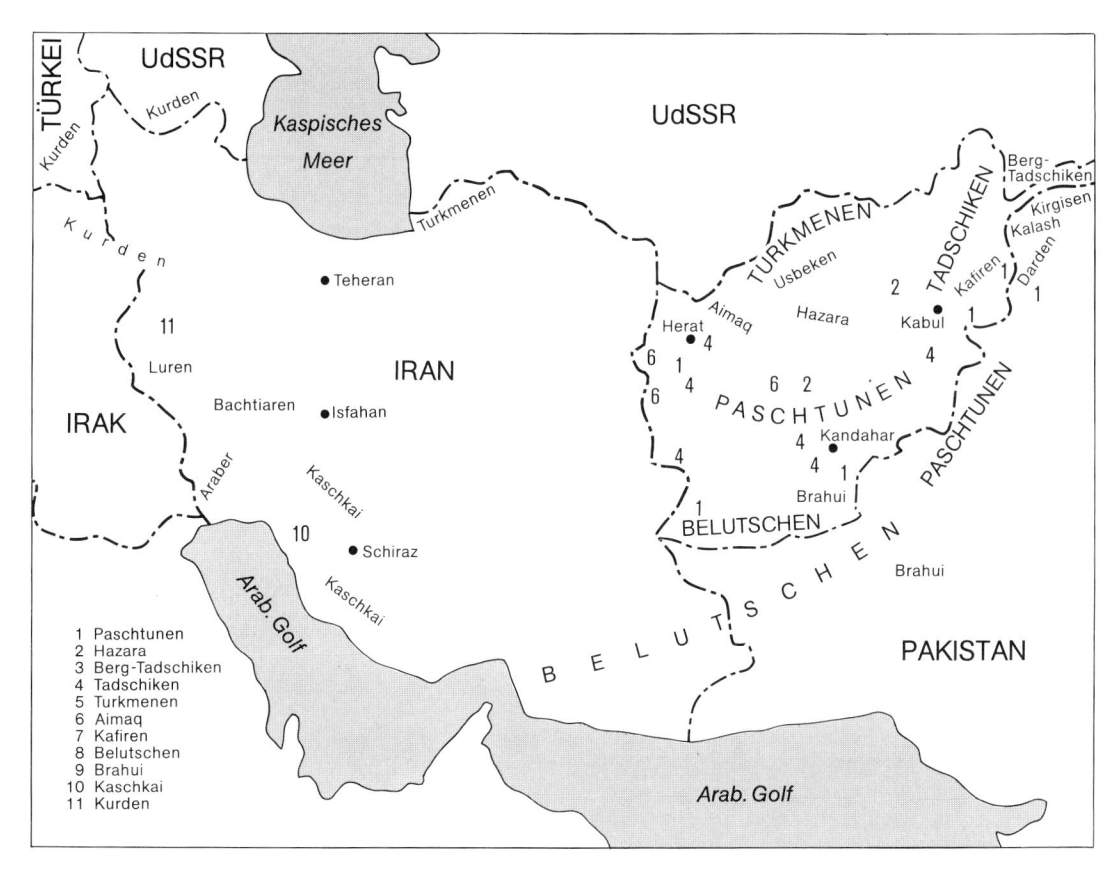

Abb. 23: Südwest-Asien. Die Völker und Volksgruppen Afghanistans, Irans und Pakistans mit traditioneller Lebensform.

Viehzucht und geringem Ackerbau die dritte und keinesfalls verzichtbare Absicherung des nomadischen Lebens.

Bei der Ethnogenese+ der B. waren wahrscheinlich iranische, arabische und mongolische Volkselemente beteiligt; auch die autochthone+ nicht-iranische Bevölkerung des Zagros dürfte teilweise in den B. aufgegangen sein. Die Geschichte der B. ist äußerst lückenhaft überliefert. Wahrscheinlich waren sie schon zu sassanidischer Zeit (3. bis 7. Jh. n. Chr.) Nomaden und Halbnomaden. Kämpfe zwischen den einzelnen Stämmen schwächten bis zu ihrer Einigung Mitte des 19. Jh. die Schlagkraft der B. Seit damals konnte sich, gestützt nicht zuletzt durch England, eine feudalistische Führungsschicht herausbilden, die zum Mittler zwischen der iranischen Zentralgewalt und dem Stamm wurde. Die B.-Khane begannen Großgrundbesitz zu erwerben. Sie begleiteten den Stamm nicht mehr auf der Wanderung, sondern ließen sich in den Städten in eigenen Residenzen nieder. Obwohl ihr Leben so entfernt vom nomadischen Wirtschaftszyklus verlief, blieben sie weiterhin die Stammesführer, gestützt auf eine ergebene nomadische Klientel, deren Treue sie nicht zuletzt mit ihren nunmehr festen Einkünften erkauften. Bachtiarische Khane waren bei der persischen Verfassungsbewegung vor dem 1. Weltkriegs entscheidend mitbeteiligt. Als Reza Shah (1925–41) an die Macht kam und die persische Zentralgewalt langsam erstarkte, wurden die Khane zwar nach und nach entmachtet, doch verstanden sie es, sich auf anderem Gebiet mit Reza Shah zu arrangieren, stellten Minister, Militärs und hohe Beamte.

Die heutigen B. sind keine geschlossen nomadische Gruppe mehr. Viele leben schon lange als Seßhafte unter Aufgabe der traditionellen Stammesbindungen; ein Teil steht auf dem Übergang zur Seßhaftigkeit. Diese Umorientierung der traditionellen Wirtschaftsweise wurde entscheidend von Reza Shah forciert, der mit teilweise drakonischen Maßnahmen die B. zur Ansiedlung zwang, die Wanderungen unterband, das Wohnen im Zelt verbot und, um jeden Widerstand auszuschließen, die Stämme entwaffnete. Die Abdankung Reza Shahs führte zwar bei vielen B. nach dem 2. Weltkrieg zur Wiederaufnahme der traditionellen Lebensweise, doch wurde mittlerweile, wenn auch nicht durch direkten Zwang, die Tendenz zur Seßhaftwerdung gefördert. Zum einen griff der Staat ein, indem er die Weiden verstaatlichte und damit nicht-bachtiarischen Gruppen ein Anrecht sicherte, dort sowohl ihr Vieh zu weiden als auch Siedlungen zu errichten. Zum anderen geht eine gewisse Motivation zur Seßhaftwerdung auch von einem Bedürfnis nach Luxusgütern und dem Wunsch aus, in der Nähe von Administration und Schulen zu leben. Letzter Ausschlag für eine feste Ansiedlung ist aber oft noch die Existenznot, z. B. nach Herdenverlust. Bevorzugt werden dann Orte entlang der alten Wanderwege oder bei den ehemaligen Lagerplätzen. Manche B. gehen auch als Ölarbeiter nach Khuzistan. Aber auch der genau umgekehrte Prozeß ist feststellbar: wer besonders reich ist, kann es sich leisten, die Betreuung seiner Herden Verwandten und Miethirten zu überlassen und ein seßhaftes Leben in der Stadt zu führen. Nie jedenfalls kommt es zur gemeinsamen Seßhaftwerdung geschlossener Stammesteile, immer ist es der individuelle Anreiz, der eine Einzelfamilie zur Aufgabe nomadischen Lebens motiviert.

Lit.: 5
Karte: Südwest-Asien (Abb.: 23)

Baggara
Baqqara

Sammelname für zahlreiche Stämme (→ Kababisch, Hamar; Habbania; Tundjer [Tungur]) von Rindernomaden (bakar = Rind) im östl. und mittl. Sudan zwischen Tschadsee und dem Nil; ca. 5 Mio. Sprache: Sudan-Arabisch.
Die Mehrzahl der B. dürften Abkömmlinge von → Beduinen sein, die im 14. Jh. nach dem Fall des letzten christl. Staates der → Nubier in den Sudan eindrangen. Hier verdrängten sie die sog. Sudan-Neger oder assimilierten sie. Dabei kam es zu starker Vermischung. Mit den seßhaften Bevölkerungen besteht zumeist eine enge wirtschaftliche Symbiose. Ein Charakteristikum der B.-Kultur sind Ochsen zum Reiten und Lasten-Transport.

Die B. pendeln mit ihren Herden zwischen den südl. Flußtälern (in der Trockenzeit) zur nördl. Grassteppe (während der Regenzeit). Wo Ackerbau möglich ist, wird er in beschränktem Umfang betrieben (Hirse und andere Feldfrüchte, die von den seßhaften Negervölkern übernommen wurden). In der Gesira sind B.-Gruppen neuerdings zum Baumwollanbau übergegangen. Die Sklavenhaltung geht wohl auf die starke Beteiligung der B. an den Sklavenjagden des 19. Jh. zurück. Viele B. haben am Mahdi-Aufstand in der zweiten Hälfte des 19. Jh. teilgenommen.

Lit.: 846, 882, 916

Bagirmi
Eigenbezeichnung: Barma

Bauernvolk in der Republik Tschad, in den Savannen zwischen Logone und Schari südöstl. von N'Djamena (früher: Fort-Lamy). Die B., ein Sudanvolk, sind mit Arabern und → Fulbe gemischt; ca. 150 000. Sprache: Ubangi des Niger-Congo.
Die Bevölkerung lebt vom Hackbau (Hirse, Bohnen, Erdnüsse und Baumwolle) und Viehhaltung (Schafe, Ziegen und Hühner); Rinder liefern Milch. Im Feldbau werden regelmäßig Bewässerung und Düngung angewendet. Die Männer versorgen das Vieh und fischen, die Frauen leisten den größten Teil der Feldbestellung. Die Gehöfte liegen oft in Dorf- oder Stadtsiedlungen beisammen. Die königliche Familie rühmt sich arabischer Herkunft; ein privilegierter Adel bildete den Beamtenstand.
B. war im 16. Jh. ein islamisches Reich. Nach Kämpfen, v. a. mit Bornu und Wadai, das zur führenden Macht im Zentralsudan geworden war, wurden die B. tributpflichtig. 1893 wurde B. von Rabeh, einem sudanischen Sklavenjäger, erobert und geplündert. Von 1900 bis 1960 war B. in das franz. Kolonialreich eingegliedert. Die B. sind heute politisch bedeutungslos. Im Zuge der politischen Auseinandersetzungen im Tschad ist das Gebiet seit ca. 1975 weitgehend isoliert

Lit.: 836, 917, 931

Balkaren

Früher Bergtataren, türkischsprachige Gruppe am nördl. Abhang des Kaukasus-Hauptkammes (obere Terek-Nebenflüsse), UdSSR, insbeson-

dere in der Kabardinisch-Balkarischen ASSR. 1959: 60 000.
Die B. waren vor 1917 überwiegend Viehzüchter (Schafe, Pferde, Hornvieh). Der Sommer wurde auf den Hochalmen mit der Herstellung von Milchprodukten verbracht; im Winter zogen die B. mit ihren Herden in die nördl. Vorberge und bei großer Kälte bis in die Ebenen. Bodenbau war durch ungünstige Witterungs- und Bodenverhältnisse nur beschränkt möglich, die B. daher von Getreidekäufen bei Kabardinern und Kosaken gegen Milchprodukte abhängig. An der Spitze der feudalen Gesellschaft stand der wohlhabende Adel, der seine Vasallen u. a. durch Überlassung adliger Kinder zur Pflege noch enger an sich band. Der Islam konnte im 18. Jh. Fuß fassen, überdeckte aber nur teilweise christliche und heidnische Glaubensformen.
Ethnogenese+ und Herkunft der B. haben Gemeinsamkeiten mit den → Karatschaiern: Abdrängung aus den nördl. Kaukasus-Ebenen in die Berge im 14. und 15. Jh.
Seit 1917 Intensivierung der Landwirtschaft, Neueinführung des Obstbaus, Einrichtung von Viehkolchosen. Wegen ihrer Kollaboration mit den Deutschen im 2. Weltkrieg verloren die B. – wie auch die Karatschaier – ihren Status als nationale Minderheit; er wurde ihnen erst 1957 zurückgegeben.

Lit.: 42, 55
Karte: Kaukasus (Abb.: 61)

Bambara
Bamara, Banmana

Westafrikanisches Volk zwischen Oberlauf des Niger und dem Senegal, Republik Mali; 1954: ca. 1 Mio. Sprache: Mande. Heute z. T. vermischt mit → Fulbe.
Die B. sind in erster Linie Hackbauern (Hirse, Mais, Jams, Maniok u. a. Feld- und Gartenfrüchte, in den Überschwemmungsgebieten auch Reis), aber auch Jäger und Fischer. Das Land gehört dem Stamm, nur das Recht, es zu bebauen, wird vererbt. Von Bedeutung ist der Handel mit Baumwollgeweben, die mit heimischem Indigo gefärbt werden. Die B. sind auch geschickte Holzschnitzer, ihre Antilopen-Masken, die in Verbindung zu Feldbaukulten stehen (s. u.), sind berühmt. Die B. leben in Dörfern und kleinen Städten, die jeweils einen Vorsteher (Erdpriester), Abkömmling des Dorfgründers, haben. Die Verwandtschaftsordnung ist patrilinear+, wobei angesehene Familienzweige die Oberhäupter für kleine Distrikte stellen. Es besteht heute keine zentrale Organisation mehr für größere politische Einheiten. Die Riten der Erdpriester im Erd- und Ahnenkult werden von Opfern und Gebeten begleitet.
Außer einer erblichen Adelsschicht gibt es noch eine soziale Schichtung im Adel, Gemeinfreie, Sklaven und verachtete endogame Kasten (Schmiede, Gerber, Holzschnitzer), die Überreste der einst bedeutenden Staatsorganisation sind. Wie andere Mandestämme gründeten die B. in der Vergangenheit bedeutende Königreiche, die ihre Herrschaft über weite Gebiete und viele Stämme ausbreiteten. Ende des 17. Jh. machten sie sich von der Herrschaft der Malinke frei und gründeten im Ségou und in Kaarta zwei Staaten, die sich bis zur Mitte des 19. Jh. behaupten konnten, ehe sie von den Tukulor (1854–61) unterworfen wurden. Eine neue Epoche begann 1890/91 mit der Ankunft der Franzosen in Djenne.
Die B. sind berühmt als Musiker und Hersteller von Holz- und Metallplastiken, hauptsächlich mit religiösen Themenstellungen. Heute wandern viele der Landbauern in die Städte ab. Große Teile der B.-Bevölkerung haben trotz einiger gewaltsamer Islamisierungsversuche ihre alte Religion beibehalten. Die Somono jedoch, eine eigenständige Fischerkaste am Niger, bekennt sich zum Islam.

Lit.: 870, 888, 929, 937, 959, 969
Karte: Westafrika, 19. Jh. (Abb.: 225)

Bamileke

Sammelname für eine große Anzahl von Stämmen und Dialektgruppen in der Waldregion um Nkongsamba zwischen den → Bamum und der Grenze von Nigeria und Kamerun. Eigenbezeichnungen, wie sie von den Gruppen selber gebraucht werden, sind die Namen der jeweiligen Häuptlingstümer; ca. 750 000. Sprache: bantoide Sprachen der Benuë-Kongogruppe.
Die B. sind seßhafte Bauern, die v. a. Hirse, Jams, Bananen, Mais und Erdnüsse anbauen. Rinder werden nur in geringer Zahl gehalten, und auch die Kleinviehzucht ist unbedeutend. Regelmäßig abgehaltene Märkte und Handel, der allein in den Händen von Männern liegt, sind jedoch wirtschaftlich und sozial von Bedeutung

Abb. 24: Zu Beginn dieses Jahrhunderts wurde auf Geheiß des Bamum-Sultans Njoya der Palast von Fumban im Kameruner Grasland errichtet. Der teilweise restaurierte Bau dient heute als Heimatmuseum. (Foto: Wente-Lukas)

für die Beziehungen und Kontakte der Gruppen miteinander.
Die meisten B. leben in Einzelgehöften. Die Häuser bestehen aus z. T. geschnitzten Holzpfosten; Schnitzereien stellen auch heute noch einen wesentlichen Bestandteil der modernen Handwerkskunst dar.
Abstammung, Nachfolge und Erbschaft werden in männlicher Linie gerechnet. Die Wohnfolge ist patrilokal. Vielehen sind die Regel, und ein Brautpreis von erheblicher Höhe wird gefordert, aber die B. wählen oft den Ausweg des Schwesterntausches, bei dem sich die Brautpreiszahlungen aufheben.
Jede ländliche Nachbarschaftsgruppe hat ein erbliches Oberhaupt. Darauf baut sich ein Staatswesen auf, das in einem Oberhäuptling- oder Königtum gipfelt. Ob groß oder klein, die Staaten hatten alle Merkmale typisch afrikanischer Feudalstruktur: sakrales Dorfhäuptlingtum, territoriale Lehnsherren u. a. m. Der Königinmutter wurde besondere Ehrerbietung erwiesen.
Der Ahnenkult als Grundlage der traditionellen Religion hat sich neben dem Islam und Christentum bis heute erhalten.
Die B. haben sich erfolgreich der modernen Entwicklung, wie dem Stadtleben und der Arbeit auf Plantagen, angepaßt. Sie haben ein ausgeprägtes Stammesbewußtsein. Zur Zeit der politischen Unabhängigkeitserklärung Kameruns schufen sie beträchtliche politische Unruhe.

Lit.: 911, 918, 921, 962
Karte: Afrika (Abb.: 148)

Bamum

Kulturell bedeutendste Gruppe der Bevölkerung des Graslandes von Kamerun; ca. 100 000. Sprache: Bantoid des Benuë-Kongo. Als Handelssprache wird B. auch von anderen Völkern in Kamerun gesprochen und verstanden.
Kulturell sind die B. den → Bamileke und anderen Kameruner Hochlandvölkern ähnlich. Die handwerklich und auch künstlerisch begabten B. (Gelbguß, Töpferei, Holzschnitzkunst) entwickelten unter ihrem König Njoya (1889-1933), der die Interessen seines Volkes gegen die deutsche und franz. Kolonialverwaltung geschickt vertrat, eine eigene Schrift, in der die Geschichte und das Brauchtum der B. aufgezeichnet wurden. Die Residenz von Njoya war Fumban, das hölzerne, schön geschnitzte Bauten (bes. einen Königspalast) besaß. Im Palast Njoyas wurde später ein volkskundliches Museum eingerichtet, eines der ersten in Schwarzafrika. Das dortige Palastmuseum ist eine historische Schatzkammer der B.-Herrscher.

Lit.: 864, 905, 943
Abb.: 24

Bari
Motilonen

Indianische Waldlandbauern im Grenzgebiet zwischen Kolumbien und Venezuela, am Ostabhang der östl. Kordillere (Sierra de Perija). Zusammen mit den Tunebo ca. 5000. Sprache: Chibcha.
Brandrodungsanbau+ von süßem Maniok, Süßkartoffel, Yams, Mais, Bohne, Banane u. a. (vgl. → Jibaro; die → Küsten-Kariben sind dagegen einseitiger auf eine Hauptanbaupflanze ausgerichtet). Vor allem die wenig Pflege benötigende Banane ermöglicht es, die Felder lange allein zu lassen. So legen die B. z. B. ein Feld an, verlassen es und kehren erst nach 12–15 Monaten zurück, wenn das Feld Nahrung liefert. Hiermit hängt die Möglichkeit des häufigen Wohnsitzwechsels zusammen.
Mehrere Familien (50–150 Personen) leben in jeweils einem alleinstehenden Gemeinschaftshaus. Sie kommen dadurch zusammen, daß jede Familie versucht, zwei weitere hinzuzuziehen, deren eine vom Mann der ersten Familie aus gesehen, deren andere von der Frau aus gesehen heiratsfähige Kinder hat. Zieht die Gemeinschaft nach wenigen Jahren weiter, löst sie sich oft in neue, an andere Häuser gebundene Gemeinschaften auf, um sich eventuell später im alten Haus wieder zusammenzufinden. Der Hausvorstand ist in jedem Haus ein anderer, d. h. ein Mann kann an einem Ort der Erste sein und diese Würde verlieren, sobald seine Gemeinschaft umzieht und sich um-formiert. Die Zusammenstellung neuer Hausgemeinschaften ist ein auch von wirtschaftlichen Überlegungen (Suche nach Personen, die beim Roden helfen können u. ä.) bestimmtes politisches Spiel, das neue Hausvorsteher an die Macht bringen kann.
Die traditionellen Glaubensvorstellungen (z. B. die enge Beziehung zu den Toten, die auf dem Mond ein ewiges Leben führen, das eine Art versteinertes, der Lebendigkeit entkleidetes Ge-

genmodell zur B.-Gesellschaft bildet) sind heute durch intensive katholische und evangelikale Mission geschwächt.

Die an einem Ausläufer der Anden siedelnden B. wurden von der zentralandinen Hochkultur her, wohl über die Chibcha des zentralen und südl. Kolumbien, beinflußt, doch ist hiervon heute kaum noch etwas zu spüren. Zusammenstöße mit Spaniern gab es seit dem 16. Jh. Im 18. Jh. konzentrierten spanische Kapuziner über 1000 B. in Missionen. Mit der Unabhängigkeit Südamerikas wurden die Kapuziner Anfang des 19. Jh. ausgewiesen, die B. erlangten ihre Unabhängigkeit wieder. Nach einer Periode flüchtiger, aber friedlicher Kontakte erfolgte 1836 ein Überfall von Weißen auf B., der Jahrzehnte der Kämpfe einleitete. Im 20. Jh. wurden die Beziehungen langsam friedlicher. Kämpfe gab es v. a. mit den Bediensteten von Ölgesellschaften, die auf der venezolanischen Seite seit den 20er Jahren viele B. aus erdölreichem Gebiet vertrieben. Hunderte B. starben bei Versuchen, ihr Land zu verteidigen. Es kam zu regelrechten Menschenjagden auf B.

Gleichzeitig nahmen Kapuzinermissionare friedliche Kontakte zu den B. auf. 1963 folgte ein evangelikaler nordamerikanischer Missionar. 1964 gaben die letzten noch völlig freien B.-Gruppen ihren militärischen Widerstand auf. In wenigen Monaten starben ca. 800 an von den Weißen eingeschleppten Krankheiten.

Lit.: 711, 732
Karte: Nördliches Südamerika (Abb.: 209)

Batak

Die B. (1974: ca. 3 Mio.) sind eines der größten altindonesischen Völker (s. → Indonesier). Sie leben in den Bergländern rings um den Toba-See in N-Sumatra (Republik Indonesien).

Den Sprachen nach unterscheidet man bei den B. eine Nord- und Südgruppe. Zur Nordgruppe zählen die Karo-Dairi- und Pakpak-B. Im Süden leben die Toba-Angkola- und Mandailing-B. Eine Zwischenstellung nehmen die Timur- und Simalungun-B. ein.

Die Kultur der B. ist in sich nur wenig einheitlich. Auf Einwirkung der indischen Kultur sind der Reisanbau, der Pflug, die Verarbeitung von Baumwolle, das Spinnrad, viele religiöse Vorstellungen (des Hinduismus) und das Schriftsystem zurückzuführen. Letzteres fand in Wahr-

Abb. 25: Traditionelles Haus der Karo-Batak mit geflochtener Giebelmatte und modellierten Büffelköpfen als Giebelschmuck. (Foto: Agthe)

sagekalendern und Zauberbüchern Anwendung. Mit der Islamisierung Sumatras im 13. Jh. hörte der indische Einfluß auf. Die B. blieben Jahrhunderte isoliert.

Die Religion der B. war reich an Mythen und Riten, die den Glauben an einen höchsten Schöpfergott offenbarten. Auch das traditionelle Sozialsystem der »marga«, der patrilinearen+ exogamen+ Sippenverbände hatte mythische Begründung. Die Sitte des Kannibalismus+ war bei den Toba-B. und anderen Gruppen verbreitet. – Die Wirtschaft der B. beruht auf dem Anbau (Naß- und Trockenreis, Taro, Jams, Kaffee, Tabak, Zimt) und der Tierzucht (Pferd, Wasserbüffel, Schwein, Hund, Huhn). Die B. bewohnen große, befestigte Dorfanlagen. Ihre Pfahlhäuser waren vor allem in früherer Zeit sorgfältig gearbeitet und oft sehr geräumig, die Giebelfronten mit Schnitzwerk versehen.

1815 gerieten die Mandailing-B. unter den Einfluß des Islams. Seit 1881 wirkte die Rheinische Mission im Gebiet der B., die seit 1930 ihre eigene protestantische Kirche haben. Die B. sind heute zu je einem Drittel Muslims, Christen und Anhänger von Naturreligionen.

Unter den B. gibt es heute viele Ärzte, Theologen, Juristen und Wissenschaftler, die höhere Positionen in Wirtschaft, Verwaltung und Militär der Republik Indonesien einnehmen. Die Toba-B. z. B. haben die systematische Erforschung ihrer eigenen Kultur und Geschichte seit einigen Jahren selbst in die Hand genommen.
Die B. sind den Gajo und Alas in N-Sumatra verwandt, die Ende des 17. Jh. von den Aceh (s. Aceh) unterworfen wurden und von diesen den Islam übernahmen.

Lit.: 346
Karte: Südostasiatischer Archipel (Abb.: 79)

Bedja
Bedscha, Beja

Sammelbezeichnung für eine Gruppe nomadischer Stämme zwischen Nil und Rotem Meer (Assuan bis Eritrea) mit den Unterstämmen der Ababda, Beni-Amer, Bischarin, Hadendoa, Amarar u. a.; ca. 300 000. Sprache: Kuschitisch, im N arabisiert, im S (Eritrea) z. T. von semitisch-sprachigen Tigray assimiliert oder zweisprachig.
Die B. ziehen mit ihren Kamel- und Schafherden über weite Gebiete des NO-Sudan; sie sind fast ganz auf den Ertrag der Herden (Milch, Butter, Fleisch) angewiesen. Im südl. Teil ihres Wohngebietes überwiegt die Rinderzucht. Nur Männer sind mit der Viehhaltung beschäftigt. Wo vereinzelt Feldbau betrieben wird, ist dieser Frauenarbeit. Handel liefert nur einen geringen Beitrag zum Einkommen.
Die politische Autorität des Stammes liegt in den Händen der Familienoberhäupter. Vorzugsweise heiratet ein Mann die Tochter des Bruders seines Vaters (sog. Parallelkusinenheirat), wie es nach den islamischen Heiratsregeln bevorzugt gehandhabt wird. Der Brautpreis wird in Vieh entrichtet. Die Beschneidung von Knaben und Mädchen wird streng eingehalten. In Vergangenheit und Gegenwart waren die B. als ein kriegerisches Volk bekannt und sind oft als solches in der Geschichte NO-Afrikas aufgetreten. Die Islamisierung, v. a. im N, setzte bereits um 800 n. Chr. ein.

Lit.: 930, 938
Karte: Nordost-Afrika (Abb.: 10)

Beduinen

Von arabisch *badw* »Wüstenbewohner«; Sammelbezeichnung für die Arabisch sprechenden Halb- und Vollnomaden N-Afrikas und SW-Asiens. Das Beduinentum hat sich durch Übervölkerung in den agrarischen Zentren des nordafrikanisch-vorderasiatischen Großraums, Expansion der dortigen Bevölkerung, Abdrängung an die Peripherie des Kulturlandes und in den Übergangsbereich zur Wüste entwickelt. Der Halbnomadismus entstand wahrscheinlich durch eine Extensivierung der Viehzucht in Halbwüstenzonen, in denen zwar bereits ungenügender Niederschlag fällt, aber noch üppige Weidevegetation gedeiht. Schafe und Ziegen liefern den Halbnomaden einen Großteil der Subsistenzgüter, mit Agrarerzeugnissen wird die Unsicherheit der Viehzucht ausgeglichen. Die Formen des Halbnomadismus sind vielfältig, je nach örtlichen Gegebenheiten mit stärkerer Betonung auf Viehzucht oder Bodenbau. Erste Halbnomaden sind in Vorderasien schon Mitte des 3. Jt. v. Chr. mit den Akkadern, um 2000 v. Chr. mit den Amoritern faßbar. Der beduinische Vollnomadismus stellt eine noch extremere Spezialisierung an Wüsten- und Halbwüstenumgebung mit ihrer spezifischen Vegetation (Salzpflanzen, Zwergsträucher, Akazien, Tamarisken) dar. Seine Entstehung hängt wesentlich mit der Domestizierung des einhöckrigen Kamels Mitte des 2. Jt. v. Chr. und vor allem seiner nur wenige Jahrhunderte später bezeugten Nutzung als Reittier zusammen. Erst die Haltung dieses an die extreme Wüstenvegetation optimal angepaßten Tieres gab den arabischen Viehzüchtern die Möglichkeit, in die ariden Zonen dauernd einzudringen. Im Gegensatz zu anderen Tieren kann sich das Kamel ganzjährig von der Wüstenvegetation ernähren, braucht nur in größeren Zeitabständen zum Wasser geführt zu werden, das in der Wüste ja nur in weit voneinander entfernten Brunnen zu finden ist, und vermag große Mengen Flüssigkeit dann auf einmal aufzunehmen (mehr als 100 l) und für die nächsten wasserlosen Tage und sogar Wochen zu speichern. Zudem ist das Kamel ein ideales Lasttier (200–300 kg), und der Karawanenhandel, jahrhundertelang eine unverzichtbare Einkommensquelle nicht nur für die arabischen Oasenbewohner, sondern auch für die B., ist ohne die Nutzung dieses Tieres undenkbar. Der Kamelnomadismus ist jedoch nur eine – und zwar die extremste – Form des beduinischen Nomadismus, typisch insbesondere für die Stämme im Inneren der arabischen

Abb. 26: Moderne Verkehrsmittel haben Kamelkarawanen aus dem Transsahara-Handel verdrängt. Dieser Lastwagenkonvoi in Adrar (Süd-Algerien) bringt Datteln in nur 6 Tagen nach Gao in Mali. (Foto: Mischung)

Abb. 27: Moderne Neubauten mit Klimaanlage und Fernsehantenne, daneben das Kamel, traditionelles Herdentier der Beduinen, demonstrieren in Abu Dhabi den plötzlichen Sprung in die Neuzeit. (Foto: Paul)

Halbinsel. Auch Ziegen und Schafe, Rinder, Pferde und Esel können im vollnomadischen Weidebetrieb gehalten werden, und da diese Tiere jeweils ganz unterschiedliche Lebensbedingungen benötigen, variieren die Formen vollnomadischer Viehhaltung bei den B. beträchtlich.
Die Grenzen zwischen Voll- und Halbnomadismus sind fließend. Unter dem Zwang der Verhältnisse – Naturkatastrophen, klimatische Veränderungen usw. – kam es in der Geschichte immer wieder zur Aufgabe des nomadischen Wanderlebens und zum Übergang zur halbnomadischen Lebensweise und umgekehrt. Für beide Formen des Nomadismus gilt jedoch ein gemeinsames sehr typisches Merkmal: auf der Suche nach Weiden für seine Tiere unternimmt der B. niemals auch nur den Versuch, die Effizienz seiner Umwelt durch einen Eingriff zu erhöhen, wie dies in bäuerlichen Gesellschaften üblich ist; er beutet sie lediglich aus.
Die jahreszeitlich wechselnde Wüstenvegetation bringt eine extreme Weitläufigkeit der beduinischen Weidewirtschaft mit sich, die sich oft in einem Umkreis von mehreren hundert Kilometern bewegt. Ihre tägliche Nahrung decken die B. vorwiegend mit den Milchprodukten ihrer Tiere; Fleisch gibt es nur selten. Da das Kamel nur relativ wenig Erträge liefert, werden, wo irgend möglich, zusätzlich Schafe und Ziegen gehalten. Wildpflanzen und Jagd ergänzen das Nahrungsangebot. Damit sind aber die Lebensbedürfnisse der B. noch keineswegs ausreichend befriedigt. Sie handeln auf den Oasenmärkten, die sie bei ihren Wanderungen berühren, Getreide ein, erheben Schutz- und Zollgebühren von Reisenden, die ihr Weidegebiet durchziehen, begleiten Pilger- und Handelskarawanen durch die nur ihnen vertraute Wüste und sind auf Grund ihrer Wanderungen zwischen den Kulturlandschaften prädestiniert, als Zwischenhändler in den Fernhandel einzugreifen. Das stete Wanderleben der B. setzt eine bestimmte Ausformung der materiellen Kultur voraus: sie muß leicht an Gewicht, strapazierfähig, transportabel, bequem in der Handhabung und vor allem unzerbrechlich sein, also etwa aus Holz, Leder, Metall. Die Behausung ist gewöhnlich das schnell auf- und abschlagbare schwarze Ziegenhaarzelt, das sich bei Feuchtigkeit bis zur Regenundurchlässigkeit vollsaugt. Die Kleidung wird aus Leder, Wolle und Haar gefertigt und muß vor allem zum Reiten geeignet sein. Die dürftige Wüstenvegetation erlaubt nicht das geschlossene Weiden eines Stammes oder einer Stammessektion; kleine und kleinste Einheiten von zwei bis sieben Zelten mit jeweils eigenen Herden bilden als Lagergemeinschaft den sozialen und wirtschaftlichen Nukleus. Frauen übernehmen bei den B. wichtige wirtschaftliche Aufgaben und führen ein weit selbständigeres und geachteteres Leben als bei den seßhaften Bauern der islamischen Länder. Monogamie ist die vorherrschende Eheform. Für die Existenzfähigkeit der beduinischen Gruppe sind Solidaritäts- und Identitätsbewußtsein lebensnotwendig, ebenso die engen verwandtschaftlichen Bindungen, die in Zeiten der Not einen wichtigen Schutz darstellen. Das Kriterium für die Stellung des einzelnen in der Gesellschaft ist seine Abstammung, die durch die Kenntnis der Genealogie nachgewiesen wird. Das Oberhaupt beduinischer Gruppen besitzt keinen autokratischen Führungsanspruch, sondern agiert als Primus inter pares, besitzt gewöhnlich größeren Reichtum, ist aber zur Verteilung dieses Überflusses bei Gastmählern und Festen an die Stammesgenossen verpflichtet. Seine Aufgaben betreffen die Innen- wie Außenbeziehungen: Justiz, Brunnenrechte, Bündnispolitik, Marktrechte usw. Da die B. wirtschaftlich nicht autark sind, kommt es zu ständigen, teils recht engen Kontakten zur seßhaften Oasenbevölkerung – Stammesführer besitzen nicht selten dort sogar Land, das sie von Hörigen oder Pächtern bearbeiten lassen –, doch führt die Selbstverabsolutierung ihrer Lebensweise als der einzig wahren und richtigen Form der Existenz überhaupt bei den B. zur Verachtung des seßhaften Bauern und seiner erniedrigenden – weil eben nicht viehzüchterischen – Beschäftigung.
Der Nomadismus der B. ist eine höchst krisenanfällige Wirtschaftsform; Seuchen, klimatische Katastrophen, Versiegen von Brunnen können schnell zu akuter Existenznot führen. Die einzige Rettung ist dann der Griff nach dem Eigentum der Seßhaften oder der Überfall auf Karawanen, bei dem die B. durch ihre Beweglichkeit einen taktischen Vorteil besitzen. Einfälle dieser Art sind jedenfalls oft Anzeichen für eine Krisensituation in der nomadischen Wirtschaftsform. Heute allerding sind den B. solche Auswege verschlossen, und auch anderweitig wurde ihre gewohnte Lebensform beschnitten: der Karawanen- und Pilgerverkehr durch die Wüste stagnierte, die Züchtung dürrebeständiger Nutzpflanzen und moderne Formen der Bewässerung ermöglichten den Vorstoß der Bauern in Wüsten und Halbwüsten und verkleinerte den für die extensive nomadische Nutzung benötigten Weideraum, moderne Grenzziehungen behindern die großräumigen Wanderbewegungen, Pro-

dukte der nomadischen Wirtschaft sind in den Dörfern und Städten nicht länger gefragt und können daher nicht mehr zum für die B. lebensnotwendigen Eintausch von Getreide und anderen Artikeln benutzt werden. Seßhaftwerdungsprozesse werden in allen Ländern mit beduinischer Bevölkerung – oft mit Geldprämien – gefördert, gilt Nomadismus dort doch vielfach als Zeichen mittelalterlicher Rückständigkeit. Erst langsam setzt sich die Erkenntnis durch, daß die nomadische Wirtschaft oft die einzige Möglichkeit ist, aride Zonen intensiv zu nutzen und ihre Modernisierung (durch Veterinärüberwachung, mobile Gesundheitsstationen und Schulen, verbesserte Rassen usw.) daher für die Volkswirtschaft dieser Länder teilweise sinnvoller wäre. Vielfach ist die Aufgabe des Vollnomadismus mit einem Anwachsen des Halbnomadismus verbunden.

Lit.: 4, 6, 11, 14, 19
Karten: Afrika (Abb.: 148)
         Südwest-Asien (Abb.: 23)
Abb.: 26, 27

Belutschen

Die B. sind über das gesamte östl. iranische Hochland, im Sind und im Punjab verbreitet. In der pakistanischen Provinz Belutschistan stellen sie mit 26% der Gesamtbevölkerung die zahlenmäßig dominante Stammesgruppe. Sie gliedern sich in zwei Hauptgruppen, die Westlichen oder »Mukran«-B., die als ursprüngliche Kerngruppe gelten, und die Östlichen oder »Sulaiman«-B, die erst im 15. und 16. Jh. in ihren jetzigen Wohngebieten ansässig wurden. Die B. setzen sich aus vielen Einzelgruppen zusammen; in der sozialen Hierarchie der Teilstämme stehen die Rind an erster Stelle, obwohl die Rakhshani (31%) die zahlenmäßig bedeutenderen sind. Eine Sonderstellung nehmen auch die Gichki (3,2%) ein; sie sollen aus dem Sind eingewandert sein und die Baluchi-Sprache übernommen haben. Die Bevölkerung Belutschistans war bis vor kurzem hauptsächlich nomadisch. Seit 1947 laufen ländliche Entwicklungsprogramme und die Verstädterung nimmt stark zu. Viele sind als »Gastarbeiter« in den Ölscheichtümern tätig.

Lit.: 188
Karte: Südwest-Asien (Abb.: 23)

Bemba
Babemba, Wemba

Afrikanische Feldbauern auf dem unfruchtbaren Hochplateau von N-Sambia und angrenzenden Gebieten der Republik Zaïre: ca. 150 000. Sprache: Bantu; das B. wird aber über das Gebiet der B. hinaus als Verkehrssprache verstanden.
Die schlechten Bodenbedingungen erlauben nur eine Subsistenzwirtschaft, die im Wanderfeldbau betrieben wird (Hirse). Früher spielte die Jagd eine bedeutende Rolle. Großviehhaltung ist nicht möglich. Eine verläßlichere Einkommensquelle für die Männer findet sich in den weitentfernten Kupferminen von Zaïre.
Die B. hatten einst den Ruf eines kriegerischen Volkes. Die Herrenschicht stammt von den Luba und Lunda ab, die ein zentralisiertes, politisches System besaßen. Das Oberhaupt und untergeordnete Anführer entstammten einem einzigen königlichen Matriklan+. Ihre Personen galten als geheiligt, und ihre Beziehung zu den Vorfahren als Vorbedingung für Fruchtbarkeit und Erfolg. Die Kargheit des B.-Landes mag ein Grund für das stark entwickelte Ritual- und Zeremonialwesen sein, durch das man den Lebensunterhalt sichern zu können glaubt. Hochgottvorstellungen und Geisterglauben sind charakteristisch.

Lit.: 1134, 1135, 1136, 1159
Karte: Südafrika (Abb.: 147)

Berber

Sammelname für eine große Anzahl von Völkergruppen, vor allem in NW-Afrika, von der marokkanischen Küste bis nach Ägypten (Oase Siwa). Geschlossene Siedlungsgebiete gibt es nur in Marokko und Algerien (Kabylei), ansonsten Siedlungsinseln inmitten einer arabischen Umwelt (Mzab, Matmata). Rassisch stellen die B. Reste einer in vorgeschichtlicher Zeit eingewanderten Altschicht vorwiegend europid-mediterraner Rasse dar; ca. 11 Mio. Sprache: Hamito-Semitisch mit zahlreichen Dialekten. Schrift: Arabisch; nur die Tuareg haben eigene Schriftzeichen (Tifinagh). Größere Bevölkerungseinheiten: 1. marokkanische B. (Schlöch, Beraber, → Rifkabylen); 2. die eigentlichen → Kabylen Algeriens; 3. die B. der Matmata und der Insel Djerba in Tunesien; 4. die Beni Mzab (Mozabiten), südl. Algerien; 5. die → Tuareg.

Im Altertum von den Römern und vom 7. Jh. an von den Arabern unterworfen, bewahrten die B. doch bis in die Gegenwart ihre Kultur und ihre Sprache, besonders in Marokko und Algerien.
Die Einwanderung nomadischer Beduinen im 11. Jh. führte zu einer Zerstörung der bäuerlichen wie auch der städtischen Kultur; die »Hilali«-Eindringlinge unterwarfen alles Land den Bedürfnissen ihrer Herden, zerstörten Dörfer und Städte, vernachlässigten Bewässerungsanlagen und vernichteten die Aufbauarbeit von Jahrhunderten. Wälder und sogar Weideländer wurden zur Halbwüste. Den B. blieb nur die Wahl, sich entweder den nomadischen Eindringlingen anzupassen oder in die Oasen der Sahara zurückzuziehen und dort die Herrschaft über die Autochthonen anzutreten, – bei einem Gefälle des arabisch-islamischen Einflusses von Ost nach West.
Obwohl die Beni Hilal für einige Jahrhunderte eine Rolle spielten (vor allem als Unruheherd), begründeten sie keine staatliche Organisation. Die Begründer der wichtigsten Dynastien im äußersten Westen (Marokko) waren berberischen Ursprungs, mit Ausnahme der Idrisiden, deren Gründer, Idris Ibn Abdallah, Nachkomme von Ali und Fatima, als Flüchtling in den Maghreb kam und von einem Berberstamm aufgenommen und zum Führer gewählt wurde (um 790).
Die erste bedeutende berberische Dynastie Marokkos waren die Almoraviden, die aus dem Stamm der Sanhadja hervorgingen. Im 9. Jh. drangen die berberischen Sanhadja von Südmarokko aus in die Westsahara vor und dehnten ihre Eroberungen bis in den Sahel aus. Durch Vereinigung der westsaharischen B. gelang ihnen die Gründung eines Reiches mit Aoudaghost als Hauptstadt, die die südl. Metropole des Transsaharahandels wurde, während die nördl. Metropole, Sijilmassa (Tafilalt), von den Zenata beherrscht wurde. Gegen Ende des 10. Jh. zerfiel dieses erste Sanhadja-Reich, die B.-Stämme erlangten ihre Unabhängigkeit zurück, und Aoudaghost geriet in die Abhängigkeit der Soninke von Ghana.
Das zweite Sanhadja-Reich beginnt mit der Konföderation einiger Sanhadja-Stämme zu Anfang des 11. Jh. Der Marabut Abdallah Ibn Yasin aus dem Norden (Marokko) bekehrt die Sanhadja zum Islam und begründet eine religiöse Bewegung. Der »Heilige Krieg« führt zur Ausdehnung des Reiches. Die südl. Randgebiete der Sahara werden erobert, selbst das Reich Ghana gerät für kurze Zeit in Abhängigkeit. Im Norden werden die Masmuda und Zenata unterworfen.

Die Sanhadja setzten sich im Maghreb fest und dehnen ihre Macht auch auf die Iberische Halbinsel aus. Sie begründen die Dynastie der Almoraviden (»al-Marabtin«) mit der Hauptstadt Marrakesch. Mit der Errichtung dieser relativ kurzlebigen Dynastie erreichten die Sanhadja den Höhepunkt ihrer Macht. Ihre Nachkommen spielten zwar auch später noch in der Westsahara eine Rolle (meist als Initiatoren religiöser Bewegungen), ihr Einfluß jedoch blieb regional begrenzt.
Die Almoraviden wurden etwa 1130 abgelöst von den Almohaden, einem Stamm der Masmuda-B. aus dem Hohen Atlas. Ihr Anführer und Begründer der Almohaden-Dynastie, Ibn Tumart, hatte sich als religiöser Reformator ausgerufen. Sein Nachfolger Abd el Mumen eroberte ganz Marokko, die iberische Halbinsel, Algerien und Tunesien und errichtete das größte Reich, das je in NW-Afrika bestand. Innenpolitisch reorganisierte er die Verwaltung, schuf eine liberale Gesetzgebung, gründete Universitäten und förderte die Baukunst. Seine Nachfolger setzten sein Werk fort. Die Zeit der Almohaden gilt als ein Höhepunkt der politischen und kulturellen Entwicklung des Maghreb.
Mitte des 13. Jh. zerfiel das Almohaden-Reich. Mit Hilfe der Beni Hilal ergriffen die Meriniden, eine Zenata-Gruppe, die Macht. Im 14. Jh. hatten sie ganz Marokko und einen Teil Algeriens unterworfen. Sie schufen eine mächtige Flotte und rüsteten Kaperschiffe aus. Auf dem Gebiet der Kunst und Kultur folgten sie dem Vorbild der Almohaden. Durch Nachfolgestreitigkeiten, Stammesrevolten und Angriffe der Beni Hilal zerfiel ihr Reich. Im späten 14. Jh. gaben die Watasiden, ebenfalls Zenata, ein kurzes Zwischenspiel. Es gelang ihnen jedoch nicht, die zentrifugalen politischen Kräfte unter Kontrolle zu halten, und das Land zerfiel in Anarchie. Erst die Saditen aus dem Draa-Tal brachten, wiederum unter religiösem Vorzeichen, Mitte des 16. Jh. wieder politische Beruhigung. Ahmed el Mansur eroberte 1581 die Gebiete von Touat und Gourara, 1591 Timbuktu. Unter den Saditen erlebte Marokko eine Ära des Wohlstandes. Die Saditen förderten den Zuckerrohranbau im Sous und Haouz, dessen hochwertige Produkte auf den westeuropäischen Märkten abgesetzt wurden. Der aufblühende Transsaharahandel brachte Waren aus dem Sudan, darunter vor allem Gold, auf die marokkanischen Märkte.
Mitte des 17. Jh. wurden die Saditen von den Aliden (Alaouiten) aus dem Tafilalt abgelöst, die sich bis heute als Herrscherhaus halten konnten.

Abb. 28: Ksar Amsrou, mittlerer Dra (Zagora). Um die bewässerbaren Flächen voll zu nutzen, werden die Siedlungen am Rand der Oasen angelegt. (Foto: Striedter)

Abb. 29: Das Färberviertel von Fes. Die städtisch-arabische Kultur des Maghreb ist durch Handwerks- und Kaufmannszünfte geprägt, die in der Regel bestimmte Stadtviertel bewohnen. (Foto: Mischung)

Abb. 30: Im Inneren eines Ksar in den Tafilalet-Oasen (Südost-Marokko). Von den Hauptgassen zweigen dunkle Seitengänge ab, die zu den Wohneinheiten führen. (Foto: Mischung)

Berber

Abb. 31: Neubauten am Dadès. Die südmarokkanische Lehmarchitektur mit ihrem stark ornamentalen Charakter hat auch in jüngerer Zeit eine Fortsetzung gefunden. Die neueren Bauten sind jedoch bescheidener und nur wenig oder gar nicht verziert. (Foto: Striedter)

Abb. 32: Markt in M'Hamid, Südmarokko. Das Fahrrad erhöht die Mobilität im Nahbereich. (Foto: Striedter)

Typisch für die Geschichte des Maghreb waren stets die anarchischen Bestrebungen der einzelnen Berbergruppen.
Den B. in S-Marokko gelang es, über weite Zeiträume hinweg ihre Autonomie zu bewahren. Gegen den Machtanspruch des Makhzen schlossen sie sich zeitweise zu mächtigen Konföderationen

Abb. 33: In einem Haus im Rif. Charakteristisch sind kleine, weiß getünchte Einzelgehöfte in Atriumform. (Foto: Striedter)

zusammen. Heute sind die B. in den modernen arabischen Staaten des Maghreb voll integriert; die sprachliche Arabisierung schreitet schnell voran. Viele der zum Nomadismus getriebenen B. sind zur seßhaften Lebensweise zurückgekehrt und erzeugen landwirtschaftliche Marktprodukte: Weizen, Gerste, Früchte, Gemüse, Nüsse, Oliven und Datteln. Vieh, wie auch Pferde und Kamele, werden allenthalben gehalten. Bodenbeschaffenheit und Klima machen vielfach die Transhumanz+ – eine halbnomadische Form der Fernweidewirtschaft – notwendig. Töpferei und Weberei ist Sache der Frauen; Handwerksspezialisierung aber wurde Negern und früher auch Juden überlassen. Bis in die jüngste Zeit sind vor allem Juden als Silberschmiede (»Berberschmuck«) tätig gewesen. Die B. selbst bekennen sich allgemein zum Islam, haben aber die Vielehe nicht übernommen. Patrilineare+ Großfamilien bilden die Grundlage der Gesellschaft.

Die politische Organisation ist demokratisch. Wöchentlich kommen die erwachsenen Männer in der Moschee oder auf dem Dorfplatz zusammen. Vorsitzende, Schriftführer und andere Funktionäre werden ad hoc gewählt, aber die Gemeinschaft behält sich alle wichtigen Entscheidungen vor. Einstimmigkeit ist das Ziel der uneingeschränkten Diskussionen von rivalisierenden Gruppen.
Bei den Vollnomaden sind die Familienoberhäupter Mitglieder eines permanenten Rates, der die Entscheidungsbefugnisse besitzt. Die Teilzeitnomaden ernennen einen Anführer nur für die Zeit der Wanderung.

Lit.: 827, 828, 839, 850, 851, 857, 858, 862
Karten: Afrika (Abb.: 148)
        Islamisierung Westafrikas (Abb.: 67)
Abb.: 28, 29, 30, 31, 32, 33

Bergdama
Damara

Bergbevölkerung im zentralen und nördl. Namibia (Südwest-Afrika); ca. 40 000. Sie sind ein Mischvolk mit körperlichen wie auch kulturellen Anzeichen ihrer Verwandtschaft mit Buschmännern, Hottentotten und Bantu. Ihr eigenes Idiom ist durch das Nama verdrängt worden. Die Kultur der B. war ursprünglich wildbeuterisch: schon während des 17. Jh. waren sie den → Herero untertan oder verdingten sich bei den → Hottentotten als Schmiede und Rinderhirten. Durch Mission und Verwaltung wurden sie seßhaft, übernahmen die Ziegenzucht und z. T. auch den Ackerbau.
Die früher nomadische Lebensweise mit losem Zusammenhalt von kleinen Familieneinheiten ist dem seßhaften Reservatleben gewichen. Gruppenoberhäupter waren hauptsächlich Ritualleiter. Religiöse Vorstellungen gipfelten in einem Hochgottglauben.
Es gab keine politische oder gesellschaftliche Organisation, die über die Lokalgruppe hinausreichte. Heute gehen viele B. als Lohnarbeiter in die Städte oder sind auf Farmen oder in Bergwerken beschäftigt. Ihre politischen Vertreter beteiligten sich an der Turnhalle-Konferenz, die Südwest-Afrika-Namibia 1978/79 auf die Unabhängigkeit vorbereitete.

Lit.: 1234
Karte: Afrika (Abb.: 148)

Bhil

Als zahlenmäßig drittgrößter Volksstamm Indiens (ca. 2,5 Mio.) leben die B. heute in S-Rajasthan und in den Hochwäldern von Gujarat. Ihr Name leitet sich von bil (Bogen) ab, was auf ihre außerordentliche Fertigkeit als Bogenschützen hinweist. Sie selbst nennen sich nicht so, sondern benutzen nur Namen, an denen das Verwandtschaftsverhältnis oder ihre soziale Stellung innerhalb der Gruppe ablesbar ist (z. B. naik – Führer, tarwi – Häuptling). Das Verwandtschaftsverhältnis bestimmt auch die Gesellschaftsordnung, die zwei Gruppen unterscheidet: die der hagas umfaßt Brüder und alle Verwandten väterlicherseits; sie ist exogam+; der Partner darf nur der zweiten Gruppe hagwadia angehören. Die Herkunft der B. ist nicht bekannt. Sie werden bereits in den Puranas (Textüberlieferungen aus der Zeit 300–500 n. Chr.) erwähnt, und, historisch belegbar, beherrschten sie das Gebiet des heutigen Rajasthan vor den Rajputen. Mit deren zunehmender Machtentfaltung zogen sich die B. immer weiter in die Wälder zurück, unterstützten aber in der Folgezeit auch verschiedentlich die Rajputen im Kampf gegen die Mahratten und die eindringenden Muslims. Die B. haben nicht nur umfassendes Wissen über Fauna und Flora ihrer Region, sondern auch Kenntnisse der Astronomie. Ihre gesamte Umwelt ist von guten und bösen Geistern belebt. Die B. haben eine oberste Gottheit (baghwan), dessen Attribute in vielen Beinamen zum Ausdruck kommen. Alles was wächst und lebenserhaltend ist, genießt besondere Verehrung. Der Baumkult ist charakteristisch; das Pflanzen eines Mangobaumes ist für jeden Pflicht und mit einem besonderen Ritual verbunden. Zentrale Bedeutung hat der Bambus wegen seiner vielseitigen Verwendungsmöglichkeiten – als Nahrung, zum Anfertigen von Gebrauchsgegenständen und als Baumaterial. Heirat ist ein zentrales Ereignis im Leben der B. Wenn der Brautpreis ausgehandelt ist, kommt es zu einem festgelegten Dialog, worin die Brauteltern um gute Behandlung ihrer Tochter bitten, was von der anderen Seite zugesichert wird. Ein Kind darf niemals den Namen des Vaters oder Großvaters erhalten; bei jedem Neugeborenen wird nach körperlichen Merkmalen gesucht, an denen erkennbar ist, wer in dem Kind wiedergeboren wurde. Die B. glauben, daß sich der Tod durch Klopfen oder einen Vogel auf dem Hüttendach ankündigt. Nach Eintritt des Todes versammeln sich Verwandte und Freunde, und jeder tröpfelt dem Toten etwas Flüssigkeit in den Mund mit den Worten »trink meinen Anteil«. Die sehr komplexen Totenriten werden von einer älteren verwitweten Frau durchgeführt. Ihren Toten stellen die B. dem Status des Verstorbenen entsprechend oft reich geschnitzte Gedenksteine im »Hain der Toten« auf, die nach der direkten Abstammungslinie angeordnet werden. Bei Theaterveranstaltungen (swangs), die ohne besonderen Anlaß meist in mondhellen Nächten veranstaltet werden, ist Tanz in Verbindung mit Musik der wesentliche Bestandteil. Der Inhalt der Vorführungen, die kaum eine halbe Stunde dauern, ist religiös oder weltlich, und die Schauspieler, ausschließlich Männer, arbeiten mit einfachsten Requisiten (ein Kopftuch stellt z. B. eine alte Frau dar). Den Jahresablauf markieren zwei große Feste, die die B. gemeinsam mit der Hindu-Bevölkerung Indiens haben. Holi, zu Beginn der warmen Jahreszeit, wird bereits Wochen vorher durch Tanz der gosal (als Frauen verkleidete Männer, die während dieser Zeit in strengem Zölibat leben) eingeleitet. Als Opfergaben werden Kokosnüsse und Blüten dargebracht. Mit Diwali beginnt die kühle Jahreszeit. Die Hütteneingänge werden mit Öllichtern geschmückt.

Die Hochland-B. leben meistens in verstreuten Hütten aus Schilf und Stroh. Brandrodung (jhum) ist weit verbreitet; die meisten Gruppen kennen den Pflug. Die Dialekte, die die B. heute sprechen, sind mit Gujerati oder anderen indogermanischen Sprachen verwandt.

Lit.: 149, 166 (I), 174, 187, 190
Karte: Vorderindien (Abb.: 220)

Birmanen

Staatsvolk von Birma; ca. 20 Mio., v. a. in den fruchtbaren Stromebenen und in den Trockenzonen Zentralbirmas. Sprache: burmische Untergruppe des Tibeto-Birmanischen. Die B. wanderten im 9. Jh. aus dem Norden in das Gebiet um Mandalay ein; bei ihrer weiteren Ausbreitung zerstörten sie die Mon-Reiche Birmas, übernahmen von diesen aber zahlreiche Elemente der indischen Hochkultur (Buddhismus, Schrift). Die Dreiklassenordnung der birman. Gesellschaft – Königsadel, Gemeine, Sklaven – wurde unter der britischen Kolonialherrschaft beseitigt.

Angesichts geringer Industrialisierung und Verstädterung herrschen bei den B. noch heute agrarische Lebensformen vor. Siedlung und Wirtschaft: Kompakte Dörfer aus meist einfachen, gras- oder blättergedeckten Pfahlhäusern; Reisanbau auf Bewässerungsfeldern (Pflug), Gartenbau (Gemüse, tropische Früchte), Fischfang, Aufzucht von Rindern und Büffeln (Zug- und Transporttiere). Mittelpunkt des Lebens ist das Dorf und innerhalb dessen die Großfamilie. Die soziale Ordnung ist egalitär, Ansehen richtet sich nach Alter, Bildung und wirtschaftlichem Erfolg. Frauen sind in »profanen« Dingen gleichberechtigt.

Die wichtigste Einrichtung eines birman. Dorfes ist der Tempel, der gleichzeitig als Schule und Versammlungsort dient. Im Hinayana-Buddhismus kommt es auf den Erwerb von religiösem Verdienst an, um eine bessere Existenz im nächsten Leben zu sichern. Verdienst wird im Alltag durch Spenden an die Mönche erworben, aber auch durch Dienste an die Gemeinschaft. Zur Läuterung ihrer Existenz treten die Männer in ihrer Jugend für mehrere Wochen als Novizen in ein Tempel ein, und nicht wenige ziehen sich auch später noch zeitweilig als Mönche von Familie und Beruf zurück. Mit den zahlreichen Geistern (Nat), die in das Alltagsleben eingreifen, können »Geistertänzerinnen« im Zustand der Trance Verbindung aufnehmen.

Lit.: 269, 286, 290
Karte: Hinterindien (Abb.: 70)

Blackfoot
Blackfeet

Indianischer Stammesverband (Piegan, Blood, Siksika [= Nördliche B.]) in den nördl. Plains von Saskatchewan bis zum Quellgebiet des Missouri, heute auf der Blackfeet Indian Reservation (Montana) sowie auf Reservationen in Alberta (Kanada); ca. 8600, z. T. hoher Anteil von Mischlingen. Sprache: Algonkin.

Die B. gehörten im 19. Jh. zu den bekanntesten Bisonjägern der nördl. Plains. Sie lebten, in mehrere Lokalgruppen (bands) getrennt, fast ausschließlich von der Bisonjagd. Im Sommer versammelte sich der Stamm zur gemeinsamen Feier des Sonnentanzes. Materielle Kultur: Aus Leder wurden Zelte (tipis), Kleidung und zahlreiche Geräte hergestellt; Federhauben waren

Abb. 34: Die indianische Gesellschaft Nordamerikas zeigt viele Gesichter. Auf Festen, hier bei Gleichen in Alberta, Kanada, verbinden sich traditionelle Lebensform mit Western Style. (Foto: A. Schulze-Thulin)

Abb. 35: Ökumenischer Gottesdienst auf der Blackfoot-Reservation bei Gleichen, Alberta, Kanada. (Foto: H. Schulze-Thulin)

Abb. 36: Einkauf in einem modernen Supermarkt des »Chief Shot Both Sides Building« in Stand-off, Blood-Reservation, Kanada. (Foto: H. Schulze-Thulin)

Rangabzeichen erfolgreicher Krieger. Geheimbünde (Medizinbünde) und Kriegerbünde mit Altersklassen prägten ihre dynamische Sozialstruktur. Eine Vision verhalf zur Teilnahme an einer allumfassenden Macht; der in der Vision erschienene Schutzgeist befahl dem Visionär ein Medizinbündel anzulegen, und er gab ihm ein Lied. Tapferkeit, Großzügigkeit, Weisheit, rednerische Begabung waren im Krieg, beim Pferdediebstahl, auf der Jagd und im Lagerleben von hohem Statuswert.

Die B. waren schon früh, aus dem Mittelwesten kommend, in das nördl. Plainsgebiet eingewandert und gelangten bereits vor 1750 in den Besitz von Pferd und Gewehr. In der ersten Hälfte des 19. Jh. beherrschten sie den gesamten nördl. Plainsraum, im Süden mit den Teton-Dakota konkurrierend. Mit ihren starken kriegerischen Verbänden vermochten sie auch lange Zeit den Weißen Schach zu bieten. Mit benachbarten Stämmen waren sie in häufige Kämpfe verwickelt. Schwere Pockenepidemien löschten zwei Drittel des Stammes aus. 1855 wurde der erste Vertrag mit den Amerikanern geschlossen; die B. sollten Ackerbauern und damit autark werden. Doch die Indianer sahen zu dieser Zeit noch keine Notwendigkeit, ihr nomadisches Bisonjägerdasein aufzugeben. Deshalb traf sie der Untergang der riesigen Bisonherden besonders hart. Im Winter 1883/84 gab es eine große Hungersnot, der nahezu ein Viertel der Piegan zum Opfer fiel.

Seit Anfang des 20. Jh. leben die B. als Farmer und Viehzüchter auf ihren Reservationen. 1935 erhielten sie eine Selbstverwaltung. Anfang der 60er Jahre legten sie bei Browning (Montana) einen Industriepark an, um Kleinindustrien anzuziehen. Der Stamm zerfällt heute in eine indianische Traditionsgruppe und eine »White-oriented«-Gruppe, die immer stärker dem zukunftsorientierten »American way of life« anhängt.

Lit.: 568, 569, 574, 578, 590, 597, 610, 611
Karten: Nordamerika (Abb.: 76)
        Ausbreitung des Pferdes (Abb.: 46)

Bobo
Bua

Westafrikanisches Bauernvolk zwischen oberem Niger und oberem Schwarzen Volta in der Republik Obervolta, mit den → Dogon kulturverwandt; ca. 250 000. Sprache: Das Bobo nimmt eine Sonderstellung innerhalb der Gur-Sprachen ein.

Im Bodenbau werden zahlreiche Nutzpflanzen angebaut; das Schwergewicht liegt auf Hirsearten. Verschiedene Haustiere (Ziegen, Schafe, Hunde, Hühner und Perlhühner) geben Zusatznahrung. Rinder werden meist nur als Opfertiere, für den Brautpreis oder der Häute und des Dunges wegen gehalten. Das Melken ist nur üblich, wo Fulbe das Hüten des Viehs im Auftrage der B. übernommen haben.

Die B. wohnen in rechteckigen Lehmhäusern mit flachen Dächern. Die Siedlungen bestehen aus verstreuten Gehöften. Jedes Gehöft ist von einer mit Zinnen bestückten Verteidigungsmauer umgeben (»Lehmburgen«). Ein Haushalt stellt eine patrilokale+ Großfamilie dar. Die Abstammung wird patrilinear+ gerechnet. Da die Polygynie+ weit verbreitet ist, haben solche Familienaggregate oft beträchtlichen Umfang. Obwohl die Sklaverei früher als normal angesehen wurde, ist die Gesellschaftsordnung der B. relativ undifferenziert. Schmiede und Lederarbeiter, die unter den B. leben, werden aber nach wie vor als geächtete endogame Kasten behandelt.

Vor allem in Städten ist der traditionelle Animismus vielfach dem Islam und dem Christentum gewichen. Wo traditonelle Glaubensvorstellungen noch bestehen, sind sie eng mit der politischen Organisation verbunden. Dem Dorfoberhaupt obliegen rituelle Verpflichtungen, die ein günstiges Verhältnis zwischen der Erde und den Menschen bewirken sollen. Da jede Art des Tötens die Erde rituell verunreinigt, ist dem Dorfoberhaupt die Autorität zuerkannt, Fehden oder Kriege zu verhüten oder zu beenden. Im Zuge dieser beschränkten Machtbefugnisse haben solche religiösen Amtsträger wohl auch hier und da versucht, weltliche Gewalt an sich zu bringen. Im allgemeinen aber erstreckt sich ihre politische Macht nicht über die Dorfgrenzen.

Lit.: 881, 955
Karte: Westafrika, 19. Jh. (Abb.: 225)

Bodo-Völker

Gruppen von mongoliden Völkern in NO-Indien (ehem. Assam), geringe Teile in Bangladesh; in Indien ca. 1,2 Mio.; Sprache: Bodo-Garo-Untergruppe des Tibeto-Birmanischen (→ Hinterindien). Wichtigste B.-Gruppen: Kachari, Rabha, Mech, Koch, Chutiya, Dimasa (Berg-Kachari), Lalung, Garo (ca. 400 000) und Tippera. Von diesen haben aber nur die in bergigen Rückzugsgebieten lebenden Garo und Dimasa (Garo- bzw. North Cachar Hills südl. des Brahmaputra) sowie die Tippera im Unionsstaat Tripura ihre kulturelle Eigenständigkeit bewahren können.

In ihrer Wirtschaftsweise und materiellen Kultur unterscheiden sich die Garo, Dimasa und Tippera wenig von anderen hinterindischen Bergvölkern: Brandrodungsfelder+ mit Bergreis, Mais, Hirse, einigen Knollen-, Gemüse- und Gewürzpflanzen; Gärten mit tropischen Früchten; Aufzucht von Rindern, Schweinen und Hühnern, bei den Dimasa Mithan-Büffel als Symbole von Wohlstand und Prestige; Häuser sowie viele Gebrauchsgegenstände werden aus Bambus hergestellt. Größte politische Einheit ist bei den Garo und Dimasa das Dorf, zu dem, wie bei vielen östlichen Nachbarvölkern, stets ein Junggesellenhaus gehört (→ Naga). Ebenso wie die benachbarten → Khasi besitzen die Garo ein ausgeprägtes Mutterrecht: Sippenzugehörigkeit und Erbrecht folgen der Mutter-Linie, Männer heiraten meist ins Dorf der Frau. Besitz und soziale Stellung sind bei den Garo an den Haushalt gebunden. Die Mutter bestimmt eine ihrer Töchter als Erbin, während der Vater einen möglichst engen Sippenverwandten als Schwiegersohn auswählt, der dann später Besitz und Position seines Onkels übernimmt und zusammen mit seiner Frau das alte Paar versorgt. Erbliche Rangunterschiede sind unbekannt, Prestige hängt von wirtschaftlichem Erfolg ab: Ansehen genießt, wer wertvollen Besitz hat (Metalltrommeln, Landtitel) und bei religiösen Opferfesten die übrigen Dorfbewohner großzügig mit Fleisch und Reisbier bewirtet. Der religiöse Leiter eines Dorfes (Mann der Erbin des jeweils »ältesten« Haushaltes) besitzt keinerlei Privilegien. Die einst gefürchtete Kopfjagd der Garo wurde 1876 von den Engländern unterbunden.

Die Dimasa sind kulturell mit den Garo verwandt, aber im Gegensatz zu ihnen vaterrechtlich organisiert. Dies könnte allerdings auf ihre oberflächliche Hinduisierung in jüngerer Zeit zurückgehen, wofür die relativ unabhängige Stellung der Dimasa-Frau und die Existenz von »weiblichen« (neben »männlichen«) Sippen spricht.

Die B. bildeten sicher eine der frühesten Wellen der großen N-S-Wanderung der tibeto-birmanischen Völker. Man nimmt an, daß sie große Teile des Brahmaputra-Gebiets in N- und O-Assam beherrschten (Kachari-Königreich), bevor sie ab dem 13. Jh. schrittweise vor dem → Tai-Volk der Ahom und anderen Invasoren zurückweichen mußten. Die Garo, Dimasa und Tippera konnten sich in die Berge zurückziehen, die übrigen B.-Gruppen wurden von den aus dem W einwandernden Indoariern assimiliert und in deren hinduistisches Kastensystem eingegliedert. Einst verbreitete Sprachen wie das Kachari oder das Rabha werden heute nur noch von wenigen alten Leuten gesprochen.

Mit der verkehrsmäßigen Erschließung der Garo Hills sind ihre Bewohner z. T. zum Anbau von Marktprodukten (Baumwolle, Früchte) übergegangen. Reis wird immer häufiger auf Bewässerungsfeldern gepflanzt. Viele Garo sind Christen geworden, um eine Ausbildung in Missionsschulen zu erlangen, aber z. T. auch aus dem Bedürfnis, sich ideologisch gegen die hinduistischen Assamesen der Ebene abzugrenzen. Im Wohngebiet der Tippera führte ein starker Zustrom von Flüchtlingen aus dem ehemaligen O-Pakistan zu wachsender Landknappheit. Neuerdings entwickelt die Regierung Programme, die zur Ansiedlung der Bergvölker Tripuras im Tal und zur Umstellung ihrer landwirtschaftlichen Methoden führen sollen.

Lit.: 201, 209, 219
Karte: Hinterindien (Abb.: 70)

Botokuden

1. Alter brasilian. Name für als besonders primitiv angesehene Indianer, v. a. solche, die Lippenpflöcke (botoques) trugen.
2. Auch »Gueren« genannte Indianer bei Olivença im brasilianischen Bahia, mehrere Tausend. Früher Sammler und Jäger, paßten sie sich der brasilianischen Landwirtschaft an und sprechen heute nurmehr Portugiesisch.

Brahui

Die drawidischen B. sind mit 23% der Gesamtbevölkerung die zweitgrößte Stammesgruppe in der pakistanischen Provinz Belutschistan (Belutschen 26%, Pathanen 21%). Ihr Wohngebiet – vornehmlich das zentrale Gebirgsland südl. von Quetta – schiebt sich zwischen die beiden Hauptverbreitungsgebiete der Belutschen. Die B. wanderten wahrscheinlich im 10. Jh. ein. Mit zunehmender Machtausweitung kamen sie in den Besitz fruchtbarer Ländereien und ausgedehnter Weidegebiete in der Gegend von Kachhi, was ihnen den Vorteil von stammeseigenen im saisonalen Wechsel sich ergänzender Wirtschaftsräume brachte. Ihre größte politische Machtentfaltung (mit einer Städtekultur) erreichten sie im 18. Jh. durch eine Konföderation aller ihrer Einzelgruppen, die jedoch schon bald wieder von den Engländern zerschlagen wurde. Innerhalb ihres Kernraumes sind die B. seit dem 18. Jh. in drei Gruppen organisiert (die eigentlich B., die Jhakawan-B. und die Sarawan-B.), in denen die Khan bzw. die Raisini die wirtschaftlich und sozial führenden Positionen innehaben.

Lit.: 188

Buschland-Kreolen
Marons

Nachkommen aus Afrika verschleppter Sklaven, die im Hinterland von Surinam und Franz.-Guyana erneut afrikanische Gesellschaften aufzubauen versuchten. In Surinam heute über 10% der Bevölkerung (viell. 50 000). Sie bilden eine Reihe verschiedener Stammensgruppen: In Surinam die Saramakka am Gran Rio, die Djuka am mittl. Maroni, die Paramakka weiter flußabwärts am Maroni, die Mataway am Saramacca, u. a. m.; in Franz.-Guyana die Boni um Maripasoula, die Paramakka, die Djuka. Ihre unterschiedlichen Sprachen (Negerhollands, Taki-Taki) beruhen auf kreolischen Grundlagen mit starken afrikanischen Einflüssen.
Grundlage der Wirtschaft sind Fischfang und der in Anpassung an die neuen geographischen Gegebenheiten von den Indianern übernommene Maniokanbau. Daß die verschiedenen Tier- und Pflanzenarten und viele Plätze in der Natur Schutzgeister haben, hindert die B. an rücksichtsloser Ausbeutung der Natur. Ein wichtiges Handwerk ist die Herstellung von Kanus zum Eigengebrauch und zum Verkauf (z. B. an die Indianer). Die B. verdienen ferner an Transportdiensten auf den Flüssen und am Handel. Häufig sind sie Zwischenhändler zwischen Waldindianern und Küsten-Kreolen. Heute spielt für manche Dörfer auch der Tourismus eine Rolle. Für Gelegenheitsjobs in den Städten oder Bauxitminen verlassen die B. oft monatelang ihre Dörfer.

Wirtschaftl. Grundeinheit ist wie bei den Waldindianern die Einzelfamilie, die jedoch stärker in die Dorfgemeinschaft eingebunden ist. Die Erbfolge verläuft in der mütterlichen Linie. Die Erziehung der Mädchen ist Sache der Mutter, die Erziehung der Jungen wird weitgehend vom Bruder der Mutter bestimmt. Die Frauen gelten als die Hüterinnen der Tradition und der Gesetze. Ein Mann kann mehrere Frauen haben.

Der Dorfhäuptling wird auf Lebenszeit von den Männern gewählt. Das ihn umgebende Zeremoniell erinnert entfernt an afrikanisches Königtum, so spricht er im Amt nie direkt mit seinem Volk, sondern über einen Sprecher. Er sitzt den ausgedehnten Palavern in der Gemeindehütte vor. Ihm zur Seite steht ein Rat der Alten. Anders als in benachbarten indianischen Gesellschaften sind für Führungsfunktionen Alter und Weisheit wichtiger als körperliche Frische und Aktivität.

Mehrere Dörfer bilden einen Stamm mit einem gewählten Häuptling.

Die Macht des Häuptlings wird durch die des Medizinmannes stark eingeschränkt. Er bekämpft bösen Zauber, befreit Besessene von bösen Geistern, versöhnt die Schutzgeister der Natur, wenn diese durch Eingriffe des Menschen verstimmt sind. Höhepunkte ihrer Arbeit sind die großen Feste, wo ähnlich wie bei Wodu-Zeremonien die Geister mit Trommeln herbeigerufen werden. Ein Teil der B. ist heute zum Christentum bekehrt, doch ist auch hier der Einfluß der alten Religion noch stark.

Im 18. Jh. flohen viele aus Afrika nach Guyana verschleppte Sklaven ins Hinterland, wo sie sich in Wehrdörfern gegen die Plantagenbesitzer organisierten. Unter Häuptling Adoe griffen sie 1750/51 die Plantagen an der Küste an, befreiten weitere Sklaven und töteten Weiße. In den 1760er Jahren schlossen 3 der 4 Hauptstämme Friedensverträge mit den Niederländern und kämpften nun z. T. auch auf der niederländ. Seite, aber erst militärische Verstärkung aus dem Mutterland 1772 brachte den Niederländern die Oberhand. Nach weiteren 5 Jahren heftiger Kämpfe vertrieben sie den 4. Hauptstamm 1777 nach Franz.-Guyana, wo er heute die Gruppe der Boni bildet.

Damit war der Versuch der B., die Küste zu erobern und das Kolonialregime zu beenden, gescheitert, doch mußten andererseits die Niederländer ihre Autonomie anerkennen. 1856 begann die Integration der B. ins politische System der Kolonie: Die von den B. selbstgewählten Häuptlinge erhielten von der Kolonialregierung regelmäßige Gehälter. Die Niederländer bemühten sich, die B. in den Markt zu integrieren und sie als Arbeitskräfte an die Küste zu ziehen. Seit 1900 wurde Wanderarbeit an der Küste zu einem regelmäßigen Teil des Lebens der B.-Männer. Seit 1945 hat die zunehmende Abwanderung Folgen für die B.-Dörfer: Hier fehlen nun die Arbeitskräfte, und die Geburtenrate sinkt.

Lit.: 721, 722, 726
Karte: Nördliches Südamerika (Abb.: 209)

Buschmänner

Die letzten Repräsentanten der einst über große Teile Afrikas verbreiteten Steppenjäger, heute nur noch in der Kalahari und ihren Randgebieten (Botswana und Namibia [Südwest-Afrika]) als kleine Restgruppen anzutreffen; ca. 55 000. Sprache: Khoisan mit den charakteristischen Schnalzlauten.
Die B. sind den Hottentotten sprachlich und rassisch (Khoisanide) verwandt. Sie sind kleinwüchsig; durchschnittliche Körpergröße unter 150 cm; die Hautfarbe ist bräunlichgelb; das schwarze Kopfhaar ist spiralförmig gekräuselt (Pfefferkornhaar); auffallend ist die starke Runzelbildung; bei den Männern der halberigierte Penis; bei den Frauen eine Überentwicklung der Schamlippen und Fettsteiß (Steatopygie).
Nur einige Splittergruppen haben noch ihre urtümliche Lebensweise beibehalten. Die Hauptnahrung, von Frauen gesammelt, besteht aus Feldkost: wasserspeichernde Wurzelknollen, Wildkürbisse (tsammas), Honig, Nüsse, Früchte, Pilze, Blätter. Männer jagen das Kleinwild (Antilopen, Springhasen u. a.) allein, Großwild (Büffel, Giraffen u. a.) in kleinen Trupps von vier bis fünf Jägern. Wurfkeule und Giftpfeile sind die traditionellen Jagdwaffen. Die Pirschjagd und die Hetzjagd, in Gemeinschaft die Treibjagd, sind die herrschenden Jagdmethoden.
Innerhalb der Haushalte, die aus Kernfamilien bestehen, trifft der Mann die Entscheidungen. Das Oberhaupt einer Jagdschar hat das Recht wie auch die Pflicht, den Beginn und Verlauf der Wanderungen zu bestimmen. Auch überwacht er die Verteilung der Jagdbeute auf jeden Einzelhaushalt. Im übrigen sind seine Machtbefugnisse gering. Eine politische Organisation über die lokalisierte Jagdschar hinaus fehlt.

Abb. 37: Eine der Hauptaufgaben der Buschmannfrauen besteht im Sammeln von Wildfrüchten (Foto: Kanus).

Jede Gruppe hat festgelegte Jagd- und Sammelreviere, deren Grenzen genau bekannt sind und eingehalten werden.
Frauen erstellen an den Lagerplätzen Kuppelhütten oder Windschirme aus Buschwerk und Gras. Aber nicht der »Scherm«, sondern das Feuer gilt als Symbol der Feuerstätte. Jede Kernfamilie unterhält ihre eigene Feuerstätte.
Die handwerkliche Tätigkeit erstreckt sich auf die Herstellung von Pfeilen und Bögen, Speeren, Grabstöcken, Löffeln, Schalen und einfachen Musikinstrumenten; Straußeneier wurden zu Schalen und Perlenketten verarbeitet, diese waren Handelsobjekte mit den benachbarten Bantu. Die B. sind bekannt als Hersteller von Felsmalereien und Steinritzzeichnungen.
Die Religion der B. kennt nicht nur ein höchstes Wesen, das die B. und alle Dinge erschaffen hat, sondern auch Götter, unter denen eine ganze Schar von Busch- und Jagdgeistern steht. Man fürchtet Tote und Geister, beschwert mit Steinen die Gräber und verläßt die Stätte des Todes. Zauberglaube ist verbreitet.
Die Lebensverhältnisse der B. haben sich seit der Kolonialzeit radikal verschlechtert. Die massive

Abb. 38: Kung-Buschmann in der Kalahari. Der Überlebenskampf in unwirtlichen Wüstensteppen läßt die Menschen dieses Wildbeutervolkes frühzeitig altern (Foto: Kanus).

Einwanderung Bodenbau treibender Bantuvölker und die Landnahme der vom Kap her eindringenden Buren schränkte die Jagdgebiete der B. bis auf einige wenige Landstriche ein. Selbst diese sind schließlich teilweise von Bergbau und Industrie in Anspruch genommen worden. So sind die B. großenteils zu Hörigen der Bantu oder zu Lohnarbeitern (v. a. Viehwächter) bei den Weißen abgesunken. Einzelne Gruppen der !Kung (in Botswana) haben sich durch den Rückzug in die Kalahari dem Kulturwandel entzogen; andere sind mit Nachbarvölkern vermischt und teilweise akkulturiert. Bei der die Unabhängigkeit von Namibia vorbereitenden Turnhalle-Konferenz (1978/79) war die zweiköpfige Buschmann-Delegation die einzige, die keine Dolmetscher benötigte; sie verstand alle im Land gesprochenen Sprachen.

Lit.: 1164, 1189, 1199, 1200, 1214, 1218, 1225, 1231
Karten: Afrika (Abb.: 148)
        Südafrika (Abb.: 147)
Abb.: 37, 38

Burjaten

O-mongolisch sprechendes Volk in S-Sibirien. In der UdSSR 1970: 315 000, vor allem der Burjatisch-Mongolischen ASSR; in der VR Mongolei (nordöstl. von Ulan Bator) 1963: 29 000; einige Tausend in der VR China (Innere Mongolei).

Das Siedlungsgebiet der B. ist gebirgig, mit Hochflächen meist über 2000 m, das Klima extrem kontinental. Die B. waren in traditioneller Zeit Nomaden und Halbnomaden (Rinder, Pferde, Kamele, Schafe); im W trieb man auch geringen Bodenbau (Hirse, Buchweizen), der später durch den Einfluß russischer Siedler intensiviert wurde. Fleisch- und Milchprodukte bildeten die Grundlage der Ernährung, ergänzt durch Jagd und Fischfang. Eine wichtige Rolle spielte der Pelzhandel (Eichhörnchen, Murmeltier, Fuchs, Zobel) in die Mongolei und nach China, später auch Rußland im Tausch gegen Metallwaren und Stoffe. Die Herstellung und kunstvolle Weiterverarbeitung von Filz, Fellen und Leder war hochentwickelt. Die nomadischen B. Transbaikaliens wohnten in Filzjurten (Jurte+), die seßhaften im W in Holzhäusern, die oft in ihrer sechs- oder achteckigen Form der Jurte nachempfunden waren. Die B. gliederten sich in exogame+ Verwandtschaftsgruppen, »Knochen« genannt, deren Angehörige sich durch die Kenntnis der Geschichte des eigenen »Knochens« bis in die 10. Generation auswiesen. Der »Knochen« bildete eine Wirtschafts-, Territorial- und Religionseinheit. Im O kam es unter mongolischem Einfluß zur Ausbildung eines Feudaladels mit großem Landbesitz. Die Religion der B. war durch eine dualistisch ausgerichtete Götter- und Geisterwelt (gute und böse, westliche und östliche) gekennzeichnet. Ähnlich gab es gute (= weiße) und böse (= schwarze) Schamanen+, die den Kontakt zu ihr herstellten. Gute Schamanen fungierten auch als Krankenheiler und Priester bei Festen; nach ihrem Tod wurden sie, wie auch geschickte Bogenschützen und geachtete Vorfahren, in die Geisterwelt integriert. Die westl. B. blieben dieser Religion – soweit sie nicht zum Christentum bekehrt wurden – bis ins 20. Jh. treu. Bei den östl. B. breitete sich der Lamaismus+ seit dem 18. Jh. aus. Der zaristischen Verwaltung war diese Entwicklung ein Dorn im Auge, da sie um die Loyalität der B. zugunsten mongolischer und tibetischer Kirchenführer bangte. Durch die Ernennung eines eigenen burjatischen Kirchenoberhauptes versuchte sie, diese Gefahr zu neutralisieren. Zen-

tren des Geisteslebens waren Klöster mit Nonnen und Mönchen.
Man nimmt an, daß die B. aus der Vermischung mongolischer Einwanderer und im Baikal-Gebiet ansässiger türksprachiger Stämme lange vor dem 12. Jh. n. Chr. entstanden. Erste Kontakte zu Rußland fallen ins 17. Jh.; Nachrichten über die B. sind erst seit dieser Zeit vorhanden. Durch den Vorstoß der Kosaken und die Einwanderung russischer Siedler kam es zu Zusammenstößen und grausamen russischen Strafexpeditionen gegen die B., doch schon um 1700 war ihr Widerstand gebrochen. In der Folgezeit wurden die B. abgedrängt, umgesiedelt, fielen Krankheiten und Seuchen zum Opfer und hatten unter Erpressung und Korruption der russischen Beamten und Händler zu leiden. Andererseits konnte sich durch Akkulturation+ und Kulturaustausch schon im 19. Jh. eine burjatische, stark nationalistische Intelligenz herausbilden. Ein Teil ihrer Vertreter schloß sich während der Revolution den »Weißen« in der Hoffnung an, dort ihre national-mongolischen Staatsideen verwirklichen zu können, andere stellten sich in den Dienst der Sowjets, dienten ihnen auch vielfach als Propagandisten in den zentralasiatischen Nachbarländern. Pan-mongolische Strömungen machten aber auch die kommunistischen B. verdächtig, und 1937 wurde die gesamte burjatische Parteispitze unter diesem Vorwurf hingerichtet, die burjatische Intelligenz gesäubert. Bis 1953 war das Gesar Khan-Epos wegen pan-mongolischer Propagandatendenzen verboten. Die lamaistische+ Kirche war seit 1929 ebenfalls wegen national-mongolischer Strömungen der Verfolgung ausgesetzt. Die Klöster wurden geschlossen und enteignet, die dort gepflegte mongolische Schrift abgeschafft und ein südburjatischer Dialekt – nicht das auch in der Mongolei als Literatursprache verbreitete Khalkamongolisch – zur Schriftsprache (mit kyrillischen Buchstaben) erhoben. Noch zu Beginn des 2. Weltkriegs besaß der Lamaismus eine breite Anhängerschaft im Volk, und der sowjetische Realismus konnte sich nur schwer gegen die buddhistische Kunst durchsetzen. Schon im 19. Jh. waren viele B. zum Halbnomadismus+ übergegangen, doch waren 1928/29 nur 10% der Bevölkerung voll seßhaft. Die Seßhaftigkeit war daher ein wichtiges Ziel sowjetischer Politik. Heute sind die B. auf staatlichen Großviehfarmen beschäftigt oder arbeiten in der Landwirtschaft, die durch Bewässerung intensiviert wurde. Pelztierjagd und Fallenstellerei spielen nach wie vor eine Rolle. Die reichen Bodenschätze (u. a. Erze, Edelmetalle, Kohle) ermöglichten den Aufbau einer Industrie.

Lit.: 78, 100
Karte: Zentral- u. Nordasien (Abb.: 97)

Cachi
Cayapa

Flußuferindianer in Ekuador an R. Cayapa und R. San Miguel; ca. 2500. Sprache: Chibcha. Obwohl nach eigener Überlieferung aus dem Hochland, haben sie sich heute ganz den ökologischen Bedingungen des tropischen Tieflandes der Küstenregion angepaßt. Sie bauen im Brandrodungssystem+ Mehlbananen an. Im Gegensatz zur benachbarten Bevölkerung afrikanischer Herkunft stellen sie ihre Landwirtschaft in erster Linie in den Dienst der Selbstversorgung, anstatt für den Markt zu produzieren. Das erlaubt ihnen größere Unabhängigkeit, solange ihre Landrechte gewahrt bleiben, d. h. solange sie genügend für den eigenen Bedarf produzieren können.
Die C. leben zu 3–4 Familien in einem Gemeinschaftshaus; ca. 3 solcher Häuser bilden eine Siedlung. Das Gesamtvolk ist in 4 »pueblos« eingeteilt, jedes mit einem »gobernador« und einer Reihe von Würdenträgern, die aus der spanischen Verwaltungsstruktur übernommen wurden. Die Pueblo-Verwaltung organisiert christliche Feste und übt interne Rechtsprechung aus. Das Land ist nach der Rechtsauffassung der C. Kollektiveigentum des Pueblo, das jeweils individuell von der einzelnen Kleinfamilie genutzt wird.
Die C. sind heute z. T. evangelikal missioniert, daneben hält sich noch das traditionelle Medizinmannwesen, das von den benachbarten Nachkommen der Sklaven afrikanische Elemente übernommen hat. Offiziell ist die Mehrheit katholisch.

Lit.: 682
Karte: Nördliches Südamerika (Abb.: 209)

Caddo

Nordamerikanische Indianer am unteren Red River in Louisiana und Arkansas sowie Name einer im ganzen Präriegebiet verbreiteten

Abb. 39: Mitglieder des Direktoriums der D-Q University 1980. D-Q (Deganawida-Quetzalcoatl) University wurde 1971 von einer Gruppe nordamerikanischer Indianer und Chicanos bei Davis in Kalifornien errichtet. Sie ist die einzige Institution für höhere Bildung, die weder vom BIA noch von einer Stammesregierung kontrolliert wird. Neben den üblichen Lehrveranstaltungen, die zu einem Associate of Arts Degree führen sollen, bietet D-Q ein vielfältiges Programm an, das alle Bereiche der Kultur und Geschichte der nordamerikanischen Indianer umfaßt. (Foto: Peyer)

Sprachfamilie, zu denen außer den C. die → Arikara, → Pawnee und Wichita gehören; heute in Oklahoma. Ca. 1200. Sprache: Caddo.
Die C. waren seßhafte Bodenbauern, die von der prähistorischen Mississippi-Kultur (1200–1500 n. Chr.) des unteren Mississippi-Tales beeinflußt waren. Ihre traditionelle Kultur trägt zahlreiche Züge, die sich in den südöstl. Waldlandkulturen und in Altmexiko finden. Nach 1700 verbanden sich einige C.-Stämme zu einer Konföderation. Schon 1835 wurden sie gezwungen, ihr Land aufzugeben. Sie zogen zu ihren Verwandten, den Hasinai, die am Brazos River in Texas lebten. 1859 flohen sie vor weißen Übergriffen nach Oklahoma, wo ihre Reservation im Zuge des »General Allotment Act« 1902 parzelliert wurde. Sie leben heute unter den Oklahoma-Indianern als Farmer auf eigenem Land.

Lit.: 578, 587, 606
Karte: Nordamerika (Abb.: 76)

Cahuilla

Nordamerikanische Indianer im südl. Kalifornien, auch heute noch dort auf privat parzelliertem Land; ca. 600. Sprache: Uto-Aztekisch.
Die C. sind eine der wenigen südkalifornischen Indianer, die bis heute ihre kulturelle Identität wenigstens teilweise beibehalten haben. Sie leben nicht mehr auf einem Reservat. Ihr Land haben sie in touristischen Schwerpunkten (z. B. in Palm Springs) oder in landwirtschaftlich intensiv genutzten Gebieten (z. B. Bewässerungsplantagen am Salton Sea) günstig veräußern oder verpachten können. In der populären Literatur werden die C. oft mit den Coahuila, einer ausgestorbenen Gruppe von Indianern in NO-Mexiko verwechselt.

Lit.: 502, 506, 508
Karte: Nordamerika (Abb.: 76)

Chakassen

Heutige Sammelbezeichnung für eine Vielzahl Türkisch sprechender Gruppen in S-Sibirien am Oberlauf von Jenissei und Ob (UdSSR). Vor der Revolution waren die C. als Jenissei-Kirgisen, Minusinsker oder Abakan-Tataren bekannt. Man rechnet zu ihnen u. a.: Sagaier, Beltiren, Koibalen, Katschin, alles Gruppen mit unterschiedlicher Ethnogenese+, Geschichte, Kultur, entstanden aus Vermischung, Ab- und Einwanderung, Zusammenwohnen, Turkisierung ketischer und samojedischer Verbände. Gemeinsam ist ihnen allen die sprachliche, teils auch kulturelle Turkisierung. Die C., 1970: 67 000, wohnen überwiegend im »Chakassischen Autonomen Gebiet«.

Viehzucht (teils Halb- und Vollnomadismus), Jagd und Fallenstellerei, Fischfang und Bodenbau waren die traditionellen Wirtschaftsformen der C., je nach Umweltbedingungen. Trotz ihrer teils gewaltsamen Christianisierung im 18. und 19. Jh. behielten die C. ihren heidnischen Glauben an einen Himmelsgott und Schutzgottheiten sowie die Verehrung von Bergen, Gewässern und Bäumen bei. Schamanen mit besonderer Wirkkraft und Macht besaßen die Katschin; berühmt waren die beltirischen Schmiede.

Türkisch-mongolische Stämme sowie ketisch-samojedische Elemente spielten bei der Herausbildung der C. eine Rolle. Im 8. und 9. Jh. errichteten ihre Vorfahren am Jenissei ein mächtiges Reich mit hohem Kulturniveau und Einfluß bis in die Mongolei. Nach Tibet, Innerasien und China wurden Felle, Moschus und Metallwaren verhandelt, denn die damaligen Jenissei-Kirgisen waren berühmte Gold-, Silber- und Eisenschmiede. Der Machtverfall kam zuerst mit dem Einfall der Mongolen im 13. Jh., dann den Plünderungen durch die Dsungaren. Seit dem 19. Jh. führte der enge Kontakt mit Rußland zur Adaption russischer Kultur und Wirtschaftsformen, aber auch zur Abdrängung durch russische Siedler, Überfremdung, Zersiedlung des Landes.

In diesen negativen Erfahrungen sind die Gründe für den starken antirussischen Nationalismus der C. nach der Revolution zu suchen, der schließlich – ebenso wie die Kontakte zu oiratischen (→ Altaier) und pan-türkischen Bewegungen – Mitte der dreißiger Jahre umfassende Säuberungen nach sich zog. Die reichen Bodenschätze führten zu einer forcierten Industrialisierung des »Chakassischen Autonomen Gebiets« mit Ansiedlung russischer Arbeitskräfte in großem Ausmaß. Land- und Viehwirtschaft wurden intensiviert, die Kollektivierung bis zum Ausbruch des 2. Weltkrieges weitgehend abgeschlossen.

Lit.: 76, 91
Karte: Zentral- u. Nordasien (Abb.: 97)

Cham

Nachfahren des alten Champa-Reiches (2.–15. Jh.), ca. 100 000. Sprache: Austronesisch, Beziehungen zum Aceh von Nord-Sumatra. Nach der Zerschlagung ihres Reiches durch die Vietnamesen (1471) floh ein Teil der C. in die Gegend des Tonle Sap in Kambodscha, ein anderer Teil konnte sich in der Küstenregion des zentralen S-Vietnam und in einem kleinen Gebiet nahe der kambodschanischen Grenze halten. Die vietnamesischen C. haben sich äußerlich (Kleidung, Siedlung) ihren Eroberern angepaßt. Auf Bewässerungs- und Brandrodungsfeldern bauen sie u. a. Reis, Mais und Maniok an. Die östl. C. bekennen sich überwiegend zum Brahmanismus, die westl. zum Islam. Das im hinduisierten Champa-Reich entwickelte Kastensystem ist unter den Einflüssen von Vietnamisierung und Islam weitgehend verschwunden. Im Westen hat der Islam auch die Bedeutung der traditionellen mutterrechtlichen Sippen zurückgedrängt, die in der gesellschaftlichen und politischen Ordnung der küstennahen C. noch eine wichtige Rolle spielen.

Lit.: 247, 252
Karte: Hinterindien (Abb.: 70)

Chanten und **Mansen**

Früher gemeinsam als Ob-Ugrier bekannt, die Chanten auch als Ostjaken, die Mansen als Wogulen. C. und M. sind zwei kulturell eng miteinander verbundene Gruppen im westsibirischen Tiefland, am mittleren und unteren Ob (UdSSR), zum größten Teil im »Nationalen Kreis der Chanten und Mansen«, einem an Wild und Fischen reichen Taiga- und Tundragebiet. Sprache: Ugrisch, ein Zweig der finno-ugrischen Sprachfamilie. C. 1970: 21 000; M. 1970: 7700. Die C. und M. trieben hauptsächlich Jagd- und

Fischfang, nur einige Gruppen übernahmen um 1500 die Rentierhaltung. Pelztierjagd gewann durch Kontakte mit russischen Händlern an Bedeutung. Schlitten, mit Hunden oder Rentieren bespannt, Ski und Boote dienten als Fortbewegungsmittel, Holzhütten, halbunterirdische Wohngruben mit Holzdach, Zelte aus Birkenrinde und Fellen als Wohnung. C. und M. waren jeweils in zwei große, streng exogame+ Phratrien+ geteilt, die sich nach Bär und weiblichem weißen Hasen (auch Schmetterling oder Gans) nannten. Auch die einzelnen Sippen hießen nach einem tierischen oder pflanzlichen Totem+, für das Tötungs- bzw. Speisetabu bestand. Obwohl die C. und M. seit Anfang des 18. Jh. formal Christen waren, verehrten sie weiterhin den Schöpfergott Numi Toruma und seine Mutter, ebenso verschiedene Natur- und Tiergeister. Überhaupt war die Beziehung zum Jagdtier sehr eng; Erzählungen, Mythen und Riten spiegeln dies deutlich wider.

C. und M. gingen wahrscheinlich aus der Vermischung autochthoner+ Fischer- und Jägerstämme mit Pferdezüchtern aus dem zentralasiatischen Raum hervor, die Mitte des 1. Jt. n. Chr. nach Norden vorrückten. Die Kontakte zu Rußland, die schon seit dem Mittelalter bestanden, brachten das traditionelle Leben der C. und M. in eine Krise: Epidemien breiteten sich aus, Alkoholmißbrauch und Verschuldung an russische Händler lasteten schwer auf ihnen.

Nach der Revolution wurden die alten Wirtschaftsformen der C. und M. nicht aufgegeben, sondern intensiviert und auf kollektiver Basis weiterbetrieben. Neue Pelztierrassen wurden eingeführt, teils auch Pelztierzuchtfarmen aufgebaut. Die Fischerei und eine weiterverarbeitende Industrie ist ein wichtiger Wirtschaftszweig. Neu eingeführt wurden Ackerbau und Viehzucht. Ergänzt wird auch heute noch die Nahrung durch das Sammeln von Pflanzen, Beeren, Pilzen. Die ugrische Sprache der C. und M. wird heute in kyrillischer Schrift geschrieben.

Lit.: 76, 94
Karte: Zentral- u. Nordasien (Abb.: 97)

Chenchu

Sie gelten als bereits in vordrawidischer Zeit in Indien lebende Gruppe, deren ursprüngliche Sprache unterging. Als vorwiegend nomadisierende Sammler bevölkern sie die Hochlandsregionen des indischen Bundesstaates Andhra Pradesh; ca. 12 000. Ihre kreisrunden Hütten mit konischem Strohdach sind aus dichtem Schilfgeflecht, wobei die Außenfläche als Regenschutz mit Blättern verschlungen ist. Die C. bevorzugen, wegen der Bodenfeuchtigkeit während der Monsunzeit, als Siedlungsgebiet kahle Felsplateaus. Die Länge ihres Aufenthalts an einem Ort ist von der Haltbarkeit ihrer Hütten bestimmt. Nur wenige C. leben als seßhafte eigenständige Landbebauer oder Landarbeiter in den Tälern. Die Berg-C. sind äußerst geschickte Kletterer, die von den steilsten Berghängen Wildhonig sammeln. An unzugänglichen Stellen beschießen sie die Waben mit Pfeilen so, daß längs der daran befestigten Fäden der Honig heruntertropft, den sie auffangen. Ihre mit einfachsten Mitteln aus Bambus und Kürbisfrüchten (selten aus Holz) angefertigten Geräte – Löffel und Schüsseln – zeigen in eingeritzten oder reliefartig geschnitzten, vorwiegend geometrischen Mustern viel ästhetisches Empfinden. In die groben Handwebprodukte und Körbe, die je nach Verwendungszweck in einer Vielfalt von Formen hergestellt werden, sind Rauten-, Dreiecks- und Zickzackmuster eingeflochten. Der Tanz hat bei den C. keine sakrale Bedeutung, er dient allein der Unterhaltung; dabei setzen sie ihre schauspielerischen Fähigkeiten in Bewegung um; durch Mimik und Gestik wird eine vollständige Jagdgeschichte wiedergegeben. Nur Frauen bewegen sich in festgelegten Schritten und bestimmten Figuren. Das wesentliche Element ist der Rhythmus, den die Trommler vorgeben. Andere Musikinstrumente (ebenfalls immer verziert) sind Bambusflöten, die vertikal gespielt werden, und eine Art Gitarre; charakteristisch ist ein Blasinstrument aus zwei Schilfrohren und einem kleinen Kürbis.

Dämonen und Geister kennen die C. nicht; für alles, was mit dem Dschungel zusammenhängt, ist die Gottheit Gerelamai-Sama zuständig, der auf einem tischförmigen (seltener halbkreisförmigen) Altar aus Stein Früchte (niemals Wurzeln oder Pflanzen) dargeboten werden. Bhagwantaru, der Gott des Himmels, Donners und Regens gilt auch als Spender des Lebens, zu dem nach dem Tod die Seele zurückkehrt. Beide Gottheiten sind wohlwollend. Wenn das erste Mohua-Getränk des Jahres gebraut ist, wird etwas davon über die Altarsteine gegossen mit einem Gebet, vor Trunkenheit zu bewahren.

Lit.: 149, 157
Karte: Vorderindien (Abb.: 220)

Cherokee

Nordamerikanische Indianer in den südwestl. Appalachen (Tennessee, Georgia, Carolinas), heute in Oklahoma (ca. 60 000), Reste auf der Cherokee Indian Reservation in den Great Smoky Mountains im westl. North Carolina (ca. 3000). Sprache: Irokesisch.

Die C. hatten in frühkolonialer Zeit eine bäuerliche Kultur, wie alle Stämme des Südostens (Creek, Chickasaw, Choctaw u. a.). Der intensive Bodenbau mit Mais als Hauptanbaufrucht wurde auf Brandrodungsfeldern betrieben, die mit Feuer und Steinbeilen im Wald gewonnen wurden; nach Erschöpfung des Bodens mußten neue Felder geschaffen werden. Reiche Niederschläge und ein schon beinahe subtropisches Klima erbrachten hohe Erträge. Außer den Grundnahrungsmitteln Mais, Bohnen und Kürbissen bauten die C. auch Tabak an, der, mit Sumachblättern gemischt, zu zeremoniellen Anlässen geraucht wurde. Aus Dattelpflaumen gewann man ein mildes Rauschmittel. Hirsch, Bär, Hase und wilder Truthahn waren die wichtigsten Jagdtiere. Von den weißen Eroberern wurden schon früh neue Pflanzen, vor allem Melonen und Obstbäume, eingeführt und in größeren Mengen angebaut. Die ca. 75 Siedlungen der C. bestanden aus 30 bis 60 Blockhäusern (ohne Fenster) mit Rindenbedeckung und einem großen, zentral gelegenen Versammlungshaus, in dem das heilige Feuer brannte. Holzschnitzkunst, Korbflechterei und Töpferei waren hochentwickelt, konnten sich jedoch nicht mit dem technologischen Niveau der vorgeschichtlichen Mississippi-Kultur des SO (ca. 700 bis 1400 n. Chr.) messen. Die Sozialordnung war matrilinear+. Es gab rote (= Kriegs-) und weiße (= Friedens)dörfer, die jeweils einem obersten Kriegs- oder Friedenshäuptling unterstanden. In der frühen Kolonialzeit waren alle Dörfer in einer gemeinsamen C.-Konföderation integriert. Wichtigste religiöse Zeremonie war das Grünkornfest (»Busk Festival«), das abgehalten wurde, wenn die ersten Maiskolben röstreif waren (Ende Juli).

Schon vor 1800 hatten sich unter den C. zahlreiche weiße Händler und auch einige Siedler niedergelassen; es kam zu vielen Mischehen. Pokkenepidemien (1735 und später) reduzierten die Bevölkerung um die Hälfte. Während der amerikanischen Revolution stellten sich die C. auf die Seite der Engländer, beschlossen jedoch nach deren Niederlage eine politische Verwaltung nach dem Modell der neuen amerikanischen Verfassung einzurichten. Sie öffneten ihr Land auch bereitwillig den Missionaren, um ihren Kindern eine gute Schulbildung zu geben. Schulen, Kirchen, Mühlen, Schmieden und andere Gebäuden wurden gebaut. 1824 entwickelte Sequoyah (Charles Gist) unter Verwendung lateinischer Buchstaben und eigener erfundener Zeichen eine Silbenschrift von 86 Symbolen, nach denen ein Lehrbuch, eine Zeitung (»Cherokee Phoenix«) und das Neue Testament gedruckt wurden.

Obwohl sie gerichtlich gegen den »Removal Act« von 1830 vorgingen – dem Ausweisungsgesetz, nach dem alle Indianer östl. des Mississippi »ausgesiedelt« werden konnten –, wurden die C. (Goldfunde und Landhunger weißer Siedler aus Georgia) 1835 im Vertrag von New Echota zur Aufgabe des gesamten C.-Landes gezwungen. Im Winter 1838/39 wurden sie von amerikanischen Truppen nach NO-Oklahoma deportiert. Von den ca. 18 000 Indianern überlebten 4000 den »Zug der Tränen« nicht. Nur wenige Hundert konnten in die Berge flüchten und dem Exodus entkommen.

Im »Indianer-Territorium« schlossen sich die C. mit den → Creek, → Chickasaw, → Choctaw und → Seminolen zusammen, die ebenfalls mit Gewalt aus ihrer Heimat im SO vertrieben worden waren. Sie bildeten die Konföderation der »Fünf Zivilisierten Nationen«, denen die amerikanische Regierung die Anerkennung als Staat zugesichert hatte. Die Angehörigen der fünf Stämme lebten als Kleinbauern auf stammeseigenem Land, bis 1907 Oklahoma den Status eines Bundesstaates erhielt und das Indianerland als Reservation aufgelöst und an die Indianer sowie an Weiße aufgeteilt wurde.

Die C. (ca. 47 000 »Mischlinge« und 15 000 »Vollblut«) leben heute in kleinen ländlichen Siedlungen meist als Farmer und unterscheiden sich äußerlich nur wenig von der ärmeren weißen Landbevölkerung. Sie haben jedoch ihre eigene Sprache bewahrt. Die Mehrheit ist getauft (Baptisten oder Methodisten), das Gemeinschaftsleben konzentriert sich auf die örtliche Kirche. Unter den Vollblut-Indianern haben sich noch Reste der traditionellen Religion erhalten, die sich von der nativistischen Redbird-Bewegung aus der Zeit um die Jahrhundertwende herleitet. Der »Stomp Ground« ersetzt als gesellschaftliches Zentrum der Vollblut die Kirche der Mischlinge.

Die östl. C. haben auf ihrer Reservation eine erfolgreiche Tourismus-Industrie entwickelt. Hauptattraktion ist die jährliche Aufführung des

Dramas »Unto These Hills« im Sommer, das die Geschichte ihres Volkes erzählt. In Tsa-La-Gi, Oklahoma, führen die westlichen C. stattdessen ihre Geschichte, »The Trail of Tears«, auf.

Lit.: 518, 519, 528, 530, 534, 535, 537, 540, 553, 560
Karten: Nordamerika (Abb.: 76)
Indianer-Territorium um 1850 (Abb.: 40)

Cheyenne

Nordamerikanische Indianer im mittleren Plainsgebiet, seit 1832 gespalten in eine Nord-

Häuptlingen. Unter den Kriegerbünden hatte der Hunde-Bund die Exekutivgewalt, d. h. er führte die Anordnungen des Großen Rates aus; dabei entwickelte er sich zu einem selbständigen »Polizei«organ. Das heilige Stammesbündel mit einem Hut aus Bisonleder und vier Pfeilen symbolisierte Erfolg bei Jagd und im Kampf; es wurde sorgfältig gehütet und durfte nur unter genauer Einhaltung von bestimmten Riten geöffnet werden. In Visionen erschienen den C. Schutzgeister, die persönliche Kraft verliehen und Schutz im Kampf boten; doch mußten bestimmte Regeln genau eingehalten werden. Die Medizinmänner (Schamanen) waren in esoterischen Bünden (Geheimbünden) zusammengeschlossen, um die spezifischen Krankenheilungstechniken (z. B. Kenntnis von Heilkräutern) vor

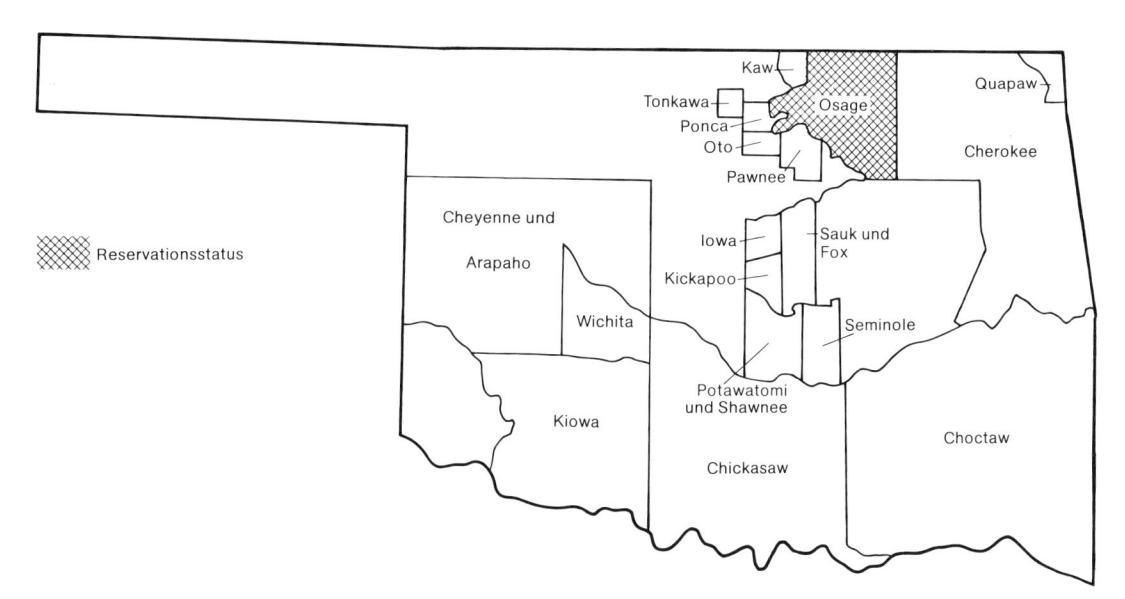

Abb. 40: Indianer-Territorium um 1850. Alle Stämme des Südostens und viele Prärie- und Plains-Indianer haben nach ihrer Vertreibung hier eine neue Heimat gefunden.

gruppe (Northern C.) am Platte River (heute auf der Tongue River Reservation in Südost-Montana) mit ca. 2000 und eine Südgruppe (Southern C.) am Arkansas River, die heute mit den Südl. → Arapaho in Oklahoma auf parzelliertem Privatland lebt. Sprache: Algonkin.
Die C. hatten nach ihrer Einwanderung in die Plains (Black Hills) die charakteristische Plainskultur entwickelt bzw. übernommen: Sie wurden nomadische Bisonjäger und lebten in großen Lederzelten (tipis). Die zehn Lokalgruppen der C. unterstanden einer Ratsversammlung von 44

allem als Machtfaktor gegenüber den profanen Führern nur den Eingeweihten zu erhalten. Die Männer- oder Kriegerbünde dagegen sorgten für die Erziehung der jungen Männer im Sinne eines Kriegerideals.
Die C. lebten vor 1700 in Minnesota als seßhafte Bodenbauer. Später wanderten sie nach Westen, wo sie sich zunächst am Cheyenne River in North Dakota niederließen. Als sie gegen Ende des 18. Jh. in Besitz von Pferden kamen, zogen sie weiter nach W. Nach einem ersten Vertrag mit den Amerikanern (Fort Laramie, 1851) kam

es, nach Übergriffen der Weißen, zu offenen Kämpfen. Die Zeit bis 1879 war ein fast ununterbrochener Kampf ums Überleben, insbesondere nachdem das Lager des Häuptlings Black Kettle am Sand Creek 1864 von amerikanischen Truppen überfallen und Männer, Frauen und Kinder ermordet worden waren. Nach dem Vertrag von Medicine Lodge (1867) wurden die Südl. C. in ein Reservat in Oklahoma gebracht, wo sie bis Custers Überfall am Washita River (1868) in Frieden lebten; dem letzten großen Aufstand der südl. Plainsstämme (1874–75) schlossen sie sich erneut an. Die Nördl. C. kämpften zusammen mit den Westl. Dakota in der Schlacht am Little Bighorn (1876) und trugen entscheidend mit zur Niederlage der Truppen von Custer bei. Nach der Zerstörung des Lagers von Häuptling Dull Knife und Two Moons (1877 und 1878) ergaben sich auch die Nördl. C. den übermächtigen amerikanischen Truppen. Sie wurden zu den Südl. C. in Oklahoma deportiert, erhoben sich jedoch im gleichen Jahr gegen die sie bewachenden Truppen und zogen wieder nach N, in ihre alte Heimat. Wiederum besiegt, wurden sie nochmals nach Oklahoma verschleppt. Unerträglichen Bedingungen ausgesetzt, brachen sie im Januar 1979 erneut aus. Dabei wurden 64 C. getötet, 78 gefangengenommen, 30 konnten entfliehen.

Auf der Tongue River Reservation leben die Nördl. C. heute überwiegend von der Viehhaltung, in Oklahoma sind die Südl. C. meist Farmer; nach 1901/02 war das Stammesland parzelliert und in Privatbesitz übergegangen. In den 30er Jahren übernahmen die C. unter dem Indian Reorganization Act eine eigene moderne Form der Stammesorganisation. Der Sonnentanz wird noch heute im Sommer abgehalten. Die Native American Church (Peyote-Kult) ist weit unter ihnen verbreitet, ca. 70% sind Anhänger. Umstritten ist das Buch »Seven Arrows« von Hyemeyohsts Storm, ein Bestseller der modernen indianischen Literatur, vor allem von denjenigen, die in diesem Buch das verbindliche traditionelle Wertsystem des Stammes vermissen.

In den letzten Jahren haben sich die Nördl. C. zusehends gegen den von ihnen zunächst erlaubten Kohleabbau im Tagebau gewendet, der zusammen mit dem Ausbau von Kleinstädten ihr landwirtschaftliches Potential zu beeinträchtigen droht und die Umwelt zerstört. Ihre Proteste führten dazu, den Abbau auf 61 000 acres einzuschränken. – Auf den jährlichen Pow-Wows, die meist Anfang Juli stattfinden, treffen sich Angehörige fast aller nördl. Plainsstämme.

Lit.: 567, 572, 574, 577, 597, 605
Karten: Nordamerika (Abb.: 76)
Ausbreitung des Pferdes (Abb.: 46)

Chibcha

1. Ältere Bezeichnung der Muisca, einer in der frühen Kolonialzeit teils ausgerotteten, teils in der Mestizenbevölkerung aufgegangenen Volksgruppe im ostkolumbianischen Kordillerenhochland.
2. Indianische Sprachfamilie (zu der die Muisca gehörten) in Mittel- und Südamerika: → Arhuaco, → Bari, → Cachi, Kogi, → Páez, → Talamanca, Tsatchela, Tunebo. (Vgl. auch Mískito).

Chickasaw

Nordamerikanische Indianer, ursprünglich in den nördl. Teilen von Mississippi und Alabama, heute in Oklahoma; ca. 9000. Sprache: Muskogee.

In ihrer traditionellen Kultur glichen die C. anderen Muskogee-Stämmen des Südostens, z. B. den → Creek. Als Folge des »Removal Acts« (1830) wurden sie mit den anderen Südoststämmen in das »Indianer-Territorium« im heutigen Oklahoma deportiert, wo sie seit der Auflösung der Reservationen (1907) auf individuell zugeteiltem Land kleine bäuerliche Betriebe aufgebaut haben.

Lit.: 519, 531, 535, 553
Karte: Indianer-Territorium um 1850 (Abb.: 40)

Chin

Gruppe mongolider Völker im Bergland zwischen Indien und Birma, wenige auch im mittleren Irrawaddy-Tal und in den Chittagong Hill Tracts von Bangladesh. Gesamtzahl: 1,5–2 Mio. Sprache: Kuki-Chin-Gruppe des Tibeto-Birmanischen. Die Sammelbezeichnung »Chin« geht auf das birmanische Wort »khyan« (»Freund«, »Verbündeter«) zurück. Die in Indien lebenden C. (etwa zwei Drittel der Gesamtzahl) sind dort v. a. unter den Namen ihrer 4 Hauptgruppen bekannt: Meithei (Hauptbevölkerung von Manipur, über 800 000), Lushai (in Mizoram, knapp 300 000; meist »Mizo« = »Bergmenschen« genannt), Lakher (südl. an die Lushai anschließend) und Kuki (Hügel von Manipur und nordwestl. angrenzendes Bergland, ca. 30 000). Unter den C. nehmen die Meithei eine Sonderstellung ein, da sie schon Anfang des 18. Jh. im Tiefland von Manipur ein eigenes hinduistisches Königreich gegründet hatten, das alle Merkmale einer Hochkultur trug. Die übrigen C. sind Bergbewohner und ähneln kulturell in vielem den anderen Bergvölkern der Region.

Im Unterschied zum permanenten Bewässerungs-Feldbau (Reis) der Meithei steht bei den Berg-C. ein rotierender Brandrodungsbau+ im Mittelpunkt der Wirtschaft (Reis, Mais, Hirse, Baumwolle, Knollenfrüchte und Grünpflanzen). Als Haustiere werden Mithan-Büffel (*Bos frontalis*; hauptsächlich zu Opferzwecken), Hunde, Schweine und Geflügel gehalten. Jagd und Fischfang liefern zusätzliche Fleischnahrung. Materielle Kultur: Grasgedeckte Pfahlhäuser mit Veranda und 1 oder 2 Innenräumen, Werkzeugherstellung aus importiertem Eisen, Töpferei, Korbflechterei; die meisten C.-Gruppen sind für ihre Webkunst (farbenprächtige Baumwolltücher und Umhängetaschen; stets Frauenarbeit) bekannt. Die mit Palisaden befestigten Dörfer lagen früher in der Regel auf Bergkuppen oder im oberen Bereich der Hänge. Häufig waren sie in Viertel unterteilt, die jeweils von verschiedenen Patriklanen+ beherrscht wurden. Mit Ausnahme der südl. C. Birmas, deren Gemeinschaften durch Räte demokratisch geführt wurden, war die politische Organisation durch ein starkes Häuptlingstum gekennzeichnet. Bei den Lushai und Lakher sowie bei einigen nördl. C.-Gruppen Birmas mußten die Häuptlinge stets aus bestimmten aristokratischen Klanen stammen, die auch den größten Teil des nutzbaren Landes besaßen; die Gemeinen konnten dieses nur gegen Entrichtung von Abgaben nutzen und waren auch von den wichtigeren öffentlichen Ämtern ausgeschlossen. Abgesehen vom Meithei-Königreich in Manipur kannte jedoch keins der C.-Völker eine zentrale Organisation. Interne Kriege waren die Regel, bei denen es vor allem darauf ankam, durch Überraschungsangriffe Beute und Sklaven zu gewinnen. Ähnlich wie andere Bergvölker der Region kannten die C. eine Hierarchie von Verdienstfesten+, in deren Verlauf ein Mann durch Opferung von Mithan-Büffeln seinen sozialen Status steigern konnte. Bei den Lushai wurden aus solchen Anlässen beschnitzte Holzpfähle errichtet, die die »Verdienste« des Stifters demonstrierten. Die traditionelle Religion der C. wurzelt im Glauben an verschiedene Klassen von Geistern, die alle Aspekte des täglichen Lebens beeinflussen. Zur Feststellung von Krankheitsursachen werden (meist weibliche) Schamanen herangezogen.

Die C. kamen als eine der frühesten Wellen der tibeto-birmanischen Südwanderung wahrscheinlich um die Mitte des 1. Jt. in das heutige Birma und besiedelten hier zunächst Teile der zentralen Ebene. Um das 17. Jh. herum wurden sie von den (mit ihnen eng verwandten) → Birmanen und den Schan (→ Tai) in das westl. Bergland abgedrängt, und von hier aus breiteten sie sich auf ständiger Landsuche weiter in die angrenzenden Gebiete Indiens aus. Mit Ausnahme der im Tiefland Manipurs lebenden Meithei wurden die C. von der Kolonisierung Assams und Birmas zunächst kaum berührt; einzelne C.-Gruppen leisteten den Kolonialherren bis 1928 Widerstand, und erst danach wurde eine indirekte britische Verwaltung in den Hügelgebieten errichtet. Die christlichen Missionen blieben bei den C. relativ erfolglos; von den birmanischen C. konnten nur wenig über 20% bekehrt werden. Die Eingliederung in die unabhängigen Staaten Indien und Birma verlief unterschiedlich. Im letzteren Fall ergaben sich wegen des traditionell spannungsfreien Verhältnisses der C. zur birmanischen Mehrheitsbevölkerung kaum Probleme; 1974 wurde die bisherige Chin Special Division in einen Unionsstaat (Chin State) mit weitgehender interner Autonomie umgewandelt. Auf der indischen Seite wurde Manipur, das schon vor der Kolonialzeit als unabhängiges Königreich der Meithei existiert hatte, nach der Unabhängigkeit sofort als eigenständiges Unionsterritorium (seit 1974 Unionsstaat) aus der früheren Provinz Assam herausgelöst. Die Lushai (Mizo) wurden dagegen der assamesischen Verwaltung unterstellt. Das Gefühl, unter Fremdherrschaft zu stehen und als Minderheit gegenüber der Tieflandbevölkerung benachteiligt zu werden, führte zur Gründung der Mizo National Front (MNF), die die Unabhängigkeit von Indien forderte. Der militante Widerstand der MNF erreichte mit der offenen Rebellion der Lushai im März 1966 seinen Höhepunkt. Fortgesetzte Untergrund-Aktivitäten, z. T. mit der Unterstützung Chinas und Pakistans, führten 1974 schließlich zur Errichtung des autonomen Unionsterritoriums Mizoram.

Lit.: 251, 281
Karte: Hinterindien (Abb.: 70)
Abb.: 41, 42

Abb. 41: Extensiver Brandrodungsbau bringt in Hinterindien oft ökologische Probleme. (Foto: Mischung)

Abb. 42: Im Brandrodungs-Feldbau tritt häufig die Hacke an die Stelle des Pfluges. (Foto: Mischung)

Chinanteken

Mexikanische Indianer im Chinantla, einem schwer zugänglichen Teil des nördl. Berglandes von Oaxaca; ca. 40 000, davon etwa ein Drittel monolingual. Sprache: Mixteko-Zapotekisch.
In dem stark bewaldeten Bergland betreiben die C. einen intensiven Bodenbau, besonders im Becken von Papaloapan. Hauptanbaufrüchte sind Mais, Bohnen, Jams. In kleinerem Umfange werden Bananen und Kokospalmen angebaut; Tabak und Kaffee werden zur Vermarktung kultiviert. Heute werden auch einige Rinder, Schweine und Hühner gehalten. Die Felder liegen an terrassierten Hängen und im fruchtbaren Talboden des Rio Papaloapan; größere Siedlungen liegen im Tal, kleine Dörfer finden sich in den Bergen. Seit spanischer Zeit gibt es in jeder Siedlung ein Dorfzentrum (plaza) mit Kirche, Schule, Gefängnis und Versammlungshaus. Die Behausungen, umgeben von Vorratsspeicher und Hühnerhaus sowie Schweinestall, sind große rechteckige, mit Schilf abgedeckte Häuser aus Holzpfosten. Die alten Handwerkskünste (Korbflechterei, Töpferei, Weberei) sind durch die zunehmende Anbindung der bäuerlichen Agrarwirtschaft an das mexikanische Wirtschaftssystem stark zurückgegangen. Die Hochland-C. oder Westl. C. (ca. 4000) sind weniger stark akkulturiert+. Der Blitzkult und die Zauberei sind hier noch verbreitet.
Die Zwangsumsiedlung eines Teiles der Tiefland-C. wegen eines Staudammbaues hat zu einer starken Auflösung der traditionellen Kultur und einem teilweisen Ethnozid geführt.

Lit.: 679
Karte: Mexiko (Abb.: 77)

Chinook

Nordamerikanische Indianer am unteren Columbia River, Oregon; heute ausgestorben. Die C. lebten hauptsächlich vom Lachsfang. Als Händler von Trockenfisch, Dentaliumschnecken und Sklaven aus kalifornischen Stämmen hatten sie mit vielen Stämmen der Küste und des Hinterlandes Kontakt. Ihre Sprache (mit Wörtern aus anderen indianischen Sprachen, v. a. Nootka, und engl. und franz. Wörtern gemischt) war über weite Teile der pazifischen Küste als Handelssprache verbreitet. Nach der Lewis und Clark-Expedition (1805) starb fast die gesamte Bevölkerung an Pocken.

Lit.: 496
Karte: Nordamerika (Abb.: 76)

Chipewyan

Nordamerikanische Indianer zwischen Großem Sklavensee, Slave River und der Hundsonbai, Kanada; ca. 5100. Sprache: Athapaskisch.
Die C. lebten in kleinen autonomen Lokalgruppen hauptsächlich von der Karibujagd. Bison, Moschusochse, Elch, Hirsch und kleinere Pelztiere wurden ebenfalls gejagt; der Fischfang wurde im Sommer betrieben. Im Winter benutzte man Rahmenschneeschuh und Toboggan+, im Sommer das Rindenboot als Transport- und Verkehrsmittel. Der Jagdhäuptling hatte die größte Autorität im Lager. Der Glaube an Tierschutzgeister, die man in Visionen und Träumen »traf«, war weit verbreitet. Schamanen waren Krankenheiler, aber konnten auch Krankheiten verursachen.
Als die Hudson's Bay Company an der Mündung des Churchill River in die Hudsonbai einen Handelsposten errichtete (1717), übernahmen die C. im großen Pelzhandelsgeschäft die Rolle der Mittelmänner zu den westlichen Stämmen. Einer Pockenepidemie (1781) fielen 90% der Bevölkerung zum Opfer, der Rückgang des Pelzhandels und andere Krankheiten beschleunigten den Niedergang der C.; 1921 verzichteten sie auf ihre Landrechte. Sie behielten sich nur die Ausbeutung der örtlichen Ressourcen vor.
1975 forderten, zusammen mit den Dogrib, Kutchin (Loucheux) und Slave, die Mitglieder der »Indian Brotherhood of the Northwest Territories« in der sog. Dené-Deklaration ihre Eigentumsrechte zurück sowie das Recht auf die Einrichtung einer Selbstverwaltung mit dem Ziel, die Anerkennung der Dené-Nation innerhalb des kanadischen Dominions zu erreichen.

Lit.: 472, 480, 482
Karte: Nordamerika (Abb.: 76)

Chiquitanos

Indianer in O-Bolivien, v. a. in den Provinzen Ñuflo de Chávez, Velasco, Chiquitos und Sandoval; ca. 40 000. Die C. waren die größte Volksgruppe in 10 Missionssiedlungen der Jesuiten 1692–1767. In dieser Zeit verschmolzen sie mit kleineren Gruppen zu einer neuen, kolonialspanisch beeinflußten Kultur, die einerseits durch den Gebrauch der indianischen C.-Sprache, andererseits durch das christliche Bekenntnis charakterisiert ist. Äußerlich den Bolivianern angepaßt, bilden die C. in ihrem Kerngebiet die ländliche Unterschicht, der nur eine dünne weiße Oberschicht gegenübersteht.

Die C. bauen v. a. Mais und süßen Maniok an. Sammeln von Honig, eßbaren Wurzeln u. ä. ist eine wichtige Ergänzung. Viele leben aber auch als Landarbeiter ohne eigene Landwirtschaft auf großen Gütern, ein Teil wurde als Kautschukzapfer in die Wälder NO-Boliviens verschleppt (→ Murui), wo die Nachkommen heute in großem Elend vegetieren.

Diejenigen C., die in kleinen eigenen Dörfern leben, besitzen dort eine Dorfverwaltung, die wohl auf spanisches Vorbild zurückgeht, mit einem Dorfrat aus dem Häuptling und 5 Ratsherren. Daneben existiert eine traditionelle Sippenorganisation.

Vermischung von Volkskatholizismus stark barocken Charakters mit dem Glauben an mehrere Seelen in einem Menschen, an die Vorausbestimmung des menschlichen Schicksals und an die Wiedergeburt. Raubbau an der Natur wird durch den Glauben an Naturgeister verhindert, die Herren bestimmter Pflanzen- und Tierarten sind und deren Beleidigung rächen. Die einzelnen Sippen und Familien haben jeweils eigene Medizinmänner, die Krankheiten bzw. die diese verursachenden Geister bekämpfen. Die Medizinmänner sind die mächtigsten Personen der Dörfer. Im Karneval stellen Masken barocker Tradition die Ahnen dar.

Lit.: 775, 776, 777
Karte: Nördliches Südamerika (Abb.: 209)

Chittagong-Bergvölker

Die Bewohner des bergigen Hinterlandes von Chittagong in SO-Bangladesh (ca. 400 000) sind in ihrer Mehrzahl wenig erforscht und bilden weder sprachlich noch kulturhistorisch eine Einheit. Mit wenigen Ausnahmen sind sie erst in den letzten 400 Jahren in dieses Gebiet eingewandert. Einige tibeto-birmanische Gruppen wie die → Chin im Zentrum und die Tippera (→ Bodo) im N sind Zweige von Völkern, deren Masse in angrenzenden Gebieten Indiens und Birmas siedelt. Am zahlreichsten sind mit jeweils über 100 000 die Marma und Chakma. Die ersteren sind Flüchtlinge aus Arakan und eng verwandt mit den Birmanen, die im 18. Jh. ihre alte Heimat eroberten, während die Chakma erst im 16.–18. Jh. als Volk entstanden (wahrscheinlich aus Teilen der tibeto-birmanischen Sak, die sich an Bengalen, Tippera und Marma assimilierten). Ihre Sprache ist ein Dialekt des indoarischen Bengali. Mit ihren mongoliden Rassenmerkmalen heben sich alle diese Gruppen von den Bengalen ab, die als Staatsvolk von Bangladesh die Ebenen des Landes besiedeln.

Trotz ihrer unterschiedlichen Herkunft ist die Wirtschafts- und Siedlungsweise der Chittagong-Bergvölker relativ einheitlich. Grundlage der Wirtschaft ist der Brandrodungsbau+ an den bewaldeten Berghängen (Bergreis, Baumwolle, Kürbisse u. a.); dazu bescheidener Pflugbau in den Tälern (von den Bengalen übernommen); Haltung von Rindern, Büffeln, Schweinen und Hühnern. Die Bergvölker sind ökonomisch weitgehend autark. Universaler Rohstoff ist Bambus (Hausbau, Geräte der verschiedensten Art); daneben Korbflechterei und Weberei; Metallwerkzeuge und Töpferwaren werden von den Bengalen eingehandelt. Siedlung: Dörfer aus meist kleineren Pfahlhäusern; bei den Mru sind die nebeneinander errichteten Häuser einer Großfamilie mit durchgehenden Plattformen verbunden; ihre Dörfer liegen auf Bergkuppen und sind meist befestigt. Die soziale Ordnung beruht in der Regel auf vaterrechtlichen Klanen, die ursprünglich z. T. auch politische Funktionen besaßen. Den meisten Stämmen fehlt eine die Dorfgemeinschaft übergreifende politische Organisation. Zumindest bei den Chakma sind aber noch Spuren einer früheren sozialen Schichtung erkennbar (König, Landbesitzer, Gemeine). Je nach ihrer Herkunft bekennen sich die Chittagong-Bergbewohner zum Buddhismus (Marma und Chakma) oder zum Hinduismus (Tippera). Einige Chin-Gruppen sind zum Christentum konvertiert. Animistische Vorstellungen sind aber noch überall wirksam.

Der Grad der Assimilierung an die Tiefland-Kultur der Bengalen ist bei den einzelnen Bergvölkern des Chittagong-Distrikts sehr unterschiedlich. Kontakte bei Marktbesuchen und die Auswirkungen staatlicher Verwaltung wirken zwar auf Dauer nivellierend und bedrohen die Stabilität der traditionellen Ordnungen, doch konnten sich z. B. die Mru bisher weitgehend von fremden Einflüssen abschirmen. Im Vergleich zu ihnen sind die Marma und Chakma bereits stark »bengalisiert«. Durch den Bau des Kaptai-Staudamms notwendig gewordene Umsiedlungen führten zur Abwanderung vor allem vieler Chakma in die Ebene, wo sie im Regierungsdienst oder als Kontraktarbeiter ihr Auskommen finden. Sie sind äußerlich heute kaum noch von Bengalen zu unterscheiden.

Lit.: 206, 256, 283
Karte: Hinterindien (Abb.: 70)

Chocó

Indianische Volksgruppen auf der Pazifik-Seite Kolumbiens (Dpt. Chocó) und Panamas (Darién): Catio, Embera, Noanama, zusammen etwa 50 000; Sprache: Karibisch.
Im Zuge der kriegerischen Kariben-Expansion drangen die C. von O ein, wobei sie im 18. Jh. die → Tule abdrängten. Seit dem 19. Jh. werden sie ihrerseits von den sog. Freien Negern (Nachkommen entflohener oder freigelassener Sklaven), die heute hier die kolumbianische Gesellschaft und ihren Expansionsdruck repräsentieren, zurückgedrängt. Ohne übergreifende politische Einheit, die die zersplitterten Gruppen zu Widerstand zusammenfassen könnte, müssen viele C. sich flußaufwärts von der Küste zurückziehen oder von Kolumbien nach Panama abwandern. Die Folgen der Vollendung der Carretera Panamericana durch ihr Gebiet sind noch nicht abzusehen.
Ernährungsgrundlage und wichtigstes Absatzprodukt ist die Banane. Ferner bauen die C. für Verkauf oder Eigenbedarf Mais, Taro, Zuckerrohr, Reis (den andere C. von Nichtindianern kaufen) u. a. an. Ihre Landwirtschaft ist durch häufige Überschwemmungen an den Fluß- und Meeresufern in der Produktion begrenzt, dennoch ziehen die C. die Nähe der Wasseradern vor, wegen des leichteren Verkehrskontakts zur Außenwelt, auf den sie durch ihre Einbindung in die Marktwirtschaft angewiesen sind. An einigen Stellen waschen sie Gold aus den Flüssen. Saisonweise arbeiten sie als Flößer für die Holzindustrie.
Die Sozialordnung ist gekennzeichnet durch Flexibilität und das Fehlen übergreifender Einheiten. Grundlage ist die Einzelfamilie, manchmal erweitert durch nahe Verwandte zu einer Gruppe von bis zu 30 Personen und dann meist in einem großen Gemeinschaftshaus siedelnd.

Die Familie lebt oft allein, fern von Nachbarn, bisweilen aber auch mit bis zu etwa 15 weiteren Familien in einer Nachbarschaft, deren Häuser bald eng zusammen, bald weiter – bis zu mehreren hundert Metern – auseinander stehen und in der man sich z. B. Instrumente ausleiht, Feste organisiert und größere Arbeiten wie den Bau eines Bootes gemeinsam ausführt. Die Nachbarschaften haben keine Häuptlinge, sondern sind befreundete und gleichberechtigte Familien. Zwischen den Familien einer Nachbarschaft bestehen unterschiedliche Verwandtschaftsbeziehungen – die Regeln sind so weit auslegbar, daß jede Familie sich praktisch die Gruppe, der sie sich anschließen will, aussuchen kann. Dabei wechselt die Familie auch häufig ihre Nachbarschaft.
Die C. bekennen sich größtenteils zum Christentum, neuerdings ist die evangelikale Mission aktiv. Doch hat sich viel von der traditionellen Religion erhalten. Schamanen holen bei der Krankenheilung Hilfsgeister aus dem Jenseits oder schicken die eigene Seele in die Geisterwelt, wo sie u. a. Kontakt mit einer Tiermutter aufnehmen können. Sie arbeiten aber auch mit Heilkräutern, Massagen, heilkräftigen Waschungen und sind auch bei der benachbarten Bevölkerung afrikanischen Ursprungs angesehen. Die Familien führen das Ritual der Aufnahme des jungen Mädchens in die Erwachsenenwelt durch, vor dem das Mädchen längere Zeit in strengster Abgeschlossenheit leben muß. Der Erntebeginn wird von den Nachbarschaften rituell gefeiert.

Lit.: 709
Karte: Nördliches Südamerika (Abb.: 209)

Choctaw

Nordamerikanische Indianer in SO-Mississippi, heute in Oklahoma (ca. 17 500), eine kleine Gruppe lebt noch in Louisiana (ca. 2000). Sprache: Muskogee.
Die C. sind sprachlich und kulturell eng mit den → Chickasaw verwandt, mit denen sie gemeinsam aus ihrer Heimat nach dem damaligen »Indianer-Territorium« vertrieben wurden, nachdem sie den größten Teil ihres Landes für den Baumwollanbau an die Weißen »abgetreten« hatten. Ihre traditionelle Kultur entspricht der der → Creek, ihr historisches Schicksal ist eng

mit den → Cherokee, → Chickasaw und → Creek verbunden.

Lit.: 522, 523, 535, 552
Karten: Nordamerika (Abb.: 76)
Indianer-Territorium um 1850 (Abb.: 40)

Cinta-Larga
Eigenname: Nzap

Brasilianische Indianer in Rondônia und Mato Grosso; ca. 500. Die als kriegerisch geltenden C. lagen lange in Fehde mit den Paiterite, von denen sie noch heute gefürchtet werden. In den letzten Jahrzehnten wurden die C. blutig von an Bodenschätzen im C.-Gebiet interessierten Weißen verfolgt. Am bekanntesten wurde die Völkermord-Aktion von 1962/63: Bombardierung eines Dorfes mit Dynamitstangen und ein Überfall, bei dem die Mörder eine C.-Frau vor der Kamera an den Füßen aufhängten, um sie von oben nach unten zweizuteilen. Seit 1969 nahmen Brasilianer friedliche Kontakte zu den C. auf, größere C.-Gruppen kamen 1974 in die Stadt Humboldt, um Frieden zu schließen. Zwar wurde ihnen das Aripuaña-Reservat zugesichert, dessen Grenzen jedoch nicht ihr ganzes Territorium einschließen und auch nicht immer respektiert werden.

Lit.: 702, 708
Karte: Nördliches Südamerika (Abb.: 209)

Cokwe
Batschokwe, Tschokwe, Quiboco

Bedeutendes Bantuvolk in S-Zaïre, NO-Angola und W-Sambia, mit vielen Untergruppen, einschließlich Nachkommen der Lunda, die im 17. Jh. als Eroberer in das Gebiet eindrangen; ca. 600 000. Sprache: Bantu. Die C. siedeln über einen weiten Raum verstreut, teilweise zusammen mit den Ovimbundu. Die nördl. C. leben u. a. von der Jagd, betreiben aber auch etwas Ackerbau. Die südl. C. wohnen in einer wenig fruchtbaren Strauchsteppe und sind überwiegend Bauern. Auch die Viehzucht spielt eine gewisse Rolle.
Großdörfer sind selten. Wohn- und Wirtschaftsgebäude bilden entweder kleine Weiler oder auch nur verstreute Einzelgehöfte. Im S. überwiegend feste Lehmhütten. Das Verwandtschaftssystem ist matrilinear+, die meisten Kinder leben beim Bruder der Mutter; Neuverheiratete suchen ihren Wohnsitz zunächst in der Umgebung der Familie des Mannes. Die gesellschaftliche Unterteilung kennt Altersklassen und eine Rangstaffelung, die in einem sakralen Häuptlingstum gipfelt. Geheimbünde und Maskenwesen sind besonders charakteristisch für die C. In religiösen Vorstellungen mischen sich Geisterglaube, Ahnenkult und Verehrung eines obersten Gottes.
Das Kunsthandwerk der C. produziert Schnitz- und Eisenarbeiten, Keramik und Flechtwerk von großem künstlerischem Wert.
Im 17. Jh. wurden die C. Untertanen und Vasallen des mächtigen Lunda-Reiches von Mwata Jamve. Ende des 19. Jh. (1885) aber gelang es ihnen, die Macht über die Lunda auf kurze Zeit an sich zu bringen. In der Folge aber wurden sie in die jeweiligen Kolonialstrukturen Belgiens, Portugals und Englands einbezogen.

Lit.: 1101, 1126, 1133
Karte: Südafrika (Abb.: 147)

Comanche

Nordamerikanische Indianer in den südl. Plains, heute in Oklahoma; ca. 6000. Sprache: Uto-Aztekisch.
Die C. waren im 18. und 19. Jh. die ungekrönten Herren der südl. Plains. Sie lebten von der Bisonjagd und hatten als einer der ersten Stämme von den Spaniern Pferde übernommen und diese Tiere gezüchtet. Auf ihren Raubzügen drangen sie tief nach Mexiko hinein; sie vertrieben die Apachen aus den Plains; mit den Kiowa waren sie verbündet.
Wie alle Plains-Nomaden lebten die C. in Lederzelten (tipis), die gemeinsam von den Mitgliedern einer Lokalgruppe (band) aufgeschlagen wurden. Die C. kannten keine zentrale Stammesorganisation und auch keine Institutionen wie Klan+, Lineage+ oder Kriegerbund. Ihre materielle Kultur war ihrem nomadischen Lebensstil angepaßt; Töpferei und Weberei war ihnen unbekannt. Sie trugen Lederkleidung, später von den Europäern eingeführte Stoffe. Ihre Sozialstruktur basierte auf der Blutverwandtschaftsgruppe, der erweiterten Familie. Erst ab 1874 übernahmen sie den Sonnentanz, eine in den Plains weit verbreitete religiöse Zeremonie.

Abb. 43: Comanche auf Bisonjagd in den südlichen Plains. (Gemälde von G. Catlin)

Heute sind sie Mitglieder der Native American Church (Peyote-Kult).
Bis um 1500 lebten die C. als Sammler und Jäger im östl. Wyoming, zusammen mit den Wind River Shoshone. Sie wanderten aus den Rocky Mountains in die großen Ebenen und nahmen an der Entstehung des nomadischen Bisonjägertums teil. In kleinen mobilen Einheiten operierend, vermochten sie ein Gebiet von der Größe Spaniens zu beherrschen und die spanischen Siedlungen im nördl. Mexiko sowie – später – Texas so unsicher zu machen, daß z. B. die Texas Rangers gegründet wurden, um die weißen Siedlungen zu schützen. Ihre Kampfkraft vermochte auch die Erschließung des Westens durch die Amerikaner ein halbes Jh. aufzuhalten. Erst mit der einsetzenden Dezimierung der großen Bisonherden und nachdem Infektionskrankheiten ihren Widerstand geschwächt hatten, gelang es der vereinigten Streitmacht amerikanischer Truppen, weißer Siedlermiliz und alliierter Indianerverbände, die kampfkräftigen C. zu besiegen. Um die Mitte des 19. Jh. wurden die südl. C. auf einer Reservation im Indianer-Territorium angesiedelt. Die nördl. Gruppen setzten ihren Kampf um ihre Jagdgebiete gegen die weißen Siedler fort; 1865 unterzeichneten sie schließlich einen Vertrag, der ihnen den westl. Teil des heutigen Oklahoma zusicherte. 1867 brachen erneute Kämpfe aus, weil die amerikanischen Truppen es nicht vermochten, weiße Siedler vom Indianerland fernzuhalten. Es kam zu blutigen Auseinandersetzungen. Erst 1875 ließen sich die C. in SW-Oklahoma nieder, wo sie im Laufe der Zeit weitgehend ihre Stammesidentität aufgaben. Ihre Nachkommen leben als Bauern in der stark vermischten indianischen Bevölkerung des ehemaligen Indianer-Territoriums.

Lit.: 570, 574, 576, 580, 608
Karte: Nordamerika (Abb.: 76)
Abb.: 43

Cora

Mexikanische Indianerbevölkerung in den Bergen der Sierra Madre Occidental von Nayarit; ca. 7000. Sprache: Uto-Aztekisch.

Die C. sind Maisbauern, die ihre Felder durch Brandrodung gewinnen und in leicht terrassierter Form an den Berghängen anlegen. Neben der Hauptanbaupflanze Mais werden auch Bohnen, Kürbisse, Chili-Pfeffer, Tabak, Zuckerrohr, Bananen und Süßkartoffeln angebaut. Viehhaltung wird nur in geringem Umfange betrieben. Die Häuser bestehen meist aus Stein, Adobe oder Stangen, die mit Lehm verputzt werden. Das Giebeldach ist mit Palmblättern oder Gras abgedeckt. Die Häuser stehen in kleinen Weilern (rancherías); daneben gibt es das nicht ständig bewohnte Gemeindezentrum mit Kirche, Schule und einige Dorfhäuser. Die zeremonielle Gevatternschaft (compadrazgo) ist das wichtigste soziale Band unter den Familien. Vorchristliche Glaubensvorstellungen und Zeremonien werden von den Heiligenfesten der katholischen Kirche immer mehr zurückgedrängt.

Lit.: 664
Karte: Mexiko (Abb.: 77)

Abb. 44: Alte Cree-Indianerin, Montana. (Foto: Hartmann)

Cree

Nordamerikanische Indianer der zentralen kanadischen Subarktis; ca. 70 000. Sprache: Algonkin.

Die C. lebten als Jäger (Karibu, Elch, Bär, Biber, Hase) und Fischer im subarktischen Waldland zu beiden Seiten der Hudsonbai. In Kriegszeiten schlossen sich die autonomen Familien zu einem Verband zusammen; es gab keine permanente zentrale Stammesorganisation. Wichtige Transport- und Verkehrsmittel waren im Sommer das leichte Rindenkanu, im Winter der Toboggan+, ein kufenloser »Schlitten«. Die materielle Kultur war ärmlich; Holz und Birkenrinde waren neben Tiermaterialien (Knochen, Sehnen, Felle) die einzigen Werkstoffe. Die übliche Behausung war das Wigwam, eine kuppelförmige Hütte aus Zweigen, die mit Rindenmatten abgedeckt war. Die C. glaubten an die Macht von Tiergeistern und fürchteten deren Zauberkräfte; Medizinmänner (Schamanen) hatten großen Einfluß.

Ab etwa 1650 beteiligten sich die östl. C. an dem von den Europäern an der atlantischen Küste rege betriebenen Pelzhandel als Lieferanten. Sie tauschten Mais, Kleidung, Gewehre und Metallgefäße gegen die von den Weißen vor allem begehrten Biberpelze. Auf der Suche nach wertvollen Pelzen drangen die C. immer weiter nach W und N vor, bis zum Großen Sklavensee. Schwere Pockenepidemien in den Jahren 1784 und 1838 reduzierten ihre Zahl beträchtlich. Ein Teil der westl. C. wanderte in die nördl. Plains ab (»Plains Cree«), wo sie sich den → Assiniboin anschlossen und ganz in der Plainskultur aufgingen.

Heute leben die C. in kleinen Gruppen, meist nur in Familiengröße, als Fallensteller, Jäger und Fischer weit verstreut in den kanadischen Wäldern um die Hudsonbai. Einen schweren Eingriff in die Ökologie der James Bay mit entsprechenden Konsequenzen für die dort lebenden C.-Gruppen bedeutet das riesige hydro-elektrische James-Bay-Projekt, das zu einem der größten Kraftwerke der Welt entwickelt werden soll. Die Regierung der Provinz Quebec hat auf Drängen von Umweltschützern und auf Protest der Indianer und Eskimo eine Reihe von Maßnahmen getroffen, um die Tierwelt zu schützen.

Die C. sollen in Reservationen angesiedelt bzw. bei der Arbeit an den riesigen Speicherseen beschäftigt werden; ein Jagdgebiet soll ihnen erhalten bleiben. Außerdem sollen sie eine Abfindung ($ 40 Mio.) und eine Beteiligung (bis zu $ 60 Mio.) an den Gewinnen der Hydro-Quebec erhalten. Es ist noch nicht abzusehen, wie sich diese Maßnahmen auf die Zukunft der östl. C. auswirken werden.

Lit.: 473, 477
Karte: Nordamerika (Abb.: 76)
Abb.: 44

Creek

Nordamerikanische Indianerkonföderation in Georgia und Alabama, heute in Oklahoma; ca. 20 000. Sprache: Muskogee.
Der Stammesverband der C. setzte sich aus den Oberen C. (Muskogee) und den Unteren C. (Hitchiti und Alabama), die sich sprachlich nur wenig voneinander unterschieden, zusammen. Es ist wahrscheinlich, daß die Konföderation als Zusammenschluß der 50 Dörfer der C. erst durch den Druck der europäischen Kolonialmächte entstand. Alle C. betrieben einen intensiven Brandrodungsbau+ (Mais, Bohnen, Kürbisse), der hohe Erträge erbrachte. Wildbret ergänzte die überwiegend vegetabilische Ernährung. Die materielle Kultur war zwar reich entfaltet, doch unterschied sie sich qualitativ erheblich von der vorangehenden prähistorischen Mississippi-Tradition mit ihren schon fast hochkulturlichen Techniken. Die Behausungen der C. waren rechteckige Fachwerkhäuser mit Giebeldach; die Wände waren mit Lehm verputzt, das Dach mit Baumrinde oder Palmettoblättern abgedeckt. Die Häuser der Häuptlinge waren solider gebaut; meist bewohnten die Angehörigen von Häuptlingsfamilien einen »Hof« mit mehreren Häusern (Wohnhaus mit Küche, Sommer- oder Gästehaus, Speicher). Jedes Dorf bestand aus mehreren solcher Höfe und einzelnen Häusern, die sich um einen Zentralplatz gruppierten, auf dem das Zeremonialhaus (Tempel) und das Versammlungshaus standen. Hier befand sich auch der Ballspielplatz, an dem ein großer Holzpfosten mit dem Emblem des Dorfes aufgestellt war. Die größeren Dörfer waren in frühkolonialer Zeit mit Palisaden umgeben. In den »roten Dörfern« wurden Kriegs-, in den »weißen Dörfern« Friedenszeremonien abgehalten. Die Sozialorganisation war durch Klane+ und Moieties+ gekennzeichnet; im kultischen Ballspiel standen sich die Männer der Moieties gegenüber, so den kosmischen Dualismus von Himmel und Erde symbolisierend. Die soziale Schichtung war nicht erblich bedingt, sondern beruhte auf persönlichem Verdienst des einzelnen.
Als erster Europäer drang 1538 der spanische Konquistador Hernando de Soto mit seinen Truppen in das Gebiet der C. ein. Im 18. Jh. schlugen sich die C. auf die Seite der englischen Kolonisten. Sie vermochten sich jedoch lange Zeit aus den Querelen der Kolonialmächte herauszuhalten und nahmen viele Flüchtlinge aus benachbarten Stämmen in ihren Reihen auf. Den Krieg gegen die Amerikaner (1813/14) verloren sie, bedingt auch durch die eigene Uneinigkeit. In den 30er Jahren des 19. Jh. wurden die C. aus ihrer Heimat in das über 1000 km entfernte Indianerterritorium deportiert, wo sie sich mit den → Cherokee, → Choctaw, → Chickasaw und → Seminolen zu den »Fünf Zivilisierten Stämmen« in einem politischen Verband zusammenschlossen. Als ihr Reservat 1907 aufgelöst wurde und das Land in Privatbesitz überging, verloren viele C. ihre ethnische Identität und gingen in der bäuerlichen Gesellschaft des Staates Oklahoma auf (→ Cherokee).

Lit.: 521, 535, 551, 553
Karte: Nordamerika (Abb.: 76)

Crow

(deutsch gelegentlich »Krähen-Indianer« genannt), Eigenname: Absaroka. Nordamerikanische Indianer am oberen Yellowstone River, Montana, heute auf der Crow Indian Reservation im südlichen Montana; ca. 5000. Sprache: Sioux.
Die C. gehörten zu den bekannteren Plains-Indianern des 19. Jh. Als nomadische Jäger und Reiterkrieger lebten sie fast ausschließlich von der Bisonjagd; das von den Spaniern in Amerika eingeführte Pferd verhalf ihnen zu einer hohen Mobilität in Jagd und Krieg. Der materielle Kulturbesitz war weitgehend geprägt von tierischen Rohstoffen. Auch die soziale Organisation war eng verbunden mit der Bisonjagd und dem Pferdekomplex; sie war streng hierarchisch und wurde von den Leistungen des einzelnen im Kampf, beim Pferdediebstahl und in der Bisonjagd bestimmt. Die C. waren in Matriklane+ organisiert. Die Kriegerbünde waren die eigent-

lichen Träger der politischen Macht; aus ihnen gingen die Häuptlinge hervor. Die Visionssuche war von zentraler Bedeutung für den angehenden Krieger. In seiner Vision »traf« er seinen Schutzgeist, der ihm die Zusammensetzung seines Medizinbündels bestimmte und den er in Krankheit, in Krisenzeiten und Not anrufen und um Hilfe bitten konnte; er fühlte sich von ihm als »adoptiert«. Die Mitglieder des Tabakbundes, der nur bei den C. verbreitet war, bauten einen besonderen Tabak an, der nicht geraucht werden durfte, sondern in einer feierlichen Zeremonie zum Wohle der Gemeinschaft geopfert wurde. Die C. bauten keine anderen Pflanzen an.

Die C. lebten bis Ende des 17. Jh. zusammen mit den → Hidatsa, ihren engen Verwandten, als Maisbauern am mittleren Missouri. Um die Mitte des 18. Jh. hatten sie Pferde erworben und etablierten sich bald als Mittelsmänner zwischen den Maisbauern der Prärien und den Wildbeutern der westlichen Plateaus. Anhaltende Kämpfe mit den → Blackfoot und den → Teton-Dakota führten zu starken Bevölkerungsverlusten. In den Indianerkriegen der 60er Jahre des 19. Jh. kämpften sie häufig auf der Seite der Weißen. Ihre Reservation, 1825 noch 38,5 Mio. acres, wurde mehrmals beschnitten; heute umfaßt sie nur noch ca. 1,5 Mio. acres (1 acre = 0,405 ha).

Gegenwärtig leben etwa 4000 C. auf der Reservation, wo Viehzucht und ein wenig Ackerbau betrieben wird; auch ein kleiner Industriepark wurde gegründet. Viele C. halten sich wenigstens zeitweise in den Städten (Seattle, Spokane) auf, doch kehren die meisten immer wieder auf ihre Reservation zurück. Auf verpachtetem Land wird Kohle abgebaut (seit 1972) und von weißen Ranchern Viehzucht betrieben. Die Pachtsummen bilden einen wesentlichen Teil des Einkommens der meisten C. Die starke Missionierung (Baptisten, Katholiken) hat zur allmählichen Auflösung traditioneller Glaubensvorstellungen beigetragen. Das »American Indian Movement« als politische Organisation ist bei den C. auf wenig Resonanz gestoßen. Innerhalb der Reservationsbevölkerung hat sich ein fester jahreszeitlicher Zyklus von zeremoniellen Festen herausgebildet, der den Indianern hilft, die erzwungene Anpassung an die weiße Gesellschaft erträglich zu machen und einen Teil ihrer alten Kultur zu bewahren. Die Übernahme des Sonnentanz-Rituals und des synkretistischen Peyote-Kultes sind Ausdruck des Selbstbehauptungswillens einerseits und der Kompromißbereitschaft andererseits.

Lit.: 574, 586, 588, 589, 600, 602
Karten: Nordamerika (Abb.: 76)
Ausbreitung des Pferdes (Abb.: 46)

Daghestan-Völker

Zusammenfassende Bezeichnung für ca. 30 Volksgruppen mit mehr als 70 verschiedenen Sprachen bzw. Dialekten in der Daghestanischen ASSR im NO-Kaukasus (UdSSR). Sprachen: Türkisch (Kumüken), Iranisch (Bergjuden bzw. Taten), nordöstl. Zweig der kaukasischen Sprachfamilie (Awaren, Darginzen, Laken, Lesgier mit zahlreichen, verwandte Dialekte sprechenden Minderheiten von oft nur einigen hundert Personen). Volkszahl: ca. 1 Mio.

Der Daghestan ist ein cañonartig zerklüftetes und verkarstetes Bergland – im Osten mit einer schmalen subtropischen Küstenebene am Kaspischen Meer –, dessen geographische Struktur zur sprachlichen wie auch politischen Zersplitterung der dort lebenden Gruppen entscheidend beigetragen hat. Da ein ethnisches Zusammengehörigkeitsgefühl fehlte, bestand immer eine Vielzahl politischer Einheiten – von selbständigen Dorfgemeinschaften, Dorfbünden, bis zu ausgreifenderen Staatsgebilden – neben und in Konkurrenz zueinander. Im Daghestan trieb man in den Bergen Boden- und Obstbau – häufig nur durch Terrassierung der Steilhänge möglich –, ebenso Viehzucht, die jedoch unter harten Wintern, ungenügenden Futtermitteln und Weidemangel litt. Viele Männer waren gezwungen, als Wanderarbeiter in die Ebenen zu ziehen. Im schmalen Küstenstreifen blühte dagegen der Garten- und Obstbau. Die Bewohner des Daghestan besaßen ein hochentwickeltes Schmiede- und Kunsthandwerk, dessen Erzeugnisse weithin berühmt waren (Teppichknüpferei, Holzeinlege-, Silber- und Kupferarbeiten). Seit dem 11. Jh. breitete sich der Islam im Daghestan aus, nur der W blieb unter georgischem Einfluß bis ins 16. Jh. christlich.

Die Geschichte des Daghestan wurde im Mittelalter von den → Lesgiern, → Kumüken und → Awaren bestimmt, seit Ende des 18. Jh. von Rußland, das nach und nach einzelne politische Einheiten in seine Abhängigkeit brachte. Russische Zwangsmaßnahmen führten zu lokalen Aufständen und schließlich dem überregionalen Unabhängigkeitskampf der Müriden, einem orthodox islamischen, mönchsartigen Zusammenschluß, dessen Führung seit 1830 in den Händen des berühmten Schamil lag. Der Freiheitskampf wurde zum Glaubenskrieg, der sich auch gegen unorthodoxe einheimische Dynastien und ihre Anhänger richtete. Schamil konnte der russischen Übermacht durch List und taktisches Geschick zwar verheerende Niederlagen beibringen, verlor aber durch Mißwirtschaft und Korruption die Unterstützung seiner Anhänger und mußte sich 1859 ergeben.

Das auffallendste Charakteristikum des Daghestan, die ethnische und sprachliche Vielfalt, beginnt sich heute durch gezielte Maßnahmen aufzulösen; so wurden nur fünf Sprachen bzw. Dialekte schriftlich fixiert und für Rundfunk, Theater und Schulunterricht zugelassen.

Lit.: 35, 37
Karte: Kaukasus (Abb.: 61)

Dagomba
Dagbamba

Westafrikanisches Bauernvolk in N-Ghana zwischen Oti und Weißem Volta; mit den → Mosi verwandt; ca. 200 000. Sprache: Das Dagbane gehört zu den Gur-Sprachen der Niger-Kongo-Sprachfamilie und ist eine der offiziellen Landessprachen Ghanas. Inmitten der D. leben auch einige unterworfene Stämme, wie die Konkomba und die Tschakossi.

Der Haupterwerb wird durch den Anbau von Hirse, Mais, Jams und Erdnüssen gewonnen. In geringerem Umfang werden kleine, kurzhornige Rinder wie auch Schafe, Ziegen und Geflügel gehalten; Jagd und Fischfang liefern nur geringe Zusatznahrung.

Die D. bewohnen kompakte Dörfer. Jeder Haushalt umfaßt mehrere eng miteinander verwandte Männer, deren Frauen, Kinder und andere Abhängige. Die Hütten stehen im Kreis und sind von einer Lehmmauer umgeben. Jede Frau der polygynen+ Familien bewohnt mit ihren Kindern ein eigenes Haus.

In der sonst sozial nur wenig geschichteten Gesellschaft der D. heben sich die Häuptlingsfamilien aus der übrigen Bevölkerung hervor; sie gehören einer besonderen Verwandtschaftseinheit (dang) an, die als Abkömmlinge eines einzigen Ahnen männlicher- wie auch weiblicherseits gelten. Nur der Sohn eines früheren Oberhäuptlings konnte auch wieder zu diesem Amt aufsteigen.

Bei allen D. ist die patrilinieare+ Abstammungsrechnung entscheidend für die Vererbung von Besitz wie auch für alle politischen und rituellen Rechte. Die Patrilineages+ werden auf ihre Gründer zurückgeführt, und ihre genealogischen Zusammenhänge bilden eine hierarchische Struktur. Das Oberhaupt einer Lineage wirkt hauptsächlich durch moralische Autorität und ist zugleich Hüter der Ahnenheiligtümer. Erd- und Ahnenkult stellen die wesentlichen Elemente der traditionellen Religion dar.

Die Geschichte berichtet, daß D.-Herrscher den gegenwärtigen Lebensraum von N. her eroberten. Im 18. Jh. besaßen die D. ein blühendes Staatswesen mit den Hauptzentren Yendi, Tamale und Gambaga. Im 18. Jh. fiel das Reich der Aschanti-Expansion zum Opfer und zahlte bis zur Errichtung der britischen Kolonialmacht (1874) einen jährlichen Tribut in Form von Sklaven. 1894/95 folgte die Besetzung durch deutsche Truppen und die Entstehung der Kolonie Togo, die dann 1919 zwischen Franzosen und Briten aufgeteilt wurde. 1957 wurde das seit 1850 brit. Territorium »Goldküste« zusammen mit dem brit. Teil der ehemaligen deutschen Kolonie »Togo« als »Ghana« unter Ministerpräsident (seit 1952) Kwame Nkrumah (seit 1966 Staatspräsident, am 24. 2. 1969 gestürzt) selbständiger Staat im Commonwealth. Die (zweite) Verfassung von 1966 wurde durch einen Militärputsch 1972 suspendiert, das Parlament aufgelöst und die Parteien verboten. Die Regierungsgewalt liegt seitdem beim National Redemption Council unter Führung von General Ignatius K. Acheampong, der eine pragmatische Politik der Blockfreiheit und der Zunahme der staatlichen Identität unter der Bevölkerung anstrebt.

Die D. wurden von diesen Entwicklungen relativ wenig berührt. Es gibt nur wenige Städte mit etwas Industrie. Die in verstreuten Dörfern lebenden bäuerlichen D. produzieren für den ghanesischen Innenhandel heute etwas Reis und Baumwolle. In den letzten Jahren hat eine Hungerkatastrophe zur teilweisen Auflösung der traditionellen sozialen Struktur geführt.

Lit.: 894
Karten: Westafrika, 16. Jh. (Abb.: 191)
Westafrika, 19. Jh. (Abb.: 225)

Dajak
Dayak

Das Wort »Dajak« bedeutet so viel wie »Binnenland«. Es wurde von den Holländern als Sammelname für die Bewohner der im Inneren von Borneo lebenden Bevölkerungsgruppen verwendet. Das Siedlungsgebiet der D. (1970: ca. 2 Mio.) erreicht nur an wenigen Stellen die offene See. An den Küsten leben überwiegend Malaien, Araber, Chinesen, Inder und Buginesen (→ Toradja), die erst in rezenter Zeit eingewandert sind und die autochthone Bevölkerung, die D., ins Landesinnere abgedrängt haben. Neben D. und Küstenbewohnern unterscheidet man auf Borneo noch eine dritte Bevölkerungsgruppe: die nomadischen Jäger und Sammler der Punan (ca. 50 000), die sich in die Gruppen der Bukat, Ukit, Penan, Punan Ba, Baketan, Oloh Ot unterteilen. Politisch gliedert sich Borneo in die Gebiete Kalimantan (Republik Indonesien), Sarawak, Sabah (malaysische Bundesstaaten) und Brunei (ein Fürstentum unter brit. Protektorat).

Kulturell werden die D. zu den Alt-Indonesiern gerechnet (→ Indonesier). In sich bilden sie jedoch keine Einheit. Die einzelnen D.-Gruppen unterscheiden sich sprachlich und kulturell so erheblich, daß man auch von D.-Völkern spricht. Es gibt einige Dutzend D.-Völker, die wiederum in ca. 300 eigenständige Stämme aufgesplittert sind.

Nach den geographischen Regionen können unterschieden werden: 1. die D.-Völker des Südostens (Z- und S-Kalimantan), zu denen die Ngadju, Biadju, Ot Danum, Maanjan, Lawangan, Tabojan und Barito-Dusun gerechnet werden; 2. die Völker in W-Kalimantan und W-Sarawak, die sog. Land-D. (oder Kendayan). Diese sind schon seit Hunderten von Jahren starken Einflüssen der indischen bzw. hinduistisch-javanischen Kultur ausgesetzt und entsprechend geprägt worden; 3. die Iban oder See-D. in NW-Borneo (Sarawak), die wegen ihrer Piraterie uner malaiischen Anführern bekannt geworden sind; 4. die Völker der Kenja, Kajan, Bahau im zentralen Borneo (O-Kalimantan), die als die urtümlichsten angesehen werden; 5. die Völker der Dusun, Murut, Kelabit in N-Borneo (Gebiet von Sabah), deren Kultur durch Großsteinsetzungen (Megalithen) charakterisiert wird. Ähnlich den Niassern (Nias-Insel westlich von Sumatra) errichten sie aus kultischen Anlässen noch bis in unsere Zeit Dolmen und Menhire.

Jedes D.-Volk besteht aus mehreren Stämmen, die in Unterstämme unterteilt sind, die ihrerseits aus mehreren Großfamilien zusammengesetzt, in Dörfern leben und untereinander nur lockere Verbindung haben. Die Dörfer liegen meist an Flüssen, den Hauptverkehrsadern. Sie bestehen in der Regel nur aus einem einzigen Haus, das auf Pfähle errichtet mehrere hundert Meter lang sein kann. Ein D.-Haus kann bis zu 300 Menschen beherbergen. Es ist im Grundriß immer rechteckig. Jede Familie hat im Haus ihre eigene Sektion. Das Gemeinschaftsleben spielt sich auf einer außen, über die ganze Länge des Hauses angebrachten Veranda ab.

Die Gesellschaft der D. hatte drei soziale Klassen (Adel, Freie, Sklaven) und ein Häuptlingstum ausgebildet, das allerdings nicht erblich war. Der amtierende Häuptling wählte noch zu Lebzeiten seinen Nachfolger. Häuptlingen oblag die Rechtsprechung, deren Grundlage auf dem »adat«, dem ungeschriebenen Gewohnheitsrecht beruhte. Die Ehen der D. waren monogam.

Die D. betreiben vorwiegend Brandrodungsfeldbau: sie bauen Berg- und Trockenreis an, der von den Frauen mit sichelähnlichen Messern geerntet wird. Wichtigstes Anbaugerät ist der Grabstock. Die Sago-Gewinnung hat lediglich lokale Bedeutung. Jagd- und Sammeltätigkeit spielen bei der Nahrungsgewinnung eine nur untergeordnete Rolle. An die Stelle der Jagdzüge sind heute Handelsfahrten getreten.

Eine sehr alte Kunst der D. war die Tatauierung, die für beide Geschlechter gleich wichtig war. Männer durften sich oft erst nach ihrer ersten erfolgreichen Kopfjagd tatauieren lassen.

Schwerter, Blasrohre, Lanzen und Schilde dienten der Abwehr feindlicher Angriffe. Die Kleidung wurde in früherer Zeit aus Rindenbaststoffen gefertigt, heute besteht sie aus Kattun. Armund Beinreifen aus Rotan dienten als Schmuck.

Die traditionelle Religion der D. war reich an Mythen und Riten. Sie kannte eine oberste Gottheit, die über Seelen, gute und böse Geister zu gebieten hatte. Vielfältig waren und sind die Formen der Ahnenverehrung und des Totenkultes. Das Totenritual der Ngadja z. B. läßt sich an Dauer, Umfang und Aufwand mit den Totenzeremonien der Balinesen vergleichen.

Die Kopfjagd war bei allen D.-Völkern verbreitet.

1838 ließen sich die ersten Missionare der Rheinischen Missionsgesellschaft auf Borneo nieder. 1924 übernahm die Baseler Mission das Missionsfeld. Doch die Erfolge der christlichen Missionstätigkeit waren – zumindest in S-Borneo – gering. 1970 gehörten erst ein Achtel der hier lebenden 600 000 D. dem Christentum an. Insgesamt ist festzustellen, daß sich die traditionelle Religion der D. am längsten und stärksten gegenüber dem Einfluß des Christentums und des Islams in S-Borneo behauptet hat.

Lit.: 329, 331, 334, 341
Karte: Südostasiatischer Archipel (Abb.: 79)

Dakota

Nordamerikanische Indianer im zentralen Prärie- und Plainsgebiet, die heute allgemein als Sioux (sprich ssu:) bezeichnet werden. Kulturell und sprachlich unterscheidet man zwischen den östl. oder Santee-D. (Dialekt: Dakota), den Zentral- oder Yankton-D. (Dialekt: Nakota) und den westl. oder Teton-D. (Dialekt: Lakota). Heute gibt es noch ca. 40 000 D., die auf mehreren Reservationen in North Dakota (Fort Bert- in den vielen Seen und an den seichten Ufern des Lake Superior in großen Mengen wächst; Jagd und Fischfang wurden ebenfalls betrieben. Gelegentlich zogen einzelne Gruppen zur Bisonjagd auf die offenen Prärien. Die westl. oder Teton-D. (Stämme: Hunkpapa, Miniconjou, Oglala, Sans Arc, Two Kettle, Blackfoot, Brulé) hatten, nachdem sie sich von den Santee-D. getrennt hatten und auf die Plains gezogen waren, inzwischen das von den Spaniern in Amerika eingeführte Pferd übernommen und waren nomadische Bi-

Abb. 45: Was auf dem Bild nicht zu sehen ist ... als Geschenk von Familie Jumping Bull (Oglala, Pine Ridge Reservation, 1971) erhielt die Frau des Fotografen eine Perlenkette – made in Hongkong. (Foto: A. Schulze-Thulin)

hold, Devil's Lake) und South Dakota (Standing Rock, Cheyenne River, Lower Brulé, Crow Creek, Pine Ridge, Rosebud, Sisseton, Yankton und Flandreau) leben. Sprache: Sioux.
Die Zentral-D. (Stämme: Yankton, Yanktonai) waren überwiegend Bodenbauer im mittleren Missouri-Tal. Sie lebten in festen Dörfern und zogen nur im Sommer gemeinsam zur Bisonjagd auf die offene Prärie. Die östl. oder Santee-D. (Stämme: Mdewakanton, Wahpeton, Wahpekute, Sisseton) wohnten in den Wäldern am westl. Teil des Lake Superior, wo sie überwiegend von Wildreis (Zizania aquatica) lebten, der sonjäger geworden. Die Oglala galten als die typischen Repräsentanten des kriegerischen Plains-Indianertums, das für viele Europäer und Amerikaner zum Inbegriff des Indianertums überhaupt geworden ist. Diese Plains-Indianer lebten in Lederzelten (tipis). Ihre materielle Kultur entsprach ganz ihrem nomadischen Leben: Lederkleidung, wenig Gegenstände aus Holz, keine (zerbrechliche) Töpferware, Schmuck aus Tierknochen und Stachelschweinborsten, die, gefärbt und abgeplattet, auf Kleidung, Lederbehälter und Schilden appliziert wurden (»Quillwork«). Importierte Perlen ersetzten ab etwa

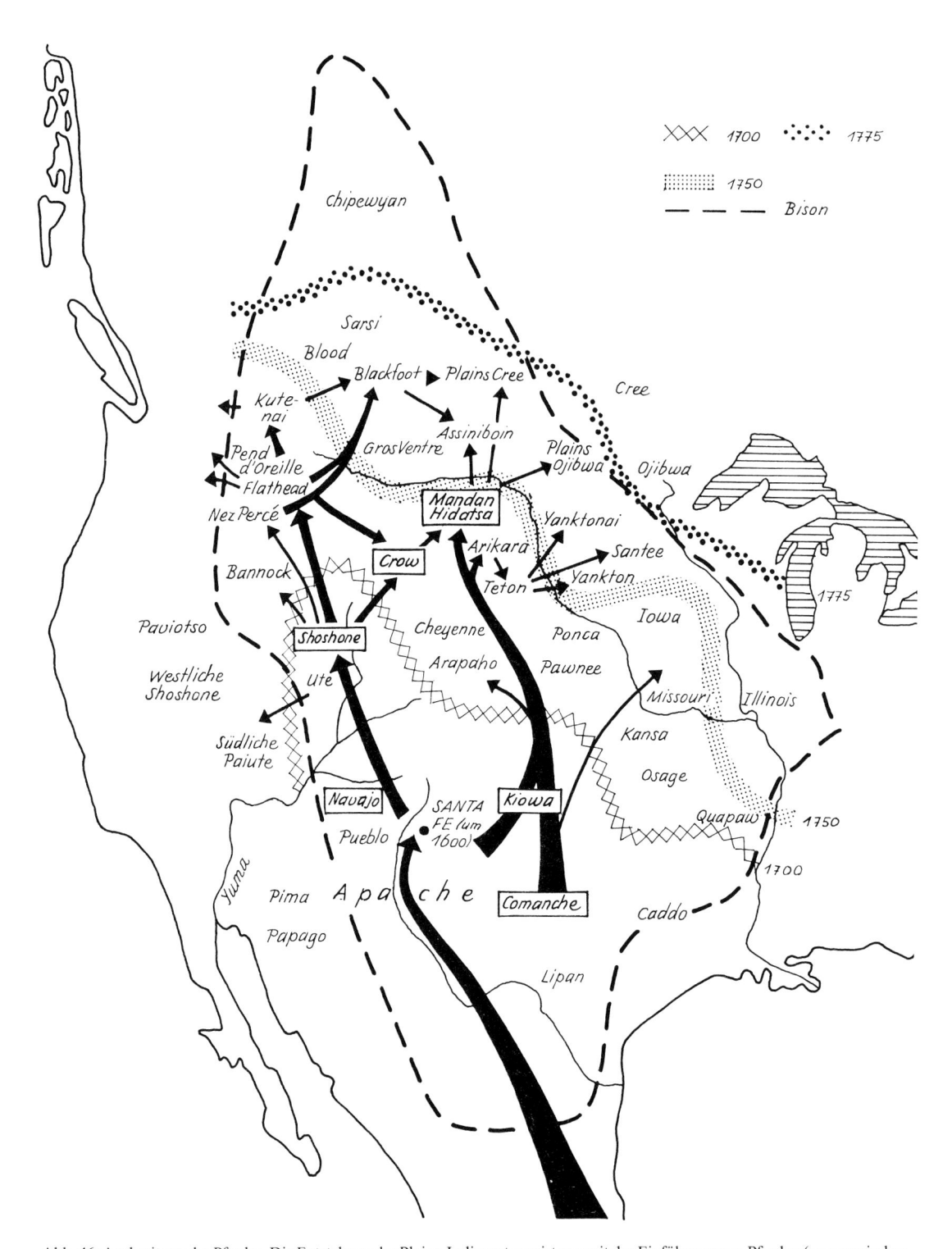

Abb. 46: Ausbreitung des Pferdes. Die Entstehung des Plains-Indianertums ist eng mit der Einführung von Pferden (aus spanischen Pferdezuchten in Texas und New Mexico) verbunden.

1800 das Quillwork. Die soziale Hierarchie der Plains-Stämme beruhte auf individuellen Leistungen (bei der Bisonjagd, auf dem Kriegspfad, in der Visionssuche usw.), bei den seßhaften Stämmen der östl. D. spielten vererbter Status und Eigentum eine entscheidende Rolle. Mit der Ausbreitung des Plains-Indianertums im 18. Jh. wurde auch die Gesellschaftsform der seßhaften D. durch das Wertesystem dieser dynamischen Plainsnomaden stark beeinflußt. In der Sonnentanz-Zeremonie, dem wichtigsten religiösen Fest der Plains-Indianer, kulminierten Schutzgeistglaube und Visionssuche. Neben Kriegerbünden, die die gesellschaftlichen Normen bestimmten und für ihre Einhaltung sorgten, gab es bei den seßhaften Stämmen Medizin- oder Geheimbünde, deren Hauptaufgabe es war, Krankheiten zu heilen; in ihren Händen lag oft die wirkliche politische Macht des Stammes.

Um die Mitte des 17. Jh. verdrängten die → Ojibwa in anhaltenden schweren Kämpfen die östl. D. aus Wisconsin nach Westen. Die Zentral-D. ihrerseits wurden aus Minnesota auf die Plains in das Gebiet der heutigen Staaten von North und South Dakota abgedrängt. 1851 gaben die östl. D. fast ihr ganzes Land in Minnesota auf und erhielten eine Reservation zugesprochen, die sie jedoch bald wieder räumen mußten. Sie wurden nach Nebraska und Dakota vertrieben, wo sie heute auf den Reservationen von Devil's Lake und Sisseton Zuflucht gefunden haben. – Nach den Goldfunden in Kalifornien (1849) drangen – unter ständiger Verletzung von Verträgen – weiße Siedler in das Indianerland von Dakota ein. Unter der Führung von Red Cloud, einem Oglala-Häuptling, setzten sich die D. vor allem gegen den Bau von Straßen durch ihr Jagdgebiet zur Wehr. Im Vertrag von Laramie (1868) sollten dann die Forts, die man zum Schutz der Überlandwege (z. B. Bozeman's Trail) errichtet hatte, wieder aufgegeben werden, doch die Goldfunde in den Black Hills lockten Tausende von skrupellosen Goldsuchern ins Land; die hier stationierten amerikanischen Truppen waren machtlos. In den wieder aufflammenden Kämpfen besiegten die D., unterstützt von anderen Plains-Stämmen, am Little Bighorn River 1876 die Amerikaner unter Oberst Custer. Doch wurden sie bald darauf endgültig geschlagen und in Reservationen eingewiesen. Die Häuptlinge Sitting Bull und Crazy Horse, die bekanntesten Anführer der D., weigerten sich zunächst, mit ihren Stämmen in diese Reservationen zu ziehen. 1877 kapitulierte Crazy Horse; kurz darauf wurde er getötet; Sitting Bull konnte nach Kanada entkommen. Während des Geistertanz-Aufstandes von 1890, als viele Indianer glaubten, daß ihre Vorfahren und die inzwischen ausgerotteten Bisons zurückkehren würden, wenn sie den Geistertanz nur richtig durchführten, kehrte Sitting Bull zurück, wurde kurz danach aber ebenfalls ermordet. Mit dem Massaker von Wounded Knee im Dezember 1890 brach der letzte Widerstand der D. gegen die Amerikaner zusammen.

Heute leben ca. zwei Drittel der D. auf den Reservationen, viele sind z. T. auch auf Dauer in die Städte abgewandert. Nur noch ein Drittel der Reservationen ist Stammesland, der Rest ist in den Privatbesitz einzelner Familien übergegangen. Pläne der amerikanischen Regierung, die D. auf den Reservationen zu seßhaften Ackerbauern umzuschulen, scheiterten nicht nur an den schlechten Bodenverhältnissen der meisten Reservationen, sondern auch an der Abneigung der einstigen Nomaden, Bauern zu werden. Nur in der Rinderhaltung war ihnen einiger Erfolg beschieden. In jüngster Zeit hat die amerikanische Regierung die Gründung kleiner Industriebetriebe gefördert. Ein Teil des Einkommens der Reservationsbevölkerung stammt aber aus den Arbeiten an den Infrastrukturmaßnahmen: Schul-, Straßen- und Wohnungsbau. Viele junge Indianer ziehen in die Städte, um sich einen besseren Lebensunterhalt zu suchen, scheitern aber meist wegen ihrer minderen Schul- und Berufsausbildung. In den Städte bildeten sich verschiedene indianische Organisationen, darunter das »American Indian Movement« (AIM), das die Interessen aller Indianer vertreten will. Unter der Führung von AIM-Angehörigen wurde 1973 die kleine Ortschaft Wounded Knee im Pine Ridge Reservat besetzt, um auf die Zustände im Reservat aufmerksam zu machen. Der Konflikt endete mit Gewalt und Blutvergießen.

Lit.: 561, 574, 584, 592, 595, 596, 597, 598, 599, 601, 603, 604, 609
Karte: Nordamerika (Abb.: 76)

Dan
Da

Ein mit den Gio, Tura und Yafuba verwandter Stamm der Mande, W-Elfenbeinküste; ca. 200 000. Sprache: Mande.
Die D. sind eine Randgruppe der Mande, die nach S in den westafrikanischen Regenwald vor-

Abb. 47: Heute prophezeien Schamanen in Hunza (Nordpakistan) schon häufig für zahlende Touristen. Das Trinken von Blut aus einem Ziegenkopf fördert die Regeneration der schamanistischen Kräfte. (Foto: Müller-Stellrecht)

gedrungen ist, sich dort sprachlich isolierte und kulturell den benachbarten Temne und Kru anpaßte. Sie sind Feldbauern, die im Wanderhackbau mit Bracheperioden Hirse, Fonio, Mais, Reis, Maniok sowie Baumwolle und eine große Anzahl anderer Nutzpflanzen anbauen und Kleinvieh halten; Großvieh dient zu Opfern und als Brautpreis; die Tiere werden nie gemolken. Die Dörfer der D. liegen auf Anhöhen und sind durch Dornhecken geschützt. Jedes Dorf wird von einem Rat von Familienoberhäuptern verwaltet. Eine höhere Ebene der politischen Organisation gibt es nicht. Die Männerbünde (Poro) spielen auch heute noch eine wichtige Rolle im sozialen Bereich.

Die D. kennen keine nennenswerten Standesunterschiede. Früher war die Sklaverei allgemein verbreitet, wobei man zwischen gekauften, kriegsgefangenen und solchen Sklaven unterschied, die im eigenen Haushalt geboren und aufgewachsen waren. Letztere genossen einen höheren Status und konnten nicht verkauft werden. Die D. sind geschickte Maskenschnitzer.

Lit.: 985, 986, 990, 995, 1007, 1016, 1024

Darden

In der europäischen Ethnologie übliche Bezeichnung für die Bevölkerung zwischen Hindukusch und Karakorum (westlichster Himalaja), am oberen Indus und seinen Nebenflüssen, in N-Pakistan. Die D. sprechen eine indoeuropäische Sprache (Dardisch) mit mehreren Dialekten. Wichtigste politisch-geographische Einheiten: Chilas, Darel, Tangir, Bagrot, Gilgit, Punial, Ishkoman, Yasin, Hunza, Nager, Chitral.

Die teils extreme Hochgebirgslage ohne ausreichenden Niederschlag zwingt die D. überwiegend zur Bewässerung ihrer Terrassenfelder, die kunstvoll an den steilen Berghängen angelegt werden. Weizen, Gerste, Buchweizen und Hirse, daneben Obst – besonders in getrocknetem Zustand – sind die Grundlagen der Ernährung. Viehwirtschaft (Schafe, Ziegen) wird im Sommer auf den Hochalmen ausschließlich von Männern betrieben. Die politische Organisation der D. war von der Gebirgsgeographie geprägt: die Täler bildeten meist eigene kleine Staatswesen, oft mit einer lokalen Dynastie. Häufige Kriege zwischen den Bewohnern einzelner Täler zwangen

Abb. 48: Die Burg der Könige von Hunza, einst politisches Zentrum des Talstaates. (Foto: Müller-Stellrecht)

Abb. 49: Nordindische Handwerkerkasten drangen bis in den Karakorum vor. Ihre dunklere Hautfarbe unterscheidet sie von der überwiegend hellhäutigen einheimischen Bevölkerung. (Foto: Müller-Stellrecht)

zur Anlage ummauerter Dorfburgen, die nach der Befriedung Ende des 19. Jh. allmählich aufgegeben wurden. Die religiösen Vorstellungen der vorislamischen Zeit konnten sich durch die Rückzugslage des Gebiets relativ gut bis heute erhalten, besonders dort, wo die ismailitische Glaubensrichtung des Islam (Hunza, Punial) vorherrscht. Unter einer großen Zahl von Geistwesen fallen besonders die »Feen« auf, schöne Frauen, die auf den höchsten Berggipfeln (Nanga Parbat, Rakaposhi) in Palästen wohnen und den Menschen, besonders aber Hirten, Jägern und Schamanen, auf vielerlei Weise helfen. Weitere herausragende Komplexe der traditionellen Kultur sind: das Verdienstfestwesen, in das alte Frauen mit einwandfreiem Lebenswandel einbezogen wurden; ein reicher Festkalender, den lokale Priestersippen wesentlich mitgestalteten; ein menschliche Frauen und weibliche Geister umfassendes Hexenwesen; rituelles Königtum und eine komplizierte hierarchische Sozialstruktur.

Die Geschichte Dardistans vor 1800 ist nur ungenügend dokumentiert und erforscht. Fest steht, daß das Land eine blühende buddhistische Phase erlebte und Ende des 1. Jt. sogar eine wichtige strategische und politische Position zwischen erobernden Arabern im W und den Großreichen von China und Tibet im O einnahm. Die nachfolgende Zeit wurde vor allem von den Dynastien von Chitral, Gilgit, Hunza und Nager bestimmt, deren Fehden untereinander im 19. Jh. schließlich zur Invasion durch Kaschmir führte. Dieser Tributär Englands erhielt 1848 von der Krone freie Hand, seine Macht in Dardistan zu festigen, konnte dies aber nur durch langjährige und verlustreiche Kämpfe erreichen. Erst das Vorrücken Rußlands in den zentralasiatischen Raum zwang England Ende des 19. Jh. zu direkter Einflußnahme und Mitverwaltung dieses für die Sicherheit des indischen Kolonialreiches so wichtigen Gebiets. 1948 entschieden sich die moslemischen Einwohner des gesamten Gebiets gegen den Willen des Maharadscha von Kaschmir für den Anschluß an Pakistan.

Die wohl entscheidendste Neuerung für den Westteil der Nordregion Pakistans war der Bau der Karakorum-Allwetterstraße, die 1978 nach jahrelangen aufwendigen Arbeiten fertiggestellt wurde. Sie führt von der chinesischen Grenze durch das Hunza-Tal zum Indus, von dort flußabwärts bis in die Hügel nördl. von Rawalpindi und macht das Gebiet von wetterabhängigen Flügen und unsicheren Jeepverbindungen unabhängig. Die schwierigen Bauarbeiten wurden von China geplant, durchgeführt und auch bezahlt, das damit seine strategischen Interessen an dieser Grenzzone demonstrierte. Die direkte Anbindung an die Industrie- und Handelszentren Pakistans entspannte die krisenanfällige Ernährungssituation der Berggebiete bereits entscheidend und öffnet die Region für Entwicklungsprojekte (u. a. Tourismus).

Lit.: 13, 16, 24
Karte: Südwest-Asien (Abb.: 23)
Abb.: 47, 48, 49

Delaware

Nordamerikanische Indianer im Tal des Delaware River und an der atlantischen Küste von Long Island bis zum nördl. Teil des heutigen Staates Delaware. Eigenname: Lenni Lenape (»Die wahren Menschen«); ca. 2000. Sprache: Algonkin.

Die D. lebten überwiegend vom Anbau von Mais, Bohnen und Kürbissen, aber auch von der Jagd und dem Fischfang. Die Dörfer bestanden aus tonnenförmigen Langhäusern, in denen die Familien eines matrilinearen+ Klans+ beisammen wohnten. Die Klanältesten bestimmten die Häuptlinge, die sie im Dorfrat repräsentieren sollten. In der Kolonialzeit schlossen sich die Dörfer zu einem Stamm bzw. einem Stammesverband zusammen.

Die mythische Geschichte der D. ist in ihren Annalen, dem Walam Olum, einer Bilderschrift auf Baumrinde, aufgezeichnet; nach neuesten Forschungen soll es sich um eine Fälschung handeln. Ab 1690 wurden die D., nach einer Zeit friedlichen Zusammenlebens mit den Quäkern unter William Penn, von den Irokesen unterjocht. Sie wichen weiter nach W aus und wurden von der Herrnhuter Brüdergemeinde unter Graf Zinzendorf christianisiert. 1789 zogen sie nach Missouri, später weiter nach Arkansas und Texas. Um 1835 lebte das Gros der stark zersplitterten D. auf einer Reservation in Kansas, 1867 in Oklahoma. Heute leben außer diesen D. noch die Munsee, einst ein Unterstamm der D., in Wisconsin und Ontario.

Lit.: 542, 543, 559
Karte: Nordamerika (Abb.: 76)

Dinka

Die D. bewohnen ein flaches, sumpfiges Tiefland in der Bahr el-Ghazal-Provinz der südl. Sudan-

Republik. Im W haben sie noch Anteil an höher gelegenen Savannengebieten des sog. Eisensteinplateaus. Sie sind typische Vertreter der nilotiden Rasse und gehören mit einer Durchschnittsgröße von 1,80 (Männer) zu den höchstgewachsenen Menschen der Welt.

Zusammen mit den östl. benachbarten → Nuer bilden sie eine Unterabteilung der Westnilotischen Sprachgruppe. Mit einer Kopfzahl von ca. 1,5 Mio. sind sie eine der größten ethnischen Gruppen des Sudan.

Die D. sind ein gemischtwirtschaftliches Volk mit einer starken Betonung der Viehwirtschaft. Die langhörnigen Zebu-Rinder spielen sowohl für die Ernährung als auch im sozio-religiösen Leben eine zentrale Rolle. Die vornehmlich mit Hirse und Mais bestellten Felder werden in höheren Lagen außerhalb des Überschwemmungsbereiches angelegt. In der Trockenzeit werden die Herden in die tiefer gelegenen flußnahen Gebiete herabgetrieben und von jungen Männern und Mädchen beaufsichtigt. Es besteht also eine durch die Regenzeiten und die Wasserstände bedingte Transhumanz. In den Trockenzeitlagern lebt das Vieh zu einem Großteil von Wasserkräutern, die einen hohen Nährwert besitzen.

Die zylindrischen Kegeldachhäuser in den festen Dorfsiedlungen unterscheiden sich augenfällig von den temporär angelegten kuppelförmigen Grashütten der Trockenzeitlager.

Die D. zerfallen in eine Anzahl von Stämmen, die aber als Aktionseinheiten kaum in Erscheinung treten. Als politische Organisationsformen bedeutsamer sind die Klane, von denen einige als mit besonderen magischen Fähigkeiten ausgestattet gelten. Ihnen entstammt der »Speerhäuptling«, dem gewisse priesterliche und richterliche Aufgaben zukommen.

Die Religion der D. ist durch den Glauben an Geistwesen, die Naturerscheinungen innewohnen, charakterisiert. Mit dem Namen Jok wird eine spirituelle Macht bezeichnet, die ebenso wie der persönlich aufgefaßte Hochgott Nhialic Einfluß auf die Geschicke der Menschen nimmt. Erwähnenswert ist die Verehrung der Ahnengeister, die mit bestimmten Verwandtschaftsgruppen in Verbindung stehen.

Im vergangenen Jahrhundert litten die D. unter den Raubzügen arabischer Sklavenjäger, die ihnen mit ihren Feuerwaffen überlegen waren, sie in ihrem Bestand als eine volksstarke Ethnie jedoch nicht wesentlich beeinträchtigten. Nach der Gründung des unabhängigen Staates Sudan (1956) standen sie lange in Opposition zu den arabisch-sprechenden Muslimen, die auf ihre negriden Landsleute mit Verachtung herabblickten. Obgleich Christentum und Islam seit einigen Jahrzehnten im Vordringen sind, stellen sich die D. insgesamt noch als eine stark auf ihren alten Kulturtraditionen beharrende Gruppe dar.

Lit.: 876, 949

Diola
Dyola, Yola

Westafrikanisches Bauernvolk im Regenwald des Küstengebietes von Senegal, Gambia und Guinea-Bissau; ca. 155 000. Die Bayot (ca. 9000) werden gewöhnlich zu den D. gezählt. Sprache: westatlantische Sprachfamilie.

Die Wirtschaft beruht größtenteils auf dem Anbau von Reis, Maniok und Jams. Kleinviehzucht ist allgemein üblich, aber Rinder werden hauptsächlich aus Prestigegründen gehalten; nur bei den Bayot spielt das Melken eine Rolle. Die Schweinezucht bezeugt, wie bei den kulturverwandten Balanta, das relativ späte und geringe Eindringen des Islam. Auch das Christentum hat nur beschränkt Erfolge erzielt.

Lit.: 974

Dogon
Fulbename: Habbe (= »Heiden«), Ez. Kado

Westafrikanisches Bauernvolk auf dem Plateau von Bandiagara, S-Mali; ca. 225 000. Sprache: Zuordnung ist ungewiß, da verschiedene Autoritäten sie den → Mande oder auch anderen Unterfamilien der Niger-Kongogruppe zurechnen.

Der Lebensunterhalt der D. wird größtenteils durch den Anbau (Hackbau) von Hirse gewonnen, vielfach im Terrassenfeldbau und mit intensiver Düngung. Heute werden auch Mais und Reis sowie Baumwolle, Indigo, Henna, Tabak, Melonen und Hanf als Marktprodukte angebaut, um Trockenfisch, Salz, Fleisch und Stoffe einzuhandeln. Schafe und Ziegen, Hühner und Bienen sind Haustiere; Großvieh und Pferde werden mehr aus Prestigegründen gehalten. Handwerker gehören gesonderten Kasten an. Holzschnitzerei (Masken, Kultfiguren) ist besonders reich entwickelt. Die Gesellschaft ist geschichtet: Zur oberen Schicht gehören die Acker-

Dogon

Abb. 50: Dogon-Tänzer gehören zu den Attraktionen einer Touristik-Reise in Westafrika. (Foto: Chesi)

bauern und die Regierenden, unter ihnen stehen kastenartige Handwerker (Schmiede, Gerber). Die Beschneidung ist nur bei den Ackerbauern üblich.

Eine politische Zentralgewalt haben die D. nie gekannt. Dörfer, bestehend aus patrilinearen+ Großfamilien, stellen die größeren Einheiten dar und werden von einem Ältestenrat regiert. Jedoch gibt es außer dörflichen Funktionären noch ein religiöses Oberhaupt, den Hogon, über das gesamte D.-Gebiet wie auch für einzelne Dörfer und Distrikte. Der Hogon führt die wichtigsten religiösen Zeremonien durch und ist oberster Richter. Insignien seines Amtes sind sein Stab und der Stein, den er um seinen Hals trägt und der von Hogon zu Hogon vererbt wird. Er trägt auch eine besondere Kleidung und wohnt in einem abgesondert stehenden Haus, das vom Dorf unterhalten wird. Der Hogon ist für die Weitergabe und die Auslegung der mythischen Überlieferung verantwortlich. Die Schöpfungsmythen der D. sind erstaunlich differenziert.

Lit.: 886, 887, 919, 939
Abb.: 50, 51; Karte: Westafrika, 19. Jh. (Abb.: 225)

Abb. 51: Dogon opfern eine Ziege und lassen Blut über die Fassade des Kulthauses fließen. (Foto: Chesi)

Dyula
Diula, Jula, Wangara

Westafrikanisches Händlervolk, vermutlich von Soninke-Abstammung im nördl. Teil von Obervolta, Mali, Ghana und der Elfenbeinküste, wo sie oft mit → Bambara, Malinke (→ Mande) und anderen Völkern zusammenleben; ca. 140 000. Sprache: Mande.
Handel war seit altersher die Grundlage der Wirtschaft der D. Jetzt liegt der Handel zwischen den Viehzüchtern im N und den Produzenten von Kolanüssen wie auch Textilien im S größtenteils in ihren Händen. Früher spielte auch der Handel mit Sklaven eine große Rolle.
Die D. betreiben während der Regenzeit Bodenbau (Jams, Mais und Maniok), in der Trockenzeit widmen sie sich hauptsächlich dem Fernhandel. Formale politische Institutionen sind den D. nicht bekannt, da ihr Zusammenhalt mehr in der Wahrung von Verwandtschaftsverbindungen und gemeinschaftlichen wirtschaftlichen Interessen liegt. Ihre religiöse Zugehörigkeit zum Islam, wirtschaftliche Unabhängigkeit und ein politischer Weitblick, der durch eine über der Norm liegende Schulbildung und Erziehung gefördert

wird, sichert ihnen ihre einflußreiche Stellung unter den Völkern, mit denen sie zusammenleben.

Lit.: 955, 956

Duala
Doula, Diwala

Ursprünglich Feldbauern und Fischer, jetzt meist Händler im Gebiet der Hafenstadt Duala, Kamerun; ca. 80 000.
Die D. sind heute weitgehend verstädtert und europäisiert; sie sind in allen Berufszweigen des modernen Staatswesens vertreten. Ihre Sprache, das D., dient vielen Völkern in westl. Kamerun als Lingua Franca; durch die Mission wurde es zur Schriftsprache (s. auch Ewondo).
Die D. sind der bedeutendste Stamm der Küsten-Bantu Kameruns, zu denen die Bubi auf Fernando Póo (Macias Nguema), die Koko (Bakoko), die Kpe (Bakwiri) mit den Mboko sowie die Kosi zählen.

Lit.: 1097, 1103, 1118, 1128, 1145

Dunganen

Russische Bezeichnung für die nördl. Gruppe der chinesischen Moslems, in China Hui Hui genannt. Die Hui Hui waren früher zentriert in Kansu, Schensi, Ningsia, heute auch in Städten und weiteren Provinzen der VR China. 1960: 4 Mio., davon knapp 500 000 in Sinkiang. Die Hui Hui von Sinkiang wurden großenteils in der 2. Hälfte des 18. Jh., nach den Dsungarenkriegen, ins Ili-Gebiet an die russische Grenze deportiert oder wanderten dort ein. Sie wurden in russischen Quellen D. genannt, der Begriff aber auch auf andere Hui Hui-Gruppen ausgedehnt. Ein Teil dieser D. siedelte Ende des 19. Jh. ins heutige Kirgisien und nach Kasachstan (UdSSR) um. Sie zählen heute 39 000. Die Ethnogenese+ der D. (bzw. Hui Hui) ist noch immer unklar. Wahrscheinlich waren an ihr nicht nur autochthon+ chinesische, sondern auch türkische, arabische, iranische und mongolische Elemente beteiligt. Dieser Verschmelzungsprozeß fand seit dem Eindringen der mongolischen Armeen nach China statt. Ihre ethnische Identität leiten die D. (Hui Hui) vom Islam her; sie sind Sunniten. Bekannt wurden die D. durch ihre zahlreichen Aufstände im 19. und 20. Jh. gegen die chines. Zentralgewalt, von denen nicht zuletzt Reisende wie Wilhelm Filchner und Sven Hedin in ihren Werken interessant berichten.

Lit.: 112, 117, 141
Karte: Zentral- u. Nordasien (Abb.: 97)

Edo
Bini

Afrikanisches Bauernvolk in S-Nigeria, westl. des Niger, bis zu den Sümpfen des Nigerdeltas; ca. 800 000. Sprache: Kwa-Sprachen.
Als Hauptnahrung werden Mais, Jams, Hirse und Maniok angebaut; Marktprodukte sind Kakao, Palmprodukte, Holz und Gummi. Die Viehhaltung beschränkt sich auf Ziegen und Schafe; Hühner werden im allgemeinen nur zu Opferzwecken gehalten. Das traditionelle Handwerk ist hoch entwickelt und viele E. sind meisterhafte Eisen- und Messingschmiede, Holz- und Elfenbeinschnitzer, Gerber und Weber.
Das Dorf ist die Grundeinheit des politischen Lebens. Innerhalb jeden Dorfes sind die Männer in drei Altersgruppen eingeteilt. Die Jüngsten beteiligen sich am Wegebau und der Instandhaltung öffentlicher Gebäude. Die Männer mittleren Alters üben die verantwortlicheren und auch schwierigeren Tätigkeiten aus und fungieren als Exekutive der Ältesten. Das Amt des Dorfoberhauptes ist nicht erblich und fällt gewöhnlich an den ältesten Mann; er überwacht die Aktivitäten der einzelnen Altersgruppen, schlichtet Streitigkeiten und ist zugleich Priester des Ahnen- und Erdkultes.
Seit dem 12. Jh. war ein Gottkönig (oba) das politische, administrative und religiöse Oberhaupt des E.-Staates mit der Hauptstadt Benin. Nach der Tradition stammt die Dynastie, die bis heute das Amt des oba innehat, aus Ife im Yoruba-Gebiet. Großen Einfluß auf den König hatte nicht nur die Königin, sondern auch deren Mutter sowie der älteste Sohn, der auch Erbe und Nachfolger des Königs war. Der Staatshaushalt war streng hierarchisch organisiert. Die Einkünfte stammten von Fronarbeit, Tributzahlungen, Strafgeldern, Handelsmonopolen und Kriegsbeute. Das Amt der Provinzgouverneure war erblich, wie auch ihre Verpflichtung, als Priester, Heerführer und Hüter des königlichen Heiligtums zu dienen. Die Inhaber der vielen

untergeordneten Ämter mußten Ernennung und Beförderung mit hohen Gebühren erkaufen. Das E.-Reich erreichte ein hohes Niveau auf dem Gebiet der Kunst und des Kunstgewerbes. Zu nennen sind hier die berühmten Benin-Bronzen (Portraitköpfe, reliefartige Platten) und Elfenbeinschnitzereien. Die feudale Hofhaltung erweckte das Interesse der Europäer, nachdem die Portugiesen im 15. Jh. davon berichtet hatten. Im 18. und 19. Jh. war die Küste von Benin ein Hauptgebiet des Sklavenhandels. 1897 wurde Benin von den Briten erobert und zerstört. Das Reich der E. wurde Nigeria einverleibt.

Lit.: 975, 982, 988, 1002, 1004, 1020, 1021
Karte: Westafrika, 19. Jh. (Abb.: 225)

Efik

Ein den → Ibibio kulturell und sprachl. eng verwandtes Volk. Die E. begründeten einen der wichtigsten Staaten in SO-Nigeria, dessen Hauptstadt Calabar schon im 17. und 18. Jh. Mittelpunkt eines weitgespannten Handels- und Verkehrsnetzes war. Calabar war eines der Zentren des westafrikanischen Sklavenhandels. Sprache: Cross River-Sprachen der Benue-Kongo. Als Sprache der Stadt Calabar entwickelte sich E. im 19. Jh. zur Schrift- und Handelssprache für 1–2 Mio. Menschen. Wirtschaftlich ist der Fischfang neben dem Anbau von Jams, Taro und Maniok von Bedeutung.
Der Leopardenbund (ekpe) beeinflußt das wirtschaftliche, soziale und politische Leben auf allen Ebenen. Oberhaupt des ekpe ist gleichzeitig das politische Oberhaupt aller E. Wie die E.-Gesellschaft selbst, ist ekpe hierarchisch gegliedert, und nur die Wohlhabenden können es sich leisten, sich in die höheren Grade einzukaufen.

Eskimo

(Eigenname: Inuit, in Kanada heute auch die offizielle Bezeichnung); ein über die gesamte nordamerikan. Arktis, von Alaska bis Ost-Grönland und NO-Sibirien verbreitete mongolide Bevölkerung; ca. 100 000. Sprache: Eskimoisch.
Die E. lebten hauptsächlich an den Küsten der arktischen Tundrazone und auf den vorgelagerten Inseln als Jäger von Seesäugetieren (Robben, Walrosse, Wale, Eisbären) und als Fischer; nur wenige Binnenlandgruppen (in N-Alaska die Nunamiut, in den Barren Grounds an der Hudson Bay die Karibu-E.) ernährten sich von der Jagd auf das Karibu, das nicht-domestizierte amerikanische Rentier. In ihrer Jahrtausende alten Kultur (ab ca. 2000 v. Chr.) hatten die E. in dem extremen Milieu der Arktis spezielle Techniken entwickelt, so daß ihre Lebensmöglichkeiten hier sogar besser waren als in den südl. angrenzenden Waldgebieten der Subarktis. Vor allem die Robbenjagd versorgte die E. mit dem lebenswichtigen Öl, das in Tranlampen Licht in der langen arktischen Nacht und Wärme in der arktischen Kälte sicherte. Die Kleidung bestand, wie im Prinzip des Doppelfensters, aus zwei Fellschichten, um die Körperwärme in größtem Umfange zu erhalten; Flickzeug war lebenswichtig. Die wichtigsten Transport- und Verkehrsmittel waren der Kufenschlitten (mit Hundegespann) auf dem Lande, der Kajak und Umiak, das große Fellboot für den Walfang, auf dem Wasser. Das Schneehaus (Iglu) wurde nur auf dem Eis und auf der Jagd kurzfristig errichtet; im übrigen waren die Häuser der E. eingetieft; sie bestanden aus Steinen, Walrippen und Grassoden. Harpune mit Schleuder für die Robbenjagd, Bola für den Vogelfang, Lanze für die großen Jagdtiere und Fischspeer sowie Bogen und Pfeil waren die Jagdwaffen. Die E. lebten früher in kleinen autonomen Lokalgruppen an den Buchten der Küste. Die Mehrzahl wohnte in der Westl. Arktis, beiderseits der Beringstraße und in S-Alaska (Chugash-E.). Die nördlichsten Gruppen waren die Polar-E. in NW-Grönland; die Zentral-E. war eine Sammelbezeichnung für die in der zentralen kanadischen Arktis lebenden Gruppen (Copper-, Netsilik-, Iglulik-, Baffinland-E.). Als Dorfanführer galt gewöhnlich der erfolgreichste Jäger. Streitigkeiten wurden im Wettkampf (Singwettstreit, Faustkämpfe) ausgetragen. Die Polygynie+ war vorherrschend. Durch Handel wurden die Produkte entfernter Gegenden ausgetauscht: Robbenöl, Karibufelle, Walroßelfenbein. Die Schamanen+ waren die Mittler zur übernatürlichen Welt; sie waren Krankenheiler, indem sie die Seelen der Kranken »zurückholten«, und sie waren Jagdhelfer, indem sie mit Hilfe ihrer tierischen Schutzgeister in magischen Zeremonien das Jagdwild herbeischafften.
Die europäischen Einflüsse im Leben der E. begannen in Grönland im 17. Jh., als die Dänen die Küsten besetzten. Auf der anderen Seite des riesigen Verbreitungsgebietes der E. drangen die

Abb. 52: Point Barrow, eine Eskimo-Siedlung am Nordpolarmeer in Alaska, im kurzen arktischen Sommer. (Foto: Legel)

Russen über die Aleuten-Kette bis nach S-Alaska vor und errichteten Handelsstationen, die bis zur Bucht von San Francisco reichten. Aber erst nach dem Verkauf Alaskas an die Amerikaner (1867) wurde die Kultur der Alaska-E. in größerem Umfange von den Weißen verändert: Große Teile der Bevölkerung fielen eingeschleppten Krankheiten (Masern, Erkältungskrankheiten, Syphilis und Tuberkulose) zum Opfer. In N-Alaska dezimierten europäische und amerikanische Walfangflotten die großen Walbestände, von denen die Küstengruppen um Point Barrow lebten. Ende des 19. Jh. wurde in Alaska und NW-Kanada die Rentierzucht (mit Hilfe lappischer Experten) eingeführt, um eine Alternative zur traditionellen Subsistenzwirtschaft zu bieten. Der größte Eingriff in die Kultur der E. erfolgte nach dem zweiten Weltkrieg mit der Errichtung von Militärbasen. Zur militärischen Absicherung ihrer Nordflanke brachten die Amerikaner riesige Mengen von Material in das damalige Territorium von Alaska, später wurde auch die kanadische Arktis in die Fernraketenabwehrzone einbezogen. Mit den Materialanlieferungen verbunden waren der Ausbau von Straßen und Häfen sowie die Anlage von Flugplätzen. Der Zustrom von Menschen und Gütern veränderte die E.-Kultur bis in ihre Wurzeln. Er brachte die Möglichkeit der Lohnarbeit, die aber stets mit der Gefahr der zeitweiligen Arbeitslosigkeit einherging und ein Klima von Unsicherheit und Existenzangst schuf, bis schließlich die Arbeitslosenfürsorge eingeführt wurde. Die Zuwanderung von E. in die Militärlager und schnell entstehenden Siedlungszentren schnitten den Faden zur traditionellen Subsistenzwirtschaft vollends ab. Die allmähliche Stabilisierung der neuen wirtschaftlichen Bedingungen und die allgemeine Schulpflicht führten schließlich zur einer ersten politischen Willensbildung der alaskischen E. durch die Gründung einer »Alaska Federation of Natives«-Partei, die bemüht ist, die Rechte der E. zu schützen. Neuerdings steht auch die »Alaska Native Brotherhood«, ursprünglich eine indianische Organisation in S-Alaska, den E. offen. Die Situation der kanadischen E. war insofern anders, als hier bestimmte traditionelle Zentren sozialer Kristallisation fehlten: das Karigi (Männerhaus), feste Handelspartnerschaften, die bila-

Abb. 53: Eskimo-Kajakfahrer in Grönland. Anstelle von Harpunen mit Wurfschleudern werden heute Gewehre verwendet. (Foto: Musée de l'Homme)

terale Großfamilie, größere Dauersiedlungen. Letztere entstanden erst, als Handelsposten, Missionsstationen, Wohlfahrtseinrichtungen und Krankenstationen eingerichtet wurden. Sie waren oft in der Nähe von Wetterstationen, kleinen Flugplätzen oder Militärbasen angelegt. Diese neuen Siedlungen zogen immer mehr E. an. Auch die weiterhin im Hinterland von der Jagd lebenden Gruppen wurden in den Grundnahrungsmitteln und Gebrauchsgütern weitgehend von den neuen Stationen abhängig; sie übernahmen gelegentlich auch Lohnarbeit oder kamen um Wohlfahrtsunterstützung nach. Die kanadische Zentralregierung unterstützte die Gründung von Genossenschaften, um Produkte der E., vor allem Pelzwerk, neuerdings auch Kunsthandwerk (Schnitzereien) zu verkaufen. Die Genossenschaften werden von den E. selbst betrieben und sind recht erfolgreich. Die meisten Siedlungen haben heute Schulen, eine neues verbindliches Schriftsystem ist eingeführt worden. Schneemobil und Transistorradio sind heute im Leben der E. Selbstverständlichkeiten. Weitere starke Veränderung im Leben der Alaska-E. wird die Ausbeutung der reichen Erdöl- und Naturgasvorkommen mit sich bringen: Die Zerstörung der natürlichen Umwelt, aber vielleicht auch die Chance einer leichteren Einpassung an die euro-amerikanische Kultur.

In Grönland führte der Ausbau der Fischindustrie und die Einführung von Schafzucht und Ackerbau zur Bevölkerungskonzentration in größeren Siedlungen. Dadurch wurde die schulische Erziehung verbessert und die Verwaltung der knapp 40 000 E. Grönlands vereinfacht.

Lit.: 457–470
Karte: Nordamerika (Abb.: 76)
Abb.: 52, 53

Ewe

Sprachlich und kulturell eng mit den in Dahomey lebenden → Fon verwandt, siedeln die E. im tropischen Regenwald der Küstengebiete von SO-Ghana, S-Dahomey und v. a. S-Togo. Ihre Sprache gehört zum Twi-Zweig der Kwa-Sprachen; es gibt viele Dialekte, da die E. (ca. 1 Mio.) in mehr als 100 Stämme unterteilt sind. Die wichtigsten sind die Anlo, Anecho, Watyi, Fon und Gun. Die kulturelle Einheit beruht nicht nur auf der gemeinsamen Sprache, sondern noch mehr auf dem Glauben an die gemeinsame Herkunft von Oyo im westl. Nigeria; erst im 17. Jh. wanderten die E. in ihre heutigen Wohngebiete ein.

Die Mehrzahl der E. lebt von der Landwirtschaft (Hackbau und Wanderfeldbau); Jams, Reis und Mais bilden die Grundnahrung. An Kleinvieh werden Schafe, Ziegen, Schweine, Hunde und Hühner gehalten. Im Küstengebiet spielt der Fischfang eine Rolle. Handwerk, wie Spinnerei und Weberei, Keramik und die Schmiedekunst sind weit verbreitet. Märkte werden regelmäßig abgehalten und viele E. betreiben Handel. In neuerer Zeit stellen die E. einen Großteil der Angestellten in den Städten.

Die Patrilineage+ übt ein gewisses Maß von kooperativer Verantwortung aus und dominiert das wirtschaftliche, politische und religiöse Leben der bäuerlichen E. Das Oberhaupt der Lineage+, gewöhnlich deren ältestes männliches Mitglied, verwaltet den Besitz, schlichtet Zwistigkeiten und repräsentiert die Lineage in allen Dorfangelegenheiten. Auch wirkt es als Priester und erhält damit die Verbindung zwischen den Lebenden und den Vorfahren aufrecht. Gegenseitige Hilfeleistung macht noch immer eine der wesentlichen Charakteristika der Verwandtschaftsstruktur aus, obwohl das moderne Leben die Wirksamkeit der Lineage stark untergräbt. Die Religion der E. kennt einen Schöpfergott und viele untergeordnete Götter, deren Verehrung das ganze tägliche Leben durchwirkt. Der Glaube an die übernatürliche Macht der Ahnengeister hat Einfluß auf alle Manifestationen des täglichen Lebens und bestärkt gleichzeitig das Einheitsgefühl der Gesellschaft. Symbol der Einheit von Lebenden und Toten ist der Ahnenstuhl oder -schemel. Viele E. sind zum Christentum übergetreten.

Die E. hatten zwar ein straffes Häuptlingstum, gelangten aber nie zu einer staatlichen Organisation; bestenfalls kam es zu lokalen Bündnissen in Kriegszeiten. Nur die im mächtigen Reich von Dahomey lebenden E., die Fon, Gun u. a., waren zu einem Staatsvolk herangewachsen (s. Fon).
Nach 1919 wurde das deutsche Schutzgebiet Togo in eine engl. und franz. Mandatzone geteilt. Die E. jedoch fanden sich mit dieser politischen Teilung nicht ab und gründeten während des 2. Weltkrieges die »All Ewe Conference«, die eine Wiedervereinigung unter engl. Obhut forderte. Ihre Sprecher waren D. A. Chapman und Sylvanus Olympio (1958–60 Premierminister, 1960 Präsident von Togo, 1963 ermordet).
Durch die Einbeziehung des engl. Teils von Togo in Ghana scheiterten die Versuche, alle E. wieder in einem Staat zusammenzubringen.

Lit.: 983, 997, 1009, 1019, 1024
Karte: Westafrika, 19. Jh. (Abb.: 225)

Ewenen

Früher Lamuten, eine Gruppe mit tungusischer Sprache (altaische Sprachfamilie) in NO-Sibirien (UdSSR), an den Flüssen Jana, Indigirka, Kolyma, insbesondere in der Jakutischen ASSR, kleine Gruppen auch seit dem 18. Jh. am Ochotskischen Meer. 1970: 12 000.
Die E. waren Jäger (besonders Pelztierjagd auf Eichhörnchen) und Fischer; am Ochotskischen Meer wurde auch auf Seehunde Jagd gemacht. Rentiere wurden zum Reiten und Ziehen der Transportschlitten gehalten. Die E. wohnten in Stangenzelten (nichtseßhafte Jäger und Fischer), am Ochotskischen Meer auch in unterirdischen Häusern. Die religiösen Vorstellungen kreisten um die Tiere und ihre sog. Herrengeister. Der Bär erfuhr nach seiner Tötung eine ehrenvolle Behandlung; er wurde aufgebahrt und voller Hochachtung angesprochen, um ihn mit seinem Tod zu versöhnen; seine Knochen setzten die E. – wie auch im menschlichen Totenritual – auf einer Plattform im Wald aus.
Zur Geschichte → Ewenken.
Die E. widersetzten sich nach der Revolution entschieden der Kollektivierung und dem Zwang zur Seßhaftwerdung, konnten sie aber nicht aufhalten. Heute wird die Rentierhaltung vom Staat mit neuen Methoden gefördert; zu Brigaden zusammengeschlossene Jägergruppen gehen der Pelztierjagd nach.

Karte: Zentral- u. Nordasien (Abb.: 97)

Ewenken

Heutige Bezeichnung für einen Teil der früheren Tungusen bzw. für tungusische Einzelgruppen, die unter eigenem Namen bekannt waren (u. a. Solonen, Manegiren, Orotschonen). Die E. leben in einem riesigen Gebiet zwischen Ob/Irtysch und Ochotskischem Meer, Baikalsee und Nordpolarmeer in Sibirien. 1970 gab es in der UdSSR 25 000 E., in der VR China 1953: 5000 (hauptsächlich in der Inneren Mongolei). Einige E. leben auch in der VR Mongolei. Sprache: Tungusisch (altaische Sprachfamilie), mit vielen Dialekten.

Man kann zwei große territoriale wie ökonomische Gruppen der E. unterscheiden: die Jäger, Fischer und Rentierzüchter zwischen Jenissei und Ochotskischem Meer, die Pferde und Rinderzüchter sowie einige Bauern im südl. Transbaikalien, NO-China und der VR Mongolei. Die zweite Gruppe ist seit Anfang des 20. Jh. die zahlenmäßig stärkere geworden, bedingt durch zunehmende Seßhaftigkeit. Für die jägerischen E., die mit Pfeil und Bogen, Schleudern, Fallen, Netzen und abgerichteten Locktieren Elche, Ren und Pelztiere jagten, waren Ski und Schlitten zur Fortbewegung in der winterlichen schneereichen Taiga unerläßlich. Mehrere Familien bildeten eine Jagdgemeinschaft mit eigenem Territorium. Der Sommer wurde an fischreichen Gewässern verbracht. Nur eine kleine Gruppe der E. lebte am Ochotskischen Meer und Baikalsee ganzjährig als Fischer. Stangenzelte oder feste Blockhütten dienten den E. je nach Wirtschaftsweise als Behausung. Handwerkliche Tätigkeiten galten nur dem eigenen Bedarf (Leder- und Fellbearbeitung, Gegenstände aus Birkenrinde und Knochen, Metallgeräte). Die E. waren in Einzelstämme unterteilt, innerhalb derer Sippenverbände territoriale, politische und wirtschaftliche Einheiten bildeten. Bis auf wenige E., die im 18. Jh. in der Mongolei und dem Transbaikal (→ Burjaten) den Lamaismus annahmen, waren die E. seit dem 17. Jh. zum orthodoxen Christentum bekehrt worden, jedoch so oberflächlich, daß die alten Kulte und der Einfluß der Schamanen+ bis weit ins 20. Jh. hineinreichten. Die dreischichtige Welt – 9 Himmelssphären, die Erde, 2 Unterwelten – wurde von Herrengeistern und Schutzgottheiten bevölkert. Ein dualistisches Prinzip von Gut und Böse durchdrang alles, begründet mit einer Schöpfungsmythe vom guten und vom schlechten Bruder. Der Bär wurde als Kulturheros verehrt, seine Knochen einer besonderen Bestattung unterzogen. Überhaupt stand das Tier in Mythen und Geschichten der E. im Mittelpunkt des Handlungsgeschehens.

Wahrscheinlich sind die E. aus der Vermischung sibirischer mit fremden, u. a. aus dem Süden eingewanderten Gruppen entstanden. Ausgangspunkt der vielschichtigen Ethnogenese+ war vermutlich das Baikalsee-Gebiet. Von hier aus stießen die Vorväter der E. nach Norden vor und verdrängten paläoasiatische Stämme. Enger Kontakt zu türkischen und mongolischen Gruppen führte wahrscheinlich zum Entstehen von Pferde- und Rindernomadismus bei den E.

Seit Anfang des 17. Jh. bestanden Beziehungen zu Rußland, das den E. einen Pelztribut auferlegte und nicht selten durch Erpressung eintrieb. Die Ausbreitung der E. über einen – verglichen mit ihrer Volkszahl – so riesigen Siedlungsraum geschah teils erst durch jakutischen, russischen und mongolischen Druck, teils auch als Folge der Ausrottung vieler Pelztiere seit dem 17. Jh. in den traditionellen Jagdgebieten.

Die E. in der UdSSR widersetzten sich nach der Revolution dem Druck zur Seßhaftigkeit anfangs entschieden; heute gehört dieses Problem der Vergangenheit an. Die traditionellen Wirtschaftszweige, wie Jagd und Fischfang, wurden unter sozialistischer Organisationsform beibehalten. Neu hinzu kamen die Pelztierzucht und der Ackerbau.

Lit.: 60, 103
Karte: Zentral- und Nordasien (Abb.: 97)

Ewondo

Bantu-Stamm in Z-Kamerun um Jaunde. Das E. ist durch die Mission eine wichtige und verbreitete Verkehrssprache in Kamerun geworden.

Lit.: 1119

Falascha
Amharisch »Vertriebene«

Sammelname für die äthiopischen Juden (Selbstbezeichnung »Bieta Israel«), im Gebiet des Tanasees; ca. 20 000.
Ihr Ursprung ist umstritten. Sie sind vermutlich Nachkommen jüdischer Kaufleute und Einwanderer aus SW-Arabien, die sich in den ersten nachchristlichen Jh. unter den äthiopischen Agau niedergelassen und einen Teil der Autoch-

Abb. 54: Suk in der Altstadt von Assuan, der Hauptstadt Oberägyptens. Nach Fertigstellung des 2. Assuan-Staudammes und der Umsiedlung nubischer Bauern wird Assuan als modernes Industriezentrum ausgebaut. (Foto: Lindig)

thonen zum Judentum bekehrt hatten. Sprache: die jeweilige ortsübliche Sprache (Amharisch, Tigrinya, Qwarasa).
Die F. sind Bauern und Handwerker (Töpfer [Hersteller von Tonfiguren für Touristen], Silberschmiede). Sie befolgen streng die biblischen Reinheitsvorschriften und leben deshalb meist in Flußnähe. Ihr Judaismus ist einzig im Alten Testament verankert und weist keine Einflüsse der nach-biblischen Literatur auf; talmudische und spätere Traditionen sind unbekannt. Auch die hebräische Sprache hat keinen Teil an der Religion, weil auch die alttestamentarischen Schriften nur in Ge'ez überliefert sind. Nicht nur hierin aber zeigt sich die vielfache Überschneidung der Ritualbräuche zwischen F. und amharischen Christen; Speiseverbote, Beschneidung, Heilighaltung des Sabbat und andere alttestamentarische Elemente bestehen bei beiden. Andererseits spricht die Institution des Priesters und des Mönchswesen für stärkere christliche Einflüsse auf die F.
Seit 1904 gibt es Kontakte zum westl. Judentum, und seit 1948 wirken unter ihnen auch jüdische Religionslehrer aus Israel. In den siebziger Jahren wurden sie von Israel offiziell als Juden anerkannt.

Lit.: 1045, 1058, 1079, 1090

Fellachen
von Arabisch »falaha« = pflügen

Die ackerbautreibende, arabisch sprechende Landbevölkerung, v. a. in Ägypten im Gegensatz zu den nomadischen, Viehzucht treibenden Beduinen. In Ägypten machen die F. drei Viertel der Gesamtbevölkerung (von 1976 ca. 40 Mio.) aus. Sie sind die Nachkommen der alten Ägypter und leben heute noch in großer Armut. Der Bau des 2. Assuan-Dammes kann die Probleme des Ackerbaus nur teilweise lösen; moderne Düngerfabriken bieten nur teilweisen Ersatz für das Fehlen des fruchtbaren Nilschlammes. Die Technologie, zweisterzige Pflüge, Schöpfräder u. a. erinnert z. T. bis in die Einzelheiten an Vorbilder aus pharaonischer Zeit. Seit dem 7. Jh. n. Chr. wurden die meisten F. durch eindringende

Abb. 55: An einem Seitenkanal des Nils bei Memphis. Durch den Bau des Assuan-Dammes fehlt der fruchtbare Nilschlamm; Düngemittel aus Fabriken müssen ihn ersetzen (Foto: Lindig)

Eroberer von der arabischen Halbinsel islamisiert. Ein gewisser Prozentsatz – in Teilen Ober-Ägyptens bis über 10% – bewahrte das (koptische) Christentum.

Lit.: 825

Flathead

Nordamerikanische Indianer im westl. Montana, USA; ca. 3000. Sprache: Salish des Mosanischen.
Die F., in älteren Berichten als Salish bezeichnet, lebten im östl. Teil des Columbia River Plateaus und in den westl. Teilen der nördl. Rocky Mountains. Die von den Europäern eingeführte Bezeichnung geht auf die Schädeldeformation einiger F.-Sklaven (= Kriegsgefangenen), die von der pazifischen Küste stammten, zurück. Die F. selbst kannten keine Schädeldeformation. Ursprünglich lebten die F. vom Fischfang, von der Jagd und vom Wildpflanzensammeln. Im 18. Jh. übernahmen sie von den Europäern das Pferd und von den jenseits der Rocky Mountains lebenden Plains-Indianern viele Kulturelemente des Plains-Nomadentums (Bisonjagd, Tipis, Kriegshäuptlingtum, Stammesorganisation). Auf den Bisonjagden in den Plains wurden die F. häufig in Kämpfe mit den dortigen Stämmen verwickelt. Anfang des 19. Jh. nahmen sie unter dem Einfluß katholischer irokesischer Trapper das Christentum an. Mitte des 19. Jh. drangen amerikanische Goldsucher und Siedler über die Rocky Mountains in das Plateaugebiet vor. Es kam zu heftigen Kämpfen (Nez Percé-Krieg 1877), und die Indianer wurden in Reservationen eingewiesen.
Im letzten Jahrzehnt hat es heftige Streitigkeiten zwischen weißen Farmern und Indianern im Lake County, Montana, (ca. 85% Weiße) um Grundsteuern, von denen die Indianer befreit sind, und um das Recht der Gerichtsbarkeit, die von den F. für die gesamte Reservation – auch über die dort lebenden Weißen – gefordert wird, gegeben. Eine Gruppe von jungen, auf Hochschulen ausgebildeten F. hat in den letzten Jahren erfolgreich einige Gesetze zu Gunsten der

Indianer durchsetzen können, z. B. Genehmigungsverfahren zur Regulierung des Fischfangs und der Freizeiteinrichtungen.

Lit.: 499, 504, 517
Karte: Nordamerika (Abb.: 76)

Fon
Fonnu, Dahomey, Fong, Fõ

Westafrikanisches Volk in der tropischen Regenwaldzone von S-Dahomey; ca. 1 Mio. Sie gelten als Gründer und Stammvolk des historischen Königreiches Dahomey. Sprache: Eng verwandt mit → Ewe; beide werden oft als Dialekte einer einzigen Sprache angesehen und gehören zu den Kwa-Sprachen.
Die Wirtschaft der bäuerlichen F. beruht auf dem Anbau von Taro, Maniok und Jams. Männer roden die Felder und leisten die schweren Grab- und Hackarbeiten, Frauen sind an der Pflege der Felder und der Ernte beteiligt. Kleinvieh ist überall zu finden, und heute werden auch hier und da Pferde gehalten. Kühe sind selten, weil Milch kaum gebraucht wird. Märkte werden in allen Städten und Dörfern regelmäßig abgehalten. Der Handel liegt gewöhnlich in den Händen der Frauen. Die Arbeitsteilung nach Geschlechtern findet sich auch im Kunsthandwerk: Männer sind Schmiede und Weber, die Töpferei wird von Frauen ausgeübt. Die Jagd spielt eine nicht geringe Rolle in der Ernährung. Das Jagen aber ist ein Spezialberuf, und in jedem Dorf unterstehen die Jäger einem Häuptling, dem magische Fähigkeiten zugesprochen werden. Der Fischfang ist an der Küste von Bedeutung.
Die soziale Grundeinheit ist der polygyne+ Haushalt, in dem jede Ehefrau ihr eigenes Haus bewohnt, zu dem aber auch noch separate Hütten für den Ehemann, seine Brüder und erwachsenen Söhne hinzukommen. Gebäude für den Ahnenkult wie auch Vorratshütten sind in die Umwallung des Gehöftes eingeschlossen. Mehrere solcher Hofanlagen, die die Mitglieder einer einzigen Patrilineage+ einschließen, bilden eine Art Nachbarschaft innerhalb der Dörfer oder Städte. Der älteste Mann gilt als Oberhaupt jeder Patrilineage, hat aber keine wesentliche Machtstellung, da nur das Dorf als politische Einheit angesehen wird, einem Häuptling untersteht, der aber mehr Schiedsrichter als Herrscher ist. Sein Amt war jedoch erblich.
Im 18. und 19. Jh. galten die Häuptlinge als Stellvertreter des mächtigen Königs von Dahomey und waren als solche für die Eintreibung der Steuern verantwortlich. Die F. hatten das mächtige Reich Dahomey im 17. Jh. gegründet. Von dem Zentrum Abomey breitete sich ihr Staat aus, eroberte Anfang des 18. Jh. die Küstenländer (»Sklavenküste«) und trat in direkten Handel mit den europ. Kolonialmächten, v. a. der Franz.-Ostindischen-Kompanie.
Der König von Dahomey war absoluter Herrscher und regierte sein Land mit Hilfe einer Hierarchie von Provinzialgouverneuren, Distrikts- und Dorfhäuptlingen sowie einer straffen Militärorganisation, die sogar Frauenregimenter kannte. In seiner Hauptstadt Abomey mußten sich alle, die sich ihm näherten, zu Boden werfen und Staub auf ihre Köpfe häufen. Beim Tode des Königs wurden Hunderte von Menschen getötet. Mit Ausnahme des zum Thronfolger bestimmten Sohnes durften Mitglieder des königlichen Hauses keine machtvollen Ämter oder Würden innehaben. Ministerposten und sonstige einflußreiche Positionen wurden aus den Reihen der Nichtaristokraten durch Ernennung besetzt. Schon Mitte des 17. Jh. hatte sich das Reich von Dahomey zu einer Militärdespotie ausgebildet, deren wirtschaftliche Grundlage der monopolisierte Tausch von Sklaven gegen Feuerwaffen der europ. Handelsmächte war. Dahomey wurde einer der wichtigsten Umschlagplätze für den Menschenhandel auf dem afrikanischen Kontinent. Nachdem der Sklavenhandel sein Ende gefunden hatte, verlor Dahomey an Bedeutung. Obwohl König Ghezo (1818–48) den Staat reorganisierte, indem er anstelle des Menschenhandels die Palmölerzeugung förderte, konnte Dahomey nicht mehr mit seinen Nachbarn konkurrieren, die es besser verstanden hatten, die europ. Geschäftspartner mit den nun gefragten tropischen Produkten zu versorgen. Kriegerische Unternehmungen gegen Nachbarvölker endeten mit Niederlagen. Frankreich unterstützte schon lange die Völker, die den F. untertänig gewesen waren. Es kam zu fünfjährigen Auseinandersetzungen mit franz. Truppen, die im Jahr 1894 endeten. In einigen Teilen des Landes dauerten die Kämpfe bis 1911 an. Die Pracht und die künstlerischen Leistungen des Dahomey-Staates waren außergewöhnlich, doch erreichten sie nicht die Blüte wie bei den Aschanti, den Yoruba oder Benin.
Dahomey wurde als Teil von Franz.-Westafrika

verwaltet, erhielt 1957/58 seine innere Autonomie und 1960 die Unabhängigkeit. Seit 1975 nennt Dahomey sich Bénin.

Lit.: 976, 978, 994, 1000

Fox

Nordamerikanische Indianer im Mittelwesten, heute in Tama County, Iowa; ca. 850, in Kansas und Oklahoma weitere 2200 »Fox and Sauk«, zumeist Sauk. Sprache: Algonkin.
Die F. waren Bodenbauern, zogen aber einmal im Jahr auf die Bisonjagd. Ihr ursprüngliches Wohngebiet zur Zeit der ersten europäischen Kontaktnahme war Wisconsin. Der Stamm war in Klane+ organisiert. Die Midewiwin-Gesellschaft, ein Geheimbund, war ein wichtiger Faktor des gesellschaftlichen Lebens; die Zeremonien umfaßten Krankenheilungen für den einzelnen wie auch Kollektivzeremonien für die Wohlfahrt des ganzen Stammes. In ihrem heutigen Wohngebiet, das die F. mit eigenen Mitteln gekauft haben, sind viele traditionelle Strukturen, wie die Klane und die Geheimgesellschaft, sowie Wertvorstellungen und Sprache erhalten geblieben. Ein Stammeskomitee verfügt über das Kollektivvermögen und verhandelt mit der US-Bundesregierung.

Lit.: 571, 573

Fulbe
Peul, Ful

(Sg. Pulo) ist die Eigenbezeichnung einer rassisch und kulturell heterogenen Gruppe, die vom Senegal bis in die Republik Sudan verbreitet ist. Im frankophonen Afrika werden sie zumeist Peul, im anglophonen Fulani genannt (sonstige Ethnonyme: Ful, Fula, Fellani, Fellata). Die Sprecherzahl ihrer Fulfulde genannten Sprache ist schwer zu ermitteln, da in vielen Gebieten Zweisprachigkeit herrscht oder die Übernahme anderer Sprachen die ethnische Identität gewandelt hat. So sind z. B. in N-Nigeria große Teile der F. in den Hausa aufgegangen; in N-Kamerun und Guinea hingegen konnten die F. ihren Volkskörper durch die Assimilation anderer Ethnien erheblich erweitern. Anfang der fünfziger Jahre unseres Jh. wurde die Gesamtzahl der F. auf 5–6 Mio. geschätzt; sie dürfte heute vermutlich mehr als das doppelte betragen.

Die F. sind zwar im gesamten Bereich zwischen der Sahel-Zone und der Grenze des tropischen Regenwaldes verbreitet, doch sind sie in den meisten Gebieten nur eine Minderheit inmitten anderer Volksgruppen. Nur in wenigen Siedlungskonzentrationen stellen sie die Mehrheit der Bevölkerung: in Futa Toro (Senegal), Futa Djalon (Guinea), Massina und Liptako (Mali), Sokoto und Bauchi (Nigeria) und Adamaua (Kamerun). Innerhalb des zur westatlantischen Untergruppe der Niger-Kongo-Sprachfamilie gehörenden Fulfulde lassen sich eine westl., eine zentrale und eine östl. Dialektgruppe unterscheiden.

Das physisch-anthropologische Erscheinungsbild der F. hat zu vielfältigen Spekulationen über ihren Ursprung und ihre Herkunft Anlaß gegeben. Die unvermischten F. stellen sich als eine »Kontaktrasse« dar, bei der europide Elemente (relativ helle Hautfarbe u. a.) gegenüber negriden überwiegen. Man trifft diesen Typus heute vor allem noch bei einer als Nomaden lebenden Minderheit, während die Seßhaften sich infolge generationenlanger Vermischung mit den negriden Völkern der Sudanzone kaum noch von diesen unterscheiden. Die Volkwerdung der F. vollzog sich vermutlich im Senegal-Gebiet, wo sie seit dem 11. Jh. islamisiert wurden und sich dann als Hirten und Missionare nach O. auszubreiten begannen. Vom 15. Jh. traten sie als eine bedeutsame Gruppe im Bereich zwischen dem mittleren Niger und dem Tschadsee auf.

Nach ihren kulturellen und sozio-ökonomischen Grundmustern lassen sich die F. in vier Hauptgruppen gliedern:
1. die als Bororo (Mbororo'en) bezeichneten hellhäutigen Rinderhirten, die in bestimmten Wanderzyklen zwischen dem Sahel und dem Regenwald nomadisieren und pflanzliche Nahrungsmittel gegen Viehzuchtprodukte eintauschen. Sie sind nur oberflächlich islamisiert und nehmen am politischen Leben ihrer Staaten wenig Anteil. Ihre Wertvorstellungen und Verhaltensweisen zeichnen sich durch eine ungemein starke emotionale Bindung an ihre langhörnigen Zebu-Rinder aus. Neben den Rindern spielen andere Haustiere, Ziegen, Schafe, Kamele und Pferde, eine untergeordnete Rolle.
2. die F. na'i (Fulfulde: na'i = Rinder) genannten halbseßhaften Hirten mit ergänzendem Feldbau um die Standquartiere, die sie in der Trockenzeit auf der Suche nach Weidegründen vorübergehend verlassen.

Abb. 56: Langhörnige Zebus sind der Reichtum der in der ganzen Sudanzone lebenden Fulbe. (Foto: Lukas)

Abb. 57: Ende der fünfziger Jahre trugen die nicht-islamischen Bauernvölker im Mandara-Gebirge Nordkameruns noch ihre traditionelle Tracht. (Foto: Lukas)

Abb. 58: Tuareg-Nomaden teilen ihre kärgliche Mahlzeit aus Kamelmilch und Feldfrüchten. (Foto: Chesi)

3. die F. sire (Fulfulde: sire = Häuser), die zumeist ihr Vieh durch Mißgeschicke verloren haben und deshalb seßhafte Feldbauern werden mußten. Diese Entwicklung wurde z. B. durch die Sahel-Dürren der jüngsten Zeit beeinflußt. Hauptanbaufrüchte sind Sorghum und Erdnüsse. In ihrem Kulturinventar haben sich die seßhaften F. fast vollständig den Völkern ihrer jeweiligen Wohngebiete (Wolof, Bambara, Hausa usw.) angeglichen.
4. die Torobe und Tukulor (Toucouleur), die zu den dunkelhäutigsten Menschen W-afrikas zählen und zumeist in Städten und größeren Dörfern leben. Sie sind strenggläubige Muslime und stellen zumeist eine religiöse Elite, die auch administrative und erzieherische Aufgaben in ihrem Gemeinwesen wahrnimmt. Die Torobe und Tukulor waren die Hauptinitiatoren von religiös motivierten »Heiligen Kriegen« im 18. und 19. Jh., die zu der Vorherrschaft der F. in weiten Teilen Westafrikas führten. Sie behielten auch nach dem durch die europäischen Kolonialmächte besiegelten Ende ihrer Staaten (z. B. Massina, Sokoto, Adamaua) eine einflußreiche Stellung und haben heute in mehreren afrikani-

schen Ländern politische Schlüsselpositionen inne.

Lit.: 866, 875, 891, 906, 908, 912, 936, 945, 953, 954, 958, 965, 968
Karten: Afrika (Abb.: 148)
Westafrika, 19. Jh. (Abb.: 225)

Fur
For, Farava

Die politisch dominierende Bevölkerung der Provinz Darfur in der Republik Sudan. Ihr Gebiet um den Dschebel Marra liegt an der wichtigen transsaharischen Karawanenstraße von Assiut über Selimeh nach Ägypten; ca. 700 000. Sprache: das Fur ist die alleinige Repräsentantin der Fur-Sprachfamilie des Nilo-Saharischen.
Auf den Terrassen in den Bergen und bewässerten Feldern in den Tälern werden Hirse, Weizen, Mais, Erdnüsse, Bohnen, Tomaten und Kartoffeln angebaut. Baumwolle und Tabak werden vermarktet. Das durch die Höhenlage bedingte Klima erlaubt sogar den Anbau von Erdbeeren, Äpfeln und Zitrusfrüchten. Die F. halten Ziegen, Schafe, Esel und Hühner, aber auch Pferde und Kamele. In der Gesellschaftsordnung stehen wohlhabende Grundbesitzer über den Hörigen oder Pächtern. Schmiede, Gerber und andere Handwerker werden niederen und verachteten Kasten zugerechnet.
Obwohl die Abstammung nach der Vaterseite gerechnet wird, wohnt das junge Paar nach der Heirat zunächst bei der Mutter der jungen Frau, jedoch nehmen die Männer jeder dieser matrilokalen Großfamilien ihre Mahlzeiten gemeinsam und gesondert ein. Die Zahlung eines Brautpreises bei der Heirat ist üblich.
Noch im 16. Jh. galten die F. als das Staatsvolk von Darfur. Die staatlichen Einrichtungen und die Hofhaltung des Herrschers waren typisch für die sognannten jungsudanischen Kulturen. Seit dem Beginn des 17. Jh., mit Eindringen der Araber und der Islamisierung, sind Teile der F. in die Berge abgewandert. Ein Aufstand gegen den Mahdi wurde 1887 niedergeschlagen. 1916 unterwarfen die Briten den letzten Sultan der F.
Die F. gingen häufig enge wirtschaftliche Symbiosen mit den benachbarten → Baggara-Arabern ein und nahmen gelegentlich deren nomadische Wirtschaftsform an. Obwohl das Fur noch eine wichtige lokale Sprache darstellt, verliert es gegenüber dem Arabischen als Staatssprache immer mehr an Bedeutung.

Lit.: 865, 869, 935

Gaddi

Die G. leben vor allem im Gebiet von Chamba im indischen Bundesstaat Himachal Pradesh; ca. 51 000. Ihre Überlieferung berichtet von einer ruhmvollen Vergangenheit als reiche und mächtige Dynastie – heute sind sie nomadisierende Schafhirten und Ackerbauern. Den Sommer verbringen sie mit der Herde (ca. 100 000 Tiere) im Gebirge. Während der kühlen Jahreszeit ziehen sie in die Täler und bauen dort Früchte und Gemüse; damit können sie ihren Bedarf voll decken, nur Salz wird zugekauft. Bei der Talwanderung tragen sie ihre gesamte Habe mit sich. Die Männer haben eine Umhängetasche für Getreide und Lebensmittel bei sich. Die Frauen befördern schwere Lasten auf ihren Schultern und am Rücken meist noch einen Säugling. Die G. besitzen keine Zelte und schlafen im Freien, in einen Umhang gewickelt.
Der oberste Gott ist Shiva, dem die G. zwei Wohnstätten zuschreiben: eine auf dem Gipfel des Kailash-Berges und eine andere im etwas tiefer gelegenen Patalpar. Die G. glauben an Zauber, an Geister, die sie mit Opfergaben zu besänftigen suchen, und an Hexen, die nachts aus ihren Verstecken kommen und auf Vögeln und anderen Tieren in den Wald reiten, um dort bis zum Morgengrauen zu tanzen. Ein Stück Tierhaut als Talisman schützt vor Zauber und Verwünschung. Besonders genau werden die Riten für die Geister der Toten beachtet, um zu verhindern, daß sie ihre lebenden Verwandten heimsuchen; in kleinen, speziell dafür errichteten Hütten sollen sie Ruhe finden.

Lit.: 149, 189, 190

Ganda

Am Nordwestufer des Victoria-Sees entstand zu einem unbekannten Zeitpunkt das größte vorkoloniale Staatsgebilde des sogenannten Zwischenseengebietes, das vom Volk der G. getragene Königreich Buganda. Die G. gaben dem briti-

Abb. 59: Die Karamodjong in Uganda sind ein kriegerisches Viehzüchtervolk, das nur über ein spärliches materielles Kulturinventar verfügt. (Foto: Chesi)

Abb. 60: Karamodjong-Frauen tragen Lederkleidung und Perlenschmuck. Die Wirtschaftsgrundlage dieser Gruppe wurde jüngst durch Dürren zerstört. (Foto: Chesi)

schen Protektorat und späteren Staat Uganda seinen Namen und stellen heute etwa 2 Mio. der annähernd 12 Mio. Menschen des Landes. Im 17. und 18. Jh. gelang es dem zuvor recht kleinen Territorium Buganda, sich auf Kosten seiner Nachbarn, vor allem des westl. angrenzenden Staates Bunyoro, bis an den Albert-See auszudehnen. Nachdem die Briten 1894 ihr Protektorat in diesem Gebiet errichtet hatten, unterstellten sie im Zuge ihres »indirekten« Verwaltungssystems (indirect rule) viele Nicht-Ganda der Autorität von Buganda und trugen dadurch auch zur Ausbreitung der G.-Sprache, des Luganda, bei.

Der Staatsaufbau und das höfische Zeremoniell Bugandas stimmten mit dem der Hima-Tutsi-Staaten, z. B. Ruanda, weitgehend überein. Jedoch sind die viehzüchterischen »hamitischen« Hima, obgleich sie auch in Buganda einen gewissen Prozentsatz der Bevölkerung bilden, selbst nicht in Herrschaftsfunktionen gewesen. Die Angehörigen der Dynastien von Buganda und auch der benachbarten Busoga-Staaten kennen nachweislich keine Überlieferung, die von einem Nicht-Bantu-Ursprung berichtet, und sie unterscheiden sich physisch nicht von ihren Untertanen. In vorkolonialer Zeit war die Residenz der

Kabaka (Könige) häufig verlegt worden, bis die Briten zu Beginn des 20. Jh. den Ort Kampala zur Verwaltungshauptstadt ausbauten, wo sich dann auch die einheimischen Monarchen fortan ständig aufhielten.

Die G. bewohnen ein für die agrarische Nutzung günstiges Gebiet der Feuchtsavanne. Für den Eigenbedarf werden Dutzende von Bananenarten, Süßkartoffeln, Kassava (Maniok), Mais und Erdnüsse angebaut. Überschüsse der Nahrungsmittel, Tabak sowie in kleinbäuerlichen Betrieben gewonnener Kaffee und Tee werden auf den Märkten verkauft. Aufgrund der politischen und wirtschaftlichen Krisen sind die hochwertigen Agrarerzeugnisse aus Uganda in den neunzehnhundertsiebziger Jahren allerdings nur noch spärlich in den Export gelangt. Wichtigste Ackergeräte sind bis in die Gegenwart Grabstock und Hacke. Ganda-Leute, die über Viehbesitz verfügen, überlassen die Betreuung zumeist Hirten des Hima-Stammes. Die Jagd mit Speeren, die auch die wichtigste Kriegswaffe darstellten, ist durch den Rückgang der Wildbestände für die Ernährung bedeutungslos geworden.

Der größte Teil des bebaubaren Landes unterstand in früherer Zeit der Kontrolle des Kabaka,

der es durch spezielle Beauftragte an seine Untertanen zur Nutzung verteilen ließ. Heute überwiegt kollektiv im Besitz von Klanen und Lineages befindliches Land.
1963 wurde der Kabaka von Buganda, Mutesa II., der erste Staatspräsident der unabhängigen Republik Uganda. 1966 vertrieb die anti-monarchistische Opposition unter Milton Obote den König und entmachtete die traditionelle Elite, um stattdessen ein mehr auf sozialistischen Prinzipien beruhendes System zu errichten. Die ehemals Herrschenden konnten auch unter Idi Amin Dada, der 1971 als Militärdiktator die Macht übernahm und auf den die Traditionalisten ihre Hoffnung gesetzt hatten, ihre einstige Bedeutung nicht zurückerlangen. Obwohl Amin und die meisten Soldaten nilotischen Gruppen aus dem N entstammten, blieb das Gebiet der G. das wirtschaftliche und politische Herzstück des Landes. Sie konnten auch kulturell und sprachlich eine wichtige Position behaupten, obwohl die Konkurrenz der ostafrikanischen Verkehrssprache Swahili zunimmt. In der Luganda-Sprache ist inzwischen eine beachtliche Literatur entstanden.

Lit.: 1038, 1052, 1081, 1094
Abb.: 59, 60

Garífuna
Schwarze Kariben, Black Caribs, Caribs

Entflohene westafrikanische Sklaven fanden im 17. Jh. bei den Kariben-Indianern der Insel St. Vincent Zuflucht, die sich erfolgreich gegen koloniale Unterwerfung verteidigt hatten. Beide Gruppen verschmolzen hier zu einem neuen Volkstum, den G., geeint durch das gemeinsame Anliegen des Kampfes gegen die Weißen. Die Sprache ist überwiegend karibisch, die Rasse überwiegend schwarz-afrikanisch.
In der 2. Hälfte des 18. Jh. setzten sich die Briten auf der Insel fest und siedelten schließlich nach heftigen Kämpfen die G. auf Inseln vor der Küste von Honduras um, von wo die G. dann aufs Festland zogen. Im 18. und 19. Jh. verbündeten sich die G. wiederholt mit den Spaniern (von denen sie den Katholizismus übernahmen) gegen die Briten, zuletzt 1832 mit Spanien-treuen Truppen gegen die von Großbritannien gestützte Regierung von Honduras. Heute leben sie, 60–70 000, an den Küsten des Golfs von Honduras, vor allem in Belize sowie in Guatemala, Honduras und Nicaragua.
Sie fischen für den Eigenbedarf, seltener für den Markt, während die Landwirtschaft (Kokospalmen, Bananen, Mais und, fast nur für den Verkauf, Maniok und Reis) mehr marktorientiert ist. Viele G. leben in den Städten, in unterschiedlichen sozialen Schichten; viele sind Gelegenheitsarbeiter, aber auch Kaufleute. Seit dem 19. Jh. sind G.-Männer oft jahrelang von ihren Familien getrennt, als Wanderarbeiter bis in die USA oder als Seeleute.
Vielleicht deshalb ist innerhalb der Familie der Einfluß der Mutter bestimmend. Die Erbfolge verläuft öfter über die mütterliche Linie. Die Ehe ist oft nur von kurzer Dauer, das Sexualleben ist aber durch strenge Gesetze geregelt und meist nur innerhalb der – allerdings schnell gewechselten und daher kirchlich oft nicht anerkannten – Ehe möglich.
Nominell Katholiken, haben die G. einen Geisterkult ähnlich dem haitianischen Wodu entwickelt: Beim stark rhythmischen Tanz fahren Ahnengeister in die Menschen und beraten sie. Die Ahnen – meist in der mütterlichen Linie – verursachen auch Krankheiten, wenn sie erzürnt sind, und sagen durch den Mund der von ihnen Besessenen, wie man sie wieder versöhnen kann. Die Medizinmänner, die von den Ahnengeistern besessen werden, bekämpfen auch das Wirken feindlicher Hexer.

Gê

Indianische Sprachfamilie vor allem im ostbrasilianischen Bergland: → Akwẽ, Kaingang, Mẽ-be-ngô-kre, Timbira. Die G. werden fälschlich auch als einheitliche Kulturgruppe beschrieben.

Georgier
Russisch: Grusinier

Sammelbegriff für eine Vielzahl kulturell wie sprachlich eng verwandter Stämme im SW-Kaukasus (UdSSR), besonders der Grusinischen SSR (1970: 3,3 Mio.), im türkischen Grenzgebiet zur UdSSR und in NW-Iran. Sprache: kartwelischer (= südl.) Zweig der kaukasischen Sprachfamilie mit zahlreichen Dialekten. Man unterscheidet eine west-kartwelische Gruppe:

Abb. 61: Kaukasus. Sprachen und Völkerstämme.

Swanen, Megrelier, Lasen, und eine ost-kartwelische: Imeretier, Kachetier, Pschawen, Chewsuren u. a.

Die klimatischen Unterschiede Georgiens, das sich vom Schwarzen Meer im W bis zum Hauptkamm des Hohen Kaukasus im O erstreckt, führen zu großen wirtschaftlichen Unterschieden: im subtropischen W Obst-, Wein- und Bodenbau, im trockenheißen Berggebiet des O Bewässerungsfeldbau, vielfach mit Terrassierung, und Viehhaltung (Schafe, Hornvieh, auch Schweine). Auffallend ist der Artenreichtum der Nahrungspflanzen; mit ihm hängt nicht zuletzt die variationsreiche georgische Kochkunst zusammen. Das Handwerk, vor allem Weberei, Holz-, Stein- und Metallbearbeitung, war hoch entwickelt, die Schmiede der Swanen und Chewsuren für ihre kunstvollen Techniken berühmt. Noch im 19. Jh. trugen die Chewsuren im Krieg selbstgeschmiedete Rüstungen mit Schwert und Schild nach Art der Kreuzritter. Die G. wohnten in weitverstreuten Gehöften (W), im Gebirge in oft mehrstöckigen, von Türmen geschützten festungsartigen Häusern. Hier lebte die Großfamilie mit bis zu hundert Mitgliedern unter der Führung des ältesten Mannes, dem absoluter Gehorsam entgegengebracht werden mußte. Die Großfamilie war Teil des größeren Sippenverbandes, der insbesondere beim Adel eine mächtige wirtschaftliche Einheit mit Schutzfunktion (Blutrache) bildete. Neben dem Adel war auch die Kirche mit reichen Klöstern und großem Landbesitz ein einflußreicher wirtschaftlicher und politischer Faktor. Georgien war seit dem 4. Jh. christlich, und der Glaube blieb durch die Jahrhunderte hindurch das alle G. einigende Band in Zeiten politischer Unterdrückung, staatlicher Zerrissenheit und islamischer Bekehrungsversuche. Durch die Aufnahme einer Fülle heidnischer Vorstellungen war das Christentum immer eine echte Volksreligion geblieben; agrarische Riten, vorchristliche Bestattungsformen, Verehrung von Wald-, Baum- und Tiergeistern lebten unter christlichem Deckmantel weiter, und auch die überragende Gestalt des Schutzpatrons von Georgien, des Heiligen Georg, trägt nicht ausschließlich christliche Züge. Vor allem bei den unabhängigen und demokratischen georgischen Dorfbünden war das lokale Heiligtum mit der erblichen Priesterschaft geistiges und politisches Zentrum.

Nach der Tradition fällt die Errichtung eines ersten national-georgischen Königtums ins 3. vorchristliche Jh. Die Lage Georgiens jedoch im Spannungsfeld zwischen iranischem O und römisch-byzantinischem, später osmanischem W machte das Land zum ständigen Zankapfel, Schauplatz vieler Kriege und Verwüstungen und führte über lange Zeiten zu politischer und kultureller Spaltung. Diese Gegensätze konnte erst im 9. Jh. die nationale Dynastie der Bagratiden überwinden. Unter David III. und seiner Tochter Tamara beginnt eine Blüte von Wirtschaft und Kunst (11.–13. Jh.). Nach dem Zerfall des Reiches im 15. Jh. unterliegt Georgien wiederum osmanischem und safawidischem (persischem) und damit zugleich islamischem Druck; die wiederholten Versuche zu staatlicher Eigenständigkeit werden Anfang des 19. Jh. mit der Annektion Georgiens durch Rußland endgültig zerstört. Die russische Unterdrückung georgischer Sprache, Kultur und Religion löste zahlreiche Aufstände aus; hier liegen die Gründe für die Bereitschaft des von der Macht verdrängten georgischen Adels, sich später der marxistischen Idee zuzuwenden. Eine selbständige georgische Republik, gegründet 1918, wurde von der Roten Armee 1921 zerschlagen.

Georgien erlebte nach 1921 eine Umstrukturierung seiner traditionellen Wirtschaftsformen: mit der Kolchosbewegung kam es zu Spezialisierungen, die Landwirtschaft wurde intensiviert, durch vermehrten Futteranbau die Grundlagen der Viehzucht verbreitert. Georgien ist heute ein wichtiges Agrarland mit einer bedeutenden Nahrungsmittelindustrie. Daneben wurde die schon im 19. Jh. mit ausländischem – auch deutschem – Kapital begonnene Industrialisierung fortgesetzt. Sammelbecken und Hort des nach wie vor starken georgischen Nationalgefühls ist noch immer die Kirche, der sich ein großer Teil der G. trotz aller staatlichen Eingriffe und Beschränkungen weiterhin eng verbunden fühlt.

Lit.: 32, 36
Karte: Kaukasus (Abb.: 61)

Gond

Die G. sind mit 3 Mio. zahlenmäßig der zweitgrößte Volksstamm Indiens und haben die breiteste Flächenstreuung über ein Gebiet, das vom Godawari-Fluß im S bis zum Vindhya-Gebirge im N reicht, mit den Bundesstaaten Madhya Pradesh, Maharasthra, Andhra Pradesh und Orissa. Die Mehrheit spricht Dialekte des drawidischen Gondi (schriftlos); andere Gruppen, deren eigene Sprache verlorenging, sprechen heute Hindi, Marathi und Telugu; die ethnische Identität blieb weitgehend erhalten. Das einst mächtige Königreich der G. wurde von den Mogulen zerstört; über den langen Kampf gegen die Unterwerfung berichten zahlreiche Balladen und Lieder.

Die G. sind Bodenbauer, wobei die Skala der Bodenbearbeitungsmethoden von Brandrodung[+] (jhum) und Grabstock (an den zerklüfteten Berghängen) bis zur Verwendung des Pfluges reicht (in den tiefer gelegenen Regionen), wo auch Vieh gehalten wird. Einige Gruppen ziehen von Zeit zu Zeit innerhalb des klaneigenen Gebietes umher, wobei sie die von den anderen verlassenen Siedlungen übernehmen. Sie leben in Großfamilien, die sich aus arbeitstechnischen Gründen oft zu Familienverbänden zusammenschließen. Die Gruppe der Muria hat Jugendschlafhäuser, wo beide Geschlechter gemeinsam gezielt auf das spätere Zusammenleben (einschließlich einer Sexualerziehung) vorbereitet werden. Das Gehöft der G. ist ein Komplex aus 4 Einzelhütten (Wohnen, Gäste, Vorratsraum und Stall), deren Wände mit gleichermaßen charakteristischen Hochreliefs geschmückt sind, die während des Bauens von den Frauen in die noch feuchten Wände aus Lehm und Stroh eingearbeitet werden. Der wichtigste Kultgegenstand ist der Speer; in der Überlieferung gab der heilige Hüter des Feuers einst an vier Familiengruppen unterschiedliche Speere, was zur Bildung der Klane führte. Die G. verehren eine für sie spezifische Gottheit, die als Aspekt einer höchsten Macht verstanden wird und die in den einzelnen Haushalten gegenwärtig ist; ihr wird eine Anbetungsecke eingerichtet, die gleichzeitig auch der Ahnenverehrung dient. Dort brennen Öllichter, und kleine Mengen von Speisen werden geopfert. Jeder Klan hat ein Totem[+]-Tier, das nicht getötet werden darf. Als Hüter des Speers fungiert ein Priester und hält ihn in den Zweigen eines Mohua-Baumes versteckt. Es gibt einen Schrein außerhalb der Siedlung bei den Totengedenksteinen, wo für jeden verstorbenen Priester ein Öllicht brennt.

Die Feste und Feiern der G. stehen in engem Zusammenhang mit dem Arbeitsablauf des Jahres – Aussaat, Jäten, Ernten von Getreide und Früchten, Viehaustrieb auf die Weiden und Segnung der Ställe. Alles läuft nach komplexen Riten ab, die von einem Gehilfen des Priesters geleitet werden, und nur er darf Lieder und Epen vortragen bzw. das Ritualinstrument – eine Art Geige – spielen. Die Nacht scheint für die wichtigen Zeremonien große Bedeutung zu haben. Auch die großen Feste finden nachts statt. Bei Vollmond im März wird das »Grenz«-Fest (durari) unter Leitung des Dorfoberhauptes abgehalten; die Siedlung versteht sich als Ritual-Einheit. Ein anderes Gemeinschaftsfest findet in einer sternklaren April- oder Mainacht statt, bei dem unter anderem alle landwirtschaftlichen Arbeiten in einer Tanzpantomime nachvollzogen werden.

Lit.: 149, 155, 156, 158, 166 (II), 190
Karte: Vorderindien (Abb.: 220)

Guaikurú

Indianische Sprachfamilie im Chaco. Heute: Toba (argentinischer Chaco Central, Bolivien, Paraguay) ca. 20 000, Mocoví (argentinische Provinzen Chaco und Sta. Fé) 3000, Pilagá (argentinische Provinz Formosa) über 1000, Kadiwéu (Nachkommen der Mbaya im Mato Grosso westl. der Serra da Bodoquena) 150. Alle diese Völker wurden stark dezimiert, andere ausgerottet.
Die kriegerische Herrenkultur der »indianischen Ritter« hat ihre Wurzeln in vorspanischer Zeit, wurde aber durch die Übernahme der Pferdezucht und die Notwendigkeit, sich gegen die Spanier zur Wehr zu setzen, sowie durch die Verlockung, durch Raub Güter der Weißen anzueignen, erst zur vollen Entfaltung gebracht (vgl. Mapuche). Aus schwachen Gruppen wurden gefürchtete Horden, die vom und für den Krieg lebten. Ernährungsgrundlage war die Landwirtschaft unterworfener Indianer vor allem der Aruak-Sprachfamilie (vgl. auch Avá-Chiriguano).
Die Mbaya schlossen 1791 einen Friedensvertrag mit den Portugiesen: Letztere verpflichteten sich zu regelmäßigen »Geschenken« oder Tributen. Im Krieg gegen Paraguay 1864–70 trugen die Mbaya zum brasilianischen Sieg bei. Danach deportierte die brasilianische Armee sie in ein Reservat, wo sie bis auf kümmerliche Reste (die heutigen Kadiwéu) zusammenschmolzen.
Andere G. wurden im 19. Jh. in blutigen Indianerkriegen unterworfen. 1825 schloß Argentinien einen Friedensvertrag mit den Toba. In der 2. Hälfte des 19. Jh. drangen unter Verletzung des Vertrages Siedler ins Land der Toba ein, wurden angegriffen, die Armee schlug zurück, es folgten neue Verhandlungen, neue Grenzen und Durchzugskorridore wurden festgelegt, erneut nicht respektiert, die Toba griffen erneut an, bis die Armee schließlich in blutigen Ausrottungskampagnen 1870 und 1884 die Toba unterwarf. Im 20 Jh. kam es immer wieder zu Revolten, so 1916–24 von Toba in Holzfällerlagern gegen ihre Arbeitsbedingungen, 1924 von Toba und Pilagá in einer Missionsstation gegen die Verschickung zur Zwangsarbeit auf Zuckerrohrplantagen, 1933–37 von Überlebenden der letztgenannten Revolte in einer messianischen Bewegung. Beim Einsatz der Armee kam es zu Massakern. In der 2. Hälfte des 20. Jh. verbreitet sich einerseits eine genossenschaftliche und gewerkschaftliche Bewegung, andererseits schließen viele sich Heilsbewegungen an, die auf das Eingreifen Gottes für die Indianer hoffen.
Wie Matako und → Mapuche waren die G. ursprünglich Sammler und Jäger. Im 17. Jh. zu Reiterkriegern geworden, stellten sie sich auf große Treibjagden und Raubzüge um, sowie auf Ausbeutung unterworfener Volksgruppen. Nach ihrer Unterwerfung im 19. Jh. wurde viele Landarbeiter, teils leben sie heute in Elendsquartieren der Vorstädte der Weißen.
Seit der Kulturrevolution im 17. Jh. herrschten die Kriegerbünde. Aus den oberen Rängen der Hierarchie des Kriegsruhms entstand ein Kriegeradel. Er machte Gefangene, die er seinem Haushalt als Knechte angliederte. Deren Nachkommen erhielten allmählich mehr Rechte, blieben aber zu bestimmten Diensten verpflichtet. Die Unterwerfung der G. führte dann zur Auflösung der Kriegerbünde. Geblieben ist bei einigen Gruppen eine Adelsschicht, heute – da sie nicht mehr in Kriegen führt – eigentlich überflüssig. Sie stellt aber noch immer die meisten politischen Führer. Noch 1947 zählte man unter 144 Kadiwéu nur 19, deren Großeltern auch alle K. waren; der soziale Unterschied zwischen Nachkommen von Gefangenen und echten Kadiwéu war noch stark. Seitdem aber erfolgte in der einstmals sozial geschichteten Gesellschaft eine soziale Revolution: Auflehnung der untersten Schicht gegen ihren Gefangenenstatus. Die Schichtung wird im gemeinsamen Elend der Landarbeiter verwischt (→ Avá-Chiriguano).
Die Religion war in der Zeit der Kriege vom Komplex der Siegesfeste beherrscht, mit dem Vorzeigen der Kopftrophäen im Mittelpunkt,

eng verbunden mit dem Prestigestreben des Adels. Mit dessen Niedergang traten andere Vorstellungen wieder in den Vordergrund. Tendenz zur Entpersonalisierung, Abstraktion: Es gibt weniger eigentliche Götter als Idealabstraktionen, Prinzipien. Den Kontakt mit höheren Mächten und Kräften vermittelt der Medizinmann, der seine Seele auf Reisen schickt. Zur neuen indianischen Religion vgl. Matako.

Karte: Südamerika (Abb.: 78)

Guaraní

1. Gruppe indianischer Völker der Tupí-Sprachfamilie: Ca. 14 000 Paï-Tavyterä (auch »Kayowá«, »Caiguá« u. ä.) in NO-Paraguay und Brasilien, über 9000 Mbyá in O-Paraguay, NO-Argentinien und Brasilien, über 3000 Avá-Guaraní (auch »Chiripá«) in O-Paraguay, 500 Ñandeva in S-Brasilien und die → Avá-Chiriguano.
2. Umgangssprache von Mischlingen und Weißen in Paraguay und der argentinischen Provinz Misiones, aus der Sprache der dortigen G.-Indianer hervorgegangen, heute spanisch beeinflußt.
3. Andere Bezeichnung für die Tupí-Sprachfamilie.

Die unter 1. genannten G.-Indianer bauen v. a. zahlreiche Maissorten an (→ Avá-Chiriguano). Jagd und Fischfang sind heute durch Verlust von Landeigentum stark zurückgegangen und werden teilweise, unvollständig, durch Hühner- und Schweinezucht ersetzt. Insbesondere der Baumwollanbau dient heute vorrangig dem Markt, nicht mehr der Eigenversorgung. Viele G. arbeiten als Gelegenheitsarbeiter z. B. bei Waldrodungen.

Traditionell typisch ist das große, nicht in einem Dorf, sondern einzeln stehende Gemeinschaftshaus mehrerer Familien. Mehrere Gemeinschaftshäuser bilden eine Territorialgruppe von vielleicht zwischen 30 und 500 Personen mit engem politisch-sozialem Zusammenhalt und starken Häuptlingen. Doch ist diese Organisationsform nicht oder nicht mehr bei allen G. gleich ausgebildet. Die Mbyá bilden keine Territorialgruppen von Art der übrigen G., sondern sind im Rahmen eines viel größeren Gebietes freizügig.

Die Person des Medizinmannes verschmilzt bisweilen mit der des Häuptlings. Die Religion, in deren Mittelpunkt die Gleichsetzung von Wort und Seele, die Verehrung eines Höchsten Wesens, die Hoffnung auf ein Leben nach dem Tod in dessen Nähe und die Sorge um die Erhaltung der kosmischen Ordnung stehen, ist gekennzeichnet durch starke Abstraktion und die Bedeutung von Träumen und Visionen. Man hat die G. als das am stärksten mystische Volk Amerikas bezeichnet. Zwar sind viele heute christlich missioniert, andere aber halten sehr bewußt an der eigenen Religion fest, so die Paï, die glauben, die kosmische Ordnung, zu deren Hüter sie vom Himmelsgott bestellt seien, würde zusammenbrechen, wenn sie nicht mehr ihre Rituale durchführten (→ Kogi).

Der Glaube an ein mögliches Weltende und an ein Jenseits voller Glückseligkeit verbanden sich wohl schon vor Ankunft der Europäer, v. a. aber danach zu messianischen Bewegungen: Die allgemeine Flucht wurde zur Suche nach dem »Land ohne Übel«, wo die moralisch Guten dem durch den Frevel der Europäer verursachten Weltuntergang entgehen könnten. Noch 1973 zog eine kleine G.-Gruppe auf der Suche nach dem Land ohne Übel zur südbrasilianischen Küste.

Ein Großteil der G. ging seit der Kolonialzeit in der Mischlingsbevölkerung auf, der sie v. a. in Paraguay den Stempel ihres Einflusses, so auch ihrer Sprache, aufgedrückt haben. Ein Hindernis für die Vermischung bildete 1609–1786 die Absonderung vieler G. im System der Missions-Dörfer der Jesuiten, wo ihre Sprache Schriftsprache u. a. theologischer Werke wurde. In diesen »Reduktionen« genannten Dörfern waren zuletzt knapp 150 000 G. zusammengefaßt. Die Auflösung von Missionen und drohende Übergabe ihres Landes an europäische Siedler führten zum »Krieg der Guaraní-Dörfer« 1754–56, einem schließlich niedergeschlagenen Aufstand. Nach der endgültigen Ausweisung der Jesuiten ging ein Teil der Missionsindianer im 19. Jh. in der Mischlingsbevölkerung auf, ein Teil zog sich aus den Dörfern wieder in die Wälder zurück. Viele G. vertreten heute die Ansicht, es habe einen Vertrag zwischen ihnen und den Weißen gegeben, in dem letzteren die Savannen, ersteren die Wälder zugeteilt wurden. Die G. sind heute noch in einigen Gebieten, so die Paï in NO-Paraguay, zahlenmäßig bedeutende Minderheiten, die allerdings infolge ihrer starken politischen Zersplitterung kaum zu gemeinsamen Aktionen finden.

Lit.: 703, 778
Karten: Südamerika (Abb.: 78)
Nördliches Südamerika (Abb.: 209)

Gurage

Volk im südl. Z-Äthiopien; ca. 600 000. Nach ihren Traditionen gehen die G. auf christliche Militärkolonisten aus Eritrea im 14. Jh. und auf islamische Invasoren aus dem Harar-Plateau, beides semitisch-sprachige Gruppen, zurück. Man unterscheidet eine nördl., westl. und östl. Dialektgruppe.
Die meisten G. leben vom Anbau der sog. falschen Banane (*Ensete edulis*; früher *Musa ensete*), die keine Früchte erzeugt, deren Wurzelknollen aber eine sichere, stärkereiche Nahrungsquelle garantieren. Im Gegensatz zu den → Amharen haben die G. sich in Handel und Gewerbe die Vorrangstellung unter den äthiopischen Völkern gesichert; v. a. der Kleinhandel liegt in ihren Händen. Die G. sind etwa zur Hälfte Muslime, zur Hälfte orthodoxe Christen. Die traditionellen Volksreligionen sind bis auf wenige Reste verschwunden. Bis in die 60er Jahre war »Gurage« in Äthiopien ein Synonym für Tagelöhner.

Lit.: 1083

Gurung

Ein Volk mit tibetischer Sprache in der Bergregion des westl. Z-Nepal; 1961: ca. 150 000.
Vier Wirtschaftszweige sichern die Existenz der G. ab. Als Bodenbauer ziehen sie Reis, Getreide, Hirse und Kartoffeln auf teilweise bewässerten Terrassenfeldern. Die Viehzucht (vor allem Schafhaltung) liefert ihnen einen weiteren Teil ihrer Subsistenz. Im April werden die Herden auf die Hochweiden getrieben, im Oktober kehren die Hirten mit den Tieren ins Hauptdorf zurück und ziehen anschließend wegen der zu großen Kälte im eigentlichen G.-Siedlungsgebiet mit ihnen ins nepalesische Tiefland (Terai), wo sie sich bis Februar/März aufhalten. Die Produkte der Viehzucht werden von den G. nicht ausschließlich selbst verbraucht, sondern auch im Handel mit Tibet gegen Schafwolle und Ziegenhaar eingetauscht. Dieser Warenaustausch mit Tibet, vor allem der Salzhandel zwischen indischer und tibetischer Grenze, bildet die dritte Subsistenzquelle der G. Das größte Einkommen jedoch ziehen sie aus ihrer Tätigkeit als Soldaten, früher in den Gurkha-Regimentern Anglo-Indiens und heute in der nepalesischen Armee. Soldatenpensionen und Sold fließen den G. daher als gesicherte und vor allem regelmäßige Geldzuwendungen zu. Zusammen mit Magar und Khas stellten die G. die meisten jener Truppen, die 1768 der Gurkha-Dynastie zur Macht über Kathmandu und damit ganz Nepal verhalfen, und diese kriegerischen Traditionen wurden während der Zeit der englischen Kolonialherrschaft auf dem indischen Subkontinent neu belebt. Die anglo-indische Regierung zählte die Gurkha – und unter diesen Sammelbegriff fallen auch die G. – zu ihren verläßlichsten Truppen, die vor allem im Gebirgskrieg erfolgreich eingesetzt werden konnten. Gurkha-Regimenter errangen 1891 den damals als spektakulär gefeierten Sieg über Hunza (→ Darden). Die G. heiraten gewöhnlich nur unter sich; dabei wird strikte Endogamie+ zwischen jenen beiden unterschiedlich hoch angesehenen Gruppen eingehalten, in die G. geteilt sind. Polygynie+ ist üblich, doch eine Heirat von mehr als zwei Frauen sehr selten. Heranwachsende Mädchen und Knaben genießen ein freies voreheliches Leben. Bis zu ihrer Heirat bewohnen sie in ihrem Dorf eigene Mädchen- und Knabenhäuser. Man besucht sich untereinander, und es kann sogar vorkommen, daß die Bewohner eines Knabenhauses von den Mädchen eines entfernteren Dorfes eingeladen und in deren Haus dann mehrere Tage üppig bewirtet werden. Die Religion der G. ist der Lamaismus+ (die tibetische Form des Buddhismus), eine recht intensive und sich verstärkende Hinduisierung ihrer Vorstellungswelt ist jedoch feststellbar. Für die Verstorbenen werden aufwendige und teure Zeremonien durchgeführt, die erst ein Jahr nach dem Ableben abgeschlossen werden, wenn der Priester den Totengeist endgültig ins Totenreich schickt und mit bestimmten Riten sicherstellt, daß er nicht zu den Lebenden zurückkehren und ihnen Schaden zufügen kann. Zum Gedenken an Verstorbene errichtet man steinerne Plattformen, die mit einem großen Fest eingeweiht werden.

Lit.: 132, 134

Gurunsi
Grunschi, Grusi, Grussi

(abwertende) Sammelbezeichnung für westafrikanische Stammesgruppen im südl. Obervolta und N-Ghana; ca. 500 000. Sprache: Gur.
Die G. sind Pflanzer (verschiedene Hirsesorten) und halten Vieh (Ziegen, Schafe, Rinder, Geflü-

gel). Ihre Kultur ähnelt denen anderer verwandter »altnigritischer« Völker im Flußgebiet des Volta. Das Verwandtschaftssystem ist patrilinear+ geregelt, mit patrilokaler+ Wohnfolge. Die politische Führung liegt in den Händen sakraler Häuptlinge.

Die G. sind nicht so stark vom Islam beeinflußt wie manche ihrer Nachbarn. Ihre Religion kennt einen Obersten Gott, aber sie umfaßt auch den Glauben an andere übernatürliche Wesen, unter denen die Erde als Gottheit wieder eine Vorzugsstellung innehat.

Lit.: 890, 923

Die traditionelle Kultur der H. verkörperte die sogenannte Nordwestküstenkultur par excellence. Grundlage der Ernährung war der Küstenfischfang (Lachs, Kabeljau, Hering, Heilbutt), der von Booten mit Netzen und Angeln betrieben wurde. Die Fangerträge waren so hoch, daß es in voreuropäischer Zeit hier zu einem Nahrungsüberfluß kam. Die Jagd auf Bergziegen, Bären und Hirsche sowie das Sammeln von Muscheln, Beeren und Nüssen bedeutet nur eine Zusatzkost. In ihrer materiellen Kultur spielte Holz, meist von Zedernarten, eine wichtige Rolle: große Plankenhäuser, Einbäume mit aufgesetzten Bug- und Heckplanken, Wap-

Abb. 62: Dorf der Bellacoola-Indianer an der Nordwestküste Nordamerikas; mit bemalten Plankenhäusern, Wappenpfählen und seetüchtigen Kanus. Die Aufnahme wurde gegen Ende des 19. Jh. gemacht. (Foto: Smithsonian Institution)

Haida

Nordamerikanische Indianer auf den Queen Charlotte-Inseln, British Columbia, Kanada, und im Süden der Prince of Wales-Insel, Alaska; ca. 1500, davon 400 außerhalb der Reservate von Masset und Skidegate. Sprache: Haida der Na-Dené-Sprachfamilie.

penpfähle (die sog. Totempfähle), Holzgegenstände (Truhen, Kochkisten) wurden mit einfachen Steinwerkzeugen technisch perfekt hergestellt bzw. gebaut und mit stark stilisierten Tierdarstellungen im Doppelprofilstil verziert. Skulptiert und bemalt waren die Wappenpfähle und die Masken. Auch die Korbflechtkunst war hoch entwickelt. Die Verwandschaftsorganisation war matrilinear+. Ein Dorf bestand aus Angehörigen von Matrilineages+; der Stamm war in zwei Hälften (Moieties+) geteilt, deren Zugehörigkeit in mütterlicher Linie vererbt wurde. Die wichtigste Zeremonie war das Potlatch-Fest, ein Verdienstfest, bei dem Güter (Öl, Decken, Kleidung und Schmuck), aber auch Sklaven verschenkt oder auch zerstört bzw. getötet wurden, um vor den geladenen Gästen eine neue soziale Position bekanntzugeben und bestätigen zu lassen. Potlatche wurden auch beim Bau eines Hauses, der Errichtung eines Wappenpfahles und zahlreichen anderen Anlässen abgehalten.

Die ersten europäischen Kontakte brachten zunächst nur wenige Änderungen der materiellen Kultur mit sich. Eiserne Werkzeuge anstelle von Stein- oder Muschelklingen, Baumwollstoffe anstelle der üblichen Zedernbasttracht wurden gern übernommen. Eingeschleppte Krankheiten dezimierten jedoch bald die Bevölkerung in hohem Maße, als sich gegen Ende des 18. Jh. die ersten weißen Pelzhändler und Kolonisten hier niederließen. Dadurch wurde auch die komplexe soziale Organisation, in der jeder einzelne eine feste Position einnahm, stark beeinträchtigt. Die Einführung von Gewehren verstärkte die intertribalen Konflikte, und die alten Autoritätsstrukturen gerieten ins Wanken. Die südl. H. um Skidegate waren am stärksten betroffen. Ein gelenkter Kulturwandel (durch Missionierung und die Schaffung von Reservaten) setzte ab 1876 ein: der Potlatch und die Sklaverei wurden verboten, die Abstammung nach patrilinearen Vorstellungen der Weißen gerechnet und damit das alte Sozialgefüge zerbrochen, die Schamanen wurden ausgeschaltet, europäische Waren verdrängten die einheimischen. Noch tiefgreifender wurde die Kultur ab 1900 verändert, als die systematische Ausbeutung der natürlichen Ressourcen einsetzte. Fischverarbeitungsbetriebe und Sägewerke wurden eingerichtet, Versandgeschäfte belieferten die Indianer mit Massenprodukten, Motorboote ersetzten die Kanus. Verwaltungsbeamte und Missionare kontrollierten die Gemeinden. Erst nach dem Zweiten Weltkrieg wurden die diskriminierenden Praktiken abgeschafft; man gab den H. die bürgerlichen Rechte, startete ein allgemeines Programm der Erziehungsintegration und förderte die Arbeits- und Wohlfahrtsbedingungen. Äußerlich unterschieden sich die H. nur noch wenig von der eurokanadischen Bevölkerung. Bei den weniger stark akkulturierten H. von Masset kam es zu nativistischen+ Tendenzen: Man errichtete wieder Wappenpfähle, und im Winter fanden wieder die traditionellen religiösen Feste statt.

Lit.: 488, 490, 497, 498
Karte: Nordamerika (Abb.: 76)

Hausa

Großes Volk in den Savannen N-Nigerias, des Tschad, in Niger und Obervolta; ca. 10 Mio. Die H. sind eines der bedeutendsten Völker des Sudan, nicht allein wegen ihrer Anzahl, sondern auch durch ihre politische Organisationsfähigkeit, ihre z. T. urbane Gesellschaftsstruktur, die Elemente des Feudalismus, der Despotie und der Bürokratie kombiniert, sowie ihrem fast nationalen Zusammengehörigkeitsgefühl. Ihre Sprache hat als Verkehrssprache in weiten Teilen Westafrikas Eingang gefunden; sie gehört zur tschadischen Gruppe der afroasiatischen Sprache. Der Dialekt von Kano ist heute standardisiert und zur Literatur- und Rundfunksprache geworden. Aus der vorkolonialen Zeit stammt eine mit arab. Schriftzeichen geschriebene H.-Literatur.

Die Masse der H. sind einfache Feldbauern, die für den Selbstverbrauch produzieren; erst in zweiter Linie werden Marktprodukte angebaut, v. a. Baumwolle und Erdnüsse. Die H. sind auch als geschickte Handwerker bekannt, und ihre Erzeugnisse (Textil-, Leder-, Seiler-, Töpfer- und Kunstschmiedearbeiten) werden auf Dorfmärkten, aber auch in den Städten weit vertrieben. Als leidenschaftliche Händler findet man sie vom Westsudan bis N-Afrika und bis in den Tschad. Die überwiegende Mehrheit der H. sind seit dem 14. Jh. islamisiert. Diese Entwicklung fand ihren Abschluß mit der Eroberung der H.-Staaten durch die fanatisch islamisierten Fulbe (Heiliger Krieg des Osman dan Fodio) im 19. Jh. Die islamisierten H. leben v. a. in den Gebieten von Kano, Zaria und Sokoto. Nichtislamisierte H.-Gruppen, von den Moslem als Maguzawa, Arna oder Azna bezeichnet, leben meist in kleinen Dörfern im Verbund patrilinearer+ Verwandtschaftsgruppen.

Im Gegensatz hierzu sind die heute islamisierten H. in mehrere große Stadtstaaten mit weitem Einzugsgebiet organisiert (Kano, Daura, Rano, Biram, Gobir). Hier mündet die wichtige transsaharische Karawanenstraße mit ihren intensiven Handelsverbindungen nach allen Richtungen. Die Autonomie der ursprünglichen H.-Staaten, die schon seit dem 11. Jh. (aus der

Abb. 63: Markt in der Sahel. (Foto: Pahlke)

Abb. 64: Altstadt von Kano, Nigeria. Die traditionellen Lehmbauten werden in den neuen Ortsteilen von mehrstöckigen Häusern verdrängt. (Foto: Lukas)

Abb. 65: Dorfmoschee von Bambougou, Mali. Traditioneller Lehmbau aus Trockenziegeln mit kürzlich erneuertem Lehmverputz. (Foto: Gruner)

Abb. 66: Freitagsmoschee von Bamako, Mali. Modernes Gebäude, aufgenommen im Baujahr 1976. Die schlanken Minarette prägen heute die Silhouette der Hauptstadt Malis. (Foto: Gruner)

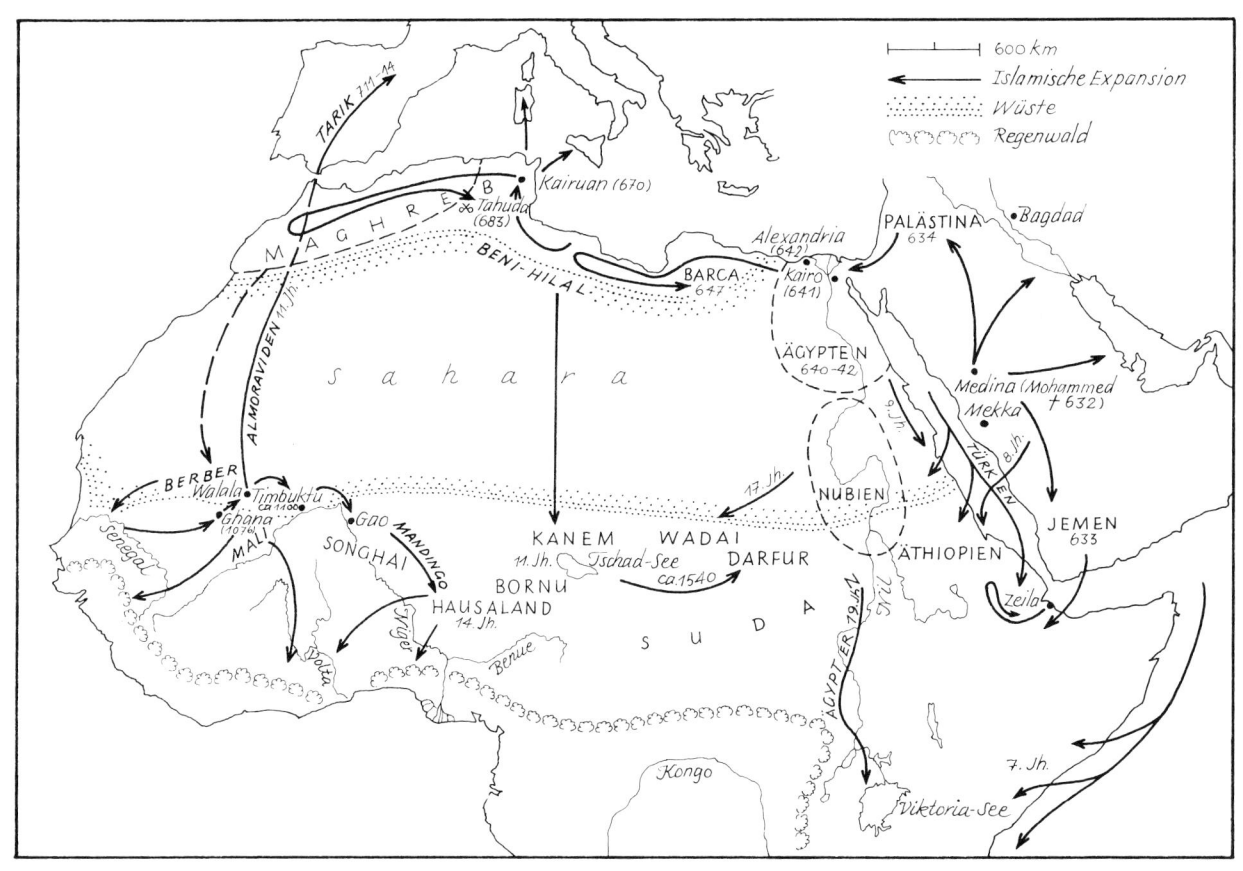

Abb. 67: Islamisierung Westafrikas. (Nach Fage 1978)

Sahara kommend) hier existierten, wurde durch die Fulbe-Eroberungen zwar gemindert, veränderte aber ihre innere Struktur verhältnismäßig wenig.

Die Gesellschaftsordnung der H. kennt erbliche Berufsklassen. Jedoch ist dieses Klassensystem so eng von einem Netz von Abhängigen (Klienten) durchwoben, daß persönliche Bindungen fast gleiches Gewicht wie bürokratische oder erbständige Anrechte oder Verpflichtungen haben.

Dem Emir oder Sultan untersteht eine Regierungsbürokratie von Titularämtern mit spezifischen Befugnissen und Rechten, einer privilegierten Stellung gegenüber dem Herrscher, Ansprüchen auf Land, Klienten und einer Vielzahl von Sonderrechten. Die Hauptämter wurden an Adelsdynastien, von denen die meisten zu den Fulbe-Eroberern gehörten, an Klienten des Herrschers, seine Eunuchen oder früher auch Thronsklaven verteilt. Verwaltungsämter mit geringeren politischen Befugnissen wurden den Angehörigen nichtadeliger Klassen eingeräumt. Ein H.-Mann bleibt politisch minderjährig, bis er selbst Herr eines Haushaltes wird. Dann hat er auch das Recht, eigene Patronatsverbindungen einzugehen, obwohl Söhne gewöhnlich die Klienten ihres Vaters übernehmen. Unbegüterte sehen sich gezwungen, solche Beziehungen zu suchen, da sie auf die Hilfe eines Patrons für Lebensunterhalt, Ackerland, Steuer und Brautpreis angewiesen sind. In der Regel hat jeder Klient nur einen Herrn, während Patrone viele Klienten annehmen.

Die britische Kolonialverwaltung verminderte die Anzahl solcher Feudaleinheiten und definierte die Rolle des Patrons zu der eines Distriktverwalters um. Damit wurden die Feudalherren zu Beamten und Gehaltsempfängern.

1952 führte die Britische Verwaltung auch das Prinzip der repräsentativen Wahlen ein. Die dadurch geschaffene politische Struktur wurde im wesentlichen zunächst von der Regierung des unabhängig gewordenen Staates Nigeria übernommen.

Lit.: 867, 874, 903, 925, 940, 942, 946, 952, 963, 967
Karten: Afrika (Abb.: 225)
Westafrika, 19. Jh. (Abb.: 225)
Islamisierung Westafrikas (Abb.: 67)
Abb.: 63

Hawaiier

Als James Cook 1778 die Hawaii- oder Sandwich-Inseln entdeckte, lebten dort rund 300 000 Menschen. Rassen- und kulturgeschichtlich werden die H. zu den → Polynesiern gerechnet. Es gibt Zeugnisse, die darauf schließen lassen, daß die Vorfahren der autochthonen Bewohner in hochseetüchtigen, aus Holz gefertigten Doppelrumpfbooten von den Marquesas- und Gesellschaftsinseln kamen und den Archipel zwischen 800–1300 n. Chr. besiedelten.

Hundert Jahre nach Cook waren die H. bereits eine Minderheit im eigenen Land. Die Bevölkerung Hawaiis setzt sich heute (1970: 769 000) aus Amerikanern, Europäern, Chinesen, Japanern und Filipinos zusammen. Nur noch ein Zehntel der hier lebenden Menschen sind H., von denen die Mehrheit wiederum Mischlinge sind.

Die Kultur der H. war – wie die aller Polynesier – in materieller und technologischer Hinsicht steinzeitlich geprägt, ihre Gesellschaftsordnung und religiöse Vorstellungswelt dagegen außerordentlich komplex.

Die H. lebten von Anbau und Fischfang. Berühmt waren ihre künstlichen Bewässerungsanlagen für Taro.

Ihre Gesellschaft war streng hierarchisch gegliedert; oft wird sie als aristokratisch beschrieben. Man unterschied zwischen mächtigen Häuptlingen (ali'i), die den Anspruch erhoben, von den Göttern abzustammen, den Priestern (kahuna), die die Häuptlinge unterstützten, und dem einfachen Volk. Niedriger noch als das Volk standen die kauwa, eine Gruppe sozial geächteter Personen. Geburt und patrilineare+ Abstammung bestimmten den sozialen Status, der unveränderbar war. Die Beziehungen zwischen Häuptlingen und Volk wurden durch ein kompliziertes System von Tabu+-Bestimmungen geregelt. Berufsspezialisten wie Bootsbauer, Krieger, Astrologen und Hula-Meister verfügten über hohes Ansehen, nahmen sie doch am geistigen und künstlerischen Leben entscheidenden Anteil. Eine Schrift gab es nicht. Doch die Gesänge von Helden und Göttern, Schöpfungsmythen, Liebesliedern und Totenklagen wurden von Chronisten mündlich überliefert und Kenner beschreiben sie zu Recht als eine Dichtung von hohem Rang.

Zu Zeiten Cooks war der Archipel in vier autonome, in sich zentralistisch geordnete Herrschaftssysteme gegliedert, an deren Spitze »sakrale Fürsten« standen. Die Herrschaft dieser Fürsten trug despotische Züge. Sie waren in den Grenzen ihrer Hoheitsgebiete Eigentümer allen Landes. Das Volk, das das Land bearbeitete, hatte ihnen Abgaben zu erbringen.

Schon wenige Jahre nach der Entdeckung wurde der Lebensraum der H. zum wichtigen Umschlagplatz im Welthandel der europäischen und amerikanischen Großmächte. Walfänger, Pelz- und Sandelholzhändler kamen immer häufiger nach Hawaii, und mit ihnen traten verheerende Epidemien auf. Geschlechtskrankheiten, Cholera und Pest rafften einen Großteil der Bevölkerung hin.

Mit der militärischen Unterstützung der Engländer gelang es im Jahre 1810 Kamehameha I, einem ali'i aus Hawaii, die anderen Regenten des Archipels auszuschalten und eine Alleinherrschaft über alle Inseln zu begründen. Der Aufstieg Kamehamehas war mit einem Auseinanderbrechen der alten Gesellschaftsordnung verbunden. Missionare aus Boston brachten das Königshaus sehr bald in ihre Abhängigkeit. Ihr Eifer trug dazu bei, das Selbstverständnis und die Widerstandskraft der H. zu erschüttern. Götterbildnisse wurden zerstört, das Tabu aufgehoben. Ausländern wurden Sonderrechte an Landbesitz zugestanden. Als in der 2. Hälfte des 19. Jh. die Plantagenwirtschaft Fuß faßte, wurden die einheimischen Pflanzer von ihrem Land verdrängt. 1893 stürzten weiße Siedler die letzte Königin der Kamehameha-Dynastie, und begründeten eine provisorische, nur aus Weißen gebildete Regierung. 1898 wurde der Archipel von den USA annektiert. Als 50. Bundesstaat ist er seit 1959 fester Bestandteil der USA.

Das Land der H. hat sich in riesige Militäranlagen, Zuckerrohr- und Ananasplantagen und Hotelstrände verwandelt. Die alte Kultur der polynesischen Ureinwohner ist in Bibliotheken verbannt, Federmäntel, Götterbildnisse, Kürbismasken und Trommeln sind in Museen verschwunden. Relikte der traditionellen Kultur – die Gastfreundschaft und die rituellen Tänze der

Abb. 68: Die Kultur der Ureinwohner Hawaiis, die längst in Museen und Bibliotheken verbannt ist, wird heute (Beipiel: Hula-Mädchen) als touristische Attraktion vermarktet.(Foto: Kröber)

H. – werden heute in kommerzieller und pervertierter Form für den Tourismus genutzt. Bis auf wenige Worte und Redewendungen ist selbst die Sprache der Hawaiier in der jungen Generation verlorengegangen und zum »Gegenstand« akademischer Forschungen geworden. In der vielschichtigen Gesellschaft des modernen Hawaii stehen die ersten Bewohner des Archipels auf der untersten Stufe der sozialen Leiter. Paternalistisch betreut und verwaltet sind sie Wohlfahrtsempfänger, billige Arbeitskräfte und Diener in Hotels und Institutionen der Fremdenverkehrsindustrie. In freien Berufen oder leitenden Stellungen sind H. bislang nicht anzutreffen.

Lit.: 386, 389, 391, 397
Karte: Ozeanien (Abb.: 132)
Abb.: 68

Hazara

Von Persisch »Tausend« bzw. der z. Zt. Dschingis Khans und seiner Nachfolger üblichen Bezeichnung für eine militärische Einheit (Tausendschaft); die Bevölkerung des Hazaradschat, der Gebirgsregion westl. von Kabul (Afghanistan). Die H. sprechen Persisch, vermischt mit einigen mongolischen Worten. Schätzungen über ihre Volkszahl liegen zwischen 500 000 und 2 Mio.

Die H. treiben in ihrem bergigen und kärglichen Siedlungsraum Bewässerungs- und Trockenfeldbau bis in große Höhen. Dort sind die Felder als Terrassen angelegt. Die Viehzucht wird durch das rauhe Klima der Wintermonate eingeschränkt, Fütterung und Stallhaltung der Tiere werden dann zum Problem. Die Winterszeit verbringen die H. in kompakten Dörfern; die Lehmhäuser werden mit getrocknetem Dung beheizt. Was ihre Wirtschaft nicht selbst zu liefern vermag, müssen die H. von den nomadischen Händler-→ Paschtunen erwerben. Die teils extreme Armut der H. wurde einerseits durch die ausbeuterischen Praktiken gerade dieser paschtunischen Händler noch verstärkt, geht aber andererseits auch auf die drückende und despotische Herrschaft ihrer eigenen Khane zurück, die ihre Stammesuntertanen im 19. Jh. zu Hunderten an usbekische und afghanische Aufkäufer gegen Geld und Güter als Sklaven verkauften. Um dem Druck der Verschuldung und auch dem kärglichen Dasein im Hazaradschat zu entfliehen, verdingen sich viele H. für dauernd oder nur saisonal in den afghanischen Städten als Diener, Lastenträger, Wasserholer usw. Sie gelten dort als äußerst fleißig, aber dumm und hinterwäldlerisch. Mit zu diesem Vorurteil hat die Zugehörigkeit der H. zur Schia, im Gegensatz zur sunnitischen Mehrheit der Afghanen, beigetragen. Ein tiefes Mißtrauen zwischen H. und Paschtunen hält bis heute an. Die H. sind in eine Reihe von Stämmen unterschieden, die sich durch gewisse kulturelle und sprachliche Besonderheiten voneinander abheben.

Die H. behaupten von sich selbst, im 13. Jh. mit den Armeen Dschingis Khans ins Land gekommen zu sein, stützen dies auch durch geschriebene Genealogien ab, die jedoch unglaubwürdig sind. Richtig ist jedoch durchaus, eine mongolische oder turkomongolische Herkunft der H. und eine Einwanderung zwischen 1229 und 1447 nach Afghanistan anzunehmen; dafür sprechen nicht zuletzt ihr äußeres Erscheinungsbild und die türkischen und mongolischen Ausdrücke in ihrem ansonsten persischen Wortschatz. Im unwegsamen und abgelegenen Hazaradschat konnten die H. sich bis Ende des 19. Jh. ihre Unabhängigkeit bewahren. Die Öffnung ihres Siedlungsraums seit 1892 durch die Expansion der afghanischen Zentralgewalt unter König Abdurrahman brachte Zehntausende von paschtunischen Nomaden ins Land, die ihre Sommerweiden nun hierher verlegten. Je mehr den paschtunischen Händlern in anderen Teilen Afghanistans die Absatzmöglichkeiten durch modernes Konsumverhalten verloren gingen, desto intensiver verlegten sie sich auf den Handel im Hazaradschat, brachten nicht selten durch scheinbar großzügiges Geschäftsgebaren die H. in immer tiefere Verschuldung und übernahmen schließlich als Gegenwert deren Land.

Lit.: 1
Karte: Südwest-Asien (Abb.: 23)

Hehe
Wahehe

Gruppe ostafrikanischer Bantu-Stämme zwischen Ruaha und Rufiji, S-Tansania; ca. 250 000. Sprache: Nordöstl. Bantu.
Die H. stellen eine Vereinigung von mehreren Stämmen mit ähnlicher Sprache und Kultur dar. Ihre gemeinsame militärische Macht erlaubte die Unterwerfung verschiedener Nachbarstämme im 19. Jh. Auch die Kämpfe mit deutschen Kolonialtruppen waren zuerst erfolgreich. König Mkwawa setzte den Kleinkrieg bis 1898 fort.
Hackbau (Hirse, Mais) und Viehzucht liefern den größten Teil des Lebensunterhaltes; weiteres Einkommen wird durch Lohnarbeit auf benachbarten Plantagen bezogen.
Die Verwandtschaftsstruktur war patrilinear (Abstammung, Erbrecht, Nachfolge). Der Ahnenkult ist auch heute noch verbreitet, obwohl Christentum (durch Mission) und Islam in letzter Zeit starken Zuwachs zu verzeichnen haben.

Lit.: 1071

Abb. 69: Herero-Frau aus Katutura, Windhuk. (Foto: Brugger)

Herero
Ovaherero

Gruppe von Hirtenvölkern (ursprünglich Feldbauern), die im 18. Jh. von N in das nördl.

SW-Afrika sowie SW-Angola einwanderten; ca. 60 000. Sprache: SW-Bantu. Sprachlich und kulturell sind die H. mit den Kuvale von Angola und den rinderarmen Tjimba und Himba des Kaokovelds verwandt.

Vor dem Kontakt mit Europäern waren die H. Nomaden, deren Rinder- und Kleinviehherden die Grundlage der Wirtschaft bildeten. Fleisch und Milch waren die Hauptnahrung. Unter Maherero hatten die H. im 19. Jh. sich die Vorherrschaft gegen die Nama (→ Hottentotten) erkämpft. Die Landnahme durch europäische Siedler (Gründung der dt. Kolonie 1884) hatte zur Folge, daß einige H.-Gruppen seßhaft wurden und zum Anbau übergingen.

Die politische Organisation ging ursprünglich nicht über autonome Lokalgruppen hinaus, deren Zusammenhalt auf engen Verwandtschaftsbeziehungen weniger Großfamilien beruhte. Religiöse und politische Ämter wurden in der männlichen Linie (oruzo) vererbt, während Viehbesitz in der Mutterlinie (eanda) erblich war. Ein Individuum beachtet daher seine Doppelabstammung.

Der große Aufstand gegen die dt. Kolonialmacht (1904) scheiterte mit großen Verlusten für die H. 1905 wurden sie am Waterberg vernichtend geschlagen. Viele H. flüchteten nach Betschuanaland, auch Samuel, der Sohn Mahaheros, ihr Führer. 70% der H. fanden den Tod, nur 12 000 gelangten in die von dem dt. Gouverneur und einigen Missionen geschaffenen Lager. Dieser verlustreiche Krieg führte zu einem starken Identitätsbewußtsein aller H., die sich mit Namibia, das seit 1919 von Südafrika als C-Mandat des Völkerbundes verwaltet wird, identifizieren. Viele H. haben sich als Handwerker, Ladenbesitzer und freiberuflich Tätige in den Städten niedergelassen – soweit die von der südafrikanischen Regierung verhängten Beschränkungen dies erlauben. Die Zahl der Rinder ist gering; außer als Fleischlieferant und Zahlungsmittel für den Tauschhandel besitzen sie geringen wirtschaftlichen Wert.

Die meisten H. wurden Christen, als mit dem heiligen Feuer das Stammesleben erstarb. Der Ahnenkult, das Zentrum ihrer Religion, verschwand, bis im Ersten Weltkrieg eine Wiederbelebung einsetzte und nach dem Krieg durch die Nichteinhaltung engl. Zusagen eine Anti-Europäer-Bewegung, geführt von dem US-Neger Garvey, einsetzte. Ein Rest des alten Kriegerlebens erscheint in der heutigen militärischen Stammesorganisation, in der jeder Mann seinen Rang hat.

Lit.: 1179, 1186, 1199, 1204, 1235
Karten: Afrika (Abb.: 148)
       Südafrika (Abb.: 147)
Abb.: 69

Hidatsa

Nordamerikanische Indianer am oberen Missouri, in alten Reisewerken als Minitari bezeichnet, heute auf der Fort Berthold Reservation, North Dakota, mit den → Arikara und → Mandan; ca. 1000. Sprache: Sioux.

Die H. gelten mit den Mandan und Arikara als die »Dorfstämme«, im Gegensatz zu den nomadischen Bisonjägern der Plains, mit denen sie einen lebhaften Handel trieben. Ihre Geschichte ist eng mit den → Mandan verknüpft.

Lit.: 574, 578, 594
Karten: Nordamerika (Abb.: 76)
       Ausbreitung des Pferdes (Abb.: 46)

Hima
Wahima, Bahima

Sammelname für rassisch und kulturell verwandte Gruppen im sogenannten Zwischenseegebiet von Ostafrika, das vom Viktoria-, Tanganyika-, Kivu-, Edward-, Albert- und Kioga-See umschlossen wird. Die H. drangen als kriegerische Großviehhirten vermutlich seit dem 14. Jh. von N her in dieses Gebiet ein und errichteten Herrschaften über die alteingesessenen feldbautreibenden Bantu. Nkore in S-Uganda, das heute von ca. 500 000 Menschen bewohnt wird, sowie Ruanda und Burundi, die entgegen der sonst in Afrika von den Kolonialmächten geübten Praxis einer willkürlichen Festlegung von Besitztumsgrenzen ihre ursprünglichen Territorien auch als moderne Staatswesen beibehalten konnten, waren die bedeutendsten H.-Reiche.

Von den ca. 4,5 Mio. Einwohnern Ruandas stellen die in diesem Gebiet Tutsi (Wa-Tussi) genannten H. nur ein Zehntel der Gesamtbevölkerung, während neun Zehntel auf die bäuerlichen Bantu, die Hutu und eine kleine Splittergruppe pygmoider Jäger und Töpfer, die Twa (etwa 1%) entfallen. Für die 3,8 Mio. Menschen Burundis besteht die gleiche ethnische Differenzierung; der Tutsi-Anteil liegt bei etwa 15%.

Sprachlich hat sich die Majorität der Bantu

durchgesetzt, doch konnten die Tutsi ihre rassischen Eigenarten weitgehend bewahren. Sie sind bemerkenswert hochgewachsene, relativ hellhäutige Menschen und zeigen äthiopide Gesichtszüge wie sie auch von vielen Hamito-Niloten bekannt sind. Sozio-ökonomisch und kulturell bestand bis in die Gegenwart ein scharfer Gegensatz zwischen den beiden Gruppen. Die Tutsi sind Großviehhirten, deren Denken und Trachten auf ihre zu extremer Langhörnigkeit herausgezüchteten Rinder konzentriert ist. Krieg und Viehdiebstahl wurden als ihnen gemäße Tätigkeiten begriffen. Für die vegetabilische Nahrung hatten die Unterworfenen zu sogen, denen die Viehhaltung ausdrücklich untersagt war.

An der Spitze der »Hima-Staaten« stand ein sakraler König, der in früheren Zeiten eine absolute Macht über seine Untertanen besaß und von dem die Geschicke und die Lebensbewältigung der Menschen als weithin abhängig galten. Das Hofleben erforderte großen Aufwand, strenge Etikette von allen, die mit Ämtern betraut waren, und reiches Zeremoniell. Die Mutter und die Schwestern des Königs genossen großes Ansehen, eine Tatsache, die auch aus den Königreichen der sogenannten Mittel-Bantu (→ Luba, → Lunda etc.), mit denen das Zwischenseengebiet offenbar in Verbindung stand, bekannt ist. Vermutlich haben die kriegerischen H. bestehende Verhältnisse übernommen und dank ihrer militärischen Überlegenheit die Funktionen der vor ihnen herrschenden Schicht usurpiert. Eine Staatenbildung, die durch die erobernden H. selbst ausgelöst wurde – wie früher häufig argumentiert wurde – ist nach dem heute vorliegenden Wissensstand wohl auszuschließen.

Eine soziale Integration der Bevölkerung und ein Abbau der Gegensätze war von den europäischen Kolonialherren, den Briten, den Deutschen und in deren Gefolge den Belgiern, nicht angestrebt worden. Alle hatten die herrschenden Verhältnisse mehr oder weniger unangetastet belassen. In der Phase der Entkolonialisierung kam es dann zu blutigen Auseinandersetzungen. Seit 1959 begannen sich die Konflikte in Ruanda in einer Hutu-Revolution zu entladen. Viele Tutsi wurden getötet, und 1961 vertrieb man den aus ihrer Gruppe stammenden König. Die Tutsi blieben für die Mehrheit der ihnen einstmals untertänigen Hutu seitdem eine verhaßte und verfolgte Minderheit. Demgegenüber konnten in Burundi die Tutsi ihre herrschende Stellung behaupten, obgleich auch dort ihre Dynastie 1966 einer republikanischen Staatsform weichen mußte. Einen Umsturzversuch der Hutu beantworteten die Tutsi 1972 mit der Vernichtung nahezu der gesamten Hutu-Elite. Bis in die Gegenwart kommt es aufgrund der ungelösten ethnischen und sozialen Gegensätze immer wieder zu Fluchtbewegungen zwischen Ruanda, Burundi und ihren Nachbarstaaten.

Die Bevölkerung dieser mit durchschnittlich 150 Einwohnern pro km² dicht besiedelten Staaten trat während der letzten hundert Jahre zum Großteil zum Katholizismus über. Als Verkehrssprache gewinnt das Swahili immer mehr an Boden.

Lit.: 1046, 1067, 1088
Karte: Zentral- u. Ostafrika (Abb.: 106)

Hinterindien

Im dt. Sprachraum übliche Bezeichnung für den Festlandsteil SO-Asiens. H. umfaßt die Staatsgebiete von Birma, Thailand, Laos, Kambodscha und Vietnam, einen Teil Malaysias (malayische Halbinsel), SW-China und die Grenzprovinzen NO-Indiens. Obwohl überwiegend in den Tropen gelegen, weist H. sehr unterschiedliche Umwelt-Typen auf. Im N dominieren schroffe Gebirgslandschaften; der Charakter des zentralen H. wird von drei von N nach S ausrollenden, bewaldeten Gebirgszonen und den zwischen ihnen sich öffnenden alluvialen Ebenen der großen Ströme Irrawaddy, Chao Phraya (Menam) und Mekhong bestimmt.

Der Gegensatz von Berg- und Flachland prägt die grundlegenden Kulturtypen H.s. Überall in den Bergen, sei es in SW-China, N-Thailand, Assam oder Vietnam, findet man ähnliche Lebensformen: kleine Dörfer in leichter Bambusbauweise, meist unabhängig voneinander (selten regionale Organisation); Brandrodungsbau+ an den bewaldeten Berghängen, ergänzt durch Jagd und Fischfang, etwas Gartenbau und die Aufzucht von Hühnern und Schweinen; meist Animismus, d. h. Vorstellung von verschiedenen, oft bösartigen Naturgeistern, die fortwährend durch Opfer versöhnt werden müssen. In den Tiefländern dagegen ist die Bevölkerung in Staaten mit alter monarchischer Tradition organisiert. Sie lebt vom Reisanbau auf Bewässerungsfeldern und praktiziert den Buddhismus (malay. Halbinsel: Islam), der allerdings mit animistischen Vorstellungen durchsetzt ist. In den großen Städten ist das Leben von westl. Einflüssen

geprägt. Hier konzentrieren sich auch große indische und chinesische Minderheiten, die im Zuge der kolonialistischen Wirtschaftsexpansion als Arbeitskräfte nach SO-Asien kamen.
Der Einheitlichkeit dieser ökologischen Grundtypen steht eine verwirrende Vielfalt von Sprachgruppen gegenüber. Aus verschiedenen Ursprungsgebieten und zu verschiedenen Zeiten in ihre heutigen Wohngebiete eingewandert, unterscheiden sie sich durch eine Reihe von kulturellen Eigenheiten voneinander. Vor allem in den Bergländern haben sie sich oftmals dermaßen vermischt, daß man im Verlauf einer Tageswanderung nicht selten Dörfer von 3 oder 4 ethnischen Gruppen passieren kann. Viele von ihnen demonstrieren ihre kulturelle Identität bis auf den heutigen Tag durch unterschiedliche Stammestrachten.
Die sprachlichen Verwandtschaften zwischen den Völkern H.s sind in manchen Fällen noch unklar. Es lassen sich aber folgende 6 Sprachgruppen unterscheiden: Mon-Khmer, Viet-Muong, Austronesisch (Malayo-Polynesisch), Tai-Kadai, Miao-Yao, Tibeto-birmanisch. Wahrscheinlich sind die Viet-Muong- mit den Mon-Khmer-Sprachen entfernt verwandt (Sammelbegriff: Austroasiatisch), im Gegensatz zu letzteren aber stark vom Chinesischen beeinflußt (Tonsprachen). Zusammenhänge zwischen den tibeto-birmanischen Sprachen und dem Chinesischen führten zur Annahme einer sino-tibetischen Sprachfamilie. Über die linguistische Stellung des Tai-Kadai und Miao-Yao widersprechen sich bislang noch verschiedene Theorien.
Schon in vorgeschichtlicher Zeit besiedelten (wahrscheinlich von N her) palämongolide Mon-Khmer-Völker und Austronesier weite Teile H.s und absorbierten dabei die Negrito- bzw. Weddiden-Gruppen der Altbevölkerung. Um die Zeitwende beherrschten im W die → Mon, im O die → Khmer und → Cham die fruchtbaren Tiefländer H.s. Sie waren auch die Träger der frühen Königreiche Funan, Chenla (später Kambodscha), Dvaravati und Champa. Im Verlauf des späten 1. und frühen 2. Jt. wurden diese alten Zivilisationen – mit Ausnahme Kambodscha – größtenteils von Neuankömmlingen aus dem N zerstört oder überlagert, die, durch die ständige Expansion der Chinesen und später durch den Mongolensturm des 13. Jh. vertrieben, von S-China nach H. vordrangen. Im O stießen die → Vietnamesen entlang der Küste vor, im W eroberten die → Birmanen die alten Mon-Königreiche; zwischen beiden sickerten in mehreren Wellen → Tai-Völker nach S ein. Die bodenständige Bevölkerung assimilierte sich meist unter den neuen Herren, nur einige Mon-Khmer-Gruppen sowie Teile der Cham wichen in die unzugänglicheren Bergländer aus, wo sich ihre Lebensweise den veränderten Verhältnissen anpaßte (→ Khasi, → Palaung, → Wa, → Proto-Indochinesen). Tibeto-birmanische Stämme von meist mongolidem Typus, politisch und sozial einfacher organisiert als ihre birmanischen Verwandten, besiedelten schon früh die Gebirgsgegenden im NW (→ Bodo- und → Nordassamvölker, → Karen, → Chin, → Naga). Im nördlichen H. dringen bis auf den heutigen Tag Gruppen der → Lolo-Völker entlang den Gebirgsketten nach S vor. Die jüngste Wanderungswelle – diesmal aus dem NO – führte → Miao und → Yao nach H. Auf ihrem Weg von S-China über Tongking und N-Laos haben sie seit wenigen Generationen Thailand erreicht, wo sie heute die höchsten Bergkämme besiedeln.
Allen politischen und demographischen Veränderungen zum Trotz blieben die für H. typischen Lebensformen bis in die Neuzeit im wesentlichen unverändert. Seit sich hier um 8000–7000 v. Chr. tropischer Gartenbau und um 5000 v. Chr. der Reisanbau selbständig entwickelt hatten, überdauerte die kleinbäuerliche Existenzweise in verstreuten, lose organisierten Dörfern die Jahrtausende unbeeinträchtigt. Die von kleinen, wechselnden Eliten getragenen, von indischen (im O: chinesischen) Hochkultureinflüssen geprägten sakralen Königreiche beeinflußten das Leben auf dem flachen Land ebensowenig grundlegend wie die europäischen Kolonialherrschaften des 19. u. 20 Jh. Erst neuerdings bewirken Übervölkerung und beginnender Großgrundbesitz einschneidende Veränderungen. Kontakte zwischen Tiefland- und Bergbewohnern blieben meist minimal und beschränkten sich auf den Austausch für beide Teile lebensnotwendiger Güter. Verschiedentlich, wie z. B. in N-Thailand, standen Bergdörfer in regelmäßigem Kontakt mit lokalen Fürsten, denen sie für die Überlassung von Landtiteln Tribute überbrachten. In anderen Fällen – so die Karen Birmas und viele proto-indochinesische Gruppen – erfuhren Bergvölker aber auch Unterdrückung und Ausbeutung durch ihre besser organisierten Nachbarn in den Ebenen. Indiz dafür sind in Indochina übliche Sammelbezeichnungen der Bergbewohner als »Wilde« oder »Sklaven« – »Moi« in Vietnam, »Pnong« in Kambodscha und

Abb. 70: Hinterindien. Sprachen und Sprachfamilien mit wichtigsten Völkern. (Entwurf: Mischung)

	Austronesisch
	Tiefland-Mon-Khmer
	Berg-Mon-Khmer
	Vietnamesen ⎫ Viet-Muong
	Muong ⎭
	Tibeto-Birmanisch (Birmanen) ⎫
	Tibeto-Birmanisch (Bergvölker) ⎬ Sino-Tibetisch
	Karen ⎪
	Chinesisch ⎭
	Tai-Kadai
	Miao ⎫ Miao-Yao
	Yao ⎭

»Kha« in Laos. In dicht besiedelten Bergregionen war das Verhältnis zwischen Nachbarn nicht immer friedlich. Oft herrschte selbst zwischen Dörfern desselben Stammes ein permanenter Kriegszustand, und die Ansiedlungen waren von Palisaden und Bambusfallen umgeben. Einige Mon-Khmer (z. B. → Khasi, → Wa), sowie die → Naga und Teile der → Nordassamvölker waren bis in unser Jahrhundert als Kopfjäger gefürchtet.

In den modernen Nationalstaaten wurden den Minderheiten der Bergregionen häufig autonome Gebiete bzw. eigene Bundesstaaten mit beschränkter Selbstverwaltung zugestanden. In NO-Indien und Birma wurden die Zentralregierungen z. T. durch militante Sezessionsbewegungen zu diesem Schritt gezwungen, was den bewaffneten Konflikt jedoch nicht in allen Fällen beendete (→ Naga, → Chin, → Schan, → Karen). In N-Vietnam und der VR China waren autonome Zonen für die »nationalen Minderheiten« von vornherein in den Verfassungen vorgesehen. Um eine reibungslose Integration aller Bevölkerungsteile zu erreichen, wird den Minderheiten hier vorläufig Selbstbestimmung vor allem auf kulturellem Gebiet gewährt. Nach anfänglichen Widerständen haben sie in der VR China heute in der Regel ihre traditionellen Wirtschaftsweisen aufgegeben und sich in landwirtschaftlichen Kooperativen oder Volkskommunen organisiert. Infolge geschickter Umsiedlungs- und Grenzziehungspolitik der Regierung bilden heute auch in vielen autonomen Zonen die Han (eigtl. Chinesen) die Bevölkerungsmehrheit. In Thailand sind dagegen die Dörfer der Bergvölker verwaltungstechnisch denen im übrigen Land gleichgestellt. Als Folge zerfällt in vielen Bergdörfern die traditionelle politische Ordnung. Starke Bevölkerungsvermehrung, das offizielle Verbot des Brandrodungsbaus und die resultierende Landknappheit in den Bergen zwingen heute in wachsendem Maße jugendliche Angehörige der Bergvölker zur Arbeitssuche bei den Thai. Rigoroses Vorgehen der Armee Ende der 60er Jahre hatte beginnende Guerillatätigkeit unter Miao-Gruppen des NO zur Folge.

Lit.: 211, 229, 245, 250, 257, 262, 289
Karte: Hinterindien (Abb.: 70)

Ho

Die Anzahl der H. (ca. 640 000) stieg seit 1901 um 124%. Sie leben größtenteils in der Gegend von Singhbhum im indischen Bundesstaat Bihar. Sie werden auch Larka Kol (kämpferische Kol) genannt und drangen vom N her allmählich in ihr heutiges Wohngebiet vor. Sprachlich gehören sie zur Munda-Gruppe. Die H. haben exogame+ patrilineare+ Klane+. Heiraten mit Kusinen mütterlicherseits sind ein weit verbreiteter Brauch. Traditionellerweise gibt es auch Flucht aus dem Elternhaus oder Entführung, um zu heiraten. Die H. dürften der einzige Stamm sein, der um die Jahrhundertwende Probleme mit Frauenüberschuß hatte. Wie alle Munda sprechenden Stämme haben sie eine organisierte Dorfverwaltung und schließen sich zu Konföderationen zusammen. Die Institution der Schlafhäuser erfüllt eine wichtige gesellschaftliche Funktion. Ursprünglich waren die H. Jäger und betrieben Brandrodungsbau+, heute sind sie seßhafte Ackerbauern und Viehzüchter. Einige sind auch Arbeiter in den nahegelegenen Bergwerken und Fabriken. Die H. glauben an Geister, gegen deren böse Kräfte sie sich durch Wahrsagen und Zauber schützen.

Lit.: 163
Karte: Vorderindien (Abb.: 220)

Hopi

(Ältere Bezeichnung: Moqui), nordamerikanische Indianer in NO-Arizona; ca. 6000. Sprache: Uto-Aztekisch.

Die H. stellen die westlichsten Vertreter der → Pueblo-Indianer dar. Sie leben auf den südl. Ausläufern eines Plateaus in 11 Dörfern, die z. T. schon länger als 1000 Jahre bewohnt sind. Gegenüber den östl. Pueblo-Dörfern des Rio Grande-Gebietes ist ihre matrilineare+ Klanorganisation bemerkenswert. Ihre ursprüngliche Dorfautonomie ist erst nach der Bildung eines von der US-Regierung 1936 angeordneten Stammesrates reduziert, aber nicht völlig abgeschafft worden.

Seit der Reservationszeit hat es häufig Reibereien mit den Navajo gegeben, inmitten deren Reservation das Wohngebiet der H. liegt. Obwohl mehrmals der Versuch unternommen wurde, die H. für das American Indian Movement (AIM) zu aktivieren, hat es die Mehrzahl der H. abgelehnt, sich an den gewaltsamen Aktionen dieser pan-indianischen Organisation zu beteiligen. Das Verhaltensethos der H. ist dezidiert friedlich und stark religiös verankert. Obwohl inzwischen über tausend H. ihre Dörfer verlassen haben, um in den Städten der Weißen zu arbeiten, sind doch die Bindungen an die Verwandtschaftsverbände so stark, daß ein ständiger Kontakt erhalten bleibt. Die Mehrzahl der H. lebt immer noch vom Ackerbau, der als Gartenbau bezeichnet werden kann, weil er sehr kleinflächig und intensiv ist. Einige handwerkliche Traditionen haben sich als Kunsthandwerke erhalten: Töpferei, Silberschmiedekunst. Weiße Touristen dürfen neuerdings die meisten H.-Dörfer nicht mehr betreten.

Lit.: 622, 629, 632, 651, 652, 653, 654, 655
Karten: Nordamerika (Abb.: 76)
Reservationen in Arizona u. New Mexico (Abb.: 14)

Hottentotten

Selbstbezeichnung: Khoikhoin (»Menschen«). Mit den → Buschmännern rassisch und sprachlich verwandt, aber von etwas größerer Statur; mehrere Stämme: Kap-H. oder Griqua, Ost-H., Korana, Nama (in SW-Afrika/Namibia). Nur die letzteren haben sich rein erhalten; ca. 42 000. Die sogenannten Rehobother-Bastarde sind Mischlinge von Buren und H.-Frauen. Die übrigen bilden u. a. die Mischlinge der Republik Südafrika und Südwest-Afrika. Sprache: Khoisan (mit Genussystem).
Die H. waren Wanderhirten (Landhornrind, Fettschwanzschaf, Ziege). Auf diese Wirtschaftsform war ihre materielle Kultur ausgerichtet: mit Leder bedeckte Kuppelhütte (Pontok), Lederkleidung. Sie bearbeiteten Eisen zu Werkzeug, Waffen, Schmuck. Eine jägerische Mentalität (v. a. in der Religion) zeigt Ähnlichkeit mit der Buschmannkultur und ist Indiz für ihre Herkunft aus der gleichen Steppenjägerkultur.
Die Ausbreitung der Holländer von S und die Landnahme bantusprechender Bauernvölker vom N her im 18. und 19. Jh. vertrieb die H. aus ihren traditionellen Wohngebieten. In SW-Afrika haben die H. bis 1909 zahlreiche Kämpfe gegen die Herero und die deutsche Kolonialmacht geführt. Sie sind jetzt v. a. auf Reservaten oder als Lohnarbeiter in Städten zu finden. Die Nama sind z. T. seßhafte Ackerbauern geworden. Nur wenig ist über ihren ursprünglichen Glauben bekannt (Zauberglauben, Verehrung Verstorbener), da die meisten heute Christen sind (African Methodist Episcopal Church: Amec). Nama und Rehobother beteiligten sich an der Turnhalle-Konferenz in Vorbereitung auf die Unabhängigkeit Namibias.

Lit.: 1168, 1176, 1183, 1190, 1199, 1212, 1218, 1219
Karte: Südafrika (Abb.: 147)

Huaxteken

(gesprochen: Huasteken), mexikanische Indianer an der Golfküste von Veracruz und im Staat San Luis Potosí; ca. 60 000, davon 25% einsprachig. Sprache: Maya.
Die H. sind Kleinbauern und leben heute noch überwiegend vom Maisbau (an der Küste sind zwei Ernten im Jahr möglich) und der Kleinviehhaltung. Zahlreiche tropische Früchte werden in kleinen Mengen zum eigenen Verbrauch gezogen; Kaffee und Sisal wird zunehmend zur Vermarktung angebaut. Viele traditionelle Werkzeuge (Grabstöcke, Reibsteine und Reibplatten sowie Webrahmen) sind noch in Gebrauch. Doch löst sich die traditionelle indianische Kultur mit zunehmender Mestizisierung und Urbanisierung auf. Das religiös-politische Regierungssystem der bäuerlichen Gemeinden ist vom zentralstaatlichen Verwaltungssystem völlig abgelöst worden. Nur im Bereich der Krankenheilung (meist als Seelenverlust gedeutet) spielen in den bäuerlichen Gemeinschaften die Krankenheiler (curanderos) noch eine wichtige Rolle.

Lit.: 674, 678
Karte: Mexiko (Abb.: 77)

Huichol

Mexikanische Indianer in der Sierra Madre Occidental von Nayarit und Nord-Jalisco; ca. 7000. Sprache: Uto-Aztekisch.
Die H. leben noch heute in traditioneller Weise vom Maisbau auf Brandrodungsfeldern; dazu werden Bohnen, Kürbisse, Tomaten, Melonen und Tabak angebaut. Seit spanischer Zeit ist die Viehhaltung bekannt (Rinder, Schafe). Die Bauern wohnen verstreut inmitten ihrer Felder an den Hängen des Gebirges, in den Siedlungszentren mit Schule und Kirche halten sich die öffentlichen Amtsträger und Beamten auf. Im Mittel-

punkt ihrer religiösen Verehrung, die vom Katholizismus nur wenig beeinflußt ist, steht der Regen»kult«. Hirsch (einst wichtigstes Jagdtier), Mais (bedeutendste Anbaupflanze) und Peyote (ein halluzinogener Kaktus) stellen eine mystische Einheit dar. Die alljährliche Peyote-»Jagd« auf die nordmexikanische Hochebene ist eine wichtige Zeremonie im Leben der H. Die alten Kultbilder aus Wolle werden heute als Tourismusware hergestellt.

Lit.: 660, 664, 672, 681
Karte: Mexiko (Abb.: 77)

Huronen

(heute oft als Wyandot bezeichnet), nordamerikanische Indianer, einst an der Georgian Bay des Lake Huron im heuten Ontario (Kanada); heute leben ca. 900 H. in Oklahoma und ca. 700 in der Nähe von Quebec in Kanada. Sprache: Irokesisch.
Die traditionelle Kultur der H. glich der ihrer engsten Sprachverwandten, den Stämmen der → Irokesen-Liga. Im 16. und 17. Jh. waren die H. wichtige Mittelsmänner im Pelzhandel zwischen französischen Händlern am St. Lawrence River und subarktischen Jägerstämmen des kanadischen Binnenlandes. Ab 1615 setzte auf französische Initiative eine starke jesuitische Missionierung ein. 1648/49 wurden die verschiedenen Verbände der H. von der Irokesen-Liga überfallen und aus ihrer Heimat vertrieben. Die meisten H., die damals etwa 10 000 Menschen zählten, gingen in den Seneca auf, andere flüchteten nach Westen, setzten sich später in Ohio und Michigan fest, mußten aber erneut fliehen. Sie kauften sich schließlich Land in Kansas, das sie jedoch wiederum aufgeben mußten. Seit 1867 wohnen die Überlebenden in Oklahoma, eine andere Gruppe, die nach Kanada geflohen war, lebt heute noch dort.

Lit.: 532, 538, 546, 554, 556, 557

Igbo
(Ibo)

Die I. (SO-Nigerias) waren keine einheitliche Bevölkerung. Erst durch den Kontakt mit Europäern und durch eine systematische Schulbildung entstand unter den mehr als 5 Mio. I. ein ethnisches Zusammengehörigkeitsgefühl. Jeder der über 200 Stämme umfaßte bis zu 30 Dörfer oder Weiler. Ein Zusammenhalt über lokale Einheiten hinaus wird u. a. durch die gemeinsame Sprache, das Igbo, das zu den Kwa-Sprachen gehört, geschaffen. Kulturell stehen den I. die Ibibio und Ijo nahe.
Das Land der I. erstreckt sich über zwei geographische Zonen: die Savanne des N und die Regenwaldgebiete des S. Im Hackbau werden u. a. Knollenfrüchte (Jams, Maniok und Taro), aber auch Mais und andere Feldfrüchte für den Eigenbedarf gepflanzt. Der Fischfang ist örtlich von Bedeutung. Vieh spielt keine wesentliche Rolle und wird meist nur aus Prestigegründen oder zum Verkauf gegen Bargeld gehalten. Die landwirtschaftliche Überproduktion wird auf dem Markt angeboten, der seit jeher von Bedeutung war. In früheren Zeiten auf den Sklavenhandel konzentriert, der durch unablässige Kriege der Stämme untereinander gespeist wurde, sind die Märkte jetzt überwiegend auf den Verkauf von Raphiabast, Palmöl und Palmkernen ausgerichtet. Viele I. sind vom Landbau zum Handel übergegangen.
Die früher üblichen Einzelgehöfte werden immer mehr von dörflichen Siedlungen abgelöst, von denen es in voreuropäischer Zeit nur wenige gab. Ein Ältestenrat, dem wiederum das älteste Mitglied als weltliches und rituelles Oberhaupt vorstand, leitete alle Dorfangelegenheiten, einschließlich die des Marktes und der Kulthandlungen.
Die gesellschaftliche Ordnung wurde größtenteils durch das bilineare+ Verwandtschaftssystem bestimmt. Jeder I. gehört gleichzeitig einer Patrilineage+ und einem Matriklan+ an und leitet dadurch seine Abstammung von einem männlichen Lineagegründer durch seine männlichen Vorfahren und von einer Klangründerin durch seine weibliche Vorfahren ab. Im Unterschied zu den lokalisierten Patrilineages sind die Klane über weite Entfernungen verbreitet. Landbesitz liegt in den Händen der Patrilineages und wird den Mitgliedern nur zur Nutznießung überlassen. Von den Lineages geht auch die politische Autorität aus. Die Zugehörigkeit zum Matriklan ist demgegenüber stark gefühlsbetont; sie ist wesentlich für das Zusammengehörigkeitsgefühl und die Bindung zum Stamm. Ein weiteres bindendes Element sind die Altersklassen beider Geschlechter. Das hierarchische Altersklassensystem der Männer ist komplexer und einflußreicher als das der Frauen: sie können

Abb. 71: Flußfähre in Ghana. Moderne Transport- und Verkehrsmittel erschließen auch früher isolierte Gebiete der modernen Wirtschaft. (Foto: Chesi)

Anordnungen treffen, die sich auf das gesamte Gemeinwesen beziehen, während die etwas schattenhaften Klassen der Frauen nur über ihre eigenen Angelegenheiten zu befinden haben.

Die Religion der I. ist vielschichtig. Neben einem Schöpfergott gibt es Geister der Vorfahren, nichtpersonifizierte Geister, Orakelglaube und die Erdgottheiten, denen allen gebührend Rechnung getragen werden muß. Die meisten I. sind nominell Christen.

Im 20. Jh. beschleunigte sich das Tempo der kulturellen und wirtschaftlichen Veränderungen und damit auch des sozialen und politischen Lebens der I. Die Vielzahl der kriegerischen Stämme wurde in ein einheitliches Verwaltungssystem überführt. Viele erkannten die neuen Möglichkeiten und schlossen sich energisch der Modernisierungswelle an. Aufgrund ihrer guten Schulbildung, die auf frühe christliche Missionsarbeit zurückgeht, erschlossen sich ihnen Betätigungen als Beamte in der brit. Kolonialregierung und später in der unabhängigen Republik Nigeria. Auch als Händler, Handwerker und Techniker waren viele I. erfolgreich. Dies brachte junge,

vollausgebildete I., die nur wenig Interesse am traditionellen Leben hatten, in einflußreiche Stellungen.
Seit 1954 beherrschten die I. über den »National Council of Nigeria and the Cameroons« (ab 1962 »National Convention of Nigeria Citizens«) das politische Leben in O-Nigeria. Auch in der N-Region Nigerias hatten sie einflußreiche Stellungen in Verwaltung und Wirtschaft inne. Ab 1953 kam es zu mehreren ibofeindlichen Unruhen. Nach einem Militärputsch, an dem u. a. I. beteiligt waren und bei dem führende Politiker und Offiziere (Hausa, Yoruba) ermordet wurden, übernahm General Aguiyi Ironsi, ein I., die Macht. Als er die regionale Autonomie beseitigen wollte, kam es in N-Nigeria zu Ausschreitungen gegen die I., bei denen Tausende getötet wurden. Fast alle I. flohen in die O-Region, die sich 1967 unter General C. O. Ojukwu als »Biafra« von Nigeria unabhängig erklärte. Nach einem blutigen Bürgerkrieg, an dem die europäischen Mächte militärische Hilfe für beide Seiten leisteten, mußte Biafra 1970 kapitulieren. Seitdem sind die I. langsam wieder in führende Verwaltungspositionen (auch außerhalb ihres Siedlungsgebietes) im wirtschaftlich mächtig aufstrebenden Nigeria zurückgekommen.

Lit.: 973, 987, 991, 1001, 1010, 1020, 1021
Karte: Westafrika, 19. Jh. (Abb.: 225)
Abb.: 71

Igorot

Die alt-indonesischen Bergstämme im N der Insel Luzon (Philippinen) werden unter dem Namen Igorot zusammengefaßt (→ Indonesier).
Zu ihnen zählen die Ibaloy (ca. 90 000), Kankanay (ca. 90 000), Bontoc (ca. 70 000), Ifugao (ca. 80 000), Gaddang (ca. 15 000), Kalinga (ca. 60 000), Tinggian (ca. 20 000), Apayo (ca. 30 000) und Ilongot (ca. 7000).
Die I. betreiben Bodenbau. Bei den nördl. Stämmen (Gaddang, nördl. Kalinga) wird Berg- oder Trockenreis im Brandrodungsverfahren angebaut. Die südl. Stämme kultivieren Reis in bewässerten Feldern an steilen, terrassierten Berghängen. Die Terrassen sind aus schweren Geröllmauern erbaut, die bis 15 m Höhe erreichen können bei Feldflächen von oft nur 3 m Breite. Das Terrassensystem der Ifugao gilt als das größte der Welt (Länge der Terrassenmauern: ca. 19 000 km) Neben Reis bauen die Ifugao auch Süßkartoffeln, Bohnen, Getreide und Erbsen an. Sie leben in kleinen verstreuten Weilern, nahe der sorgsam gehüteten Felder. Die Verwandtschaftsgruppe ist die wichtigste soziale, wirtschaftliche und politische Einheit. Im Gegensatz hierzu siedeln die Bontoc, Kankanay und Ibaloy in großen, fast stadtartigen Dörfern. Diese sind in Bezirke (ato) unterteilt, die über jeweils eigene Kultstätten, eigene Jungen- und Mädchenhäuser verfügen. Jeder ato wird von einem eigenen »Ältestenrat« regiert. – Das Religionssystem der I. ist ausgeprägt polytheistisch. Allein die Ifugao kennen über 150 verschiedene Götter, die auf konkrete Aufgaben spezialisiert sind und in Ressort-Gruppen zusammengefaßt werden. Im Mittelpunkt der Religion stehen Ahnenkult und Kopfjagd. Letztere war vor allem ein Mittel zur Erhöhung des Sozialprestiges. Die Anführer einer Siedlungsgemeinschaft mußten erfolgreiche Kopfjäger sein.
Die spanische Kolonialherrschaft (1565–1898) hatte auf Luzon keinerlei Auswirkungen auf Kultur und Lebensweise der I. Diese hatten bis Ende des 19. Jh. nur wenige Außenkontakte. Erst die Amerikaner (1899–1946) begannen mit ihrer systematischen »Pazifizierung«, d.h. mit der Unterdrückung der Kopfjagd.
Neben den I. zählen auf der im S gelegenen Insel Mindanao die Bukidnon, Manobo, Bagobo, Bilaan und Sabuanun zu den alt-indonesischen Stämmen der Philippinen (Gesamtzahl auf Mindanao 1970: ca. 500 000). Obwohl sie von den I. auf Luzon weit entfernt leben, ähneln sie diesen in Wirtschaft, Religion und Gesellschaftsstruktur.
Auch die Mangyan auf Mindoro und die Tagbuanan auf Palawan werden kulturell zu den Alt-Indonesiern gerechnet.
Daneben gibt es auf den Philippinen alt-indonesische Ethnien, die zu den ältesten Siedlergruppen im Archipel gehören. Es sind kleinwüchsige, dunkelhäutige Negrito-Gruppen, die ursprünglich reine Wildbeuter waren (die Aëta auf N-Luzon, die Battak auf Palawan), heute aber vielfach von Nachbarstämmen den Feldbau und die Haustierhaltung übernommen haben (1960: ca. 60 000). Erst 1971 wurden auf Mindanao die wildbeuterischen Tasaday entdeckt.
Die Alt-Indonesier leben noch heute von der Masse der christlichen Filipinos isoliert. Sie sind marginale Gruppen in Rückzugsgebieten; ihr Lebensraum sind die schwer zugänglichen, infrastrukturell wenig erschlossenen Bergregionen im Inneren der großen Inseln.

Abb. 72: Reisterrassen auf Nord-Luzon. Ein geplanter Staudamm wird am Chico River die unteren Terrassen überfluten und die Subsistenzwirtschaft der Ifugao erheblich beeinträchtigen. (Foto: Hutterer)

Abb. 73: Im Tagebau werden in Nord-Luzon von amerikanischen Gesellschaften wertvolle Erze (Gold, Kupfer usw.) abgebaut. Ifugao sind in zunehmendem Maße als Lohnarbeiter in den Bergwerken tätig. (Foto: Hutterer)

Abb. 74: Reismühle in Bontoc, Nord-Luzon. Nach der Ernte wird Reis heute in eine Mühle gebracht, wo er geschält und poliert wird. Das Polieren führt zu frühzeitigem Zahnausfall (Mangel an Vitaminen). Als Zusatznahrung gewinnt die Süßkartoffel an Bedeutung. (Foto: Paul)

Die Jung-Indonesier dagegen – Christen und Muslime – siedeln vor allem an der Küste, in Flachländern und auf weitflächigen Hochebenen (s. Moros).

Lit.: 338, 342
Karte: Südostasiatischer Archipel (Abb.: 79)
Abb.: 72, 73, 74

Indianer

Sammelbezeichnung für die Ureinwohner Amerikas, die gegen Ende der letzten Eiszeit, ca. 30 000 bis 18 000 v. Chr., über die Bering-Landbrücke in die westl. Hemisphäre eingewandert waren und sich innerhalb weniger Jt. bis nach Südamerika ausgebreitet hatten. Die I. unterscheiden sich in ihrer physischen Erscheinungsform von den Populationen der Alten Welt, andererseits haben sie viele Merkmale sowohl der alteuropiden wie der altmongoliden Rasse. Da Übereinstimmungen mit den Mongoliden stärker ausgeprägt sind, rechnet man die I. zum mongoliden Rassenkreis, obwohl dieser sich erst nach ihrer Abwanderung aus NO-Asien dort herausgebildet hat. Sprachlich unterscheiden sich die meist polysynthetischen indianischen Sprachen von allen anderen Sprachen der Welt.

Die I. haben in Nord-, Mittel- und Südamerika zahlreiche und sehr unterschiedliche Kulturen entwickelt (→ I. Nordamerikas, → I. Südamerikas); in Mesoamerika und im zentralen Andengebiet haben sich – unabhängig von der Alten Welt – schon vor über tausend Jahren Hochkulturen+ entfaltet, die sich, entwicklungsgeschichtlich zwar z. T. wesentlich jünger als die archaischen Hochkulturen der Alten Welt, in Technologie, Kunst und Wissenschaft mit diesen messen können. Die indianischen Hochkulturen (Azteken, Maya, Inka) wurden von den europäischen Kolonialmächten zerschlagen, die politische, sakrale und künstlerische Führungsschicht ausgerottet; sie werden in diesem Lexikon nicht behandelt. Die Nachkommen der die Superstrukturen tragenden Bauernschicht leben heute als seßhafte Bauern, mehr oder weniger stark mestizisiert, in Mexiko, Mittelamerika und den Andenländern (→ Nahua, → Maya, → Ketschua, → Aymara).

Indianer Nordamerikas und Mexikos

Die Ureinwohner Nordamerikas, die I., stellen heute nur noch eine ethnische Minderheit in der Bevölkerung dieses Kontinents dar. Ihre Zahl wird auf etwas über eine Mio. (außerhalb Mexikos) gezählt, was der geschätzten Bevölkerungszahl zur Zeit der Entdeckung der Neuen Welt durch Kolumbus entspricht. Die Zahl der mexikanischen Indianer nördlich des Isthmus von Tehuantepec liegt bei etwa 3 Millionen. Außer den I., die sich heute bevorzugt »Native Americans« nennen, gibt es noch eine andere ethnische Gruppe in Nordamerika, die ebenfalls bereits vor 1492 dort wohnten: die → Eskimo (Selbstbezeichnung: Inuit).

Man gliedert die traditionellen Kulturen der N. I. meist nach Kulturarealen: Subarktis, NW-Küste, Kalifornien, Becken- und Plateaugebiet, Prärien und Plains, SW, östl. Waldland. Für eine Darstellung der gegenwärtigen indianischen Restkulturen ist ein solches Einteilungsschema weniger geeignet, weil die historischen Einflüsse, die von den europäischen Kolonialmächten ausgingen, die traditionellen Kulturen nicht nur entscheidend verändert haben, sondern auch großräumige Verschiebungen nach sich zogen: durch Ausrottung, Zwangsdeportationen und Einrichtung von Reservaten. Die Spanier, die von Mexiko schon im 16. Jh. weit nach N vorstießen – und sich von den Antillen aus auch in Florida festsetzten –, zwangen die einfachen Sammlervölker Nordmexikos, Kaliforniens und des SW zur Aufgabe ihres nomadischen Lebens und zur Seßhaftigkeit, wodurch die Neugetauften besser kontrolliert und zu Zwangsarbeiten herangezogen werden konnten. Apathie und eingeschleppte Krankheiten dezimierten diese Völker fast völlig. Die seßhaften Bodenbauer des SW, besonders die Pueblo-I., konnten dagegen den Druck der spanischen Herrschaft besser auffangen und unter dem Deckmantel der äußerlichen Anpassung ihre traditionellen Kulturformen wenigstens teilweise bis in die Gegenwart bewahren. – Den Franzosen, die im N (St. Lorenztal, Große Seen) als Händler und Trapper tätig wurden, lag an guten Beziehungen zu ihren indianischen Pelzlieferanten; sie störten deshalb die traditionellen indianischen Lebenformen wenig. Auch im S (unteres Mississippi-Tal), wo sie bald Plantagen einrichteten und Neger als Arbeitskräfte »importierten«, kam es zunächst nicht zu Beeinträchtigungen der örtlichen Indianerbevölkerung. Erst nach einigen Übergriffen der Plantagenbesitzer und entsprechenden Angriffen der

I. (z.B. die Natchez) kam es zu Ausrottungskampagnen. – Die Engländer, Deutschen und Skandinavier kamen in erster Linie als Siedler nach Nordamerika. Sie »kauften« den Indianern Land »ab«, ein Vorgang, der bei den ganz anderen Landnutzungsvorstellungen der I. (Kollektivbesitz, nur Landnutzung) von diesen mißverstanden wurde, und drangen vom Atlantik her immer weiter in das Innere des Landes ein. Die indianischen Völker des O unterlagen in zahlreichen Kämpfen den Siedlern und Kolonialtruppen und zogen sich nach W zurück. Nachdem die Vereinigten Staaten ihre Unabhängigkeit erkämpft hatten, übernahmen die Amerikaner die weitere Eroberung des Kontinents. Alle I. des O wurden in ein Indianer-Territorium westl. des Mississippi vertrieben und in Reservationen eingewiesen. Auch die Reiterkrieger der Plains mußten kapitulieren, nachdem ihnen durch die Ausrottung des Bisons die Lebensgrundlage entzogen worden war und Zwistigkeiten einen gemeinsamen Kampf verhinderten. Die Grenze (»Frontier«) erreichte schließlich den SW und W. Auch hier gab es z. T. erbitterten Widerstand (Apache-Kämpfe; Nez Percé-Krieg), der zu starken Verlusten der I. führte. Die Zahl der überlebenden N. I. betrug gegen Ende des 19. Jh. nur noch ein Viertel der ursprünglichen Bevölkerung. Alle I. wurden in Reservationen eingewiesen, die – auch heute noch – einen gewissen Schutz vor weiterer Ausbeutung und Unterdrückung bieten. Gegen das sog. Terminierungsprogramm, das die Auflösung der Reservationen bringen sollte, haben deshalb die I. hartnäckig protestiert, so daß die Zentralregierung in Washington diesen Plan wieder rückgängig gemacht hat (vgl. der Fall der Menomini).

Trotz der starken Bevölkerungsverluste durch eingeschleppte Krankheiten, Kämpfe und Deportionen, Apathie und Alkoholismus, haben sich bis heute über 100 verschiedene indianische Sprachen und Kulturen erhalten. Nachdem die Regierungen in Washington und Ottawa, denen die N. I. nominell noch immer unterstehen, eingesehen hatten, daß sich die Eingliederung der N. I. in die pluri-kulturelle amerikanische Gesellschaft weder mit Gewalt noch durch gelenkten Kulturwandel erreichen ließ, wurden die

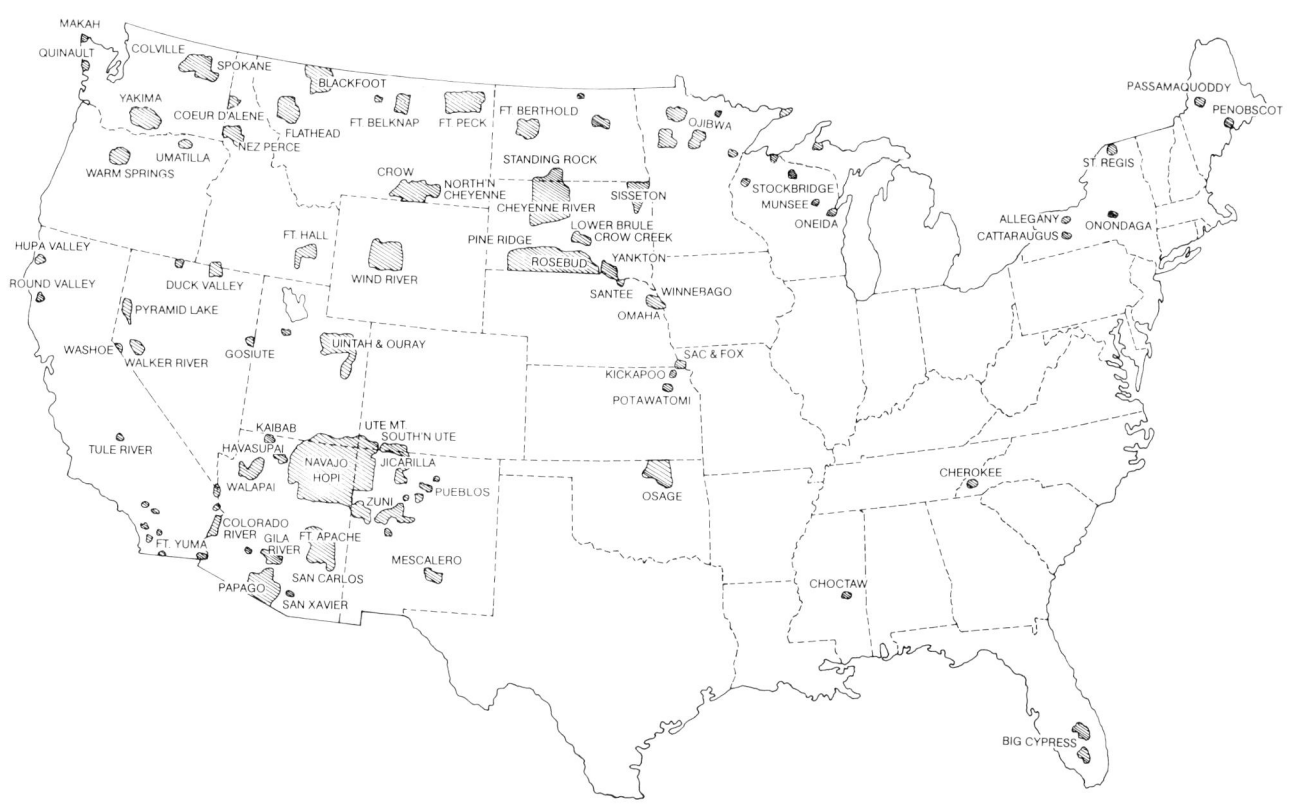

Abb. 75: Indianer-Reservationen in den USA. Inzwischen ist die aufgelöste Reservation der Menomini in Wisconsin wieder eingerichtet worden.

Indianer Nordamerikas und Mexikos

strengen Verbote der Ausübung traditioneller indianischer Lebenformen aufgehoben; man überläßt es weitgehend den einzelnen Stämmen selbst, welchen Weg in die Zukunft sie gehen wollen. Da die ökonomischen Voraussetzungen für die meisten N. I. denkbar ungünstig sind, können diese Menschen es aus eigener Kraft nicht schaffen, in der modernen hochtechnisierten Leistungsgesellschaft Nordamerikas zu überleben. Über das »Bureau of Indian Affairs« (USA) und das »Department of Indian and Northern Affairs« (Kanada) werden deshalb eine Mindestversorgung (Erziehung, Krankenhilfe, Fürsorge) und Starthilfen auf dem Agrarsektor oder Kunsthandwerk gegeben. Dabei kommt es in einigen Teilen Nordamerikas zu einem bemerkenswerten Wiederaufleben alter, längst totgeglaubter Traditionen. Es ist keine Frage, daß sich der N. I., wo immer er heute lebt, in einer bikulturellen Umwelt zurechtfinden muß. Er muß die Staatssprache als Zweitsprache lernen, und er muß die Gesetze des Staates kennen. Das setzt eine regelmäßige schulische Erziehung voraus, die heute auch in allen Reservaten – wenigstens nominell – gewährleistet ist. So ist es kein Zufall, daß es heute Repräsentanten verschiedener indianischer Stämme gibt, die als ausgebildete Juristen die komplizierten Rechtsverhältnisse, unter denen ihre Stammesgenossen leben müssen, kennen und im Verein mit interessierten und engagierten Ethnologen die alten Rechtsansprüche aus den gebrochenen Verträgen einklagen. Fast immer mit Erfolg, wie man heute feststellen kann. Da die N. I. die amerikanische Staatsgesellschaft nicht mehr in ihrer Existenz bedrohen, ist man von seiten des Staates auch eher bereit, das ehemalige Unrecht wenigstens in einem gewissen Umfang wiedergutzumachen. Bei der komplizierten Vielfalt der Zuständigkeiten ist das für einen Außenstehenden schwer zu durchschauen. Doch ist die Hoffnung berechtigt, daß in der nächsten Generation die Indianer wieder mehr Rechte haben werden als bisher, daß sie von der Staatsgesellschaft mehr geachtet und beachtet werden als zuvor. Das wird ihnen helfen, ihr Selbstverständnis und ihren Selbstwert zu stärken, sich ihrer kulturellen Identität wieder bewußt zu werden und so ihr kulturelles Erbe zu bewahren.

Abb. 76: Nordamerika. Sprachen und Verbreitung der Stämme in der frühen Kolonialzeit.

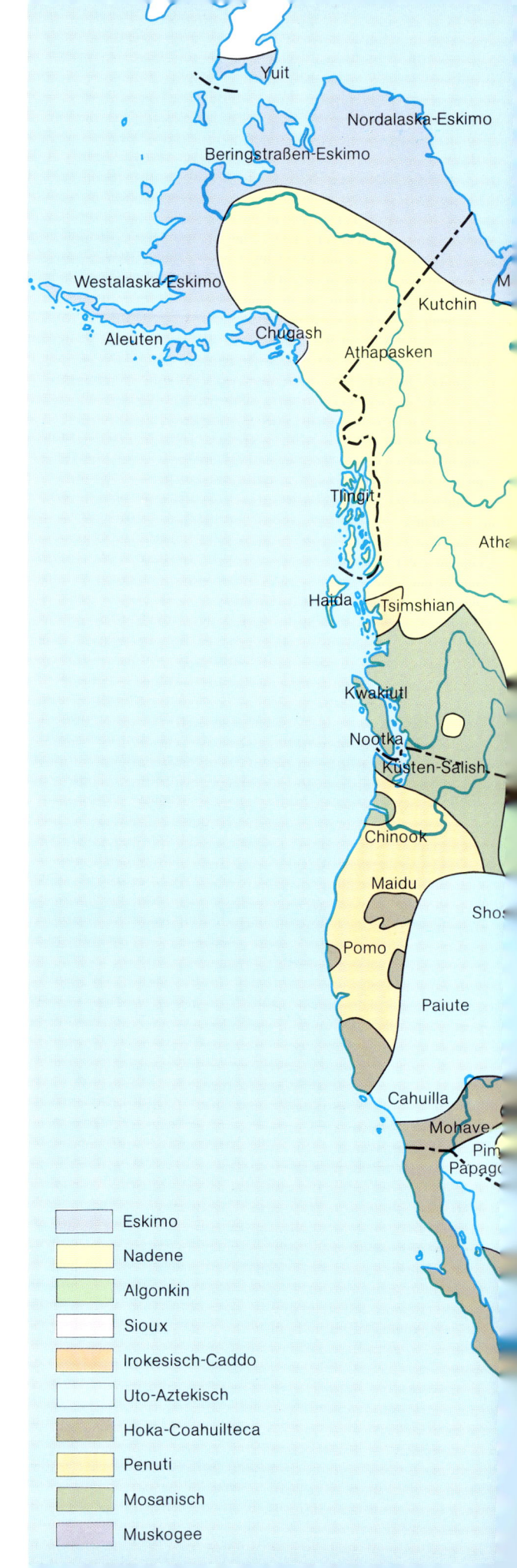

Map of Indigenous Peoples of North America

- Polar-Eskimo
- Angmagssalik
- Westgrönland-Eskimo
- Baffinland-Eskimo
- ZENTRAL-ESKIMO
- Karibu-Eskimo
- Labrador-Eskimo
- Chipewyan
- Athapasken
- Cree
- Naskapi
- Beothuk
- Assiniboin
- Ojibwa
- Hidatsa
- Yanktonai Dakota
- Mandan
- Santee Dakota
- Sauk Fox
- Ojibwa
- Huronen
- Mahican
- Crow
- Arikara
- Menomini
- Winnebago
- IROKESEN
- Wind River Shoshone
- Teton Dakota
- Cheyenne
- Kickapoo
- Delaware
- Arapaho
- Yankton Dakota
- Omaha
- Cheyenne
- Pawnee
- Illinois
- Shawnee
- Powhatan
- Jicarilla
- Kiowa
- Rio Grande Pueblos
- Kiowa Apache
- Yuchi
- Tuscarora
- Mescalero
- Osage
- Cherokee
- Chiricahua
- Comanche
- Chickasaw
- Creek
- Wichita
- Caddo
- Choctaw
- Natchez
- Seminolen

Die Lage der in Mexiko lebenden N. I. ist sehr viel anders. Aus den alt-indianischen Reichen der vorkolumbischen Zeit ist nur die bäuerliche Grundschicht übriggeblieben; die sakrale und profane Führungsschicht, die von der obersten Klasse einer streng hierarchisch gegliederten Gesellschaft gestellt wurde, ist von den spanischen Eroberern schon in der frühen Kolonialzeit restlos zerstört worden. Die heutige indianische Bevölkerung Mexikos lebt noch in teils geschlossenen, teils aber regional stark zersplitterten Restgruppen inmitten einer homogenen Mestizenbevölkerung mit stark spanischem Gepräge fort. Als indianisch gelten nur jene Gruppen, die ihre ursprüngliche Kultur im wesentlichen beibehalten haben und sich ihrer eigenen Sprache (mono- oder bilingual) noch bedienen.

Die bekanntesten und zahlenmäßig größten Indianergruppen Mexikos (von den südl. des Isthmus von Tehuantepec lebenden Maya abgesehen) sind im zentralmexikanischen Hochland die → Nahua, → Otomí und Mazahua, in der Sierra Madre Oriental bis zur Küste von Veracruz die → Totonaken und Tepehua, an der Küste die Maya sprechenden Huaxteken, im Bergland von N-Michoacán die → Tarasken sowie einige kleinere Bevölkerungen in den Bergen der Sierra Madre Occidental (Cora, Huichol). Im südmexikanischen Bergland leben die → Zapoteken, → Mixteken, Mazateken, die Mixe (→ Zoque) und zahlreiche kleinere Splittergruppen (Chontal, Chinanteken, Tlapaneken, Popoluca, Popoloca, Chatino, Cuicateken) jeweils mit mehr als 10 000 Angehörigen.

Die mexikanischen Indianer sind alle Ackerbauern, die mit Pflug, Feldhacke und Grabstock Mais, Bohnen, Kürbisse und – zum Verkauf – europäische Getreidearten anbauen; in den tiefer liegenden Gebieten werden auch Tomaten, Chilipfeffer, Kakao, Vanille, Zitrusfrüchte, Bananen, Süßkartoffeln, Zuckerrohr u. a. m. gezogen. Die dörfliche Organisation mit ihrem politischen und religiösen Ämtersystem wird heute immer stärker von der mexikanischen Staatsgesellschaft beeinflußt. Häufig übernehmen Mestizen die Schlüsselrollen. Ein staatliches Lenkungsprogramm der Integration (»Instituto Indigenista«) unterstützt theoretisch die Indianer, tatsächlich trägt es aber zur Assimilierung bei.

Lit.: 410–659
Karten: Reservationen (Abb.: 75)
        Nordamerika (Abb.: 76)
        Mexiko (Abb.: 77)

Abb. 77: Mexiko. Verbreitung der wichtigsten indianischen Sprachen und Stammesgesellschaften.

Indianer Süd- und Mittelamerikas

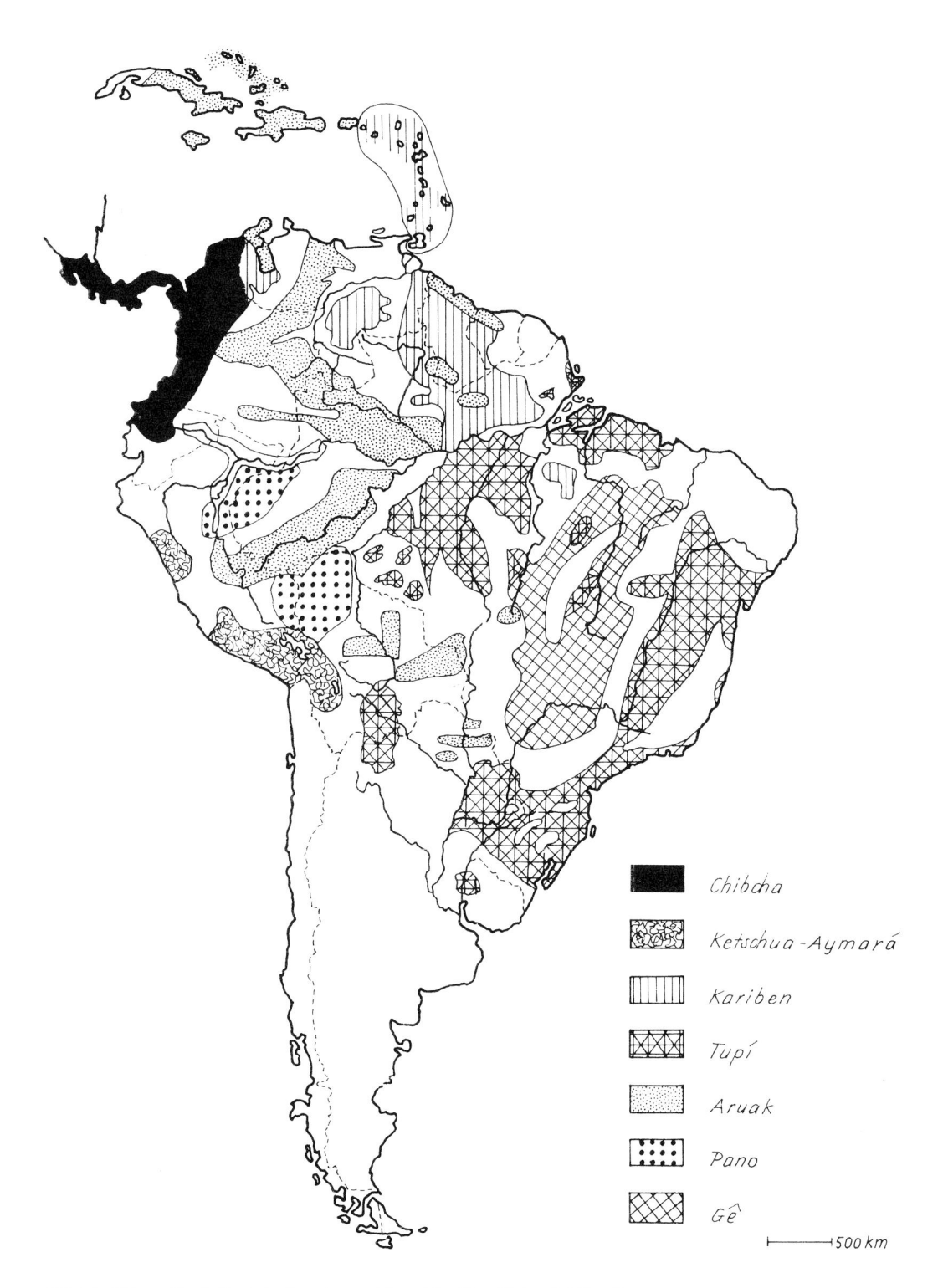

Chibcha
Ketschua-Aymará
Kariben
Tupí
Aruak
Pano
Gê

500 km

Abb. 78: Südamerika. Indianische Sprachen und Sprachfamilien. (Entwurf: Münzel)

Indianer Süd- und Mittelamerikas

Nur mit grober Vereinfachung können die I. Süd- und Mittelamerikas zu größeren Kulturgruppen zusammengefaßt werden; ihre Zahl wird heute auf 15 Mio. geschätzt; sie gehören über 500 verschiedenen Sprachfamilien an.

1. Nachkommen der Hochkulturen der Zentralanden (→ Ketschua, → Aymara) und Mittelamerika/Mexikos (→ Maya, Pipil). Die Bevölkerung war hier schon in voreuropäischer Zeit am größten, wo heute die überwiegende Mehrheit der I. lebt. Ihre Kulturen sind heute stark kolonialspanisch beeinflußt, auf einer noch immer indianischen Grundlage.

2. Zirkumkaribische Kulturvölker zwischen Ekuador und Honduras. Hier überlagerten Einflüsse aus der mexikanischen und der zentralandinen Hochkultur ein archaisches Bauerntum, das dem des Amazonasbeckens ähnelte. Zu kolonialspanischen Einflüssen (→ Cachi, → Talamanca) kommen angelsächsische und afrikanische aus der Karibik (→ Mískito, Tule, → Garífuna).

3. Archaische Bauernvölker. Im O und NO Südamerikas, mit Schwerpunkt in den tropischen Regenwäldern des Amazonasbeckens, behaupteten sich einfache bäuerliche Kulturen, die dem Gleichgewicht mit der Natur mehr Aufmerksamkeit zuwandten als den europäischen Industriewaren (→ Küsten-Kariben, → Jíbaro, → Asháninka, → Tukuna).

4. Sammler und Jäger. Vor allem im Gebiet des heutigen Argentinien paßten die I. sich Klima- und Bodenbedingungen an, die Bodenbau mit vortechnischen Mitteln nicht begünstigten (→ Matako). Inseln solcher die Umwelt mehr überlistender als verändernder Kulturen finden sich z. B. auch auf den Llanos (Guahibo) – bisweilen wohl in Anpassung weniger an die Ökologie als an europäischen Druck, der die I. zur Aufgabe des Bodenbaus in unsteter Flucht zwang (→ Aché).

Historisch besonders relevant wurden die Unterschiede zwischen den 1 und 3 genannten Gruppen:
In den Andenstaaten schon vor der europäischen Invasion straffe Verwaltungsorganisation auf territorialer Grundlage – Im O dagegen keine Staaten, sondern lose politische Bündnisse auf der Grundlage verwandtschaftlicher Beziehungen. Territoriale Einheiten reichen im Amazonasgebiet selten über das Dorf hinaus, Verwandtschaftsbande dagegen bisweilen über Hunderte von Kilometern als Grundlage eines Netzes von Querverbindungen. In den Anden und in Mexiko gehörte zum Staatsaufbau eine hierarchische soziale Schichtung, in der die Oberschicht gleichzeitig die administrative Macht innehatte. Im östl. Tiefland dagegen sind meist alle in gleicher Weise Bauern, soziale Schichtung gibt es kaum. In den Anden gab es schon Jahrhunderte vor Ankunft der Europäer Städte; im östl. Tiefland dagegen hatten die Dörfer selten mehr als 1000 Einwohner, oft gibt es überhaupt nur Einzelweiler, politisch-soziale Einheiten sind oft winzig, und selbst Grüppchen von nicht mehr als 30 Menschen können sich noch als eigene Nation sehen. In den Anden zählen die I. heute ca. 10 Mio., die sich auf nur zwei große Volksgruppen (Ketschua und Aymara) verteilen. Im östl. Tiefland dagegen leben insgesamt nicht mehr als ca. 1 Mio. I., deren Zersplitterung etwas aus dem Beispiel Brasilien deutlich wird: Keine 200 000 I. verteilen sich dort auf über 120 Volksgruppen.

Der Kolonialismus verstärkt vorgefundene Unterschiede noch: Im östl. Südamerika ging er brutaler vor, reduzierte die Bevölkerung stärker. Die Untertanen des Inkareiches, die schon in vorspanischer Zeit soziale und politische Unterdrückung erfahren hatten, waren relativ leichter ins koloniale Unterdrückungssystem zu integrieren: als Lieferanten von Grundnahrungsmitteln und als Arbeitskräfte für die neuen Herren. Die Bauern des O dagegen produzierten weniger Überschuß, den sie obendrein meist selbst, z. B. auf Festen konsumierten, und kannten kaum das Prinzip der Ausbeutung des Menschen durch seinen Herren; sie waren daher weder bereit, noch nach dem Stand ihrer Landwirtschaft in der Lage, den Weißen große Nahrungsmengen abzugeben, und wollten auch nicht für Fremde arbeiten.

Genozid gab es daher vor allem im O, wo die I. dem Kolonialsystem nicht nutzten. Andererseits haben die wenigen überlebenden I. des O ihre Autonomie eher bewahrt, denn die Europäer waren zwar daran interessiert, wirtschaftlich nutzbare Gebiete von »überflüssigen« Eingeborenen zu säubern, kaum aber daran, die weiterhin »unnützen« Überlebenden der Säuberung zu integrieren.

Verfolgung (Aché, Kaingang), Abwehrkampf (Mapuche, Timbira), Rückzug ins Hinterland (Xinguanos) oder Bündnis mit den Weißen (Munduruků, Orarimugudoge) haben, ebenso wie der seit Jahrhunderten in die entferntesten Winkel reichende Handel, tiefgreifende Wandlungen im Kulturbild bewirkt. Ganz neue Völker entstanden (Garífuna, Runa), Existenzgrundlagen wurden völlig verändert (Guaikurú), neue Religionen entwickelt (Chiquitanos, Mojos). Angesichts dieser Dynamik erscheint die Frage, ob die »steinzeitlichen« Indianerkulturen überleben können, sinnlos: Sie haben sich schon längst von der Steinzeit entfernt, und viele scheinen auch durchaus in der Lage, sich neuen Wandlungen anzupassen.

Voraussetzungen, die hierfür gewährleistet sein müssen, sind v. a. a) Sicherung des physischen Überlebens und b) Sicherung der Landrechte.

Zu a): Während einzelne Gruppen noch immer ohne ärztliche Hilfe gegen neue Krankheiten, gegen die sie noch keine Immunisierungskräfte besitzen, gelassen werden, andere I. Massenmorden zum Opfer fallen, ist die Zahl der I. Lateinamerikas insgesamt dennoch wieder im Steigen. Die Zuwachsrate einiger Gruppen (z. B. Galibi, Küsten-Kariben) gehört zu den höchsten der Welt. Der »aussterbende« Indianer ist ein europäisches Klischee, dessen Realisierung man allerdings bis in unser Jahrzehnt mancherorts zu erzwingen suchte.

Zu b): Der Verlust des Landbesitzes bedeutet für die – überwiegend von Landwirtschaft lebenden – I. den Verlust der Grundlage einer autonomen Existenz. Der Kampf um Landrechte ist daher das Hauptanliegen sowohl der in den letzten Jahren vielerorts, etwa in O-Ekuador oder im kolumbianischen Cauca-Tal, entstandenen Interessenvertretungen indianischer Völker als auch der schon älteren, mehr klassen- als volksmäßig orientierten Bauernvereinigungen der Zentralanden.

Die »latein«amerikanische Volkskultur ist vielerorts so stark indianisch durchsetzt (z.B. in Paraguay, im brasilianischen Amazonasgebiet, im peruanisch-bolivianischen Hochland), daß man sie auch »indo«amerikanisch nennen könnte. Gerade in den stark indianisch beeinflußten Regionen ist die Bevölkerungszunahme oft am größten, so daß man für die Zukunft eher mehr als weniger indianischen Einfluß annehmen kann. Er steht dort allerdings im Rahmen einer Mischkultur, nicht mehr in einem rein indianischen Zusammenhang. Ob sich daneben auch ein eigenes indianisches Volkstum – besser: indianische Volkstümer – erhalten kann, ist gegenwärtig schwer abzusehen, aber zumindest bei den größeren Gruppen (→ Mapuche, → Jíbaro) wahrscheinlich. Das würde bedeuten, daß die heute noch sich als kulturell einheitlich verstehenden, meist zentralistisch organisierten Staaten Lateinamerikas sich zum kulturellen Pluralismus und zur Anerkennung regionaler Autonomien bequemen müßten.

Lit.: 430, 711, 749, 800, 803
Karte: Südamerika (Abb.: 78)

Indonesier

Im allg. Sprachgebrauch wird die Bezeichnung I. politisch verstanden und auf die Staatsangehörigen der Republik Indonesien eingeengt.

Die Völkerkunde dagegen faßt die Bezeichnung sehr viel weiter. Sie versteht darunter die autochthone Bevölkerung der Inselwelt SO-Asiens. Diese wird aus der Halbinsel Malakka und einem Inselbogen gebildet, der sich von Sumatra über Java und Sulawesi bis zu den Philippinen erstreckt, Singapur und Borneo umschließt und im O eine weitere Inselkette nach Neuguinea entsendet.

Darüber hinaus gibt es auch außerhalb des südostasiatischen Archipels in Mikronesien (Marianen; Palau; → Mikronesier), im nördl. Süd-Vietnam, auf Taiwan und Madagaskar Völker und Stammesgruppen, die zu den I. gerechnet werden.

1970 lebten im Archipel rund 170 Mio. Menschen: neben Chinesen, Indern und anderen Immigranten etwa 155 Mio. I. Um 1800 hat es etwa 14 Mio. I. gegeben.

Die I. gliedern sich in eine Vielzahl ethnischer Gruppen, die sowohl von Millionenvölkern (Javanern, Malaien, Tagalen) als auch von vergleichsweise kleinen Stammeseinheiten gebildet werden. Ihre Zahl wird sehr unterschiedlich – von 150 bis weit über 300 – geschätzt.

Die Brückenstellung des Archipels zwischen dem asiatischen Festland, Ozeanien und Australien ermöglichte und förderte schon in frühester Zeit umfangreiche Wanderungen zahlreicher Völker, die sich überlagerten, vermischten und verdrängten. Das Ergebnis ist ein Bild ethnischer Vielfalt. Im Tropengürtel gelegen, umfaßt der Archipel mehr als 20 000 Inseln, von denen rund 8500 permanent besiedelt sind. Borneo (→ Dajak), Sumatra (→ Aceh, → Batak, → Minangkabau), Sulawesi (→ Toradja), Luzon und Mindanao (→ Igorot, → Moros) zählen zu den größten Inseln der Welt.

Die I. gehören der mongoliden Rasse an. Typische Merkmale der Mongoliden, z.B. die Mongolenfalte, sind bei ihnen nur schwach entwickelt. Sie sind von relativ kleiner Statur, haben eine hell- bis dunkelbraune Hautfarbe und schwarzes, straffes Haar. Insgesamt gesehen ist ihr körperlicher Habitus wenig einheitlich: somatische Unterschiede sind auf Vermischungen mit verschiedenen, nicht-mongoliden Bevölkerungsgruppen zurückzuführen, die schon vor der Ankunft der Mongoliden im Archipel ansässig waren.

Die Sprachen der I. sind miteinander verwandt. Sie bilden den westl. Zweig der austronesischen Sprachfamilie und gliedern sich in die Gruppen der W-, NW-, SW-, und O-indonesischen Sprachen.

Die Vorfahren der heutigen I. sind zwischen 2500 und 1500 v. Chr. von Asien aus in den Archipel eingewandert. Sie waren Träger einer neolithischen Kultur und verfügten bereits über Kenntnisse des Pflanzenanbaus und der Tierhaltung. Sie zerstörten die ethnische Eigenständigkeit der wildbeuterischen Vorbevölkerung weitgehend oder assimilierten deren Reste. Es gibt nur wenige Gruppen im Archipel, die noch bis in die jüngste Gegenwart als Wildbeuter leben und auf die nicht-mongolide Vorbevölkerung zurückzuführen sind (s. u.).

Um die Zeitenwende gerieten die Küstengebiete um die Java-See unter den Einfluß Indiens. Die hindu-javanische Epoche kulminierte in dem mächtigen Reich Madjapahit, das im 14. Jh. seine Herrschaft über die ganze Weite des heutigen indonesischen Staates und die Halbinsel Malakka ausgedehnt und die Inseln zu einer staatlichen Einheit verbunden hatte. Madjapahit zerbrach Ende des 15. Jh. im Ansturm des Islams, der sich von N-Sumatra aus über weite Teile des Archipels verbreitete. Lediglich auf Bali und in Teilen Lomboks hat sich der Hinduismus bis in die Gegenwart erhalten können. Doch noch heute bestehen viele Bereiche der hindu-javanischen Kultur (Musik/Theater) unter dem Islam fort.

1511 erschienen die Portugiesen als erste Kolonialmacht im Archipel. Spanier, Niederländer und Briten folgten. Während die Spanier schon ab 1565 auf den Philippinen mit der Missionsarbeit begannen, wurde diese erst zu Beginn des 19. Jh. in den von Niederländern und Briten besetzten Gebieten eingeleitet.

Um einen Überblick über die Vielfalt der indonesischen Völker und Kulturen zu gewinnen, bedient sich die Völkerkunde heute eines Ordnungsschemas, das Bezug nimmt auf die skizzierten historischen Vorgänge im Archipel.

Man scheidet die I. in alt- und jungindonesische Ethnien.

Die Alt-I. haben ihre kulturelle Prägung in frühen Geschichtsepochen erfahren. Die Jung-I. wurden erst später durch Hinduismus, Buddhismus, Islam und frühes Christentum geprägt, wobei Unterschiede zwischen den jungindonesischen Völkern und Stammesgruppen auf die verschiedene Intensität ihrer hochkulturellen Beeinflussung zurückzuführen sind.

Die hindu-javanische Kultur, Islam und Christentum verbreiten sich jedoch nicht gleichmäßig über alle Teile des Archipels. In den Randgebieten, auf entlegenen Inseln und im Innern der großen Inseln blieben Bevölkerungsgruppen ausgespart, die von der Völkerkunde als Alt-I. klassifiziert werden. In der Abgeschlossenheit ihrer Inseln bekamen die Alt-I. nur durch Vermittlung der Küstenbevölkerung von den Veränderungen in der Inselwelt zu spüren.

Zu den Alt-I. werden die verschiedenen Gruppen der wildbeuterischen, nicht-mongoliden Vorbevölkerung gerechnet: z.B. die Orang Asli (ca. 55 000) in den Waldgebirgen der Halbinsel Malakka. Die Semang (3000) und Senoi (25 000), zwei Gruppen der Orang Asli, die Mon-Khmer sprechen, bestreiten ihren Lebensunterhalt durch Jagd (Waffe: Blasrohr) und Sammeln von Waldprodukten. In Lokalgruppen (Horden) zusammengeschlossen, führen sie ein nomadisches Leben. Ihre typische Behausung ist der Windschirm. Ihre Seßhaftmachung wurde bereits eingeleitet.

Abkömmlinge weddid beeinflußter Restvölker sind die Orang Kubu, Lubu, Ulu, Mamak, Akit, Sakai (oder Batin), Utan, Darat (oder Benua), Lom und Laut (→ Moken) auf Sumatra und vorgelagerten Inseln.

Auch die Punan, Toala und Aëta auf Borneo, Sulawesi und Luzon sind Abkömmlinge der nicht-mongoliden, wildbeuterischen Vorbevölkerung. Ebenso die Tasaday auf Mindanao, die erst Mitte 1971 in der Kordillere von Cotabato im SW der Insel entdeckt worden sind.

Die Mehrheit der Alt-I. dagegen ist seßhaft: sie lebt in kleinen Dorfgemeinschaften und betreibt Anbau (Reis, Kokos, Banane, tropische Knollenfrüchte), Tierhaltung (Hunde, Hühner, Schweine – Wasserbüffel waren ursprünglich nur Opfertiere) und Fischfang. Jagd- und Sammelerträge haben einen nur geringen Anteil am Prozeß der Nahrungsgewinnung. Die Häuser der Alt-I. sind gewöhnlich rechteckige Pfahlbauten, die z. T. kunstvoll verziert sind. Die Techniken des Webens, Flechtens und der Metallverarbeitung sind bei ihnen von alters her verbreitet. Ihre verwandtschaftliche Organisation ist überwie-

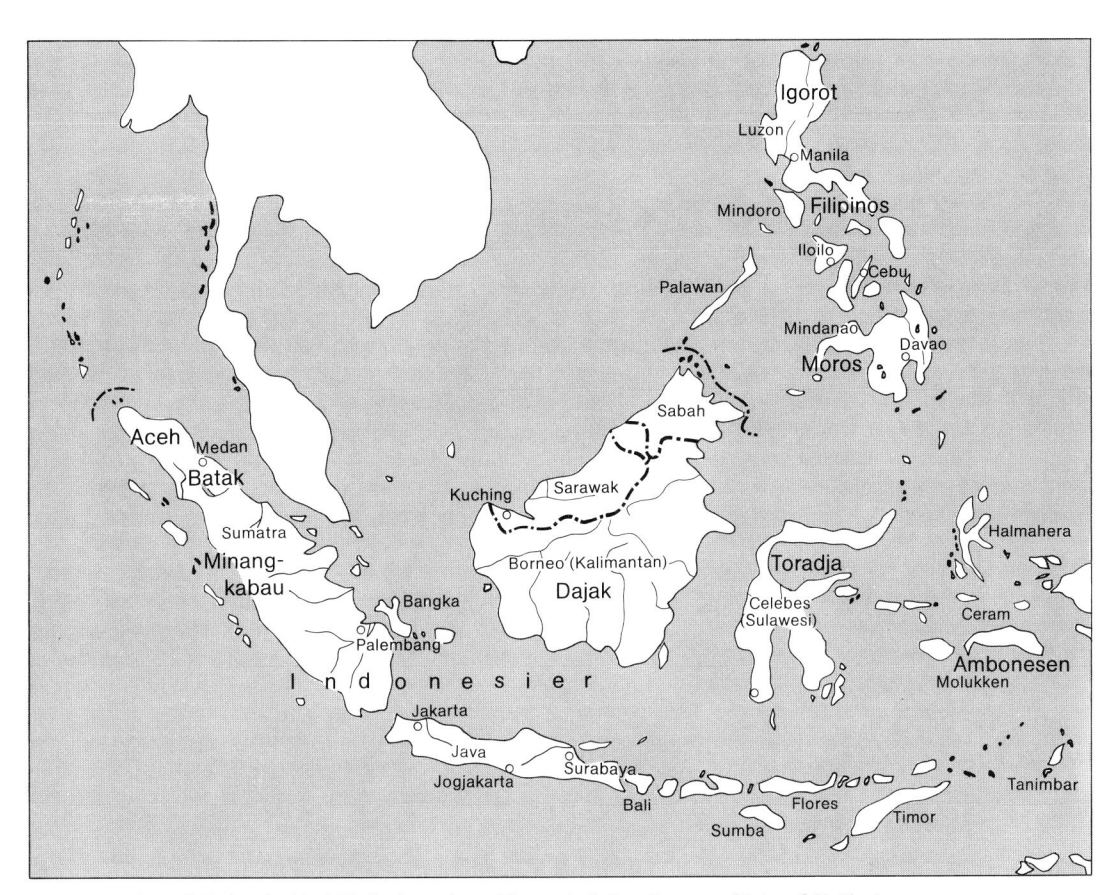

Abb. 79: Südostasiatischer Archipel. Verbreitung der größeren ethnischen Gruppen. (Entwurf: Kröber).

gend patrilinear+. Altersklassen und Reifefeiern, eine ständische Gesellschaftsordnung, Junggesellenhäuser und der Glaube an Götter und Geister sowie Ahnenverehrung und Totenkult sind weitere Stichworte zur ersten Charakterisierung der Alt-I.
Die Zahl der alt-indonesischen Ethnien übertrifft die der Jung-I. um ein Vielfaches: zu ihnen zählen die → Batak, Gajo und Alas auf Sumatra; die Niasser, Mentaweier und Engganesen auf vorgelagerten Inseln; die → Dajak auf Borneo; die → Toradja und Minahasa auf Sulawesi; die meisten Bewohner der kleinen Sunda-Inseln; die → Igorot auf Nord-Luzon; die Bukidnon, Manobo, Bagobo, Bilaan, Sabuanum auf Mindanao; die Mangyan auf Mindoro; die Tagbanun auf Palawan.
Die Jung-I. dagegen stellen den Hauptteil der I. (90%) und damit der Staatsbevölkerungen der verschiedenen politischen Einheiten (s. u.). Die Wirtschaft der Jung-I. beruht vor allem auf dem Naßreisanbau mit Pflug und Wasserbüffel sowie der Fischerei. Techniken des Webens, Flechtens, Färbens (Batik), das Waffen- und Goldschmiedehandwerk sowie die Schiffahrt waren bzw. sind hoch entwickelt. Die jung-indonesischen Gesellschaftsordnungen reichen von egalitären Dorfformen bis hin zu überaus differenzierten, höfischen Strukturen in urbanen Zentren. Schon früh hatten sich Staatssysteme ausgebildet, die in unterschiedlichem Maße indischen, muslimischen und später nachfolgenden christlichen und europäischen Einflüssen ausgesetzt waren.
Jung-indonesische Völker sind auf Java die Javaner, Sundanesen, Maduresen; auf Bali die hinduistischen Balinesen; auf O-Sumatra, der Halbinsel Malakka und Teilen Borneos die Malaien (in der Literatur werden oft alle indonesischen Völker Malaien genannt); im nördl. Sumatra die → Aceh; im zentralen Sumatra die → Minangkabau; auf Sulawesi die Makassaren und Bugi; auf den Philippinen die christlichen Bevölke-

Abb. 80: Straßenszene in einem Dorf der Bugi, Süd-Sulawesi, Indonesien: Die traditionellen Häuser mit Palmblattdächern werden zunehmend durch wellblechgedeckte, dem tropischen Klima nicht angemessene, Bretterbuden ersetzt. (Foto: Kröber)

rungsgruppen der Tagal und Bisaya oder Visaya und die muslimischen Moros; auf Lombok und Sumbawa die muslimischen Sasack; im Ostteil des Archipels die → Ambonesen und Ternatesen.

Zu betonen ist, daß die Scheidung der I. in alt- und jung-indonesische Ethnien lediglich provisorischen Charakter hat. Eine feste Grenze besteht zwischen beiden Gruppen nicht, denn es gibt jung-indonesische Völker, bei denen sich gewisse alt-indonesische Merkmale erhalten haben. So ist z. B. die mutterrechtliche Gesellschaftsordnung der Minangkabau nur schwer in Einklang zu bringen mit den Gesetzen des Islams.

Die Unterscheidung Alt- und Jung-I. hatte nur bis in die erste Hälfte des 19. Jh. Gültigkeit. Seither wurde durch Christentum, Verwaltung und Schulwesen eine Angleichung beider Gruppen eingeleitet oder bereits vollzogen. Daher werden heute nur jene Bevölkerungsgruppen zu den Alt-I. gerechnet, die um 1825 weder hinduistisch, muslimisch noch christlich waren, d. h. bis zu dieser Zeit die überkommene Religion bewahrt hatten.

Die indonesischen Stämme und Völker lebten in der Mehrheit noch bis ins 20. Jh. beziehungslos nebeneinander, mit nur wenigen Kontakten zur Außenwelt. Heute sind sie in Staatsystemen (Förderation Malaysia, die Republiken Singapur, Indonesien, Philippinen, das Fürstentum Brunei [brit. Protektorat]) eingebunden, die in ihren Grundlagen und Grenzen von europäischen Kolonialmächten geschaffen wurden.

Etwa drei Viertel des Archipels (über 13 000 Inseln) gehört politisch zur Republik Indonesien (1977: 143 Mio). Auch O-Timor (ehemals portugiesischer Kolonialbesitz) wurde von Indonesien okkupiert, als dort die »Unabhängige Volksrepublik O-Timor« (1975) ausgerufen wurde. Gegen den Willen der Timoresen wurde 1976 der Ostteil der Insel dem indonesischen Staat als 27. Provinz eingegliedert.

Die starke Zentrierung von Politik und Wirtschaft auf die Insel Java, Unterschiede in der Landesentwicklung (vor allem die Vernachlässigung der Außeninseln) sowie ethnische und religiöse Gegensätze tragen zu dem Komplex der Spannungen bei, der die interethnischen Beziehungen der Völker Indonesiens kennzeichnet

Abb. 81: Six Nations Reserve, Südwest-Ontario, Kanada. Auf dieser größten Irokesen-Reservation wird noch immer die alte Subsistenzwirtschaft betrieben: Mais, Bohnen, Kürbisse, verschiedene Gemüsearten; Tabak. Die kleinen Felder reichen jedoch nicht mehr aus, die stark angewachsene Bevölkerung zu ernähren, so daß zunehmend Lohnarbeit in benachbarten Städten wichtig wird. (Foto: Lindig)

Abb. 82: Das traditionelle Langhaus der Irokesen wird nur noch in sog. Freilichtmuseen aufgebaut. Hier in einem kleinen Touristenpark auf der Six Nations Reserve, Ontario. Wie bei den alten Langhäusern ist auch dieses Langhaus mit Ulmenrinde abgedeckt. Es ist jedoch nur eine kümmerliche Rekonstruktion der früheren Großfamilienhäuser. (Foto: Lindig)

Abb. 83: Blockhaus auf der Six Nations Reserve, Südwest-Ontario, Kanada. Das von den europäischen Kolonisten eingeführte Blockhaus wurde noch bis in das 20. Jh. gebaut, ist jedoch heute von einfachen Bretterhäusern verdrängt. (Foto: Lindig)

und sich in Aufständen und Separationsbewegungen einzelner Gruppen manifestiert.

Lit.: 323–349
Karte: Südostasiatischer Archipel (Abb.: 79)

Inguschen

Heutige Sammelbezeichnung für verschiedene Lokalgruppen mit vejnachskischer Sprache (= nordöstl. Zweig der kaukasischen Sprachfamilie) im NO-Kaukasus (UdSSR). 1970: 158 000., davon 72,2% in der Tschetschenisch-Inguschischen ASSR. Kulturell und sprachlich sind die I. eng mit den Tschetschenen verwandt, wurden in der Literatur daher auch vielfach mit diesen zusammen behandelt. Ihre Sonderstellung in der heutigen sowjetischen Literatur wird mit ihrer Nichtbeteiligung an den kaukasischen Kriegen gegen Rußland im 19. Jh. und ihrer archaischen Kultur begründet.
Viehzucht (besonders Schafe) bildete die Lebensgrundlage der I., Milchprodukte waren wichtige Tauschmittel für Getreide aus den Ebenen. Trotz ihrer Bekehrung zum Christentum und im 19. Jh. zum Islam blieben die I. wie kaum ein anderes Kaukasus-Volk ihrer heidnischen Religion treu: Dorf- und Herdkulte blühten weiter, Schutz- und Fruchtbarkeitsgottheiten wie auch die Vorfahren wurden verehrt und beopfert. Die Toten bestattete jede Familie in einem eigenen mehrstöckigen Totenhaus. Die I. kannten keine zentrale Machtinstitution, sondern entschieden ihre Angelegenheiten innerhalb der patriarchalisch geführten Großfamilie, deren Oberhaupt im Dorfrat saß. Mehrere dieser Familien bewohnten ein Dorf, das in den Bergen festungsartig ausgebaut war: eine hohe Steinmauer umschloß einen mehrgeschossigen Wohnturm, in dessen direkter Nähe ein fünfstöckiger Wehrturm als Zufluchtsort bei Belagerung stand.
Schon seit dem 16. Jh. ist eine Abwanderung der I. aus den armen Berggebieten in die nordkaukasischen Ebenen feststellbar. Anfang des 19. Jh. wurde sie von Rußland unter Zwang fortgesetzt. Schon in der 2. Hälfte des 19. Jh. lebte die Mehrzahl der I. im Flachland. Von daher gesehen müssen die I. als vom tschetschenischen Stammesverband durch die russische Zwangsumsiedlung abgetrennte Gruppe betrachtet werden. Da die I. unter russischer Hoheit standen, konnten sie sich nicht an den kaukasischen Kriegen beteiligen (→ Daghestan-Völker).

Es sind vor allem wirtschaftliche und soziale Veränderungen, von denen die I. nach der Revolution betroffen wurden: Auflösung der Großfamilie, Einrichtung von Kolchosen für Viehzucht, Obst- und Bodenbau. Die in den Bergen noch bestehenden Wohntürme wurden vielfach nach modernen Gesichtspunkten umgebaut. Seit 1936 wird die Sprache der I. mit kyrillischen Buchstaben geschrieben und die inguschische Kultur – soweit dies gut erscheint – staatlich gefördert.

Lit.: 52
Karte: Kaukasus (Abb.: 61)

Irokesen

Nordamerikanische Indianer an den östl. oder unteren Großen Seen. Im allgemeinen Sprachgebrauch werden damit die Stämme der Irokesischen Liga (Seneca, Cayuga, Oneida, Onondaga und Mohawk, ab 1722 auch noch die Tuscarora) bezeichnet. Die Zahl der überlebenden I. ist schwer zu schätzen, sie dürfte um 10 000 in den USA liegen, in Kanada ist sie etwas höher. Sprache: Irokesisch-Caddo.
Die I., im Sinne dieser Definition, waren intensive Bodenbauer und hatten hohe Ernteerträge von Mais, Bohnen, Kürbissen, Sonnenblumen, Tabak und Hanf, aber Jagd und Fischfang waren ebenfalls ertragreich. Seit der Kolonialzeit werden auch etwas Viehhaltung und Obstanbau betrieben. Von ökonomischer Bedeutung war außerdem schon seit voreuropäischer Zeit, insbesondere dann aber in der frühen Kolonialzeit, der Handel mit den atlantischen Küstenstämmen bzw. den europäischen Kolonisten und den subarktischen Jägern des Binnenlandes, die als Pelzlieferanten wichtige Handelspartner waren. Die I. bewohnten große, mit Palisaden befestigte Siedlungen, die aus mehreren rechteckigen Langhäusern (danach auch ihre Selbstbezeichnung »Ho-de-no-sau-nee« = Langhausleute) bestanden. In diesen Langhäusern lebten die Angehörigen einer matrilinearen+ Sippe unter der Herrschaft einer Matrone. In Wirtschaft und Sozialordnung hatten die Frauen besondere Rechte und Pflichten, so daß in älteren Werken von einem Matriarchat der I., d. h. einer Frauenherrschaft, gesprochen wird. Das trifft jedoch nicht zu. Zwar bestimmten die ältesten Frauen eines Matriklanes+ die Häuptlinge und Sachems, doch waren sie dabei an feste Regeln der Erbfolge gebunden. Die so »ernannten« Häuptlinge

waren die eigentlichen Träger der politischen Macht – im Stamm wie in der Liga. Jedes Dorf setzte sich aus den Angehörigen verschiedener Matriklane+ zusammen, die sich – bei kultischen Feiern – zu Moieties+ verbanden. Die Stämme der Irokesischen Liga hatten sich im 16. Jh. zu einer Konföderation zusammengeschlossen, als deren Gründer Dekanawida und Hiawatha angesehen werden. Die Liga wurde von einem Sachemrat geleitet, der aus 50 Friedenhäuptlingen (Sachems) bestand, die von den einzelnen Stämmen gestellt wurden. Mit der Gründung der Liga gingen die heftigen Kämpfe der I. gegeneinander zu Ende. Zugleich entstand eine gemeinsame Front gegen die umgebenden Algonkin und westirokesischen Stämme, die den I. die Vorherrschaft über große Teile des nordöstl. Waldlandes sicherte. Durch Adoptionen ganzer Gruppen unterlegener Stämme wurden Kriegsverluste ausgeglichen und eine Art stehenden Heeres geschaffen. In der materiellen Kultur waren Holz und Ulmenrinde als Rohstoffe von Bedeutung. Aus der Rinde wurden Kanus, die Dachbedeckung der Häuser und zahlreiche Gefäße hergestellt. Die Kleidung bestand aus gegerbten Tierfellen, geschmückt mit applizierten Stachelschweinborsten (Quillwork); später traten die von den Europäern importierten Perlen an die Stelle der Stachelschweinborsten- und Elchhaarapplikationen. – Träume und Traumdeutung spielten eine wichtige Rolle im Leben der I. Sie wurden nicht nur bei der Diagnose von Krankheiten oder unerklärlichen Unglücken herangezogen, sondern dienten auch bei der Entscheidungsfindung von Fragen des täglichen Lebens. Dies führte dazu, daß Träume geradezu herbeigesehnt wurden und man ständig über sie diskutierte. Auf diese Weise glaubten die I., sich selbst besser verstehen zu können, aus ihrem Unterbewußtsein besondere Fähigkeiten erkennen zu können. – In der Kosmologie waren neben Ataensic, einer Art Göttermutter, die beiden Zwillinge Teharonhiawagon und Tawiskaron als Kulturheroen und Gegenspieler die Zentralgestalten der irokesischen Mythologie. – In Séancen der Mitglieder von Geheimbünden (»Falschgesichterbund«, bei dessen Zeremonien Masken mit verzerrten Gesichtern getragen wurden) wurden Krankheiten geheilt und Unheil vom Dorf abgewendet. Die Mitglieder der Geheimbünde hatten besondere Kenntnisse von Heilpflanzen und therapeutischen Praktiken. – Der Seneca-Prophet »Handsome Lake« gründete um 1800 die Langhausreligion, eine Mischung von altindianischen Glaubensvorstellungen und christlicher Morallehre. Ihr

hängt heute noch etwa die Hälfte der I. auf der Six Nations Reserve an.
Schon in früher Kolonialzeit wurden die I., im Grenzgebiet zwischen englischen Kolonisten und dem französischen Kanada lebend, in die Streitigkeiten der europäischen Kolonialmächte verstrickt. Sie kämpften auf seiten der Engländer gegen die Franzosen, später verbündete sich die Mehrzahl der Mitglieder der Liga mit den Engländern gegen die Amerikaner. 1784 verloren sie ihr Land, als die Amerikaner ihre Unabhängigkeit gewonnen und die I. bei Elmira, N. Y. (1779) geschlagen hatten. Die meisten I. (Mohawk, Cayuga) zogen dann nach Kanada, wo sie heute auf der Six Nations Reserve am Grand River in Ontario leben; eine andere Mohawk-Gruppe lebt in St. Regis, New York. Die Seneca, Onondaga und Tuscarora zogen auf Reservationen im heutigen Bundesstaat New York, die »christlichen« Oneida wanderten zur Green Bay in Wisconsin aus, eine Restgruppe wurde nach Oklahoma verschlagen. Die sechs Reservationen im Staate New York sind inzwischen aufgelöst worden.
Die I. leben heute überwiegend als Kleinbauern. Viele Mohawk sind jedoch als Facharbeiter im Hochhausbau tätig, weil sie als schwindelfrei gelten, ein bisher ungeklärtes Phänomen. In den Reservationen und auch in den Siedlungen ohne Reservatsstatus werden noch manche religiösen Riten und Feste in traditioneller Weise abgehalten. Die St. Regis-Mohawk geben eine auch in Europa bekannte indianische Zeitung (»Akwesasne Notes«) heraus, die zum Sprachrohr des »American Indian Movement« geworden ist, einer sich panindianisch verstehenden Gruppe von indianischen Bürgerrechtlern, die um Gleichberechtigung, Revision der gebrochenen Verträge und andere indianische Anliegen kämpft.

Lit.: 526, 527, 533, 538, 541, 542, 544, 546, 547, 548, 549, 555, 558
Karte: Nordamerika (Abb.: 76)
Abb.: 81, 82, 83

Itelmen

Früher Kamtschadalen, eine heute völlig russifizierte Kleingruppe mit paläoasiatischer Sprache (1964: 1200) überwiegend auf der Halbinsel Kamtschatka in O-Sibirien (UdSSR).
Die I. trieben hauptsächlich Fischfang und Jagd auf Meeressäuger (Seehund, Seebiber und Wal),

jagten aber auch Waldtiere, um sich Fleisch zu beschaffen. Die Frauen sammelten wildwachsende Pflanzen und trugen damit einen wichtigen Teil zur Ernährung bei. Geräte wurden aus Stein und Knochen hergestellt; Ski und Schneeschuh dienten zur Fortbewegung. Im Winter zogen die I. in große halbunterirdische Häuser, in denen bis zu hundert Menschen Platz fanden; im Sommer wohnte man, wieder nach Familien getrennt, in zeltartigen mit Gras bedeckten Behausungen, die auf Pfählen errichtet wurden. Das Tier spielte in der Vorstellungswelt der I. eine herausragende Rolle, besonders der Rabe war Held vieler, teils sehr komischer Mythen und Geschichten.

Die Dezimierung der I. ist auf den Kontakt mit Rußland zurückzuführen. Verantwortlich dafür waren einerseits Epidemien und Seuchen, denen die I. wehrlos ausgeliefert waren, zum anderen scheuten die zaristischen Beamten oft kein Mittel, um den Pelztribut einzutreiben. Noch im 18. Jh. kam es infolge solcher Übergriffe zu heftigen Kämpfen, doch Assimilation an die russische Kultur und Vermischung mit russischen Siedlern, die seit Mitte des 18. Jh. nach Kamtschatka kamen, führten bald zur Aufgabe jeden Widerstandes und zur allmählichen Auflösung der itelmischen Kultur.

Die Sowjetzeit begann für die I. nach der Vertreibung der »Weißen«, 1921. Heute fischen und jagen sie in Brigaden, arbeiten auch innerhalb des neu eingeführten Ackerbaus.

Lit.: 79, 97
Karte: Zentral- u. Nordasien (Abb.: 97)

Jakuten

Türkisch sprechende Gruppe in N-Sibirien (UdSSR), am Mittellauf der Lena; auch an Jana, Indigirka, Kolyma, Olenjok und Anabar. Fast alle J. (1970: 296 000) leben in der Jakutischen ASSR.

Als Rinder- und Pferdezüchter nehmen die J. in N-Sibirien eine absolute Sonderstellung ein. Die Pferde werden ganzjährig geweidet, die Rinder, eine zähe, aber wenig produktive Rasse, im Winter in Ställen gehalten. Von ihren Tieren gewannen die J. wichtige Subsistenzmittel wie Fleisch, Milch, Häute; man spannte sie auch als Zugtiere vor den Schlitten, neben Ski und Boot und vor Einführung des russischen Räderkarrens das wichtigste Fortbewegungsmittel im unwegsamen Jakutien. Die Viehzucht der J. machte einen jahreszeitlichen Nomadismus von den Winter- zu den Sommerweiden notwendig. Weitere traditionelle Wirtschaftszweige waren die Fischerei, die Jagd, auch auf Pelztiere, das Einsammeln wildwachsender Pflanzen, im N auch die Rentierhaltung. Seit Mitte des 19. Jh. übernahmen die J. von russischen Siedlern in beschränktem Umfang den Bodenbau. Hochentwickelt war die Schmiedekunst. Erz wurde aus eigenen Vorkommen gewonnen, Silber aus russischen Münzen eingeschmolzen. Die Kenntnis der Töpferei ist nur mit der südl. Herkunft der J. erklärbar. Große Kunstfertigkeit zeigen die Arbeiten aus Birkenrinde und Holz, die Pelz- und Lederbearbeitung, die Stickereien mit Pferdehaar, Perlen und Metallplättchen sowie die Applikationen mit Leder und Fell. Die J. lebten in weit verstreuten Siedlungen mit nur wenigen Häusern, die man in Holzrahmenkonstruktion errichtete, mit Lehm und Kuhdung verschmierte und mit einem Rinden- und Erddach bedeckte. Im Sommerlager wohnten sie in konischen, mit Birkenrinde bedeckten Stangenzelten. Die J. lebten in meist monogamen Kleinfamilien, die zu größeren Geschlechterverbänden gehörten. Ihre Führer wurden in russischer Zeit immer mehr zu Stammesadligen, die für ihre Dienste in der zaristischen Verwaltung große Machtbefugnisse über ihre Stammesgenossen und Ländereien zugesprochen erhielten. Als Vertreter ihres von russischen Siedlern und Händlern hart bedrängten Volkes wurden sie dadurch nur allzu oft ungeeignet. Alle J. waren zu gegenseitiger Hilfe, Bewirtung und Gastfreundschaft verpflichtet, bei den häufigen Hungersnöten für viele eine lebensrettende Einrichtung. Trotz des Übertritts zum orthodoxen Christentum lebte die heidnische Religion mit ihrem stark hochkulturlich überformten Pantheon weiter. Männliche und weibliche Schamanen vermittelten den Kontakt zu dieser Welt. Auch der Schmied besaß persönliche Hilfs- und Schutzgeister, konnte heilen und weissagen. Man opferte den Geistern der Natur, die in Bergen, Flüssen und Wäldern lebten, betete zu männlichen und weiblichen Gottheiten um Erfolg bei der Jagd, um Fruchtbarkeit und Reichtum und brachte ihnen Libationen aus vergorener Stutenmilch (Kumys) dar. Die J. verehrten wie viele sibirische Völker den Bären und bestatteten seine Knochen auf Bäumen und Holzgerüsten. Auffallend innerhalb der sibirischen Kultur sind die Helden- und Schamanenepen, deren Vortrag viele Tage in Anspruch nahm.

Seit den bahnbrechenden Ausgrabungen des sowjetischen Archäologen und Vorgeschichtlers A. P. Okladnikov weiß man, daß bei der Herausbildung der J. einst zwei Elemente mitwirkten: die neolithische Jäger- und Fischerbevölkerung an der Lena und Türkisch sprechende Einwanderer, die in mehreren Schüben (bis um 1500 n. Chr.) aus dem Baikalsee-Gebiet kamen. Daher ist eine Scheidung innerhalb der jakutischen Kultur in einen von steppennomadischen Traditionen geprägten südl. und einen von autochthonen Taigaelementen bestimmten nördl. Bereich möglich. Seit dem ersten Kontakt mit russischen Siedlern und Kosaken im 17. Jh. kam es wiederholt zu kriegerischen Zusammenstößen, bei denen die Eindringlinge teils bestialisch gegen die J. vorgingen. Die Uneinigkeit der J. und die Einbeziehung ihrer Führungsschicht in die russische Verwaltung führten allerdings zum schnellen Zusammenbruch des Widerstandes. Mangel an Weideflächen für ihre Herden durch den Vorstoß russischer Siedler und Verschuldung führten sogar Ende des 18. Jh. zur Abwanderung einer kleinen Gruppe nach N zu Kolyma, Indigirka, Olenjok und Anabar; sie blieb ihrer traditionellen Kultur dort am längsten verhaftet, übernahm die an diese Umwelt besser angepaßte Rentierzucht.

Trotz des engen Zusammenwohnens wurden die J. nicht tiefgreifend russifiziert; eine seit dem 19. Jh. langsam entstehende jakutische Intelligenz entwickelte sogar einen eigenen Nationalismus. Zu ihren Forderungen gehörte vor allem die Rückgabe des einst von russischen Siedlern besetzten jakutischen Landes. Die Ablehnung alles Russischen und Fehler der ersten bolschewistischen Regierung führten einen Teil der J. auf die Seite der »Weißen« und damit zum Kampf in Jakutien bis 1923. Auch in den folgenden Jahren blieb dieser Nationalismus so lebendig, daß es seit 1928 wiederholt zu Säuberungen, Deportationen und Verfolgung jakutischer Intellektueller und Künstler kam. Mit der Sowjetisierung ging für Jakutien vor allem ein wirtschaftlicher Wandel einher. Zum einen wurden die reichen Bodenschätze (Edelmetalle, Edelsteine, Kohle, Erz) systematisch erschlossen, zum anderen der Boden enteignet. Die Landneuverteilung, verbunden mit einer Intensivierung des Bodenbaus, sollte die Versorgung der Bevölkerung Jakutiens sichern. In den halbnomadischen Wirtschaftszyklus wurde durch Futterwirtschaft und Stallhaltung entscheidend eingegriffen. Jäger und Fallensteller arbeiten heute in genossenschaftlich organisierten Einheiten.

Lit.: 65, 87
Karte: Zentral- u. Nordasien (Abb.: 97)

Jāt

Unter der Stammesbevölkerung der pakistanischen Provinz Belutschistan (1961: 1,25 Mio. Gesamteinwohner) stehen die der indoarischen Sprachfamilie angehörenden Jāt (7,5%) und Lasi (3,5%) zahlenmäßig an letzter Stelle, nach den iranischen Stämmen der → Belutschen (26%) und → Pathanen (21%) und den drawidischen → Brahui (23%); die J., deren Hauptverbreitungsgebiet im Sind und im Punjab liegt, zählen hier zu den unteren sozialen Schichten und sind als Pächter und Landarbeiter bei den grundbesitzenden Brahui und Belutschen tätig. Die auf dem Gebiet der Indischen Union in der Tiefebene zwischen Ganges und Indus lebenden J. (1931: 8 Mio.) sind sozial besser gestellt; sie sind zum überwiegenden Teil Landbesitzer und gesellschaftlich als Kaste integriert. Sie zählen zum Rang der Kśatriya+. Die traditionelle Ordnung der J. basiert auf exogamen+ patrilinearen+ Bruderschaften. Die J. eines Dorfes verstehen sich als Nachkommen eines gemeinsamen männlichen Ahnen, der vor vielen Generationen die Siedlung gründete, womit die Blutsverwandtschaft aller Bewohner eines Dorfes zumindest theoretisch gegeben ist. Die Grade der Bruderschaft werden durch die Stellung der einzelnen Gruppen von Brüdern in der Geschlechterfolge bestimmt. Alle J., die sich als Nachkommen in der männlichen Linie eines gemeinsamen Urahnen betrachten (und dessen Namen tragen) sind Brüder eines exogamen Klans+; letzte Einheit, in der Bruderschaft noch in einem spezifischen Sinn verstanden wird, ist die endogame+ Kaste der Hindu-J. Die Beziehungen der einzelnen Bruderschaften zueinander besteht nicht einfach nur in der theoretischen Anerkennung der bestehenden Verwandschaftsverhältnisse, sondern es handelt sich um ein Aktionsprinzip und Ideal, nach dem gehandelt werden muß. Das Prinzip von Einigkeit und Entzweiheit gemäß der spezifischen Situation gilt auf jeder Ebene der Bruderschaft; sie ist also segmentär. Traditionsgemäß gibt es innerhalb des Systems niemanden, dem kraft seines Amtes Autorität über seine Brüder zustünde. Die für jeden Mann gegebene Zugehörigkeit zu einer bestimmten Gruppe von Brüdern, der entsprechend gleichwertige Gruppen gegenüberstehen, die ihre Eigenständigkeit behaupten, ist ein entscheidendes Hindernis bei jedem Versuch, eine Art von Vormachtstellung zu erringen, selbst wenn in der herrschenden Subsistenzwirtschaft ein Mann die wirtschaftlichen Mittel hätte, eine Art »Hausmacht« aufzubauen. Der Wert und der Rechtsgrundsatz dieser Ordnung ist die Gleichberechtigung aller Brüder, die zu Hilfeleistung und Einheit verpflichtet. Diese Opposition gegen jede Art von Machtausübung oder Bevormundung ist so tief verwurzelt, daß sie selbst dann noch weiterwirkt, wenn das System durch moderne Einflüsse bereits aufgehört hat, in der alten idealen Weise zu funktionieren.

Lit.: 188, 196
Karte: Vorderindien (Abb.: 220)

Jíbaro

Spanischer Sammelname für ca. 50 000 Indianer im tropischen Regenwald am Anden-Osthang, u. a. die Shuara in Ekuador und Aguaruna in Peru.
Wo die J. ihr Land noch voll bewahren, stehen der allein siedelnden Famile ca. 2000 ha zur Verfügung. Davon nutzt sie ca. 2 ha für den Anbau verschiedener Pflanzen, v. a. ungiftigen Maniok, aber auch z. B. Heilkräuter. Möglichst soll dies Feld den gesamten Ernährungs-Grundbedarf decken. Der im Vergleich zur europäischen Landwirtschaft größeren Fächerung der Produktion entspricht die geringere Produktionsmenge bei der einzelnen Pflanze. Das ist typisch für eine Wirtschaft, die nicht auf möglichst hohe Erträge für möglichst profitreichen Verkauf zielt, sondern auf Befriedigung der Ernährungsbedürfnisse des Bauern aus seiner eigenen Arbeit ohne ergänzende Nahrungsmittel von außen.
Bodenbau ist auch Umgang mit höheren Wesen, den Erdgöttinnen Nunkui (→ Runa). Sie verabscheuen vernachlässigte Felder und erschrecken leicht – Feldarbeit muß daher sorgfältig und vorsichtig erfolgen. In den Pflanzen sehen die J. menschenähnliche Wesen mit Seelen, die früher in Menschen wohnten. Die Frauen sprechen mit ihnen und beten zu den Nunkui. Daß die Frauen den Großteil der Feldarbeit machen, also mit diesen Wesen Kontakt haben, stärkt ihre Position gegenüber den Männern.
Nach ca. 4 Jahren verlegt die Famile ihr Feld, so daß sie den Boden nicht durch allzulange Nutzung überbeansprucht, nach weiteren 4 Jahren zieht sie fort. Nicht nur der Boden, auch das

Abb. 84: Postkarte aus Ostkolumbien, die einen Missionar bei den Murui zeigt: Das Klischee vom kindlichen Eingeborenen und vom guten weißen Hirten!

umliegende, als Waldreserve (Jagd mit Blasrohr und vergifteten Pfeilchen, v. a. auf Affen, Faultiere, Tapire, wegen der bunten Federn auch Papageien und Tukane) genutzte Land wird dadurch ökologisch geschont. Die Einzelfamilie ist wirtschaftlich fast autark, so daß sie ohne Rücksicht auf Abhängigkeiten von Nachbarn fortziehen kann.
Der wirtschaftlichen entspricht die politische Unabhängigkeit: Jede Familie ist eine eigene Einheit. Dörfer und Häuptlinge gab es traditionell nicht. Nur in Kriegszeiten konnte ein Anführer mehrere Hausgemeinschaften zu einem Bündnis vereinen. Heute haben sich unter Missions-Einfluß v. a. in Ekuador J. in gemeinsamen Siedlungen zusammengefunden, die teilweise eine aktive Gemeindeorganisation besitzen. Traditionell gibt es soziale Bindungen nicht an Nachbarn sondern an oft weit entfernt siedelnde Familien, die durch Heiratsbeziehungen verbunden sind (vgl. Asháninka).

Abb. 85: Familienszene bei den Shuara, einer Untergruppe der Jíbaro in Ostekuador. Die Frau als Eigentümerin des Manioks reicht dem Mann eine Schale mit Maniokbier. (Foto: C. Münzel)

Das ökologisch sinnvolle Umsiedeln einer Familie nach ca. 8 Jahren wird durch die häufigen Konflikte unter Nachbarn begünstigt. Das Erziehungsideal des J.-Mannes ist der streitsüchtige, ehrgeizige Krieger, bis in die 60er Jahre gab es dauernd Kriegsfehden.

Anlaß der häufigen Konflikte ist oft die Anschuldigung der Hexerei. Viele Krankheiten und Unfälle werden auf das Wirken feindlicher Medizinmänner zurückgeführt. Sie entlarvt der dem Kranken befreundete Medizinmann mit Hilfe von Hilfsgeistern in Drogenvisionen. Die Droge verleiht auch die Kraft zum Kampf mit gegnerischen Hilfsgeistern, und erlaubt einen Blick in die Welt der Geister, die nach dem Glauben der J. realer ist als die auf Illusion beruhende diesseitige Welt.

Kriege dienten auch dazu, die in mächtigen Kriegern vermutete Seelenkraft auf sich selbst zu übertragen, indem man den Krieger erschlug. Tötete man einen Gegner, so mußte seine Seelenkraft gebändigt werden, damit sie sich nicht räche, sondern dem Töter zugute komme. Diesem Zweck diente das Verkleinern des Kopfes zu einem Schrumpfkopf – gleichzeitig Verhöhnung des Gegners, für die sich dessen Angehörige durch einen Gegenangriff und Schrumpfung eines weiteren Kopfes rächen mußten. Seitdem die J. Mitte dieses Jh. die Kopfjagd aufgaben, wächst der Einfluß der Medizinmänner, die Kämpfe mit Zaubermitteln anstatt mit Waffen durchführen. Offiziell ist die Mehrheit der J. heute christlich.

Das Inkareich, mit dem die J. Handel trieben, versuchte um 1455 ihre Unterwerfung, scheiterte aber an einem Bündnis der J.-Familien untereinander und mit benachbarten Indianern. Die Spanier setzten sich zunächst in einem Teil der Region fest, wurden aber durch einen großen, gut vorbereiteten Aufstand 1599 vertrieben. Ihre weiteren Versuche, die J. zu unterwerfen, wurden zurückgeschlagen. Erst um die Mitte des 19. Jh. begann die erneute Eroberung, diesmal durch das Angebot von Produkten wie Feuerwaffen oder Metallwaren, von denen die J. abhängig wurden. Im 20. Jh. vertrieben Siedler aus dem

Hochland zahlreiche J. von ihrem Land. Missionen besetzten ebenfalls Land und führten bei den J. die – heute in einigen Gebieten neben dem Bodenbau sehr wichtige – Viehzucht ein. Während der größere Teil der J. noch unabhängige Kleinbauern sind, lebt eine starke Minderheit als Pächter oder Landarbeiter.
In den 60er Jahren begannen sowohl in Peru als auch in Ekuador Initiativen der J., sich zusammenzuschließen, um ihre Landrechte zu verteidigen. In Peru faßte diese Selbstorganisation erst kürzlich Fuß, in Ekuador konnte sie sich zu einer heute recht starken Föderation von Siedlungen der Shuara entwickeln, die u. a. ein eigenes Schulsystem aufgebaut hat.

Lit.: 757, 758
Karte: Nördliches Südamerika (Abb.: 209)

Jicaque

»Wilde Krieger«, Sammelbegriff für mehrere tausend Angehörige verschiedener indianischer Gruppen in O-Honduras. Im Unterschied zu hochkulturlich beeinflußten Nachbarn relativ »primitive« Waldbauern und Jäger, leisteten die J. den Spaniern heftigen Widerstand und widersetzten sich später teilweise bis Ende des 19. Jh. dem Staat Honduras. Seitdem haben sie auf der karibischen Küstenebene große Teile ihrer Kultur verloren, sprechen spanisch und sind z. T. in der Mestizenbevölkerung aufgegangen. Eine kleine Gruppe (heute noch ca. 300) entzog sich dieser Entwicklung durch Flucht in die Montaña de la Flor, wo sie ihre (zur nordamerikanischen Hoka-Familie gehörige) Sprache und die nichtchristliche Religion bewahrte. Ausgenommen die Sprache, erinnert vieles an südamerikanischen Waldindianer: Brandrodungsanbau[+] von ungiftigem Maniok und Bananen, Jagd (Blasrohr), Fischfang (Fischgift). Für den Markt Bienenzucht, Viehzucht, Zuckerrohranbau.

Karte: Mexiko (Abb.: 77)

Jicarilla

Stamm der → Apache im nördl. New Mexico, USA; ca. 1600. Im Gegensatz zu anderen Apache-Stämmen waren die J., nach ihrer Vertreibung aus den südl. Plains durch die Comanche (um 1720), zu einer seßhaften Lebensweise übergegangen und hatten sich – durch dauerhafte Kontakte mit den Pueblo-Indianern des Rio Grande-Tales – dem Bodenbau zugewandt. Sie hielten sich aus den Kämpfen zwischen Apache und Amerikanern heraus. Heute leben sie in ihrer Reservation von Viehhaltung und dem forstwirtschaftlich betriebenen Abbau ihrer Wälder.

Lit.: 628, 642
Karten: Nordamerika (Abb.: 76)
       Reservationen in Arizona u. New Mexiko (Abb.: 14)

Jukagiren

Paläoasiatisch sprechende Gruppe (1964: 500) in NO-Sibirien (UdSSR), an der Kolyma und ihren Nebenflüssen.
Die J. waren Jäger und Fischer; die Rentierhaltung übernahmen sie von den Ewenken. Wichtigstes Jagdtier war das wilde Ren, das man vor allem im Herbst und Frühjahr bei der Überquerung von Flußläufen erlegte. Die Pelztierjagd konzentrierte sich nach der frühen Ausrottung des Zobels auf Füchse. Neben dem Fleisch der wilden Rentiere waren Fische und wildwachsende Pflanzen die Hauptnahrung der J. Die J. an der oberen Kolyma bezogen nur für vier Wintermonate feste Siedlungen, dann zog man in kleinen Gruppen zu Jagdgründen und Fischplätzen und verbrachte hier den Sommer. Beim ersten Schneefall begann die Pelztierjagd, und wenn schließlich strenger Frost anbrach, zog man in die Winterquartiere zurück. Die Winterhäuser zeigten den jakutischen Holzjurtentyp; im Sommer benutzte man leichte Holzzelte mit Rentierhaut oder Rinde bedeckt. Waffen und Geräte wurden aus Horn und Knochen hergestellt; das Schmieden war wahrscheinlich erst im 17. Jh. von den Jakuten übernommen worden. Gekocht wurde mit heißen Steinen. Die Verehrung des Tieres (Elch, wildes Ren) spielte im religiösen Leben der J. die wichtigste Rolle, in Erzählungen und Mythen besaßen der Rabe, und, als schlauer und trickreicher Held, der Hase die Hauptrolle. Für Mitteilungen und Botschaften benutzten die J. eine Bilderschrift, die auf Birkenrinde eingeritzt wurde.
Die J. sind die Nachfahren neolithischer Jäger und Fischer O-Sibiriens, deren materielle Hinterlassenschaft an der Kolyma von dem sowjetischen Archäologen Okladnikov ausgegraben wurde. Noch im 17. Jh. besaßen die J. eine weit

größere Verbreitung, wurden aber damals von anderen sibirischen Gruppen – u. a. den Ewenken – vertrieben bzw. assimiliert. In der ersten Hälfte des 17. Jh. begann der Kontakt mit Rußland. Für die Zahlung eines Pelztributs erhielten die J. russische Unterstützung in ihren Kriegen mit Tschuktschen und Ewenken. Rentierseuchen, Abwanderung der Rentiere, Epidemien und infolgedessen Hungersnöte, auch Verschuldung an Jakuten und Russen trugen zur Dezimierung der J. und ihrer Abdrängung bei (1860 aber immerhin noch 2350 Personen). Die Auflösung der jukagirischen Gesellschaft und der wirtschaftliche Niedergang waren schon im 19. Jh. abgeschlossen, noch bevor ihre Kultur gründlicher erforscht worden war.
Die abgeschiedene Lage des jukagirischen Siedlungsgebiets brachte die J. erst um 1930 in intensiveren Kontakt mit der Sowjetmacht. Bald darauf wurde mit ihrer Seßhaftmachung auf Farmen begonnen und Kooperativen und Kollektive für Fischerei, Pelztierjagd und Rentierzucht eingerichtet.

Lit.: 75, 88
Karte: Zentral- u. Nordasien (Abb.: 97)

Kababisch

Die K. bewohnen die nördl. Teile der Provinzen Darfur und Kordofan der Republik Sudan. Ihre Sprache ist das Arabische. Rassisch sind sie zwar nicht homogen, doch ist ihr Anspruch, Araber zu sein, sicherlich legitimer als der vieler anderer Ethnien derselben Region. Über ihre Herkunft ist nichts bekannt. Ihr heutiges Siedlungsgebiet bewohnen sie möglicherweise seit dem 13. oder 14. Jh. Die Bevölkerungszahl betrug 1970 etwa 70 000.
Die wirtschaftliche Basis der K. ist die Viehzucht. Sie halten seit jeher Kamele, Ziegen und Schafe, daneben in geringer Zahl auch Esel und Pferde. Im S ihres Gebietes ist die Rinderhaltung möglich; sie spielt dort eine beachtliche Rolle. Die Betreuung der Herden auf den Weideplätzen obliegt nur einem Teil der Stammesangehörigen. Die Mehrheit bleibt an festen Lagerplätzen in der Nähe ergiebiger Wasserstellen. Ein Teil der K. widmet sich zeitweilig oder ausschließlich dem Handel. Wichtigstes Handelsobjekt ist Vieh, das auf den sudanischen Märkten verkauft wird. Angekauft wird Hirse, das Grundnahrungsmittel. Bis in jüngste Zeit stammte ein wesentlicher Teil der Viehexporte der Republik Sudan nach Ägypten von den Weiden der K. Früher war der Handel, v. a. der Handel mit Gummiarabikum, neben der Viehhaltung der wichtigste Erwerbszweig der K. Im Siedlungsgebiet der K. im nördl. Kordofan gedeihen verschiedene Akazienarten, deren Harz Grundstoff für die Herstellung von Gummiarabikum ist. Das Sammeln und vor allem der Transport des Harzes, auch aus benachbarten Gebieten, zum Nil war bis in dieses Jahrhundert hinein ein einträgliches Geschäft. Heute hat das Gummiarabikum seine Bedeutung verloren, und der Fernverkehr wird durch moderne Verkehrsmittel gewährleistet.
Die Sozialordnung der K. beruht weitgehend auf dem patrilinear definierten Sippenverband der Lineage+. Die Fraktionen der K. waren wahrscheinlich früher selbstständig und kannten kein gemeinsames Oberhaupt. Erst unter dem Druck der türkisch-ägyptischen, dann der brit. Kolonialmacht wurde den K. ein mit allen Vollmachten ausgestattetes Oberhaupt (Nazir) aufgezwungen. (Der Nazir Ali et-Tom wurde 1925 vom brit. König geadelt). Die Eigenständigkeit der Stammesfraktionen wurde durch diese Maßnahme weitgehend zerstört.

Lit.: 824, 845, 846, 858

Kabylen

Stammesverband der → Berber an der Mittelmeerküste N-Algeriens; ca. 1 Mio.
Weizen, Gerste, Oliven und Feigen sind die Hauptanbauprodukte dieses seßhaften Bauernvolkes, bei denen aber die Viehzucht, wie bei fast allen Berbern, ebenfalls eine bedeutende Rolle spielt. Korkeichen stellen eine laufende Einkommensquelle dar.
Die K. sind Moslems, und die Vielehe ist bei ihnen verbreiteter als bei anderen Berbervölkern. Im allgemeinen haben jedoch nur wohlhabende Männer mehrere Frauen. Der islamische Brauch der Verschleierung der Frauen wurde von den K. nicht übernommen. Auch der Wildschwein- und Weingenuß ist erlaubt.
Die Siedlungen bestehen aus rechteckigen Giebeldachhäusern, die oft mit Ziegeln gedeckt sind. Jedes Dorf regiert sich selbst durch die Versammlung aller erwachsenen Männer. Vorsitzende und Schriftführer werden jedesmal gewählt, aber jeder Anwesende hat das Recht gehört zu werden. Die durch das partilineare+ Ver-

wandtschaftssystem gegebenen Patri-Klane+ treten oft unter ihren Oberhäuptern als rivalisierende Parteien auf. Trotz großer Besitzunterschiede sind Klassen- und Standesunterschiede kaum ausgeprägt. Nur Schmiede und Schlächter gelten als verachtete Kasten.

Lit.: 832, 862

Kachin

Mongolides Bergvolk in N- und NO-Birma sowie in den angrenzenden Berggebieten Assams und Yünnans. Eigenbezeichnung: Jinghpaw (Singhpo); Gesamtzahl: ca. 600 000, Sprache: tibeto-birmanisch. Die kleinen Gruppen der Atsi, Lashi und Maru werden häufig ebenfalls zu den K. gerechnet.
Bei ihrer Einwanderung von N (wahrscheinlich im 1. Jt.) drängten die K. Gruppen der → Chin, → Palaung und Schan (→ Tai) nach S ab. In der Folge entwickelte sich eine enge Symbiose mit den Schan, von denen die K. zahlreiche Elemente der Sprache und Kultur borgten. Ihre Häuptlinge bezogen einen großen Teil ihres Einkommens aus Tributen und Zöllen der in ihrem Machtbereich lebenden Schan. Traditionelle Wirtschaft: Brandrodungs-Feldbau+ mit Hacke und Grabstock (Reis, Mais, Sesam, Hirse und Baumwolle), ergänzt durch Jagd, Fischfang und Sammeln von Wildpflanzen. Die wichtigsten Haustiere sind Rinder, Büffel, Schweine, Hühner und Hunde. Materielle Kultur: Metallwerkzeuge (v. a. Hacken und Haumesser) sowie Töpfereiwaren werden importiert; das einheimische Handwerk beschränkt sich im wesentlichen auf Korbflechterei und Baumwollweberei. Die rechteckigen, grasgedeckten Pfahlhäuser (Fußböden und Wände aus Bambus) waren ursprünglich aus Verteidigungsgründen in großen, weit auseinanderliegenden und meist auf Bergkämmen errichteten Dörfern gruppiert. Das traditionelle politische System beruhte auf einer Schichtung der Gesellschaft in Aristokraten (Häuptlinge, in der Vater-Linie erblich), Gemeine und Sklaven (Kriegsgefangene, Schuldsklaven). Die Häuptlinge »regieren« mit Unterstützung von Ältestenräten stets eine Gruppe benachbarter Dörfer. Sie hatten Anspruch auf gewisse Dienstleistungen der Gemeinen, vor allem bei der Feldarbeit und beim Hausbau. K., die sich im Tal niederließen und den Bewässerungsbau der Schan übernahmen, kopierten auch deren feudal-ähnliche Herrschaftsstruktur. Eine Rückkehr zur traditionellen Lebensweise erforderte eine vorherige zeremonielle Reinigung von den fremden Einflüssen.
Während der Kolonialzeit leisteten die K. den Briten ungewöhnlich lange Widerstand (bis 1935), beteiligten sich jedoch dann an deren Seite aktiv am 2. Weltkrieg und hatten als geübte Guerilla-Kämpfer zusammen mit den → Chin und → Karen wesentlichen Anteil an der Vertreibung der Japaner aus Birma. Die christlichen Missionare hatten bei den K. – gemessen an der Zahl der Bekehrungen – keinen großen Erfolg, doch sie bildeten an ihren Schulen eine weitgehend birmanisierte K.-Elite heran. Dies, sowie die Tatsache, daß die K. im Verlauf ihrer Geschichte nur selten in direkte Auseinandersetzungen mit den Birmanen verwickelt waren, hatte zur Folge, daß sie sich nach der Unabhängigkeit Birmas bereitwillig in die neue Nation integrierten. Die Verfassung von 1947 sicherte ihnen einen eigenen Unionstaat (Kachin State). Unverständnis und überzogene Anpassungsforderungen seitens der Zentralregierung führten jedoch in späteren Jahren zu antibirmanischen Tendenzen bei einem Teil der K.

Lit.: 249, 258
Karte: Hinterindien (Abb.: 70)

Kafa
Kaffa, Kefa, Kaffitscho

Ackerbauern und Viehzüchter in SW-Äthiopien; Sprache: Omotisch (Westkuschitisch). Neben Knollengewächsen werden auch verschiedene Getreidearten angepflanzt. Ihre Hauptnahrungspflanze ist die Bananenverwandte »Ensete ventricosum«. Als Spezialität werden Zibetkatzen eingefangen und gezähmt. Man gewann von ihnen einen Drüsenextrakt, welcher einen wichtigen Ausfuhrartikel darstellte.
Die K. waren von 1400 bis 1897 das dominierende Volk des Königreiches Kafa, das viele der benachbarten Völker in seinen Machtbereich einbezog.
Bezeichnend für die politische Organisation der Kafa war ein »sakrales Königtum«, das dem Herrscher eine Vielzahl von rituellen Funktionsbereichen sowie spezifischen Verhaltensregeln und Tabu-Vorschriften zuwies. Das Gedeihen der Menschen, Pflanzen und Tiere war nach den Vorstellungen der K. untrennbar mit der Einhal-

tung dieser Gebote verbunden. Die Gesellschaft war hierarchisch gegliedert und umfaßte eine numerisch bedeutsame Schicht von Sklaven. Die meisten K. wurden von der äthiopisch-orthodoxen Kirche missioniert. Die infolge der amharischen Eroberung eingetretenen Bevölkerungsverluste (seit 1897) konnten bis heute kaum wieder ausgeglichen werden.

Lit.: 1029, 1034, 1073, 1074
Karte: Nordost-Afrika (Abb.: 10)

Kafiren

Heute im afghanischen Sprachgebrauch Nuristani, die Einwohner von Nuristan (früher Kafiristan) im Hindukusch (NO-Afghanistan), einem vor allem im Winter schwer zugänglichen, schluchtenreichen Berggebiet; ca. 90 000. Die K. sprechen indogermanische, sogenannte Kafir-Sprachen mit mindestens vier Hauptsprachen: Prasun, Kati, Aschkun, Waigeli. Entsprechend werden auch mehrere Ethnien unterschieden. Die extreme Umwelt Kafiristans war für die Bildung übergreifender Volksbildungen ungünstig; Grundlage politischer Einheiten waren Solidarisierung und Zusammenschluß der Bewohner einzelner Täler oder gar nur von Talabschnitten. Die Wirtschaft der K. ist noch heute in zwei Sphären getrennt: für den Bodenbau sind – abgesehen von körperlich zu anstrengenden Arbeiten – die Frauen allein zuständig. Getreide, Hirse und Mais werden auf bewässerten Flächen angebaut, die oft winzigen Terrassenfelder mit dem altertümlichen Pflugspaten umgepflügt. Hauptaufgabe der Männer ist die Versorgung der Ziegenherden. Sie treiben die Tiere im Frühsommer auf die Hochweiden, die sich auf unterschiedlichen Höhenstufen der Berge befinden, verarbeiten dort während der Almweidezeit die Milch der Tiere zu verschiedenen Produkten für die winterliche Vorratshaltung und betreuen auch im Winter die Tiere während der Zeit der Stallfütterung. Frauen sind von diesem Wirtschaftsbereich ausgeschlossen; er ist für sie sogar absolut tabu, da ihre physisch bedingte Unreinheit (Menstruation, Gebären) der »Reinheit« der Ziegen schadet. Als Ergänzung der Ernährung kommen zu den Produkten von Viehzucht und Ackerbau noch Honig und Wein wie auch Jagdbeute. Reis, Tee und Salz wurden früher gegen Naturalien bei muslimischen Händlern aus den kafirischen Randgebieten eingetauscht. Die steilen Täler erlauben vielfach nur die Anlage von Hangstufendörfern, bei denen die Häuser treppenartig übereinander gebaut werden. Baumaterial war Holz aus den üppigen Bergwäldern Kafiristans. Exogame+ Sippen bewohnten oft geschlossene Dorfeinheiten. Polygynie+ kam nur in reichen Verhältnissen vor. Die einzelnen Sippen eines Dorfes oder einer größeren politischen Einheit standen miteinander in stetem Wettstreit um Ansehen und Ehre, der innerhalb fest institutionalisierte Formen ausgetragen wurde. Politischen Einfluß konnte nur jener gewinnen, der ganz bestimmte Forderungen erfüllte. Als »Mann« galt nur, wer einen oder mehrere Feinde getötet hatte. Gelegenheit dazu boten nicht nur die häufigen Kriege zwischen den kafirischen Tälern, sondern auch die Raub- und Plünderungszüge auf muslimische Siedlungen im kafirischen Randgebiet. Ein Versager hatte unter Sanktionen zu leiden und wurde verächtlich behandelt. Männer und Frauen konnten ihr Ansehen in der gesamten Dorf- wie Talgemeinschaft durch die Ausrichtung ganzer Zyklen aufwendiger Feste für die Gemeinschaft steigern. Nach jahrelangem Sparen und Horten von Naturalien und Vieh und zahlreichen vorbereitenden Riten wurde im Rahmen eines Festes oft der gesamte Besitz verteilt; der Spender blieb verarmt an materiellen Gütern, bereichert jedoch an Ehre und Ansehen zurück. Er besaß nun – je nach Art des Festes – ein Anrecht auf bestimmte Trachtstücke, Kopfbedeckungen, Ornamente am Schnitzwerk seines Hauses, durfte auf einer offenen Terrasse auf einem Stuhl sitzen, was gewöhnlichen K. verboten war, u. a. m. Festgeber wirkten in der kafirischen Gesellschaft auf Grund ihres Ansehens als Meinungsbildner, erhielten Ämter, besaßen Einfluß bei wichtigen Entscheidungen. Gleichfalls üppige Feste für einen verstorbenen Angehörigen berechtigten zur Errichtung lebensgroßer, hölzerner Totenfiguren vor dem Dorf, die von den verachteten Handwerkern angefertigt wurden. Oft stellten sie den Toten auf einem (manchmal doppelköpfigen) Pferd reitend dar. Diese wie auch andere Arten der Monumente gaben Auskunft über den Rang und die Position eines Verstorbenen. Die K. besaßen eine für den gesamten Hindukusch-Karakorum-Raum einmalig vielfältige und bunte Götterwelt mit einer reichen Mythologie. Beziehungen des kafirischen Pantheons zum altiranischen und vedischen sind nachgewiesen. Komplizierte Rituale an offenen Altären, in Heiligtümern und Tempeln wurden zu Ehren männlicher und weiblicher Götter abgehalten.

Kafiren

Abb. 86: Paschtunen-Khan mit Gefolge, Provinz Laghman, Afghanistan. Persönliches Auftreten, Redegewandtheit und die im Gästehaus seiner Qala (durch hohe Mauern gesichertes Gehöft) gezeigte Freigiebigkeit sichern einem paschtunischen Grundbesitzer und seiner Familie eine Gefolgschaft meist stammesangehöriger Männer, die bereit sind, sich auch mit der Waffe für ihn einzusetzen. (Foto: Snoy)

Abb. 87: Die Hangstufendörfer von Kalash und Kafiren sind den steilen Tälern des Hindukusch optimal angepaßt. Baumaterial sind Holz, Stein und Lehm. Die Dorfgemeinschaft war in traditioneller Zeit die wichtigste politische und soziale wie auch religiöse Einheit. Ein lockerer Zusammenschluß von Dörfern eines Tales war die umfassendste politische Gruppierung in einer Hochgebirgsumwelt. (Foto: Snoy)

Abb. 88 (s. S. 161 oben): Viele der noch heute vollzogenen Opfer der heidnischen Kalash finden an Heiligtümern statt, die mit Pferdekopfschnitzereien verziert sind. Knaben, im Zustand der Reinheit vor der Pubertät, assistieren bei der Handlung. Frauen sind als Verkörperung der Unreinheit gewöhnlich von Opfern ausgeschlossen. (Foto: Snoy)

Abb. 89 (s. S. 161 unten): Essensbereitung für die Gäste einer Bestattung bei Kalash in Rumbur, Chitral, Pakistan. In gußeisernen Töpfen werden die Fleischstücke der geschlachteten Ziegen gekocht und später aus großen Körben an die Gäste verteilt. In die Brühe wird Mehl gerührt und ein würziger Brei gekocht, der mit Brotfladen (Korb rechts) gegessen wird. (Foto: Snoy)

Kafiren

Vor ungefähr hundert Jahren genossen die K. in Europa gewisse Berühmtheit; ihre blauen Augen, blonden Haare und die Benutzung von Stühlen zum Sitzen hielt man in Asien für absolut außergewöhnlich und konnte sich diese Besonderheiten nur damit erklären, daß es sich um Nachfahren der Griechen handle, die einst mit Alexander dem Großen nach Indien gezogen und in die kafirische Bergwelt versprengt worden waren. Als quasi europäischen, wenn auch verlorenen Volksgenossen brachte man den K. namentlich in England beträchtliche Sympathie entgegen. Die Unzugänglichkeit des kafirischen Siedlungsgebiets, in dessen Kern weder Timur noch der Moghulkaiser Babur auf ihren Kriegszügen vorzudringen vermochten, wurde erst Ende des 19. Jh. überwunden. Wie das östl. benachbarte Dardistan war Kafiristan in den Kampf Englands und Rußlands um Einflußzonen in Zentralasien geraten; 1893 wurde es auf englischen Beschluß dem Hoheitsgebiet König Abdurrahmans von Afghanistan unterstellt. Abdurrahman verband als fanatischer Muslim die Durchsetzung seiner politischen Gewalt 1895/96 mit der Zwangsislamisierung der K. und der Verbrennung ihrer heiligen Stätten. Viele Werte der kafirischen Kultur wurden damals vernichtet. Eine fundierte Studie über die östl. Kam-Kafiren aus heidnischer Zeit verdanken wir dem Geheimagenten G. S. Robertson, der sich im Auftrag der angloindischen Regierung 1890/91 dort aufhielt. Trotz der rigorosen Islamisierung – wer Widerstand leistete wurde getötet, deportiert, versklavt – lebte das alte Heidentum in der Abgeschiedenheit weiter, die auch im 20. Jh. noch kaum durchdrungen wurde.

Heute formiert sich hier der Widerstand gegen die augenblicklichen, sowjetisch beeinflußten Machthaber in Kabul. Es kam bereits zu militärischen Auseinandersetzungen und sogar Bombenangriffen auf kafirische Dörfer, die in ihrer Holzbauweise vor der Zerstörungskraft moderner Waffen keinerlei wirksamen Schutz bieten.

Lit.: 13, 20, 21
Karte: Südwest-Asien (Abb.: 23)
Abb.: 86, 87

Kaingang

Indianer der Gê-Sprachfamilie im südbrasilianischen Hinterland (São Paulo, Paraná, Sta. Catarina, R. Grande do Sul; zwischen 3000 und 7000). Sprachverwandt, aber nicht identisch mit den Xokleng. Die K.-Kultur erinnert an die der nördl. Gê (→ Timbira, vgl. auch → Orarimugudoge), etwa in der Zweiteilung der Lokalgruppen. Sie sind Bauern (Mais, danach Kürbis, Bohnen u. a.), einige Gruppen scheinen aber auch stärker von Jagd und Sammelwirtschaft gelebt zu haben und Halbnomaden gewesen zu sein. Kriegerisch und zahlreich, galten die K. seit Anfang 19. Jh. als Hindernis für die »Erschließung« Südbrasiliens, ihre Verfolgung wurde offiziell als »gerecht« bezeichnet. Sie wurden Ziel von Menschenjagden, auf denen man die Widerspenstigen tötete und die anderen, besonders Kinder versklavte (vgl. → Aché). Dabei bezahlte man Häuptlinge von Lokalgruppen für Jagden auf feindliche Lokalgruppen. Einzelne Häuptlinge, besonders aber weiße Abenteurer erhielten als »bugreiros« (Indianerjäger) militärischen Rang und Gehalt. Wo solche mit den Weißen verbündete Häuptlinge lebten, entstanden aus ihrer Lokalgruppe, hinzuziehenden Verbündeten und hinzugeschleppten Gefangenen neue Siedlungen »befriedeter« K., Keimzellen späterer Reservate. Die Kämpfe, in deren Verlauf z. B. 1888 ein Weißer Brunnen mit Strychnin vergiftete und so angeblich 2000 K. tötete, dauerten bis ins 1. Viertel des 20. Jh.

Nach ihrer Unterwerfung wurde ein Großteil des K.-Landes in Kaffeeplantagen verwandelt, wo die K. nicht mehr wirtschaften durften. Das Abholzen der Wälder machte die Jagd, traditionelle Ergänzung der K.-Ernährung, unmöglich. Kleine Gebiete wurden den K. als Reservate gesetzlich garantiert, doch im Folgenden ebenfalls von weißen Siedlern durchdrungen. Das ist der Hintergrund der Unruhen in mehreren K.-Reservaten seit 1974, vor allem in Nonoai (R. Grande do Sul). Mit Straßensperren, gewaltsamen Vertreibungen einzelner Weißer, Geiselnahmen, Demonstrationen mit alten Flinten, Pfeil und Bogen zwangen K. und in den gleichen Reservaten lebende Guaraní die Behörden schließlich, 1978 einige illegal in Reservaten siedelnde Weiße umzusiedeln, was zu bewaffneten Zusammenstößen zwischen Siedlern und Indianern führte.

Kalash

Eine Kleingruppe mit dardischer Sprache (indogermanische Sprachfamilie) in Chitral (NW-Pakistan), in den Tälern Rumbur, Bumboret, Birir,

an der Grenze zu Afghanistan; ca. 3–4000.
Wie die benachbarten → Kafiren und → Darden leben die K. von den Erträgen des Bewässerungsfeldbaus (Weizen, Gerste, Hirse, Hülsenfrüchte, Mais) und der Viehzucht (Schafe und Ziegen, nur wenig Rinder). Auffällig an der Kultur der K. ist ihre strukturelle Ähnlichkeit mit jener der Darden, vor allem aber der Kafiren, auch wenn im Detail zahlreiche Abweichungen bestehen; eine teilweise Übereinstimmung mit dem kafirischen Götterpantheon und eine große Ähnlichkeit zur dardischen Feenwelt ist eindeutig feststellbar. Die K. verehren eine Schöpfergottheit, Göttinnen und Götter des Weins, des Krieges, der Feldfrüchte. Ihre Altäre, oft mit Pferdeköpfen verziert, stehen im Freien, die Opfergaben der Kultteilnehmer werden durch ein Loch in einem Brett geworfen. Mitglieder erblicher Priestersippen leiten diese Riten, »reine« Knaben (vor der Pubertät) assistieren ihnen als Gehilfen. Von vielen dieser religiösen Handlungen, auch von der gesamten Ziegenbetreuung, eines »reinen« Tieres, sind die Frauen als »unreine« Wesen ausgeschlossen. In einer Menstruationshütte vor dem Dorf müssen sie die Kinder gebären und die Tage der monatlichen Menstruation verbringen. Nur kleine Mädchen vor Eintritt der Menarche sind von dieser Unreinheit noch frei, können auch bei Opfern ministrieren. Wie bei den Kafiren konnte sich in der K.-Gesellschaft der einzelne Ansehen und Einfluß durch die Veranstaltung großer Verdienstfeste verschaffen, in deren Verlauf oft die gesamte Habe an die Dorfgenossen verteilt wurde. Wer Feinde getötet oder einen Schneeleoparden erlegt hatte, erwarb ebenfalls den Anspruch auf ein besonderes Verdienstfest, und für das Recht zur Aufstellung jener großen hölzernen Reiterfiguren zu Ehren eines Verstorbenen in der Nähe des Friedhofs, wo die Toten in oberirdischen Holzsärgen ausgesetzt wurden, mußten ebenfalls üppige Gelage für die Allgemeinheit gegeben werden.
Die K. beherrschten nach ihren eigenen Traditionen einst große Teile Chitrals, wurden aber von den Khowar-Sprechern (= Chitrali) in ihre heutigen drei Rückzugstäler abgedrängt. Noch 1960 war ca. die Hälfte der K. nicht islamisiert und hing ihrer alten Religion an. Verfallserscheinungen machen sich inzwischen jedoch stärker bemerkbar und sind auch als Folge der Anbindung an das moderne Leben unvermeidbar. Die früher im Kult so wichtigen »reinen« Knaben werden heute oft durch den Schulbesuch an ihren religiösen Pflichten verhindert, die großen Verdienstfeste können in Ermangelung der notwendigen Mittel nicht mehr ausgerichtet werden, und die Schnitzfiguren wagt man nicht mehr aufzustellen, da sie inzwischen als Kunstwerke begehrt sind und gestohlen werden. Die K. gehören zu den touristischen Attraktionen Pakistans; Bilder der ihrer Schönheit wegen so hochgelobten K.-Frauen mit ihren Kaurimützen hängen in fast jedem pakistanischen Reisebüro. Im forcierten Andrang europäischer Reisender sahen die K. schließlich auch selbst eine Chance, ihre finanzielle Situation zu verbessern; halbprofessionelle Frauentanzgruppen stehen bereit, den Touristen ihre Kunst vorzuführen, für das Betreten der Täler wird mittlerweile Eintrittsgeld erhoben.

Lit.: 13, 22
Karte: Südwest-Asien (Abb.: 23)
Abb.: 88, 89

Kalmücken

Mongolisch sprechendes Volk am rechten Ufer der unteren Wolga (UdSSR), insbesondere in der Kalmückischen ASSR. 1970: 137 000.
Die K. waren nomadische Viehzüchter, die mit ihren Herden (Schafe, Pferde, Rinder, Kamele) im Bereich der unteren Wolga wanderten. Nur ein kleiner Teil der K. wurde im 17. und 18. Jh. christlich missioniert, die Mehrheit bekannte sich zum Lamaismus+. Wie in der Mongolei gab es auch bei den K. zahlreiche Klöster mit großen Mönchsgemeinden.
Das Besondere an den K. ist nicht so sehr ihre Kultur – sie ist jener der mongolischen Stämme (→ Mongolen) sehr ähnlich – als vielmehr ihre Geschichte. Unzufriedenheit mit der innenpolitischen Lage in der Mongolei veranlaßte im 17. Jh. Teile verschiedener westmongolischer Stämme an die untere Wolga umzusiedeln. Als die lockere Abhängigkeit zu Rußland Ende des 18. Jh. zu einer Fessel für das eigenständige politische und religiöse Leben der Nomaden zu werden drohte, beschlossen sie 1771, in ihre mongolische Heimat zurückzuwandern, zu der sie trotz der enormen Entfernung immer rege Kontakte unterhalten hatten. Die Hauptmasse der Nomaden (33 000 Familien) brach auch nach O auf, trotz aller Hinderungsversuche Rußlands, und erreichte nach fürchterlichen Strapazen und Kämpfen dezimiert ihre mongolische Heimat. Zurückbleiben mußten jedoch ca. 11 000 Familien des Dörbet-Stammes, denen es

wegen des vorzeitigen Auftauens der Wolga nicht mehr möglich gewesen war, sich den anderen Stämmen anzuschließen. Sie wurden von da ab Kalmücken, d. h. »die Zurückgebliebenen« (von mong. *chalmagh*) genannt. Der Vorstoß russischer Siedler in das Weidegebiet der K. schränkte die nomadische Wirtschaftsweise so erheblich ein, daß im 19. Jh. der Viehbestand um 80% zurückging. Der gewaltsamen Inbesitznahme kalmückischer Gebiete durch russische Bauern Anfang des 20. Jh. folgten 1911 dann administrative Versuche, die Nomaden seßhaft zu machen.

Während der Revolution gerieten die K. zwischen die Fronten der Bürgerkriegsparteien. Der Sieg der Sowjets bedeutete für sie die Zwangsseßhaftmachung und eine Beschäftigung als seßhafte Bauern und Viehzüchter. Ihre Unzufriedenheit, nicht zuletzt mit diesen Maßnahmen, führte im 2. Weltkrieg zur Kollaboration mit den Deutschen, für die viele K. mit Deportation und Flucht bezahlen mußten. Erst 1957 wurde den nach Zentralasien Deportierten die Rückkehr in die Heimat erlaubt.

Kanuri

(auch unter dem Hausa-Namen Beriberi bekannt) – ein zentralsudanisches Bauernvolk und dominierende Bevölkerung der Provinz Bornu in NO-Nigeria; ca. 1,5–2 Mio. Sprache: K. des Nilo-Saharischen.

Die wichtigsten Anbaupflanzen sind Hirse und Erdnüsse, die, mit Rinder- und Ziegenhäuten, auch die wichtigsten Ausfuhrprodukte bilden. Die K. sind aber auch ein Volk von Händlern. Sie wohnen in festen Dörfern und kleinen Städten; Maiduguri ist ihre Hauptstadt.

Die Verwandtschaftsordnung ist nicht das wesentliche organisatorische Prinzip der K.-Gesellschaft: Die Haushalte von wohlhabenden und einflußreichen Männern stellen Kristallisationszentren dar, an die sich weniger Gutgestellte als Klienten angliedern. Dies führt zu einer Mehrschichtigkeit der Gesellschaft: die Angehörigen der königlichen Familie, der Adel und die Bauern und Händler, zu denen früher auch noch Sklaven gerechnet wurden.

Die K. wurden im 11. Jh. islamisiert. Ihr Staat,

Abb. 90: Auf den Märkten des westlichen Sudan ist Salz heute noch eine wichtige Handelsware. Das Mineral wird im Gebiet von Taoudeni (Westsahara) gebrochen und von dort mit Kamelkarawanen nach Süden gebracht. Auf dem Markt zerteilt der Händler die Platten in handliche Barren. (Foto: Mischung)

Abb. 91: Kanuri-Mann in Nord-Nigeria mit seiner polygynen Familie. (Foto: Lukas)

Abb. 92: In Agadez (Niger) hat heute der LKW als Transportmittel das Kamel weitgehend abgelöst. (Foto: Pahlke).

das Reich Kanem-Bornu, bildete den Endpunkt der wichtigen Bilma-Karawanenstraße durch die Sahara nach Libyen. Er hatte seine Blütezeit im 16. Jh. Im 19. Jh. zerfiel das Reich in den Kämpfen mit den Fulbe und Tuareg. Um 1900 wurde es zwischen den europ. Kolonialmächten aufgeteilt. Bornu ist heute ein Staat (North Eastern) der Republik Nigeria. Die traditionelle Struktur ist auch heute noch im Bewußtsein der Menschen trotz moderner politischer Administration lebendig.

Lit.: 879, 880, 884, 931, 948
Karte: Westafrika, 19. Jh. (Abb.: 225)
Abb.: 91

Karakalpaken

Türkisch sprechendes Volk (1970: 236 000) südl. des Aralsees, im Mündungsgebiet des Amu Darja (UdSSR), v. a. in der Karakalpakischen ASSR, einem Wüsten- und Halbwüstengebiet mit trocken-heißem Kontinentalklima. Einige tausend K. leben auch in Afghanistan.

Das Siedlungsgebiet der K. besteht zu 70% aus Wüste, nur ca. 16% sind für den Bodenbau, die Lebensgrundlage der überwiegend seßhaften karakalpakischen Bauern, geeignet. Voraussetzung dafür war seit jeher die Bewässerung der Felder durch Kanalsysteme, die vom Amu Darja gespeist wurden. Man baute Körnerfrüchte, auch Reis, Hirse und später Mais. Viehzucht wurde fast ausschließlich nur als zusätzlicher Wirtschaftszweig betrieben; Hornvieh, Pferde und Fettschwanzschafe lieferten Milchprodukte und Fleisch, waren vor allem aber als Arbeitstiere und für den Transport unverzichtbar. Für die direkt an den Ufern des Aralsees und Amu Darja wohnenden K. spielte auch der Fischfang eine Rolle. Siedlungen bestanden aus verstreuten, rechteckigen Gehöften. Im Hof standen Jurten[+], die als Sommerwohnung dienten; feste Häuser für den Winter bezog man erst seit dem 19. Jh. In Kriegszeiten flohen die Bauern in die nach dem gleichen Plan angelegten großen Burgen des Stammesadels, ein Lehmgeviert mit dicken Mauern und Türmen und einem freien Innenhof zum Aufschlagen der Jurten. Die Stammesstrukturen der K., eine Hälftung in zwei große Abteilungen mit jeweils mehreren Unterabteilungen, haben bis in die Neuzeit hinein überdauert. Die Mitglieder einer Sippe bewohnten meist geschlossene Siedlungen, besaßen eine gemeinsame Eigentumsmarke zur Kennzeichnung ihres Besitzes, wurden auf einem sippeneigenen Friedhof begraben und beteten zu einem Sippenheiligen. In der von islamischen Normen geprägten Gesellschaft war der Frau eine untergeordnete Rolle zugewiesen; verboten war für sie auch, ihren Ehemann, dessen Eltern oder Verwandte mit Namen zu nennen oder überhaupt anzusprechen. Der Islam war bei den K. wesentlich stärker verwurzelt als etwa bei Kasachen und Kirgisen; im Bestattungsritual jedoch konnten sich vorislamische Formen – wie riesige Gastmähler und Gedenkfeiern – erhalten.

Die Ethnogenese+der K. ist ähnlich komplex wie die anderer zentralasiatischer Turkvölker. An ihr beteiligt waren verschiedene Turkstämme nicht einheitlicher Herkunft, wahrscheinlich auch turkisierte Iranier. Enge Beziehungen scheinen zu den Kasachen bestanden zu haben. Historisch greifbar werden die K. im 16. und 17. Jh. als bereits zum Bewässerungsfeldbau übergegangene seßhafte Bauern am Unter- und Mittellauf des Syr Darja. Die Umsiedlung an den Amu Darja – auch ins Ferganatal und das Gebiet des Zerafshan – war erst die Folge kasachischer Unterdrückung und Angriffe im 18. Jh. An ihrem neuen Wohnsitz standen die K. in Abhängigkeit zum Khanat von Khiva, von der sie sich mehrfach, aber vergeblich, zu lösen versuchten. Auch das Verhältnis zur russischen Oberhoheit, der die karakalpakischen Gebiete rechts des Amu Darja seit 1873 unterstanden, entwickelte sich nicht spannungsfrei. In diesen Gegensätzen sind teilweise die Ursprünge für den starken Nationalismus zu suchen, den die K. der sowjetischen Machtergreifung entgegenstellten.

Die Sowjetzeit brachte für die K. zum einen einschneidende wirtschaftliche Veränderungen: Intensivierung der Baumwollkulturen auf neu gewonnenen Anbauflächen, Verlegung des Schwergewichts in der Viehzucht auf Karakulschafhaltung und nicht zuletzt Kollektivierung. Zum anderen griff der Staat tief in die überlieferten Strukturen der stark islamisch geprägten Gesellschaft ein, deren Institutionen sich aber trotzdem teilweise nur schwer unterdrücken ließen, wie etwa Kinderheirat oder die Zahlung umfangreicher Brautpreise.

Lit.: 144
Karte: Zentral- u. Nordasien (Abb.: 97)

Karatschaier

Volk mit türkischer Sprache (kiptschakischer Zweig) im NW-Kaukasus (UdSSR), v. a. im »Autonomen Gebiet der Karatschaier und → Tscherkessen«. 1970: 113 000.

Bis zur Revolution züchteten die K. fast ausschließlich Schafe, Ziegen, Rinder und Pferde. Wollstoffe und Filz, Felle, Milchprodukte und Fleisch konnten selbst produziert werden; Getreide mußte größtenteils gegen Milchprodukte bei Nachbargruppen eingetauscht werden. Das politische Leben wurde von einer kleinen Adelsschicht bestimmt, deren Herden von Vasallen, Hörigen und Sklaven gewartet wurden. Die Stellung der Frau war durch ihre wichtige wirtschaftliche Funktion während der sommerlichen Abwesenheit des Mannes auf den Hochweiden freier als bei benachbarten Gruppen. Die heidnische Religion der K., die im 18. Jh. vom Islam überdeckt worden war, zeigt starke altkaukasische Züge (Schöpfer- und Jagdgott, Wald- und Erdgeister); mit magischen Riten versuchte man vor allem die Herden vor Gefahren zu schützen. Traditionen der K. besagen, daß sie um 1500 aus der Krim vertrieben und später von den Tscherkessen in die Berge abgedrängt wurden. Hier kam es dann zur Beeinflussung durch die benachbarten tscherkessischen Kabardiner.

Durch Intensivierung des Bodenbaus und Erschließung neuer Flächen sind die K. heute von Getreideeinfuhren unabhängig. Wirtschaftlich wichtigster Faktor ist aber nach wie vor die Viehzucht. Wie die Balkaren verloren die K. wegen Kollaboration mit den Deutschen im 2. Weltkrieg ihren nationalen Status, der ihnen erst 1957 wieder zuerkannt wurde.

Lit.: 48, 54
Karte: Kaukasus (Abb.: 61)

Karayá

Flußindianer auf der und um die Insel Bananal, Zentralbrasilien: 1200.

Sie leben v. a. vom Fischfang und vom Sammeln von Schildkröten und Schildkröteneiern, daneben vom Anbau von Maniok, Mais, Bananen und von der Arbeit auf Viehfarmen der Weißen. Ähnlich wie z. B. bei den Timbira (s. dort) ist ein Dorf oft in zwei Hälften gegliedert. Die K. wurden durch ihren – heute für den Tourismus verwerteten – prächtigen Federschmuck, ihre großen hölzernen Tanzmasken und die von den Frauen hergestellten, heute als Souvenirs gehandelten Tonpuppen bekannt.

Lit.: 725
Karte: Nördliches Südamerika (Abb.: 209)

Karen

Sammelbezeichnung für eine Gruppe von Stämmen in Z- und O-Birma sowie W-Thailand; die bedeutendsten sind: Sgaw, Pgo (Pwo), Pa-O (Taungthu) und Kayah; ca. 2–3 Mio., davon ca. 300 000 (Sgaw und Pgo) in Thailand; die K. bilden in Birma nach den Birmanen die zweitstärkste, in Thailand nach den Thai und Chinesen die drittstärkste Bevölkerungsgruppe. Die K.-Sprachen gehören zur sino-tibetischen Sprachgruppe, genauere Zuordnung umstritten; Eigenbezeichnung der Sgaw: Pga k'nyaw (»Menschen«).
Die Ethnogenese der K.-Stämme ist weitgehend ungeklärt. Wahrscheinlich wanderten ihre Hauptgruppen aus dem N über Yünnan nach

Abb. 94: Einige nördliche Karen-Gruppen haben von ihren Nachbarn den Opium-Anbau übernommen. Der aus den angeritzten Mohnkapseln quellende weiße Saft härtet über Nacht zu einer harzigen Masse aus, die als Rohopium einen hohen Preis erzielt. (Foto: Mischung)

Abb. 93: In den Wintermonaten, wenn auf den Feldern wenig zu tun ist, stehen in einem Karen-Dorf Ausbesserungsarbeiten verschiedener Art an. Hier werden Dachziegel aus Gras hergestellt, das in großen Bündeln über viele Kilometer herantransportiert werden muß. (Foto: Mischung)

Abb. 95: Billige japanische Sammeltaxis ersparen heute oft lange Fußmärsche (Thailand). (Foto: Mischung)

Abb. 96: Bei den Karen tragen Mädchen und verheiratete Frauen unterschiedliche Tracht. (Foto: Mischung)

Birma ein, wo sie spätestens zur Jahrtausendwende weite Gebiete besiedelten. Vor den nachdrängenden, militärisch überlegenen Birmanen mußten sich die K. in die ökologisch ungünstigeren östl. Gebirgsregionen zurückziehen. Einige gemeinsame kulturelle Merkmale und das Bewußtsein der Identität als »K.« sind möglicherweise erst im Verlauf dieses Prozesses entstanden. Nur einige Gruppen der Berg-K. konnten ihre Unabhängigkeit behaupten, die Mehrzahl der K. hatte jahrhundertelang als verachtete Minderheit unter birmanischer Unterdrückung zu leiden. Hieraus resultierte schon früh eine Ostwanderung von Sgaw- und Pgo-Gruppen, die bis zum Anfang dieses Jahrhunderts andauerte und zu einer dichten Besiedlung der westl. Hügelländer Thailands mit K. führte.

Als Ergebnis langer Anpassung unterscheidet sich die Kultur der K. in vielen Aspekten äußerlich kaum von der ihrer Nachbarn. Ihr alte Siedlungsform in gemeinschaftlichen Langhäusern, in denen oft über 20 Familien unter einem Dach zusammenwohnten, haben sie längst aufgegeben und leben familienweise in Einzelhäusern. Wirtschaft: im Tal Naßreis-Anbau auf Bewässerungsfeldern; in den Bergen Brandrodungsbau+, oft ergänzt durch Bewässerungs-Terrassen; auf den Brandrodungsfeldern werden Trockenreis, Mais, Knollenfrüchte (Taro, Yams, Süßkartoffeln), Salat und roter Pfeffer gepflanzt; selten und nur in hohen Lagen Opium zum Verkauf (geringer Eigenverbrauch); Haustiere: Hühner und Büffel für rituelle Zwecke, Wasserbüffel und Rinder; weitere Zukost durch Jagd und Sammeln von Wildpflanzen im tropischen Monsunwald. Materielle Kultur: rechteckiges grasgedecktes Pfahlhaus mit Innenraum und Veranda, in den Bergen meist aus Bambus, in den Taldörfern immer häufiger aus soliden Holzplanken; Baumwollkleidung, die bei den verheirateten Frauen reich mit Pflanzensamen appliziert ist; einfache Matten- und Korbflechterei; in manchen Gegenden stellen die K. ihre Metallgegenstände selber her, meist müssen diese aber auf den Märkten der größeren Talorte eingekauft werden; außer Erzeugnissen der Webkunst (Gewänder, Umhängetaschen) kein Kunsthandwerk.

Die K. kennen – mit Ausnahme der Kayah, die das Feudalsystem der Schan (→ Tai) übernommen haben – keine den Rahmen der Dorfgemeinschaft übersteigende soziale und politische Organisation. Die Dorfoberhäupter haben nur bestimmte, sehr eng umgrenzte religiöse Funktionen, alles übrige wird in Dorfversammlungen entschieden. Richtschnur sind hierbei oft orale Traditionen in Versform, die stets wortgetreu rezitiert werden müssen und die, da sie »von den Vorvätern« herrühren, als unwiderlegliche Argumente absolute Autorität besitzen. Ursprünglich mutterrechtlich geprägt, weist die K.-Gesellschaft in neuerer Zeit der Frau eine untergeordnete Stellung zu (Zusammenhang mit Privateigentum an Feldern infolge Bewässerungs-Anbaus).

Seelenvorstellungen, Formen des Orakels, Magie und Geisterglauben haben die K. mit ihren Nachbarn gemeinsam. Beschwörungen sind gelegentlich mit Formeln aus dem buddhistischen Kultbereich durchsetzt. Mächtige lokale Schutzgeister sorgen für die Aufrechterhaltung der sittlichen Normen im Dorf, aber die ideologische Mitte der Religion und gleichzeitig das einzige originäre K.-Element im gesamten religiösen System sind die Ahnenriten: sie haben die Funktion, die Familie zusammenzuhalten und gleichzeitig die Verbindung mit der traditionellen Kultur zu wahren. Auch sonst sind die K. sehr auf Wahrung ihrer ethnischen Identität und Abgrenzung von ihren Nachbarn bedacht. Dies belegt eindrucksvoll ihr Weltbild, das auf verschiedenen Ebenen jeweils eine »Wir«-Welt von einer schlechten bzw. feindlichen Gegen-Welt trennt.

Die neuere Entwicklung ist für die K. in Birma und in Thailand sehr unterschiedlich gewesen. Die Annexion Birmas durch die Briten (ab 1826) brachte den dortigen K. vorübergehend eine Aufwertung ihrer politischen und sozialen Stellung: Kollaboration mit den Kolonialherren, massenhafter Übertritt zum Christentum und Ausbildung vieler K. in Missionsschulen führte zur Herausbildung einer K.-Elite, die bald als Lehrer, Ärzte und untere Verwaltungsbeamte beträchtlichen Einfluß im Land ausübte. Die alte birmanische Führungsschicht fand sich in sozial minderem Status wieder. Die Unabhängigkeit Birmas 1948 brachte jedoch rasch wieder die alte politische Rollenverteilung im Staat. Den K. wurden zwar als Domäne zwei Unionsstaaten (Kayah State und Karen State) mit beschränkter Autonomie zugewiesen, aber im Bürgerkrieg zwischen Birmanen und einigen Minderheiten spielen die K. seither eine führende Rolle. Über die aktuellen Lebensverhältnisse der K. in Birma gibt es keine genauen Informationen. Soweit sie sich in den zentralen Tiefländern niedergelassen haben, scheinen sie sich weitgehend an die birmanische Landbevölkerung angepaßt zu haben. Da in Thailand die nordwestl. Randgebiete bis vor kurzem kaum zentral verwaltet wurden, blieben Konflikte der K. mit der staatlichen Verwaltung selten. Erst die seit den 60er Jahren begonnene Einbeziehung der Stammesdörfer in die regionale Verwaltungsstruktur und eine Reihe von Verboten gegen die traditionelle Lebensweise (z. B. Brandrodungsbau, obwohl das System der K. keine ökologischen Schäden verursachte) ließ bis dahin latente Spannungen zwischen K. und Thai aufbrechen. Die traditionelle Lebensweise der Berg-K. scheint heute zum Untergang verurteilt: die bessere medizinische Versorgung hat ein starkes Bevölkerungswachstum zur Folge, die zur Anlage von Bewässerungsfeldern geeigneten Flächen sind aber begrenzt. In der Folge sind von Jahr zu Jahr mehr K. gezwungen, ihren Lebensunterhalt als Wanderarbeiter z. B. in der Holzindustrie oder in den Zinnminen des NW zu suchen. Teile der K.-Bevölkerung, die schon lange in den Niederungen der großen Flüsse in enger Nachbarschaft mit den Thai leben, haben sich weitgehend an deren Lebensweise angepaßt. Die unabhängigeren Berg-K. hingegen sind auf strenge Wahrung ihrer ethnisch-kulturellen Identität bedacht und gehen jeder tiefergehenden Angleichung aus dem Weg. Sofern sie ihre traditionelle Religion aufgeben, wahren sie ihre Distanz zur Staatsbevölkerung zumeist durch die Annahme des Christentums. In den letzten Jahren haben Sammlungsbewegungen wie die um den buddhistischen K.-Propheten Pakawa großen Zulauf: sie versprechen ihren Anhängern die Errichtung eines K.-Reiches, in dem sie die Herren über ihre jetzigen Siedlungsgebiete sein werden.

Lit.: 246, 259, 265, 292
Karte: Hinterindien (Abb.: 70)
Abb.: 93, 94, 95, 96

Kariben

1. Indianische Sprachfamilie Südamerikas: Chocó, Garífuna, Küsten-Kariben.
2. Indianer dieser Familie, die im 15. Jh. mit ihren Auslegerbooten (bis zu 12 m lang, trugen bis zu 50 Krieger) die kleinen Antillen eroberten und dort 1493 mit Kolumbus zusammenstießen. Ihre kriegerische Haltung gegen die Europäer begründete ihre weitgehende Ausrottung, andere wurden versklavt oder gingen an Krankheiten zugrunde. Von den 1493 schätzungsweise 5,8 Mio. Indianern der Westindischen Inseln, K. und anderen, überleben hier heute noch ca. 400 K. auf der Insel Dominica, die nicht mehr Karibisch, sondern Kreolenfranzösisch sprechen. Vgl. auch Garífuna.
3. → Küsten-Kariben.

Karte: Südamerika (Abb.: 78)

Kasachen

In älteren Quellen oft Kirgis-Kaisak oder Kirgisen genannt, was zu zahllosen Irrtümern führte. Die K. besiedeln ein riesiges Gebiet im zentralasiatischen Wüsten- und Gebirgsgürtel, vom Kaspischen Meer bis zur Wüste Gobi. Überwiegend leben die K. in der UdSSR (1970: 5,9 Mio.), v. a. in der Kasachischen SSR (600 000.), kleinere Gruppen auch in der VR China, vor allem im »Autonomen Gebiet der Uiguren« in Sinkiang, unmittelbar an der russischen Grenze, auch in der VR Mongolei (1963: 43 000). Kasachische Flüchtlinge aus der Zeit der großen Kollektivierung in der UdSSR in den 20er Jahren und der Zwangsseßhaftmachung in China Anfang der 50er Jahre wohnen verstreut in Afghanistan, Indien, der Türkei. Sprache: Türkisch.

Die K. waren früher ein typisches Nomadenvolk mit großen Pferde-, Schaf- und Kamelherden; Rinder wurden erst seit Mitte des 19. Jh. gehalten. Die Tiere weiden ganzjährig im Freien. Entsprechend den Jahreszeiten unterschied man vier Weidetypen: Frühjahrs- und Herbstweiden lagen meist auf dem Weg zwischen Sommer- und Winterweide. Die Entfernung zwischen den beiden letzteren betrug nicht selten tausend Kilometer, eine riesige Strecke, die je nach Verfassung der Tiere mit längeren Pausen überwunden wurde. Die Kenntnis der Brunnen war in Steppen- und Wüstengebieten für das Überleben der Herden entscheidend. Jede der vier Weidephasen war mit bestimmten Arbeiten verbunden: das erste Scheren der Tiere, die Geburt der Jungtiere, Herstellen von Filz usw. Für die Subsistenz war die Sommerweidezeit die wichtigste, denn dann wurde aus den reichlichen Milcherträgen der Vorrat an Milchprodukten für den Winter angelegt. Die Wahl der Winterweide war lebenswichtig: man mußte windgeschützte Flußtäler oder Hügel aufsuchen; Tiefschnee konnte den Verlust der ganzen Herden bedeuten, die ja auch im Winter darauf angewiesen waren, sich ihr Futter unter dem Schnee hervorzuscharren. Bei ihren Wanderungen dienten den K. Kamel und Pferd als Lasttiere, das Gepäck wurde auf Schleifen

NENZEN

MANSEN 2

NENZEN

SELKUPEN

CHANTEN

URAL-GEBIRGE

2

2

KALMÜCKEN

16
14
ALTAIER

Aral-See

KASACHEN KASACHEN

Balchasch-See

KARAKAL-
PAKEN

Kaspisches Meer

11

TURKMENEN

DUNGAN

Issykkul

USBEKEN KIRGISEN

20

12

Iran

TADSCHIKEN UIGUREN

8

Afghanistan   Pakistan

Abb. 97.: Zentral- und Nordasien. Verbreitung von Sprachen und Völkern

Iranische Sprachen:
1 Tadschiken

Ugrische Sprachen:
2 Chanten
3 Mansen

Samojedische Sprachen:
4 Nenzen
5 Nganasan
6 Selkupen

Türkische Sprachen:
7 Kasachen
8 Kirgisen
9 Karakalpaken
10 Usbeken
11 Uiguren
12 Turkmenen
13 Altaier
14 Chakassen
15 Tuwinen
16 Schoren
17 Jakuten

Mongolische Sprachen:
18 Burjaten
19 Kalmücken
20 Mongolen

Tungusisch-mandschurische Sprachen:
21 Ewenken
22 Ewenen
23 Nanai
24 Ultschen
25 Oroken
26 Udehe
27 Orotschen

Paläoasiatische Sprachen:
28 Tschuktschen
29 Korjaken
30 Itelmen
31 Jukagiren
32 Niwchen
33 Keten

Chinesische Sprachen:
34 Dunganen

gebunden; der Räderkarren kam erst sehr spät in die Steppen. Hauptnahrung der K. waren Milch und Fleisch; erst der Kontakt mit russischen Siedlern und Usbeken im südl. kasachischen Siedlungsgebiet führte zum Anbau von Hirse und Winterweizen bei den Weiden im 19. Jh. Der Bodenbau besaß aber nur eine sekundäre Absicherungsbedeutung, und entsprechend niedrig war auch das technische Niveau. Ganzjährig seßhafte K. hatten selten freiwillig, sondern meist nach dem Verlust ihrer Herden das nomadische Leben aufgegeben. Die K. verarbeiteten die Wolle selbst zu Stoffen und Filz von höchster Qualität; aus Leder und Holz wurden gewöhnlich die Gegenstände des täglichen Gebrauchs hergestellt. Die traditionelle Behausung war die filzbedeckte Jurte+. Ursprünglich waren die K. in drei, seit dem 18. Jh. in vier Horden unterteilt. Sie wurden jeweils getrennt nach dem Senioritätsprinzip von einem Khan geführt, dessen erbliche Würde durch eine Wahl bestätigt werden mußte. Er leitete sich, wie überhaupt der gesamte Adel, direkt von Dschingis Khan ab und gehörte damit zum »weißen Knochen«, während das gemeine Volk den »schwarzen Knochen« bildete. Die Macht des Khans war durch die Oberhäupter der Geschlechter und im 19. Jh. durch die russische Verwaltung stark eingeschränkt. Innerhalb der Sippen, die ebenfalls nach dem Senioritätsprinzip geführt wurden, galt ein bedingungsloser Zusammenhalt und die Blutrache; die Kenntnis der Genealogie wies das rechtmäßige Mitglied aus. Die Religion der K. war zwar seit dem 8. Jh. der sunnitische Islam, doch blieb er nur oberflächlich verankert. Das islamische Recht wurde nicht praktiziert, der Heiligenkult setzte die Verehrung heidnischer Gottheiten und Helden unter islamischem Deckmantel fort, die Schamanen befaßten sich nach wie vor mit Krankenheilung und Wahrsagerei; man brachte den Herd-, Haus- und Familiengeister Opfer.

Die Wirren nach dem Tode Dschingis Khans und die Auflösung der Goldenen Horde im 15. Jh. waren für die Ethnogenese+ der K. entscheidend. Verschiedene türkische Verbände und turkisierte mongolische Gruppen schlossen sich im Gebiet zwischen Balchasch-See und Issyk Kul zu einer politischen Einheit zusammen. Von einer ethnischen Kontinuität kann man bei den K. erst seit ungefähr dem späten 16. Jh. sprechen. Eine politische Einigung der kasachischen Horden war immer nur von kurzer Dauer, die Nachbarschaft großer Reiche – Dsungaren, China, Rußland – förderte noch die separatistische Politik. Aus Furcht vor den Dsungaren unterstellten sich in der ersten Hälfte des 18. Jh. Teile der K. russischer Hoheit, doch folgte ihrer Niederzwingung durch China eine weit größere Bedrohung durch das Vorrücken russischer Siedler und Militärs, die ihre Siedlungen und Festungslinien immer weiter in das kasachische Weideland hineinschoben. Immer wieder kam es in der Folgezeit zu Plünderungen russischer Dörfer, Überfällen auf Karawanen und Konflikten mit Siedlern und Beamten, doch war die Integration des Wandergebiets der K. ins russische Großreich nicht mehr aufzuhalten.

Die Landkonfiskationen durch die Anlage neuer russischer Siedlungen und die Entmachtung der alten Adelsschicht führten zu zahlreichen Aufständen, unterstützt bis 1870 von den Khanaten Khiva und Khokand. Eine massive neue Siedlungsbewegung und die Gründung von Hunderten russischer Dörfer schürten den kasachischen Widerstand; die Zwangsverpflichtungen für die russische Kriegswirtschaft 1916 war nur der letzte Funke im Pulverfaß. Als noch im gleichen Jahr der große mittelasiatische Aufstand ausbrach, schlossen die K. sich ihm bereitwillig an. Sie hatten auch praktisch keine andere Wahl; ihr Lebensraum, den sie für ihre Herden so dringend brauchten, wurde immer mehr eingeengt, und ohne Herden waren sie dem sicheren Hungertod ausgeliefert. Die Erhebung schlug fehl und endete in blutigen Auseinandersetzungen mit den russischen Siedlern und grausamer Verfolgung durch die zaristischen Behörden. Ca. 300 000 K. flohen nach Singkiang (China), doch gelang es dem dortigen Gouverneur, die Repatriierung fast aller Flüchtlinge zu erreichen. Viele traf bei ihrer Rückkehr die Rache der russischen Siedler. Man schätzt, daß damals 80 000 K. den Tod fanden. Es war die seit Mitte des 19. Jh. in russischen Schulen ausgebildete kasachische Intelligenz, die den Ausbruch der Revolution zur Gründung einer eigenen nationalen Partei, der Alasch Orda, mit liberalen Zielen nutzte. Sie geriet aber zwischen die Fronten der sich auch in Kasachstan bekämpfenden Bürgerkriegsparteien; ihre Mitglieder schlossen sich endlich den Kommunisten an. Da ihre Führer jedoch in den folgenden Jahren entschieden gegen die Zwangsseßhaftmachung votierten, wurden sie seit 1928 aus allen politischen Positionen entfernt und verfolgt. Der Machtantritt der Sowjets führte nicht zur erhofften Rückgängigmachung der Landkonfiskationen von 1916, sondern setzte diese Politik – verstärkt noch seit 1926 – fort, verbunden mit Herdenenteignung, Liquidierung der Stammesführerschicht und Zwangsansiedlung der K. in großen Kollektivlagern. Da dort nicht genügend Weiden zur Verfügung standen, verhungerten die Tiere, und die Bevölkerung ging zurück. Zwischen 1926 und 1939 nahm die kasachische Bevölkerung in der UdSSR durch Flucht, Verhaftung und Liquidierung, in der Hauptsache aber durch bloßes Verhungern um mehr als 20%, örtlich sogar bis über 40% ab; fast eine Mio. Menschen starben. Gemessen an anderen sowjetischen Völkern erlitten die K. als Folge der Revolution die größten Bevölkerungsverluste. Die Herden gingen von 40 Mio. Stück 1929 auf 5 Mio. 1933 zurück und noch 1956 hatte z. B. die Zahl der Schafe nicht wieder den Stand von Ende 1920 erreicht; ähnliche Zahlen gelten auch für andere Herdentiere. Sinn und Ziel der damaligen sowjetischen Politik war es, durch Enteignung der Reichen die Hinwendung der breiten Masse zum Kommunismus zu erreichen, durch Landverteilung einen Anreiz zur Seßhaftwerdung zu geben und damit dann einerseits die starken sozialen Bande innerhalb der kasachischen Stämme und Familienverbände zu zerschlagen und andererseits die Kontrolle über die K. zu gewinnen. Hinzu kam aber noch, daß nach damaliger sowjetischer Auffassung der Nomadismus die schlechthin rückständigste Wirtschaftsform war. Ein Umschwung in dieser Denkweise setzte erst in den sechziger Jahren ein. Rückschläge in der forcierten landwirtschaftlichen Entwicklung der kasachischen Steppengebiete wie auch Versorgungslücken förderten die Erkenntnis, daß die nomadische Lebensform in bestimmten Gebieten am besten geeignet ist, eine optimale wirtschaftliche Nutzung zu erreichen. Die Viehwirtschaft, die in Kasachstan weiterhin der führende Wirtschaftszweig geblieben war, wurde jetzt wieder als ganzjähriger nomadischer Zyklus betrieben. Es ist schwer die Zahl dieser neuen Nomaden zu schätzen, wahrscheinlich liegt sie bei 20% aller in der Viehwirtschaft Beschäftigten. Überwiegend steht jedoch die kasachische Viehwirtschaft mit einer Art Almbetrieb zwischen Nomadismus und seßhaftem Bauerntum. Im Sommer ziehen die Hirten mit den Herden davon, das Kolchoszentrum bleibt völlig verödet zurück. Im Herbst erst kehren sie mit den Tieren heim, um sie mit Stallfütterung durch den Winter zu bringen. Kasachstan ist heute einer der bedeutendsten Fleisch- und Wollieferanten der UdSSR; Geflügel- und Schweinezucht wurden neu eingeführt. Natürlich hat die große Seßhaftwerdungskampagne der zwanziger Jahre eine Teil der K. zu ständigen Bodenbauern gemacht, jedoch sind sie nach wie vor eine Minderheit. Die Zerschlagung der traditionellen Sozialstrukturen scheint nur ungenügend gelungen zu sein. Wie auch bei Kirgisen und Usbeken repräsentieren die Arbeitsbrigaden oft die früheren Familiengruppen; Kolchosleiter sind vielfach zugleich das Oberhaupt eines Verwandtschaftsverbandes, der hier zusammen wohnt. Nichtverwandte Spezialisten bleiben in der Kolchose meist Außenseiter. Und das gleiche Bild zeigt sich sogar auf höherer Ebene, wenn in einem Distrikt etwa alle Beamten einem bestimmten Sippenverband angehören. Aber auch auf anderem Gebiet haben traditionelle Strukturen überlebt. Der Islam scheint heute eher gefestigter als früher; die Beschneidung wird ganz allgemein durchgeführt, Freitagsgebet, Wallfahrten und die Verehrung von Heiligtümern vereinen noch immer die Gläubigen.

Die K. der VR China waren, nur mit zeitlicher Verzögerung, ähnlichen Entwicklungen wie jene der UdSSR ausgesetzt. Die Agrarreform von 1952/53 brachte Enteignung, Kollektivierung, gewaltsame Seßhaftmachung, Zwang zum Bodenbau und damit auch Liquidation, Verhaftung und teils verzweifelte Kämpfe der K. um das Überleben ihrer traditionellen Wirtschaftsform. Angeblich wohnen heute 80% der K. Chinas in neuen festen Häusern, das äußerliche Zeichen für ihre erfolgreiche Entnomadisierung. Um die chinesischen K. schärfer von ihren russischen Stammesbrüdern zu trennen und alle Ansätze für einen grenzübergreifenden Nationalismus zu unterbinden, wurde die Schrift in China romanisiert und eine neue kasachische Literatursprache entwickelt. Seit 1957 sind auch die K. der VR Mongolei seßhaft und arbeiten im kollektivierten Bodenbau.

Lit.: 121, 123, 129
Karte: Zentral- u. Nordasien (Abb.: 97)

Kaschkai

Ein Türkisch sprechendes Volk in S-Persien; ca. 500 000.

Die K. waren und sind noch heute Nomaden mit großen Schaf- und Ziegenherden; auch Kamele (hauptsächlich zu Transportzwecken), Esel, Pferde und Rinder werden gehalten. Die Winterweiden der K. liegen südl. von Shiraz; von hier brechen sie gegen Ende April zu einer langen Wanderung – bis zu 500 km – zum Zagros-Bergland auf, wo sie den Sommer verbringen.

Die wirtschaftliche Einheit ist die Großfamilie. Ihre Mitglieder sind die gemeinsamen Besitzer der Herden und bestimmter Weidegebiete und bewohnen zusammen das große schwarze Ziegenhaarzelt. Eine außergewöhnliche Solidarität untereinander ist in allen schwierigen Lebenssituationen ihr bester Schutz. In dieser Familiengemeinschaft spielt die Frau sowohl bei der Pflege des Viehs wie auch im übrigen Arbeitsleben die dominierende Rolle. Es herrscht strikte Monogamie. Die K. sind in ca. dreißig Stammesabteilungen gegliedert, jeweils geführt von einem Khan. Die Macht wird durch diese Stammesaristokratie ausgeübt, deren Mitglieder auch zugleich die größten Herden- und Weidebesitzer sind. Der schiitische Islam blieb bei den K. nur ein oberflächlicher Firniß. Gebetszeiten und Fasten wurden kaum eingehalten, die Jurisdiktion orientierte sich früher nicht am Koran, sondern dem Gewohnheitsrecht des Stammes. Die K. sind bekannte Pferdezüchter und auch Reiter; berühmt in aller Welt sind ihre bunten Knüpfteppiche.

Die Herkunft der K. ist noch nicht völlig geklärt. Wahrscheinlich wurden sie durch die mongolische Invasion Persiens im 13. Jh. und die nachfolgenden politischen Wirren nach S gedrängt. Vielleicht gehörten Teile der K. einst zum Verband der türkischen Khalaj, einer Abteilung der Ghuz-Türken. Zu einem einzigen Verband schlossen sich die Stämme erst Mitte des 18. Jh. zusammen.

Noch im 19. und ersten Drittel des 20. Jh. war die Unabhängigkeit der K. sowie Einfluß und Macht ihrer Khane nicht eigentlich gefährdet, obwohl es immer wieder zu Versuchen der persischen Zentralregierungen kam, den geschlossenen K.-Verband unter Ausnutzung der Streitigkeiten zwischen dem Feudaladel aufzubrechen. Noch während des Ersten Weltkriegs betrieben die K. eine höchst eigenständige und gewagte Politik und waren lange Zeit auf der Seite der Deutschen in Auseinandersetzungen mit England verwickelt. Der Verlust ihrer Freiheit kam erst mit der Machtübernahme durch Reza Schah, 1925. Der Widerstand der K. gegen seine Nomadenpolitik war erbittert, doch waren sie durch ihre langen Wanderungen militärisch und ökonomisch verletzbar und wurden schließlich Mitte der dreißiger Jahre, wie andere persische Stämme auch, zur Seßhaftigkeit gezwungen und entwaffnet. Es kam damals zu Zwangsumsiedlungen, Liquidationen und zahlreichen Aufständen. Die Stammeschefs flohen ins Ausland; bei den unter unzureichenden Bedingungen seßhaft gemachten Nomaden brachen Krankheiten und Seuchen aus. Die Abdankung Reza Schahs 1941 gab den K. ihre Unabhängigkeit zurück und war zugleich das Signal, ihre Wanderungen wieder aufzunehmen und sich erneut zu bewaffnen. Alle Einmischungsversuche in ihre Angelegenheiten konnten sie anfangs erfolgreich abwehren. Nach dem Zweiten Weltkrieg wurde eine erneute Zwangsseßhaftmachung nicht wieder versucht, vielmehr die nomadische Milch- und Viehwirtschaft mit modernen Methoden unterstützt. Erneuten Widerstand rief jedoch die Bodenreform, vor allem bei den Großgrundbesitzern, hervor, die Muhammad Reza Schah seit 1962 durchzusetzen suchte. Durch Strafexpeditionen versuchte man damals die K. zu disziplinieren, die auch wieder ihre Hoheitsrechte über die Verkehrswege zum Persischen Golf geltend machten und sie kontrollierten. Erst massiver und keineswegs rücksichtsvoller militärischer Einsatz durch die Zentralregierung in Teheran führte schließlich zur Integration der K. in den persischen Staat. Bei der Entwicklung einer Schulpolitik für nomadische Verhältnisse setzten die K. neue Maßstäbe: Sie begannen als erste durch Eigeninitiative Zeltschulen einzurichten und damit eine mobile Unterrichtung ihrer Kinder sicherzustellen. Die Idee wurde von der Regierung auch für die anderen Nomaden Persiens aufgegriffen und später auf staatlicher Ebene unter dem Namen »Weiße Zelte« organisiert.

Lit.: 18, 28
Karte: Südwest-Asien (Abb.: 23)

Kaukasus-Völker

Sammelbezeichnung für eine Vielzahl von Völkern und Gruppen im Zis- wie Transkaukasus (UdSSR) mit unterschiedlichen Sprachen und großer kultureller Variationsbreite. Das autochthon kaukasische Element repräsentieren vor allem die Völker mit einer kaukasischen Sprache, u. a. → Georgier, → Armenier, → Tscherkessen, → Tschetschenen. In historischer Zeit wanderten Iranisch (→ Osseten) und Türkisch (→ Balkaren, → Karatschaier, → Kumücken, → Nogaier) sprechende Völker ein bzw. wurden in das kaukasische Rückzugsgebiet abgedrängt.

Lit.: 57
Karte: Kaukasus (Abb.: 61)

Keten

Früher Jenissei-Ostjaken bzw. nur Ostjaken (→ Chanten), eine kleine Volksgruppe (1970: 1200 Personen) am mittleren Jenissei in Z-Sibirien (UdSSR). Ihre Sprache wurde früher zögernd den paläoasiatischen zugeordnet; in neueren sowjetischen Arbeiten besteht dagegen die Tendenz, sie an die tibeto-birmanische Sprachfamilie anzuschließen.

Die Wirtschaft der K. – Fischen und Jagen, teilweise auch Rentierzucht – erfuhr seit dem 18. Jh. durch den Pelzhandel mit Rußland eine weitgehende Umstrukturierung. Gejagt wurde hauptsächlich das Eichhörnchen (80–90% aller Pelze). Auffallend innerhalb der ketischen Wohnformen sind die Hausboote. Die Religion war von einem starken Dualismus+ geprägt: ein guter Himmelsgott stand einer bösen weiblichen Gottheit gegenüber, die Unglück, Kälte und Vernichtung brachte. Mittler zu diesen beiden Mächten war der Schamane. Auch die soziale Organisation der K. zeigt dualistische Züge: zwei exogame Phratrien+, genannt nach Adler und Kuckuck, standen sich gegenüber. Die Sippe verlor schon im 18. und 19. Jh. als ökonomische und territoriale Einheit ihre Bedeutung.

Die Herkunft der K. ist noch immer ungeklärt, doch wird auf Grund einiger Kulturmerkmale auf eine Vermischung vom S zum Jenissei abgedrängter Gruppen mit einer Taigajäger- und Fischerbevölkerung geschlossen. Die heutigen K. sind nur die Reste einer noch im 17. Jh. weit größeren Gruppe, deren Siedlungsgebiet am oberen Jenissei sowie zwischen Unterer Angara und Steinerner Tunguska lag. Der Niedergang der K. im 18. und 19. Jh. war nicht die Folge kriegerischer Ereignisse oder von Seuchen, sondern einer Assimilation – sowohl sprachlich wie kulturell – an Nachbargruppen, u. a. die Ewenken und Chakassen. Nur die nördl. K. konnten ihre eigenständige Kultur und Sprache erhalten. Auch heute noch gehen die K., wenn auch innerhalb neuer Organisationsformen, ihren traditionellen Beschäftigungen, Jagen und Fischen, nach. Neu eingeführt wurde der Bodenbau.

Lit.: 59, 67
Karte: Zentral- u. Nordasien (Abb.: 97)

Abb. 98: Die Kleidung der Ketschua ist im Schnitt oft europäische Konfektion, wird jedoch auf eigene Art getragen. Bei Cuzco, Peru. (Foto: C. Münzel)

Ketschua
Quechua

Indianische Sprache und ihre Sprecher in den Zentralanden (Ekuador, Peru, Bolivien, N-Chile, NW-Argentinien). Kerngebiet geschlossener indianischer Siedlung ist dort das zentrale Hochland über 2000 m Höhe; starke Enklaven finden sich aber auch bei aus dem Hochland stammenden Bevölkerungsteilen der Küstenstädte, z. B. in Lima. Vielleicht 8 Mio. sprechen das in zahlreiche Dialekte aufgespaltene K.

K. war die Staatssprache des Inkareiches, nach dessen Eroberung Verwaltungs- und Missionssprache der Spanier im Umgang mit zentralandinen Indianern. Die Sprachgrenze lehnt sich an die historische Grenze des Inkareiches an bzw. überschreitet sie dort, wo in der Kolonialzeit eine intensive Beeinflussung aus dem ehemaligen Inkagebiet erfolgte (vgl. → Runa). Eine Ausnahme bildet das → Aymara-Gebiet, das sich im Inkareich und danach eine kulturell-sprachliche Sonderstellung bewahrte.

Die gemeinsame Inka- und Kolonial-Vergangenheit und relativ starke kulturelle Einheitlichkeit der bäuerlichen Bevölkerung bilden die Grundlage eines indianischen Gemeinsamkeitsbewußtseins, das im Gebrauch des K. einen verbindenden Ausdruck sieht. Doch existieren daneben auch starke Loyalitäten gegenüber dem jeweiligen Nationalstaat (Ekuador, Peru usw.) und der Provinz, die K.-Sprecher von K.-Sprechern trennen und mit Nichtindianern verbinden. Es ist deshalb fraglich, ob gegenwärtig die K. als ein eigenes, zusammenhängendes »Volk« bezeichnet werden können. Eher handelt es sich um eine Sprach- und Kulturgemeinschaft in mehreren Nationen – ähnlich wie etwa die deutsche Sprachgemeinschaft teils zur deutschen, teils zur schweizerischen, teils zur österreichischen Nation gehört.

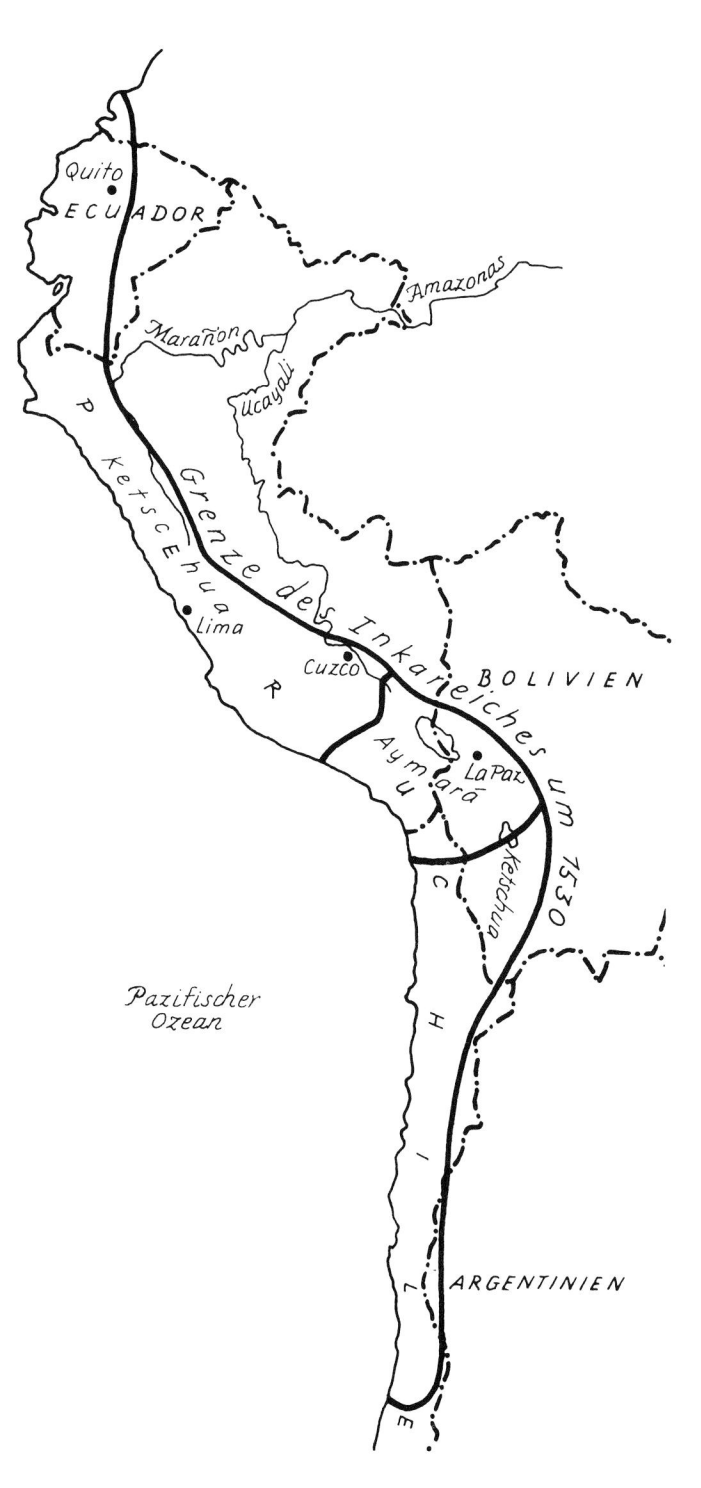

Gemeinsame kulturelle Züge der K. ergeben sich einerseits aus der gemeinsamen vorspanischen Kultur, andererseits – vielleicht noch stärker – aus deren Umwandlung unter kolonialspanischem Einfluß. So sind etwa die vielfältigen Volkstrachten und die reiche Volkskunst in ihren Grundlagen überwiegend kolonialspanisch, daher die barocke Prägung der Volkskunst; die zentralandine Volksmusik verbindet indianische und kolonialspanische Elemente. Überwiegend indianisch ist dagegen, unter einem offiziellen katholischen Mantel, die Volksreligion, die eng mit der in den Grundlagen noch immer indianischen Landwirtschaft verbunden ist (z. B. Kult der Erdmutter Pachamama).

In abgelegenen Dörfern haben sich Reste der kollektiven Ayllu-Dorfverfassung der Inkazeit erhalten. Diese Dörfer besitzen eine eigene Verwaltungshierarchie mit Selbstverwaltungsrechten. Ihr politischer Aufbau ähnelt der altspanischen städtischen Selbstverwaltung. Die politischen Organe im Dorf üben auch Kontrolle über die Reste von Gemeineigentum aus und helfen bei der Regelung der Gemeinschaftsarbeit.

K. ist eine Schriftsprache mit eigener Literatur von heute allerdings nur provinzieller Reichweite. Eine Blütezeit erlebte die K.-Literatur im 18. Jh.

Lit.: 720, 737, 789
Karte: Andengebiet (Abb.: 99)

Abb. 99: Andengebiet. Verbreitung indianischer Sprachen und Völker im zentralen Andenraum des westlichen Südamerika.

Abb. 100: Indianer in Cuzco kaufen bei einer Mestizin (rechts) Heilkräuter. Dieser Handel liegt großenteils in den Händen von Mestizen. (Foto: C. Münzel)

Abb. 101: Die vom Land kommenden Ketschua arbeiten in Cuzco oft in Gelegenheitsjobs als Lastenträger. (Foto: C. Münzel)

Abb. 102: Lastwagen dienen im Hochland von Peru als Verkehrsmittel zwischen den Zentren und den indianischen Dörfern. Indianer, rechts eine Mestizin, kenntlich am Hut. (Foto: C. Münzel)

Abb. 103: Versammlung von Ketschua-Bauern in einem Dorf bei Cuzco, Peru. (Foto: C. Münzel)

Kharia

Das 180 000 Menschen zählende Bergvolk der Munda sprechenden K. ist in 12 ghotis gegliedert und lebt als Jäger und Sammler in verstreuten Siedlungen im Gebiet von Chota Nagpur in den indischen Bundesstaaten Orissa und Bihar. Einzelne Dörfer betreiben Brandrodungsbau+. Die K. messen der Sonne (hero) als Symbol Gottes große Bedeutung bei. Da sie in ihren Gebeten und Anrufungen jedoch die Strahlen (giring) der Sonne und den Mond (lerang) ansprechen, sehen sie vermutlich vor allem im Licht den Ausdruck göttlicher Macht. Sie projizieren ihre Persönlichkeit auf verschiedene Objekte, von denen sie glauben, daß ihnen übernatürliche Kräfte innewohnen; häufig handelt es sich um früchtetragende Bäume. Sie werden, wenn die Frucht ansetzt, rituell »geheiligt«, meistens in Verbindung mit der Heirat eines Familienmitgliedes, weil einem Brautpaar besondere Kräfte zugeschrieben werden. Musikinstrumente (Trommel, Flöte) werden vor dem Gebrauch mit Zinnober angemalt, um ihre magischen Kräfte zu schützen oder zu mehren. Stammesmitglieder gehen miteinander rituelle Freundschaftsbindungen ein, die auf gemeinsamen Interessen beruhen und integrierende Funktion haben. Diese sogenannten »künstlichen« Beziehungen gehen auch Frauen ein. Sie geben derartig zeremoniell geschlossenen Freundschaften Baum- und Blumennamen, deren Blüten sie als Zeichen ihrer Verbundenheit im Haar tragen. Das Bewußtsein, auf die Gaben der Natur angewiesen zu sein, reflektiert sich in den Jahreszeiten-Tänzen, deren Bewegungen sich auf die jeweils wichtigen Tätigkeiten beziehen. Sie sollen die Natur freundlich stimmen. Tanz und Gesang bilden immer eine Einheit. Es gibt einfache, farbige Malereien und Schnitzarbeiten auf Bambusflöten, Holzkämmen und Türpfosten. Kleidungsstücke sind bestickt. Frauen haben Tatauierungen.

Lit.: 149, 178
Karte: Vorderindien (Abb.: 220)

Khasi

Die Khasi- und Jaintia-Berge im indischen Bundesstaat Orissa gaben den dort lebenden Stämmen den Namen. Die bedeutendste Gruppe, die K. (360 000), gehören zur Mon-Khmer-Sprachfamilie, aber ihre Sprache ist mit Hindi- und Bengali-Wörtern vermischt. Sie sind seßhafte Ackerbauern; in den Tälern und auf terrassenförmig an den Berghängen angelegten Feldern, die sie bewässern und düngen, werden Reis, Kartoffeln und Gemüse angebaut. Vereinzelt gibt es noch Brandrodung+ (jhum). Ihre Hütten bestehen meist aus drei Räumen und sind in Mulden an die Berghänge gebaut. Die Gesellschaftsordnung ist demokratisch, die bestehende Titelhierarchie gibt dem einzelnen keinerlei Vorrechte, sie legt nur den Status bei Zeremonien fest. Auseinandersetzungen werden auf dem Verhandlungsweg geregelt; falls keine Kompromißlösung möglich ist, wird der Rat (durbar) einberufen, der nach einer festgelegten Anhörung durch Schiedsspruch oder »Gottesurteil« die Angelegenheit abschließt. Alles Land gilt grundsätzlich als Klan-Eigentum; es wird den Familien auf der Basis einer Art »Erbpacht« überlassen. Das Gemeindeoberhaupt kann einen Teil seiner Felder anderen Dorfbewohnern zur Nutzung überlassen, erhält aber dafür keine »Abgaben«. Der Bedarf an Brennholz und Gras für die Hüttendächer wird vom gemeinsamen Dorfland gedeckt. Ein Teil des Ernteertrags von den Feldern des Priesters wird für Gemeinschaftszeremonien bereitgestellt. Männer tun die Feldarbeit, aber gemäß der matrifokalen+ Gesellschaftsstruktur übernimmt die Familienmutter die Verteilung der Ernte. Mit ihr zusammen leben jeweils ihre Töchter mit ihren Männern und Kindern. Der Mann ist nur »shon-kha«, Zeuger, oder allenfalls »u khan ki briew« – Sohn der anderen; zeremoniell bleibt er ein Fremder, der an Familienriten nicht teilnehmen darf, mit Ausnahme der Namengebungszeremonie, bei der er ein Ritualgefäß (als Symbol seines Körpers) in den Dorfhain trägt, damit die Seele nach dem Tode dorthin zurückkehren kann. Die Erbfolge für Besitz und Stammesämter ist matrilinear+. Das Familieneigentum wird von männlichen Verwandten mütterlicherseits verwaltet, geht aber immer auf die jüngste Tochter über. Wenn weibliche Nachkommenschaft fehlt, wird bei einem Todesfall ein Mädchen einer anderen Familie aufgefordert, die Riten bei der Beerdigung der Asche zu übernehmen, was einer Adoption mit allen Rechten der leiblichen Tochter gleichkommt. Der »shad suck mynsten« wird als »Danksagung« (wie sein Name ausdrückt) für das gemeinsame Erlebnis von Freundschaft und Frieden veranstaltet mit der Bitte um Segen und Wohlergehen für die Zukunft. Er ist auch das Symbol einer Einrichtung, die von den K. 1899 zur Erhaltung ihrer Kultur geschaffen wurde.

Wettspiele, besonders Bogenschießen, sind sehr beliebt, wozu die Dörfer einander herausfordern; dabei spornen die beiden Parteien nicht ihre eigenen Schützen an, sondern versuchen, durch Zurufe und Zaubersprüche den Gegner zu irritieren, damit er das Ziel verfehlt.

Lit.: 148, 173, 180
Karte: Vorderindien (Abb.: 220)

Khmer

Staatsvolk Kambodschas (ca. 90% der Gesamtbevölkerung); die K. besiedeln die Ebenen um den Tonle Sap und den Unterlauf des Mekong; 1975 ca. 6,5 Mio. Sprache: Mon-Khmer.
Von der einst das gesamte südl. → Hinterindien beherrschenden Mon-Khmer-Bevölkerung konnten die K. als einzige Gruppe ihre politische Selbständigkeit wahren. Kulturell unterscheiden sie sich wenig von der Tieflandbevölkerung der Nachbarstaaten. Ihre Dörfer aus gras- und schindelgedeckten Pfahlhäusern basieren in der Mehrzahl auf Subsistenzwirtschaft+ (Reis, Früchte, Gemüse), einige haben sich jedoch auf Fischfang oder bestimmte Handwerkszweige spezialisiert (Weben, Töpferei, Metallverarbeitung). Religiöser und sozialer Mittelpunkt eines K.-Dorfs ist der Tempelbezirk. Der Theravada-Buddhismus, kombiniert mit Geistervorstellungen, übt einen wesentlichen Einfluß auf das Alltagsleben aus. Bis 1975 war es üblich, daß ein Mann für einige Monate oder Jahre in seinen lokalen Tempel als Mönch eintrat.
Starke indische Kultureinflüsse zu Beginn unserer Zeitrechnung führten zur Entstehung von Khmer-Reichen hinduistischer Prägung, an deren Spitze Gottkönige und eine Führungselite von Adligen, Brahmanen und Beamten standen. Die spätere Einführung des Theravada-Buddhismus aus Ceylon trug durch die individualistische Komponente dieser Religion und die Entstehung selbständiger dörflicher Kultzentren zur Dezentralisierung des Staates bei. Seit dem 15. Jh. mußte sich Kambodscha gegen den ständigen Druck der Nachbarreiche Siam und Vietnam behaupten. Erst die franz. Kolonialherrschaft (1864–1954) sicherte die Grenzen des Landes. Der Sturz des 1975 an die Macht gekommenen Pol-Pot-Regimes mit Hilfe vietnamesischer Besatzungstruppen ließ die alte Furcht vor den Hegemonie-Bestrebungen des östl. Nachbarn wieder aufleben.

Lit.: 216, 218, 285
Karte: Hinterindien (Abb.: 70)

Khond

Die K. (auch Kond, Kandh, Konda)(ca. 700 000), leben in den Bergen und Dschungeln des indischen Bundesstaates Orissa. Sie sprechen Kul, bzw. Kuwi, Dialekte der drawidischen Sprachgruppe, und bezeichnen sich selbst als Kuiloka oder Kuienju. Sie sind zum größten Teil seßhafte Reisbauern mit kleinen Baumwollkulturen, deren Dörfer zwei Straßen mit Doppelreihen von Hütten haben. Diese Anordnung kennzeichnet ihre Abgrenzung gegenüber einer Gruppe, die grobe Webarbeiten anfertigt und bei Festen die Musiker stellt (dombo, paich oder pano genannt). Nur kleinere Gruppen der K. sind Jäger und Fallensteller und betreiben Brandrodung+. Ihre Frisur, das rund um den Kopf hochgerollte Haar, das über der Stirn zu einem Vorsprung verknotet ist, erinnert an die Skulpturen von Sanchi und Bharut (aus dem 2. Jt. v. Ch.); bis zum 19. Jh. sollen von den K. noch Menschenopfer dargebracht worden sein. Glaube und Sitten zeigen gewisse Analogien zur Hindu-Bevölkerung. Die K. trinken jedoch keine Milch. Sie gehören zu den indischen Stämmen, bei denen seit den 70er Jahren die Akkulturation+ schnell fortschreitet.

Lit.: 156, 158, 163, 176
Karte: Vorderindien (Abb.: 220)

Kikuyu

Die K. sind mit etwa 1,5 Mio Menschen eines der größten Völker Ostafrikas. Sie leben überwiegend im Hochland zwischen dem Kenia-Berg und der Stadt Nairobi, dehnten sich seit Ende des letzten Jhs. jedoch auch über das Gebiet von Nakuru aus. Vor der Errichtung der englischen Herrschaft hatten die kriegerischen Masai-Hirten eine Besiedlung dieses Landes durch feldbautreibende Gruppen verhindert.
Die sprachlich zur Gruppe der NO-Bantu gehörigen K. leben in der Nachbarschaft nilotischer Stämme, von denen sie kulturell beeinflußt wurden. Die Haltung von Zebu-Rindern, Ziegen

und Schafen spielt eine wirtschaftlich ins Gewicht fallende Rolle, und die Tiere gelten wie in vielen afrikanischen Gesellschaften auch als Wertmesser des Wohlstandes. Grundlage der Ernährung ist der Feldbau, der früher durchweg in Form einer Feldwechselwirtschaft (shifting cultivation) ausgeübt wurde, mit zunehmender Besiedlungsdichte jedoch zu größerer Standortgebundenheit gezwungen ist. Die hauptsächlichen Anbaupflanzen sind Sorghum und andere Hirsearten, Mais, Kartoffeln, Maniok (Cassava), Jams, Bananen, Zuckerrohr und Bohnen. Als »Geldpflanzen« gewinnen Kaffee, Tee und Tabak eine zunehmende Bedeutung.

Die K. wohnen in traditioneller Weise in runden Kegeldachhäusern mit lehmverstrichenen Holzwänden, doch werden rechteckige, mit Wellblech gedeckte Häuser zunehmend häufiger. Die Getreidespeicher bestehen aus großen Körben, die zum Schutz gegen Feuchtigkeit und Schädlinge auf Stelzen gestellt sind. Der eisenbewehrte Grabstock wird als wichtigstes Ackergerät in jüngster Zeit mehr und mehr vom Pflug verdrängt.

Mit der Verstädterung, die in Kenia schneller fortschreitet als in vielen anderen Ländern Afrikas, beginnen sich die alten Stammes- und Klanbindungen zu lockern. Die gleiche Feststellung trifft für die früher bedeutsamen Organisationen der Altersklassen zu. Übergreifende Zentralgewalten waren bei den K. im Vergleich zu den mehr demokratischen Organisationsformen nicht nennenswert ausgeprägt.

Die alte Volksreligion der K. wurde durch die Tätigkeit christlicher Missionen seit dem vorigen Jh. zurückgedrängt. Jedoch konnte die traditionelle Magie eine wichtige Stellung behaupten, und Opferrituale an Ahnenschreinen und heiligen Bäumen werden nach wie vor häufig ausgeführt. Großes Ansehen genießen Medizinmänner (mundu mugo und murogi), die sich auf Regenzauber und Krankenheilungen spezialisiert haben.

Sprachlich, kulturell und in ihrem historischen Schicksal stehen den K. ihre südöstl. Nachbarn, die Kamba, nahe, die mit ca. 700 000 Menschen die zweitgrößte Gruppe der NO-Bantu bilden. Sie zerfielen in 25 Klane mit verschiedenen Totemtieren, die jedoch für die heutigen Lebensverhältnisse bedeutungslos geworden sind.

Die Politik der Kolonialherren in Kenia brachte vor allem den Kikuyu schwerwiegende Nachteile, da 1902 die fruchtbarsten Teile des Hochlandes zum Siedlungsgebiet für Weiße erklärt wurden. 1948 gehörten 42 000 km² 3000 europäischen Großgrundbesitzern, während die Angehörigen des K.-Volkes insgesamt nur über 10 000 km² verfügten, von denen zwei Drittel zudem auf Weide- und Waldschutzgebiete entfielen. Die Verbitterung über die ungerechte Landverteilung entlud sich 1952 im »Mau-Mau-Aufstand« der K. gegen die Weißen und ihre schwarzen Gefolgsleute, den die Briten erst nach jahrelangen Anstrengungen niederwerfen konnten. Einer der geistigen Väter der Rebellion war der K.-Führer Yomo Kenyatta (»Flammender Speer«), der nach langer Inhaftierung 1963 zum Staatschef des unabhängigen Kenia aufstieg. Dadurch erhielt die Vormachtstellung der K. in diesem Staate eine erhebliche Stärkung. Sie übernahmen Teile des Besitzes der das Land verlassenden europäischen Farmer und gelangten durch Übernahme moderner Techniken in der Landwirtschaft und leistungsfähiger Viehrassen teilweise zu einem für afrikanische Verhältnisse relativ hohen Lebensstandard.

Lit.: 1055, 1056, 1063, 1070
Karte: Zentral- u. Ostafrika (Abb.: 106)

Kiowa

Nordamerikanische Indianer in den südl. Plains, denen sich schon seit früher historischer Zeit die nach ihnen so genannten Kiowa-Apache angeschlossen hatten; seit 1868 leben beide Gruppen zusammen mit den → Comanche auf einer gemeinsamen Reservation bei Anadarko in SW-Oklahoma; ca. 3000. Sprachlich steht das K. dem Tano nahe, das wiederum mit dem Uto-Aztekischen verwandt ist.

Die K. und K.-Apache waren bis um die Mitte des 19. Jh. typische Bisonjäger (→ Cheyenne, → Comanche, → Dakota), die in mobilen Verbänden lebten. Eine wichtige Rolle in der politischen Organisation des Stammes spielten die Kriegerbünde mit hierarchischem Aufbau. Die Glaubensvorstellungen der K. kreisten um den Besitz und die Erhaltung übernatürlicher Kräfte, die sie in Visionen und Träumen zu erlangen glaubten. In heiligen Medizinbündeln bewahrten sie die Attribute dieser übernatürlichen Kräfte auf. Der Sonnentanz war ihr wichtigstes religiöses Ritual.

Die K. verbreiteten als erste den Peyote-Kult unter die unterworfenen Plains-Stämme. Ein bekannter K. ist der Schriftsteller (Pulitzer-Preis) Scott N. Momaday (»House of Dawn«, 1968 [auch dt.], »The Names«, 1976, und andere Romane).

Lit.: 563, 593
Karte: Nordamerika (Abb.: 76)

Kirgisen

In europäischen Quellen früher auch Kara-Kirgisen, ein großes, Türkisch sprechendes Volk in Zentralasien ohne nationale Einheit. Die K. der UdSSR (1970: 1,5 Mio.) leben fast ausschließlich in der Kirgisischen SSR; in der VR China (1953: 71 000) siedeln sie hauptsächlich in den westl. Gebieten S-Sinkiangs jenseits der russischen Grenze (50% im »Autonomen Kreis der Kirgisen« im Transalai). Die K. der VR Mongolei machen nur einige Tausend aus. Die vierte Gruppe der K. lebt in NO-Afghanistan auf dem Pamir (ca. 20 000); ein Teil von ihnen zog aber nach dem pro-sowjetischen Putsch in Kabul 1978 unter Führung ihres Oberhauptes nach N-Pakistan.

Das Siedlungsgebiet der K. besteht aus größtenteils unwirtlichen Hochgebirgsregionen mit trockenem Kontinentalklima (Pamir, Alai, Tienshan, Kuenlun). Hier nomadisierten sie mit ihren Herden (Schafe, Pferde, einige Kamele, örtlich auch Yaks) vertikal, d. h. der Winter wurde am Fuß der Berge oder in geschützten Flußtälern verbracht, der Sommer auf den nahegelegenen Bergweiden. Die Tiere hielt man größtenteils während des gesamten Jahres im Freien, erst unter russischem Einfluß kam es zu geringer Stallfütterung im Winter. Ackerbau – Weizen, Gerste, Gemüse und Hirse – wurde als Ergänzung der hauptsächlich aus Milchprodukten bestehenden Nahrung sowohl bei den Sommer- wie Winterweiden betrieben; dauernde und feste Bauernsiedlungen wurden erst Anfang des 20. Jh., besonders im S des kirgisischen Wandergebiets unter usbekischem Einfluß, errichtet. Verarmte K. sahen sich nach dem Verlust ihrer Herden zur Seßhaftigkeit gezwungen. Die Filzjurte war die typische, ideal angepaßte Behausung; erst seit dem 19. Jh. errichtete man bei den Winterquartieren Lehmhäuser. Die Verarbeitung der eigenen Wirtschaftsprodukte (Wolle, Filz, Leder, Teppiche) diente nicht nur dem persönlichen Bedarf, sondern – wie auch Vieh – als Tauschmittel. Die ca. vierzig Einzelstämme der K., unterteilt in einen »rechten« und »linken Flügel«, schlossen sich nur in Kriegszeiten zu größeren Verbänden zusammen, eine Zentralgewalt oder eine gemeinsame Politik aller Stämme gab es niemals. Stammesangelegenheiten wurden von einer kleinen hierarchischen Führungsschicht entschieden, die im 19. Jh. unter den für ihre Stammesbrüder nicht immer positiven Einfluß der zaristischen Verwaltung geriet und oft zu deren bezahltem Werkzeug wurde. Die Familie, bestehend aus mehreren Generationen, gehörte zu einem größeren Familienverband mit gemeinsamem Vorfahr, eigenem Weide- und Ackerland; ihre Mitglieder waren zu gegenseitiger Hilfe und Blutrache verpflichtet. Der Islam wurde erst im 17. und 18. Jh. oberflächlich übernommen, zu einer Glaubensvertiefung kam es erst im 19. Jh. unter dem Einfluß des Khanats von Khokand. Alte religiöse Praktiken wie die Errichtung von teils monumentalen Grabbauten für die Verstorbenen und die Verehrung der Ahnen, der Glaube an Haus-, Herd- und Naturgeister blieben bestehen. Schamanen übernahmen Krankenheilung, Regenzauber und Wahrsagung. Berühmt sind die Heldenepen der K., deren Vortrag oft mehrere Wochen in Anspruch nahm. In ihnen wurde das Ideal des tapferen K. verherrlicht, der Abenteuer besteht, fremde Eroberer zurückschlägt und im Zweikampf gewinnt.

Die frühesten Nachrichten über die K. stammen aus chinesischen Quellen des 1. Jh. v. Chr. Damals wohnten die K. in den Steppen nördl. des Altai. Auch die Tang-Annalen des 6. bis 8. Jh. n. Chr. lokalisieren die K. am oberen Jenissei, vermischt mit mongolischen oder anderen türkischen Völkern. Im 12. Jh. dagegen berichten erstmals arabische Reisende von K. im westl. Tienshan-Gebirge, wo sie teilweise noch heute leben. Das Rätsel um diese unterschiedlichen Nachrichten ist noch heute nicht völlig geklärt. An eine massive Abwanderung der Jenissei-K. in den Tienshan mag man nicht so recht glauben, bestärkt durch das Fehlen von Traditionen über eine Herkunft aus dem Altai und Wanderzüge bei den heutigen Tienshan-K.; sprachliche Zusammenhänge zwischen den noch immer am Jenissei sitzenden Kirgisen und jenen des Tienshan sind noch nicht ganz geklärt. Andererseits deuten einige Stammesnamen durchaus auf Beziehungen zu den Altai-Sajan-Völkern hin. Die Ethnogenese+ der heutigen Tienshan-K. dauerte wahrscheinlich vom 13. bis zum 16. Jh. und vollzog sich unter Assimilierung verschiedener türkischer und mongolischer Verbände. Die Besiedlung des Alai und Pamir erfolgte wahrscheinlich im 17./18. Jh. unter dem Druck des westmongolischen Dsungaren-Reiches. Das Fehlen einer zentralen Autorität bei den K., das Erstarken des Khanats von Khokand, die Eroberung Ostturkestans durch den chinesischen Kaiser Kienlung (1759) und die sich dort in der Folgezeit regelmäßig abspielenden Usurpationsversuche der entthronten Khoja-Dynastie boten den K. genügend Möglichkeiten, sich mit wechselnden Loyalitäten in den Dienst dieser Mächte zu stellen, sie nicht selten auch politisch zu erpressen. Spannungen und Kriege zwischen den einzelnen K.-Stämmen kamen durch diese unterschiedlichen Abhängigkeiten häufig vor. Diese nationale Uneinigkeit machte die K. anfällig, nicht zuletzt für die Unterwerfung unter russische Hoheit, die trotz beträchtlichen Widerstands 1876 abgeschlossen war.

Die russische Siedlungspolitik entzog den K. immer mehr die Grundlage ihrer Wirtschaft – das Weideland; die Herden fanden nicht mehr genügend Futter, und mancher K. sah sich gezwungen, sich als Landarbeiter zu verdingen. Ein zündender Funke für die Unzufriedenheit war im 1. Weltkrieg, 1916, die Zwangsverpflichtung durch Rußland. Es kam, wie bei den anderen türkischen Völkern Rußlands auch, zum Aufstand, der aber bald blutig niedergeschlagen wurde, nicht zuletzt von russischen Siedlern. Angeblich 300 000 K. flohen nach China, wurden aber später zurückgeschickt, viele verhungerten, da man ihnen die Herden weggetrieben hatte. Die nachrevolutionäre Zeit brachte für die K. tiefgreifende Veränderungen. Die Sowjetregierung erkannte, daß die entscheidende Grundvoraussetzung, die Nomadenstämme ständiger staatlicher Kontrolle zu unterwerfen, ihre Seßhaftwerdung war. Erste Enteignungen der großen Herdenbesitzer, 1921/22, leiteten diese Maßnahmen ein; es folgte wenig später die Einrichtung großer Viehkolchosen, die allerdings viele Anfangsschwierigkeiten zu überwinden hatten. Mit der dauernden Ansiedlung der K. hoffte man auch, die festen Stammesbindungen zu lösen und damit die Voraussetzung für den Aufbau einer neuen Gesellschaft im sowjetischen Sinn zu schaffen. Hinzu kam, daß der Nomadismus als rückschrittliche Wirtschaftsform mit starken feudalistischen Zügen galt. Seit den 60er Jahren erst hat eine gewisse Umkehr in dieser Anschauungsweise eingesetzt, die dazu führte, daß heute der Nomadismus als die für die zentralasiatischen Gebirgsregionen geeignetste Form der wirtschaftlichen Nutzung gilt. Mancher traditionelle Zug der kirgisischen Kultur hat sich trotz aller Veränderungen erhalten: auf den Weiden leben die Hirten mit ihren Familien im großen und ganzen ähnlich wie in alten Zeiten, die traditionelle Rollenverteilung der Geschlechter ist trotz vieler Emanzipierungsversuche geblieben, die Weidebrigaden werden oft von den alten Familiengruppen gestellt, die Kolchosen als Zentrum und Standquartier häufig von ganzen Verwandtschaftsverbänden bewohnt. Selbst die Genealogien haben wenig von ihrer früheren Bedeutung für die Identität der K. eingebüßt. Intensiviert wurde die Schafzucht und damit die Fleischproduktion, die ein Viertel des gesamten sowjetischen Bedarfs deckt. Natürlich gibt es heute eine weit größere Zahl ständig seßhafter kirgisischer Bauern als früher. Sie pflanzen auf bewässerten Böden vor allem technische Kulturen an. Im Tschu-Tal ist die kirgisische Industrie konzentriert: Metallindustrie, Maschinenbau, Textilindustrie, Nahrungs-, Leder- und Baumwollverarbeitung. In Handwerksgenossenschaften werden noch heute Teppiche geknüpft und Filzprodukte hergestellt. Es scheint, daß die Entwicklung bei den chinesischen K. im großen und ganzen ähnlich verlaufen ist: Versuch der Seßhaftmachung, unterstützt durch eine Agrarreform, 1953, Abwanderung einiger K. in die Industrie. Bewahrt haben sich in China – wie auch in der Sowjetunion – die starken Bindungen an den Islam. Einzig die K. in Afghanistan, die fast abgeschnitten von der Außenwelt auf dem Pamir wandern, konnten ihre traditionelle Wirtschaft und Kultur ohne Eingriffe von außen bis heute bewahren.

Lit.: 107, 108, 110
Karte: Zentral- u. Nordasien (Abb.: 97)

Kogi,
Cágaba

7000 Gebirgsbauern der Chibcha-Sprachfamilie in meist über 1500 m Höhe im N. der Sierra Nevada de Sta. Marta, N.-Kolumbien. In verschiedenen Jahreszeiten arbeiten sie auf verschiedenen Höhen: Ein System, das unterschiedliche landwirtschaftliche Anbauzonen nicht (wie etwa die Zentralandine Hochkultur) an unterschiedliche soziale Gruppen verteilt und damit auch nicht zum Faktor sozialer Ungleichheit macht. Vielmehr bebaut der gleiche Bauer die verschieden günstigen Zonen, mit ungiftigem Maniok, Mais, Bananen, Kürbis, Bohnen und Obstbäumen.

Jede Familie siedelt für sich allein, in je zwei Hütten, eine für die Männer, eine für die Frauen. Außerdem haben die meisten Familien je zwei

Abb. 103a: Trotz Einengung durch politische Grenzen war es den Kirgisen des afghanischen Pamir bis 1978 gelungen, ihre Hochgebirgs-Nomadenkultur zu erhalten. Gästejurte von Khan Rahman Qul. (Foto: Naumann)

Abb. 103b: Durch die Beschränkung auf einige wenige Weideplätze entstand 1972 bei den Kirgisen das erste – in der Art der Häuser talbewohnender Bauern – gebaute Lehmhaus. (Foto: Naumann)

Hütten in einem gemeinsamen Dorf, in dem die K. einer Zone gelegentlich zum Handel zusammenkommen. Hier steht auch ein Zeremonienhaus unter der Aufsicht von Priestern, die gleichzeitig Häuptlingsfunktionen ausüben.

Die K. halten sich für das auserwählte Volk, das die kosmische Ordnung, die rechte Mitte zwischen guten und bösen Kräften aufrechterhält, »ältere Brüder« der übrigen Menschen. Uns, den »jüngeren Brüdern« schenkten die Götter Spielzeuge, unsere Maschinen, mit denen wir jedoch, zu kindisch, nicht umgehen können. Deshalb werden die Spielzeuge uns schließlich zerstören, während die K. überleben und einen neuen Anfang für die Menschheit machen werden. Deshalb lehnen die K. Flugzeuge und große Maschinen ab als Ablenkung von der eigentlichen Aufgabe der Menschen, der Sorge um das Weiterbestehen der kosmischen Ordnung.

Die K. stehen seit 400 Jahren unter intensiver europäischer Beeinflussung, v. a. durch Missionare. Die Dörfer wurden wohl erst in der Kolonialzeit gegründet, während vorher allein die Tempelzentren als Ort von gelegentlichen Zusammenkünften dienten. Die K. haben sich, um der Abhängigkeit zu entgehen, höher ins Gebirge zurückgezogen und ihre eigene Religion, wenn auch mit europäischen Einflüssen, bewahrt.
(→ Arhuaco)

Lit.: 769

Kongo
Bakongo, Makongo

Der Name K. bezeichnet eine große Anzahl von Unterstämmen am Unterlauf des Kongo und entlang der Atlantikküste in W-Zaire, N-Angola und der Volksrepublik Kongo; ca. 2,5 Mio. Sprache: Benuë-Kongo, als Verkehrssprache verbreitet und wird als solche Fiote oder auch »Ki-Kongo Véhiculaire« genannt.

Die K. leben im tropischen Regenwald v. a. vom Anbau von Maniok. Auch Mais, Bananen, Süßkartoffeln und Taro werden angebaut. Als Marktprodukte werden Kakao, Kaffee und Erdnüsse gepflanzt; auch Palmöl wird verhandelt. Mindestens eine halbe Mio. K. lebt und arbeitet heute in Industriesiedlungen oder Städten. Die Dorfgemeinde bildet aber immer noch den Kern der sozialen und politischen Ordnung. Nur wenig erinnert noch an die politische Macht der einstigen mächtigen Königreiches, das im 14. Jh. entstand und sich zunächst durch den Handel mit Salz, Palmöl und Sklaven hielt. Um 1500 gewannen die Portugiesen erst den Hof und dann weite Teile des Volkes für das Christentum. Ein Erziehungssystem nach westlichem Muster wurde eingeführt, zerfiel aber bald durch den verschärften Sklavenhandel.

Portugiesische Berichte erzählen von der prunkvollen Hofhaltung in der Hauptstadt (San Salvador), mit Hunderten von Dienern und Tausenden von Sklaven, und einem entsprechenden Verwaltungsapparat. Dem König, dem eine sakrale Bindung zum Land zugesprochen wurde, stand ein Oberpriester zur Seite. Niemand durfte der geheiligten Person des Königs zu nahe kommen, und vor allem durfte niemand, bei Todesstrafe, ihn beim Essen oder Trinken beobachten. Ihm allein gebührte als oberstem Richter das Recht, die Todesstrafe zu verhängen, und ein Henker war immer in seiner Umgebung. Die sechs Provinzen des Königreiches unterstanden einer gestaffelten Verwaltung von ernannten Würdenträgern, die höhere Befehle auszuführen und den Tribut der Dorfbevölkerung einzutreiben hatten. Die Provinzgouverneure unterhielten Wohnsitze am Hofe des Königs, dem sie auch als Berater dienten. Bei seinem Tod war es ihr Amt, den Nachfolger unter den männlichen Mitgliedern der allein thronfähigen königlichen Matrilineage+ zu erwählen. Das heilige Feuer am Königshof und alle Herdfeuer im Reich wurden gelöscht und erst mit der Thronbesteigung des neuen Herrschers wieder angefacht.

Anfang des 17. Jh. begann die politische Macht des K.-Reiches abzuklingen. 1665 nahmen portugiesische Truppen San Salvador ein, obwohl das Königreich, wenigstens dem Namen nach, noch bis 1786 weiterbestand. Die Reste des K.-Reiches wurden auf der Berliner Kongo-Konferenz 1884/85 der portug. Kolonie Angola zugesprochen.

Lit.: 1098, 1099, 1107, 1123, 1130, 1132, 1157
Karte: Zentral- u. Ostafrika (Abb.: 106)

Kongo

Abb. 104: Moderne Familie im Musongo-Gebiet von Zaire. Er ist Lehrer, sie Hebamme. (Foto: Thiel)

Abb. 105: Palmweintrinken in einem Bayansi-Dorf, Zaire. (Foto: Thiel)

Konso

Bauernbevölkerung in S-Äthiopien (Provinz Gamu-Gofa), südl. des Tschamosees; ca. 60 000. Sprache: Ostkuschitisch.
Die K. betreiben intensiven Hackbau auf terrassierten Feldern mit Düngung und Bewässerung. Hirse (Sorghum) und Baumwolle sind Hauptprodukte. Viehhaltung spielt nur eine untergeordnete Rolle, ist aber doch bemerkenswert, da hierbei die sonst in NO-Afrika seltene Stallfütterung vorkommt. Milch und das frische Blut der Tiere sind wichtige Bestandteile der täglichen Ernährung. Im Gegensatz zu den meisten Völkern S-Äthiopiens, die nur Einzelhof- und Weilersiedlungen kennen, wohnen die K. in geschlossenen, umwallten Dörfern. Die Gehöfte bestehen aus steinernen, grasgedeckten Rundhäusern, von denen jeweils mehrere, von einer Hofeinfriedung umgebene, eine patrilineare+ Großfamilie beherbergen. Das sogenannte Gada-System besteht aus vier Altersklassen zu je 18 Jahren, deren Repräsentanten nahezu alle politischen, religiösen und sozialen Funktionen innehaben. Jede Klasse übernimmt eine Funktion im Stamm: Die erste Klasse (Fareita) befaßt sich vornehmlich mit Arbeiten für das öffentliche Wohl, wie etwa dem Bau von Umzäunungen, Pfaden oder Bewässerungsgräben. Aufnahme in die 2. Klasse (Tschela) berechtigt zur Heirat und Gründung einer Familie mit eigener Haushaltung. Nach achtzehn weiteren Jahren werden die Männer in die dritte, Gada genannte Klasse befördert, in welcher sie die meisten der verantwortlichen politischen, religiösen und richterlichen Ämter einnehmen. Mit dem Eintritt in die letzte Altersklasse (Orschada) müssen die bisher innegehabten Ämter an die nachfolgende Klasse abgegeben werden, und die früheren Inhaber nehmen eine nurmehr beratende Stellung ein. Orschada endet wiederum nach achtzehn Jahren, und alle noch überlebenden Mitglieder scheiden damit völlig aus dem System aus. Die Beförderung von einer Klasse zur anderen findet zyklisch in großen, stammesweiten Zeremonien statt.
Es gibt keine bedeutenden sozialen Unterschiede, aber Schmiede, Gerber und Töpfer gelten als verachtenswerte Kasten.

Lit.: 1041, 1044, 1053, 1072
Karte: Nordost-Afrika (Abb.: 10)

Korama

Die K. (auch Korovana, Koracha) sind umherziehende Tänzer, Schlangenbeschwörer, Bambushacker, Bürstenmacher u. ä. im indischen Bundesstaat Karnataka. Die für den vorübergehenden Aufenthalt errichteten Hütten werden bei Abbruch des Lagers abgebaut und auf Ochsenkarren mitgenommen. Ihre Gruppensolidarität ist stark ausgeprägt. Jeweils der fähigste Mann wird zum Oberhaupt (nayak) gewählt, der in regelmäßigen Abständen ein kulam einberuft, um wichtige Fragen zu regeln. Nichterscheinen wird mit Stammesausschluß geahndet. Omen gelten als Mittel der Entscheidungsfindung und beherrschen auch sonst ihr Leben. Ein Teil der K., die früheren Salzträger, wurde als Ackerbauern und Korbflechter seßhaft. Ihre Zahl wurde 1961 mit 147 angegeben. Sie wählen zwei Führer, die bei Streitfällen vermitteln und bei allen Zeremonien anwesend sein müssen. In ihrem Glauben gibt es Gemeinsamkeiten mit der Hindu-Bevölkerung, deren Tempel sie auch besuchen, aber Riten und Zeremonien unterscheiden sich deutlich. Paare können ohne Zeremonie zusammenleben, wenn sie jedoch stattfinden soll, wird der Tag nach den Sternen berechnet. Es wird darauf geachtet, daß väterlicherseits kein Inzest+ vorliegt. Ihren Namen leiten die K. von kuru (weissagen) ab, womit sich die Frauen beschäftigen.

Lit.: 149
Karte: Vorderindien (Abb.: 220)

Korjaken

Ein Volk mit paläoasiatischer Sprache auf der Halbinsel Kamtschatka und den nördl. angrenzenden Küstenstrichen (UdSSR); 1970: 7500, v. a. im »Nationalen Kreis der Korjaken« auf der Halbinsel Kamtschatka.
Die K. waren in zwei scharf voneinander geschiedene Wirtschaftsgruppen geteilt: 1. Die Küsten-K., die nahe von Meeresbuchten und Flußmündungen lebten. Sie machten in größeren Gesellschaften Jagd auf den Seehund und weißen Wal mit Netz, Harpune und Speer. Dazu benutzten sie Leder- und Holzplankenboote, oft auch Schlitten, mit denen sie weit auf das Eis hinausfuhren. Manche Gruppen waren stärker auf Fischfang, andere auf Pelztierjagd spezialisiert.

Haupternährung waren Fisch und Fleisch von Meeressäugern, deren Haut außerdem zu Kleidern und Booten, ihr Fett zu Tran für die Beleuchtung und Erwärmung ihrer Häuser weiterverarbeitet wurde. Die Küsten-K. wohnten während des Polarwinters in halbunterirdischen Häusern, in die ein 2–3 m langer Windschacht hinunterführte. Der Sommer wurde in leichten Pfahlbauten verbracht. Durch das Sammeln vegetabilischer Nahrung verschafften die Küsten-K. sich wichtige zusätzliche Nahrung.
2. Die Rentier-K. Sie waren nicht seßhaft und zogen mit ihren Tieren von Weide zu Weide. Den Winter verbrachten sie in geschützten Tälern im Inland, den Sommer in den Bergen. V. a. die Besitzer nur kleiner Herden verbesserten ihre wirtschaftliche Situation durch Fischfang und Seesäugerjagd. Reiche Rentier-K. besaßen oft mehrere tausend Tiere, die sie mit allem zum Leben Notwendigen versorgten: Fleisch, Leder, Felle usw. Nach dem Glauben aller K. wurde die Welt von guten und bösen Geistern bewohnt. Die bösen Geister, oft zugleich die Seelen Verstorbener, verursachten Krankheiten, die dann vom Schamanen geheilt wurden. Jede Familie verehrte hölzerne Abbilder der eigenen Schutzgeister. Die Toten verbrannte man; dabei brachte man Hundeopfer dar. Durch Feste und Riten hoffte man zur Vermehrung der Jagd- und Rentiere beizutragen, ein zentrales Anliegen beider K.-Gruppen. Überhaupt stand das Tier im Mittelpunkt der korjakischen Vorstellungswelt. Der Wolf wurde als »Verwandter« nicht getötet, der Bär zwar erlegt, seinem Leichnam aber große Ehrerbietung entgegengebracht, sein Fleisch rituell verzehrt. In den phantasievollen, skurrilen und teils auch obszönen Tiermythen war der Rabe als Kulturheros und Lehrer der Menschen, aber auch als gerissener Schelm die beherrschende Figur. Über die häufigen Kriege der K. mit den → Tschuktschen und → Ewenen erzählte man sich in den langen Winternächten ganze Heldenzyklen. Die K. stellten künstlerisch hochwertige Knochenschnitzereien und -ritzungen, ebenso jene bei den → Jukagiren verbreitete Piktographien her.
Über die Vergangenheit der K. ist nicht allzuviel bekannt. Während für die Küsten-K. eine direkte Abkunft von den neolithischen Siedlern N-Kamtschatkas und des Ochotskischen Meeres anzunehmen ist, bleibt es fraglich, ob bei der Herausbildung der Rentier-K. nicht noch andere Elemente mitspielten. Die ersten Kontakte zu Rußland fanden Ende des 17. Jh. statt. In der Folgezeit kam es zu heftigen kriegerischen Zu-

sammenstößen wegen der den K. auferlegten Pelzsteuer und Übergriffen der zaristischen Verwaltung.
Erst nachdem 1923 die letzten Widerstandsgruppen der Weißen aus Kamtschatka vertrieben worden waren, begann für die K. der Bruch mit ihrer traditionellen Wirtschaft und Kultur. Die Kollektivierungsmaßnahmen riefen den erbitterten Widerstand besonders der reichen Rentier-K. hervor, die lieber große Teile ihrer Herden schlachteten, als sie ins Kollektiv einzubringen. Dennoch konnten sie die Einrichtung großer Rentierfarmen nicht verhindern, die zugleich zur Seßhaftwerdung der Rentier-K. beitragen sollten. Bei den Küsten-K. gestaltete sich der Umbruch weniger spektakulär. Sie gehen noch heute – wenn auch mit Motorbooten – auf Hochseejagd und Fischfang. Die unterirdischen Häuser werden allmählich aufgegeben, neu eingeführt wurden Gartenbau und Viehzucht.

Lit.: 61, 74
Karte: Zentral- u. Nordasien (Abb.: 97)

Kpelle
Gbese, Gerse, Kpese, Pessy

Westafrikanisches Bauernvolk in Z- und W-Liberia sowie in angrenzenden Gebieten der Republiken Guinea und Sierra Leone; ca. 250 000 bis 500 000. Sprache: Mande.
Die K. leben in der Regenwaldzone des liberianischen Zentralplateaus (200 bis 500 m); ein Teil des Gebietes ist sumpfig. Die Regenzeit dauert von Mai bis Oktober, die Trockenzeit vom November bis zum April.
Die K. sind v. a. Bodenbauern und bauen eine große Vielzahl von Pflanzen an. Trockenreis wird so reichlich produziert, daß er sowohl für den Eigenverbrauch wie auch für den Markt ausreicht. Kassava bildet einen wichtigen Bestandteil der Nahrung, aber auch Jams, Taro und viele Früchte und Gemüsearten sind überall vorhanden. Es gibt Zwiebeln, Okra, Tomaten, Ananas, Bananen und Apfelsinen. Erdnüsse sind v. a. Handelsware, und Kolanüsse werden nur für den Handel gesammelt. Viehzucht und Jagd sind von relativ geringer Bedeutung. Wo Vieh zu finden ist, wird es mehr des Ansehens wegen gezüchtet, da das Vorkommen der Tsetsefliege Rinderzucht im größeren Stil unmöglich macht. Land gilt als »Besitz« des Oberhäuptlings, der es an Städte und Dörfer verteilt. Die Dorfältesten

geben es dann an Lineages⁺ und Familien weiter, die Haushaltsoberhäupter teilen es den einzelnen Familienmitgliedern zu. Einmal ausgegeben, bleibt das Land im Besitz der Familie, bis sie es freiwillig aufgibt oder ausstirbt. Haushalte bestehen aus polygynen⁺ Kernfamilien, d. h. aus einem verheirateten Mann, dessen Frauen und unverheirateten Kindern. Nach der Verheiratung gründet jeder Mann seinen eigenen Hausstand. Alles, was mit dem Reis zusammenhängt, ist Sache der Frauen, aber Männer verwalten das übrige Einkommen. Es ist kennzeichnend für die K., daß den jungen Menschen freie Wahl des Ehepartners gestattet ist.

Die Gesellschaftsordnung besteht aus einer Art Dreiklassensystem, in dem die Wohlhabenden von Kleinbauern und Lohnarbeitern oder anderen, die in abhängigen Sozialverhältnissen stehen, unterschieden werden. Unter den Handwerkern stehen Schmiede auf einer hohen Rangstufe. Baumwollspinnerei und Weberei sind gewerbliche Beschäftigungen der Frauen.

Territoriale Einheiten, wie Distrikte, Städte und Stadtviertel, werden von einer Hierarchie von Häuptlingen verwaltet. Über ihnen steht als Mittelsmann zur nationalen Regierung der Oberhäuptling, dem ein besoldeter Beamter zur Seite steht.

Macht und Einfluß der Häuptlinge werden durch das Wirken der Geheimbünde ergänzt und unterstützt. Der Porobund der Männer und der Sandebund der Frauen fördern die Aufrechterhaltung der gesellschaftlichen Ordnung und die Zusammenarbeit bei gemeinnützigen Tätigkeiten. Da die Bünde im Ritual- und Zeremonialwesen tief verankert sind, bilden sie wohl den wesentlichen Faktor der gesellschaftlichen Integration.

Das Gerichtswesen befaßt sich mit allen Fällen, die nicht, wie Mord oder Gewaltverbrechen, Justizinstanzen der Regierung vorbehalten sind; geringere Vergehen werden vor den Häuptlingen verhandelt. Oft wird auch die informelle Beilegung von Streitigkeiten nicht im öffentlichen Gericht, sondern in einem Privathaus vorgezogen.

Religiöse Vorstellungen gipfeln in einem Hochgottglauben; dem Hochgott werden Gebete gewidmet, ihm wird gelegentlich auch geopfert, wenn besondere Ereignisse es zu verlangen scheinen. Von den Geistern der Vorfahren kann man nur Gutes erwarten; an ihren Schreinen und Altären werden Früchte und andere Gaben niedergelegt. Gefährlich und unheilvoll aber ist die Macht der allgegenwärtigen Geister und Dämonen. Mit Zauberei und Hexerei kann man sich ihren Einwirkungen entziehen oder sich ihre Macht zunutze machen.

Liberia wurde 1822 von freigelassenen amerikanischen Sklaven kolonisiert, und die Verwestlichung der K. begann mit der Befriedung des Binnenlandes durch die Einwanderer. Die Einführung der Geldwirtschaft war Ausgangspunkt weiterer Veränderungen. Industriegüter führten zu wachsenden Ansprüchen und diese wiederum machten es notwendig, Reis für die Ausfuhr zu erzeugen. Seit dem 3. Jahrzehnt dieses Jh. haben Gummiplantagen im Besitz internationaler Gesellschaften neue Gelegenheiten zur Lohnarbeit geschaffen. Obwohl viele K. sich als Kleinunternehmer aufgetan haben, ziehen es die meisten vor, abhängige Arbeiter zu bleiben.

Das Christentum wird von der Regierung begünstigt, aber es dringt nur langsam vor. Der größte Wandel wurde durch die politische Verwaltung bewirkt, welche die Autorität der traditionellen Häuptlinge einschränkte und untergrub. Noch merkbarer aber ist die Auswirkung der Regierungspolitik in den Gebieten, auf denen der Porobund vormals seine Einflüsse ausübte.

Lit.: 999, 1023

Kru

Gruppe von westafrikanischen Völkern im Küstengebiet und den Regenwäldern von O-Liberia und in SW-Elfenbeinküste. Hauptvertreter sind die Bete und die Bakwe; kulturverwandt die Bassa, Grebo und Kran; ca. 1 Mio. Sprache: Kwa-Sprachen.

Die K. sind Waldlandpflanzer (Reis, Maniok); in Küstennähe spielt der Fischfang eine wichtige Rolle. Viele K. sind als Bootsleute tätig und arbeiten bei der Entladung und Beladung großer Schiffe, die hier auf offener Reede ankern müssen.

Lit.: 981, 1016, 1026

Kuba
Bakuba, Bushongo

Bedeutendes Bantuvolk in SW-Zaire mit zahlreichen Unterstämmen; ca. 75 000. Sprache: nordwestl. Bantu.

Der Anbau von Mais, Hirse, Maniok und Bohnen deckt den Eigenbedarf, zu dem noch der Ertrag von Jagd und Fischfang hinzukommt. Für den Verkauf werden zusätzlich Mais, Palmöl und Raphia erzeugt, letzteres zur Herstellung von künstlerisch hochwertigen Webereien. Überhaupt ist das Kunsthandwerk weit entwickelt, v. a. zu sehen an Schnitzereien von Geräten und ornamentierten Wurfmessern, die jetzt auch für den Handel hergestellt werden.

Die K. stammen wohl aus dem N des tropischen Regenwaldes, in den sie eindrangen und im 16. Jh. ein mächtiges Reich errichteten. Es erreichte im 17. Jh. seine Blütezeit unter Schamba Bolongongo, der ihm durch zahlreiche Reformen, v. a. aber durch die Förderung des Kunstgewerbes zu hohem Ansehen verhalf. Die große künstlerische Begabung zeigt sich in Holzschnitzereien, Raphiageweben und Metallarbeiten. Das politische und soziale System war durch eine geregelte mündliche Überlieferung festgelegt und straff organisiert. 1904 wurden die K. militärisch dem belgischen Kolonialreich angegliedert und die traditionelle politische Struktur zerstört. Heute ist kaum mehr als die Erinnerung an 120 Königsnamen geblieben.

Lit.: 1111, 1124, 1146, 1147, 1152, 1154, 1160
Karte: Zentral- u. Ostafrika (Abb.: 106)

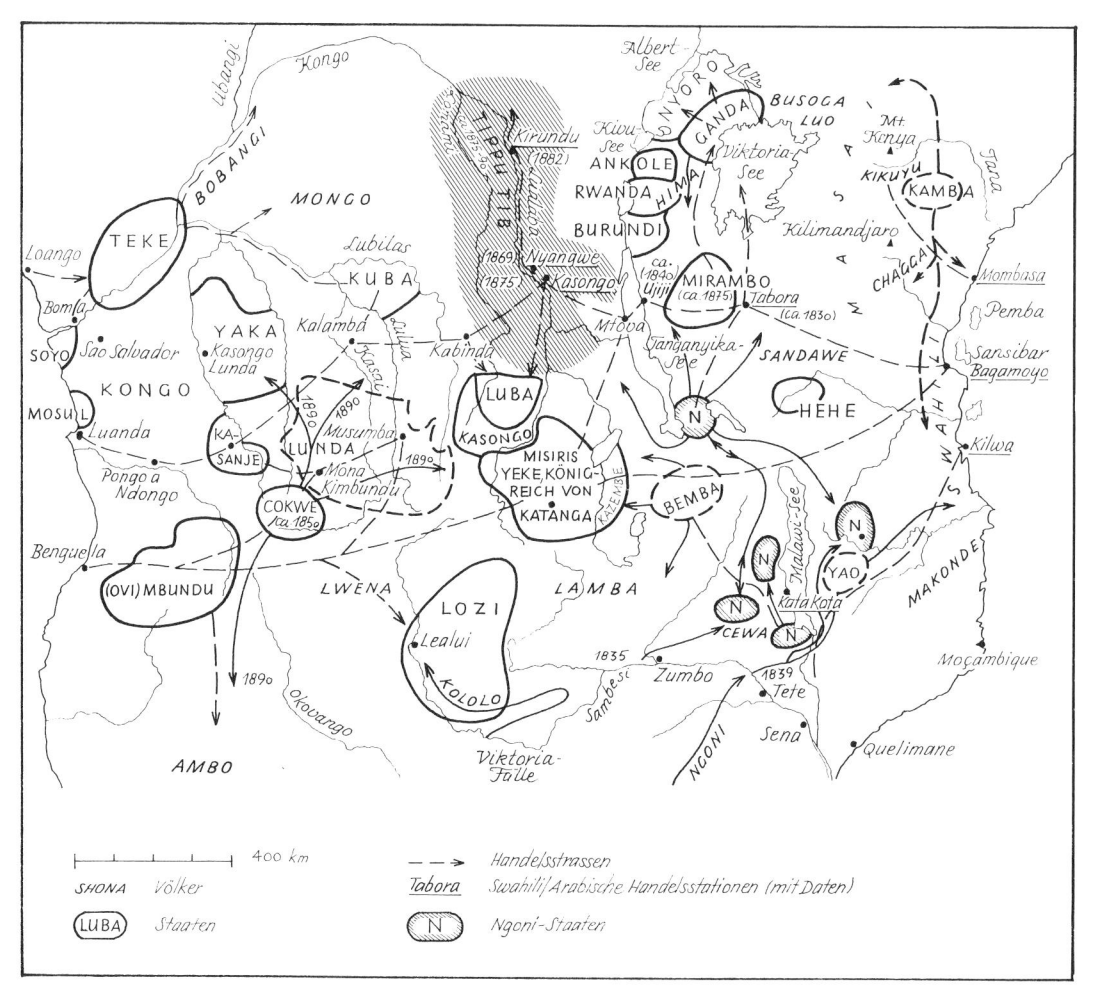

Abb. 106: Zentral- und Ostafrika. Staaten und Völkerwanderungen im mittl. Bantugebiet im 19. Jh. (Nach: Fage 1978)

Küsten-Kariben

Indianer der karibischen Sprachfamilie an der Küste von Surinam (1968: 2063) und Guyana. Ihnen zugerechnet werden bisweilen auch die Galibi in Franz.-Guyana und im brasilianischen Uaçá-Gebiet (1970: 1300). Ähnlich sind auch die heute allerdings kreolisch und portugiesisch sprechenden Karipuna im brasilianischen Amapá am R. Caribi (ca. 500), ferner die Carina in N-Venezuela zwischen R. Unare, R. Orinoco und Küste (ca. 4000).

Die kriegerischen K. breiteten sich im 15. Jh. auf Kosten der Arawak aus. Im 16./17. Jh. kämpften sie mit den Spaniern (→ Garífuna, → Kariben) und traten dafür in freundschaftliche Handelsbeziehungen mit den Gegnern der Spanier: Briten und Niederländern, die mehr Handel treiben als Land kolonisieren wollten. Erst die Ausweitung der niederländischen Handelsplätze zu Plantagen, die Land wegnahmen und Indianer als Sklaven begehrten, führte zum Bruch. In heftigen Kämpfen erzwangen die Indianer einen Friedensvertrag, in dem die Holländer ihnen 1686 Freiheit von Sklaverei garantierten. Dafür führten die K. im Folgenden ihrerseits Krieg gegen Inlandindianer, um Sklaven zu fangen und sie den Plantagen zu verkaufen. Auch jagten sie entflohene Negersklaven. Mit dem Niedergang der Plantagenwirtschaft endete auch die kriegerische Tradition der K., die seit dem 19. Jh. immer mehr in den Markt integriert wurden. Ihre Zahl nimmt heute stark zu (bei den Galibi Verdreifachung in einer Generation). Die mit den Nachkommen von Sklaven aus Afrika vermischten Galibi sind äußerlich den Kreolen angepaßt, deren Sprache ein Teil anstelle des alten Karibisch spricht.

Eine K.-Familie benötigt maximal ca. 0,4 ha zur Eigenversorgung mit Grundnahrung, bestellt aber meist über 1 ha. Der kleine Überschuß wird ungern verkauft, sondern bildet eine Reserve für eventuelle Schäden, z. B. durch Tiere, also für größere Sicherheit gegenüber den Launen der Natur. Daß Indianer sich oft weigerten, Überschuß zu verkaufen, d. h. sich dem Markt zu integrieren, erscheint hier als Beharren auf mehr Sicherheit. Im Normalfall, falls der Überschuß nicht benötigt wird, verschwendet man ihn schließlich auf Festen.

Über 80% der Brandrodung wird mit Bittermaniok bebaut, aus dem man Maniokbrot oder -bier gewinnt. Um möglichst marktunabhängig von eigenen Nahrungsmitteln leben zu können, bauen die K. auf den gleichen Feldern kleinere Mengen sehr verschiedener Pflanzen an, durch welche die Ernährung genügend abwechslungsreich wird: Bananen (manchmal auf eigenen Pflanzungen, teils auch zum Verkauf), Zuckerrohr (für Alkohol), Ananas, Pfeffer, Süßkartoffeln. Für die Hängemattenproduktion baut man Baumwolle an. Um die Häuser pflanzen die K. Fruchtbäume: Mango, Kokos, Brotfrucht, Cashew, Goiava u. a.

Den größten Teil dieser Arbeit leistet eine Kleinfamilie allein. Nur Roden, bei älteren Pflanzungen Ausjäten des Unkrauts, und Anlage von Wegen zur Pflanzung bedürfen der Anstrengung einer größeren Anzahl. Hierzu wird festliche Gemeinschaftsarbeit mit anschließendem Trinkgelage organisiert.

Für den Fischfang entwickelten die K. neben speziellen Pfeilen komplizierte Fallensysteme. In der Kolonialzeit übernahmen sie Angelleine und -haken, vor etwa 20 Jahren das Netz. Der Fang wurde so intensiviert. Die K. am unteren Maroni, nur ca. 0,15% der Bevölkerung Surinams, lieferten 1966 ca. 5% des Fischangebots.

Der Verkauf eines Teils der Produktion bringt Geld, das gebraucht wird zum Kauf von: Metalläxten; Nägeln für den Bau der Kanus und Häuser; Messern, Macheten, Hacken für die Feldarbeit; Nylon für die Fischleine; Gewehren für die Jagd auf immer scheueres Wild; Kleidung; Zucker, Salz (früher von anderen Indianern eingehandelt), Öl, Tee, Kaffee, alkoholischen Getränken; der Eisenplatte, auf der das Maniokmehl zubereitet wird.

Die Galibi übernehmen kurzfristige Jobs in den Städten – Hausangestellte, Bauarbeiter usw. – und produzieren Touristensouvenirs. Höhere Löhne haben sie zur Abwanderung von Brasilien nach Franz.-Guyana veranlaßt. Seit 1968 werden Touristenbesuche bei den G. organisiert. Die Raketenbasis von Kourou beschäftigt G. als Hilfsarbeiter.

Wichtigste wirtschaftliche und soziale Einheit der K. ist die Kleinfamilie. Sie besitzt die landwirtschaftlichen Produktionsmittel: Der Mann den Boden, die Frau den darauf gepflanzten Maniok. Dies ist juristischer Ausdruck der Gleichheit: Beide haben einen in der Praxis nicht zu trennenden Anteil. Wird ein Feld aufgegeben, fällt es an die Dorfgemeinschaft zurück. Der gewählte Dorfhäuptling hat kaum Macht, vertritt nur das Dorf nach außen. Zwischen bestimmten Familien schaffen Heiratsregeln feste Beziehungen, oft weit über ein Dorf hinaus. Soziale Schichtung ist nur in geringen Ansätzen in

den (nicht erblichen) Positionen des Häuptlings und des Medizinmannes sichtbar.
Krankheit, Tod können Geistern zugeschrieben werden, die vor allem angreifen, wenn der Mensch die gesellschaftlichen Normen verletzt. Doch heißt das nicht Geisterfurcht: Wer nach den Normen lebt, braucht wenig zu fürchten, und notfalls kennt der Medizinmann Mittel, die Gefahr zu bannen. Mit seiner Hilfe fühlt man sich stärker als die Geister. Offiziell sind die meisten K. heute Christen, doch hat dies ihr Überlegenheitsgefühl über die jenseitigen Mächte noch nicht gebrochen. Bei den Galibi ist der Schamanismus ein wichtiger Anknüpfungspunkt des – von den französischen Behörden und Schulen vergeblich bekämpften – Bewußtseins der indianischen Eigenart.

Lit.: 711, 730, 731, 739
Karte: Nördliches Südamerika (Abb.: 209)

Kumüken

Im NO-Kaukasus (UdSSR) wohnende Gruppe mit türkischer Sprache (kiptschakischer Zweig), besonders in der Daghestanischen ASSR. 1970: 189 000.
Das Wohngebiet der K. umfaßt die fruchtbaren Ebenen und Vorberge zwischen dem Westufer des Kaspischen Meeres und dem Daghestan-Bergland. Sie trieben hier intensiven Bodenbau (Obst, Gemüse, Wein, Getreide) mit künstlicher Bewässerung, aber nur wenig Viehzucht. In weiträumigen Lehmgehöften lebte die patriarchalisch geführte Großfamilie. Berühmt waren die kumükischen Schmiedeerzeugnisse.
Zur Ethnogenese der K., die vielleicht erst zur Mongolenzeit abgeschlossen war, trugen wahrscheinlich ein autochthon+ kaukasisches Substrat+ und türkische Elemente (Chasaren, Kiptschaken) bei. Nach einiger Zeit der Selbständigkeit und Machtentfaltung auch über Nachbargruppen mußten sich die K. zuerst safawidischer, dann nach den verlorengegangenen kaukasischen Kriegen endgültig russischer Hoheit beugen.
Wie überall im Kaukasus wurde auch bei den K. nach der Oktoberrevolution die wirtschaftliche Produktivität vorangetrieben; durch neue Bewässerungsanlagen gewann man größere Anbauflächen, die Viehzucht wurde intensiviert. Obst- und Gemüseerträge werden heute von einer eigenen Konservenindustrie verarbeitet. Seit 1938 wird das zuvor schriftlose Kumükisch mit russischem Alphabet geschrieben.

Lit.: 38
Karte: Kaukasus (Abb.: 61)

Kurden

Mit ca. 2,3 Mio. die größte Minderheit in der Türkei (südöstl. Landesteil); zweitgrößte Minderheit in Persien (westl. Landesteil) mit ca. 2 Mio.; ca. 1 Mio. K. leben in N-Irak, ca. 300 000 in NO-Syrien. In der UdSSR wurden 1970 –hauptsächlich in der Armenischen und Grusinischen SSR – 89 000 K. gezählt. Kleinere kurdische Gruppen gibt es in Pakistan, Afghanistan und den Ländern des Nahen Ostens. Die Schätzungen der kurdischen Gesamtzahl schwanken zwischen 5 und 8 Mio. Ihr geschlossenstes Verbreitungsgebiet besitzen die K. in Kurdistan, einem überwiegend gebirgigen Gebiet, das in einen türkischen, irakischen und persischen Teil zerfällt. Allein diese Gegebenheit verurteilt den Kampf der K. um nationale Selbstbestimmung von vornherein zur Aussichtslosigkeit. Die K. sprechen eine westiranische Sprache, unterteilt in zwei große Dialekte.
Die K. treiben – je nach Wohnort – sowohl Bodenbau (Getreide, Hülsenfrüchte, Garten- und Obstbau auf meist bewässerten Feldern) wie auch Viehzucht (Schafe und vor allem Ziegen). Bei vielen K. laufen beide Wirtschaftszweige gemischtwirtschaftlich nebeneinander her; in den Berggebieten ist dagegen oft eine Teilung zwischen Bodenbau und Almwirtschaft feststellbar. Der Vollnomadismus ist heute fast verschwunden. K. leben als Handwerker, besonders Schmiede und Juweliere, auch in den Städten des Irak, Persiens und der Türkei. In der UdSSR sind die K. heute Kolchosbauern, arbeiten in Bodenbau und Viehzucht und halten sogar Schweine, ein Zeichen für ihre erfolgreiche Entislamisierung. Berühmt sind die kurdischen Knüpfteppiche, die man während der arbeitsfreien Winterzeit herstellt. Je nach Jahreszeit und Wirtschaftsweise wohnen die K. in festen Gehöften mit mehreren Häusern aus Stein und Lehm oder in schwarzen Ziegenhaarzelten (Nomaden, Leben auf den Hochalmen). Die Stellung der Frau ist bemerkenswert frei: sie kann offen mit Männern sprechen, politische Funktionen übernehmen und beim Tod des Familienoberhauptes sogar dessen Stellung antreten. Der Schleier ist

unüblich, verträgt sich auch nicht mit ihrer schweren Arbeit bei der Land- und Viehwirtschaft. Vorherrschend ist die Monogamie. Oft tragen reiche Kurdinnen ein Vermögen in Form von Münzketten und Münzanhängern an sich. Die Religion der K. ist der Islam, überwiegend die Sunna. Zahlreiche Anhänger zählen auch zwei pseudoislamische Sekten, in deren Glaubenslehre sich christliches, altiranisch-dualistisches und islamisches Gedankengut vermischte: die Jeziden und Ahl-i Haqq. Die K. besitzen eine reiche Volksliteratur, teilweise schon seit dem 10. Jh., niedergelegt in arabischer Schrift.

Während des Mittelalters konnten sich die K., geschützt durch die teilweise extrem unzugängliche Lage Kurdistans, ihre nationale Unabhängigkeit weitgehend erhalten und standen trotz mehrfacher iranischer und türkischer Eroberungsversuche nur in lockerer Tribut- und Geschenkverbindung zu den umliegenden Reichen. Erst im 19. Jh. begann die Teilung ihres Siedlungsgebiets an die drei umliegenden Staaten und damit auch eine lange Folge von Aufständen und erbitterten Kämpfen, in denen die K. große Verluste hinnehmen mußten. In diese Zeit fällt die Auswanderung vieler K. in den Kaukasus, auf russisches Hoheitsgebiet, nicht zuletzt durch die Verfolgungen, die die kurdischen Jeziden unter den osmanischen Sultanen zu erdulden hatten.

Die Kämpfe gingen auch im 20. Jh., und zwar in allen drei Ländern (Iran, Irak, Türkei), weiter. Nationalistische Autonomiebestrebungen der kurdischen Intelligenz in der Türkei führten zu mehreren Erhebungen und ihrer brutalen Verfolgung durch Ata Türk und seine Nachfolger. Offiziell gibt es heute noch immer in der Türkei keine Kurden, sondern lediglich »Bergtürken«, auf deren türkischer Vergangenheit noch in jüngerer Zeit bestanden wurde; das Nationalitätenproblem hat sich mit dieser Geschichtsfälschung sozusagen von selbst erledigt. Die Geschichte der K. im Irak ist eine lange Kette von Abkommen und Vertragsbrüchen zwischen kurdischen Führern und der Regierung in Bagdad. Die immer wieder vorgetragenen Autonomiewünsche der K. waren für den Irak vor allem deshalb so unannehmbar, weil die Ölfelder von Kirkuk zum von K. beanspruchten Territorium gehörten. Die militärischen Auseinandersetzungen, die auf seiten der irakischen Armee in der Bombardierung kurdischer Dörfer in den sechziger Jahren ihren Höhepunkt fanden, endeten 1977 mit der Niederlage und Flucht des Kurdenführers Mustapha Barzani. Seitdem wurden Tausende von K. in den Süden des Irak zwangsumgesiedelt und arabische Iraker in den Berggebieten ansässig gemacht. Die K. Persiens waren – wie alle Stämme des Iran – unter Reza Schah einer strengen Kontrolle unterworfen. Die noch nomadischen K.-Stämme wurden zwangsangesiedelt mit der unausweichlichen Folge von Krankheit und Hungerstod. Erst durch die Abdankung Reza Schahs, 1941, gewannen die K. Persiens ihre Freiheit zurück. Der Wille zur Selbstbestimmung eines Teils der persischen K. führte zur sowjetisch protegierten kurdischen Republik von Mahabad, die aber schon 1947 mit dem Wiedererstarken der Zentralmacht in Teheran liquidiert wurde. Erst die Unruhe unter den irakischen K. lenkte das Augenmerk des Schahs auf die K. im eigenen Land. Um ähnliche Autonomiebewegungen zu verhindern, wurde ihre wirtschaftliche Entwicklung seit 1962 besonders gefördert. Appelle an die indogermanischen Gemeinsamkeiten sollten die Solidarität der K. mit dem persischen Staatswesen stärken.

Lit.: 10, 15, 17
Karte: Südwest-Asien (Abb.: 23)

Kurychia

Die K. leben als Jäger und Sammler in den Wäldern der westl. Ghats in völliger Abgeschlossenheit von den übrigen Bewohnern des indischen Bundesstaates Kerala. Ihre grasbedeckten Hütten liegen verstreut an den Berghängen. Die Frauen bebauen etwas Land, und es gibt Vieh, das von den Mädchen gehütet wird. Laut Überlieferung wurde der Waldgott Malon der besonderen Obhut dieses Stammes übergeben; er überwacht die Einhaltung ihres Gesellschaftskodexes. Die Furcht vor Beschmutzung, bzw. die entsprechenden Reinlichkeitsvorschriften sind die wichtigsten Elemente. Alle Nichtstammesangehörigen (mit Ausnahme der Namboori) gelten grundsätzlich als unrein, wobei der Grad der möglichen Beschmutzung und die erforderlichen Reinigungsriten meistens von der Entfernung zum beschmutzenden Objekt abhängen. Fremde müssen von den Hütten ferngehalten werden, und Kinder selbst aus deren Schatten. Neben Malon gibt es andere Götter, die für Alltagsprobleme – Schutz vor wilden Tieren, gute Ernte – zuständig sind. Sie sind auch die Instanz, die über Fehlverhalten entscheidet. Ein Angeklagter muß nach Anrufung der Gottheit auf die Jagd gehen und, um seine Unschuld zu beweisen, erfolgreich sein. Bestraft wird mit Stammesausschluß. Der Schuldige muß, nur mit Pfeil und Bogen ausgerüstet, den Wald für eine festgelegte Zeit verlassen. Die Priesterschaft, die aus bestimmten Familien zu kommen scheint, ist Mittler zwischen Menschen und Göttern. Innerhalb einer vorgegebenen Hierarchie hat der einzelne Priester Aufstiegsmöglichkeiten durch Fasten und Opfer. Der Oberpriester, der als Symbol seiner Würde ein Messer mit silbernem Griff trägt, wählt seinen Nachfolger aus der ranghöchsten Gruppe. Auch ein Schuldspruch wird während eines Priestertanzes verkündet.

Ein neugeborenes Kind gehört nicht automatisch zu den matriarchalen+ K., sondern gilt erst nach einer Opferzeremonie des Oberpriesters am zweiten Lebenstag als aufgenommen.

In der letzten Oktoberwoche findet der jährliche Jagdtag statt, an dem alle Männer teilnehmen. Das Symbol ihrer Würde ist Pfeil und Bogen, das der Frauen die Sichel. Sie werden auch auf die Grabstätte gelegt, als Ausrüstung für das Leben nach dem Tod, damit die Verstorbenen nicht klagend zurückkehren brauchen.

Lit.: 149
Karte: Vorderindien (Abb.: 220)

Kuschiten

Sammelbezeichnung für eine große Sprach- und Völkerfamilie in NO-Afrika zwischen dem Golf von Aden bis nach Kenia im S und den östl. Sudan, die früher »Osthamiten« genannt wurden; → Somali, → Afar, → Oromo, → Sidama u. a.

Kutchin

Auch Loucheux genannt; Name acht nordathapaskischer Indianerstämme am oberen Yukon River (Alaska und Kanada); ca. 1100 (1970). Ursprünglich waren die K. Jäger (Karibu, Elch, Hirsch), Fischer und Sammler. Sie betrieben einen regen Handel mit den benachbarten Eskimo im N ihres Wohngebietes, gelegentlich gab es auch Kämpfe zwischen den beiden Ethnien. Die K. sind heute stark amerikanisiert.

Lit.: 479, 481, 482

Kutenai

Nordamerikanische Indianer in NW-Montana, ca. 1000. Die Sprachzugehörigkeit der K. ist unsicher, wahrscheinlich stehen sie den Wakash-Sprachen (Mosanisch) der NW-Küste nahe. Wie andere Gruppen des Fraser-Plateaus lebten die K. hauptsächlich vom Fischfang. Von der expandierenden Kultur der Plains-Indianer des 19. Jhs. erfaßt (→ Blackfoot) und im Besitz von Pferden, drangen die K. über die Rocky Mountains hinaus auf die Plains vor und jagten dort Bisons. Im Zeremonialwesen und in der sozialen Struktur glichen sie sich im Laufe der Zeit weitgehend den Plains-Stämmen an. Mit der Ausrottung des Bisons und der Zerschlagung der Plains-Kultur zogen sie sich wieder auf das Plateau zurück. Heute sind viele K. als Viehzüchter, Cowboys und »Sportsmen's Guides« tätig.

Kwakiutl

Einer der bekanntesten Stämme der NW-Küsten-Indianer Nordamerikas; ca. 4500. Sprache: Wakash des Mosanischen. Zu den K. im weiteren Sinne gehören die Haisla am Gardner Canal und Douglas Channel, die Heiltsuk und die Bellabella anschließend bis zum Rivers Inlet sowie die Südl. K. im N der Insel Vancouver, British Columbia.

Die K. sind durch die jahrzehntelangen Forschungen des bedeutenden deutsch-amerikanischen Ethnologen Franz Boas (1858–1942) weltweit bekannt geworden, und ihre Kultur wird in vielen vergleichenden völkerkundlichen Arbeiten (z. B. bei M. Mauss und C. Lévi-Strauss) als exemplarisch für die NW-Küstenkultur hingestellt (→ Haida, → Tlingit).

Die Grundlage der Ernährung war der Fischfang, der auch heute noch sehr reiche Erträge bringt. Die dichten Wälder (v. a. Zedern) der fjordartigen Küste von British Columbia bildete die Grundlage für eine technisch vollendete Holzverarbeitung und -schnitzkunst (Plankenhäuser, Einbäume, Haushaltsgegenstände, Wappenpfähle). Wie andere NW-Küstenstämme auch war die gesellschaftliche Struktur der K. in früher historischer Zeit durch eine rigide soziale Schichtung gekennzeichnet, d. h., jeder einzelne hatte durch Erbgang eine feste Rangposition im Dorf inne, die nur durch außergewöhnliche Taten oder Leistungen, z. B. als Künstler oder erfolgreicher Fischer, erhöht wer-

Abb. 107: Lachsfang-Sommerlager einer nordathapaskischen Familie am Yukon River, Nordwest-Kanada. Plastikplanen, moderne Fangnetze und Gewehre. (Foto: Legel)

Abb. 108: Neu erbautes Versammlungshaus der Kwakiutl-Indianer in British Columbia, an der Nordwestküste Nordamerikas. (Foto: Christoph)

den konnte. Die Rangerhöhungen wurden bei Verdienstfesten (Potlatch) durch das zeremonielle Verschenken von Gütern (Fischöl, gravierte Kupferplatten, Zedernbastdecken) oder Tötungen von Sklaven mit großem Aufwand gefeiert. Einen Potlatch richtete man auch aus, wenn ein Häuptling gestorben war und sein Nachfolger das Amt übernahm, ferner bei der Fertigstellung eines neuen Hauses, eines Wappenpfahles (populär: Totempfahl) und bei bedeutenden Ereignissen im Leben von ranghohen Persönlichkeiten. Im Winter lebte man hauptsächlich von den angehäuften Lebensmittelvorräten des Sommers; die sommerliche Organisationsstruktur des Dorfes wurde im Winter von Geheimbünden verdrängt, die mit ihren dramatischen Aufführungen (mit Maskentänzen, theatralischen Aufführungen von Mythen) die Zuschauer in Bann schlugen.

Dieses reiche religiöse Ritualwesen ist heute fast vollständig verschwunden, doch zeigen sich neuerdings Bestrebungen einzelner K.-Gruppen, das Winterzeremoniell und den Potlatch wieder aufleben zu lassen, um einem weiteren Identitätsverfall entgegenzuwirken. Die K. leben heute überwiegend als Lohnarbeiter in der Fischindustrie, einige haben sich selbständig gemacht, als die japanischen Besitzer von Fischerbooten im Zweiten Weltkrieg interniert wurden und ihre Boote aufgeben mußten. Die Gründung einer eigenen Gewerkschaft 1936 (»Pacific Coast Native Fisherman's Association«) und der Zusammenschluß zu Kooperativen hat die K. weniger abhängig von den kanadischen Aufkäufern gemacht und die Grundlage für eine sicherere Existenz gegeben. Die Mitgliedschaft in der »Native Brotherhood of British Columbia« (1942) gibt den K. auch einen besseren politischen Rückhalt in der Zentralregierung in Ottawa. 1946 wurde eine Monatszeitung, »The Native Voice«, gegründet.

Lit.: 484, 485, 488, 494, 495
Karte: Nordamerika (Abb.: 76)

Laken

Früher auch Kasikumüken, Volk besonders in den Bergregionen der Daghestanischen ASSR im NO-Kaukasus (UdSSR). 1970: 86 000. Sprache: daghestanischer (= nordöstl.) Zweig der kaukasischen Sprachfamilie.

Die traditionelle Wirtschaftsweise der L. – Viehzucht (Schafe) in den Bergen, Bodenbau in tieferen Lagen – wurde vom Mangel an Acker- und Weideflächen bestimmt. Nur wer sich als Wanderarbeiter in den kaukasischen Tiefländern verdingte, konnte für sich und seine Familie ein Auskommen finden. Weithin berühmt war die lakische Handwerkskunst (Metallarbeiten). Die Mehrzahl der L. waren freie Bauern; die politische Macht lag in den Händen der Adelssippen. Wie die anderen → Daghestan-Völker gehörten die L. zur sunnitischen Richtung des Islam.

Die zu den autochthon kaukasischen Völkern zählenden L. erreichten ihre politische Unabhängigkeit erst im 17. Jh. nach dem Abschütteln kumükischer Herrschaft; im 18. Jh. war der Höhepunkt dieser Entwicklung mit einer weitausgreifenden Machtentfaltung erreicht. Nach der russischen Annektion, 1811, wurden die L. in die kaukasischen Befreiungskriege des Schamil (→ Daghestan-Völker) verwickelt.

Ziel der modernen wirtschaftlichen Entwicklung war die Unterbindung des Wanderarbeitertums. Heute werden den L. Winterweiden in der Kalmükischen ASSR zur Verfügung gestellt, die Herden dorthin mit der Eisenbahn gefahren. Schon um 1860 wurde von einem russischen Linguisten ein mit Sonderbuchstaben versehenes Alphabet für die lakische Sprache benutzt. Seit 1938 wird Lakisch ausschließlich mit kyrillischen Buchstaben geschrieben.

Lit.: 44, 57
Karte: Kaukasus (Abb.: 61)

Lakshadsweeper

Die Bevölkerung der vor der Malabarküste liegenden und politisch zur Indischen Union gehörenden Korallenatolle der Lakkadiven und Amindiven setzt sich aus drei als »scheduled tribes« eingestuften, kastenähnlichen Gruppen zusammen. An der Spitze der sozialen Hierarchie stehen die landbesitzenden Koya, die Mittelschicht bilden die handeltreibenden und seefahrenden Malmi, und auf der untersten Stufe stehen die Melacheri. Die Gesellschaftsordnung wird durch eine Mischung matrilinearer+ Grundordnung und islamischer, männlich orientierter Autoritätsnormen bestimmt. Die Inseln sind vermutlich im 9. Jh. durch Auswanderer vom Festland, wahrscheinlich aus Kerala, besiedelt worden. Das geht nicht nur aus Funden, Liedern und Namensähnlichkeiten mit den Nayar in Südindien hervor, sondern vor allem aus der Institution der matrilinearen Besitz- und Familienordnung (taravad), bzw. duolokalen+ oder natolokalen+ Wohnsitzordnung: Keiner der Ehegatten verläßt nach der Heirat sein Geburtshaus; es gibt keine eheliche Gemeinschaft, weder als Familie noch innerhalb der Sippe; der Mann verbringt die Nacht bei der Frau, kehrt aber morgens in seine Familie mütterlicherseits zurück; Kinder bleiben im Haus der Mutter. Der Besitz des taravad ist Gemeinschaftseigentum aller seiner Angehörigen. Das älteste männliche Familienmitglied (karanavan) verwaltet den Besitz und hat absolute Autorität; Land- bzw. Besitzverkauf erfordert die Zustimmung aller weiblichen Angehörigen. Raummangel oder interne Unstimmigkeiten (z. B. über die Fähigkeiten des karanavan) führen zur Aufspaltung in »branchtaravan« und tavazhi, wobei die Abgrenzung nicht eindeutig ist. Die taravads sind zu 33 kudumbans zusammengefaßt und diese wiederum zu 17 kootam. Der taravad-Besitz ist nur matrilinear+ vererbbar (belliaicha = »Freitagsbesitz«), während vom Mann oder von den Kindern selbst erworbenes Eigentum (belaicha =

»Donnerstagsbesitz«) nach den Gesetzen des Koran gehandhabt wird. Der Ursprung der Bezeichnungen ist unbekannt. Die Behausungen sind einfache, mit Kokospalmblättern gedeckte, viereckige Hütten, deren Größe variiert. Sie liegen verstreut, Siedlungen oder Straßen gibt es nicht. Die Kokospalme ist die Hauptfrucht. Im Rahmen der laufenden Entwicklungsprogramme wird auch Gemüse angebaut; Reis gibt es nicht. Da Weideland fehlt, halten nur wenige Familien Ziegen. Zur Versorgung mit Fleisch, besonders für Festlichkeiten, werden Rinder vom Festland beschafft und während der Monsunzeit geschlachtet.

Lit.: 148, 152, 167
Karte: Vorderindien (Abb.: 220)

Abb. 109: Akha-Dorf in typischer Lage auf einem Bergkamm, Nord-Thailand. (Foto: Mischung)

Lawa

Bergvolk im Gebiet um das Bo Luang-Plateau in NW-Thailand; ca. 10 000. Sprache: Palaung-Wa-Gruppe des Mon-Khmer.
Die L. waren ursprünglich Tieflandbewohner

Abb. 110: Auch in den abgelegeneren Bergregionen Hinterindiens verändern sich heute die Wertmaßstäbe rasch. Dies gilt insbesondere für den Bereich der materiellen Kultur, wo selbst in scheinbar traditionellen Dörfern die alten Symbole des Reichtums von modernen Zivilisationsgütern, wie Transistorradios und automatischen Gewehren, verdrängt werden. Diesen beiden jungen Akha-Männern waren ihre neuerworbenen Statusysmbole so wichtig, daß sie sich nicht ohne sie photographieren lassen wollten. (Foto: Mischung)

Abb. 111 (s. S. 201 oben): Bei den hinterindischen Bergvölkern ist Muße für die Frauen ein unbekannter Begriff. Jede freie Minute wird mit Nebentätigkeiten ausgefüllt, wie z. B. Sticken, Weben oder Spalten von Feuerholz. Diese Akha-Frau nutzt sogar den Heimweg von der anstrengenden Feldarbeit noch zum Spinnen von Baumwollfäden. In den Frauentrachten der Region spielt Silber eine wichtige Rolle. Zum Kopfputz der Akha gehören Silbermünzen aus der Zeit der britischen Kolonialherrschaft in Burma. (Foto: Mischung)

Abb. 112 (s. S. 201 unten): Reisanbau im Ping-Tal, Nord-Thailand. Auf dem Höhepunkt der Regenzeit (im August) werden die jungen Reispflanzen aus den Saatbeeten gezogen und gebündelt zu den Feldern transportiert, wo man sie in regelmäßigen Abständen in kleinen Büscheln zu jeweils mehreren Pflanzen in den schlammigen Grund steckt. Die Lawa, die vor ihrem Rückzug in die Berge dieses weite Tal besiedelten, kehren heute immer häufiger hierher zurück und gehen binnen kurzem in der Nordthai-Bevölkerung auf. (Foto: Mischung)

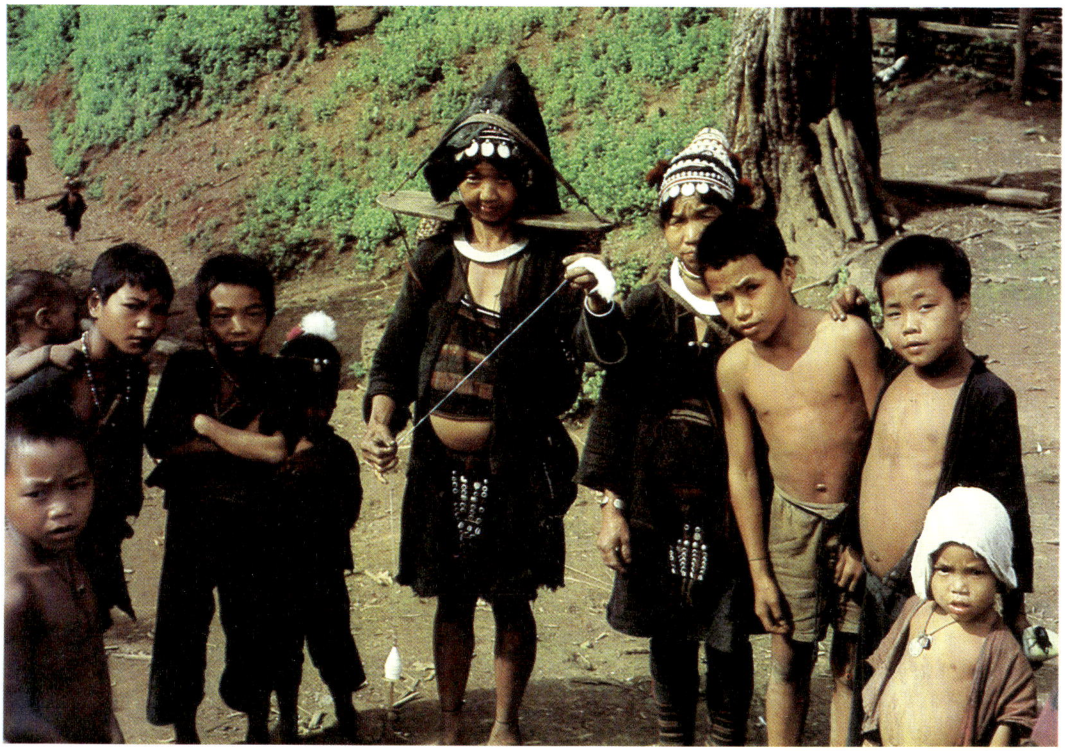

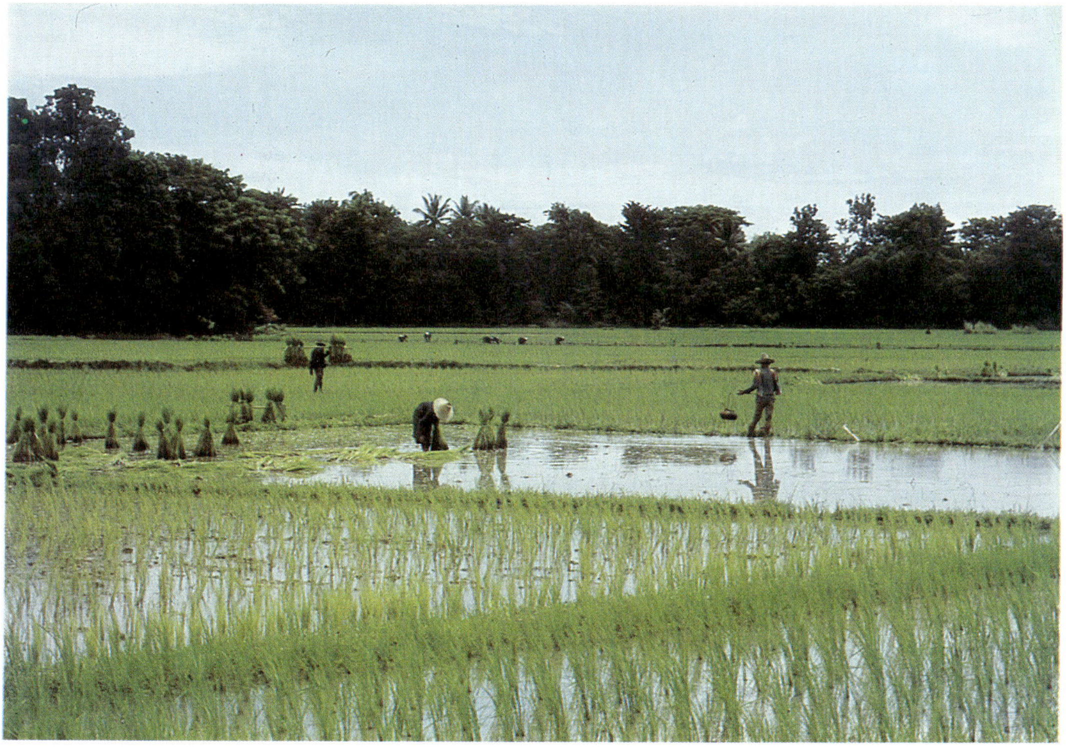

mit Anfängen staatlicher Organisation, bevor ihre Kultur mit dem Rückzug in die Berge verarmte (Eisenverhüttung und Töpferei gingen erst Anfang dieses Jahrhunderts verloren). Ihre Wirtschaft beruht überwiegend auf dem Brandrodungsfeldbau+ (Reis, Mais, Hirse, Baumwolle, roter Pfeffer, Knollenfrüchte und Bohnen). Wo möglich, legen die L. in den Gebirgstälern zusätzliche Bewässerungsfelder (Reis) an. Als Nachfahren der früheren aristokratischen Herrscher werden die Samang, die ihren Rang in der Vaterlinie vererben, heute noch respektiert. Sie unterscheiden sich jedoch weder äußerlich noch in ihrer Lebensführung von den »Gemeinen«. Manchmal sind sie nicht einmal die Dorfvorsteher; ihre Funktion beschränkt sich dann auf zeremonielle Aufgaben und die Wahrung der Tradition. Beim Tod eines Samang opfert man einen Büffel und errichtet einen beschnitzten Holzpfahl (ursprünglich einen Menhir). Ähnliche Pfähle stehen häufig auf den Dorfplätzen; an ihnen werden die Büffel festgebunden, die in mehrjährigen Abständen dem Schutzgeist des Dorfs geopfert werden.

Gegen Ende des 1. Jt. zogen sich die L. vor den expandierenden → Mon des Königreichs Haripunchai in die Berge zurück. Ihre ursprünglich verstreuten Siedlungen schlossen sich wegen ständiger Überfälle durch Kayah- und Schan-Banden um 1800 zu befestigten Großdörfern zusammen. Die entstandenen Zwischenräume wurden von → Karen-Einwanderern ausgefüllt, die die L. in der Folge verschiedentlich in wirtschaftliche Abhängigkeit brachten. Immer mehr L. lassen sich aus Landmangel in den großen Tälern nieder, wo sie meist innerhalb einer Generation zu Nordthai werden. Wahrscheinlich fanden sich L. bis vor kurzem in weiteren Bereichen N-Thailands, doch sind alle diese Gruppen längst in der umgebenden Thai-Bevölkerung aufgegangen.

Lit.: 242, 244
Karte: Hinterindien (Abb.: 70)

Lepcha

Ein überwiegend in Sikkim lebendes Volk, dessen Sprache zur tibeto-birmanischen Sprachfamilie gehört. Einige L. leben in O-Nepal, W-Bhutan und in Indien (Darjeeling, Kalimpong). Um die L. vor den rigorosen Landnahmepraktiken der eingewanderten Nepali zu schützen, wurde ihnen im Distrikt Jongu in Z- und N-Sikkim eine Art Reservat eingerichtet; doch leben viele L. auch außerhalb dieser Schutzzone und sind teilweise völlig an ihre dortige Umwelt assimiliert. Die Zahl der L. in Sikkim selbst wird mit ca. 13 000 angegeben; es gibt jedoch auch weitaus höhere Schätzungen.

Die L. sind Bodenbauer (vor allem Naßreis und Mais) mit bäuerlicher Viehhaltung (Rinder, Ziegen, Schweine, Geflügel). Jagd und Fischfang spielten früher eine relativ wichtige Rolle für die Ernährung. Die L. bewohnen einstöckige, auf Pfählen errichtete Häuser aus Holz; früher wurde ausschließlich Bambus zum Bau verwendet. Der offene Bereich zwischen den Pfählen dient den Tieren als »Stall«. Über jede der zumeist monogamen Kleinfamilien wacht nach dem Glauben der L. ein spezieller Schutzgeist, dem jährlich nach dem Neujahrsfest geopfert wird. Auch die einzelnen Klane besitzen Schutzgottheiten – weibliche Wasser- und männliche Berggötter –, denen unter Leitung von Priestern und Priesterinnen, heute vermehrt auch von Lamas, zweimal jährlich Opfer dargebracht werden. Die nicht-lamaistischen Priester der L. werden direkt von Geistern berufen; üblicherweise findet eine solche Erwählung innerhalb bestimmter Familien statt. Die Aufgabe dieser männlichen und weiblichen Priester ist das Erkennen und Unschädlichmachen der die L. überall und ständig bedrohenden Geister, deren Wirken in jeder Krankheit und jedem Unglücksfall sich kundtut. Eine besondere Familie stellt seit Generationen die Priester für den Kult des Berggottes Kanchenjonga (8585 m), der zusammen mit seiner Frau verehrt wird. Steine auf dem Altartisch repräsentieren die Gottheiten bei diesen Riten.

Die Geschichte der L. vor dem 16. Jh. ist praktisch unbekannt. Nach eigenen Traditionen sind die L. mit den → Naga-Stämmen Assams eng verwandt und wanderten auch von dort nach Sikkim ein. Die in Sikkim damals bereits lebende Bevölkerung wurde allmählich von ihnen aufgesogen. Seit 1400 gab es eine eigene L.-Dynastie, die um 1600 von einer aus Tibet eingewanderten Adelsfamilie abgelöst wurde. Sie regierte noch bis in die jüngste Zeit. Die häufigen Kriege mit Nepal und Bhutan wurden mit dem Vertrag zwischen Sikkim und der englischen Kolonialmacht 1834 unterbunden, mit dem der Maharadscha von Sikkim zwar weiterhin alle legislative, administrative und rechtliche Gewalt bestätigt erhielt, die Regelung aller Außenbeziehungen jedoch England als Schutzmacht übertrug. Nach der

Entkolonialisierung übernahm Indien dieses Protektorat. Neben den Einwanderern aus Nepal, Tibet und Indien sind die L. im heutigen Sikkim nur noch eine Minderheit von ca. 10% der Gesamtbevölkerung.

Lit.: 138
Karte: Vorderindien (Abb.: 220)

Lesgier

Frühere Bezeichnung für alle Bewohner des Daghestan (NO-Kaukasus), heute gebraucht nur noch für die Sprecher lesgischer Sprachen, die zum daghestanischen Zweig der kaukasischen Sprachfamilie gehören. Die L. (1970: 324 000) leben in der Daghestanischen ASSR und der Aserbaidschanischen SSR (UdSSR).
Die Schwerpunkte lesgischer Wirtschaft lagen im Gebirge auf Schafzucht, in den Vorbergen und Ebenen auf Obst- und Bodenbau. Größere Dörfer waren Zentren des berühmten lesgischen Handwerks (besonders Schmiedearbeiten). In den Bergen führte die Armut oft zur Abwanderung der Männer als Wanderarbeiter in die Ebenen. Hier wurden die festungsartigen Steinhäuser im späten 19. Jh. durch die russische Befriedung aufgegeben. Bis auf wenige Schiiten gehörten die L. zum sunnitischen Islam, zu dem sie durch Timur im 14. Jh. gewaltsam bekehrt wurden.
Die Geschichte der L. ist durch die Namenverwirrung in älteren Quellen nur schwer rekonstruierbar. Bis ins 17. Jh. standen sie meist unter fremder Herrschaft: Chasaren, Georgier, Safawiden, und erst nach dem Zusammenbruch des safawidischen Persiens gewannen sie ihren politischen Spielraum zurück: lesgische Banden werden zur Geißel des gesamten Kaukasus; sie plündern, rauben und holen sich Gefangene für den Sklavenhandel; lesgische Söldner bekämpfen sich in den Kleinstaaten Transkaukasiens. In den kaukasischen Befreiungskriegen (→ Daghestan-Völker) schlugen sich Teile der L. auf die Seite Rußlands.
Seit der Sowjetzeit ist eine Intensivierung aller Wirtschaftszweige feststellbar, auch das alte Handwerk wird weiter gepflegt (besonders Teppichknüpferei).

Lit.: 30, 56
Karte: Kaukasus (Abb.: 61)

Li

Altbevölkerung im gebirgigen Südteil der Insel Hainan (S-China); in den 60er Jahren ca. 400 000. Sprache: Kadai-Gruppe des Tai-Kadai. Die 5 Hauptstämme der L. sind in unterschiedlichem Grad an die chinesische Bevölkerung im Nordteil und an den Küsten der Insel angepaßt. Wo Wasserversorgung und Geländeform es erlauben, bauen sie Reis auf Bewässerungsfeldern an; ansonsten bilden Brandrodungsbau+ (Reis, Hirse, Mais, Knollenfrüchte, Bohnen, Baumwolle, Indigo) und ein bescheidener Gartenbau die Grundlage der Wirtschaft. Unter den Haustieren sind Wasserbüffel und Rinder als Opfertiere und Symbol des Reichtums von Bedeutung. Die traditionelle Religion der L. ist von chinesischen Ahnen- und Geistervorstellungen beeinflußt. Ursprünglich besaßen die L. wahrscheinlich eine starke zentrale Organisation, die ihnen bis Ende des 19. Jh. erfolgreichen Widerstand gegen chinesische Unterwerfungsversuche ermöglichte. Später setzten die Chinesen einflußreiche L. als Distriktvorsteher ein, während die internen Dorfangelegenheiten nach wie vor von Ältestenräten unter der Leitung erblicher Häuptlinge geregelt wurden. Eine formelle Schichtung der Gesellschaft gab es nicht, wohl aber erhebliche, auf Besitz an Land und Büffeln gegründete Unterschiede im individuellen Ansehen. Die soziale Kluft zwischen Grundbesitzern und abhängigen Pächtern wurde jedoch durch die Landreform beseitigt, die mit der Gründung eines autonomen Distrikts für die L. im Jahre 1952 einherging.

Lit.: 273, 287
Karte: Hinterindien (Abb.: 70)

Limbu

Ein Volk mit tibetischer Sprache in O-Nepal (bis zur Grenze zum indischen Westbengalen), das – wie die Rai – zu den Kiranti gerechnet wird. 1961: 183 000. Die Kultur der L. ist mit jener der → Rai weitgehend identisch.

Lit.: 124

Lobi

Ungefähr 200 000 L., einschließlich der verwandten Tegessie, leben in den Savannen des

Volta-Beckens, in SW-Obervolta und in den nördl. Gebieten der Elfenbeinküste. Ihre Sprache ist ein Zweig der Gurfamilie der Niger-Kongo Sprachgruppe.

Die L. gewinnen ihren Lebensunterhalt durch Bodenbau (Hirse), Viehhaltung, Jagd und Fischfang. Jedoch spielt Gold- und Eisengewinnung eine bedeutende Rolle in ihrer Wirtschaft. Sie sind auch Händler; Kaurischnecken waren in vor- und frühkolonialer Zeit ihre »Währung«. L.-Dörfer sind durch ihre charakteristische Lehmarchitektur (Lehmburgen mit Flachdach) gekennzeichnet.

Matrilineare+ Klane, die in patrilokale+ erweiterte Großfamilien zerfallen, sind zugleich Einheiten der politischen Ordnung, da es darüber hinaus keine formale politische Organisation gibt. Polygynie+ ist weitverbreitet. Geheimbünde spielen eine wesentliche Rolle. Im Gegensatz zu anderen Völkern in diesem Gebiet von W-Afrika kennen die L. Altersklassen, deren Mitglieder sich gegenseitig bei der Aufbringung des Brautpreises unterstützen.

Der traditionelle Glaube an die Ahnen und die Erdgottheit ist seit dem 14. Jh. unter islamischen Einfluß gekommen. Frankreich besetzte das Land der L. 1897, aber konnte die Bevölkerung erst 1903 völlig unter seine Kontrolle bringen.

Lit.: 902, 904, 914

Lodha

Der Name L. entstand nach Ansicht einiger Ethnologen aus der Verstümmelung des Wortes lubdhaka (Fallensteller). Der Siedlungsraum der L. konzentriert sich auf die indische Dschungelregion von W-Midnapur (Westbengalen); kleinere Gruppen leben in den angrenzenden Gebieten. Die L. haben Totems+ (Fisch, wilde Kartoffel, Mond, Tiger), die ihre Klanzugehörigkeit+ kennzeichnen. Entsprechende Tabus und Reinigungsrituale sind damit verbunden. Die Schutzgöttin ihres Stammes, Basumata, auf die bei Hochzeiten ein Eid gesprochen wird, und Dharmadevata, der bei allen Gelegenheiten angerufen werden kann und über die Taten der Menschen wacht, werden weder durch Zeremonien geehrt noch personifiziert, im Gegensatz zu den vielen anderen Göttern und Geistern. Menschen, die als von Geistern besessen gelten, genießen bei den L. große Hochachtung, weil ihnen übernatürliche Kräfte zugeschrieben werden. Die L. bilden nach strengen Ritualen Schlangenbeschwörer aus, zu deren Kenntnissen Giftentnahme, Heilen von Schlangenbiß, Anwendung von Zauberformeln und Exorzismuspraktiken gehören. Besondere Verehrung wird dem Rind zuteil, denn die Kuh gilt als Inkarnation der Göttin des Reichtums Bhagvati, zu deren Ehren das größte Fest der L. gefeiert wird.

Lit.: 149, 177
Karte: Vorderindien (Abb.: 220)

Lolo-Völker

Sprachlich eng verwandte Völker im nördl. Hinterindien einschließlich der chinesischen Provinzen Yünnan und Szetschuan (chinesische Sammelbezeichnung: Yi); ca. 5 Mio. Sprache: Lolo-Gruppe des Tibeto-Birmanischen.

Neben den eigentlichen L. (3,5 Mio) werden die Hani (auch Woni genannt, 600 000), Lisu (450 000), Lahu (300 000) und Akha (60 000, ohne die chinesischen A., die meist unter den Hani aufgezählt werden) zu diesen Völkern gerechnet.

Kleine, autonome Bergdörfer, deren wirtschaftliche Basis der Brandrodungsbau+ (meist Hackbau) bildet. Diese Gemeinschaften behaupteten früher nicht nur gegenüber den zentralisierten Staatswesen der Tiefländer (Chinesen, Birmanen, Schan, Thai) ihre Selbständigkeit, sondern auch interne politische Zusammenschlüsse oberhalb der Dorfebene waren selten und erreichten in keinem Fall größerer räumliche und zeitliche Stabilität. Erbliches Häuptlingstum spielte eine geringe Rolle; die Dörfer wurden in der Regel vom Rat der älteren Familienvorstände geleitet, dem ein gewählter Häuptling mit meist nur nominellen Funktionen vorstand. Bei den (eigentlichen) L. der Taliang Schan-Berge Szetschuans hatte sich allerdings eine ausgeprägte soziale Schichtung entwickelt: die »adlige«Kriegerkaste der Schwarzen L., die nur etwa 10% der Gesamtbevölkerung bildete und ihre Stellung durch ihre reine L.-Abstammung rechtfertigte, beherrschte die aus Weißen L. (Abkömmlinge unterworfener Gruppen, häufig Chinesen) und Sklaven bestehende Bevölkerungsmehrheit; während zwischen den Schichten der Gemeinen und der Sklaven Heiratsbeziehungen sowie sozialer Auf- und Abstieg möglich waren, bildete die in unabhängige Patriklane+ gegliederte Gesellschaft der Schwarzen L. eine streng endogame Kaste. Der Feldbau (Buchweizen, Mais, Bohnen auf Brandrodungsfeldern) war alleinige Aufgabe der Weißen L. und der Sklaven, während ihre »schwarzen« Herren sich vor allem der Kriegführung gegen die Chinesen und ihren eigenen ständigen Klan-Fehden widmeten. Tapferkeit und Geschicklichkeit im Umgang mit Waffen und Pferden bestimmten wesentlich das Ansehen eines adligen L. Im übrigen wurde von allen Teilen der L.-Gesellschaft die Aufzucht von Schafen, Ziegen, Rindern, Pferden und Schweinen betrieben. Die Häuser der Adligen bestanden aus massiven Holzplanken, die der Klanhäuptlinge waren zusätzlich von Palisaden oder Erdwällen und Wehrtürmen umgeben; die ärmeren Weißen L. lebten dagegen meist in Behausungen mit Lehmwänden und grasgedeckten Dächern. Ein großer Teil des Haushaltsinventars wurde aus Bambus und Holz geflochten oder geschnitzt, Stoffe wurden aus Hanf oder Wolle gewebt; Metallgegenstände mußten ebenso wie Keramik von den Chinesen importiert werden. Die traditionellen Geister- und Seelenvorstellungen lassen wenig Einflüsse der benachbarten Hochreligionen erkennen. Priester und Schamanen entstammten in der Regel der Schicht der Weißen L. Eine wichtige Aufgabe der ersteren war die Lektüre und Interpretation der in der L.-Schrift (Piktogramme) niedergelegten heiligen Texte.

Anders als ihre nördl. Verwandten siedeln die Akha, Lisu und Lahu schon lange nicht mehr in geschlossenen Gruppen. Von ihrem demographischen Zentrum am Oberlauf des Salween (Lisu) bzw. im südwestl. Yünnan (Akha und Lahu) aus haben sie sich entlang den Gebirgszügen in die angrenzenden Gebiete von Laos, Birma und Thailand (hier bis in die Provinz Tak am Nordrand der zentralen Ebene) vorgeschoben und leben hier verstreut zwischen Siedlungen der Meo, Yao, Karen und Nordthai. Ihre Dörfer liegen meist auf Bergkämmen und selten unter 1000 m Meereshöhe, da der Opiumanbau in tieferen Lagen nicht möglich ist und die Angehörigen dieser Völker gegen die Infektionskrankheiten des Tieflandes (v. a. Malaria) anfällig sind. Im Gegensatz zu den → Karen und → Yao, die in einem mehrjährigen Rotations-Zyklus immer wieder dieselben Anbauflächen nutzen, ist der Brandrodungs-Feldbau+ der Akha, Lahu und Lisu nicht stabil: nach der Rodung des Primärwaldes werden die Felder bis zur Erschöpfung des Bodens bebaut, und die Dörfer müssen in regelmäßigen Zeitabständen verlegt werden, wenn in der alten Umgebung kein anbaufähiger Boden mehr vorhanden ist. Die wichtigsten Kulturpflanzen sind Trockenreis, Hirse, Mais und Baumwolle (v. a. zur Selbstversorgung) sowie Opium und Chilipfeffer (zum Verkauf). Als Haustiere werden Schweine, Rinder, Pferde, Geflügel und Hunde gehalten (letztere bei den Akha auch als Fleischlieferanten). In der materiellen Kultur tritt wie bei allen Bergvölkern Hinterindiens Bambus als der universale Werkstoff hervor: Segmente des Riesenbambus dienen als Wasserbehälter, in aufgespaltener und plattgedrückter Form zur Herstellung von Fußböden und Hauswänden; aus fein aufgeplissenen Bambusstreifen werden Matten und Körbe geflochten; häufig wird Wasser über größere Entfernungen durch Bambus-»Pipelines« (auf Gabelstützen ruhende halbierte Bambusrohre) ins Dorf geleitet. Die Herstellung von Baumwollkleidung geschieht mit einfachen horizontalen Spannwebstühlen; die farbenfrohen Frauentrachten, die das wichtigste äußerliche Unterscheidungsmerkmal der einzelnen L.-Völker bilden, werden durch reichen Silberschmuck sowie gefärbte Fellstücke (Akha) ergänzt. Metallwaren müssen ebenso wie zahlreiche moderne Gebrauchsgegenstände (Gewehre, Munition, Radios, Taschenlampen usw.) auf den lokalen Märkten im Tal gekauft werden, doch spielt vor allem in einigen Akha-Dörfern der Schmied eine wichtige ökonomische und soziale Rolle. Die Akha und Lahu leben in der Regel in grasgedeckten Pfahlhäusern; die Lisu, die wegen ihrer nördlicheren Herkunft stärkere chinesische Kultureinflüsse aufweisen, kennen daneben auch das ebenerdige Haus, dessen Wände von senkrecht in den Boden gerammten Holzplanken gebildet werden.

Die politische Grundordnung der drei Gruppen kennt keine zentralen Herrschaftsinstanzen; der meist aus einer Großfamilie bestehende Haushalt ist eine selbständige soziale Einheit, die sich jederzeit von der Dorfgemeinschaft lösen kann. Während die Gesellschaften der Akha und Lisu in exogame Patriklane (im wesentlichen nur zeremonielle Funktionen) untergliedert sind, ist bei den Lahu die Abstammungsrechnung bilateral+ (Cousins dritten Grades gelten nicht mehr als »verwandt«); damit hängt wohl zusammen, daß bei diesem Volk die Tendenz zu ständigen Dorfspaltungen am stärksten ausgeprägt ist. Anders als bei den Lahu, die heute zu einem großen Teil christlich sind, haben die Missionare bei den Akha und Lisu bisher wenig Erfolg gehabt. Die traditionellen Religionen aller drei Völker haben zahlreiche Einflüsse aus benachbarten Kulturen aufgenommen. Mittelpunkt des familienbezogenen Ahnenkults sind Altäre im Inneren der Wohnhäuser. Einer Vielzahl feindseliger Waldgeister stehen wohlwollende lokale Schutzgeister gegenüber, die an dorfeigenen Kultstätten verehrt werden. Bei den Lahu wird die Bedeutung dieser mächtigen Wesenheiten allerdings noch von der des allmächtigen Schöpfergottes überschattet. Eine auffällige Erscheinung in jedem Akha-Dorf sind die beiden »Geistertore«, die schädliche Einflüsse aus dem Bereich des Waldes fernhalten sollen und neben denen zur Förderung der Fruchtbarkeit roh geschnitzte menschliche Statuen mit übertrieben dargestellten Geschlechtsorganen aufgestellt sind. Die Dorfpriester, denen der Kult der Schutzgeister (bei den Lahu: des Schöpfergottes) obliegt, spielen eine wichtige Rolle im Gemeinschaftsleben. Daneben sind Schamanen (teilw. Frauen) vor allem für Krankenheilungen zuständig.

Die Frage nach der Herkunft der L-Völker ist bis heute nicht geklärt. Sprachliche und einige kulturelle Merkmale deuten auf eine frühere Heimat im osttibetanischen Bergland hin, jedoch sind für die Schwarzen L. Szetschuans einerseits und für die übrigen mit ihnen sprachlich verwandten Gruppen andererseits getrennte ethnische Ursprünge anzunehmen. Die L. der Taliang Schan-Berge standen seit alter Zeit im Handelsaustausch mit den Han-Chinesen (diese hatten das lebenswichtige Salzmonopol), konnten jedoch bis zur Jahrhundertwende in fortgesetzten Kämpfen ihre Unabhängigkeit behaupten. Nach der kommunistischen Revolution wurde ihnen ein autonomer Distrikt zugestanden; unter diesem Status sind die L. in die politische Struktur des Landes integriert, haben jedoch auf kulturellem Gebiet weitgehende Freiheit behalten. Die neue Verwaltung beendete die traditionelle Herrschaft des Adels über die Gemeinen und Sklaven. Ebenso wie die eigentlichen L. waren auch die Lahu und Lisu im 18. und 19. Jh. in fortwährende Kämpfe mit den Chinesen verwickelt, wobei sich auf der Seite der Lahu charismatische Propheten hervortaten, die wiederholt Teile ihres Volkes gegen den äußeren Feind einen konnten. Die endgültige militärische Unterwerfung gegen Ende des 19. Jh. sowie die wachsende Landknappheit in den Bergen Yünnans veranlaßte zahlreiche Lahu und Lisu, nach Süden in den Schan-Staat von Kengtung (NO-Birma) und die angrenzenden Teile N-Thailands auszuweichen, wo sich ihre verstreuten Dörfer ebenso wie die der Akha in die jeweiligen politischen Strukturen einfügten. Trotzdem gelang es den Bergbewohnern in der Regel, Distanz zur Talbevölkerung zu wahren. Gesetze gegen den Brandrodungsbau und vor allem gegen den Anbau von Opium sowie staatliche Förderungsmaßnahmen haben jedoch im Bereich Thailands bereits verschiedentlich zu Ansiedlungen am Fuß der Berge und zur Übernahme des Bewässerungsfeldbaus geführt.

Lit.: 205, 217, 241, 243, 250, 253, 254, 255, 275, 288, 292, 294
Karte: Hinterindien (Abb.: 70)

Luba
Baluba

Das Volk der L. umfaßt eine große Anzahl von Stämmen in S-Zaire und Teilen von Sambia, deren Zusammengehörigkeit auf sprachlicher Verwandtschaft sowie einer gemeinsamen politischen Geschichte innerhalb des ehemaligen Lunda-Reiches beruht. Die Sprache der L. gehört zum zentral-westl. Zweig der Bantusprachen. Einschließlich aller Unterstämme und Dialekte wird die Anzahl der L.-Sprecher auf mehr als 3,5 Mio geschätzt. Die wichtigsten Völker sind die eigentlichen L., die Sanga und Kaonde im S, die Kaniok und Kete im W, die Lulua im NW, die Songe und L.-Hemba im O, die sich aus zahlreichen kleinen »lubaisierten« Stämmen zusammensetzen.

Die Wirtschaft der L. erstreckt sich vom Landbau für den Eigenbedarf bis zu führenden Positionen in Handel und in der Verwaltung. Die ländlichen L. betreiben Hackbau mit Brandrodung in Savannen- und Waldgebieten, mit dem Schwergewicht auf Mais, Maniok, Erdnüssen und Bohnen. Wo es die Umstände zulassen, wird auch Jagd und Fischfang betrieben. Viele L. arbeiten in den Minen von Katanga. Die meisten L.-Völker sind patrilinear organisiert (Erbgang, Nachfolge, Heirat, Wohnsitzregelung) – wahrscheinlich ein jüngeres System, das durch Einflüsse aus dem N oder NO entstanden ist; alte mutterrechtliche Tendenzen, wie sie für andere Kongo-Reiche charakteristisch sind, lassen sich noch erkennen. Schon im 15. Jh. gab es ein L.-Reich, das von den Songe getragen wurde, ein mächtiger Staat mit einer zentralistischen Monarchie. 1585 gründete eine neue Dynastie das zweite L.-Reich, deren Abkömmlinge auch das Lunda-Reich schufen. Das L.-Reich erreichte seinen Höhepunkt im 17. Jh.

Durch Nachfolgekämpfe geschwächt, unterlag das Reich im 19. Jh. den Angriffen der benachbarten Cokwe. Es bestand jedoch nominell unter der Oberhoheit des belgischen Kolonialsystems bis zu seinem politischen Aufgehen in die unabhängig gewordene Republik Zaïre fort. Die L. versuchten 1959/60 sich in politischen Parteien zu organisieren und wurden in blutige Stammeskämpfe gegen die Lulua in Kasai verwickelt. 1960–62 beherrschte ihr »König« (Mulopwe) A. Kalonji in S-Kasai den »Bergbaustaat«.

Lit.: 1106, 1111, 1153, 1156
Karte: Zentral- u. Ostafrika (Abb.: 106)

Lugbara
Lugware, Logbwari, Logbara

Ein Bauernvolk nordwestl. des Albert-Sees an der Nil-Kongo-Wasserscheide, NW-Uganda und NO-Zaïre; ca. 300 000. Die Sprache: Zentralsudanisch des Nilo-Saharischen.
Die L. sind seßhafte Feldbauern, die verschiedene Sorten von Hirse anbauen, seit einer Hungersnot (um 1942) aber stärker Kassava (Maniok) pflanzen, eine Knollenpflanze, die einen verläßlichen Ertrag, der keiner Speicherung bedarf, liefert. Auch ist Kassava für Frauen leichter zu betreuen, als die Männer begannen, zur Lohnarbeit in andere Landesteile zu gehen. Ziegen und Schafe werden zu Tauschzwecken gehalten; der Fleischgenuß ist generell verboten. Die Männer roden das Land, pflanzen Tabak, der vermarktet wird; die Frauen ernten.
Jede Verwandtschaftsgruppe (Lineage) leitet sich von einer heroischen Persönlichkeit in der fernen Vergangenheit ab. In Legenden und Sagen bleibt die heldische Vergangenheit lebendig. Jede Frau bewohnt mit ihren Kindern eine eigene Hütte mit dazugehörigen Speichern, und jeder dieser Behausung werden drei Felder zugerechnet: eines in nächster Nähe, eines, das etwas weiter entfernt liegt, und ein Stück bewässertes Land, das sich zum Anbau von Mais und Zuckerrohr eignet. Die Höfe der Mitglieder einer Patrilineage+ bilden eine lose Einheit, bei der das Gefühl der Zusammengehörigkeit mehr gilt als die räumliche Geschlossenheit der Siedlung. Drei bis vier Generationen leben so unter einem gemeinsamen Oberhaupt, das von ihnen als Familienältester anerkannt wird. Über solche patrilineare+ Lokaleinheiten hinaus betrachten sich alle L. als blutsverwandt, obwohl keine umfassenderen, über die Patrilineage hinausgehenden, politischen Strukturen existieren.
Alle Autorität liegt in den Händen des Familienoberhauptes, und jede Auflehnung dagegen wird als eine Bedrohung für das Wohlergehen der Lineage angesehen. Seinem Gebaren nach soll das Oberhaupt bedächtig und konservativ sein, eine Forderung, die im Kontrast zu den Erwartungen steht, die in die jüngeren Männer gesetzt werden. Die Autorität der Ältesten wird gestützt von übernatürlichen Sanktionen, vor allem solchen, die im Zusammenhang mit dem Totenkult stehen. Die Toten haben nach dem Glauben der L. die Macht, Krankheiten zu verursachen, wenn die Lebenden die Normen des Verhaltens innerhalb der Verwandtschaftsgruppen verletzt haben. Durch Orakel erfährt man die Ursache: mit Tieropfern können die Folgen der Verfehlungen aus der Welt geschafft werden.
Zauber, Hexerei, Ahnenkult und die Verehrung des Schöpfergottes durchdringen das gesamte soziale Leben der L. Auch Regenmacher haben einen gewissen Einfluß. Die meisten L. sind noch ihren alten Glaubensvorstellungen verhaftet; einige Gruppen sind Katholiken.
Der europäische Kolonialismus hat wesentliche Veränderungen hervorgerufen. Die Ernennung von Häuptlingen, die der Regierung gegenüber verantwortlich gemacht wurden und zur Ausübung ihrer Verpflichtungen auch mit gewissen Machtbefugnissen ausgerüstet waren, untergrub die Autorität der Familienoberhäupter. Auf wirtschaftlichem Gebiet boten sich neue Alternativen für Männer, die willens waren, als ungelernte Arbeiter in andere Teile Ugandas auf Gelderwerb zu gehen. Das so verdiente Geld machte unabhängig von Verpflichtungen, die sich aus dem Netz der Verwandtschaftsbeziehungen ergeben. Sie verlieren hierdurch an Bedeutung, und der Familienverband ist nicht mehr wie früher fähig, Kontrolle über seine Mitglieder auszuüben. Verstärkend kommt hinzu, daß die Produktion für den Außenmarkt (Häute, Felle, Tabak) den einzelnen aus dem Subsistenzsystem herauslöst, was wiederum die Bindung zur Familie schwächt. Die um sich greifende Schulbildung war ein weiterer Faktor bei der Entstehung einer neuen Klasse von Händlern und Lohnempfängern, die in den gegensätzlichen Kraftfeldern von Modernismus und Tradition Kompromisse für ihre Lebensbewältigung finden müssen.

Lit.: 1068, 1069, 1078

Lunda

Bedeutendes Bantuvolk mit mehreren Unterstämmen in SO-Zaïre und angrenzenden Teilen NO-Angolas und NW-Sambias; ca. 1,5 Mio. Sprache: Bantu.
Die L. siedeln in kleinen Dörfern. Ihr Gebiet erstreckt sich über Savanne und Waldland. Die Bodenbedingungen machen den Wanderbau notwendig, da schon nach wenigen Jahren der Nutzung neue Felder angelegt werden müssen. Jedoch ist der Ertrag ergiebig, und viele Arten von Nutzpflanzen werden angebaut: Bananen, Maniok, Hirse, Jams, Bohnen, Süßkartoffeln und Taro. Einige L.-Gruppen züchten auch Ziegen und Schafe; Rinderhaltung ist Ausnahme. Früher spielte der Handel mit Sklaven und Elfenbein eine wichtige Rolle. Die L. waren matrilinear+ organisiert. Unter einer von den Luba abstammenden Oberschicht gründeten die L. im 17. Jh. unter dem Herrscher Kibinda Ilunga ein bedeutendes Reich. Mwata Yamvo (»Herr der Schlange«) als Nachfolger festigte das Reich. Eine straffe politische Organisation war Voraussetzung zur Unterwerfung weiter Teile des zentralen Bantugebietes (→ Cokwe, Luena, Rotse, Kuango, Ndembu, Bangala). Das L.-Reich wurde von einem König und einer Frau (Königsmutter, -schwester oder eine nahe Verwandte) als Mitregentin regiert. Unterworfene Häuptlinge wurden unter der Kontrolle von L.-Gouverneuren, aber mit einer gewissen Autonomie, eingeordnet. Ende des 19. Jh. wurde es von den → Cokwe erobert, konnte sich aber aus eigener Kraft befreien. Die Vormachtstellung der L. endete erst mit ihrer Eingliederung in das belgische Kolonialreich 1890. 1894 wurde das L.-Reich zwischen Belgisch-Kongo und Angola geteilt. Nach 1960 unterstützten die L. die Bestrebungen Katangas unter M. Tschombe, vom übrigen Kongo (Zaïre) unabhängig zu werden.

Lit.: 1101, 1104, 1116, 1121, 1131, 1153
Karte: Zentral- u. Ostafrika (Abb.: 106)

Luren

Iranisch sprechendes Volk in Persien, hauptsächlich in Luristan, einem Bergland im westl. Z-Persien. Man teilt die L. in westl., überwiegend nomadische Puscht-i Kuh L. und östl., Landwirtschaft treibende Pisch-i Kuh L. Durch die Zwangsumsiedlungen der dreißiger Jahre gibt es heute L. auch in anderen Gegenden des Iran. Einige leben auch im Irak, rechnen sich dort jedoch zu den Kurden; ca. 600 000.
Die nomadischen L. halten Schafe, Ziegen und Esel im ganzjährigen Weidebetrieb. Im Winter werden die warmen Täler im südl. Teil des Gouvernorats Ilam aufgesucht, im Sommer zieht man in die Berge Luristans. Dabei müssen mit den Herden oft mehr als 100 km überwunden werden. Zur Ergänzung ihrer Ernährung säen die Nomaden, bevor sie im Frühjahr aufbrechen, ein wenig Getreide bei den Winterweiden aus, einige Familien bleiben zur Pflege zurück; nach der Rückkehr im Spätherbst wird dann geerntet. Ständiger Bodenbau ist vor allem bei jenen L. zu finden, die von Reza Schah zur Seßhaftigkeit gezwungen wurden und auch nach seiner Abdankung den Getreide-, Obst- und Gartenbau nicht wieder aufgaben. Bei ihnen hat sich das iranische Feudalsystem mit Grundbesitzern und Pachtbauern durchgesetzt. Wie die anderen persischen Bauern wohnen sie in Lehmhäusern mit Flachdach, während die nomadischen L. in Zelten aus schwarzem Ziegenhaar leben, die in der kalten Jahreszeit mit schützenden Steinmauern umgeben werden. Die politische Führung der einzelnen Stämme lag früher bei einem Khan, der von einem Stammesrat gestützt wurde; mit einer eigenen Truppe konnte er seinen Willen energisch durchsetzen. Auch Frauen sind bei den L. nicht vom politischen Einfluß ausgeschlossen, genießen überhaupt eine geachtete Stellung.
Schon vor der arabischen Invasion Persiens im 7. Jh. lebten die L. in ihrem heutigen Stammesgebiet. Geführt von eigenen Feudaldynastien konnten sie sich bis Ende des 16. Jh. erfolgreich gegen alle persischen Eroberungsversuche behaupten. Erst Schah Abbas gelang es um 1600, die L. in die Knie zu zwingen, und ihre Unabhängigkeit brachte ihnen erst der Untergang der persischen Safawiden-Dynastie wieder. Die innenpolitische Unsicherheit und Schwäche der Zentralregierung führte unter der Qadscharen-Dynastie zur Machtzunahme der Stämme, Räuberei, Wegelagerei und Erpressung.
Einen tiefgreifenden Einfluß auf die L. übte, wie auf alle nomadischen Stämme des Iran, die Herrschaft Reza Schahs seit 1925 aus. Um den Widerstand der L. gegen ihre Seßhaftmachung zu brechen, ging er zu Zwangsumsiedlungen und Gewaltmaßnahmen über, doch mit der Abdankung Rezas, 1941, und der daraus resultierenden Schwächung der zentralen Gewalt in Teheran kehrten viele L. zu ihrer traditionell nomadischen Lebensweise zurück. Mit der heutigen No-

madenpolitik in Persien werden zwar ebenfalls die Tendenzen zur Seßhaftwerdung gefördert, jedoch kein Zwang ausgeübt, denn wie man durch die Versorgungsschwierigkeiten z. Zt. der Regierung Reza Schahs einsehen lernte, sind Halb- und Vollnomadismus wichtige Faktoren bei der Versorgung der Bevölkerung mit Frischfleisch und Milchprodukten. Verarmte L. wandern heute oft auch als Arbeiter zu den Erdölfeldern Khuzistans ab.

Lit.: 7
Karte: Südwest-Asien (Abb.: 23)

Abb. 113: Im Iran gibt es, besonders um die Stadt Yezd, noch heute Anhänger des altiranischen zoroastrischen Glaubens. (Foto: Müller-Stellrecht)

Abb. 114: Die Maadan sind ganz auf ein Leben in den Marschen S-Iraks eingestellt mit Wohninseln und Häusern aus Schilf. (Foto: Müller-Stellrecht)

Abb. 115: Noch bis auf große Höhen der Elburs-Nordflanke Richtung Kaspisches Meer (Iran) finden sich einsame Gehöfte. (Foto: Müller-Stellrecht)

Abb. 116: Für die Niederungen am Kaspischen Meer ist subtropisches Klima mit üppiger Vegetation typisch. (Foto: Müller-Stellrecht)

Luo

Luo (Lwo) ist im weiteren Sinne eine Sammelbezeichnung, die sich auf eine Anzahl sprachverwandter nilotischer Völker im S-Sudan, in Uganda und Kenia bezieht. Die nördl. Gruppe umfaßt außer den → Shilluk eine Reihe kleinerer Ethnien im Gebiet des Bahr el-Ghazal (Djur, Djo Luo etc.), die → Anuak im sudanisch-äthiopischen Grenzgebiet und die Burun in der Dar Funj-Provinz der Republik Sudan. Sie zählen insgesamt kaum mehr als 150 000 Menschen, von denen zwei Drittel allein auf die Shilluk entfallen. Numerisch weitaus bedeutsamer sind die S-Luo mit den Acholi (ca. 250 000), Lango (ca. 300 000), Alur (ca. 200 000) und Djo Padhola (ca. 80 000), die überwiegend in Uganda leben, und die auch Kavirondo genannten Kenia-Luo (ca. 800 000). Die Letztgenannten gelten auch als die L. im engeren Sinne. Die nördl. Gruppen stehen kulturell den benachtbarten → Nuer und Dinka nahe, die südl. zeigen sich jedoch schon aufgrund der Andersartigkeit ihrer Lebensräume in ihrem Kulturbild deutlich verschieden. Sie siedeln in der Feuchtsavanne, die gute Möglichkeiten für den Feldbau bietet und eine relativ große Besiedlungsdichte gestattet. Die Bedeutung der Viehhaltung tritt demgegenüber deutlich zurück. An den Seen und Flüssen wird ein Teil des Proteinbedarfs durch den Fischfang gedeckt.

Die südl. L. drangen vermutlich im 18. Jh. von N her in ihre heutigen Wohnsitze ein und kamen mit Hamito-Niloten und Bantu in Berührung. Die Lango sind beispielsweise hamito-nilotischer Herkunft, übernahmen aber eine dem Acholi verwandte nilotische Sprache.

Die Acholi wohnen in Dörfern, die aus mehreren Weilern bestehen, die von je einer patrilinearen Verwandtschaftsgruppe (Lineage) bewohnt sind. Föderationen solcher Dörfer werden von Häuptlingen regiert, die gleichzeitig zumeist auch als Regenzauberer fungieren. Daneben haben die Führer der Altersklassen – vor allem bei kriegerischen Auseinandersetzungen – eine wichtige Stellung.

Die politische Organisation der Kenia-Luo war akephal, d. h., es existierten keine ausgeprägten Zentralgewalten. Die Entscheidungsbefugnisse lagen weitgehend bei den Ratsversammlungen der Klane.

In den Religionen der südl. L. werden Einflüsse von den benachbarten Bantu sichtbar. Ahnenschreine sind Zentren einer mit Opfern verbundenen Verehrung der verstorbenen Vorfahren. Regenmacher und Zauberpriester, die mit den Geistern in Verbindung treten und Auskünfte von ihnen erhalten, nehmen eine geachtete Stellung in der Gesellschaft ein.

Die L. gehören zu den wirtschaftlich dynamischen und politisch tonangebenden Ethnien in ostafrikanischen Staaten. Die Acholi stellen traditionellerweise in Uganda einen Teil der Führungselite, die L. sind nächst den → Kikuyu die mächtigste Volksgruppe in Kenia.

Lit.: 1036, 1039, 1085
Karte: Zentral- u. Ostafrika (Abb.: 106)

Maadan

Die Arabisch sprechenden Bewohner der schilfbestandenen Marschen zwischen Unterlauf von Euphrat und Tigris im südlichsten mesopotamischen Tiefland (Irak; einige auch auf iranischem Gebiet). Das Klima ist hier extrem heiß und feucht; ca. 4000.

Die M. bestreiten ihren Lebensunterhalt aus verschiedenen Quellen. Ein Teil von ihnen lebt, halbseßhaft, fast ausschließlich von der Haltung des Wasserbüffels, sei es zur Deckung der eigenen Ernährung, sei es als Zahlungs- und Tauschmittel für nicht selbst produzierte Güter wie Reis, Mehl, Zucker, Kaffee, Eisen. Die Wasserbüffel geben außergewöhnlich viel Milch und benötigen kaum Aufsicht. Ihr Besitz ist zugleich ein Prestigefaktor; geschlachtet werden sie deshalb nur selten. Oft werden die Büffel von jugendlichen Hirten in die Marschen geführt. In den seichteren Marschen oder an ihren Rändern pflanzen die dort lebenden M. Reis an; ihre Felder sind häufig im Besitz arabischer Scheichs, in deren Abhängigkeit sie oft durch Verschuldung stehen. Handel mit Schilfmatten, Jagd, Fischfang und Sammeln sichern die Existenz der M. weiter ab. Auffällig ist die »Schilfkultur« der M. und ihre Abhängigkeit von dieser Pflanze. So wohnt man in den Marschen nicht nur auf natürlichen, sondern auch auf künstlichen Inseln, die auf einer Unterlage von Schilf mit Erdreich aufgeschüttet werden. Durch Abfälle, tierischen Dung und Futterreste wachsen sie allmählich so hoch über den Wasserspiegel hinaus, daß sie verlassen werden müssen. Auf diesen künstlichen wie auch natürlichen Wohninseln werden tonnendachförmige Häuser aus Schilfgeflecht errichtet und jährlich erneuert. Die halbrunden Stützbogen stellt man aus zusammengebundenen Schilfbüscheln her. Vor allem die Versammlungshäuser der Männer sind eindrucksvolle Langbauten, das Schilf ihrer Seitenwände oft in schönen Mustern geflochten. In den Schilfhäusern lebt gemeinsam die meist monogame Familie mit dem ältesten Mann als ihrem Oberhaupt. Die Frauen gehen unverschleiert. Das soziale Leben wird von den Vorstellungen der seßhaften Araber entscheidend beeinflußt.

Die Ethnogenese der M. ist noch unklar; archäologische Zeugnisse deuten darauf hin, daß schon zu sumerischer Zeit die Marschen bewohnt waren. Vielleicht wurden in dieses typische Rückzugsgebiet einst aramäische Gruppen abgedrängt, die später durch Araber überlagert wurden. Der Lebensbereich der M. ist heute stark gefährdet, zum einen durch die Regulierung von Euphrat und Tigris und damit das Austrocknen der Marschen, und zum anderen wurden – teilweise unter deutscher Leitung – bei Basra große Fabrikanlagen gebaut, in denen man Schilf zu Papier verarbeitet, d. h., den M. wird ein entscheidender Teil ihrer Lebensgrundlage entzogen.

Lit.: 27, 29

Maba
Wadai, Ouadai

Die M. in der Republik Tschad sind das autochthone und staatstragende Volk des ehemaligen Reiches Wadai gewesen, das bis zum 15. Jh. von den Dajo regiert, dann von den aus Darfur im Sudan eingewanderten Tunjur besiegt und schließlich zu Beginn des 17. Jh. von arabischen Eroberern unter der Führung von Abd el Kerim ben Djame zu großer Macht aufstieg und von Abeche aus weite Gebiete beherrschte. Mit den Arabern kam auch offiziell die Islamisierung in das M.-Gebiet.

Die ca. 250–300 000 M. bilden eine sprachliche Einheit: das Mabang, innerhalb der Nilo-Saharischen Sprachfamilie eine eigene Einheit, ist noch heute eine lebendige Sprache der Bergwelt von Wadai; in den Ebenen und größeren Orten gewinnt das Arabische mehr und mehr an Boden.

Die M. sind von unterschiedlicher ethnischer Herkunft. In ihrem heutigen gesellschaftlichen System gibt es M.-Gruppen (Malanga, Mandala und Mandaba, die als M. im engeren Sinne gelten; Uled Djema und Kodoi), die sich Abd el Kerim im Kampf gegen die Tunjur anschlossen und daher stets als Privilegierte galten und im früheren Staat die wichtigsten Ämter bekleideten; dann gibt es jene M.-Gruppen (Marfa, Karanga, Kaschmere, Niabada, Koniere, Kadianga), die erst später als Vasallen in das Reich eingegliedert wurden. Auf der nächsten Stufe der sozialen Rangleiter stehen noch heute die Schmiede, die keine M. sind, sondern sogenannte Haddad; schließlich gab es früher noch die Sklaven.

In dem hierarchisch organisierten Reich Wadai stand ein Sultan an der Spitze, ein absoluter Herrscher mit einem Hofstaat. Einzelne Würdenträger kontrollierten die Provinzen. Palastintrigen, Expansionskriege und ständige Kriege mit den Nachbarreichen (Hauptrivale: Darfur, aber auch Bagirmi und Kanem) bestimmen die Geschichte des Reiches. Ende des 19. Jh. wurde Wadai auch in Kämpfe mit den Mahdi verwickelt, bestand jedoch weiter, selbst unter franz. Kolonialverwaltung; der Sultan wurde weitgehend entmachtet. Heute ist das Gebiet des alten Reiches Wadai eine Präfektur des Tschad. Die Dörfer der M., früher auf unzugänglichen Hügelkuppen, bestehen meist aus ca. 100 Häusern. Die einzelnen mit Palisaden umgebenen Gehöfte werden von patrilinearen[+] Familien bewohnt. Mittelpunkt der M.-Dörfer ist ein überdachter Platz; er ist Moschee, Gerichtsstätte, Arbeitsstätte und Festplatz.

Nur drei oder vier Monate, nämlich während der Regenzeit, bewohnt das Gros der M., d. h. der arbeitende Teil, das Dorf, um die Felder in der unmittelbaren Umgebung zu bestellen. Auf diesem wird v. a. Mais und Sorghum-Hirse (weiße, gelbe, rote), auch als Durra bekannt, angebaut. Sesam, Bohnen, Erdnüsse, wie auch die Kürbispflanze, aus der Kalebassen hergestellt werden, pflanzt man in größerer Entfernung von den Dörfern an. Die übrige Zeit findet man die jungen Männer 100 km und mehr vom Dorf entfernt bei ihren Herden (Ziegen, Schafen und Zebu-Rindern); heute geht die Jugend als Arbeiter in die Städte. In Gemüsegärten, oft weit von ihren Heimatdörfern, ziehen die verheirateten M. ein wenig Weizen und Tabak, v. a. Zwiebeln, Knoblauch, Kürbis (*gombo*), Pfefferschoten und Tomaten werden über weite Strecken des Landes verkauft. Für den Transport halten sich einige M. ein Kamel oder helfen sich mit denen ihrer arabischen Nachbarn aus; auch Lastwagen werden bereits eingesetzt.

Die wirtschaftliche Verflechtung mit den arabischen Nomaden ist relativ jung und noch in der

Maba 212

Abb. 117: Die Dogon in Mali betreiben einen intensiven Feldbau, der die geringen Niederschläge in einer optimalen Weise nutzt. Das Grünzeug der Zwiebeln, das von den Frauen zerkleinert und zu Kugeln geformt wird. dient als wichtiges Nahrungsmittel (Foto: Chesi)

Entwicklung begriffen, obwohl die Nachbarschaft zu diesen bereits Jahrhunderte' besteht. Von ihnen geht auch der Einfluß aus, daß sich die M. in zunehmendem Maße der Viehhaltung widmen, während sie in früheren Zeiten ausschließlich Feldbauern waren, die nebenbei auch Kleinvieh besaßen.

Abeche hat seine Bedeutung als Handels- und Umschlagplatz erhalten. Hier findet der Güteraustausch zwischen den seßhaften Bauern und den arabischen Nomaden statt. Vieh, Hirse, Salz und Natron werden auf dem Markt gehandelt; islamische Pilger machen hier Station; Handwerker, wie die schmiedenden Haddad, bieten hier ihre Eisenprodukte an, wie auch die M. ihre Weberei- und Töpfereiprodukte. Früher wurden auch Sklaven, Elfenbein und Pfauenfedern verhandelt.

Lit.: 877, 920, 931, 964
Karten: Westafrika, 16. Jh. (Abb.: 191)
        Westafrika, 19. Kh. (Abb.: 229)

Abb. 118: Die Betsileo, eines der größten Völker im gebirgigen Inneren von Madagaskar, leben vorwiegend von Reisanbau. Auf Hochweiden halten sie zudem ansehnliche Herden von Zeburindern. (Foto: Paul)

Madegassen
Malagassy, Malgaches

Bevölkerung Madagaskars mit negriden, mongoliden und europiden Elementen. Das negride Element überwiegt in den Küstengebieten, das mongolide auf dem Binnenplateau. Europide Bevölkerungsteile finden sich in begrenzten arabischen und europäischen Siedlungen. Die Kulturen Madagaskars haben eine indonesische Grundlage (vor der Hinduisierung Indonesiens) übernommen, sind von einer starken Schicht arabischer Kultur überlagert und haben eine geringe Beimischung afrikanischen Kulturgutes. Sprache: Das Malagassy gehört zum w-indonesischen Zweig des Austronesischen; es hat Lehnwörter aus dem Arabischen und Bantu aufgenommen, wird aber ziemlich einheitlich von ca. 7 Mio. Menschen gesprochen.

Vor der Einwanderung der indonesischen Gruppen war die Insel entweder unbewohnt oder von ozeanischen Negriden/Pygmäen besiedelt. Arabische Kolonien entstanden in Madagaskar mit der Ausbreitung der arabischen Seeherrschaft (ab 10. Jh.). Die Araber führten Negersklaven ein, verkauften sie an die Einwohner der Insel oder setzten sie auf ihren eigenen Besitzungen ein.

Die Wirtschaft der M. beruht größtenteils auf dem Bodenbau: Reis (als Bergreis oder Talreis im N und O), Taro, Bananen, Mais und Maniok (bes. im S und W) sind die wichtigsten Produkte für den Eigenbedarf; Tabak und andere Kulturpflanzen sind von den Europäern im 19. Jh. eingeführt worden. Die Viehzucht wird zwar überall betrieben, spielt aber nur bei den Hirtenvölkern des Westens eine Rolle als Kapital und Zahlungsmittel. Vielerorts ist das Halten von Großvieh eine Prestigeangelegenheit. Unterschiedliche geographische und klimatische Bedingungen haben spezialisierte Wirtschaftsformen hervorgebracht. Die Merina oder Hova (1,8 Mio) und Betsileo (ca. 860 000) des Hochlandes betreiben Reisbau mit Hilfe sorgfältig ausgebauter Bewässerungsanlagen, während Viehzucht bei ihnen nur eine untergeordnete Rolle spielt. Die Völker der Ostküstenzone (Antaisaka 370 000, Betsimisaraka ca. 1 Mio) u. a. pflanzen im Brandrodungsbau+ Trockenreis; sie legen größeres Gewicht auf Viehzucht und Fischfang. In den Übergangszonen der Bergabhänge, wie z. B. bei den Tanala, findet sich ein Wechsel zwischen Bewässerungs- und Trockenreisbau. Die Völker der Küstenebenen, wie Bara (200 000), Antandroy (380 000), Mahafaly (78 000) und die fast völlig negriden Sakalaven (420 000) sind v. a. Wanderhirten, die in Küstennähe Fischfang, aber geringen Feldbau betreiben.

In der Verwandtschaftsstruktur sind Großfamilien zu Lineages+ (foko) vereinigt. Sie beachten gemeinsame Tabus, feiern Feste, bearbeiten Felder und beweiden ihre Weiden zusammen. In den führenden Stämmen unterschied man neben der Königsfamilie den Adel (Polizei und Krieger), Bürger und Sklaven, die unbewaffnet waren. Die Merina (Hova), vor der franz. Kolonialzeit das herrschende Volk, hatten einst ein despotisch-monarchistisches Regierungssystem. Eine hohe Stellung war der Mutter des Königs eingeräumt. Bei Fehlen eines männlichen Erben ging die Nachfolge auf Witwe oder Tochter des Königs über. Die Herrschaft wurde durch ein verzweigtes Verwaltungswesen auf territorialer Basis gestützt.

Seit dem 9. Jh. bestanden bei verschiedenen Stämmen arabische, seit dem 17. Jh. von den Europäern gegründete erbliche Häuptlingtümer.

Zu Beginn des 19. Jh. vermochten die Merina ihre Herrschaft fast über die ganze Insel auszudehnen. Tananarive wurde Hauptstadt. 1885 errichteten die Franzosen ein Protektorat und schränkten die Macht der Merina zugunsten anderer Gruppen ein. 1897 wurde die letzte Königin abgesetzt. Es folgte eine reine Kolonialverwaltung. 1947 kam es zu einem Aufstand, der große Teile der Insel erfaßte. Die Kämpfe waren erbittert. Seit 1960 ist Madagaskar unabhängig. Die ethnischen Gegensätze drücken sich heute z. T. in den politischen Parteien aus. Die anfänglich in der Regierung überproportional vertretenen Hova treten allmählich zurück.

Die Industrialisierung Madagaskars hat v. a. zwei Ziele: die technische Förderung der landwirtschaftlichen und mineralischen Ressourcen (Eisenerze) und die primäre Verarbeitung der anfallenden Produkte sowie Importsubstitutionen. Der Anteil der Industrie am Bruttoinlandsprodukt stieg von 12,6% (1969) auf 13,5 (1970), d. h. jährlich um etwa 10%. Dennoch bleibt die Arbeitslosigkeit groß. Von 9 Mio. M. waren 1975 nur 300 000 Lohn- und Gehaltsempfänger.

Lit.: 1241–1248
Karte: Afrika (Abb.: 148)

Magar

Ein Volk mit tibeto-birmanischer Sprache westl. des Kathmandu-Tales in Z-Nepal; durch Landschenkungen für Militärdienste und gute Verdienstmöglichkeiten für ihre Handwerker besteht bei den M. die Tendenz zu einer Verschiebung ihres Siedlungsgebietes nach O; ca. 315 000!

Der Lebensraum der M. reicht vom Hochgebirge bis hinunter ins nepalesische Tiefland, und entsprechend unterschiedlich sind auch die Bedingungen für den Bodenbau: Trockenfeldbau auf Terrassen (Getreide, Buchweizen, Hirse) und in tieferen Lagen Naßreiskultur. Schafe, Ziegen und Rinder, in Hochlagen auch Yaks, werden gehalten und im Sommer auf Almen (bis 5000 m Höhe) getrieben. Drei weitere Einkommensquellen sichern die Existenz der M.: zum einen sind sie im Handel zwischen Tiefland und den Hochgebirgsregionen tätig, zum anderen werden sie als geschickte Handwerker, besonders Schmiede und Brückenbauer, auch außerhalb ihres engsten Siedlungsgebietes geschätzt, und schließlich ist es der Dienst in der nepalesischen Armee, der den M. regelmäßige Einkünfte einbringt. Der militärischen Fähigkeiten der M. versicherten sich im 18. Jh. bereits die Gründer der heutigen Dynastie in Nepal, als sie ihre Herrschaft über das Kathmandu-Tal errichteten. Im 17. und frühen 18. Jh. besaßen die M. selbst noch eines der mächtigsten Königtümer W-Nepals. Als Anglo-Indien im 19. Jh. Gurkha-Regimenter aushob, stellten die M. die meisten Soldaten; Ehrlichkeit, Disziplin und Humor waren ihre herausragenden Eigenschaften. Die M. heiraten fast ausschließlich innerhalb ihrer eigenen Gruppe. Eine starke Bereitschaft zur Hinduisierung drängt den buddhistischen Einfluß immer mehr zurück.

Lit.: 118

Mahadev Koli

Die ca. 200 000 M. K. leben im indischen Bundesstaat Maharashtra als Ackerbauern und Viehzüchter. Angst vor wilden Tieren kommt in der Verehrung des Tiger-Gottes (vaghoba oder vaghdeva) zum Ausdruck, dessen holzgeschnitztes Bildnis zum Schutz aufgestellt wird. Für ihn wird ein besonderes Fest gefeiert, das gleichzeitig zur zeremoniellen Verehrung der Rinder dient, die geschmückt und mit Süßspeisen gefüttert werden. Der Glaube der M. K. zeigt viele Parallelen zum Hinduismus. Im Rahmen der Feierlichkeiten zur Verehrung der Ahnen werden in den Nächten, die gewacht werden müssen, Schauspiele (mit Themen aus den klassischen Hindu-Epen) veranstaltet; als Besonderheit gilt eine Pantomime mit maskierten Darstellern. Die Zahl 5 scheint große Bedeutung zu haben. Die M. K.-Version des Hindufestes Diwali dauert fünf Tage, wobei eine aus Gras täglich neu angefertigte Kobra jeden Tag eine weitere Kappe bekommt. Beim Bullenfest, das im August stattfindet und mit der Segnung der Tiere durch das Dorfoberhaupt verbunden ist, erhalten die Kinder jedes Hauses von den Töpfern 5 Bullenfiguren, mit denen die Zeremonie nachgespielt wird. Zum sankrant-kinkrant-Fest Ende Januar bringt jeder Töpfer den Frauen eines Hauses 5 Tongefäße für die zu dieser Feierlichkeit zubereiteten Süßspeise.

Lit.: 149, 160
Karte: Vorderindien (Abb.: 220)

Mahican
Mohican

Algonkin-Stammesverband im oberen Hudson-Tal. Nicht zu verwechseln mit den Mohegan (dt. Mohikaner); ca. 750. Nach erzwungener Aufgabe ihres Landes bei Albany im Staate New York 1664 zogen Teile der M. nach Stockbridge in Massachusetts, wo sie sich 1736 in einer Missionssiedlung ansiedelten. Die Stockbridge-Indianer, wie sie seitdem genannt wurden, verbanden sich 1785 mit den Oneida und Munsee und zogen mit diesen 1839 auf eine Reservation in Wisconsin.

Maidu

Eine der bekannteren Indianergruppen von Z-Kalifornien zwischen Sacramento River und der Sierra Nevada; ca. 200. Sprache: Penuti.
Die M. lebten wie die meisten kalifornischen Indianer von Eicheln, die zu Mehl verarbeitet wurden, in geringerem Umfange von Grassamen, Wild und Fischen. Sie bewohnten feste Häuser, die mit Erde abgedeckt waren und errichteten große zentral gelegene Versammlungshäuser; die Berg-M. bewohnten einfache Rindenhütten. Die Dörfer waren politisch selbständige Einheiten, die im S von erblichen Häuptlingen, im N von reichen und angesehenen Männern geführt wurden. Unter den M. war der Kuksu-Kult verbreitet, ein kollektives Ritual, an dem Geheimbünde mit Maskentänzen für das Wohl des Dorfes mythische Darstellungen aufführten.
Die M. wurden 1833 von einer schweren Malaria-Epidemie heimgesucht; nach dem Goldrausch von 1848 wurde ihre Land von Goldsuchern überschwemmt. Es kam zu schweren Kämpfen, 1863 war der letzte Widerstand der stark dezimierten M. gebrochen. Von den ursprünglich 8000 M. wurden die letzten 400 in die Round Valley Reservation deportiert, nachdem bereits 1855 eine andere M.-Gruppe (Konkow) in die Nome Lackee Reservation eingewiesen worden war. Wie die meisten kalifornischen Indianer haben die M. heute eine hohe Arbeitslosigkeit wegen der ungenügenden Schulausbildung. Die ethnische Identität ist kaum noch vorhanden. Neuerdings erstarkt sie durch die Wiederaufführung des Bärentanzritual; auch kunsthandwerkliche Fertigkeiten (Korbflechten) werden wieder ausgeübt.

Lit.: 508

Abb. 119: Gehöft eines Plains-Cree in der Rocky Boys-Reservation in den Bear Paw Mountains im nördlichen Montana. Neben dem Haus mit dem Eingang steht ein Wohnzelt mit einer hölzernen Tür. (Foto: Hartmann)

Abb. 120: Wohnraum eines alten Gros Ventre in einem Blockhaus in Hays (Fort Belknap Reservation, Montana). Seitlich des Herdes befindet sich der Spültisch mit den Utensilien, die in einem Haushalt gebraucht werden. Das Gebäude ist an das Stromnetz angeschlossen, wie Steckdose und Kabel an der Wand zeigen. (Foto: Hartmann)

Abb. 121: Auf der Windriver-Reservation in Wyoming, USA. (Foto: Schierle)

Mandan

Prärie-Indianer am oberen Missouri, ca. 350 auf der Fort Berthold Reservation. Sprache: Sioux. Wie die → Arikara zählten die M. zu den Dorfstämmen des zentralen Präriegebietes. Ihre wichtigste Zeremonie war das Okipa-Ritual, an dem sich Novizen des Bisonbundes selbst marterten, indem sie sich Stricke durch das Fleisch zogen und am Gebälk des Festhauses aufhingen, bis die Brustmuskulatur durchriß und die Kasteiten ohnmächtig zu Boden sanken.

Von den neun M.-Dörfern bestanden nach den Pockenepidemien um 1800 nur noch zwei mit je 100–150 Überlebenden. 1845 zogen die M. mit den benachbarten → Hidatsa auf die Fort Berthold Reservation.

Lit.: 562, 565, 594

Mande
Mandingo, Malinke, Wangara

Afrikanische Bevölkerung kultur- und sprachverwandter Stämme im Savannengebiet des westl. Sudan zwischen Senegal und Niger, aber mit Ausstrahlungen im tropischen Regenwald von Guinea bis zur atlantischen Küste; ca. 6 Mio. Zur Hauptgruppe, den W-M., gehören die Malinke, Soninke und → Bambara; kleinere M.-Stämme sind die Bozo (30 000), Dialonke (75 000), Khasonke (70 000), Kagore oder Bagana (25 000) und Koranko (125 000), aber auch die Mende (ca. 1 Mio.), Loko (80 000), → Kpelle (250 000), Susu, → Vai (200 000). Die meisten Gruppen sind mit → Fulbe vermischt. Zu den O-M., einer Randgruppe, die sich kulturell von der Hauptgruppe deutlich unterscheidet, zählen die Mano, Dan, Tura, Samo. Eine weitere Unterscheidung erfuhren die beiden Abteilungen durch ihre Ausbreitung in der Savanne und im Waldland. So gehören die Soninke, → Bambara, Malinke, Susu und Vai zu den »Sahel-Savannen-M.«, die Mende, Bandi und Kpelle zu den »Waldland-M.«. Entsprechendes gilt für die O-Abteilung. Das Mande (auch Mali oder Mandingo) bildet eine Sprachfamilie der Niger-Kongo-Gruppe.

Feldbau mit Kleintierhaltung ist Grundlage der Ernährung schon seit altersher, und das Ursprungsgebiet der M. wird sogar von manchen Autoritäten als ein unabhängiges Zentrum für die Entwicklung des Bodenbaus angesehen. Viele afrikanische Kulturpflanzen scheinen ihren Ursprung dort gehabt zu haben, v. a. Fonio (Digitaria exilis) und verschiedene Arten von Hirse und Erdnüssen. Reis, Mais und eine Vielzahl anderer Nutzpflanzen sind heute dazugekommen. Brandrodung+ ist die übliche Anbaumethode; wo die Verhältnisse es gestatten, werden Felder künstlich bewässert. Großviehhaltung ist größtenteils Prestigeangelegenheit oder wird zur Erbringung des Brautpreises betrieben; im nördl. M.-Gebiet sind Großviehzucht und Handel auch wirtschaftlich wichtig. Die M. gelten in W-Sudan als Träger einer hochentwickelten Handwerkskunst (Weberei, Lederarbeiten, Metalltechnik).

M.-Dörfer sind Ansammlungen von Familienanwesen, von denen ein jedes aus einem umzäunten Komplex von runden (gelegentlich auch rechteckigen) Lehmziegelhäusern mit konischen Strohdächern besteht. Märkte und Fernhandel mit Arabern war für viele M.-Stämme von Bedeutung.

Die Verwandtschaftsordnung ist patrilinear+; Polygynie+ ist die Norm, obwohl die Mehrehe mit Schwestern nicht gestattet ist. Der ersten Frau und ihren Söhnen wird eine Vorzugsstellung eingeräumt.

Die Zweige der einzelnen Großfamilien erkennen ein patriarchalisches Oberhaupt an. Die gesellschaftliche Ordnung ist mehrschichtig; früher war die Sklaverei allgemein verbreitet. Auf der Ortsebene wird je eine Lineage+ als erstansässig und deren Oberhaupt als »Vater des Landes« und Erdpriester anerkannt. Außer wichtigen religiösen Funktionen hält er auch zusammen mit dem örtlichen Rat Gerichtssitzungen ab. Ahnenkult, Geisterglauben, Masken- und Geheimbundwesen (Komo-Bund), Initiationsriten+ (Beschneidung der Jungen und Mädchen) und Altersklassenorganisation haben sich z. T. bis heute erhalten. Obwohl sich die meisten M. heute zum Islam bekennen, zeugen noch viele Überreste des Ahnen- und Geisterglaubens von der mystisch-religiösen Bindung zwischen Land und Volk.

Nördl. M.-Gruppen zählen neben den Fulbe zu den bedeutendsten Staatengründern des W-Sudan (Ghana, Mali, Songhai); Zentrum war das Reich Mali, das im 11. Jh. als Nachfolgestaat des Reiches Ghana von den Malinke gegründet worden war und im frühen 14. Jh. unter Kaiser Kankan Musa (1312–35), der durch seine prunkvolle Pilgerreise nach Mekka (1324/25) Aufsehen erregte, seinen Höhepunkt erreichte. Im 15. Jh. schrumpfte es unter den Angriffen der Tuareg und Songhai zu einem Kleinstaat zusammen. Das Songhai-Reich trat die Hegemonie im westl. Sudan an, bis es 1591 durch einen Einfall der Marokkaner zerfiel. Südl. des marokkanischen Machtbereiches entstand nach 1660 der Bambara-Staat um Ségou, der seinen Höhepunkt unter Biton Kulibali (1712–55) erreichte. Die islamische Reformbewegung des 19. Jh. löste neue Staatsgründungen aus. 1880 folgten Konflikte mit Frankreich, 1894 schlossen die Franzosen ihre Eroberung des heutigen Mali mit der Einnahme von Timbuktu ab. Seit 1904 bildete Mali eine eigene Verwaltungseinheit (»Sudan«) als Teil von Franz.-Westafrika. 1946 Überseeterritorium, 1957 Halbautonomie, 1959 Föderation mit Senegal, 1960 völlige Unabhängigkeit und Abfall Senegals. Präsident Keita proklamierte die »Republik Mali«, leitete eine sozialistische Innenpolitik ein und suchte Wirtschaftshilfe kommunistischer Staaten. 1968 Rücktritt Keitas nach Militärputsch. Seitdem herrscht ein Militärkomitee.

Lit.: 915 (s. auch Bambara).
Karten: Westafrika, 16. Jh. (Abb.: 191)
        Westafrika, 19. Jh. (Abb.: 225)

Mangbetu
Monbuttu

Bauernvolk im NO von Zaïre, Zentralafrika; ca. 500 000. Sprache: Nilo-Saharanisch.

Jams, Mais, Erdnüsse, Hirse, Maniok und eine weitere Anzahl von anderen Feldfrüchten, besonders Kochbananen, stellen heute die Hauptnahrung. Jams und Bananen machten es eigentlich erst möglich, den Lebensraum von der Feucht-Savanne in den tropischen Regenwald auszudehnen. Dies verhinderte einerseits die Viehzucht, die bei anderen zentralsudanischen Völkern eine wichtige Rolle spielt, führte aber zu dem symbiotischen Verhältnis mit den Mbuti-Wildbeutern, die die M. mit Fleisch aus dem Ertrag der Jagd versorgten. Auch der Kannibalismus, der für die M. berichtet wird, ist gelegentlich von Ethnologen auf die umweltbedingte Unmöglichkeit der Viehhaltung zurückgeführt worden.

Die politische Organisation auf lokaler Ebene besteht aus Dorfräten, die aus den Dorfältesten und einem Dorfoberhaupt bestehen. Durch die Eroberungen entstand eine erbliche Aristokratie mit straffer Führung. Eine Schmiedekaste stellte eiserne Messer und Speerspitzen als Tauschmittel her. Der berühmte Afrikaforscher G. Schweinfurth berichtete schon 1878 von dem hochentwickelten Kunstgewerbe (Keramik, Holzschnitzerei) sowie dem Königtum. Zwei charakteristische Eigenarten der M. werden oft in der Literatur erwähnt: extreme Schädeldeformation und große Lippenpflöcke.

Die M. wanderten in ihr heutiges Wohngebiet zwischen oberem Uële und oberem Ituri vor etwa 1000 (?) Jahren ein. Die ersten Einwanderer in den tropischen Regenwald gingen eine symbiotische Lebensweise mit den dort lebenden Kleinwüchsigen Mbuti ein; spätere Einwanderungswellen während des 17. Jh. unterwarfen die meisten Nachbarvölker. Sie konnten sich in Kämpfen gegen die zahlreicheren und besser organisierten → Azande behaupten. 1873 mußten sie sich der usurpatorischen Dynastie der benachbarten Bangba beugen und wurden bis zur Ankunft der Belgier (1892) wiederholt von Raubzügen der Sudan- und Sansibar-Araber heimgesucht. Im engeren Sinn sollte der Name M. nur auf die Aristokratie angewendet werden, die im 19. Jh. die Führungsschicht des bedeutenden Königreichs ausmachte.

Lit.: 949, 1100, 1120, 1129

Maori

M. ist die Eigenbezeichnung der autochthonen Bevölkerung Neuseelands. Diese wird zu den → Polynesiern gerechnet. Als einzige Inselgruppe Polynesiens liegt Neuseeland außerhalb der Tropen im Westwindgürtel der gemäßigten Breiten. Das rauhere Klima prägte die materielle Kultur der hier lebenden M., die sich in manchem bemerkenswert vom Kulturbild der anderen Polynesier unterscheidet. 1773: ca. 240 000; 1896: 42 000. Seither nimmt die Maori-Bevölkerung stetig zu (1936: 82 000; 1957: 137 000). 1971 betrug die Gesamtbevölkerung Neuseelands 2.86 Mio. (90% Weiße; 7,1% Maori). Für 1980 wird die Zahl der Maori auf 310 000 geschätzt.
Man vermutet, daß bereits im 8. Jh. n. Chr. erste Einwanderer die Inseln erreichten. Diese werden als ›Archaische M.‹ oder ›Moa-Jäger‹ bezeichnet, weil ihr Leben weitgehend von der Jagd auf den Moa, einem großen, flugunfähigen Vogel, abhängig war. Bereits gegen Ende des 13. Jh. starb der Moa-Vogel aus. Um 1350 kamen weitere Einwanderergruppen aus Polynesien nach Neuseeland, und noch heute leiten sich die verschiedenen Stämme der M. von den unterschiedlichen Besatzungen der Einwandererschiffe ab.
Die M. hatten, wie alle Südseevölker, nur steinzeitliche Werkzeuge und Technologien entwickelt. Ihre Lebensgrundlage bildeten Anbau (Jams, Taro, Süßkartoffel) und Fischfang.
Ihre Gesellschaft, die streng hierarchisch geordnet war, hatte drei Klassen ausgebildet:
Adel (ariki, rangatira), Freie (tutua) und Hörige (taurekareka, mokai).
Die M. lebten in Dörfern, die auf Hügeln angelegt und durch Erdwälle oder hölzerne Palisaden gegen feindliche Angriffe geschützt wurden. Kriegführung zwischen den verschiedenen Stämmen war nicht ungewöhnlich.
Begünstigt durch den Überfluß an längsgemasertem Holz, das leichter zu bearbeiten ist als das quergemaserte der Bäume Polynesiens, war bei den M. das Kunsthandwerk, insbesondere die Schnitzkunst, hoch entwickelt. Eine wichtige Rolle spielten auf diesem Gebiet die Häuptlinge: sie vergaben Auftragsarbeiten an Berufsspezialisten (tohunga), die ihre Kenntnisse in steter Folge von dem Vater auf den Sohn weitergaben. Waffen, Geräte, Hausplanken, Boote und Götterbildnisse wurden aus Holz mit Steinwerkzeugen (Meißeln aus Grünstein; Obsidiansplittern) gearbeitet und mit Schnitzwerk (Spiralmotiv; stark stilisierte menschliche Figuren) verziert.
Ohr- und Halsschmuck, Handkeulen, Breitbeile und andere Geräte wurden aus Grünstein (Nephrit) gearbeitet und mit ähnlichen Motiven verziert. Schmuckanhänger vom Typ des ›hei tiki‹ gehörten zu den wertvollsten Objekten der M. (hei = um den Hals tragen; tiki = menschenähnliches Bildnis). Sie stellten Erinnerungszeichen an die Vorfahren dar und wurden von einer Generation an die andere weitergegeben. Besonders imposant waren die Versammlungs- und Zeremonialhäuser der M., die einem berühmten Häuptling oder Ahnen geweiht waren und als symbolische Gegenwart der Ahnen dienten. Der Dachfirst z. B. veranschaulichte das Rückgrat, die Sparren die Rippen und die großen Planken an der Seite die Arme eines Menschen. Je kunstvoller die Schnitzereien und dargestellten Dinge am Versammlungshaus waren, um so mächtiger war das Ansehen des Gemeinwesens. In größerem Maßstab schmückten die M.-Schnitzer auch ihre Kriegskanus mit meisterhaften Verzierungen. Kriegsboote konnten bis zu 150 Menschen aufnehmen, wurden aus Stämmen von ca. 20 m Länge gebaut, an den Seiten mit geschnitzten,

Abb. 122: Kawa-Zeremonie, West-Samoa. Die Kawa, hergestellt aus den Wurzeln des Pfefferstrauches und unter Wasser extrahiert, war in Polynesien traditionell nur Häuptlingen vorbehalten. (Foto: Kröber)

durchbrochenen Paneelen sowie mit verzierten Bug- und Heckteilen versehen.
Auch die Kenntnisse des Tatauierens, Webens, Flechtens und der Malerei waren bei den M. verbreitet. Die Kleidung wurde aus Flachs gefertigt, den die Frauen im Fingerwebverfahren (Webstühle kannte man nicht) herstellten. Traditionelle Kleidungsstücke waren Schurze und Umhänge, die oft mit Federn oder Hundefellstreifen besetzt waren.
1642 wurde Neuseeland von dem holländ. Seefahrer Abel Tasman entdeckt. Walfischfänger, Sträflinge aus Australien, Jäger und Abenteurer ließen sich ab 1792 in Neuseeland nieder. 1796 betrat James Cook das Land und mit ihm wurde die Einbeziehung der M. in die Welt der Weißen eingeleitet. 1814 folgten Missionare der anglikanischen Kirche. Dann kamen Presbyterianer und katholische Maristen aus Frankreich. Die Auseinandersetzungen unter den verschiedenen Missionen um Anhängerschaft, Kämpfe mit englischen Siedlern um Bodenbesitz und eingeschleppte Krankheiten rafften einen Großteil der M. dahin. 1840 wurde im Vertrag von Waitangi Neuseeland der britischen Krone unterstellt. Zugleich sicherte dieser Vertrag den Ureinwohnern Besitzrechte an ihrem Land und ihren Fischgründen zu. Doch bei den Landverkäufen an die immer größer werdende Zahl weißer Immigranten wurden die Rechte der M. allzu oft übergangen. Ein wütender, jedoch hoffnungsloser Widerstandskampf entbrannte, der sich über Jahre hinzog. 1890 gehörten den M. nur noch die Hälfte des Landes, das sie 1860 noch besessen hatten. Zu jenem Zeitpunkt waren das religiöse und soziale System der Ureinwohner bereits zerstört, die Widerstandskraft gebrochen, sie selbst vom Aussterben bedroht.
Administrative Maßnahmen zur Rettung der M. wurden daraufhin von der neuseeländischen Regierung und den Missionen eingeleitet. Mit einer jährlichen Zuwachsrate von 3,6% haben die M. heute eine der höchsten Geburtenziffern der Welt.
Der moderne M. spricht Englisch, ebenso aber seine Muttersprache. M.-Kinder werden an eigenen Grund- und Hochschulen unterrichtet. M. haben Zugang zu allen Bildungsinstitutionen der Weißen. Die M.-Kultur erfährt z. Zt. eine Art Neubelebung: Schulen und Universitäten haben

Abb. 123: Traditionelle Krankenheilung in West-Samoa, 1980. Rheumatische Gliedmaßen werden abgebunden, wodurch der Schmerz in Beine und Füße gelenkt wird und den Körper durch die Sohlen verläßt. (Foto: Kröber)

in ihre Lehrpläne Sprache und Kulturgeschichte der Ureinwohner aufgenommen. Dennoch sind heute unter ihnen sehr viel mehr Wohlfahrtsempfänger, Arbeitslose und ungelernte Hilfskräfte zu finden als unter den Pakehas, den weißen Neuseeländern.
Verglichen mit der gegenwärtigen Situation der autochthonen Bevölkerung Hawaiis repräsentieren die M. das Beispiel einer Integration, die ohne allzu großen Verlust der ethnischen und kulturellen Identität vollzogen wurde.

Lit.: 381, 383, 403
Karte: Ozeanien (Abb.: 132)

Mapuche

Indianer in Chile, 37.–39. Breitengrad; in Cautín über 50% der Bevölkerung. Hauptgruppe der Araukaner: Nachdem andere Araukaner im chilenischen Volk aufgegangen oder mapuchisiert sind, sind M. und Araukaner heute fast zwei Namen für das gleiche Volk. Zu ihm rechnet man auch Reste der Huilliche (früher eigene Araukaner-Gruppe, Chile 39.–44. Breitengrad). In Chile 600 000 M. Ferner M. in Argentinien: Mit den mapuchisierten Pehuenche vielleicht 30 000, in Neuquén 37.–40. Breitengrad, verstreut bis zur Magellanstraße und in die Provinz Buenos Aires. Seit 13. oder 14. Jh. übernahmen die Sammler und Jäger von der benachbarten zentralandinen Hochkultur den Bodenbau, jedoch nur als Ergänzung: Reicher Wildbestand und Pinienfrüchte lieferten weiter die Ernährungsgrundlage. Um 1475 drangen Inka ein und unterwarfen die nördl. Araukaner, die später im chilenischen Volk aufgingen. Die M. dagegen widerstanden, auch den 1536 aus dem Inkareich einfallenden Spaniern.
1540 lebten im Kampfgebiet vielleicht 1 Mio. Indianer, 1570 nurmehr ca. 600 000. Die M. erkannten, daß die militärische Stärke der Spanier vor allem auf der Reiterei beruhte. Sie bauten daher durch systematischen Pferdediebstahl eine eigene Reiterei auf. 1641 mußte die Kolonialmacht ihre Unabhängigkeit anerkennen. Die M. errichteten nun einen antikolonialen Gegenstaat, der viel von der spanischen Organisation

übernahm. Pferdezucht wurde Grundlage einer neuen, kriegerischen Reiterkultur.
Diese übertrugen die M. im 17./18. Jh. nach Argentinien, wo ein Teil der Chonqui (»Tehuelche«, bislang einfache Sammler und Jäger) die Pferdezucht übernahm. Aus der Verbindung von M. und Chonqui entstand die Araukanergruppe der Penuenchen. M., Chonqui und Pehuenchen errichteten eine militärische Barriere zwischen Argentinien und Chile, die ihnen eine wirtschaftliche Schlüsselstellung gab. Sie hatten zeitweise ein Monopol auf den Salzhandel nach Buenos Aires und auf den Viehhandel zwischen Argentinien und Chile. Durch Überfälle auf argentinische Haciendas erzwangen sie regelmäßige Zahlungen.
Doch die Allianz Argentiniens und Chiles mit dem Industriestaat Großbritannien führte zu immer modernerer Bewaffnung der chilenischen und argentinischen Armeen, die durch den Eisenbahnbau unterstützt wurden. In Argentinien besiegelte General Rocas Vernichtungsfeldzug 1879–83 die Unterwerfung der Indianer. Er rottete die Chonqui fast aus. Die Überlebenden, ihres Landes beraubt, mußten sich als Pferdeknechte o. ä. auf den Gütern der Weißen verdingen. Die Pehuenche, die im 19. Jh. von den M. den Bodenbau übernommen hatten, wurden schwache, in ihren Landrechten stets bedrohte Kleinbauern.
In Chile begann um 1850 die systematische Ansiedlung militärisch ausgerüsteter und ausgebildeter Wehr-Kolonisten gegen die M. Noch einmal wehrten sich hier die M. 1880 in einem großen Aufstand gegen den Landraub. Nach zwei

Abb. 124: Tehuelche und Mapuche begrüßen einander. Die Darstellung (nach G. Ch. Musters, 1873) zeigt das bewußt kriegerische Auftreten der Mapuche des 19. Jh. in Argentinien.

Jahren Massakern durch die Armee war der 300jährige Abwehrkampf der M. gegen den Angriff der Europäer zu Ende.
1884–1929 wurden jedem weißen Siedler, der einen Landtitel im M.-Gebiet in Chile beanspruchte, durchschnittlich 500 ha zugeteilt, jedem M. nur 6,1 ha. Die soziale Unruhe in der chilenischen Landbevölkerung seit Beginn der 60er Jahre des 20. Jh. ergriff auch die M., die bald mit der Forderung nach Rückgabe ihres Landes hervortraten. Ihre Unruhe unterschied sich von derjenigen der übrigen Landbevölkerung durch größere Radikalität und Forderungen nach speziell indianischer Autonomie. Anfangs der Ära Allende stellten sich ganze Sippen geschlossen auf Allendes Seite, bald allerdings kam es zu Spannungen, da viele M. die Bodenreform schneller vorantreiben wollten. Gerade auch die illegalen Landbesetzungen durch M. zwangen

Allende zur Radikalisierung seines landreformerischen Kurses. Nach seinem Sturz 1973 war die Repression im M.-Gebiet besonders hart, mancherorts scheint die Armee ihre Tradition der Verfolgung und Ermordung der M. 1973/74 wiederbelebt zu haben.

Die M. sind heute überwiegend Ackerbauern und Viehzüchter, jedoch mit zunehmender Landflucht. Hauptanbaupflanze ist der vor allem für den Markt bestimmte Weizen, erst danach kommt das eigene Hauptnahrungsmittel Kartoffel: Ausrichtung nicht auf Selbstversorgung, sondern auf Absatz. Doch wurde den M. so viel Land geraubt, daß ihr Rest vielleicht für die Eigenversorgung, nicht aber für größeren Absatz reichen würde. Aus diesem Widerspruch erwächst hohe Verschuldung und Abwanderung. Nurmehr etwa die Hälfte lebt in den reducciones (s. u.). 1972 schätzte man die M. in den drei größten Städten Chiles auf 150 000.

Ende 19. Jh. sicherte der Staat den M. einen Landrest in den reducciones – Verwaltungseinheiten mit (1966) durchschnittlich 180 ha und 100 Einwohnern, an deren Spitze ein »Häuptling« gestellt wurde. Die reducción stimmt nicht mit der traditionellen Organisationseinheit überein: Der Sippe, die ihren Ursprung in väterlicher Linie auf gemeinsame Vorfahren zurückführt, die sie als Ahnengeister in den Sippenzusammenhalt bekräftigenden Zeremonien verehrt. »Häuptling« einer reducción ist meist der Chef der jeweils stärksten Sippe. Die Behörden trugen das Land im 19. Jh. als Eigentum des »Häuptlings« ein; es gehört seitdem seiner Sippe und wird zur Nutzung an die einzelnen Familien verteilt.

Die Nutzungsrechte sind erblich und tendieren zum Dauerbesitz. Seit 1931 ist die Individualparzellierung der reducción möglich, wenn ein Drittel der Bewohner es verlangt. Sie wird vor allem von jenen betrieben, die nicht zur in der jeweiligen reducción das Land eignenden Sippe gehören. In der reducción sind die sozialen Unterschiede ausgeprägt: Zwischen herrschender und den übrigen Sippen, in der Sippe zwischen den Familien der Inhaber politischer Ämter (vor allem des »Häuptlings«) und anderen.

Obwohl als Katholiken getauft, bewahren die M. ihre eigene, heute christlich durchsetzte Religion. In ihr kehrt der Gedanke der Autorität – die von Häuptlingen und Sippenältesten sowie von einigen Sippen gegenüber anderen beansprucht wird – wieder: im hierarchisch geschichteten Aufbau der Götter- und Geisterwelt und in der Forderung nach Gehorsam. Der Sippengedanke wird bekräftigt durch Verehrung von Sippen-Ahnengeistern. Mittler zum Jenseits sind Schamaninnen und Schamanen, die in ekstatischer Trance ihre Seelen zu Gott schicken. Sie führen Armeen guter Geister zum Kampf an, um dem Guten zum Sieg zu verhelfen.

Lit.: 714, 715, 772 (47), 779
Karte: Südamerika (Abb.: 78)

Masai
Massai

Hirtenvolk in der wasserarmen Dornbusch- und Grassavanne von O-Afrika (nördl. Masai-Steppe), (S-Kenia und N-Tansania); ca. 250 000. Sprache: Nilotisch (Hamito-Nilotisch).

In ihrem äußeren Erscheinungsbild (groß, schlank, fast europide Gesichtszüge) unterscheiden sie sich von den benachbarten negriden Bodenbauern. Die meisten M. sind Vollnomaden; außer Rindern halten sie Schafe, Ziegen und Esel. Ihre Lebensweise wird fast ganz von den Bedürfnissen und dem Ertrag ihrer Herden bestimmt. Sie waren früher mit ihrer straffen militärischen Organisation der Schrecken ihrer Nachbarn und auch den europ. Kolonialmächten gefährlich. Mit ihren Raub- und Kriegszügen bedrohten sie selbst Mombasa und andere Küstenstädte.

Die patrilinearen+ Klane der M. sind in zwei exogame Hälften (Moieties+) geteilt, die für die Heiratsregelung bestimmend sind. Der Brautpreis, der in Vieh zu entrichten ist, ist Sache der Lineages+. Jedoch sind nicht die Klane, sondern Altersklassen das bestimmende Organisationsprinzip unter den M. Männer »gleichen« Alters, d. h. die während derselben Initiationsperiode durch eine gemeinsame Beschneidungszeremonie in den Erwachsenenstand eingeführt wurden, gehören einer Altersklasse an, die für die Lebensdauer ihrer Mitglieder bestehen bleibt. Im Abstand von ungefähr 15 Jahren folgen die Altersklassen in die Klassen der Jungkrieger, Vollkrieger und der »Älteren«, die die Stammesregierung bilden. Der Übergang in einen neuen Status ist mit bestimmten Riten verbunden.

Die Beschneidung der jungen Männer und Frauen (Kliterodektomie) und die Entfernung der beiden unteren Schneidezähne finden in der frühen Jugend statt. Bis zur Initiation als Jungkrieger wandern die jungen M. in kleinen Gruppen frei über die Weideländer. Sie schlafen in

besonderen Junggesellenhütten mit den unverheirateten Mädchen zusammen. Erst im Alter von etwa 30 Jahren ist ihnen die Heirat gestattet, worauf sie als Krieger vor allem mit der Heimsicherung betraut sind.
Der Oloiboni ist religiöses Oberhaupt der M. und Autorität in allen rituellen und zeremoniellen Angelegenheiten, hat aber kein politisches Mandat, wie überhaupt die M. eine grundsätzlich egalitäre Gesellschaft darstellen.
Um 1890 wurden die M. von Pockenepidemien heimgesucht, während ihre Herden von der Rinderpest dezimiert wurden. Von diesen Schicksalsschlägen hat sich das Volk der M. nie wieder ganz erholt. Versuche, die noch stark in ihren Traditionen verhafteten M. als seßhafte Bauern anzusiedeln, haben bisher nur geringen Erfolg gehabt.

Lit.: 1027, 1048, 1049, 1066, 1089
Karte: Zentral- und Ostafrika (Abb.: 106)

Matako

1. Indian. Sprachfamilie im Chaco
2. Volk dieser Familie in Argentinien, W-Chaco zwischen R. Bermejo und R. Pilcomayo; über 12 000.
Für die Eigenversorgung sammeln sie Wildfrüchte (v. a. des Algarrobo-Baums), jagen und bauen an feuchteren Stellen Mais, süßen Maniok, Wassermelonen, Erdnüsse an. Die Sammelwirtschaft ist ein Musterbeispiel für die Anpassung eines »primitiven« Volkes an eine Natur wie die des trockenen Chaco, die nur in den Augen der Europäer feindselig ist. Den unterschiedlichen Reifezeiten und Standorten der einzelnen Wildpflanzen paßten sich die Sammler durch zyklische Wanderungen an. Sammeln ist Gemeinschaftsarbeit v. a. der Frauen, Jagd meist eine gemeinsame Unternehmung der Männer, Bodenbau ist dagegen eine Sache der Einzelfamilien, bei der aber ebenfalls Gruppenzusammenarbeit (z. B. Austausch der Werkzeuge) sichtbar wird. Heute haben die M. auch Genossenschaften für den kommerziellen Anbau von Baumwolle gegründet.
Viele M. arbeiten nun auch als Holzfäller oder Landarbeiter, teilweise ersetzen die periodischen Wanderungen der Saisonarbeiter die traditionellen Wanderungen. Um Städte des Chaco haben sich indianische Elendsviertel gebildet, wo M. von Gelegenheitsjobs und dem Sammeln von Essensresten aus Müllkisten leben.

Die traditionelle Religion der M. wird von den Schamanen bestimmt. Diese versetzen sich mit Hilfe von Drogen in Trance, um sich in Vögel zu verwandeln und zur Sonne, einer erfahrenen Schamanin, zu fliegen. Zur Krankenheilung treten sie mit den die Krankheit verursachenden Geistern in Verbindung. Im 20. Jh. gewannen protestantische Missionen großen Einfluß und begründeten eine scharfe Spaltung vieler M.-Gruppen in Nicht-Christen und Christen, die heute schon mythisch durch die Erzählung vom ewigen Kampf zwischen Schamane und Missionar untermauert ist. Schamanistische und evangelikale Elemente verbindend, haben die M., Toba und Mocoví eine neue indianische Kirche begründet.
Die Spanier schätzten im 17. Jh. die Anzahl der M. auf ca. 30 000. Eine span. Expedition unterwarf 1671 einen Teil der M., die nun als Arbeiter für die Weißen herumzogen. 1756 wurden M. in einer Missionsstation angesiedelt, 1800/1802 umgesiedelt, da sie weißen Siedlern im Weg waren. Im 19. Jh. gerieten die M. unter die Kontrolle von Siedlern. Ausbeutung, Landraub und Krankheiten trieben sie 1863 zu einem Aufstand. Sie griffen den Ort Colonia Rivadavia an; zur Repression wurden Tausende M. ermordet. Andere wurden in fremde Regionen zur Zwangsarbeit deportiert. Noch 1888 machten deportierte M. in der Prov. Misiones einen Aufstand und entkamen in den ostparaguayischen Wald, wo sie sich zu Anführern von → Aché aufschwangen und diese zum bewaffneten Kampf gegen die Weißen veranlaßten. Heute ziehen nur noch wenige M.-Gruppen als unabhängige Sammler umher.

Mauren

Unter dem Begriff »Mauren« faßt man im allgemeinen die arabisch-berberischen Gruppen der Westsahara zusammen. Ihr Siedlungsgebiet erstreckt sich von Südmarokko bis zum Senegal und Nigerknie (Timbuktu); ca. 500 000 bis 1 Mio. Die wichtigsten Gruppen sind: Tekna, Trarza, Brakna, Berabich, Kounta, Reguibat, Tadjakant, Oulad Bou Sba und Ida ou Aich (Idawaich).
Die Bevölkerung ist rassisch gemischt. Sie setzt sich zusammen aus Menschen berberischer und arabischer Abstammung, die sich »beidan« (Weiße) nennen, und solchen negrider Herkunft. Die meisten der »weißen« M. sind berberischer

Abstammung. Erst seit dem Beginn des 15. Jh. wurden sie von den eindringenden arabischen Ma'qil, die sich genealogisch auf einen gewissen Hassan zurückführen, sukzessive unterworfen und arabisiert. Seitdem wird in der Westsahara das »Hassani« gesprochen, neben dem sich nur einige wenige berberophone Sprachinseln halten konnten.

Verbunden mit der Ma'qil-Invasion ist zumindest teilweise auch die Herausbildung der Klassenstruktur der maurischen Gesellschaft. Der Adel umfaßt Krieger und Marabuts. Die Krieger oder »Hassan« sind arabischer Herkunft, leben von Tributen (und früher auch von Plünderungen) und üben die politische Macht aus. Nur in wenigen Fällen ist der Kriegeradel auch heute noch berberisch (Ida ou Aich). Die Marabuts sind berberischer Herkunft. Als geistliche Macht üben sie auch politischen Einfluß aus. Sie leben ebenfalls von Abgaben und besitzen darüber hinaus Boden und Herden. Teilweise sind allerdings auch die Marabuts dem Kriegeradel tributpflichtig.

Den zahlenmäßig größten Teil der »weißen« M. machen die tributpflichtigen Vasallen (Zenaga) aus. Sie betreiben vorwiegend Viehhaltung. Die Haratin sind freigelassene Sklaven negrider Abstammung und deren Nachkommen. Sie können ihre Tätigkeit frei wählen (z. B. Handwerker), sind aber ihrem früheren Herrn tributpflichtig. Die unterste Klasse bilden die Sklaven, die Eigentum eines Herrn sind. Sie werden vor allem auf den Feldern und in den Palmengärten eingesetzt. Ebenfalls am unteren Ende der sozialen Hierarchie stehen die Jäger (Nemadi). Ihre Herkunft ist ungeklärt. Zweifellos handelt es sich um eine autochthone Bevölkerungsgruppe der Westsahara. Die Fischer (Imragen) sind teils hellhäutig, teils negrid, teils Tributpflichtige, teils Sklaven.

Etwas außerhalb der sozialen Hierarchie stehen die Schmiede und die Zauberer. Die Schmiede werden als geschickte Handwerker geschätzt. Als Ratgeber von Adligen gewannen sie bisweilen gesellschaftlichen Einfluß. Die Zauberer vereinen die Funktionen von Dichter, Sänger und Musiker.

Trotz Arabisierung haben sich in der maurischen Gesellschaft berberische Elemente behauptet. So ist z. B. die Einehe die Regel, und nicht selten gehen Stammbäume auf Ahnfrauen zurück (u. a. bei den Trarza).

Die Stämme der M. setzen sich aus verschiedenen Klanen zusammen. Früher bildeten mehrere Stämme zumindest zeitweilig Föderationen, die jedoch in der Regel keinen Bestand hatten.

Wirtschaftliche Basis der maurischen Stämme ist einerseits die Viehhaltung (Kamele, Schafe, Ziegen), betrieben vor allem von den Vasallen, andererseits der Bodenbau, der den Haratin und Sklaven obliegt. Wichtigstes Erzeugnis sind Datteln. Früher war der Transsaharahandel eine wichtige Einnahmequelle.

Seit Anfang dieses Jahrhunderts läßt sich sowohl im N wie im S der W-Sahara eine zunehmende Seßhaftwerdung feststellen. Gleichzeitig gehen die Nomaden des S im Bereich des Sahel in zunehmendem Maße von der Kamel- zur Rinderhaltung über, ein Trend, der noch heute anhält.

Die wirtschaftliche Bedeutung der W-Sahara liegt heute in erster Linie in ihren Bodenschätzen: Phosphate, Eisen und Kupfer. Der Kupferabbau bei Akjoujt spielte wahrscheinlich schon in vor- und frühgeschichtlicher Zeit eine Rolle.

Lit.: 829, 847, 848, 849, 854, 858, 859

Maya

Indianische Sprachfamilie in Mittelamerika: Zahlreiche Völkergruppen und Völker, insges. über 2 Mio. Menschen in zwei geographisch sehr verschiedenen Räumen: 1. Tiefland von Yucatán und Tabasco, 2. Hochland von Guatemala und Chiapas. Dem entspricht teilweise die Gliederung der Sprachfamilie in zwei Zweige: Die eigentlichen M.-Sprachen und die Quiché-Sprachen. Dabei stimmen aber die sprachlichen, kulturellen und historischen Grenzen nicht völlig überein. Vereinfacht ergibt sich folgendes Bild:

1. Tiefland-Maya mit eigentl. M.-Sprachen:
a.) M. im engeren Sinn, über 370 000 auf der mexikanischen Halbinsel Yucatán, Nachkommen der im 16. Jh. den Europäern unterworfenen nachklassischen M.-Hochkultur. Sie sprechen das (auch von vielen Mischlingen gesprochene) Mayat'an. Bei ihnen unterscheidet man nach dem Grad der Integration: Mayeros: Sie bilden mit Mischlingen eine in den Grundlagen indianische Kulturgemeinschaft, die wirtschaftlich und politisch in die nichtindianische Umgebung integriert ist; Macehuales: Nachkommen jener, die sich im 19. Jh. in schwer zugängliche Teile von Quintana Roo zurückzogen und dort während mehrerer Jahrzehnte wirtschaftlicher und politischer Unabhängigkeit alte Traditionen wiederbelebten. Lacandonen: ca. 250. Ihre Vorfahren zogen sich aus Yucatán an den mittleren

Usumacinta zurück, wo sie, geschützt durch Dschungel, eine noch weniger europäische, noch stärker von Elementen der Ablehnung des »Fortschritts« geprägte Kultur aufbauten.
b.) Chol-Gruppe mit den Chontal in Tabasco und den Chol in Nord-Chiapas. Zusammen mit den Chorti (s. u.) gehörten sie vielleicht zu den Trägern der um 900 n. Chr. zu Ende gegangenen klassischen M.-Kultur.
2. *Hochland-M. mit Quiché-Sprachen:*
a.) Mam-Gruppe im nordwestl. Hochland von Guatemala mit den Chuj, Jacalteken, Kanjobal, Ixil, Aguateken und eigentlichen Mam.
b.) Quiché-Gruppe im zentralen Hochland von Guatemala, mit den eigentlichen Quiché, den Cakchiquel (beide wohl je über 500 000), den Uspanteken und den Tzutuhil. Diese Volksgruppen entstanden wohl durch eine Verbindung von M. und mexikanisch-toltekischen Eroberern. Im 11. Jh. drangen sie aus dem Tiefland ins Hochland ein, wo ihre kriegerischen Kleinstaaten bis zum Einfall der Europäer im 16. Jh. den Ton angaben.
c.) Die Pokomchi und Pokomam im zentralen und östl. Hochland von Guatemala. Sie wurden von der Mam-Gruppe durch das Eindringen der Quiché-Gruppe getrennt.
3. *M. zwischen Tief- und Hochland:*
Kekchi (kulturell eher Tiefland, sprachlich aber zur Quiché-Gruppe; in Alta Verapaz und in Enklave in Belize), Chorti (kulturell eher Hochland, sprachlich aber eigentliche M.; Grenzgebiet von Guatemala, El Salvador, Honduras), Tzeltal-Gruppe mit Tzeltal, Tzotzil und Toholabal (alle drei kulturell Hochland, sprachlich jedoch eigentliche M.; Chiapas).
4. *Die Huaxtekische Gruppe:*
Huaxteken in Veracruz und San Luis Potosí, über 50 000, und Chicomucelteken. Diese Gruppe hat wahrscheinlich die Ostwanderung der übrigen M. nicht mitgemacht, sondern verblieb westl. des Isthmus von Tehuantepec. Ihre voreuropäische Kultur war auf einem älteren Stand (ohne Schrift, ausgebildetem Kalender und Steinarchitektur) zurückgeblieben als die der übrigen M.
Die Tiefland-M. sind zum größeren Teil Wald- oder Buschland-Bauern, deren Kultur in manchem an die der südamerikanischen Waldindianer erinnert, jedoch mit stärker hochkulturlichen Zügen (z. B. mit stärkerer sozialer Schichtung). Ein kleinerer Teil der Tiefland-M. wurde zu Land- oder Waldarbeitern auf Gütern der Nichtindianer, insgesamt ist die Abhängigkeit auch der selbständigen Kleinbauern vom Weltmarkt groß, aber die Kultur der Tiefland-M. ist daneben auch von Tendenzen zum Sichzurückziehen vor dem »Fortschritt« geprägt, von der Utopie des unabhängigen Lebens im Wald, wie sie von den Macehuales und Lacandonen (s. o.) zeitweise fast verwirklicht wurde.
Die Hochland-M. dagegen unterhielten seit der Kolonialzeit enge Handelsbeziehungen zu nicht-indianischen Händlern und Handwerkern mit dem Ergebnis einer engen gegenseitigen Durchdringung in einer stark mestizisierten hispano-amerikanischen Provinzkultur, bei der ähnlich wie in den Zentral-Anden indianische und provinz-spanische Elemente kaum noch säuberlich zu trennen sind.
Die Tiefland-M. betreiben Brandrodungsanbau+ v. a. von Mais, erst in zweiter Linie von Bohne, Kürbisarten, Yams, Süßkartoffel, Wassermelone, Erdnuß, daneben auch verschiedene Fruchtbäume. Die Hochland-M. ernähren sich wie die zentralmexikanischen Bauern v. a. von der klassischen Dreiheit Mais-Bohne-Kürbis. Im Hochland spielen auch Handwerke eine wichtige Rolle: Weberei und Töpferei. Wie im zentralen Mexiko oder in den Zentral-Anden hat sich vorspanische Webtradition mit Ornamentik und Technik aus der spanischen Volkskultur verbunden. 1970 zählte man im Hochland von Guatemala noch ca. 150 verschiedene Dorf- oder Regionaltrachten, weiter differenziert durch soziale Positionen der Träger und Anlaß des Tragens.
Während im Tiefland verwandtschaftliche Gruppierungen bestimmend sind, treten im Hochland Dorf-Selbstverwaltungs-Einrichtungen in den Vordergrund. Es handelt sich teils um Überreste kolonialspanischer Selbstverwaltungsverfassungen, teils um die »Bruderschaften« (»cofradías«), die sich dem Kult lokaler Heiliger widmen und Patronatsfeste veranstalten, dabei aber auch politische Macht besitzen können. Auffällig an diesen Organisationsformen ist der häufige Ämterwechsel, der die Machtanhäufung in den Händen einzelner einschränkt.
Offiziell sind fast alle M. Katholiken, doch ist ihr Christentum stark indianisch durchsetzt. Die Natur wird als von unzähligen Geistern beseelt gedacht, die Arbeit des Bauern hängt vom Wohlwollen der Herren der Berge, des Regens, des Maises usw. ab. Über allem stehen mächtige Götter. Der alte M.-Glaube an die Abfolge verschiedener Weltzeitalter, die jeweils in einer globalen Katastrophe enden, ist noch lebendig, und auch die mit dem alten M.-Kalender zusammenhängenden Orakel über gute oder schlechte

Abb. 125: Kirche in Chamula, einem Maya-Dorf im Hochland von Chiapas, Südmexiko. (Foto: Fries)

Abb. 126: Pyramide in Tikal. Maya-Kultur (200–800 n. Chr.), heute eine Touristenattraktion in Guatemala. (Foto: Fries)

Ernte werden noch befragt. Hinzu kommen an manchen Stellen Entwicklungen in Richtung neuer, Christentum, messianische Hoffnung der Verzweifelten und M.-Religion verbindender Religionen, so im Aufstand der Tzotzil 1867-70, die einen Tzotzil-Jungen kreuzigten, um nicht mehr einen Weißen anbeten zu müssen.

Die voreuropäische M.-Geschichte wird in 3 Phasen unterteilt: Die vorklassische mit dem Schwerpunkt der Entwicklung im Hochland von Guatemala; die klassische Phase (ca. 200–900 n. Chr.), in der sich der Schwerpunkt ins nördl. vorgelagerte Tiefland verlagerte; die nachklassische, in der vielleicht eine Wanderung vieler M. noch weiter nördl., auf die Halbinsel Yucatán, erfolgte. Diese letzte Phase stand schon im Zeichen des Eindringens fremder Eroberer aus Zentralmexiko, die eine Militarisierung der Gesellschaft bewirkten. Vom europäischen Bewertungsstandpunkt her erscheint uns die alte M.-Kultur als die höchste in Amerika vor den Europäern erreichte. Unter anderem hat sie die in unseren Augen höchste Mathematik und den kompliziertesten Kalender (der genauer war als der der spanischen Eroberer) entwickelt. Ein Großteil des Wissens dieser Kultur war Geheimnis einer kleinen Priesterschicht, die von einfachen Bauern getragen wurde.

Der Einfall der Europäer im 16. Jh. traf hier auf entschiedenen Widerstand, aber auch auf Kleinstaaterei ohne Bereitschaft, sich zu großen Verteidigungsbündnissen zusammenzuschließen. Im Hochland siegten die Spanier rasch, im Tiefland aber verteidigte ein Teil der M. sich jahrzehntelang, eine Gruppe 165 Jahre. Die span. Taktik der verbrannten Erde, Massenhinrichtungen, Zwangsdeportationen, Zwangsarbeit unter schwer erträglichen Bedingungen, Epidemien und Massenfluchtbewegungen führten zum Massensterben. Nach einer glaubwürdigen Schätzung ist vom 16. zum 18. Jh. in den meisten M.-Regionen die Bevölkerung um über 90% zurückgegangen.

1847 unternahmen die M. von Yucatán den als »guerra de castas« bekanntgewordenen Aufstand, seit 1850 flohen überlebende Aufständi-

Maya 228

Abb. 127: Kirche in Tahmek, einem Maya-Dorf im Tiefland von Yucatán, Mexiko. (Foto: Lindig)

Abb. 128: Maya-Gehöft im Sisal-Anbaugebiet um Mérida, Yucatán, Mexiko. (Foto: Lindig)

Abb. 129: Stierkampfarena in einem Maya-Dorf in Yucatán, Mexiko. Der Stierkampf wurde von den Spaniern eingeführt. (Foto: Lindig)

Abb. 130: In Chamula, einem Maya-Dorf bei San Cristóbal de las Casas, Chiapas, Südmexiko. (Foto: Fries)

sche in Waldgebiete, wo sie unabhängige Kleinstaaten gründeten. Deren letzter behauptete sich bis 1915 gegen die mexikanische Armee. Während der mexikanischen Revolution spielten M. eine Rolle in dem Aufstand, in dem Yucatán sich 1915 unabhängig zu machen suchte. Im 20. Jh. ist aber im übrigen die Geschichte der M. – die in ihren Kerngebieten teilweise die Mehrheit der Gesamtbevölkerung bilden, z. B. in Guatemala über 60% – kaum von der Gesamtgeschichte ihrer Regionen, etwa der Geschichte Guatemalas, zu trennen.

Lit.: 456, 705, 741, 761, 774
Karte: Mexiko (Abb.: 77)
Abb.: 125, 126, 127, 128, 129, 130

Mbia
Sirionó

Indianisches Volk von Jägern und Sammlern in O-Bolivien zwischen Mamoré u. Guaporé; ca. 800. Sprache: Tupí. Kultur ähnlich der der → Aché. Heute lebt ein Großteil, seßhaft gemacht, auf oder bei Missionsstationen.

Lit.: 728

Mbundu
Ovimbundu

Bauernvolk im Grasland und den lichten Wäldern des Hochlandes von Bihe im Benguela-Distrikt im westl. S-Angola; ca. 1,5 Mio. Sprache: südwestl. Zweig der Bantusprachen; gilt als Verkehrssprache in S-Angola.
Die O. leben hauptsächl. vom Ackerbau (v. a. Mais). Rinder werden überwiegend aus Prestigegründen gehalten, aber auch als Transporttiere verwendet.
Jeder Haushalt besteht aus einem männlichen Oberhaupt, mehreren Frauen und deren abhängigen Kindern. Die Kreuzkusinenehe wird bevorzugt. Das Verwandtschaftssystem wie auch die Erbschaftsregelung sind bilinear: Land wird vom Vater geerbt, die bewegliche Habe (Vieh) von der Mutter. Die Nachfolge in Häuptlingsfamilien war patrilinear. Die Dorfvorsteher waren meist Älteste der wichtigsten Patrilineage+.
Vor Erscheinen der Portugiesen waren die O. in 22 Häuptlingtümer unterteilt, die einem Oberhäuptling unterstanden und ihm tributpflichtig waren. Sklaverei machte zur Zeit der Portugiesen einen beträchtlichen Teil des weitläufigen Handelsnetzes aus. In historischer Zeit besaßen die O. keine staatliche Einheit. Einziges Band war eine Handelsallianz im 19. Jh., der die Rechte einzelner O.-Staaten unter der Herrschaft der Lunda und der Jaga regelte, z. B. Bailundu, Bihe, Andulu, Huambo, Ciaka.
In den Wirren des Bürgerkrieges mit Angola unterstützten die M. die UNITA des Dr. Jonas Savimbi.

Lit.: 1105, 1108, 1122, 1125
Karte: Zentral- u. Ostafrika (Abb.: 106)

Mẽ-be-ngô-kre
Kayapó

Indianisches Volk in Brasilien (S-Pará und N-Mato Grosso, v. a. im Einzugsgebiet des R. Xingu); ca. 1600. Sprache: Gê. Ihre Kultur mag wohl in manchem zeigen, wie die Kultur der verwandten, aber eher unter europäische Herrschaft geratenen → Timbira früher aussah. Aufspaltung in kleine Gruppen mit jeweils eigenem Dialekt. Die zahlreichsten sind wohl die über 400 Gorotire. Ferner: Mentuktire (Txukahamei, im Xingu-Reservat) ca. 400, Menkranotire 250–300, Kuben-kran-kegn 250, Put-Karôt (Xikrin) am Rio Cateté ca. 200, Kokraimoro über 100, u. a. m.
Ihre Heimat ist das Savannengebiet im Übergang zum Regenwald, in den ein Teil heute am Xingu-Unterlauf abgedrängt ist. Bodenbau wird mehr in der Regenzeit betrieben (Brandrodungsanbau+ v. a. von Süßkartoffel u. Mais), dagegen Sammelwirtschaft (v. a. Palmito und Paranuß), der Fischfang mit Gift und die Jagd in der Trockenzeit, in der die K. 2–3 Monate nomadisieren.
In dem bis zu etwa 200 Personen umfassenden Dorf ist v. a. die Einteilung in Altersklassen wichtig. Der Übergang des Jungen in die Klasse der erwachsenen Krieger ist durch Mut- und Schmerzproben markiert, die auf das kriegerische Leben der früheren M. vorbereiten. Die bei den Timbira und → Orarimugudoge vorherrschende Zweiteilung des Dorfes existiert auch hier, doch werden die auseinanderstrebenden Hälften nicht wie dort durch starke gesellschaftliche Mechanismen immer wieder zusammengehalten, vielmehr sind häufige Konflikte typisch, an deren Ende eine Hälfte sich oft von der anderen trennt. Auf diese Weise entstehen leicht neue

Gruppen, die nach einiger Zeit ein eigenes ethnisches Bewußtsein entwickeln, zu einer neuen Volksgruppe werden. Zum ökologischen Sinn der häufigen Konflikte und Teilungen → Jíbaro. Kultfeste stellen mythische Vorzeitereignisse theatralisch dar und führen durch die Ordnung der Tänzer und Tänze gleichzeitig die in der Vorzeit religiös begründete Dorfordnung der Gegenwart vor. Für die Zukunft befürchten die M. das Einstürzen des Riesenbaumes, der heute noch den Himmel stützt (vgl. → Guaraní) – nach einer modernen Version wird ein Flugzeug über dem Dorf Benzin verlieren, dieses wird das Dorf zudecken, dann wird jemand ein Streichholz daran halten.

Schon im 17. Jh. kämpften die verschiedenen M.-Gruppen miteinander. Dabei verbündeten sie sich bisweilen mit anderen Indianern, z. B. die Put-Karôt mit den Karayá. 1859 nahmen Missionare als erste Weiße friedliche Kontakte mit den M. auf, doch war dies eine Ausnahme – meist waren die Beziehungen bis in die zweite Hälfte des 20. Jh. feindlich. Die M. lebten in einer abgelegenen Region, wo man sie selten aufsuchte und von wo sie nur hin und wieder zu Überfällen auf Siedlungen der Brasilianer aufbrachen. In der Zeit des Kautschukbooms (vgl. → Murui) kam es zu heftigen Kämpfen zwischen in das M-Land eindringenden Weißen und den M., meist in Form von Razzias und Gegen-Razzias. Die M. raubten v. a. Gewehre, Munition, Messer, Äxte und Hunde. In den 50er bis 70er Jahren des 20. Jh. schloß eine Gruppe nach der anderen allmählich Frieden mit Brasilien. Der Bau der Transamazônica hat ihre wirtschaftliche Integration eingeleitet. 1980 griffen M. mehrfach zu den Waffen, um auf ihr Gebiet vorrückende Brasilianer zu vertreiben.

Lit.: 698, 712

Melanesier

Sammelbezeichnung für die Bewohner der nordöstl. von Australien im Westteil des Pazifiks gelegenen Inselwelt.

Melanesien besteht aus überwiegend großen, gebirgigen Inseln, die z. T. kontinentalen Charakter haben und im Bereich der feuchtheißen Tropen liegen. Neben Neuguinea im W und den Inseln des Bismarckarchipels im N werden die Salomonen mit den Santa-Cruz-Inseln im O, die Neuen Hebriden mit den Banks-Inseln und Neukaledonien mit den Loyalty-Inseln im S und SO zu Melanesien gerechnet. Die Grenzen zu Polynesien und Mikronesien sind fließend. Ein Übergangsgebiet stellt z. B. der Fidschi-Archipel dar. Seine Einwohner sind in physischer Hinsicht M. Kulturell werden sie zu den Polynesiern gerechnet. Die Bewohner der Santa-Cruz-Inseln dagegen weisen auf den westl. Riff-Inseln Merkmale der M. auf. Die auf den südl. Inseln lebende Bevölkerung ähnelt dagegen den W-Polynesiern und ist vermutlich auf verschlagene Seefahrer von den Ellice-Inseln (heute: Tuvalu) zurückzuführen.

Hervorzuheben ist, daß die Völker Melanesiens sprachlich und kulturell stark zersplittert sind, und auch in ihrem Aussehen unterscheiden sie sich stark. Man geht davon aus, daß sie ihren Lebensraum schon sehr früh (gegen Ende der letzten Eiszeit) in mehreren Einwanderungsschüben besetzt haben: Es wird angenommen, daß die M. aus der Vermischung von austronesischen Siedlergruppen, die zwischen 1500–700 v. Chr. die Inseln erreichten, mit Teilen der bereits ansässigen, vor-austronesischen Bevölkerung hervorgegangen sind. Ähnlich den Papua haben die M. schwarzes Kraushaar und eine dunkle Hautfarbe unterschiedlicher Schattierung. Der Name Melanesien (griech.: melas = schwarz; nesos = Insel) bezieht sich auf die Hautfarbe der hier lebenden Menschen. Er geht auf den franz. Forschungsreisenden Dumont d'Urville zurück, der 1832 den Pazifik in die Gebiete Melanesien, Mikronesien und Polynesien einteilte.

Die Sprachen der M. zerfallen in zwei große Gruppen: die Papua-Sprachen und die eigentlichen melanesischen Sprachen, die miteinander verwandt sind. Das Melanesische bildet mit dem Indonesischen und Polynesischen die austronesische Sprachfamilie.

Die M. werden meist nach Inseln bzw. deren Teilen benannt. Auf den größeren Inseln wohnen oft mehrere Populationen mit stark voneinander abweichender Kultur. Auf Neubritannien z. B. sind u. a. Stämme der Baining, Sulka, Omengen, Nakanai und Arwae zu unterscheiden.

Die Mehrheit der M. lebt heute noch als Pflanzer und Fischer in ihrer traditionellen Wirtschaftsform. Die Versuche der Verwaltungen, ihre Wirtschaft europäischen Marktbedingungen zuzuführen, waren bislang nicht erfolgreich. Die wichtigsten Anbaupflanzen sind Taro, Jams, Banane und Süßkartoffel. Die Anbaumethoden reichen vom extensiven Brandrodungsfeldbau bis zu intensiven Formen künstlicher Bewässe-

Abb. 131: Wohnhäuser und Vorratsspeicher stehen auf Pfählen, denn schwere Regengüsse verwandeln den Dorfplatz oft in ein Schlammfeld. Trobriand-Inseln, Papua Neuguinea. (Foto: Nelke)

rungsanlagen. In Neukaledonien wird Taro an terrassierten Berghängen mit kunstvollen Bewässerungssystemen angebaut.

Die Nahrungszubereitung erfolgt meist im Erdofen.

In Melanesien ist die Sitte des Betelkauens verbreitet (ein Stück der Areca-Nuß wird in Blätter des Pfefferstrauches eingewickelt und mit gebranntem, pulverisiertem Kalk gekaut. Aufbewahrt wird der Kalk in kunstvoll verzierten Kalebassen aus Bambus oder Kürbis).

Bei Küsten- und Flußbewohnern bildet der Fischfang die Nahrungsgrundlage. Der Jagd kommt kein großer Stellenwert zu, da es außer einigen Beuteltierarten und verwilderten Schweinen keine größeren Säugetiere gibt. Lediglich auf Neuguinea spielt die Jagd auf Kasuare und Paradiesvögel für die Gewinnung von Federn zur Schmuckherstellung eine größere Rolle.

An Haustieren wurden ursprünglich Hunde, Hühner und Schweine gehalten. Letztere erfreuen sich oft großer Beliebtheit, da sie eine Art Wertmesser darstellen. Rang und Ansehen eines M. beruhen im wesentlichen auf der Anzahl seiner Schweine, die früher ausschließlich nur zu kultisch-festlichen Anlässen geschlachtet wurden.

Die technischen Fertigkeiten der M. sind steinzeitlich. Geschliffene und polierte Steinklingen in verschiedenen Holzfassungen dienen als Beile bzw. Arbeitsgeräte für Haus- und Bootsbau. Die Kenntnis des Schmiedens und andere Techniken der Eisenbearbeitung haben in Melanesien noch keinen Eingang gefunden. An Stelle des Steingerätes wird inzwischen vielfach importiertes Eisenwerkzeug benutzt; doch Anwendungsart und -bereich der Werkzeuge haben sich dadurch nicht grundlegend geändert.

Traditionell beschränkt sich die Kleidung der M. auf Schambedeckungen aus Baststoff, Netzwerk, Gräsern und Kalebassen. Zu den wichtigsten handwerklichen Fertigkeiten zählen Flechten, Knüpfen, Schnitzen und die Herstellung von Rindenbaststoffen. Auf den St.-Matthias-, Santa-Cruz- und Banks-Inseln war die Weberei verbreitet. Die Töpferei beschränkte sich auf Teile Neuguineas, die nördl. Salomonen, die Neuen Hebriden und Neukaledonien.

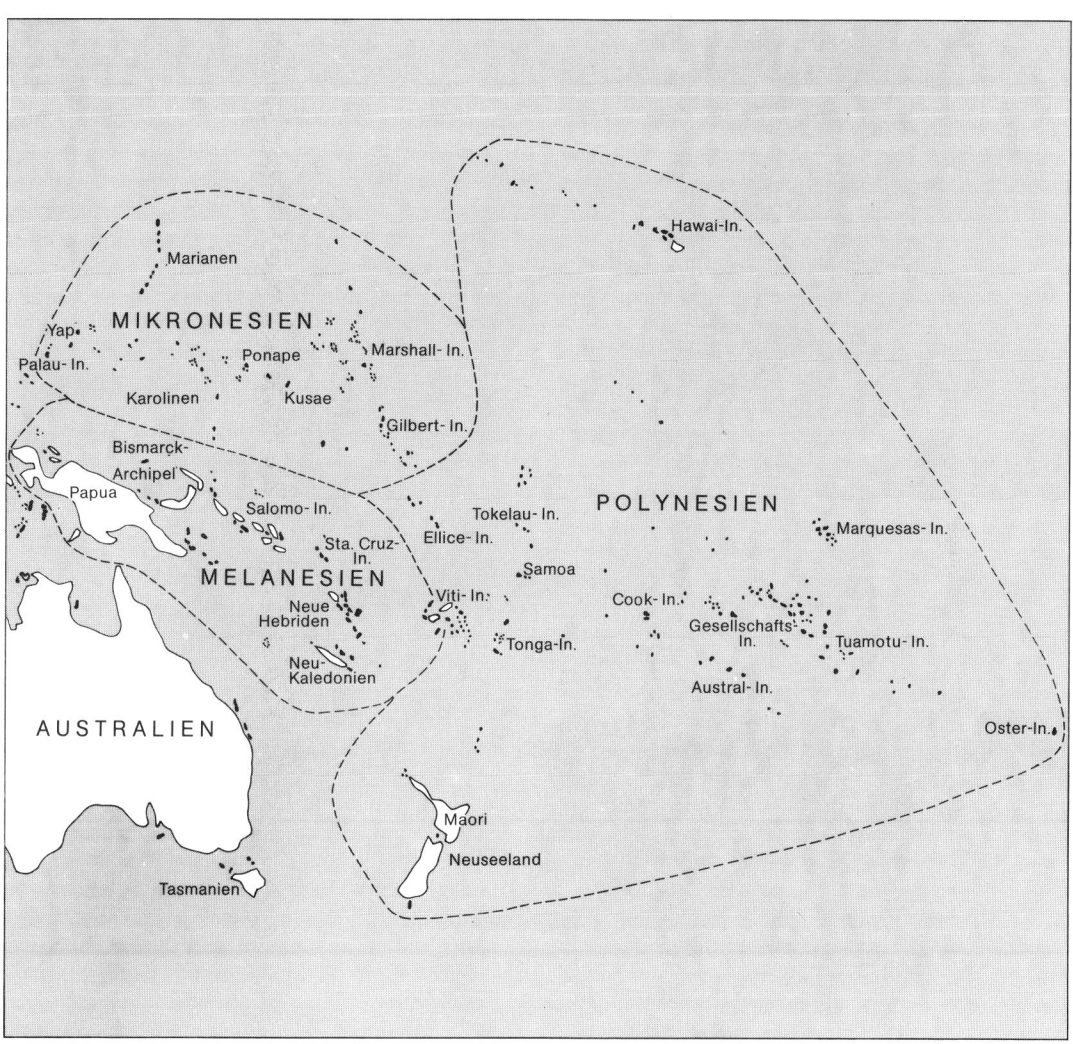

Abb. 132: Ozeanien mit seinen Kulturarealen Melanesien, Mikronesien und Polynesien.

Hervorragendes haben die M. auf dem Gebiet des Bootsbaus geleistet. Auf den Flüssen Neuguineas und Neubritanniens werden Einbäume benutzt, die mitunter eine Länge von 15–20 Metern erreichen können. Auslegerboote dienen der Küsten- und Hochseeschiffahrt, Seefahrten wurden u.a. auch zum inter-insularen Warenaustausch unternommen. Allein im Trobriand-Archipel hatte sich im Kula-Ring ein Austauschkreis gebildet, an dem mehr als 20 Inseln beteiligt waren.

Starke Unterschiede bestehen bei den M. in der Hausbau- und Siedlungsweise. In den Sumpfgebieten der Tiefländer und im Küstenbereich stehen die Häuser auf Pfählen. Bei den Manus auf den Admiralitäts-Inseln schieben sich die Pfahlbauten oft in langen Reihen in die Lagune hinaus.

Die in wirtschaftlicher und politischer Hinsicht wichtigste Grundeinheit stellt in Melanesien die Siedlungsgemeinschaft dar, die in Form und Größe erheblich variieren kann. An den Küsten Neuguineas findet man große geschlossene Dörfer, die von 1000 bis 2000 Einwohnern bewohnt wurden. Im Unterschied dazu wohnen die Menschen in den entlegenen Regionen des Inselinneren in kleinen Weilern mit maximal 300 Einwohnern oder in Einzelgehöften, die über das Land des Klans verstreut liegen.

Innerhalb der Siedlungsgemeinschaft ist für die soziale Ordnung die Bindung an den Klan+ von entscheidender Bedeutung. Die Welt außerhalb der Siedlungsgemeinschaft wird oft als feindlich empfunden. Kriegführung zwischen einzelnen Dörfern ist nicht selten.

Die Mitglieder eines Klans+ leiten sich von einem gemeinsamen Ahnen oder Totem+ her, das meist die Gestalt eines Tieres oder einer Pflanze hat. Die Klanzugehörigkeit wird in der Regel patrilinear+ vererbt. Leben mehrere Klane+ in einem Dorf zusammen, kommt die Mitgliedschaft der Dorfbewohner auch in der räumlichen Aufteilung des Dorfes zum Ausdruck. Jeder Klan beansprucht eine bestimmte Sektion des Dorfes für sich, in der seine Mitglieder geschlossen siedeln und über ein eigenes Kulthaus verfügen (s. u.).

Über dem Klan+ steht als größerer, zusammenfassender Verband der Stamm. Er wird aus einem Konglomerat exogamer+ Klangruppen gebildet, die sich durch gleiche Sprache und Kultur, das mehr oder minder deutliche Bewußtsein gemeinsamer Abstammung und durch Heiratsbeziehungen miteinander verbunden wissen. Der Stamm stellt keine festumrissene Ordnungsgröße dar und spielt im Alltag der M. keine größere Rolle.

Bei den ›Regierungsformen‹ der melanesischen Siedlungsgemeinschaften sind zahlreiche, lokale Varianten zu unterscheiden; z. B. kann ein aus den Familienältesten gebildeter Rat die soziale Kontrolle im Dorf übernehmen. Die politische Macht kann aber auch in den Händen sog. ›big men‹ liegen, einzelner Männer, die als Wortführer fungieren und sich aufgrund besonderer Fähigkeiten als Krieger, Künstler, Redner Ansehen erworben haben. Eine Entwicklung zum Häuptlingtum ist im O Melanesiens zu beobachten. Im Bereich des Bismarck-Archipels und der Neuen Hebriden waren es Geheimbünde der Männer, die Ordnungsfunktionen wahrnahmen, Vergehen ahndeten und Schutz gewährten.

Die Masken- oder Geheimbünde waren exklusive, sakrale Vereinigungen, deren Zugehörigkeit in der Regel durch Kauf erworben wurde. Nicht die Mitgliedschaft, sondern die Kultanlagen, Tänze, Riten und Geräte, wie z. B. Masken, Schwirrhölzer und Geisterflöten, wurden vor Nichteingeweihten geheimgehalten. Das Zentrum des Masken- und Geheimbundwesens bildeten die Männer- oder Kulthäuser, die an architektonischer Sorgfalt und Perfektion alle anderen Häuser der Siedlungsgemeinschaft übertrafen. Im Kulthaus wurden die religiösen Paraphernalien aufbewahrt. Zu den bekanntesten Geheimbünden Melanesiens zählen der Duduk-Bund auf der Gazelle-Halbinsel Neubritanniens, der Suque-Bund auf den Banks-Inseln sowie der Iniet-Bund in Nord-Neubritannien. Männer waren in Melanesien Träger des Kultes, der sich vor allem um die Verehrung der Ahnen und Totengeister gruppierte. Der Religion der M. lag der Glaube an Kulturheroen zugrunde, die für die Erschaffung der Welt und das Wachsen der Pflanzen verantwortlich gemacht wurden. Auch Kopfjagd und Kannibalismus waren einst in Melanesien verbreitet; sie wurden als sakrale Handlungen bewertet, die in einem magischen Kraft-Glauben wurzelten (mana+-Vorstellungen).

Auffallend und bemerkenswert sind die Leistungen der M. auf künstlerischem Gebiet. Melanesien ist neben Afrika das maskenreichste Gebiet der Erde. Mit der Vielzahl an Kunststilen und der Quantität an Einzelobjekten übertreffen die M. die künstlerischen Leistungen vieler Völker. Künstlerische Äußerungen waren sakral begründet. Auf den Einfluß der Missionen und dem Vordringen europäischer Zivilisationsgüter ist der um die Jahrhundertwende einsetzende Niedergang des traditionellen Kunsthandwerks zurückzuführen. Zwar gibt es im Gebiet der Asmat und Abelam (Neuguinea) noch blühende Kunstprovinzen, die heute jedoch unter dem Einfluß der Kommerzialisierung einem Vergleich mit der Vergangenheit nicht standhalten.

Obwohl viele Teile Melanesiens schon im 16. Jh. für Europa entdeckt worden sind (Neuguinea 1511, Salomonen 1568, Neue Hebriden 1606), blieb dieses Gebiet noch bis weit ins 19. Jh. ein nahezu ungestörtes Refugium steinzeitlicher Kultur.

Zunächst ließen sich europäische Missionare nieder; Händler, Militär und Siedler folgten. 1828 nahmen die Niederländer den Westteil der Insel Neuguinea in Besitz. 1853 okkupierte Frankreich Neukaledonien. 1884 teilten sich Großbritannien und das Deutsche Reich O-Neuguinea und die Inseln des Bismarck-Archipels. 1906 einigten sich Frankreich und Großbritannien auf ein Kondominium über die Neuen Hebriden. Nach dem 2. Weltkrieg kamen O-Neuguinea und der Bismarck-Archipel unter australische Verwaltung. Seit 1963 wird W-Neuguinea von indonesischer Seite (Republik Indonesien) verwaltet. Die Osthälfte der Insel erlangte 1975 als »Papua Neuguinea« die politische Unabhängigkeit.

Europa und die westl. Zivilisation übten auf die Völker und Stämme Melanesiens starken und zersetzenden Einfluß aus. Die Europäer führten in der 2. Hälfte des 19. Jh. die Plantagenwirtschaft und den Handel mit Arbeitskräften ein. Auch gegen ihren Willen wurde die einheimische Bevölkerung zur Zwangsarbeit herangeholt. Allein auf Tanna (Neue Hebriden) waren 1870 bereits über 60% der arbeitsfähigen Männer abwesend – zur Plantagenarbeit nach Queensland (Australien) deportiert worden. Bewußte, auf Ausrottung abzielende Praktiken der Europäer und eingeschleppte Krankheiten trugen zur Dezimierung der M. bei. So starb z. B. zwischen 1910 und 1915 die Hälfte der einheimischen Bevölkerung in den Dörfern an der SW-Küste Neuguineas an Infektionskrankheiten.

Seit 100 Jahren sind die M. dem Einfluß christlicher Missionen ausgesetzt. Über 50 verschiedene, oft gegeneinander arbeitende Sekten und Religionsgemeinschaften sind seither aktiv geworden. In fast allen Landesteilen entstanden als Reaktion auf Kontakte mit Europa die Cargo-Kulte, überwiegend religiös-motivierte Bewegungen, die in der Tradition kultisch-sozialer Geheimbünde wurzeln und in der Tendenz antieuropäisch sind. Den Cargo-Kulten liegt der Glaube an ein kommendes Paradies zugrunde, in dem die Weißen des Landes verwiesen, die Ahnen wiederkehren und Mengen an Waren und Gütern (Englisch: cargos) jedermann zuteil werden. Die früheste Cargo-Bewegung entstand 1885 im Fidschi-Archipel. Seither konnten ca. 180 verschiedene Kulte beobachtet werden, die sich in jüngerer Zeit immer mehr mit politischen Unabhängigkeitsbewegungen verbinden.

Autonomiebestrebungen sind heute vor allem im indonesischen Teil Neuguineas, auf Neukaledonien und auf den Neuen Hebriden zu beobachten. Spannungen entzündeten sich hier vor allem an der Frage des Grund- und Bodenrechts. Die Europäer, die nur 2,5% der Gesamtbevölkerung ausmachen, verfügen über die größten Teile des Landes. Für 1980 ist der Inselgruppe die politische Autonomie zugesichert worden. Der Fidschi-Archipel hat in den siebziger Jahren seine Unabhängigkeit erlangt. Die Salomonen sind 1978 selbständig geworden.

Insgesamt gesehen, zählt Melanesien trotz starker Fremdeinflüsse und moderner Entwicklungen noch zu den wenigen Regionen der Welt, in denen sich eine Vielfalt an traditionellen Kulturelementen und Lebensweisen erhalten hat. In unwegsamen Gebieten, etwa in den Gebirgstälern des zentralen Hochlandes von W-Neuguinea, gibt es Bevölkerungsgruppen (z. B. die Mek), die noch bis in die siebziger Jahre weitgehend ohne Kontakte zur Außenwelt lebten und ganz ihrer alten Tradition verhaftet waren.

Lit.: 350–375
Karte: Ozeanien (Abb.: 132)
Abb.: 131

Menominee

Menomini, nordamerikanische Indianer in NO-Wisconsin, USA; ca. 3000. Sprache: Algonkin. Die M. waren seßhafte Bodenbauern; außerdem sammelten sie in größeren Mengen wilden Wasserreis und betrieben Fischfang. Sie bewohnten kuppelförmige Hütten, sog. Wigwams. Die soziale Organisation in der frühen Kontaktzeit (totemistische+ Patriklane, Phratrien+) wurde durch den Pelzhandel stark verändert. Medizinbund und Traumtanz sind heute noch von Bedeutung im religiösen Leben der M.

Die M. gehören zu den wenigen Stämmen des Mittelwestens, die noch heute in ihrem alten Wohngebiet leben. Die Kontakte mit den Weißen waren meist friedlicher Natur. Aus einem Sägewerk, das von den M. auf ihrem Reservat gemeinsam errichtet und betrieben wurde, erhielt der Stamm ein regelmäßiges Einkommen. Als 1961 der Reservationsstatus aufgehoben wurde, ging das unabhängige Einkommen zurück, weil Steuern und Krankenfürsorge zu zahlen waren; Teile der Reservation gingen in amerikanischen Privatbesitz über. Die M. erzwangen jedoch 1973 von der US-Regierung die Termination rückgängig zu machen, d. h. der Reservationsstatus wurde wieder eingeführt. 1975 besetzten 35 militante M. ein verlassenes Kloster, das ihnen zusammen mit dem Klosterland schließlich überlassen wurde.

Lit.: 536, 550

Miao

Gruppe von sprachlich und kulturell verwandten Bergvölkern in SW-China (v. a. Provinz Kweichow), N-Vietnam, N-Laos und N-Thailand; um 1970 ca. 3,4 Mio., davon 2,8 Mio. in China. Sprache: Miao-Yao. Die M. werden nach ihren Frauentrachten in die 5 Hauptgruppen der Blauen, Schwarzen, Roten, Weißen und Blumen-M. unterteilt. Die Eigenbezeichnung aller Gruppen ist Hmong.

Die M. sind heute in ihrem gesamten Verbreitungsgebiet in kleine, isolierte Gemeinschaften

Abb. 133: Akha-Kinder in Nord-Thailand. In Hinterindien sind heute auch die Dörfer der Bergstämme meist von den staatlichen Verwaltungen erfaßt. Der Junge rechts trägt seinen »Personalausweis« um den Hals: Auf der Rückseite der Medaille ist seine Registrationsnummer eingraviert. (Foto: Mischung)

aufgespalten, die in unzugänglichen Gebirgsgegenden siedeln. Dieser Umstand hat zur Entwicklung zahlreicher regionaler Unterschiede in Kultur und Sprache geführt. Aufgrund des starken inneren Zusammenhalts der großen, oft überregionalen Patriklane+ konnten sich jedoch in Notzeiten Teile der M. rasch organisieren, vor allem wenn sich eine Führerpersönlichkeit fand, die wegen ihres Charismas allgemein akzeptiert wurde. So erreichten die M. eine militärische Effizienz, die für Völker ohne zentrales Herrschaftssystem außergewöhnlich ist und die ihnen in ihrer Geschichte immer wieder erfolgreichen Widerstand gegen die Han-Chinesen bzw. geordnete Absetzbewegungen in politisch sicherere Räume ermöglichte. Noch heute sind ein starker Unabhängigkeitsdrang, Oganisationsfähigkeit und Initiative hervorstechende Merkmale des »Volkscharakters« der M.

Typische Dörfer der M. S-Chinas sind klein (durchschnittlich 15–20 Häuser) und liegen entfernt von den chinesischen Siedlungen in engen Gebirgstälern oder an Berghängen. In günstigem Gelände wird nach dem Vorbild der Chinesen Bewässerungsfeldbau (Reis) betrieben, jedoch ist Brandrodungswirtschaft+ (Mais, Buchweizen, Hirse und Gemüse) der Normalfall. Die wichtigsten Haustiere sind Rinder, Schweine, Hühner und Hunde. Materielle Kultur: Rechteckige Häuser mit Wänden aus Lehm oder senkrecht in den Boden gerammten Holzplanken; Herstellung von Holz- und Bambusgeräten; Hanf- und Baumwollweberei, Färben der Stoffe z. T. mit Batik-Technik. Ein zentrales Element der traditionellen Religion ist der Kult der Familien- und Klan-Ahnen, der die überragende Bedeutung des Verwandtschaftssystems für die soziale und politische Organisation unterstreicht (der Dorfhäuptling ist oft der Führer des im Dorf dominierenden Klans). Bei den nach Indochina und N-Thailand vorgedrungenen M. hat sich ein Wandel von einer Selbstversorgungs- zu einer Profitwirtschaft vollzogen. Die thailändischen M. bepflanzen ihre Brandrodungsfelder im jahreszeitlichen Wechsel mit Mais und Opium; für einen Teil des Verkaufserlöses des Opiums erwerben sie den Reis, der die Basis ihrer Ernährung bildet. Dieses System hat ihnen einen Wohl-

Abb. 134: Möglicherweise als Relikte früherer Befestigungsanlagen errichten die Akha am Dorfrand Tore, die symbolisch den bewohnten vom unbewohnten Bereich trennen und mit magischen Abwehrzeichen in Form von Bambussternen versehen sind. Unter den geschnitzten Figuren, mit denen diese Tore verziert werden, finden sich auch Darstellungen aus dem Bereich der modernen Umwelt, z. B. Hubschrauber. (Foto: Mischung)

stand beschert, der nicht nur den der übrigen Bergvölker, sondern auch den der meisten benachbarten Thai-Bauern übertrifft. Der extensive Feldbau der südlichen M. bringt jedoch dauerhafte Versteppung und nachfolgende Erosion des Bodens mit sich. Daher müssen die Dörfer im Durchschnitt alle 10–20 Jahre verlegt werden: Einige Pionier-Haushalte begeben sich auf die Suche nach geeigneten Anbauflächen und lassen im Erfolgsfall möglichst viele Klan-Verwandte nachkommen, da diese M.-Gruppen eine traditionelle (wahrsch. ursprünglich politisch motivierte) Vorliebe für große, geschlossene Gemeinschaften haben. Solche geographischen »Sprünge« eines Dorfs können mitunter Entfernungen von über 200 km überbrücken.

Aus ihrer frühen Heimat am mittleren Yangtze (hier noch um 2200 v. Chr.) wurden die Vorfahren der M. von den vorrückenden Han-Chinesen stetig in Richtung SO verdrängt. Aus dem Bereich ihres heutigen Siedlungsschwerpunktes in der Provinz Kweichow wird vor allem um das 18./19. Jh. n. Chr. von blutigen M.-Aufständen gegen die chinesische Herrschaft berichtet. Um diese Zeit begannen Teile der M., sich über SO-Yünnan nach Indochina abzusetzen, von wo aus sie seit Ende des 19. Jh. in kleinen Gruppen auf thailändisches Gebiet vorstießen. Im Gegensatz zur Politik ihrer Vorgänger (die Kuomintang-Regierung verbot noch 1941–43 Sprache und Tracht der M.!) gewährt die Regierung der VR China den M. innerhalb und außerhalb ihrer autonomen Zonen weitgehende kulturelle Freiheit; die traditionelle Wirtschaft hat allerdings durch die Eingliederung in Volkskommunen einschneidende Veränderungen erfahren. Das Gleiche gilt für N-Vietnam. Die laotischen M. nahmen auf beiden Seiten aktiv am Bürgerkrieg teil und flohen seit 1975 in großer Zahl nach Thailand, wo sie heute in Flüchtlingslagern leben. Die M. Thailands blieben in ihren Bergdörfern bisher überwiegend unbehelligt; einige Gruppen im NO waren jedoch Ende der 60er Jahre in Kämpfe mit Regierungstruppen verwickelt, als sie sich gegen eine (schließlich erfolgte) Zwangsumsiedlung zur Wehr setzten. Für die nähere

Zukunft sind verschärfte Maßnahmen der Zentralregierung gegen den ökologisch katastrophalen Opiumanbau der M. zu erwarten.

Lit.: 205, 208, 225, 277
Karte: Hinterindien (Abb.: 70)

Mikir

Bergvolk in den Mikir Hills und angrenzenden Hügelzonen Z-Assams (NO-Indien); ca. 150 000. Sprache: Tibeto-birmanisch.
Die M. leben in kleinen, oft nur wenige Häuser umfassenden Dörfern, die innerhalb eines beschränkten Territoriums alle 10–15 Jahre verlegt werden, wenn die Entfernung zu den jährlich neu angelegten Brandrodungsfeldern zu groß wird. Grundlage der Wirtschaft ist der Anbau von Reis, Baumwolle, Mais, Yams, Chili und Sesam (für den Markt), ergänzt durch Jagd und Fischfang. Die Tierhaltung (v. a. Hühner und Schweine) spielt bei den M. nur eine geringe Rolle. Sie sind ökonomisch weitgehend autark: Gewänder werden aus Baumwolle oder Seide (eigene Seidenraupen-Zucht) selbst gewebt, die Pfahlhäuser mit Grasdach und Bambusfußboden sowie das einfache Hausinventar (geflochtene Körbe, Holzlöffel, Mörser, Wasserbehälter aus Segmenten des Riesenbambus sowie Bogen und Pfeile aus Bambus) können aus in der Umgebung verfügbaren Materialien hergestellt werden. Die Erzeugnisse des eigenen Töpfer- und Schmiedehandwerks werden allerdings von billiger Importware verdrängt, die auf den lokalen Märkten angeboten wird. Die Gesellschaft der M. gliedert sich in 5 exogame Patriklane+. Verheiratete Söhne leben mit ihren Familien bei ihren Eltern, die Sitte des Levirats ist verbreitet. Ursprünglich wohnten Jungen vor ihrer Heirat in Männerhäusern, in denen sie kollektive Aufgaben zugewiesen bekamen und für ihre künftige Rolle als Familienväter erzogen wurden. Heute ist diese Institution praktisch verschwunden.
Von anderen Bergvölkern in ihre heutige Heimat im unmittelbaren Einzugsbereich des Tieflandes abgedrängt, stellten sich die M. schon früh unter den Schutz der dortigen Herrscher. Die engen Bindungen an die Tieflandbevölkerung wurden auch während der Kolonialzeit nicht beeinträchtigt: Die christlichen Missionierungsprogramme, die häufig die Kluft zwischen den Minderheiten und den hinduistischen Assamesen vertieften, hatten bei den bereits weitgehend hin-

duisierten M. kaum Erfolg. Am Fuß der Berge lebende M. sind bereits völlig in der Mehrheitsbevölkerung aufgegangen, und die Angleichung der übrigen ist heute nur noch eine Frage der Zeit. Vor allem die zunehmende Marktorientierung des Feldbaus trägt zum Wandel der traditionellen Lebensweise bei.

Lit.: 276, 284
Karte: Hinterindien (Abb.: 70)

Mikronesier

Die Heimat der M. (in voreuropäischer Zeit etwa 150 000 heute ca. 100 000) bildet die Inselwelt nördl. von Melanesien. Tausende kleiner und kleinster Inseln, oft nur von der Größe eines Fußballfelds, verteilen sich über eine Meeresfläche von 8 Mio. km². Die Landfläche Mikronesiens (griech.: mikros = klein; nesos = Insel) beträgt kaum 2700 km². Die Marianen- und Palau-Inseln, Yap, Truk, Ponape und Kusae sind fruchtbare Inseln vulkanischen Ursprungs. Doch bei den meisten Inseln handelt es sich um flache Korallenatolle mit nur karger Vegetation, die zu den unwirtlichsten Gebieten der Erde zählen.
Die M. sind in der Mehrheit den → Polynesiern ähnlich. Die Sprachen Mikronesiens bilden den melanesischen Zweig der austronesischen Sprachfamilie. Zum indonesischen Sprachzweig werden die Idiome der Chamorro auf den Marianen und der autochthonen Bevölkerung von Palau gerechnet.
Auch in kultureller Hinsicht ist Mikronesien ein Mischgebiet: man unterscheidet hier zwischen polynesischen, melanesischen und indonesischen Elementen, die auf den einzelnen Inseln in unterschiedlicher Vermengung auftreten. Generell ist festzustellen, daß im O der Einfluß Polynesiens überwiegt, im W dagegen mehr melanesische und indonesische Kulturmerkmale anzutreffen sind.
Die mikronesische Mischkultur hat auch im S, im Gebiet Melanesiens, einigen Inseln westl. der Admiralitätsinseln, ihren prägenden Stempel aufgedrückt. Diese Inseln sind in der Völkerkunde als Para-Mikronesien bekannt.
Traditionell lebten die M. überwiegend vom Fischfang. Anbau und Sammelerträge übten im Prozeß der Nahrungsgewinnung nur ergänzende Funktionen aus. Auf den Atollen bildete die Kokospalme die Hauptnahrungs- und Nutzpflanze:

die Kokosmilch diente als Getränk, der Nußkern als Nahrung; aus den Fasern der Nußhülle wurden Seile, aus Palmblättern Dächer hergestellt bzw. Matten und Taschen geflochten; das Holz des Stammes fand beim Haus- und Bootsbau Verwendung.
An Stelle von Stein wurden auf den Atollen Werkzeuge aus Muschelmaterialien gefertigt. Die Kenntnis der Rindenbaststoff-Herstellung war früher im gesamten Mikronesien verbreitet. Die Weberei, die auf indonesischen Einfluß zurückzuführen ist, wurde im Gebiet der Karolinen praktiziert. Die Töpferei war auf den Palau- und Marianen-Inseln sowie auf Yap verbreitet. Schildpatt wurde zur Schmuckherstellung verwendet. Auf Palau wurden aus Schildpatt auch kunstvolle Schalen und Löffel gefertigt.
Die Mikronesier waren, wie auch die Polynesier, ein ausgezeichnetes Seefahrervolk. Typisch für Mikronesien waren Auslegerboote und das auf der Spitze stehende dreieckige Segel. Fernfahrten wurden vor allem in den frühen Phasen der mikronesischen Geschichte unternommen. Große Doppelboote, wie sie einst auch die Polynesier benutzten, sind nur von den Truk-Inseln her bekannt. Als einziges Volk der Südsee haben die Bewohner der Marshall-Inseln Seekarten entwickelt, die als Segelanweisungen dienten. Die Seekarten bestanden aus Palmrippen (= Meeresströmungen) und Schneckengehäusen (= Inseln).
Eine Besonderheit Mikronesiens ist das Geldwesen, das vor allem auf Yap und Palau ausgeprägt war. Geld kursierte u. a. bei der Regelung von Straftaten und beim Kauf von Frauen. Im Alltag hatte es geringe Bedeutung. Berühmt ist das Steingeld von Yap, das in Form großer Mühlsteine, die bis zu 160 cm Durchmesser haben konnten, gearbeitet wurde. Zur Beschaffung des Steinmaterials (Aragonit) mußten die Männer von Yap Fahrten nach Palau unternehmen, da auf der eigenen Insel entsprechendes Material fehlt.
Die Gesellschaft der M. hatte auf den verschiedenen Inselgruppen jeweils eigene lokalspezifische Ausprägungen. Generell ist festzustellen, daß die Sozialordnungen im O Mikronesiens ein streng hierarchisch gegliedertes Klassensystem mit erblichem Häuptlingstum ausgebildet hatten. Die effektive Macht, die die Häuptlinge der westl. und zentralen Karolinen auszuüben vermochten, war gering. Auch auf den südl. Gilbert-Inseln fehlte ein straffes Häuptlingstum; die politische Führung wurde hier von den Klan-Häuptern übernommen. Die Klangruppen waren zu größeren Verbänden zusammengeschlossen, die politisch autarke Einheiten bildeten. Im wesentlichen waren die Gesellschaften Mikronesiens mutterrechtlich orientiert, doch die Führung der politischen Verbände oblag meist den Männern.
Typisch war auch das Klubwesen der Männer auf einigen Inseln. Die Klubhäuser auf den Palau-Inseln hatten Giebelfronten und Balken, die mit szenischen Darstellungen aus der Mythenwelt verziert waren.
Die traditionelle Religion der M. gehört schon lange der Vergangenheit an und nur wenig ist von ihr überliefert worden. Sie beruhte vor allem auf dem Ahnenkult.
Mikronesien geriet schon im 16. Jh. ins Blickfeld Europas. Zunächst waren es die Spanier, die die Marianen besetzten und gegen Ende des 16. Jhs. hier ihre Herrschaft festigten. Die autochthone Bevölkerung der Marianen, die Chamorro, wurde in den folgenden Jahrhunderten von anderen Bevölkerungsgruppen aufgesogen. Die heutige Bevölkerung ist aus der Vermischung von Chamorro mit Tagalen (diese sind im 16. und 17. Jh. von den Philippinen her eingewandert) unter Beteiligung von Spaniern, Chinesen und den Ureinwohnern der benachbarten Karolinen hervorgegangen. 1899 wurden die Marianen von den Spaniern an das Deutsche Reich verkauft, zwischen dem 1. und 2. Weltkrieg von Japan, seit 1947 von den Vereinigten Staaten von Nordamerika verwaltet. Die Bewohner der Marianen haben sich im Februar 1975 für einen Anschluß an die USA (als ›territory‹) entschieden.
Auch die übrigen Inseln Mikronesiens erlebten wechselweise die Herrschaften der Spanier, Deutschen, Engländer, Japaner und Amerikaner. Die Palau-Inseln, die Karolinen- und Marshall-Inseln bilden das ›United States Trust Territory of Micronesia‹, das auch schon bissig ›Rust-Territory‹ = ›Rost-Territorium‹ genannt wurde. Die Inseln des Treuhandgebietes dienen den Amerikanern u. a. als Atombomben- und Giftarsenal vor den Küsten Asiens, darüber hinaus auch als Deponie atomarer und militärischer Abfallprodukte. Die Lebensgrundlage der einheimischen Bevölkerung ist weitgehend zerstört worden. Diese hat heute in der Mehrheit Hilfsarbeiterjobs an den Test- und Militärstationen der Amerikaner.
Das Bikini- und Eniwetok-Atoll der Marshall-Inseln wurde zum Testgebiet für nukleare Waffen erklärt, die einheimische Bevölkerung zu ›Testfiguren der Atomforschung‹. Sie wurde

zwangsevakuiert, ohne über Vorgänge und Folgen auf ihren Inseln aufgeklärt zu werden. Von 1946 bis 1958 explodierten 66 Atom- und Wasserstoffbomben auf Bikini- und Eniwetok. Als vor sechs Jahren, nach 23jährigem Exil, die einheimische Bevölkerung (700 Menschen) auf ihre Inseln zurück durfte, war diese laut Atomkommission ›strahlungsfrei‹. Doch Messungen haben 1978 ergeben, daß spätestens in 30 Jahren jeder auf den Inseln lebende Bikinese von Krebsgeschwüren durchsetzt sein wird. Bikini wird also wieder evakuiert. Schilddrüstentumore, Wachstumsstörungen und Blutkrebs sind heute unter der einheimischen Bevölkerung von Rongelap (einem Nachbaratoll von Bikini) vermehrt zu beobachten, – die Folge des radioaktiven Fallouts eines Kernwaffenversuchs von 1954. Einzelne Inseln im Testgebiet, wie z. B. Runit, sind für die nächsten Jahrhunderte durch Strontium und Plutonium verseucht.

Überlebenschancen für die traditionelle Kultur und Lebensweise bestehen in Mikronesien dort, wo weder politische noch militärische Interessen der westl. Industriestaaten vorliegen. So haben sich z. B. im Gilbert-Archipel noch viele Bereiche der traditionellen Kultur bis in die Gegenwart (Stand 1965) erhalten können.

Die Gilbert-Inseln in O-Mikronesien, eine ehemals brit. Kolonie, bilden seit 1979 den politisch autonomen Staat Kiribati. Bereits 1968 erlangte die Phosphat-Insel Nauru (ehemals australisch-britisch-neuseeländisches Mandat des Völkerbundes) ihre politische Selbständigkeit.

Seit Mai 1979 gibt es einen weiteren Staat in Mikronesien, der Teile des amerikanischen Treuhandgebietes umfaßt. Die Inseln Yap, Kusaie (Kosrai), Truk und Ponape werden künftig als ›Vereinigte Staaten von Mikronesien‹ auftreten. Der Inselstaat wird von der Hauptinsel Ponape aus regiert und hat ca. 40 000 Einwohner bei einer Flächenausdehnung von mehreren Millionen Quadratkilometern. In einem Volksentscheid haben sich die Bewohner dieses Gebietes für einen eigenen Staat entschieden, für dessen Außen- und Verteidigungspolitik die Vereinigten Staaten von Nordamerika für die nächsten 15 Jahre verantwortlich sind. Auch die Palau- und Marshall-Inseln streben die Unabhängigkeit an.

Lit.: 376–380
Karte: Ozeanien (Abb.: 132)

Abb. 135: Straße in Palembang. Für Fußgänger sind schmale Gehwege vor den Geschäften gepflastert. Müll wird nur sporadisch beseitigt. Palembang 1976. (Foto: Agthe)

Abb. 136: Restaurierung eines Minangkabau-Hauses, Sumatra. Unter den geschwungenen Dächern eines Hauses leben mehrere Generationen von Frauen der matrilinearen Großfamilie zusammen. (Foto: Agthe)

Minangkabau
(auch: Urang Padang, Urang Awa)

Die M. (1960: ca. 3,6 Mio.) leben im westl. Küstenland und im Hochland von Z-Sumatra (Republik Indonesien). Sie sind sprachlich den Malaien verwandt und werden aufgrund ihrer Zugehörigkeit zum Islam zu den Jung-Indonesiern gerechnet.
Trotz ihrer Prägung durch den Islam repräsentieren die M. das geradezu klassische Beispiel einer mutterrechtlichen Gesellschaft. Die Abstammung wird strikt matrilinear+ gerechnet, d. h. nur zur mütterlichen Seite hin anerkannt. Traditionell bleibt die Frau auch nach ihrer Heirat im Haus der mütterlichen Verwandten. Ihr Ehemann und Vater ihrer Kinder hat in ihrer eigenen Haus- bzw. Wohngemeinschaft – diese wird in der Regel aus 3–4 Generationen matrilinearer Verwandten gebildet – nur Gastrecht. Elterliche Funktionen gegenüber den Kindern werden vom Mutterbruder wahrgenommen. Die Häuser der M. sind sehr geräumig und mit ihren mehrfach geschwungenen Dächern prächtig gearbeitet. Die Hausgemeinschaft ist im täglichen Leben die wichtigste soziale und wirtschaftliche Einheit. Sie wird von einer Großmutter mit ihren Brüdern, den Müttern und Mutterbrüdern und den Kindern gebildet. Mehrere Hausgemeinschaften schließen sich zu einem größeren genealogischen Verband, dem Matri-Klan, zusammen.
Die M. sind Bauern. Sie kultivieren auf ihren terrassierten Feldern Reis, Tabak, Zimt, Obst und Gemüse. Zu ihren handwerklichen Fertigkeiten zählen die songkat-Weberei (Stoffe werden mit Goldfäden durchwirkt), die Flechterei, sowie kunstvolle Holz- und Metallarbeiten (Silberfiligran).
Historisch faßbar wurden die M. erstmals um die Mitte des 14. Jh. Ihre Islamisierung setzte Mitte des 16. Jh. ein, war allerdings im 18. Jh. noch nicht ganz abgeschlossen. Auf den Einfluß des Islams ist zurückzuführen, daß Kenntnisse über die alte Religion weitgehend verloren gegangen sind.
Seit dem 2. Weltkrieg verliert das matrilineare System der M. als gesellschaftliche Ordnungsgröße mehr und mehr an Bedeutung. Inzwischen haben viele junge Männer ihre Dörfer verlassen,

um – losgelöst vom matrilinearen System – mit ihren Frauen und Kindern eigene Hausstände zu gründen.

Lit.: 335, 340 (I)
Karte: Südostasiatischer Archipel (Abb.: 79)
Abb.: 136

nien als »Protektorat« anerkannt wurde. Es gewährte vielen entflohenen Negersklaven Zuflucht und geriet hierüber in Gegensatz zu Großbritannien. 1786 überließ Großbritannien das »Protektorat« Spanien und billigte den Einfall span. Truppen, die das Land verwüsteten. Nach jahrzehntelangem Abwehrkampf der M. er-

Abb. 137: Mit umgebauten Fahrrädern schleifen Männer verschiedene Steine und Halbedelsteine für Fingerringe der Männer zu. Minangkabau, Padang 1979. (Foto: Agthe)

Mískito
Mosquito

Indianer mit starkem afrikanischen Einschlag an der Moskito-Küste Nicaraguas, ca. 15 000. Die Sprache ist entfernt den Chibcha-Sprachen verwandt.
Brandrodungsbauern (ungiftiger Maniok, Viehzucht) und Fischer, sammeln auch wildwachsende Früchte. In exogamen+ Verwandtschaftsgruppen organisiert.
Die M. verbündeten sich im 18. Jh. mit den Briten gegen die Spanier und gegen Indianer des Hinterlandes. Mitte 18. Jh. organisierten sie sich in einem Elemente des traditionellen Kazikentums und Anlehnung an das britische Vorbild verbindenden Königreich, das von Großbritan-

kannte Spaniens Nachfolger Nicaragua das Königreich 1838 als wiederum brit. »Protektorat« an, auf das die Briten schließlich 1860 verzichteten. In all dieser Zeit waren die M. de facto unabhängig. Erst Ende des 19. Jh. wurden sie schließlich unterworfen. Aus ihrem jahrhundertelangem Freiheitskampf haben sie eine Ablehnung der spanisch-katholischen Welt bewahrt. Viele sprechen als Zweitsprache neben ihrer eigenen nicht Spanisch, sondern Englisch; der Protestantismus ist stark.

Miwok

Indianer in Zentral-Kalifornien; ca. 200. Sprache: Penuti. Die M. bestanden in früh-historischer Zeit aus sieben Abteilungen, unter denen die Sierra-M., die Lake-M. und die Coast-M. die bedeutendsten waren. Die Sierra-M. hatten mehr als 100 Dörfer mit ca. 7000 Bewohnern. Hauptnahrung waren Eichelmehl, Wildpflanzen, Fisch und Wild; Tabak wurde angebaut. Die Dörfer waren politisch selbständig und wurden von erblichen Häuptlingen geleitet. Die Bevölkerung war in Moieties+ eingeteilt, die als Heiratsklassen galten und bei Bestattungszeremonien und Mädchenpubertätsfesten gegenseitige Pflichten hatten. Die Korbflechtkunst war hochentwickelt, der Handel mit den Küstenstämmen und den Bewohnern des Großen Beckens jenseits der Sierra Nevada war bedeutend: Salz, Obsidian, Muscheln. – Nach einer Phase der Zwangsmissionierung in der zweiten Hälfte des 18. Jh. begann ein Guerilla-Krieg gegen die Mexikaner. Der Goldrausch 1848 führte zu weiteren Kämpfen mit Weißen. Mit der Annexion Kaliforniens durch die USA wurde das Land der M. konfisziert, ältere Verträge nicht eingehalten. Heute fristen die überlebenden M. an den Rändern der Städte, auf Ranches und Farmen ihr Leben als Lohnarbeiter. Wie fast alle kalifornischen Indianer haben die M. ihre ethnische Identität verloren.

Lit.: 455 (8), 508
Karte: Nordamerika (Abb.: 76)

Mixteken

Weit verbreitete mexikanische Indianerbevölkerung im nördl. und westl. Teil des Staates Oaxaca sowie in Guerrero; ca. 275 000, davon 25% monolingual. In vorkolumbischer Zeit hatten die M. eine hochentwickelte Kultur (Kodizes, Zeremonialkeramik, Goldarbeiten), zuletzt unter aztekischer Herrschaft, die von den spanischen Eroberern zerstört wurde.
Die heutigen M. sind überwiegend Ackerbauern; Hauptanbaupflanzen sind Mais, Bohnen, Kürbisse. Dazu kommen Fischfang und etwas Viehhaltung sowie Handwerke (Mattenflechten, Weberei, Töpferei). Viele Zentraldörfer werden nur während der Markttage und Fiestas bewohnt, kleine verstreute Dörfer sind die Regel. Viele M.-Frauen tragen heute noch ihre alte Tracht: eine Tunika (huipil), einen langen Schal (rebozo), die Männer weiße Baumwollhosen und -hemden. Nominell sind alle M. Christen, doch gibt es in der Glaubenswelt der dörflichen Bevölkerung noch viele vorchristliche Geistergestalten und Gottheiten, die auf Hügeln, in Höhlen, an Quellen und Sümpfen wohnen; diese Stätten werden als heilig betrachtet. In der Volksmedizin sind die curanderos als Krankenheiler sehr angesehen und gefürchtet. Christliche Fiestas (Festtage von Heiligen) werden von Bruderschaften (cofradías) organisiert und von der Bevölkerung mit großem Aufwand gefeiert. Die M. haben in ihrem schwer zugänglichen Berggebiet noch viele alte Traditionen bewahrt. Erst neuerdings sind durch den Bau von Straßen moderne Kenntnisse der Medizin, Erziehung und Technologie auch in bisher völlig isolierte Landschaften vorgedrungen. Immer noch leben die M. am Rande der mexikanischen Staatsgesellschaft, die in ihren Augen von der arroganten Mestizenschicht repräsentiert wird. Die bäuerliche indianische Welt ist bei den meisten M. noch intakt.

Lit.: 675
Karte: Mexiko (Abb.: 77)
Abb.: 138, 139

Modoc und Klamath

M. und K. sind zwei nah verwandte nordamerikanische Indianerstämme in Südzentral-Oregon und N-Kalifornien. Sprache: Penuti.
In dem seen- und flußreichen Muldenraum der südl. Kaskadenkette bot der Fischfang im N den K., das Wildpflanzensammeln im S den M. eine gute Ernährungsbasis; hinzu kamen die Jagd auf Wasservögel und Rotwild. Die beiden Stämme lagen im Schnittpunkt des kalifornischen und des Plateau-Kulturareals; auch Einflüsse der NO-Küstenkultur sind hier noch spürbar.
Die M. und K. lebten in politisch selbständigen Dörfern unter erblichen Häuptlingen; die Schamanen waren sehr einflußreich. Im Krieg schlossen sich beide Stämme zusammen. Zwischenheirat war häufig. Der Glaube an persönliche Schutzgeister und die Schutzgeistsuche bestimmten das religiöse Leben jedes einzelnen.
1846 erzwang die US-Regierung die Aufgabe des ursprünglichen Wohngebietes der Stämme und verfügte die Einweisung in die Upper Klamath Lake Reservation. Es kam zu Streitigkeiten zwischen M. und K., denn dieses Land war früher K.-Land. 1870 kam es zu einem Aufstand, und eine Gruppe von M. verließ die Reservation. In

Mixteken

Abb. 138: An der Hauptstraße von Mexico City nach Taxco und Acapulco bieten Indio-Kinder Reisenden lebende Leguane und Gürteltiere als Delikatessen an. (Foto: Lindig)

Abb. 139: Maisspeicher in einem mixtekischen Dorf in Guerrero, Westmexiko. (Foto: Lindig)

einem verlustreichen Kampf (1872–73) wurde die ausgebrochene Gruppe besiegt und nach Oklahoma deportiert; 1909 durften die Überlebenden nach Oregon zurückkehren. Die Reservation wurde im Gefolge der sog. Termination Policy 1958 aufgelöst.

Lit.: 508, 512, 514
Karte: Nordamerika (Abb.: 76)

Mohave

Nordamerikanische Indianer im unteren Colorado-Tal, seit 1865 mit den Kamia und Chemehuevi auf der Colorado River Reservation in W-Arizona; ca. 1600. Sprache: Yuma des Hoka-Sprachstammes.

In den fruchtbaren Talböden des Colorado River bauten die M. in der Form des Überschwemmungsfeldbaues Mais, Bohnen, Sonnenblumen und Kürbisse an; heute in bewässerten Feldern auch europäische Getreidearten und Obstsorten. Die M. lebten in verstreuten Gehöften in Patriklanen+ organisiert, und wurden von erblichen Häuptlingen geführt. Im Krieg wählte man einen gemeinsamen Anführer. Erfolg im Kampf und Kühnheit erhöhten den sozialen Status eines Mannes. Die M. waren als erfolgreiche Krieger gefürchtet. In Träumen glaubten die M. ihre besonderen Kräfte aus der übernatürlichen Welt zu erlangen. In umfangreichen kollektiven Zeremonien wurden Zyklen mit Hunderten von Traumliedern, die sich auf kosmogonische Mythen bezogen, rezitiert. Das ganze Stammeswissen wurde so in einer schriftlosen Gesellschaft an die junge Generation übertragen.

Die M. sind heute stark amerikanisiert, die alte Schwemmlandwirtschaft gibt es seit dem Bau des Hoover-Dammes nicht mehr, die Felder müssen mit Kanälen bewässert werden. Wirtschaftlich können die Indianer mit den großangelegten Bewässerungsplantagen der Amerikaner (Zitrusfrüchte, Baumwolle) nicht konkurrieren. Für den eigenen Bedarf reicht zwar die Produktion aus, doch können die heutigen Bedürfnisse nur noch durch zusätzliche Lohnarbeit befriedigt werden.

Lit.: 620
Karten: Nordamerika (Abb.: 76)
Reservationen in Arizona u. New Mexiko (Abb.: 14)

Mohegan

Deutsch: Mohikaner. Kleiner Algonkin-Stamm im östl. Connecticut, USA, bekannt geworden durch den Roman »Der Letzte der Mohikaner« des amerikanischen Schriftstellers James F. Cooper. Die M. hatten sich mit den Pequot verbunden, nach deren Untergang (1637) Uncas, der Häuptling der M., auf seiten der englischen Siedler im King Philip's Krieg gegen andere Algonkinstämme Neuenglands kämpfte. Heute leben nur noch wenige M.-Mischlinge in Norwich, Connecticut.

Lit.: 455 (15)
Karte: Nordamerika (Abb.: 76)

Mojos

Indianisches Volk der Aruak-Sprachfamilie in O-Bolivien, Dpt. Beni; 17 000. Ihnen verwandt sind die Bauré (O-Beni, N-Sta. Cruz); 4000. Anderer Herkunft, heute aber kulturell angepaßt sind die Itonama in Beni (die nach einer Epidemie heute nur noch 300 zählen sollen). Ähnlich auch die Movima (ca. 10 000) am linken Ufer des R. Yacuma.

Ähnlich wie die → Chiquitanos wurden die M. 1684–1767 in 15 Missionsdörfern der Jesuiten konzentriert, wo ihre Kultur sich kolonialspanisch färbte. Ursprünglich Bauern, die v. a. ungiftigen Maniok und Mais anbauten, übernahmen sie in der Kolonialzeit die Viehzucht, die zur Grundlage ihrer Landwirtschaft wurde. Nach der Vertreibung der Jesuiten kamen die M.-Dörfer unter weltliche Verwaltung, die Arbeitsverpflichtungen für private Unternehmer einführte. Ende 19. Jh. während des Kautschuk-Booms (→ Murui) wurden viele M. in die Wälder als Kautschuksammler verschleppt, andere arbeiteten als Ruderer im Kautschuktransport. Infolge der schlechten Arbeitsbedingungen kamen dabei unzählige M. ums Leben.

Heute sind die meisten M., äußerlich kaum von den Bolivianern zu unterscheiden, Landarbeiter auf Viehfarmen, wo ihr Einkommen stabiler ist als wenn sie als selbständige Viehzüchter mit den großen Farmen zu konkurrieren suchen. Die M. leben nicht mehr in den alten Missionsdörfern, sondern zerstreut, kommen aber noch zu religiösen Festen in die Kirchdörfer. Bei diesen Festen verbinden die M. indianische Federschmuck- und Tanztradition mit barock-theatralischen

Elementen der Jesuitenkultur zu eindrucksvollen Shows.
Schlechte wirtschaftliche Lage, die Tendenz zum Rückzug von den von Weißen beherrschten Zentren, und die religiöse Tradition der Sehnsucht nach einem Paradies hier und heute (→ Guaraní) kombinieren sich in der »Heiliger-Hügel«-Bewegung, der mystischen Wanderung einzelner Gruppen auf der Suche nach dem auf einem Hügel vermuteten Paradies. 1887 leitete A. Guachoco, der sich als Verkörperung Gottes und Sprachrohr von Jesus und Maria betrachtete, eine Revolte mit dem Ziel, die Weißen und insbesondere die als Fälscher der Wahrheit bezeichneten katholischen Priester zu vertreiben. Nach Niederwerfung des Aufstandes und Hinrichtung seiner Führer lebten die Grundideen weiter, und einige M. wandern noch heute.

Moken

Eigenbezeichnung einer Gruppe von »Seenomaden« im Mergui-Archipel vor der Küste S-Birmas; Zahl: unbekannt, Angaben schwanken zwischen 5000 und 25 000. Sprache: austronesisch. Die Bezeichnungen Chaonam (Thai: »Wasser-Leute«) und Orang Laut (Malaiisch: »See-Leute«) beziehen sich gelegentlich auf M., meistens jedoch auf verwandte Gruppen von seßhaften Küstensammlern weiter im S. Lediglich die 300 zählenden Orang Selitar vor der Südwestspitze der malaiischen Halbinsel weisen einen dem der M. vergleichbaren Boots-Nomadismus auf.
Während des trockenen NO-Monsuns (November bis April) leben die M. überwiegend familienweise auf ihren bis 10 m langen mit Windschirmen überdeckten Einbäumen. In dieser Zeit betreiben sie Fischfang (meist mit dem Speer), tauchen nach Perlen und suchen die Umgebung der westl. Felseninseln nach Seegurken und Mollusken ab. Zur Zeit des regenreichen SW-Monsuns halten sich die M. an den Stränden auf den Leeseiten der festlandsnahen Inseln auf, wo sie ihre Boote überholen, Strandwürmer, Muscheln und Schalentiere sammeln und in den nahegelegenen Wäldern auf die Jagd gehen. Die einzelnen M.-Gemeinschaften, die aus Gruppen von meist 5–10 Booten bestehen, unterhalten enge Beziehungen zu bestimmten chinesischen oder malaiischen Händlern, von denen sie – im Austausch gegen Meerestiere, Perlen, Waldprodukte und Pandanus-Matten – Reis, Salzfisch, Alkohol und Opium (von dem sie in wachsendem Maße abhängig geworden sind) erhalten. Die traditionelle Religion (Geistervorstellungen, Schamanismus) spielt im Leben der M. nur eine geringe Rolle.
Die Vorliebe für eine ungebundene Lebensweise auf dem Meer und die Scheu gegenüber Fremden ist bei den M. so tief verwurzelt, daß Versuche, sie in festen Küstendörfern anzusiedeln, bisher nur selten dauerhaften Erfolg hatten.

Lit.: 204, 282, 293
Karte: Hinterindien (Abb.: 70)

Mon

Ehemals dominierende Bevölkerungsgruppe Unterbirmas (birman. Bezeichnung: Talaing), heute hier nur noch in einigen verstreuten Siedlungen im Irrawaddy-Delta sowie in einem geschlossenen Bevölkerungsblock im Tenasserim-Gebiet zwischen 15° und 17° N; in W-Thailand finden sich Dörfer von Mon-Flüchtlingen vor allem im Bereich der Unterläufe des Mae Khlong und des Khwae Noi; ca. 400 000. Sprache: Mon-Khmer.
Äußerlich und in ihrer Lebensweise sind die M. heute kaum noch von ihren birmanischen Nachbarn zu unterscheiden. Ebenso wie diese leben sie überwiegend in Dörfern aus grasgedeckten Pfahlhäusern und ernähren sich vom Naßreis-Anbau, Fischfang und tropischen Gartenbau. Der Hinayana-Buddhismus, verbunden mit ursprünglicheren Geistervorstellungen, spielt eine wichtige Rolle im Alltagsleben, und dementsprechend bilden die Tempelgebäude (gleichzeitig auch Schule und Versammlungsort) und Pagoden die Mittelpunkte eines jeden M.-Dorfs.
Während des 1. Jt. n. Chr. beherrschten M.-Königreiche die Tiefländer Unterbirmas. Mit der Übernahme des Hinayana-Buddhismus aus Ceylon und der Entwicklung einer auf dem Pali basierenden Schrift prägen sie die kulturelle Entwicklung des Landes bis auf den heutigen Tag. Mit der Zerstörung der M.-Stadt Thaton im Jahre 1057 durch die von N kommenden Birmanen begann eine lange Periode wechselvoller Kämpfe zwischen beiden Völkern, die erst 1757 mit der Eroberung von Pegu durch den birmanischen König Alaungpaya ihr Ende fand. Bereits seit dem 16. Jh. setzten sich Gruppen von M.-Flüchtlingen in das benachbarte Thailand ab, wo sie ihren Flüchtlingsstatus z. T. bis heute

behalten haben. Der M.-Minderheit in Birma wurden bei der Neugliederung des Landes nach der Unabhängigkeit keine Autonomierechte eingeräumt; der Prozeß ihrer Birmanisierung schreitet rasch fort.

Lit.: 227
Karte: Hinterindien (Abb.: 70)

Mongo
Bamongo, Lolo

Afrikanische Waldlandbauern in N-Zaïre mit zahlreichen Unterstämmen (Ekonda, Kundu, Kela, Bosaka, Mbole, Ngandu u. a.); ca. 1,5 – 2 Mio. Sprache: nordwestl. Bantu.
Die M. sind Jäger, Fischer und – v. a. in letzter Zeit – Pflanzer, die im Brandrodungsbau hauptsächlich Maniok und Kochbananen anbauen. In beschränktem Umfang wird auch Kleintierzucht getrieben (Ziegen und Hühner).
Mehrere M.-Weiler bilden eine Dorfgemeinschaft. Die Autorität liegt in Händen des Klanältesten. Die Oberschicht der Bolia, die aus dem O eingewandert sind und die SW-M. überlagerten, stellten den »ekopo«, einen Herrscher, dessen Befugnisse seit der Kolonialisierung jedoch aufgehoben wurden. Die politische Rangfolge der Amtsträger, der »nkumu«, vom König bis zum Dorfoberhaupt, entspricht der Ordnung der Lokalgeister. Auch andere M.-Gruppen (Ntomba, Basengele) sind ähnlich organisiert, doch bei den meisten M. gibt es keine Autorität oberhalb der souveränen Klane+. Die Beziehungen zwischen Klanen werden durch Verträge, früher auch durch Krieg bestimmt.
Die M. glauben an ein höchstes Wesen, Schöpfer und Ordner alles Bestehenden, der als väterlich vorgestellt wird; er gilt als Herr über Leben und Tod. Magie und Wahrsagerei sind noch alltägliche Bräuche.
Unter den westl. M. leben verstreut Gruppen kleinwüchsiger Jäger und Sammler, die jeweils einer Gruppe der M. angeschlossen sind. Sie unterscheiden sich von den Pygmäen des O und W durch höheren Wuchs und das Fehlen einiger charakteristischer Pygmäen-Rassenmerkmale; die Ursache ist wohl in der trotz aller Verbote vorkommenden Mischung mit den Großwüchsigen zu suchen. In der Literatur sind sie als Batwa bekannt.

Lit.: 1109, 1110, 1117, 1137
Karte: Zentral- u. Ostafrika (Abb.: 106)

Mongolen

In zahlreiche Stämme unterteiltes Staatsvolk der VR Mongolei. 1975: 1,4 Mio., dazu ca. 1,7 Mio. in der VR China, v. a. im »Autonomen Gebiet der Inneren Mongolei«. Die Sprache der M., unterteilt in einen östl. und westl. Zweig, gehört zur altaischen Sprachfamilie. Nicht nur in der Sprache, auch in der Kultur lassen sich zwischen Ost- und Westmongolen Unterschiede feststellen, die sich allerdings heute weitgehend verwischt haben. Die wichtigsten ostmongolischen Stämme sind: Khalka (das Staatsvolk der VR Mongolei) und Burjaten; Kalmücken, Torguten, Dörbet, Ölöten u. a. sind Westmongolen. Der Siedlungsraum der M. reicht von der sibirischen Taiga im N bis zu den Sand- und Lehmwüsten der Gobi und dem großen Bogen des Huangho im S. Im O. überwiegen Steppen und Hügel, Salzseen und Salzsümpfe, im W Gebirge (Mongolischer Altai und Gobi-Altai).
Entsprechend dieser geographischen Unterschiede waren die Formen des Nomadismus, früher Subsistenzgrundlage der meisten M., differenziert: im W zog man im Sommer über kurze Distanzen ins Gebirge und im Herbst hinunter an den Fuß der Berge und in geschützte Flußtäler, im O dagegen machte die größere Trockenheit weitere Wanderungen zwischen Sommer- und Winterweiden notwendig. Die fünf »klassischen« Herdentiere der M. waren: das Schaf als Fleisch-, Milch-, Fett- und Wollieferant; die Ziege, das wichtigste Herdentier überhaupt, sie produzierte vor allem Haare und Milch; kleinwüchsige Rinder, die als Fleisch-, Milch- und Zugtiere dienten; das Kamel als Last- und Zugtier, durch seine äußerste Genügsamkeit für lange Wanderungen und auch den Karawanenhandel geeignet; es lieferte außerdem Haare und Milch. Das Pferd, dem die ganze Liebe der M. galt, war für den Hirten, der die weitverstreuten Herden bewachen mußte, unentbehrlich, außerdem lieferte es Milch, die zu Kumys, dem Nationalgetränk der M., vergoren wurde. Als sechstes Tier könnte man in einigen gebirgigen Gegenden den Yak oder Grunzochsen nennen, der ab 2–3000 m die Rolle des Rindes übernimmt. Die große Unterschiedlichkeit der Tiere, die jeweils ganz bestimmte Weiden brauchten, führte zur Verbindung mehrerer Familien, die ihre Tiere getrennt nach Gattungen, aber gemeinsam zur Weide führten. Häufig waren es Verwandte, die ein solches Jurtenlager miteinander teilten. Da man das Vieh während des gesamten Jahres im Freien hielt und keinerlei Stallhaltung oder Fut-

terwirtschaft kannte, war das Wirtschaftssystem der M. außerordentlich anfällig für Naturkatastrophen (Dürre, Kälte, zu hoher Schneefall, Stürme), auch Tierseuchen oder reißende Wölfe. Gemildert wurde diese Gefahr durch die Haltung verschiedener Tiere, so daß etwa bei einer Seuche nicht die gesamte Herde einging. Milch und Fleisch waren die Hauptnahrungsmittel, nur eine Minderheit (hauptsächlich westmongolische Stämme) betrieb als Hilfszweig ein wenig Bodenbau (Gerste, Hirse). Ergänzend kam noch das Sammeln wilder Pflanzen hinzu. Die Jagd verlor durch die Verbreitung des buddhistischen Tötungsverbots immer mehr an Bedeutung. Ursprünglich waren handwerkliche Fertigkeiten auf die Verarbeitung der eigenen Produkte beschränkt. Seit der Entstehung klösterlicher Zentren im 17. Jh. etablierte sich dort ein spezialisiertes Handwerkertum. Das nomadische Leben erforderte vor allem praktische Reitkleidung; der lange, von links nach rechts übergeschlagene Kittel bildete eine Art Brusttasche, die dem Reiter die Hände freihielt. Komplizierte Kleidung und Haartracht konnte sich nur der Adel leisten, wie etwa bei den Khalka die als eine Art Flügel bis zu den Schultern gebogenen Zöpfe der Frauen, verziert mit Korallen, Türkisen und Silberfiligranarbeiten. Die politische und ökonomische Macht lag in der Hand der kleinen Adels- und Fürstenschicht (ca. 10%), die sich zum Teil von Dschingis Khan selbst ableitete. Ihre Mitglieder besetzten nach Einführung des Lamaismus+ auch die wichtigsten Kirchenämter. In ihrem Besitz befand sich fast 50% des Viehbestandes. Die mongolische Bevölkerung hatte dem Adel Abgaben und Arbeitsleistungen zu erbringen oder auch als erbliche Leibeigene zu dienen. Es ist heute schwierig, die Religion der M. vor Einführung des Lamaismus im 17. Jh. zu rekonstruieren. Zum einen wurde sie erst sehr spät aufgeschrieben, zum anderen suchte sie sich vor Verfolgung durch Einführung lamaistischer Phraseologie zu schützen. Wichtige Aufschlüsse liefern die Vorstellungen der mongolischen Burjaten, bei denen der Lamaismus erst spät Fuß fassen konnte und die zwischen 16. und 18. Jh. viele Flüchtlinge aus der Mongolei aufnahmen. Zentrale Figur der mongolischen Volksreligion war der Schamane als Mittler zwischen irdischer und überirdischer Welt. Er verkehrte mit Hilfe seiner Schutzgeister mit den personifizierten Naturgewalten, den Ahnengeistern der Verstorbenen und der Unterwelt. Er konnte die Zukunft aus dem Schulterblatt eines Schafes wahrsagen, böse Geister, die die Menschen in Form von Krankheit und Besessenheit heimsuchten, mit seinen guten Schutzgeistern bekämpfen. Auf seiner ekstatischen Reise ins Jenseits erfuhr er den Willen der Geister und konnte so die Menschen vor Krankheit und Katastrophen schützen. Hausgötter und Ahnengeister, aus Filz geschnitten, befanden sich in jeder Jurte und wurden mit Libationen und Opfern, besonders am Fest der Sommersonnenwende, besänftigt und gnädig gestimmt. Zur Bekehrung der M. zum Lamaismus, insbesondere des Adels, kam es seit Ende des 16. Jh., ausgelöst durch eine Flucht lamaistischer Mönche aus China in die Mongolei einerseits und kriegerische Vorstöße der Westmongolen nach Tibet andererseits. Die Glaubensänderung zog tiefgreifende politische, wirtschaftliche und soziale Konsequenzen nach sich. Der bisher führende Adel erhielt durch mächtige Klostergemeinschaften ein wirtschaftliches und politisches Gegengewicht; Wissenschaft, Geschichte, Kunst und Handwerk wurden dort gepflegt. Ein Großteil der männlichen Bevölkerung (im 19. Jh. ein Drittel!) gehörte dem Mönchsstand an und wurde damit der produktiven Wirtschaft entzogen. Und schließlich sah China im Lamaismus ein willkommenes Mittel, die widerspenstigen M. zu friedlichen Nachbarn und Untertanen zu machen. Zwar wurde nach der Bekehrung der Schamanismus verfolgt, die Séancen verboten, jedoch erwies sich der Lamaismus trotz aller Gegensätze als ein Hort der Volksreligion, die sich äußerlich der neuen Glaubensform anzupassen verstand. Viele der alten Geister und Götter wurden so dem lamaistischen Pantheon eingegliedert. Selbst der Kult Dschingis Khans wurde innerhalb des lamaistischen Ahnenkults geduldet. Noch in jüngerer Zeit war eines seiner Heiligtümer in der Inneren Mongolei erhalten. In seiner Gestalt verkörpert sich noch heute für viele M. die Glanzzeit ihrer Geschichte und zugleich das Ideal eines mongolischen Helden.

Auf dem Territorium der heutigen Mongolei gab es sowohl in vorchristlicher wie christlicher Zeit eine Reihe von Staatsbildungen (Hiungnu, Toba, Juan-Juan, türkisches Khanat, Uiguren, Kitan), doch beginnt die Geschichte der M. selbst erst zu Anfang des 13. Jh. nach dem Untergang der Kitan und ihrer Einigung durch Temudschin, einen verarmten Adligen (geb. 1155 oder 1167). Er überwand die alten Stammesstreitigkeiten durch eine neue, alle einigende Wehrverfassung und faßte die Stämme zu einem Volk mit der gemeinsamen Bezeichnung »Mongolen« zusammen. Straffe Disziplin, ein Rechtskodex, der die sozialen und wirtschaftlichen Verhältnisse neu regelte, eine starke Zentralisierung der Macht in seiner Person machten die M. zu einem einheitlichen Verband von unerhörter Schlagkraft. 1206 wurde Temudschin zum Großkhan oder Dschingis Khan gewählt. Als er 1227 starb, war ganz China und Mittelasien bis zum Kaukasus unterworfen. Der Zerfall des Reiches in mehrere Teile begann schon unter seinen Söhnen; die mongolischen Stämme fielen wieder auseinander. Eine Wiedervereinigung gelang für kurze Zeit den westl. M. um die Mitte des 15. Jh. Ihr erneuter politischer Aufschwung seit Mitte des 17. Jh. wurde von China argwöhnisch beobachtet und Mitte des 18. Jh. mit der Vernichtung des Dsungaren-Reiches endgültig beendet. Die M. wurden damit zu chinesischen Untertanen.

Die weiterhin lebendigen Einheits- und Selbständigkeitsbestrebungen der M. wurden durch das Vordringen Rußlands nach Ostasien im 19. Jh., die Expansionsbestrebungen Japans seit Beginn des 20. Jh., die chinesische Revolution von 1911 erschwert und schließlich auch in diesem Spannungsfeld zerrieben. Als 1912 die Äußere Mongolei unter russische Schutzherrschaft geriet, während die Innere Mongolei und ihre Bewohner weiterhin im chinesischen Reich verblieben, begann die nationale Desintegration der M. durch völlig getrennte wirtschaftliche, politische und gesellschaftliche Entwicklungen. Die M. der Inneren Mongolei hatten unter der massiven chinesischen Einwanderung in ihre Weidegebiete zu leiden (seit 1926 pro Jahr 1 Mio.), wurden vom guten Weideland verdrängt, oft auch enteignet, verschuldeten sich und wurden nicht nur von den chinesischen Beamten, sondern auch ihrer eigenen Adelsschicht ausgebeutet, die sich zusammen mit dem lamaistischen Klerus zum Werkzeug chinesischer Politik machen ließ. Die japanische Invasion 1932 ließ die mongolischen Nationalisten der Inneren Mongolei auf eine Besserung hoffen, und die Japaner unterstützten anfangs auch durchaus aktiv pan-mongolische Ideen – zum eigenen Nutzen – und auch die mongolische Kultur, doch gingen diese Ziele schließlich in den größeren Problemen des Weltkrieges unter. Der Zusammenbruch Japans und der Sieg des Kommunismus in China machten das Verbleiben der Inneren Mongolei unter chinesischer Herrschaft und damit die Trennung von der Äußeren Mongolei endgültig. Zwar kam es noch während mehrerer Jahre zu Aufständen und Sabotage von Widerstandsgruppen, doch als es zwischen China und der Sowjetunion zum Bruch kam, mußte man die pan-mongolischen Ziele begraben. Die heutigen M. der Inneren Mongolei, nur noch eine Minderheit unter Chinesen, leben überwiegend auf Staatsgütern, die auf Viehzucht spezialisiert sind. Ganz anders verlief die Entwicklung in der Äußeren Mongolei. Abgeschreckt von der Sinisierungswelle in der Inneren Mongolei und aus Furcht vor chinesischer Expansion verband sich die seit 1911 von China unabhängige Äußere Mongolei mit Rußland. Dieser erste moderne mongolische Nationalstaat war noch ganz traditionell geprägt; Adel und Geistlichkeit regierten. Abgeschreckt von den Greueln der russischen Gegenrevolution auf mongolischem Territorium, gründete 1921 eine maßgeblich kommunistische Intellektuellengruppe die VR Mongolei. Die erste einschneidende Maßnahme des neuen Regimes war die Kollektivierung. Sie wurde von den mongolischen Nomaden mit der Schlachtung ihrer Tiere beantwortet; die Bevölkerung verarmte und hungerte in der Folgezeit in einem solchen Ausmaß, daß die Maßnahme zurückgenommen und eine Reprivatisierung durchgeführt werden mußte. Konfiszierungen der großen Ländereien, die dem Adel und Klerus gehörten, und unter russischem Einfluß auch die Liquidierung der Fürstenschicht und national gesonnener Führer begannen 1928. Den wiederholten und regelmäßigen Säuberungen gegen nationalistische Strömungen fielen oft auch einflußreiche Politiker und Militärs zum Opfer. Die einst alle Bereiche des Lebens durchdringende lamaistische Religion ist nach den großen Klosterschließungen der dreißiger Jahre auf ein Minimum zurückgegangen. Schamanistische Betätigung steht unter Strafe, doch scheinen männliche wie weibliche Schamanen im Geheimen weiterzuarbeiten. Die starke sowjetische Einflußnahme, begünstigt durch die geographische Umklammerung, hat sich bis heute in der VR Mongolei gehalten. Verfassung, Politik und Parteiorganisation orientieren sich am sowjetischen Muster. 1941 wurde sogar das kyrillische Alphabet übernommen. Fast die Hälfte der Bevölkerung ist heute in der mittlerweile kollektivierten Viehzucht beschäftigt, die teilweise noch nomadisch betrieben wird. Der von den M. früher verachtete Bodenbau wurde inzwischen so intensiviert, daß seine Erträge zur Deckung des eigenen Bedarfs ausreichen.

Lit.: 120, 127, 131, 143
Karte: Zentral- u. Nordasien (Abb.: 97)

Montagnards

Aus dem franz. kolonialen Sprachgebrauch übernommene Sammelbezeichnung für die Mon-Khmer- und austronesische Sprachen sprechenden Bewohner des Berglandes von S-Vietnam, O-Kambodscha und Laos. Die in Vietnam und Laos üblichen verächtlichen Bezeichnungen als »Moi« (»Wilde«) bzw. »Kha« (»Sklaven«) beziehen sich auf das gegenüber den Talbewohnern »primitivere« Erscheinungsbild der M. Die höher organisierten, »zivilisierter« wirkenden Tai und Miao-Yao sprechenden Bergvölker von N-Vietnam und Laos werden im allgemeinen weder als M. noch als Moi/Kha bezeichnet. Die Gesamtzahl der 33 M.-Völker von S-Vietnam liegt bei 1 Mio.; die von Laos und Kambodscha dürften jeweils weniger als 200 000 zählen. Die größten Mon-Khmer-Gruppen sind die Bahnar, Ma, Mnong, Sedang, Loven und Khmu, von den austronesisch sprechenden Völkern sind vor allem die Jarai, Raglai und Rhadé bekannt.

Während die im NW lebenden Khmu und T'in sowie die süd-laotischen Loven sich an die umgebende laotische und nordthailändische Landbevölkerung angepaßt haben (u. a. infolge häufiger Wanderarbeit der Männer), konnten die M. des südvietnamesischen Hochlandes bisher ihre kulturelle Eigenständigkeit wahren. Dank der für alle Gruppen ähnlichen Umweltbedingungen (steile, kommunikationsfeindliche Gebirgshänge mit tropischem Monsunwald) sind wirtschaftliche Grundlage und politische Struktur bei allen M. etwa gleich. Im Mittelpunkt der Wirtschaft steht der Brandrodungsbau+: nach dem Roden und Abbrennen eines Waldstücks kann der Boden 1–3 Jahre bepflanzt werden; anschließend ist eine Brachezeit von ca. 15 Jahren zur Bildung von Sekundärbewaldung und Wiederherstellung der alten Fruchtbarkeit notwendig. Die wichtigste Anbaupflanze ist der Bergreis, daneben meist noch Hirse, Mais, Kürbisse, Maniok und Jams; in der Nähe der Behausungen werden in Küchengärten Gemüse, Tabak, Gewürze und Fruchtbäume gepflanzt. Die Haustierhaltung (Geflügel, Schweine, Büffel) erfolgt überwiegend zu religiösen Zwecken (Opfertiere), doch wird der Besitz von Büffeln auch als Maßstab für Reichtum und Ansehen betrachtet. Jagd (Fallen, Pfeil und Bogen, Speere, Gewehre), Fischfang (Angel, Reusen, Gift) und das Sammeln von Wildpflanzen ergänzen die Nahrungsgewinnung. In der materiellen Kultur spielen Holz und Bambus als Werkstoffe die größte Rolle; einige M.-Gruppen sind für ihre farbenprächtige Baumwollweberei bekannt (Frauenröcke, Lendenschurze). Da die M. in der Regel Selbstversorger sind, ist der Handel mit den Tieflandbewohnern unbedeutend. Lediglich Salz und Eisengegenstände werden regelmäßig importiert.

Keins der M.-Völker kennt eine zentrale Stammesorganisation: die größte politische Einheit ist in der Regel das Dorf, das von einem gewählten Häuptling mit Unterstützung eines Ältestenrates geleitet wird; wichtige Entscheidungen setzen die Zustimmung der (stets männlichen) Haushaltsvorstände voraus. Die M.-Dörfer bestehen z. T. aus Einfamilienhäusern (Pfahlhäuser mit Bambuswänden und grasgedeckten Dächern, nur bei den Mnong ebenerdige Häuser), z. T. aber auch aus Langhäusern, in denen verwandte oder befreundete Familien nebeneinanderliegende »Appartements« bewohnen. Bei den austronesisch sprechenden M. ist die Wohngemeinschaft stets eine exogame+ Matrisippe+, die hier als wirtschaftlich und politisch solidarische Gemeinschaft den Kern der Gesellschaftsordnung bildet. Während die älteren Frauen Besitzerinnen der Häuser, Haustiere und Landrechte sind, haben auch in diesen »mutterrechtlichen« Gruppen stets Männer die politischen Positionen inne. Bei der Mehrzahl der Mon-Khmer-sprechenden M. folgen Abstammung und Vererbung dem bilaterale+ Prinzip. Viele der nördlicheren M.-Dörfer gruppieren sich um ein Gemeinschaftshaus, das in seiner Funktion als Versammlungsort und Erziehungsstätte der männlichen Jugend den Morung der → Naga ähnelt. Es ist stets das am reichsten mit Schnitzereien verzierte Gebäude des Dorfs und dient häufig auch als rituelles Zentrum und Aufenthaltsort des lokalen Schutzgeistes. Die traditionellen Religionen der M. haben als wesentliche Elemente die Sorge um die Fruchtbarkeit der Felder und die Abwehr böser Geister gemeinsam. Bei besonders wichtigen Anlässen werden im Rahmen einer dorfweiten Zeremonie Wasserbüffel oder Stiere an eigens hierfür aufgestellten Opferpfählen geschlachtet und die Schädel mit den Hörnern anschließend im Gemeinschaftshaus aufgehängt. Neben den Dorfpriestern, die häufig über beträchtlichen politischen Einfluß verfügen, spielen Schamanen eine wichtige Rolle. Sie können mit der Geisterwelt in Verbindung treten und dadurch z. B. Krankheitsursachen herausfinden. Die für die meisten M. charakteristische Sitte des Ausschlagens oder Abfeilens der Schneidezähne im Pubertätsalter hatte ursprünglich sicherlich auch religiöse

Gründe (ähnliche Gebräuche sind z. B. in Vorderasien schon für die Steinzeit belegt!), wird aber heute nur noch als »kosmetische« Operation ausgeführt.

Bei der Mon-Khmer sprechenden Mehrheit der M. handelt es sich um Überreste einer Bevölkerungsschicht, die einst weite Bereiche Hinterindiens beherrschte (aus den ersten Jh. n. Chr. wird von einem »Kha«-Königreich im heutigen laotisch-birmanischen Grenzgebiet berichtet), dann aber im Verlauf des ersten und frühen zweiten Jt. von verwandten Gruppen (→ Khmer) sowie durch von N eindringende → Tai und → Vietnamesen in ihre heutige unwirtliche Bergheimat abgedrängt wurde. Der austronesisch sprechende Teil der M. ist sprachlich und kulturell mit den → Cham verwandt, deren Herkunft bislang unklar ist, die jedoch spätestens seit dem 2. Jh. n. Chr. die Tiefländer des heutigen mittleren Südvietnam besiedelten. Die M. reagierten auf die franz. Kolonialherrschaft unterschiedlich. So arbeiteten z. B. die Bahnar mit den Kolonialbeamten und Missionaren zusammen, während sich die Sedang den neuen Herren von Anfang an widersetzten. Während und nach der Kolonialzeit fanden zahlreiche Angehörige der M. auf den Tee-, Kaffee- und Kautschukplantagen des Hochlandes Arbeit. Im Vietnam-Krieg war die Loyalität der M. gespalten: während die Mehrheit versuchte, sich aus den Kämpfen herauszuhalten (Häuser und Dörfer wurden mit Schutzzäunen versehen), unterstützten andere Gruppen die Amerikaner oder die Befreiungsfront, was Vergeltungsaktionen der jeweils anderen Seite zur Folge hatte und verschiedentlich zu Deportationen ganzer Dörfer führte.

Lit.: 207, 213, 215, 233, 237, 250, 260, 261, 266
Karte: Hinterindien (Abb.: 70)

Moros und Filipinos

Die muslimische Bevölkerung der S-Philippinen wird unter der spanischen Bezeichnung Moros (= Mauren) zusammengefaßt.

Die M. gehören – wie auch die christlichen Filipinos – zu den Jung-Indonesiern (→ Indonesier). Von den 45 Mio. Menschen, die 1975 auf den Philippinen lebten, waren 89% Mitglieder der römisch-katholischen und anderer christlicher Kirchen; ca. 5% Anhänger des Islams.

Die M. sind kulturell heterogen. Sie gliedern sich in vier Haupt- und zahlreiche kleinere Ethnien, die in hierarchisch strukturierten, dörflichen Gemeinden unter datus (Anführern) leben, die für die Wahrung der Gesetze des Islams verantwortlich sind. Die Taosug (1960: 238 000) und Samal (68 000) bewohnen die Inseln des Sulu-Archipels. Die Marano (1960: 410 000) leben an der NW-Küste Mindanaos, die Maguindanao (359 000) im Gebiet des Rio Grande de Cotabato (Mindanao). Als kleinste muslimische Einheit gelten die Badjao: in Hausbooten lebend nomadisieren sie an den Küsten der Sulu-See, betreiben Fischfang und Handel. Die Mehrheit der M. dagegen sind Bauern: die Maguindanao kultivieren Naß- und Trockenreis; bei den Marano ist auch Viehzucht verbreitet.

Der Islam erreicht die Philippinen schon im 14. Jh. Sultanate entstanden, von denen Cotabato, Maguindanao und Sulu die bedeutendsten waren. 1565 hatte sich der Islam bereits bis zur Bucht von Manila vorgeschoben. Doch die Spanier, die ab Mitte des 16. Jh. mit der christlichen Missionsarbeit begannen, drängten den Islam zurück. Ihnen gelang es allerdings nicht, Teile Mindanaos und den Sulu-Archipel (heutige Hochburgen des Islams) in ihr Kolonialreich zu integrieren, das die nördl. Inseln bereits vereinte. Die M. stellten nicht nur für die Spanier, sondern auch für die Amerikaner (1898–1945) und heute für die philippinische Regierung ein Problem dar. Sie sind nicht bereit, sich einem politischen System unterzuordnen, das sie nicht selbst kontrollieren. Durch die wachsende politische und wirtschaftliche Einflußnahme von Christen auf Mindanao fühlen sie sich bedroht. Sie fordern ihren eigenen Staat und bekämpfen christliche Siedler in ihren Gebieten.

Den weitaus größten Bevölkerungsanteil stellen auf den Philippinen die römisch-katholischen Millionenvölker: ihre Angehörigen gelten als die eigentlichen Filipinos (Philippinen). Die Tagal (ca. 9 Mio.) sind das politisch und kulturell führende Volk. Ihr Idiom wurde zur Staatssprache erklärt. Sie leben in und um Manila, im südl. Luzon und an der Küste von Mindoro. Die Bisaya (oder Visayan) sind mit 13 Mio. das größte jung-indonesische Volk in den zentralen Philippinen.

Auch die Bikol (3 Mio.), Iloko (oder Ilokano) (4,5 Mio.), Pangangan (über 1 Mio.), Pangasinan (ca. 1 Mio.), Sambal (200 000) und Ibanag (oder Cagayan) (400 000) sind Jung-Indonesier, die dem katholischen Glauben angehören.

Lit.: 325, 332, 336, 339 (II)
Karte: Südostasiatischer Archipel (Abb.: 79)
Abb.: 140, 141

Moros und Filipinos

Abb. 140: Coca Cola und Konserven erfreuen sich meist größerer Beliebtheit als einheimische Getränke und Produkte, die in offenen Läden angeboten werden. Catbalopan, Philippinen. (Foto: Hutterer)

Abb. 141: Einzelne Völker der Philippinen (Negros, Daro) töpfern und brennen noch heute ihre Tongefäße selbst trotz zunehmenden Imports von Plastikwaren. (Foto: Hutterer)

Abb. 142: Das Fahrrad gilt dem Mosi-Bauern als ein Symbol bescheidenen Wohlstandes. (Foto: Pahlke)

Mosi
Mossi, Moshi

Größte und bedeutendste Bevölkerungsgruppe in der Republik Obervolta; ca. 1,8 Mio. Weitere 500 000 M. sind Wanderarbeiter in anderen Teilen Westafrikas. Ihre Sprache, More, gehört zu den Gur-Sprachen der Niger-Kongo-Sprachgruppe und wird von mehr als zwei Millionen Menschen in Westafrika gesprochen. (Zur Gur-Sprachfamilie gehören auch die Mamprusi, Dagomba, Tallensi u. a.)
Die Grundnahrung der M. ist Hirse; dazu werden zahlreiche andere Früchte angebaut. Viehhaltung ist alleinige Sache der Männer, aber im Feldbau herrscht fast gleiche Arbeitsteilung zwischen den Geschlechtern, wobei den Männern v. a. die schwere Rodungsarbeit überlassen bleibt. Handwerker, wie Schmiede und Lederarbeiter, werden als verachtete Kasten behandelt.
Das Verwandtschaftssystem ist patrilinear+, aber Großfamilien fehlen in der Regel. Bis zur franz. Kolonialperiode und der späteren Unabhängigkeit der Republik von Obervolta (1960) konnte das Königreich der M. als ein typisches Beispiel einer afrikanischen Despotie angesehen werden. Es hatte fast alle Kennzeichen einer Feudalgesellschaft mit Sklaven, freien Bauern und Adeligen; über allen stand ein absolutistisch regierender sakraler König. Dem König (Mogho

Naba) stand ein üppiger Hofstaat zur Verfügung mit Hunderten von Frauen, Ministern, Leibwachen, Eunuchen und Sklaven. Darunter stand eine straffe hierarchische politische Organisation: Jedes Dorf hatte ein Oberhaupt mit jeweils übergeordneten regionalen Autoritäten. Der noch heute nominell regierende Mogho Naba und sein Hof residiert in Ouagadougou.

Die Religion der bäuerlichen Landbevölkerung besteht auch noch heute großenteils aus einer Mischung von Ahnen- und Erdkult und dem Glauben an ein höheres Wesen, das über allen anderen überirdischen Wesen steht. Islam und Christentum haben in den Städten nur geringen Einfluß gewonnen.

Die M. sind um 1000 n. Chr. aus dem O in ihr heutiges Wohngebiet eingedrungen und haben Staaten (Dagomba, Maprusi, Yatenga, Wagaduga) gegründet, die noch bis in die franz. Kolonialzeit hinein bestanden. Im 14. Jh. eroberten die M. sogar Timbuktu. Den autochthonen Bodenbauern haben die M. ihre Sprache und die Kenntnisse ihrer hochentwickelten Handwerkskunst gegeben, auch die Großviehzucht (Rind, Pferd) ist durch die M. ins Land gekommen. Die Traditionen der M.-Reiche von Wagadugu und Yatenga mit ihren Ritualen an den Königshöfen erinnern stark an das pharaonische Ägypten. Die Versuche der Islamisierung wurden jahrhundertelang abgewehrt. 1896 wurde das M.-Land von den Franzosen erobert. Obervolta wurde ein Teil von Franz.-Westafrika. 1819 wurde Obervolta unter ziviler Verwaltung zu einer eigenen Kolonie erhoben, doch 1932 der Kolonie Elfenbeinküste angegliedert.

Unter dem Einfluß eines konservativen Königs, der seinen Machtbereich vor politischen Einflüssen aus der Elfenbeinküste schützen wollte, zu deren Verwaltungsbereich danach ein Teil des M.-Gebietes gehörte, stimmte die franz. Kolonialverwaltung 1947 der Gründung des Staates »Obervolta« als selbständiges Territorium zu; 1960 unabhängige Republik.

Lit.: 889, 901, 913, 922, 924, 950, 957
Karten: Westafrika, 16. Jh. (Abb.: 191)
　　　　Westafrika, 19. Jh. (Abb.: 225)

Munduruku

Indianische Bauern im Amazonasgebiet Brasiliens an den Tapajós-Nebenflüssen Cururu und Cadiriri; ca. 1500. Sprache: Tupí.

Brandrodungsanbau+ v. a. von Maniok (vgl. → Küsten-Kariben), daneben noch eine Vielzahl anderer Anbaupflanzen (zur Vielfältigkeit vgl. → Jibaro) – eine Quelle nennt 21 Pflanzen, die auf einem gewöhnlichen Feld anzutreffen sind, und 16 weitere, die ein Bauer gewöhnlich außerhalb des Hauptfeldes pflanzt. Sammeln z. B. von Paranüssen, und Jagd, bilden eine wichtige Ergänzung, hinzu kommt noch der Fischfang. Schon Anfang des 19. Jh. staunte ein Reisender über die große Menge Maniokmehl, welche die M. an Weiße regelmäßig verkauften. Heute sammeln sie auch Kautschuk und erjagen Felle für den Verkauf. Sie sind damit und durch ihre Abhängigkeit von Industrieprodukten wie Kleidung, Metallinstrumenten usw. in den brasilianischen Markt integriert.

Sippen- und Hälften-Organisation ähnlich wie bei den → Tukuna. Früher scheint ein Streben nach Prestige zu Konkurrenz unter den Kriegern geführt zu haben, die sich in der äußerst kriegerischen Haltung der M. und dem Streben nach Ruhm durch Erlangen von Kopftrophäen ausdrückte.

Die Sippenorganisation spiegelt sich im Kult der Sippen-Ahnen, daneben gibt es Schutzherren und -Frauen des Tierreiches gegen den Menschen, der so am Raubbau an der Natur gehindert wird. Zentrale Figur der Kulte ist der mythische Begründer der M.-Kultur, den die M. dem christlichen Gott gleichsetzen. Christliche Mission ist einflußreich.

Die M. waren früher eines der kriegerischsten Völker Südamerikas, als Kopfjäger gefürchtet. Im 18. Jh. griffen sie Städte der Weißen an, z. B. Belém und, zweimal in 10 Jahren, Santarém, dessen Festung sie tagelang belagerten. 1795 schlossen sie mit den Portugiesen Frieden. Sie wurden nun zur Führungsmacht einer Gruppe mit den Weißen verbündeter Völker und leiteten Angriffe auf andere, mit den Weißen verfeindete Gruppen. Im Auftrag der Weißen führten sie wahre Ausrottungskriege und Sklavenjagden auf feindliche Indianer durch. Sie verkauften außer Sklaven auch Waldprodukte, und integrierten sich so schon im 19. Jh. wirtschaftlich. Ein Teil von ihnen ging in der brasilian. Landbevölkerung auf. Ende des 19. Jh. setzte intensive Missionierung ein, wobei die M. in Siedlungen um die Mission konzentriert wurden.

Lit.: 759, 802
Karte: Nördliches Südamerika (Abb.: 209)

Murui
Witoto

Indianische Waldbauern in Kolumbien und Peru; mit den verwandten Muinane, Ocaina-Andoke und Bora zwischen oberem Putumayo und oberen R. Japurá über 8000.
Seit Ende 19. Jh. sammeln M. Kautschuk zum Verkauf an Weiße. Seit 1903 errichtete die später sog. »Peruvian Amazon Rubber Co.« ein Schreckensregiment mit Arbeitslagern, um die Indianer zu erhöhter Kautschuklieferung zu treiben. Bis 1910 sank dadurch (nach einer von der britischen Regierung veranlaßten Untersuchung) die indianische Bevölkerung der Region von ca. 50 000 auf ca. 10 000. 1916 unternahmen die M. einen Aufstand und bauten ein Dorf zur Festung mit Schützengräben und Tunneln aus. Die peruanische Armee eroberte das Dorf und tötete viele Aufständische. Doch verbesserten sich danach die Arbeitsbedingungen der Überlebenden. Die M. konnten wieder eigene Pflanzungen anlegen und ihre (jedes von mehreren Familien bewohnten) Gemeinschaftshäuser wieder errichten. Als erneut Weiße auf der Suche nach Kautschuk bei ihnen eindrangen, flohen die meisten M. 1926 in den Dschungel, wo sie sich in kleinen Gruppen versteckten. 1939 wurde für sie ein neues Konzentrationslager errichtet; eine menschlichere »Zivilisierung« versuchte die 1934 gegründete Kapuzinermission, der neuerdings evangelikale Missionare Konkurrenz machen.
Die M. ernähren sich vor allem von Maniok, gekocht, auf der Pfanne geröstet oder gegoren im Maniokbier. Es folgen Mais und Bananen, dann Waldfrüchte und Nüsse. Proteine werden durch den Fischfang gewonnen. Viele M. sind von Kautschukhändlern abhängig, oft in Schuldknechtschaft. Die Männer sind oft monatelang als Kautschuksammler, Felljäger oder Hilfsarbeiter im Auftrag nicht-indianischer »Patrone« von zu Hause abwesend. Andere integrieren sich allmählich in den Markt, indem sie Maniokmehl an Weiße verkaufen.
Die traditionelle Siedlungsweise ist heute aufgegeben, doch hat sich eine starke Solidarität, vielleicht gerade durch das Lagerleben gestärkt, erhalten. Die bis heute trotz Verschleppung vieler Kinder in Missionsinternate bewahrte Religion kennt einen Urvater, der sich aus Illusion des Gedankens erschuf, und ist gekennzeichnet durch sehr abstrakte philosophische Grundlagen. Sie drückt sich in Maskentänzen aus, die heute allerdings von der evangelikalen Mission bekämpft werden.

Lit.: 723, 766, 768, 772 (53)
Karte: Nördliches Südamerika (Abb.: 209)
Abb.: 84

Naga

Gruppe von kulturell verwandten Bergstämmen in NO-Indien. Sie bilden die Hauptbevölkerung des Unionsstaats »Nagaland«, finden sich aber auch in benachbarten Gebieten von Manipur und Arunachal Pradesh sowie im angrenzenden Bergland Birmas; Gesamtzahl in Indien ca. 700 000. Von den 32 bekannten N.-Stämmen sind die wichtigsten: Angami, Ao, Chakhesang, Chang, Kabui, Kalyo-Kengyu, Khienmungan, Konyak, Lhota, Mao, Phom, Rengma, Sangtam, Sema, Tangkhul, Yimchungr, Zeliang. Sprachen: tibeto-birmanisch (→ Hinterindien), wobei Ao und Lhota zu der Untergruppe der Kuki-Chin-Sprachen, die meisten übrigen zu der der N.-Sprachen gerechnet werden. Dialekte variieren von Dorf zu Dorf. Ursprünglich hatten die verschiedenen Stämme keine Vorstellung von einer gemeinsamen ethnischen Identität. Der Sammelbegriff »Naga« ist eine assamesische Fremdbezeichnung ungeklärten Ursprungs, während die N. selbst ihren jeweiligen Stammesnamen als Selbstbezeichnung benutzten. Die einzelnen Segmente der N.-Bevölkerung sind unterschiedlichen Ursprungs und haben sich erst in einem Prozeß gegenseitiger Anpassung und wechselnder Allianzen zu den heute existierenden ethnischen Einheiten formiert. Dabei hat sich eine in ihren Grundzügen gleichartige traditionelle Kultur herausgebildet.
Die auf den Bergkämmen errichteten Dörfer waren früher politisch autonom und schützten sich durch Palisaden und im Boden versenkte Bambusfallen gegen die Nachbardörfer, mit denen sie häufig in permanentem Kriegszustand lebten. Größere Siedlungen waren in mehrere »Viertel« (Khel) unterteilt, die jeweils von einem bzw. mehreren »verwandten« Klanen bewohnt waren und eigene Gemeinschaftshäuser (Morung) unterhielten. Diese dienten nicht nur den Knaben und unverheirateten Männern als Schlafstätte, sondern waren gleichzeitig auch die sozialen Zentren der von den Männern beherrschten Khel- und Dorfgemeinschaften. Ihre Insassen, oft in Altersgruppen unterteilt, erhielten hier ihre Erziehung zum Krieger und politisch verantwortlichen Mitglied der Dorfgemeinschaft. Als »Kasernen« hatten die Morung eine zentrale

Funktion für die Verteidigung des Dorfes. Die politische Struktur der N.-Dörfer variierte von Stamm zu Stamm beträchtlich. So wurden die Gemeinschaften der Angami, Ao, Lhota und Rengma von Dorfräten geleitet, ihre Häuptlinge hatten bestenfalls nominelle Autorität. Dagegen »regierten« die Häuptlinge der Chang und der Sema fast autokratisch, und bei einem Teil der Konyak fanden sich sogar Ansätze zu einer Schichtung in Adlige und Gemeine. Bei den meisten N.-Gruppen waren politische und zeremonielle Positionen an den Klan gebunden, dessen Angehöriger sie bei der Dorfgründung eingenommen hatte. Von den Konyak abgesehen, kannte die traditionelle Gesellschaftsordnung der N. keine erblichen Rangunterschiede. Persönliches Prestige konnte durch die Abhaltung von Verdienstfesten mit aufwendigen Tieropfern erworben werden. Der so erreichte Status wurde nach außen durch Giebelverzierungen am Wohnhaus demonstriert. Da bei wichtigen Anlässen dieser Art auch Gedenksteine errichtet wurden, rechnet man die N. zu dem in Hinterindien weit verbreiteten Kreis der sog. Megalithkulturen. Im übrigen verhinderte das Verdienstfest-Wesen wirkungsvoll die Konzentration von Reichtum bei einzelnen Familien: Produktionsüberschüsse wurden in Form eines solchen Festes an die übrigen Dorfbewohner verteilt, und dem Spender blieb nichts als der durch seine Freigebigkeit erworbene Ruhm.

Grundlage der Wirtschaft war der Anbau von Reis, bei den Angami auf terrassierten Bewässerungsfeldern, bei den übrigen N. auf Brandrodungsfeldern. Im letzteren Fall wurden neben dem Reis meist noch Hirse und Knollenfrüchte (Taro, Jams, Süßkartoffeln) gepflanzt. Die wichtigsten Haustiere waren Büffel (Mithan), Schweine, Ziegen, Hühner und Hunde. Ein Teil des Nahrungsbedarfs wurde zudem durch Jagd (Fallen, Treibjagd), Fischfang und Sammeln von Wildpflanzen, Honig und Insekten gedeckt. Materielle Kultur: solide rechteckige Häuser mit Gras- oder Palmblatt-gedecktem Dach und Bambuswänden, z. T. auf Pfählen (z. B. Ao), z. T. ebenerdig (Angami, Sema u. a.); Baumwollkleidung, deren mehrfarbige Ornamente oft Kriegserfolg und Status des Trägers anzeigten; Korbflechterei aus gesplissenem Bambus; Herstellung von Schmuck aus Rohr, Muscheln, Tierzähnen und Messing; wenig entwickelte Töpferei. Einige N.-Stämme galten als ausgezeichnete Holzschnitzer. Vor allem die Dorftore und die Pfosten der Morung waren ebenso wie die hier aufbewahrten riesigen Schlitztrommeln reich mit mythologischen Motiven beschnitzt. Im Morung (seltener im Häuptlingshaus) wurden ebenso wie an besonderen »Kopfbäumen« die im Krieg erbeuteten Schädel zur Schau gestellt. Die Kopfjagd, wegen der die N. in weitem Umkreis berüchtigt waren, beruhte auf der Vorstellung, daß die im Kopf wohnende magische Kraft die Fruchtbarkeit von Menschen, Tieren und Feldern fördere. Darüberhinaus bestimmte die Anzahl der erbeuteten Schädel das Prestige eines Kriegers. Hierbei spielte unser Begriff von Tapferkeit keine Rolle: Köpfe von Frauen und älteren Kindern besaßen den gleichen »Wert« wie die von feindlichen Kriegern. Eine soziale Komponente der Kopfjagd zeigt sich in der Regel, daß bei Auseinandersetzungen zwischen verschiedenen Khel desselben Dorfes die Gegner zwar getötet, aber nicht ihrer Köpfe beraubt werden durften. Neben dem Motiv der Kopfjagd war häufig auch territorialer Expansionsdrang als Folge wachsenden Bevölkerungsdrucks ein Grund für Überfälle auf Nachbardörfer. Der größte Teil des Nagalandes wurde bereits in den 80er Jahren des 19. Jh. von den Briten »befriedet« (unbotmäßige Dörfer wurden niedergebrannt), aber in einigen entlegenen Gebieten dauerte die Praxis der Kopfjagd noch bis in die Mitte dieses Jh. an.

Erste historische Angaben über die N. finden sich in Chroniken der Ahom (→ Tai-Völker), die – aus Birma eingewandert – Anfang des 13. Jh. in den Ebenen von Assam ihr Reich gegründet hatten. Die Beziehungen zwischen beiden Völkern waren zunächst feindlich, da die N. sich dem Herrschaftsanspruch des Ahom-Königs nicht beugten und ihrerseits Überfälle in die Ebene unternahmen. Erst ab dem 16. Jh., als die Ahom eine stabile Pufferzone gegen das erstarkende Birma im SO brauchten, kam es zu längeren Friedenszeiten, die vom formellen Austausch von Geschenken begleitet waren. Die britische Herrschaft in Assam (ab 1826) hatte zunächst kaum direkte Auswirkungen auf die N., deren Lebensbereich für die Kolonialherren wirtschaftlich uninteressant war. Nachdem sich aber zeigte, daß »Abkommen« mit einzelnen N.-Häuptlingen aufgrund der geringen politischen Organisation der N. nicht ausreichten, die angrenzenden Talbewohner vor Überfällen zu schützen, wurde gegen Ende des 19. Jh. die britische Kontrolle über den größten Teil der Bergregion ausgedehnt. Als »excluded area« blieb das Wohngebiet der N. jedoch verwaltungsmäßig vom übrigen Britisch-Indien abgetrennt, Zuwanderung aus den Ebenen Assams und wirt-

Abb. 143: Wallfahrtskirche auf der altmexikanischen Pyramide von Cholula bei Puebla, der größten Pyramide Amerikas. Wallfahrtsstätten der heutigen katholischen Indianer sind häufig auf vorspanischen Kultanlagen erbaut: Kontinuität im Wandel. (Foto: Lindig)

schaftliche Erschließung durch Privatleute wurde erschwert. Ausgenommen Kriegführung und Kopfjagd konnten die N. ihre internen Angelegenheiten selbst regeln. Nach der Unabhängigkeit Indiens (1947) führten militante Unabhängigkeitsbestrebungen schließlich zur Schaffung eines eigenen Unionsstaats »Nagaland« mit weitgehenden Autonomierechten im Jahre 1963. Während die Mehrheit der N. sich mit dieser Lösung zufrieden zeigte, führt eine militärisch organisierte Minderheit mit Unterstützung der VR China bis heute einen Guerillakampf zur Erlangung der vollständigen Unabhängigkeit. Beziehungen zur Bevölkerung des Tieflandes sind immer noch sporadisch; auch auf dem religiösen Sektor unterscheiden sich die N. von ihren Nachbarn: Zwei Drittel von ihnen sind christlich, nur etwa 10% Hindu. Trotz umfangreicher Entwicklungsprogramme auf den Gebieten des Straßenbaus und des Erziehungswesens gehen heute noch ca. 90% der N. den traditionellen Beschäftigungen des Brandrodungs- und Bewässerungsfeldbaus nach. Die neugeschaffene politische Struktur von Nagaland mit ihrem System von Distrikts- und Regionalparlamenten verwischt allerdings die alten Dorf- und Stammesgrenzen und trägt zur Entstehung einer gemeinsamen Identität als »Naga« bei.

Lit.: 222, 230, 235, 236, 263
Karte: Hinterindien (Abb.: 70)

Nahua

Die N. stellen mit 650 000 Menschen die größte Gruppe der Nahuatl-sprechenden Indianer Z-Mexikos dar, die ihrerseits mit über 1 Mio. die größte indianische Population Mexikos bilden und vor allem in den Staaten México, Puebla, Hidalgo, Tlaxcala und Morelos sowie im Distrito Federal der Hauptstadt wohnen. Nahuatl war auch die Sprache der Azteken; ihre Nachkommen werden auch »los mexicanos« genannt. Durch die Zerstörung der staatstragenden Oberschicht ist die aztekische Hochkultur verschwunden, zurückgeblieben ist eine bäuerliche Bevölkerung, die kaum noch spezifisch aztekische Kulturzüge besitzt, sondern eine überwiegend allgemein-mexikanische Mischkultur darstellt.

Die meisten N. sind heute bilingual, d. h. sie sprechen neben dem Nahuatl Spanisch.

Die erste wichtige Veränderung in der Kolonialzeit war die Einführung des Christentums und die Bildung eines indianischen Katholizismus, der symbolisiert wird durch die wunderbare Erscheinung der dunkelhäutigen Jungfrau von Guadalupe, die Nahuatl sprach und nach der aztekischen Erdgöttin auch Tonantzin genannt wurde. Weitere wichtige Veränderungen fanden auf dem Gebiet der Wirtschaft statt: neue Haustiere (Rind, Schaf, Ziege, Pferd), Kulturpflanzen (Weizen, Gerste, Obst) und Geräte (Pflug, Metallwerkzeuge) wurden eingeführt, während das höfische Kunsthandwerk unterging. Im Bodenbau setzte sich weitgehend der Pflugbau durch, der Grabstock (coa) ist nur noch dort in Gebrauch, wo der Pflug nicht verwendet werden kann. Die Felder in den Berggebieten (milpas) werden noch in alter Weise durch Brandrodung gewonnen. Mais, Bohnen, Chilipfeffer, Tomaten, Kürbisse, Agave (zur Erzeugung von Pulque, gebrannt: Tequila), Zuckerrohr, Reis und Kaffee sind Hauptanbaufrüchte. Weizen, Gerste und Kartoffeln werden meist vermarktet. Als Grundnahrungsmittel gilt für alle Indianer Mexikos gleichermaßen der Mais. Er wird mit Handreibsteinen (manos) auf steinernen Mahlplatten (metates) zusammen mit Staub aus gebranntem Kalk zu Mehl zerrieben, das dann auf erhitzten Steinen oder Tonplatten (comales) in dünnen Fladen (tortillas) gebacken wird. Als Beikost dienen verschiedene Gemüse- oder Fleischarten, früher war es meist Truthahn, heute ist es Hühnerfleisch. Für die Hochebenen und höheren Lagen im Gebirge ist das Rechteckhaus aus Trockenlehmziegeln (adobes) mit einem Giebeldach aus Palm- oder Agaveblättern, Gras oder Holzschindeln charakteristisch. Daneben gibt es in den tieferen Lagen den flüchtig erbauten jacal, eine Hütte aus mexikanischem Bambus mit Strohdach. Neben den Wohnhäusern sind Vorratsspeicher und Schwitzhütten (temascales) zu finden. Die Dörfer der N. sind um ein Zentrum mit Kirche und Marktplatz angelegt (cabecera), in den kleinen Städten haben die Stadtviertel (barrios) ihre eigenen Kirchen mit eigenen Schutzheiligen. Die Märkte sind Treffpunkte der Frauen aus den entlegenen Weilern; jedes Dorf hat seinen festen Standplatz auf dem Markt des Hauptdorfes. Die politische Struktur der Gemeinde wird heute im wesentlichen von den allgemein geltenden Staatsgesetzen bestimmt, welche die Zahl der Amtsträger, ihre Amtsbezeichnungen und ihre Funktionen genau festlegen. Neben den offiziellen Amtspersonen gibt es die von den N. nach eigener Tradition eingesetzten religiösen Würdenträger, deren Ämter auf ein altes System einer strengen sozialen und religiösen Rangstufenleiter zurückgehen und meist einjährig besetzt sind. Alle Männer einer Gemeinde ordnen sich diesem System unter. Je nach ihren Erfolgen und Interessen können sie sich für eine politische (früher: militärische) oder zeremonielle Laufbahn entscheiden. Sie durchlaufen eine Anzahl von Ämtern (cargos) und haben die Möglichkeit, im Laufe ihres Lebens bis zur höchsten Stufe eines »Ältesten« (principal) zu gelangen, aus denen die Mitglieder der Ratsversammlungen gewählt werden. In diesen Gremien verzahnt sich das indianische mit dem spanischen Verwaltungssystem.

In der Sozialstruktur bildet die Familie in der Form der Gemeinschaft des Haushaltes auch heute noch den Kern der intakten sozialen Umwelt. Gleichzeitig stellt der Haushalt auch die ökonomische Grundeinheit dar, die die Produktion, die Konsumption und die Rekrutierung der Arbeitskräfte kontrolliert, d. h. die Mitglieder eines patrifokalen+ Haushaltes bestellen gemeinsam ein Stück Land oder üben gemeinsam ein Handwerk aus, dessen Produkte dann auf den Märkten feilgeboten werden. Neben der Familie als Blutsverwandtschaft steht das Compadrazgo-System, die zeremonielle Patenschaft, die v. a. die Gevatter verbindet und zu gegenseitiger Hilfe verpflichtet. Es wurde von den Spaniern eingeführt und ist hauptsächlich von den Priestern verbreitet worden, um die Christianisierung voranzutreiben.

Die N. sind fromme Katholiken. Der Dorfheilige als Schutzpatron steht heute anstelle des früher verehrten Schutzgeistes; ihm zu Ehren werden die Fiestas abgehalten, die von den Mayordomos, einem Ehrenamt, organisiert und finanziert werden. Neben zahlreichen »Cristos« wird vor allem die heilige Jungfrau von Guadalupe verehrt. Der Glaube an vorchristliche Götter und Geister ist bei den N. kaum noch verbreitet.

Lit.: 670, 675, 677
Karte: Mexiko (Abb.: 77)

Nanai

Früher Golden, ein Volk mit tungusischer Sprache (mandschurischer Zweig) an beiden Ufern des unteren Amur um die Einmündung des Ussuri und zwar sowohl auf der sowjetischen wie auch chinesischen Seite, in der UdSSR (1970) 10 000 in der VR China (1953); 1 000.

Besonders die im Amur-Tal direkt wohnenden N. waren Fischer, fingen Stör und – als diese Fischart zurückging – den Salm, der im Sommer flußaufwärts zieht. Für die überwiegend fischfangtreibenden N. war daher der Spätsommer der Höhepunkt des Wirtschaftsjahres. Fisch bildete das Hauptnahrungsmittel dieser N.-Gruppen, war wichtigster Vorratsartikel, wurde außerdem zu Fischöl und Fischhaut für Kleider weiterverarbeitet und auch nach China, später Rußland, verhandelt. Vor allem bei jenen N., die an den Nebenflüssen des Amur wohnten, überwog die Jagd auf Elch, Hirsch und Wildeber wegen des Fleisches, auf Zobel und nach dessen Ausrottung auf das Eichhörnchen wegen des Pelzes. Für diese N. war der Handel nach China mit Moschus, Hirschgeweihen – dort als Aphrodisiakum begehrt – und Pelzen einträglich. Das Sammeln vegetabilischer Nahrung ergänzte Jagd und Fischfang. Je nach Wirtschaftsweise besaßen die N. Sommer- und Wintersiedlungen – etwa an den Plätzen wo der Salm gefangen oder der sibirische Hirsch gejagt wurde – und bewohnten dort unterschiedliche Haustypen wie leicht aufschlagbare, mit Birkenrinde bedeckte Holzzelte oder feste Holzhäuser. Die Sippe bildete sowohl die übergeordnete religiöse als auch wirtschaftliche und territoriale Einheit. Diese Sozialstruktur war jedoch schon Ende des 19. Jh. in Auflösung begriffen. Berühmt in den angrenzenden Regionen waren die Schmiede der N., die nicht nur Geräte für ihren eigenen Gebrauch (u. a. Jagdwaffen), sondern auch Helme nach Art der Mandschu herstellten und seit Mitte des 17. Jh. ihre Erzeugnisse nach China und an Nachbargruppen weiterverhandelten. Große Kunstfertigkeit zeigten die N. auch bei Schnitzereien in Knochen und Holz, bei Stickerei und Malerei. Der chinesische Einfluß innerhalb der Ornamentik tritt dabei klar hervor. Pelze und Fischhaut wurden zu Kleidern verarbeitet; aus Birkenrinde, Holz und chinesischer Seide wurden Kopfbedeckungen gefertigt. Einige Gruppen der N. tatauierten das Gesicht. Nominell waren die N. Christen, jedoch verloren ihre eigenen religiösen Traditionen, vermischt mit chinesischen und manchurischen Glaubenselementen nicht ihre Gültigkeit. Herrengeister der Natur und der Elemente wurden beopfert, himmlische und irdische, gute und böse Geister verehrt. Das Ritual um den Bären, die Bestattung seiner Knochen nach dem zeremoniellen Verzehr seines Fleisches wurde von einem Bären-Schamanen geleitet. Andere Schamanen waren für die Krankenheilung und wieder andere für das Heimführen der Seele nach dem Tod in eine Totenwelt verantwortlich. Die Seelen stellten sich die N. in Gestalt von Vögeln vor, die auf einem sippeneigenen Baum sitzen, jederzeit bereit bei der Geburt eines Kindes sozusagen abgerufen zu werden. Große Feste wurden anläßlich der Heimführung der Seelen toter Schamanen veranstaltet.

Die Ethnogenese der N. ist ähnlich komplex wie die anderer Amur-Völker; an ihr beteiligt waren eine autochthone Grundbevölkerung unter Einschluß der Niwchen und tungusisch-mandschurische, aber auch chinesische und mongolische Volkselemente.

Enge Beziehungen, während der Mandschu-Zeit sogar Tributkontakte, bestanden zu China. Die Sowjetzeit brachte für die N. eine Umstellung der traditionellen Wirtschaft auf neue Methoden, die Industrialisierung ihrer Heimat und damit die Überfremdung mit Russen. Heute sind die N. nur noch eine winzige ethnische Minderheit im Amur-Gebiet. Für ihre Sprache wurde eine eigene Schrift entwickelt.

Lit.: 81, 83
Karte: Zentral- u. Nordasien (Abb.: 97)

Natchez

Heute bis auf wenige Personen (in NO-Oklahoma) ausgestorbener, einst bedeutender nordamerikanischer Indianerstamm am unteren Mississippi, der nach längeren Kämpfen 1716–1729 mit den Franzosen teils vertrieben, teils in Gefangenschaft als Sklaven nach Westindien verkauft wurde.

Lit.: 535, 553
Karte: Nordamerika (Abb.: 76)

Navajo
Navaho

Nordamerikanische Indianer im nordöstl. Arizona und in den angrenzenden Staaten New Mexico, Colorado und Utah; ca. 160 000. Sprache: Athapaskisch der Na-Dené-Sprachfamilie. Eigenname: Tinneh (»Volk«).

Die N. wanderten, zusammen mit den ebenfalls

Athapaskisch sprechenden → Apache seit dem 13. Jh. n. Chr. von N her in den Steppenraum des südl. Colorado-Plateaus ein und ließen sich in der Nähe der → Pueblo-Indianer nieder. Sie übernahmen im Laufe der nächsten Jahrhunderte von diesen zahlreiche Kulturelemente. Ursprünglich einfache Jäger und Sammler, lernten sie so den Anbau von domestizierten Pflanzen, den sie an Orten mit ausreichendem Niederschlag betrieben. Sie lebten in selbständigen Lokalgruppen, die sich aus Matriklanen+ zusammensetzten. Eine zentrale Stammesorganisation kannten sie nicht. Materielle Kultur: achteckiges Winterhaus aus Holzbalken (hogan); Lederkleidung, später Baumwollkleider; wenig entwickelte Töpferei und Korbflechterei, meist Importware von den Pueblos. Unter spanischem Einfluß übernahmen sie die Schafzucht, wurden Wollweber und Teppichknüpfer. Auch Pferde- und Rinderhaltung wurde betrieben. Aus spanischen, später mexikanischen Silbermünzen schlugen, gossen und punzten die N. Schmuckstücke (Halsketten, Armbänder, Gürtelschnal-

Abb. 144: Navajo am Lagerfeuer.

Abb. 145 (s. S. 261 oben): Schwitzhütte der Navajo. Vor allen zeremoniellen Riten, z. B. bei Krankenheilungen, werden Schwitzbäder genommen.

Abb. 146 (s. S. 261 unten): Navajo-Kinder in einer Internatsschule in Brigham City, Utah, mehr als 1000 Kilometer von ihrer Heimat entfernt (1950). Die Schule war während des Zweiten Weltkrieges ein Militärlager und wurde nach 1945 als Schule umgebaut. Indianerkinder sollten möglichst nicht in der Nähe der Reservation zur Schule gehen, um eine Entfremdung von Eltern und Verwandten zu erreichen, bewußt auch einen kulturellen Identitätsverlust in Kauf nehmend. Die Indianer wehren sich heute mit wachsendem Erfolg gegen diese Maßnahme der Assimilationspolitik der US-Regierung und fördern eigene Schulen in den Reservaten oder Alternativschulen in den Städten mit größeren indianischen Gemeinden, um die traditionellen Bindungen zum Stamm zu erhalten bzw. wiederzuerwecken.

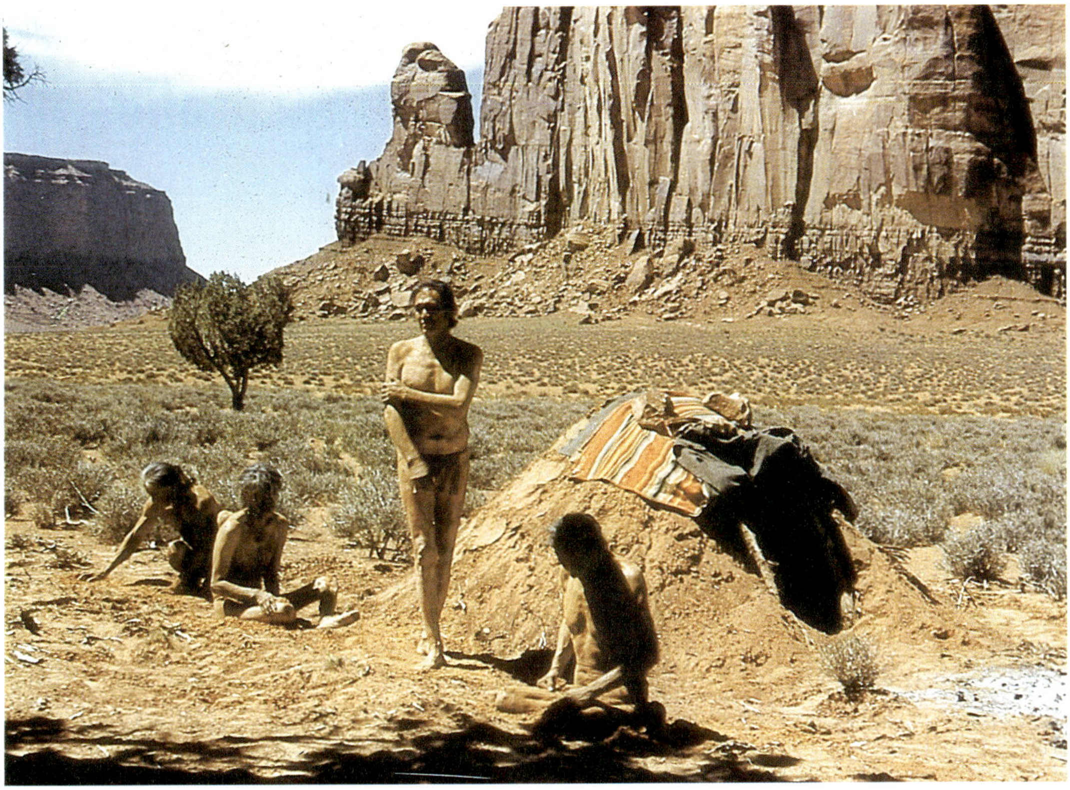

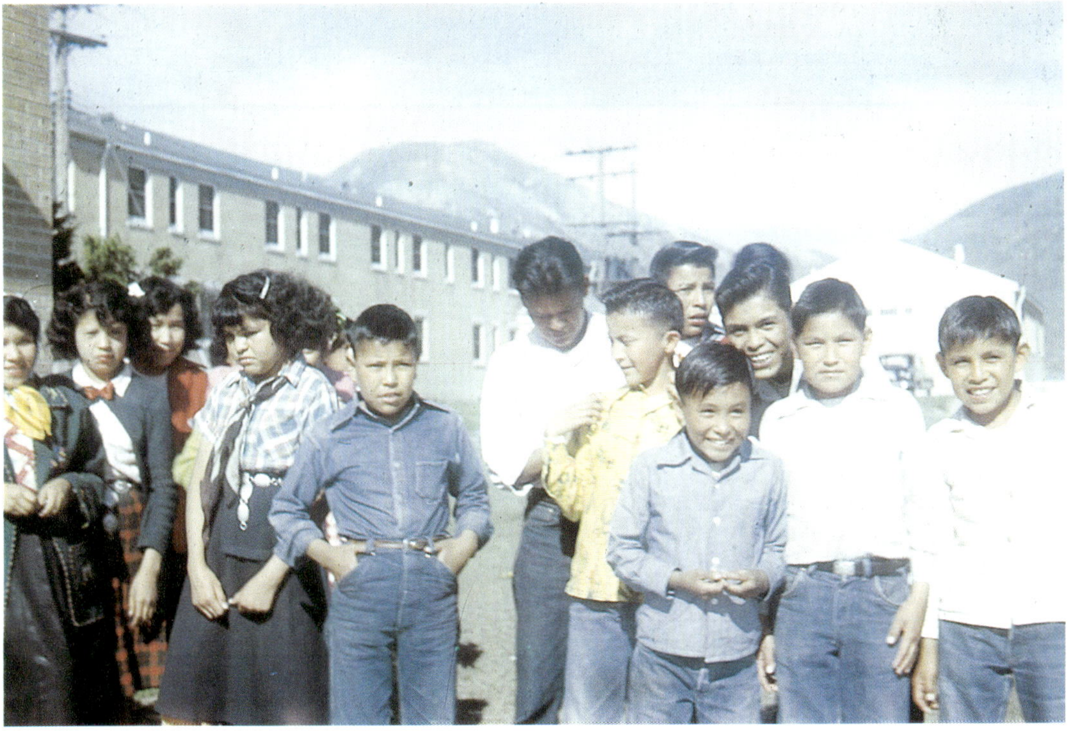

len), die, mit Türkis, Korallen und Muschel eingelegt, heute einen hohen Sammlerwert besitzen. Die Schamanen waren als Krankenheiler und Psychotherapeuten tätig; sie sorgten auch dafür, daß interne Konflikte und Spannungen innerhalb der Gruppe abgebaut wurden. Auf Sandbilder, die »heilige Pflanzen« und mythische Urzeithelden darstellten, und die aus buntem Sand, Ton und Holzkohle für einen Tag hergestellt wurden, legte man den Kranken. Dabei wurden Heilgesänge (chants) gesungen, die aus langen Liturgien bestanden. »Blessingway« ist das bekannteste, auch prophylaktisch vorgetragene Ritual; es schildert die mythische Geschichte der Entstehung der N. und ihrer Ankunft auf der Erde. Die »chants« wurden auch rezitiert, um Krankheit und Unglück von der Gruppe abzuwenden. Ein Handzitterer diagnostiziert die Krankheit bzw. die Quelle des die Gruppenharmonie störenden Einflusses. Diese traditionelle Form der Krankenheilung wird noch heute und mit Unterstützung der Reservationsärzte angewandt, vor allem bei psychisch-somatischen Erkrankungen.

Seit ihrer Ankunft im SW paßten sich viele N. ihren Pueblo-Nachbarn an, häufig überfielen sie aber deren Siedlungen und raubten Frauen und Vorräte. Ab 1539 drangen spanische Konquistadoren in ihr Gebiet ein, konnten aber bei der stark nomadischen Lebensweise der N. keine dauerhaften Erfolge erringen. Militärisch besiegt wurden die N. erst nach dem Einrücken angloamerikanischer Siedler, die nach dem Krieg gegen Mexiko 1848 in größerer Zahl in den SW einwanderten. Als die N. sich gegen die Amerikaner zur Wehr setzten, wurden sie von der amerikanischen Kavallerie unter General Carleton und Oberst Kit Carson vernichtend geschlagen. Ihre Siedlungen und Pflanzungen wurden zerstört, und fast alle N. wurden 1864 nach Bosque Redondo bei Fort Sumner im östl. New Mexico deportiert. Erst 1869 wurden sie, damals 8000 Köpfe stark, wieder freigelassen, nachdem das Experiment, sie in Bosque Redondo zu Ackerbauern umzuschulen, fehlgeschlagen war. Sie durften in ihre Heimat zurückkehren, wo ihnen eine Reservation zur Verfügung gestellt wurde. In kurzer Zeit schufen sie eine bemerkenswerte Viehwirtschaft, mußten aber in den 30er Jahren einen großen Teil ihrer Herden auf Anordnung des amerikanischen Innenministeriums wegen Überweidungsschäden gegen Prämien abschlachten. Noch heute ist das Trauma der Deportation von Bosque Redondo und die große Viehreduktion von den N. nicht vergessen.

Die N. richteten nun einen Stammesrat mit einer Zentralverwaltung ein, der seinen Sitz heute in Window Rock, Arizona, unweit Gallup, New Mexico, hat. Unter tatkräftigen Stammesratsvorsitzenden und mit Unterstützung der amerikanischen Regierung wurden Schulen und Krankenhäuser errichtet, Landwirtschaftsprogramme beschlossen und teilweise auch durchgeführt. Straßen haben den größten Teil der riesigen, 64 700 qkm großen Reservation der »Navajo Nation«, wie sie sich selbst bezeichnen, erschlossen. Kleinindustrien, vor allem im O des Reservates, wurden aufgebaut, ein College in Many Farms gegründet. In den Schulen wird die N.-Sprache gelehrt und Zeitungen erscheinen regelmäßig auf Tinneh. Als Öl- und Gasvorkommen im N der Reservation erschlossen wurden, erhielten die N. Pachtgebühren, doch erfüllten sich ihre Hoffnungen auf eine größere Zahl von Arbeitsplätzen nicht, weil es an qualifizierten Kräften mangelte und die Arbeit zunehmend automatisiert wurde. Der Abbau von Steinkohle im Gebiet von Black Mesa hat den Widerstand vieler N. hervorgerufen, wegen der starken Umweltverschmutzung und des rapiden Absinkens des Grundwassers, das die im Tagebau abgebaute Kohle in riesigen Pipelines nach Kalifornien spült. Dem Protest haben sich auch die → Hopi angeschlossen, deren Reservation inmitten der Navajo-Reservation in der Nähe der Black Mesa liegt.

Die starke Bevölkerungszunahme (1864: ca. 8000, 1977: ca. 160 000) und die langsame sowie mangelhafte Erschließung neuer Arbeitsmöglichkeiten – ein vorgesehenes Bewässerungsprojekt am San Juan River erbrachte nur Teilergebnisse – haben eine hohe Arbeitslosigkeit (40%), zunehmenden Alkoholismus und eine Weißenfeindlichkeit erzeugt. Durch Besinnung auf die eigenen kulturellen Werte in Verbindung mit der Beibehaltung der eigenen Sprache und zielbewußte Anstrengungen durch den Stammesrat soll eine Navajo-Nation geschaffen werden.

Die Kirchen sind in ihrer missionarischen Arbeit wenig erfolgreich geblieben. In letzter Zeit ist die Zahl der Anhänger der Peyote-Religion (Native American Church of North America), eine synkretistische indianische Religion, stark angewachsen.

Lit.: 612, 613, 621, 623, 626, 631, 634, 635, 636, 637, 638, 646, 648, 658, 659
Karten: Nordamerika (Abb.: 76)
        Reservationen (Abb.: 14 u. 75)
Abb.: 144, 145, 146

Ndebele
Matabele

Die N. trennten sich 1814 unter ihrem Führer Mzilikazi von den → Nguni-Völkern. Nach Kriegs- und Raubzügen gegen → Sotho und → Tswana eroberten sie das Land zwischen Sambesi und Limpopo und errichteten über die → Shona-Stämme eine Art Militärdiktatur; ca. 350 000. Sprache: SO-Bantu.
Nach 1880 gerieten die N. in Konflikt mit brit. Kolonisten (Cecil Rhodes), denen sie 1893 unterlagen. Das sog. Matabele-Reich entsprach im wesentlichen dem heutigen Simbabwe/Rhodesien. In diesem Land bilden die N. eine Minderheit, die sich als Arbeiter in Mine und Fabrik, als Angestellte in der Verwaltung rascher modernisierten als die Mehrheit der Shona.
Wie alle Nguni sind auch die N. Hackbauern und Großviehzüchter. Sie hatten ein straffes Militärwesen, das sich auf Altersgruppen aufbaute, von denen jede Altersregimenter stellte, die als Kampfeinheiten den N.-Staat erst ausweiteten, dann aber, nachdem den Kriegern das Recht zum Heiraten und zur Familiengründung gestattet war, in befestigten Dörfern neue Verwaltungseinheiten darstellten. Die politische Organisation ähnelte somit der des Zulu-Staates und schuf auch eine ähnliche Gesellschaftsordnung. Die höchste Schicht (15%) nannte sich Zanzi und leitete ihre Herkunft aus Natal-Nguni ab; die mittleren Nhla (25%) bestanden aus einverleibten Sotho und Tswana. Die unterste Schicht etwa 60 % der Holi setzte sich aus Shona zusammen.
Unter dem Namen N. gibt es auch Gruppen, die sich in Transvaal niedergelassen haben. Ihre geschichtlichen Beziehungen zu den Nguni sind unklar. Man unterscheidet eine nördl. Gruppe, die sich sprachlich und politisch an die → N-Sotho (Pedi) angeglichen hat, und eine südl. Gruppe, die Zulu spricht und politisch autonom ist. Die N. stellen viele Pendler und Wanderarbeiter im Pretoria-Witwatersrand-Vereeniging-Industriekomplex Südafrikas.

Lit.: 1167, 1177, 1185
Karte: Südafrika (Abb.: 147)

Negidalen

Eine kleine Tungusisch sprechende Gruppe am unteren Amur/UdSSR (früher mit größerer Verbreitung); 1926/27: 430.

Fischerei (Salm, Stör, Karpfen), Hochseejagd auf Seehunde mit Harpunen, Jagd auf Pelz- und Fleischtiere sowie das Sammeln vegetabilischer Nahrung bildeten die Grundlage der Ernährung. Rentiere wurden in geringer Zahl zu Transportzwecken gehalten. Die Sippenstruktur der N. mit ihren eigenen Schutzgottheiten, Festen und der Verehrung eines gemeinsamen Vorfahrs wurde schon im 19. Jh. durch die Assimilierung an russische Siedler aufgeweicht, wie überhaupt die Übernahme russischer Kultur bei den N. bemerkenswert früh einsetzte. Die N. waren auch im Handel als Mittler zwischen Amur-Gruppen und Ewenken tätig.
Die N. gingen wahrscheinlich aus einer Vermischung von Ewenken, Niwchen, Nanai und Ultschen hervor, und entsprechend lassen sich auch verschiedene Kultureinflüsse bei ihnen feststellen: typische Taigajägerzüge (wie bei den Ewenken), Amur-Elemente (z. B. die Seesäugerjagd, Fischhautkleidung und Holzboote) und chinesische und mandschurische Kulturgüter.
Heute leben die N. auf drei Kollektivfarmen, die jeweils auf Jagd, Fischfang und Bodenbau spezialisiert sind.

Lit.: 98
Karte: Zentral- u. Nordasien (Abb.: 97)

Nenzen

Vor der Revolution Jurak-Samojeden genannt, ein samojedisch sprechendes Volk im westsibirischen Tiefland (UdSSR), im Mündungsgebiet des Ob, auf den vorgelagerten Inseln und Halbinseln an der Nordpolarmeerküste. Die N. (1970: 29 000) wohnen im »Nationalen Kreis der Nenzen«, im »Nationalen Kreis der Jamal-Nenzen«, und im »Taimyr Nationalkreis«. Fast das gesamte Siedlungsgebiet der N. gehört zur Permafrostzone.
Die N. waren Fischer, an der Küste auch Hochseejäger (Jagd in Booten auf Meeresgroßsäuger wie den Weißen Wal, den Seehund und das Walroß); in den Wäldern jagten sie das wilde Rentier. Der wichtigste Wirtschaftszweig aber war für die meisten N. die Rentierhaltung. Fast alles, was sie zum Leben benötigten, Fleisch, Fett und Blut, Fell und Leder für Kleidung und andere Zwecke, lieferte das Rentier. 85% der gesamten Nahrung wurden von ihm gedeckt und bereits 70 bis 100 Tiere konnten einen Haushalt mühelos versorgen. Ärmere N. mit wenig Tieren lebten stärker vom Fischen und Sammeln. Meist nomadisier-

ten die Familien getrennt voneinander auf einem jeder Sippe eigenen Jagd-, Weide- und Fischereiterritorium. Hier lagen der sippeneigene Bestattungsplatz und die Sippenheiligtümer. Blutrache für getötete Mitglieder war obligatorisch. Innerhalb der Familienwirtschaft besaß die Frau eine verantwortliche Stellung und hatte bei allen Haushaltangelegenheiten ein entscheidendes Wort zu sagen; im rituellen Bereich war sie dagegen zahlreichen Tabus unterworfen. Der Schöpfergott Num, Schützer des Lebens überhaupt und auch der Rentiere, nahm nur wenig Anteil an den Angelegenheiten der Menschen. Er wohnte weit entfernt im Himmel, der wie auch die Erde siebenfach geschichtet war. Verschiedene Herrn der Tiere (u. a. der Fische und Jagdtiere), Naturgeister (u. a. von Wasser, Sonne, Gewitter, Wind), auch eine speziell den Frauen hilfreiche Muttergottheit wurden verehrt und beopfert. Der Schamane spielte im Kult eine Hauptrolle und trat mit Num selbst in direkten Kontakt. Zwar wurden die N. im großen Stil Anfang des 18. Jh. getauft, doch vermochte das Christentum den alten Glauben keineswegs zu verdrängen, vielmehr bezogen die N. christliche Heilige, so u. a. den heiligen Nikolaus, in den traditionellen Kult mit ein und versuchten sie mit Rentieropfern gnädig zu stimmen.

Wahrscheinlich wanderten die Vorväter der N. einst vom Altai-Sajan-Gebirgsraum entlang des Ob nach N und vermischten sich in ihrem heutigen Siedlungsgebiet mit dort ansässigen Jägern und Küstenfischern. Viele Kulturzüge der N. weisen noch nach dem S, so die Rentierzucht insgesamt, auch wenn ihr einige typische Züge inzwischen verlorengingen. Die Wanderung fand wahrscheinlich zwischen 10. und 15. Jh. statt. Im 15. Jh. gehörten die N. zum Khanat Sibir, später standen sie unter russischer Tributherrschaft, da sie wichtige Pelzlieferanten waren. Oft wurden sie von den russischen Händlern ausgebeutet und in Schulden verstrickt. Landfremde Fischereiunternehmen wurden schon im 19. Jh. im traditionellen Siedlungsgebiet der N. gegründet.

Wie bei anderen sowjetischen Völkern führten die Zwangsmaßnahmen bei der Kollektivierung der Rentierzucht Ende der zwanziger Jahre auch bei den N. zu Massenschlachtungen durch die Herdenbesitzer. Der Widerstand gegen die Neuerung war so groß und langanhaltend, daß die Kollektivierung erst um 1950 zu Ende geführt werden konnte. Heute wird die Rentierzucht intensiv weiterbetrieben, ebenso die anderen Zweige der traditionellen Wirtschaft wie Fischfang und Pelztierjagd. Ackerbau und Viehzucht wurden langsam eingeführt. Lange noch hielten sich bei den N. die alten Glaubensformen der vorsowjetischen Zeit, oft rigoros verfolgt; viele Schamanen wurden erschossen. Heute wird die Sprache der N. in einer eigens entwickelten Schrift geschrieben.

Lit.: 66, 71, 82
Karte: Zentral- u. Nordasien (Abb.: 57)

Newar

Die autochthonen Einwohner des Tales von Kathmandu (Nepal) und zugleich die kulturell wie wirtschaftlich wohl bedeutendste Bevölkerungsgruppe Nepals; 1961 ca. 400 000. Seit Beginn der Gurkha-Herrschaft in Kathmandu 1769 wurden sie allerdings unterdrückt und diskriminiert. Sprache: Tibeto-birmanisch.

Die N. leben zumeist in den Städten des Kathmandu-Tales, seit 200 Jahren verstärkt auch außerhalb ihres traditionellen Siedlungsgebiets in Orten entlang der Handelsrouten; in Lhasa (Tibet) gab es zahlreiche N.-Juweliere. Die N. führen ein typisches Stadtleben, sind Händler und Geschäftsleute. Vereine mit eigenem Vermögen (u. a. Ländereien) und einer geschäftlichen, sozialen, religiösen oder öffentlichen Zielsetzung vereinigen Nachbarn und Verwandte zu Identitäts- und Aktionsgruppen. Zweitrangig in seiner Bedeutung für die Subsistenz der N. ist heute der Bewässerungsfeldbau (Reis, Gemüse) und die Viehzucht. Eine starke Hinduisierung führte zur Kastengliederung nach Beschäftigungen selbst bei jener N.-Minderheit, die sich nach wie vor zu ihrer angestammten buddhistischen Religion bekennt. Innerhalb dieser Kasten wird meist auch geheiratet; Monogamie ist die übliche Eheform, nur Reiche können sich mehrere Frauen halten. Hinduistische und buddhistische N. besitzen viele Gemeinsamkeiten, feiern vielfach dieselben Feste und verehren die gleichen Heiligtümer und Gottheiten.

Lit.: 133, 142

Nez Percé

Nordamerikanische Indianer auf dem Columbia-Plateau in Idaho, Oregon und Washington, heute auf der N.-Reservation in Idaho; ca. 1485. Sprache: Sahaptin.

Die N. waren mit 6000 die größte Gruppe der Sahaptin. Ihre Kultur war geprägt von ihrer Umwelt, und wie alle Plateau-Stämme lebten sie hauptsächlich vom Fischfang, weniger von der Jagd und dem Wildpflanzensammeln. Sie bewohnten feste Dörfer und hatten große Versammlungshäuser. Ein erblicher Häuptling war der profane Führer, die Schamanen (Medizinmänner) waren sehr geachtet. Nachdem die N. zu Anfang des 18. Jh. Pferde von den Plains-Stämmen erworben hatten, änderte sich ihre Lebensweise dramatisch. Sie führten von nun an organisierte Bisonjagden auf den Plains jenseits der Rocky Mountains durch, verstrickten sich in Kämpfe mit anderen Stämmen und betätigten sich lebhaft am Handel zwischen Plateau- und Plainsgruppen. Außerdem wurden sie erfolgreiche Pferdezüchter.

Als im 19. Jh. weiße Pelzhändler, Missionare und schließlich ab 1840 die ersten Siedler über den Oregon Trail ihr Land durchzogen, wurde den N. 1855 eine große Reservation zugewiesen. Bald darauf wurden in diesem Land Goldfunde gemacht, Tausende von Prospektoren und Siedlern überfluteten das Reservat. Die Regierung reduzierte das Indianerland drastisch, und es kam zu ersten Kämpfen mit den Weißen. Unter ihrem Häuptling Joseph verteidigten sich die letzten freien N. verzweifelt. Nach langer Flucht mußten sie kapitulieren. Die Überlebenden wurden nach Oklahoma deportiert, später durften sie nach Idaho zurückkehren.

Die N. haben sich heute weitgehend der örtlichen weißen Bevölkerung angeschlossen und leben als Kleinpächter oder Landarbeiter. Einige sind auch als Kunsthandwerker tätig und fertigen Körbe und Lederarbeiten an. Auf dem Reservat sind »Recreation Areas« für Touristen geplant und z. T. auch schon eröffnet.

Lit.: 501, 505
Karte: Nordamerika (Abb.: 76)

Nganasans

Früher Tawgy-Samojeden, eine im »Taimyr Nationalkreis«, d. h. auf der Halbinsel Taimyr in NW-Sibirien (UdSSR) lebende, Samojedisch sprechende Gruppe; 1964 ca. 800, viele haben sich an Nachbargruppen – wie Ewenken – assimiliert.

Die N. sind entsprechend ihrer extremen Umwelt (Permafrostzone mit strengem kontinentalen Klima) nichtseßhafte Jäger, Fischer und Rentierzüchter. Die Halbinsel Taimyr besitzt einen außerordentlichen Wild- und Fischreichtum. Bei der Jagd auf das wilde Rentier zogen die Familien getrennt den Herden nach, die sich im Sommer im N, im Winter in den südl. Wäldern aufhielten. Die Jagd auf Pelztiere, noch bis Ende des 19. Jh. mit Bogen, Pfeil und Speer sowie verschiedenen Fallen, bekam seit dem Kontakt der N. mit russischen Händlern eine neue Bedeutung. Zu Transport und Fortbewegung dienten mit Rentieren bespannte Schlitten, auch der Ski; geritten wurde das Rentier nicht. Die Natur dachten sich die N. von Herrenwesen der Tiere, des Wassers, der Sonne, aber auch schädlichen Geistern belebt. Eigene tierische Schutzgeister besaßen die Schamanen.

Repräsentiert wurden diese Mächte durch hölzerne, steinerne oder aus Horn gefertigte Abbildungen, denen man an Flußübergängen oder Hügeln Rentieropfer darbrachte. Viele dieser Geister kennen wir aus umfangreichen Epen und Tiererzählungen.

Die Abgeschlossenheit der N. ließ auch die Sowjetzeit nur verzögert bei ihnen anbrechen; vieles ist noch heute beim Alten, auch wenn sich die äußeren Organisationsformen geändert haben. Da sich die extreme Umwelt zu wenig anderem eignet, wurden die traditionellen Wirtschaftszweige beibehalten. Die Kinder werden heute in Internaten erzogen, da die umherstreifende nomadische Lebensweise ihrer Eltern kaum eine geregelte Schulbildung erlaubt.

Lit.: 90
Karte: Zentral- u. Nordasien (Abb.: 97)

Nguni

Etwa 10 Mio. im südl. Afrika gehören den Bantu-sprechenden N.-Gruppen an. Bis in die frühen Jahre des 19. Jh. waren sie im Transvaal, in Natal und dem Kapgebiet konzentriert, breiteten dann aber durch Wanderung und Eroberung ihr Einflußgebiet weithin aus. Die wichtigsten Teilgruppen, die → Zulu, → Swazi und → Xhosa, verblieben in ihrer ursprünglichen Heimat, während Ngoni und → Ndebele vor der Zulu-Herrschaft nach N hin auswichen. Blutsmäßig und auch sprachlich (Schnalzlaute) finden sich bei den N. Einflüsse der Buschmänner. In der Wirtschaftsform sind sich die Ngunivölker weitgehend ähnlich. Mais- und Hirsebau sind die Grundlage des Feldbaues, während Vieh nicht nur der Milchwirtschaft wegen, sondern auch zum Zeichen des Wohlstandes gehalten wird. Nur die Männer melken deshalb, und nur sie betreuen die Herden. Die Abstammung wird patrilinear+ gerechnet, sowie Erbrecht und Nachfolge im Häuptlingsamt. (Die polygynen+ Herrscherfamilien versahen den ältesten Sohn der Hauptfrau mit dem Nachfolgerecht im Hauptstamm, aber auch dem Erben in einem wichtigen Nebenhaus mit dem Recht zur Bildung eines »Stammes«. Dadurch entstand ein Gewirr dynastischer Zweige).

Auch in ihrer politischen Organisation sind alle N.-Stämme ähnlich aufgebaut: Zentralisierte Monarchien mit einem großen Verwaltungsstab sind die Regel. Die Altersgruppen der Männer bildeten die Kampftruppen und stellten »Altersregimenter«. Nach ihrer Dienstzeit wurde ihnen die Heirat gestattet, und der König siedelte sie in befestigten Dörfern an, von denen jedes den Mittelpunkt eines neuen Verwaltungsbezirks darstellte.

Die ersten N.-Züge nach S können für das Ende des 12. Jh. angenommen werden. Dazu gehören die → Xhosa und Pondo der Embo-Gruppe. Etwa gleichzeitig fanden die Wanderungen der Tsonga-Stämme nach Mosambik statt. Die große Gruppe der Embo, wie Swazi, Hlubi Ndebele u. a., nahm ihre Wanderung durch das heutige westl. Swasiland. Die heutige Stammesgliederung geht auf die gewaltige militärische Expansion der → Zulu zu Beginn des 19. Jh. und den folgenden Auseinandersetzungen mit den weißen Siedlern zurück. Die wichtigsten Völker in der Kap-Provinz sind die → Xhosa, die

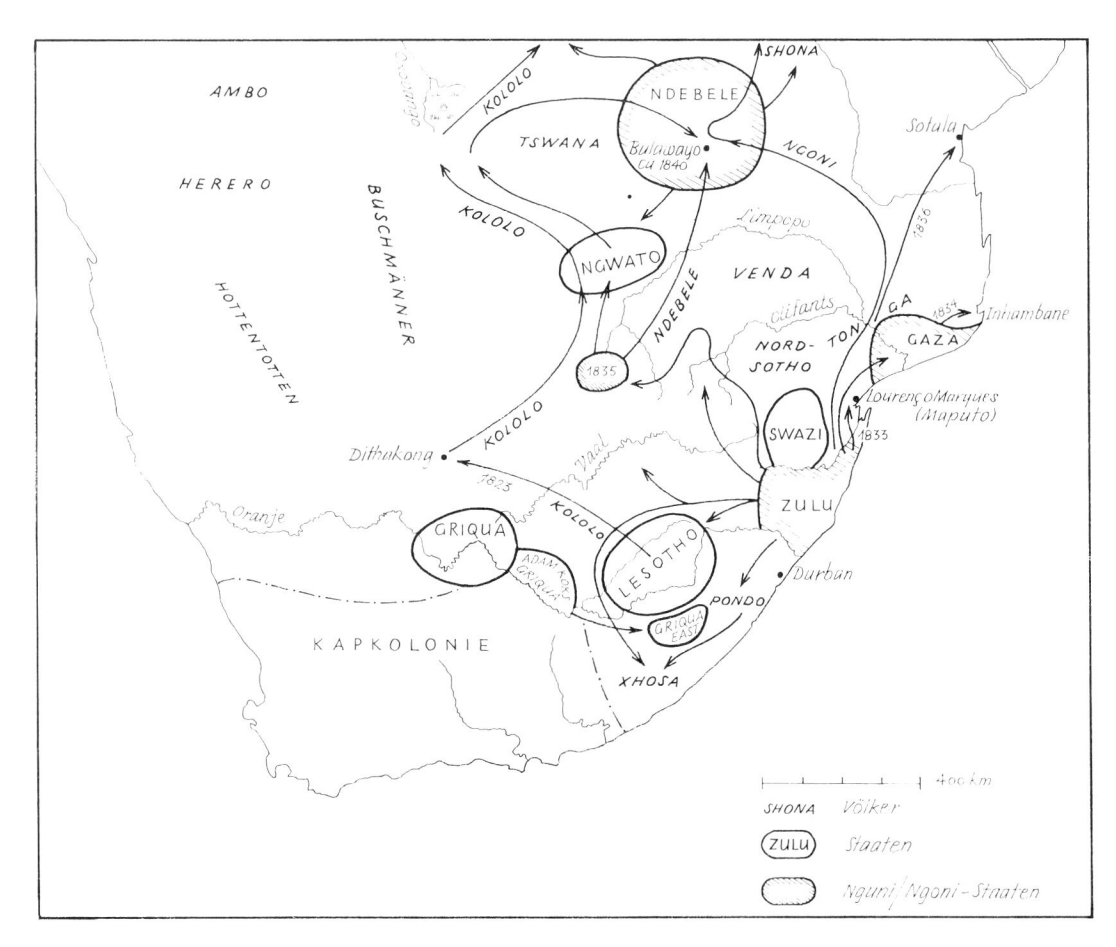

Abb. 147: Südafrika; Staaten und Wanderungen von Südost-Bantu und Hottentotten in der ersten Hälfte des 19. Jh. (Nach: Fage 1978)

Thembu, die Pondo, die Fingu (Mfengu), Pondomise, Xesibe und Bhaca. Die Ethnien in Natal und KwaZulu faßt man als Zulu zusammen. Die sich nördl. anschließenden Swazi-Gruppen fühlen sich als Volk und besitzen in Swasiland ein eigenes, heute unabhängiges Territorium.

Die verschiedenen N.-Stämme zeigen heute zahlreiche Übergangserscheinungen in ihrer ursprünglichen Hackbau- und Großviehzüchterkultur.

Die einstigen Großfamilien sind durch Mission und Beschäftigung in der Industrie zu Kleinfamilien auf monogamer Grundlage geschrumpft. Wo die Wanderarbeit der Männer die Familienstruktur beeinflußt, entstehen matrifokale Familien, denen Frauen vorstehen. Die notwendige Intensivierung der Landwirtschaft führt zur Verdrängung der traditionellen Nachbarschaftshilfe durch Genossenschaften. Die politische Entwicklung fördert die Entstehung selbstregierender Verwaltungen – homelands – (Ciskei, Transkei, KwaZulu, KwaNgwane), deren Föderation in einem Staatenverbund angestrebt wird.

Lit.: 1163, 1182, 1184, 1188, 1192, 1213, 1220, 1229, 1230
Karte: Südafrika (Abb.: 147)

Ñihamwo
Yagua

Indianische Waldarbeiter und Kleinbauern am peruanischen Amazonas nahe der kolumbischen Grenze; ca. 3300. Arbeiten für peruanische Patrone (z. B. Holzfällen), Jagd (Blasrohr) und Sammeln von Früchten der Pupunha-Palme bedingen Mobilität; die N. wechseln ihren Wohnsitz spätestens nach ca. 4 Jahren, oft jährlich. In ihren Einfamilien-Weilern (keine Dörfer) nehmen sie oft gerade umsiedelnde verwandte Familien auf, bevor diese weiterziehen oder einen eigenen Weiler begründen. Sie organisieren sich in Lineages+ in väterlicher Linie, die Tier- oder Pflanzennamen tragen und deren Angehörige möglichst nah beieinander siedeln. Mehrere Lineages bilden durch enge Heirats- und Handelsbeziehungen lose regionale Einheiten. Die Religion ist geprägt vom Glauben an Buschgeister, die das Wild gegen übergroßen Jagdeifer der Menschen schützen.

Karte: Nördliches Südamerika (Abb.: 209)

Niloten

Der Begriff N. wurde zunächst für eine Anzahl verwandter Völker, die südl. 12° n. B. im Nil-Gebiet leben, geprägt und mit der Vervollständigung des sprachwissenschaftlichen und völkerkundlichen Forschungsstandes auf weitere Gruppen im heutigen S-Sudan, in W-Äthiopien, Kenia, Uganda und Tansania ausgeweitet. Abgesehen davon, daß die N. sich häufig in ihren Mythen einer gemeinsamen Abstammung bewußt blieben, bestehen deutliche Übereinstimmungen in Sprache, Rassenbild und kultureller Ausstattung.

Nach der Klassifikation von J. H. Greenberg gehören die N.-Sprachen der O-sudanischen Gruppe der Schari-Nil-Sprachfamilie an. Eine heute weithin anerkannte linguistische Einteilung innerhalb der N.-Sprachen unterscheidet drei Hauptgruppen: W-nilotisch (→ Nuer, → Dinka, → Luo), O-nilotisch (Bari, → Masai, Teso-Karamojong) und S-nilotisch (Kalenjin, d. h. Pokot-Nandi und Sabaot sowie Okiek und Tatoga). Während die W-Gruppe den N. im engeren Sinne entspricht, ist die O- und S-Gruppe auch unter der Sammelbezeichnung Hamito-Niloten bekannt. Insgesamt dürften etwa 5 Mio. Menschen nilotische Sprachen sprechen.

Innerhalb der Negriden stellen die N. eine nach ihnen benannte Unterrasse dar. Der nilotide Typus ist durch hohen Körperwuchs (durchschnittlich ca. 1,80 m), lange Extremitäten, Zartgliedrigkeit, geringe Muskelentwicklung, tiefschwarze Hautfarbe und Langschädeligkeit (Dolichozephalie) gekennzeichnet. Die Hamito-Niloten sind demgegenüber hellhäutiger und lassen äthiopide Beimischungen erkennen, die aus Kontakten mit NO-afrikanischen Völkern herrühren.

Die N. leben vorwiegend in offenen Graslandschaften, Trocken- und Dornsavannen, die im Flußsystem des Weißen Nils einen Teil des Jahres überschwemmt sind. Diese Räume bieten für den Feldbau zumeist keine günstigen Voraussetzungen und werden deshalb zum Großteil für eine extensive Viehhaltung genutzt. Es gibt wohl kaum ein Gebiet in Afrika, wo der »cattle complex«, eine über das Wirtschaftlich-Rationale hinausgehende emotionale Beziehung zu den Rindern, so ausgeprägt ist wie bei den N. Soziale Vorgänge und Handlungen werden in »Rinderbezügen« definiert, man kennt »Lieblingsrinder«, mit denen man in einer Art Schicksalsgemeinschaft steht und hat eine Vielzahl von Symbolen und Praktiken, die mit den Tieren in Verbindung stehen und das gesamte Leben bestimmen. Milch und das von lebenden Rindern abgezapfte Blut sind wichtige Grundnahrungsmittel. Jedoch sind nur wenige Gruppen, wie z. B. die Masai, Vollnomaden. In der Regel betreiben die N. Feldbau, der für die Ernährung inzwischen zumeist bedeutsamer ist als die Viehwirtschaft. Anbaufrüchte sind – etwa in der Reihenfolge ihrer Bedeutung – Sorghum, Eleusine, Mais, Hülsenfrüchte, Sesam und Tabak. Wichtige Proteine werden durch Fischfang und Jagd gewonnen.

Als Architekturform überwiegt das zylindrische Kegeldachhaus, das in flußnahen Überschwemmungsgebieten häufig auf Stelzen errichtet wird. Das Vieh wird nachts in Kralen aus Dornenverhauen untergebracht. Der Hausrat der N. ist wie die gesamte materielle Kultur relativ einfach. Bis in die Gegenwart war die Nacktheit, vor allem bei den Männern, weit verbreitet. Die spärlichen Kleidungsstücke wurden früher zumeist aus Leder gefertigt, doch hat sich heute Vollkleidung aus Baumwolle weithin durchgesetzt. Charakteristische Waffen, die auch gegenwärtig noch bei Stammesfehden eingesetzt werden, sind Speer, Keule und Lederschild.

Die meisten N. leben in segmentären Gesellschaften, d. h. in Klanen und Lineages ohne ausgeprägte Zentralgewalt. Es gab jedoch, wie z. B. bei den Schilluk, auch »sakrale« Königtümer.

Die traditionellen Volksreligionen, in denen der Glaube an einen im Himmel lebenden, regenspendenden Hochgott eine zentrale Rolle spielt, werden in zunehmendem Maße von Christentum und Islam zurückgedrängt. Im S-Sudan und Uganda haben römisch-katholische, in Kenia protestantische Missionen eine große Anhängerschaft gewonnen. Dem Islam waren durch die feindselige Haltung der N., die seine Anhänger als Sklavenjäger in unseliger Erinnerung behalten hatten, lange Zeit Schranken gesetzt, die er gegenwärtig aber zu überwinden beginnt.

Während im S-Sudan die N. gegenüber den arabisch-sprechenden muslimischen Bewohnern der Republik eine unterdrückte Minderheit darstellen, die erst nach jahrelangen Aufständen in den sechziger Jahren unseres Jh. größere Autonomierechte erlangen konnte, gehören die N. in Uganda und Kenia zu den dominierenden Volksgruppen des Staates. Z. B. gelten die Luo als eine sehr dynamische Gruppe, und der derzeitige kenianische Regierungschef Daniel Arap Moi ist ein Kalenjin.

Lit.: 876, 900, 909, 910

Karten: Afrika (Abb.: 148)
Nordost-Afrika (Abb.: 10)

Niwchen

Vor der Revolution Giljaken genannt, Paläoasiatisch sprechende Gruppe am unteren Amur, den angrenzenden Gebieten (Tatarischer Sund) und auf Sachalin (UdSSR); 1970: 4400.

Jagd auf Pelz- und Fleischtiere und Hochseejagd mit der Harpune auf Seehund und Seelöwe waren die traditionellen Wirtschaftsformen der N. Fisch bildete die Hauptnahrung. Bodenbau wurde erst unter russischem Einfluß begonnen. Die N. verhandelten Pelze, Seehundfelle und Fische nach China, später auch nach Rußland, gegen Tabak, Metallwaren, Tee, Stoffe und sonstige Luxusgüter. Auch mit den Ainu und anderen Nachbargruppen – bis selbst nach Japan – wurde Handel getrieben. Boote mit und ohne Besegelung, Ski und Hundeschlitten dienten als Fortbewegungs- und Transportmittel. Hunde wurden als äußere Zeichen für Wohlstand in großer Zahl gehalten, ihr Fleisch verzehrt. Hundefelle wie auch Fischhaut, Seehundsfelle und Pelze wurden zu Kleidung weiterverarbeitet. Die N. bewohnten ursprünglich halbunterirdische Grubenhäuser. Sie wurden später von Holzhäusern, die man teils auf Pfählen errichtete, ersetzt. Die streng exogamen+ Sippen besaßen ihr eigenes Heiligtum, einen speziellen Bestattungsplatz und die Pflicht zur Blutrache. Offiziell waren die N. zwar Christen, gaben aber ihre traditionellen religiösen Vorstellungen nie auf, verehrten weiterhin die Herrengeister der Natur und der Tiere (z. B. den Raubwal) und opferten ihnen u. a. Hunde. Wichtigstes religiöses Ereignis des Jahres war das Bärenfest, meist im Februar, zugleich eine Gedenkfeier für die Toten. Dabei wurde ein mehrere Jahre im Dorf aufgezogener Bär rituell getötet und verzehrt; seine Knochen bewahrte man später zusammen mit dem bei der Schlachtung benutzten Sakralgerät im Sippenheiligtum auf. Hunderennen, Hundeopfer und Tanz gehörten ebenfalls zum Fest. Ihre Verstorbenen verbrannten oder bestatteten die N., begleitet ebenfalls von Hundeopfern. Zu ihrem Gedenken wurden dann Hütten errichtet, in denen die Toten repräsentierende Puppen aufbewahrt wurden. Dem Schamanen fiel bei all diesen Riten keine herausragende Rolle zu; sein Aufgabenbereich war hauptsächlich die Krankenheilung. Die N. waren geschickte Kunsthandwerker, verzierten ihre Häuser und Gebrauchsgegenstände mit schönen Holzschnitzereien, fertigten Stickereien und Applikationen an.

Die N. gelten als die unmittelbaren Nachfahren der neolithischen Kultur des unteren Amur, für die Fischerei, Töpferei, Seßhaftigkeit, unterirdische Häuser, Fischhautkleidung, Seehundjagd und eine besondere Schlittenform spezifische Merkmale waren.

Nach der Vertreibung der »Weißen« aus dem Amur-Gebiet um 1920 wurden die N. aus ihren weitverstreuten Siedlungen in einige wenige Dörfer umgesiedelt und zu Kooperativen und Kollektiven zusammengeschlossen. Der traditionelle Fischfang und die Hochseejagd wurden auf moderne Methoden umgestellt, neu eingeführt auch der Bodenbau in größerem Umfang. Seit 1931 gibt es ein eigenes Alphabet, mit dem die paläoasiatische Sprache der N. geschrieben wird.

Lit.: 93, 99
Karte: Zentral- u. Nordasien (Abb.: 97)

Nogaier

Türkischsprachiges Volk (1970: 52 000) im »Autonomen Gebiet der Karatschaier und Tscherkessen«, in der Tscherkessisch-Inguschischen ASSR, im Karanogaischen Bezirk der Daghestanischen ASSR, im Gau Stawropol (alles UdSSR).

Bis zur Revolution waren jene N., die mit ihren Herden (Pferde, Rinder, Kamele, Schafe) zwischen Terek und Kuma in der sogenannten N.-Steppe, einer wasserarmen, versandeten und teils versalzten Steppe, wanderten, Vollnomaden. Sie lebten in großen zerlegbaren Jurten+, kannten auch kleinere, die unzerlegt auf Karren transportiert wurden. In festen Häusern dagegen wohnten jene N., die im 18./19. Jh. am Kuban seßhaft geworden waren und vor allem Viehzucht trieben. Bei ihnen existierten die in N-Kaukasien so typischen feudalen Verhältnisse mit Adligen, freien Bauern, Hörigen und Sklaven, während bei den nomadischen N. relativ gleichberechtigte, große Familienverbände nebeneinander lebten.

Die N. sind überwiegend Nachfahren türkischer Stämme, die sich mit mongolischen Verbänden im 13. Jh. unter Führung des Dschingiskhaniden Nogai zu einer mehr politischen denn ethnischen Einheit verbanden. Die Teilung in eine Große und Kleine Horde führte zu unterschiedlichen Entwicklungen: die Kleine Horde unterhielt in der Folgezeit enge politische Beziehungen zum Khanat der Krim-Tataren; nach den russisch-türkischen Kriegen Mitte und Ende des 19. Jh. wanderten die meisten von ihnen in die Türkei ab. Die N. der Großen Horde unterstanden seit dem 16. Jh. Rußland. Ein Teil von ihnen wurde durch die mongolischen Kalmücken zum Kuban abgedrängt und dort seßhaft; die östl. N. blieben bis 1917 überwiegend Nomaden.

Auch für die N. bedeutete der sowjetische Machtantritt die Zwangsseßhaftmachung. Der Staat errichtete für sie Vieh-Kolchosen und begann, die N.-Steppe durch Kanalbauten für den Bodenbau zu erschließen. Selbst die seßhaften N. am Kuban verlegten ihren wirtschaftlichen Schwerpunkt von Viehzucht auf Bodenbau. Nogaiisch wird heute kyrillisch geschrieben und in den ersten Klassen der Grundschule unterrichtet.

Lit.: 39
Karte: Zentral- u. Nordasien (Abb.: 97)

Nootka

Nordamerikanische Indianer im südwestl. Teil der Insel Vancouver, British Columbia, Kanada; ca. 2900. Sprache: Wakash des Mosanischen.

Die N. lebten bis zur frühen Kontaktzeit als einige von wenigen Stämmen der NW-Küste auch von der Jagd auf Seesäuger: Robben, Wale; daneben spielte der Fischfang eine geringere Rolle. Ähnlich wie die Eskimo-Walfänger N-Alaskas hatten sie für die Seesäugerjagd spezifische Techniken und Organisationsstrukturen entwickelt: große Einbaumboote, Harpunen, Schwimmer aus Robbenhaut, Walkult. Nur Häuptlinge von hohem Rang durften Wale und Robben jagen, es war ihr Erbrecht, und nur sie hatten den Reichtum und die Autorität, ein großes Walfangboot zu bauen, auszustatten und zu bemannen. An zweiter Stelle stand der Harpunier, ebenfalls ein Mann von hohem Rang. Er war verantwortlich für die Einhaltung von Tabuvorschriften vor der Jagd. In der religiösen Sphäre der N. war der Schamanentanz, gekoppelt mit einem Potlatchfest, eine feierliche Angelegenheit; es war die mythische Dramatisierung der Menschheitsordnung im Weltbild des Stammes und zugleich die Definition der sozialen Ordnung mit der Standortbestimmung eines jeden einzelnen.

Nootka, Nordafrika

Die ersten Kontakte der N. mit Europäern fanden 1774 durch die Spanier statt. 1778 ankerte der Weltumsegler und Entdecker James Cook vor Vancouver Island und besuchte die N. Mit ihm begann die Zeit des Pelzhandels (Seeotter) und der Zustrom europäischer Güter (Metallwerkzeuge, Gewehre, Textilien, Alkohol). Die Kolonialperiode setzte 1849 mit der Etablierung des Hudson's Bay Company in Fort Victoria ein. 1871 wurde Vancouver Teil der Provinz British Columbia. Eine Staatsverwaltung wurde eingerichtet, und den N. wurden mehrere kleine Reservate zugeteilt, das übrige Land fiel an die Weißen. Der Zerfall der indianischen Kultur setzt sich fort; Missionare und Staatsbeamte verboten indianische Zeremonien und Glaubensinhalte, neue bikulturelle politische Organisationsformen entstanden. Heute findet eine Rückbesinnung auf alte indianische Werte statt, indianisches Kunsthandwerk wird gefördert und vermarktet.

Lit.: 489
Karte: Nordamerika (Abb.: 76)

Nordafrika

Der Begriff Nordafrika schließt hier die gesamte N-Küste des Kontinents vom Atlantik bis zur Nilmündung ein; die Sahelzone W-Afrikas und des Sudan bilden die natürliche südl. Grenze. Die dünnbesiedelten und kaum bewohnbaren Wüstengebiete der Sahara sind somit einbezogen, hauptsächlich weil die wirtschaftliche Nutzbarmachung der Sahara als Quelle von Erdöl und Naturgas fast nur aus der nördl. Richtung, vom mediterranen Gebiet her, denkbar ist.

Die Grundbevölkerung der nordafrikanischen Küsten- und Gebirgsländer wanderte in vorgeschichtlicher Zeit von O her entlang des schmalen Küstenstreifens ein. Noch heute stellen sie, die Berber, – vor allem im W – die Hauptmasse der Bevölkerung. Arabische Eroberungen haben starke Wandlungen in Kultur, Sprache und selbstverständlich in der Religion bewirkt. Die Tuareg bewohnen den zentralen Teil der Sahara, die Tubu den östl. und ostzentralen Teil der Sahara bis in die Sahelzone, die Mauren die W-Sahara.

Von der atlantischen Küste bis nach Tunesien bilden die Bergketten des Atlas eine natürliche Grenze gegen die Sahara. In den niederschlagsreichen Gebieten, wie im Hohen Atlas, gibt es

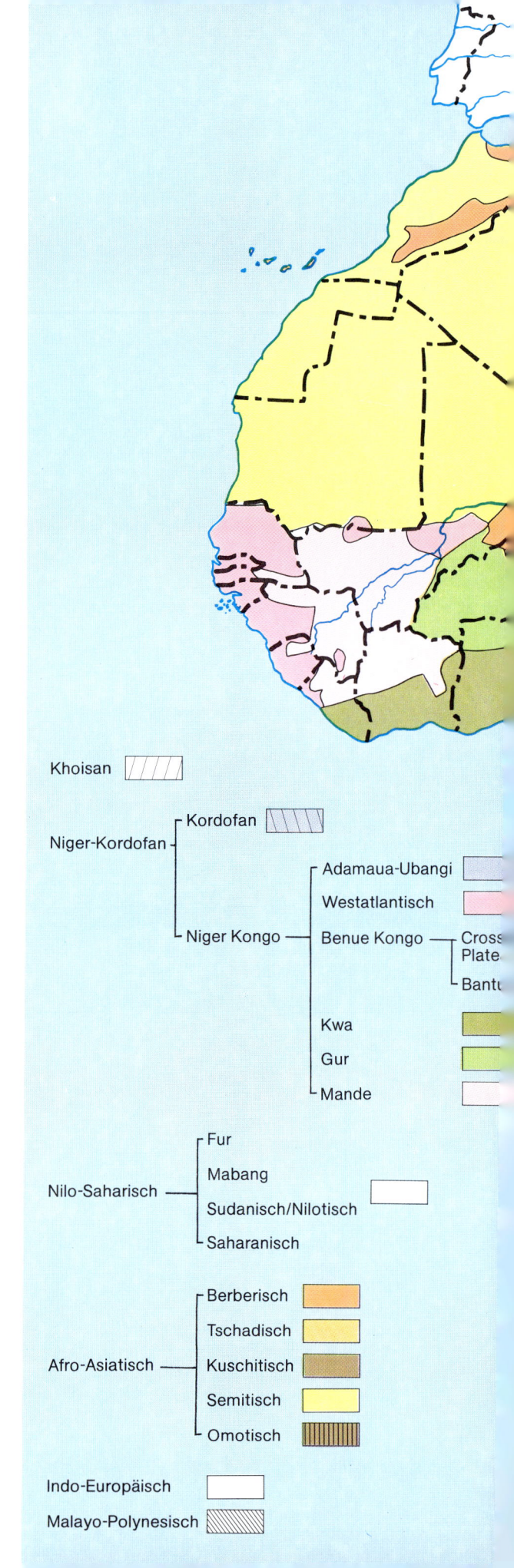

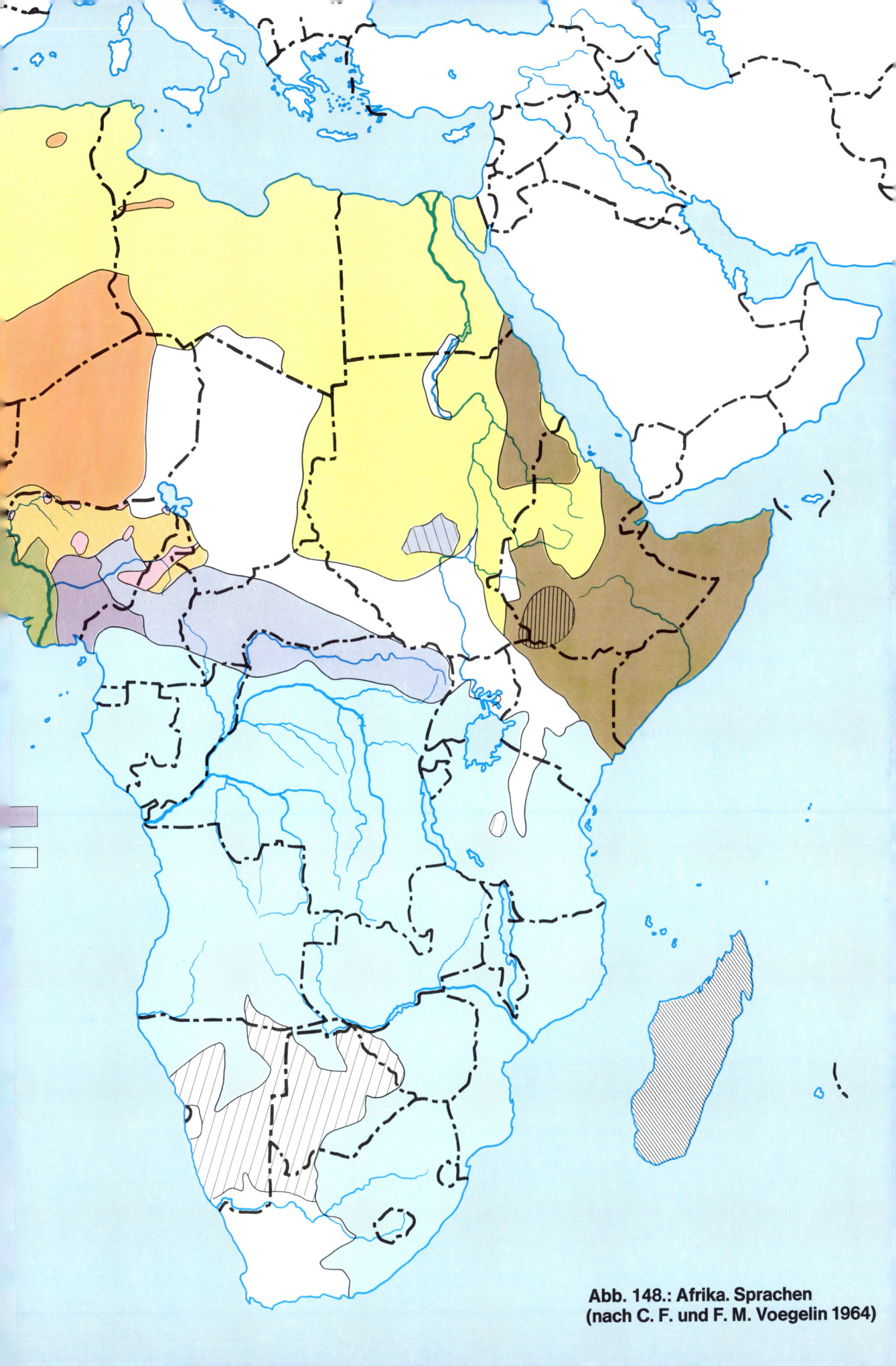

Abb. 148.: Afrika. Sprachen
(nach C. F. und F. M. Voegelin 1964)

noch Zedern- und Eichenwälder und ausgiebige Weideländer. Raubbau hat aber vielfach zur Bodenerosion geführt und eine Kargheit der Landschaft verursacht, die sich nicht durch Regenarmut allein erklären läßt. In solchen Gebieten ist Landwirtschaft kaum möglich, und die verbleibenden Weidegebiete sind nur noch für Schafe (Merino), Ziegen und Kamele geeignet.

Die nordwestl. Gebiete haben wesentliche Fortschritte in der Ausfuhr von landwirtschaftlichen Produkten gemacht und versorgen Europa regelmäßig mit Früchten. Die Oasenwirtschaft spielt als Beispiel intensiver Bodenbewirtschaftung eine bedeutende Rolle (Dattelpalmen, Obst und Gemüse). Phosphat wird als Dünger für die heimische Landwirtschaft abgebaut und in zunehmendem Maße exportiert. An der W-Küste (bei Safi) ist der Fischfang wichtig. Als Exportgut spielen die Teppiche, die sich an traditionelle Muster anlehnen, eine wichtige Rolle.

Östl. von Tunis in Libyen und dem westl. Ägypten reicht die Sahara bis zur Küste des Mittelmeeres. Die Verhältnisse sind für alle Formen des Anbaues denkbar ungünstig, und nur nomadisierende Hirten können dem Lande eine Lebensmöglichkeit abgewinnen. Die Entdeckung von Erdöl in Algerien (1956) und Libyen leitete eine neue Phase der wirtschaftlichen und politischen Entwicklung für das gesamte östl. N-Afrika ein. In Verbindung mit Erdöl: Nutzung des fossilen Wassers zu Bewässerungskulturen, besonders in Libyen. Ein Erfolg ist langfristig fraglich, weil das Problem der Versalzung noch nicht gelöst ist. Die oft unsicheren Grenzziehungen in der Wüste werden von zunehmender Bedeutung für Nomaden und Oasenvölker.

Lit.: 824–862
Karte: Islamisierung Westafrikas (Abb.: 67)

Nordasiatische Völker

Die Heimat der nordasiatischen bzw. sibirischen Völker ist das riesige Gebiet zwischen Ural im W, dem Pazifischen Ozean im O, dem Eismeer im N und den zentralasiatischen Steppen- und Wüstenregionen im S; es gehört fast zur Gänze zum Staatsgebiet der UdSSR.

Bewohnt wurden die Steppen- und Waldgebiete N-Asiens vor Beginn der massiven russ. Einwanderung von einer, gemessen an der Weite des Raumes, verschwindend kleinen Bevölkerung, unterteilt allerdings in zahlreiche kulturell wie vor allem sprachlich stark differierende Völker mit (a) paläoasiatischer Sprache (Jukagiren, Tschuktschen, Korjaken, Itelmen, Niwchen); (b) tungusischer Sprache (Ewenken, Ewenen, Nanai, Negidalen, Oroken, Orotschen, Udehe, Ultschen); (c) türkischer Sprache (Altaier, Chakassen, Schoren, Tuwinen, Jakuten); (d) finnougrischer Sprache (Chanten, Mansen, Nenzen, Nganasans, Selkupen); (e) ketischer Sprache (Keten): sie wurde früher zögernd den paläoasiatischen Sprachen zugeordnet, heute besteht dagegen die Tendenz, sie an die tibeto-birmanische Sprachfamilie anzuschließen. Zwei latitudinale Vegetationsgürtel mit eigener Fauna und Flora – die Tundra im N, die Taiga im S – haben in traditioneller Zeit (aber auch weitgehend noch heute) die Wirtschafts- und damit auch die Lebensweise der n. V. entscheidend geprägt. Für die in der Dauerfrostzone liegende Tundra mit ihren Moorgebieten und Sümpfen sind Flechten und immergrüne Pflanzenarten im N typisch; gegen S nehmen verkrüppelte Bäume und Baumgruppen zu (Waldtundra). Nur während dreier kurzer Sommermonate kommt es in dieser kahlen, grauen und eintönigen Tundralandschaft zu üppigerem Wachstum; eine Vielzahl von Tieren, wie wildes Rentier, verschiedene Pelztierarten oder Wasservögel, sind dann hier zu finden. Der Taiga-Waldgürtel erstreckt sich in einer Breite von ca. 950 km nahezu ohne Unterbrechung über 4800 km quer durch N-Asien. Im Winter liegt in den düsteren Wäldern (überwiegend Nadelbäume, auch Birken) tiefer Schnee; Tiere (wie Wölfe, Bären, Füchse, Luchse, zahlreiche kleine Pelztiere, auch Elch und Maralhirsch) halten sich v. a. an den Waldrändern oder in der Nähe von Lichtungen auf. Das Eindringen des Menschen in die abweisende sibirische Taigawelt ist ganz wesentlich als Folge der Entwicklung des Schneeschuhs, sowohl des Tritt- wie auch Gleitschneeschuhs, zu sehen, der während des langen Winters die Fortbewegung im Tiefschnee und damit die Jagd auch zu dieser Jahreszeit erst ermöglichte. Für einige der n. V. stellte die Rentierzucht die Lebensgrundlage schlechthin dar. Im nördl. Tundragürtel gehörten dazu insbesondere die Inland-Korjaken, die Inland-Tschuktschen und die Nenzen. Sie konnten fast alle ihre Lebensbedürfnisse mit den Erträgen der Rentierzucht decken. Große Herden mit 100 und mehr Tieren waren für die Tundra-Rentierzüchter typisch, während die Rentierzüchter der Taiga über nur kleine Herden mit oft nur 10–20 Tieren verfügten. Sie wurden hauptsächlich als

Last-, Reit- und Zugtiere eingesetzt und ermöglichten den Taigabewohnern erst jene hohe Beweglichkeit, die für die saisonale Verlegung der Jagd- und Fischgründe unverzichtbar ist. Die weite Verbreitung der tungusischen Völker über einen ungeheuren Raum ist überhaupt nur mit ihrer Beweglichkeit durch die Rentierhaltung erklärbar. Die ersten Anfänge der Rentierzucht lassen sich im ersten Jh. v. Chr. greifen. Es ist anzunehmen, daß sich diese Spezialisierung der Tierhaltung im Kontakt mit pferdezüchtenden Gruppen im südl. Sibirien, v. a. im Baikal-Altai-Sajan-Raum, einst entwickelte und später von Nenzen (im W) und Ewenken (im O) nach N-Asien gebracht wurde.

In einem ähnlichen Ausmaß hochspezialisiert waren die Bewohner der Küstenregionen N-Asiens (Küsten-Tschuktschen und Küsten-Korjaken, auch Teile der Nenzen u. a.). Sie lebten weitgehend von der Hochseejagd, fuhren mit ihren Booten aus Walroßhaut weit hinaus aufs offene Meer und jagten dort mit Harpune und Speer Seesäuger (Walroß, Wal, Seehund). Fast der gesamte Lebensbedarf ließ sich mit der Beute decken. Spezialisiert auf die Hochseejagd waren auch die Völker auf Kamtschatka und am unteren Amur (Itelmen, Teile der Oroken, Orotschen, Negidalen, Niwchen, Ultschen, Udehe). Andere Amurvölker lebten dagegen fast ausschließlich von den Erträgen des Fischfangs (Nanai), trugen Kleider aus Fischhaut, verhandelten Fisch nach China. Bei vielen, selbst bei den hochspezialisierten n. V. wurde der Lebenunterhalt aber oft aus einer Kombination verschiedener aneignender Wirtschaftsweisen, wie Sammeln, Jagen und Fischen, mit natürlich jeweils unterschiedlicher Gewichtung, gewonnen. Dabei bekam die Jagd auf Pelztiere, ursprünglich für den eigenen Bedarf (Kleidung) und als Tauschartikel gegen Waren zentralasiatischer und chines. Herkunft durch den Kontakt mit russ. Händlern seit dem 16. Jh. eine immer größere wirtschaftliche Bedeutung und veränderte das traditionelle Wirtschaftsleben bei einigen Völkern tiefgreifend. Die S-sibirischen Völker im Grenzgebiet zum zentralasiatischen Steppenraum (Teile der Altaier, Tuwinen, Chakassen, Burjaten) waren wie ihre südl. Nachbarn zum Teil nomadische Viehzüchter. Auf diese Tradition geht auch die Wirtschaftsform der aus dem Baikal-Gebiet nach N abgewanderten türkischsprachigen Jakuten zurück, die auch in ihrer neuen, weit kälteren Heimat die Rinder- und Pferdezucht nicht aufgaben, ihre Tiere allerdings jetzt während des arktischen Winters in Ställen hielten. Wälder, Sümpfe und nicht zuletzt das extreme Klima waren jahrhundertelang der beste Schutz für viele der n. V. vor Eroberung und Übergriffe fremder Mächte. Seit dem ausgehenden Mittelalter änderte sich diese Situation allerdings durch die Machtausdehnung zuerst Nowgorods, dann Moskaus. Die ersten Versuche der Nowgoroder Händlerschaft, sich die Naturalvorkommen Sibiriens zu erschließen, datieren ins 13. Jh. Moskau, zuerst nur ein Konkurrent, später der Nachfolger des Staates von Nowgorod, begann mit der ernsthaften Kolonisation Sibiriens im 15. Jh. Im Dienste des Handelshauses der Stroganows aus Nowgorod, das auch unter der Herrschaft und mit ausdrücklicher Billigung Moskaus seine Machtposition in Sibirien bewahren konnte, begann seit 1581 der Kosakenführer Jermak mit kosakischen Söldnern, die Anlage befestigter Siedlungen in Sibirien kriegerisch voranzutreiben. Der rasche Rückgang des Pelztierbestandes im Gebiet der W-sibirischen Völker zwang Moskau, weiter nach O, über Jenissei und Lena hinaus, vorzudringen. Schon um 1700 war die Eroberung Sibiriens im großen und ganzen abgeschlossen. Die Unterwerfung der n. V. unter russ. Herrschaft ging unter zahllosen, teils bestialischen Grausamkeiten, Dezimierung durch Seuchen und Hungersnöte vor sich. Bei einigen Völkern kam es jedoch zu entschlossenem Widerstand und wiederholten Aufständen. Anlaß für solche Gegenaktionen war häufig die gewaltsame Eintreibung des Pelztributs, der den sibirischen Völkern gewöhnlich von Moskau auferlegt wurde. Die in Sibirien eingesetzte zaristische Beamtenschaft, ausgestattet vor allem anfangs mit großen Machtbefugnissen, war häufig mehr an persönlicher Bereicherung als an ausgewogener Verwaltung interessiert. Korruption und Unterdrückung waren daher noch bis weit ins 19. Jh. hinein alltäglich. Verändernd in das traditionelle Lebensgefüge der n. V. griffen aber auch Alkohol und Verschuldung an russ. Händler, Überfremdung durch russ. Siedler und Abschiebung aller im europäischen Rußland unerwünschten Personen nach Sibirien ein. Ende des 19. Jh. war 87% der sibirischen Bevölkerung russisch. Dieser Überfremdungsprozeß dauert noch bis heute an, so daß viele n. V. in ihrer Heimat zu teilweise verschwindend kleinen Minoritäten innerhalb einer ständig weiterwachsenden russ. Bevölkerung geworden sind.

Lit.: 58–106
Karte: Zentral- u. Nordasien (Abb.: 97)

Nordassamvölker

Die Gebirgslandschaft des NO-indischen Unionsterritoriums Arunachal Pradesh (bis 1972: »North-East Frontier Agency« = NEFA), die die zu Assam gehörende Brahmaputra-Ebene im N gegen China (z. T. Tibet) und im O gegen Birma abgrenzt, wird von zahlreichen, meist kleinen Bergvölkern tibeto-birmanischer Sprachzugehörigkeit (→ Hinterindien) bewohnt; knapp 400 000. Die größte Untergruppe bilden mit ca. 100 000 die unter der Sammelbezeichnung Adi (»Bergmensch«; früher: Abor) zusammengefaßten Stämme des zentralen Siang-Distrikts, zu denen außer den eigentlichen Adi vor allem die Gallong, Minyong und Padam gehören. Weitere wichtige Gruppen der Himalaya-Vorberge sind die Dafla (70 000), Monpa (28 000), Mishmi (23 000), Tagin (20 000) und Apa Tani (13 000); die Hügelketten des südöstl. Tirap-Distrikts werden hauptsächlich von Wancho (29 000), Nocte (24 000) und Tangsa (14 000) bewohnt.

Trotz starker gegenseitiger Abgrenzung (Kriege zwischen Nachbarstämmen waren früher an der Tagesordnung) und zahlreicher kultureller Unterschiede weist die Mehrzahl der N. bestimmte Grundmerkmale auf, die sich aus ihren Lebensbedingungen in einer schroffen, unwirtlichen und dabei extrem regenreichen Bergwelt ergeben. Die Grundlage der Wirtschaft bildet in der Regel der Brandrodungsbau+ an Berghängen, da ebene Anbauflächen nicht zur Verfügung stehen bzw. die Talböden infolge der hohen Niederschläge versumpft und malariaverseucht sind. Die in ein- oder zweijährigem Rhythmus verlegten Felder eines Dorfes werden oft als zusammenhängender Block angelegt, wobei das Roden, Abbrennen und Umzäunen der Fläche in Gemeinschaftsarbeit erfolgt und erst danach die einzelnen Haushalte ihre Parzellen individuell bewirtschaften. Die wichtigsten Anbaupflanzen sind Reis, Mais und Hirse, ergänzt durch Gemüse, Obst und Gewürzpflanzen in dorfnahen Gärten. Daneben spielen Jagd, Fischfang und das Sammeln von Wildpflanzen eine ergänzende Rolle, die umso wichtiger ist, je mehr durch die jeweilige Höhenlage der Feldbau jahreszeitlich eingeschränkt ist. Die einzige Ausnahme von diesem Wirtschaftssystem findet sich bei den Apa Tani: sie bewohnen ein ausgedehntes Hochtal, das wegen seiner Lage im Regenschatten nur mäßige Niederschläge empfängt und daher zur Anlage von permanenten Bewässerungsfeldern (Reis) geeignet ist. Ihre Dörfer, die wie die der Nachbarn aus gras- oder blättergedeckten Pfahlhäusern bestehen, sind mit bis zu tausend Haushalten ungewöhnlich groß, während die an Hängen oder auf Bergkuppen zusammengedrängten Siedlungen anderer N. oft nur wenige Häuser (bei den Dafla und Mishmi manchmal nur ein einziges, in mehrere Wohneinheiten unterteiltes Langhaus) umfassen. Die meisten Bergvölker von Arunachal Pradesh kannten früher die Einrichtung des dörflichen Männerhauses, das als Schlafstätte der unverheirateten Männer gleichzeitig deren Ausbildungszentrum und auch »Kaserne« des Dorfs war. Die Gesellschaft war in der Regel in exogame+ Patriklane+ gegliedert. Oberste politische Einheit war das Dorf, das von einem Ältestenrat (Adi, Dafla, Mishmi, Tagin) oder von einem Häuptling mit Zustimmung eines solchen Rats »regiert« wurde. Bei den nördl. Gruppen der Himalaya-Vorberge war die Haltung von Sklaven (Schuldsklaverei, Kriegsgefangene) üblich. Eine Klassenteilung innerhalb der Gesellschaft der Freien kannten nur die Apa Tani, wo das stets mit dem Bewässerungsfeldbau einhergehende Prinzip des Privateigentums an Feldern zur Entstehung einer landbesitzenden Aristokratie und einer Masse landloser Gemeiner geführt hatte, sowie die Nocte und Wancho des SO, deren Spaltung in Adlige und Gemeine wohl mit ihrer engen kulturellen Verwandtschaft mit den nördl. → Naga zusammenhing. Im übrigen bestand auch in den »demokratischen« Gesellschaften die Möglichkeit, durch rituelle Opferung von Mithan-Büffeln (*Bos frontalis*) und Verteilung des Fleischs an die Dorfgemeinschaft individuelles Prestige zu erringen. Eine extreme Ausprägung erfuhr dieses »Verdienstwesen« bei den wohlhabenden Apa Tani, die sich zur Wahrung oder Steigerung ihrer Ehre durch Abschlachten ganzer Mithan-Herden und die feierliche Zerstörung wertvoller tibetischer Glocken, Bronzeplatten und Schwerter gegenseitig auszustechen versuchten. Die Verwandtschaft der Nocte und Wancho zu den Naga zeigte sich in der bei den übrigen N. unbekannten Praxis der Kopfjagd. Die Erbeutung von Schädeln verhalf nicht nur den Männern zu Kriegerruhm, sondern sollte auch die Fruchtbarkeit der Felder erhöhen. Die traditionelle Religion der meisten N. gründet auf der Vorstellung von verschiedenen Klassen von Naturgeistern, oft kombiniert mit schamanistischen Heilungsriten.

Von dem bisher Gesagten müssen in vieler Hinsicht die Monpa ausgenommen werden. In großer Höhe (bis 3600 m) im Grenzgebiet zu Bhutan und Tibet siedelnd, ähneln sie kulturell ihren dortigen Nachbarn: Sie leben in zweistöckigen Steinhäusern, bauen Getreide (Gerste, Mais, Reis) z. T. auf permanenten, gedüngten und gepflügten Feldern an, nutzen die Milch ihrer Rinder zur Butterherstellung (bei den übrigen N. ist Milchgewinnung unbekannt) und praktizieren die lamaistische Form des Mahayana-Buddhismus.

Sprachzugehörigkeit und mündliche Überlieferungen der übrigen N. weisen auf eine Herkunft aus den nordbirmanischen Grenzgebieten hin. Bei einigen Gruppen (z. B. Tangsa, Teile der Mishmi) dauerte die Zuwanderung aus Birma bis in historische Zeiten an. Während der britischen Kolonialzeit wurden die Distrikte des heutigen Arunachal Pradesh als »Excluded Areas« vom übrigen Assam abgetrennt und ihre Bewohner weitgehend sich selbst überlassen. Auch heute noch gestattet die indische Regierung die Selbstverwaltung der Bergvölker nach ihren traditionellen Prinzipien, fördert aber gleichzeitig die Bildung von gewählten »Stammesräten«, die Vertreter in die Regionalparlamente entsenden. Mittlerweile sind auf den Gebieten des Straßenbaus sowie des Gesundheits- und Bildungswesens große Fortschritte erzielt worden (1971 konnten 5% der N. lesen und schreiben). Die Bewohner der Bergdörfer werden mit Erfolg zur Bildung von landwirtschaftlichen und Transport-Genossenschaften angehalten, und verschiedentlich konnte durch bessere Organisation des Verkaufs sogar traditionelles Kunsthandwerk wiederbelebt werden (Weberei bei Monpa, Adi, Apa Tani und Mishmi; Holzschnitzerei bei Monpa, Nocte und Wancho). Im Feldbau, der nach wie vor die Grundlage der Wirtschaft bildet, wird der umweltzerstörende Brandrodungsbau allmählich durch Methoden permanenter Feldnutzung (Terrassierung, Düngung) ersetzt.

Lit.: 210, 223, 224
Karte: Hinterindien (Abb.: 70)

Nord-Sotho
(Pedi und andere Ethnien)

Bevölkerungsgruppen im NO-Transvaal, ca. 2 Mio. Sprache: Sepedi des südöstl. Bantu.
Die N-Sotho setzen sich aus verschiedenen Gruppen, die aus dem SW (→ Tswana), dem SO (→ Nguni) und dem N (→ Shona) eingewandert sind, zusammen. Führend sind die Pedi mit dem Stachelschwein-Totem, die Tau, Koni und Roka, dazu kleinere Gruppen im O. Am bekanntesten unter ihnen sind die Lobedu durch ihre Regenkönigin.

Die Pedi, ein Splitter der → Tswana, drangen ab 1650 in das heute nach einem ihrer Herrscher genannte Sekhukhune-Land ein, und unterwarfen mit der Zeit schon ansässige Gruppen. Häuptling Thulare ist als Gründer der Pedi-Dynastie berühmt. Sein Sohn Sekwati und Enkel Sekhukhune waren in Kriege mit Zulu, Buren und Engländern verwickelt. Das Reich wurde durch politische Heiraten, geschickte Diplomatie, militärische Macht, die Einrichtung der Beschneidungsschule und ein entwickeltes Agententum über den Unterworfenen errichtet. Unter ihnen bildeten die ansässigen Tau und Koni eine Mittelschicht, die Einwanderer aus dem N (Roka) die verachtete Unterschicht. Die Lobedu übten durch den Regenzauber ihrer Königin, die dafür Tribut und Geschenke erhielt, großen Einfluß auch in der weiteren Umgebung aus. Die N-Ndebele haben sich sprachlich und kulturell völlig an die N-Sotho angepaßt.

Die Wirtschaft der N-Sotho beruhte auf Jagd, Sammeln von Feldkost, und seit dem 18. Jh. in zunehmendem Maß auf Groß-Viehzucht und Ackerbau (Mais, Sorghum, Bohnen, Kürbisse). Der wachsende Bevölkerungsdruck in den beschränkten Reservaten zwang die N-Sotho bald durch Kontraktarbeit in den ›weißen‹ Industriegebieten, v. a. Pretoria-Witwatersrand-Vereeniging zusätzlichen Erwerb zu finden. 1970 lebten nur 56% der N-Sotho in dem für sie vorgesehenen Heimatland Lebowa, 6% in anderen Heimatländern und 38% im ›weißen‹ Siedlungsgebiet als Farm- und Industriearbeiter.

Die Familienstruktur ist patrilinear, jedoch sind die Lineages (Familienzweige) nicht so tief gestaffelt wie bei den Nguni. Die totemistischen Klane sind nicht wie anderswo durch Heiratsregeln charakterisiert. Ehen werden vorzüglich mit Verwandten der Mutterlinie geschlossen. Erbrecht und Nachfolge bevorzugen den ältesten Sohn der Hauptfrau in polygynen+ Familien.

Die innenpolitische Entwicklung seit 1960 führte wegen Widerstandes erst 1969 zur Bildung eines Exekutivrats für die Territorialbehörde Lebowa. 1971 wurde diese in eine Gesetzgebende Versammlung eines sich selbstregierenden Heimatlandes innerhalb der RSA umgewandelt. Der Chefminister ist, anders als in der Mehrzahl der Heimatländer, kein Häuptling. Die Hauptstadt Lebowakgomo ist im Aufbau. Die wirtschaftliche Entwicklung sieht Intensivierung von Ackerbau und Viehzucht, z. T. auf genossenschaftlicher Grundlage vor. Die früher einem weißen Konzern gehörende Zitrusfarm Zebediela wurde Lebowa übergeben. Die industrielle Entwicklung des Landes sieht Pendlerarbeit in den Grenzgebieten entlang der Eisenbahnlinie Pretoria–Pietersburg vor, sowie den Aufbau von Binnenindustrien in Lebowakgomo und Sheshego. Lebowa hat erwähnenswerte Mineralvorkommen (Asbest, Platin, Chrom, Kaolin).

Lit.: 1184, 1193, 1207, 1210, 1240
Karte: Südafrika (Abb.: 147)

Nuba

Eine heterogen zusammengesetzte Gruppe von bäuerlichen Ethnien in der Provinz Kordofan, Republik Sudan, die kulturverwandt sind und deshalb unter dem Sammelnamen N. zusammengefaßt wurden; ca. 500 000. Sprache: verschiedene N.-Sprachen, das Arabische ist Umgangssprache. Sie sprechen z. T. dem Nubischen verwandte Sprachen der Nilo-Saharischen Gruppe, die noch nicht alle klassifiziert sind.
Im Gegensatz zu den trockenen Ebenen, die von den → Baggara-Arabern bewohnt werden, erlaubt das regenreichere Bergland den N. eine seßhafte Lebensweise. Die N. sind Bauern; auf terrassierten Feldern bauen sie Hirse, Sesam, Mais, Zwiebeln, Baumwolle und Tabak an. Viehzucht ist von zunehmender Bedeutung; wo der Islam noch nicht eingedrungen ist, werden auch Schweine gehalten. In solchen Gebieten besteht noch die traditionelle Religion mit ihrem Schwergewicht auf Agrarriten und Tieropfern für die Geister der Vorfahren. Regenmacher spielen in den niederschlagsarmen Gebieten eine hervorragende Rolle. Der Islam dringt besonders in die Teile der N.-Gesellschaft ein, die den meisten Kontakt zur Außenwelt haben: Dorfhäuptlinge, Ortsrichter, Händler. Der Islam bringt Ansehen und verleiht dem einzelnen den Stempel höherer Kultur.

Lit.: 933, 944

Nubier
Nil-Nuba, Barabra, Berberiner

Sammelbezeichnung für die Bevölkerung im Niltal zwischen Assuan und Dongola; ca. 500 000.

Sprache: Nubisch, ein isolierter Zweig des O-Sudanischen.
Die meisten N. sind Bauern; nur bei den sprachverwandten Birked und Midobi außerhalb der Niloase liegt das Hauptgewicht auf der Viehzucht. Hirse, Gerste, Datteln und Feigen werden im Niltal, wie auch auf dem trockenen Hochplateau angepflanzt. Die Landwirtschaft auf dem Plateau erfordert komplizierte Bewässerungsanlagen mit verzweigten Kanälen und Schöpfrädern. Rinder, Schafe, Ziegen und Esel werden überall gehalten. Schweine werden seit der Islamisierung nur noch vereinzelt bei den Unterstämmen der Nyima und Dilling gehalten.
Seit altersher wanderten die N. in die Städte Ägyptens ab, wo sie durch Lohnarbeit ihren Lebensunterhalt gewannen; oft kehrten sie erst nach vielen Jahren in ihre Heimat zurück.
Bevölkerungen im heutigen Nubien sind bis in das Neolithikum nachweisbar. Im 2. Jt. vor Chr. stand Nubien unter ägyptischer Oberherrschaft und geriet auch kulturell stark unter ägyptischen Einfluß. Im 8. Jh. v. Chr. entstand das unabhängige Reich Kusch mit Napata als Hauptstadt. Die N. beherrschten für mehr als ein Jahrhundert ganz Ägypten. Im 6. Jh. wurde die Hauptstadt nach Meroë verlegt; Ausstrahlungen in den westl. Sudan und Teilen O-Afrikas. Im 4. Jh. n. Chr. wurden die N. christianisiert, um ca. 340 wurde Meroë von den Äthiopiern von dem in N-Äthiopien und Eritrea gelegenen Reich Aksum zerstört, jedoch nicht dauerhaft besetzt.
543 entstand ein christl. Reich mit der Hauptstadt Dongola (bis 1315). Schon im 7. Jh. aber werden islamische Einwirkungen fühlbar (Eroberung Ägyptens durch die Araber) und schnitten Nubien vom Mittelmeerraum ab.
Nach der Fertigstellung des 2. Assuandammes wurde ein großer Teil der ägyptischen N. umgesiedelt. In der Republik Sudan blieben von 330 000 N. (Volkszählung von 1956) nur 157 000 im Niltal. Die übrigen suchten sich Siedlungs- und Arbeitsmöglichkeiten in anderen Teilen des Landes. Aus Bauern und Fischern wurden Lohnarbeiter in dem Industriekomplex Kom Ombo.

Lit.: 833, 840, 843

Nuer

O-afrikanisches Hirtenvolk in den Savannen und Marschgebieten auf beiden Ufern des Nils

(Bahr el-Ghasal) im südl. Sudan und SW-Äthiopien; ca. 300 000. Sprache: Nilotisch.

Die N. sind überwiegend Viehzüchter, deren gesamtes kulturelles Leben auf den Wohlstand ihrer Herden ausgerichtet ist. Milch und, bis zu einem gewissen Grad, Fleisch sind die Grundlage der Ernährung. Zusätzlich wird Hirse angebaut; das Fischen spielt eine jahreszeitlich bedingte Rolle. Während der Trockenzeit beziehen die N. Hirtenlager nahe den Ufern des Nils. Die Regenzeit und hierdurch verursachte Überschwemmungen weiter Gebiete zwingt zur Wanderung. Feste Dörfer in höheren Lagen werden nur in der Regenzeit bewohnt. Stammesland gilt als Besitz der patrilinearen+ Klane+, und jedes Klanmitglied genießt privilegierten Status nur innerhalb des eigenen Klangebietes. Viele N. sind Abkömmlinge von → Dinkastämmen, die vormals erobert und den N. angegliedert wurden. Zwischen den verschiedenen Stämmen der N. besteht wenig Zusammenhalt; eine übergeordnete politische Struktur hat sich nie entwickelt. Fehden sind häufig und können nur durch das Einschreiten der sog. Leopardenfellhäuptlinge beigelegt werden. Deren Wirksamkeit ist jedoch rituell-religiöser Art, da sie über keinerlei politische Machtmittel verfügen. Innerhalb eines Stammesgebietes spielen Altersklassen als organisiertes Prinzip eine wesentliche Rolle. Alle Knaben, die innerhalb einer Periode von sechs Jahren geboren sind, werden bei Erreichung der Pubertät rituell in eine Altersklasse eingeführt, der sie dann auf Lebenszeit angehören.

Lit.: 892
Karte: Nordost-Afrika (Abb.: 10)

Nupe

Afrikanisches Bauernvolk an beiden Ufern des Niger, Z-Nigeria; ca. 600 000. Sprache: Kwa-Sprachen. Sprachlich verwandt mit den N. sind die Igbara nordöstl. des Zusammenflusses von Niger und Benuë, die Igala südl. des Benuë, die Idoma, Egede u. a.

Fischfang, Handel und Flußschiffahrt liefern den Hauptlebensunterhalt für Stämme wie die Kyedye und Batache; die meisten anderen N.-Völker sind Bodenbauer, die Hirse, Jams, Reis und Gemüse für den Eigenbedarf erzeugen, deren Landwirtschaft aber auch eine große Anzahl von Marktprodukten hervorbringt: Reis, Erdnüsse, Baumwolle, Indigo, Palmöl und Sheabutter (aus dem Samen des Butterbaumes – *Bassia butyracea* –). Viehzucht spielt bei den N. eine untergeordnete Rolle. Die Landwirtschaft liegt in Männerhand, während Handel und Vermarktung der Waren Frauenarbeit sind. Jedoch sind jetzt auch viele Männer auf den Handel spezialisiert. Gewerbe und Handwerk nehmen überhaupt einen immer wichtigeren Platz im Wirtschaftsleben ein. Schmiede, Weber, Schneider, die Hersteller von Glasperlen, Lederarbeiter sind in geschlossene Gilden mit zentralisierter Autorität und hierarchischem Rangsystem organisiert. Diese Erwerbsformen kann man als Heimindustrie bezeichnen, da die Werkstätten gewöhnlich in einem Haushalt untergebracht sind. Jedes Dorf, meist nur bis zu 1000 Einwohnern, hat einen Dorfhäuptling, der von den Familienoberhäuptern beraten wird. Die Dörfer unterstehen einem Oberhäuptling oder König, dem Etso Nupe.

Seit dem 14. Jh. besteht das N.-Reich, geteilt in vier Regionen; es wurde regiert von einer Hierarchie von Würdenträgern, die ihrerseits in eine Art lehnsrechtlicher Verbindung zum König standen. Das Amt des Königs wurde im Wechsel von drei aristokratischen Familien eingenommen. Der Staatsaufbau zeigt viele typische Elemente der sog. jungsudanischen Kultur.

Im Laufe ihrer Geschichte wurden die N.-Staaten wiederholt Vasallen der → Yoruba und → Hausa. Zu Beginn des 19. Jh. gerieten sie unter die Vorherrschaft der → Fulbe unter Osman dan Fodio, die um 1900 von der brit. Kolonialverwaltung abgelöst wurden. Trotz Islamisierung überleben heute noch viele Elemente der traditionellen Religion, v. a. Ahnenkult und Riten, die einzelnen Dörfern oder Unterstämmen eigentümlich sind.

Lit.: 895, 899, 932, 934
Karte: Westafrika, 16. Jh. (Abb.: 191)

Ojibwa

Auch Ojibway oder Chippewa (in USA und in S-Ontario so genannt), nordamerikanische Indianer am N-Ufer des Lake Huron und beiderseits des Lake Superior; die kanadischen O. westl. von Lake Winnipeg werden als Salteaux bezeichnet. In den USA leben ca. 40 000 O. auf verschiedenen Reservationen in Michigan, Minnesota, Montana, North Dakota und Wisconsin, meist Mischlinge; in Kanada wohnen ca.

Abb. 149: Ojibwa-Gehöft auf Manitoulin Island im nördlichen Lake Huron, Ontario, Kanada. Das Rindentipi dient zum Trocknen des Feuerholzes. Traditionelle Kulturformen treten, oft eher spielerisch als bewußt, in anderem Kontext wieder auf. (Foto: Lindig)

Abb. 150: Basil Johnston, ein bekannter Ojibwa-Schriftsteller, Verfasser von Geschichten, Mythen und Anekdoten aus dem Leben seines Volkes. (Foto: Lindig)

Abb. 151: Naskapi-Schüler in einem Jagdausbildungslager in der Nähe von Schefferville, Québéc, Kanada. Die Jagd ist den Naskapi so wichtig, daß sie eher auf selbst großzügige Abfindungen für Land verzichten als auf die traditionelle Lebensweise. (Foto: Müller-Wille)

Abb. 152: Naskapi-Reservation bei Schefferville, Québéc, Kanada. Das Schneemobil hat – trotz großer Störanfälligkeit – den Hundeschlitten als winterliches Verkehrs- und Transportmittel ersetzt. (Foto: Müller-Wille)

120 000 O. verstreut in den Provinzen Ontario, Manitoba und Saskatchewan. Sprache: Algonkin.

Die O. gehören zu den subarktischen Waldland-Indianern, sind aber in ihrem südwestl. Verbreitungsgebiet von den Bodenbauern des Präriegebietes beeinflußt worden. Neben Fischfang und Jagd spielte bei den meisten O. das Sammeln von Wildreis *(Zizania aquatica)* in den flachen Seen und den seichten Ufergewässern der Großen Seen eine beträchtliche Rolle. Aus Birkenrinde fertigte man die Boote und zahlreichen Haushaltsgeräte, mit Birkenrinde wurden auch die kuppelförmigen Wigwams abgedeckt, und auf Birkenrinde ritzte man piktographische Zeichen, die im Midewiwin-Ritual, einem geheimen Medizinbund, als mnemotechnische Hilfen bei dem Erzählen von Mythen verwendet wurden. Es gab keine zentrale Stammesautorität, sondern nur Lokalgruppen, die aus Mitgliedern exogamer+ Klane+ bestanden. Durch den Pelzhandel erhielten die Sprecher der Lokalgruppen im Laufe der Zeit eine gewisse Autorität und Häuptlingsqualität, die in männlicher Linie vererbt wurde. Die Glaubensvorstellungen waren von der Kraft übernatürlicher Mächte durchdrungen, die man sich z. B. im Midewiwin-Bund durch Kraftübertragungsriten (in Gestalt einer Muschel) zu verschaffen vermochte.

Die Geschichte der O. seit der Kolonialzeit weist keine besonderen Höhepunkte auf. Im 18. Jh. waren sie stark am Pelzhandel beteiligt, der sie mit europäischen Waren und Feuerwaffen vertraut machte und ihre Westexpansion bis auf die Plains (Plains Ojibwa) vorantrieb. Heiraten von O.-Frauen mit französischen Händlern führte sie auf die Seite der Franzosen im Kampf gegen die Engländer. Mit der allmählichen Entstehung von Reservationen (ab 1854) in ihren alten Wohngebieten vollzog sich die teilweise Einglie-

Abb. 153: Was Publicity anbelangt, kann noch mancher PR-Mann von Indianern etwas lernen. Das Bild zeigt Dennis James Banks (Ojibwa), über viele Jahre maßgeblicher Kopf der »American Indian Movement«, im Gespräch mit der Frau des Fotografen und Journalisten, aufgenommen 1974, als rund 100 Indianer, vornehmlich Ojibwa, einen Park bei Kenora, Ontario, Kanada, für mehrere Wochen besetzt hatten. (Foto: A. Schulze-Thulin)

derung in die euro-amerikanische Kultur und die Abwendung von der traditionellen Ökonomie und materiellen Kultur. Wirtschaftlich geht es den meisten O. überdurchschnittlich schlecht; es gibt eine hohe Arbeitslosigkeit. Viele junge O. wandern in die Städte ab, wobei sie vom »Volunteer Relocation Program« (ab 1954) unterstützt werden. Heute lebt etwa die Hälfte der amerikanischen O. in Großstädten wie Minneapolis (ca. 8000), Milwaukee, Chicago und Duluth. Doch bleibt meist die Verbindung mit Verwandten in den Reservationen bestehen. Viele O. haben sich in pan-indianischen Organisationen engagiert. In einigen O.-Dörfern in Ontario haben sich in letzter Zeit ausgesprochen originelle Malereien mit traditionellen Motiven durchgesetzt, die auch die Weißen ansprechen und deshalb einen guten Markt gefunden haben. Insgesamt jedoch ist das Kunsthandwerk nicht sehr entwickelt, von einzelnen Quillwork-Arbeiten+ abgesehen, die gute Preise erzielen. Zur modernen Ausrichtung einiger O. ist auch die Erzählkunst zu erwähnen, die von Basil Johnston (»Ojibway Heritage«, (1976) verkörpert wird.

Lit.: 473, 474, 476, 478
Karte: Nordamerika (Abb.: 76)
Abb.: 149, 150

Omaha

Nordamerikanische Indianer in Nebraska, ca. 1500. Sprache: Sioux. Die O. waren seßhafte Bodenbauern, die erst im 18. Jh. mit der Übernahme von Pferden auch in stärkerem Umfange die Bisonjagd betrieben und von der dynamischen Plainskultur geprägt wurden.

Lit.: 587

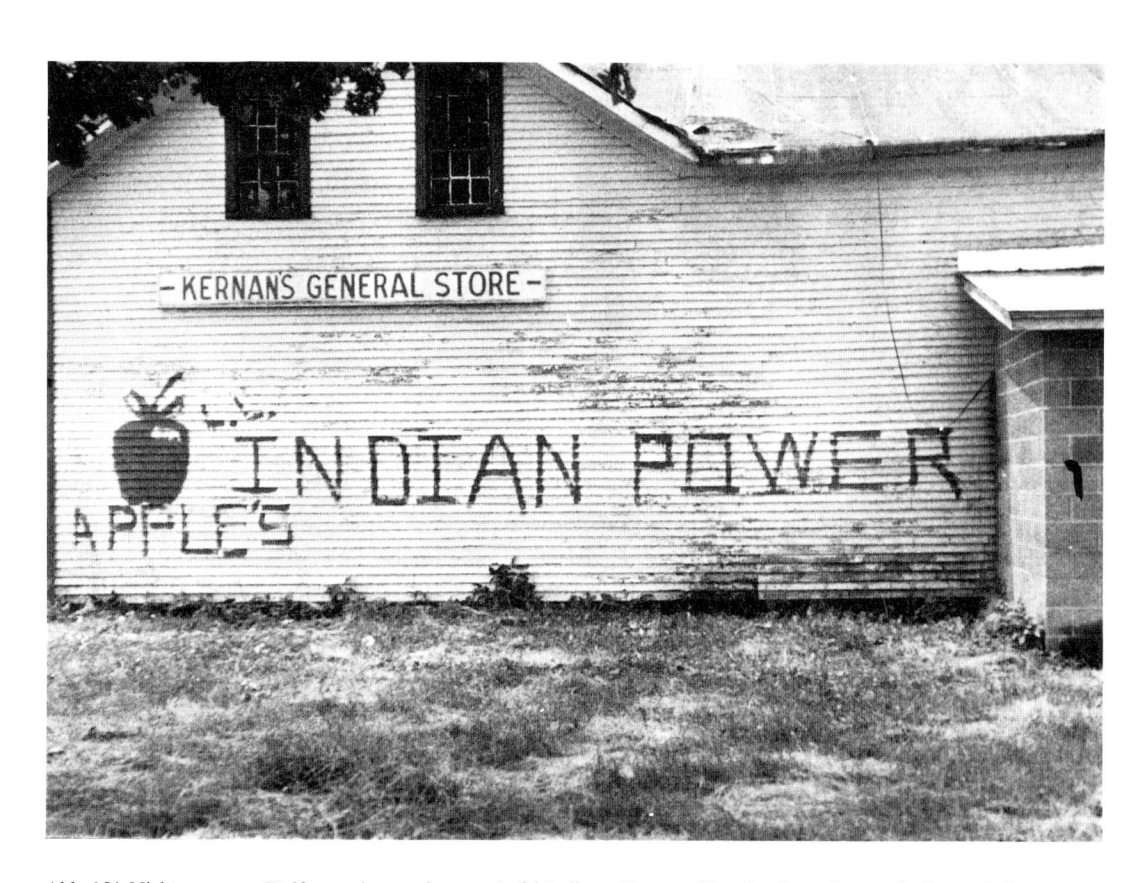

Abb. 154: Nicht nur gegen Weiße, sondern auch gegen Apfel-Indianer (innen weiß und außen rot) setzen Indianer »Indian Power« ein – für politische und kulturelle Selbstbestimmung. (Foto: A. Schulze-Thulin)

Oraon

Die O. (1,2 Mio.), (Eigenbezeichnung: Kurukh), gehören zur autochthonen Bevölkerung Indiens; Sprache: Drawidisch. Sie wurden von der sich ausdehnenden nichttribalen Bevölkerung aus der Region des Rothās-Plateau in ihr heutiges Wohngebiet Chota Nāgpur verdrängt und leben inmitten der Munda sprechenden Stämme von Bihar. Die in den städtischen Gebieten lebenden O. und besonders diejenigen, die Christen wurden, sprechen Hindi als ihre Muttersprache. Jedes Dorf hat ein Oberhaupt und einen Priester, dessen Amt sich vererbt. Dörfer einer Gegend schließen sich zu einer »Konföderation« zusammen, deren Angelegenheiten von Vertretern der einzelnen Dörfer, die einen Rat bilden, geregelt werden. Wie andere Stämme dieser Gegend haben die O. außerhalb ihrer Dörfer gelegene getrennte Schlafhäuser für unverheiratete Männer und Mädchen. Diese Einrichtung dient der Sozialisation und Erziehung der Jugend. Die O. haben Ahnenkult, verehren einen obersten Gott (Dharmes), eine Reihe von Schutzgöttern und Geistern. Riten und Glaubensvorstellungen sind heute vom Hinduismus beeinflußt.

Lit.: 166 (III), 184, 185, 186, 190
Karte: Vorderindien (Abb.: 220)

Orarimugudoge
Bororo

Indianer im Mato Grosso zwischen Rio S. Lourenço und R. das Mortes; ca. 800. Stehen kulturell den → Gê nah, sind jedoch weniger Bauern, mehr Jäger, Fischer, Sammler.
Das politisch unabhängige Dorf war durch sich gegenseitig abstoßende und doch einander bedürfende Teile gegliedert, z. B. in zwei rivalisierende Hälften, deren Mitglieder immer nur in der gegnerischen Hälfte heiraten durften, was u. a. hieß – da bei bestimmten Arbeiten traditionell die Schwager zusammenarbeiten –, daß beide Hälften arbeitsorganisatorisch aneinander gebunden waren. Äußerlich sichtbar wurden die Teilungen durch den Bauplan des Dorfes (→ Timbira). Je näher benachbart zwei Bewohner waren, desto öfter fanden sie sich in einer Partei oder Hälfte zusammen. Bei großen Festen traten in eindrucksvoller Theatralität Angehörige jeweils zweier Parteien einander gegenüber, jeder auf jeweils seiner Seite des Dorfplatzes.

Einer der ersten Schritte der Missionare war die Bekämpfung des Dorfgrundrisses, in dem sie einen Eckstein der traditionellen Ordnung erkannten. Heute ist der Hüttenkreis durch das lateinamerikanische Straßendorf ersetzt. Verschwunden sind damit nicht nur eine symmetrische Häuserordnung und einige Zeremonien, sondern auch eine wesentliche Stütze der nachbarschaftlichen Beziehungen, die die Sozialordnung trugen.
Die O., damals viell. 12 000, waren im 18. Jh. als Krieger gefürchtet. Sie griffen die brasil. Goldminen an, doch nach 1734 gelang es den Brasilianern, sie zu Verbündeten gegen andere Indianer zu gewinnen, v. a. gegen die Mẽ-be-ngô-kre. 1748 z. B. nahmen sie auf einem von einem Brasilianer angeführten Kriegszug in 3 Monaten über 1000 M. im Umkreis von 1000 km als Sklaven gefangen. 1740 besuchten O. im Auftrag ihrer brasilianischen Verbündeten die Indianer in neu eingerichteten spanischen Jesuitenmissionen diesseits des Guaporé und bewegten sie zum Verlassen der Missionen – so sicherten sie diese Region für Brasilien. Die O. wurden in Wehrdörfern gegen spanische und indianische Bedrohung angesiedelt. Ihre Zahl sank dann rasch durch Krankheiten. Seit 1902 steht ein großer Teil von ihnen unter dem Einfluß von Salesianer-Missionaren. In ihrem durch Landraub stark eingeschränkten Gebiet ist jagdbares Wild heute praktisch nicht mehr vorhanden. Die andauernden Auseinandersetzungen mit Brasilianern um Landbesitz fanden 1976 ihren vorläufigen Höhepunkt in der Erschießung des auf der Seite der O. stehenden Paters Lunkenbein durch weiße Siedler.

Lit.: 744, 798
Karte: Nördliches Südamerika (Abb.: 209)

Oroken

Tungusischsprachige Bevölkerung (wenige Hundert) der Insel Sachalin vor der so-sibirischen Küste (UdSSR).
Fischfang und die Jagd auf Seehunde mit der Harpune einerseits, Jagd auf Pelz- und Fleischtiere andererseits, sowie Rentierzucht bildeten die traditionellen Wirtschaftszweige der O. Zur Fortbewegung und zum Transport ritt man das Rentier oder spannte es, wie auch den Hund, vor den Schlitten, benutzte auch Ski und Boot. Den Sommer verbrachten die O. an der Küste mit Fischfang. Hier standen feste Holzhäuser, in de-

nen oft mehrere Familien zusammen wohnten. Herbst und Winter verlebte man in konischen, mit Birkenrinde oder Fischhaut bedeckten Holzzelten und holte die dort während des Sommers frei weidenden Rentiere wieder zusammen, ging auch auf die Jagd. Fischhaut und Seehundfell wurden zu Kleidern weiterverarbeitet, teils wie Pelze, Seehundfleisch und -fett auch an Chinesen und Russen gegen Getreide, Zucker, Tee, Tabak weiterverhandelt. Das Bärenfest, an dem ein eigens aufgezogener Bär rituell geschlachtet und verzehrt wurde, war das wichtigste religiöse Ereignis. Feierliche Versöhnungsriten wurden auch bei der Tötung der Seehunde und dem Verzehr ihres Fleisches abgehalten. Mensch und Tiere, Gestirne und die Erde waren einst nach dem Glauben der O. von einem Kulturheros erschaffen worden, an den die Erinnerung in Mythen weiterlebte. Die Verstorbenen setzte man auf Plattformen aus; ihre Seelen aber wurden – so glaubte man – auf Rentierschlitten in das Totenreich überführt.

Verschiedene in mythischer Form bewahrte Erinnerungen berichten über die Ankunft der O. auf Sachalin und ihren Kontakt mit den dort siedelnden Ainu. Die O. S-Sachalins wurden während der japanischen Besetzung (1905–1945) nicht zur Seßhaftigkeit gezwungen, in N-Sachalin faßte man dagegen nach der Revolution die O. auf einer Kollektivfarm, spezialisiert auf Rentierzucht, Jagd, Fischerei und Viehzucht, zusammen.

Lit.: 86, 95.
Karte: Zentral- u. Nordasien (Abb.: 97)

Oromo
Galla

Die O. sind mit ca. 16 Mio. Menschen zahlenmäßig das bedeutendste Volk NO-Afrikas. Sie waren bis in die Gegenwart zumeist unter der Bezeichnung Galla bekannt, die nach dem Verständnis der in Äthiopien herrschenden Amhara sinngemäß »Landsuchende« oder »Herumstreuner« bedeuten soll. Seit den siebziger Jahren unseres Jh. sind sie darum bemüht, diesen verächtlich machenden Namen durch die alte, auf einen Vorfahren zurückgehende Selbstbezeichnung Oromo zu ersetzen.

Die O. bewohnen einen Großteil S-Äthiopiens von den somali-sprachigen Gebieten im Ogaden bis an die Grenze der Republik Sudan und nehmen auch einige Teile im NO des Landes ein. In Kenia reichen ihre Siedlungsgebiete von der äthiopischen Grenze bis an den unteren Tana-Fluß. Die Hauptstämme der O. in Äthiopien sind die Raya und Wollo im NO, die Matscha im W, die Tulama im Zentrum, die Barentu im SO sowie die Ar(us)si, Gudji und Borana im S des Landes. Die Wohngebiete der Borana setzen sich auf kenianisches Territorium fort, und dort finden sich auch die von den übrigen isolierten Tana-O.

Die O. sprechen eine ost-kuschitische Sprache, die in drei große Dialektgruppen zerfällt: die westl. (Matscha), zentrale (Tulama) und östl. (Barentu-Borana). Sie sind typische Vertreter des »äthiopiden« Rassenkreises, d. h. dunkel bronzefarbige Menschen mit europiden Gesichtszügen.

Die Urheimat der O. ist nach den mündlichen Überlieferungen in den Hochländern des mittleren S-Äthiopien zwischen den Flüssen Ganale und Dawa zu lokalisieren. Von dort brachen sie im ersten Drittel des 16. Jh., als ein lang andauernder Krieg der Muslime des Osthorns gegen das christlich-äthiopische Reich beide Kontrahenten erheblich geschwächt hatte, zu einer weiträumigen Wanderung nach N, O und S auf und besetzten große Teile NO-Afrikas. Teile der altansässigen Bevölkerungen wurden in ihren Volksverband integriert, und es bildete sich eine Zweiteilung der Ethnie in eigentliche O. und Assimilierte heraus, die sich inzwischen jedoch fast völlig nivellierte.

Soweit es sich historisch belegen läßt, besaßen die O. nie eine einheitliche politische Führung. Das Charakteristische ihrer Sozialorganisation war eine zyklische Altersklassenordnung (gada-System), die die Summe der Lebensgesetze schlechthin darstellte. Bei den meisten Gruppen waren es fünf gada-Klassen zu je acht Jahren, die ein Mann zu durchlaufen hatte. Die Führer dieser Altersklassen fungierten als Hohepriester, die auch richterliche Funktionen inne hatten. Die Gesellschaftsordnung war durch demokratisch-egalitäre Züge gekennzeichnet, und nur bei einigen Matscha-Gruppen in SW-Äthiopien bildeten sich unter dem Einfluß anderer Völker Königtümer heraus. Mit dem gada-System verband sich die Verpflichtung, jeweils am Ende einer achtjährigen Periode sogenannte Töterzüge zu unternehmen, um Männer aus befeindeten Gruppen oder gefährliche Tiere zu töten. Die ethischen Wertvorstellungen waren in entscheidendem Maße auf kriegerischen Erfolg und umfangreichen Viehbesitz ausgerichtet, da dadurch

Abb. 155: Die Gerste ist das wichtigste Brotgetreide des äthiopischen Hochlandes. Sie wird von amharischen Bauern mit der Sichel geerntet. (Foto: Weissleder)

Abb. 156: In vorchristlicher Zeit brachten die Vorfahren der Amhara den einsterzigen Holzpflug von Süd-Arabien nach Äthiopien. Technologisch wurde er seitdem kaum verändert. (Foto: Weissleder)

gesellschaftliches Prestige und Ehrentitel gewonnen werden konnten.
Der den O. eigentümliche Mangel an zentralistischer Führung erleichterte es den Amhara nach dem Wiedererstarken der christlich-äthiopischen Reichsmacht im 19. Jh., sie in jahrzehntelangen Kriegen zu unterwerfen. Um 1870 war die Eingliederung der Tulama in den amharischen Teilstaat Shoa weitgehend abgeschlossen. Sie wurden in der Folgezeit von den Amhara so tiefgreifend beeinflußt, daß sie sich kulturell kaum noch von ihnen unterscheiden. Sie beteiligten sich dann maßgeblich an den weiteren Eroberungszügen der christlichen Äthiopier, die zwischen 1876 und 1897 zur Eingliederung nahezu aller O. in den äthiopischen Staatsverband führten. Nur die südl. Borana und die Tana-O. lebten nach der Festlegung der Grenzen auf dem Territorium der britischen Kolonie Kenia.
Die O. wurden – wie nahezu alle Angehörigen der unterworfenen Völker – zu Hörigen des äthiopischen Staates (gabbar) erklärt, was einer Art von Leibeigenschaft gleichkam. Den in ihrem Gebiet stationierten amharischen Soldaten wurde jeweils eine Anzahl von Familien zugeteilt, die für ihren Unterhalt aufzukommen und frondienstartige Arbeitsleistungen zu erbringen hatten. Dieses System wurde während der ital. Besetzung Äthiopiens abgeschafft (1936) und dann nach der Rückkehr des Kaisers Haile Selassie I. (1941) nicht wieder hergestellt. Da das Land jedoch zu einem beträchtlichen Teil amharischen Grundbesitzern als Eigentum zugesprochen wurde, besaßen die O. häufig nur den Status von Pächtern, die hohe Abgaben zu entrichten hatten und auf einem Existenzminimum lebten. Die nach der äthiopischen Revolution 1975 von der Militärregierung verkündete Landreform konnte die sozialen Gegensätze bislang nur in Teilbereichen abbauen.
Die O. waren ursprünglich gemischtwirtschaftliche Bauern, die neben der Viehhaltung Gerste anbauten. Auf ihren großen Wanderungen wurden sie teilweise Vollnomaden, übernahmen dann aber seit Ende des 19. Jh. von den Amhara den Pflugbau. Die Borana in S-Äthiopien und N-Kenia sind heute die einzige noch weitgehend nomadische Gruppe. Bei den Matscha und Tulama stellt der Anbau von Getreide, vor allem Gerste, die Ernährungsgrundlage dar. In günstigen Klimazonen, d. h. vornehmlich in Höhenlagen um 2000 m, gewinnt Kaffee als »Geldpflanze« eine wachsende Bedeutung. Die Wirtschaft der Barentu, Arsi und Gudji basiert im wesentlichen auf Zerealien – im Hochland Gerste und Weizen, in tieferen Lagen Mais und Sorghum-Hirse – und auf der Haltung von Zebu-Rindern, Schafen, Ziegen, Pferden und Eseln.
Bei den Matscha und Tulama wurde das Christentum seit dem vorigen Jahrhundert die dominierende Religion, während sich die Wollo-Raya, Barentu und Arsi dem Islam zuwandten. Gruppen, die sich zur traditionellen Religion bekennen und das gada-System noch praktizieren, finden sich nur noch unter den Gudji und Borana.
In ihrer materiellen Kultur haben sich die O.-Stämme weitgehend der ihrer jeweiligen Nachbargruppen angeglichen. Z. B. sind die Unterschiede zwischen muslimischen, von den Somali beeinflußten Halbnomaden in den Steppengebieten des O und christlichen Bauern in den feuchten Hochländern W- und Z-Äthiopiens so beträchtlich, daß äußerlich nur noch die Sprache über die gemeinsame Volkszugehörigkeit Aufschluß gibt.
Seit der Revolution von 1974 beginnt sich jedoch zunehmend ein gemeinsames »Nationalbewußtsein« aller in Äthiopien lebenden o.-sprachigen Gruppen herauszubilden. Als die Wünsche der O. nach größerer politischer, wirtschaftlicher und kultureller Autonomie unerfüllt blieben, formierte sich ein aktiver Widerstand gegen die äthiopische Militärregierung, der seit 1976 in der »Oromo Liberation Front« (OLF) ein Sammelbecken fand. Durch die Kampfhandlungen in verschiedenen Provinzen sahen sich Hunderttausende von O. gezwungen, in den Nachbarstaaten Somalia, Djibouti, Kenia und Sudan Zuflucht zu suchen.

Lit.: 1028, 1033, 1042, 1050
Karte: Nordost-Afrika (Abb.: 10)

Orotschen

Tungusischsprachige Gruppe im östlichsten Sibirien; die O. der UdSSR (1964: 900) lebten früher am Tatarischen Sund, der Meerenge zwischen der Insel Sachalin und dem Festland, heute sind sie in wenigen Dörfern an der Mündung des Tumnin und im Gebiet der Stadt Komsomolsk zentriert. Die Mehrzahl der O. lebt in der VR China, 1953 mehr als 2000, besonders in der östlichsten Inneren Mongolei. Ein Teil der O. wurde Ende des 19. Jh. von den Ultschen assimiliert.

Wichtigster Nahrungserwerb der O. war der Fischfang während des ganzen Jahres, auch die Hochseejagd mit der Harpune auf Seehund und Seelöwe. Gejagt wurden u. a. auch Elch, Bär und Eber, gleichfalls Pelztiere für den Handel mit China. Hundeschlitten und Ski waren für die Jagd im Winter ein unerläßliches Fortbewegungsmittel. Die Sippe war bei den O. die territoriale, wirtschaftliche und religiöse Einheit. Ihre Angehörigen begingen gemeinsam das Bärenfest und beteten zu sippeneigenen Göttern, besaßen auch einen nur ihnen vorbehaltenen Bestattungsplatz. Oft galt als der gemeinsame Ahne ein Tier (Tiger) oder eine Pflanze. Alle Mitglieder waren zu gegenseitiger Hilfeleistung verpflichtet. Weder buddhistischer noch christlicher Einfluß konnte die traditionellen Glaubensvorstellungen der O. verdrängen. Vor allem die wichtigen Jagdtiere wurden verehrt und ihnen Hundeopfer dargebracht; viele Mythen zeigen deutlich, wie eng das Leben der O. mit demjenigen der Tiere verbunden war. Der Tiger als König der Tiere unterlag einem Tötungstabu; bis zu 10 m hohe Totempfähle mit schön geschnitzten Tier- und Vogelgestalten standen in den Siedlungen der O. Die Riten für erfolgreiche Jagd und guten Fischfang leitete der Schamane; er bereitete auch die Reise der Verstorbenen in die Totenwelt vor, die sie in reich bestickten Kleidern antraten. Schnitzerei, Malerei, Birkenrindearbeiten, Applikationen und Stickerei in reicher, teils chinesisch beeinflußter Ornamentik, zeugen von der Kunstfertigkeit der O.

Wie andere Amur-Gruppen auch sind die O. aus einer Vermischung verschiedener Völker (→ Udehe, → Nanai, → Ultschen, → Negidalen, → Niwchen, → Ewenken) hervorgegangen und zeigen in ihrer Kultur wie diese eine Kombination nördl. Taiga- und südl. Amur-Elemente; daneben ist bei den O. chinesischer, insbesondere mandschurischer Einfluß unverkennbar.

Die O. der UdSSR wurden nach der Revolution von ihren weitverstreuten Siedlungen in größere Dörfer umgesiedelt. Wie früher betreiben sie dort heute Fischfang, beschäftigen sich aber auch mit dem neu eingeführten Bodenbau. In China wurden die O. seit 1950 zur Seßhaftwerdung gezwungen und mit anderen nationalen Minderheiten zu Kooperativen zusammengeschlossen. Damit ist ihre kulturelle Nivellierung und Sinisierung unausweichlich.

Lit.: 62, 80
Karte: Zentral- u. Nordasien (Abb.: 97)

Osseten

Volk im zentralen Kaukasus (UdSSR), südl. und nördl. des Kaukasus-Hauptkammes. 1970: 488 000. Sprache: Ostiranisch. Man unterscheidet drei O.-Gruppen: 1. die N-O. in der N-ossetischen ASSR (1970: 269 000), einem vom Hochgebirge bis in die nördl. Kaukasus-Ebenen reichenden Gebiet; 2. die S-O. im »S-ossetischen Autonomen Gebiet«, einer überwiegend gebirgigen und waldigen Region; 3. die sogenannten Mosdowskischen O., die aus allen Teilen Ossetiens um 1800 in die Umgebung der russischen Festung Mosdowsk am linken Terekufer umgesiedelt wurden und sich entsprechend früh an die russische Kultur assimilierten.

Das Hauptgewicht der Wirtschaft lag in den gebirgigen Regionen auf der Viehzucht (Pferde, Hornvieh, Ziegen, Schafe), in den Ebenen auf Bodenbau (Hirse, Gerste, im 19. Jh. auch Weizen). Die Selbstversorgung umfaßte fast alle Gegenstände des täglichen Gebrauchs wie Wolle, Leder, Stoffe, Holzerzeugnisse. Weiterverhandelt wurden Tuche und Schmiedeerzeugnisse. Die Gesellschaft wurde von mächtigen Adelsgeschlechtern beherrscht, die sich im N am tscherkessisch-kabardinischen, im S am georgischen Vorbild ausrichteten. Sie standen an der Spitze der sozialen Pyramide, die über freie Bauern und Hörige bis hinunter zu den Sklaven reichte. Schutz und Rache für ihre Angehörigen waren die vornehmsten Aufgaben aller adligen wie gemeinen Sippen, die in zahlreiche, bis zu hundert Mitglieder umfassende Großfamilien aufgespalten waren. Sie bewohnten jeweils große, leichtgebaute Gehöfte in den Ebenen, in den Bergen festungsartige, mit Steinmauern umgebene Häuser, oft auch Wohntürme mit mehreren Etagen, geschützt von Wehrtürmen. Strenge Tabus beherrschten das Familienleben: weder durfte der Vater seine Kinder ansprechen oder ihren Namen nennen, noch sie berühren. Ähnlichen Restriktionen unterlag auch die jung einheiratende Schwiegertochter. Seit dem 6. Jh. wurden die O. durch georgischen Einfluß christianisiert; im 17. und 18. Jh. drang nach N-Ossetien der Islam ein. Beide Hochreligionen verdrängten nur kaum die lebendigen heidnischen Vorstellungen, die um Schutzgottheiten von Viehzucht, Bodenbau und Jagd kreisten und sich teils mit christlichem Heiligenkult vermischten. Zentren dieser pseudochristlichen Verehrung waren oft verfallene Kirchen, die von erblichen Priestern gewartet wurden. Das reich entwickelte Totenritual mit riesigen Gelagen und Viehopfern hielt sich sogar bis in die Sowjetzeit und mußte gewaltsam unterdrückt werden. Schon unter zaristischer Herrschaft kam es zu Eingriffen in traditionelle Institutionen wie Levirat+, Kinderheirat, Blutrache, Selbstverstümmelung der Trauernden bei Todesfällen. Berühmt sind die ossetischen Nartensagen, die zwar bei vielen N-kaukasischen Völkern vorkommen, sich jedoch am vollständigsten bei den O. erhalten konnten. In verschiedenen Sagenkreisen, deren Wurzeln auf die vorchristliche, steppennomadische Zeit der O. zurückreichen, werden die kühnen Taten von Helden und Göttern verherrlicht. Ossetische Idealvorstellungen und Vorbilder vermischten sich hier mit historischen Begebenheiten; nicht zu Unrecht werden die Nartensagen als »Selbstbiographie des ossetischen Volkes« bezeichnet.

Die Ethnogenese+ der O. beginnt mit der Einwanderung iranischsprechender, steppennomadischer Gruppen im 1. Jt. v. Chr. in die kaukasischen Randgebiete, so der Skythen, später der Sarmaten, aus denen die Alanen, die direkten Vorfahren der O. hervorgehen. Doch sind nicht allein diese steppennomadischen Gruppen das formative Element bei der Herausbildung des ossetischen Volkes, vielmehr müssen auch autochthon+ kaukasische Komponenten mitgewirkt haben. Die Abdrängung der O. in den Kaukasus geschieht nach der Völkerwanderungszeit, ca. im 4. Jh. n. Chr. Ein eigener ossetisch-alanischer Staat entsteht um 1000 n. Chr. aus einem zuvor nur lose organisierten Stammesverband; nach 200 Jahren bricht er auseinander. Es folgen der Einfall Dschingis Khans, die Verwüstungen durch Timur, das Eindringen türkischer Gruppen (Balkaren, Karatschaier) in ossetisches Gebiet, der Druck der tscherkessischen Kabardiner und dadurch die noch tiefere Abdrängung der O. in den Kaukasus hinein. Erst jetzt kommt es zur Teilung in zwei kulturelle Einflußzonen, im N die kabardinische, im S die georgische. Rußland bemühte sich seit dem 18. Jh. Einfluß in Ossetien zu gewinnen; orthodoxe Missionstätigkeit trug zur weiteren Polarisierung bei (im N der Islam, im S das Christentum). Lokale Aufstände gegen Rußland wurden, oft nach heldenhaftem Widerstand, drakonisch bestraft. Nach der Beendigung der kaukasischen Kriege kam es im letzten Drittel des 19. Jh. zur Abwanderung muslimischer O. – im Verein mit tscherkessischen Völkern – in die Türkei.

Die moderne Entwicklung Ossetiens zeigt große lokale Unterschiede: im N wurde die schon im 19. Jh. unter zaristischer Herrschaft gegründete Industrie weiter ausgebaut (Buntmetalle, metallverarbeitende Industrie, Baumaterialien, Ernährungsindustrie), in S-Ossetien wurden spezialisierte Kolchosen (Wein, Obst, Vieh) eingerichtet, in denen oftmals die Bevölkerungen mehrerer kleiner Dörfer zu Betriebseinheiten zusammengefaßt sind. Viele der einstigen Hochalmen liegen ungenutzt, zahlreiche O. verließen hier wie auch in N-Ossetien ihre Bergdörfer und siedelten in tiefergelegene Regionen um.

Lit.: 41, 50
Karte: Kaukasus (Abb.: 61)

Ost- und Nordostafrika

Als geographische Zone erstreckt sich O. vom Roten Meer bis Südafrika. Die o-afrikanische Hochebene wird durchbrochen von einer der eindrucksvollsten tektonischen Strukturen der Erdoberfläche, dem Grabenbruch (Rift Valley), der teilweise aus einer Kette von langgestreckten, schmalen, aber tiefen Seen besteht. Im O fällt das Plateau an den meisten Stellen steil zu Küstenstreifen von wechselnder Breite ab. Das Hochplateau liegt meist höher als 1000 m, steigt in Kenia auf über 1800 m an, und erreicht im äthiopischen Hochland eine Höhe von über 3000 m. Hieraus ergeben sich klimatische Zonen verschiedenster Art. Sogar in Nähe des Äquators liegen Gebiete, die auf Europäer einzigartig anlockend wirken mußten.

O. wird im Ganzen nicht in gleichem Maße wie andere Teile Afrikas von großen Stromsystemen geformt. Der in seiner Art einzigartige Viktoriasee hat seinen Abfluß nordwärts im Weißen Nil. Mit Ausnahme einiger weniger Pygmäenstämme besteht die Mehrzahl der Bevölkerung O- und Zentralafrikas aus bantusprechenden Negern. Kriegerische Niloten haben sich, von N vordringend, vielfach mit seßhaften Bantu vermischt und deren Lebensweise übernommen. Der nilotische Ursprung ist noch deutlich erhalten bei den Masai in Kenia und Tansania. In Ruanda bildeten sie eine aristokratische Oberschicht, die die zahlenmäßig überlegenen Bantu dominiert.

Das Eindringen von Arabern aus den Küstengebieten breitete Suaheli als Handels- und Verkehrssprache aus. Araber waren seit vielen Jahrhunderten als Händler entlang der Küste tätig; in ihren Händen lag der gesamte Sklavenhandel.

Die europäische Besiedlung begann in Kenia um die Jahrhundertwende. Zu dieser Zeit waren die Landstriche, die für europäische Landwirtschaft besonders geeignet schienen, fast unbewohnt, da die kriegerischen Masai sie hin und wieder als Weideland für ihre Herden aufsuchten und dadurch seßhafte Bantubauern abschreckten. Erst gleichzeitig mit den Weißen drangen die Kikuyu in das sogenannte Weiße Hochland vor.

Unter der europäischen Herrschaft wurde die wirtschaftliche Entwicklung auf die Belange und Wirtschaftsinteressen der Kolonialmächte abgestellt. U. a. wurden neue landwirtschaftliche Erzeugnisse wie Kaffee, Tee, Tabak und Zucker zu wichtigen Ausfuhrgütern. Reiche Rohstoffvorkommen spielen eine wichtige Rolle, auch dort, wo sich die Landwirtschaft nicht besonders eignet.

Als politische Einheit besteht O. in der nachkolonialen Zeit aus den Staaten von Äthiopien, Somalia, Kenia, Uganda, Ruanda, Burundi und Tansania.

Lit.: 1027–1095
Karten: Nordost-Afrika (Abb.: 10)
Zentral- u. Ostafrika (Abb.: 106)

Osterinsulaner

Die Bewohner der im O-Pazifik gelegenen Oster-Insel werden rassen- und kulturgeschichtlich zu den → Polynesiern gerechnet. Die Insel, die nur 11 × 22 Kilometer mißt und nach fast allen Himmelsrichtungen von Hunderten von Kilometern Ozean umgeben ist, zählt zu den einsamsten Plätzen der Welt. An einem Ostersonntag des Jahres 1722 wurde sie von dem holländischen Admiral Jacob Roggeveen entdeckt. Die einheimische Bevölkerung nennt ihre Insel Te-Pito-Te-Henua = ›Nabel der Welt‹. Die Insel ist auch unter der polynesischen Bezeichnung Rapanui bekannt.

Die autochthone Bevölkerung wird für die voreuropäische Zeit auf 4000 geschätzt. Mit dem Eintreffen der Europäer kam es aufgrund von Menschenraub, Mord und eingeschleppten Krankheiten zu starkem Bevölkerungsrückgang: 1877 lebten nur noch 111 O. 1976 wurde die Gesamtbevölkerung der Insel auf 1800 geschätzt: 1300 Polynesier (davon 1100 Mischlinge) und 500 Chilenen, die als Verwaltungs-, Flughafen- und Krankenhausangestellte sowie Priester und Nonnen nur zeitweilig auf der Insel weilten.

Die Vorfahren der heutigen Bevölkerung erreichten die Insel im 4. Jh. n. Chr. Die Geschichtslegende der O. beginnt mit der Ankunft Hotu Matuas, der mit seinen Leuten aus einer fernen, im W gelegenen Heimat auswandern mußte. Indizien weisen auf die Marquesas-Inseln als Herkunftsland hin. Die Bewohner der Osterinsel fühlen sich als Nachkommen Hotu Matuas. Dieser teilte das Land unter seine Söhne auf, auf die sich die Stämme der Insel zurückführen. Schon frühzeitig schlossen sich die Stämme des W und die des O zu Bündnissen zusammen.

Die alte, neolithische Kultur der Osterinsel stellt eines der eindruckvollsten Zeugnisse ozeanischer Kulturentwicklungen dar. Kennzeichnend waren neben der auf Anbau und Fischfang beruhenden Subsistenzwirtschaft eine streng hierarchisch gegliederte Gesellschaftsordnung mit sakralem Herrschertum, ein polytheistisches Religionssystem mit erblichem Priestertum, ein ausgeprägtes Berufsspezialistentum mit Kriegern, Bildhauern und Schriftgelehrten, eine monumentale Steinarchitektur mit Großsteinsetzungen und Schriftzeugnisse auf hölzernen Tafeln (kohau rongorongo). Als einziges Volk der Südsee hatten die O. eine Schrift entwickelt. Zeugnisse religiös-motivierten Kunstschaffens sind die riesigen Steinstatuen, die die Insel zu Hunderten übersäen. Es handelt sich um Büsten, die aus Tuffstein in Form langgezogener Köpfe mit scharf geschnittenen Gesichtszügen gearbeitet wurden. Zu Ehren verstorbener Häuptlinge errichtete man diese Büsten auf der Rückseite rechteckiger Zeremonialplattformen (ahu).

Im Jahre 1862 fand die Kultur der Osterinsel ihr jähes Ende: die Regierung von Peru benötigte für die Ausbeutung der Guano-Vorkommen auf den Inseln vor ihrer Küste billige Arbeitskräfte, die sie sich in mehreren Kidnapper-Aktionen von der O. holte. Ein Viertel der einheimischen Bevölkerung wurde verschleppt; Dutzende getötet. Die verbliebenen Restgruppen suchten Zuflucht in den Höhlen des Landesinneren und gaben ihre Felder und traditionelle Lebensform auf.

Auf den Guano-Inseln überlebten etwa 100 Menschen. Diese wurden, auf Intervention der französischen Regierung, repatriiert. Doch nur 15 O. erreichten ihre Heimat; sie brachten verheerende Zivilisationskrankheiten mit, die die Inselbevölkerung fast völlig ausrotteten.

Zur Rettung der O. ließen sich in jener Zeit katholische Missionare auf der Insel nieder; 1868 waren bereits alle Bewohner getauft.

1888 annektierte Chile die O. Die Regierung verpachtete 90% des Landes an private Schafzuchtfirmen. Den Ureinwohnern wurde lediglich ein kleines Reservat um Hanga Roa zugewiesen, in

dem sie noch bis Ende der fünfziger Jahre ein kärgliches Dasein fristeten. Das Reservat war eingezäunt, um Schafdiebstählen vorzubeugen ... so die offizielle Begründung. Jahrzehntelang wies die Bevölkerung den höchsten Prozentsatz von Lepra auf der Welt auf. Nur einmal im Jahr wurde die Insel von einem chilenischen Kriegsschiff angelaufen.
Als sich in den fünfziger Jahren die Außenkontakte vermehrten, verbesserte sich auch die Situation der Insulaner. Eine Schule, ein Krankenhaus und Geschäfte wurden gebaut.
Seit 1968 sind die O. den Einwirkungen des Tourismus ausgesetzt. Ein Mal wöchentlich wird die Insel von Papeete (Tahiti) angeflogen. Die Touristenindustrie ist auf dem Weg, die Insel in ein Freilichtmuseum umzugestalten. Vor den Statuen der Vergangenheit agieren die Inselbewohner als Statisten: gegen Geld wird ihr Leben Darstellung für die Fremden. Kunst wird Souvenir. Tradition degradiert zu Folklore.

Lit.: 382, 390, 400, 402
Karte: Ozeanien (Abb.: 132)

Otomí

Indianisches Volk in Mexiko, das sprachlich mehrere Gruppen umfaßt: Otomí, Mazahua, Matlatzinca, Ocuiltec, Chichimec Jonaz, Pame; ca. 375 000, davon ca. 300 000 O. Sprache: Otomí-Pame des Oto-Mangue.
Die O. haben sich weitgehend der mexikanischen Landbevölkerung angepaßt; viele O. sprechen nur noch Spanisch. Sie sind Bauern und halten ein wenig Vieh (Schafe, Ziegen, Schweine, Hühner). Ihre Felder werden durch Brandrodung gewonnen und mit Feldhacken und Coa (Grabspaten) bearbeitet. Angebaut werden Mais, Bohnen, Kürbisse, zum Verkauf auch Weizen und Gerste. Neben verstreuten Weilern gibt es auch größere Dörfer mit öffentlichen Gebäuden (Schule, Kirche; Marktplätze). Als Handwerke sind verbreitet: Spinnen, Weben, Töpfern, Korbflechten. Die Kleidung der dörflichen Bevölkerung ist ähnlich der der → Nahua. Das Compadrazgo-System, die zeremonielle Patenschaft, ist durch zahllose rituelle Verpflichtungen ein wichtiges Band zwischen den Familien. Die O. sind nicht

Abb. 157: Die indianische Bevölkerung des Hochtales von Mexiko ist einem starken Mestizisierungsprozeß ausgesetzt, wobei das indianische Erbe dominiert. Doch gehen hierbei Sprache und kulturelle Identität verloren. Indio-Kinder bei Tula, Hidalgo, Mexiko. (Foto: Lindig)

nur nominell Christen; die katholischen Glaubensvorstellungen und Rituale bestimmen ihr Leben. In ihrer gesamten Kultur sind die O. den → Nahua sehr ähnlich.
Die Spanier unterstützten die O. als Bollwerk gegen die Nomaden des N und gründeten mit ihnen gemeinsam neue Dörfer und Städte, darunter Querétaro, San Miguel Allende, San Luis de la Paz. Missionen wurden eingerichtet, um die Routen zu den Minenstädten des N zu sichern. Im 18. Jh. wurden im Gefolge der Gründung großer Viehranchos die O. von Mestizen verdrängt, enteignet und zur Arbeit in den Bergwerken gezwungen. Auch der Unabhängigkeitskrieg änderte an ihrem sozial niederen Status gegenüber den Mestizen nichts. Nach der Revolution von 1910 erhielten die O. Teile ihres Landes zurück, aber die zunehmenden Verbindungen zu den Verwaltungszentren, die schulische Erziehung als Staatsbürger und die modernen Kommunikationsmöglichkeiten intensivieren den Weg zur »Nationalen Kultur«, so daß die ethnische Identität der O. heute weitgehend geschwunden ist.

Lit.: 661, 665
Karte: Mexiko (Abb.: 77)

Ozeanien

Der Stille Ozean, auch Pazifik genannt, bedeckt mehr als ein Drittel der Erdoberfläche. Er gilt als das inselreichste Weltmeer, in dessen Westteil sich die Inseln konzentrieren. Vom australasiatischen Raum zieht sich ein riesiger Inselschwarm über 10 000 km ostwärts bis weit in das Zentrum des Pazifiks. Die größte Landmasse entfällt auf Australien, doch auch Inseln wie Neuguinea und Neuseeland haben fast kontinentalen Charakter. Die Inseln liegen vorwiegend im tropischen und subtropischen Klimagürtel. Zusammenfassend werden sie als Ozeanien bezeichnet. Diese Region ist auch unter dem Namen Südsee bekannt. Die Fläche Ozeaniens ist mit rund 70 Mio km² ungefähr sieben mal größer als die Europas, wobei die Landanteile nur knapp 1,2 Mio km² betragen (Landfläche Europas: 10,5 Mio km²).
West-Ozeanien zeichnet sich durch eine sehr große Vielfalt an Völkern, Sprachen und Kulturen aus, die hier z. T. auf engstem Raume anzutreffen ist (→ Papua). Weiter nach Osten schwächen sich derartige Gegensätze ab. Bei den Völkern Polynesiens z. B. ist das Grundmuster einer einheitlichen Sprache und Kultur erkennbar.
1832 teilte der französische Forschungsreisende Dumont D'Urville die Inselwelt Ozeaniens in die Regionen Melanesien, Mikronesien und Polynesien. Diese Einteilung wurde auch für die Völkerkunde übernommen und bis auf den heutigen Tag beibehalten. (→ Australier, → Melanesier, → Mikronesier, → Polynesier)

Lit. 297–306
Karte: Ozeanien (Abb. 132)

Páez

Indianisches Gebirgsbauernvolk in Kolumbien: Osthänge der Zentralkordillere im Dept. Cauca; nach offizieller Schätzung ca. 35 000, nach eigenen Angaben 220 000. Sprache: Chibcha.
Anbau v. a. des Hauptnahrungsmittels Kartoffel und von Mais, in niederen Lagen auch der von den Spaniern übernommene Weizen. Die großen Höhenunterschiede erlauben starke Diversifizierung der Produktion, zu der z. B. noch gehören: Maniok, Süßkartoffel, Bananen, Goiave, Avocado, Ananas, Zuckerrohr, Kaffee. Felderwechsel: Das Hauptfeld wird z. B. derart bepflanzt, daß es in etwa 18 Monaten 3 Kartoffelernten und danach noch eine Maisernte bringt, dann läßt man das Land für 2–3 Jahre brach. Eine Familie mit 10–12 Kindern (von denen viele als Kinder sterben) braucht etwa 30 ha, um sich ernähren zu können. Heute besitzen die P. jedoch oft nicht so viel Land. Typisch ist z. B. ein Reservat mit 204 ha für 110 Familien. Hieraus erwachsen Konflikte mit benachbarten Grundbesitzern, deren oft ungenutztes Land die P. sich anzueignen suchen.
Die P. halten Haustiere (Huhn, Truthahn, Schwein, Pferd, Kuh) nach europäischem Vorbild. Wirtschaftliche Grundeinheit ist die Familie, die sich nur zu Aktionen, die mehr Arbeitskräfte erfordern, mit den Nachbarn zusammentut, z. B. zur Anlage einer großen Kaffeepflanzung oder zu einer Landbesetzung.
Mehrere Einzelgehöfte bilden eine Reservatsgemeinschaft mit kollektivem, einst von der spanischen Krone garantiertem Landeigentum. Individueller Landverkauf ist seit dem 17. Jh. illegal. Der Reservatsrat weist jeder Familie ihr Land zur Nutzung, nicht zum Eigentum zu. Der Reservatsrat hat fünf, zehn oder mehr Mitglieder und

kann z. B. bestehen aus: Dem Bürgermeister, seinem Stellvertreter, dem Polizeichef, zwei Alcaldes (in Spanien, woher das Grundmuster der Selbstverwaltung übernommen wurde, ursprünglich Bürgermeister, hier aber eher die mit der Durchführung der von der kolumbianischen höheren Verwaltung kommenden Aufträge Betrauten), fünf niederen Ausführungsgehilfen. Der Rat wird jährlich von all den Männern gewählt, die auf einer von den lokalen Würdenträgern zusammengestellten Liste stehen. Um auf diese Liste zu kommen, muß man u. a. an freiwilliger Gemeinschaftsarbeit teilgenommen haben. Neben dem Rat stehen der Häuptling und der Síndico, von den auf der Liste stehenden Männern auf Lebenszeit gewählt und feierlich in der Kirche in ihr Amt eingesetzt: Sie sind die eigentlichen politischen Führer, denen auch die Bewahrung der Traditionen der P. obliegt. In der Geschichte waren die Häuptlinge oft Anführer des Widerstandes gegen die Weißen.

Die P. wurden nominell zum Katholizismus bekehrt. Daneben bewahrten sie die nicht-christlichen Glaubensvorstellungen, z. B. den Glauben an Berggötter, und das Medizinmannwesen, in dem die Bekämpfung bösen Zaubers mit Hilfe von Rauschmitteln (Koka, Tabak, Alkohol) eine wichtige Rolle spielt. Im 20. Jh. sind die P. intensiver protestantischer Mission ausgesetzt, die die alten Traditionen erbittert bekämpft.

Im 16. Jh. lebten P. und Guambiano in mehreren Fürstentümern, deren kriegerische Herren auch religiöse Funktionen ausübten und als götterähnlich betrachtet wurden (→ Talamanca). P. und Guambiano leisteten dem Eindringen der Spanier Widerstand gemäß dem kriegerischen Verhaltensmuster ihrer Kultur, das Prestige dem versprach, der Mut zeigte und die Köpfe vieler Gegner als Trophäen heimbrachte. 1538 waren die ersten Spanier eingedrungen, aber erst 1608 konnten sie durch die Politik der Verbrannten Erde das Land unter Kontrolle bringen. Sporadische Guerillakämpfe flammten auch danach immer wieder auf. Die Kolonialverwaltung mußte den P. und Guambiano wenn auch kleine Reservate mit innerer Selbstverwaltung (aus der sich die geschilderte Reservatsverwaltung entwickelte) garantieren. Der Unabhängigkeitskrieg war für die P. erneut Gelegenheit zum Widerstand: Sie erhoben sich gegen die Spanier. Im 19. Jh. bekämpfte die Regierung die Unteilbarkeit des indianischen Landes, das in leicht an Weiße verkäufliche Privatparzellen aufgeteilt wurde. Vor allem gegen den damit verschleierten Landraub richtete sich die Widerstandsbewegung 1910–18 mit Massendemonstrationen unter Führung der Häuptlinge. Nach blutiger Unterdrückung gründeten überlebende Häuptlinge 1920 einen Obersten Indianischen Rat für ganz Kolumbien. In den 20er Jahren kam es immer wieder zu kleineren Unruhen und Bewegungen zivilen Ungehorsams. Erst die Anarchie des Bürgerkrieges 1945–53 gab den Großgrundbesitzern Gelegenheit, unter dem Deckmantel der allgemeinen Gewalt den Widerstand durch systematische Ermordung der Anführer zu brechen. Seit 1973 ist es erneut im Gebiet der P. und Guambiano zu Bauerndemonstrationen mit dem Ziel der Vertreibung fremder Grundbesitzer, zu Landbesetzungen und blutigen Zusammenstößen gekommen, auf indianischer Seite koordiniert durch die Organisation CRIC.

Lit.: 706, 711, 760
Karte: Nördliches Südamerika (Abb.: 209)

Paiute

Nordamerikanische Indianer im westl. Teil des Großen Beckens, vor allem in Nevada; ca. 4000. Sprache: Numisch des Uto-Aztekischen.
Man gliedert die P. in die Nördl. P. (= Paviotso) und Südl. P. Die Nördl. P. waren einfache Sammler und Jäger (in der älteren Literatur als »Digger Indians« bezeichnet); sie sammelten Grassamen, Nüsse, Wildpflanzen; gejagt wurden Antilopen und Hasen (»jack rabbits«). Sie bewohnten einfache Strauchhütten, fertigten Körbe an, die zum Einsammeln der Nahrung wichtig waren, und konnten auch einfache Töpfe herstellen. Außerhalb der Familie, die sich als wirtschaftliche Einheit verstand, gab es keine größeren gesellschaftliche Verbände. Zu den herbstlichen Treibjagden fanden sich mehrere befreundete Familien zusammen. Der Schamane war Krankenheiler und Leiter der kollektiven Jagd. Die Südl. P. bauten in geringem Umfange Mais an; ihre Sozialorganisation kannte die Dorfstruktur.

Die meisten P. leben seit dem 19. Jh. auf Reservationen (Pyramid Lake, Fort McDermitt, Walker River u. a.); viele P. sind auf den Viehbetrieben von weißen Farmern als Lohnarbeiter tätig. Die Nördl. P. und die Bannock, ein im südl. Idaho lebender Zweig der P., der sich den → Shoshone angeschlossen hatte, setzten sich bis 1874 gegen amerikanische Prospektoren und

Farmer zur Wehr. Der P.-Prophet Wovoka gründete 1889 die Geistertanzbewegung, die bald viele Indianer des W beeinflußte und zu den letzten Aufständen der Sioux (→ Dakota) und dem Massaker von Wounded Knee führte. Heute ist die alte Kultur der P. kaum noch erkennbar, nur das Schamanentum ist noch lebendig.

Lit.: 515
Karte: Nordamerika (Abb.: 76)

Paläo-Sibirier
Paläoasiaten,

Sammelbezeichnung für marginale und sprachlich isolierte Völker in NO-Sibirien (Jukagiren, Tschuktschen, Korjaken, Itelmen), im Amur-Delta und auf der Insel Sachalin (Niwchen), am mittleren Jenissei (Keten; sprachliche Zugehörigkeit jedoch umstritten, möglicherweise Beziehung zur tibeto-birmanischen Sprachfamilie). Sprachliche, rassische und kulturelle Beziehungen der P. bestehen zu den Eskimo und Indianern Nordamerikas. Lebensformen: Jagd und Flußfischerei, Hochseejagd auf Meeressäuger (Küsten-Tschuktschen und Küsten-Korjaken), Lachsfischerei (Itelmen und Nanai), Rentiernomadismus (Jukagiren, Inland-Tschuktschen und Inland-Korjaken).

Lit.: 64, 71, 84, 106
Karte: Zentral- u. Nordasien (Abb.: 97)

Palaung

Bergvolk in NO-Birma und im SW der chinesischen Provinz Yünnan; über 150 000. Sprache: Mon-Khmer.
In ihrem Siedlungszentrum im NW des Schan-Staates (Birma) leben die P. auf bis zu 2000 m hohen Bergkämmen, während die größeren Täler von Schan besiedelt sind. Die relative Isolation der einzelnen P.-Gruppen voneinander führte zu einer Reihe von kulturellen Unterschieden. Das typische Dorf der zentralen P. besteht aus zwei Reihen von Ein- oder Zweifamilienhäusern (auf Pfählen, mit Grasbedeckung und Bambuswänden), die der Berg-Kammlinie folgen.

Den Mittelpunkt bilden Tempelgebäude und Pagoden. Die Wirtschaft beruht überwiegend auf dem Anbau von Reis (vermischt mit Bohnen, Sesam, Mais, Tabak, Yams und Chili-Pfeffer) und Tee auf Brandrodungsfeldern. Letzterer wird in getrockneter oder – häufiger – fermentierter Form (zum Kauen als Stimulans) an Schan und Birmanen verkauft, die im Austausch dafür Reis, Salz, Tabak, Tuche, Betelnüsse, Gewürze und in wachsendem Maße auch industriell erzeugte Gebrauchsgegenstände liefern. In der Tierhaltung spielen Transporttiere (Büffel, Rinder und Pferde) die größte Rolle. Für spezialisierte handwerkliche Tätigkeiten, wie Metallgießen oder die Errichtung von Kultbauten, engagieren die P. Chinesen oder Birmanen. Große Bereiche der traditionellen Kultur sind durch den langen und intensiven Kontakt mit den Schan geprägt. In ihrem zentralen Wohngebiet um Namhsan haben die P. einen nach Schan-Vorbild modellierten, von einem Prinzen geführten Kleinstaat gebildet. Die staatlichen Funktionen sind allerdings überwiegend zeremonieller Natur und berühren die Autonomie der einzelnen Dörfer kaum. Den Hinayana-Buddhismus kannten die P. bereits durch die Schan, bevor sie ihn Ende des 18. Jh. von den Birmanen offiziell übernahmen. Das Schan diente bis vor kurzem auch als Schriftsprache.
Die Vorfahren der P. bewohnten Teile NO-Birmas sicherlich schon lange vor der Ankunft ihrer heutigen Nachbarn (Birmanen, Kachin, Schan) und wurden vielleicht erst von diesen in die höhergelegenen Gebirgszonen abgedrängt. Aus den heftigen Hegemoniekämpfen zwischen den Schan und Birmanen hielten sie sich heraus, trieben Handel mit den ersteren und zahlten Tribute an die letzteren. Auch heute scheinen sie eine friedliche Integration in den birmanischen Vielvölkerstaat zu bevorzugen und sich nicht an den bürgerkriegsähnlichen Minderheitenkonflikten zu beteiligen, in denen die Schan eine wichtige Rolle spielen.

Lit.: 250, 264
Karte: Hinterindien (Abb.: 70)

Pangwe
Fang, Pahouin

Afrikanisches Bauernvolk im Waldland von S-Kamerun und N-Gabun mit zahlreichen Un-

Abb. 158: Papago bei der Herstellung von Trockenlehmziegeln (adobes), bei Tucson, Arizona. Obwohl durch das »Housing Program« der US-Regierung Holzfertighäuser billig geliefert werden, wohnt es sich in Adobe-Häusern angenehmer: im Sommer kühler, im Winter wärmer. (Foto: Fontana)

Abb. 159: Papago beim Flötenspiel. Indianische Musikinstrumente (Rassel, Trommel, Flöte) finden meist nur noch bei traditionellen Zeremonien Verwendung. (Foto: Fontana)

terstämmen (Fang [Fan] und Ntum im S, Bulu [Boulou] im Zentrum, Beti mit den Eton, Jaunde [Yaunde] u. a. im N); ca. 1 Mio. Sprache: NW-Bantu.

Angebaut werden Bananen, Jams, Maniok und Süßkartoffeln. Ein reger Handel auf Märkten verbindet die verschiedenen Siedlungen und Untergruppen miteinander. In voreuropäischer Zeit dienten Kupfer- und Eisen»barren« als Geld. Die Holzschnitzerei ist hochentwickelt; auch Eisenarbeiten wurden von den P. ausgeführt. Die Oberhäupter der Siedlungen haben nur beschränkte Autorität, die inneren Angelegenheiten eines Dorfes werden gewöhnlich von einem Ältestenrat geregelt. Darüber hinaus bestehen keine nennenswerten Standes- oder Klassenunterschiede, und sogar Sklaverei scheint bei den P. nie bestanden zu haben.

Die P. sind von NO in ihr heutiges Wohngebiet eingedrungen, wo sie die alteingesessenen Stämme verdrängten oder assimilierten. Die Wanderungen der einzelnen Gruppen kamen erst mit der Konsolidierung der europäischen Kolonialmächte gegen Ende des 19. Jh. zum Stillstand.

Die P. leben heute noch überwiegend als Hackbauern im tropischen Regenwald. Sie sind durch eine rege Missionstätigkeit stark christianisiert worden und haben eine relativ gute Schulbildung. Die Küstengruppen sind stärker in der Verwaltung des Landes tätig.

Lit.: 1096, 1102, 1119, 1144, 1148

Papago

Nordamerikanische Indianer in der Trockensteppe (Sonorische Wüste) von SW-Arizona (USA) und NW-Sonora (Mexiko); ca. 10 000. Sprache: Pima-Dialekt des Uto-Aztekischen. Die P. leben heute in der großen »Papago Indian Reservation« von SW-Arizona und auf der kleinen »San Xavier del Bac Reservation« südl. von Tucson, kleinere Gruppen auf der mexikanischen Seite der Sonorischen Wüste.

Die P. betrieben in voreuropäischer Zeit in begrenztem Umfange dort, wo Wasser zur Verfügung stand – etwa am Santa Cruz River bei Tucson oder wo man »charcos« (kleinere Wasserspeicher) anlegen konnte –, den Anbau von Mais, Bohnen und Kürbissen verschiedener Varietäten. Eine große Rolle in ihrer Ernährung spielten Wildpflanzen (Mesquite-»Bohnen«, Kaktusfrüchte, Wildgrassamen und Nüsse) und Wild (Antilope, Hase, Rotwild). Die P. lebten in kleinen Dörfern und waren in Patriklane+ und Moieties+ organisiert; sie kannten einen zentralen Stammesrat, der aber nur selten in Aktion trat. Materieller Kulturbesitz: Häuser aus Adobe (Trockenlehmziegeln) und ramadas (Strauchwerkhütten), die während des sehr heißen Sommers als Schattenspender dienten; Töpferei, z. T. mit sehr schöner vielfarbiger Bemalung; Korbflechterei, meist in Spiralwulstform. Zum herbstlichen Vikita-Fest wurde ein Kaktus»wein« mit leichter Rauschwirkung gemeinsam getrunken. Religiöse Zeremonien wurden von Priestern geleitet, Schamanen nahmen vor allem Krankenheilungen vor.

Mit Eusebio Kino (ab 1696) setzte eine starke Missionierung ein; viele Missionen wurden gebaut, die z. T. heute noch stehen und in Betrieb sind. Von den Missionaren übernahmen die P. europäische Getreidearten, Obstbäume und Viehzucht. Im Winter wohnten die P. in festen Dörfern (»well villages«) an Brunnen, im Sommer lebte man in der Nähe der Felder, auf den Weiden oder – während der Sahuaro-Ernte – in den Kaktushainen. Diese Lebensweise wird noch heute von einzelnen isolierten Gruppen beibehalten. Die P. unterwarfen sich widerstandslos der Missionierung und paßten sich auch, ab ca. 1850, den in das Land einströmenden Anglo-Amerikanern an, die ihnen durch Brunnenbohrungen, Einrichtungen von Schulen und Krankenstationen in der Reservation ihre Ökonomie stabilisierten und damit die Voraussetzung zu einer Anpassung an die amerikanische Gesellschaft schufen. Die P. leben heute nur noch zum Teil auf ihren Reservationen, wo sie vor allem Rinderzucht und etwas Bodenbau betreiben. Vor allem in der San Xavier del Bac Reservation wird mit künstlicher Bewässerung größeren Umfangs ein intensiver Ackerbau betrieben. Die meisten P. sprechen Spanisch und/oder Englisch, ihre Muttersprache wird in den Schulen nicht gelehrt. Der Tourismus ist noch nicht sehr entwickelt, obwohl die große Papago Reservation durch eine Fernstraße und ein Verwaltungszentrum, Sells, erschlossen ist.

Lit.: 625, 640, 651, 656, 657
Karten: Reservationen in Arizona u. New Mexiko (Abb.: 14)
Reservationen i. d. USA (Abb.: 75)
Nordamerika (Abb.: 76)

Papua

P. ist heute eine pauschale Bezeichnung für die Bewohner Neuguineas, der nach Grönland zweitgrößten Insel der Welt. Sie liegt in Melanesien im inneren Tropengürtel nordöstl. von Australien (→ Melanesier). Die Insel wird in W-O-Richtung von einer Kette von Gebirgszügen mit Erhebungen bis zu über 5000 m durchquert, die z. T. sehr weite Hochtäler umschließen. An den breiten Flüssen der nördl. und südl. Tiefländer und an der Küste ziehen sich Schwemmlandgebiete mit riesigen Sumpfwäldern hin.

Der Name Neuguinea geht auf den Spanier Ynigo Ortis de Retez zurück, der 1545 die Nordküste entlangsegelte und sich dort an die Guinea-Küste Afrikas erinnert fühlte. Das Wort Papua (papu-wa) nimmt Bezug auf das Kraushaar der dort lebenden Menschen. Es wurde im 16. Jh. von portug. Seefahrern aus der Sprache der Molukker aufgegriffen und zur Bezeichnung der Bewohner Neuguineas eingeführt.

In Anlehnung an die Erkenntnisse der Linguistik ist die Völkerkunde dazu übergegangen, den Namen P. auf die voraustronesisch sprechenden Bevölkerungsgruppen zu begrenzen (s. u.). Zwei Drittel der etwa 3,5 Mio. Bewohner Neuguineas sind demnach P., die den Hauptteil der Insel besiedeln. Ein Drittel sind Melanesier, d. h. austronesisch sprechende Bevölkerungsgruppen, die die Küstenabschnitte im N und S der Insel einnehmen und nur die Ostspitze geschlossen besiedeln. Die Bevölkerungsverteilung ist sehr ungleichmäßig. Während einige Hochtäler und v. a. einige Küstenabschnitte Bevölkerungsdichten bis zu 200 E/km² aufweisen, sind große Teile in W- und SO- Neuguineas fast menschenleer.

Das Hauptunterscheidungsmerkmal zwischen melanesischen und papuanischen Bevölkerungsgruppen, die in physischer und kultureller Hinsicht zwar heterogen, doch oberflächlich kaum voneinander zu unterscheiden sind, ist die Sprache. Während die austronesischen Sprachen der Melanesier alle miteinander verwandt sind, bilden die voraustronesischen Sprachen der P. keine Einheit. Sie weichen so stark voneinander ab, daß sich Angehörige benachbarter Siedlungsgemeinschaften oft nicht miteinander verständigen können. Bei der gegenwärtigen Bevölkerungszahl von ca. 2,4 Mio. P. ergibt sich ein Durchschnitt von 2–3000 Menschen pro Sprache. Manche Sprachen übertreffen diesen Mittelwert um ein Vielfaches – andere dagegen sind wegen der geringen Zahl ihrer Träger vom Aussterben bedroht.

P.-Sprachen werden auch außerhalb Neuguineas gesprochen: z. B. im südostasiat. Archipel auf Ternate, Tidore und N.-Halmahera. Auch die Idiome der Baining (Neubritannien), Sulka (Bougainville) und Buin (nördl. Salomonen) in Melanesien zählen zu den Papua-Sprachen.

Die Techniken und materielle Kulturausstattung der P. sind (z. T. noch heute) steinzeitlich geprägt. D. h.: die Werkzeuge (Querbeile, Äxte, Messer) und Geräte sind aus Stein, Knochen oder Holz gefertigt. Europäische Werkzeuge und Gebrauchsgüter sind inzwischen bis in entlegene Gebiete vorgedrungen, haben aber die traditionelle Lebens- und Arbeitsweise der P. noch nicht grundlegend verändert. Die Kleidung beschränkte sich auf Schambedeckungen aus Baststoff, Netzwerk, Gras und Kalebassen (Penisfutteral). Pfeile, Bogen, Lanzen und Speere fanden als Kriegswaffen Verwendung. Schutzwaffen waren Schilde aus Holz und aus Rotan geflochtene Brust-Panzer.

Die Subsistenzwirtschaft der P. basiert auf dem Anbau von Taro, Jams, Maniok, Süßkartoffel, Banane und Zuckerrohr, auf der Tierhaltung (Hund, Huhn, Schwein), auf dem Fischfang und in einigen Gebieten auf der Nutzung wildwachsender Nahrungspflanzen (Sagopalme). Jagd- und Sammeltätigkeit sind von untergeordneter Bedeutung. Die Schweinehaltung erfreut sich als Gradmesser des Wohlstandes großer Wertschätzung. Sie nimmt im Zeremonialleben und auch v. a. in den Tauschsystemen der Hochlandgesellschaften (z. B. bei den Mbowamb im zentralen Hochland O-Neuguineas) eine hervorragende Rolle ein.

Der Boden wird gewöhnlich mit dem hölzernen, unten keilförmig zugespitzten Grabstock bearbeitet. Die Anbaumethoden sind sehr unterschiedlich: sie bewegen sich auf einer Skala zwischen extensivem Brandrodungsfeldbau bis hin zu intensiven Formen des Terrassenbaus mit Be- und Entwässerungkontrolle. In den Sumpfgebieten, z. B. an den Flußniederungen des Sepik und in den Flachländern des S (→ Asmat) bildet das Mark der wildwachsenden Sagopalme die Hauptnahrung. Die Sago-verwertende Bevölkerung Neuguineas (ca. 300 000) kennt praktisch keinen Anbau.

Das Zentrum des sozialen und geistigen Lebens liegt für den P. in der überschaubaren Welt der lokalen Siedlungsgemeinschaft. Hier produziert, konsumiert und verteilt er seine Güter. Die Siedlungsgemeinschaft ist die Erziehungsinstitution, religiöse Gemeinde und die in politischer Hinsicht wichtigste Grundeinheit. In dem bergigen Gelände Neuguineas sind die Siedlungsgemeinschaften oft in extremer Weise voneinander abgeschnitten. Die Umwelt außerhalb der eigenen Siedlungsgrenzen gilt häufig als Feindesland. Politische Strukturen, die der Siedlungsgemeinschaft übergeordnet sind, gibt es in Neuguinea nicht. Die »Stämme« Neuguineas existieren mehr in den Beschreibungen der Völkerkundler als in der Realität. Als soziale Ordnungsgröße treten sie im Alltag der P. in den wenigsten Fällen in Erscheinung. In der Regel umfaßt ein Stamm mehrere Dorfgemeinschaften, deren Zusammenhalt meist nur sehr locker ist. Wichtigstes Kriterium zur Abgrenzung eines Stammes sind die gemeinsame Sprache, das Bewußtsein gemeinsamer Abstammung, Heiratsbeziehungen und Übereinstimmungen in vielen Bereichen der materiellen und geistigen Kultur.

In den Schwemmland- und Sumpfgebieten an der Küste findet man Dörfer, die bis zu 2000 Menschen umfaßten. Im Unterschied dazu siedeln die Bewohner der Hochlandregionen in kleineren Einheiten, in Weilern mit ca. 100–300 Menschen. Wortführer im Dorf sind häufig sog. ›big men‹, einzelne Männer, die sich als Redner,

Abb. 160, 161: Erst vor wenigen Jahren sind die Bewohner des Eipo-Tales im Hochland von West-Irian mit der westlichen Zivilisation in Berührung gekommen. Schnell haben industrielle Erzeugnisse (Plastikeimer, -tüten, Kugelschreiber, Glasperlen, Stoffe usw.) Einlaß in ihre Welt gefunden und größeren Prestigewert als eigene, pflanzliche Produkte. (Foto: Nelke)

Abb. 162 (s. S. 297 oben): Dorf im Hochland von Papua Neuguinea. Noch werden pflanzliche Materialien beim Hausbau verwendet, doch moderne Einflüsse sind an der Rechteck-Bauweise erkennbar. (Foto: Nelke)

Abb. 163 (s. S. 297 unten): Zusammentreffen zweier Welten: Männer und Jungen des Eipo-Tales (Hochland von West-Irian) bestaunen eine bruchgelandete Cessna-Maschine. (Foto: Nelke)

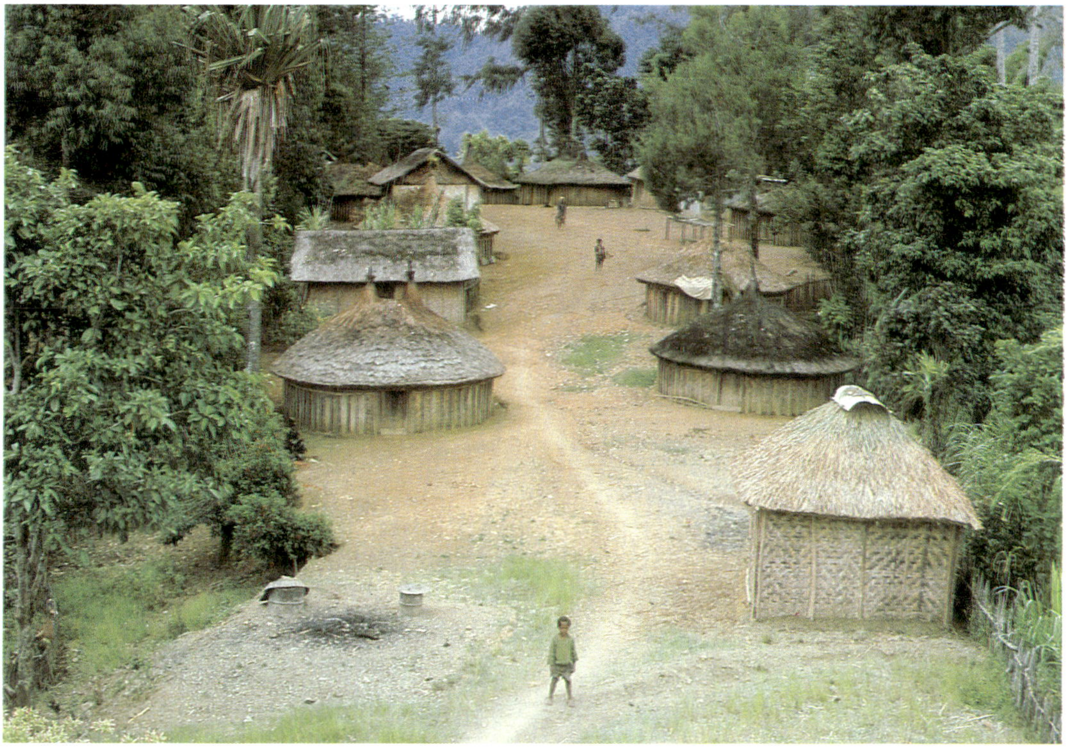

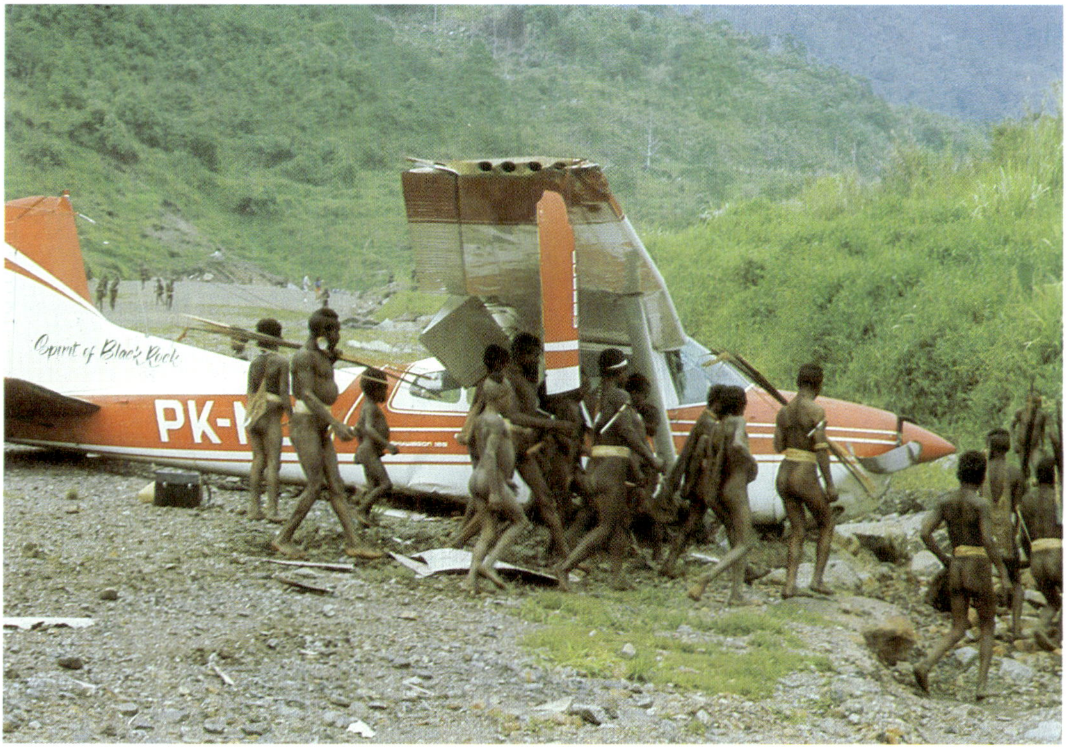
Spirit of Black Rock
PK-

Abb. 164: Straßenszene bei Mount Hagen, Papua Neuguinea: an der unterschiedlichen Kleidung lassen sich die verschiedenen Formen des Kulturwandels mühelos ablesen. (Foto: Nelke)

Krieger oder Künstler in besonderer Weise hervorgetan haben oder über profunde Kenntnisse der Mythologie verfügen. Die Reichweite ihrer Autorität ist nicht festgelegt. Ihr Amt ist nicht erblich.

Die wichtigsten Gruppierungen in der Siedlungsgemeinschaft sind die Kernfamilie (Mann, Frau, Kinder), die Wohngruppe, die mehrere Kernfamilien umfaßt (dort wo Polygamie+ üblich ist, gruppiert sie sich um einen Mann) und der patrilineare+, exogame Klan+. Die Mitglieder eines Klans sehen ihren Ursprung in einem gemeinsamen Ahnen und haben ein gemeinsames Totem. In größeren Dörfern können mehrere Klane+ zusammenleben. Jeder Klan nennt dann für sich einen fest umrissenen Bezirk sein eigen, in dem die Klanmitglieder geschlossen siedeln und das klaneigene Kulthaus steht.

Die religiösen Vorstellungen und Kulturpraktiken der P. sind bzw. waren überaus komplex und vielfältig. Man glaubte an die Existenz einer unvergänglichen Schöpfungskraft, die für die Erschaffung der Welt verantwortlich gemacht wurde und an das Walten und Wirken übernatürlicher Kräfte. Das Schöpfungsgeschehen der Urzeit wurde in den Mythen festgehalten und fand seine Vergegenwärtigung im Vollzug der Kulthandlungen. Träger des Kultes waren die Männer, die oft in Masken- und Geheimbünden zusammengeschlossen waren. Auch Kannibalismus+ und Kopfjagd waren im Mythos begründete Kulthandlungen, die z. B. bei den Asmat als Fruchtbarkeitsritus aufgefaßt wurden. Im Mittelpunkt des Kultes stand die Verehrung der Ahnen, die ihren sichtbaren Ausdruck in sakralen Holzskulpturen fand.

Heute gehören die P. in der Mehrheit christlichen Kirchen und Organisationen an. Im Ostteil der Insel wurden bei der Volkszählung von 1966 ca. 93% der P. als Christen erfaßt. Die Missionierung wurde 1872/73 durch die Londoner Missionsgesellschaft eingeleitet. 1875 folgten die Methodisten, bald darauf die römisch-katholische Kirche, später Lutheraner, Anglikaner, Adventisten, Baptisten u. a. m. Unter dem Deckmantel des Christentums hat sich der Animismus mit seinen unterschiedlichen Formen der Ahnenverehrung und des Geisterglaubens noch bis in die Gegenwart erhalten. Die erst in diesem Jahrhundert entstandenen Cargo-Kulte haben nur lokale Bedeutung. Sie beruhen auf der Annahme, daß die Frachtschiffe, durch die die Wei-

ßen offensichtlich ihren Reichtum (ihr Cargo) beziehen, von den Ahnen für die Bewohner Neuguineas bestimmt seien und von den Weißen abgefangen würden. In ihrer Tendenz sind die Cargo-Kulte antieuropäisch. Sie stellen jedoch mehr eine religiöse als eine politische Bewegung dar.
Die europäische Kolonisation begann im 19. Jh.

nahme in die UNO fand. Amts- und Handelssprache ist Englisch. Als lingua franca sind das neo-melanesische Pidgin und Hiri Motu, ein um Port Moresby in der Kolonialzeit entstandener Dialekt, verbreitet.
Im Westteil der Insel verlief die politische Entwicklung anders: Bis 1962 stand das Gebiet unter der Kolonialherrschaft der Niederlande, seither

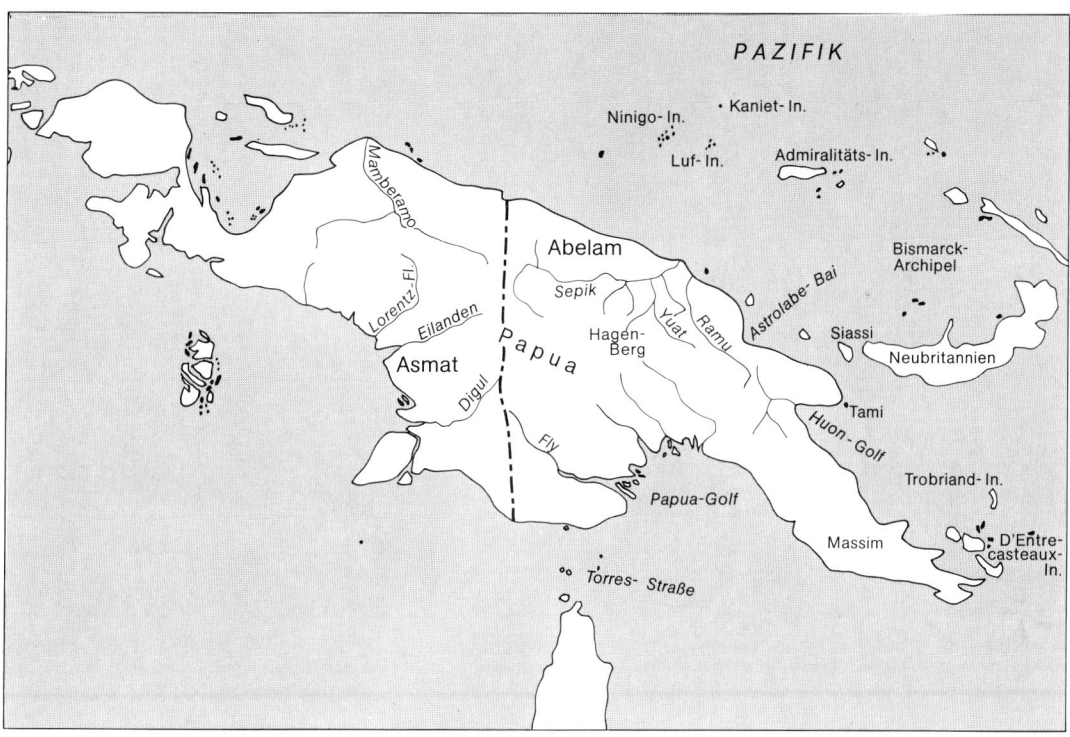

Abb. 165: Neuguinea und Melanesien. Im Text erwähnte Völker.

1828 erhoben die Niederlande ihre Herrschaft über die Westhälfte der Insel. 1884 wurde die Osthälfte unter Großbritannien und dem Deutschen Reich aufgeteilt. Dabei wurden NO-Neuguinea, der Bismarck-Archipel und Teile der Salomonen »Deutsche Schutzgebiete«, der SO der Insel britisches Protektorat. 1889 wurde das brit. Protektorat zur Kolonie erhoben und zu Beginn dieses Jahrhunderts der austral. Regierung als Verwaltungseinheit »Papua« unterstellt. Nach dem Ausbruch des 2. Weltkrieges besetzten australische Streitkräfte das »Deutsche Schutzgebiet«, das ab 1921 als Treuhandgebiet des Völkerbundes von Australien verwaltet wurde. Ab 1949 wurden »Papua« und das Treuhandgebiet »New Guinea« von Port Moresby aus gemeinsam verwaltet. Beide Territorien bilden seit September 1975 den unabhängigen Staat »Papua-Neuguinea«, der als 142. Mitglied Auf-

befindet es sich in Abhängigkeit von der Zentralregierung in Jakarta (Rep. Indonesien).
Die einzige Gemeinsamkeit, die zwischen den Bewohnern W-Neuguineas und den Indonesiern besteht, ist die Zeit ihrer gemeinsamen Zugehörigkeit zur Kolonie »Niederländisch-Indien«. Als 1949 die Rep. Indonesien ausgerufen wurde, blieb W-Neuguinea weiterhin niederländisch. Aus ethnischen und historischen Gründen wurde dieser Teil der Kolonie nie als zu Indonesien gehörig betrachtet. Doch der damalige Präsident Sukarno, der einst selbst gegen den Kolonialismus gekämpft hatte, bestand in Neuguinea an einer Festhaltung der Grenzen, die vor mehr als 100 Jahren zwischen Holländern, Briten und Deutschen ausgehandelt wurden. Aufgrund internationalen Drucks übertrugen die Holländer 1962 dem indonesischen Staat das Mandat über W-Neuguinea unter der Bedingung, daß 1969 die

Gesamtbevölkerung dieses Gebietes in einem von der UNO zu kontrollierenden Referendum ihr Recht auf Selbstbestimmung wahrnehmen könne. Etwa 1400 ausgewählte Repräsentanten aus der ca. 800 000 Menschen umfassenden Bevölkerung wurden an der Wahl beteiligt, die in ihrer Rechtmäßigkeit sehr umstritten ist. Seit 1969 ist W-Neuguinea eine Provinz Indonesiens (Irian Jaya). Unter der einheimischen Bevölkerung haben sich Widerstandsgruppen gebildet, die das Recht auf politische Selbständigkeit, zumindest aber eine partielle Autonomie von Indonesien fordern. Nach Gründung einer in Irian Jaya arbeitenden Exilregierung (1972) schlossen sich die Widerstandsgruppen als Organisation zur Befreiung W-Neuguineas (OPM: Organisasi Papua Merdeka) zusammen. Seither haben kriegerische Auseinandersetzungen mit den Indonesiern wiederholt zu Gegenaktionen von Militär und Polizei geführt.

Lit.: 352, 353, 355, 357, 358, 360, 361, 363, 365, 366, 368, 369, 371, 374, 375
Karte: Neuguinea u. Melanesien (Abb.: 165)
Abb.: 160, 161, 162, 163, 164

Paschtunen

Oft auch Pathanen genannt. Mit ca. 7 Mio. stellen die P. mehr als die Hälfte der afghanischen Bevölkerung. Das paschtunische Siedlungsgebiet (in Afghanistan der S, SW und O von Kabul) wird durch die afghanisch-pakistanische Grenze geteilt. In Pakistan leben weitere ca. 6 Mio. P. Sprache: Ostiranisch.
Viele der paschtunischen Stämme sind zu Konföderationen zusammengeschlossen; die beiden größten und bekanntesten sind die Durrani (mehr als 2 Mio.) und die Ghilzai (2,5 bis 3 Mio.). Von den 7 Mio. afghanischen P. wandern noch ca. 2 Mio. als Nomaden mit ihren Herden (Schafe – vor allem Fettschwanzschafe –, Ziegen, Kamele, Esel, einige Rinder) zwischen Sommerweiden (im zentralafghanischen Bergland, vor allem Hazaradschat und Ghor) und Winterweiden (z. T. im pakistanischen unteren Indus-Gebiet). Man nimmt an, daß ca. 20 000 nomadische Familien jährlich die afghanisch-pakistanische Grenze überschreiten. Weiden und Lagerplätze gehören nach Tradition und Herkommen bestimmten Stammesabteilungen. Manchmal finden sich mehr als tausend der schwarzen Ziegenhaarzelte, die jeweils die nomadische Kleinfamilie beherbergen, an einem dieser Lagerplätze zusammen. Die Unsicherheiten der nomadischen Wirtschaft werden von vielen Nomaden, vor allem aber den Ghilzai, durch Handelstätigkeit etwas ausgeglichen. Für die abgelegeneren Landesteile Afghanistans brachte der Nomadenhandel die Schließung so mancher Versorgungslücke. Viele dieser die Grenzen überschreitenden Stammesgruppen sind auch am lebhaften Schmuggel zwischen Pakistan und Afghanistan beteiligt. Zwischen Nomaden und Seßhaften besteht eine enge wirtschaftliche Partnerschaft. Die Fleischversorgung der seßhaften Bevölkerung wird wesentlich von den Nomaden gedeckt, und deren Bedarf wiederum an Getreide kann nur von den Bauern befriedigt werden. Der überwiegende Teil der P. ist seßhaft und lebt vom Bodenbau, der auf teilweise bewässerten Feldern getrieben wird (Getreide, Hülsenfrüchte, Gemüse). Die Wohnform eines Teils dieser seßhaften P. ist die Dorfburg, ein viereckiges Fort mit Ecktürmen und hohen Mauern, in dem mehrere Großfamilien gemeinsam leben. Nur wenige P. sind Stadtbewohner. Das Leben aller P.-Stämme wird von einem übersteigerten Begriff von Freiheit und Ehre, Würde und Stolz bestimmt. Ein eigener, teilweise schriftlich niedergelegter Ehrenkodex, das Paschtunwali, regelt alle Streitfälle, bestimmt die Strafen, definiert die Gesetze der Blutrache. Nur jener kann eine Gefolgschaft um sich scharen und Einfluß gewinnen, der diesem Ehrenkodex voll genügt. Ein Angriff auf die Würde der Frauen, persönliche Beleidigung und Schmach – dies kann schon das Nichtbefolgen einer Einladung sein – fordern Vergeltung, der sich kein echter P., geprägt von jenem in Gedichten besungenen, romantischen Ideal des paschtunischen Helden, entziehen kann, ohne als Feigling verachtet zu werden. Erbitterte Feindschaften und über Jahre sich hinziehende Kämpfe zwischen paschtunischen Stämmen und Stammesabteilungen waren die Folge dieser so strikten Vergeltungsgesetze. Selbst die Bedrohung ihrer Unabhängigkeit durch die englische Kolonialmacht konnte diese Gegensätze nicht überbrücken und die P. gegen den gemeinsamen Feind einigen. Dem individuellen Unabhängigkeitsbedürfnis entspricht auch die öffentliche Beratung aller Stammesangelegenheiten und Streitfälle; zur Beschlußfassung war Einigkeit der Meinungen notwendig. Zum Ehrenkodex der P. gehört auch die strikte Einhaltung von Gastfreundschaft und Gastrecht, ebenso der Schutz des Gastes vor seinen Feinden. Die Gewährung von Asyl und die Versöhnungsbereitschaft sind

Abb. 166: Für Verdienstfestgeber und Töter wurden bei Kafiren und Kalash hölzerne Statuen aufgestellt; sie wurden bei der gewaltsamen Islamisierung Kafiristans großenteils zerstört. (Foto: Snoy)

Abb. 167: Eine Kalash-Frau in der Getreidemühle; sie trägt die typische, mit Kaurischnecken benähte Mütze. Männer trugen Kaurischnecken als Zeichen von Rang und Verdienst. (Foto: Snoy)

weitere Pfeiler paschtunischen Gewohnheitsrechtes. Das selbstbewußte und stolze Auftreten der P. spiegelt deutlich all diese männlichen Ideale wieder, denen sie sich selbst unter Todesgefahr verpflichtet fühlen. Ohne sein Gewehr ist der P. noch heute nur ein halber Mann, vor allem da die Bereitschaft zum Kampf, der durch seine Leidenschaftlichkeit leicht aufflammen kann, als eine seiner Haupttugenden gilt. Viele der Gewehre werden noch immer in einheimischen Werkstätten hergestellt, einschließlich der Markenzeichen minutiös kopierte Nachahmungen bekannter europäischer Fabrikate. Selbst der Zeitvertreib der P. besitzt eigentlich immer eine kriegerische Note: Jagd und Tierkämpfe, aber auch Wettspiele wie Lanzenstechen.

Die Ethnogenese+ der P. ist nach wie vor unbekannt. Theorien, die sie mit verschiedenen, den afghanischen Raum berührenden Einwanderungswellen zusammenbringen, sind hypothetisch geblieben. Selbst die Identifizierung der P. mit von Herodot genannten Völkerstämmen ist ungesichert. Erste verläßliche Nachrichten beginnen mit dem 10. Jh. n. Chr., sind aber noch zu fragmentarisch, als daß eine Beschreibung der P. im Mittelalter, ihrer Wirtschaft und Wanderbewegungen, möglich wäre. Das Vorrücken der P. in die heute pakistanischen Ebenen östl. des Sulaiman-Gebirges erfolgte wahrscheinlich seit dem 10. Jh.; im 17. Jh. hatten die paschtunischen Stämme ihr heutiges Verbreitungsgebiet erreicht. Ihre dominierende Position in der Geschichte Afghanistans sicherten sich die P. mit der Gründung einer eigenen Dynastie durch Ahmad Shah Durrani (1747–1773), deren Hauptstadt Ende des 18. Jh. von Kandahar nach Kabul verlegt wurde. Mit der Festigung englischer Herrschaft in Indien und dem Vordringen Rußlands im zentralasiatischen Steppenraum im 19. Jh. begann Afghanistan zu einem Sicherheitspfand zwischen den beiden Großmächten zu werden. Versuche der paschtunischen Könige, sich Rußland anzunähern, führten dreimal (zuletzt 1919) zum Einmarsch englischer Truppen. Paschtunische Überfälle auf britischem Gebiet im heutigen Pakistan riefen fast alljährlich englische Vergeltungsexpeditionen hervor. Eine Befriedung dieser Grenzstämme war trotz so mancher erfolgversprechender Ansätze Englands auf Dauer nicht zu erreichen. Die sogenannte Durand-Linie, die 1893 die Ostgrenze Afghanistans gegenüber den englischen Gebieten bindend festlegte, teilte das paschtunische Siedlungsgebiet, doch erhielt diese Grenzziehung ihre politische Aktualität erst in nachkolonialer Zeit, als Forderungen nach einem unabhängigen Paschtunistan – vor allem in Afghanistan – laut wurden. Pakistan, damals mit ganz anderen Problemen belastet, unterdrückte die Unruhen unter seiner paschtunischen Bevölkerung militärisch und blockierte für einige Zeit die Transitwege Afghanistans, das als Drahtzieher dieser Revolten angesehen wurden. Die Spannungen hielten bis 1963 an. Leidtragende waren die paschtunischen Nomaden Afghanistans, denen es gänzlich verwehrt oder doch reichlich erschwert wurde, die Grenzen zu passieren, um zu ihren Winterweiden auf pakistanischem Boden zu gelangen. Viele entschlossen sich damals, auf Winterweiden im eigenen Land auszuweichen. Die Einstellung der afghanischen P. zum Staat hat sich seit dem prokommunistischen Machtwechsel 1978 in Kabul und der Ablösung ihrer Dynastie anscheinend verändert. Obwohl aus ihren Reihen einerseits die kommunistisch orientierten Militärs stammen, existiert gerade in paschtunischen Kreisen andererseits eine starke Abneigung gegen die neue Politik, in der sie eine nichtislamisch, ja sogar antireligiöse Kraft sehen. Örtlich begrenzte Widerstände mußten bereits mit Waffengewalt niedergeschlagen werden.

Lit.: 3, 9, 25
Karte: Südwest-Asien (Abb.: 23)
Abb.: 166, 167

Pawnee

Nordamerikanische Indianer am Platte und Republican River, Nebraska, seit 1876 in Oklahoma; ca. 1000. Sprache: Caddo.

Die P. waren ein Stammesverband von vier politisch unabhängigen Stämmen, die jeweils wiederum aus mehreren autonomen Dörfern bestanden. Nur in Kriegszeiten schlossen sie sich zusammen. Sie waren durchweg seßhafte Bodenbauer (Mais, Bohnen, Kürbisse), die in großen Balkenhäusern mit Erdbedeckung lebten, bis sie im 17. Jh. von den Spaniern Pferde eintauschten und sich der rasch expandierenden Plainskultur anschlossen und zur halbnomadischen Lebensweise übergingen. Sie behielten jedoch viele alten Traditionen in ihrer Sozialstruktur (Klassenschichtung; Krieger- und Jagdbünde) und ihrer Religion (Glaube an ein Höchstes Wesen, Tirawa; Sterne als Götter) bei. Der Priester blieb der wichtigste Ritualleiter der Agrarriten, der Schamane war Krankenheiler und allgemeiner Krisenhelfer.

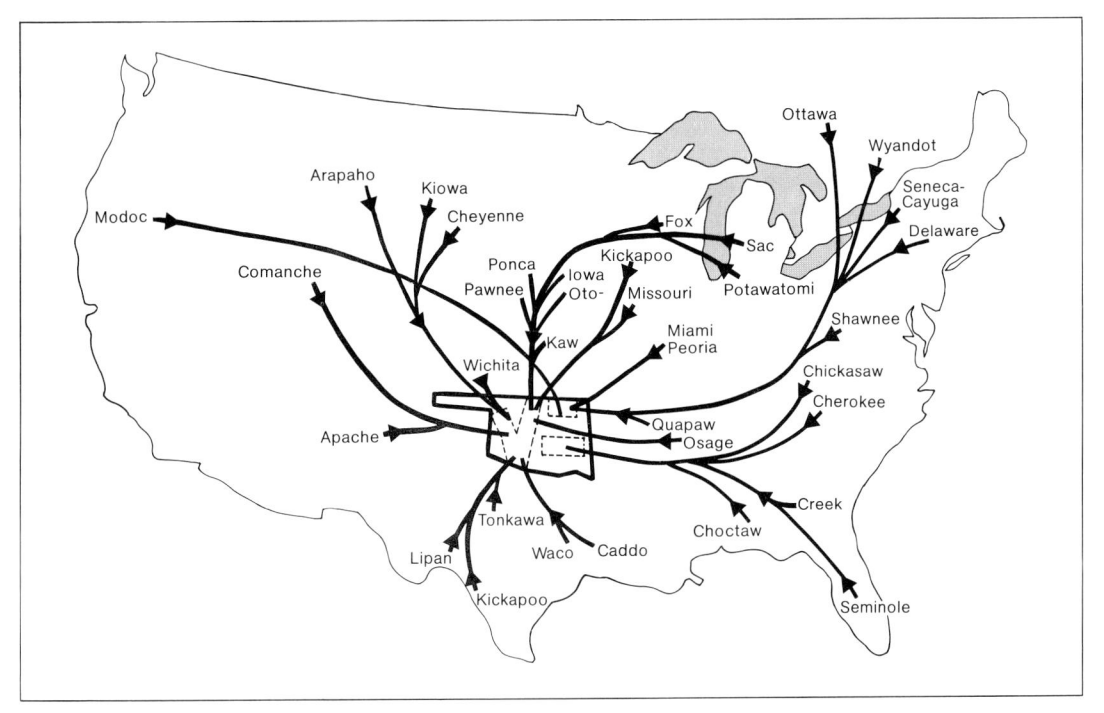

Abb. 168: Zwangsumsiedlung in das Indianerterritorium um 1850.

Die P. beteiligten sich nicht an den Kämpfen gegen die aus O einwandernden weißen Siedler und amerikanischen Truppenkommandos. Einige P. dienten sogar als Scouts in der Armee. In verschiedenen Verträgen traten die P. ihr Land an die amerikanische Regierung ab (1833 bis 1857); 1867 gaben sie das letzte Stück Land auf und erhielten eine Reservation im Indianerterritorium zugesprochen.

Nach der Übernahme von Pferden und einem immer enger werdenden Kontakt mit den Weißen hatten die P. stark unter Infektionskrankheiten (Pocken 1725) zu leiden; hinzu kamen ständige Angriffe von Plainsstämmen (Comanche, Cheyenne, Dakota), so daß die Zahl der P. von 10 000 um 1825 auf 1250 im Jahre 1881 sank. Missions- und Regierungsbeamte waren in der Mehrzahl korrupt und unfähig, den P. in der ersten Reservationszeit tatkräftig zu helfen. Von der Regierung wurden Zwangsmaßnahmen angeordnet (Internatsschule, Abschaffung der staatlichen Rationen), um die Auflösung der indianischen Kultur zu beschleunigen. Die Teilnahme der P. am Geistertanz 1890 war der letzte Versuch, ihre ethnische Identität zu retten. Doch die bald danach folgende Aufteilung des Stammeslandes in private Parzellen und der Verkauf des übrigen Indianerlandes an Weiße trugen zum Verfall der alten Kultur und zur oberflächlichen Annahme der amerikanischen Lebensweise und des Christentums bei. Die heutigen P. leben wie die meisten Oklahoma-Indianer als Kleinbauern und Lohnarbeiter auf eigenem Land; eine staatliche Überwachung und Fürsorge gibt es nicht.

Lit.: 578, 579, 585
Karten: Nordamerika (Abb.: 76)
Zwangsumsiedlung i. d. Indianer-Territorium (Abb.: 168)

Phi Tong Luang

Thai-Bezeichnung (»Geister der gelben Bananenblätter«) für kleine Gruppen von Jägern und Sammlern, die ohne festen Aufenthaltsort in den Bergwäldern N-Thailands umherstreifen. Die Angehörigen der am besten erforschten östl. Gruppen im Grenzland zu Laos nennen sich Yumbri (»Waldleute«). Da die P. sehr scheu sind und Kontakte mit Fremden meiden, ist ihre Zahl unbekannt; sie dürfte aber insgesamt nicht mehr als einige hundert betragen. Alle P. scheinen Mon-Khmer-Sprachen zu sprechen, doch sind sie wahrscheinlich nicht einheitlichen Ursprungs. Ob sie Reste einer einst weiter verbreiteten »archaischen« Urbevölkerung der Region darstellen oder kulturell verarmte Nachkommen von Gruppen sind, die sich vor langer Zeit von Mon-Khmer sprechenden Stämmen abspalteten und in die Isolation gerieten, ist heute nicht mehr zu entscheiden. Die einzelnen, oft nur aus wenigen Kernfamilien bestehenden P.-Banden durchstreifen auf der Suche nach Wildpflanzen, Wurzeln, Kleintieren und Honig traditionell festgelegte Territorien. Ihre aus Windschirmen errichteten Lager bewohnen sie stets nur für wenige Tage, bis die dazu verwendeten Blätter »gelb geworden sind« (daher ihr Name). Feldbau und Fischerei sind unbekannt, einzige Haustiere sind Hunde, die zum Aufspüren und Ausgraben von Wurzeln und zum Fangen von Kleintieren abgerichtet sind. Der materielle Besitz der P. umfaßt Grabstöcke, Speere, Bambusgefäße und Matten; Messer und Speerspitzen werden neben Tabak, Salz und abgetragenen Kleidungsstücken von benachbarten Bergstämmen gegen Matten und Honig eingetauscht. Durch Krankheiten, Unterernährung und Raubtiere sind die P. heute vom Aussterben bedroht.

Lit.: 204, 291
Karte: Hinterindien (Abb.: 70)

Pima

Nordamerikanische Indianer in Zentral-Arizona, am mittleren Gila und unteren Salt River; ca. 9000 (zusammen mit den Maricopa) auf der Gila River Reservation sowie den Salt River und Ak-Chin-Reservations. Sprache: Uto-Aztekisch.
Die P. und die mit ihnen eng verwandten → Papago SW-Arizonas sind wahrscheinlich die Nachkommen der prähistorischen Hohokam-Kultur. Sie bewohnen das gleiche Territorium und lebten wie diese von einem intensiven Feldbau (Mais, Bohnen, Kürbisse, Baumwolle) mit einem technisch komplizierten Kanalbewässerungssystem, bis der Bau von Talsperren an den Oberläufen der Flüsse und die starke Wassernutzung durch amerikanische Farmer kaum noch Wasser für ihre Kanäle übrigließ. Als seßhafte Bodenbauer hatten die P. eine politische Organisation auf Stammesebene. Der Häuptling wurde von Dorfvorstehern gewählt, erhielt sein Amt also nicht durch Erbgang. Hauptaufgabe des Dorfvorstehers war die Versorgung der Felder mit Wasser und der Schutz vor Feinden (vor allem Apache). Die Feldarbeiten wurden gemeinsam verrichtet. In Notzeiten gab es viele Wildpflanzen, die gesammelt werden konnten: Mesquite-Samen, Saguaro-Kaktusfrüchte, Agave-Wurzeln; kollektive Hasenjagden wurden dann besonders wichtig. Mehrfache Überfälle der Apache führten zu einer Aufgabe der größeren Dauersiedlungen und zu einem mehr provisorischen Lebensstil mit flüchtig errichteten Strauchwerkhütten; bei Angriffen zogen sich die P. in die Berge zurück.
Seit der ersten Kontaktzeit mit Spaniern (ab rund 1700) haben sich die P. mit den Weißen friedlich arrangiert, ein Verhalten, das zu einer relativ starken Anpassung an die amerikanische Gesellschaft und zur Aufgabe der eigenen Kulturidentität beigetragen hat. Viele P. leben heute außerhalb der Reservationen, und auch die Reservationsbewohner erscheinen äußerlich vollkommen amerikanisiert. Fast alle P. sprechen Englisch. Auf den verbliebenen Feldern, die noch ausreichend bewässert werden können, wird von allem Baumwolle angebaut. Die Feldarbeit verschafft aber nur einem kleinen Teil der P. Arbeit und Brot. Der Stammesrat ist deshalb bemüht, Kleinindustrien in den Reservationen anzusiedeln, Arbeitsbeschaffungsprogramme (»Tribal Work Experience Progam«) anzukurbeln und eine bessere Ausbildung für die nächste Generation zu schaffen; Oberschulen und Fachschulen wurden gegründet. Als Kunsthandwerke haben sich bis heute die sehr schöne Korbflechtkunst und die Töpferei erhalten, die jedoch gesamtökonomisch gesehen unbedeutend sind. Zum jährlichen Stammestreffen (Mul-Chu-Tha) werden alte indianische Tänze und Spiele aufgeführt; dazu gehört heute auch das Rodeo.

Lit.: 614, 624, 647, 651, 657
Karten: Reservationen (Abb.: 14 u. 75)
 Nordamerika (Abb.: 76)

Pipil

Indianische Volksgruppe in El Salvador und Honduras (Ocotepeque); ca. 2000. Sprache: Nahuatl.
Die P. waren ein Vorposten der Expansionswelle von Nahuatl-Völkern aus Mexiko nach SO vom 12. bis 16. Jh. (vgl. der mexikanisch-toltekische Einfluß bei → Maya). In dem von ihnen eroberten Gebiet fand eine gegenseitige kulturelle

Abb. 169: Das weiträumige Haus der Samoaner ist offen und dem tropischen Klima optimal angepaßt. Das Blätterdach spendet Schatten und Kühle; bewegliche Mattenjalousien schützen vor Regen und Wind. Haurat wird im Dachgebälk verstaut. Die Böden sind mit Flußkieseln oder Korallensplitt bedeckt. (Foto: Kröber)

Durchdringung zwischen P. und neuen Nachbarn (Lenca, → Talamanca) statt, durch die einerseits die Kultur der (heute in der Mestizenbevölkerung aufgehenden) Lenca teilweise mexikanisiert, anderseits die der P. den mittelamerikanischen Verhältnissen angepaßt wurde. Gegen die spanische Eroberung wehrten die P. sich verbissen; sie wurden erst besiegt, als etwa die Hälfte des Volks umgekommen war. Die Lenca, ebenfalls erst nach hartnäckigem Widerstand unterworfen, erhoben sich 12 Jahre danach erneut unter Führung des Häuptlings Lempira, der heute in Honduras als Nationalheld gilt, und nach dem die Landeswährung benannt ist. Die indianischen Dörfer wurden nach der Unterwerfung unter den nominellen Schutz der spanischen Krone gestellt, der bis zur Unabhängigkeit Mittelamerikas ein Aufgehen in der Mestizenbevölkerung verhinderte.

Heute sind die P. weitgehend der Mestizenbevölkerung angepaßt. Sie bauen für die eigene Ernährung Mais an, für den Markt Kakao, Tabak und Baumwolle. Die Lenca entwickelten eine vitale europäisch-indianische Mischkultur, in deren Rahmen sie ihre eigene Sprache aufgaben.

Lit.: 456

Polynesier

Bewohner der Inselwelt Polynesien (griech.: polys = viel, nesos = Insel). Diese nimmt den östl., fast den gesamten zentralen und Teile des westl. Pazifiks ein und verteilt sich in Form eines riesigen Dreiecks über eine Meeresfläche von rund 50 Mio. km².

Polynesien umfaßt neben kleineren, isolierten Inselgruppen die Ellice-, Samoa-, und Tonga-Inseln im W, die Gesellschaftsinseln (mit Tahiti), Marquesas-, Tubuai- und Tuamotu-Inseln im Zentrum, den Hawaii-Archipel im N, die Osterinsel im O und Neuseeland im SW. Die meisten größeren Inseln sind vulkanischen Ursprungs, daneben gibt es zahlreiche kleinere Koralleninseln. Neuseeland, die größte von den P. besiedelte Inselgruppe, reicht als einzige in den gemäßigten Klimabereich. Auch außerhalb des polynesischen Inseldreiecks gibt es im westl. Pazifik noch einige Gruppen mit polynesischer Bevölkerung bzw. polynesischer Kultur. Ein Übergangsgebiet stellt Fidschi dar. Die Bewohner dieser Inseln sind Melanesier, ihre Kultur ist stark polynesisch beeinflußt.

Trotz ihrer Zerstreuung über zahllose, oft Tausende von Seemeilen auseinanderliegende Inseln zeigen die P. in ihrem physischen Erscheinungsbild, in Sprachen und eine gewisse Einheitlichkeit.

Die Sprachen der P. gehören zur Gruppe der austronesischen Sprachen, zu der auch die melanesischen und indonesischen Sprachen gerechnet werden und deren Ursprung im asiatischen Raum vermutet wird. Entgegen der Hypothese von der amerikanischen Herkunft der P, wie sie u. a. von dem Norweger Theo Heyerdahl vertreten wird, muß ihre Urheimat im südchinesischen Küstengebiet gesucht werden. Anthropologisch sind die Polynesier ein Mischvolk mit überwiegend europiden Merkmalen. Sie sind hochgewachsen, schlichthaarig und von hellbrauner Hautfarbe.

Polynesien gehört zu den zuletzt besiedelten Gebieten der Welt. Wenige Jahrhunderte v. Chr. erreichten die Vorfahren der heutigen P., die über hochentwickelte Traditionen des Bootsbaus und der Navigation verfügten, den Samoa- und Tonga-Archipel. Ethnologen, Archäologen und Linguisten nehmen an, daß die transpazifischen Wanderungen ihren Weg über die Inselkette Mikronesiens nahm. Von Samoa und Tonga aus wurden die Gesellschafts- und Marquesas-Inseln kolonisiert. Raiatea war für Jahrhunderte der kulturelle Mittelpunkt und Ausgangspunkt für weitere Entdeckungsfahrten, die zur Besiedlung aller bewohnbaren Inseln (abgeschlossen ca. Mitte d. 14. Jh.), ja selbst zur Entdeckung der Antarktis (um 650 n. Chr.) führten. Im Laufe der Jahrhunderte bildeten sich auf den verschiedenen Inselgruppen infolge geographischer und historischer Isolierung zahlreiche Varianten der polynesischen Kultur aus. Diese verlieren jedoch an Gewicht, vergleicht man die P. mit ihren Nachbarn im W, den Melanesiern.

Zu Beginn der europäischen Erschließung des Pazifiks vor rund 200 Jahren lebten in Polynesien schätzungsweise 400 000 Menschen. 1971 betrug die Gesamtbevölkerung Polynesiens 4,68 Mio. – die Zahl der P. 800 000.

Die materielle Kultur der P. war wie die aller Südseevölker steinzeitlich geprägt. Die Verarbeitung von Metallen, Töpferei, Weberei und das Prinzip des Rades waren unbekannt. Als Rohmaterialien wurden Substanzen der Natur verwendet: Steine, Holz, Knochen, Schildpatt, Schneckengehäuse, Pflanzenfasern, Vogelfedern. Wichtigstes Arbeitsgerät war das Steinbeil. Die P. waren (und sind es z. T. noch heute) seßhafte Pflanzer und Fischer. Zu ihren Hauptanbauprodukten zählen Jams, Taro (z. T. Terrassenfeldbau mit Bewässerung), Banane, Kokosnuß, Brotfrucht und Pandanus. Die Fischerei, speziell die Hochseefischerei, war besonders entwickelt und lieferte einen beträchtlichen Teil der Nahrung. Die Speisen wurden im Erdofen gedünstet. Sammeltätigkeit, Jagd und Haustierhaltung spielten für die Nahrungsgewinnung eine untergeordnete Rolle. Der Grund lag in dem naturgegebenen Mangel an eßbaren Wildpflanzen, jagdbaren Säugetieren und Großvieh. Die Boote der P. waren äußerst seetüchtig. Für die Küstenschiffahrt wurden Auslegerkanus verwendet. Bei Fernfahrten, die oft über Hunderte von Seemeilen führten, bediente man sich großer Doppelrumpfboote mit Mattensegeln. Zu Recht verdienen die P. die Bezeichnung »Wikinger der Südsee«, vermochten sie schon zu einer Zeit die Hochsee besegeln, als man in Europa noch nicht in der Lage war, die Küstengewässer zu verlassen.

Fast überall wurde zur Gewinnung von Rindenbast der Papiermaulbeerbaum (Broussonetia papyrifera) angepflanzt. Die polynes. Rindenbaststoffe (tapa) wurden durch verschiedene Bemusterungsmethoden (Bedrucken mit Stempeln, Bemalen, Einreiben mit Farbe über ornamentierte Matrizen) verziert. In Neuseeland wurde wegen des kühleren Klimas Flachs zu Umhängen und Mänteln verarbeitet (→ Maori). Als Genußmittel war (mit Ausnahme von Neuseeland und der Osterinsel) der Kawa-Trank verbreitet, der aus den Wurzeln des Pfefferstrauches (Piper methysticum) hergestellt wurde. Das für Melanesien typische Betelkauen fehlte.

Im sozialen und geistigen Bereich erhoben sich die Kulturen Polynesiens, die oft mit archaischen Hochkulturen verglichen wurden, weit über den Stand steinzeitlicher Primitivität.

Schon in voreuropäischer Zeit hatten sich auf den verschiedenen Inselgruppen politische Strukturen herausgebildet, die der europäischen Vorstellung von staatlichen Organisationsformen nahe kamen. Die Territorien dieser, meist zentralistisch geordneten Staaten erstreckten sich über eine Insel, manchmal nur über Teile einer solchen oder – wie im Falle Tongas – über alle Inseln des Archipels. Die herrschende Schicht bildete der Adel (ali'i, ari'i), der Häuptling, Priester und andere Träger öffentlicher Funktionen stellte. Der Adel leitete seine Herkunft und damit seine Sonderstellung von den Göttern ab. Die Adelsfamilien pflegten ihre Stammbäume und geschichtlichen Erinnerungen sorgfältig zu bewahren. Obwohl die P. (mit Ausnahme der Bewohner der Oster-Insel [→ Oster-Insulaner] keine Schrift entwickelt hatten, ist ihre Geschichte relativ gut bekannt. Macht und Ansehen der Häuptlinge richteten sich stets nach dem Rang der Gottheit, auf die sie ihre Genealogien zurückführten. Der Häuptling, der sich von der höchsten Gottheit ableitete, stand an der Spitze der Gesellschaft. Er war der jeweils Erstgeborene der ältesten Abstammungslinie im Archipel. Er verfügte über uneingeschränkte Macht und vereinigte auf sich das stärkste »mana«, nach polynesischem Glauben eine außergewöhnlich wirksame, übernatürliche Kraft. Als irdischer Vertreter der Götter kam ihm fast schrankenlose Verehrung zuteil. Den Gegenpol zum Adel bildete das Volk. Diesem wurde das Land der Höhergestellten zur Nutzung überlassen. Als Gegenleistung hatte es hohe Tribute zu entrichten. Daneben gab es auf zahlreichen Inseln Sklaven. In Hawaii, Tahiti und Tonga hatte sich ein zusätzlicher Stand entwickelt, der zwischen Adel und Volk vermittelte. Besonderes Ansehen hatten einzelne Handwerker, die Berufsmonopole ausübten, z. B. Haus-Bootsbauer und Tatauierer. Ausgeprägt und sehr kunstvoll war die Tatauierung vor allem auf den Marquesas-Inseln. Dort waren die Männer von Kopf bis Fuß über und über tatauiert.

In engster Beziehung mit der Idee von der göttlichen Abstammung des Adels standen in Polynesien die überaus vielfältigen und komplizierten Bestimmungen, die das Zusammenleben zwischen Adel und Volk regelten und als »tabu« strenge Beachtung fanden. So durfte z. B. im alten Hawaii nur wenige auserwählte Personen den Herrscher sehen, der als Zeichen seines Ranges kunstvoll gefertigte Federmäntel trug. Er verließ nur nachts seine Residenz, um nicht durch seine übernatürliche Kraft-Ausstrahlung das Volk zu gefährden. Jeder, der dem Herrscher unvorbereitet begegnete, wurde getötet. Um nicht den Pflanzenwuchs zu stören, durfte sein Fuß das Erdreich nicht berühren. Stets wurde der Herrscher auf den Schultern erwählter Personen getragen. Er mußte bei seinen Ausflügen den Kopf gesenkt halten, da sonst die Früchte der Bäume unter seinen Blicken verdorrten. Am Hof des Herrschers bediente man sich einer eigenen Zeremonialsprache; der Name des Herrschers durfte nie ausgesprochen werden. Jeder, der ein »tabu« verletzte, hatte als Folge mit Erkrankung oder gar mit dem Tod zu rechnen.

Das Religionssystem der P. war polytheistisch und auf den verschiedenen Inselgruppen unterschiedlich ausgeprägt. Es kannte neben einer Fülle von Dämonen, vergöttlichten Ahnen, Familien-Schutzgottheiten und Heroen vier Gottheiten an der Spitze des Pantheons. Diese waren Tangaloa (Tangaroa), Gott der Schöpfung und des Meeres; Tane, Gott des Waldes und des Handwerks; Rongo, Gott der Pflanzen und des Friedens und Ku, der Gott des Krieges. Die Kultplatzanlagen (marae), die meist in Besitz des Adels waren, hatten auf einigen Inseln zugleich auch die Funktion sozialer und politischer Zentren. Für die Götter wurden vor allem in O-Polynesien Bildnisse aus Stein, Holz und anderen Materialien gefertigt. In W-Polynesien dagegen wurden sie relativ selten hergestellt.

An die Stelle der traditionellen Glaubensvorstellungen ist das Christentum getreten. Die Einbeziehung der P. in die moderne Welt begann in der 2. Hälfte des 18. Jh. mit allen Konsequenzen. Die Expansion Europas erfaßte die verschiedenen Inseln Polynesiens in durchaus vergleichbarer Weise: sie führte über die Ausbreitung des Christentums zur Ausweitung wirtschaftlicher, politischer und militärischer Aktivitäten und gipfelte in der kolonialen Aufteilung der Inselwelt, die Ende des 19. Jh. abgeschlossen war.

Für die P. hatte die Anpassung an die europäische Zivilisation vielfältige, oft weitreichende und fatale Folgen. Eingeschleppte Krankheiten, Mord und Versklavung, Missionseifer, Alkohol und kolonialpolitische Ausbeutung, rassische Vermischung, Fremdbevölkerungs- und Überfremdungsprobleme führten zu starker Dezimierung der Bevölkerung, zur Auflösung der traditionellen Lebensformen, zum Zusammenbruch der sozialen und politischen Strukturen. Als ethnische Einheit und kulturelle Gruppe haben die P. auf den wenigsten Inselgruppen überlebt. Ausnahmen stellen die Samoa- und Tonga-Archipele dar. Hier haben sich trotz integrativer Verarbeitung europäisch-amerikanischer Fremdeinflüsse viele Traditionsbereiche der altpolynesischen Kultur in unterschiedlicher Intensität bis in die Gegenwart erhalten können. Die P. versuchen heute auf vielfältige Weise, sich in die modernen Verhältnisse einzuleben und am Reichtum der industrialisierten Welt teilzunehmen. Nach dem zweiten Weltkrieg wurde die verkehrstechnische Erschließung des Pazifiks systematisch betrieben und dem Tourismus Türe und Tore geöffnet. Der Touristenstrom, der neue Einnahmequellen und steigende Konsumabhängigkeit brachte, hat inzwischen selbst die entlegenen Archipele erreicht. Er trägt entscheidend mit dazu bei, letzte, noch verbliebene Reste polynesischer Kultur und Lebensformen zu nivellieren.

Mit der Ausnahme von W-Samoa, Tonga und Tuvalu (den Ellice-Inseln, die im Oktober 1978

ihre politische Unabhängigkeit erlangt haben), stehen die Inselgruppen Polynesiens noch heute unter der Fremdherrschaft europäischer bzw. amerikanischer Staaten.
Frankreich, das die Atolle des Tuamotu-Archipels als Experimentierfeld für Atombombenversuche nutzte, beansprucht für sich die Gesellschafts-, Marquesas-, Tuamotu-, Tubuai-, Rapai- und Gambier-Inseln. Den Völkern Französisch-Polynesiens wird nur beschränkte Autonomie zugestanden. Die 15 Cook-Inseln und die Atolle der Tokelau-Gruppe sind Außengebiete von Neuseeland mit weitgehender innerer Autonomie.
Pitcairn, eine Insel, auf der die Meuterer der Bounty in Begleitung tahitischer Frauen einst Zuflucht suchten und deren Nachfahren noch heute dort leben, ist von Großbritannien abhängig. Die Oster-Insel gehört zu Chile; die Line-Inseln (zwischen Hawaii und Französisch-Polynesien gelegen) werden von Großbritannien und den USA gemeinsam beansprucht. Letztere haben ihre Herrschaft auch auf den O-Teil des Samoa-Archipels ausgedehnt. Hawaii ist 50. Bundesstaat der USA, in dem die autochthonen P. nur noch eine verschwindend kleine Minderheit sind und als Touristen-Attraktion vermarktet werden. Auch die Maori, die ersten Bewohner Neuseelands, sind heute eine Minderheit im eigenen Land.

Lit.: 388, 394, 404, 405, 406, 408
Karte: Ozeanien (Abb.: 132)

Powhatan

Nordamerikanischer Indianerverband von ca. 25 Stämmen an der Chesapeake Bay, den Küsten Marylands und Virginias; ca. 3000. Sprache: Algonkin.
Die P. waren seßhafte Bodenbauer (Mais, Bohnen, Kürbisse; Tabak; später Obst) und lebten in großen Langhäusern, die mit Rinde oder geflochtenen Matten bedeckt waren. Ihre Dörfer waren von Palisaden umgeben. Jagd und Fischfang waren die Tätigkeiten der Männer, die Frauen bestellten die Felder. Der Handel zwischen den Küstengruppen der P. und den Binnenlandstämmen im Piedmontgebiet (hauptsächlich Sioux-Stämme) war rege, Muschel- und Kupferperlen dienten als »Geld« (wampum, roanoke), das auch von den englischen Kolonisten, die Pelze und Mais einhandelten, angenommen wurde. Die P.-Konföderation war kurz vor der Gründung der englischen Kolonie um Jamestown (1607) von Häuptling Powhatan gegründet worden und bestand aus ca. 200 Dörfern, die ihm Tribut zahlten. Seine Tochter Pocahontas heiratete den englischen Siedler John Rolfe; damit war für eine gewisse Zeit der Frieden zwischen den P. und den Weißen gesichert. Als die Weißen auf der Suche nach neuen Anbaugebieten für Tabak tief ins Indianerland vorstießen, kam es nach Powhatans Tod zu schweren Kämpfen (Powhatan War 1622–44), die erst 1676 endeten; 1685 gingen auch die ständigen Scharmützel und Übergriffe der Irokesen zu Ende. Durch die Kämpfe wurde die P.-Konföderation zahlmäßig stark dezimiert.

Lit.: 525
Karte: Nordamerika (Abb.: 76)

Pomo

Nordamerikanische Indianer im Russian River Valley und am Clear Lake, N-Kalifornien; ca. 900 (einst über 10 000). Sprache: Hoka.
Die P. gehören zu den bekanntesten kalifornischen Indianern; ihre Kultur repräsentiert die kalifornische Sammlerkultur schlechthin (→ Maidu, → Miwok). Sie ist jedoch ein Abstraktum, weil die einzelnen P.-Gruppen kulturell stark voneinander abweichen. Die Central P. hatten die vielschichtigste sozio-politische Organisation mit 20 Oberhäuptlingen und 20 Häuptlingen, die ihre Ämter ererbt hatten; nur der Kriegshäuptling wurde gewählt. Sie lebten in autonomen Dörfern, um die sich zahlreiche Weiler scharten; ihre Sammelwirtschaft (Eicheln, Kastanien, Wildgräser) war sehr ertragreich, sie betrieben auch Fischfang. Ihre Behausungen waren feste Plankenhäuser; in einem großen Tanzhaus fanden die kollektiven religiösen Zeremonien statt (Kuksu-Kult: dramatische Darstellung der Weltschöpfungsmythe). Schamanen waren – und sind – vor allem als Krankenheiler tätig. Die Korbflechtkunst war berühmt, oft waren die kleineren Körbchen mit bunten Federn besetzt.
Ab 1817 setzte die spanische Missionierung ein, der Einfluß russischer Händler wirkte von 1811 bis 1825 (Faktoreien, Fort Ross). Ab 1829 standen die P. unter mexikanischer Kontrolle, in der Zeit zwischen 1834 bis 1847 gab es viele Kämpfe, die gefangenen P. wurden als Sklaven verkauft. 1838/39 Pockenepidemie. Ab 1850 strömten weiße Siedler und Prospektoren ins Land. 1856

Abb. 170: Taos-Pueblo, die wohl bekannteste Siedlung der Pueblo-Indianer im nördlichen New Mexico, USA. Die beiden bis zu fünf Stockwerken aufragenden Gebäudekomplexe – hier der Nordteil – sind noch im alten Stil erhalten. Wegen der touristischen Attraktion vermeidet man, Fernsehantennen anzubringen. Fenster und Türen sind allerdings schon seit langem installiert.

(bis 1867) wurden die Mendocino Indian Reserve und Round Valley Reservation geöffnet. Es entstand ein Knechtschaftsverhältnis, d. h. die P. arbeiteten als billige Landarbeiter auf den großen Gütern. Obst- und Hopfenpflücken war ihre Hauptarbeit im Sommer. Die Reservationen sind aufgelöst worden, viele P. leben in den Städten. Erst in letzter Zeit geht es den P. wirtschaftlich etwas besser, eine Landwirtschaftsschule (Ya-Ka-Ama) wurde bei Windsor gegründet.

Lit.: 500, 508

Pueblo-Indianer

Sammelbezeichnung (Span. pueblo = Dorf) für die zahlreichen Dörfer (= Stämme) von Indianern mit einer relativ homogenen Kultur in NO-Arizona und dem nördl. Z-New Mexico; ca. 30 000. Sprache: verschiedene Sprachen, die dem Uto-Aztekischen nahestehen.

Zu den P.-I. zählt man die → Hopi in NO-Arizona, die Zuni (Zuñi) im westl. Zentral-New Mexico und die Rio-Grande-P. (Keres- und Tano-sprachige Gruppen). Die P.-I. haben in großem Umfang ihre traditionelle vorspanische Kultur bis heute bewahrt und an ihren alten Wert- und Glaubensvorstellungen, ihrem ausgeprägten Zeremonialwesen, ihrer Sozialstruktur und ihrer sakral-politischen Organisation festgehalten. Dabei kam ihnen zustatten, daß sie bis heute ihre alten Wohnsitze und ihre ursprüngliche Wirtschaftsweise beibehalten konnten. Ihre Reservationen sind groß genug, selbst die stark angewachsene Bevölkerung in der alten Produktionsweise zu ernähren; doch wandern immer mehr P.-I. in die Städte ab, um die wachsenden Bedürfnisse der modernen amerikanischen Zivilisation befriedigen zu können.

Die P.-I. sind auch in der Gegenwart noch großenteils Bodenbauern. Die östl. P.-I. im Rio Grande-Tal bewässern ihre Felder mit Hilfe von Bewässerungskanälen (Mais, Alfalfa, Weizen, Baumwole, Bohnen, Kürbisse, Chilipfeffer). Früher spielte die Jagd auf Hirsch, Antilope, Hasen und gelegentlich auch Bisons in den benachbarten Plains jenseits der Sangre de Cristo Mountains eine Rolle. Die westl. P.-I. dagegen, die → Hopi und Zuni, sind auf die geringen natürlichen Niederschläge angewiesen und versuchen sich deshalb auch mit magischen Regenzeremonien das lebensnotwendige Naß zu sichern. Bei ihnen haben sich die wohl ursprünglichen Formen der sozialen Struktur mit Matri-Klanen+ erhalten, während die östl. P.-I. (unter spanischem Einfluß?) mehr patrifokal+ organisiert sind und die Dorfteilung in eine Winter- und Sommer-Moiety+ kennen.

Trotz des ständig enger werdenden Kontaktes mit der anglo-amerikanischen Welt beachtet die Mehrzahl der P.-I. noch streng die traditionellen Regeln des Verhaltens. Selbst junge P.-I., die jahrelang in der amerikanischen Armee gedient haben, ließen sich überraschend schnell wieder in die alte Kultur integrieren; nur wenige sind »ausgewandert« und haben sich ständig anderswo niedergelassen. Die Ursache für eine so ungewöhnliche Integrationskraft liegt in der intakten politisch-religiösen Struktur der Dorfgemeinschaft, d. h. in der auch heute noch bestehenden Kompaktbauweise (mehrstöckige »Reihenhäuser« um eine Plaza mit den Kivas, den unterirdischen Zeremonialkammern), die faktisch eine Überwachung des Verhalten eines jeden einzelnen ermöglichen. Oberster Führer eines Dorfes – es gab nie eine zentral organisierte politische Organisation über alle Dörfer – ist der Kazike, eine Bezeichnung, die von den Spaniern aus Westindien mitgebracht wurde und die sich durchgesetzt hat. Der Kazike ist der sakrale Dorfhäuptling, der fast autokratisch herrscht. Sein Repräsentant nach außen ist seit spanischer Zeit und auch heute noch der Governor, seine Assistenten, die Kriegshäuptlinge, führen seine Befehle aus. Wer sich ihm widersetzt oder die ungeschriebenen Gesetze des Dorfes verletzt, muß ein Bußgeld zahlen oder – im schlimmsten Falle – das Dorf verlassen und damit seinen Besitz und seinen Anspruch an das Stammesvermögen aufgeben. Es kommt deshalb nur selten vor, daß sich ein P.-I. zu solch einem drastischen Schritt entschließt, obwohl die materiellen Überlebenschancen außerhalb der Dorfgemeinschaft heute durchaus gegeben sind. Ein strenger Konformismus und Konservatismus beherrscht noch immer das Leben der meisten P.-I. Nur so gelang es ihnen, sich gegen die starken europäischen Einflüsse über Jahrhunderte abzuschirmen. Die Tatsache, daß ihr traditionelles Wertsystem bestehen blieb und sich so nahtlos in das moderne Ökologiebewußtsein auch der weißen Bevölkerung einfügt, ist für diese Indianer ein Beweis, daß ihre Lebensanschauung immer noch die richtige ist, besser als der Materialismus und das Profitdenken der Amerikaner mit ihrer zwar hochentwickelten Technologie, aber doch geringen Gemeinschaftsbindung. Dieses Faktum verleiht den P.-I. jenes Selbstbewußtsein, das sie im Umgang mit den Weißen zur Schau tragen; es ist für sie eine Selbstverständlichkeit, die eigene Sprache zu sprechen und zu pflegen und an den wichtigsten Gemeinschaftszeremonien, unter denen die Regenmagie und Maskentänze der Ahnengeister (Kachinas) eine besondere Stellung einnehmen, regelmäßig teilzunehmen. Keinem Weißen ist es erlaubt, die Kivas, die Versammlungsstätten der Geheimbünde und Tanzgesellschaften, zu betreten. Daß wir überhaupt über die dort abgehaltenen Zeremonien unterrichtet sind, hängt damit zusammen, daß die Amerikaner – anders als die Spanier, unter denen die P.-I. besonders gelitten hatten (Aufstand von 1680) – den P.-I. zunächst freundschaftlich gegenüberstanden, als ihnen Arizona und New Mexico im Friedensvertrag von Guadalupe Hidalgo 1848 zugesprochen wurde. Sie erlaubten den P.-I. wieder die traditionellen, von den spanischen Missionaren streng verbotenen Zeremonien, sie beanspruchten weder ihr Land noch erwarteten sie Tributleistungen, und sie wollten sie nicht zwangsweise bekehren. So konnte sich im 19. Jh. die alte Pueblo-Welt wieder voll entfalten, und es herrschte Vertrauen zwischen Indianern und Weißen, die hauptsächlich Viehzucht in den von den P.-I. nicht landwirtschaftlich genutzten Ge-

Abb. 171: San Ildefonso Pueblo. Die traditionelle Bauweise (Trockenlehmziegel mit Lehmverputz) und die alte Siedlungsweise (Reihenhäuser um einen Zentralplatz mit Zeremonialkammer [kiva]) weichen langsam einer aufgelockerten Bauweise mit Holzhäusern. (Foto: Lindig)

bieten betrieben. Erst als die Amerikaner versuchten, auch die P.-I. – nachdem sie ihnen zuvor den Status des freien Bürgers genommen hatten – in die amerikanische Zivilisation zu integrieren, veränderte sich die Lage. Die religiösen Zeremonien wurden wieder verboten, die Missionen reaktiviert, und die Kinder wurden auf Internatsschulen außerhalb der Reservate gebracht. Die P.-I. antworteten mit passivem Widerstand; nach außen hin beugte man sich den Anordnungen der amerikanischen Behörden, aber im Geheimen blieb man den alten Sitten und Gebräuchen treu. Inzwischen hat die amerikanische Zentralregierung ihre Integrationspläne offiziell ad acta gelegt, und man läßt den Indianern wieder freie Hand. Doch wird auch die Gemeinschaft der P.-I. unausweichlich mit neuen Problemen konfrontiert. Sie haben zwar den Ansturm der Weißen und deren Versuch, ihre Kultur zu zerstören, überlebt, aber sie können – und wollen – sich nicht völlig von der anglo-amerikanischen und hispano-amerikanischen Bevölkerung abkapseln. Für die P.-I. im oberen Rio Grande-Tal macht sich die starke Zunahme der amerikanischen Bevölkerung in den Städten durch den sehr stark gestiegenen Wasserbedarf bemerkbar. Zur Sicherung der Wasserversorgung von Albuquerque, heute mit 300 000 Einwohnern die größte Stadt New Mexicos, wurde in den 70er Jahren ein riesiger Staudamm in der Nähe des Pueblos von Cochiti erbaut, der Cochiti-Damm, der hier den Rio Grande zu einem Speichersee aufstaut. An den Ufern des Stausees, dem Lake Cochiti, entsteht ein weitläufiges Freizeitgelände mit Wohnungen für 30 000 Menschen, natürlich Amerikanern. Zwangsläufig wird eine solche städtische Anlage inmitten der kleinen Pueblo-Dörfer Auswirkungen selbst auf die sehr konservativen P.-I. haben. Die materiellen Verlockungen werden, besonders für die jungen Leute, nicht spurlos vorübergehen. Schon sind es keine Ausnahmen mehr, daß P.-I. die höhere Schule besuchen und ein Studium absolvieren. Die Perspektiven haben sich verändert, die Welt ist auch für die P.-I. größer geworden. Die Kraft des alten Glaubens ist wankend geworden, und auch ein Kazike vermag sich immer weniger gegen die rational begründeten Anträge der jungen Akademiker auf notwendige Veränderungen im Rahmen der mo-

Pueblo-Indianer

Abb. 172 (s. S. 312): Pueblo-Indianer aus Cochiti Pueblo, New Mexico. (Foto: Fontana)

Abb. 173 (s. S. 312): Ein rostender Rollwagen am Dorfrand erinnert noch an die Zeit, bevor das Auto seinen Einzug auch in das entlegenste Indianerdorf hielt. (Foto: Lindig)

Abb. 174: Hopi-Korbflechterin.

Abb. 175: Hopi-Silberschmied.

Kunsthandwerk wie Flechten, Weben und Töpfern haben erneut Bedeutung gewonnen, weniger für den eigenen Gebrauch als für den sprunghaft gestiegenen Verkauf an Touristen und Händler. Ganze Branchen haben sich entwickelt, die z. T. weltweit exportieren. Von den Amerikanern wird handgearbeiteter Silberschmuck als gute Vermögensanlage betrachtet, alte Stücke aus dem 19. Jh. kosten heute Tausende von US Dollar. – Keramik wird nach alten Mustern verziert, doch werden auch neue Formen entwickelt, z. B. die schwarze Keramik von Santa Clara Pueblo. – Anklang finden in neuerer Zeit die auf Baumwollfäden hergestellten Fadenkreuze (ojos de dios), die nach mexikanischen Vorbildern (Huichol) gewickelt und in jeder Größe und Farbzusammenstellung, auch in verschiedener Gestalt (z. B. als Vogel, als menschliche Gestalt) angefertigt werden.

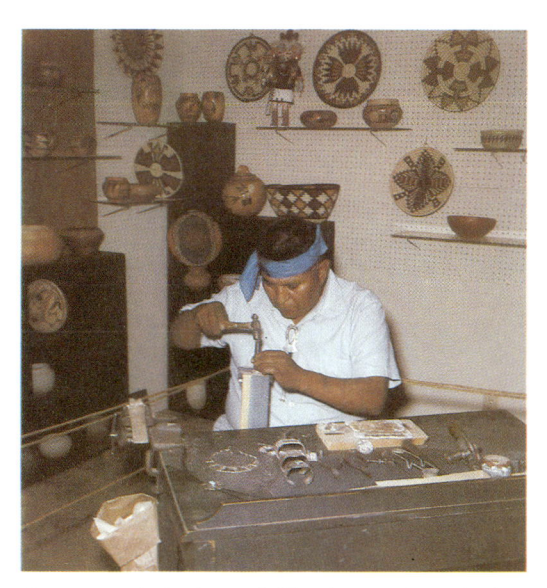

dernen technischen Zivilisation und Weltwirtschaft durchzusetzen.
Alte Handwerken – Töpferei, Weberei, Korbflechterei – haben sich vor allem bei den Hopi erhalten und wurden wieder belebt, die Zuni gelten als besonders geschickte Silberschmiede, und im Rio-Grande-Tal gibt es eine vielfältige und sehr schöne Töpferei. Die Produkte werden an Touristen, Kunstsammler und Museen verkauft. In Santa Fe bildet die »School of Indian Arts« viele Indianer, vor allem auch P.-I., in moderner Kunst und modernem Kunsthandwerk aus.

Lit.: 622, 644 (s. auch Hopi)
Karten: Reservationen (Abb.: 14 u. 75)
Nordamerika (Abb.: 76)
Abb.: 170, 171, 172, 173, 174, 175

Pygmäen
Twiden

Sammelbezeichnung für eine Gruppe von Völkern des tropischen Regenwaldes Zentralafrikas zwischen Kamerun und Victoria-See, die zwar voneinander unabhängig sind, sich aber durch gemeinsame körperliche und kulturelle Merkmale deutlich von ihren Nachbarn, den Bantu, unterscheiden; ca. 150 000. Sie sind kleinwüchsig, d. h. kaum größer als 150 Zentimeter. Die Hautfarbe ist ein rötliches oder gelbliches Braun mit Tendenz zu einer flaumigen Behaarung, die oft den ganzen Körper bedeckt. Durch Mi-

schung mit benachbarten Bantu-Völkern haben aber die viele P. einige diese Charakteristiken verloren. Als »rassereinsten« gelten die 3000 Bambuti (mit Aka und Efe) des Iturigebietes. In Kamerun leben die Bagielli, in Gabun die Bongo, in der Zentralafrikanischen Republik die Binga, in O-Zaïre und Ruanda/Urundi die stark mit Negriden vermischten Batwa (Twa). Die P. wurden früher als Abkömmlinge einer afrikanischen Urbevölkerung angesehen, deren weite Verbreitung über große Gebiete des tropischen Afrikas sich bis in das Paläolithikum zurückverfolgen lassen. Heute jedoch sind sie nicht einmal mehr die unumstrittenen Herren ihrer Urwaldheimat. Seit mindestens 2000 Jahren ist ihre Welt in wachsendem Maße durch landbautreibende Negervölker aus dem Z-Sudan und Ostafrika eingeengt worden. Im besten Falle konnten sich die P. an die seßhaften Bauern in einer Art von Symbiose anschließen, indem sie sich jenen durch ihre jägerischen Spezialkenntnisse und Fähigkeiten nützlich machten und dafür Salz, Werkzeuge und Töpferware eintauschten. Die Bambuti arbeiten zeitweilig in den Dörfern der Bantu-Bauern (Lese, Bira), wo sie als Plantagenwächter, Last- und Wasserträger sowie als Jäger tätig sind. Sie werden mit Dorfprodukten (Bananen, Maniok, Reis, Bohnen, Palmöl und getrocknete Fische) »bezahlt«. Im ungünstigsten Falle wurde ihr Jagdgebiet durch fortschreitende Rodung eingeschränkt; Unterdrückung, Versklavung oder gar Ausrottung waren ihr Schicksal.
Die ursprüngliche Sprache der P.-Völker ist unbekannt, da alle Gruppen die Sprache ihrer Nachbarn mit mehr oder weniger starken Abwandlungen angenommen haben.
Alle P. durchwandern in kleinen Gruppen als nomadische Jäger angestammte Jagdgebiete. Die Frauen sammeln Knollenfrüchte, viele Arten von eßbaren Gewächsen und fangen Kleintiere und Fische. An Lagerplätzen errichten sie bienenstockförmige Hütten aus Zweigen und Blättern. Großfamilien sind unbekannt. Jede Kernfamilie führt ihren eigenen Haushalt. Polygamie+, obwohl kein Verbot dagegen besteht, ist selten. Die soziale Ordnung basiert auf lokalisierten exogamen+ patrilinearen+ Gruppen von 15–40 Individuen, deren informeller Leiter einer der ältesten Männer ist. Darüber hinaus ist eine gesellschaftliche Schichtung unbekannt. Auch gibt es keine formellen politischen Bindungen zwischen den verschiedenen Gruppen. Da jede die Jagdgebiete der anderen anerkennt, sind Fehden zwischen den Gruppen äußerst selten.

Streitigkeiten werden im allgemeinen durch Diskussion beigelegt.
Die Umwandlung großer Regenwaldgebiete (Abholzung, Brandrodung) in Kulturland oder Savanne schafft veränderte klimatische und biologische Verhältnisse, denen sich die P. nicht anpassen können. Um ein Überleben zu sichern, wurde schon mehrfach die Einrichtung von Reservaten vorgeschlagen.
Ursprünglich wurde der Begriff P. für alle zwergwüchsigen Völker, zu denen außer den P. in Afrika auch die sog. Negritos in SO-Asien (Aëta auf den Philippinen, Semang auf Malakka) und Melanesien gerechnet werden, verwendet. Nach neueren anthropologischen Forschungen haben sich jedoch die »Pygmiden« unabhängig voneinander durch Mutation und eine den Zwergwuchs begünstigende Umwelt (z.B. die Hyläa) aus hoherwüchsigen Gruppen gebildet. Die vergleichbar volle körperlich-geistige Leistungsfähigkeit widerlegt die gelegentliche Deutung der P. als in Rückzugsgebieten entstandenen Kümmerform.

Lit.: 1112, 1113, 1114, 1137, 1138, 1139, 1140, 1141, 1142, 1149, 1150, 1151

Rai

Ein Volk mit tibetischer Sprache in O-Nepal; sie bilden die größte Abteilung der Kiranti, zu denen auch die Limbu gehören. 1961: 240 000.
Die R. treiben Ackerbau und Viehzucht (Ziegen, Schafe, Schweine, Hühner), pflanzen Naßreis und auf unbewässerten Feldern Mais, Hirse und Weizen. Die Instandhaltung der Terrassenfelder und ihrer in sorgfältiger Arbeit errichteten Stützmauern aus Stein verlangt den R. vom Frühjahr bis zum Herbst großen Arbeitseinsatz ab. Grundnahrungsmittel sind Breigerichte aus Weizen, Hirse und Mais; Reis gilt als Festessen. Aus Getreide wird Bier und Schnaps bereitet, ein unverzichtbarer Bestandteil des geselligen Lebens, insbesondere bei Festen. Die Siedlungen der R. liegen zwischen 1000 und 2000 m Höhe; die einstöckigen Steinhäuser, je nach Lage auch Pfahlhäuser aus Bambus, befinden sich weit verstreut inmitten der Felder. Die Dörfer werden von erblichen Oberhäuptern geführt, die Steuern einziehen, Gäste bewirten, Streitigkeiten schlichten. Einen wichtigen Beitrag zum Unterhalt lieferte früher der Dienst in den englischen Gurkha-Regimentern. In dieser nepalesischen Elitetruppe Anglo-Indiens waren die R. wegen ihres

Muts und ihrer Tapferkeit geschätzt. In Forsetzung dieser militärischen Tradition dienen noch heute viele R. in der Armee und bei der Polizei von Nepal. Weitere Einkommensquellen sind der Handel mit Korn und Vieh in den nepalesischen Städten, ebenso Lohnarbeit im Tiefland von Nepal und in Darjeeling. Die R. sind in endogame+ Lokalgruppen mit eigenen Dialekten geteilt, aufgespalten wiederum in exogame+ Abstammungseinheiten mit gemeinsamem Stammvater, innerhalb derer eine Heirat erst nach sieben Generationen erlaubt ist. Die Religion der R. ist eine Mischung aus hinduistischen und lamaistischen Vorstellungen. Eine dritte Komponente sind Lokalkulte, wie die Verehrung und Beopferung von Berggöttern und speziellen Ahnengottheiten. Ein Priester leitet diese Handlungen, führt Abwehrriten bei Krankheit oder nach Unglücksfällen aus, besänftigt die Krankheitsgeister, leitet auch die Bestattungszeremonien, in deren Verlauf der Totengeist gebeten wird, sich zu den Ahnen zu begeben und die Lebenden in Ruhe zu lassen. Die Geister, mit denen dieser Priester in ganz persönlichem Kontakt steht, können auch in ihn selbst eingehen und aus seinem Mund Anweisungen erteilen. Um ihr eigenes Verdienst zu erhöhen, errichten die Angehörigen eines Verstorbenen Erinnerungsbauten mit sozialer Komponente, wie Plattformen am Wegrand um Traglasten abzustellen, Bänke zum Ausruhen, oder sie pflanzen Bäume.

Rifkabylen
Rif

Die R. umfassen mehrere Berberstämme entlang der gebirgigen Mittelmeerküste östl. der Straße von Gibraltar, von NO-Marokko bis Algerien. Arabisch ist die Verkehrssprache für die meisten der Männer. Im Körpertypus unterscheiden sich die R. durch hellere Hautfarbe, rötliches Haar und blau-graue Augen von ihren arabischen Nachbarn.
Wie die meisten Berber sind die R. Getreidebauern, aber zugleich stark abhängig von ihren Viehherden, die sowohl als Last- und Zugtiere, als auch ihres Fleisches, ihrer Häute oder Wolle wegen gehalten werden. Milch und Milchprodukte liefern einen erheblichen Beitrag zur Ernährung. Eine Haupteinnahmequelle ist die Küstenfischerei (Sardinen) für den Export.
Die R. hatten seit alters her einen kriegerischen Ruf. Bis 1929 gelang es ihnen, einen großen Teil ihrer politischen Unabhängigkeit zu bewahren. Seither haben viele in der franz. oder span. Armee gedient.

Lit.: s. Berber
Karte: Afrika (Abb.: 148)

Runa
Quichua, Quijos, Canelos, Yumbos, Alamas

Waldindianer in O-Ekuador (Provinzen Napo und Pastaza), kulturell den → Jíbaro nah; über 33 000. Sprache: Ketschua.
Das gemeinsame Schicksal der span. Kolonisierung und Mission und das von den Spaniern als Handels- und Verwaltungssprache in O-Ekuador verbreitete → Ketschua waren Grundlagen zur Herausbildung der neuen Volksgruppe der R. aus verschiedenen vor-kolonialen Gruppen. Das eigene ethnische Bewußtsein der »Runa« (Ketschuawort für »Menschen«) ist geprägt durch eine doppelte Distanzierung: Auf der einen Seite von den noch ihre eigenen Sprachen sprechenden Waldindianern, die erst im 20. Jh. missioniert wurden, wie z. B. den → Jíbaro, denen gegenüber die schon in der Kolonialzeit äußerlich missionierten R. sich als »zivilisierter« und dem Andenhochland näher empfinden; auf der anderen Seite von den Hochlandbewohnern, denen gegenüber die R. auf ihre bessere Kenntnis des Waldes stolz sind und ihr Land vor dem Eindringen neuer Siedler verteidigen wollen. Vereinfacht könnte man die R. als »zivilisierte« Jíbaro bezeichnen.
Die R. leben teils in lockeren Siedlungen als unabhängige Kleinbauern, teils zerstreut als Landarbeiter oder Pächter. Einige suchen kurzfristige Jobs als Hilfsarbeiter in der Erdölförderung.
Grundeinheit ist der landwirtschaftliche Einfamilienbetrieb. Mehrere Familien bilden, meist unter Führung eines angesehenen Medizinmannes, die llacta, eine Gruppe mit gemeinsamem Anspruch auf ein landwirtschaftlich nutzbares Gebiet. Viele llactas führen ihren Anspruch auch auf das Wirken früherer großer Medizinmänner zurück. Nicht Territorium-gebunden ist dagegen die Verwandtschaftsgruppe ayllu, die sich durch gemeinsame Abstammung der Ältesten von einem Ahnenpaar definiert und in der die Medizinmänner mit den Geistern der gemeinsamen Vorfahren in Kommunikation treten. Meist mehrere ayllus und llactas treffen heute in der comuna

zusammen, der aus dem Hochland übernommenen Gemeindeorganisation span. Ursprungs, die nach ekuadorianischem Recht als Körperschaft mit Anspruch auf Land auftreten kann.

Die geistigen Kämpfe der Medizinmänner, die sich gegenseitig Hilfsgeister auf den Hals schicken, um die dem Gegner angelasteten Krankheiten an der Wurzel zu bekämpfen, sind Ausdruck heftiger Gegensätze zwischen den ayllus. Die Medizinmänner bilden eine geistige und polit. Führungsschicht in der ansonsten nicht sozial geschichteten Gesellschaft. Ihr Kontakt zu den Geistern erfolgt in Drogenvisionen (→ Jíbaro). Offiziell bekennen die meisten R. sich zum Katholizismus. Jesus und Muttergottes sind in die Geisterwelt aufgenommen.

Die für viele Waldindianer typische strenge Arbeitsteilung zwischen Mann und Frau findet bei den R. ihre religiöse Entsprechung im Kontakt zu jeweils unterschiedlichen Höchsten Wesen. Der Waldgeist Amasanga, unter christlichem Einfluß auch »Teufel« genannt, ist Herr der männlichen Ahnenseelen, zu denen der Kontakt v. a. für die Medizinmänner wichtig ist. Solange er lebt, wird das Prinzip der Männlichkeit weiterleben. Seine Frau, die Erdmutter Nunghui, brachte den Frauen die Töpferei bei und wird von ihnen verehrt. Solange sie lebt, und solange es Tonerde gibt, wird das Prinzip der Weiblichkeit leben.

Ähnlich den ekuadorianischen R. sind auch die ca. 10 000 Quechua im Mündungsgebiet des R. Tigre in den Marañón und am unteren Napo (Peru) Waldindianer, die kulturell unter Hochlandeinfluß gerieten und Ketschua sprechen. Die ca. 15 000 Quechuas Lamistas am unteren Huallaga (Peru) sind dagegen wohl Nachkommen von Hochland-Ketschua, die in vorspanischer Zeit ins Vorland des Inkareiches umgesiedelt wurden und sich dort der Waldlandkultur anpaßten.

Lit: 764, 765, 795
Karte: Nördliches Südamerika (Abb.: 209)

Salish

Im weiteren Sinne eine indianische Sprachfamilie in N-Washington, N-Idaho und NW-Montana (USA) sowie im südl. British Columbia (Kanada); im engeren Sinne versteht man darunter eine Gruppe indianischer Stämme an der Küste (Coast S.) und im Binnenland des Fraser-Plateaus (Interior S.). Die Kultur der Coast S. entspricht den Kulturen der → Kwakiutl, → Nootka und anderen Nordwestküstenkulturen, die der Binnenland-S. den Sahaptin-Stämmen (→ Flathead).

Samen
Lappen

Volk in Norwegen (v. a. Polarzone, südl. bis Hedmark, 30 000), Schweden (v. a. in Norrbotten, südl. bis Nordwestdalarna, 15 000), Finnland (in Nord-Lappi, 5000), UdSSR (Halbinsel Kola, 2000). Rund 50 z. T. gegenseitig nicht verständliche Dialekte, 6 samische Schriftsprachen, zur finnisch-ugrischen Familie. Etwa 35% gebrauchen keine samische, sondern eine der Staatssprachen.

Zur Wikingerzeit gerieten die S. unter Druck skandinavischer bewaffneter Kaufleute, die Felle, Walroßzähne usw. abpreßten. Im Mittelalter beherrschte eine Art Handelskompanie das schwedisch-finnische Lappland – Vorläuferin kolonialer Kompanien zum Handel mit Eingeborenen wie z. B. der Hudson Bay Company in Kanada. Die Kaufleute hatten Kontrollrecht über den Zugang zum Land der S., die ihnen dienstverpflichtet waren. Die Abgrenzungen der Handelsterritorien wirken bis heute nach und bilden auch eine der Grundlagen staatlicher Grenzziehung.

Im 16. Jh. ersetzte König Gustav Vasa von Schweden-Finnland die Kaufleute durch staatliche Beamte. Seine Politik eröffnete das bislang von den Kaufleuten als Domäne gehütete Land dem Zugriff der Kolonisten, begründete aber andererseits auch die bis heute anerkannte Funktion des Staates als Schutzmacht der S. gegen private Ausbeutung. Die Krone förderte die Rentierzucht (Rene wurden u. a. als Zugtiere für den Abtransport von Bodenschätzen gebraucht). Landrechte der S. wurden dort geschützt, wo es um Weideland für Rene ging, während anderes Land den Kolonisten überlassen wurde. Die Umstellung der Steuerabgaben auf Schlachttiere sollte die S. zur Erweiterung ihrer Herden zwingen.

Die S. – bis dahin überwiegend Jäger, Fischer, Sammler mit etwas Renzucht, z. T. wohl auch mit etwas Bodenbau – spezialisierten sich nun in einigen Gruppen völlig auf Renzucht und wurden zu Nomaden, andere dagegen suchten sich den Kolonisten anzupassen, um wie diese

Abb. 176: Samisches Verkaufslager für vorbeiziehende Touristen in Nord-Norwegen. (Foto: Dorsten)

Abb. 177: Samische Frau kauft bei einem Hippie. Kautokeino, Nord-Norwegen. (Foto: Dorsten)

Nicht-Weideland nutzen zu können und von der Pflicht der Abgabe von Schlachttieren befreit zu sein. Bereits bestehende Unterschiede zwischen S.-Gruppen wurden so vertieft, ein Teil zur Assimilierung gedrängt.

1751 in einem Grenzvertrag über Lappland erkannten Schweden-Finnland und Dänemark-Norwegen Land- und Wasserrecht der S. an und sicherten ihnen Selbstverwaltung und freies Hirtenwandern über die Grenzen zu. Im Anschluß grenzte Schweden die Lappmarken ab, wo die S. besondere Jagd- und Fischereirechte hatten, während die Zuwanderung von Kolonisten eingeschränkt wurde. In der Praxis wurden die Sonderrechte allerdings nur den nomadischen Renzüchtern, einer Minderheit unter den S., voll zugestanden.

1852 schloß das russich gewordene Finnland die Grenze nach Norwegen und verschloß so den norwegischen S. wichtige Weidegründe. Dies war Anstoß für eine Wanderbewegung von Rentiernomaden nach Schweden, wo sie halb oder ganz seßhaften, nur nebenbei Rene züchtenden S. Weiden wegnahmen und sie so zwangen, entweder selbst Nomaden zu werden oder umgekehrt die Renzucht ganz aufzugeben. Die schwedische Renzucht-Gesetzgebung seit 1886 verstärkte diesen Trend, da sie zwar einerseits die S. zu schützen versuchte, den Schutz aber andererseits auf die Nomaden begrenzte.

Es wurde eine, teilweise mit klimatischen Gegebenheiten übereinstimmende, Bodenbaugrenze festgelegt. Diesseits der Grenze konnten Kolonisten ohne Rücksicht auf Landrechte der S. siedeln, jenseits ist das Land für Renzucht reserviert. Nur S. dürfen in Schweden Rene züchten. Nur Renzüchter und -hirten haben Anrecht auf Teilnahme an der samischen kommunalen Selbstverwaltung in Schweden, nur sie dürfen samisches Land nutzen. Die gesetzliche Definition des »Renzüchters« ist bis heute überwiegend auf die Nomaden zugeschnitten und zwang z. B. bis in die 60er Jahre des 20. Jh. zum Wohnen in Nomadenzelten, wenn man an den samischen Privilegien teilhaben wollte. Andererseits gelten in Schweden nur für die Rentiernomaden gewisse Einschränkungen der Grundrechte (z. B. des Rechts auf selbstgewählte Vertretung in bestimmten juristischen Auseinandersetzungen, besonders bei Landenteignungen).

Die heutigen S. werden durch Skandinaviens demokratische Strukturen in ihrer Interessenvertretung begünstigt. Einem Parlament am nächsten kommt die durch alle in ein Wahlregister eingeschriebenen finnischen S. gewählte »Delegation der S.«, im Gesetz verankert als regierungsberatendes Organ. In Schweden und Norwegen bilden Interessenverbände und Gemeinden Dachverbände. Die Gremien halten über Landesgrenzen hinweg Kontakt.

Ca. 12% der S. (ohne UdSSR) leben überwiegend von Renzucht. Die sog. Berg-S. führen die seit dem 16. Jh. entwickelte Ren-Monokultur fort. Ihre Herden wandern jahreszeitlich zwischen 2–3 festen Weideplätzen, früher begleitet von der Mehrzahl der Männer und einem kleineren Teil der Familie, während die meisten Alten, Frauen und Kinder ganzjährig im Winterlager blieben. Heute lassen vielerorts Genossenschaften mehrere Herden gemeinsam weiden und durch wenige Hirten betreuen, die Besitzer sind seßhaft geworden. Seit Ende des 19. Jh. gefährden Holzindustrie und Eisenerzförderung, Straßen und Siedlungen die Renweiden. Heute kommen Umweltveränderungen z. B. durch Stauseen oder Aufforstungen hinzu.

Die sog. Wald-S. (in Schweden die Mehrzahl) sind Kleinbauern mit Ackerbau und Viehzucht – auch Renzucht –, Jagd und Fischfang. Ihre Renherden wandern nur im Umkreis der Dauersiedlungen. Die Fischer-S. (in Norwegen die Mehrzahl) sind Fischer und Bauern. Wenn sie Rene besitzen, lassen sie sie meist von Berg-S. betreuen. Die Meeresfischer haben selten Rene und unterscheiden sich wenig von norwegischen Fischern.

Die schamanistische Religion, derjenigen sibirischer Völker ähnelnd, wurde im 18. Jh. z. T. blutig (Schamanenverbrennung) verfolgt. Heute sind die S. überwiegend Lutheraner, in Finnland und der UdSSR gibt es auch Griechisch-Orthodoxe. Bei den protestantischen S. breitete sich im 19. Jh. die bis heute starke Erneuerungsbewegung des Pastors Læstadius aus, die evangelikale und pietistische Elemente pflegt und der religiösen Ergriffenheit bis hin zur Ekstase (z. B. ekstatisches Schluchzen ähnlich wie etwa bei Pfingstkirchlern) breiten Raum einräumt. Möglicherweise konnte die Betonung der Ekstase an schamanistische Tradition anknüpfen.

Die lutherische Kirche hat große Bedeutung für die Ausbildung einer Intellektuellenschicht bei den S. (Theologiestudenten an der Universität Uppsala seit dem 18. Jh.) und einer – zunächst rein kirchlich ausgerichteten – samischen Literatur gehabt, die heute, weltlich geworden, eine Rolle für das Identitätsbewußtsein der S. spielt.

Abb.: 176, 177

Samoaner

Die Bewohner des im westl. Zentralpazifik (zwischen 13–15° s. Br. und 168–173° w. L.) gelegenen Samoa-Archipels sind in physischer, sprachlicher und kultureller Hinsicht → Polynesier. Gesamtzahl 1837: ca. 24 000.
1976 lebten in W-Samoa (= autonomer Staat seit 1962) 155 000 Einwohner. Im O-Teil des Archipels (US-Territorium seit 1899) wurden 1973 29 200 Menschen gezählt.
Als eine der wenigen Inselgruppen Polynesiens wird Samoa noch heute von einer überwiegend einheitlich polynesischen Bevölkerung bewohnt. 1975 lag der Anteil der Polynesier an der Gesamtbevölkerung bei über 90%.
Die Geburtenziffer der S. ist sehr hoch. Allein in diesem Jh. (zwischen 1900 und 1970) hat sich die Bevölkerung W-Samoas vervierfacht. Die S. haben nicht nur physisch überlebt, sie haben im Gegensatz zur Mehrheit der polynesischen Völker auch ihre ethnische und kulturelle Identität bis in die Gegenwart bewahren können.
Archäologische Daten weisen darauf hin, daß der Samoa-Archipel in den ersten Jh. vor Chr. von polynesischen Seefahrern entdeckt und besiedelt wurde. Neben Tonga bildete Samoa eines der frühesten Verbreitungszentren der polynesischen Kultur.
In der Mehrheit leben die S. noch heute vom Anbau von Taro, Brotfrucht, Jams, Bananen und Kokosnüssen, sowie vom Fischfang. Für die Export-Wirtschaft werden Kokosnuß, Kakao und Banane kultiviert. Die wichtigste wirtschaftliche und politische Grundeinheit ist das im Küstenbereich gelegene Dorf, das aus einem Konglomerat von Verwandtschaftsgruppen gebildet wird. Die Häuser im Dorf gruppieren sich in der Regel um einen weiträumigen, offenen Platz (malae), auf dem politische Veranstaltungen und Feste stattfinden. Hier steht auch das fale tele, ein im Rundstil erbautes Haus von besonders großen Ausmaßen, das den mit öffentlichen Funktionen betrauten Titelträgern (matai) des Dorfes als Versammlungszentrum dient.
Das samoanische Haus besteht im Prinzip aus einer von Pfosten getragenen Dachkonstruktion. Es hat keine festen Wände. Lediglich bewegliche, aus Kokospalmblättern geflochtene Matten, die zwischen den Pfosten angebracht sind, schützen vor Regen und Wind.
Die traditionelle materielle Kultur der S. gehört heute weitgehend der Vergangenheit an. Sie war steinzeitlich geprägt, schlicht und auf Zweckmäßigkeit ausgerichtet. Kunstvoll verzierte Artefakte gab es nicht.
Die Bewohner eines Dorfes verteilen sich gewöhnlich auf verschiedene Haushaltseinheiten, die wiederum verschiedenen Verwandtschaftsgruppen zugeordnet sind. Eine Haushaltseinheit entspricht der patrilinearen+ Großfamilie, d. h. sie umfaßt alle Mitglieder der männlichen Abstammungsseite. Weibliche Mitglieder der Haushaltseinheit pflegen bei Heirat zu den Verwandten ihres Mannes zu ziehen.
Traditionsgemäß besitzt jede Großfamilie einen Titel, der als kollektives Statussymbol der Gruppe nur von einem, zum Haushaltsvorstand gewählten Mitglied geführt werden darf. Dem Titelträger (matai) obliegt die Verwaltung des Landeigentums der Familie. Er teilt die Arbeiten der Familienmitglieder ein, plant den Anbau, kontrolliert und verteilt die Bodenerträge und entscheidet über die Finanzen der Familiengruppe. In früheren Zeiten nahm er auch priesterliche Aufgaben wahr. Eine der Hauptaufgaben des matai liegt in der Vermittlung zwischen

Abb. 178 (s. S. 320 links oben): Häuptlingsweihe in West-Samoa. Nach dem Segen durch Vertreter der Kirchen wird dem Kandidaten der Häuptlingstitel nach traditionellem Ritus übertragen und ein erster Becher Kawa überreicht. (Foto: Kröber)

Abb. 179 (s. S. 320 links unten): Ranghöchster weiblicher Häuptling eines west-samoanischen Distriktes mit traditioneller Pandanuskette und modernem Geldschmuck. (Foto: Kröber)

Abb. 180 (s. S. 320 rechts oben): Eine Lastwagenladung an Nahrungsgeschenken wird vor das Haus des ersten Dorfhäuptlings gefahren, dort abgeladen und verteilt. West-Samoa. (Foto: Kröber)

Abb. 181 (s. S. 320 rechts unten): Blick in das Haus einer Heilkundigen. Magie und christliche Religion spielen in der traditionellen Medizin Samoas eine Rolle. (Foto: Kröber)

Abb. 182 (s. S. 321 oben): Plastik, Gummi, Beton und Bretter haben vor allem in Hauptstadt-Nähe Einzug in die Architektur West-Samoas gefunden. (Foto: Kröber)

Abb. 183 (s. S. 321 unten): Drei samoanische Würdenträger (matai) auf dem Weg zu einer Häuptlingsweihe. (Foto: Kröber)

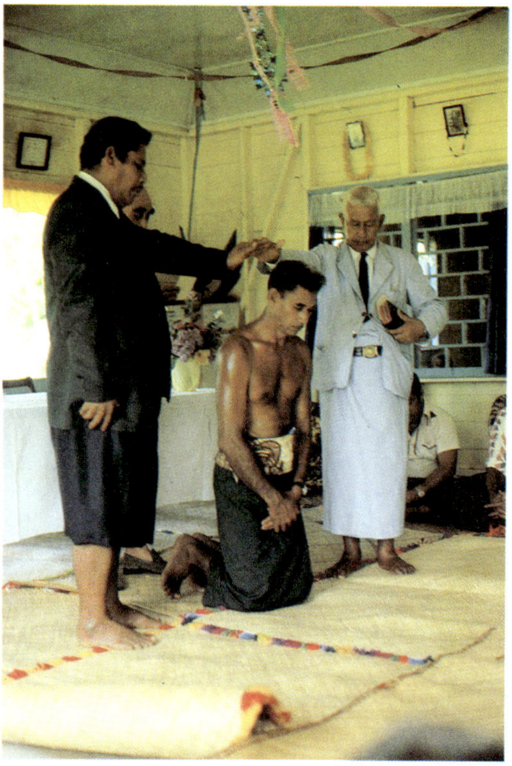

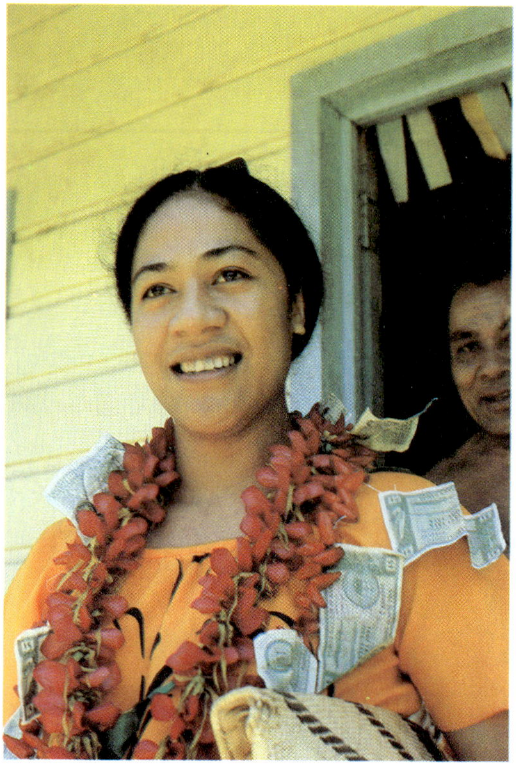

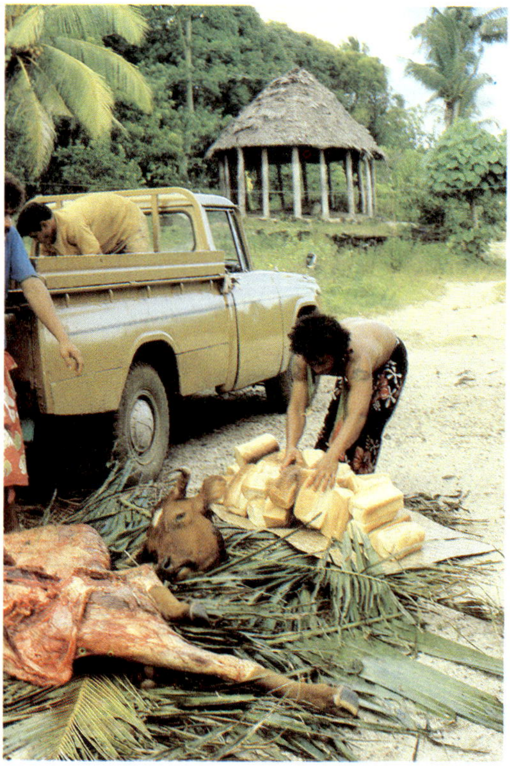

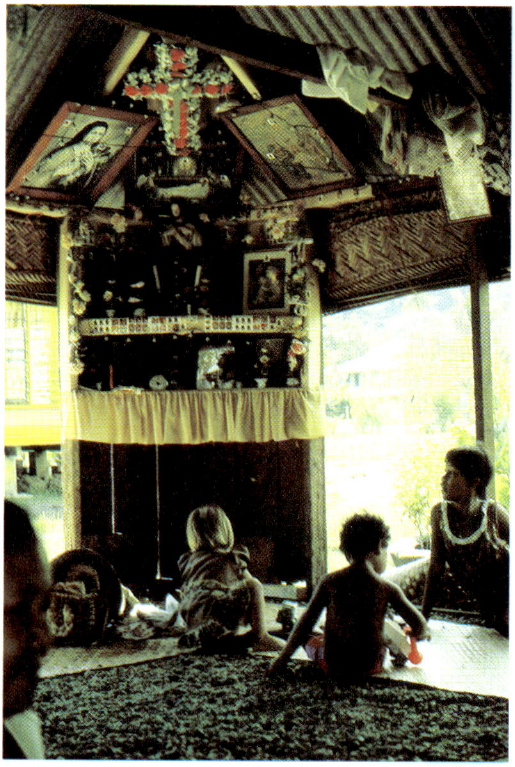

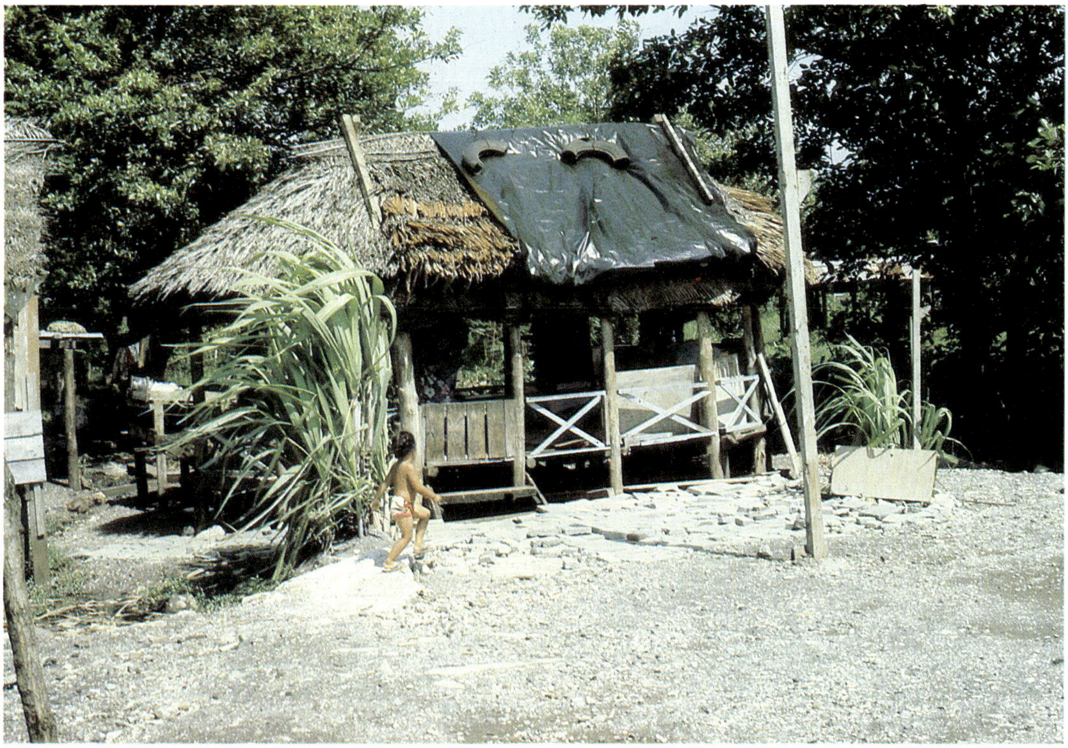

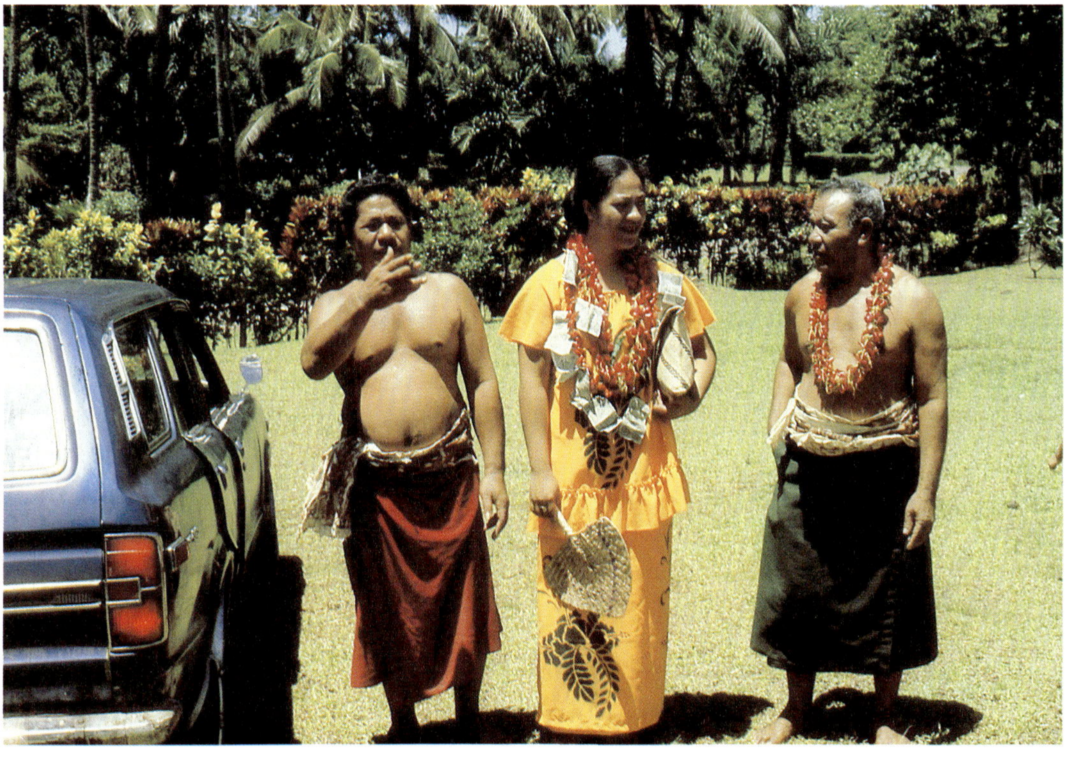

dem häuslichen und öffentlichen Bereich. Außerhalb des Hauses hat der matai, der hier je nach Art seines Titels die Tätigkeit eines ali'i (Häuptlings) oder tulafale (Sprechers) wahrzunehmen hat, die Interessen seiner Familie im dörflichen fono-Parlament, der Versammlung aller Titelträger, zu vertreten. Das fono-Parlament ist eine Institution mit breit gefächerten Kompetenzen. Es ist mit der legislativen, judikativen und exekutiven Gewalt ausgestattet und regelt alle kommunalen Angelegenheiten. Das fono-Parlament kann den einzelnen Haushaltsgruppen vorschreiben, welche und wieviele Pflanzen innerhalb eines bestimmten Zeitraums anzubauen sind. Bei Verknappung der Nahrungsreserven kann es bestimmte Frucht- und Tierbestände durch temporäre Tabuierung der Nutzung entziehen.

Das soziale System der S. kannte nicht die an sich für Polynesien typische Klassentrennung zwischen Adel und Volk. Es ist heute wie in der Vergangenheit durch eine institutionalisierte Trennung in die Gruppe der Titelträger und die Gruppe der Nichttitelträger charakterisiert. Maßstab für den sozialen Status und Rang einer Person sind in Samoa Prestige und öffentliche Funktionen, die aber nicht durch blutsmäßige Abstammung bzw. standesgemäße Geburt ererbt, sondern erst durch den Besitz eines Titels erworben werden. Die sonst für Polynesien typische Institution der Primogenitur ist in Samoa durch das Titelsystem gleichsam »verwässert« worden. Jeder S., sowohl Frau als auch Mann, hat prinzipiell die Möglichkeit, im Verlaufe seines Lebens einen Titel zu erwerben und damit in die Gruppe der matai einzutreten. Innerhalb der Gruppe der matai gibt es eine Rangabstufung der Titel. Mit hohen Titeln verbanden sich vor allem in der altsamoanischen Gesellschaft besonderes Ansehen und Privilegien, doch entsprach dem in keiner Weise ein Äquivalent an machtpolitischer Verfügungsgewalt. Zu betonen ist, daß in Samoa das Aktionsfeld eines jeden matai durch ein ausgeklügeltes Kontrollsystem in Schranken gehalten wird. Im Rechtskreis des Hauses sind es die Mitglieder der Großfamilie, die ihrem matai bei ungenügender Qualifikation den Titel wieder entziehen können. Auf Dorfebene sind es die Mit-matai des fono-Parlamentes, die Kontrolle ausüben. Mit zunehmender Ranghöhe des Titels vermehren sich die institutionalisierten Kontrollinstanzen. Aus der Tatsache, daß in Samoa jeder Haushaltsvorstand matai ist, ergibt sich ein hoher Anteil von Titelträgern an der Gesamtbevölkerung. Schon 1861 schrieb der Missionar Turner, die Schwierigkeit in Samoa sei nicht, einen Häuptling zu finden, sondern einen gemeinen Mann.

Noch heute bildet das matai-System den Angelpunkt der samoanischen Gesellschaft und Kultur, und nur Titelträger sind zur Teilnahme am politischen Leben berechtigt. So wurde in der Wahlakte von 1963 in W-Samoa das Wahlrecht auf den Personenkreis der matai beschränkt.

Das voreuropäische Religionssystem der S. war wie das aller Polynesier ausgeprägt polytheistisch. Es umfaßte neben »National-Distrikt- und Dorfgottheiten« eine Fülle dämonischer Wesen (aitu), die sich als Inkarnationen in bestimmten Pflanzen und Tieren oder als Seelen vergöttlichter Ahnen offenbarten. Im Gegensatz zu andern polynesischen Bevölkerungsgruppen war den S. eine systematische Verehrung der Götter fremd. Sie hatten weder institutionalisierte Kultpraktiken, noch besaßen sie Kultanlagen, die ihrer Funktion nach mit den marae von Tahiti und Rarotonga zu vergleichen wären. Götterbildnisse fehlten. Die Sakralobjekte waren nichtfigürlich und beschränkten sich auf Muscheln, Schalen und Körbe. Bei den Tahitiern waren die S. als »Atheisten« verschrieen.

Der erste, indirekte Kontakt zwischen S. und Europäern erfolgte 1722, als der Holländer Jacob Roggeveen an den Inseln vorübersegelte, ohne an Land zu gehen. In der Folgezeit wurde Samoa mehrmals von europäischen Handels- und Forschungsschiffen angelaufen, doch die Kontakte waren nur kurz und ohne nachhaltige Wirkung. Erst 1830, mit der Etablierung der Londoner Missionsgesellschaft, wurde der Akkulturationsprozeß eingeleitet. Schon nach relativ kurzer Zeit war Samoa von einem Netz von Missionsstationen überzogen. Nach und nach begannen auch die katholische und methodische Kirche und eine Reihe von Sekten im Archipel zu missionieren. Um 1860 war die Merhheit aller S. nominell Christen.

Die politische Geschichte des Landes war sehr bewegt. Sie wurde durch Rivalitätskämpfe ranghoher Titelträger und durch die Einflußnahme der um Kolonialbesitz im Pazifik konkurrierenden Großmächte Großbritannien, Deutschland und die Vereinigten Staaten von Nordamerika bestimmt. Im Teilungsvertrag von 1899 wurde W-Samoa (mit den Inseln Upolu, Manono, Apolima, Savaii) dem Deutschen Reich zugesprochen. O-Samoa (mit Tutuila und der Manua-Gruppe) kam an die USA. Während der O-Teil des Archipels noch heute unter US-Verwaltung steht, wurde W-Samoa 1914 von neuseeländischen Streitkräften besetzt, die hier ein Militärregime errichteten. 1920 wurden den Neuseeländern das C-Mandat des Völkerbundes über W-Samoa übertragen. Ungefähr gleichzeitig formierte sich in diesem Teil des Archipels die mau-Bewegung, die unter dem Slogan Samoa mo Samoa (Samoa den Samoanern!) zunächst die Aufhebung der Mandatsherrschaft und größere Beteiligung von S. an der Zentralregierung forderten und nach 1926 die vollständige politische Unabhängigkeit auf ihr Banner schrieb. Als 1936 in Neuseeland die Labour-Partei an die Macht kam, leitete diese gegenüber den S. eine auf Verstärkung der Autonomie gerichtete Politik ein. Nach dem 2. Weltkrieg wurde das C-Mandat des Völkerbundes in eine Treuhandschaft der Vereinigten Nationen überführt. Am 1. Januar 1962 erhielt W-Samoa als erster polynesischer Staat seine politische Unabhängigkeit. Der samoanischen Gesellschaft, die sich noch weitgehend an überkommenen Werten orientiert und durch traditionelle Institutionen geprägt wird, wurde ein westl. Verfassungsschema übergestülpt.

Aus dem Zusammenwirken von traditionellen sozialen und ökonomischen Strukturen einerseits, der explosionsartigen Bevölkerungszunahme und dem Mangel an Landreserven andererseits, ergeben sich für den west-samoanischen Staat heute eine Vielzahl brisanter und ungelöster Probleme.

Lit.: 385, 387, 395, 396, 398, 409
Karte: Ozeanien (Abb.: 132)
Abb.: 122, 123, 169, 178, 179, 180, 181, 182, 183

Sandawe
Wassandaui

Ostafrikanisches Volk im abflußlosen Gebiet N-Tansanias; ca. 23 000. Sprache: hat Beziehungen zu Khoisan.

Wie die Hatso oder Hadza (Kindiga) und Dorobo stehen die S. den Buschmännern und Hottentotten kurturell nahe, so daß heute angenommen wird, daß sie Restgruppen einer einst von Nord- über Ost- bis Süd-Afrika verbreiteten Steppenjägerkultur sind, die erst mit der Ausbreitung der negriden Bantu in Randgebiete abgedrängt wurden.

Die noch vor wenigen Jahrzehnten wildbeuterische Lebensweise ist heute weitgehend verschwunden. Bodenbau und Viehzucht wurden von benachbarten Bantuvölkern und Masai übernommen. Kultur und soziale Instituionen haben sich dementsprechend verändert. Politische Bindungen gehen über die Ebene der örtlichen Gemeinschaften nicht hinaus. Die S. stehen, weniger stark als die Dorobo, in Abhängigkeit und/oder Symbiose mit den benachbarten Bantu.

Lit.: 1037, 1049, 1080, 1158

Sansi

Die S. (1961: ca. 240 000) leben im Punjab und im indischen Bundesstaat Himachal Pradesh. Sie nennen sich Bhatu und sind, historisch gesehen, Nachfahren der Bhatti-Rajputen, die um 1300 von den eindringenden Muslimen aus Rajasthan vertrieben wurden und in den folgenden 200 Jahren unter schwierigsten Bedingungen und Verfolgung leben mußten. Als ihre Zahl wieder wuchs, bildeten sich Untergruppen (déra, was etwa »zeitweilige Siedlung unter einer Führung« bedeutet), die neues Weideland suchten und sich weiter aufteilten, aber ihre Klan-Namen beibehielten. Einige nahmen die Sikh-Religion an, wurden integriert und stiegen sozial auf; Maharaja Ranjit Singh soll von ihnen abstammen.

Die Verwaltung des Stammes obliegt einem Fünferrat, dessen Mitglieder sorgfältig nach drei Kriterien – Intelligenz, Weisheit und Ehrlichkeit – ausgewählt werden. Jedem, der sich ungerecht beschuldigt fühlt, steht zu, beim Rat Berufung einzulegen. Durch eine klare, unwiderlegbare Beweisführung kann ein Streitfall schnell abgeschlossen werden. Bei Schwierigkeiten, den wahren Sachverhalt festzustellen, entscheidet eine Feuer- oder Wasserprobe, die so gefürchtet ist, daß bereits der Gedanke daran zu einem Geständnis führt. Strafe kann durch Bezahlung (Rinder, Schmuck) oder Dienstleistungen abgegolten werden. Stammesausschluß ist ebenfalls möglich. Die S. hatten unter dem von der Kolonialmacht erlassenen Criminal Tribal Act sehr zu leiden und wurden diskriminiert.

Lit.: 149, 192
Karte: Vorderindien (Abb.: 220)

Santhal
Santāl

Die S. (3,25 Mio.) gelten als Nachkommen der Ureinwohner Indiens, gehören zur Munda-

Sprachengruppe und leben in einem Gebiet, das sich von Bengalen über Bihar nach Orissa erstreckt. Sie sind seßhafte Jäger und Reisanbauer, deren gehöftartig angelegten Häuser (mit separaten Ställen für Vieh und Hühner) von Mauern und Zäunen umgeben sind und Haufendörfer bilden. In der Dorfmitte steht ein einfacher Pavillon, wo sich die Dorfältesten zu Beratungen treffen. Die S. haben 12 Patriklane+ mit vielen Untergruppen. Jedes Dorf hat ein Oberhaupt, das zusammen mit dem Rat strittige Fragen, einschließlich Tabuübertretungen, regelt. Etwa 20 Siedlungen bilden eine Verwaltungseinheit unter Leitung des jeweiligen Dorfältesten mit einem Vorsitzenden; alle derartigen Föderationen eines bestimmten Gebietes unterstehen dem Stammesoberhaupt. Daneben gibt es das »oberste Gericht«, das nach der zeremoniellen Jagd zusammentritt und nur schwerwiegende Übertretungen behandelt. Schwerste Bestrafung ist Stammesausschluß (was auch ganze Dörfer betreffen kann); er wird öffentlich bekanntgegeben. Schlimmste Verfehlungen sind Verstöße gegen die Stammessolidarität, weil sie unrein machen. Eine für die S. charakteristische Sitte ist die zeremonielle Besiegelung von Freundschaften, wodurch verwandtschaftsähnliche Beziehungen

Abb. 184: Technischer Unterricht im Schulzentrum Vidya Bhawan in Udaipur, Rajasthan. (Foto: Ramaswamy)

Abb. 185: Frau des Volkes der Santal beim Wasserholen im Distrikt Santal Parganas, Bihar. (Foto: Ramaswamy)

Abb. 186 (s. S. 325 oben): M.S. Metha, Gründer des Adult-education Zentrums Seva Mandir, besucht eine Dorf-Abendschule bei Udaipur. (Foto: Ramaswamy)

Abb. 187 (s. S. 325 unten): Ein Santa-Kind übt Schreiben (Santal Parganas, Bihar). (Foto: Ramaswamy)

hergestellt werden. Ein »roter Punkt« auf der Stirn legalisiert jede Art von »Eheschließung«, auch ohne Zeremonie, und geht auf den Brauch zurück, als sich Brautleute gegenseitig aus ihrem vermischten Blut ein Zeichen auf die Stirn setzten. Die wichtigste Zeremonie ist die Initiation+ in die Erwachsenenwelt. Nachdem die Stammesgeschichte vorgetragen wurde, erfolgt die Erklärung, daß der junge Mann von aller Unreinheit befreit ist, und mit seinem ersten Reisbiertrunk wird er in die Rechte und Pflichten eines Mannes eingesetzt. Als Tatauierung ist das Sonnensymbol am beliebtesten. Die oberste Gottheit ist

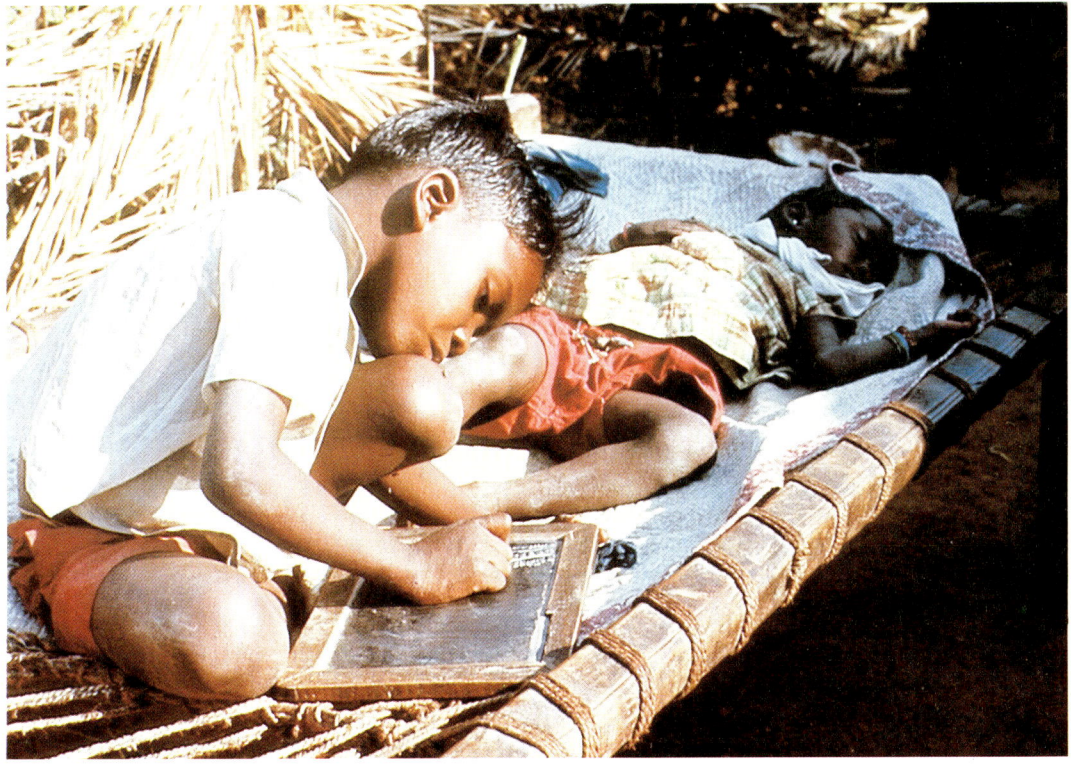

Santhal

Weltschöpfer und laut Überlieferung Urvater der S. Er wird dem Sonnengott gleichgesetzt.

Lit.: 146, 149, 161, 162, 164, 165, 182, 190, 193
Karte: Vorderindien (Abb.: 220)
Abb.: 185, 187

Savara

Von den insgesamt ca. 400 000 S. (auch Saora, Saura, Sora) leben 325 000 im indischen Bundesstaat Orissa, der Rest verteilt sich auf Madhya Pradesh und Andhra Pradesh. Die S. werden in den klassischen Hindu-Epen erwähnt und beherrschten zwischen 550 und 990 n. Chr. die Region von Kikaka (heute Südbihar). Sie gehören zur Munda-Sprachgruppe, aber außer den Berg-S. sprechen heute die meisten Oriya. Ihre Reihendörfer mit an Berghängen terrassenartig angeordneten Feldern liegen an Flüssen, die durch Dämme und Umleitungen zur Bewässerung genutzt werden. Ihr Lebensstil ist vom Glauben getragen, daß die Götter dem Menschen grundsätzlich wohlgesonnen sind, was sie auf der Basis von Vertrauen und Dankbarkeit in den Alltag einbeziehen und zeremonielle Opfer überflüssig macht. Einigen Tieren wird Zauberkraft zugeschrieben; der Pfau verleiht Fruchtbarkeit, der Elefant ist das Symbol des Reichtums. Tongefäße gelten als glückbringend und haben Kultwert. Handwerkliches Können und Kreativität zeigen die S. bei der Anfertigung von Schmuck, zu dem alles verarbeitet wird, was die Natur bietet – Samen, Nüsse, Muscheln, Bambusspäne und Federn –, und bei der Vielzahl ihrer Blas-, Schlag- und Saiteninstrumente. Der Ton eines Saiteninstrumentes aus Bambusrohr (kurafan) soll in Trance versetzen.

Charakteristisch sind die Wandmalereien, die Votivcharakter haben und jedes Jahr erneuert werden. Bei den Berg-S. lassen sich kastentypische Merkmale insofern feststellen, als bestimmte Handwerke an bestimmte Familien gebunden sind (Weber, Korbmacher, Töpfer), die innerhalb der Dörfer in Gruppen zusammenleben.

Lit.: 149
Karte: Vorderindien (Abb.: 220)

Schilluk
Shilluk

Afrikanisches Bauernvolk an einem 400 km langen Uferstreifen am Westufer des Weißen Nil, um Kodok (Faschoda); ca. 120 000. Sprache: Nilotisch.

Die S. sind, wie viele nilotische Völker, von bemerkenswert hohem Körperwuchs; die Männer messen im Durchschnitt 1,80 m und erreichen oft 2,10 m. Sie sind seßhafte Feldbauern (Hirse), doch die Viehzucht nimmt eine vorherrschende Stellung ein: Rinder, Schafe und Ziegen werden in großer Anzahl gehalten, und Milch bildet die Hauptnahrung. Die Männer betreuen die Herden, melken Rinder und Ziegen, aber beteiligen sich auch an der Feldarbeit. Jagd und Fischfang werden nur von den Männern ausgeübt.

Die verstreuten Weiler bestehen aus mehreren Gehöften mit zwei oder mehr Hütten, die einem Haushaltsvorstand mit seinen Frauen gehört. Das Dorfoberhaupt wird von dem Familienoberhaupt einer herrschenden Patrilineage+ gewählt. Das Gottkönigtum der S., das sich auf Nyikang, den Gründer und ersten König des S.-Volkes zurückführt, hält die verstreuten Gruppen politisch zusammen. Die mehrschichtige Gesellschaft der S. kennt mehrere Adelsränge, freie Bürger, königliche Ministeriale und Sklaven.

In den achtziger Jahren des vorigen Jh. wurden die S. von den sudanischen Mahdisten unterworfen und erlitten schwere Verluste. Staatliche Erlasse drängten nach der Unabhängigkeit des Sudan (1956) die bei den Niloten weit verbreitete Sitte des Nacktgehens zurück. Der Islam hat erst spärlich Fuß fassen können. Wie die meisten Völker des südl. Sudan standen die S. in einem starken Gegensatz zu der arabisch-islamisch beherrschten Staatsgewalt.

Lit.: 1047, 1087, 1093
Karte: Nordost-Afrika (Abb.: 10)

Schoren

Sammelname für verschiedene Türkisch sprechende Gruppen zwischen oberem Jenissei und Ob in S-Sibirien (UdSSR). 1970: 16 000. Die heutige Gesamtbezeichnung wurde vom Eigennamen einer einzigen dieser türkischen Gruppen abgeleitet.

Die Sch., vor allem jene im S, kannten in traditioneller Zeit einen primitiven Hackbau, ergänzten ihr Nahrungsangebot auch durch Jagd, Fischfang und durch Sammeln (insbesondere Zedernnüsse). Berühmt waren sie als Schmiede, wurden daher auch oft »Schmiede-Tartaren« genannt.

Das Erz wurde von ihnen selbst abgebaut und geschmolzen. Ihre hochwertigen Schmiedeerzeugnisse verhandelten die Sch. an die sibirischen und zentralasiatischen Völker, ja sie zahlten sogar ihre Steuern an die Dsungaren und anfänglich auch an Rußland mit Metallwaren. Das Vordringen der Russen nach Sibirien und damit die Einfuhr höherwertiger Eisenerzeugnisse sowie der Zusammenbruch des zentralasiatischen Marktes durch den Untergang des Dsungaren-Reiches im 18. Jh., das einer der Hauptabnehmer gewesen war, zwang die Sch., sich vom Schmiedehandwerk auf die Pelztierjagd wie auch – unter russischem Einfluß – stärker auf den Ackerbau (Weizen, Hafer) zu verlegen. Die Ausrottung mancher Pelztiere war bald die Folge dieser wirtschaftlichen Umstellung. Die Sch. jagten vor allem im Winter in größeren Jagdgruppen; Fortbewegungsmittel im Schnee waren Ski und Schlitten. Jede Sippe besaß ein eigenes, genau begrenztes Jagdrevier. Überhaupt war die zentrale Sozialeinheit bei den Sch. die Sippe, geführt von einem Oberhaupt, verbunden durch ein enges Zusammengehörigkeitsgefühl. Erst der wirtschaftliche Umschwung, der sich aus dem engen Kontakt mit Rußland ergab, führte zur Aufweichung dieses Identitätsbewußtseins und zur Zersplitterung der einzelnen Sippen. Die orthodoxe Mission setzte bei den Sch. erst Mitte des 19. Jh. ein, vermochte aber den Glauben an Schutzgeister der Natur und insbesondere der Tiere nicht zu zerstören. Auch der Schamane, eine in bestimmten Sippen erbliche Institution, wirkte weiter. Ihn setzte man nach seinem Tod in einem weit abgelegenen Waldstück mit seiner Trommel aus; die gewöhnlichen Toten wurden, in Birkenrinde gewickelt, gleichfalls – wenn auch nicht so weit entfernt – ausgesetzt. Die Bedeutung der Jagd hat sich bei den Sch. in Jagderzählungen und Tiermythen niedergeschlagen, die – ebenso wie die umfangreichen Epen – von speziellen Erzählern vorgetragen wurden.

Die Sch. sind wahrscheinlich Nachfahren sowohl Samojedisch wie auch Ketisch sprechender Gruppen, die zwischen dem 6. und 9. Jh. von Altaiern, Uiguren, Jenissei-Kirgisen (Chakassen) türkisiert wurden. Die nachweisliche Ähnlichkeit der schorischen Kultur mit jener der Chanten und Mansen deutet auf diese einstigen Zusammenhänge noch hin.

Das Siedlungsgebiet der Sch. gehört heute zu einem der größten Industriereviere der Sowjetunion (Kusbass). Die überreichen Steinkohlevorkommen um Kusnezk führten hier zum Aufbau eines riesigen Industriekombinats, das teilweise auch jene Erze abbaut und verarbeitet, die schon die alten schorischen Schmiede ausbeuteten. Mit der Industrialisierung begann eine starke russische Einwanderung, die die Sch. schon in den dreißiger Jahren zu einer kleinen Minderheit in ihrem angestammten Siedlungsgebiet werden ließ. Zwar fanden auch Sch. als Industriearbeiter eine neue Existenz, die Mehrzahl jedoch arbeitet noch heute in der kollektivierten Landwirtschaft (Bodenbau, Viehzucht); einige wenige sind noch im Auftrag eines Pelzkollektivs als Jäger tätig.

Lit.: 68
Karte: Zentral- u. Nordasien (Abb.: 97)

Selkupen

Früher Ostjak-Samojeden genannt; eine Samojedisch sprechende Gruppe zwischen mittlerem Ob und mittlerem Jenissei (UdSSR). 1970: 4300.
Jagd, Fischfang und Sammeln wildwachsender Pflanzen lieferten früher den S. die Grundlagen ihrer Ernährung; der Handel mit Pelzen bot ihnen die Möglichkeit, sich weitere Artikel des Lebensbedarfs einzutauschen. Die nördl. S. hielten auch Rentiere, die südl. S. waren schon seit Ende des 16. Jh. in enge Kontakte zu russischen Siedlern getreten und hatten teilweise deren Lebensführung, u. a. auch den Bodenbau, übernommen. Je nach Jahreszeit, Wirtschaftsform und Siedlungsbereich wohnten die S. in Stangen-, Fell- und Birkenrindenzelten, in Block- und Erdhäusern. Jede Sippe besaß ein eigenes Territorium zur wirtschaftlichen Ausbeutung. An höchster Stelle im religiösen Weltbild stand der gute Himmelsgott Num; sein Widersacher war der böse Unterweltgeist mit seinen Krankheit verursachenden Helfern. Herrengeister des Waldes, des Wassers und der Tiere mußten durch Opfer gnädig gestimmt werden. Der Bär durfte bei vielen S.-Gruppen weder getötet noch verzehrt werden, und ein gleiches Tabu bestand für die einzelnen Sippen einem bestimmten heiligen Tier gegenüber. Die S. bestatteten ihre Toten auf sippeneigenen Bestattungsplätzen mit ihren zerbrochenen Waffen und sonstigem Besitztum.
Wie bei vielen Völkern N-Sibiriens ließen sich auch bei den S. nach der Revolution die traditionellen Wirtschaftsformen aufgrund der extremen klimatischen und geographischen Bedingungen nicht zur Gänze ändern. Noch heute sind die S. Jäger, treiben Rentierzucht und sammeln

Abb. 188: Touristenprospekt der Seminolen in Südflorida, USA.

vegetabilische Nahrung, wenn auch in kollektiven Organisationsformen. Der größte Umbruch war für viele S. die Seßhaftwerdung auf großen Staatsfarmen für Rentier- und Pelztierzucht. Die starke Russifizierung führte bei den S. sogar dazu, daß ihre samojedische Sprache heute weitgehend in Vergessenheit geraten ist.

Lit.: 89
Karte: Zentral- u. Nordasien (Abb.: 97)

Seminolen

Nordamerikanische Indianer des Südostens; ca. 1000 in Reservationen in S-Florida (genannt Miccosukee) und 7500 in Oklahoma. Sprache: Muskogee.
Die S. gehören zu den bekannteren Stämmen des Südostens, den »Fünf Zivilisierten Nationen«, obwohl sie sich als Stamm erst im 18. Jh. aus Flüchtlingen der → Creek und anderer Stämme

(Yamasee u. a.) sowie entflohener Negersklaven formierten. In mehreren Kriegen (1817/18, 1835-42, 1855-58) setzten sie sich in Florida gegen die Amerikaner heftig zur Wehr. Im Zweiten S.-Krieg trat der Häuptling Osceola als Führer hervor. Nachdem US-Truppen den Häuptling durch eine Hinterlist gefangengenommen hatten (er starb bald darauf in Gefangenschaft), brach der hartnäckige Widerstand der S. zusammen; die meisten S. wurden nach Oklahoma deportiert, Hunderte starben auf dem Transport. In Oklahoma wurde ihnen 1907, als das Indianerterritorium aufgelöst wurde, Land als Privatbesitz zugeteilt. Einige kleinere S.-Gruppen konnten sich in den Sümpfen S-Floridas verstecken und sich der Deportation entziehen. Erst in den 30er Jahren unseres Jh. konnten sie bewogen werden, sich zu stellen und auf einigen kleineren Reservationen niederzulassen (Brighton, Dania [jetzt: Hollywood], Big Cypress Reservations). Sie bezeichnen sich heute als Miccosukee. 1962 wurden sie als Stamm anerkannt, 1971 übernahmen sie alle Verwaltungsaufgaben vom »Bureau of Indian Affairs«, so daß sie heute selbständig entscheiden können über Erziehung, Gesundheitsdienst und öffentliche Verwaltung. Die Miccosukee leben heute überwiegend vom Tourismus und dem Verkauf ihrer handwerklichen Erzeugnisse. Der im Frühling gefeierte Grünkorntanz trägt – nach ihrem eigenen Selbstverständnis – zur Bewahrung ihrer ethnischen Identität bei, zu der ihre antirassistische Einstellung und ein gewisses spanisches Erbe (in Tracht und Organisation) gehören.

Lit.: 519, 529, 535, 539
Karte: Nordamerika (Abb.: 76)
Abb.: 188

Senufo
Senoufo, Siene

Westafrikanisches Bauernvolk mit zahlreichen Unterstämmen in SO-Mali, im N der Elfenbeinküste und im SW von Obervolta; ca. 850 000. Sprache: Das S. ist ein eigener Sprachzweig des Gur.
Im Feldbau werden hauptsächlich Reis, Mais und Hirse gewonnen. Die Felder sind um die Dörfer angeordnet, die aus kleinen Lehmziegelhäusern bestehen; jeder Familienkomplex ist wie eine kleine Burg ummauert oder von Palisaden umgeben. Im trockenen N haben die Häuser gewöhnlich ein Flachdach, im feuchten S ist es kegelförmig und mit Stroh gedeckt. Polygynie+ ist häufig, und jeder Hof ist von einer patrilokalen+ Großfamilie bewohnt, die aus einem Patriarchen, dessen Frauen, verheirateten Söhnen mit ihren Familien sowie auch unverheirateten Familienmitgliedern besteht.
Die politische Integration ging selten über die Dorfebene hinaus und entwickelte sich nie weiter als zu einem kleinen, regionalen Oberhäuptlingtum. Unter dem Einfluß der → Mande entstanden einige Kleinstaaten, z. B. um Sikaso in der Landschaft Kenedugu.
Die S. sind berühmt und gesucht als Musikanten (Trommeln, Marimba, eiserne Gongs und verschiedene Blasinstrumente). Die Holzschnitzerei war ursprünglich in den Ahnenkult (Ahnenfiguren, Masken) einbezogen, hat sich aber jetzt zu einem Gewerbe für Handel und Ausfuhr umgebildet. Die Islamisierung ist in der letzten Zeit fortgeschritten.

Lit.: 883, 907

Seri

Kleiner Indianerstamm in Sonora, NW-Mexiko; ca. 260. Sprache: Yuma-Dialekt des Hoka-Coahuilteca. Die S. lebten bis Anfang des Jh. auf der Insel Tiburón im Golf von Kalifornien und auf der gegenüberliegenden sonorischen Küste (heute nur noch dort) in vegetationsarmer Trockensteppe. Ihre Nahrung bestand früher aus Seeschildkröten, Fischen, Krustentieren sowie Wildpflanzen (Mesquite-»Bohnen«, Kaktusfrüchten) und Wild (Rotwild, Bergschafe, Antilopen). Sie wohnten in Familienverbänden und errichteten ihre Lager in der Nähe von Wasserstellen. Materieller Kulturbesitz: Windschirme (mit Schildkrötenpanzern bedeckt), Pelikanfedermäntel im Winter, Harpunenpfeile, Tragstange (Kuli-Joch), bootsförmige Flöße aus drei Schilfwülsten, dünnwandige unverzierte Keramik (Importware); Gesichtsbemalung.
Die S. leisteten den spanischen Eroberern erbitterten Widerstand und überlebten die Missionsperiode in ihrem abgeschiedenen Territorium unbeeinträchtigt. Kämpfe mit den benachbarten Pima sowie den Mexikanern führten zu starken Bevölkerungsverlusten der ursprünglich 3000 starken Gruppe.
Zu Beginn des 20. Jh. wurde ihr Wohngebiet durch eine Straße erschlossen; seit Mitte des Jh.,

Abb. 189: Seri-Familie. Erst Mitte des 20. Jh. wurden die Seri mit der Industriegesellschaft konfrontiert. Fast über Nacht brach ihre traditionelle Kultur zusammen. (Foto: N. Smith)

als amerikanische Sportfischer den Golf von Kalifornien »entdeckten«, leben die S. hauptsächlich vom Fischfang, den sie mit modernen Plankenbooten mit Außenbordmotoren betreiben. Der Fang wird an mexikanische Aufkäufer aus Hermosillo verkauft. Etwas Kunsthandwerk: Korbflechterei, Holzschnitzerei aus »Eisenholz«. Bisher haben sich die S. wenig mit anderen Indianern und Mexikanern vermischt.

Lit.: 639, 640
Karte: Nordamerika (Abb.: 76)
Abb.: 189

Sha'amba
Chaanba

Die S. bewohnen den Nordrand der Sahara von der marokkanischen Ostgrenze bis über die tunesische und lybische Westgrenze hinaus. Sie teilen diesen geographischen Raum mit anderen, meist seßhaften Bevölkerungsgruppen; ca. 20 000.

Sie S. sind zweifellos arabischen Ursprungs und wanderten vermutlich erst relativ spät nach Nordafrika ein. Meist werden sie mit der Hilalischen Wanderung im 11. Jh. in Verbindung gebracht.

Ökonomische Basis der S. ist neben der nomadischen Viehhaltung (Kamele, Schafe, Ziegen) der Grundbesitz in Oasen. Früher partizipierten sie auch am einträglichen Karawanenhandel. Bis zum Ende des 19. Jh. waren organisierte Beutezüge (Vieh, Nahrungsmittel, Sklaven) integraler Bestandteil ihrer Wirtschaft. Opfer waren sowohl andere Nomaden als auch Oasenbewohner. Die S. waren für diese Beutezüge berüchtigt, und ihre Bezeichnung für solche Unternehmungen, »rhazu«, ging als »Razzia« in den europäischen Sprachgebrauch über. Die Errichtung franz. Posten in der Nordsahara, vor allem in den Oasen, setzte den Beutezügen ein Ende. Die S. arrangierten sich schnell mit den Kolonialherren und traten in großer Zahl als Kamelreiter (Meharisten) in die Kolonialarmee ein. Nicht zuletzt mit Hilfe dieser Meharisten gelang der franz. Kolonialmacht Anfang des 20. Jh. die Unterwerfung der nördl. → Tuareg.

Die S. sind seit langer Zeit teils Nomaden, teils Seßhafte. Sie gliedern sich in fünf Stämme, diese in Sektionen und diese wiederum in streng patriarchalische Sippen. Wie bei den → Tuareg und → Mauren weist ihre Gesellschaft eine Klassenstruktur auf. An der Spitze der Hierarchie stehen adlige Sippen, gefolgt von den geachteten Marabut. Ihnen folgen die Vasallen (ärmere Nomaden und seßhafte S.), die Haratin (freigelassene Sklaven) und die Sklaven.

Die Häuptlingswürde ist in der väterlichen Linie erblich, bedarf aber der Bestätigung durch einen Ältestenrat.

In jüngerer Zeit ist ein größerer Teil der nomadischen S. seßhaft geworden. Die restlichen Nomaden fristen ein eher bescheidenes Dasein. Sie tragen zur Fleischversorgung (Schafe, Ziegen) der Oasenbewohner bei, ohne diese jedoch gewährleisten zu können. Der Verkauf kunsthandwerklicher Produkte (z. B. Webteppiche) erbringt nur gelegentliche Einnahmen.

Lit.: 829, 830, 858

Shawnee

Nordamerikanische Indianer im Mittelwesten der USA (Ohio-Tal), ca. 2 000. Sprache: Algonkin.

Die S. waren seßhafte Bodenbauern (Mais, Bohnen, Kürbisse). Im Sommer bewohnten sie große Rindenhäuser in der Nähe ihrer Felder; jedes Dorf hatte ein großes Versammlungshaus, das auch für religiöse Zeremonien (Grünkornfest, Frühlings- und Herbst-Brottanzfest) sowie als Kriegerunterkunft nach einem Kampf diente. Im Winter zogen die meisten Familien in kleinere Jagdlager; Hirsch, Bär, Bison, Truthahn waren die wichtigsten Jagdtiere. Ältere, Kranke und Kleinkinder blieben im großen Sommerdorf zurück. Die Gesellschaft der S. setzte sich aus Patriklanen+ zusammen, die einen Verwandtschaftsverband darstellten. Der Friedenshäuptling erbte sein Amt, der Kriegshäuptling wurde wegen seiner Taperkeit und seiner Erfahrung gewählt. Die religiösen Zeremonien waren überwiegend agrarische Kultfeiern. Träume und Visionen gehörten zur Sozialisierung. Das Höchste Wesen war eine Schöpfergöttin, die »Unsere Großmutter« genannt wurde; sie schuf die Zwölf Gesetze, und ihr unterstanden niedere Geistwesen.

Im 17. Jh. wurden die S. von der Irokesen-Liga aus dem Ohio-Tal vertrieben. Das war der Beginn einer jahrhundertelangen Odyssee. Einige S. ließen sich zunächst in Illinois, andere in Maryland, wieder andere am Savannah River nieder. 1725 vereinigte sich der Stamm erneut im Ohio-Tal. Zu dieser Zeit wurde der Pelzhandel (Hirschfelle) mit den Weißen wichtig. Zusammen mit den Delaware verteidigten sich die S. hartnäckig gegen die aus dem O vordringenden weißen Siedler.

Ab 1777 bis 1795 kämpften sie auf Seiten der Engländer gegen die Amerikaner. Der Versuch ihres Häuptlings Tecumseh und seines Bruders, des Medizinmannes Tenkswatawa, mit britischer Hilfe im Rahmen einer nativistischen+ Bewegung alle Stämme des Mittelwestens und Südostens im Widerstand gegen die Amerikaner zu vereinigen, schlug fehl (Schlacht von Tippecanoe 1811). Die S. zerfielen nun endgültig in drei Gruppen: die Absentee-S., die Östlichen S., die sich mit den Seneca zusammenschlossen, und die Cherokee-S. Sie wurden in verschiedenen Teilen des Indianerterritoriums angesiedelt, wo sie nach der Aufteilung des Stammeslandes in Privatparzellen wie amerikanische Kleinbauern und als Lohnarbeiter leben. Nur die Absentee-S. behielten eine Reihe alter Riten bei (Kriegstanz, Frühlings- und Herbstbrottanz); sie haben noch eine eigene Stammesverwaltung, die sich »The Absentee Shawnee Tribe of Indians of Oklahoma« nennt.

Lit.: 520, 524
Karte: Nordamerika (Abb.: 76)

Sherpa

Ein Volk mit tibetischer Sprache in NO-Nepal, in den Regionen Khumbu, Solu und Pharak; ca. 60 000.

Die existenzielle Grundlage bildet für die S. der Bodenbau. Je nach klimatischen Bedingungen wird Getreide als Winter- und Sommersaat angebaut. Neu im 19. Jh. eingeführt und inzwischen zu einem unverzichtbaren Bestandteil der Ernährung geworden ist die Kartoffel, deren Anbau bei den S. eine ganze Kette von Innovationen auslöste. Da Kartoffeln im Siedlungsgebiet der S. besonders gut gedeihen, kam es zu einer Überschußproduktion, die die Möglichkeit zum Export und damit zu neuen Verdienstchancen bot, die schließlich wiederum ihren Niederschlag im Bau von Klöstern und der Miternährung eines am produktiven Leben nicht beteiligten lamaistischen Klerus fanden. Wenn der Bodenbau auch die unverzichtbare Subsistenzgrundlage liefert, hängt das Herz der S. doch weit mehr an der Viehzucht. Man hält vor allem Yaks, züchtet auch Kreuzungen zwischen Rind und Yak. Mit der Größe einer Yakherde wächst das Ansehen ihres Besitzers, doch nicht jedermann ist in der Lage, sich diese Prestigeobjekte zu leisten. Schafe und Ziegen sind dem rauhen Gebirgsklima kaum gewachsen. Vieh wird zum eigenen Nutzen, aber auch für Handelszwecke gehalten. Butter benötigt man nicht nur zum Verzehr (Buttertee), sondern auch für Lampen, als Opfer und Handelsware; auch Lohnzahlungen können mit Butter geleistet werden. Decken aus Yakwolle werden im Tiefland gegen Korn und Geld eingetauscht, und auch der Handel mit Tieren bringt den S. Gewinn ein. Früher gingen Kreuzungen zwischen Yak und Rind vor allem nach Tibet und wurden dort doppelt so teuer bezahlt wie Yaks, da sie ganz besonders belastbar, durchhaltefähig, klimatisch anpaßbar sind und außerdem mehr Milch geben. Im Sommer wird das Vieh auf die Hochweiden geführt, die im Laufe einer Weidesaison, entsprechend den klimatischen Bedingungen, ständig gewechselt werden müssen. In allen Höhenstufen finden sich bei den Weiden die Sommerdörfer mit Hütten aus Stein und Holz, sogar noch oberhalb der Baumgrenze. Die Hauptdörfer (Streusiedlungen) liegen zwischen 3000 und 5000 m Höhe. Die meist zweistöckigen Häuser werden in Holzrahmenbauweise errichtet, die Mauern aus grob zugehauenen Steinen aufgeführt, das Giebeldach mit Holzplanken und Steinen gedeckt. Das Erdgeschoß dient als Stall und Vorratskammer, im ersten Stock liegen die Wohnräume. Im Hauptdorf verbringen die S. nur ungefähr die Hälfte des Jahres; kommt der Winter, zieht man mitsamt dem Vieh in wärmere Regionen hinunter und kehrt erst im Februar zum Neujahrsfest wieder zurück. Im Hauptdorf überwintern gewöhnlich nur die alten Leute. Viele S. besitzen gesonderte, tiefer gelegene Wintersiedlungen mit eigenen Feldern. Ein Großteil der S.-Männer nimmt während dieser Zeit Lohnarbeiten an oder geht Handelsgeschäften nach. Der Handel nimmt im Wirtschaftsleben der S. seit jeher einen wichtigen Platz ein. Die Lage ihres Siedlungsgebiets an den Verkehrswegen zwischen Nepal und Tibet bot ihnen ausgezeichnete Möglichkeiten, in den Handel und Zwischenhandel einzugreifen. Aus Tibet kamen Salz, Schafwolle, Fleisch und Yaks, Waren, die von den S. teilweise auf nepalesischen Märkten in Weizen umgesetzt wurden. Zurück nach Tibet brachte man Getreide, Butter, Yakkreuzungen, Papier, Häute, Zucker, indische Waren und auch nepalesisches Eisen. Der Handel mit Tibet hat aus politischen Gründen für die S. seine Wichtigkeit inzwischen weitgehend verloren, und man ist bemüht, sich verstärkt nepalesische Märkte zu erschließen. Neue Verdienstmöglichkeiten haben sich den S. durch die Bergsteigerei und den wachsenden Tourismus eröffnet (Träger, Bergführer, Begleiter von Wandergruppen), wenn auch nicht immer zu ihrem langfristigen Vorteil. Die S. sind in exogame+ Klane+ und diese wiederum in zwei unterschiedliche Ranggruppen geteilt; abgesehen vor allem von Heiraten spielt jedoch die Dorfgemeinschaft in ihrer Gesamtheit die entscheidende Rolle im täglichen Leben. Die S. kennen, neben der Monogamie, die fraternale+ Polyandrie+; meist heiratet der älteste der Brüder, und die jüngeren können sich dieser Ehe dann anschließen. Polygynie+ kommt nur selten vor. Die heutige Intensität des lamaistischen Buddhismus ist erst die Folge eines ökonomischen Aufschwungs, der vor ca. hundert Jahren, wahrscheinlich als Folge des Kartoffelanbaus, begann. Obwohl die S. schon seit mehreren hundert Jahren Lamaisten sind, wurden die weitaus meisten Klöster erst seit ca. 50 Jahren errichtet (heute ungefähr 24), eine ja durchaus kostspielige Sache, schließlich müssen nicht nur die Klostergebäude selbst errichtet, sondern auch eine dort ständig wohnende Mönchsgemeinde, an deren Spitze ein Abt, oft eine Inkarnation, steht, ökonomisch mitgetragen und ernährt werden. Die Klöster sind die Zentren des lamaistischen Festlebens. Große Menschenmengen versammeln sich dort, um die Feste, die oft mit Jahrmärkten verbunden sind, gemeinsam zu begehen. Die mehr lokalen und privaten Riten der Dorfbewohner werden von im Dorf selbst wohnenden Lamas ausgeführt. Das Bannen böser Geister im Frühjahr und Herbst, saisonale Feste, an denen um Wohlfahrt der Herden und Sündenvergebung gebetet wird, gehören zu ihren rituellen Aufgaben, auch die Durchführung der bei den Reichen höchst aufwendigen Totenrituale. Das Erkennen der zahllosen Geister, die den Menschen bedrohen und mit denen er in einen lebenslangen, ununterbrochenen Kampf verwickelt ist, wird von Orakelpriestern vorgenommen, durch deren Mund in der Trance die Götter und Geister selbst sprechen; sie besitzen auch die Fähigkeit, das Schicksal der Menschen vorauszusagen und über Krankheiten, Glück und Unglück Auskunft zu geben. Den direkten Schutz der Bewohner eines Hauses sichern Schlangengeister, für die in jedem Haus Altäre aufgebaut werden; behandelt man sie gut, opfert ihnen reichlich und verehrt sie gebührend, so bewahren sie die Menschen vor den ständigen Attacken der bösen Geister. Um ihr Leben in der nächsten Welt möglichst zu verbessern, versuchen die S. Verdienst anzusammeln, der ihnen dann zugute kommen soll. Als in diesem Sinn verdienstvoll gelten Gebete und die Abhaltung von Riten, aber auch das Errichten langer Mauern mit eingelassenen Segensformeln, der Bau von Brücken über Wasserläufe oder von Schutzhütten für Wanderer am Wegrand.

Lit.: 113, 114

Shipibo

Indianisches Volk in O.-Peru am mittleren Ucayali; ca. 9000. Sprache: Pano. Mit ihnen verwandt sind die Conibo (ca. 6.000) am oberen Ucayali.

Die Bauern in den breiten, fruchtbaren Flußtälern O-Perus betreiben mehr Landwirtschaft als ihre Verwandten an den kleinen Nebenflüssen und in den dschungelbedeckten Gebirgstälern des Anden-Osthangs (→ Asháninka). Sie ersetzen die Jagd weitgehend durch Fischfang. Da die Täler auch die wichtigste Verkehrsader der Region sind, waren ihre Bewohner stärker als die Indianer des Hinterlandes fremden Einflüssen ausgesetzt, Neuerungen wurden eher angenommen. Die Tal-Kulturen sind daher weniger altertümlich.

Die S. bauen v. a. Mehlbananen an, daneben ungiftigen Maniok und Mais, Auf dem Fluß fischen sie intensiv, sammeln Schildkröten und jagen, sofern es sie noch gibt, Seekühe mit Harpunen. Das sichtbarste äußere Zeichen ihrer Kultur ist ihre geometrisch bemalte Keramik, an der sie trotz jahrhundertelanger Beeinflussung durch Missionen, Händler und Verwaltung mit den traditionellen Techniken festgehalten haben. Sie zeigt Ähnlichkeit mit der am äußersten anderen Ende der selben Verkehrsader ausgegrabenen voreuropäischen Keramik der Insel Marajó in der Amazonas-Mündung (dieser Stil ist wohl nicht typisch für das gesamte Amazonasgebiet, sondern eher mit einer nicht allzu lange vor Ankunft der Europäer über die großen Flußtäler verbreiteten, nicht weit ins Hinterland vorgedrungenen Kulturwelle verbunden). Die Religion der S. – die allerdings offiziell heute großteils Christen sind – kennt einen »Herrn des Himmels«, dessen Diener Schlangen und Eidechsen sind. Das religiöse Leben dreht sich allerdings mehr um die Geister, die von den Medizinmännern in Drogenvisionen gesehen und beherrscht werden (vgl. → Asháninka, → Jibaro).

Die S. traten den in der Kolonialzeit eindringenden Europäern kriegerisch, aber nicht unbedingt abweisend gegenüber. Während sie einerseits Versuche der Unterwerfung lange blutig abwehrten und auch Missionare, die ihnen eine fremde Ideologie aufzwingen wollten, immer wieder vertrieben, waren sie andererseits zum Handel bereit. Sie hatten den Salzhandel im Ucayali-Tal in ihrer Hand, und in Anpassung an die Nachfrage bei den Weißen gingen sie auch zum Sklavenhandel über. Sie überfielen die durch fehlende Handelskontakte nicht so gut mit europäischen Waffen ausgerüsteten Indianer des Hinterlandes und verschleppten sie in die Sklaverei, hielten sich in Nachahmung der Europäer auch selber Sklaven.

Mit dem Ende des Sklavenhandels und dem Eindringen von Siedlern aus dem Hochland, die nicht mehr mit den S. handeln, sondern ihnen Land rauben wollten, ging ihre Macht zugrunde. Mission und steigende Abhängigkeit von Industrieprodukten brachen ihren Kampfgeist. Die Ausbeutung in der Zeit des Kautschukbooms um 1900 riß die Dörfer auseinander. Doch bis heute sind die S. sich ihrer eigenen Nationalität sehr bewußt, die sie als rechte Mitte zwischen der Modernität der Peruaner und der Rückständigkeit der Hinterland-Indianer auffassen (vgl. → Runa).

Lit.: 684, 788, 790
Karte: Nördliches Südamerika (Abb.: 209)

Shona
Schona, Mashona

Die S. setzen sich aus mehreren, verwandten Stammesgruppen in Rhodesien und N-Mosambik zusammen; ca. 2,5 Mio. Sprache: SO-Bantu. Einige Dialekte sind zu Literatursprachen geworden. Seit 1929 bemüht man sich um eine Vereinheitlichung der Sprache (Ausnahme: das Kalanga).

Die östl. Stämme Korekore, Zezuru, Karanga, Manyika und Ndau wurden im 19. Jh. durch die eingewanderten → Ndebele von den westl. S., den Kalanga, getrennt. Den S. verwandt sind die in Südafrika lebenden → Venda.

Bis vor kurzem stellten Mais- und Hirseanbau die Grundlage der Wirtschaftsführung dar, wozu noch Reis und Bohnen kommen. Die Viehhaltung war wichtig für Nahrung, Kleidung (Leder), als Brautpreis, Tauschmittel und Kapital. Vieh war Grundlage für Ahnenkult und galt als Maßstab des Wohlstandes. Die Dörfer bestanden aus Gruppen von Kegeldachhäusern und Vorratsbauten, die jeweils untereinander verwandten patrilinearen+ Familien gehörten. In der internen Dorfverwaltung waren sowohl Patrilineages+ wie auch Klane maßgeblich.

Die traditionelle politische Organisation der S., die auf Häuptlingstümern mit patrilinear erblichen Führungspositionen aufgebaut war, ist neuen Strukturen gewichen, die bedeutenden Anteil an der Schaffung des Staates Simbabwe-Rhodesien hatten.

Das Zunehmen der städtischen Lebensweise und die Modernisierung des Erziehungswesens haben traditionelle Institutionen zwar verändert und abgeschwächt, ohne aber alle traditionellen Religionsvorstellungen oder Glauben an Zauberei und Hexerei zu verdrängen. Das Christentum ist durch starke Missionierung vorgedrungen.

Lit.: 1167, 1178, 1191, 1197, 1209
Karte: Südafrika (Abb.: 147)

Shoshone
Shoshoni

Nordamerikanische Indianer im nördl. Teil des Großen Beckens, heute auf Reservationen (Wind River Reservation in Wyoming zusammen mit den → Arapaho, Fort Hall Reservation in Idaho, zahlreiche kleinere Reservationen in Nevada); ca. 10 000. Sprache: Numisch des Uto-Aztekischen.

Man unterscheidet verschiedene S.-Gruppen, die ursprünglich jedoch nicht Stämme mit zentraler politischer Führung waren: Die Westlichen S. in Nevada, die Nördlichen S. im nördl. Utah und S-Idaho, die Windriver-S im westl. Wyoming. Zu den S. im erweiterten sprachlichen Sinne gehören auch die → Comanche in W-Texas, die sich von den Windriver-S. getrennt hatten. In der frühen Kontaktzeit waren alle S. einfache Jäger und Sammler mit einer technologisch recht gering entwickelten Kultur (→ Paiute). Sie lebten familienweise in einfachen Strauchhütten, sammelten Wildpflanzen und waren ständig auf der Suche nach neuer Nahrung. Sie aßen praktisch alles, was eßbar war: Wildgrassamen, Blätter- und Wurzelgemüse, Insekten, Mäuse, Hasen, Antilopen. Im Herbst führten sie kollektive Hasenjagden durch, ein Höhepunkt des eintönigen täglichen Lebens; die Familien trafen sich nach langer Zeit wieder einmal, Tänze wurden abgehalten. Die Winternahrung bestand aus getrockneten Beeren und Nüssen. Die wichtigsten Geräte waren der Sammelkorb und der Grabstock. Die Hasen (amerikanisch: »jack rabbit«) wurden mit Keulen erlegt, nachdem man sie in lange Netze, die quer durch ein kleines Tal gespannt waren, getrieben hatte. Die Familie bildete die wirtschaftliche Einheit, Kreuzvetternheiraten+ waren üblich und stärkten die Bande zwischen den Familien. Es gab keine Häuptlinge und keine festen Dörfer oder gar eine übergeordnete Stammesautorität. Die Schamanen hatten einen gewissen Einfluß. Dieses Bild einer einfachen Wildbeuterkultur veränderte sich für die Nördlichen und Windriver-S., als die berittene Bisonjägerkultur in den Plains entstand. Bereits um 1700 wurden die ersten Pferde gestohlen oder eingetauscht; man zog im Sommer mit der ganzen Gruppe auf die Plains, und es entstand bald eine den Plainsstämmen in manchem ähnliche Organisation mit Häuptlingtum, Kriegergruppen; Lederkleidung, Tipi, Sonnentanz (→ Cheyenne, → Arapaho, → Dakota). Der bekannteste Häuptling der Nördlichen S. war Washakie, der seinen Stamm vereinigte und diplomatisch erfolgreich zusammenhielt; er verteidigte sich gegen marodierende Plainstämme und wurde auch von den Weißen als einflußreiche Führerpersönlichkeit respektiert.

Die weiße Besiedlung des S.-Territoriums begann mit der Öffnung des Oregon Trails nach der Durchquerung der Rocky Mountains durch Lewis und Clark (1805), an der Sacagawea als Dol-

Abb. 190: Sonnentanzhütte der Arapaho um 1890. Der zeitweise von der US-Regierung verbotene Sonnentanz gewann ab etwa 1960 als Symbol der Wiedererstarkung indianischen Selbstvertrauens erneut Bedeutung in den Reservationen der Plains und des östlichen intermontanen Raumes. (Foto: Smithsonian Institution)

metscherin teilgenommen hatte. Der Einstrom weißer Siedler verstärkte sich nach den Goldfunden am South Pass um 1870. Beim Bau der transkontinentalen Eisenbahn (Union Pacific) kam es zu anhaltenden Kämpfen der Westlichen S., die bald darauf in Reservationen eingesperrt wurden. Heute leben die Windriver-S. und die Fort Hall S. vor allem als Viehhalter; Öl- und Gasvorkommen wurden erschlossen und tragen erheblich zum Einkommen bei; ein Tourismusprogramm ist im Entstehen. Die Westlichen S., schon immer am Rande der Existenz, verdingen sich häufig als Lohnarbeiter auf den Viehranches der Weißen. Ein eigenes Kunsthandwerk ist wenig entwickelt.

Lit.: 503, 507, 510, 511, 515, 516
Karte: Nordamerika (Abb.: 76)

Sidama
Sidamo

Im engeren Sinne bezeichnet man mit S. ein Volk von etwa 800 000 Menschen zwischen Juba und Webi sowie dem Margherita-See in S-Äthiopien. Früher war S. auch ein Sammelname für Kuschitisch sprechende Stämme, die nicht zu den → Afar, → Somali und → Oromo gehörten. Aus ethnologischen und linguistischen Erwägungen sollte der Name S. nicht mehr für diese kulturell heterogenen Gruppen verwendet werden. Zusammen mit den Kabena, Alaba, Hadiya, Kambata, Darassa und Burdji bilden die S. den »Hochlandzweig« des Ostkuschitischen mit insgesamt 2–3 Mio. Sprechern.

Die S. betreiben Feldbau, mit der *Ensete ventricosum* (»falsche Banane«) als wichtigster Anbaufrucht. Die Plantagen und Hausgärten werden in der Regel von Frauen bewirtschaftet und mit Stallmist gedüngt. Die Männer bestellen die weiter vom Gehöft entfernten Getreidefelder und haben dazu seit etwa 1900 den amharischen, von Ochsen gezogenen Pflug übernommen. In der »inneren Anbauzone« des gehöftnahen Bereiches blieben Grabstock und Hacke die wichtigsten Arbeitsgeräte. In den Tieflandgebieten verfügen die S. auch über einen beträchtlichen Viehbesitz; im Hochland ist Stallfütterung üblich. Seit einigen Jahrzehnten wurde der in kleinbäuerlichen Betrieben angebaute Kaffee ein wichtiges Marktprodukt.

Die S. wohnen in Einzelgehöften, die größere Gemarkungen bilden. Die Patriklane+ sind in

Lineages+ unterteilt. Von den Oromo übernahmen die S. die zyklische Altersklassenordnung (gada-System), die seitdem die Summe der Lebensgesetze, ihre Zeitrechnung und ihre Wertvorstellungen prägt.

Trotz wachsendem christlichen und islamischen Einfluß sind die traditionellen Glaubensvorstellungen, in deren Mittelpunkt ein Himmelsgott steht, in vielen Gegenden noch verbreitet.

Die meisten der von S. und verwandten Völkern (Hadiya, Kambata, Darassa) eingenommenen Gebiete leiden heute an Überbevölkerung. Die Populationsdichte in den intensiv bewirtschafteten Hochlandregionen liegt durchweg bei über 300 Menschen pro km². Mangel an bebaubarem Boden, Erosion und Erschöpfung der Ressourcen (Brennholz usw.) zwingen eine wachsende Zahl von Menschen, in weniger dicht bevölkerte Nachbargebiete auszuweichen.

Lit.: 1032, 1033, 1065
Karte: Nordost-Afrika (Abb.: 10)

Somali

Die S. bewohnen die nach ihnen benannte Republik Somalia (ca. 3,5 Mio. Menschen) sowie den südl. Teil von Djibouti (ca. 100 000), die Ogaden genannte Region O-Äthiopiens (ca. 1 Mio.) und das nordöstl. Kenia (ca. 200 000). Sie gehören dem äthiopiden Rassenkreis an und sprechen eine ostkusitische Sprache. Ihre als »Klanfamilien« bezeichneten Hauptstämme sind die Dir, Ishak, Darod, Hawiye und Digil-Rahanwin.

Die Volkwerdung der S. vollzog sich vermutlich gegen Ende des ersten Jt. n. Chr. im Bereich der nördl. Somali-Küste. Von dort aus breiteten sie sich im Kampf gegen negride Vorbevölkerungen südwärts aus. Im 12. Jh. berichtete der arabische Geograph Idrisi von S.-Gruppen in der Gegend südl. der heutigen Stadt Mogadischu. Zu dieser Zeit waren sie bereits durch den Einfluß von arabischen Händlern und Kolonisten, die sich am Horn von Afrika niedergelassen und mit den Einheimischen vermischt hatten, islamisiert worden. Zayla an der nördl. Somali-Küste war zwischen dem 13. und dem 16. Jh. die Hauptstadt des Staates Yifat-Adal, der zeitweilig eine ernsthafte Bedrohung des christlich-äthiopischen Reiches darstellte. Eine beträchtliche Ausdehnung auf Kosten ihrer westl. Nachbarn, der → Afar und → Oromo, erfolgte im 19. Jh. Zwischen 1885 und 1897 wurden die S. von auswärtigen Kolonialmächten unterworfen und ihre Gebiete von Italien, Großbritannien, Frankreich und Äthiopien aufgeteilt. Von den zahlreichen Aufständen, die sie gegen die neuen Herren führten, ist der Kampf von Mahammad Abdille Hasan, des »verrückten Mullah«, zwischen 1900 und 1920 gegen die Briten besonders bemerkenswert.

Die von S. bewohnten Gebiete bestehen überwiegend aus Trockensteppen, die nur für eine extensive Viehwirtschaft nutzbar sind. So bestreiten denn auch heute noch die meisten S. ihren Lebensunterhalt als Wanderhirten, die vor allem Dromedare und Fettschwanzschafe halten. Die Dir verfügen zudem über einen nennenswerten Rinderbestand und besaßen in früherer Zeit auch Pferde. Die kuppelförmigen Behausungen der Nomaden bestehen aus einem Holzgestänge, über das Matten ausgebreitet werden. Sie lassen sich auf den nomadischen Wanderungen innerhalb von kurzer Zeit abbauen und mitsamt Hausrat auf Kamele verladen.

Größere Konzentrationen feldbautreibender S. finden sich in den Flußgebieten des Wabi Shebeli und des Djuba, wo auch künstlich bewässert wird. Angebaut werden vor allem Sorghum, Mais, Bohnen, Reis, Bananen und Zuckerrohr. Zentren des Handels mit dem Inneren NO-Afrikas sind seit alter Zeit die Küstenstädte, z. B. Zayla, Berbera, Hafun, Mogadischu und Kismayu, die stark von arabischen Einflüssen geprägt sind. Das Meer mit seinem Fischreichtum hat bis in die Gegenwart für die Ernährung kaum eine Rolle gespielt. Der Jagd gingen vornehmlich die Mitglieder der verachteten Handwerkerkasten nach.

Bemerkenswert ausgeprägt ist bei den S. ein genealogisches Bewußtsein, d. h. die Kenntnis der Ahnenreihen der väterlichen Linie, die durchweg auf arabische Stammväter zurückgeführt werden. Sie vermitteln die Kenntnis über die Zugehörigkeit zu einer bestimmten Gruppe. Als Sozialeinheiten, die das Alltagsleben bestimmen, treten außer den Klanen vor allem die Gruppierungen hervor, denen bei den häufig auftretenden Konflikten die Schlichtung und im Falle von Totschlag die Zahlung des Blutgeldes obliegt.

Obgleich der Islam seit Jahrhunderten die alleinige Religion der S. ist, hat er das Leben der Nomaden nicht sehr tiefgreifend gewandelt. Bis in das 20 Jh. bestand bei einigen Gruppen die Verpflichtung, daß ein Mann, bevor er heiraten durfte, einen menschlichen Gegner oder ein gefährliches Wild getötet haben mußte. Entgegen den muslimischen Regeln behielten die ländlichen S. auch die Klan-Exogamie bei und bewahren Vorstellungen und Praktiken einer vorislamischen Epoche. Ausgeprägt ist namentlich in den Städten der Glaube an Geistwesen (zar), die vor allem in Frauen einkehren und ekstatische Zustände hervorrufen.

Die S. gelten als ein stolzes und kriegerisches Volk, das nach der Entkolonisierung – 1960 schlossen sich die Territorien, die zuvor unter italien. und brit. Herrschaft gestanden hatten, zur Republik Somalia zusammen – die Vereinigung aller ihre Sprache sprechenden Menschen in einem Staatswesen zu einem Grundsatz seiner Politik erklärte. Diese Tatsache führte zu latenten oder offenen Konflikten mit Djibouti, Äthiopien und Kenia, die sich in ihrem territorialen Besitzland bedroht fühlten. 1977 gelang es der Westsomalischen Befreiungsfront (WSLF) mit Hilfe der Armee Somalias, das gesamte Ogaden-Gebiet zu besetzen. Zwar gelang es den Äthiopiern im folgenden Jahr in einer von der Sowjetunion und Kuba massiv unterstützen Gegenoffensive, die S. zurückzuwerfen, nicht jedoch die Tätigkeit der WSLF-Freischärler einzudämmen und eine uneingeschränkte Kontrolle über die umkämpften Gebiete zu gewinnen. Durch die Kampfhandlungen und durch die zwischen 1973 und 1976 durch Dürren verursachten Hungersnöte waren zeitweilig nahezu 1 Mio. S. gezwungen, in Flüchtlingslagern Zuflucht zu suchen.

Lit.: 1030, 1031, 1035, 1060, 1061, 1062
Karte: Nordost-Afrika (Abb.: 10)

Songhai
Sonrhai

Afrikanisches Bauernvolk in den Savannen des mittleren Niger-Tals, Mali, SW-Niger und NW-Nigeria; mit den Djerma und Dendi werden die S. auf über 500 000 Menschen geschätzt. Sprache: das S. gehört als selbständige Sprache zur Schari-Nil-Sprachfamilie. Man unterscheidet drei Hauptdialekte: Songhai, Djerma (oder Zarma) und Dendi. In Niger ist das Songhai-Djerma neben dem Hausa die wichtigste Handels- und Verkehrssprache Afrikas.

Getreidebau (Hirse) wird hauptsächlich während der Regenzeit betrieben. Viehzucht spielt eine geringe Rolle, aber Fischfang und Jagd liefern Zusatznahrung; das Handwerk ist zunftartig organisiert: man kennt Lederarbeiter, Schmiede, Holzschnitzer und Töpfer. Seit alters- her sind die S. auch am transsaharischen Karawanenhandel beteiligt. Abstammungs- und Erbfolge sind patrilinear+.

Die vielschichtige Gesellschaft besteht aus Adel, Gemeinfreien, Handwerkerkasten, »Griots« (= Sängern und Chronisten) und – früher – Sklaven. Diese Ordnung geht auf die S.-Reiche zurück, die schon im 8. Jh. ins Licht der Geschichte treten. Sie bilden einen Staat um Gao am Endpunkt eines wichtigen Transsahara-Weges.

Mit dem Übertritt des Königs Kossoi zum Islam (1009/10) beginnt die historische Überlieferung. Im 14. Jh. war S. dem Reich Mali unterworfen. Um 1465 trat der Sonni Ali die Herrschaft über S. an. Er bekämpfte die Tuareg, Mosi und Fulbe und eroberte 1476 die Mali-Stadt Djenné. Sein Nachfolger wurde 1493 durch einen islamischen Heerführer gestürzt, der als Askia das S.-Reich zum mächtigsten westsudanischen Staat machte; es reichte von Senegal im W bis zum Tschad im O. Askias Reich war ein Militärstaat, der durch die Tribute der Unterworfenen und durch die Besteuerung des Transsahara-Handels finanziert wurde. Die Expansion der S. ist v. a. nach W gerichtet, wo sie das Reich Mali der Malinke und Teile von Mauretanien erobern. Um den Besitz der wichtigen Salzminen von Teghaza kam es 1590 zu Kämpfen mit den Marokkanern, die in Timbuktu einen Stützpunkt errichteten und bis nach Gao vorstießen. Mit der Niederlage von Tondibi 1591 brach das S.-Reich zusammen. Damit endete die letzte große Staatenbildung im westl. Sudan vor der Entstehung der islamischen Reformstaaten des 19. Jh. Die Islamisierung mit ihrer Hochburg in Timbuktu hat alle S. erfaßt und ist erst in letzter Zeit wieder im Vordringen begriffen.

Lit.: 867, 926, 947, 967
Karten: Islamisierung Westafrikas (Abb.: 67)
Westafrika, 16. Jh. (Abb.: 191)

Sudan

Sudan als geographischer und als politischer Begriff geht auf das arabische Wort bilad as-sudan, »Länder der Schwarzen« zurück und bezeichnete im weitesten Sinne ursprünglich die von dunkelhäutigen Menschen bewohnten Gebiete südl. der Sahara. Seit dem letzten Jh. wurde es üblich, diese Bezeichnung für eine Region zu verwenden, die sich zwischen dem Rand der Wüste im N und dem äquatorialen Regenwald im S,

Abb. 191: Westafrika, 16. Jh.; Staaten der westlichen und mittleren Sudanzone. (Nach: Fage 1978)

vom Atlantischen Ozean im W bis an das Rote Meer und das äthiopische Hochland im O erstreckt. In der französischen Kolonialzeit wurde der Name Sudan für eine Verwaltungseinheit gebraucht, die etwa dem Gebiet des heutigen Staates Mali entsprach. Als Ende des vorigen Jh. im Nilgebiet das anglo-ägyptische Kondominium begründet wurde, wurde Sudan auch zu einem politischen Begriff für dieses Territorium. Die seit 1956 unabhängige Republik Sudan übernahm ihn dann als offizielle Bezeichnung des Staates, obgleich dieser nicht von Schwarz-

afrikanern, sondern von arabisch-sprechenden hellhäutigen Bevölkerungen dominiert wird.
Im Sudanbereich lassen sich mehrere in west-östl. Richtung parallel laufende Klima- und Vegetationszonen unterscheiden, die ihre Ausprägung vor allem durch die nach N hin abnehmenden Niederschlagsmengen erhielten. Im Randbereich zur Sahara erstreckt sich ein breiter Gürtel mit Steppen- und Halbwüstenvegetation, der zwischen 50 und 250 mm Niederschlag erhält und auch unter der Bezeichnung Sahel – abgeleitet vom arabischen Wort für Küste (der Wüste)

Abb. 192: Von den ganz aus Lehm errichteten, zuckerhutförmigen Häusern der Musgu am Logone in Nord-Kamerun gibt es heute nur noch wenige Exemplare. (Foto: Chesi)

– bekannt ist. Nach S geht der mit niedrigem Gras bestandene Sahel in die Dornsavanne über, die 4–700 mm Niederschlag erhält und außer hohem Gras auch Bäumen (Akazien) Lebensmöglichkeiten bietet, jedoch in ihrer ganzen Ausdehnung dürregefährdet ist. Äquatorwärts schließt sich dann die Zone der Trockensavanne an, die mit 600–1000 mm Niederschlag im Jahresdurchschnitt einen Dauerfeldbau gestattet, während in den zuvor genannten Zonen die nomadische oder halbnomadische Viehwirtschaft überwog. Zwischen der Grenze des Regenwaldes und ca. 14° n. B. im westl. und ca. 10° n. B. im östl. Sudanbereich erstreckt sich die Feuchtsavanne, die bei einer Regenmenge von 800–1600 mm eine reiche Gras- und Baumvegetation aufweist und günstige Bedingungen für die menschliche Nutzung bietet.

Unter den negriden Bewohnern der Sudanzone treten zwei Rassenkreise besonders hervor: die Sudaniden im W und die Nilotiden im O. Beide zeichnen sich durch sehr dunkle, z. T. tiefschwarze Hautfarbe, große Körperhöhe und Langschädeligkeit (Dolichozephalie) aus. Von N her sind Weißafrikaner, → Mauren und → Tuareg bis in den Sahelbereich vorgedrungen, und Sudan-Araber (Orientalide) okkupierten große Teile des Landes zwischen Nil und Tschadsee. Zwischen dem Nil und der Küste des Roten Meeres sind → Bedja, Angehörige der äthiopiden Rasse, ansässig, denen in einigen Rassenmerkmalen auch die → Fulbe Westafrikas nahestehen.

dukte sind Erdnuß und Baumwolle in den flußnahen Gebieten. Bei den Niloten im S der Republik Sudan besteht eine Art Transhumanz+, die durch säsonale Überschwemmung weiter Gebiete durch das Nilsystem bedingt ist. In der Regenzeit leben sie mit ihren Viehherden in höher gelegenen Gebieten, wo sich auch Dauersiedlungen und Felder befinden, in der Trockenzeit werden die tiefer gelegenen Zonen beweidet. An

Abb. 193: Der Niger ist die größte Verkehrsader Westafrikas. In Mali wird ein Großteil der Waren mit Holzbooten einer jahrhundertealten Bautradition befördert und in den Flußhäfen umgeschlagen. (Foto: Gruner)

Was die Sprachen angeht, so stellt sich die Sudanregion in einer großen Vielfalt dar. Zu den wichtigsten gehören die Westatlantischen Klassensprachen, die Mande-, Gur-, Kwa-, Tschadischen Sprachen, Adamaua-, Banda- und Niloten-Sprachen sowie das Arabische.
Abgesehen von seinen nördl. Randzonen, wo eine extensive Viehhaltung überwiegt, ist der Sudan vornehmlich ein Land von Savannenbauern. Charakterpflanze und Grundlage der Ernährung ist nahezu überall die Sorghum-Hirse. In der Feuchtsavanne nehmen Knollenpflanzen wie Jams und Maniok (Kassava) und daneben auch Mais an Bedeutung zu. Wichtige Marktpro-

den großen Flüssen und am Tschadsee kommt dem Fischfang eine bedeutende Rolle für die Ernährung zu.
In weiten Teilen der Sudanzone bestand eine charakteristische Zweiteilung in »altnigritische« und »jungsudanische« Kulturen. Die »Altnigritier« sind Bauern, die auf teilweise terrassierten Feldern in gebirgigen Gebieten einen intensiven Anbau betreiben, politisch zumeist nur in kleinen Häuptlingstümern oder Klanverbänden organisiert sind und eine starke Verankerung in ihren vom Ahnenkult dominierten Volksreligionen haben. Die »Jungsudaner« sind als Gründer großer Staatswesen hervorgetreten, die seit dem

10. Jh. n. Chr. islamisiert wurden und starke Impulse vom weißafrikanischen N, von Ägypten und dem Maghreb, erhielten. Auf den durch die Sahara führenden Karawanenwegen wurden seit der Antike Gold, Elfenbein, Straußenfedern und Sklaven an die Mittelmeerküste exportiert. Nach dem Fall der letzten christlichen Bastion Dongola am Nil (1397) drängten in immer neuen Wanderwellen Araber in den Ostsudan ein und vertrieben mit ihren bis an das Ende des 19. Jh. während Sklavenjagden die negriden Bevölkerungen nach S. Destruktiv wirkte sich für die Bevölkerungsentwicklung vor allem die Zeit der mahdistischen Machtentfaltung (1885–1898) aus. Die Herrschaft der Araber und der sudanischen Staaten wurde dann durch die der Kolonialmächte Großbritannien und Frankreich abgelöst. Die nach dem Zweiten Weltkrieg einsetzende Entkolonialisierung war mit der Unabhängigkeit der Staaten in der Sudanzone 1960 abgeschlossen.

Lit.: 863–969
Karte: Westafrika, 16. Jh. (Abb.: 191)

Südafrika

Vor 1650 war der SW der heutigen Südafrikanischen Republik fast ausschließlich von → Buschmännern (San) und → Hottentotten (Khoikhoin) bewohnt. Das Kap der Guten Hoffnung war den frühen portug. und holländ. Handelsinteressen nur als Zwischenstation auf dem langen Seeweg von Europa nach Indien wichtig. Erst 1652 gründete die Dutch East India Company eine Niederlassung an der Tafelbucht. Die Absicht war zunächst nicht, eine Kolonie zu gründen. Das Hinterland war von viehzüchtenden Hottentotten bewohnt, bis Seuchen sie dezimierten und die Stammesorganisation zusammenbrach. Die erste Siedlung und nachmalige Kolonie war von Anfang an auf Hottentotten als Diener und malayische und afrikanische Sklaven angewiesen. Die wildbeuterischen Buschmänner, von den Hottentotten in die wüstenhaften Striche des Inneren abgedrängt, vermieden Kontakte mit den Weißen, wenn nötig, mit Bogen und Giftpfeilen.

1806 ging die Kapkolonie in brit. Besitz über. In den folgenden fünfzig Jahren führten die Unstimmigkeiten zwischen den engl. und holländ., dann Buren genannten, Bevölkerungsteilen zu bewaffneten Zusammenstößen. Gleichzeitig befanden sich abwechselnd die Buren und die Holländer in kriegerischen Auseinandersetzungen mit afrikanischen Stämmen im östl. Kapland, in Natal und im Inneren Südafrikas. Der Versuch Englands, die Burenstaaten (Oranjefreistaat, Transvaal) einzuverbleiben, wurde von den Buren (1880–81) abgewiesen.

Die Entdeckung von Diamanten und Gold am Rand brachte europäisches Kapital ins Land und förderte die Industrialisierung. Der zweite Versuch der Buren, dem wachsenden Einfluß Englands Einhalt zu gebieten, führte zum Burenkrieg (1899–1902). Mit dem englischen Sieg und der Gründung der Südafrikanischen Union (1910) erreichte das Zusammenleben der beiden Bevölkerungsteile eine zeitweilige Lösung.

Die Industrialisierung erforderte die Einbeziehung von großen Zahlen von schwarzen Wanderarbeitern aus südafrikanischen Reservaten und dem Ausland. In kurzer Zeit wurden die Weißen zur Minderheit im Verhältnis 1:4. Gleichberechtigung hätte somit Nichteuropäern ein sofortiges Übergewicht im politischen Leben gegeben. Kompromißlösungen scheiterten im Laufe der Jahre. Nach 1948 sollte die Vorrangstellung der weißen Bevölkerung durch die Politik der Apartheid gesichert werden.

Die schwarzafrikanische Bevölkerung läßt sich in drei Gruppen teilen. Stammesangehörige leben in Reservaten (Homelands), wo die traditionelle Gesellschaftsordnung sich bis zu einem gewissen Grad noch erhalten hat. Eine zweite Gruppe wird von »Squatters« gebildet, die auf Farmen von weißen Besitzern leben und arbeiten und die ihre Stammesverpflichtungen noch mehr oder weniger anerkennen. Die meisten der schwarzen Stadtbewohner haben fast alle Beziehungen zur Stammesorganisation aufgegeben.

Ein weiterer Bevölkerungsanteil ist die Gruppe der Cape Coloured. Er hat seinen Ursprung in der seit Jahrhunderten erfolgenden Rassenmischung zwischen europäischen Kolonisten mit Bantu und Hottentotten. Eine hohe Geburtenrate hat ihre Anzahl im Verhältnis zu der weißen Bevölkerung wesentlich ansteigen lassen.

Asiaten, größtenteils Inder, zählen fast eine halbe Million. Sie wurden als Arbeiter auf die Zuckerpflanzungen eingeführt. Nur eine relativ kleine Zahl ist nach Indien oder Pakistan zurückgekehrt. Die meisten erzielen heute einen guten Lebensunterhalt als Geschäftsleute, Händler, Gärtner und in anderen mittleren Berufen.

Lit.: 1161–1240. Überblicke: 1161, 1172, 1201, 1205, 1216, 1227
Karte: Südafrika (Abb.: 147)

Süd-Sotho

Gruppe von Bantustämmen, die im mittleren Südafrika einen unabhängigen Staat (Lesotho, früher Basutoland) bilden und in der Republik Südafrika (RSA) das Heimatland Qwaqwa und die Distrikte Maluti und Herschel in Transkei bewohnen; ca. 4 Mio. Sprache: Sesotho zum südöstl. Bantu gehörig.

Die Sotho von Lesotho bestehen aus Stämmen (Digoja, Fokeng, Kwena, von denen sich andere abspalteten), die sich mit Altsiedlern und Flüchtlingen vermischten. Aus ihnen schweißte Mitte des 19. Jh. Häuptling Moshweshwe (Moshesh) mit diplomatischem Geschick eine staatliche Einheit, die sich gegen Zulu, Matabele und Buren erfolgreich verteidigte. 1867 stellte sie sich unter brit. Schutz. Aus dem brit. Protektorat wurde 1966 ein selbständiger Staat und Mitglied der UNO.

Die Wirtschaft der Süd-Sotho in einem gebirgigen, fast baumlosen Land, beruht auf Ackerbau und Viehzucht. Rinder wurden nur in den rites de passage (= Rituale bei Statusveränderungen) Geburt, Initiation, Heirat, Tod, und bei Regenzeremonien als Opfer geschlachtet; sie dienen der Vermögensbildung und dem Ansehen ihres Besitzers. Angebaut werden Sorghum, Mais, Bohnen, Melonen und Kürbisse. Dabei erzwingen die ökologischen Bedingungen die geballte Wohnung in Großdörfern, deren Einwohnerschaft eine ganze Häuptlingschaft umfaßt. Jagdgebiet, Acker und Weiden sind dementsprechend im Stammesgebiet verteilt, um das Ertragsrisiko zu mindern.

Die soziale Organisation der Süd-Sotho besteht aus totemistischen+ Klanen+, die nicht-exogam sind, d. h. sie gestatten die Heirat zwischen Mitgliedern eines Klans. Beachtenswert sind die mit dem Klantotem verbundenen Preislieder. Bevorzugt als Ehepartner ist die Tochter des Mutterbruders, in geringerem Maß die der Vaterschwester. Mitgliedschaft im Klan, Erbrecht und Nachfolge in der Familie und Lineageführung ist patrilinear geregelt. Die politische Organisation der Süd-Sotho bestand aus unabhängigen Häuptlingschaften, an deren Spitze nach der Einigung durch Moshweshwe oft Nachkommen aus dessen Dynastie traten.

Die wachsende Bevölkerungsdichte zusammen mit kolonialer Besteuerung zwang die Männer als Wanderarbeiter in den Industrierevieren der RSA Beschäftigung zu suchen. 1977 arbeiteten rund 165 000 Süd-Sotho v. a. in den Goldminen dort. Die Überweisungen aus ihrem Lohn sind von wirtschaftlicher Bedeutung für Lesotho. Die Industrialisierung Lesothos ist bis jetzt auf die Hauptstadt Maseru beschränkt geblieben.

Zu den Süd-Sotho gehören ethnisch auch die dem Heimatland Qwaqwa zugehörigen Afrikaner im Winkel zwischen Lesotho und Natal und die Minderheit in den Distrikten Maluti und Herschel von Transkei. Von den 2 Mio. Angehörigen dieser Gruppe lebten 1970 nur 200 000 in Qwaqwa selbst, 90% waren ständige Bewohner des Gemeinsamen Gebiets der RSA auf Farmen im Oranje-Freistaat und im Pretoria-Witwatersrand-Vereeniging-Revier. Arbeitskräfte aus Qwaqwa finden in den Grenzindustrien in Harrismith Beschäftigung. Einige Industrien werden in der Hauptstadt von Qwaqwa bei Witzieshoek angesiedelt. Man hofft auf den Aufbau von Touristik in den alpinen Bereichen der Drakensberge. Die Möglichkeit der Vereinigung mit Lesotho wird von Qwaqwa erwogen.

Lit.: 1162, 1169, 1173, 1223, 1239
Karte: Südafrika (Abb.: 147)

Swahili
Suaheli

Der Volksname Swahili ist vom arabischen Wort Sawahil abgeleitet und bedeutet »Küstenbewohner«. Die in früherer Zeit häufig im europäischen Schrifttum gebrauchte Bezeichnung Ki-Swahili (Kisuaheli) bezieht sich nicht auf die Ethnie, sondern auf die Sprache. Es ist heute jedoch weitgehend üblich geworden, von dem Swahili oder der Swahili-Sprache zu sprechen.

Seit dem 9. Jh. n. Chr. hatten sich arabische Kaufleute und Kolonisten an der ostafrikanischen Küste niedergelassen und mit den dort ansässigen negriden Sprechern von Bantu-Sprachen vermischt. Innerhalb des aus dieser Vermischung neu entstehenden Volkes setzten sich die letztgenannten gegenüber der Minderheit von hellhäutigen Einwanderern rassisch, sprachlich und kulturell durch. Jedoch wurden die S. islamisiert, ihre Kultur erhielt im materiellen und im geistigen Bereich ein orientalisches Gepräge, die Sprache nahm eine Vielzahl arabischer Lehnwörter auf.

Das Wohngebiet der S. umfaßt heute die Küstenzone von der Juba-Mündung in Somalia bis zum Kap Delgado an der Grenze zwischen Tansania und Mosambik sowie die vorgelagerten Inseln Sansibar und Pemba. Auch die ca. 300 000 Einwohner der Komoren stehen den S. ethnisch, sprachlich und kulturell nahe. Von den rund 420 000 Bewohnern der Inseln Sansibar und Pemba sprechen etwa vier Fünftel S. als Muttersprache. Die Zahl der S. auf dem ostafrikanischen Festland ist schwer zu ermitteln, da sich in einigen Gebieten die Grenzen zwischen S. als Erst- und als Zweitsprache zu verwischen beginnen. Sie dürfte in Kenia und Tansania bei insgesamt einigen Hunderttausend liegen.

Die S. sind traditionellerweise eine dem Meer zugewandte Bevölkerung. Handel und Fischfang gehören seit jeher zu den wichtigsten wirtschaftlichen Betätigungen. Auslegerboote, die Nutzung der Betelnuß und der Kokospalme erinnern an südasiatisch-indonesische Einflüsse. Im 18. Jh. wurde Sansibar der Sitz eines Sultanates und zum Umschlagplatz eines in das Innere Ostafrikas gerichteten Handels, den aus Oman eingewanderte Araber beherrschten. Sie waren vor allem an Elfenbein und Sklaven interessiert, die sie mit ihre Schiffen nach Asien weiterverhandelten. Am Ende des 19. Jh. sahen europäische Mächte eine moralische Rechtfertigung ihrer auf die Errichtung von Kolonien abzielenden Politik unter anderem darin, den für das Innere des Landes destruktiven Menschenhandel zu unterbinden.

Die von Sansibar und anderen Hafenstädten ausgehende Handelstätigkeit führte in großen Teilen Ostafrikas zu einer Ausbreitung des S. als Verkehrssprache. Schon vor dem 18. Jh. war S. eine Schriftsprache geworden, die z. T. bis in die Gegenwart mit arabischen Lettern geschrieben wurde. Wie bei den meisten Bantu-Sprachen liegt eine charakteristische Eigenschaft darin, daß bestimmte Gruppen von Objekten, z. B. Pflanzen, zu »Klassen« zusammengefaßt und mit ganz bestimmten grammatikalischen Merkmalen bedacht werden.

Da die europäischen Kolonialmächte an der Ausbreitung von Verkehrssprachen in Gebieten mit großer ethnischer Zersplitterung interessiert waren, begünstigten sie die Ausbreitung des S. Nach der Unabhängigkeit von Tansania (1961) wurde S. Staatssprache für die (heute ca. 16 Mio.) Einwohner dieses Landes. Kenia (heute ca. 14 Mio. Menschen) folgte 1974 mit der Einführung des S. anstelle von Englisch, doch hat es sich dort als Lingua franca noch nicht überall durchsetzen können. Bedeutsam ist S. als Zweitsprache auch in Uganda, Ruanda, Burundi, im östl. Zaire und im nördl. Mosambik.

Lit.: 1051, 1077, 1082, 1095
Karte: Zentral- u. Ostafrika (Abb.: 106)

Swazi
Swasi

Zweig der SO-Bantu, von denen etwa 200 000 im eigentlichen »Swasiland« und weitere 50 000 in der Südafrikanischen Republik und in Mosambik leben. Ihre Sprache (Siswati) gehört zum südöstl. Bantu; es hat Elemente des Khoisan (Buschmänner, Hottentotten) aufgenommen.

Das Klima des S.-Gebietes, das sich über mehrere Höhenzonen erstreckt, eignet sich vorzüglich zur Landwirtschaft und Viehzucht. Großgehöfte bilden zugleich die wirtschaftlichen und sozialen Grundeinheiten; es gab ursprünglich weder Dörfer noch Städte. Die Gehöfte werden von einem Familienoberhaupt patriarchalisch regiert und umfassen dessen Frauen, unverheiratete Kinder, erwachsene Söhne mit ihren Familien, wie auch vielfach entferntere landlose Verwandte. Vielehen sind üblich, obwohl nur der König mehr als zehn Frauen heiraten darf.

Der S.-Staat entstand durch die Ausdehnung der Macht der Ngwane-Häuptlinge Sobhuza und Mswazi (1820–40–75) über ortsansässige Sothogruppen. Ein engerer Zusammenhalt wurde erzielt durch Integration der unterworfenen Völker in die Rituale (v. a. beim Erste-Früchte-Fest), die das dual-monarchistische Regierungsprinzip untermauerten. Der König und dessen Mutter üben nebeneinander die Regierungsgewalt aus. Das Königtum ist im Nkosi-Dlamini-Klan erblich, einem Klan, der mit den Zulus eng verwandt ist. Welcher der Prinzen zum König gewählt wird, hängt ab von der Rangstellung seiner Mutter unter den Frauen seines Vaters.

Die S. legen großen Wert auf Recht und Gesetz in der Beilegung aller Streitigkeiten und gesellschaftlichen Konflikte. Fälle, die nicht auf Verwandtschaftsebene entschieden werden können, werden an öffentliche Gerichte weitergeleitet.

Bis zur Jahrhundertwende hatte der Einfluß der Europäer wenig Veränderungen verursacht, obwohl mit dem Goldrausch 1884 viele Weiße ins Land gekommen waren. Erst die Besteuerung durch die brit. Kolonialmacht zwang v. a. die jüngeren Männer Lohnarbeit zu suchen (seit 1902). Unter brit. Oberhoheit wurden der Macht des Königs Grenzen gesetzt. Erst nach dem Zweiten Weltkrieg erfuhr die Wirtschaft eine Belebung durch Investitionen in Land- und Forstwirtschaft und dem Abbau von Bodenschätzen. Die staatliche Entstehung von Swasiland, nach Gambia der zweitkleinste Staat Afrikas mit 420 000 Ew., und der Hauptstadt Mbabane, geht auf 1906 zurück, als das Land eine eigene Verwaltung erhielt. Die Regierung lag in den Händen eines »Swasi National Council«, der dem König unterstand. 1964 wurden Parteien geschaffen, und die erste Wahl fand statt. Es setzte sich die Königstreue Nationale Sammlungspartei (Imbokodvo) durch. 1968 wurde Swasiland politisch als konstitutionelle Monarchie ein unabhängiger Staat, in der der König den Titel Ngwengyama führt (seit 1921 Sobhuza II, aus dem Klan der Dlamini). Er hat beträchtliche Vollmachten. Ihm stehen Senat und Unterhaus zur Seite. 1973 wurde die Verfassung vom König außer Kraft gesetzt und alle Staatsgewalt in seinen Händen vereinigt.

Lit.: 1195, 1196, 1198, 1206
Karte: Südafrika (Abb.: 147)

Tadschiken

Eine Ableitung von der frühmittelalterlichen persischen Bezeichnung für die Araber *Tazi*, die später als Bezeichnung für Muslime allgemein und damit auch zugleich für die sehr früh islamisierten, Iranisch sprechenden Gruppen Zentralasiens gebraucht wurde. Die heutigen T. sind kaum als Ethnie im eigentlichen Sinn zu bezeichnen. Bindeglied des überwiegenden Teils der T. ist ihre westiranische, dem Neupersischen eng verwandte Sprache, je nach Wohnort stark mit fremden Sprachelementen vermischt. Das Siedlungsgebiet der T. reicht von Zentralasien bis nach S-Afghanistan, vom Iran bis in die westl. Randprovinzen Chinas. In der UdSSR leben 2,2 Mio. T., besonders in der Tadschikischen SSR, in Afghanistan 2–3 Mio., im Iran ca. 25 000, in den westlichsten Randgebieten der VR China mehrere Tausend. Kulturelle Unterschiede zwischen den T. Afghanistans und jenen der UdSSR bestanden in der Vergangenheit kaum; erst seit Beginn der Sowjetzeit kam es zur Auseinanderentwicklung. Eine früher wie noch heute weit schärfer geschiedene Gruppe innerhalb der T. sind die Berg-T. des Pamir-Raumes, die dort in schwer zugänglichen Hochtälern leben. Seit der Trennung zweier Interessensphären zwischen England und Rußland entlang des Panj, 1895, sind sie politisch geteilt in russische (sowjetische) und afghanische Berg-T. Eine dritte Gruppe der Berg-T. sind die auf dem chinesischen Pamir wohnenden Sarikoli. Im Gegensatz zu den T. der Ebenen sprechen die Berg-T. verschiedene ostiranische Dialekte. Durch ihre Rückzugslage wurden sie weit weniger von den verschiedenen Wogen berührt, die immer wieder über die zentralasiatischen Ebenen hereinbrachen, und sind daher bis heute – selbst im sowjetischen Herrschaftsbereich – weit altertümlicher und kulturell eigenständiger geblieben.

Der Siedlungsraum der T. reicht von Wüsten- und Halbwüstengebieten bis zu Hochgebirgszonen; große Teile dieses Gebietes sind für den Bodenbau nicht nutzbar zu machen. Grundlegend für jede Bodenbewirtschaftung war die Bewässerung, selbst noch in ungünstigen Hochlagen im Gebirge. Kultiviert wurden Getreide, Obst und Gemüse in den Ebenen, in den Bergen vor allem Hülsenfrüchte, aus denen auch Mehl gewonnen wurde, Nüsse und Obst, das in getrocknetem Zustand ebenfalls vermahlen wurde. Alljährliche Hungerszeiten im Frühjahr waren für die Berg-T. normal. Viehzucht spielte in den Ebenen mehr als Hilfszweig für die Landwirtschaft eine Rolle; im Gebirge war die Viehwirtschaft für die Ernährung, insbesondere die Vorratshaltung wichtig (Ziegen, Schafe, Rinder als Arbeitstiere). Im Frühjahr trieb man die Herden auf die Hochalmen. Ein beträchtlicher Teil der T. sowohl in Afghanistan wie Rußland lebte jedoch nicht auf dem Land, sondern in den Städten (Buchara, Kabul, Kunduz usw.) als Händler und Handwerker. Der Grundtypus des tadschinkischen Hauses war sowohl in den Städten der Ebene wie in den Vorbergen oder sogar im Hochgebirge zu finden: ein Rechteckhaus mit Flachdach und vorgebauter Terrasse, im Gebirge aus Steinen, in tieferen Lagen aus Lehm. Die städtischen Häuser waren nur die kompliziertere Abwandlung dieses Grundmodells, geräumiger und mit einer abgetrennten Frauenhälfte. Das Familienleben unterschied sich allerdings beträchtlich; den Ausschluß der Frau von jedem öffentlichen Leben, wie er in der Stadt üblich war, konnte man sich in den armen Bergregionen – überhaupt auf dem Land – gar nicht leisten. Die Großfamilie+, oft mehrere Dutzend Personen, bewohnte das Haus gemeinsam. Sie bildete eine wichtige Wirtschaftseinheit mit eigenen Herden, Feldern und Handelsbeziehungen und vor allem einem festen Wasseranteil bei der Bewässerung. Die zentrale politische Führung im tadschikischen Siedlungsbereich lag in Westturkestan bei den usbekischen Dynastien von Buchara und Khokand, in Afghanistan bei den paschtunischen Fürstengeschlechtern, seit dem 18. Jh. den afghanischen Königen paschtunischer Herkunft. In den Berggebieten des Pamir dagegen herrschten in den einzelnen Tälern lo-

Abb. 194: Die Städte Zentralasiens waren bis zur Oktoberrevolution Zentren des Islam. Kunstvolle Kachelarbeiten sind typisch für Bauten aus dieser Zeit. Grabanlage aus Samarkand. (Foto: Pahlke)

kale iranische Dynastien, deren Vertreter ihre kärglichen Einkünfte nicht selten durch den Handel mit Sklaven – eigenen Untertanen oder fremden Gefangenen – nach Westturkestan aufbesserten. Ihrer Religionszugehörigkeit nach waren die T. sowohl der UdSSR wie auch Afghanistans Sunniten; die Berg-T. allerdings – auch jene in China – gehören zur Ismailia, die im 11. Jh. durch Nasir-e Chosrau nach Badakhshan gebracht wurde. Das Oberhaupt der Ismailiten, der Aga Khan, wurde durch örtliche Stellvertreter, die Pir, repräsentiert. Die nach wie vor bestehende Beziehung der Gläubigen in der UdSSR und der VR China zum Aga Khan, vor allem der Einzug der ismailitischen Steuer, des Zehnten, führte noch bis in jüngste Zeit zu illegalen Grenzübertritten. Während sich im Flachland die vorislamischen Glaubensformen der T. unter dem nivellierenden Einfluß des Islam weitgehend verloren haben, konnten sie sich im Gebirge unter dem weiten Mantel der toleranten Ismailia erhalten: Ackerbaufeste, wie das rituelle Pflügen und Ernten, die Vorstellung von einer Priestersippe, die als direkte Nachfahren des ersten, von Gott selbst eingesetzten Bauers gelten, der Glaube an gute und böse Wesen, die die Berge und Wälder bewohnen, dazu dualistische Vorstellungen, die an zoroastrische Glaubensformen erinnern. Allgemein tadschikisch ist das alte persische Nauruz-Fest zur Frühjahrstagundnachtgleiche, ebenso die Verehrung pseudoislamischer Heiliger an besonderen Kultstätten.

Die Ethnogenese[+] der T., die im 9. und 10. Jh. z. Zt. der Samaniden als abgeschlossen gilt, ist ein Spiegelbild der wechselnden Geschicke des westturkestanisch-afghanischen Raumes: seßhaft gewordene Saken und Massageten, Sogdier, Choresmier und Baktrier können als ihre Vorfahren gelten. Und ähnlich war der ausgedehnte Siedlungsraum der T. Teil der verschiedensten Staatsgebilde, wie jenem der Achämeniden, Graeco-Baktrier, Kuschan und Hephtaliten, um nur einige zu nennen. Die originär tadschikischen Staatsgründungen, wie eben jene der Samaniden, wurden schon im 11. Jh. von türkischen, später dann mongolischen Dynastien abgelöst. Dennoch war es den türkischen, insbesondere usbekischen Elementen, die verstärkt seit dem Untergang der Timuriden in den tadschikischen Siedlungsbereich eindrangen, nicht möglich, die Iranier kulturell zu überlagern, ja es fand sogar der umgekehrte Vorgang, nämlich die Assimilierung der Türken an seßhafte iranische Lebensformen statt. Weitgehend unbeeinflußt von all diesen Entwicklungen blieben allein die Berg-T.

Das politische Schicksal der T. war seit dem Mittelalter geteilt: im N herrschten verschiedene usbekische Dynastien, im S standen die T. unter der Herrschaft der indischen Mogul, der iranischen Safawiden und lokaler afghanischer Fürsten, seit Mitte des 18. Jh. unter dem nationalafghanischen Königshaus der Durrani. Nur in den Berggebieten regierten noch immer alteingesessene Fürstenfamilien, die den umliegenden Staaten oft tributär waren.

Die politische Zerrissenheit der T. wurde durch die Kolonialmächte England und Rußland 1895 besiegelt: der Amu Darja wurde als Grenze zwischen russischer und britischer Einflußsphäre festgelegt und damit die kulturelle Auseinanderentwicklung der T. vorprogrammiert. Während die afghanischen T. nur einen sehr langsamen Zugang zur Moderne fanden, wurde diese Entwicklung bei den russischen T. durch die Revolution – oft gegen starken tadschikischen Widerstand – forciert. Maßnahmen wie die Kollektivierung und Enteignung, ebenso die antireligiösen Kampagnen führten zur Stärkung der Basmatschi-Widerstandsbewegung (→ Usbeken), die – obwohl teils pan-türkisch orientiert – unter den Iraniern des tadschikischen Berggebietes die ausdauerndste Anhängerschaft besaß. Erst um 1930 gingen die Kämpfe gegen die Rote Armee zu Ende. Auch heute noch werden insbesondere aus diesen unzugänglichen Berggebieten, in denen sich der Widerstand am längsten halten konnte, so manche Verstöße gegen die Ideologie gemeldet, wie u. a. Polygynie+, Kinderheirat, Zahlung von Brautpreisen. Die religiösen Bindungen unter der älteren Generation sind noch weitgehend erhalten, der Kontakt zum Aga Khan riß nie ganz ab. Trotz Fehlplanungen und Härten ist es jedoch unbestreitbar, daß die T. der UdSSR, insbesondere jene der Tadschikischen SSR, einen weit höheren Lebensstandard genießen als ihre afghanischen Brüder: neue Bewässerungssysteme, verbesserte Getreidesorten, die Intensivierung des Baumwollanbaus, die Einführung bislang unbekannter Nahrungspflanzen auch im Gebirge (Kartoffel und Mais), die Verbreitung der Bienenhaltung und Seidenraupenzucht und nicht zuletzt die verkehrsmäßige Erschließung, die als Grundlage jeglicher Fortentwicklung in diesem Gebiet angesehen werden muß, haben dazu mit beigetragen.

Lit.: 116, 125, 135, 136
Karte: Zentral- u. Nordasien (Abb.: 97)

Tahitier

Die Bewohner der im mittl. Südpazifik gelegenen Gesellschaftsinseln (ca. 17° s. Br. – 150° w. L.) werden nach der größten Insel Tahiti (Hauptstadt Papeete) benannt, die 1767 von dem Briten Samuel Wallis entdeckt wurde. James Cook erforschte den Archipel ab 1769. 1967: ca. 81 000 (66% Polynesier, 25% Europäer, 10% Chinesen).

Archäologische Daten weisen darauf hin, daß die Polynesier die Gesellschaftsinseln schon in den letzten Jahrhunderten vor der Zeitenwende erreicht hatten und für lange Zeit die Verbreitung der polynesischen Kultur von hier aus ihren Anfang nahm. Aus der Bauweise der steinernen Kultanlagen – vor allem die Insel Raiatea stellte in alter Zeit ein geheiligtes Zentrum dar – kann geschlossen werden, daß die Kultur der T. im wesentlichen schon seit dem 14. Jh. entwickelt war.

Die frühen Schilderungen, die über Tahiti nach Europa gelangten, waren außerordentlich euphorisch und wenig sachbezogen. Sie erweckten im zivilisationsmüden Abendland schwärmerische Phantasien. Eine wirklichkeitsfremde Südseeromatik entstand, die noch bis in die Gegenwart hineinwirkt: »... ich kann Euch sagen, daß es sich um den einzigen Winkel der Erde handelt, in dem Menschen ohne Laster, ohne Vorurteile, ohne Bedürfnisse und ohne Zwietracht wohnen«, urteilte 1768 der Schiffsarzt de Commerson über Tahiti und seine Bewohner.

Die Lebensgrundlage der T. beruhte auf dem Anbau und dem Fischfang. Ihre materielle Kulturausstattung war schlicht, technisch gesehen erhob sie sich nicht über den Stand der Steinzeit. Die Verhältnisse im gesellschaftlichen und religiösen Bereich waren dafür um so komplexer: Der Gesellschaftsaufbau der T. war – dem polynesischen Grundmuster folgend (→ Polynesier) – streng hierarchisch gegliedert.

Das religiöse Leben der T. gruppierte sich um den Kultbund der arioi, der Angehörigen aller Gesellschaftsschichten zugänglich war. Der Kriegsgott Oro galt als der Begründer des Ordens. Vorbedingung für die Zugehörigkeit zu den arioi war Kinderlosigkeit. Der Bund gliederte sich in sieben Ränge – die oberen waren den ari'i vorbehalten. Die arioi waren als Zeichen ihrer Mitgliedschaft tatauiert. Neben der Verehrung Oros widmeten sie sich der Vorführung von Tänzen, Ringkämpfen und Schauspielen.

Die politische Geschichte der Gesellschaftsinseln war bis zur Ankunft der Europäer durch Reibereien und Kriege zwischen den verschiedenen Distrikthäuptlingen charakterisiert, die auf einer der Inseln die Vorherrschaft zu erzielen suchten. Die an strenge Monarchien gewöhnten Europäer verhalfen im 18. Jh. dem Herrscher Tu (später Pomare genannt) ihres Landungsplatzes Matavai zur Alleinherrschaft über die Insel Tahiti. 1842 wurde Tahiti durch Admiral Dupetit Thouars formell für Frankreich in Besitz genommen. 1880 verzichtete Pomare V. auf seinen Herrschaftsanspruch und übertrug seine Machtbefugnisse offfiziell der franz. Regierung. 1888 wurden die Inseln Huahine, Raiatea und Borabora franz. Kolonie.

Als der franz. Maler Paul Gauguin 1891 nach Tahiti kam, um hier das unverfälschte, naturverbundene Leben der Südseeinsulaner zu studieren, gehörte die traditionelle Kultur der T. bereits der Vergangenheit an. Sie ist unter dem Einfluß Europas binnen kurzem zerstört worden, noch ehe sie eingehend studiert werden konnte. Eingeschleppte Krankheiten (Pocken, Tuberkulose) brachten vielen T. den Tod. Der Alkohol wirkte zersetzend und trug entscheidend zur Zerstörung der althergebrachten Sitten und Gebräuche bei.

1830 war die Zahl der T. auf 9000 gesunken. Heute sind die T. Anhänger der römisch-katholischen Kirche. Politisch sind die Gesellschaftsinseln Teil des Territoriums »Französisch-Polynesien«, ca. 130 Inseln, die sich über eine Meeresfläche von 4 Mio. km² verteilen, umfaßt. Man unterscheidet fünf Hauptgruppen: neben den Gesellschaftsinseln die Tuamotu-, Marquesas-, Gambier- und Austral-Inseln. Verwaltungssitz ist Papeete.

1974 wohnten in diesem Gebiet 134 000 Menschen. Von den ca. 40 000 Erwerbsfähigen leben heute nur noch 700 als Pflanzer und Fischer.

Mit der Eröffnung des Flughafens Papeete kam der Massentourismus: 1974 kamen 84 600 Touristen nach Tahiti. Fremdenverkehr und Nuklear-Industrie, die seit 1963 über Testbasen auf den Atollen Mururoa und Fangataufa, 900 km östl. von Papeete, und einer Kommando-Zentrale auf Tahiti verfügt, verschafften der einheimischen Bevölkerung neue Arbeitsplätze, verdrängten ihre Selbstversorgerwirtschaft und machten sie von den Konsumgewohnheiten westl. Industriestaaten abhängig. Schon Ende 1963 wurde auf Tahiti (Länge des Straßennetzes 1974: 200 km) das zehntausendste Auto registriert. Tahiti hat heute eine der höchsten Pro-Kopf-Motorisierungsraten der Welt.

Den Kontakt mit Europa haben die T., wie heutige Bevölkerungszahlen demonstrieren, physisch überlebt. Ihre ethnische und kulturelle Identität ist dabei jedoch verlorengegangen.

Seit 1967 fordern die T. Autonomie in ihrer Selbstverwaltung – auch sind Bestrebungen nach politischer Unabhängigkeit zu verzeichnen.

Lit.: 384, 407
Karte: Ozeanien (Abb.: 132)

Tai-Völker

Die T. bilden mit ca. 65 Mio, nach den Chinesen die zahlreichste Bevölkerungsgruppe Festland-Südostasiens. Außer in Thailand und Laos, wo sie die Staatsvölker sind, finden sie sich in größerer Anzahl in NO-Birma, N-Vietnam und SW-China. Sprachen: Tai-Kadai. Im wissenschaftlichen Sprachgebrauch hat sich zur umfassenden Kennzeichnung die Schreibweise »Tai« eingebürgert, während »Thai« lediglich die Bewohner Thailands (Siamesen) bezeichnet.

Der Begriff »T.« bezieht sich in erster Linie auf sprachliche Zugehörigkeit. Darüber hinaus haben die verschiedenen Tai-Gruppen in ihrem weiten Verbreitungsgebiet unter Fremdeinflüssen unterschiedliche Kulturformen entwickelt. Gemeinsame Merkmale sind die Vorliebe für ein Leben in der Ebene bzw. in großen Gebirgstälern, die Siedlungsweise in lose strukturierten Pfahlbau-Dörfern (möglichst an Wasserläufen) sowie der Reisanbau (Pflug) auf Bewässerungsfeldern. Die Chuang, Chung-chia und Tung der chinesischen Provinzen Kweichow und Kwangsi sowie die Tho und Nung der angrenzenden nordvietnamesischen Gebiete sind so weitgehend sinisiert bzw. vietnamisiert, daß sie in Wirtschaftsweise, Sozialstruktur und in ihrem äußerlichen Erscheinungsbild kaum von ihren Nachbarn zu unterscheiden sind. Sie besitzen auch keine eigenständige politische Organisation. Wegen ihrer bevorzugten Siedlungsweise in Pfahlhäusern an Flußufern werden die Chuang von Kwangsi von den Chinesen häufig als »Wasser-Leute« bezeichnet.

In den Flußtälern des westl. Berglandes von Tongking hatten sich vor der Einführung der franz. Kolonialverwaltung die Weißen, Schwarzen und Roten Tai (Benennungen nach den Farben der Frauentrachten) in »Muang«, kleinen selbständigen Fürstentümern, organisiert, die von Adelsfamilien beherrscht wurden. Die Chao Muang (»Herren der Muang«), deren Amt in der Vaterlinie erblich war, waren theoretisch die alleinigen Eigentümer des Bodens. Da sie ihre Stellung aus einer besonders engen Verbindung ihrer Familien zum obersten Geist des Bodens herleiteten, konnten nur sie, unterstützt von Priestern aus bestimmten anderen Familien, den Kult dieser mächtigen Schutzgeister leiten. Wirtschaft: Bewässerungs-Pflugbau (Reis), bei Landknappheit ergänzt durch Brandrodungs-Feldbau+ an Berghängen (Reis, Mais, Opium, Baumwolle, Knollenfrüchte); Aufzucht von Büffeln und Pferden (Zug- und Transporttiere), Schweinen, Geflügel und Hunden; Netzfischerei; Jagd mit der Armbrust; chinesische und vietnamesische Händler tauschten Manufakturwaren gegen Opium, größere Dörfer hatten eigene Märkte. Auf derselben wirtschaftlichen und politischen Organisationsform beruhten auch die »Muang« der Nüa und Lü (v. a. in der chines. Provinz Yünnan), der Schan und der Khün (NO-Birma, z. T. auch Yünnan). Sie hatten jedoch von den sakralen Königreichen der Mon-Khmer und der Birmanen den Hinayana-Buddhismus als »Staatsreligion« sowie auch andere Elemente des indischen Hochkulturbereichs übernommen (v. a. Schrift). Ihre Führer (jetzt »Chao Fa« = »Prinzen« genannt) legitimierten ihre Rolle außer durch den Kult der Geister des Bodens durch ihre quasi göttliche Stellung innerhalb des buddhistischen Weltbildes. Die zahlreichen, oft kleinen Muang lagen häufig in Fehde miteinander.

Ihren Höhepunkt hat die politische Differenzierung bei den südlichsten Tai im heutigen Laos und Thailand (»Muang Thai«) erfahren, die den Staatsaufbau der mittelalterlichen Khmer-Großreiche übernahmen. Der König herrschte mittels eines weitverzweigten Beamtenapparats absolut, es gab die Einrichtungen der Zwangsarbeit und des Wehrdienstes. Das Leben auf dem Lande wurde hiervon jedoch in Friedenszeiten wenig berührt und hat außerhalb der städtischen Zentren bis heute seinen ursprünglichen Stil bewahrt. Ein typisches Thai- (bzw. laotisches) Dorf besteht aus einer losen Ansammlung von Pfahlhäusern (vorzugsweise an einem Fluß oder Kanal) und ist von bewässerten Reisfeldern umgeben. In den Gärten rings um die Häuser gedeihen tropische Früchte, Gemüse und Gewürze. Wasserbüffel, Schweine und Hühner werden als Haustiere gehalten, Fischfang ergänzt die Nahrung. In den Familien, die in diesen individualistischen Gesellschaften weitgehende Selbständigkeit gegenüber den Dorfgemeinschaften behalten, folgen Abstammungsrechnung und Vererbung dem bilateralen Prinzip (im Gegensatz zu den stärker sinisierten bzw. vietnamisierten nördl. Tai, wo beides der Vaterlinie folgt). Mittelpunkt des Dorfs ist der buddhistische Tempel (dessen Versammlungshalle auch profanen Zwecken dient), in den die meisten Männer vorübergehend als Mönche eintreten. Die Mönche spielen eine wichtige Rolle bei Zeremonien, die den Jahresablauf markieren, aber auch bei Hochzeiten und Bestattungen. Gaben an Mönche gelten als Verdienst, das sich bei künftigen Wiedergeburten auswirkt. Neben der »offiziellen« Religion wird eine große Zahl von Boden- und anderen Naturgeistern verehrt. Beim häuslichen Ahnenkult spielt die Frau eine dominierende Rolle.

In frühgeschichtlicher Zeit bewohnten T. weite Teile des heutigen Mittel- und Südchina, wo sie von den seit dem 1. Jt. v. Chr. von N her vorstoßenden Han-Chinesen unterworfen oder abgedrängt wurden. Die Bildung von Tai-Fürstentümern an der südwestl. Peripherie des chinesischen Reiches geschah häufig in der Form des allmählichen Vordringens kleiner Tai-Gruppen, deren gut organisierte Eliten schließlich die Herrschaft über eine mehrheitlich aus Nicht-Tai bestehende Bevölkerung übernahmen und diese sprachlich und kulturell assimilierten. (So läßt sich z. B. der weitaus größte Teil der heutigen Bewohner Thailands auf Mon-Khmer-Vorfahren zurückführen.) Starke Führerpersönlichkeiten erlangten wiederholt die Kontrolle über größere Gebiete und errichteten Königreiche, so im 13. Jh. das Reich der Ahom (Assam, bis Anfang des 19. Jh.) sowie die Staaten von Lannathai (N-Thailand) und Siam (nördl. Zentral-Thailand); im 14. Jh. entstand das Königreich von Lan Xang (Laos). Um dieselbe Zeit dehnte sich Siam auf Kosten der Khmer nach Süden bis auf die malaiische Halbinsel aus und verteidigte sich in den folgenden Jahrhunderten erfolgreich gegen die Khmer im W und die Birmanen im O. Die

Abb. 195: Ansiedlung in den Ebenen und großen Tälern sowie Reisanbau auf Bewässerungsfeldern sind typisch für die Lebensweise der Tai-Völker. Zu jedem Dorf der südlichen Tai gehört eine buddhistische Tempelanlage, die geistiges und politisches Zentrum der Gemeinschaft ist. Nord-Thailand. (Foto: Mischung)

Tai-Fürstentümer in Vietnam und Birma verloren ihre Autonomie während der Kolonialzeit, die in Yünnan im Gefolge der chinesischen Revolution. Die Schan Birmas verfügen heute über einen eigenen Unionsstaat, spielen jedoch aufgrund ihres traditionellen Antagonismus gegenüber der Zentralregierung eine prominente Rolle im Bürgerkrieg dieses Landes. Thailand (Siam) konnte im 19. Jh. als einziger Staat Hinterindiens seine Unabhängigkeit wahren. Obwohl das Land seit 1932 konstitutionelle Monarchie ist, genießt der König noch heute fast absolute moralische Autorität. Die Lebensgrundlage der Thai-Bauern ist infolge Übervölkerung und Landverlust (Verschuldung, Entstehung und Ausbreitung von früher unbekanntem Großgrundbesitz) von der Zerstörung bedroht.

Lit.: 212, 228, 229, 240, 250, 267, 274, 280, 295
Karte: Hinterindien (Abb.: 70)
Abb.: 195

Takana

Indianisches Bauernvolk in O-Bolivien (nördl. von La Paz zwischen oberem Madidi, Tuichi und Beni), ca. 4000. Sie bauen ungiftigen Maniok, Bananen, Mais u. a. an. Nach vergeblichen Versuchen der Inka, die T. zu unterwerfen, drangen im 16. Jh. Spanier ein. Bald darauf setzte eine intensive Missionierung ein, die viele T. in Missionssiedlungen konzentrierte. Dauerhafte Erfolge verzeichnete die Missionierung aber erst im 19. Jh. Seit 1883 wanderten viele T. in die Kautschukgebiete ab, oder wurden dorthin verschleppt. Hinzu kam die Abwerbung zu Arbeiten in der Schiffahrt auf dem Rio Beni, bei der Paranuß-Ernte und in den Goldminen. Bei all diesen Arbeiten kamen viele T. infolge schlechter Arbeitsverhältnisse um. Seit 1939 wurden in ihrem Gebiet staatliche Schulen errichtet, die weitere Veränderungen des traditionellen Lebens bewirkten. Dennoch bewahrten die T. bis in die 2. Hälfte des 20. Jh. eine sehr konservative Treue zu ihren Traditionen.

Lit.: 727

Talamanca

Sammelname für die zur Chibcha-Sprachfamilie gehörigen Indianer vom südl. Nicaragua bis ins westl. Panama; ca. 40 000. Zu ihnen gehören die T. im engeren Sinn (Cabécar und Bribri) im O und S von Costa Rica, die Guatuso im N von Costa Rica und als größte Gruppe die (von vielen nicht zu den T. gerechneten) Guaymí im W von Panama.

Die T. mit Ausnahme des südl. Teils der Guaymí sind Waldbauern, deren Wirtschaftsweise an die der Indianer des nordwestl. Südamerika erinnert. Die südl. Guaymí leben nicht im tropischen Tiefland, sondern an Berghängen. Grundnahrungsmittel sind Bohnen, Mais und verschiedene Bananenarten. Hinzu kommen Palmfrüchte u. a. m. Da Bananen und Fruchtbäume im Vergleich etwa zu Mais oder Maniok weniger Arbeitszeit benötigen, wird mehr Zeit für andere Aktivitäten frei, etwa für Jagd oder Sammeln von Wildhonig. Das erinnert etwa an die → Yanoama, doch sind die T. im Gegensatz zu diesen sehr seßhafte Bauern, die ihr Dorf nicht so oft verlassen.

Ein Teil der T. bewohnt zu mehreren Familien je ein großes Gemeinschaftshaus. Im übrigen stehen die Häuser öfter allein, ohne starken sozialen Zusammenhang mit Nachbarhäusern. Wo Einfamilienhäuser zu regelrechten Dörfern zusammenstehen, ist dies wohl ein Ergebnis des Kolonialismus: Die Spanier zogen insbesondere in Costa Rica die Unterworfenen zur besseren Kontrolle in Dörfern zusammen. Die Felder sind Privatbesitz und werden von den Einzelfamilien bewirtschaftet, wodurch die Stellung der (ja auch oft allein siedelnden) Einzelfamilie gestärkt ist. Notwendige Gemeinschaftsausgaben, wie etwa die Instandhaltung einer Straße, werden von freiwilligen Zusammenschlüssen der Nachbarn erledigt. Diese Verbände, zunächst eine Art Bürgerinitiativen, tendieren heute zu stärkerer Organisation und werden oft zu Genossenschaften, die den Absatz von Produkten, wie z. B. Bananen, organisieren. Innerhalb der Familie herrscht eine paternalistische Zucht, die sich darin ausdrückt, daß Heiraten von den Eltern des Brautpaares ausgemacht werden.

In den einzelnen Zonen bestimmen Häuptlinge, deren Amt theoretisch in väterlicher Linie erblich ist. Darüber gibt es Oberhäuptlinge, die meist aus jeweils einer bestimmten Familie kommen und in dieser gewählt werden. Das Häuptlingtum, schon von der spanischen Lokalorganisation beeinflußt, ist heute unter den Einfluß staatlicher Stellen geraten, die die Häuptlinge als Mittler ihrer Autorität benutzen.

Obwohl äußerlich Christen, haben die T. einen mit dem christlichen Gott nicht ganz übereinstimmenden Schöpfer, der sich die Welt als Haus und das Firmament als Dach baute. Er ist wie die Luft, unsichtbar und überall. Die Menschen säte er als Samen aus. Mit der Großen Mutter zeugte er einen Sohn, der die Menschen das Leben als seßhafte Bauern lehrte. Unter Gott gibt es eine Reihe weiterer Gottheiten und Geister, so die Mutter Erde (ein Jaguar), den Herrn der Winde, der gegen die bösartigen Wasser-Jaguare kämpft, und menschengestaltige Sippenschutzgeister. Die Welt ist sechsteilig. So liegt unter unserer Erde die Welt der Krankheiten, die von dort zu uns durchbrechen und von den Medizinmännern an das Gebot des Schöpfergottes, der die Krankheiten von hier verbannte, erinnert werden müssen. Besondere Totenriten sollen den Aufstieg der Verstorbenen in die Welt Gottes ermöglichen.

Auf der Landbrücke zwischen dem mexikanisch-mittelamerikanischen und dem zentralandinen Hochkulturgebiet, standen die T. bei Ankunft der Spanier im 16. Jh. an der Schwelle zur Hochkultur. Dies zeigte sich etwa in der ausgebildeten staatlichen Organisation, den kleinen Fürstentümern, die sich zu mehreren Großfürstentümern unter jeweils einem als höheres Wesen betrachteten, religiösen und weltlichen Aufgaben verbindenden Herrscher zusammengeschlossen hatten. In der Gesellschaft wurden deutlich mehrere Klassen unterschieden: die Vornehmen, die Gemeinen und die Sklaven (kriegsgefangene Frauen und Kinder). Zwischen den Fürstentümern wurden häufig Kriege ausgetragen, großenteils mit dem Ziel, die kriegsgefangenen Männer den Göttern zu opfern, Frauen und Kinder zu Sklaven zu machen.

Diese kriegerische, sozial geschichtete, von einem komplexen Götterglauben bestimmte Gesellschaft brach in der Folge der europäischen Invasion zusammen. Beim ersten Angriff schlossen sich viele Kleinfürstentümer zunächst zu strafferorganisierten Gemeinschaften zusammen, die den Spaniern heftigen Widerstand entgegensetzten, aber nachdem die Spanier, oft mit großer Mühe und in jahrelangen Kämpfen, den Widerstand gebrochen hatten, kam es zu einem raschen kulturellen Rückschritt. Die Klasse derjenigen, die, freigestellt von bäuerlicher Arbeit, das hochentwickelte Handwerk pflegten oder politische und religiöse Funktionen ausübten, und die vor allem die kulturelle Tradition bewahrt hatten, wurde teils von den Europäern ermordet, teils sank sie in die Masse der Bauern zurück. Bigottes Christentum und europäische Moral im Bund mit Feuerwaffen vernichteten zentrale Pfeiler der indianischen Kultur: Das religiös begründete Gottesfürstentum, die Menschenopferkulte. So blieben im wesentlichen nur die urtümlicheren Elemente der Kultur der bäuerlichen Unterschicht erhalten, die in vielem an das nordwestl. Südamerika erinnern. Der Niedergang wurde durch die zahlreichen Deportations- und Umsiedlungsmaßnahmen beschleunigt, mit denen die Spanier den indianischen Widerstand brachen und Land für europäische Besiedlung freisetzten. Allerdings gab es bis ins 19. Jh. sehr mächtige Fürsten, die sich auch noch untereinander bekriegten.

Im 20. Jh. verloren die T. viel Land an Bananengesellschaften, von denen sie, ohne genug Land nicht mehr zu einer selbständigen Existenz fähig, als Zulieferer abhängig wurden. Heute versuchen viele T., diese Abhängigkeit durch die Bildung eigener Absatzgenossenschaften zu überwinden.

Lit.: 456, 786, 787

Tamang

Ein tibetisch sprechendes Volk (1961: 518 000) in Z-Nepal, um Kathmandu.
Die Dörfer der T., kompakte Siedlungen (zweistöckige Steinhäuser mit Holzschindeldächern und Holzveranden) liegen auf Höhen zwischen 1800 und 2500 m, umgeben von Feldern mit Mais, Hirse, Weizen, Gerste und Kartoffeln. Die T. gelten weithin als geschickte Handwerker, fertigen Bambuskörbe, Blätterregenschirme, Holzpflüge, arbeiten als Zimmerer, Maurer, Schnitzer und fertigen die mit Szenen aus dem Buddhismus bemalten Wandbehänge (thanka) an. Die einzelnen Klane+ der T. sind strikt exogam+, Übertretung wird mit Ausschluß geahndet. Ihre Mitglieder führen sich auf einen gemeinsamen Ahnen zurück, besitzen einen eigenen Schutzgeist, dem zu bestimmten Zeiten geopfert wird. Diese Riten wie auch alle blutigen Opfer werden nicht von einem Lama, sondern einem Priester geleitet, der dem Klan selbst angehört. Sein Geist wählt nach dem Tod ein Klanmitglied als geeigneten Nachfolger aus. Höhere Riten, wie die Heimführung der Verstorbenen ins Totenreich, das Vertreiben schädlicher Geister, die Einweihung jener Mauern entlang der Straßen, in die Segensformeln zur Steigerung des persönlichen Verdienstes eingelassen werden, dürfen ausschließlich von den im Ansehen höher rangierenden Lamas ausgeführt werden. Die T. sind Lamaisten, stark von den → Sherpa beeinflußt; zahlreiche Mitglieder des Klerus haben in Klöstern der Sherpa oder sogar direkt in Tibet studiert. Viele Kulturzüge der T. weisen direkt nach Tibet, von wo sie ihren eigenen Traditionen nach auch einst nach Nepal einwanderten. Polyandrie+ allerdings ist – im Gegensatz zu Tibet – verboten; Polygynie+ kommt bei reichen Familien vor.

Lit.: 130

Tarahumara

Nordwestmexikanische Indianer in der Sierra Madre Occidental, SW-Chihuahua; ca. 25 000. Sprache: Uto-Aztekisch.
Die T. bewohnen das gebirgige, von zahlreichen tiefen Schluchten zerschnittene Bergland der Sierra Madre. Sie sind Bodenbauer (Mais, Bohnen, Kürbisse) und halten seit spanischer Missionszeit auch Vieh (Ziegen, Schafe, Rinder). Der Boden ist karg, doch erreichen die T. durch sorgfältige Auswahl von günstigen Ackerflächen und Düngung ausreichende Ernten. Sie leben in verstreuten Weilern (rancherías). Die Verbindung der Weiler miteinander ist wegen des unwegsamen Geländes schwierig; das erklärt auch die fehlende politische Organisation über die Dorfebene hinaus. Alte Handwerkstechniken (Weberei, Korbflechterei, Töpferei) sind zwar noch vorhanden, werden aber wenig gepflegt. Maisbierfeste (tesgüinadas) mit Tieropfern finden zum Abschluß der Erntearbeit oder nach Beendigung von freiwilligen Hilfeleistungen, etwa beim Hausbau, statt. In der Trunkenheit entbrennen oft heftige Streitigkeiten. Das zeremonielle Wettrennen mit dem Holzball über lange Strecken wird noch heute veranstaltet. Eine wichtige Rolle spielen die Fiestas, die Feiertage der lokalen Schutzpatrone der katholischen Kirche; daneben werden auch noch vorchristliche Zeremonien gefeiert, an denen Schamanen die führende Rolle spielen.
Die T. wurden schon früh christianisiert, doch war der Erfolg nur auf die leichter zugänglichen östl. Teile ihres Lebensraumes beschränkt. Seit den 20er Jahren unseres Jahrhunderts war die je-

suitische Mission erneut aktiv tätig. Mit Rundfunksendungen (Schulunterricht) und Flugzeugen wurde der Kontakt zu den verstreuten Rancherías aufrechterhalten und die medizinische Versorgung gesichert. Inzwischen hat die Mission ihre Arbeit weitgehend eingestellt. Ein Regierungsprogramm des »Instituto Indigenista«, das auf der Ausbeutung des Holzreichtums der großen Kiefernwälder basiert, ist im Anlauf begriffen; Erfolge scheinen zweifelhaft. Die Bahnlinie von Chihuahua durch das Gebirge zur pazifischen Küste hat das Zentrum des schwer zugängliches Landes auch für den modernen Tourismus erschlossen.

Lit.: 618, 633, 641, 645
Abb.: 196, 197

Abb. 196: Tarahumara nach dem Kirchgang. Man trifft sich bei dieser Gelegenheit, um Dorfangelegenheiten zu besprechen. (Foto: Deimel)

Abb. 197: Tarahumara-Schamane. In vielen indianischen Gemeinden Mexikos spielt der Schamane als Krankenheiler eine prominente Rolle. (Foto: Deimel)

Tarasken

Mexikanische Indianer im bewaldeten Bergland von N-Michoacán um den See von Patzcuaro, Zentralmexiko; ca. 45 000. Sprache: Taraskisch. Das taraskische Reich gehörte zu den wenigen indianischen Reichen Zentralmexikos, das z. Zt. der Ankunft der Spanier nicht von den Azteken unterworfen worden war, sondern seine politische Unabhängigkeit bewahren konnte. Im Kampf der Azteken gegen die Spanier hielten sich die T. neutral, wurden aber bald danach von der neuen Kolonialmacht militärisch besiegt. Die Missionierung und Hispanisierung setzte schon im 16. Jh. ein. In der mexikanischen Revolution von 1910 war das T.-Gebiet Zentrum der Auseinandersetzung zwischen »agraristas« und »cristeros«. Viele Städte und Dörfer wurden zerstört, Tausende von T. wanderten in die USA aus, wenige kehrten nach 1930 in die Heimat zurück. Heute sind die meisten T. im Begriff, ihre ethnische Identität aufzugeben und in die mexikanische Staatsgesellschaft aufzugehen. Hierzu trägt die Einrichtung und Erweiterung des staatlichen Schulsystems bei, in dessen Folge viele T. die spanische Sprache lernen und in die Städte abwandern. Ein UNESCO-Projekt, das CREFAL (Centro Regional de Educación para la América Latina), die Agrarreform und Umsiedlungen der Opfer des Ausbruchs des Paricutín-Vulkans (1943) haben die traditionelle Kultur (»los costumbres« genannt), stark verändert und zu einer stärkeren Mestizisierung geführt. Es gibt jedoch noch einige T.-Gruppen, die nur Taraskisch sprechen und kulturell als konservativ bezeichnet werden können. Sie wohnen in abgelegenen Dörfern und sind wirtschaftlich völlig autark. Es ist allerdings nur eine Frage der Zeit, bis auch hier moderne Verbindungswege die Isolierung unterbrechen.
Die traditionelle T.-Kultur mit ihrem handwerklichen Spezialistentum (Gitarrenherstellung, Lackarbeiten) entspricht im wesentlichen der der → Nahua und anderer mexikanischer Indianer.

Lit.: 668
Karte: Mexiko (Abb.: 77)

Temne
Timne, Temene

Westafrikanische Bauern im tropischen Regenwald, südl. Sierra Leone; ca. 750 000. Sprache: Westatlantische Sprachfamilie.

Die T. sind Waldlandbauern, die v. a. Reis, Maniok, Jams und Erdnüsse für den Eigenbedarf anbauen, während Kolanüsse und Palmkerne Exportwaren sind. Der Fischfang ist ebenfalls von Bedeutung für den Nahrungserwerb.
Nach der üblichen Siedlungsweise ist ein Hauptdorf von einer Anzahl von Weilern umgeben. Die Haushalte der Dorfbewohner sind um ein zentrales Versammlungshaus gruppiert. Jedes Gehöft umfaßt mehrere strohgedeckte Lehmhäuser und ist jeweils von einer Lehmmauer umringt. Patrilineare+ Klane verpflichten ihre Mitglieder zu gegenseitiger Hilfeleistung und werden bei der Regelung von Erbe und Nachfolge wirksam. Politisch ist das Land der T. in Distrikte, Dörfer und Weiler unterteilt und untersteht sowohl einer Vielzahl von Häuptlingen wie einem Oberhäuptling mit erblichen Titeln und Privilegien; es gibt jedoch keine zentrale Stammesorganisation. Die Dorfoberhäupter stellen die Verbindung zwischen der Bevölkerung und den Häuptlingen her. Auch spielen sie eine Rolle in der Ausübung religiöser Verpflichtungen. Die traditionelle Religion beginnt dem Islam und dem Christentum zu weichen.
Die Geheimbünde des Poro und des Sande sind überall aktiv. Die Mitgliedschaft im Poro-Bund kann von bestimmendem Einfluß auf das politische Leben sein.
Die T. kommen aus dem Gebiet des ehemaligen Songhai-Reiches. Sie wurden in die Rückzugszone des westafrikanischen Regenwaldes abgedrängt und vielfach zersplittert: Gola und Kissi in W-Liberia; Bulom, Sherbro, Krim und Limba in Sierra Leone; Baga an der nördl. Küste von Guinea; die Bidyogo auf dem Bissagos-Archipel. Die Kultur der T. ist repräsentativ für Stämme verwandter Sprache in der Küstenzone von der Mündung des Gambia bis W-Liberia. Im 15. Jh. treten sie in Kontakt mit den Europäern, seit dem 17. Jh. sind sie starken islamischen Einflüssen ausgesetzt.

Lit.: 990, 992, 993, 1007, 1014
Karte: Westafrika, 19. Jh. (Abb.: 225)

Tenetehara

Indianische Waldlandbauern in NO-Brasilien (Maranhão im Flußgebiet des Grajaú, des Mearim und Pindaré; ca. 4500). Zwei Untergruppen: die Guajajara und weiter nördl. die nur ca. 260 Tembé. Sprache: Tupí. Sie bauen Mais, Maniok,

Bohne, Kürbis, Baumwolle, Erdnuß u. a. an, für den Verkauf auch Reis. Ein wichtiger Erwerbszweig ist der Verkauf von Maniokmehl.

Die T. leben in ihrem heutigen Gebiet wohl seit über 500 Jahren. 1616 wurden sie erstmals von Portugiesen überfallen, die viele T. töteten. Mitte des 17. Jh. wurden sie großenteils in Missionsdörfer umgesiedelt, die sie aber bald wieder verließen. Seit der zweiten Hälfte des 19. Jh. wird das Land der T. langsam von brasilianischen Siedlern besetzt. Hiergegen gab es immer wieder vereinzelten Widerstand der T., doch keine größeren Kämpfe. 1975 z. B. erzwangen die T. durch Anzünden von Häusern und bewaffnete Demonstrationen den Abzug einiger Neusiedler.

Äußerlich haben die T. sich den Brasilianern angepaßt, die ihrerseits Kulturelemente von den Indianern übernommen haben. So sind z. B. die T. heute Christen, haben daneben aber noch Medizinmänner, die auch bei den brasilian. Nachbarn in hohem Ansehen stehen.

Karte: Nördliches Südamerika (Abb.: 209)

Thakali

Ein Volk mit tibetischer Sprache in Zentralnepal; 1961 ca 4000.

Die T. sind ein sich stetig von ihrem ursprünglichen Siedlungsgebiet – Thak Khola am oberen Kali Gandaki – ausbreitendes Volk. Einer der Gründe dieser Expansion führt ins 19. Jh. zurück. Damals erhielten die T. das Salzmonopol, d. h. den Handel von tibetischem Salz nach Nepal, übertragen, wurden dafür aber von der Regierung in Kathmandu mit einer jährlichen Abgabe belegt, die wegen ihrer Höhe viele zum Verlassen ihrer Heimat trieb. Ein weiterer Grund für ihre Abwanderung ist die Tätigkeit der T. als erfolgreiche Fernhändler. Da sie überall dort in Nepal investieren, wo sich ihnen ein Geschäft, sei es Handel, Geldverleih oder Landkauf, anbietet, lassen sie sich verstärkt am Ort dieser Transaktionen außerhalb ihrer Heimat nieder. Diese Umsiedlung aus geschäftlichen Gründen ist natürlich innerhalb der wohlhabenden Schicht besonders groß. Zum Warenaustausch mit Tibet waren die T. durch die Lage ihres Siedlungszentrums Thak Khola in der Nähe der tibetischen Grenze prädestiniert. Aus dem Tiefland ließen sie durch Lastenträger Getreide und Reis, indische, chinesische und nepalesische Fabrikwaren bis nach Thak Khola bringen und beförderten die Güter von dort mit Lasttieren (Esel, Ponys) bequem nach Tibet weiter. Eingetauscht wurde dagegen Salz, auf dessen Weiterverhandlung die T. ja das Monopol besaßen. Die Beschäftigung mit Handelsangelegenheiten wurde den T. durch Feudalrechte erleichtert, die ihnen über zwei Regionen an der tibetischen Grenze übertragen worden waren. Von dort konnten sie Arbeiter rekrutieren, die ihnen beim Bodenbau zur Hand gingen, so daß genügend Zeit für Geschäfte frei blieb. Die Bewohner dieser beiden Grenzregionen gerieten in regelrechte Hörigkeit zu den T., wurden von ihnen politisch bevormundet und zahlten an sie Steuern. Die geschäftlichen Transaktionen der T. wurden durch ein System erleichtert, das jedem, der investieren wollte, innerhalb kurzer Zeit zu den notwendigen Mitteln verhalf: Einige Männer schlossen sich zusammen und bildeten einen gemeinsamen Finanzfond, den abwechselnd jedes Mitglied für seine Geschäfte ausschöpfen durfte. Hunderte dieser Finanzgemeinschaften trugen zum Erfolg der T.-Geschäftsleute bei. Die Religion der T. ist eine Mischung aus Lamaismus, Bon (die vorlamaistische Religion Tibets) und Hinduismus, doch ist in jüngster Zeit eine verstärkte Hinwendung zum Hinduismus zu beobachten, die mit einer Abkehr von allem was mit Tibet und der Grenzbevölkerung zu tun hat, verbunden ist. Die lamaistische Religion ist praktisch nur noch auf die Klöster beschränkt und der dortige Klerus leidet unter akutem Nachwuchsmangel.

Lit.: 145

Tharu

Von den auf ca. 1,35 Mio. geschätzten T. leben 11 000 im indischen Bundesstaat Uttar Pradesh. Sie gehören zur indo-germanischen Sprachfamilie. Die T. betreiben Ackerbau und Viehzucht, jagen, fischen und sammeln Waldfrüchte. An der Spitze jeden Dorfes steht ein Dorfoberhaupt. Sie sind patrilinear+; Frauen haben Eigentumsrecht. Die fünf oberen Klane+, die 80% dieser Gruppe ausmachen, führen ihre Herkunft auf königliche Abstammung aus Rajasthan zurück; sie sind endogam+ gegenüber den 7 unteren Klanen. Obwohl sie Hindu sind, essen sie Rindfleisch und trinken auch Alkohol.

Lit.: 191
Karte: Vorderindien (Abb.: 220)

Tibeter

Das Volk von Tibet (VR China) im engeren Sinne. T. leben auch in anderen Provinzen der VR China und als Flüchtlinge in den Himalaja-Königtümern und Indien. Die T. im engeren Sinne nennen sich Bodpa, unterscheiden sich aber gewöhnlich nach Orten oder Landschaften, z. B. Khampa: die Einwohner der Region Kham in Osttibet. Die T. sprechen eine tibeto-birmanische Sprache.

Tibet ist ein dünn besiedeltes Hochland, von hohen Gebirgsketten umgeben. Die Mehrzahl der Bevölkerung lebt in den Ackerbaugebieten des S (um Lhasa, Shigatse, Gyantse). Hier lagen früher auch die meisten der großen Klöster. Der N ist mehr als Weideland für Viehzüchter geeignet, bietet auch weniger Ernährungsmöglichkeiten. Gewöhnlich setzte sich eine tibetische Gruppe aus Ackerbauern und Viehzüchtern zusammen; enge, fast symbiotische Beziehungen verbanden die beiden Gruppen miteinander, ein lebhafter Tauschhandel mit den jeweiligen Produkten fand statt. Vielfach waren die Grenzen zwischen Ackerbauern und Viehzüchtern fließend: Bauern konnten unter bestimmten Umständen zum Nomadismus übergehen und andererseits wurden Viehzüchter seßhaft. Viehzucht wurde in Tibet in vielen Formen betrieben, die von Vollnomadismus+ über Halbnomadismus+ und Almwirtschaft bis zur bäuerlichen Tierhaltung reichten. Gerste und Weizen. Hafer, Hirse, Hülsenfrüchte und Gemüse waren die Hauptanbaupflanzen; Gerstemehl, meist geröstet und mit Tee oder anderen Flüssigkeiten vermengt, gehörte zur Grundnahrung der Bauern. Bei Viehzüchtern lag die Betonung mehr auf Milchprodukten und Fleisch. Die tibetische Gesellschaft war in drei Gruppen geteilt: gemeines Volk, Adel und – seit dem 9. Jh. als dritter Faktor – die lamaistische+ Kirche. Einen Mittelstand gab es nicht. Adel und Kirche besaßen große Ländereien mit eigenen Dörfern, sie verpachteten Land und zogen Steuern ein, beherrschten den Handel und das spezialisierte Handwerkertum. Die tibetische Familie bildete zusammen mit hörigen Arbeitern und Dienern eine ökonomische Gemeinschaft. Vielmännerei war bei Bauern wie Viehzüchtern, wenn auch nicht überall in Tibet, verbreitet. Nach dieser Eheregelung wählte der älteste mehrerer Brüder eine Frau, die gleichzeitig auch seinen jüngeren Brüdern zur Verfügung stand. Wurden Kinder geboren, so galten sie grundsätzlich als Kinder des ältesten Bruders, der die Ehe nach außen hin repräsentierte. Außer dieser »fraternalen Polyandrie« gab es auch das Zusammenfinden fremder Männer zu einer solchen Ehegemeinschaft. Im ältesten Bruder konzentrierte sich auch die Eigentümerschaft über Land, Vieh und das elterliche Haus, das er zusammen mit seinen Brüdern bewohnte. Oft ging der jüngste mehrerer Brüder ins Kloster, behielt aber weiter ein Eigentumsrecht auf die gemeinsame Ehefrau und den Familienbesitz. Die Eltern zogen sich aus der Führungsfunktion der Familie völlig zurück, sobald die Söhne verheiratet waren. Fehlte der männliche Erbe, so konnte einer Tochter der Besitz übermacht werden; ihr Ehemann zog in ihr elterliches Haus, nahm dann aber lebenslang eine Dienerposition ein. Die tibetische Familie gehörte einem exogamen+ Familienverband mit gemeinsamem Ahnen an, dessen Mitglieder zu Solidarität und Blutrache verpflichtet waren.

Viele Bauernfamilien bewohnten mehrstöckige, oft festungsartig ausgebaute Häuser aus Stein und Lehm; der Adel besaß Burgen in uneinnehmbaren Lagen. Die Dörfer wurden meist von einem gewählten Oberhaupt geführt, das dem Besitzer des Dorfes, Adel oder Kirche, verantwortlich war. Bestimmt wurde das Leben der T. von der buddhistischen Religion in ihrer Sonderform des Lamaismus+ (Lama: der in die Lehren eingeweihte Mönch als geistiger Lehrer und Führer). Mittelpunkte des religiösen Lebens waren Klöster, die oft kleinen Staatswesen mit weitreichender wirtschaftlicher und politischer Macht gleichkamen. Auf klostereigenen Ländereien arbeiteten zu Dienstleistungen verpflichtete Bauern und Hörige; Spenden und Schenkungen, Gebühren für religiöse Dienstleistungen, Steuereinnahmen, Handel und Geldverleihung, auch Sonderrechte und Abgabefreiheiten trugen zum Reichtum der Klöster bei und machten sie zu autarken Wirtschaftseinheiten, regiert von einem spezialisierten Mönchsbeamtentum, geschützt vor äußeren Angriffen durch Kriegermönche. Große Klöster rüsteten eigene Tributmissionen nach Peking aus und traten als Vermittler bei politischen Streitigkeiten auf. Wissenschaft und Kunst, Druckerei und Schriftgelehrtheit wurden im Kloster gepflegt und gelehrt. Nicht jeder Mönch erhielt jedoch Zugang zu dieser höheren Bildung. Eine strenge Hierarchie wies jedem seine Tätigkeit, von körperlicher Arbeit bis zur Einweihung in die höchsten Erkenntnisstufen, zu; ein Abt stand der Mönchsgemeinde vor. Bei ihm lag die absolute geistliche Autorität, aber auch die Kontrolle aller weltlichen Aktivitäten des Klosters. Meist war er die

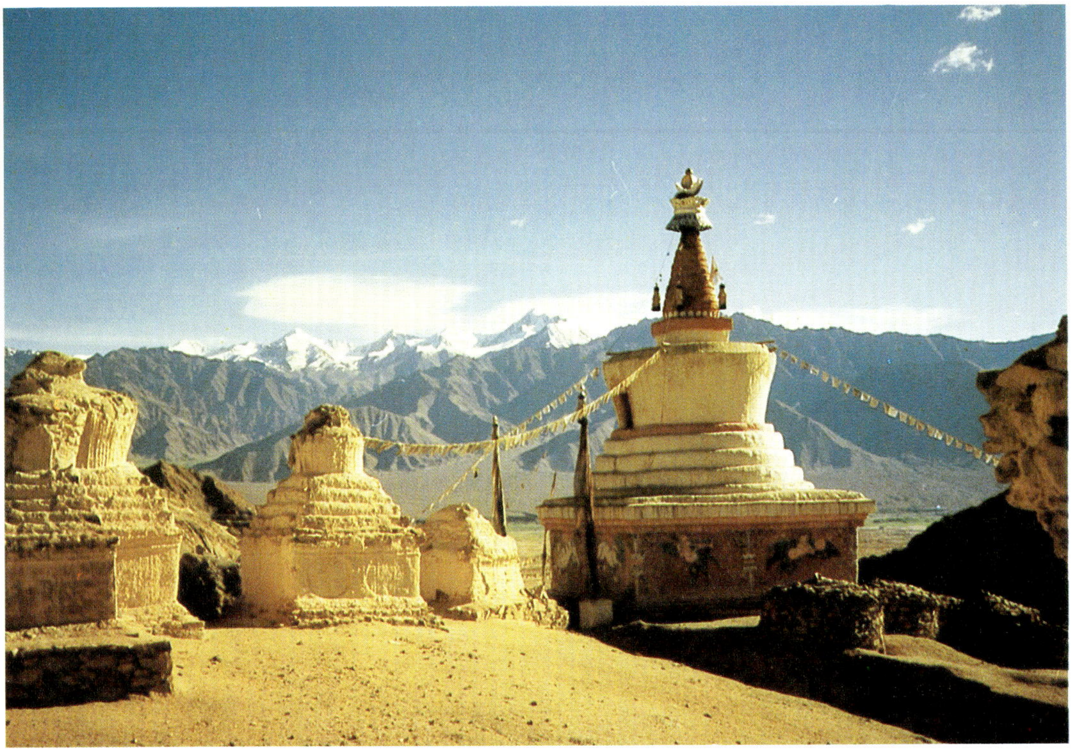

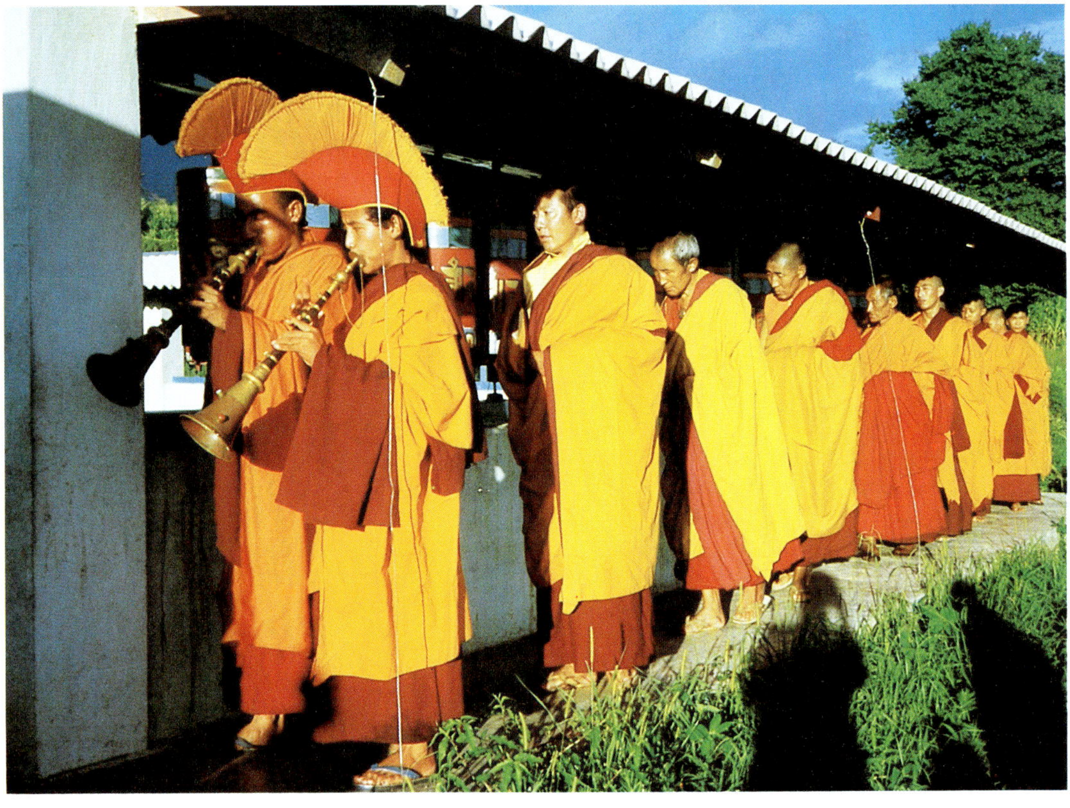

Abb. 198 (s. S. 356 oben): Tibetische Tschorten in Ladakh.

Abb. 199 (s. S. 356 unten): Mönchszug in einem tibetischen Kloster.

Abb. 200: Tibetisches Kloster in Ladakh, Nordindien.

Abb. 201: Tibeterin im Exil. (Fotos: Wäger)

Die lamaistische Tradition, die nach der gewaltsamen Integration Tibets in die VR China weitgehend zerstört wurde, lebt in den südlichen und westlich angrenzenden Gebieten, vor allem in Ladakh (Indien), noch bis heute fort. Nach wie vor werden hier Bauten zur Erringung von Verdienst nach dem Tode errichtet und die Gebetsmühlen gedreht. Die Klöster Ladakhs sind inzwischen beliebte Ziele westlicher Touristen geworden. In Nepal dagegen beginnt die buddhistische Kultur durch das Vordringen des Hinduismus zu zerfallen. Tibetische Flüchtlinge, die heute vor allem in Nordindien, oft in geschlossenen Gruppen, leben, sind ihrer Religion weitgehend treu geblieben und bemühen sich unter schwierigen und wirtschaftlich schlechten Bedingungen, ihre Kulturtraditionen aufrecht zu erhalten. Symbolgestalt ihrer religiösen und nationalen Identität ist der Dalai Lama, der heute ebenfalls in Indien residiert.

Wiedergeburt (Inkarnation) einer buddhistischen Gottheit, und je höher deren Rang, desto größeres Ansehen genoß der Abt und damit das Kloster. Tibetische Klöster waren nicht nur wirtschaftliche und politische, sondern auch geistige Zentren für ein großes Einzugsgebiet. Bei ihnen versammelten sich die Gläubigen zu Festen und Wallfahrten, mit frommen Stiftungen und Geschenken versuchten sie Verdienst anzusammeln, um so ihre Aussicht auf eine günstige Position im nächsten Leben zu verbessern. Zum religiösen Leben des gewöhnlichen T. gehörten aber noch eine Vielzahl von Glaubensvorstellungen, die mit dem Lamaismus der Klöster nur wenig zu tun hatten. Gerade in der Volksreligion lebten vorbuddhistische Relikte, örtliche Kulte und Traditionen weiter, die vielfach nur äußerlich dem herrschenden Lamaismus angepaßt waren. Da der Mensch sich von guten und bösen Kräften umgeben und abhängig glaubte, mußten Riten zur Versöhnung, für die Sicherung von Wohlstand und Glück, gegen Tod und Krankheit durchgeführt werden; Gottheiten des Hauses und des Herdes wachten über die Familie und wurden am Hausaltar mit Libationen und Räucherwerk verehrt. Viele dieser Praktiken gehören zur vorbuddhistischen Bon-Religion.

Die tibetische Geschichte vor dem 7. Jh. n. Chr. ist praktisch unbekannt; archäologische Zeugnisse fehlen fast vollständig. Mit dem 7. Jh. beginnt eine aggressive tibetische Monarchie mit Zentrum in Lhasa, gestützt, aber auch kontrolliert von mächtigen Adelsfamilien und dem vorbuddhistischen Bon-Priestertum, sich nach W-China, Oberburma und Nepal auszubreiten. König Songtsen Gampo (ca. 620–ca. 649) ist bereits so mächtig, daß er Frauen aus dem Herrscherhaus von Nepal und sogar der chinesischen Tang-Dynastie erhält, unter deren Einfluß wahrscheinlich die ersten Ansätze zu einer Duldung und Förderung des Buddhismus gelegt werden. Die tibetische Expansion geht im 8. Jh. weiter und führt sogar zur Zahlung eines Tributes des chinesischen Kaisers. Selbst bis nach Kaschmir reicht tibetischer Einfluß. Von dort wird der Heilige Padmasambhava nach Tibet geholt, der dem vom König gegen den Widerstand des Adels und der Bon-Priesterschaft geförderten Buddhismus zum Durchbruch verhelfen soll. 779 gründet Padmasambhava das erste buddhistische Kloster auf tibetischem Boden. Der Konflikt zwischen Buddhismus und Bon-Religion ist jedoch nur Teil einer Machtkonfrontation zwischen König und Adel, die im 9. Jh. zur Ausrottung der Dynastie, der Gründung feudaler Teilfürstentümer und auch der Verfolgung des Buddhismus führt. Eine Renaissance seit dem 11. Jh. endet mit der Durchsetzung des Buddhismus in ganz Tibet, der Gründung von Klöstern und verstärkter Übersetzung buddhistischer Schriften. Seit dieser Zeit ist Tibet ein Kirchenstaat, seine Geschichte wird zur Kirchengeschichte, der Buddhismus durchdringt von nun an alle Lebensbereiche; einflußreiche Äbte bestimmten die Politik, Adel und Kirche finden sich zu jener feudalen Interessengemeinschaft zusammen, die bis ins 20. Jh. andauerte. Der Lamaismus, eine Vermischung buddhistischer und volksreligiöser Vorstellungen mit verschiedenen Schulrichtungen (Gelbmützen- und Rotmützensekte), hat Ende des 15. Jh. seine bis ins 20. Jh. gültige Form erreicht. Der Titel Dalai Lama (*dalai* »Ozean«) wird erstmals 1578 vom mongolischen Herrscher Altan Khan dem Abt des Klosters Drepung, einer Inkarnation von Avalokiteshvara, dem Schutzgott Tibets, verliehen. Im 18. Jh. gerät Tibet in den Machtkonflikt zwischen dem westmongolischen Dsungaren-Reich und China; eine chinesische Armee rückt nach Lhasa vor und läßt eine dauernde Garnison zurück. Die chinesische Oberherrschaft über Tibet ist zwar milde, jedoch sichert sich China von nun an ein ständiges Mitspracherecht bei der Nachfolge der beiden höchsten tibetischen Inkarnationen, Dalai Lama und Panchen Lama, und übt damit eine indirekte politische Kontrolle aus. Im 19. Jh. wird Tibet zum Streitobjekt zwischen den Kolonialmächten England und Rußland bei ihrem Machtkampf um die Vorherrschaft in Zentralasien. England versucht 1904 dieses Problem für sich zu entscheiden und schickt ein Expeditionskorps bis nach Lhasa. Die chinesische Revolution 1911 beendet einen letzten Versuch Chinas, sein Einflußgebiet mit Waffengewalt gegen die Großmächte zu halten. 1912 erklärt sich Tibet für von China unabhängig, Versuche der chinesischen Republik, sich in Tibet erneut durchzusetzen, scheitern.

Aus Angst vor Modernismus schloß Tibet sich in der Folgezeit hermetisch von allen äußeren Einflüssen ab, suchte auch keine Verbündeten, so daß es 1950 der Okkupationsarmee des kommunistischen China allein und völlig wehrlos gegenüberstand. Tibet wurde in den folgenden Jahren an das chinesische Verkehrsnetz angebunden, eine grundlegende Voraussetzung für eine militärische Durchdringung des Landes; Flugplätze wurden gebaut und Tausende chinesischer Familien angesiedelt, die Leibeigenschaft abgeschafft, Schulen und Krankenhäuser errichtet, doch stand diesen Verbesserungen eine Einschränkung des traditionellen Lebens gegenüber. Die Rechte des Dalai Lama waren praktisch annulliert. Als neue Erziehungsmaßnahmen, Strafgesetze, Steuervorschriften erlassen sowie die Entwaffnung der T. endlich durchgesetzt werden sollten, kam es 1959 in Osttibet zum offenen Widerstand, nachdem dort schon seit 1956 ein durchaus erfolgreicher Guerillakrieg gegen China geführt worden war. Der Aufstand griff auch auf andere Landesteile über, wurde aber schnell niedergeschlagen. Der Dalai Lama floh nach Indien, gefolgt von einem Strom tibetischer Flüchtlinge, die seitdem schlecht ernährt und von Krankheiten heimgesucht, in großen Flüchtlingslagern in Indien leben. Erst nach 1959/60 zerschlug China unerbittlich die traditionellen tibetischen Lebensformen: die Lamas wurden aus den Klöstern vertrieben, die Kirche verfolgt, der Adel und jene reiche Bauernschicht, die sich gegen Kollektivierung und Enteignung wehrte, liquidiert.

Lit.: 109, 119, 140
Abb.: 198, 199, 201

Tigray

Die T., häufig auch nach der Bezeichnung für ihre Sprache Tigrinya genannt, besiedeln mit einer Kopfzahl von ca. 2,5 Mio. den W der äthiopischen Provinz Tigre und angrenzende Teile von Eritrea. Sie sind typische Vertreter der äthiopiden Rasse und sprechen eine semitische Sprache, die der heute nicht mehr gesprochenen altäthiopischen Kirchensprache Ge'ez nahesteht. Die T. sind Anhänger des orthodoxen Christentums der monophysitischen Richtung und galten neben den Amhara als die staatstragende Bevölkerung des äthiopischen Reiches. Sie gingen vermutlich aus semitisch-sprachigen Einwanderern hervor, die im ersten Jt. vor der Zeitenwende aus dem heutigen Jemen nach NO-Afrika einwanderten und als hochkulturliche Elemente ihr Schriftsystem, den Pflugbau und bestimmte Bautechniken (Terrassen, Wasserspeicher, monolithische Stelen etc.) einführten.
Auf dem Gebiet der T. finden sich die meisten archäologischen Hinterlassenschaften des Staates Aksum, der zwischen dem 1. und dem 7. Jh. n. Chr. mit dem östl. Mittelmeer-Gebiet in Kontakt stand, den Handel des Roten Meeres beherrschte und unter seinem König Ezana um 350 das Christentum annahm. Eine Reihe von Gründen spricht dafür, die Träger des Aksum-Staates mit den Vorfahren der heutigen T. in Verbindung zu bringen.
Nachweislich im 13. Jh. hatte sich das Machtzentrum in Äthiopien südwärts in das Gebiet der Amhara verlagert, doch konnten die T. eine wichtige Stellung im äthiopischen Reich bewahren. Kaiser Johannes IV. (1871–89), der nach einer zweihundertjährigen Phase politischer Desintegration entscheidend zur Einigung des christlich-äthiopischen Reiches beitrug, war ein T.-Fürst.
Die nördl. von den T. bewohnten Gebiete mußten 1897 an die italienische Kolonie Eritrea abgetreten werden. Aufgrund der gemeinsamen Sprache und Kultur blieb das Gemeinschaftsgefühl jedoch über die politischen Grenzen hinweg erhalten.
Die T. sind Bauern, die zumeist Gebiete oberhalb 2000 m bewohnen und auf teilweise terrassierten Feldern einen Regen- und Bewässerungsfeldbau betreiben. Wichtigstes Ackergerät ist der einsterzige von Ochsen gezogene Pflug, der dem überall in Äthiopien benutzten Typus entspricht. Angebaut werden vor allem Gerste, Weizen, die kleinwüchsige Hirseart Tef sowie Hülsenfrüchte und Gewürzpflanzen. Die Viehhaltung spielt eine untergeordnete Rolle, da es in den weithin erodierten und verkarsteten Gebieten an Weideflächen mangelt.
Die T. leben zumeist in Weilern, die von dem in Blockgewannflur angelegten Kulturland umschlossen sind. Als Bauform überwiegt das aus Steinen errichtete, mit Gras oder Wellblech gedeckte Rechteckhaus. In den städtischen Siedlungen, vor allem in der eritreischen Hauptstadt Asmara, wird ital. Kultureinfluß sichtbar.
Die traditionelle Sozialorganisation der T. ist durch patrilineare Gruppen, die kollektiv über Landbesitz verfügen und enda genannt werden, charakterisiert. In der Regel versteht sich die enda, die in genealogischer Tiefe sechs bis sieben Generationen umfaßt, als eine exogame+ Einheit. Obgleich ein Teil der Bauern nur über gepachtetes Land verfügt, waren die sozialen Unterschiede innerhalb der ländlichen Bevölkerung von jeher nicht sehr groß. Wie in weiten Teilen NO-Afrikas bilden die Handwerker, Töpfer, Gerber, Schmiede und Weber, verachtete, endogame Gruppen.
Während auf der einen Seite eine gewisse Solidarität der T. mit den sprach- und kulturverwandten Amhara, vor allem im Hinblick auf die Beherrschung der übrigen Völker Äthiopiens be-

Abb. 202: Dorf der Krahó, Brasilien. Die Frau links vorn preßt durch einen elastischen Palmstrohschlauch den giftigen Saft aus Maniokknollen aus. (Foto: H. Schultz)

steht, führte gleichzeitig die Amharisierungspolitik sowohl in der Zeit der Monarchie als auch nach der Revolution von 1974 zu Mißtrauen und Opposition gegenüber der äthiopischen Zentralregierung. Da besonders die eritreischen T. – bedingt durch die Ansätze zu einer Industrialisierung während der ital. Kolonialzeit – über einen höheren Bildungsstand und ein größeres Potential an technischen Fachkräften verfügten als die übrigen Ethnien Äthiopiens, gewannen sie überall im Land erheblichen wirtschaftlichen Einfluß.

Nach der Revolution begannen die ethnischen Gegensätze zu eskalieren, und es bildete sich eine Tigray-Volksbefreiungsbewegung (TPLF), die mit dem Ziel größerer Autonomierechte einen bewaffneten Kampf gegen die Militärregierung in Addis Ababa führte. Als sich nach der äthiopischen Annexion Eritreas 1962 dort eine Widerstandsgruppe formierte, waren auch T. auf Seiten der Aufständischen. Die 1970 gegründete Eritreische Volksbefreiungsfront (EPLF), die seitdem einige Teile der Provinz kontrolliert, wird im wesentlichen von ihnen getragen.

Lit.: 1057, 1064, 1084
Karte: Nordost-Afrika (Abb.: 10)

Timbira

Sammelbezeichnung für ca. 1400 Indianer der Gê-Sprachfamilie im brasilianischen Sertão im Einzugsgebiet des mittleren Tocantins: Krahó (ca. 600), Canela (Ramkókãmekra u. a., zus. 200), Apinayé (300). Die Gaviões (100) sind aus dem Sertão im 19. Jh. in die benachbarte Waldzone gezogen.

Die T. sind Bauern, die sich den für Landwirtschaft ungünstigen Bedingungen des trockenen Sertão anpassen, indem sie daneben auch intensiv wildwachsende Früchte sammeln. Sie bauen v. a. süßen Maniok, Süßkartoffeln, Jams und Mais an (die Diversifizierung erlaubt Anpassung an die jeweiligen Bodenverhältnisse und Ausweichen, wenn eine der Arten nicht gedeiht), ferner Bohnen, Kürbis und Erdnuß. Von den Brasilianern übernahmen sie den Reisanbau. Die Maniokfelder werden möglichst in den Galeriewäldern angelegt, wo der Boden leichter zu bearbeiten ist. Die Regeneration der seltenen Wälder nach ihrer teilweisen Rodung wurde dadurch ermöglicht, daß die Bauern etwa alle 10 Jahre den Wohnsitz und damit die Felder wechselten. Heute ist das wegen des Landmangels nicht mehr möglich.

Die Sammelwirtschaft konzentriert sich auf die Früchte und die als Rohstoff z. B. für die Flechterei verwertbaren Materialien der Babassú- und Burití-Palmen, ferner auf wilden Honig. Früher wurden Kriege um Palmenhaine geführt. Daneben war die Jagd mit Keule, Pfeil und Bogen wichtig: Fleisch ist nicht nur die wichtigste Eiweißquelle, sondern spielt auch im religiösen Leben in rituellen Festmahlen eine zentrale Rolle.
Im Dorf (nicht über 200 Einw.) bilden die Einfamilienhütten einen Kreis um den Festplatz. Von dessen Mitte strahlen 4 Wege nach den 4 Himmelsrichtungen aus, das Dorf wirkt dadurch, von oben gesehen, wie eine geometrische Zeichnung. Der Grundriß drückt die Sozialordnung mit ihrer Aufteilung in Dorfhälften oder -viertel aus: Für unterschiedliche Lebensbereiche ist das Dorf in unterschiedliche Hälften geteilt, z. B. für die Heirat in eine Ost- und eine Westhälfte (der Mann aus der einen muß seine Frau in der anderen Hälfte suchen), bei einigen Zeremonien in zwei aus je zwei Altersklassen gebildete Hälften, usw. Die gesamte Natur wird in ein Zweier-System eingeordnet, das auf Gegensatzpaaren wie Sonne–Mond, Tag–Nacht, Trockenzeit–Regenzeit, Erde–Wasser, Maniok–Süßkartoffel beruht und mit Gegensätzen zwischen Dorfhälften in Verbindung gebracht wird. (→ Orarimugudoge).
Die dialektische Tendenz, die Welt in Gegensätzen zu ordnen, wiederholt sich im religiösen Leben. Am Himmel beobachten die T. den Gegensatz zwischen zwei Brüdern, Sonne und Mond. Das religiöse Leben wird von großen gemeinschaftlichen Zeremonien beherrscht, in denen wie auf einer Bühne die Gegensatzgruppen des Dorfes auftreten. Individuelle Religiosität, auch das Medizinmannwesen, treten dagegen deutlich zurück. Höhepunkt des zeremoniellen Lebens sind die Initiationsfeiern. Die Apinayé halten sie für die männlichen Jugendlichen alle 10 Jahre ab, wobei den Initianden Lippen und Ohren durchbohrt und die Jungen in einem Lager beim Dorf von zwei Lehrern (für jede Hälfte einer) unterrichtet werden. nach der Initiation leben die jungen Männer bis zur Heirat manchmal in eigenen Männerhäusern.
Im Zusammenhang mit der verzweifelten Situation der T. im 20. Jh. haben sich bei ihnen messianische Bewegungen entwickelt.
Die T. gerieten im 18. Jh. in die Sklavenjagden. In den ersten Jahrzehnten leisteten sie erfolgreich Widerstand, konnten sogar im Gegenschlag ihrerseits Siedlungen der Brasilianer angreifen und Metallwerkzeuge erbeuten. Die dadurch eingeleitete Abhängigkeit vom Metall der Weißen, Krankheiten und ständige Konflikte unter den verschiedenen T.-Gruppen schwächten aber schließlich ihre Verteidigung. Die ersten kapitulierten Anfang des 19. Jh., die letzten, 54 Gaviões, 1968. Schon im 19. Jh. zogen viele nun von ihrem Land vertriebene, geschlagene T. in die Siedlungen der Brasilianer, wo sie als billige Arbeitskräfte in der Armenbevölkerung aufgingen. Die Krahó schlossen nach Überfällen und Gegenschlägen 1808 Frieden mit den Brasilianern und wurden deren Verbündete im Kampf gegen andere T. und auch als Sklavenjäger. In den 60er Jahren des 20. Jh. wurden die meisten T. von ihrem Land vertrieben und mußten sich entweder als Landarbeiter verdingen oder Zuflucht bei Stationen der brasilian. Indianerbehörde suchen, wo sie heute z. T. in elenden Verhältnissen leben. Insbesondere die Gaviões, die sich am längsten gewehrt hatten, leiden unter Krankheiten und Landmangel, während die Krahó, deren Landrechte teilweise gesichert sind, sich am besten erhalten konnten.

Lit.: 707, 773
Karte: Nördliches Südamerika (Abb.: 209)

Tiv

(Muntschi, Munshi), ein von den Hausa gebrauchter Spottname, der von den T. als Beleidigung empfunden wird); Volk am Benuë, Z-Nigeria; ca. 1,4 Mio. (2,5% der Bevölkerung von Nigeria). Sprache: Ein Zweig der Tiv-Batu-Gruppe, die zu den bantoiden Sprachen der Benuë-Kongogruppe gerechnet wird.
Landbau (Jams, Hirse) wird in der Regen- sowie in der Trockenzeit großenteils für den Eigenbedarf betrieben. Der Boden erfordert eine Form des Wanderfeldbaues mit Brache und Fruchtwechsel. Die weite Verbreitung der Tsetsefliege setzt der Großviehzucht Grenzen oder verhindert sie auch gänzlich; Ziegen und Hühner werden überall gehalten.
Die Herstellung von Handwerkserzeugnissen für den Handel ist unbedeutend. Das Land ist nicht Privatbesitz, sondern gehört der Gemeinschaft. Jedes Mitglied der Gemeinschaft hat Anrecht auf genügend Land für seinen Lebensunterhalt. Durch die Mitgliedschaft zum Verwandtschaftsverband wird ihm der Zugang zu den Lebensnotwendigkeiten nach Maßgabe des verfügbaren Bodens garantiert. Arbeitskraft und Arbeitszeit

gelten nicht als verkäufliche Ware, sondern als einer der Faktoren der Arbeitsteilung in Haushalt und Gehöft.

Obwohl primär für den Eigenbedarf produziert wird, spielen Märkte im Leben der T. eine bedeutende Rolle. Sie sind wohlorganisiert, und ihre Kontrolle untersteht dem jeweiligen Dorfoberhaupt. Der Markt ist Mittelpunkt des sozialen und politischen Lebens.

Ein T.-Gehöft besteht aus einem zentralen Gebäude, um das Wohnhütten und Wirtschaftsbauten kreisförmig gruppiert sind. Es umschließt den gesamten Haushalt einer polygynen+ Großfamilie. Das patrilineare+ Verwandtschaftssystem prägt das soziale, politische und religiöse Leben in großem Maße. Es verbindet die einzelnen Abstammungsgruppen miteinander, da es auf viele Generationen zurückgerechnet wird. Die Abkömmlinge der verschiedenen Zweige bilden zugleich Territorialeinheiten. Jedoch gibt es bei den T. keine eigentliche, zentral gelenkte politische Organisation außerhalb des lokalen Verwandtschaftssystems. Streitigkeiten wurden beigelegt, indem sich die Oberhäupter der Verwandtschaftsgruppen (Lineages+) trafen und Abmachungen aushandelten, ohne daß es eines formellen Gerichtshofes bedurfte. Als die britische Regierung ein europ. Gerichtssystem einführte, ließ man die traditionelle Lineagestruktur weitgehend bestehen, paßte sie aber zugleich dem (neuen) nationalen Rechtssystem durch Hinzusetzung einer formalen Gerichts- und Polizeiorganisation weitgehend an.

Altersklassen und Organisationen zur gegenseitigen Hilfeleistung ermöglichen es, die manchmal allzu starren Regeln des Verwandtschaftssystem zu umgehen.

In der Religion der T. sind trotz starkem islamischen Einfluß und christlicher Missionierung viele Elemente der alten Stammesreligion wirksam geblieben. Der Glaube an einen mächtigen Himmelsgott ist älter als christliche oder islamische Missionstätigkeit. Ahnenglaube und Seelenkulte bilden die Grundlage der Religion. Die Kultausübung wird in der Regel innerhalb der Familie vorgenommen. Andere übernatürliche Mächte lassen sich durch Kundige oft zweckmäßig manipulieren.

Ab 1911 wurden die T., zunächst durch die Holländische Reformierte Kirche, später von katholischen und protestantischen amerikanischen Missionaren zum Christentum bekehrt und dann europäischen Einflüssen ausgesetzt. Der Islam vermochte unter ihnen nicht nennenswert Fuß zu fassen. Die T., die als letztes afrikanisches Volk Nigerias unter britische Verwaltung kamen, haben noch 1960 und 1964 gegen die von der Zentralregierung eingesetzten Beamten rebelliert.

Lit.: 863, 871, 872, 873, 896
Karte: Westafrika, 19. Jh. (Abb.: 225)

Tlingit

Nordamerikanische Indianer an der pazifischen Nordwestküste, auf den Inseln und der Küste von S-Alaska; ca. 8000. Sprache: Na-Dené.

Die T. bilden die nördlichste Gruppe der pazifischen Nordwestküstenkultur. Der Fischfang, ihr hauptsächlichster Lebensunterhalt, brachte ihnen bis zum 19. Jh. so reiche Erträge, daß eine Überflußgesellschaft entstand. Auch Seesäuger (Wale, Robben) wurden erlegt, Muscheln gesammelt und Karibus, Bergziegen und Hirsche gejagt. Die Matrilineage+ war zugleich die autonome Dorforganisation; sie gliederte sich in Moieties+ (= Heiratsklassen). In kolonialer Zeit schlossen sich die Verwandtschaftsgruppen, die Lineages+, zu mehreren größeren Siedlungen zusammen. Eine zentrale Stammesorganisation gab es jedoch nicht. Die Gesellschaft der T. war streng hierarchisch organisiert; sie bestand aus verschiedenen Rangklassen: den Häuptlingen und ihren nahen Verwandten, den Freien und den Sklaven (Kriegsgefangenen). Die gesellschaftliche Position jedes einzelnen war schon bei Geburt genau festgelegt. Zur Amtseinsetzung eines Häuptlings wurden Verdienstfeste (potlatche) veranstaltet, zu denen Gäste verschwenderisch bewirtet wurden; oft errichtete man auch Wappenpfähle (populär: Totempfähle), die reich skulptiert und bemalt waren. Häuser aus Planken, Kanus, die Wappenpfähle sowie Haushaltsgegenstände (Truhen, Löffel) und Waffen (»Sklaventöter«, ein Keulentypus) und aus Hundehaar und Bergziegenwolle gewebte Umhänge (»Chilkat«-Decken) waren reich bemalt mit eigenartig gestalteten Tierfiguren in Doppelprofildarstellung und zahlreichen eingesetzten Füllseln (»Augen«). Skulptiert und bemalt waren auch die Masken, die zu den winterlichen dramatischen Aufführungen (→ Kwakiutl) getragen wurden.

Die Geschichte der T. beginnt mit der zweiten Kamtschatka-Expedition der Russen unter der Führung des Dänen Vitus Bering 1741. Englische und amerikanische Expeditionen folgten, nachdem der Seeotterpelzhandel mit China große Profite brachte. 1799 wurde die Russian-American Company gegründet, sie übernahm das Pelzmonopol. Das von Alexander Baranov erbaute Fort Sitka wurde 1801 von den T. gestürmt, aber schon 1804 wieder aufgebaut; es blieb der wichtigste Handelsposten der Pelzgesellschaften. Handelsschiffe der Amerikaner und der britischen Hudson's Bay Company wurden bald ernsthafte Konkurrenten im Handel mit den T. 1835 dezimierte eine Pockenepidemie die Hälfte der T., 1867 kauften die Amerikaner Alaska den Russen ab. Erst 1884 wurde die amerikanische Zivilverwaltung mit den schwierigen Verhältnissen in Alaska (Goldfunde 1880 bei Juneau) fertig. 1876 begann die protestantische Mission ihr Werk unter den T., ab 1880 wurden die ersten Schulen eröffnet. Hauptprobleme der Missionare waren: Sklaverei; Leichenverbrennung; Polygynie+; das Potlatch-System mit der strengen hierarchischen Gliederung der Gruppen; Schwarzbrennerei (hoochinoo), die von den Weißen eingeführt worden war; und die Konkurrenz (d. h. die Schamanen). Erschwerend trat hinzu die patrifokale+ Orientierung der Missionare gegenüber der matrilinearen+ Ordnung der T. (z. B. bei der Namensgebung). Die Bevölkerungskonzentration und die Reduzierung auf wenige Siedlungen wurden verstärkt von einem Bevölkerungsrückgang durch Kriege und Krankheiten, Rückgang der Fischfangerträge durch verstärkten Fischfang der Euro-Amerikaner, die Einführung von Motorbooten (und damit größere Mobilität) und die Bemühungen von Missionaren, Händlern und Verwaltungsbeamten, die T. auf wenige Plätze zu konzentrieren; schließlich aber auch der Wunsch der Indianer selbst, in größeren Siedlungen und in der Nachbarschaft weißer Städte leben zu wollen. Die Arbeit in Fischkonservenfabriken und das Kunsthandwerk (Holzschnitzkunst, Metallarbeiten, Korbflechterei, Weberei) boten zusätzlichen Lohn zu den immer geringer werdenden Erträgen des Fischfangs. Die »Alaska Native Brotherhood« (später auch die »Alaska Native Sisterhood«), von den T. 1912 als kirchliche Organisation gegründet, führte zur verstärkten Annahme der europäischen Güter und Ideen und zur Aufhebung der lokalen Isolierung. Die Kenntnis der englischen Sprache und die Abschaffung des Potlatch-Systems wurden von den Mitgliedern als erstes gefordert; die rassische Diskriminierung gegenüber den Indianern sollte abgeschafft und das allgemeine Bürgerrecht eingeführt werden. Die A.N.B. war in ihren Forderungen erfolgreich. Inzwischen ist aus der kirchlichen Organisation eine mehr nativistische+ Bewegung geworden, die Mitgliedschaft zu den alten Moieties+, das Wiederaufleben des Potlatches und die Zulassung der T.-Sprache in den jährlichen Treffen und den örtlichen Kapiteltreffen haben die ursprünglichen Ziele einer Anpassung an die weiße Gesellschaft in Frage gestellt.

Lit.: 486, 488, 492
Karte: Nordamerika (Abb.: 76)

Toda

Die T., über deren Herkunft nichts bekannt ist, leben als seßhafte Hirten in Höhen bis über 1000 m in den Nilgiri-Bergen Tamil Nadus und sind mit keiner anderen Volksgruppe Indiens vergleichbar. Sprache: Drawida. Es sind hochgewachsene, relativ hellhäutige Menschen mit scharf geschnittenen Gesichtszügen und graziösen Bewegungen. Alle Männer tragen Bärte. Die Kleidung besteht für alle aus einem weiß, schwarz und rot gestreiften Webmaterial, das um die Hüften geschlungen ist, wobei ein Ende über die Schulter geworfen wird. An der Kleidung darf es keine Naht geben, Kopfbedeckungen sind tabu. Männer und Frauen sind gleichberechtigt. Die T., von denen es noch ca. 700 gibt, besitzen keine Waffen und töten auch keine Tiere; sie leben fast ausschließlich von Milch und Milchprodukten. Ihre winzigen, grasbedeckten Häuser aus Bambus mit gewölbtem Dach und Giebel bestehen aus nur einem Raum; meist sind zwei zu einem Zwillingsblock zusammengebaut. Die T. leben in kleinen Gruppen, mit gemeinschaftlicher Viehhaltung und Weideflächennutzung. Im gesamten Siedlungsgebiet gibt es zwei Tempel als Opferstätten für den »Erhabenen«, die mit hohen Mauern aus Steinen umgeben sind. Zu Feiern versammeln sich die T. auf dem Gipfel des Mukurti-Berges. Prägende Wirkung auf den Lebensstil der T. hat die für sie spezifische Bedeutungsinterpretation von Büffelkuh und Herde, die als heiliger Besitz angesehen werden. Von der Büffelkuh kommt Milch, das besondere Geschenk Gottes, und daher gelten Melken, Viehversorgung und Aufzucht als Kulthandlungen. Das schließt jeden Handel mit Milch oder Rindern aus; Bullenkälber werden an Nachbarstämme, die Badaga und Kota, abgegeben, und nur einige bestimmte Milchprodukte werden gegen nötige Haushaltsgeräte eingetauscht. Die Herde einer Siedlungsgemeinschaft wird je nach Größe (10–60 Rinder) von einem oder mehreren Hirten gehütet. Das ranghöchste Amt mit dem Status eines Priesters hat der palal (Milchbesorger) inne. Der Proband muß nach strengem Ritual unbekleidet acht Tage im Wald verbringen, wobei seine einzige Nahrung der aus der Rinde des Tude-Baumes ausgepreßte Saft ist, den er nach genauen Vorschriften zu trinken hat. Während seiner Amtszeit, die er nach Wunsch jederzeit beenden kann, wohnt der palal in einer etwas geräumigeren Hütte, in deren rückwärtigem Teil Milch und Milchprodukte aufbewahrt werden. Er allein darf die Kühe melken, wobei mehrere Riten zu beachten sind. Seinen beiden Gehilfen, die sich vor ihrer Initiation in das Amt ebenfalls strengen Reinlichkeitsritualen unterziehen müssen, obliegt die Verteilung der Milch und die Zubereitung von Käse, Butter und Joghurt. Hirten, Milchbesorger und Gehilfen rekrutieren sich aus dem Klan der »Söhne Gottes« (peiki), haben während der Zeit ihrer Tätigkeit keinen Eigennamen und leben asketisch, getrennt von ihren Familien. Jede Herde hat eine sogenannte »Glockenkuh«, darf jedoch niemals mehr als drei davon besitzen; sie wird aufgrund einer »mythischen« Abstammung besonders gehütet und verehrt. Falls die Glockenkuh, die für einen Außenstehenden keine besonderen Merkmale aufweist, keine Nachkommen hat, hilft eine andere Gemeinde aus, wobei der palal ihr nach einer dreitägigen Zeremonie die Glocke umhängt. Wenn kein Ersatz beschafft werden kann, wird die Siedlung aufgelöst und die Herde aufgeteilt. Alle großen Zeremonien gelten der Herde; Ereignisse im Leben der einzelnen scheinen nur geringe Bedeutung zu haben. Die T.-Gesellschaft besteht aus zwei endogamen+ Gruppen (tartharol und teivaliol), die in mehrere patrilineare Klane aufgegliedert sind. Die T. haben ein sehr komplexes System von Heiratsbeschränkungen, das auf bestimmten Blutsverwandtschaftsverhältnissen sowohl väterlicherseits als auch mütterlicherseits basiert. Interessant ist der Brauch einer 24stündigen »Probe-Ehe«, die das Paar in einem dafür bestimmten Haus verbringt. Danach trifft das Mädchen die Entscheidung. Wenn sie mit dem Mann einverstanden ist, erhält sie von ihm eine Kette und einen Überwurf, womit die Ehe besiegelt ist. Mit Einverständnis der Braut können sich Brüder den Brautpreis teilen und erwerben damit auch eheliche Rechte. Die Toten der T. werden verbrannt und die Asche beerdigt; danach wird der Name des Toten nie mehr erwähnt.

Lit.: 149, 163, 183
Vorderindien (Abb.: 220)

Tonga
Tsonga

Bezeichnung für mehrere Bantu-Völker im südl. Mosambik und O-Transvaal. (Die Tonga in Sambia – Plateau-T. und Tal-T. – sowie die Tonga von Malawi und die von Inhambane haben keinen ethnischen oder kulturellen Zusammenhang mit den Tsonga des südl. Afrika.)
Die politische Struktur der T. ist nicht einheitlich, und sie hat nie zu einer zentralen Staatsbildung geführt. Patrilineare+ Großfamilien bilden die einzigen wirksamen politischen Einheiten. Dem Familienoberhaupt fehlen politische Machtbefugnisse. Der politische Zusammenhalt beruht auf dem Netz der Verwandtschaftsverhältnisse (totemistische+ Klane) und den Beziehungen zwischen Individuen und kleinen Untergruppen. Verwandtschafts- oder Heiratsbande werden für politische Zwecke ausgenützt.
In der Südafrikanischen Republik gab es 1971 ca. 730 000 T.-Sprecher, einschließlich der Tembe und Shangana. Viele T. haben sich in den Arbeitszentren nördlich von Pretoria niedergelassen. Sie sind als zuverlässige Arbeiter geschätzt; in den Landgebieten der → Tswana und → Nord-Sotho treten sie vielfach als Zauberdoktoren auf. Ihre Wohngebiete wurden seit 1960 zusammengefaßt zu einem sich selbstverwaltenden Gebiet, seit 1970 zu einem selbstregierenden Homeland, Gazankulu genannt, mit Regierungssitz in Giyani.

Lit.: 1170, 1171, 1180, 1188, 1233, 1238

Tonganer

Die T. werden zu den → Polynesiern gerechnet. Ihre Heimat liegt etwa 1600 km nördl. von Neuseeland im westl. Zentralpazifik (zwischen 15° und 23° s. Br. und 173° und 177° w. L.). Von den 159 Inseln, die sich über eine Meeresfläche von mehr als 50 000 km² verteilen, sind nur 45 bewohnt. Auf der Hauptinsel Tongatabu (mit der Hauptstadt Nukualofa) lebt die Hälfte aller T. (1973: 92 000).

Der Tonga-Archipel gehört neben Samoa zu den am frühesten besiedelten Gebieten Polynesiens. Schon in den ersten Jahrhunderten v. Chr. ließen sich hier Menschen nieder, die nach tonganischer Überlieferung den Archipel von Samoa aus erreichten.

Die Wirtschaftsgrundlage der T. beruht noch heute auf dem Anbau von Jams, Taro, Bananen usw. und dem Fischfang. Die materielle Kultur der T. war wie die aller Polynesier steinzeitlich geprägt.

Tonga ist der einzige Südsee-Archipel, der nie eine Kolonie war und schon vor dem Eintreffen der Europäer eine alle Inseln vereinende Herrschaftsordnung ausgebildet hatte. Das Königreich Tonga kann sich rühmen, auf eine mehr als tausendjährige Geschichte zurückzublicken. Es war in früherer Zeit auf einer Feudalbasis organisiert und durch eine strenge Klasseneinteilung gekennzeichnet. Jede Klasse war durch harte Pflichten an die obere gebunden. Die Klassenzugehörigkeit beruhte auf dem genealogischen Prinzip, d. h. sie wurde durch die Reihenfolge der Geburt und durch das Alter der patrilinearen+ Abstammungsgruppe (Familie) bestimmt. Man unterschied drei Hauptklassen: die Häuptlinge (eiki), die matapule und das Volk (tua). An der Spitze der Gesellschaft stand der Tui Tonga. Er war der jeweils älteste Sohn der ältesten Abstammungsgruppe im Archipel, die sich auf den Gott Tangaroa zurückführte. Als irdischem Repräsentant der Götter wurden dem Tui Tonga höchste religiöse Ehren zuteil, und er besaß eine große Macht über das Leben und Eigentum der Inselbewohner. Alles Land gehörte dem Tui Tonga, dem man jährliche Tribute zollte und erste Fruchtopfer darbrachte. Das Land war in Distrikte aufgeteilt, die von den Häuptlingen verwaltet wurden. Ratgeber der Häuptlinge waren die matapule, eine zwischen Adel und Volk stehende Bevölkerungsgruppe. Dem Volk wurde das Land zur Nutzung und zur Versorgung der sozial Höhergestellten zur Verfügung gestellt. Die weltliche Macht des Tui Tonga erreichte ihren Höhepunkt zwischen 1200 und 1450. Danach ging sie an eine jüngere Seitenlinie des alttonganischen Herrschergeschlechts über. Dem Tui Tonga verblieben lediglich sakrale Königswürden.

Der Tonga-Archipel wurde 1616 von dem Holländer Jakob Le Maire entdeckt. James Cook, der ihn in den Jahren 1773, 1774 und 1777 besuchte, gab ihm den Namen »Friendly Islands«. Tonga verdankt sein Überleben als unabhängiges Königreich dem flexiblen Reagieren auf die machtpolitischen Verhältnisse im Pazifik: Ein 1876 geschlossener Freundschaftsvertrag mit dem Deutschen Reich diente der Abwehr franz. und brit. Kolonialinteressen. Tonga war lediglich brit. Protektorat von 1900 bis 1970. Heute ist es Mitglied des Commonwealth und des South Pacific Forums. Sein derzeitiges politisches System ist eine konstitutionelle Monarchie, die nach brit. Vorbild gebildet wurde. Staatsoberhaupt ist König Taufa'ahau Tupou IV. (seit 1967). In ihrer Mehrzahl sind die T. Wesleyanische Methodisten. 90% leben von der Landwirtschaft. Sie produzieren Jams, Taro und Bananen auf Selbstversorgerfarmen und Kokosnüsse für den Export von Kopra. Hunde und Hühner werden für den Eigenbedarf gehalten. Der Fischreichtum des Meeres bildet eine weitere wichtige Quelle eiweißreicher Nahrung.

Im Gegensatz zu Hawaii und Tahiti gibt es in Tonga keine Fremdbevölkerungs- und Überfremdungsprobleme. 1966 erreichten die Nichttonganer einschließlich der Mischlinge nur 1,7% der gesamten Einwohnerzahl. Die traditionelle Kultur der T. ist in vielen Bereichen noch bis in die Gegenwart lebendig geblieben. Bevölkerungsexplosion, Landknappheit, wachsende wirtschaftliche Ungleichheit, Abhängigkeit der Exportwirtschaft von schwankenden Weltmarktpreisen, steigende Erwartungen und Konsumabhängigkeit im Sog der Außenkontakte sind die Probleme des Inselreichs, die es gegenwärtig mit anderen Bevölkerungsgruppen der Südsee teilt.

Lit.: 392, 393, 399, 401
Karte: Ozeanien (Abb.: 132)

Toradja

Die T. leben in den Bergländern von Z-Sulawesi (Celebes/Republik Indonesien). Kulturell werden sie zu den Altindonesiern gerechnet (→ Indonesier); ca. 600 000 bis 900 000.

In sich stellen die T. keine sprachliche und kulturelle Einheit dar. Man unterscheidet zwischen einer Ost-West- und Südgruppe, von denen jede sich in Dutzende von Stämmen unterteilt. Hervorzuheben ist, daß die Gruppe der um den Poso-See lebende Ost-T. noch heute am stärksten den Traditionen verhaftet ist.

Die T. sind Pflanzer und Viehzüchter. Sie betreiben Naßreisanbau auf terrassierten Feldern.

Toradja 366

Abb. 203 (s. S. 366 oben): Die Pfahlbauten der Toradja im Hochland von Sulawesi (Celebes) sind mit Schnitzwerk und Malereien reich verziert. Die vordere Giebelfront der Wohnhäuser wird häufig mit dem geschnitzten Kopf und den Hörnern geopferter Wasserbüffel verziert. Wasserbüffel werden als rituelle Schlachttiere und nicht als Pflug- oder Lasttiere gehalten. (Foto: Kröber)

Abb. 204 (s. S. 366 unten): Die Dörfer der Toradja liegen oft auf Hügeln und sind in ihrem Grundplan symmetrisch. Rechts und links der Straße stehen Wohnhäuser und Vorratsspeicher einander gegenüber. Beide sind im gleichen Stil erbaut. (Foto: Kröber)

Abb. 205: Große Bedeutung messen die Toradja dem Totenkult bei. Der Verstorbene wird durch eine fast lebensgroße Holzfigur verkörpert, die angeblich seine individuellen Gesichtszüge und seine Kleidung trägt und später als Grabwächter aufgestellt wird. Bei der christianisierten Südgruppe der Toradja werden die ehemaligen Grabanlagen heute als Touristenattraktion vermarktet. (Foto: Kröber)

Mais, Taro und Jams werden im Brandrodungsverfahren+ angebaut. Besondere Bedeutung kommt der Viehhaltung zu. Wasserbüffel werden als rituelle Schlachttiere und nicht als Pflug- oder Lasttiere gehalten. Sie sind vor allem Wertmesser des Prestiges. Auch Schweine werden nur zu besonderen Anlässen, z. B. bei Totenfesten, geschlachtet. Zu den handwerklichen Fertigkeiten zählen Flecht-, Web- und Schmiedearbeiten. Die Gesellschaft der T. wird durch das verwandtschaftliche Prinzip geprägt. Klan+-Systeme haben sich nicht ausgebildet. Die Mitglieder eines Stammes sind alle miteinander verwandt, so auch die Bewohner eines Dorfes, die jeweils einen Unterstamm bilden. Oft werden Dörfer auf Hügeln angelegt. Besonders prachtvoll sind die Häuser der T. (Pfahlbauten), die mit Schnitzwerk und Malereien verziert sind. Die vordere Giebelfront wird häufig mit dem geschnitzten Kopf oder mit den Hörnern geopferter Wasserbüffel geschmückt. Die weitausschwingenden schiffsähnlichen Dächer sind mit mehreren Lagen gespaltenen Bambus gedeckt.

Die T. teilen den Kosmos in eine Ober- und Unterwelt, denen zahlreiche Gottheiten zugeordnet sind. Höchster Gott ist »Pue m Palaburu«, der als Weltenherrscher über Recht und Ordnung wacht und vor allem die Verbrechen der Blutschande ahndet. Sein Auge ist die Sonne. Im Mittelpunkt des Kultes stehen große Feste, die in der Opferung von Büffeln kulminieren. In früheren Zeiten wurden auch Menschen geopfert. Derartige Feste stehen häufig in engem Zusammenhang mit dem Totenkult, dem alle T.-Stämme große Bedeutung beimessen. Bei den Totenfesten wird der Verstorbene durch eine fast lebensgroße Holzfigur verkörpert, die bekleidet ist und später als Wächter vor dem Grab aufgestellt wird. Bei den Gräbern handelt es sich vielfach um in Felsen gehauene Schachtgräber, die bei den Süd-T. bereits als Touristen-Attraktion vermarktet werden.

Die Mehrheit der T. gehört heute christlichen Glaubensrichtungen an.

Neben den T. zählen die Minahasa im N zu den altindonesischen Völkern Sulawesis. Anzumerken ist, daß die Insel insgesamt ein Bild ethnischer Vielfalt bietet. Zu den Jungindonesiern werden die Bugi und Makassaren auf der SW-Halbinsel gerechnet. Hier lebte mit den Toala auch die einzige wildbeuterische Restgruppe auf S. Doch schon um 1902 waren die Toala mit den Bugi so stark vermischt, daß ihre ethnische Identität heute nur noch in Spuren zu erkennen ist.

Lit.: 327, 337, 339 (II)
Karte: Südostasiatischer Archipel (Abb.: 79)
Abb.: 203, 204, 205

Totonaken

Mexikanische Indianer in den heutigen Staaten Puebla und Veracruz, am Ostabhang der Sierra Madre Oriental und in der Küstenzone von Papantla; ca. 170 000. Sprache: Totonakisch, entfernt verwandt mit dem Maya.

In vorkolonialer Zeit standen die T. den mesoamerikanischen Hochkulturen der Tolteken und Azteken nahe, doch besaßen sie eine Reihe von Kulturzügen, die auf enge Beziehungen zum zirkumkaribischen Raum hindeuten. Das kulturelle Zentrum war die Ruinenstadt von El Tajín mit dem berühmten Nischentempel.

Die Hochland-T. sind Bauern (Mais; Kleinviehhaltung). Wegen ihres kargen Bodens wandern viele T. als Lohnarbeiter auf die Plantagen des Tieflandes, andere sind auch als Händler tätig, die Produkte des Hochlandes gegen solche des Tieflandes tauschen. Die Tiefland-T. bauen hauptsächlich Vermarktungsprodukte an: Vanille (heute kaum noch), Zuckerrohr, Kaffee, halten Schweine und Hühner, züchten Bienen. Andere Kulturmerkmale entsprechen weitgehend denen anderer mexikanischer Bauernvölker (→ Nahua).

Im 16. Jh. setzte eine starke Missionierung ein. Die traditionelle soziopolitische Struktur wurde zunächst von den Spaniern übernommen und den neuen Bedürfnissen der Kolonialmacht angepaßt. Die Abschaffung der alten Kriegerklasse, der (heidnischen) Priesterschaft und der Entzug der Handelskontrolle zerstörten das traditionelle T.-System. Die Einrichtung des »repartimiento« und der »encomienda« trugen zur Auflösung der traditionellen Strukturen bei, indem die Bevölkerung des Tieflandes aus der zunehmenden Verknechtung in das schwer zugängliche Berggebiet floh. Die Spanier holten Negersklaven und andere Indianer aus Westindien für die neu geschaffenen Plantagen. Die Hochland-T. und die T. des nördl. Tieflandes wurden weniger von der spanischen Kolonialherrschaft beeinflußt. Einige alte Riten sind heute noch lebendig, z. B. das Volador-Spiel: In Papantla und Tajín tanzen vier Männer, die vier Himmelsrichtungen darstellend, siebenmal »eine Kette« um einen hohen Pfahl, eine Art Maibaum. Dann erklettern sie ihn, binden sich mit einem Seil an einem drehbaren Gestell an seiner Spitze fest und lassen sich, an dem Gestell um den Pfosten drehend, kopfüber mit ausgebreiteten Armen herabsinken. Sie drehen sich 13 mal um sich selbst, entsprechend dem aztekischen Kalenderzyklus (4 × 13 = 52), in dem nach Ablauf von 52 Jahren der Tag des Jahresanfangs wieder die gleiche Kombination von Ziffer und Zeichen erhält wie der erste Tag des ersten Jahres dieses Zyklus. Die Voladores symbolisieren die Sonnenvögel, die durch ihr Herabsinken Regen bringen. Dieser altindianische Brauch, bei dem im Prinzip das Rad verwendet wird, ist in der östl. Sierra Madre Oriental und in den Staaten Hidalgo und San Luis Potosí verbreitet, kommt aber auch noch in Guatemala vor; er ist vermutlich toltekischer Herkunft.

Lit.: 667, 669, 671
Karte: Mexiko (Abb.: 77)

Tscherkessen

Sammelbezeichnung für Angehörige kulturell wie sprachlich eng verwandter Bergstämme im NW-Kaukasus (UdSSR). Sprache: adygisch-abchasischer (= nordwestl.) Zweig der kaukasischen Sprachfamilie. Zu den T. gehören: 1. Die eigentlichen T. (1970: 40 000), die überwiegend im »Autonomen Gebiet der Karatschaier und Tscherkessen« leben. 2. Die Kabardiner (östl. Zweig der T.), entstanden aus im 15./16. Jh. an den Oberlauf des Terek abgewanderten T. 1970: 280 000, hauptsächlich in der Kabardinisch-Balkarischen ASSR. 3. Die Adyge (westl. T.), in älteren Quellen nicht gesondert behandelt, heute in russischen Werken als »Adygejcy« hervorgehoben. Die A. (1970: 100 000) wohnen größtenteils im »Adygischen Autonomen Gebiet«. 4. Zwei Gruppen nicht-tscherkessischer Herkunft, jedoch an sie assimiliert: a) die Ubychen; vor ihrer geschlossenen Abwanderung 1864 in die Türkei wohnten sie am Sotschi; b) die Abasinen (1970: 25 000), die vor allem im »Autonomen Gebiet der Karatschaier und Tscherkessen« leben. Ihre Sprache ist dem Abchasischen nah verwandt.
Die traditionelle Wirtschaftsweise der T. ist an die unterschiedlichen geographischen wie klimatischen Bedingungen angepaßt: in den Steppenebenen insbesondere Bodenbau (vor allem Hirse), Obstbau und Bienenzucht, in den Bergregionen Viehwirtschaft mit sommerlichem Almauftrieb, vor allem Schafe, auch Ziegen und Hornvieh. Die tscherkessische Pferdezucht war berühmt. Das Schaf war der wichtigste Fleisch-, Milch- und Wollieferant; Wollverwertung und Weberei waren hoch entwickelt. Für alle T. typisch, bei den Kabardinern aber hypertroph ausgeprägt war die feudale Gesellschaftsstruktur. Den höchsten Stand bildeten die Fürsten; ihnen folgte eine differenzierte Adelsschicht, deren Angehörige streng auf die Wahrung ihrer Privilegien achteten, ein mittelalterliches Ritterlichkeits- und Heldenideal pflegten und niemals Ehen mit den unter ihnen stehenden Schichten der Bauern, Hörigen oder rechtlosen Sklaven eingingen. Pferdezucht galt für einen adligen T. als einzig würdige Beschäftigung. Zum adligen Verhaltenskodex gehörten die Blutsbruderschaft zu Nichtverwandten, die Wahrung der Gastfreundschaft als heilige Pflicht, die Blutrache. Adlige Kleinkinder wurden in Vasallenfamilien aufgezogen. Ritualisierte Vorschriften bestimmten das Verhalten der Adligen untereinander. Die tscherkessische Männerkleidung, ein langer enger Leibrock mit Gürtel und aufgenähten Patronengurten auf jeder Brustseite über einem Hemd, verbreitete sich im ganzen Kaukasus. Dem männlichen Ritterideal entsprach ein besonderes Frauenideal: hoher und schlanker Wuchs sollte bei den jungen Mädchen durch ein enganliegendes Lederkorsett erreicht werden, das ein Wachstum der Brust verhinderte. Die adligen Frauen trugen mit Gold- und Silberfäden reich bestickte Kleider. Die Schönheit der jungen Tscherkessinnen war weit über den Kaukasus hinaus berühmt, »circassische« Sklavinnen im Orient hoch begehrt. Die T. bewohnten ausgedehnte Gehöfte leichter Bauart. Der Bau festerer Häuser – bei anderen kaukasischen Völkern oft die Folge der ständigen Blutrachefehden – galt dem T. als Ausdruck von Feigheit und entsprach nicht seinem ritterlich-heldischen Ideal. Die Christianisierung erfolgte im 6. Jh. durch Byzanz; seit dem 15. Jh. kam es zur langsamen Übernahme des Islam, vor allem in adligen Kreisen. Christliche wie heidnische Glaubensinhalte lebten bis ins 19. Jh. weiter: die Verehrung von Natur- und Schutzgottheiten (u. a. des Schmiede- und Kriegsgottes), Regen- und Fruchtbarkeitskulte. Wie andere nordkaukasische Völker kannten die T. die »Nartensagen«, die in verschiedenen Sagenkreisen von den Heldentaten und Abenteuern des mythischen Nartvolkes berichten (→ Osseten).
Seit dem 5. Jh. v. Chr. sind Nachrichten über die verschiedenen Stämme der späteren T. im Kü-

stenbereich des Schwarzen und Asowschen Meeres, seit dem 5. Jh. n. Chr. auch die Selbstbezeichnung der T. »Adyge« faßbar. Die Mongoleneinfälle führten im 13. Jh. zur Abdrängung der T. tiefer in den Kaukasus hinein. Konflikte mit den Krim-Tataren bringen die T. in Beziehung zu Moskau. Seit Beginn des 18. Jh. geraten sie zwischen den russischen Expansionsdrang nach S und osmanische Hoheitsansprüche. Das Ausweichen der Adyge oder westl. T. in ihr heutiges Wohngebiet ist nicht zuletzt auf diesen Druck zurückzuführen. Seit 1829 sind die T. Rußland unterworfen, das, um Einfluß zu gewinnen, versucht, die Feudalstruktur zu zerschlagen und die breite Hörigenschicht dadurch auf seine Seite zu ziehen. Übergriffe der Kosaken und russische Zwangsmaßnahmen führen zu Aufständen und seit 1840 zur Teilnahme der T. an den kaukasischen Freiheitskriegen (→ Daghestan-Völker). Uneinigkeit und religiöse Machtkämpfe bringen 1860 die endgültige Unterwerfung der T. als letztem der kaukasischen Völker unter russische Hoheit. Um sich dem Verlust der Freiheit und sonstigen Repressionen zu entziehen, kam es bis 1864 zu einer Umsiedlung riesigen Ausmaßes in die Türkei. Sie ging unter grauenhaftem Elend, Krankheit, Verfolgung und Seuchen vor sich und dezimierte die vor 1864 auf ½ bis 1 Mio. geschätzten T. entscheidend. Heute leben in der Türkei noch 110 000 T., in Syrien 30 000, in Jordanien 20 000, im Irak 10 000, alles Nachfahren der damaligen Umsiedler.

Mit der Unterwerfung unter russische Hoheit, 1864 begann der Verfall der traditionellen tscherkessischen Kultur; nach 1917 setzte er sich beschleunigt fort: die alten Familien- und Gesellschaftsformen wie auch die traditionelle Siedlungsstruktur wurden durch die Einführung der sozialistischen Kollektivwirtschaft weitgehend aufgelöst. Neben der Intensivierung der Viehzucht wurde die Industrialisierung vorangetrieben (Eisenverarbeitung, Bergbau, Nahrungsmittel). Die ursprünglich schriftlose Sprache der T. wird seit 1936 in kyrillischen Buchstaben geschrieben und an den Schulen unterrichtet.

Lit.: 33, 45
Karte: Kaukasus (Abb.: 61)

Tschetschenen

Nach dem Dorf Tschetschen bezeichnetes Volk im NO-Kaukasus (UdSSR) mit einer zur kaukasischen Sprachfamilie (vejnachskischer = nordöstl. Zweig) gehörenden Sprache; 1970: 613 000 (Mitte des 19. Jh. nur ca. 100 000), die hauptsächlich in der Tschetschenisch-Inguschischen ASSR leben.

Das Siedlungsgebiet der T. gliedert sich in vier geographische und klimatische Zonen Hochgebirge, Berge, Vorberge, Ebene – und damit auch in unterschiedliche Wirtschaftsbereiche; in den Bergen herrschte die Viehzucht, insbesondere Schafhaltung, mit Almbetrieb im Sommer vor. Im Winter trieb man die Herden auf Pachtweiden in die Ebenen. Im 19. Jh., z. Z. der kaukasischen Kriege, vergrößerten die T. zum einen die Pferdezucht, um die Anhänger Schamils (→ Daghestan-Völker) mit Reittieren zu versorgen, zum anderen erlebte das alte und entwickelte Schmiedehandwerk durch die Herstellung von Waffen einen Aufschwung. Der blühende Bodenbau in den tiefergelegenen Gebieten machte Tschetschenien darüber hinaus zur Kornkammer für Schamils Truppen. Im Gegensatz zu den häufig feudalen und hierarchischen Verhältnissen des N-Kaukasus gab es bei den T. nur Freie; selbst Gefangene wurden in die tschetschenische Gesellschaft integriert. Aus diesem Grund war Tschetschenien ein beliebter Zufluchtsort für Verfolgte. Die eigentliche politische wie auch wirtschaftliche Einheit bildeten die Geschlechterverbände mit gemeinsamem Wohnort. In den Bergen lebten sie in eigenen Wohntürmen; ein fünfstöckiger Wehrturm stand für Zeiten der Belagerung bereit; in der Ebene zogen sich große Dörfer mit weitläufigen Gehöften entlang von Straßen und Flüssen. Das Gastrecht war bei den T. wie überall im Kaukasus eine heilige Pflicht, ebenso die Blutrache, die oft zu verheerenden Kriegen der Sippen untereinander und zur Abwanderung ganzer Dorfverbände führte. Die T. waren bis ins 19. Jh. als kühne Krieger weithin bekannt, der Kampf galt jedem erwachsenen Mann als höchste Form der Selbstverwirklichung. Im 8. Jh. waren die T. zum Christentum, im 16. zum Islam bekehrt worden, doch gewann das nie ganz unterdrückte Heidentum durch die politische Schwäche des christlichen Georgien Boden zurück; die Verehrung von Naturgottheiten, der Kult des Herdes, die Aussetzung der Verstorbenen in sippeneigenen Totenhäusern wurden neu belebt. Erst die islamische Strenggläubigkeit Schamils und seiner Anhänger drängte das Heidentum im 19. Jh. wieder zurück. Lebendig beschrieben haben das traditionelle Leben der T. die Dichter Tolstoi, Puschkin und Lermontow.

Da die T. keine geschlossene staatliche Einheit besaßen, ist ihre Geschichte im Grunde nur die Geschichte einzelner Familienverbände. Seit dem 17. Jh. rückten die T. in das russische Blickfeld, als sie mit den auf tschetschenisches Siedlungsgebiet vorstoßenden Kosaken in erbitterte Auseinandersetzungen gerieten, die oft mit dem Verbrennen oder Aushungern tschetschenischer Dörfer durch die Eindringlinge endeten. Diese Erfahrungen machten die T. zu glühenden Anhängern des kaukasischen Freiheitskampfes unter Schamil. Nach der Niederzwingung der T. 1859 durch Rußland wanderten Teile ins osmanische Reich ab. Als Partisanenkampf gingen die Auseinandersetzungen, geschürt von neuen kosakischen Landnahmen, weiter. Auf Grund dieses historischen Konfliktes stellten sich die T. schon 1917 ganz auf die Seite der »Roten«, da die Kosaken für die »Weißen« Partei ergriffen hatten. Nach deren Niederlage errangen die T. als erstes ihre alten Gebiete in den nördl. Ebenen von den Kosaken zurück. Die Wirren der Revolutionszeit führten zu einer Renaissance des tschetschenischen Kriegerideals und überhaupt der alten Traditionen. Die erneute Disziplinierung der T. durch die Sowjets dauerte bis in die späten zwanziger Jahre. 1944 wurden viele T. wegen Kollaboration mit den Deutschen in sibirische Straflager verschickt.

Der wichtigste Wirtschaftszweig der T. ist heute die Förderung von Erdöl und Erdgas. Daneben wurden Bodenbau und Viehzucht intensiviert, die Anbauflächen vergrößert und spezialisierte Kolchosen eingerichtet, die oft überwiegend von Mitgliedern der früheren Geschlechterverbände betrieben werden. Vielfach sind die T. von ihren abgelegenen Bergdörfern in die zugänglicheren Ebenen gezogen. Die traditionelle tschetschenische Kultur wird heute durch eigene Volksmusikorchester, Tanzgruppen, Chöre und Zeitungen staatlich gefördert.

Lit.: 31, 51
Karte: Kaukasus (Abb.: 61)

Tschuktschen

In der sowjetischen Literatur seit 1930 Luoravetlan (»wahrer Mensch«, Selbstbezeichnung der T.) genannt; ein Paläoasiatisch sprechendes Volk im äußersten NO-Sibirien auf der Tschuktschen-Halbinsel (UdSSR), besonders dort im »Nationalen Kreis der T.«. 1970: 14 000.

Die T.-Halbinsel ist überwiegend gebirgig mit Wäldern und arktischer Steppenvegetation; sie besitzt eine vielfältige Tundra- und Taigatierwelt; Meer und Flüsse sind reich an Seesäugern und Fischen. Das Klima ist extrem kontinental mit nur drei Sommermonaten. Die Bewohner dieses unwirtlichen Gebiets waren in zwei unterschiedliche Wirtschaftsgruppen unterteilt, die miteinander in Handelsbeziehungen standen: die Küstenjäger und die Tundra-Rentierhalter. Die Küsten-T. jagten Walroß, Wal und Seehund. Oft schlossen sich Verwandte zu größeren Jagdgruppen zusammen und fuhren mit ihren Booten aus Walroßhaut aufs Meer hinaus. Jagdwaffen waren Harpune und Speer, seit dem 19. Jh. auch das Gewehr. Die Meeressäuger lieferten den Küsten-T. fast ihren gesamten Lebensbedarf: Nahrung, Felle bzw. Haut für Kleidung, die Bedeckung ihrer Hütten und die Ummantelung ihrer Boote, Walroßzähne für Geräte, Walknochen als Baumaterial und Schlittenkufen. Die Jagd auf das Wildren und Bergschaf, ebenso das Sammeln wildwachsender Pflanzen ergänzten die Nahrung. Pelztiere (besonders der Fuchs) wurden nur wegen ihres Tauschwertes bei russischen und amerikanischen Händlern gejagt. Ein weiterer Handelsartikel waren Eiderdaunen. Der Schlitten, mit Hunden bespannt, diente als Transportmittel. Die Küsten-T. bewohnten eine Art Zelt, Stangengerüste, die mit Walroßhaut gedeckt waren, unten zylindrisch, oben konisch verlaufend. Innen waren für die Kleinfamilien Abteile durch Felle abgetrennt. In diesen »Kammern« konnte es trotz der eisigen Außentemperatur recht warm werden. Noch bis zur Mitte des 19. Jh. waren bei den Küsten-T. halbunterirdische Häuser, mit Walknochen ausgesteift und mit Grassoden und Erde bedeckt, verbreitet. Auch in ihnen wohnten mehrere Familien, wiederum in einzelnen Abteilen. Die Rentier-T. wie auch jene T., die Küstenjagd und Rentierzucht gemischt betrieben, lebten überwiegend von den Produkten des Rentiers: Fleisch und Blut als Nahrung, Fell für Kleidung, benutzten es auch als Zugtier. Die Rentier-T. schlossen sich zu Lagergemeinschaften zusammen, deren Mitglieder oft miteinander verwandt waren; mit Rentierfellen bedeckte Stangengerüste dienten ihnen als Behausung. Das Lager mußte, je nach der Wanderung der Tiere, ständig verlegt werden. Die Rentiere lebten halbwild, oft in großen Herden, doch war ihre Haltung bei den T., gemessen an jener der anderen sibirischen Rentierzüchter, relativ primitiv. Das Reiten der Tiere war unbekannt, sie wurden nur vor den Schlitten gespannt. Weitere Fortbewegungsmittel im Schnee waren Ski und Schneeschuh. Bei den T. war Tatauierung üblich. Wer reich war, konnte sich mehrere Frauen leisten; Tauschehen kamen vor. Versklavte Korjaken, Jukagiren und Eskimo wurden als Hirten und Diener eingesetzt. Nach Auffassung der T. war ihre Umwelt belebt von guten und bösen Geistern. Die bösen jagten die Seelen der Menschen und brachten Krankheit und Tod. Mit Amuletten und anderen heiligen Objekten versuchte man sich selbst und die Herden zu schützen, Jagderfolg und Fruchtbarkeit für die Rentiere zu sichern. Geopfert wurde diesen Geistern (u. a. Hunde) an großen Festen, die das Ziel hatten, die Reproduktionsfähigkeit der Meerestiere und Rentiere zu stärken. Ihre Toten verbrannten die T. oder setzten sie in der Tundra aus; Hunde und Rentiere wurden bei den Bestattungsfeierlichkeiten geopfert. Die Altentötung, nicht institutionalisiert, sondern auf Verlangen (etwa bei Hungersnot), führte der eigene Sohn durch Lanzenstich aus. Die T. besaßen eine außerordentlich reiche und farbige, skurrile und phantasievolle Mythologie, in der Tiere, wie Bär und Fuchs, Vögel und Insekten, vor allem aber der Rabe – Kulturheros und Schelm zugleich – als Hauptpersonen agierten. Auf Walroßhauern schnitzten die T. kunstvoll Bildergeschichten im Flachrelief ein.

Die Ethnogenese+ der T. hat sich wahrscheinlich nicht in ihrem heutigen Wohngebiet, sondern südlicher vollzogen; möglicherweise stand sie in Beziehung zu jener der Korjaken. Bei einer nördl. Bewegung wurden dann Kulturzüge der Eskimo assimiliert, ebenso gewisse fremde Sprachelemente, obwohl das Paläoasiatische weiterhin die Oberhand behielt. Aus dieser Synthese entstanden wahrscheinlich die heutigen Küsten-T. Sie zeigen ganz besonders viele Übereinstimmungen mit den Eskimo, sowohl in Jagdmethode und Waffen wie auch in Religion und im Festkalender. Der Kontakt der T. zu den Russen datiert schon aus der Mitte des 17. Jh. Sie stießen damals auf die T.-Halbinsel vor und erbauten dort einige Forts, mußten jedoch vor dem Widerstand der T. und der Unmöglichkeit, den von ihnen verlangten Pelztribut einzutreiben, den Rückzug antreten. Seit 1800 begannen dann friedlichere Handelsbeziehungen. Auf fest eingerichteten Jahrmärkten wurden vor allem Fuchsfelle gegen russische Luxusgüter (insbesondere Metall) eingetauscht. Damals kam es sogar zu einer Ausbreitung der T. nach W und SW in jukagirisches Gebiet hinein, die mit der extensiven Rentierzucht zusammenhing. Vollständig abhängig von Rußland waren die T. niemals. Die extremen Bedingungen ihrer Heimat zogen aber auch kaum russische Siedler an. Weit engere Kontakte existierten zu Amerika, den dortigen Eskimo wie auch später amerikanischen Walfängern, die an der Küste der T.-Halbinsel Handel trieben und sogar feste Handelsniederlassungen besaßen.

Nach der Revolution und der Vertreibung der »Weißen« wurde die Wirtschaft der T. entscheidend verändert, zum einen durch die Kollektivierung, zum anderen durch die erzwungene Seßhaftwerdung, die nur gegen starken Widerstand durchgesetzt werden konnte. Erst jetzt kam es auch zu größeren russischen Einwanderungen. Heute treiben die T. Seesäugerjagd von motorisierten Booten aus. Sie sind zu Kooperativen zusammengeschlossen. Pelztierzucht ist auf Spezialfarmen konzentriert. Für die paläoasiatische Sprache der T. wurde ein eigenes Alphabet entwickelt.

Lit.: 63, 104
Karte: Zentral- u. Nordasien (Abb.: 97)

Tswana

Gruppe von Ethnien im NW der Republik Südafrika (W-Transvaal, NO-Kapland) und in Botswana, kulturell zu den SO-Bantu gehörig; ca. 3 Mio. Sprache: Sechwana, eine der SO-Bantusprachen.

Die T. gelten als die frühesten Bantu-Einwanderer im südl. Afrika. Vermutlich siedelten die Rolong schon seit dem 14. Jh. in ihrem heutigen Gebiet. In Wellen wanderten Hurutshe im 15. Jh., die Kwena spätestens im 17. Jh. in Botswana ein. Letztere verdrängten die früheren Bewohner (Buschmänner, Kgalagadi) in die unwirtliche Kalahari. Zwischen 1823 und 1832 wurden die meisten Stämme durch räuberische S-Sothogruppen und die kriegerischen Matabele unter Mzilikazi vertrieben oder ausgerottet. Ruinen ihrer aus steinernen Hütten bestehenden Dörfer deuten die ehemalige Besiedlungsweise an. (Die Völkerverschiebung – difaqane – wurde durch die Kriege der Zulu unter Shaka verursacht.) Mitte des 19. Jh. wurden die östl. T. in den Staat der Buren eingegliedert, die westl. T. gerieten unter die brit. Kolonialherrschaft. Zwischen 1960–69 vermehrten sich die T. der Republik Südafrika um das Doppelte. Der jährliche Bevölkerungszuwachs ist mit 4,8% einer der höchsten in der Republik Südafrika.

Die wandernden T. waren v. a. Jäger und Sammler. Nachdem sie sich ansiedelten, entwickelten sie eine Mischwirtschaft: neben der Viehzucht betrieben sie den Anbau von Sorghum und Fingerhirse, später auch von Mais und Erdnüssen. Die T. wohnten in »Städten«; die Äcker befanden sich in der näheren, die Viehposten in der weiteren Umgebung. Sie besaßen keine Märkte, doch waren ihre Handwerke gut entwickelt (Schmiede, Gerber, Schnitzer, Töpfer). – Ihre Sozialstruktur besteht aus patrilinearen totemistischen+ Klanen+. Bei der Eheschließung wird die Heirat mit der Tochter des Mutterbruders bevorzugt. Erbrecht und Nachfolge in der Häuptlingschaft ist patrilinear: sie geht auf den ältesten Sohn der Hauptfrau über. Dem Häuptling stand Familienrat und Rat der Klanoberhäupter zur Seite. Ein ausführender Rat befaßte sich mit laufenden Angelegenheiten. Wichtige Entscheidungen wurden der Volksversammlung der Männer (pitso) vorgelegt.

Die Industrialisierung des Transvaal hat die T. schon früh stark verwestlicht. Von den östl. T. wohnten 1970 über 56% im »weißen« Gebiet, ein Fünftel arbeitete auf »weißen« Farmen, bis zu 30% der Männer waren als Pendler oder Kontraktarbeiter im Pretoria-Witwatersrand-Vereeniging-Komplex beschäftigt. Die neuzeitliche Landwirtschaft spezialisiert sich auf rationelle Viehzucht (Zuchtstationen, Milchgenossenschaften), Bewässerungsanlagen und den Trockenlandbau. Das Land der östl. T. ist reich an Bodenschätzen (Chrom, Vanadium): wichtig sind die Platinminen bei Rustenburg, die dem Fokeng-Stamm gehören. Um die anfallenden Arbeitskräfte unterzubringen, sind Grenzindustrien aufgebaut worden, die leicht von Pendlern erreicht werden (z. B. Rosslyn bei Pretoria). In einer Anzahl von Städten (Temba, Babelegi, Garankuwa, Muthutlung, Thlabane) plant man Binnenindustrien. Das unabhängige Botswana schickt ebenfalls Wanderarbeiter in die RSA, sucht sich aber durch Industrialisierung und Spezialisierung auf für den Export bestimmte Produkte (Rindfleisch) wirtschaftlich von der RSA zu lösen.

Die politische Entwicklung hat die T. der RSA 1972 zur Selbstregierung innerhalb der RSA geführt. Seit 1979 ist das Land, Bophuthatswana genannt, »unabhängig« (Hauptstadt Mmabatho) unter einem Staatspräsidenten. Die T. des einst brit. Protektorats Bechuanaland sind seit 1961 unter dem Namen Botswana unabhängig (Hauptstadt Gaborone). Es bildet mit der RSA eine Zoll- und Währungsunion.

Lit.: 1165, 1217, 1221, 1222
Karte: Südafrika (Abb.: 147)

Tsimshian

Nordamerikanische Indianer an der pazifischen NW-Küste, auf den Inseln und an der Küste an Skeena und Nass River sowie am Milbanke Sound, British Columbia, Kanada; ca. 7000. Sprache: Penuti.
In ihrer traditionellen Kultur und in der Kontaktgeschichte bis zur Gegenwart unterscheiden sich die T. nur wenig von den → Tlingit (→ Haida).

Lit.: 483, 488, 491
Karte: Nordamerika (Abb.: 76)

Tuareg

Eigenbezeichnung: Imuschagh. Nomadenstämme in der westl. Zentralsahara; ca. 300 000. Wichtigste Gruppen: Ahaggar, Kel-Ajjer im NO, Asben (Kel-Aïr) im S, Iforas im Bergland nordöstl. des Nigerknies, Iullemmeden, Antessar im Hinterland von Timbuktu, Udalan südl. des Niger. Sprache: Tamaschek, eine Bербersprache.

Die T. bilden einen Zweig der → Berber, der im 11. Jh. durch den Einfall arabischer Beduinen (Hilali) von ihren nordafrikanischen Verwandten getrennt wurde. Schon vorher war die Berberkultur christlichen und islamischen Einflüssen ausgesetzt gewesen; die spätere Übernahme islamischen Kulturgutes war jedoch prägender. Auffallende Besonderheit der T.-Kultur aber ist durch eine Art schöpferischer Synthese die Verschmelzung alten und neugewonnenen Kulturgutes mit Lebensformen, die sich aus der neuen Wüsten- und Savannenumwelt, wie auch aus der dadurch gebotenen weitgehenden Abkehr vom Feldbau und Zuwendung zum Wanderhirtentum ergaben. Nur etwa 10% der T. sind reine Wüstennomaden (Ahaggar, Ajjer). Die übrigen T. leben weiter südl. im Steppen- und Savannenraum der Sahara (Asben, Iullemmeden, Iforas). Das wirtschaftliche Leben entspricht weitgehend der Form, die von den arabischen Beduinen ein-

Abb. 206: Mahlen von Getreide mit einer alten Handmühle in Süd-Algerien. Trotz aller Gegensätze und häufigen Konflikte waren Nomaden und Oasenbevölkerung immer aufeinander angewiesen. (Foto: Mischung)

Abb. 207: Auch die Tuareg wissen heute die Bequemlichkeit des Reisens mit dem Lastwagen zu schätzen. Dieser bekannte Targi-Sänger unterhält während einer Fahrtpause seine Mitreisenden. (Foto: Mischung)

geführt worden war. Die T. sind Kamelzüchter und Nomaden. Sie züchten (in geringerem Umfang) auch Schafe, Rinder, Esel und Ziegen. »Alles was mit dem Feldbau zusammenhängt, gilt als verächtlich und bleibt unterworfenen Negerstämmen überlassen.« Dieses Klischee ist von der modernen ethnographischen Forschung (Nicolaisen) insofern zerstört worden, als in einigen südl. T.-Gruppen ein marginaler Bodenbau betrieben wurde.

Viehzucht in größerem Umfang konnte nur im S ihres riesigen Wohngebietes betrieben werden. Von dort wird das Vieh an die nördl. T.-Gruppen verkauft. Außer der Kamel- und Viehzucht haben die T. alle produktiven Tätigkeiten aufgegeben. Sie leben fast ausschließlich von dem Tribut, die unterjochte Völkerschaften zu zahlen gezwungen sind, oder von Schutzzahlungen, die sie von Karawanen eintreiben; insbesondere aber betrieben oder kontrollierten sie den Salzhandel.

Die T. leben in Zelten, ähnlich wie die Beduinen. Erwachsene Männer tragen blaue Schleier, und Indigo ist auch die für Kleiderstoffe bevorzugte Farbe. Zur vollen Kriegstracht gehören ein zweischneidiges Schwert, Dolche, Lanzen und lederne Schilde, alle ziseliert. Die »Blauen Ritter der Wüste« hatten einen gefürchteten Ruf erworben; sie widersetzten sich der franz. Kolonialmacht und wurden dabei zum Teil erheblich dezimiert (Kel Ajjer).

In der Verwandtschaftsrechnung unterscheiden sich die T. nicht nur von Arabern, sondern auch von manchen anderen Berbergruppen durch die matrilineare Abstammungsfolge. Frauen nehmen auch sonst eine gesellschaftlich hohe Stellung ein. Die Frau ist Herrin des Zeltes und der Heimstätte. Ihr steht die freie Gattenwahl zu, und sie ist die Trägerin der höheren Kulturwerte. Das mehrschichtige kastenartige Sozialsystem der T. hat zu einer Art von Kastenhypergamie geführt. Demzufolge dürfen Frauen nur Männer aus gleicher oder einer höheren Kaste heiraten, während Männer auf gleicher sozialer Stufe oder auch auf einer etwas niedrigeren eine Ehefrau finden können.

Die T. erkennen eine Adelsschicht (imochar) an, aus der alle Führer gewählt werden und denen alle anderen (als Vasallen) tributpflichtig sind. Alle T., einschließlich der Vasallen, haben Negersklaven oder Hörige, die in den Oasen Dienste als Hirten oder Feldbauern leisten. Auch das Handwerk liegt in Händen der Neger. Obwohl verachtet, sind sie durch die abergläubische Furcht der T. vor okkulten Kenntnissen bis zu einem gewissen Grad vor Übergriffen geschützt. Die T. sind seit ihrer frühesten Berührung mit dem Islam Moslems, aber auch ältere Glaubenselemente haben überlebt. Engel und Geister sind ein Teil der religiösen Vorstellungswelt. Eine den T. eigentümliche Schriftform (Tifinar, Tifinagh) ist einer alten libyschen Schrift entlehnt.

Lit.: 826, 829, 834, 838, 841, 842, 844, 852, 853, 855, 856, 858, 860
Karten: Westafrika, 16. Jh. (Abb.: 191)
Westafrika, 19. Jh. (Abb.: 225)
Abb.: 206, 207, 208

Tubu
Tibbu, Teda, Toda

(»tu« = Name für Tibesti, »bu« = Kanuri-Wort für Mensch.) Sammelbezeichnung für den tuaregähnlichen, im S jedoch stärker afrikanisch durchsetzten Teil der Bevölkerung des Tibesti sowie der verwandten Gruppen in Kawar, Borku, Ennedi und Kanem (Zentral-Sahara); ca. 200 000. Sprache: das T. umfaßt das T. im engeren Sinne als nördl., das Teda als südl. Vertreter. Der Name Daza(ga) faßt T.-Dialekte des Tschadsee-Gebietes zusammen. Die arabische Bezeichnung für die T.-sprechenden Völker ist »Gor'an« (Goranes, frz.).

Die T. sind überwiegend nomadische Viehzüchter (Kamel, Schaf, Ziege, Esel); in den Oasen werden Dattelpalmen angebaut; aber auch Weizen und Gerste, Hirsen und kleinere Mengen von Mais, Tabak, Zwiebeln und Tomaten werden angepflanzt und teilweise nach den südlicheren Märkten verhandelt. Handel und die Kontrolle des Karawanenweges über Bilma haben eine beträchtliche wirtschaftliche Bedeutung.

Bei den T. herrscht eine gemäßigte Form der patrifokalen+ Organisation ohne hierarchische Gliederung. Die Macht liegt im »Rat der Freien Männer«. Wichtig ist die horizontale Gliederung in Klane (Tibesti ca. 40), die früher – vor der Tomagra-Einwanderung – als soziopolitische Einheiten unabhängig nebeneinander existierten. Der Mann ist Familienoberhaupt, doch trifft er keine Entscheidungen, ohne die Frau um ihre Meinung gefragt zu haben. Die Monogamie ist typisch, aber die Polygynie+ kommt gelegentlich vor; der Brautpreis wird durch die Mitgift der Braut ausgeglichen. Obwohl sich alle T. heute zum Islam bekennen, sind sie – in ihrer Mehrzahl – mit dem religiösen Inhalt des Korans

Abb. 208: Tuareg am Südrand der Sahara prüfen vor dem Männerzelt die von seßhaften Bauern eingehandelten Lebensmittel. Die Sphären der Männer und der Frauen sind in allen Tätigkeitsbereichen nach traditionell genau vorgegebenen Mustern getrennt. (Foto: Chesi)

wenig vertraut; ein Teil der T. gehört jedoch zur »fanatischen« Senussi-Sekte. Der vor-islamische Ahnenkult und Naturgeisterglaube ist nach wie vor üblich. Zahlreiche Opfersteine und Kultplätze. Träger der sozialen Ordnung waren die Klane mit einem Klanhäuptling an der Spitze.
Mit der Einwanderung der Tomagra aus dem südl. Bornu-Reich in Tibesti entstand gegen Ende des 17. Jh. ein Staatswesen mit einem Sultan von Tibesti (Derdé). Durch die Derdé wurden die T.-Klane zu einer lockeren Stammesgemeinschaft zusammengeschlossen. Nach der Besetzung des Landes durch die Franzosen (1913) wurde die Sklaverei abgeschafft. Das bedeutete die Aufgabe zahlreicher Kulturen in den Oasen, denn ohne die Sklaven konnten die Palmenhaine und Gärten nicht mehr bewirtschaftet werden. Viele Bauern und Halbnomaden wandten sich vollständig der Viehzucht und dem Nomadenleben zu, und manche Oasen wurden verlassen. Die Sahelzone wurde für die Nomaden attraktiv,

die Bevölkerung setzte sich daher immer mehr von Tibesti ab.

Lit.: 831, 835, 836, 837, 858

Tukano

Indianische Sprachfamilie in NW-Amazonien:
1. Westl. T. mit den Coreguaje u. a. im Gebiet des oberen Caquetá, Kolumbien. Stehen kulturell den Indianern S-Kolumbiens und NO-Ekuadors nahe.
2. Östl. T. zwischen R. Caquetá und R. Vaupés und im Vaupés-Becken, Kolumbien–Brasilien. Die östl. T. gliedern sich in eine Reihe »Stämme« (nach einer Zählung 24, nach einer anderen 18) von je zwischen 200 und 2000 Personen. Ein »Stamm« führt seinen Ursprung auf einen gemeinsamen Vorfahren in väterlicher Linie zurück, z. B. stammen die Barasana von dem Ahnen Anaconda-Schlange ab. Aufgrund der ge-

meinsamen Abstammung bezeichnen sich alle Stammesmitglieder als Geschwister und dürfen einander nicht heiraten. Der mythische Ahne hatte mehrere Söhne, die jeder der Ahne einer Sippe im Stamm wurden. Die Sippe, die vom ältesten Sohn abstammt, gilt als die vornehmste und sollte theoretisch die Häuptlinge stellen; die vom zweitältesten Sohn abstammende Sippe gilt als die zweitvornehmste und sollte etwa die Vortänzer und Vorsinger stellen; die vom drittältesten Sohn abstammende Sippe kann z. B. die Kriegsführer stellen; die vom jüngsten Sohn abstammende Sippe genießt das geringste Ansehen und kann theoretisch nur Diener hervorbringen, o. ä. Auch zwischen den verschiedenen T.-»Stämmen« gibt es eine Rangordnung. Da man nur außerhalb seines Stammes heiraten darf, sind die verschiedenen Stämme durch Heiratsbeziehungen eng verbunden.

Dieses System der Heiratsbeziehungen und der hierarchischen Gliederung, obwohl in der Praxis oft ohne Bedeutung und vielleicht in seiner reinen Form nur eine nachträgliche Interpretation, durch welche die T. ihre Gruppenbeziehungen in eine feste, mythisch begründete Ordnung zu bringen suchten, bildet einen losen Rahmen, der alle östl. T. zusammenfaßt. Ihm haben sich auch die Nicht-T.-Gruppen des Vaupés-Beckens angeschlossen, die nun ebenfalls in eine hierarchische Gliederung und in Heiratsbeziehungen eingeschlossen sind.

Die östl. T. leben in großen, mehrere Familien mit zusammen vielleicht 30 Personen umfassenden Gemeinschaftshäusern, die keine Dörfer bilden, sondern allein stehen. In einem Haus leben etwa mehrere Brüder oder Vettern in väterlicher Linie mit ihren Frauen und Kindern. Wenn es mehrere Brüder sind, sollten sie, theoretisch, eine Ordnung analog zu der oben von den Sippen beschriebenen einhalten: Der älteste Bruder ist der Vorsteher des Hauses, der zweite Vortänzer, der dritte Krieger o. ä. Die Wohnordnung im Haus entspricht der Hierarchie. Die Welt ist nach Ansicht der östl. T. eine vergrößerte Wiedergabe eines solchen Hauses, die Ordnung im Haus eine verkleinerte Wiedergabe der Weltordnung und der hierarchischen Gliederung der Ahnen.

Die östl. T. sind Bauern, die v. a. Maniok anbauen (vgl. → Küsten-Kariben und → Jíbaro). Die Religion dreht sich v. a. um das Problem der Fruchtbarkeit und drückt in verschiedenen Symbolen einen mit dem Brandrodungssystem+ zusammenhängenden Gedanken aus: Durch die Abrodung und Niederbrennung des Waldes, die

dem Tod einer menschlichen Generation analog gesehen wird, wird neues Leben geschaffen, indem Platz wird für junge Pflanzen, die aus der Asche wachsen. Der hier aufscheinende Gedanke der Wiedergeburt des Lebens in einem ewigen Kreislauf kehrt auch in der Namensgebung wieder: Man erhält den Namen eines Verwandten väterlicherseits der Großvätergeneration, dessen Seele im Neugeborenen wiederkehrt (vgl. z. B. → Chiquitanos, → Ayoré, → Aché).

Historisch gesehen ist das hierarchische System der östl. T. vielleicht das Resultat einer Verbindung von beginnender sozialer Schichtung (Häuptlinge, eine Schicht von Knechten) und Einteilung in patrilineare Sippen. Die T. scheinen als zuletzt gekommene Eroberer andere Gruppen unterworfen und ihrem System eingegliedert zu haben, in dem heute diejenigen Gruppen die höchste Position einnehmen, die wohl von den T.-Eroberern abstammen, diejenigen eine Mittelstellung, die von starken anderen, dann eingegliederten Gruppen abstammen, und die Nadöb und tukanisierten Nadöb die unterste Stellung (die sie wohl auch vor Eindringen der T. schon hatten).

Seit Ende des 19. Jh. gerieten die T. in starke Abhängigkeit von katholischen Missionaren, die im Gebiet des oberen R. Negro und Uaupés eine Art Staat im Staat begründeten. Wirtschaftlich wurden die östl. T. vom Handel mit Weißen abhängig (typisch ist z. B., wenn eine Gruppe 10% ihrer Maniokproduktion verkauft), den z. T. die Missionare als Zwischenhändler kontrollieren. Durch die enge Verbindung eines Teils der T. zu den Missionaren wurde ein Dialekt der östl. T. zur Missionssprache und als solche zur Lingua Franca bis zum mittleren R. Negro. Unter Missionseinfluß haben viele östl. T. heute ihre Gemeinschaftshäuser zugunsten von Dörfern nach europäischem Vorbild aufgegeben.

Die größten »Stämme« der östl. T. sind die Daxseá oder eigentlichen T. (Kolumbien–Brasilien, Tiquié, Papuri, Uaupés, ca. 2000) und die Pamiwa (auch »Kobewa« oder »Cubeo«, Kolumbien–Brasilien, Vaupés, ca. 2000) und die Winá (auch »Desana«; 1500). Kulturell den östl. T. nahe stehen die sprachlich der Aruak-Familie zugehörenden Baniwa (Brasilien–Kolumbien zwischen den Flüssen Içana und Guainía, ca. 1000) und Tariana.

Lit.: 718, 729
Karte: Nördliches Südamerika (Abb.: 209)

PANAMA
Barranquilla
Cartagena
Wayú
Maracaibo
Caracas
Warao
Orinoco
Bari
Merida
Tule
Arhuaco
VENEZUELA
FRZ. GUAYANA
Arawak
GUYANA
u. Küsten-
SURI-NAM
Buschland-Kreolen
Kariben
Guahibo
Meta
Pemón
Yekuana
Makuxi
Medellín
Cauca
Magdalena
Chocó
Bogotá
KOLUMBIEN
Buenaventura
Páez
Baníwa
Ost-Tukano
Pamiwa
Winá
Yanoama
Kariben
Branco
Rio Negro
Cachi-Colorados
Quito
Carijona
Bora
Nadöb
ECUADOR
Murui
West-Tukano
Putumayo
Japurá
Amazonas
Amazonas
Runa
Ñihamwo
Tukuna
Guayaquil
Jíbaro
Kokama
Mawé
Tapajós
Madeira
Katukina
Marañón
Ucayali
Mayoruna
BRASILIEN
Mundurukú
Xingú
Anden
Shipibo
Marubo
Purús
Kaxinawa
Trujillo
Kashibo
Piro
Mẽ-be-ngô-kre
Amuesha
Asháninka
Yaminaua
Cinta Larga
Irantxe
Xinguanos
Callao
Lima
PERU
Piro
Beni
Chácobo
Machiguenga
Huarayo
Mbia
Paresí
Takana
Anuntsu
Cuiaba
Akwẽ,
Bauré
Chimane
Marmore
Anden
La Paz
Titicaca-See
Chiquitano
Avá-Chiriguano
Orarimugudóge
Mojos
Yuracaré
BOLIVIEN
Avá-Chiriguano
Terêna
Poopo-See
Potosi
Ayoré
Paraguay
Kadiwéu
Matako
PARAGUAY
Ñandeva
Parana
Toba
Lengua
Pai
Pazifischer Ozean
Pilagá
Emok
Terêna
Aché
Mbyá
CHILE
Bermejo
Pilcomayo
Asunción
Avá-Guaraní
Toba
Kaingang
Salado
Mocovi
Mbyá
Xokleng
Uruguay
ARGENTINIEN
Parana

Tukuna
Tikuna

Indianisches Volk am Amazonas und Nebenflüssen im Dreiländereck Peru–Kolumbien–Brasilien, ca. 15 000. An einer großen Verkehrsader, stehen die T. seit Jahrhunderten in intensivem Kontakt mit Weißen, denen sie sich äußerlich (z. B. in der Kleidung) angepaßt haben. Dabei bewahrten sie aber ihre ethnische Identität.

Die T. sind Bauern (Brandrodungsanbau+ von beiden Maniokarten, Jams, Mais u. a.; → Jíbaro) und Fischer. Sie sammeln die Früchte verschiedener Palmen und wilden Honig. Dabei sind sie in den nicht-indianischen Markt integriert: Sie verkaufen regelmäßig einen Teil ihrer Maniokproduktion und sehr häufig ihre Arbeitskraft bes. als Kautschuksammler.

Jeder T. erbt vom Vater die Zugehörigkeit zu einer Sippe. Alle Sippen, die einen Vogelnamen tragen, bilden zusammen die eine, alle einen Pflanzennamen tragenden Sippen zusammen die andere Hälfte des T.-Volkes: Mitglieder der einen Hälfte dürfen nur in die andere Hälfte, nicht in die eigene heiraten. Die Sippen sind ihrerseits unterteilt, z. B. die Papageiensippe in die Gruppe der blauen Papageien, der roten Papageien usw. Die Pflanzensippen stehen auch in besonderen Beziehungen zu bestimmten Tieren (weil z. B. die Seele eines bestimmten Baumes diesen nachts verläßt und in ein bestimmtes Tier fährt), ferner werden die zwei Hälften mit zwei Himmelsrichtungen in Verbindung gebracht; die Sippen und ihre Mitglieder sind damit Teil eines umfangreichen Systems der Klassifizierung der Natur (→ Timbira).

Die Mitglieder einer Sippe finden sich vor allem bei den Festen der Mädchen-Initiation+ zusammen. Mädchen sind in der Übergangsperiode besonders durch Geister gefährdet, die während eines Festes herbeigerufen und dabei gleichzeitig gezähmt werden. Dieses Fest ist, durch den eindrucksvollen Auftritt von Geistermasken, bei den umwohnenden Nichtindianern eine beliebte Attraktion und dadurch für die T. gleichzeitig eine Gelegenheit, ihre nationale Eigenart zu demonstrieren.

In der Vorphase des Festes erscheinen Geister den Jugendlichen in Visionen und sagen Ereignisse voraus. Mindestens seit 1941, vielleicht schon länger, kehrt in diesen Visionen das Thema des bevorstehenden Weltunterganges immer wieder. Die Geister berichten, daß die Weltordnung durch den religiösen Frevel der Weißen gestört ist, daß ein göttliches Wesen beleidigt ist

Abb. 209.: Nördliches Südamerika und tropisches Tiefland (M. Münzel nach O. Zerries)

(→ Kogi), und daß die T. überleben werden, wenn sie bestimmte Regeln beachten und sich an einem bestimmten Ort versammeln. In Erwartung des die Weißen vernichtenden und die T. befreienden Weltunterganges bilden sich immer wieder neue Heilsbewegungen. Die bislang neueste, seit 1973, hat einen Brasilianer zum Propheten der baldigen Wiederkunft Christi und verbindet die indianische Heilserwartung der T. mit brasilianischer Volksreligion.

Die T. scheinen zunächst nicht am Amazonas, sondern in dessen Hinterland gelebt zu haben. Sie lagen im 17. Jh. in häufigem Kampf mit den Omagua am Fluß selbst und wurden von diesen am Zugang zur Verkehrsader gehindert. Dadurch blieben sie vor den kulturellen und politischen Folgen der europäischen Invasion, die die Omagua schwächten, weitgehend verschont und konnten sich mählicher umstellen. Der Niedergang der Omagua ermöglichte den T. den Zugang zum Amazonas im 18. und 19. Jh.; Ende des 19. Jh. wurden sie dann gewaltsam von Kautschukfirmen an den großen Fluß geholt, um als Arbeitskräfte zur Verfügung zu stehen.

Karte: Nördliches Südamerika (Abb.: 209)

Tule
(Kuna)

Indianer in Panama (S. Blás-Archipel, ca. 20 000, Darién 2500) und NW-Kolumbien (500). Auf dem Archipel innere Autonomie, wodurch ihre Kultur heute die am wenigsten eingeschränkte der Indianer Panamas ist.
Die T. sind Bauern und Fischer. Ihre Hauptnahrung sind tropische Früchte (v. a. Banane, dann Ananas, Kokosnuß, Avocado, Mango, Papaya, Orange, Limone), ergänzt durch ungiftigen Maniok und Mais. Schon in voreuropäischer Zeit scheinen sie von kleinen Feldern, die nur dem Eigenbedarf dienten, zu größeren Überschuß-Plantagen übergegangen sein, die eine nicht selbst den Boden bestellende Oberschicht ernährten. Heute wird der Plantagenüberschuß auf dem Markt abgesetzt, um Geld für unentbehrlich gewordene Industrieprodukte zu bekommen.
Die Felder sind Privatbesitz der Männer v. a. bestimmter Familien. Hieraus folgt 1. die vorherrschende Stellung des Mannes in der Familie, 2. die zentrale Stellung der Familie gegenüber größeren Gemeinschaften, 3. die Vorherrschaft reicherer Familien. Man unterscheidet zwei Schichten, deren obere meist jene politischen und religiösen Würdenträger stellt, die kaum körperlich arbeiten müssen. Die Dörfer des Archipels besitzen eine demokratische innere Verwaltung, die allerdings den traditionellen Würdenträgern, insbes. dem Häuptling und dem Medizinmann (manchmal vermischen sich beide Funktionen) großen Einfluß läßt.
Die Bewahrung der nationalen Traditionen der T. ist eine Hauptaufgabe der Häuptlinge und Medizinmänner. Ihr dient eine Bilderschrift und eine alle paar Tage zusammentretende Versammlung, deren erster Tag von allen Männern des Dorfes, deren zweiter von allen Frauen besucht werden soll und wo eine Schulung in Traditionen stattfindet.
Äußerer Ausdruck der Tendenz der T., unter Aufnahme neuer Elemente ihre Eigenständigkeit zu wahren, ist die Frauentracht, entwickelt aus europäischer Kleidung, aber eigenwillig umgeformt. Der mit applizierten Stoffstücken verzierte Blusenteil, »mola«, knüpfte zunächst an die geometrischen Muster der voreuropäischen Körpertatauierung an, nahm aber dann die verschiedenartigsten europäischen Motive auf, von Grimms Märchenszenen bis zur politischen Propaganda. In der unbekümmerten, europäischem Stilgefühl souverän Hohn sprechenden Vermischung von Themen und stilistischen Ansätzen erinnern die molas an die Lastwagenmalerei der Dritten Welt.
In der Kolonialzeit verbündeten sich die T. mit Piraten und Hugenotten gegen die Spanier und konnten so einer Eingliederung ins spanische Kolonialreich entgehen. Im 19. Jh. waren viele T. Matrosen oder Arbeiter auf Jamaica und in den USA, wodurch die Beziehungen zur protestantischen Welt vertieft wurden. Anfang des 20. Jh. wurden sie zwar schließlich dem Staat Panama eingegliedert, gleichzeitig aber auch aus Nordamerika missioniert. 1925 erhoben sie sich, mit diskreter Unterstützung aus den USA, gegen Panama und proklamierten die unabhängige Republik Tule. Durch US-Vermittlung kam 1930 ein Friedensvertrag zustande, der dem Archipel innere Autonomie zusicherte. Diese scheint allerdings in den 70er Jahren allmählich ausgehöhlt zu werden. Die Sonderhaltung der T. kam z. B. zum Ausdruck, als sie 1977 beim panamensischen Referendum über den Panama-Kanal-Vertrag im Gegensatz zum übrigen Panama mehrheitlich mit Nein stimmten.

Lit.: 742

Tupí

1. Indianische Sprachfamilie in Südamerika, auch Tupí-Guaraní oder Guaraní genannt: vgl. Aché, Avá-Chiriguano, Guaraní, Mbia, Munduruкú, Tenetehara.
2. Indianer an der brasilianischen Küste, auch Tupinambá bzw. Tupininkín genannt. Die meisten wurden in der frühen Kolonialzeit ausgerottet. Etwa 500 portugiesisch sprechende Nachkommen leben als Fischer und Kleinbauern in Espíritu Santo.

Karte: Südamerika (Abb.: 78)

Turkmenen

Ein Türkisch sprechendes Volk in Zentralasien und den Ländern des Vorderen Orient. Die bei weitem größte T.-Gruppe, 1970: 1,5 Mio., lebt in der UdSSR, insbesondere der Turkmenischen SSR, die zu neun Zehnteln aus Sandwüste (Karakum) besteht. In Afghanistan siedeln die 300 000–400 000 T. im teils gebirgigen NW, oft vermischt mit Usbeken und Tadschiken. In den Ländern des Vorderen Orient (Türkei, Syrien, Irak, Iran) wurden die T. weitgehend assimiliert; man schätzt ihre Zahl dort auf 20 000. Die T. sind in zahlreiche Stämme unterteilt; am bekanntesten sind die Sarik, Salor, Ersari, Jomud, Teke, Ali-Eli. Die schon seit dem 11. Jh. überlieferte Zahl von 24 Stämmen jedenfalls ist fiktiv.
Ursprünglich waren die T. Vollnomaden+ (Schafe, Ziegen, Kamele, Pferde), jedoch kam es bereits früh unter dem Einfluß seßhafter, nichtturkmenischer Oasenbewohner zu einem langsamen Übergang zur Seßhaftigkeit. Schon im 16. Jh. wurden nomadische T. und seßhafte turkmenische Bauern unterschieden. Im nachfolgenden Jh. kam es dann unter dem Druck klimatischgeographischer Veränderungen in der Karakum-Wüste zu einer massiven Seßhaftwerdung. Die Grenzen zwischen Nomaden und Bauern blieben trotzdem immer fließend: viele T. wurden Halbnomaden+; Nomaden gingen zum Ackerbau über oder verdingten sich als Pächter, wenn eine Viehseuche sie ihrer Herden beraubt hatte, und umgekehrt nahmen Bauern die nomadische Lebensweise auf, gingen sie ihrer Ländereien verlustig. Die Übergänge zwischen diesen Wirtschaftsweisen fluktuierten; zahlenmäßig am stärksten waren wahrscheinlich die zwischen seßhaftem Bauerntum und Nomadismus stehenden T., auch wenn in jedem Stamm nur zwei Abteilungen, Bauern und Nomaden, unterschieden wurden. Die T. bauten je nach geographischen Bedingungen Obst, Gemüse, Getreide, Luzerne, auch Baumwolle, Tabak und Reis an. Rinder wurden als Arbeitstiere gehalten. Am Kaspischen Meer, Aral-See und Amu Darja kam Fischfang dazu. Zur Bewässerung der Felder wurde das Grundwasser in unterirdischen Kanälen, vor Verdunstung geschützt, geführt. Nur in günstigen Berglagen war unbewässerter Bodenbau möglich. Neben Viehwirtschaft und Ackerbau brachte der Handel, der zwischen mittlerem und fernem Osten durch das turkmenische Siedlungsgebiet ging, einen gewissen Erwerb ein. Raubzüge nach Nordpersien und der Verkauf dort gemachter persischer Gefangener als Sklaven nach Buchara, Khiva und Khokand warf für eine kleine Oberschicht zusätzlichen Gewinn ab. Bekannt waren die geknüpften Teppiche der T. Jeder Stamm besaß seine eigenen typischen Muster, meist geometrische Abstraktionen von Pflanzen und Tieren. Typisch für die Männer war die hohe, meist schwarze Karakulmütze, die Frauen trugen reichen Münz- und Silberschmuck an Armen, Fingern und auf der Brust. Die originär turkmenische Behausung, die sich bei Nomaden und Halbnomaden gehalten hatte, aber auch von vielen Bauern in den Oasen noch benutzt wurde, war die Jurte. Die großen turkmenischen Stämme gliederten sich in Untergruppen und Abteilungen, deren Zahl in die Tausende ging. Jede dieser Abteilungen war bis ins 17. Jh. hinein Solidar- und Wirtschaftsgemeinschaft mit eigenem Weideland. Selbst die Seßhaftwerdung konnte diese aus nomadischer Zeit stammenden Bedingungen nicht zerstören, vielmehr wurden sie auch in den Dörfern beibehalten und an ihnen etwa die Wasserverteilung orientiert. Geführt wurden die einzelnen Verbände von Ältesten, in Kriegszeiten von ernannten Führern. Die Machtgruppierungen innerhalb der turkmenischen Stämme variierten; schwächere Abteilungen unterstellten sich stärkeren, konnten aber ihre Loyalität auch wieder aufkündigen und sich anderer Hoheit unterordnen. Innerhalb dieser Verbände war die Großfamilie die kleinste Wirtschaftseinheit, mit mehreren Dutzend Familienangehörigen. Auch alte Frauen besaßen Einfluß und Rechte, konnten sogar nach dem Tod des männlichen Familienoberhaupts in dessen Position aufsteigen. Die T. bekannten sich zum sunnitischen Islam; Sufismus und Derwischorden besaßen viele Anhänger. Gebildete T. mit Persisch als Literatursprache hielten sich in den Oasen am Rande des

Turkmenen

turkmenischen Siedlungsgebietes, in Nordpersien, an den Höfen von Buchara und Khiva auf und erreichten als Verfasser von Epen und Gedichten einen großen Ruf. Die volkstümliche Überlieferung wurde von Sängern und Märchenerzählern lebendig bewahrt.
Die Bezeichnung T. wird erstmals im 10. Jh. von arabischen Reisenden erwähnt, und zwar für die Ogusen und Karluk, zwei türkische Gruppen am Syr Darja. Dennoch wäre es falsch, die heutigen T. als die direkten und ausschließlichen Nachfahren dieser beiden Stämme anzusehen, vielmehr gingen – wie auch bei anderen Völkern Zentralasiens – eine ganze Reihe verschiedenster Elemente in das turkmenische Volkstum mit ein, so arabische, iranische und verschiedene türkische Elemente, darunter eben auch die Ogusen und Karluk. Das vereinigende Band dieses Volkes, dessen Volkwerdung im 14./15. Jh. im großen und ganzen als abgeschlossen gelten kann, war die ogusische Sprache, die zum südl. Zweig der türkischen Sprachfamilie gehört. Eine politische Einheit aller turkmenischen Stämme hat es niemals gegeben. Sie waren immer fremden Machtzentren unterworfen, die am Rande ihres Siedlungsgebiets die Herrschaft ausübten, so den Khanaten von Khiva und Buchara, den wechselnden Dynastien Irans, in der Nachmongolen-

Abb. 210: Die Anbindung der zentralasiat. Sowjet-Republiken an die europ. Kulturtraditionen der UdSSR hat auch Ernährungsgewohnheiten verändert. Turkmenen beim Kauf von Kwaß, einem Gärgetränk. (Foto: Pahlke)

Abb. 211 (s. S. 383 oben): Frauen der orientalischen Völker in der UdSSR (hier Turkmeninnen) fühlen sich trotz Integration in die sozialistische Arbeitswelt den Werten ihrer Kultur noch immer verbunden. (Foto: Pahlke)

Abb. 212 (s. S. 383 unten): Die schwarze Karakulschafmütze ist das äußere Erkennungszeichen für die Turkmenen auch in der UdSSR geblieben, selbst wenn sie innerhalb der Kolchoswirtschaft zu reinen Bauern wurden. (Foto: Pahlke)

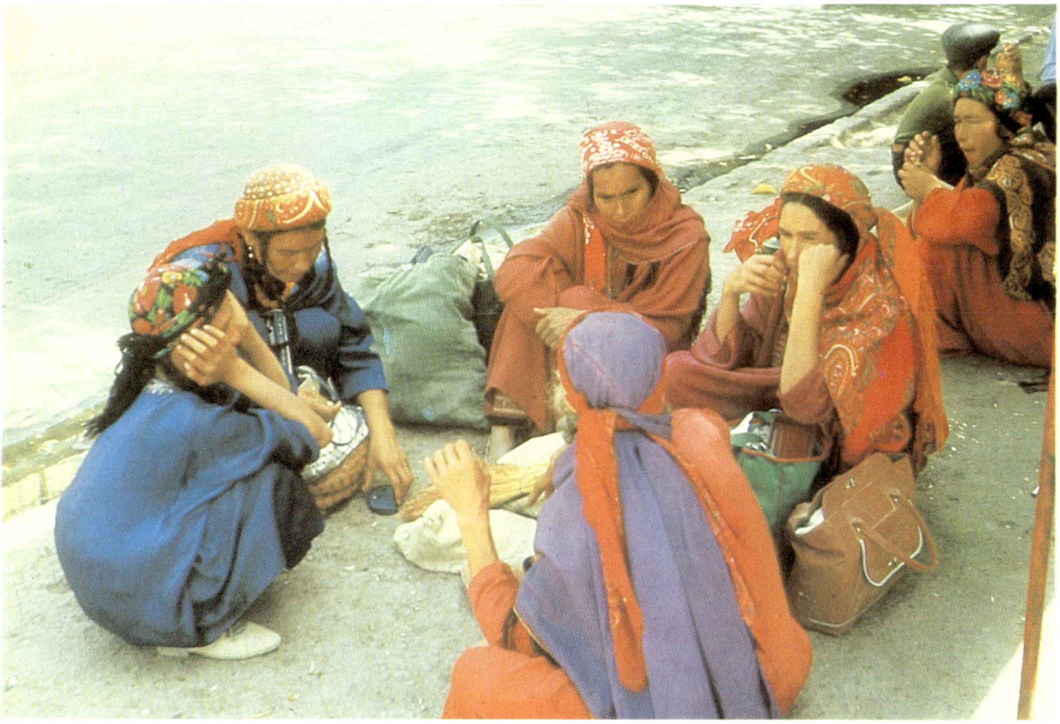

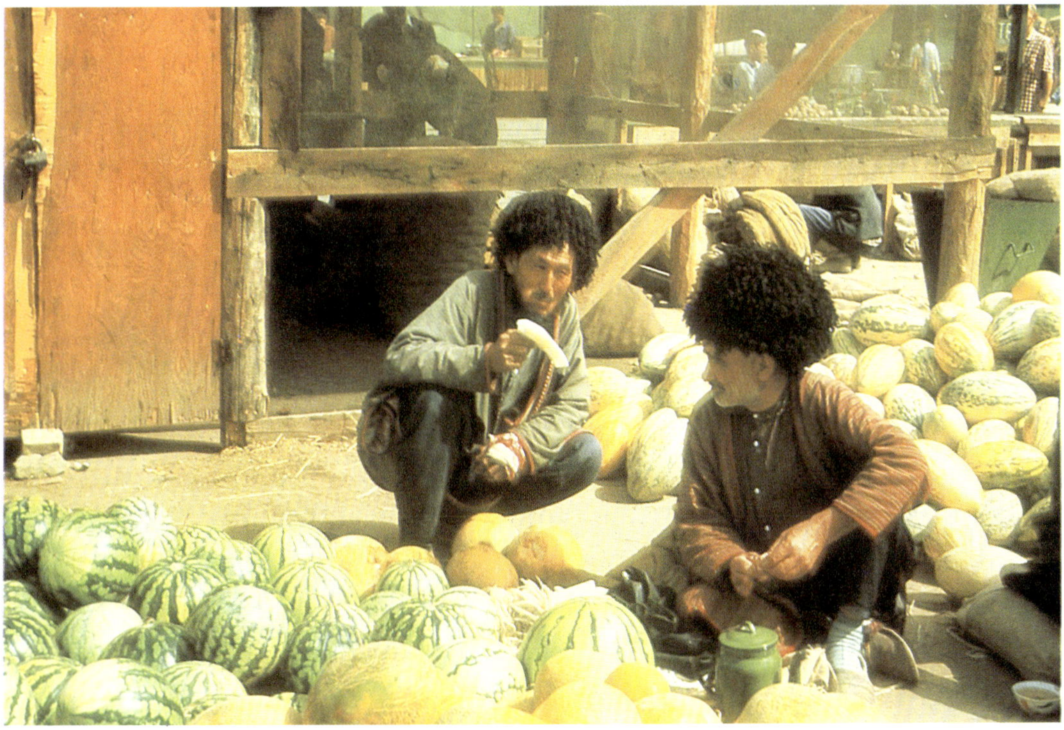

zeit den verschiedenen Nachfolgern Dschingis Khans (Goldene Horde, Chagatai, Ilkhaniden). Unter den Konflikten der drei Machtzentren Persien, Khiva, Buchara hatten die T. oft schwer zu leiden, wurden im 16.–18. Jh. dadurch sogar zur Umsiedlung und Abwanderung gezwungen. Teilweise datiert die turkmenische Besiedlung NW-Afghanistans aus dieser Zeit. Im 19. Jh. begann sich russischer Druck fühlbar zu machen; bei Zusammenstößen mit zaristischen Truppen mußten die T., vor allem die Teke, schwere Verluste hinnehmen. Das Grenzabkommen von 1885–87, das die russischen und englischen Einflußsphären in diesem Teil Zentralasiens abgrenzte, teilte die T. verschiedenen Staaten zu. Entsprechend ihrer politischen Zersplitterung dienten die T. immer verschiedenen Herren, besaßen wechselnde Loyalitäten, zahlten an unterschiedliche Staaten Tribut, leisteten verschiedenen Mächten Heeresdienst, und entsprechend feindlich standen sich auch die einzelnen turkmenischen Stämme in ihren intertribalen Auseinandersetzungen gegenüber.

Die moderne Entwicklung sieht bei den verschiedenen T.-Gruppen uneinheitlich aus. Abgesehen von den weitgehend assimilierten T. der Länder des Vorderen Orient, wurden die im Iran lebenden, noch nicht seßhaften T. von den Maßnahmen Reza Schahs zur Seßhaftmachung in den dreißiger Jahren betroffen. Mit der Rücknahme dieser Zwangspolitik fingen einige Gruppen wieder zu wandern an. Auch in den persischen Städten sind T. heutzutage zu finden. In Afghanistan fehlen inzwischen weitgehend die weiten Wirtschaftsräume, die allein ein unbeschränktes Nomadisieren erlauben. Dennoch gibt es dort nach wie vor nomadische und halbnomadische T. neben seßhaften Bauern. In der UdSSR hat sich die tiefgreifendste Veränderung in der Lebensweise der T. vollzogen. Nach der sowjetischen Machtergreifung, die nicht ohne starken turkmenischen Widerstand – noch bis 1922 – vor sich ging, wurden die T. zur Seßhaftwerdung gezwungen, das Land turkmenischer Bauern aufgeteilt und seit 1929 Kolchosen und Sowchosen eingerichtet. Die Intensivierung der Landwirtschaft wie auch der Viehzucht war durch eine Vergrößerung der Anbau- und Weideflächen durch riesige Kanalbauten ermöglicht worden. Der schon während der zaristischen Zeit stark geförderte Baumwollanbau wurde zur Monokultur weiterentwickelt. In der Viehwirtschaft konzentrierte man sich auf die Karakulschafzüchtung. Die Industrie verarbeitet heute vor allem die Produkte der eigenen Land- und Viehwirtschaft. Die traditionelle turkmenische Lebensweise ist unter der kommunistischen Herrschaft weitgehend verschwunden. Zäh und gegen alle staatlichen Bemühungen hielten sich islamische Vorstellungen und die Verehrung von Heiligen. Gebetszeiten werden noch vielfach eingehalten. Nach dem 2. Weltkrieg war sogar ein erneuter Aufschwung des Islam feststellbar. Auch die alten Stammesstrukturen, die schon die erste Seßhaftwerdung vor Jahrhunderten überlebten, ließen sich nur schwer überwinden, und viele Kolchosen sind noch heute nach Verwandtschaftsverbänden organisiert.

Lit.: 122, 126, 131
Karte: Zentral- u. Nordasien (Abb.: 97)
Abb.: 210, 211, 212

Tuwinen

Auch Sojoten oder Urjanchaier; Türkisch sprechendes Volk in S-Sibirien (UdSSR), hauptsächlich in der Tuwinischen ASSR (1970: 139 000). Knapp 20 000 T. leben in der VR Mongolei, direkt jenseits der russischen Grenze. Sie sind stark mongolisiert.

Der Siedlungsraum der T., zugleich das Quellgebiet des Jenissei, ist ein bewaldetes Gebirgsland zwischen westl. Sajan und mongolischer Grenze. Im N und NO, am feuchten Sajan, betreiben die T. Jagd mit Fallen, Gewehren, bis ins 19. Jh. noch mit Pfeil und Bogen, kannten Rentierzucht und nomadische Viehhaltung. Fischerei und Sammeln vegetabilischer Nahrung in der Taiga ergänzten die Wirtschaftsweise. Im trockenen S und SW, an der Grenze zu den Sandwüsten der Mongolei, lebten die T. in ariden Steppenlandschaften vorwiegend als Nomaden (Rinder, Schafe, Ziegen, Kamele). Primitiver Bodenbau in geringem Umfang wurde nur von den Nomaden im zentralen und westl. Teil dieses Gebiets betrieben, doch blieben die Erträge spärlich, da die Pflege der Felder durch die nomadische Lebensweise nicht gewährleistet war. Die T. waren in der Bearbeitung von Fellen besonders versiert, kannten auch das Schmiedehandwerk, gossen Bronze und Kupfer. Ihre Stein- und Holzschnitzereien zeigen große handwerkliche Fertigkeit. Je nach Lebensweise wohnten die T. in Felljurten (Jurte+) oder – besonders im N und NO – in konischen oder viereckigen, aus Stangen errichteten Zelten, die mit Birken- oder Lärchenrinde bedeckt wurden. Wie ihre Kultur und Geschichte überhaupt war auch die Religion der T. stark von der Mongolei beeinflußt. Besonders im direkt angrenzenden S überwog der Lamaismus, eingeführt im 17. Jh., mit zahlreichen Klöstern. Bei den östl. und westl. T. konnte sich dagegen der Schamanismus ungeschmälert erhalten, ja er stand dort noch zu Beginn des 20. Jh. bei einigen Gruppen in voller Blüte. Dieser Schamanismus wurde bislang wenig untersucht, doch scheint er im großen und ganzen die üblichen Merkmale zu besitzen wie Erblichkeit, Schamanenkrankheit vor der Initiation, Trommel als Reittier bzw. Pferd bei der ekstatischen Reise des Schamanen. Die Ethnogenese der T. ist noch nicht umfassend geklärt; wahrscheinlich sind ähnliche Vermischungs-, Assimilierungs-, Abspaltungs-, Zuwanderungs- und schließlich Türkisierungsprozesse unter Einschluß mongolischer und türkischer, samojedischer und ketischer Gruppen anzunehmen wie auch bei den türkischen Völkern des Altai (→ Altaier) und am oberen Jenissei (→ Chakassen). Frühgeschichtliche Kontakte, kulturelle wie sprachliche Zusammenhänge zum oberen Jenissei und Altai sind nachweisbar, selbst direkte verwandtschaftliche Beziehungen der einzelnen Sippen und Gruppen, die aus territorialen Fluktuationen, wie sie bei den T. besonders in kriegerischen Zeiten nachweisbar sind, herrühren. Die T. unterstanden meist den großen zentralasiatischen Staatsgründungen, so dem türkischen Khanat, dem uigurischen Reich, Dschingis Khan und seinen Nachfolgern, dann den Dsungaren bzw. anderen mongolischen Gruppen. Aus dem Spannungsfeld dsungarischer und russischer Expansion kommt Tuwa 1759 nach der Vernichtung des dsungarischen Reiches unter chinesische Herrschaft. Die Verwaltung des Gebiets wird von tuwinischen und mongolischen Adligen wahrgenommen, die zugleich als Feudalherrn große Weiden und riesige Herden besitzen. Seit Anfang des 19. Jh. dringen russische Siedler, u. a. auch Altgläubige, ein, dürfen aber laut Vertrag von Peking (1860) keine festen Siedlungen bauen. Der Vertrag wird 1881 revidiert und der nun einsetzende langsame Vorstoß russischer Siedler führt bereits um 1900 zu einer vollständigen russischen Durchdringung des tuwinischen Lebensraums. Die chinesische Revolution, 1911, befreit nicht nur die Äußere Mongolei, sondern auch Tuwa von der Herrschaft Chinas, doch schon 1913 kommt es zur Annexion durch Rußland, nicht zuletzt aus strategischen und wirtschaftlichen Gründen. Damit beginnt eine zweite russische Siedlungswelle. Die russische Revolution führt nach dem Abschluß der gerade in Tuwa langen und erbitterten Auseinandersetzungen zwischen »Roten« und »Weißen« zur Gründung der Tuwinischen Volksrepublik. Der Machtkampf zwischen einem sowjetischen und panmongolischen Flügel wird zugunsten Moskaus entschieden und damit russischem Einfluß Tür und Tor geöffnet. Die Tuwinische Republik wird praktisch zum russischen Protektorat. Die Abschaffung der mongolischen Schrift und Sprache, das Idiom der tuwinischen Intelligenz, bereitet den endgültigen Einschluß der Republik in die UdSSR auf Bitten tuwinischer Kommunisten vor. 1944 wird diesem Wunsch entsprochen. Zwar waren schon während der Republik gewisse Veränderungen in der traditionellen Lebensstruktur der T. eingeführt worden, so u. a. Verbesserung der Viehwirtschaft durch Stallhaltung und Schulbildung, die entscheidenden Eingriffe erfolgten aber erst nach 1944. Die Seßhaftmachung der Nomaden, Kollektivierungsmaßnahmen sowie die Einrichtung großer Viehfarmen waren die wichtigsten. Die Jagd im N und NO des Landes wird weiterhin hauptsächlich zur Pelzgewinnung betrieben. Tuwa ist außerordentlich reich an wertvollen Bodenschätzen (riesige Erz- und Minerallager, Gold, Platin und vor allem Uran), die man langsam abzubauen beginnt.

Lit.: 101, 102
Karte: Zentral- u. Nordasien (Abb.: 97)

Udehe

Ein Volk mit tungusischer Sprache im östl. Sibirien (UdSSR), in den Bergen zwischen unterem Amur und Japanischem Meer.
Jagd (Pelz- und Fleischtiere), Fischfang (Stör, Salm), im N auch Hochseejagd (Seehund), im S ein wenig Bodenbau waren die traditionellen Wirtschaftszweige. Den Winter verbrachten mehrere Familien gemeinsam in Langhäusern aus Holz, im Sommer zogen die U. wieder getrennt zu ihren Fisch- und Jagdgründen und wohnten dort in mit Birkenrinde oder Fischhaut bedeckten Stangenzelten. Fisch und Fleisch waren die wichtigsten Nahrungsmittel, Leder, Fell und Fischhaut die Grundmaterialien für Kleidung. Seide wie auch andere Luxusgüter wurden von chinesischen Händlern gegen Pelze, Moschus und Ginseng eingetauscht. Die U. waren geschickte Schmiede und fertigten kunstreiche, in ihrer Ornamentik chinesisch beeinflußte Le-

der-, Holz-, Rindenarbeiten und Stickereien an. Chinesischer Einfluß schlug sich auch in der Religion nieder; daneben existierten typisch amurische Vorstellungen, wie die Verehrung des Bären, auf den die U. sich sogar als Stammvater zurückführten und für den ein Fest nach seiner Erlegung ausgerichtet wurde; auch der Tiger wurde verehrt und in Mythen erwähnt, ebenso der Raubwal. Schamanen – männliche und weibliche – besaßen die Macht, in die verschiedenen Himmelssphären und Unterweltschichten zu reisen.
Mit christlichen Missionaren kamen die U. nicht in Kontakt. Die in der Sowjetzeit in geschlossene Dörfer umgesiedelten U. treiben heute in Kollektiven Jagd und Fischerei; intensiviert wurde der in ersten Ansätzen vorhandene Ackerbau. Auch das Einsammeln der wild wachsenden Ginsengwurzel trägt zum Unterhalt bei.

Lit.: 58
Karte: Zentral- u. Nordasien (Abb.: 97)

Uiguren

Heutige Bezeichnung für 1. die türkischsprachige Oasenbevölkerung im »Autonomen Gebiet der Uiguren« von Sinkiang – früher Chinesisch oder O-Turkestan – in der VR China (ca. 4 Mio.); 2. die hauptsächlich im späten 19. Jh. wegen politischer Wirren in die Sinkiang benachbarten russischen Gebiete von ebendort eingewanderte Bevölkerung. Ihre Zahl ist schwer zu ermitteln, da sie vielfach mit einheimischen, seßhaften Anwohnern verschmolzen ist; ca. 173 000.
Die U. waren und sind auch noch heute gute Bauern (Getreide, Gartenbau, Obst; mit Bewässerung). In China wurden daher gerade sie von der 1952/53 durchgeführten Agrarreform stark betroffen. Oft arbeiten die U. als Handwerker, waren früher auch vielfach Händler. Die U. gehören dem sunnitischen Islam an.
Die Bezeichnung U. wurde erstmals durch eine Übereinkunft auf einer Konferenz in Taschkent 1921 für die UdSSR festgelegt, nach dem Sieg der Revolution auch in China übernommen. Leiten ließ man sich bei dieser Namensgebung vom Gedanken an die historischen U., ein Türkvolk, das erstmals im 8. Jh. n. Chr. schriftlich erwähnt wird und seit dem 9. Jh. ein blühendes Reich in den Oasen des östl. Turkestan besaß. Zahlreiche Ruinen, großartige Malereien und Plastiken zeugen vom hochentwickelten Kunst- und Kulturschaffen der U., dessen Niedergang mit der Unterwerfung durch die Mongolen 1209 begann. Die Bezeichnung U. taucht nach dem 15. Jh. nicht mehr auf; ersetzt wurde sie durch bloße Territorialnamen wie »Leute aus Kaschgar« oder »Turkibevölkerung Ostturkestans«, auch »Tataren« oder »Sarten«. Die Chinesen gaben den heutigen U. den gleichen Namen wie den Dunganen: Hui Hui. Es wäre natürlich verfehlt, die modernen U. in ihrer Gesamtheit als die direkten Nachfahren der historischen U. zu verstehen, zumindest trifft dies nur teilweise zu, denn schon im alten uigurischen Königreich bildeten sie nur einen – wenn auch staatstragenden – Volksteil neben mongolischen, iranischen und anderen türkischen Gruppen.

Lit.: 111, 115, 128
Karte: Zentral- u. Nordasien (Abb.: 97)

Ultschen

Auch Oltschen, eine Tungusisch sprechende Gruppe in NO-Sibirien (UdSSR) am unteren Amur in heute zehn Dörfern; 1970: 2400.
Fischfang (Stör, Salm) war in traditioneller Zeit der wichtigste Wirtschaftszweig; daneben trieb man Jagd sowohl wegen des Fleisches wie auch der Pelze (Zobel). Mit der Harpune wurden Seehund und Seelöwe gejagt. Fischhaut, Felle und Leder wurden zu Kleidern weiterverarbeitet, Fischhaut auch als Segel für die Hochseeboote benutzt. Schlitten und Ski ermöglichten im Winter die Jagd im tiefen Schnee. Tierhaltung (Pferde) wie auch Anbau von Gemüse wurden unter dem Einfluß russischer Siedler im 19. Jh. begonnen. Die teils schön beschnitzten Blockhäuser waren bei den reichen U. mit chinesischem Mobiliar ausgestattet. Der Zusammenhalt der Sippen war eng; ihre Mitglieder führten sich auf einen gemeinsamen Ahnen zurück, bewohnten gesonderte Siedlungen, besaßen eigenes Jagdgebiet, waren zu Hilfe und Blutrache untereinander verpflichtet und beteten zu besonderen Sippengottheiten. Die U. verehrten den Bären und hielten große Feste für ihn ab. Schamanen wurden mit riesigen Totenfesten begraben. Dem Namen nach waren die U. allerdings Christen. Wie viele ihrer Nachbarn fertigten sie kunstvolle Arbeiten aus Birkenrinde, Metalleinlegearbeiten, Schnitzereien und Stickereien an. Ihre Kultur ist insbesondere mit jener der Niwchen eng

verwandt, wie überhaupt die Ethnogenese der U. wahrscheinlich als Folge der Vermischung von Niwchen, Nanai, Orotschen, Oroken, Udehe, Ewenken und Negidalen, aber auch Ainu, Mongolen und Mandschu anzusehen ist. Chinesischer Einfluß überwog bis Mitte des 19. Jh. Die Handelsbeziehungen (u. a. Felle) zu China spielten für die U. eine wichtige wirtschaftliche Rolle. Seit ca. 1850 setzte ein verstärkter russischer Siedlerstrom ein. Auch heute noch ist die wirtschaftliche Basis für die U. der Fischfang, daneben wird Pelztierjagd, Viehzucht und Ackerbau betrieben.

Lit.: 96
Karte: Zentral- u. Nordasien (Abb.: 97)

Usbeken

Größtes Türkisch sprechendes Volk in Zentralasien; in der UdSSR 1970: 9,2 Mio., besonders in der Usbekischen SSR, in N-Afghanistan ca. 1 Mio., in der VR China (besonders in Sinkiang) einige Hunderttausend, kleinere Gruppen auch in der VR Mongolei. Der Terminus U. wurde erst nach 1924/25 für alle türkischsprachigen Bevölkerungsteile der ehemaligen Khanate Khiva, Buchara und Khokand sowie der umliegenden Städte und Dörfer benutzt; vorher unterschied man vielfach nach verschiedenen Stammesgruppen mit eigenen Bezeichnungen.

Das Siedlungsgebiet der U. wird zu vier Fünfteln von Wüsten eingenommen, nur ca. 9% sind für Bodenbau mit Bewässerung geeignet. Allerdings verändert sich dieses Bild ständig durch die großen Kanalprojekte in der Sowjetunion. Während noch im Mittelalter die U. überwiegend als Nomaden lebten, waren sie schon zur Zarenzeit im 19. Jh. in ihrer Mehrzahl seßhaft und trieben Ackerbau (Getreide, Baumwolle, Hirse, Mohn, Leinsaat), Obstbau (besonders Maulbeerbäume für die Seidenraupenfütterung) und Weinbau. Verzweigte, oft wegen der Verdunstung unterirdische Kanalsysteme führten das Wasser auf die Felder, strenge Bewässerungsordnungen sorgten für seine gerechte Verteilung an die Dorfbewohner; Reparatur und Unterhaltung der Anlage waren Gemeinschaftsaufgaben. Viele U. (im 19. Jh. 15%) wohnten auch in den zahlreichen größeren Städten N-Afghanistans und Usbekistans als Händler und Handwerker des örtlichen Basars, dem Zentrum aller wirtschaftlichen Aktivitäten. Besonders die Städte Khiva, Buchara, Samarkand, Taschkent und Khokand waren Mittelpunkte von Wissenschaft und Kunst und vor allem islamischer Geistigkeit. Nur ein kleiner Teil der U. lebte im 19. Jh. noch als Nomaden, hielt Schafe (Karakulschaf), Kamele, Pferde und Ziegen. Die Filzjurte diente ihnen als Behausung. In Dörfern und Städten wohnten die U. in Lehmhäusern mit Flachdach, Sommerwohnung war auch hier noch oft die Filzjurte. Die einzelnen Familien umfaßten mehrere Generationen, geführt vom ältesten Mann. Zwischen ihren Mitgliedern bestanden enge Beziehungen und Verpflichtungen. Demgegenüber hatten sich die Stammesstrukturen der mittelalterlichen, noch nomadischen U. mit der Seßhaftwerdung immer mehr verloren. Die politische Führung lag in der Hand führender Familien, vor allem aber bei den Dynastien der Khanate Khiva, Buchara und Khokand. Die Religion der U. war seit dem 7. Jh. der sunnitische Islam. Seine strikte Befolgung wurde in den Städten von eigens ernannten Aufsehern überwacht. Die Geistlichkeit besaß Einfluß und Macht auch auf politischem Gebiet und zählte zu den größten Landbesitzern. Derwischorden verfügten über einen großen Anhang sowohl in der breiten Bevölkerung als auch bei der politischen Führung. Der Islam regelte alle Lebensbereiche. Zentren der Volksreligion waren Heiligtümer, meist Gräber von Heiligen, islamischen Mystikern, aber auch politischen Führern. Nach einer allerdings zweifelhaften Etymologie geht die Bezeichnung U. auf Khan Usbek, Führer der Goldenen Horde (1312/13–1340) und Nachkomme Dschingis Khans, zurück. Erste Träger dieses Namens waren angeblich Angehörige der damaligen islamischen Oberschicht innerhalb dieses Verbandes. Die Ethnogenese+ der U. ist ein sehr komplexer, viele Jahrhunderte dauernder Vorgang, der mit dem Verfall der Goldenen Horde im 15. Jh. begann. An ihr waren mehrere kulturelle wie sprachliche Gruppen beteiligt: verschiedene altansässige wie auch seit Dschingis Khan neu zugewanderte türkische Stammesgruppen, turkisierte Mongolen und vor allem Iranisch sprechende, seßhafte Alteinwohner. Während dieses Durchdringungsprozesses kam es zu einer Assimilierung der Nomaden an die seßhafte Lebensweise der iranischen Bevölkerung und umgekehrt einer Turkisierung dieser seßhaften Alteinwohner. Da solche Assimilierungsprozesse bis in moderne Zeiten angedauert haben, wäre es auch falsch, die mittelalterlichen U. mit den heutigen gleichzusetzen. Machtpolitische Zentren waren schon damals die großen Städte Khiva, Buchara, Samarkand, Taschkent,

Khokand. Das Ende dieser selbständigen Khanate begann mit dem Vorstoß des zaristischen Rußland in die zentralasiatischen Steppengebiete in der Mitte des 19. Jh.; um 1880 unterstanden sie bereits direkt russischer Verwaltung oder wenigstens Schutzherrschaft. Der Bau von Eisenbahnen ermöglichte die tiefere Durchdringung und festere Anbindung des usbekischen Siedlungsgebiets an Rußland und zugleich die Landnahme durch russische Bauern.

Das Entstehen einer eigenen usbekischen Intelligenz mit starken antirussischen und pantürkischen Neigungen wurde durch die russische Revolution unterbrochen. Die nach der sowjetischen Machtergreifung anfänglich starke Diskriminierung des nationalusbekischen Elements führte mit zum Anschluß vieler U. an die bis um 1930 aktive Widerstandsbewegung der Basmatschi, in der sich auch Tadschiken und Turkmenen sowie politisch so divergierende Elemente wie Enver Pascha, der Kampfgenosse Kemal Ata Türks, und Anhänger des nach Afghanistan geflohenen Emirs von Buchara zusammenfanden. Die Unzufriedenheit der usbekischen Bevölkerung mit dem rigorosen Vorgehen der neuen Regierung bei der Kollektivierung, den Beschlagnahmungen von Vorräten, Eingriffen ins Religionsleben und Schließung vieler Moscheen führten den Basmatschi immer neue Anhänger zu. Ihre Operationsbasis, vor allem Ende der zwanziger Jahre, waren die zur heutigen Tadschikischen SSR gehörenden Berggebiete des Vorpamir und Pamir. Das heutige sowjetische Usbekistan ist ein Agrar- und Industrieland. Die zaristischen Ansätze, Baumwolle als Monokultur anzubauen, wurden in sowjetischer Zeit verstärkt fortgesetzt. Heute sind ca. 50% aller Anbauflächen der Baumwolle vorbehalten. Daneben werden Getreide, Gemüse, Obst und Wein, Zuckerrohr und Reis angebaut. Die Industrie verarbeitet sowohl die heimischen Agrarprodukte wie auch Bodenschätze. Die Ausweitung des Kanalsystems (der Fergana-Kanal hat allein eine Länge von 270 km) führte zu einer wesentlichen Vergrößerung der Anbauflächen und Neukultivierung etwa so arider Gebiete wie der Hungersteppe. Viehzucht wird in den Halbwüstengebieten, oft als Nebenerwerb (Kamele, Karakulschaf), in den Vorgebirgs- und Gebirgszonen auf speziellen Kolchosen betrieben. Traditionelle Handwerkszweige werden in Kooperativen weitergepflegt (u. a. Stickerei, Teppichknüpferei, Holzarbeiten). Starken Veränderungen war das zuvor fast ausschließlich vom Islam geprägte Leben unterworfen. Die strikte Absonderung der Frau wurde aufgehoben; Verstöße gegen die Emanzipation kommen aber immer noch vor (Brautpreis, Kinderheirat, Polygynie+, Seklusion). Der Islam blieb trotz der Liquidation seiner geistlichen Führer zwischen 1932 und 1938 ein starker Faktor im Leben der U. und wurde immer mehr zum Zentrum der nationalusbekischen Kräfte. Zahlreiche Moscheen »arbeiten« nach wie vor, und an Nachwuchs für den geistlichen Beruf herrscht kein Mangel. Ganz anders als in der Sowjetunion verlief die Entwicklung der U. in Afghanistan. Sie konnten ihre traditionellen Lebensgewohnheiten weitgehend beibehalten, sei es als Händler und Handwerker in den noch immer mittelalterlich strukturierten Basaren N-Afghanistans oder sei es sogar als halbnomadische Viehzüchter.

Lit.: 137, 139
Karte: Zentral- u. Nordasien (Abb.: 97)

Ute

Nordamerikanische Indianer im östl. Teil des Großen Beckens (O-Utah, SW-Colorado), heute

Abb. 213: Zum Bärentanz laden die Ute auch Fremde ein.

Abb. 214: Auf der Uintah Ouray-Reservation in Utah, 1950. (Foto: Lindig)

Abb. 215: Das unwegsame Gelände der Uintah Ouray-Reservation ist nur teilweise auf inzwischen angelegten Pisten mit dem Pickup befahrbar, so daß Pferde als Verkehrsmittel heute noch Bedeutung haben. Pferde werden aber auch für das Rodeo gehalten.

Ute 390

Abb. 216: Billy Chapoose, ein Ute-Medizinmann und Leiter religiöser Zeremonien, 1950. (Foto: Lindig)

Abb. 217: Ute-Mädchen in Festtagstracht mit perlenbesetztem Lederrock, Gürtel und Leggings.

Abb. 218: Ute beim Handgame, 1951. (Foto: Lindig)

Abb. 219: Die traditionelle Kindertrage eignet sich besser in der unerschlossenen Hochsteppe Utahs als ein Kinderwagen. (Foto: Lindig)

auf der Uintah-Ouray Reservation (O-Utah) sowie der Southern Ute und Ute Mountain Reservation (SW-Colorado); ca. 4500. Sprache: Numisch des Uto-Aztekischen.

Bis zum Ende des 18. Jh. waren die U. – wie andere Gruppen des Großen Beckens (→ Paiute, → Shoshone) – einfache Sammler und Jäger. Zu Beginn des 19. Jh. übernahmen sie Pferde, Formen der materiellen Kultur (Tipi, perlenbesetzte Lederkleidung, Kalumet usw.) und der soziopolitischen Organisation (Häuptlingstum, Kriegertum) von benachbarten Plainsstämmen. Nach der ersten Ansiedlung von Weißen (Ankunft der Mormonen 1848 in Salt Lake City) überfielen die U. die Viehherden, und es kam zu länger anhaltenden Auseinandersetzungen (1865–70).

Auf den heutigen Reservationen leben die meisten U. unter sehr schlechten Bedingungen, denn der Boden eignet sich wenig für Ackerbau. Es wird etwas Viehzucht betrieben; Lohnarbeit außerhalb der Reservationen ist nur in begrenztem Umfange möglich, denn städtische Siedlungen liegen weit entfernt. Alte Zeremonien (Bärentanz, Sonnentanz) werden noch immer, z. T. mit neuen Inhalten, veranstaltet. Der Peyote-Kult ist verbreitet. Auf der Uintah-Ouray Reservation ist ein großes Motel gebaut worden, nachdem der Stamm eine größere Summe als Wiedergutmachung für frühere Landabtretungen erhalten hatte.

Lit.: 509, 513, 515
Karte: Nordamerika (Abb.: 76)
Abb.: 213, 214, 215, 216, 217, 218, 219

Vai
Vei, Wey, Gallina

Westafrikanisches Bauernvolk im tropischen Regenwald des Küstengebietes von Liberia, Sierra Leone und Elfenbeinküste; ca. 200 000. Sprache: Mande.

Die V. leben hauptsächlich vom Reis- und Maniokanbau, Jagd und Fischfang. Früher waren die V. v. a. Sklavenhändler, denn sie hatten das Monopol für den Handel mit dem Hinterland. Viele arbeiten heute im Zivildienst ihrer nationalen Regierungen oder als Angestellte ausländischer Geschäftsniederlassungen. Zu dieser Aufgeschlossenheit dem Handel und Geschäftswesen gegenüber stimmt die Tatsache, daß die V. eines von nur zwei afrikanischen Völkern waren, die ein unabhängiges Schriftsystem entwickelt haben. Um 1834 erfand Momolu Duwalu Bukele eine Silbenschrift von 226 Zeichen, die bald weite Verbreitung innerhalb der V. fand. Heute ist sie am Aussterben, da nur wenige alte Leute sie noch kennen. Die meisten gebrauchen europäische oder arabische Schrift. Die V. sind weitgehend islamisiert.

Lit.: 983, 1007

Venda

Gruppe von Stämmen im N von Transvaal, v. a. in Soutpansberg wohnend, ca. 700 000. Sprache: Tshivenda, dem SO-Bantu zugehörig. Es besteht geschichtliche, kulturelle und sprachliche Verwandtschaft mit den Shona von Rhodesien/Zimbabwe.
Die V. haben Beziehungen zu den rhodesischen Rozwi mit heiligem König, Steinbauten, Orakelglauben (Wahrsageschalen) und Verehrung eines Schöpfergottes, dem in Höhlen Opfer gebracht wurden. Sie haben keinen übergreifenden Volksnamen, sondern nennen sich nach den Häuptlingsdynastien, von denen die wichtigsten im O die Tshivase, im W die Phefu sind. Alle gehen auf den legendären Toho-ya-Ndau zurück. Unter den V. leben die endogamen+ Lemba, die Schmiede und Töpfer sind, mit Schächtung, Meidung von Schweinefleisch und Beschneidung eine kulturelle Sonderform besitzen.
Die Wirtschaft der V. beruht auf Ackerbau, Viehzucht und neuerdings Forstwirtschaft. Die heutige Hauptfrucht Mais hat die Hirse verdrängt, auch Weizen wird angebaut, daneben in zunehmendem Maß Gemüse und tropische Früchte. In dem flußreichen Gebirgsland sind Bewässerungsanlagen erfolgreich. Rinder, Schafe und Ziegen werden neben Schweinen vorwiegend in dem das Gebirge umgebenden Trockenland gehalten. Die Forsten im Umfang von ca. 4000 ha bestehen v. a. aus Pinien und Eukalypten.
Die soziale Struktur besteht aus patrilinearen Großfamilien; die Klane sind nach Tiertotems benannt, die mit Nahrungstabus verbunden sind. Die V. haben die Beschneidung von den N-Sotho übernommen. Die bekannte Reifezeremonie der Mädchen mit dem Pythontanz bereitet auf die Ehe vor. Erbrecht und Nachfolge in den Häuptlingsfamilien ist patrilinear geregelt. Da die V. ethnisch und kulturell einheitlich sind, wurden seit 1951 gegen geringen Widerstand Stammes-, regionale und territoriale Bantubehörden geschaffen. 1973 wurden die ersten Wahlen abgehalten und interne Selbstregierung von der RSA gewährt mit Gesetzgebender Versammlung und eigenem Kabinett. Seit 1979 ist V. formell »unabhängig«. Der Partei der Häuptlinge steht eine der städtisch ausgerichteten Bürger gegenüber.
1970 lebten zwei Drittel aller V. im Heimatland, eine gegenüber anderen Heimatländern der RSA hohe Zahl, knapp 30% lebten im Gemeinsamen Gebiet der RSA. Nur 40% der arbeitsfähigen Männer zwischen 15–64 Jahren hielten sich dauernd in V. auf. Die Zuwachsrate der Bevölkerung von 4,8% jährlich ist eine der höchsten in der RSA. Jährlich fallen 3500 bis 4000 männliche Arbeitskräfte an, für die nur in der Industrie, die zu schaffen ist, Arbeit gefunden werden kann. Betriebe konzentrieren sich bis jetzt auf Holzverarbeitung und Nahrungsmittel. Das landschaftlich und archäologisch interessante Land soll durch Touristik erschlossen werden.

Lit.: 1187, 1224, 1228, 1237
Karte: Südafrika (Abb.: 147)

Vietnamesen

Staatsvolk von Vietnam, vor allem in den Deltagebieten des Roten Flusses (Tonking) und des Mekong (Cochinchina) sowie in dem dazwischenliegenden schmalen Küstensaum Annams; um 1970 ca. 33 Mio. Sprache: Viet-Muong.
Außerhalb der Ballungszentren um Hanoi-Haiphong und Ho-Chi-Minh-Stadt (Saigon-Cholon) ist die Lebensweise der V. noch überwiegend ländlich-agrarisch geprägt. Grundlage der Wirtschaft ist der Reisanbau auf Bewässerungsfeldern, ergänzt durch Gartenbau (tropische Früchte, Gemüse, Gewürze) sowie durch Fluß- und Hochsee-Fischerei in einigen küstennahen Dörfern. In größeren Ortschaften sind die verschiedenen Handwerkszweige zunftmäßig organisiert. Im Bereich des Roten Flusses entstand zur Bewässerung der Felder und zum Schutz vor Hochwasser schon in alter Zeit ein hochentwickeltes System von Dämmen und Kanälen,

das eine starke regionale politische Organisation notwendig machte. In den übrigen Teilen des Landes konnten sich die Dörfer früher eine weitgehende Autonomie gegenüber den jeweiligen Zentralregierungen bewahren. Starke innerdörfliche Solidarität und eine enge Verbundenheit mit der Scholle waren für das Gemeinschaftsleben charakteristisch. Mittelpunkte eines jeden Dorfes waren neben dem Marktplatz der *dinh* (Schrein des lokalen Schutzgottes und gleichzeitig Versammlungshaus) und der buddhistische Tempel. Patrisippen und Einzelfamilien besaßen besondere, unverkäufliche Felder, deren Ertrag zur Finanzierung des Ahnenkults verwendet wurde.

In ihrem Kerngebiet von Tonking konnten sich die V. erst 939 n. Chr. von einer tausendjährigen Beherrschung durch China befreien. Trotz der traditionellen Rivalität zwischen beiden Völkern hatten die V. zu dieser Zeit zahlreiche chinesische Kulturelemente übernommen (Feldbaumethoden; in der Religion v. a. taoistische und konfuzianische Elemente; noch Anfang des 19. Jh. wurde der Kaiserhof von Huë nach dem Vorbild der »verbotenen Stadt« in Peking errichtet). Wahrscheinlich repräsentieren die 500 000 Muong, die das Bergland südwestl. von Tongking bewohnen und den anderen Zweig der Viet-Muong-Sprachgruppe bilden, Nachkommen von »V.«, die in ihrer geographischen Randlage nur geringen Kontakt mit den Chinesen hatten. Die Kultur dieser einfachen Reis-Bergbauern läßt zahlreiche Anklänge an die der ländlichen V. erkennen, vor allem im Bereich der Gesellschaftsordnung und der alten Volksreligion, die bei den V. nur oberflächlich vom Mahayana-Buddhismus überdeckt wird. Seit dem 10. Jh. breiteten sich die V. stetig nach S aus, zerstörten das Reich von Champa und nahmen schließlich im 18. Jh. Cochinchina in Besitz (ehemals Ostteil des Khmer-Reiches). Die französische Kolonialherrschaft seit der Mitte des 19. Jh. beendete nicht nur die politische Souveränität Vietnams, sondern veränderte auch das traditionelle Wirtschafts- und Gesellschaftsgefüge. Die auf Großgrundbesitz basierende koloniale Plantagenwirtschaft (Kautschuk, Kaffee, Tee) blieb in S-Vietnam angesichts nur halbherzig unternommener Landreformen bis 1975 bestehen. Die auf franz. Schulen erzogenen Katholiken bildeten die neue gesellschaftliche Führungsschicht, die erst durch die kommunistischen Revolutionen entmachtet wurde. Die Dorfgemeinschaften alten Stils, die im S bereits im Zuge des Vietnam-Krieges weitgehend zerstört worden waren, sind mittlerweile im ganzen Land in Produktionsgenossenschaften umgewandelt worden.

Lit.: 214, 226, 232, 248, 271, 272
Karte: Hinterindien (Abb.: 70)

Vorderindien

Vorderindien, als geographischer Begriff, umfaßt den im N gegen das asiatische Festland durch den Himalaja und den Hindukusch abgegrenzten trapezförmigen Subkontinent und die Insel Ceylon. Auf diesem Gebiet liegen die Staaten Bharat (Indische Union), Pakistan, Bangla Desh und Sri Lanka. Die Inselgruppen der Andamanen und Nikobaren in der Bucht von Bengalen, wie die im S der Malabarküste vorgelagerten Korallenatolle der Lakkadiven, Amindiven und Minikoy gehören politisch zur Indischen Union.

Als Reste der ältesten Bevölkerungsschicht gelten die kleinwüchsigen Wildbeuterstämme des S (Wedda in Ceylon). Sie wurden von den Indiden (nach ihrem Wohnsitz so benannt) überlagert; die ihrer Herkunft nach Ostmediterranide gewesen sein dürften, die ihre rassische Ausprägung im Laufe von Jahrtausenden auf indischem Raum in der durch Wälder und Gebirge abgeschlossenen Indusniederung erhielten. Das Erbe einiger ihrer in die Wälder des Dekkan abgedrängter Gruppen wird heute am deutlichsten in den Stämmen der → Bhil erkennbar, die sich ihrer Tradition und ihres Anspruchs als Alteingesessene durchaus bewußt sind, was in vielen Zeremonien der rajputanischen Fürstenhäuser, bei denen Bhil bestimmte Funktionen ausüben, einen sichtbaren Niederschlag fand. Das Übergewicht der Indiden, deren Sprache mit großer Sicherheit wohl Drawidisch war, nahm im 3. vorchristlichen Jt. zu und erreichte seinen Höhepunkt in der hochentwickelten Städtekultur des Industales (Mohenjodaro und Harappa). Aus dem Ramanaya, einem der überlieferten Hindu-Epen, deren Wurzeln sehr weit zurückreichen, geht hervor, daß es Gruppierungen mit spezifischen Totem-Tieren gab (bei den darin erwähnten und am Feldzug gegen Lanka beteiligten »Affen« und »Bären« dürfte es sich um Klan-Bezeichnungen handeln). Es gilt als erwiesen, daß die Industalkultur zu Beginn des 2. Jt. v. Chr. gewaltsam zerstört wurde, was zeitlich mit dem etwa um 1800 v. Chr. anzusetzenden ersten Einbruch arischer Nomadenstämme zusammenfällt und die Verdrängung der Indiden nach S zur Folge hatte, wo sie die autochthone Bevölkerung abdrängten. Die Einwanderung der in mehreren Wellen ankommenden arischen Hirtenstämme war um ca. 600 v. Chr. abgeschlossen; sie wurden seßhaft und setzten sich an die Spitze der anderen Bevölkerung des Subkontinents, die sie als śudra (Unberührbare) in ihre hierarchische Gesellschaftsordnung eingliederten und so die Grundlage der Kastenstruktur schufen. Nicht allein ihr Anteil an der rassischen Zusammensetzung der nordindischen Bevölkerung, wo sich die hellere Hautfarbe durchsetzte, ist bedeutend, sondern auch ihr Beitrag zum in der Folgezeit entstandenen philosophischen Gedankengut, das die Hindu-Kultur heute noch bestimmt. Um die Mitte des 1. Jt. v. Chr. wanderten Volksgruppen aus dem hinterindischen Raum ein, die Munda sprechen und heute hauptsächlich im Raum von Chota Nagpur und in Orissa leben (Ho, Munda, Bhumij), wobei zu berücksichtigen ist, daß es in allen Regionen immer wieder zu Verschiebungen bzw. Abdrängungen kam. Die Reihe der Einwanderungen setzte sich in historischer Zeit fort. Die über die NW-Grenze eindringenden Volksstämme, wie die Parther, Saken, Kushan und Hunnen, gründeten Reiche und beherrschten zeitweilig ganz N-Indien; andere (wie die Jat und Gujars) spielten geschichtlich kaum eine Rolle. Obwohl politisch nur sehr selten unter einer zentralen Führung (z. B. Asoka 262 v. Chr.), versteht sich die Bevölkerung Indiens als kulturelle Einheit aufgrund der sie prägenden Daseinsinterpretation. Die Fähigkeit der Hindu-Kultur, unterschiedliche Formen des Glaubens und Handelns in ihr System einzuordnen und nebeneinander bestehen zu lassen, gab ihr Flexibilität und führte zu einer assimilativen Adaption (die Muslim z. B. behielten ihren Glauben, aber übernahmen das Kastensystem). In diesem Kontext ist auch heute in Indien die weitere Entwicklung der adivasi+ (Stämme) zu sehen. Ghurye (1963) geht davon aus, daß die Unterschiede zwischen den einzelnen Bevölkerungsgruppen vor einigen Jahrhunderten weitaus geringer waren, als die jetzige Situation vermuten läßt, und daß der Integrationsprozeß vor Ankunft der Kolonialmächte in vollem Fluß war, bzw. durch die folgende Entwicklung abgebrochen wurde. Auch im Grundsätzlichen der Glaubensvorstellungen (Existenz einer allgewaltigen Schöpferkraft, Animation usw.) lassen sich Konvergenzen zu den Prinzipien des Hindu-Glaubens feststellen (Chattopadhyaya 1978). So ist die heutige kulturelle Eigenart der Stammesbevölkerung primär als Resultat ihrer Isolation zu verstehen. Auf dieser Basis ist die Detribalisierung der betroffenen Bevölkerungsgruppen bzw. deren Eingliederung in die indische Gesellschaft möglich, ohne die Forderung, traditionelle Denk- und Verhaltensweisen aufzugeben, und ohne daraus resultierenden psycho-kulturellen Belastungen. Ungefähr 38 Mio. (1971), d. h. 7% der indischen Gesamtbevölkerung, sind sogenannte »scheduled tribal communities«, die sich aus 300–400 Einzelgruppen zusammensetzen und sich in Moieties+ und/oder Klane+ aufgliedern (matrilineare bei → Garo und → Khasi von Meghlaya, patrilineare bei → Naga, → Santal, → Bhil und → Gond) oder nach territorialen Gesichtspunkten (Savara in Mittelindien). Fälschlicherweise wird die Bevölkerung der einzelnen Bundesstaaten, z. B. Gujerati, Bengalen, Tamilen, oder auch Angehörige von Religionsgemeinschaften, wie die Sikh, als »Stämme« bezeichnet. Diese Bevölkerungsgruppen sind als Regionalkulturen anzusprechen. Was die Stammesbevölkerung Indiens anbetrifft, ist eine eindeutige Definition, welche Gruppen als tribal anzusehen sind, in gewisser Weise schwierig: weder der Begriff der Autochthonie, noch der einer relativen Isolation und/oder kulturellen Eigenständigkeit ist für alle »scheduled tribal communities« gleichermaßen anwendbar. Die Dubla leben in der fruchtbaren Ebene inmitten der nicht-tribalen Gesellschaft, das gilt auch für die Anavil und Bania; die Agariya treiben Handel mit ihren Eisenprodukten, während die Panka im Dschungel und die → Toda in den Nilgiri-Bergen relativ abgeschlossen leben, darüber hinaus gibt es Unterschiede im Bereich der materiellen Kultur. Abgesehen von der hierarchischen Struktur mancher Stämme (Gond) zeigen einige kastentypische Merkmale, die nicht aus einem eingeleiteten Hinduisierungs- oder Detribalisierungsprozeß resultieren (Khond). Die kul-Hierarchie der Chodri (= Chodhara) in Gujerat basiert auf überlieferten unterschiedlichen Tapferkeitsgraden einzelner Familien im Kampf gegen Eindringlinge. In der heutigen Situation Indiens könnte die Selbstabgrenzung einiger Volksgruppen, die die ihnen gegebenen Namen ablehnen (die Sansi nennen sich Batu, die Khond Kuiloka), bzw. sich als Stammesbezeichnung einfach »Mensch« nennen – Arleng (Mikir), Mande (Garo), Boro (Kacharia), Singpho (Kakyen) – ein Kriterium sein, wonach ein »Stamm« abzugrenzen wäre. Die Hypothese, daß sich die Kasten aus Stammesgruppen herausbildeten, scheint nicht haltbar, da im allgemeinen Kasten

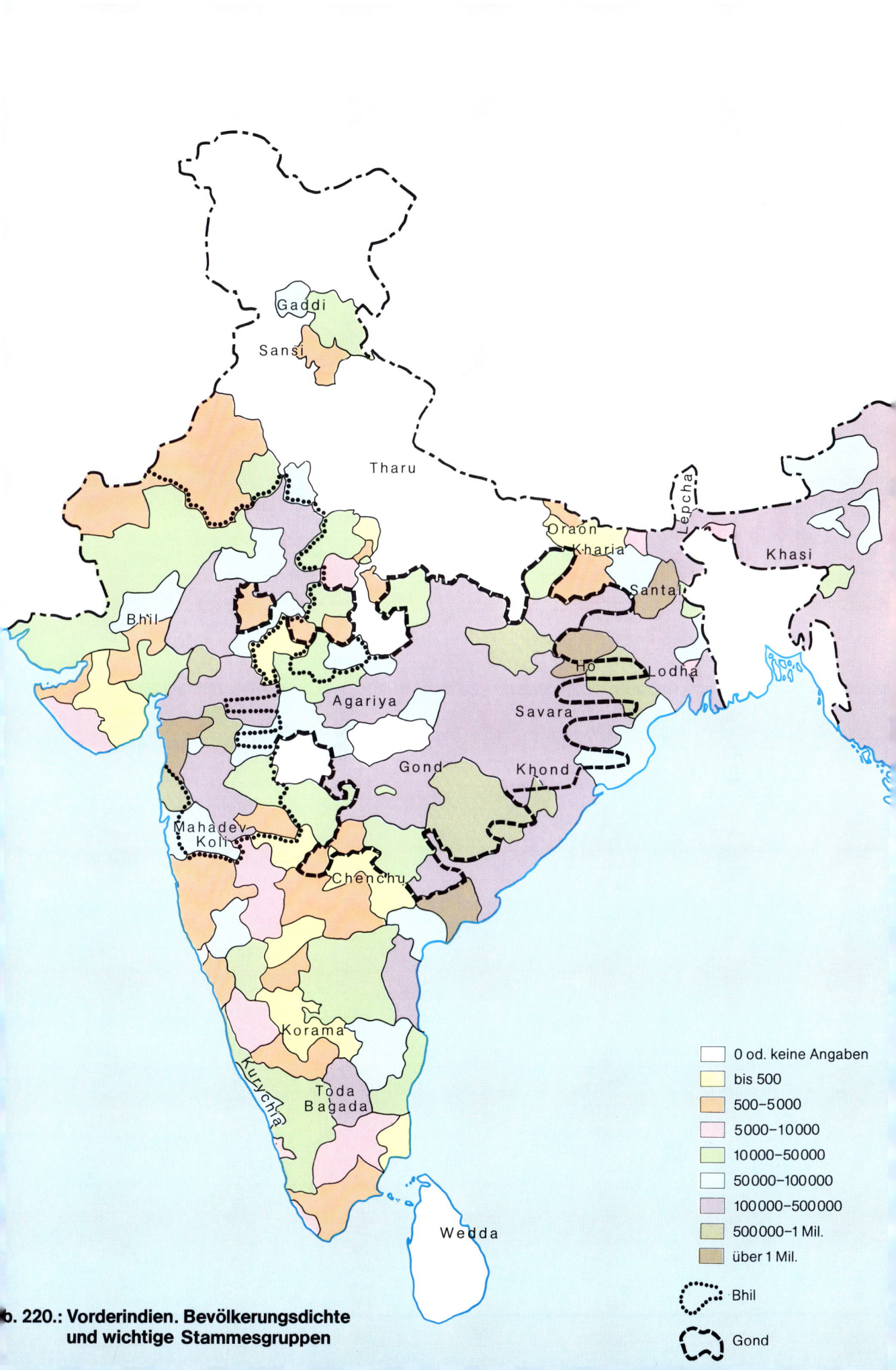

b. 220.: Vorderindien. Bevölkerungsdichte und wichtige Stammesgruppen

	0 od. keine Angaben
	bis 500
	500–5000
	5000–10000
	10000–50000
	50000–100000
	100000–500000
	500000–1 Mil.
	über 1 Mil.
······	Bhil
─ ─ ─	Gond

endogam, die Klane aber exogam+ sind. Selbst in der Himalaja-Region, wo hinsichtlich sexueller Beziehungen große Toleranz herrscht, wird die Klan-Exogamie streng beachtet.

Die adivasi hatten eine Subsistenzwirtschaft entwickelt, die es ermöglichte, ohne Hilfe von außen zu leben; die Ökologie war ausgeglichen. Die wohl bedeutendsten Merkmale dieser Gruppen waren ausreichende Nahrungsversorgung, keine Abhängigkeiten irgendwelcher Art von Nicht-Stammesangehörigen, eine demokratische Sozialstruktur, Gleichberechtigung der Geschlechter und eine bemerkenswerte Toleranz in den zwischenmenschlichen Bereichen. Jede Familie errichtete ihre eigene Behausung und erhielt sich selbst, wobei Hauswerk bei der Herstellung der täglichen Gebrauchsgegenstände vorherrschte, aber die Gemeinschaft war das tragende Element. Ein Kennzeichen ihrer Funktionstüchtigkeit war die Tatsache, daß es weder Neurosen noch Psychosen gab, die Gemeinschaft wirkte als Prophylaxe und Therapie. Innerhalb der Stammesgemeinschaften lagen keine Gründe vor, ihr Leben zu ändern, da das ökologische Gleichgewicht auch nicht durch außergewöhnliches Bevölkerungswachstum gefährdet wurde. Die meisten Stammesgebiete waren gering bevölkert, da die überlegenen Bevölkerungsgruppen hauptsächlich die fruchtbaren Täler bewohnten; so war es möglich, eine extensive Wirtschaftsform aufrechtzuerhalten. Probleme, denen tribale Gruppen heute zu begegnen haben, wurden von außen an sie herangetragen. Einerseits drangen Auswanderer aus den übervölkerten Landstrichen in die Hochtäler und Waldregionen vor und veränderten durch Rodungen die Lebens- und Umweltbedingungen der dort lebenden Stämme; andererseits wanderten materiell überlegene Bevölkerungsgruppen in die Stammesregionen ein, wo sie kultiviertes Land besetzten und die früheren Eigentümer zu besitzlosen Landarbeitern machten (die Anzahl unabhängiger Landbesitzer fiel von 1961–1971 von 68% auf 57%, die der Taglöhner stieg von 20% auf 38%). Durch die zunehmende Verstädterung, die in der Kolonialzeit einsetzte, wurden die Stämme in steigendem Maße isoliert. Der Trend wurde durch die Engländer verstärkt, indem sie die Stammesgebiete scharf abgrenzten. Heute kann die Stammesbevölkerung Indiens als viehhaltende Nomaden oder Landbesteller bezeichnet werden; Wildbeuter sind selten; die Jagd spielt für den Lebensunterhalt nur vereinzelt noch eine entscheidende Rolle. Die vorherrschende Methode der Landbestellung ist der Brandrodungsbau+ (jhum, chenna); die Skala der verwendeten Geräte reicht von Grabstock bis Pflug. Tendenzen zur Seßhaftigkeit werden administrativ gefördert. Die indische Verfassung (1950) legt in Teil XVI, Artikel 330–342, den Status der tribalen Bevölkerung fest. Sie gewährleistet deren Schutz, strebt aber die allmähliche Assimilierung und Integration ohne Härten für die Stämme an. Das zeigt sich auch an der Tatsache, daß die Stammesbevölkerung gegenüber den wirtschaftlich schwachen Kasten nicht abgegrenzt wird; beide Gruppen werden unter dem Begriff »weaker sections of the people« oder »tribal caste« erfaßt. Die offizielle Sprachregelung geht davon aus, daß sich die Bezeichnung Stamm für eine Bevölkerungsgruppe an ihrem Verhältnis zur Hindu-Gesellschaft orientieren soll, womit die angestrebte Detribalisierung indirekt angedeutet ist.

Lit.: 149, 153, 159, 163, 164, 169, 172, 194, 197, 199, 200
Karte: Vorderindien (Abb.: 220)

Wa

Volk im birmanisch-chinesischen Grenzgebiet, etwa zwischen 22° und 24° N; ca. 700 000, davon ca. 400 000 in Birma. Sprache: Mon-Khmer. Die W. sind sprachlich und kulturell eng mit den → Lawa NW-Thailands verwandt.

Die benachbarten Schan teilten früher die W. in »wilde« und »zahme« W. ein. Die ersteren führten in dem zerklüfteten, unzugänglichen Gebirgsstock zwischen dem Salween und der chinesischen Grenze (ca. 23° N) eine kriegerische und unabhängige Existenz, während ihre »zahmen« Verwandten in den Niederungen des Salween und im südwestl. Grenzbereich von Yünnan sich weitgehend ihren Tai-sprechenden Nachbarn angepaßt und den Buddhismus angenommen hatten. Die »wilden« W. siedelten in ungewöhnlich großen Dörfern mit 100–300 Häusern (Pfahlbauten mit Grasdach und Bambuswänden) an höhergelegenen Stellen der Gebirgshänge. Ihre Siedlungen waren mit Dorngestrüpp-bewehrten Erdwällen und Gräben befestigt. Die auf ein und demselben Höhenzug liegenden Dörfer bildeten häufig eine Konföderation, andere wurden als potentiell feindlich betrachtet. Auf Brandrodungsfeldern wurden hauptsächlich Opium, Bohnen, Mais, Buchweizen, Gemüse und Reis angebaut, wobei der letztere angeblich ausschließlich zur Schnapsherstellung verwendet worden sein soll. Sammeln von Wildpflanzen, Jagd, Fischfang und eine bescheidene Haustierhaltung (Schweine, Hunde, Geflügel) ergänzten die Wirtschaft. Neben Salz wurden gegen Tieflandbewohnern gegen Opium auch Büffel eingehandelt, die ausschließlich zu Opferzwecken bestimmt waren. Die Gewohnheit, für jeden geopferten Büffel neben dem Wohnhaus Gabelpfosten aufzustellen, läßt auf Parallelen zum Verdienstwesen der → Naga und anderer hinterindischer Völker schließen. Die »wilden« W. waren bis in dieses Jh. als Kopfjäger gefürchtet, was vermutlich zu ihrer Isolation beitrug. Noch begehrter als die Köpfe fremder W. waren solche von Chinesen und anderen Tieflandbewohnern. Die getrockneten und in Dorfnähe in ausgehöhlten Holzpfosten rituell deponierten Schädel sollten durch die Totenseelen ihrer Besitzer die Fruchtbarkeit der Felder fördern und schädliche Geister fernhalten.

Die W. sind neben den → Lawa, → Palaung und → Montagnards als Reste einer einst in Hinterindien weit verbreiteten Mon-Khmer-Bevölkerung anzusehen. Die verwaltungsmäßige Integration des W.-Gebietes wurde von den Briten erst Anfang dieses Jh. in Angriff genommen und war bei Beginn der Unabhängigkeit Birmas noch nicht abgeschlossen. Auf der chinesischen Seite der Grenze wurden nach der kommunistischen Revolution Kooperativen und die Entwicklung einer Leichtindustrie gefördert.

Lit.: 231, 279
Karte: Hinterindien (Abb.: 70)

Warao

Indianisches Fischervolk im Orinoco-Delta, Venezuela; über 10 000. Einen das ökologische Gleichgewicht gefährdenden zu intensiven Fischfang verhindert der Glaube an den »Eigentümer der Fischer«, ein gottähnliches Wesen, das Massenmord an Fischen bestraft. Vernichtung des Wildbestandes wird durch den Glauben verhindert, größere Landtiere seien Verwandte des Menschen und dürften deshalb nicht gejagt werden. In vielfacher Weise nutzen die W. die Mauritia-Palme, aus der sie ein dem Sago ähnliches Stärkemehl gewinnen. Einen Großteil ihres Lebens verbringen sie im Kanu, von dem aus sie auch auf hoher See fischen.

Obwohl ihre Gesellschaft kaum sozial geschichtet ist, ordnen die W. ihre Götter und Geister hierarchisch. Sie bilden sie in Holz-, Stein- oder Lehmfiguren ab, die der Priester in einer besonderen Hütte aufbewahrt. Obwohl die erste Mission schon 1682 ihre Arbeit aufnahm und die W. heute teilweise in wirtschaftlicher Abhängigkeit von einer Mission leben, haben sie ihren Glauben bewahrt. Wirtschaftliche Not zwischen Mission, Sägewerken und Reisplantagen der Weißen, auf denen sie schlecht bezahlte Jobs annehmen müssen, fördert heute Unterernährung und Krankheiten bei den W.

Wayú
Guajiro

Indianisches Hirtenvolk auf der Halbinsel Guajira, Kolumbien-Venezuela, 60 000. Sprache: Aruak.

Karte: Nördliches Südamerika (Abb.: 209)
Viehzucht ist nicht allein die Haupt-Ernährungsgrundlage, sondern auch ein Gradmesser des Prestiges. Handeln und Schenken von Vieh sind wichtige Mechanismen zur Herstellung und Erhaltung sozialer Beziehungen. Schaf- und Ziegenfleisch wird viel gegessen, vom Rind nur Milch und Käse, während das Rindfleisch zeremoniellen Anlässen vorbehalten bleibt. Anbau von Kakao, Mais, Mehlbanane, Zwiebel und Jagd und Fischfang spielen im Vergleich nur eine untergeordnete Rolle. Auf der Suche nach Wasserstellen für ihr Vieh auf der über weite Strecken fast wüstenartigen Halbinsel ziehen die W. oft wie Nomaden umher. Die Grundeinheit ist die für sich allein ohne Dorf siedelnde Großfamilie. Entscheidend für die Zugehörigkeit ist die mütterliche Linie. Als engster männlicher Verwandter des Kindes gilt nicht der Vater, sondern der Bruder der Mutter. Mehrere Großfamilien bilden eine exogame+ matrilineare Sippe. Jede Sippe hat einen Häuptling, dessen Amt in jeweils einer bestimmten Familie vom Mutterbruder erblich ist.

Deutlich, und für südamerikanische Indianer außerhalb des Andenraums ungewöhnlich, ist die soziale Schichtung. Bestimmte Sippen sind reicher und mächtiger, in den Sippen bestimmte Familien. Man unterscheidet vier soziale Schichten: Die Häuptlingsfamilien, die gewöhnlichen Familien, die Diener der Häuptlingsfamilien und die – heute befreiten, aber noch diskriminierten – Sklaven (Nachkommen von Kriegsgefangenen, vgl. → Talamanca).

Die sozialen Unterschiede kommen auch darin zum Ausdruck, daß reiche Männer mehr Frauen heiraten und dadurch ihren Einfluß noch mehren, da sie so Bündnisse mit mehr Familien eingehen und mehr Vieh in die Familie bekommen. Die sozialen Unterschiede kommen auch in der unterschiedlichen Beschäftigung derjenigen W. zum Ausdruck, die sich der modernen Industriewelt anbieten. Während die einen Hilfsarbeiter in Salzminen, im Straßenbau oder in der Erdölförderung werden (häufig nur kurzfristig, um dann zu den Herden zurückzukehren), haben andere eigene Gipsminen eröffnet. In den Städten, wo die W. z. B. in Maracaibo in eigenen »barrios« wohnen, bleiben die Unterschiede ebenfalls erhalten, gibt es auch weiterhin Häuptlinge und gewöhnliche Familien.

Die starke soziale Stellung der Frau kommt auch in der Religion zum Ausdruck, wo eine Frau und nicht ein Mann als Schöpfer verehrt wird. Grundlage der Religion ist der Schamanismus+: Schamanen schicken ihre Seele zu Geistern, um diesen die gefangengenommenen Seelen der Kranken zu entreißen.

Die W. wurden von den Spaniern auf die unfruchtbare Guajira zurückgedrängt. Hier übernahmen sie von den Europäern im 16. Jh. die Viehzucht, die ihre Kultur zutiefst veränderte.

Abb. 221: Wenn ein Wayú in den Salzminen von Manaure an der Westküste der Guajira-Halbinsel, Kolumbien, für einige Monate Arbeit findet, siedelt sich seine Familie in der Nähe der Arbeitsstätte an. Oft wird dieses provisorische Lager zur längeren Bleibe. Auf diese Art entsteht ein verarmtes Wayú-Proletariat, dessen traditionelle Familienbindungen geschwächt werden, das aber trotzdem den Anschluß an die industrielle Welt nicht findet. (Foto: H. Fuchs)

Abb. 222: Wayú am Wasserplatz. Das moderne Windrad hatte bald die alten Wasserlöcher und Tiefziehbrunnen an Ergiebigkeit überflügelt. Die früher verwendeten Keramikflaschen werden durch die unzerbrechlichen Blechkanister ersetzt. Allerdings haben diese eine größere Verdunstungsfläche und keine Isolation. Als Tragtier wird neben anderen der von Spanien schon kurz nach der Conquista eingeführte Esel verwendet. Die weit verbreitete Darstellung der Wayú als Großviehzüchter ist nur zum Teil richtig. Mehr als 100 000 Stück Vieh jährlich werden von Kolumbien nach Venezuela eingeführt, wobei die Wayú als Zwischenhändler fungieren.
(Foto: H. Fuchs)

Abb. 223: Wayú-Familie unter dem Schattendach vor dem Haus. Gekaufte Wolle wird zerzupft und dann in der traditionellen Weise von den Frauen am Oberschenkel wieder gesponnen. Obwohl das Schattendach, die Hängematte und das Netztäschchen noch in alter Weise hergestellt sind, werden Holztische, Blechgefäße und Plastiksandalen mehr und mehr verwendet. (Foto: H. Fuchs)

Wayú

Seit damals im intensiven Kontakt mit den Europäern, konnten die W. in der Kolonialzeit ihre Unabhängigkeit durch Ausspielen der verschiedenen Mächte gegeneinander behaupten. Ihre Integration in die modernen Staaten des 20. Jh. erfolgte friedlich, stößt aber heute bei den W. auf zunehmende Bedenken. Die W. spielen eine Führungsrolle in den Organisationsbestrebungen der venezolanischen Indianer.

Lit.: 719, 791, 792
Karte: Nördliches Südamerika (Abb.: 209)
Abb.: 221, 222, 223

Wedda

Die W. (1953: 800), deren Name von dem Sanskrit-Wort vyadha – veddha (Jäger) abgeleitet sein dürfte (ihre alte Bezeichnung war Gin), sind die autochthone Bevölkerungsgruppe von Sri Lanka, wo sie in den nordöstl. Dschungelregionen leben. Sie gelten als Abkömmlinge der drawidischen Urbevölkerung S-Indiens, bzw. als Restgruppe der Yakkha, und sind heute stark vermischt; sie haben Merkmale der Negrito, der Australiden wie auch der Mediterraniden. Ihre fast unzugänglichen Siedlungen bestehen aus 5–7 einfachen Rindenhütten, jeweils von einer Familie bewohnt; der Dorfälteste ist gleichzeitig auch Berater und Priester. Charakteristisch für die W. ist Schlangenverehrung und Ahnenkult. Pfeil und Bogen haben Kultwert (es wird ihnen schützende Kraft zugeschrieben). Das Gebiet um ihre zeitweiligen Siedlungen wird zur Besitzkennzeichnung mit Pfeilen abgesteckt (paguwa = Wald für Jäger und Honigsammler). Sie betreiben Brandrodung+ und kehren im Zyklus von 12–15 Jahren an ihre alten Siedlungen zurück. Mit den gefällten Bäumen umzäunen sie zum Schutz gegen Elefanten die Anbauflächen für Mais, Kürbis und Bohnen. Das einzige Schneidegerät der W. ist eine kleine Axt. Die W. sind in (13) endogame+, matrilineare+ Klane unterteilt. Aus dem Bandara-Klan kommen die Häuptlinge, alle anderen sind diesem unterstellt. Die Gesellschaft ist matrifokal+; Besitz vererbt sich aber in der paternalen Linie. Nach der Tradition heiraten Kinder, deren Eltern Bruder und Schwester sind; Ehen zwischen Kindern von Brüdern oder Schwestern sind verboten, und das Verwandtschaftsverhältnis wird hinsichtlich dieser Bruder-Schwester-Relation weit zurückverfolgt. Übertretungen werden als Inzest mit dem Tode bestraft. Die W. sind monogam.

Lit.: 198
Karte: Vorderindien (Abb.: 220)

Westafrika (Regenwald)

Das Regenwaldgebiet W-Afrikas zieht sich in einem breiten Streifen entlang der sogenannten Oberguinea-Küste von Sierra Leone bis zum Kamerunberg. Im Gebiet zwischen Mittel-Ghana und Dahomey ist es durch ein bis an den Atlantischen Ozean reichendes Savannenareal unterbrochen (die »Regenlücke«). Im N schließt sich an den Regenwald die Sudanzone an.
Politisch besteht heute das Gebiet des westafrikanischen Regenwaldes aus einer Anzahl von Republiken, die aus den früheren Kolonialreichen Frankreichs und Großbritanniens hervorgingen. Hinzu kommt der schon im 19. Jh. unabhängige Staat Liberia.
Negerbevölkerungen drangen schon in vorgeschichtlicher Zeit in die Landstriche ein, die für den Landbau günstig waren. Die arabische Expansion brachte dann eine Folge von Eroberungswellen sowohl von N als auch von W und O. Viehzüchter drangen nur selten in die tse-tse-verseuchten Waldgebiete ein. Bei den Negervölkern der Küste spielt Viehzucht auch heute noch nur eine geringe Rolle.
Der aus dem Binnenland sich ausbreitende Islam beginnt erst seit jüngerer Zeit bei ihnen Fuß zu fassen. Demgegenüber hat die Christianisierung durch europäische Missionen erhebliche Erfolge erzielen können.
Es entstanden eine Reihe bedeutender und kulturell hochstehender Staaten, die den Europäern z. T. noch bis an das Ende des 19. Jh. erheblichen Widerstand entgegensetzten, v. a. Aschanti, Dahomey, die Yoruba-Fürstentümer und Benin.
Die Entdeckung und Besiedlung Amerikas hatte weitreichende Folgen für die politischen Entwicklungen in W. Vor allem die Völker mit Staatenbildung wurden zu Lieferanten von Sklaven für die Plantagen der Neuen Welt. Sie brachten Menschenmaterial für den Handel in einem nie abreißenden Strom zu den Küstenmärkten. So abhängig waren ihre Macht und ihr Wohlstand vom Sklavenhandel, daß sie sich, auch nach dem Gesinnungsumschwung gegenüber der Sklaverei in Europa und Amerika, nur zögernd auf andere Handelsgüter, wie z. B. Palmöl, umstellen konn-

Abb. 224: Von den östlich benachbarten und kulturverwandten Fon in Dahomey (Benin) haben die Ewe in Togo die Praktiken des Vodu-Kultes übernommen. Es handelt sich dabei vornehmlich um Opferrituale, die von Gesängen und Tänzen begleitet werden und bei denen verschiedene Gottheiten verkörpert und angerufen werden. Manche der mit Körperbemalung geschmückten Tänzer erreichen ekstatische Zustände. Vodu-Kulte haben sich durch deportierte Sklaven auch nach Westindien verbreitet. (Foto: Chesi)

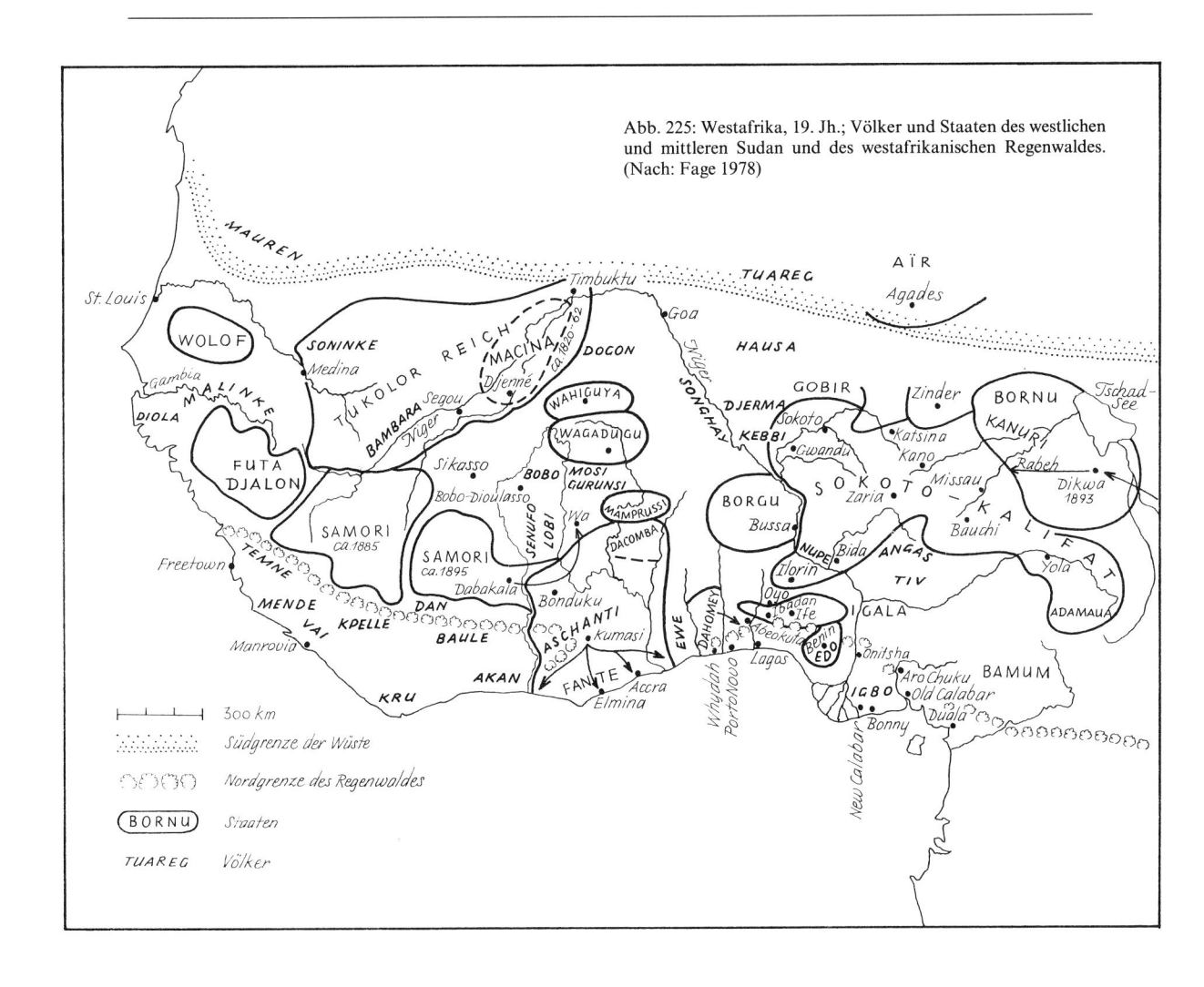

Abb. 225: Westafrika, 19. Jh.; Völker und Staaten des westlichen und mittleren Sudan und des westafrikanischen Regenwaldes. (Nach: Fage 1978)

ten. Die koloniale Durchdringung begann in der zweiten Hälfte des 19. Jh. und endete erst nach dem zweiten Weltkrieg mit der Unabhängigkeit aller westafrikanischen Kolonien.

Lit.: 970–1026
Karten: Islamisierung Westafrikas (Abb.: 67)
Westafrika, 16. Jh. (Abb.: 191)
Westafrika, 19. Jh. (Abb.: 229)

Winnebago

Nordamerikanische Indianer um Lake W. in NO-Wisconsin, heute auf einer Reservation in NO-Nebraska (»Treaty Abiding W.«) und verstreut in kleinen Siedlungen in Wisconsin (»Disaffected Bands«); insgesamt ca. 5000. Sprache: Sioux.

Mais, Bohnen, Kürbisse und Tabak waren die wichtigsten Anbaupflanzen der W. Im Sommer zog der Stamm zur Bisonjagd in die Prärien. Mit zunehmender Bedeutung der Jagd und starken Einflüssen von benachbarten Algonkin-Stämmen (s. u.) wurde das festere rechteckige Haus von kuppelförmigen Wigwams ersetzt. Die gesellschaftliche Ordnung war von 12 Patriklanen+ (mit heiligen Medizinbündeln) bestimmt, die sich zu zwei Moieties+ zusammenschlossen. Jeder Klan hatte eine bestimmte Funktion im Stamm. Friedens- und Kriegshäuptling ergänzten sich in der Führung. Eine Reihe von zeremoniellen Riten wurden im Winter veranstaltet.

Nach zahlreichen verlustreichen Kämpfen mit benachbarten Stämmen (Ottawa, Fox, Illinois), die bis nahe zur Auflösung des Stammes führten und eine starke Vermischung verursachten, verbreiteten sich die W. im Gefolge des von den Euro-Amerikanern stimulierten Pelzhandels im 18. und frühen 19. Jh. bis nach SW-Wisconsin. Nach mehreren erzwungenen Landabtretungen beteiligten sich einige Gruppen der W. am Black Hawk-Krieg (1832) der Sauk. Danach wurden sie nach Iowa, dann nach Missouri und South Dakota gebracht; 1865 ließen sich 1200 W. in Nebraska bei den befreundeten Omaha nieder, wo ihre Nachkommen (»Treaty Abiding W.«) noch heute leben. Ein anderer Teil des Stammes vermochte der Deportation zu entgehen und durfte sich 1875 wieder in Wisconsin niederlassen (»Disaffected Bands«), wo sie von etwas Landwirtschaft, Lohnarbeit und dem Verkauf kunsthandwerklicher Produkte leben. Eine inzwischen bewilligte Abfindung von 4 Mio. Dollar für die erzwungenen Landabtretungen soll helfen, den beiden Gruppen der W. eine wirtschaftliche Grundlage für die Zukunft zu sichern.

Lit.: 545
Karte: Nordamerika (Abb.: 76)

Wolof
Quolof, Jolof, Djolof

Westafrikanisches Bauernvolk in den Savannen von Senegal und Gambia; ca. 1,2 Mio. Zu den W. gehören (sprachlich) auch die Lebu (Kap Verde) und Serer (1931: 300 000). Sprache: Westatlantische Sprachfamilie; das W. dient den meisten anderen Völkern Senegals als Zweitsprache.
Die W. sind noch überwiegend Landbauern, die in Dörfern von 100 bis 200 Einwohnern leben. Ihre strohgedeckten Hütten sind um einen Dorfplatz angelegt, auf dem auch regelmäßig Märkte stattfinden. Der Anbau von Reis und Hirse dient der Selbstversorgung, während Erdnüsse auch zum Verkauf gepflanzt werden. Viehhaltung (Rinder, Pferde) ist weitverbreitet, und die W., im Unterschied zu vielen anderen Völkern W-Afrikas, verwenden auch Milch- und Milchprodukte. Viele W. sind ferner als Handwerker spezialisiert; sie sind besonders als Goldschmiede bekannt. Im Laufe der Modernisierung und fortschreitenden Schulbildung sind viele W. als Lehrer und Beamte nach Dakar oder Bathurst in den öffentlichen Dienst gegangen.

Die Geschichte hat den W. eine komplexe Gesellschaftsordnung hinterlassen. Sie geht zurück auf ein Gottkönigtum mit aristokratischen Dynastien, Kriegerklassen, Freibauern und Sklaven. Manche Handwerker zählten zu den verachteten Kasten.
Von islamisierten → Berbern wurden die W. aus ihren älteren, weiter nördl. gelegenen Wohnsitzen südwärts in das Mündungsgebiet des Senegal vertrieben. Die Tukolor (→ Fulbe), die nach Annahme des Islam zur vorherrschenden politischen Macht am Senegal geworden waren und vom 11. bis 14. Jh. ein eigenes Reich besaßen, hatten die W. in ihr Reich integriert und zum Islam bekehrt. Um 1350 gelang es den W., die Herrschaft der Tukulor abzuschütteln und ein eigenes Reich zwischen Gambia und Senegal zu errichten. Nach 1440 entwickelte sich ein für die W. einträglicher Sklavenhandel mit den Portugiesen, der bis zur Mitte des 16. Jh. dauerte. Neue Staaten an der Atlantikküste schnitten die W. aber vom Zugang zur Küste ab und leiteten die Abnahme ihrer politischen und wirtschaftlichen Bedeutung ein.

Lit.: 898, 967
Karten: Westafrika, 16. Jh. (Abb.: 191)
Westafrika, 19. Jh. (Abb.: 225)

Xhosa
Xosa

Gruppe von Bantuvölkern (Xhosa im engeren Sinn, Thembu, Mpondo, Mpondomise, Xesibe, Bhaca) im östl. Kapland, zum Nguni-Zweig der SO-Bantu gehörig; ca. 3 Mio. Sprache: isiXhosa mit aus dem Khoisan stammenden Schnalzlauten.
Die X.-Stämme befanden sich im 17. Jh. als v. a. nomadische Völker im Vordringen zwischen Drakensbergen und Indischem Ozean, wobei sie die ansässigen Hottentottenstämme nach W und ins Inland trieben oder mit ihnen verschmolzen und die Buschmänner in das unwirtliche Bergland verdrängten. Seit etwa 1775 fanden sich die westl. X. in kriegerische Auseinandersetzungen erst mit den Buren, dann mit den Engländern verwickelt. Die neun, oft langjährigen Kriege waren für beide Seiten verlustreich. Die dynastische Zersplitterung der X. wurde durch Propheten überwunden (Nxele, Ntsikana, Mhlangane, Nonqause), welche vorgaben, von den Ahnen der führenden Herrscher Befehle zu erhalten und

dadurch die kriegerische Begeisterung der Stämme anfachten. 1856/57 erzwang Nonqause durch die Hoffnung auf die Vertreibung der Weißen das Abschlachten der Rinder und die Nichtbestellung der Felder bei den westl. X. bei gleichzeitiger Vorbereitung auf die großen Herden und Vorräte, die der Sieg über die Kolonisten herbeibringen würde. Zehntausende von X. starben vor Hunger (»Xhosa-Selbstmord«), Zehntausende mehr mußten sich als gering bezahlte Arbeiter bei den weißen Farmern verdingen. Die Häuptlingschaften waren zerschlagen. Erst ein Jahrhundert später wurden sie wieder ins Leben gerufen.

Die X.-Völker betrieben im 19. Jh. eine Mischwirtschaft: den Anbau v. a. von Hirse und Mais, die Zucht von Großvieh. Seit Mitte des 19. Jh. wurde Spaten und Hacke durch den Pflug ersetzt. Rinder dienen auch heute noch als Kapital, Gegenwert von Frauen (Brautpreis), Zeichen des Wohlstandes. Jagd und Handwerk (Schmiede, Gerber, Töpfer, Schnitzer) brachten zusätzlichen Erwerb.

Die Sozialstruktur der X. beruhte einst auf patrilinearen+ Großfamilien, die in Lineages+ rechtlich und wirtschaftlich zusammenarbeiteten. Unter dem Einfluß der Missionierung, aber v. a. der Wanderarbeit, hat sich diese Struktur gewandelt. In ländlichen Gebieten herrscht heute die Kleinfamilie vor, in städtischen Gebieten ist die matrifokale Familie, der eine Frau vorsteht, prozentual im Anstieg: sie setzt sich aus einer wirtschaftlich erfolgreichen Frau, ihren Töchtern und deren Kindern zusammen. Das Erbrecht, das einst die Söhne bevorzugte, erlaubt heute die Vererbung von Wohnhaus, Vieh und Geld an die Witwe als Treuhänderin für die Nachkommen. – Die politische Organisation beruhte auf Häuptlingschaften, die in den größeren Gruppen dynastisch verzweigt waren, da der älteste Sohn der Hauptfrau im Hauptstamm die Nachfolge antrat, aber auch dem Erben im ›rechten‹ Nebenhaus gestattet war, einen Stamm zu gründen. Dem Häuptling waren örtliche und regionale Hauptleute unterstellt, die auch die wichtigsten Klane vertraten; ihre Bezirke faßten eine Anzahl verstreut liegender Heimstätten der Großfamilien zusammen. Die Krieger kämpften in örtlich rekrutierten Regimentern; diese waren in zwei Divisionen geteilt. – Die Religion der X. kannte einen Schöpfergott, Opfer und Gebete galten aber vornehmlich den Ahnen einer Familie.

Der wachsende Bevölkerungsdruck in den Reservaten verringerte die Erträge der Landwirtschaft. Besteuerung und zivilisatorische Bedürfnisse erzwangen die Wanderarbeit v. a. der Männer zwischen 15 und 64 Jahren. Arbeitsplätze fanden die X. zuerst in den Minen (Diamanten, Gold) und im Eisenbahnbau in Transvaal, später in zunehmendem Maß auch in den Industrierevieren des Kaplands (East London, Port Elizabeth, Kapstadt). In einigen Bezirken sind bis zu 40% der arbeitsfähigen Männer abwesend. Ihre Geldüberweisungen halten die Wirtschaft der Reservate in Gang.

Neuere wirtschaftliche Entwicklungen legen Gewicht auf eine landwirtschaftliche Neuordnung (rationalisierter Feldbau, Begrenzung der Herden), Einführung von Marktprodukten (Tee, Zitrusfrüchte, Faserpflanzen) und Bewässerungsprojekte sowie Genossenschaften. Industriell geht die Entwicklung dahin, grenznahe Fabriken durch Pendler entlang der Verkehrsachse East London-Queenstown sowie in Natal zu erschließen und in Wachstumspolen innerhalb der X.-Länder Beschäftigungsmöglichkeiten zu schaffen (Ciskei: Dimbaza, Sada; Transkei: Butterworth, Umtata). Die politische Entwicklung führte zur Vereinigung der östl. X. in der unabhängigen Transkei (seit 1976) (Hauptstadt Umtata) und der westl. X. in der sich selbstregierenden Ciskei (Hauptstadt Zwelitsha/Alice).

Lit.: 1174, 1194, 1208, 1226, 1239
Karte: Südafrika (Abb.: 147)

Xinguanos

Sammelbezeichnung für eine Reihe kleiner indianischer Gruppen, die im Alto Xingu im N des brasilianischen Mato Grosso seit etwa dem 16. oder 17. Jh. zusammenkamen, wohl meist auf der Flucht vor dem Druck europäischer Landnahme, und hier eine gemeinsame Kultur entwickelten.

Bei wirtschaftl. Unabhängigkeit jeden Dorfes in bezug auf die Existenzgrundlagen (Maniokanbau und Fischfang, → Küsten-Kariben) haben alle Dörfer doch eine Art Gemeinsamen Markt gebildet, indem die Einzeldörfer sich auf unterschiedliche Produkte für den alle verbindenden Tauschhandel spezialisierten, z. B. liefern die Kamayurá Bögen, die Waurá Keramik. Rituelle Feste führen die Bewohner der verschiedenen Dörfer zusammen, dabei wird, z. B. in einer Art sportlichem Wettkampf und in Scheinkämpfen, der Übergang von früherer Feindschaft zum

Abb. 226: Diese beiden Yanoama-Brüder symbolisieren den Zusammenstoß zweier Welten. Hier die noch ausgesprochene Naturwelt und dort den mit einem Hemd »Zivilisierten«. (Foto: H. Fuchs)

heutigen Bündnis vorgeführt. In ähnlicher Weise dreht sich die Religion v. a. um die Verwandlung feindlicher Geister in freundliche, was durch Zähmung der Ungeheuer und Verwandlung in Hilfsgeister bei Maskentänzen erreicht wird.

Der Alto Xingu wurde erst seit 1942 von den Brasilianern erschlossen. In den 50er Jahren begannen die Brüder Vilas Bôas als Vertreter der Staatsautorität eine Reservatspolitik, die Weiße möglichst fernhielt und einen Teil der Landrechte der X. bewahrte. Das Xingu-Reservat gilt als ein Modell einer die indianischen Rechte respektierenden Politik, ist allerdings durch Grenzveränderungen gefährdet. Bislang konnten die X. hier ihre Kultur und Gesellschaft in einem ungewöhnlichen Maß bewahren, allerdings wurden sie durch eingeschleppte Krankheiten sehr stark dezimiert.

Um 1970 zählten die X. etwa 800 Personen in 8 Dörfern, wobei jedes Dorf eine eigene Volksgruppe umschließt. Im 19. Jh. waren es 13 Volksgruppen in 38 Dörfern. Die wichtigsten Gruppen heute (in Klammern die Sprachfamilie): Kuikuro und Kalapalo (Kariben), Kamayurá (Tupí), Waurá, Mehinaku und Yawalapiti (Aruak).

Lit.: 749, 753, 754
Karte: Nördliches Südamerika (Abb.: 209)

Yanoama,
Waika, Xiriana

Eines der größten Indianervölker (ca. 16 000) Venezuelas und Brasiliens – die Abgeschlossenheit des Parimagebirges schützte sie lange.
Seit 1947 ebnen Missionare den Weg dafür, daß brasilianische Holzfäller, Palmfasersammler, Siedler und venezolanische Viehzüchter auf wenig Widerstand trafen. 1963 begann auf der bra-

Abb. 227: Bei den Tukuna ist das Fest der Mädchen-Initiation ein Anlaß, die ethnische Besonderheit des Volks vor schaulustigen Brasilianern und Touristen zu demonstrieren. (Foto: H. Schultz)

silianischen Seite Diamantensuche, 1973 Anschluß ans Straßennetz, 1975 Abbau von Zinnstein und Vorbereitung des Abbaus der womöglich größten Uranlagerstätte der Erde.
Hauptanbaupflanzen: Mehlbanane und Pupunha-Palme (ferner Taro, beide Maniokarten, Mais, Zuckerrohr, Papaya, Tabak). Beide brauchen relativ wenig gärtnerische Pflege, so daß mehr Zeit für andere Arbeiten frei wird: Oft ziehen die Y. auf Wanderungen, auf denen sie manchmal wochenlang jagen, fischen und Wildfrüchte sammeln, die zwar nur 20% der Nahrung ausmachen, aber durch Protein- und Vitamingehalt wichtig sind. Auch Kriegszüge waren mit Jagen und Sammeln verbunden. Die Y. waren insgesamt etwa ebensoviel Zeit vom Dorf abwesend wie dort anwesend.
Seit 1968 stellen Missionen und Farmen immer mehr Y. als Hilfsarbeiter ein, die ihre landwirtschaftliche Selbstversorgung aufgeben. Kriegszüge werden unterbunden. Der Wildbestand schwindet, Jagdgründe werden durch Landraub eingeengt. Missionen propagieren den Anbau von Maniok (der unter Bedingungen niedriger Produktion und schwacher Absatzorganisation leichter zu vermarkten ist als die Banane). Folge: Rückgang der Ernährungsqualität, daher größere Anfälligkeit für Krankheiten. Für 1975 gab

Abb. 228: Die Hütten vieler brasilianischer Wald-Indianer (hier der Uruku) sind heute im Grundriß vom europäischen Rechteckhaus beeinflußt, in der Holz-, Gras- und Palmstrohbauweise aber indianisch. (Foto: H. Schultz)

Abb. 229: Krahó-Indianerin in Brasilien hängt Fische zum Trocknen auf. (Foto: H. Schultz)

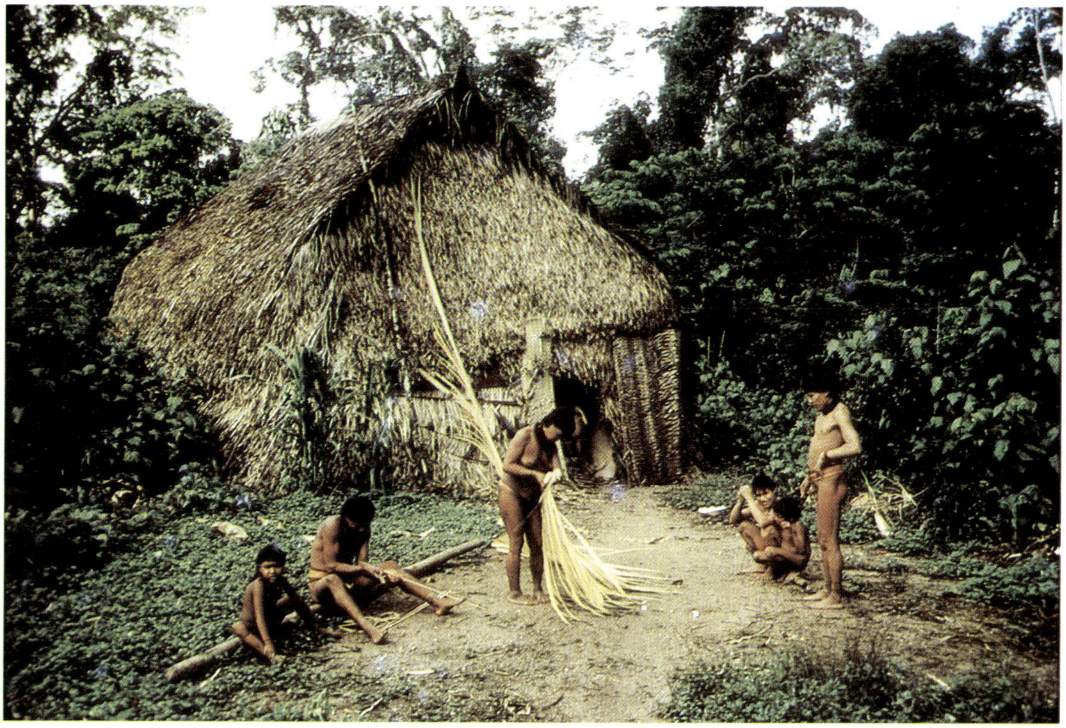

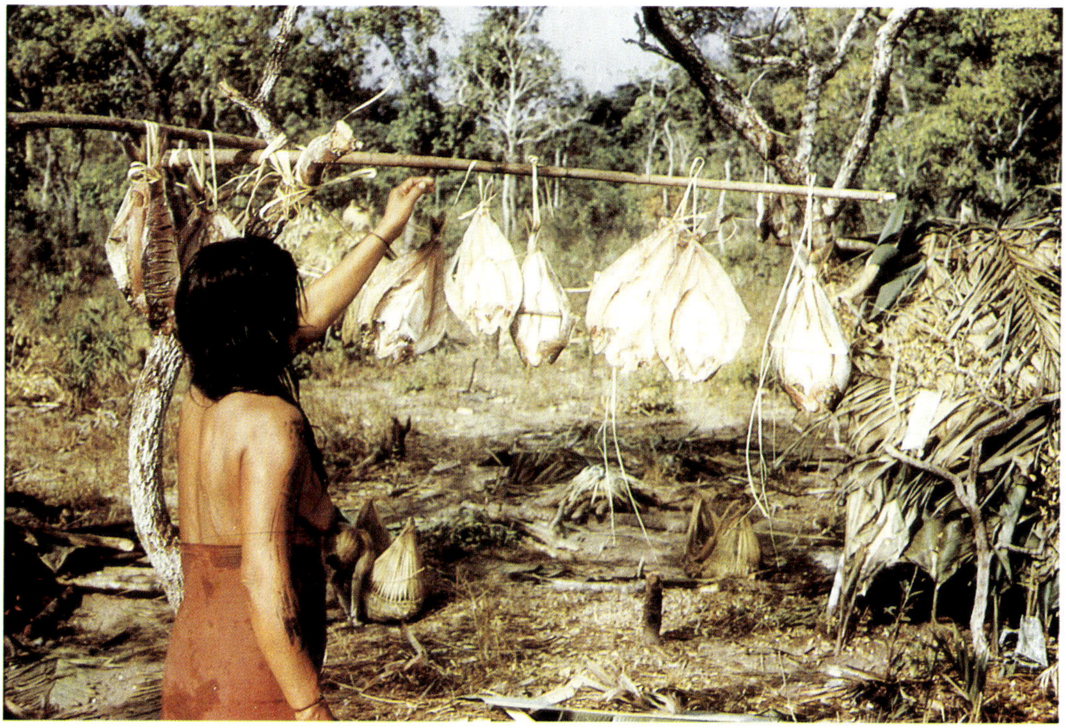

eine brasilianische Behörde den Tod von 11% der Y. bekannt.
In der Sozialordnung greifen zwei Ordnungssysteme ineinander (→ Aché): Dorfgemeinschaft mit 30–100 Menschen und die kleinere Einheit untereinander verwandter Familien (ein Dorf zerfällt in ca. 2–3 solcher Untereinheiten), die zu längeren Jagdzügen aus der größeren Gemeinschaft ausschert. Das Dorf ist groß genug, um Angreifer abzuwehren. Die kleinere Einheit bildet im Dorf eine exogame+ Untergruppe.
Mehrere Dörfer bilden durch intensiven Tauschhandel, Heiraten, stark zeremonialisierte Besuchsreisen regionale Bündnisse, die Konflikte bei den Besuchen, Frauenraub, Blutrache nicht ausschließen. In der egalitären Y.-Gesellschaft ohne Häuptlinge, ohne soziale Schichtung (Privatbesitz ausgeprägt, aber wer mehr hat als die anderen, muß unter dem Druck der Gemeinschaft und religiöser Vorstellungen seinen Überschuß verteilen) ist Kampf eine der wenigen Gelegenheiten, wo ein Mann Prestige holen kann, das ihn über die anderen heraushebt. Große Krieger und Jäger bilden eine politische Führungsgruppe, die aber ihren Einfluß immer wieder durch Kriegstaten und einleuchtende Ratschläge erneuern muß und keine Befehlsgewalt hat. Das kriegerische Gebaren des »Töters«, der sich oft dramatisch theatralisch, aggressiv wild zeigt, spielt eine ähnliche Rolle wie bei uns das dynamische Managergehabe eines Angestellten, der in seiner Firma aufsteigen will.
Heute versuchen Missionare, an die Stelle der durch das Ende der Kriegszüge funktionslos gewordenen Führungsgruppen Häuptlinge zu setzen. Deren Autorität wird aber durch die Abwanderung der Hilfsarbeiter auf Farmen und Missionsstationen wieder geschwächt.
Die meisten erwachsenen Männer treten als Medizinmänner mit den Geistern in Verbindung. Hierzu schnupfen sie ein halluzinogenes Pulver. Im Drogenrausch empfangen sie Hilfsgeister in ihrem Körper, mit denen sie feindliche Geister – die z. B. von einem feindlichen Medizinmann in einen Kranken geschickt wurden – vertreiben. Die Zeremonien, bei denen das Drogenpulver geschnupft wird, sind oft ein dramatischer Schattenkampf mit unsichtbaren Geistern, wobei der Hang zu theatralischer Wildheit sich mit der Reaktion des Drogenberauschten auf Schreckensvisionen vermischt.
Unter den Geistern sind Herren/Herrinnen von Tier- und Pflanzenarten wichtig. Die Jäger/die Sammlerin muß sich gut mit ihnen stellen. Dieser Glaube schränkt durch die Angst vor einer eventuellen Rache der Tier- oder Pflanzenherren den Jagd- und Sammeleifer ein und beugt so einem Raubbau an der Natur vor.

Lit.: 690, 771, 799, 801
Karte: Nördliches Südamerika (Abb.: 209)
Abb.: 226

Yao
Jao, Wayao

Gruppe von Bantustämmen im Hochland von Malawi und den angrenzenden Gebieten von Tansania und Mosambik; ca. 800 000. Die Yao-Sprache, zum östl. Bantu (Rufiji-Sambesi) gehörig, wird von weniger als 500 000 Menschen gesprochen.
Die Y. leben in kleinen Dörfern oder verstreut liegenden Gehöften. Abstammung und Vererbung von Land und Eigentum folgen dem matrilinearen+ Verwandtschaftssystem. Die Initiation für Jungen wie Mädchen ist reich an Riten und Lehren.
Im Brandrodungsbau+ werden Mais, Maniok und auch Hirse angebaut. Die Tierhaltung beschränkt sich auf Ziegen und Hühner. In Malawi, wo die landwirtschaftlichen Bedingungen günstiger sind, wird Tabak für den Handel angepflanzt. Obwohl die Y. am Sklavenhandel zwischen den Binnenlandgebieten und den Küstenarabern beteiligt waren, haben sie nie eine zentralisierte Stammesorganisation entwickelt. Ihre wichtigste Verwaltungseinheit war das Dorf mit einem Ältesten und Ältestenrat an der Spitze. Durch lange Kontakte mit Arabern sind viele Y. zum Islam bekehrt.

Lit.: 1127, 1143
Karte: Südafrika (Abb.: 147)

Yao

Bergvolk in den südchinesischen Provinzen Kwangtung und Kwangsi sowie in den angrenzenden Gebieten N-Vietnams, in geringerer Zahl auch in N-Laos und N-Thailand; um 1970 ca. 1 Mio. Sprache: Miao-Yao.
Die Y. besitzen in hohem Maße die Fähigkeit, sich in ihren verschiedenen Siedlungsgebieten den jeweiligen wirtschaftlichen und politischen

Gegebenheiten anzupassen, ohne dabei ihre Identität als »Mien« (Selbstbezeichnung: »Menschen«) aufzugeben. Die Voraussetzung hierzu bietet ihre Kultur, in der zwei Arten von Werten und Normen unterschieden werden: einerseits die Grundprinzipien des Verhaltens gegenüber anderen Y. und den Mächten des Jenseits (Opfer an die obersten Götter und an die Ahnen), die unter keinen Umständen angetastet werden dürfen, andererseits Regeln für wirtschaftliches und politisches Verhalten, die veränderlich sind, um den Y. auf diesen Gebieten von Fall zu Fall eine optimale Entfaltung zu ermöglichen. So finden wir neben Reis-Brandrodungsbauern, die in kleinen, politisch selbständigen, häufig verlegten Dörfern die Gebirgshänge besiedeln, auch solche Y.-Gruppen, die in großen, seßhaften Tieflandgemeinschaften leben, Bewässerungsfelder bebauen und sich in die politische Struktur ihrer chinesischen Nachbarn eingegliedert haben. In einigen thailändischen Y.-Dörfern (seßhaft) ist eine komplizierte Dreifelderwirtschaft zu beobachten, bei der auf getrennten Brandrodungsflächen Reis, Mais und Opium (zum Verkauf) angebaut werden. Die in diesem System erforderlichen großen Arbeitskollektive werden von Hausgemeinschaften gebildet, in denen ein älteres Ehepaar mit seinen verheirateten Söhnen und deren Familien zusammenlebt. Durch häufige Adoptionen auch von Nicht-Y.-Kindern wird die Zahl der Arbeitskräfte weiter vergrößert. Die Y. sind religiös sehr konservativ. Ihre sakralen Texte und Ahnen-Listen sind mit chinesischen Schriftzeichen geschrieben, die jedoch oft nur die Priester lesen können.

Von ihrer früheren Heimat in der heutigen chinesischen Provinz Hunan wurden die Y. im 12./13. Jh. von den Han-Chinesen nach S getrieben, von wo aus sie sich in der Folge ins nördl. Indochina und bis nach N-Thailand (hier seit Anfang dieses Jh.) ausbreiteten. Die kommunistische Revolution befreite in China zahlreiche Y. aus ihrer Position als verarmte, von chinesischen Grundbesitzern abhängige Pächter. Durch die Integration in autonome Zonen bei Gewährung weitgehender kultureller Freiheit ist das traditionelle Spannungsverhältnis zwischen den Chinesen und ihren südl. Minderheiten heute praktisch verschwunden.

Lit.: 221, 238, 262, 296
Karte: Hinterindien (Abb.: 70)

Yaqui und Mayo

Zwei nah verwandte Indianervölker in S-Sonora, Mexiko, auch gemeinsam als Cáhita bekannt; Mayo ca. 30 000, Yaqui ca. 15 000. Sprache: Uto-Aztekisch.

Die Y. und M. bewohnten die Täler an den Unterläufen von Rio Yaqui, Rio Mayo und Rio Fuerte und betrieben einen sehr ertragreichen Bodenbau (Mais, Bohnen, Kürbisse, Amaranth, Baumwolle), Rinder- und Schafzucht seit spanischer Zeit. Mit dem Bau von Staudämmen oberhalb ihres Siedlungsgebietes und der Ableitung des Wassers in große Plantagen wurde den Indianern buchstäblich das Wasser abgegraben, so daß die landwirtschaftlichen Erträge zurückblieben; zum Teil mußte der Bodenbau ganz aufgegeben werden. Ein Teil der Indianer verdingte sich als Tagelöhner auf den neuen Plantagen. Die Dorfstruktur als soziopolitische Organisation besteht heute nicht mehr, die Familie ist wieder zentrale Wirtschafts- und Gesellschaftseinheit geworden. Die Mestizisierung nimmt zu. Die Y. wurden nach 1886 von mexikanischen Truppen nach heftigem Widerstand besiegt und gewaltsam verschleppt: in verschiedene Teile Sonoras, nach Oaxaca und nach Yucatán; einigen Gruppen gelang die Flucht nach den USA, wo sie sich in Tucson (Arizona) niederließen. Die M. konnten der Deportation entgehen, weil sie sich dem Aufstand nicht angeschlossen hatten. Während die Y. schon 1533 und 1609/10 gegen die Spanier um ihre Freiheit gekämpft hatten, hatten sich die M. zunächst dem spanischen Kolonialismus friedlich gefügt. Erst 1740 erhoben sie sich gegen die spanische Kolonialmacht. Ein weiterer Aufstand im mexikanischen Unabhängigkeitskrieg unter Juan Banderas brach 1832 zusammen. Im 19. Jh. setzten sich die Kämpfe für eine Unabhängigkeit fort. Unter Führung von Cajeme wurde der letzte Versuch unternommen, die Mexikaner aus Sonora zu vertreiben. Die gesamte M.-Streitmacht wurde bereits in den frühen 80er Jahren zersplittert, 1886 mußten auch die Y. aufgeben und wurden deportiert (s. o.). Während in den Bergen der Sierra Madre noch einzelne Y.-Gruppen ihren Widerstand fortsetzten, griffen die M. nicht mehr zu den Waffen, sondern flüchteten sich in eine nativistische+ Bewegung unter Anerkennung der politischen Herrschaft der Mexikaner.

Ein zeremonielles Tauschsystem hält heute die M. und Y. in ihren Dörfern zusammen; es erhält ihre ethnische Identität gegenüber der wachsenden Mestizisierung, die durch Abwanderung in die Städte immer größer wird. Auch den Y. von Pascua in Tucson bietet das zeremonielle System die Möglichkeit, Prestige und soziale Anerkennung zu finden, die ihnen im ökonomischen System der amerikanischen Gesellschaft – in Sonora im System der von Mestizen beherrschten mexikanischen Staatsgesellschaft – verwehrt bleiben.

Lit.: 616, 617, 619, 649, 650
Karte: Mexiko (Abb.: 77)

Yekuana
Makiritare

Indianische Flußufer-Bauern in Venezuela: S von Bolívar, O von Amazonas; ca. 1500–3000. Sprache: Karibisch. Die Y. bauen v. a. Maniok und Mehlbananen an, aber auch noch rund 40 weitere Kulturpflanzen. Politische Einheit ist das Dorf mit 50–120 Einwohnern, teils alle im großen Gemeinschaftshaus (Höhe 8–16 m, Durchm. 20–30 m), teils unter europäischem Einfluß in Einfamilien-Häusern. Das Gemeinschaftshaus ist mit seinem runden Grundriß und dem Dach, das mit dem Himmel verglichen wird, für die Y. ein Symbol des Kosmos. Die politischen Diskussionen im Dorf koordiniert der Häuptling. Er ist entweder der Dorfgründer (d. h. Anführer einer Gruppe, die sich aus einem anderen Dorf nach einem Streit löste) oder durch politische Fähigkeiten aufgefallen; sein Amt ist nicht erblich. Er muß sich stets um Einvernehmen mit dem Ältestenrat der Familienväter bemühen und kann, ohne Machtmittel zur Durchsetzung gegen Widerspenstige, keine Befehle, sondern nur Ratschläge erteilen.

Neben ihm besitzt der Schamane/die Schamanin Einfluß. Dieser versetzt sich mit Hilfe von Drogen in einen Trancezustand, in dem er ins Land des Himmelsvaters reist, um dort Hilfe für seine Arbeit zu erbitten. Aus dem Jenseits kann er z. B. ein mythisches Ehepaar himmlischer Schamanen zur Erde holen, damit dieses ihm bei der Krankenheilung hilft. Der Schamane hat, glauben anscheinend die Y., seine Fähigkeiten durch die Gnade des Himmelsvaters erhalten – dessen starke Stellung könnte auf christlichen Einfluß deuten.

Lit.: 734, 782, 801
Karte: Nördliches Südamerika (Abb.: 209)

Yoruba

Großes afrikanisches Volk in SW-Nigeria mit isolierten Gruppen in Benin und Togo. Die Y.-Sprache, die von ca. 11 Mio. Menschen gesprochen wird, gehört zu den östl. Kwa-Sprachen. Die Y. gliedern sich in die Oyo mit den Ibadan und Ilorin (den eigentlichen Y.) im NW, die Ife im Zentrum, die Owe im NW, die Ekiti im SO, die Ijebu um Lagos und die Egba im SW; in Dahomey und Togo leben die Nago.

Die meisten Y. sind auch heute noch Hackbauern, die Jams, Maniok, Hirse und Bananen hauptsächlich für den Eigenverbrauch anbauen. Kakao wird in großen Mengen zur Vermarktung produziert. Frauen sind wenig an der Landwirtschaft beteiligt, beherrschen aber das reich entwickelte Marktwesen. Der soziale Rang des einzelnen in der Y.-Gesellschaft hängt stark von Erfolg und Stellung im Handel ab. Mit zunehmender Schulbildung haben viele Y. Zugang zur Verwaltung, zu höheren Berufen und dem Geschäftswesen gefunden.

Die Stadtbildung bei den Y. geht bis weit in die voreuropäische Kolonialzeit zurück. Jeder Stadtstaat war politisch unabhängig. An der Spitze der gesellschaftlichen Hierarchie stand der König, unmittelbar unter ihm der Hohe Rat, gefolgt von militärischen Führern und Staatsdienern bis hinunter zum Dorfhäuptling. Die straff organisierten Stadtstaaten der Y. sind für Schwarzafrika selten. Heute lebt fast die Hälfte der Y. in Städten von 20 000 oder mehr Einwohnern, und sogar Landbau treibende Y. haben oft einen Hauptwohnsitz in einer Stadt. Die Y.-Stadt Ibadan ist mit 850 000 Einwohnern eine der größten Städte Schwarzafrikas, und auch Lagos wird zum größten Teil von Y. bewohnt.

Nach der Tradition waren die Y. ursprünglich eine politische Einheit. Das Zentrum war zunächst Ife, später Oyo. Doch blieb Ife der religiös-kultische Mittelpunkt der Y., wo der mythische Reichsgründer und Gewittergott Schango verehrt wird. Die Reichsgründung geht auf die Zeit vor dem 13. Jh. zurück. Zu Beginn der historischen Überlieferung war es schon in zahlreiche Königtümer zerfallen. Der Sklavenhandel trug in der frühen Kolonialzeit (Portugiesen seit dem 15. Jh.) dazu bei, daß sich kein zentraler Staat mehr bildete. Im 18. Jh. zerfiel auch das Kernland Oyo durch den Einfall islamischer → Fulbe vom N. Die brit. Kolonialmacht beendete 1873 die inneren Auseinandersetzungen. Einen gewissen Zusammenhalt bietet neben der Sprache die gemeinsame Verehrung des Oni von Ife, zu dem

Abb. 230: Die Bevölkerungszahl von Lagos (Nigeria) hat sich seit dem Zweiten Weltkrieg vervielfacht. Um den Menschen Unterkunft zu bieten, mußten neue Vorstädte gebaut werden. (Foto: Wente)

alle Y. als dem religiösen Oberhaupt und Nachkommen des großen Helden Oduduwa, der die Welt geschaffen habe, aufblicken.
Die sakrale Kunst an den Königshöfen der Y. gehört mit ihren Terrakotta- und Gelbgußfiguren (Köpfe von Ife) zu den hervorragendsten Erzeugnissen afrikanischer Kunst; auch die Holz- und Elfenbeinschnitzkunst war hoch entwickelt. Viele bedeutende Kunstwerke wurden in heiligen Hainen aufbewahrt oder waren Besitz der sakralen Herrscher, den anerkannten Vermittlern zwischen der Welt der Lebenden und der Vorfahren; sie waren die Herren über Leben und Tod. Die mächtige Ogboni-Gesellschaft, ein Geheimbund, hatte entscheidenden Einfluß bei der Thronnachfolge. Ahnenkult und der Glaube an einen autochthonen Schöpfergott sowie ein Pantheon von minderen Gottheiten (orishas) und Geistern leben in der heutigen bäuerlichen Lebenswelt fort, obwohl Christentum (im S) und Islam (im N) wachsenden Einfluß gewonnen haben.
1951 bildete sich die »Action Group« unter Obafemi Awolowo als politische Partei, der sich die meisten Y. zuwandten. 1959 wurde er Führer der Opposition im Bundesparlament von Nigeria, 1963 wegen Verschwörung verurteilt, 1966 begnadigt.
Ibadan und Lagos haben die bedeutendsten Universitäten Schwarzafrikas. Beide Städte sind auch moderne Verkehrsknotenpunkte (Flughafen, Fernstraßen).

Lit.: 970, 971, 972, 989, 996, 998, 1003, 1006, 1018, 1025
Karte: Westafrika, 19. Jh. (Abb.: 225)

Zapoteken

Mexikanische Indianer im östl. und südl. Teil des Staates Oaxaca; ca. 300 000. Sprache: Zapotekisch.
Die Z. sind ein Bauernvolk, das über tausend Jahre lang bis zum 15. Jh. mit seinem kultischen Mittelpunkt Monte Albán bei der heutigen Stadt Oaxaca das ganze südl. Zentralmexiko beherrschte. Das Z.-Reich war eine Hochkultur im klassischen Sinne des Wortes, mit zentraler

Staatsverwaltung, sozialer Gliederung, sakraler Führung, es besaß eine Hieroglyphenschrift und ein stabiles Wirtschaftssystem mit ausgedehntem Handel. Es wurde zunächst von den → Mixteken erobert und schließlich, kurz vor Ankunft der Spanier, von den Azteken überrollt. Von der alten Hochkultur ist nur die bäuerliche Grundschicht übriggeblieben.

Die Z. leben in drei z. T. recht unterschiedlichen Ökozonen, so daß man sie entsprechend in Berg-, Tal- und Isthmus-Z. unterteilt. Größere Unterschiede bestehen zwischen den Berg-Z. des N und den Tal-Z. des S. In den (heute) größeren Städten ist eine starke Mestizisierung eingetreten. Die wirtschaftliche Grundlage der nichtstädtischen Z. ist überall der Bodenbau mit Brandrodung+, manchmal als Subsistenzwirtschaft, d. h. für den eigenen Bedarf, teils aber werden hauptsächlich Vermarktungsprodukte angebaut (Kaffee, Weizen, Zuckerrohr). In den Tälern wird überall der Pflug verwendet, in den Bergen ist das nicht immer möglich, so daß dort noch Feldhacke und Grabstock Verwendung finden. Jagd und Fischfang sind von örtlicher Bedeutung. Die Z. der Städte leben vor allem vom Handel. In den ländlichen Gebieten überwiegen verstreute Weiler, die sich um Zentraldörfer oder kleine Städte gruppieren, die Verwaltungs- und Kirchenmittelpunkt sind, zugleich aber eine wichtige Marktfunktion haben. Verschiedene Handwerke sind verbreitet: Töpferei, Weberei, Palmblattflechten. Die Gesellschaft der Z. ist im allgemeinen patrifokal+, die Z. am Isthmus von Tehuantepec sind jedoch matrifokal+ organisiert; eine Erklärung dafür gibt es bisher nicht. Neben der offiziellen christlichen Religion ist der Glaube an Geister noch lebendig, magische Riten werden häufig vorgenommen. Das Compadrazgo-System der zeremoniellen Patenschaft (→ Nahua) hält die Familien, vor allem und auch in den Städten, zusammen.

Während die Bewohner der großen Täler und Ebenen dem spanischen und später dem mexikanischen Einfluß offenlagen, sind die gebirgigen Teile des N und des südl. Gebirgsraumes wenig hispanisiert. Im 17. Jh. gab es mehrere Aufstände gegen die spanische Ausbeutung. Durch ein modernes Straßennetz sind viele Siedlungen der Z. heute an die mexikanische Staatsverwaltung angeknüpft, die Ämter von Nicht-Z. besetzt. Moderne Handelsprodukte dringen selbst in die entlegensten Weiler vor.

Lit.: 662, 666, 673, 676, 680
Karte: Mexiko (Abb.: 77)

Zentralafrika

Dieser Teil Afrikas umfaßt die Gebiete von S-Kamerun und der Sahelzone im Tschad bis an den ostafrikanischen Grabenbruch und den oberen Sambesi im S. Zu diesem Bereich gehören somit Teile der Staaten Kamerun und Tschad sowie die Zentralafrikanische Republik, Gabun, Äquatorial-Guinea, Kongo-Brazzaville, Zaire, Angola, Sambia und Malawi. Im Zentrum des Gebietes, in dem von breiten Randschwellen umgebenen Kongo-Becken, erstreckt sich die etwa 1000 km breite Zone des äquatorialen Regenwaldes. Nördl. und südl. davon schließen sich Feucht- und Trockensavannen an.

In der nördl. Savanne herrschen Sudansprachen vor, deren Sprecher zumeist der sudaniden Unterrasse der Negriden angehören. Im Regenwald sind die Hyläiden und Bambutiden (Pygmäen) verbreitet, die überwiegend Bantu-Sprachen sprechen. Auch die Bewohner der südl. Savanne, rassisch überwiegend Kafride, gehören dem Bantu-Block an.

Während der Sklavenhandel die ersten Berührungen zwischen Europäern und den zentralafrikanischen Völkern brachte, waren es später der Handel mit Palmöl und Elfenbein und die riesigen Bodenschätze im südl. Teil Z.'s, die das Eindringen in das Innere des Landes bewirkten. Das Plantagensystem erwies sich als ertragreich für den Anbau von Gummi, Palmöl, Kakao und Kaffee; Bodenschätze bildeten v. a. in den östl. und südl. Gebieten die Grundlage der Kolonialwirtschaft: Kupfer, Chrom, Asbest, Blei, Silber und Gold wurden in Mengen gefördert und machen heute den südl. Teil Z.'s zu einem wesentlichen Faktor der Weltwirtschaft. Auch Produkte der Landwirtschaft finden, nicht zuletzt infolge der noch billigen Arbeitskräfte, ihren Weg zu den Weltmärkten, obwohl der Großteil der afrikanischen Bevölkerung Z.'s noch weiterhin hauptsächlich für den Eigenbedarf produziert.

Die Bevölkerung Z.'s besteht aus verschiedenen ethnischen Gruppen. In der gesamten Hyläa finden sich noch heute kleinwüchsige Urwaldjäger (→ Pygmäen), die als Jäger in einem symbiotischen Verhältnis mit ihren seßhaften Bantu-Nachbarn leben, die als Pflanzer von N her in die Hyläa eingewandert sind. Die Bantuvölker des südl. Z. (→ Kongo, → Lunda, → Luba, → Kuba u. a.) hatten schon vor der europäischen Kolonisierung bedeutende Staaten gegründet und viele kleine Gruppen assimiliert.

Ethnisch-kulturell ist Z. heute ein Teil Afrikas, der sich in großem, zum Teil unüberschaubarem

Umbruch befindet. Nach der Entkolonisierung haben sich politische Umwälzungen großen Stils vollzogen, ethnisch dominante Gruppen sind dezimiert, desintegriert, z. T. sogar völlig verschwunden. Einheimische Verkehrssprachen, wie das Sango in der Zentralafrikanischen Republik, haben sich nur selten herausgebildet. Zumeist stellen heute die Sprachen der ehemaligen Kolonialmächte, Französisch, Englisch, Portugiesisch und Spanisch, die Grundlage einer überregionalen Verständigung dar.

Die Auseinandersetzungen um die reichen Rohstoffvorkommen zwischen den Großmächten und den ehemaligen Kolonialmächten sind noch in vollem Gange. Dabei sind die traditionellen Kulturen in vielen Regionen Opfer dieser politisch-wirtschaftlichen Konkurrenz geworden. Sogenannte Befreiungsbewegungen haben, soweit sie von bestimmten Ethnien getragen wurden, unter konkurrierenden Ethnien Blutbäder angerichtet. Der Prozeß der Gärung und Stabilisierung ist noch lange nicht abgeschlossen, – die Zukunft dieser einst mehr bäuerlichen Kulturen Afrikas ist völlig ungewiß.

Lit.: 1096–1160
Karte: Zentral- u. Ostafrika (Abb.: 106)

Zentralasiatische Völker

Unter dieser Bezeichnung versteht man gewöhnlich die nichtrussischen Bewohner der sowjetischen Unionsrepubliken Kasachstan, Kirgisistan, Tadschikistan, Turkmenistan sowie die Bevölkerung der Äußeren Mongolei (= VR Mongolei) und zweier autonomer Gebiete der VR China, des »Autonomen Gebiets der Inneren Mongolei« und des »Uigurischen Autonomen Gebiets Sinkiang«. Die zentralasiatischen Völker bewohnen das Herzstück der asiatischen Landmasse zwischen dem 35. und 55. Breitengrad. Die Grenzen des Siedlungsgebiets der z. V. verlaufen im N in der Übergangszone zwischen Steppe und sibirischem Waldland (Taiga), im S entlang jener Gebirgsketten, die sich auf ca. 6500 km Länge von China in westl. Richtung bis zum Schwarzen Meer erstrecken und den zentralasiatischen Raum von SO-Asien, dem indischen Subkontinent und Vorderasien trennen (Nanschan, Altyn-tagh, Karakorum, Hindukusch, Paropamisus, Elburs). Im O reicht Zentralasien bis an die mandschurischen Wälder und die große chinesische Mauer, im W hat das Kaspische Meer gleichsam eine Sperriegelfunktion Richtung Europa. Die z. V. gehören drei großen Sprachgruppen an: Iranier (Tadschiken), Türken (Karakalpaken, Turkmenen, Usbeken, Kasachen, Kirgisen, Uiguren), Mongolen (das in zahlreiche Stämme unterteilte Staatsvolk der VR Mongolei und die Mongolen in der VR China sowie die Kalmücken). Bis zur russ. und chines. Revolution (in Afghanistan und NO-Iran auch noch heute) waren die z. V. in zwei scharf divergierende Gruppen geschieden: nomadische Viehzüchter und seßhafte Bauern; als dritte Einheit könnte man die zwischen bäuerlicher Seßhaftigkeit und nomadischer Viehzucht stehenden Halbnomaden+ sehen.

Die entscheidenden Ursachen für diese Polarität, die Jahrhunderte hindurch die Geschichte Zentralasiens maßgeblich prägte, liegen in der extremen Gegensätzlichkeit der Landschaft. Da sind zum einen die Hochgebirgszonen, die Zentralasien von SW nach NO in zwei Hälften trennen (Pamir, Tienschan, Altai, Sajan). Alpine Rasen, die für die Weidewirtschaft geeignet sind, überwiegen hier; die tiefeingeschnittenen Täler können dagegen für den Bodenbau nur unter großem Arbeitsaufwand (Terrassierung, Bewässerung) genutzt werden. Einen krassen geographischen und klimatischen Kontrast dazu stellen die Steppen und Wüstengebiete dar: das Ust-urt Plateau zwischen Kaspischem Meer und Aralsee, die Karakum-Wüste zwischen Kopetdagh und Amu Darja, die Kysylkum-Wüste zwischen den Unterläufen von Amu Darja und Syr Darja, die Hungersteppe (eine Halbwüste) zwischen Syr Darja und Balchasch-See, die Wüste Gobi, die die Innere von der Äußeren Mongolei trennt, die Wüste Taklamakan südl. des Tienschan. Vor allem in den Bereichen nördl. des Syr Darja und Tienschan fällt noch soviel Niederschlag, daß eine Steppenvegetation, die Grundlage für nomadische Weidewirtschaft, gedeiht. In der südl. sich daran anschließenden Zone, die zum großen Teil aus Wüste besteht, sind v. a. jene Oasen zentriert, in denen die seßhafte Bevölkerung intensiven Bodenbau betreibt. Beide für die z. V. so typischen Lebens- und Wirtschaftsformen – Steppennomadismus und Oasenfeldbau – sind hochspezialisierte Anpassungen an die extremen Umweltbedingungen Zentralasiens. Zwischen allen nomadischen Gruppen bestanden große Übereinstimmungen in den Lebensformen; Abweichungen waren oft nur die Folge von Sonderbedingungen des Wandergebiets. Die Nomaden konnten zwar einen großen Teil ihrer täglichen Bedürfnisse mit den Produkten ihrer Tiere decken, doch bestand immer eine große Nachfrage nach Erzeugnissen der seßhaften Bauern, v. a. nach Brotgetreide, das gegen Produkte der Viehwirtschaft eingetauscht wurde. Dieser Güteraustausch zwischen Bauern und Nomaden sorgte für Kontakte und Kooperation und damit letztlich für ein relativ friedliches Nebeneinander der beiden Wirtschaftsgruppen. In scharfem Gegensatz zu den nichtseßhaften vollnomadischen Gruppen in Wirtschaftsweise, Lebensführung und Kultur stand die bäuerliche Bevölkerung. Zu ihr gehörte in W-Turkestan vor allem die iranischsprachige Einwohnerschaft (Tadschiken). Sie trieb schon lange vor dem Auftauchen der turko-mongolischen Nomaden in den Fluß- und Wüstenoasen intensiven Bewässerungsfeldbau. In den städtischen Siedlungen blühten Handwerk und Handel. Das Leben der seßhaften Bevölkerung Zentralasiens, sowohl im O (Uiguren) wie W (Tadschiken) weist große umweltbedingte Übereinstimmungen auf: Bewässerung war die Grundlage des Bodenbaus, Regenfeldbau nur in günstigen Lagen durchführbar. Bau und vor allem Erhaltung der ausgedehnten, teils unterirdisch geführten Kanalanlagen (als Schutz vor Verdunstung) machten in Städten und Dörfern eine straffe Verwaltung notwendig. Mit komplizierten Bewässerungsordnungen wurde die Wassernutzung geregelt. Hirse, Reis, Getreide, Gemüse, Obst, Wein, Baumwolle, später auch Mais wurden angebaut. Viehhaltung war bei den Vollbauern gewöhnlich nur ein Hilfszweig der Landwirtschaft. Der Handel war seit jeher eine bedeutende Einnahmequelle für die z. V., sowohl die seßhaften wie nomadischen, gewesen. Durch die Mittellage zwischen den großen Kulturzentren Asiens, im O China, im W die orientalischen Länder, im S Indien, waren die Bewohner Zentralasiens am intensiven Handelsaustausch maßgeblich beteiligt. Verschiedene Routen verbanden China und den W; die wichtigste war die Seidenstraße mit ihren verschiedenen Abzweigungen. Die große Route verlief von Kansu über die Oasen des Tarimbeckens, den Pamir und W-Turkestan nach Vorderasien und zum Schwarzmeergebiet. Auf Lasttieren (Pferd, Maulesel, ein- und zweihöckriges Kamel, im Gebirge auch Yak), oft auch mit Kamel-, Ochsen- oder Pferdekarren wurden ostasiatische Luxusgüter wie Seide, Jade, Brokatstoffe, Gewürze, Parfüme, Arzneimittel, Edelsteine, in den W gebracht und gegen europäische Erzeugnisse (später vor allem technischer Art) eingetauscht. Die monatelangen Reisen durch die Wüsten, Steppen und Hochgebirge Zentralasiens waren für die Kaufleute ein gefahrvolles Unternehmen, doch drohte ihnen unterwegs von den kriegerischen Nomaden nicht die größte Gefahr, waren diese doch selbst am ungestörten Karawanenhandel interessiert. Sie stellten den Händlern gegen Zahlung bewaffnete Begleitung beim Zug durch ihr Stammesgebiet, dienten als Wegführer und schützten die Karawanen vor Räubern. Diese einträglichen Dienstleistungen verhalfen den Nomaden zu ständigen Einnahmen, mit denen sie ihre Bedürfnisse auf den Oasenmärkten befriedigen konnten. Gleicherweise war natürlich die seßhafte Bevölkerung am florierenden OW-Fernhandel beteiligt, der über ihre Siedlungen und Städte lief. Die Versorgung der Karawanen und der Zwischenhandel brachten ihr reichen Gewinn und waren letztlich die Voraussetzung für die Blüte ihrer Städte. Der Fernhandel brach endgültig erst um 1900 zusammen, mitbedingt durch neue Transportmöglichkeiten, v. a. aber den Seehandel. Bei der Religionszugehörigkeit der z. V. ist deutlich ein östl.-buddhistischer und westl.-islamischer Einflußbereich zu erkennen. Der sunnitische Islam kam schon im 8. Jh. mit arabischen Eroberern nach W-Turkestan; die seßhafte iranische Bevölkerung wurde entsprechend früh bekehrt. Vor allem in den städtischen Zentren gewann der Islam starken Einfluß auf das gesamte Leben. Bei den weiterhin nomadischen Gruppen, insbesondere Kasachen und Kirgisen, blieb dagegen der Islam immer eine oberflächliche Tünche. Eine ganz andere Entwicklung vollzog sich im O bei den mongolischen Stämmen, die seit Ende des 16. Jh. langsam zum Buddhismus bekehrt wurden. Missionszentrum war hier Tibet. Einen ersten Umbruch im Leben der z. V. im W brachte das immer tiefere Vordringen des zaristischen Rußland in den Steppenraum im 19. Jh. Auf Widerstand stieß dies vor allem bei den nomadischen Gruppen, denen durch russ. Siedler immer mehr Weideland und damit die Existenzgrundlage entzogen wurde. Die eigentliche Moderne begann aber erst mit der russ. Revolution. Die tiefgreifendsten Einschnitte mußten aber nach der sowjetischen Machtübernahme weniger die seßhaften Bauern, als vielmehr die Nomaden hinnehmen, die größtenteils enteignet und zwangsweise seßhaft gemacht wurden. Ähnliche Entwicklungen vollzogen sich in der Mongolei nach dem prokommunistischen Umsturz 1921 und in den fünfziger Jahren nach der Revolution in China. Die seßhafte Bevölkerung des sowjetischen Machtbereichs wurde nach der Revolution zwar nicht zur totalen Veränderung ihrer Lebensweise gezwungen, wie dies bei den Nomaden der Fall war, sie mußte sich aber völlig neuen Organisationsformen anpassen, wie der Einrichtung von Kolchosen und Sowchosen, Veränderung der Anbaufrüchte, Umsiedlung in neu der Landwirtschaft erschlossene Gebiete. Ebenso erging es den Uiguren in O-Turkestan nach dem Sieg der chines. Revolution in den fünfziger Jahren.

Karte: Zentral- u. Nordasien (Abb.: 97)

Zoque und Mixe

Nahverwandte mexikanische Indianer im Bergland beiderseits des Isthmus von Tehuantepec; Mixe ca. 50 000, Zoque ca. 20 000; ihnen stehen auch die Popoluca nahe. Sprache: Mixe-Zoque. In ihrer bäuerlichen Kultur unterscheiden sich die Z. und M. – von einem allgemein ärmeren Stand der Technologie abgesehen – nur wenig von den heutigen mexikanischen Indianern des südmexikanischen Berglandes. Die Z. sind im religiösen Bereich von den → Maya beeinflußt. Wirtschaft, Sozialstruktur, Riten und Zeremonien entsprechen im großen und ganzen denen der → Zapoteken und → Mixteken; sie sind jedoch weniger entwickelt, rückständiger, archaischer; ihre vorspanische Teilnahme an der mesoamerikanischen Hochkultur scheint nur peripher gewesen zu sein. Eine gewisse regionale Differenzierung ergibt sich durch die Topographie: die M. leben in schwer zugänglichem Gebirgsland (1300 bis 2500 m), das nur wenige gute Anbauflächen bietet, stark bewaldet ist und eine längere Frostperiode hat. Das Land der Z., nördl. der Stadt Tuxtla Gutierrez gelegen, liegt tiefer, hat ein wärmeres Klima und bietet größere Anbauflächen, das Land ist leichter zugänglich, und die Mestizisierung ist weit fortgeschritten.

Karte: Mexiko (Abb.: 77)

Zulu
Amazulu, Sulu

Bantu-Volk der → Nguni-Gruppe in Natal und SO-Transvaal, kulturell eng mit den → Swasi und → Xhosa verwandt; ca. 5 Mio., davon 3 Mio. in KwaZulu. Ursprünglich waren die Z. nur ein kleiner Klan, der sich aber mit Mthethwa, Ndwandwe und Qwabe verband und in der Folge unter Führung Chakas, des »Schwarzen Napoleon« (1816–28), viele Stämme unterwarf.
Klane+, welche die Grundlage der politischen Organisation darstellten, setzten sich aus einer Mehrzahl von patrilinearen+ Großhaushalten zusammen, die ihrerseits sich zu Lineages+ (Klanzweigen) unter einem Lineageältesten zusammenfügten. Die politischen Führungsstellungen lagen in den Händen der Klanoberhäupter. Dem König stand ein Familienrat, ein Rat höherer Sachberater, ein Vertreterrat der Klane, bei. Das wirksamste Organisationsprinzip des Z.-Staates aber lieferten die Altersklassen,˙ aus Männern gebildet, die innerhalb einer festgesetzten Anzahl von Jahren geboren waren. In jedem Gebiet stellte die heranwachsende Altersklasse eine militärische Einheit (impi) dar, die dem direkten Befehl des Königs unterstand. Sie wurden gewöhnlich in Garnisonen fern ihrer Heimat eingesetzt. Heirat war den Kriegern nur mit Erlaubnis des Königs gestattet; dieser gewährte dieses Recht einem Regiment nur in seiner Gesamtheit. Das Regiment blieb ortsgebunden und wurde somit Garnison und Polizei eines neugeschaffenen Verwaltungsbezirks.
Im Lauf des 19. Jh. wurden die Z.-Gebiete der brit. Kolonialverwaltung (Natal) eingegliedert, seit 1911 der Südafrikanischen Union. Das Geldwesen zwang durch Besteuerung und »zivilisatorische Bedürfnisse« v. a. jüngere Männer zur Wanderarbeit in Bergwerken und Industrie in Transvaal. Die Missionierung schuf eine neue Sozialethik. Durch Wirtschaft und Christentum verringerte sich die Bedeutung der Polygynie+ und vermehrte sich der Drang zur schulischen und technischen Ausbildung. Die politische Organisation der Z., die jahrzehntelang stagnierte, erreichte 1978 interne Selbstregierung unter eigenem Chefminister, Kabinett und Gesetzgebender Versammlung. Die wirtschaftliche Rehabilitation von KwaZulu wird durch Genossenschaften (z. B. von Zuckerfarmen, Molkereien) und die Schaffung von industriellen Wachstumspolen (z. B. Isithebe) betrieben. Daneben bestehen wachsende Arbeitsmöglichkeiten für Pendler in den Häfen und Städten Natals (Durban).

Lit.: 1163, 1166, 1182, 1192, 1211, 1215, 1236
Karte: Südafrika (Abb.: 147)

Glossar

Anm.: Einige Fachausdrücke sind ihrer Bedeutung wegen besonders ausführlich erklärt.

Adivasi: Indische Bezeichnung für die Stammesbevölkerung, den sog. »scheduled tribal communities«.

Akkulturation: Ein wichtiger Prozeß der kolonialen Anpassung. Im weiteren Sinne versteht man darunter die kulturelle Anpassung einer Gruppe an eine andere, meist zahlenmäßig größere und technologisch besser ausgerüstete und vom industriellen Typus.

ambilinear: Verwandtschaftsrechnung nach beiden Elternteilen. Synonym: bilaterale Filiation.

Ambilokalität: Eine Form der Wohnsitzregelung, nach der das verheiratete Paar entweder abwechselnd bei den Eltern des Mannes und denen der Frau lebt oder sich nach persönlicher Vorliebe und Zweckmäßigkeit seinen Wohnsitz frei wählt.

autochthon: alteingesessen, an Ort und Stelle entstanden. Unter Autochthonen versteht man die Ureinwohner eines bestimmten Gebietes, genauer gesagt: die Bewohner eines Gebietes vor der Ankunft der Europäer oder anderer Kolonialmächte.

bilateral s. ambilinear

Brandrodungswirtschaft
Traditionelle Bodenbauweise der meisten tropischen Bauernvölker. Die Anbaufläche wird durch Fällen und Niederbrennen der Vegetation gewonnen, die beim Brand entstandene Asche bildet einen (meist den einzigen) Dünger. Beim Säubern der Rodung beläßt man in vielen Fällen Überbleibsel der Waldvegetation, z. B. große Baumstämme, um die herum sich bald ein Sekundärwuchs ergibt.
Zur B. gehört meist die Schwendwirtschaft (shifting cultivation): Da erstens nach wenigen Jahren das Unkraut überhandnimmt, zweitens die geringe Düngung die Gefahr der Auslaugung des Bodens in sich birgt, ist nach einem oder wenigen Jahren eine Verlegung der Pflanzung sinnvoll.
Die Pflanzlöcher werden einzeln mit einem Grabstock (heute oft mit einer Hacke) gegraben und die Saatkörner in den Boden gelegt. Der Pflug kann nicht verwendet werden.
Die B. (mit Schwendwirtschaft und Gartenbau) ist in ihren ökologischen Folgen umstritten. Einerseits wird das Niederbrennen der Vegetation von einigen als schädlich angesehen, andererseits schützt das Belassen der Restvegetation (Wiederaufforstungseffekt) den Boden etwas vor der grellen Sonnenbestrahlung und den heftigen Regengüssen der Tropen, die sonst nach der Rodung die nicht mehr durch ein Blätterdach geschützte – in den Tropen meist nur dünne – Humusschicht leichter erodieren könnten.
Die häufige Verlegung der Pflanzung schützt den Boden vor zu langer Beanspruchung und damit Auslaugung. Sie ist aber nur möglich, wenn genügend Land zur Verfügung steht. Das Landproblem ist daher bei Brandrodungsbauern heute oft von zentraler Bedeutung.
Da man jede Pflanze einzeln pflanzt und betreut, kann man auf engem Raum verschiedenste Pflanzenarten anbauen und damit die Ernährung diversifizieren, anstatt die zur Hauptanbaupflanze zusätzlichen Pflanzen auf dem Markt kaufen zu müssen. Andererseits ist eine Massenproduktion, das Erzielen von Überschuß für den Markt, erschwert. Aus beiden Gründen integrieren sich Brandrodungsbauern relativ langsam in den modernen Markt. Auf politischem Gebiet trägt dies oft zum Widerstand gegen Integration in größere Systeme bei.
Die häufige Verlegung der Pflanzung kann zu immer größerem Abstand zwischen Pflanzung und Haus führen und begünstigt damit auch das Verlegen der Siedlung. Doch ist die Bezeichnung »Halbnomaden« für die Brandrodungsbauern unrichtig. Bevölkerungszunahme, Landraub oder ähnliche Gründe, die zur Verknappung des Bodens führen, treffen die Brandrodungsbauern besonders schwer und führen dabei manchmal zu großen Wanderungen; es gibt aber auch Gruppen, die, obwohl sie B. betreiben, zumindest viele Jahrzehnte an einem Ort siedeln.
Der häufige Wechsel der Pflanzung, bei dem das früher genutzte Land dann jahrelang brach liegen bleibt und wieder von Wildnis überwuchert wird, bedingt juristisch meist eine deutliche Trennung von Eigentum und Besitz: Der Boden ist Kollektiveigentum einer Gruppe (Dorf, Stamm. o. ä.) und wird durch die Rodung zum Privatbesitz eines einzelnen Bauern. Ob dieser Boden früher schon einmal genutzt wurde, spielt dabei nur insofern eine Rolle, als daraus Eigentumsansprüche der ganzen Gruppe erwachsen sind, hat aber meist keine Besitzansprüche des früheren Nutzers zur Folge. Sobald der neue Nutzer die Pflanzung wieder aufgibt, erlischt auch sein Besitzanspruch. Dieses Recht tritt heute mit dem der modernen Grundbucheintragung, aus der dauernde Besitzansprüche erwachsen können, in Konkurrenz, wodurch sich zahlreiche Konflikte ergeben.

Clan s. Klan

Compadrazgo: Rituelle Patenschaft in Lateinamerika, bei der die Beziehungen zwischen den Gevattern ebenso wichtig sind wie zwischen Pate und Patenkind. Die wirtschaftlich-politische Macht und das soziale Ansehen eines Mannes beruhen z. B. bei mexikanischen Indianern auf der großen Zahl von Gevattern (compadres), die er sich unter der Bevölkerung erworben hat.

Dualismus: In der Religionswissenschaft – und im übertragenen Sinne in der Völkerkunde – versteht man darunter die Anschauung, daß zwei voneinander unabhängige und einander entgegengesetzte

Prinzipien die Welt begründen und gestalten, z. B. männliches und weibliches Prinzip, Leib und Seele, Licht und Finsternis, Gut und Böse, Geist und Materie, Himmel und Erde. In der Völkerkunde versteht man unter D., daß sich alle Mitglieder einer Gesellschaft (Dorf, Stamm) in zwei Abteilungen gliedern, die zueinander zugleich solidarische und antagonistische Beziehungen unterhalten. Häufig sind die beiden Hälften (Moieties) exogam, d. h. sie bilden Heiratsklassen: die Mitglieder der einen Moiety dürfen nur Mitglieder aus der anderen Moiety heiraten.

Endogamie: Binnenheirat, Heiratsordnung, nach der nur innerhalb einer bestimmten Gruppe (Kaste, Adelsschicht) eines Volkes geheiratet werden darf. Im engeren Sinne ist die E. eine seltene Heiratsvorschrift, die v. a. in Gesellschaftsordnungen mit Kasten (Indien) vorkommt, im weiteren Sinne jedoch weltweit verbreitet ist z. B. in Dorfgemeinschaften oder Stämmen.

Ethnie: Bevölkerungsgruppe mit einheitlicher Kultur, Sprache und Zusammengehörigkeitsbewußtsein; meist identisch mit dem undifferenziert verwendeten Begriff »Stamm«.

Ethnogenese: Volkwerdung, z. B. durch eine Verschmelzung oder Integration verschiedener Gruppen (Stämmen oder Sippen) zu einer Einheit – einem Volk mit gemeinsamer Sprache, gemeinsamer Identität und Wertsystem.

Exogamie: Außenheirat. Heiratsordnung, nach der ein Mitglied einer Gruppe seinen Ehepartner nur außerhalb der eigenen Geburtsgruppe nehmen darf. Gegensatz: Endogamie.

Halbnomadismus: s. Lexikonartikel »Beduinen«

Hindu-Bevölkerung: In Indien versteht man darunter die nichttribale Bevölkerung (s. Adivasi), so z. B. die Bengalen, Tamilen, Punjabi.

Hindu-Kultur: Darunter versteht man in Indien die Kultur der Hindu, die sich – trotz der Unterschiede in den einzelnen Regionen Indiens – herausfiltern läßt. Fast jeder Inder bezieht sich auf die gemeinsame Daseinsinterpretation und Gesellschaftsstruktur, d. h. auf diejenige der Hindu-Bevölkerung (s. dort). Während er nach außen als Inder auftritt, versteht er sich innerhalb Indiens als Bengale, Tamile usw.

Initiation: Bei Eintritt der Geschlechtsreife werden in vielen Gesellschaften – nicht nur bei »Naturvölkern« – sogenannte Initiationsriten abgehalten. Vor dem Eintritt in die Gemeinschaft der Erwachsenen werden die Initianden, nach Geschlechtern getrennt, in abgesonderten Bezirken v. a. auf das sexuelle und religiös-kultische Leben der Gesellschaft vorbereitet. Sie müssen sich dabei Prüfungen und Mutproben unterziehen, z. B. Beschneidung, Tatauierung. – Auch bei der Aufnahme in Geheimgesellschaften und Kulte werden bestimmte Initiationsriten vollzogen, wobei Eintritts»gelder« gezahlt oder andere Leistungen dargeboten werden.

Inzest: Blutschande. Verbotene geschlechtliche Beziehungen zwischen blutsverwandten Personen, im engsten Sinne zwischen Mitgliedern der Einzelfamilie.

Jurte: die typische Behausung der zentral-asiatischen Viehzüchter. Sie wird aus folgenden Bauelementen errichtet: einem oder mehreren Scherengattern, Türsturz (manchmal mit Tür), Dachsparren (50–100 Stück), Stützpfosten für den Dachkranz und Filzdecken. Einrichtung und Einteilung der J. sind durch Tradition und Lebensweise des jeweiligen Volkes bestimmt. Besonders vorteilhaft ist ihr geringes Eigengewicht und damit ihre Transportfähigkeit, ihr schneller Ab- und Aufbau, ihre Rundform, die eine optimale Raumnutzung ermöglicht und großen Belastungen durch mechanische Einwirkungen (z. B. Stürme) standhält.

Kannibalismus: Das Essen von Menschenfleisch (auch Anthropophagie genannt) ist fast immer ein rituelles Mahl, weil man glaubt, sich dadurch die Lebenskraft des Verstorbenen bzw. Getöteten aneignen zu können. K. ist also seinem Wesen nach magisch bestimmt. Nur sehr selten wurde und wird der K. ausschließlich zum Zweck der Ernährung geübt – z. B. aus Not.

Klan (oder Clan): patri- oder matrilineare Blutsverwandtschaftsgruppe mit entsprechender Wohnsitzregelung (viri-patrilokal oder uxori-matrilokal), zu der auch die angeheirateten Ehepartner – im Gegensatz zur Sippe – gehören. K. wird jedoch häufig synonym mit Sippe verwendet.

Kreuzvettern(basen)heirat: Eine Heiratsvorschrift, nach der ein Mann die Tochter seines Mutterbruders oder seiner Vaterschwester, oder umgekehrt eine Frau den Sohn ihrer Vaterschwester oder ihres Mutterbruders heiraten sollte. Im Gegensatz hierzu steht die – wenig verbreitete – Parallelvetternheirat, nach der ein Mann die Tochter seines Vaterbruders oder seiner Mutterschwester heiraten muß.

Kśatriya: Herrscher- und Kriegerkaste der indischen Hindu-Gesellschaft, früher auch als Rajayana (Adel) bezeichnet.

Lamaismus: Die in Tibet entstandene besondere Form des Buddhismus.

Levirat: Heiratsvorschrift, nach der ein Mann die Frau seines verstorbenen Bruders heiratet. Das geschieht häufig aus Gründen der wirtschaftlichen Sicherstellung und sozialen Versorgung der Witwe.

Lineage: Blutsverwandtschaftsgruppe, die ihre Abstammung auf einen gemeinsamen Ahnen in noch überschaubarer Zeit, d. h. drei bis fünf Generationen, zurückführen kann. Bei mehr als fünf Generationen und fehlenden genealogischen Gliedern spricht man von Sippe.

matrifokal: Bezeichnung für eine Sozialordnung, die auf die Mutter als Mittelpunkt (Focus) bezogen ist; matrilineare Abstammungsrechnung oder matrilokale Wohnsitzregelung müssen nicht damit verbunden sein.

Matriklan: matrilineare Verwandtschaftsgruppe, die sich nur in mütterlicher Linie als verwandt betrachtet (s. Klan).

Matri-Lineage: Blutsverwandtschaftsgruppe, die sich in noch überschaubarer Abstammung, d. h. drei bis fünf Generationen, auf eine gemeinsame Vorfahrin in mütterlicher Linie zurückführt.

matrilinear: Verwandtschafts- und Abstammungsrechnung nur nach der mütterlichen Linie. Synonym: uterin.

Moiety: Stammes- oder Dorfhälfte in einer meist kultischen Zweiteilung der Gruppe (s. Dualismus).

Nativismus: Moderne Bewegungen in traditionellen Gesellschaften der Vierten Welt, die ein besseres Leben durch eine Rückkehr zur alten Lebensweise suchen, als Reaktion auf Fremdherrschaft Personen, Objekte und Bräuche fremden Ursprunges entfernen. Der politischen, wirtschaftlichen und religiösen Form der Fremdherrschaft werden die Werte und Leistungen der eigenen traditionellen Kultur entgegengestellt. Die meisten nativistischen Bewegungen sind aus gewaltsamem Kontakt zwischen den westl. Kolonialmächten und den unterjochten Gesellschaften der Vierten Welt hervorgegangen. Charakteristisch für solche Bewegungen ist das Auftreten von Propheten mit bestimmten, z. T. ganz konkreten Zielen. Solche Strömungen können mit chiliastischen und messianischen Bewegungen zusammenfallen und den Kern einer nationalen politischen Befreiungsfront bilden.

natolokal: Wohnsitz nach der Heirat am Geburtsort. Dieser kann bei getrennt lebenden Ehepartnern auch verschieden sein, d. h. jeder lebt in seiner eigenen Geburtsfamilie.

neolokal: Wohnsitzregelung, nach der ein jung verheiratetes Paar seinen Wohnsitz weder bei den Eltern des Mannes noch denen der Frau, sondern an einem anderen Ort nimmt.

Nomadismus: s. Lexikonartikel »Beduinen«.

Ökosystem: Zusammenhang zwischen natürlichen Voraussetzungen, Technologie und Produktionsweise, der ein spezifisches Kulturbild ergibt. Historisch-kulturelle Faktoren haben bei den meisten Völkern der Vierten Welt das Ö. zerstört, in dem sie ursprünglich einmal gelebt haben.

patrifokal: Bezeichnung für eine Sozialordnung, die auf den Vater als Mittelpunkt (Focus) bezogen ist; patrilineare Abstammungsrechnung oder patrilokale Wohnsitzregelung müssen nicht damit verbunden sein.

Patriklan: patrilineare Blutsverwandtschaftsgruppe, die sich nur in väterlicher Linie als verwandt betrachtet (s. Klan).

Patri-Lineage: Blutsverwandtschaftsgruppe, die sich in noch überschaubarer Abstammung, d. h. drei bis fünf Generationen, auf einen gemeinsamen Vorfahren in väterlicher Linie zurückführt.

patrilinear: Verwandtschafts- und Abstammungsrechnung nur nach der väterlichen Linie. Synonym: agnatisch.

Phratrie: soziale Gruppe, die sich aus mehreren Klanen oder Sippen zusammensetzt und deren Mitglieder sich als miteinander durch mythische Verbundenheit oder totemististische Assoziation verwandt betrachten.

Polyandrie: Vielmännerei, d. h. eine Heiratsregelung, nach der eine Frau gleichzeitig mit mehreren Männern verheiratet sein kann.

Polygamie: Vielehe, d. h. eine Heiratsform, bei der eine Person gleichzeitig mehrere Ehepartner hat. Sie kann entweder polygyn oder polyandrisch sein.

Polygynie: Vielweiberei, d. h. eine Heiratsregelung, nach der ein Mann gleichzeitig mit mehreren Frauen verheiratet sein darf. Obwohl die P. in vielen Gesellschaften der Welt erlaubt ist, haben doch immer nur wenige Männer mehrere Frauen.

Quillwork: Applikation aus meist gefärbten Stachelschweinborsten auf Leder; seit kolonialer Zeit wurden die Borsten durch bunte Glasperlen ersetzt.

Schamanismus, abgeleitet von *šaman*, ein Wort mit dem im Tungusischen ein Träger religiöser Funktionen bezeichnet wird. Der Sch. ist keine Religion, sondern ein Komplex von religiös-magischen Praktiken, der in Verbindung mit verschiedensten Religionen auftreten kann. Voraussetzung dafür sind der Glaube an eine Geisterwelt, ein Leben nach dem Tod und eine spezifische Seelenvorstellung. Die deutlichste Ausprägung findet sich bei den arktischen und nordasiatischen Völkern, und nur auf sie wurde der Begriff S. ursprünglich auch bezogen; seine Ausweitung für weltweit verbreitete, ähnliche

Phänomene erfolgte erst in jüngerer Zeit. Die Berufung zum Schamanen, sei es auf Grund erblicher Faktoren, individueller Erwählung oder persönlicher Entscheidung, äußert sich gewöhnlich in der Pubertät, zeigt sich an physischen Leiden, geistigen Störungen, exzentrischem Verhalten, alles äußere Anzeichen für die innere Krisensituation, die der Schamane während dieser Zeit durchsteht: er kommt erstmals in Kontakt mit seinen späteren Hilfsgeistern, steigt in den Himmel, wird von Dämonen gequält, durchleidet einen symbolischen Tod und schließlich eine Wiederauferstehung, durch die er eine neue Persönlichkeit, nämlich eben jene eines Schamanen, erwirbt. Die inneren Erfahrungen ergänzen Belehrungen durch einen ausgewiesenen, älteren Schamanen über die Mythologie, Dämonologie und Heilkunst der eigenen Gruppe. Mit der Verleihung einer speziellen Schamanentracht und Ausrüstung wird diese Initiationsphase oftmals abgeschlossen. Zu ihr gehört fast überall die Rahmentrommel. Der Schamane führt gewöhnlich ein ganz alltägliches Leben, er genießt aber, entsprechend seiner Wichtigkeit für das Wohlergehen der Gemeinschaft, besonderes Ansehen, gemischt oft mit Furcht vor seinen übernormalen Fähigkeiten und machtvollen Beziehungen zur Geisterwelt. Wichtigste Aufgabe des Schamanen ist die Heilung von Kranken, bei denen, wie man glaubt, die Freiseele den Körper verlassen hat und nicht mehr in ihn zurückfindet. Erst wenn der Schamane sie eingefangen und heimgeholt hat, kann die Genesung eintreten. Da der Schamane durch seinen direkten Kontakt mit den Geistern am besten über deren Wünsche und Forderungen informiert ist, leitet er auch Feste und Opferzeremonien, gibt bei Gefahr Auskunft über die Zukunft und prophezeit. All diese Aufgaben kann er allein deshalb wahrnehmen, weil er die Technik beherrscht, sich in Ekstase (Trance) zu versetzen, seinen Körper nach Belieben zu verlassen, sich auf die Reise ins Jenseits zu begeben und dort von den Geistern zu erfahren, was notwendig ist, mit der Geisterwelt wieder jenes Einvernehmen herzustellen, dessen Störung sich den Menschen in Unglück und Krankheit kundtut. Der Schamane kann während der Ekstase aber auch die Geister, speziell seine ihm wohlgesonnenen Hilfsgeister, inkorporieren, so daß diese sozusagen direkt aus ihm sprechen (Besessenheit). Das ekstatische Geschehen ist an bestimmte Bedingungen gebunden: Jahres- und Tageszeiten, spezielle Räume, bestimmtes Verhalten der Zuschauer usw. Durch Einatmen von Wacholder- oder Tabakrauch, Trinken von Fliegenpilzabsud, Alkohol oder Verzehren anderer berauschender Substanzen versetzt sich der Schamane in Trance, unterstützt von stetigem und rhythmischem Trommeln. Er beginnt zu zittern, fängt an zu tanzen und schildert schließlich den Anwesenden, teils sehr lebendig, seine augenblicklichen Erlebnisse, etwa seine langwierige Reise zum Herrn der Unterwelt, mit dem er um die geraubte Seele eines Kranken feilscht, seinen Flug in den Himmel, sein Zusammentreffen dort mit Geistern. Bei all diesen oft gefahrvollen Aktionen stehen dem Schamanen seine persönlichen Hilfsgeister zur Seite, die er einst während seiner Berufungszeit erwarb; je mächtiger sie sind, desto erfolgreicher kann er für seine Stammesmitglieder wirken. Beendet wird die schamanistische Séance oft mit einer plötzlichen und tiefen Ohnmacht des Schamanen. Epen und Erzählungen über die Höllen- und Himmelfahrten sibirischer Schamanen, die in größerer Zahl aufgezeichnet wurden, vermitteln ein höchst lebendiges Bild dieser abenteuerlichen ekstatischen Reisen.

Schiiten: Die Angehörigen der Schia; Bezeichnung für jene Muslime, die – im Gegensatz zu den Sunniten – Ali, den Vetter und Schwiegersohn Mohammeds, als dessen rechtmäßigen Nachfolger anerkennen.

Sippe: Blutsverwandtschaftsgruppe, die sich auf einen gemeinsamen Ahnen zurückführt und sich über mehr als fünf Generationen erstreckt (vgl. Lineage); meist synonym verwendet mit Klan.

Sororat: Heiratsregelung, nach der eine Frau den Mann ihrer verstorbenen Schwester heiratet. Ist die Heiratsregelung zugleich polygyn, so heiratet er gleichzeitig zwei oder mehrere Schwestern; man spricht dann von sororaler Polygynie.

Subsistenzwirtschaft: eine meist landwirtschaftliche Wirtschaftsform, die ganz oder überwiegend für die Selbstversorgung – nicht für den Markt – produziert.

Sunniten: Die Anhänger der Sunna; Bezeichnung für jene Muslime, die sich strikt an die von Mohammed selbst und seinen Gefährten aufgestellten Lehren und Verhaltensweisen halten. Die S. machen ca. 90% aller Muslime aus.

Synkretismus: Mischung von Elementen des Christentums oder anderer Hochreligionen mit traditionellen religiösen Vorstellungen und Kulten zu einer neuen Religion. In der Völkerkunde treten synkretistische Formen besonders im Rahmen des Akkulturationsprozesses (s. dort) auf.

Tabu: Das Wort »Tabu« ist polynesischen Ursprungs und ist mit »verboten«, »heilig«, »nicht verfügbar« zu übersetzen. In der Völkerkunde und in den Religionswissenschaften bezeichnet Tabu ein Verbot religiös-magischen Charakters, dessen Übertretung eine übernatürliche Strafe nach sich zieht. Gelegentlich gilt derjenige, der gegen ein Verbot verstößt, als dem Tode geweiht. Tabu können Personen, Gegenstände und Handlungen sein, von denen angenommen wird, daß sie eine außergewöhnliche Kraft in sich tragen. Bei vielen Völkern gilt das Betreten heiliger Stätten, die Berührung und der unmittelbare Kontakt von Königen, Priestern und ranghohen Würdenträgern als Tabu. Auch Personen, die sich in einem außergewöhnlichen Zustand befinden (wie

Kranke, Sterbende, Wöchnerinnen und Menstruierende) und solche, die etwas Besonderes vorhaben (wie ausziehende Jäger und Krieger) gelten als tabu. Sie werden von anderen gemieden oder haben sich an bestimmte Vorschriften zu halten, z. B. sexuellen Verkehr, bestimmte Speisen und Tätigkeiten zu meiden. Tabu-Vorschriften können auch zur Sicherung von Eigentum verhängt werden, indem Dinge – bei Nahrungsmittelverknappung z. B. bestimmte Früchte – mit einem Tabu belegt und damit der Nutzung bzw. dem Verkehr entzogen werden.

Das Tabu spielt vor allem bei Südseevölkern eine große Rolle und bildet bei diesen gewöhnlich das Fundament der Gesellschaftordnung. Doch in abgewandelter Form und in vielfältigen Variationen findet es sich auch bei anderen Völkern der Erde.

Toboggan: Kufenloser Schlitten, meist aus einfachen schmalen, vorn hochgebogenen und durch Lederriemen festgehaltenen Brettern.

Totemismus: religiös-kultisches und soziales Beziehungssystem, das auf der Bindung von Personen, vorwiegend aber von Gruppen mit Tieren, Pflanzen oder Naturerscheinungen beruht. Das betreffende Tier (Pflanze, Objekt), mit dem die Gruppe sich verbunden fühlt, wird »Totem« genannt; es bildet den Gegenstand eines Kultes, der Verehrung oder bestimmter Tabus von Seiten der Mitglieder der betreffenden Gruppe. Da die Mitglieder einer Totemgruppe sich miteinander verwandt fühlen, dürfen sie nicht untereinander heiraten (s. Exogamie).

unilinear: Verwandtschaftsrechnung nach nur einem Elternteil, d. h. patrilinear oder matrilinear.

Uxori-Matrilokalität: Wohnsitzvorschrift, nach der das jung verheiratete Paar verpflichtet ist, bei der Mutter der Frau zu wohnen.

Verdienstfest: Um »Verdienste« zu sammeln, stellt der Veranstalter besondere Taten oder Leistungen (Tötung von Feinden oder Großwild, Besitz von besonders großen angebauten Pflanzen, schönen und zahlreichen Haustieren oder Freigebigkeit gegenüber der Gemeinschaft) heraus und läßt sich diese von der Gruppe sozusagen »bestätigen«. Mit zunehmender Zahl von Verdiensten steigt der Betreffende in der sozialen Rangleiter der Gesellschaft auf. Verdienstvolle Männer erhalten auch besondere Privilegien, die in Schmuck, Kleidung usw. zum Ausdruck kommen. Nach ihrem Tode werden für sie Grab- und Erinnerungsmale errichtet. Eine charakteristische Form des V. ist der Potlatch der Indianer der Nordwestküste Nordamerikas (s. Lexikonartikel Haida, Kwakiutl, Tlinkit).

Viri-Patrilokalität: Wohnsitzvorschrift, nach der das junge Ehepaar verpflichtet ist, beim Vater des Ehemannes zu wohnen.

Bibliographie

ASIEN

1. Vorderasien

1 Bacon, Elizabeth: The Hazara Mongols of Afghanistan: a study in social organization. Berkeley 1951
2 Barth, Frederick: Nomads of Persia. New York 1961
3 Caroe, Olaf: The Pathans. 550 B.C.-A.D. 1957. London 1958
4 Caskel, W.: Die Bedeutung der Beduinen in der Geschichte der Araber. Köln 1952
5 Ehmann, Dieter: Bahtiyāren – Persische Bergnomaden im Wandel der Zeit (= Beihefte zum Tübinger Atlas des Vorderen Orients, Reihe B, Nr. 15). Wiesbaden 1975
6 Feilberg, C. G.: La tente noire (Nationalmuseets Skrifter, Etnografisk Raekke, 2). København 1944
7 Feilberg, C. G.: Les Papis. Tribu Persane des nomades montagnards du Sud-Ouest de l'Iran. Kopenhagen 1952
8 Ferdinand, Klaus: Ethnographical notes on Chahâr Aimâq, Hazâra and Moghôl. (Acta Orientalia, 28), Kopenhagen 1964
9 Goodwin, Buster: Life among the Pathans (Khattaks). London 1969
10 Hauser, Hans: Kurdistan. Schicksal eines Volkes. München 1975
11 Herzog, Rolf: Seßhaftwerden von Nomaden. (Forschungsberichte des Landes Nordrhein-Westfalen, Geisteswissenschaften, Nr. 1238). Köln 1963
12 Janata, Alfred: Die Bevölkerung von Ghor. Beitrag zur Ethnographie und Ethnogenese der Chahar Aimaq. In: Archiv für Völkerkunde 17/18. Wien 1964
13 Jettmar, Karl: Die Religionen des Hindukusch (Die Religionen der Menschheit, Band 4,1). Stuttgart 1975
14 Kraus, Willy (Hrsg.): Nomadismus als Entwicklungsproblem. Bielefeld 1969
15 Leach, Edmund R.: Social and economic organization of the Rowanduz Kurds. London 1940
16 Müller-Stellrecht, Irmtraud: Feste in Dardistan. Darstellung und kulturgeschichtliche Analyse. Wiesbaden 1973
17 Nikitine, Basile: Les Kurdes. Étude sociologique et historique. Paris 1956
18 Oberling, Pierre: The Quashqā'i nomads of Fārs. Paris 1974
19 Oppenheimer, Max v.: Die Beduinen. 3 Bde. Leipzig 1939/52
20 Robertson, George S.: The Káfirs of the Hindukush. London 1896
21 Scheibe, Arnold (Hg.): Deutsche im Hindukusch. Bericht der Deutschen Hindukusch-Expedition 1935 der Deutschen Forschungsgemeinschaft. Berlin 1937
22 Schomberg, R. C. F.: Kafirs and glaciers, travels in Chitral. London 1938
23 Snoy, Peter: Die Kafiren (Dissertation Frankfurt/M. 1962)
24 Snoy, Peter: Bagrot. Eine dardische Talschaft im Karakorum. Graz 1975
25 Spain, James W.: The people of the Khyber. The Pathans of Pakistan. New York 1963
26 Stein, Lothar: Die Sammar-Gerba. (Veröff. Museum f. Völkerkunde, 17) Leipzig 1967
27 Thesiger, Wilfred: The Marsh Arabs. London 1964
28 Ullens de Schooten, Marie Thérèse: Lords of the mountains. Southern Persia and the Kashkai tribe. London 1956
29 Westphal-Hellbusch, Sigrid: Die Ma'dan. Kultur und Geschichte der Marschenbewohner im Süd-Iraq. Berlin 1962

2. Kaukasus

30 Agaširinova, S. S.: Očerki material'noj kul'tury lezgin v konce XIX-načale XX v. Machačkala 1958
31 Ajdaev, Ju. A. und Hooge, D. Ja.: Ethnographische Skizze Tschetscheno-Inguschetiens 1917 bis 1967. In: Ethnographisch-Archäologische Zeitschrift 8. Berlin 1967
32 Allen, W. E. D.: A history of the Georgian people. From the beginning down to the Russian conquest in the 19th century. London 1932
33 Autlev, M. G., Zevakin, E. S., Choretlev, A. O.: Adygi. Istoriko-étnografičeskij očerk. Majkop 1957
34 Benet, Sula: Abkhasians: the long-living people of the Caucasus. New York 1974
35 Benningsen, A. und H. Carrère d'Encausse: Une république Soviétique musulmane: Le Daghestan. Aperçu démographique. Paris 1956
36 Charachidzé, Georges: Le système religieux de la Géorgie paienne. Analyse structurale d'une civilisation. Paris 1968
37 Chašaev, Ch. M.: Obščestvennyj stroj Dagestana v XIX veke. Moskau 1961
38 Gadžieva. S. Š.: Kumyki. Istoriko-étnografičeskoe issledovanie. Moskau 1961
39 Gadžieva, S. Š.: Material'naja kultury nogajcev v XIX-načale XX v. Moskau 1976
40 Inal-Ipa, S. D.: Abchazy (istoriko-étnografičeskie očerki). Suchumi 1965
41 Kaloev, B. A.: Osetiny (istoriko-étnografičeskoe issledovanie). Moskau 1971
42 Karaulov, N. A.: Balkary na Kavkaze. In: Sbornik materialov dlja opisanija mestnostej i plemen Kavkaza, vyp. XXXVIII. 1908
43 Kherumian, R.: Les Arméniens. Paris 1943
44 Lavrov, L. I.: Sovetskaja kul'tura i byt lakov. In: Sbornik »Boprosy étnografii Kavkaza«. Tiflis 1952

45 Ljul'e, L. Ja.: Čerkesija. Istoriko-ėtnografičeskie stat'i. Krasnodar 1927
46 Lang, Marshall D.: Armenia, cradle of civilization. London 1970
47 Mussayassul, Halil Beg: Das Land der letzten Ritter. München 1936
48 Nevskaja, V. P.: Karačaevcy. In: Sbornik »Narody Karačaevo-Čerkesii«. Stavropol' 1957
49 Nikol'skaja, Z. A.: Perežitki patriarchal'no-rodovogo stroja u Avarcev v XIX i v načale XX veka. Moskau 1951
50 Nioradze, Georg: Die Berg-Ossen und ihr Land. Eine anthropologisch-ethnographische Untersuchung eines kaukasischen Volkes. Berlin 1923
51 Plaetschke, B.: Die Tschetschenen. Forschungen zur Völkerkunde des nordöstlichen Kaukasus auf Grund von Reisen in den Jahren 1918–20 und 1927/28. Hamburg 1929
52 Robakidze, A. I. (Hrsg.): Očerki ėtnografii gornoj Ingušetii. Tiflis 1968
53 Rohrbach, Paul: Armenien. Beiträge zur armenischen Landes- und Volkskunde. Stuttgart 1919
54 Sysoev, V. M.: Karačaj v geografičeskom, bytovom i istoričeskom otnošenijach. In: Sbornik materialov dlja opisanija mestnostej i plemen Kavkaza, vyp. XLIII. Moskau 1913
55 Tambiev, I.: Zametki po istorii Balkarii. Revoljucija i gorec, 1–2. Rostow 1933
56 Trofimova, A. G.: Obrjady i prazdnestva lezgin, svjazannye s narodnym kalendarem. In: Sovetskaja Ėtnografija 1. Moskau 1961

57 »Narody Kavkaza« 2 Bde. Moskau 1960 und 1962

3. Sibirien

58 Albert, Friedrich: Die Waldmenschen Udehe. Forschungsreisen im Amur- und Ussurigebiet. Darmstadt 1956
59 Alekseenko, E. A.: Kety. Istoriko-ėtnografičeskie očerki. Leningrad 1967
60 Anisimov, A. F.: Religija ėvenkov v istoriko-genetičeskom izučenii i problemy proischoždenija pervobytnych verovanij. Moskau 1958
61 Antropova, V. V.: Kul'tura i byt Korjakov. Leningrad 1971
62 Avrorin, V. A. und I. I. Koz'minskij: Predstavlenija oročej o vselennoj, o pereselenii duš i putešestvijach šamanov, izobranžennye na »karte«. In: Sbornik Muzej Antropologii i Ėtnografii Akademii Nauk SSSR, 11. Moskau 1949
63 Bogoras, Waldemar G.: The Chukchee. 4 Bde. New York und Leiden 1904/10
64 Bogoraz, Waldemar G.: Neue Daten zur Ethnographie der kleinen Völkerschaften des Nordens. In: Anthropos 24. St. Gabriel-Mödling bei Wien 1930
65 Chodzidlo, Theophil: Die Familie bei den Jakuten. Freiburg/Schweiz 1951
66 Chotič, L. V.: Nency. Istoriko-ėtnografičeskie očerki. Moskau 1966
67 Donner, Kai: Ethnological notes about the Yenisey Ostyak. Helsinki 1933
68 Dyrenkova, N. P.: Šorskij folklor. Moskau 1940
69 Ėtnografija narodov Altaja i zapadnoj Sibiri. Nowosibirsk 1978
70 Etter, C.: Ainu folklore. Traditions and culture of the vanishing aborigines of Japan. Chicago 1949
71 Findeisen, Hans: Neue Untersuchungen und Materialien zum Problem der westsibirischen Altasiaten sowie über den Ursprung der Altasiaten überhaupt. In: Zeitschrift für Ethnologie 59. Berlin 1927
72 Findeisen, Hans: Die europäischen Samojeden in Vergangenheit und Gegenwart. Ein ethnographisch-kulturgeschichtlicher Abriß. Rengsdorf über Neuwies 1965
73 Harva, Uno: Die religiösen Vorstellungen der altaischen Völker. Helsinki 1938
74 Jochelson, Waldemar: The Koryak. Part I and II. New York 1905/08
75 Jochelson, Waldemar: The Jukaghir and the Jukaghirized Tungus. New York 1926
76 Kannisto, A.: Materialien zur Mythologie der Wogulen. Bearbeitet und herausgegeben von E. A. Virtanen und M. Liimola. Helsinki 1958
77 Kiselev, S. V.: Kratkij očerk drevnej istorii chakasov. Abakan 1951
78 Krader, Lawrence: Buryat religion and society. In: Southwestern Journal of Anthropology 10. Albuquerque 1954
79 Krascheninnikow, S.: Beschreibung des Landes Kamtschatka. Lemgo 1766
80 Lar'kin, V. G.: Oroči (istoriko-ėtnografičeskij očerk s seredinij XIX v. do našich dnej). Moskau 1964
81 Lattimore, Owen: The Gold tribe, »Fishskin Tatars« of the lower Sungari. Menasha 1933
82 Lehtisalo, T.: Entwurf einer Mythologie der Jurak-Samojeden. Helsinki 1924
83 Ling Chun-sheng: The Goldi tribe on the lower Sungari River. 2 Bde. Nanking 1934
84 Lopatin, Ivan A.: The extinct and nearextinct tribes of northeastern Asia as compared with the American Indian. In: American Antiquity 5: 202–208, 1940
85 Menges, Ludwig und P. Potapov: Materialien zur Volkskunde der Türkvölker des Altaj. Berlin 1934
86 Obayashi, Taryo und Hans-Joachim Rüdiger Paproth: Das Bärenfest der Oroken auf Sachalin. In: Zeitschrift für Ethnologie 91. Braunschweig 1966
87 Okladnikov, Aleksej P.: Yakutia before its incorporation into the Russian state. Montreal/London 1970
88 Okladnikov, Aleksej P. (Hrsg.): Jukagiry (istoriko-ėtnografičeskij očerk). Nowosibirsk 1975

89 Orlova, E. N.: Naselenie po rr. Keti i tymu, ego sostav, chozjajstvo i byt. Krasnojarsk 1928
90 Popov, A. A.: The material culture of the Tavgi Samoyeds. Bloomington 1966
91 Potapov, L. P.: Kratkie očerki istorii i ėtnografii chakasov (XVII–XIX vv.). Abakan 1952
92 Potapov, L. P.: Očerki po istorii altajcev. Moskau 1953
93 Schrenck, Ludwig von: Die Völker des Amur-Landes. Geographisch-historischer und anthropologisch-ethnologischer Theil. St. Petersburg 1881
94 Sergeev, M. A.: Narody obskogo severa. Nowosibirsk 1953
95 Smoljak, A. V.: Južnye oroki. In: Sovetskaja Ėtnografija, 1965. Moskau 1965
96 Smoljak, A. V.: Ul'či. Chozjajstvo, kul'tura i byt' prošlom i nastojaščem. Moskau 1966
97 Starkova, N. K.: Itel'meny. Material'naja kul'tura XVIII – 60 – e gody XX veka. Moskau 1976
98 Šternberg, L. Ja.: Giljaki, oroči, gol'dy, negidal'cy, ajnu. Chabarovsk 1933
99 Taksami, C. M.: Nivchi (sovremennoe chozjajstvo, kul'tura i byt). Leningrad 1967
100 Tugutov, I. E.: Material'naja kul'tura burjat. Ėtnografičeskoe issledovanie. Ulan-Ude 1958
101 Vajnštejn, S. I.: Istoričeskaja ėtnografija tuvincev (problemy ėtnokul'turnoj istorii kočevnikov Azii. Chozjajstvo i material'naja kul'tura). Moskau 1972
102 Vainshtein, S.: Nomads of South Siberia. Pastoral economies of the Tuva. London 1979
103 Vasilevič, G. M.: Ėvenki. Istoriko-ėtnografičeskie očerki (XVIII – načalo XX v.). Leningrad 1969
104 Vdovin, I. S.: Očerki istorii i ėtnografii čukčej. Moskau 1965
105 Watanabe, Hitoshi: The Ainu ecosystem. Environment and group structure. Seattle/London 1973

106 Levin, M. G. and Potapov, L. P. (Hsg.): »The Peoples of Siberia.« Chicago 1964

4. Zentralasien

107 Abramzon, S. M.: Kirgizy i ich ėtnogenetičeskie i istoriko-kul'turnye svjazi. Leningrad 1971
108 Bajalieva, T. D.: Doislamskie verovanija i ich perežitki u kirgizov. Frunze 1972
109 Bell, Charles: The people of Tibet. Oxford (Reprint) 1968
110 Dor, Rémy und Clas M. Naumann: Die Kirghisen des afghanischen Pamir. Graz 1978
111 Douglas-Jackson, W. A.: Russo-Chinese Borderlands. Princeton 1962
112 Filchner, Wilhelm: Hui-Hui. Berlin 1928
113 Fürer-Haimendorf, Christoph von: The Sherpas of Nepal. Buddhist Highlanders. London 1964

114 Funke, Friedrich W.: Die Sherpa und ihre Nachbarvölker im Himalaya. Frankfurt 1978
115 Gabain, Annemarie von: Das uigurische Königreich von Chotscho 850–1250. (= Sitzungsberichte der Deutschen Akademie der Wissenschaften, Klasse für Sprachen. Literatur und Kunst, Jahrgang 1961, Nr. 5). Berlin 1961
116 Gafurov, B. G.: Tadžiki. Drevnejšaja, drevnjaja i srednevekovaja istorija. Moskau 1972
117 Hedin, Sven: Durch Asiens Wüsten. 2 Bde. Leipzig 1905
118 Hitchcock, J. T.: The Magars of Banyan Hill. New York 1966
119 Hoffmann, Helmut: Die Religionen Tibets. Bon und Lamaismus in ihrer geschichtlichen Entwicklung. Freiburg 1956
120 Howorth, Henry H.: History of the Mongols, from the 9th to the 19th century. 5 Bde. London 1876/1927
121 Hudson, Alfred E.: Kazak social structure. New Haven 1938
122 Irons, William: The Yomut Turkmen. A study of social organization among a Central Asian Turkic-speaking population. Ann Arbor 1975
123 Ismagulov, O.: Nacelenie Kazachstana ot epochi bronzy do sovremennosti (Paleoantropologičeskoe issledovanie). Alma Ata 1970
124 Jones, Rex L. und Shirley K.: The Himalayan woman. Palo Alto 1976
125 Kisljakov, N. A.: Sem'ja i brak u tadžikov. Moskau 1959
126 König, Wolfgang: Die Achal-Teke. Zur Wirtschaft und Gesellschaft einer Turkmenen-Gruppe im XIX. Jahrhundert. Berlin 1962
127 Lattimore, Owen: Nomaden und Kommissare. Stuttgart 1964
128 Le Coq, Albert von: Volkskundliches aus Ost-Turkestan. Berlin 1916
129 Lias, Godfrey: Kazak exodus. London 1956
130 Macdonald, Alexander W.: Les Tamang vus par l'un d'eux. In: Homme 6. Paris 1966
131 Markov, G. E.: Kočevniki Azii. Struktury chozjajstva i obščestvennoj organizacii. Moskau 1976
132 Messerschmidt, Donald A.: The Gurungs of Nepal. Conflict and change in a village society. Warminster 1976
133 Nepali, Gopal Singh: The Newars. An ethno-sociological study of a Himalayan community. Bombay 1965
134 Pignède, Bernard: Les Gurungs, une population himalayenne du Népal. Paris 1966
135 Pisarčik, K.: Pripamirskie Tadžiki. Moskau 1962
136 Rakowska-Harmstone, Teresa: Russia and nationalism in Central Asia. The case of Tadzhikistan. Baltimore 1970
137 Šanijazov, K. S.: K ėtničeskoj istorii uzbekskogo naroda. Taschkent 1974
138 Siiger, Halfdan: The Lepchas. Culture and religion of a Himalayan people (Publications of the National Museum, Ethnographical Series, XI, I). Kopenhagen 1967

139 Snesarev, G. P.: Relikty domusul'manskich verovanij i obrjadov u uzbekov Chorezma. Moskau 1969
140 Stein, R. A.: Tibetan Civilization. London 1962
141 Sušanlo, M.: Dungane (istoriko-ėtnografičeskij očerk). Frunze 1971
142 Toffin, Gérard: Pyangaon. Une communauté Newar de la vallée de Kathmandou. La vie matérielle. Paris 1977
143 Vladimircov, B. J.: Die gesellschaftliche Struktur der Mongolen. Leningrad 1934
144 Ždanko, T. A. (Hrsg.): Materialy i issledovanija po ėtnografii karakalpakov. Moskau 1958
145 Zijima, S.: The Thakali, a central Himalayan tribe. In: The Japanese Journal of Ethnology, 24. Tokyo 1960

INDIEN

146 Archer, William George: The Hill of Flutes. London 1974
147 Bareh, Hamlet: The History and Culture of the Khasi People. Calcutta 1968
148 Barnes, John Arundel: Marriage and Residential Continuity. In: American Anthropologist 62:850 ff. 1960
149 Chattopadhyaya, Kamaladevi: Tribalism in India. New Delhi 1978
150 Cipriani, Lidio: The Andaman Islanders. London 1966
151 Colebrooke, R. H.: On the Andaman Islanders (Asiatic Researches, 4). Calcutta 1795
152 Dube, Leela: Inheritance of Property in a Matrilineal Muslim Society. In: All India Sociological Conference. New Delhi 1969
153 Dube, S. C.: Approach to the Tribal Problem in India. In: Vidyarthi (Hg): Applied Anthropology in India: 107–112. Allahabad 1968
154 Eickstedt, Egon von: Unter den andamanesischen Zwergnegern. In: Die Umschau 34: 246–250, 268–271. Frankfurt/M 1930
155 Elvin, Verrier: Leaves from a Jungle – Life in a Gond Village. London ²1958
156 Fuchs, Stephen: The Gond and Bhumia of Eastern Mandla. London 1960
157 Fürer-Haimendorf, Christoph von: The Aboriginal Tribes of Hyderabad, Vol. 1. London 1943
158 Fürer-Haimendorf, Christoph von: The Raj Gond of Adilabad. London 1948
159 Fürer-Haimendorf, Christoph von: Recent Developments in the Position of Indian Tribal Population. Paper read at the Xth International Congress of Anthropological and Ethnological Sciences. New Delhi 1978
160 Gare, Govind: Tribals in an Urban Setting – A Study of an Socio-Economic Impact of Poonal City on the Mahadev Kolis. o. O. 1976
161 Gausdal, Johannes: The Santal Khuts, Contribution of Animistic Research. Oslo 1960
162 Gautam, Mohan Kant: In the Search of an Identity. London 1977
163 Ghurye, G. S.: The Scheduled Tribes. Bombay 1963
164 Hrach, Hans-Georg: Zur Relevanz der Modernisierungstheorien für den Detribalisierungsprozeß in Indien. Bochum 1977
165 Hrach, Hans-Georg: The Dialectics of Detribalization: The Case of the Santals. In: VIth European Conference on Modern South Asian Studies. Paris 1978
166 Hermanns, Matthias: Die religiös-magische Weltanschauung der Primitivstämme Indiens (3 Bde). Wiesbaden 1964/1973
167 Ittaman, K. P.: Amini Islanders. New Delhi 1976
168 Man, Edward Horace: The Andaman Islanders. In: Journal of the Royal Anthropological Institute (verschiedene Hefte). London 1878–1923
169 Mathur, P. R. G.: Forest-Based Economy for Tribal Communities in Kerala. Paper read at the Xth International Conference of Anthropological and Ethnological Sciences. New Delhi 1978
170 Mouat, F. J.: Brief Narrative of an Expedition to the Andaman Islanders in 1857. London 1862
171 Mouat, F. J.: Adventures and Researches Among the Andaman Islanders. London 1862
172 Nai, T. B.: What is a Tribe: Conflicting Definitions. In: Vidyarthi (Hg.): Applied Anthropology in India: 84–97. Allahabad 1968
173 Natarajan, Nalini: The Missionary among the Khasis. New Delhi 1977
174 Nath, Y. V. S.: Bhils of Ratanmal. Baroda 1960
175 Nippold, Walter: Rassen- und Kulturgeschichte der Negrito-Völker Südost-Asiens. Dissertation Göttingen 1936
176 Niggemeyer, Hermann: Kuttia Kond. Dschungelbauern in Orissa. Haar b. München 1964
177 Pay, P. C.: The Lodha and Their Spirit-Possessed Men. Calcutta 1969
178 Pinnow, Hans-Jürgen: Kharia Texte. Wiesbaden 1965
179 Portman, M. V.: A History of our Relations with the Andamenese. Calcutta 1899
180 Rabel, Lili: Khasi, a Language of Assam. Baton Rouge 1961
181 Radcliffe-Brown, Alfred Reginald: The Andaman Islanders. Glencoe ²1948
182 Ray, P. C.: Socio-Cultural Process and Psychological Adaption of the Santal. Calcutta 1975
183 Rivers, William H. R.: The Todas. Oosterhout 1967
184 Roy, Sarat Chandra: The Oraons of Chota Nagpur. London 1915
185 Roy, Sarat Chandra: Oraon Religion and Culture. Ranchi 1928
186 Sachchidananda: Culture Change in Tribal Bihar. Calcutta 1964
187 Saxena, R. P.: Tribal Economy in Central India. Calcutta 1964

188 Scholz, Fred: Belutschistan (Pakistan) (Göttinger Geographische Abhandlungen, 63). Göttingen 1974
189 Shashi, S. S.: The Gaddi Tribe of Himachal Pradesh. New Delhi 1977
190 Shashi, S. S.: The Tribal Women of India. New Delhi 1978
191 Shrivastava, S. K.: The Tharus – a Study of Culture Dynamics. Agra 1958
192 Singh, Sher: The Sansis of Punjab – A Gipsy and De-Notified Tribe of Rajput Origin. New Delhi 1965
193 Somers, George E.: The Dynamics of Santal Tradition in a Peasant Society. New Delhi 1977
194 Steche, Hans: Indien. Nürnberg 1966
195 Temple, Richard Carnac: Aufsätze in verschiedenen Heften des Indian Antiquary. Bombay 1919–1931
196 Tiermann, Günter: Begriff und Wert der Bruderschaft bei den Jat von Haryana in Nordindien. In: Sociologus 1:35 ff. Berlin 1968
197 Vidyarthi, Lalita Prasad (Hg.): Applied Anthropology in India. Allahabad 1968
198 Wijesekera, Nandadeva: Veddas in Transition. Colombo 1964

199 India 1976 – A Reference Annual. Government of India Publication
200 Census of India (Statistics & Monographs). Government of India. New Delhi 1961, 1971

HINTERINDIEN

201 Barkataki, S.: Tribes of Assam. New Delhi 1969
202 Baveja, J. D.: The land where the bamboo flowers. Gauhati (Assam) 1970
203 de Beauclair, I.: Die Religion der Yami auf Botel Tobago. In: Sociologus 9:12–23. Berlin 1959
204 Bernatzik, H. A.: Die Geister der gelben Blätter. Forschungsreisen in Hinterindien. Leipzig 1938
205 Bernatzik, H. A.: Akha und Meau. 2 Bde. Innsbruck 1947
206 Bessaignet, P.: Tribesmen of the Chittagong Hill Tracts. (Asiatic Society of Pakistan Publications No. 1) Dacca 1958
207 Bourotte, B.: Essai d'histoire des populations montagnardes du Sud-Indochinois jusqu' en 1945. In: Bulletin de la Société des Etudes Indochinoises 30,1:11–116. Saigon 1955
208 Bumke, P. J.: Die Miao: Sozialgeschichte und politische Organisation einer segmentären Gesellschaft und die Auswirkungen der thailändischen Minderheitenpolitik. Wiebaden 1971
209 Burling, R.: Rengsanggri. Family and kinship in a Garo village. Philadelphia 1963
210 Chowdhury, J. N.: Arunachal panorama. Shillong (Meghalaya/Indien) 1973
211 Coedès, G.: The making of South East Asia. Berkeley/Los Angeles 1966
212 Collis, M. S.: Lords of the sunset: a tour of the Shan States. London 1938
213 Condominas, G.: Wir aßen den Wald des Geistersteins Gôo. Chronik des Mnong Gar-Dorfes Sar Luk im Hochland Südvietnams. Frankfurt 1969
214 Cuisinier, J.: Les Mu'ò'ng. Géographie humaine et sociologie. (Université de Paris, Travaux et Mémoires de l'Institute d'Ethnologie, No. 45) Paris 1946
215 Dam Bo: Les populations montagnardes du Sud-Indochine. In: France-Asie, Sondernummer 5, 49–50: 927–1208. Saigon 1950
216 Delvert, J.: Le paysan cambodgien. Paris 1961
217 Dessaint, A. Y.: Lisu migration in the Thai highlands. In: Ethnology 10: 329–48. Pittsburgh 1971
218 Ebihara, M.: Interrelations between Buddhism and social systems in Cambodian peasant culture. In: Anthropological Studies in Theravada Buddhism (Southeast Asia Studies, Yale University): 175–96. New Haven 1966
219 Endle, S.: The Kacharis. London 1911
220 Ferrell, R.: Taiwan aboriginal groups: problems in cultural and linguistic classification. (Institute of Ethnology, Academia Sinica, Monograph No. 17). Nankang, Taipei 1969
221 Fortune, R. F. (Hrsg.): Yao society: a study of a group of primitives in China. In: Lingnan Science Journal 18: 314–455. Canton 1939
222 Fürer-Haimendorf, C. v.: Die nackten Nagas. Leipzig 1947
223 Fürer-Haimendorf, C. v.: Glückliche Barbaren. Bei unbekannten Völkern an der Nordostgrenze Indiens. Wiesbaden 1956
224 Fürer-Haimendorf, C. v.: The Apa Tanis and their neighbors. London 1962
225 Geddes, W. R.: Migrants of the mountains. The cultural ecology of the Blue Miao (Hmong Njua) of Thailand. Oxford 1976
226 Gourou, P.: Les paysans du delta tonkinois: étude de géographie humaine. Paris 1936
227 Halliday, R.: The Talaings. Rangoon 1917
228 Halpern, J. M.: Economy and society of Laos. A brief survey. (Yale University, Southeast Asia Studies, Monograph Series No. 5) New Haven 1964
229 Hanks, L. M.: Rice and man. Agricultural ecology in Southeast Asia. Chicago 1972
230 Hartwig, W.: Wirtschaft und Gesellschaftsstruktur der Naga in der zweiten Hälfte des 19. und zu Beginn des 20. Jahrhunderts. Berlin-Ost 1970
231 Harvey, G. E.: The Wa people of the China-Burma border. (St. Antony's Papers, Oxford University, St. Antony's College, No. 2) London 1957
232 Hickey, G. C.: Village in Vietnam. New Haven 1964
233 Hickey, G. C.: Some aspects of hill tribe life in South Vietnam. In: P. Kunstadter (Hrsg.): Southeast Asian tribes, minorities, and nations, Bd. 2: 745–70. Princeton 1967

234 Hodson, T. C.: The Meitheis. London 1908
235 Horam, M.: Naga polity. New Delhi 1975
236 Hutton, J. H.: The Angami Nagas. London 1921
237 Izikowitz, K. G.: Lamet: hill peasants in French Indochina. (Etnografiska Museet, Etnologiska Studier No. 17) Göteborg 1951
238 Kandre, P. K.: Autonomy and integration of social systems: the Iu Mien (›Yao‹ or ›Man‹) mountain population and their neighbors. In: P. Kunstadter (Hrsg.): Southeast Asian tribes, minorities, and nations. Bd. 2: 583–638. Princeton 1967
239 Kano, T. and K. Segawa: An illustrated ethnography of Formosan aborigines. Bd. 1: The Yami. Tokyo 1956
240 Kaufman, H.: Bangkhuad: a community study in Thailand. (Association for Asian Studies, Monograph no. 10) Locust Valley (New York) 1960
241 Kauffmann, H. E.: Beobachtungen im Lisu-Dorf Tham Ngob, Nordthailand. In: Wiener völkerkundliche Mitteilungen, N. F. 8: 55–68. Wien 1966
242 Kauffmann, H. E.: Some social and religious institutions of the Lawa (N. W.-Thailand). 2 Teile. In: Journal of the Siam Society 60:237–306; 65:181–226. Bangkok 1972 und 1977
243 Kickert, R. W.: Akha village structure. In: P. Hinton (Hrsg.): Tribesmen and peasants in North Thailand, S. 35–40. Chiang Mai (Thailand) 1969
244 Kunstadter, P.: Residential and social organization of the Lawa of Northern Thailand. In: Southwestern Journal of Anthropology 22: 61–84. Albuquerque 1966
245 Kunstadter, P. (Hrsg.): Southeast Asian tribes, minorities, and nations. 2 Bde. Princeton 1967
246 Kunstadter, P.: Subsistence agricultural economies of Lua' and Karen hill farmers, Mae Sariang district, Northwestern Thailand. In: P. Kunstadter, E. C. Chapman, S. Sabhasri (Hrsgg.): Farmers in the forest. Economic development and marginal agriculture in Northern Thailand: 74–133. Honolulu 1978
247 Lafont, P.-B.: Contribution à l'étude des structures sociales des Cham du Viet-Nam. In: Bulletin de l'Ecole Française d'Extrême-Orient 52, 1: 157–71. Hanoi/Saigon/Paris 1964
248 Lê Thành khôi: 3000 Jahre Vietnam. Schicksal und Kultur eines Landes. München 1969
249 Leach, E. R.: Political systems of highland Burma. A study of Kachin social structure. London 1954
250 LeBar, F. M., G. C. Hickey and J. K. Musgrave: Ethnic groups of Mainland Southeast Asia. New Haven 1964
251 Lehman, F. K.: The structure of Chin society: a tribal people of Burma adapted to a non-Western civilization. Urbana, 1963
252 Leuba, J.: Les Chams et leur art. Paris/Bruxelles 1923
253 Lewis, P. W.: Ethnographic notes on the Akhas of Burma. 4 Bde. New Haven 1969–1970
254 Liétard, A.: Au Yun-Nan: Les Lolo p'o: Une tribu des aborigènes de la Chine méridionale. Münster 1913
255 Lin, Yueh-hwa: The Lolo of Liang Shan. New Haven 1961
256 Löffler, Lorenz G.: Bambus. Lebensgrundlage eines hinterindischen Bergvolkes. In: Die Umschau 58: 755–7. Frankfurt 1958
257 Loofs, H. H.: Südostasiens Fundamente. Berlin 1964
258 Maran La Raw: Toward a basis for understanding the minorities in Burma: the Kachin example. In: P. Kunstadter (Hrsg.): Southeast Asian tribes, minorities, and nations, Bd. 1: 125–46. Princeton 1967
259 Marshall, H. I.: The Karen people of Burma: a study in anthropology and ethnology. Columbus (Ohio) 1922
260 Maurice, A. et G. Proux: L'ame du riz. In: Bulletin de la Société des Etudes Indochinoises 29: 129–258. Saigon 1954
261 McAlister, J. T. Jr.: Mountain minorities and the Viet Minh: a key to the Indochina War. In: P. Kunstadter (Hrsg.): Southeast Asian tribes, minorities, and nations, Bd. 2: 771–843. Princeton 1967
262 Miles, D.: Land, labour and kin groups among Southeast Asian shifting cultivators. In: Mankind 8: 185–97. Sydney 1972
263 Mills, J. P.: The Ao Nagas. London 1926
264 Milne, L.: The home of an eastern clan. A study of the Palaungs of the Shan States. Oxford 1924
265 Mischung, R.: Religion und Wirklichkeitsauffassung in einem Karen-Dorf Nordwest-Thailands. Wiesbaden 1981
266 Mole, R. L.: The montagnards of South Vietnam. A study of nine tribes. Rutland (Vermont)/Tokyo 1970
267 Moore, F. J.: Thailand. Its people, its society, its culture. New Haven 1974
268 Mote, F. W.: The rural »Haw« (Yunnanese Chinese) of Northern Thailand. In: P. Kunstadter (Hrsg.): Southeast Asian tribes, minorities, and nations, Bd. 2: 487–524. Princeton 1967
269 Nash, M.: The golden road to modernity. Village life in contemporary Burma. New York/London/Sydney 1965
270 Ner, M.: Les musulmans de l'Indochine française. In: Bulletin de l'Ecole Française d'Extrême-Orient 41: 151–200. Hanoi/Saigon/Paris 1941
271 Nguyen Tien Huu: Dörfliche Kulte im traditionellen Vietnam. München 1970
272 Nguyen Tu Chi: Croquis Muong. In: Etudes Vietnamiennes 32: 55–161. Hanoi 1971
273 Odaka, K.: Economic organization of the Li tribes of Hainan island. New Haven 1950
274 Potter, S. H.: Family life in a Northern Thai village. A study in the structural significance of women. Berkeley/Los Angeles/London 1977

275 Rose, A. and J. C. Brown: Lisu (Yawyin) tribes of the Burma-China frontier. In: Memoirs of the Royal Asiatic Society of Bengal 3:249–76. Calcutta 1911
276 Saikia, P. D.: Changes in Mikir society. Jorhat (Assam) 1968
277 Savina, F. M.: Histoire des Miao. Hongkong 1930²
278 Schröder, D.: Die Puyuma von Katipol (Taiwan) und ihre Religion. In: Anthropos 61: 267–93. Freiburg (Schweiz) 1966
279 Scott, J. G.: The wild Wa – a head-hunting race. In: The Imperial and Asiatic Quarterly Review, 3 d. series, 1: 138–152. London 1896
280 Seidenfaden, E.: The Thai peoples. Bangkok 1958
281 Shakespear, J.: The Lushei Kuki clans. London 1912
282 Sopher, D. E.: The sea nomads. A study based on the literature of the maritime boat people of southeast Asia. (Memoirs of the National Museum, No. 5). Singapore 1965
283 Spielmann, H.-J.: Die Bawm-Zo. Eine Chin-Gruppe in den Chittagong Hills Tracts (Ostpakistan). Heidelberg 1968
284 Stack, E. and C. Lyall: The Mikirs. London 1908
285 Steinberg, D. J.: Cambodia: its people, its society, its culture. New Haven 1959
286 Storz, H.-U.: Birma. Land, Geschichte, Wirtschaft. (Schriften des Instituts für Asienkunde in Hamburg, Bd. 21). Wiesbaden 1967
287 Stübel, H.: Die Li-Stämme der Insel Hainan: Ein Beitrag zur Volkskunde Südchinas. Berlin 1937
288 Telford, J. H.: Animism in Kengtung State. In: Journal of the Burma Research Society 27,2:86–238. Rangoon 1937
289 Tilman, R. O. (Hrsg.): Man, state, and society in contemporary Southeast Asia. New York 1969
290 Trager, F. N. et al.: Burma. 3 Bde. New Haven 1956
291 Velder, C.: Die Geister der gelben Blätter – ein Urvolk Thailands? In: Zeitschrift für Ethnologie 89: 10–23. Braunschweig 1964
292 Walker, A. (Hrsg.): Farmers in the hills. Ethnographic notes on the upland peoples of North Thailand. Penang (Malaysia) 1975
293 White, W. G.: The sea gypsies of Malaya. London 1922
294 Winnington, A.: Slaves of the Cool Mountains. London 1959
295 Wissmann, H. v.: Süd-Yünnan als Teilraum Südostasiens. (Schriften zur Geopolitik, Nr. 22). Heidelberg 1943
296 Wist, H.: Die Yao in Südchina; nach Berichten neuer chinesischer Feldforschungen. In: Baessler Archiv 21: 73–135. Berlin 1938

SÜDOSTASIATISCHE UND PAZIFISCHE INSELWELT

1. Ozeanien allgemein

297 Bühler, Alfred et al.: Ozeanien und Australien. (Kunst der Welt). Baden-Baden 1961
298 Guiart, Jean: Ozeanien. Die Kunst der Südsee und Australiens. München 1963
299 Inder, Stuart (Hrsg.): Pacific Islands Year Book. 13th ed. Sydney/New York 1978
300 Marschall, Wolfgang: Transpazifische Kulturbeziehungen. München 1972
301 Oliver, D. L.: The Pacific Islands. Cambridge 1958
302 Sharp, Andrew: The Discovery of the Pacific Islands. Oxford 1960
303 Taylor, Clyde R. H. (Hrsg.): A Pacific Bibliography. Oxford 1965²
304 Tischner, Herbert: Kulturen der Südsee. Hamburg 1958
305 Tupuouniua, Sione et al. (Hrsg.): The Pacific Way. Social Issues in National Development. Suva (Fiji) 1975
306 Vayda, Andrew P. (Hrsg.): Peoples and Cultures of the Pacific. New York 1968

(s. auch 323, 330, 333, 339, 340, 348)

2. Australien

307 Aborigines-Rassismus in Australien. Hrsg. vom Ökumenischen Rat der Kirchen. Programm zur Bekämpfung des Rassismus, o. O., o. J.
308 Bell, Y. et al.: Beswick-Station – eine australische Eingeborenenreservation. Stuttgart 1971
309 Mc Carthy, F. D.: Australia's Aborigines. Their Life and Culture. Melbourne 1957
310 Coombs, H. C.: Australia's Policy Towards Aborigines. 1967–1977; Minority-Rights-Group-Report No. 35; London 1978
311 Elkin, A. P.: The Australian Aborigines. How to Understand Them. Sydney 1956
312 Herrmann, Ferdinand: Völkerkunde Australiens. Mannheim 1967
313 Lommel, Andreas: Die Unambal. Ein Stamm in Nordwest-Australien (Monographien zur Völkerkunde). Hamburg 1952
314 Lommel, Andreas: Fortschritt ins Nichts. Die Modernisierung der Primitiven Australiens. Zürich 1969
315 Meggitt, Mervyn L.: Desert People. A study of the Walbiri Aborigines of Central Australia. Sydney 1962
316 Micha, F. J.: Eingeborenenhandel in Zentralaustralien. Bonn (Dissertation) 1957
317 Petri, Helmut: Sterbende Welt in Nordwest-Australien. Braunschweig 1954

318 Petri, Helmut: Gibt es noch ›unberührte‹ Wildbeuter im heutigen Australien? In: Baesler Archiv NF 10; 219 ff., Berlin 1963
319 Schmidt, Wilhelm: Die Gliederung der australischen Sprachen. Wien 1919
320 Stone, Sharman N.: Aborigines in White Australia. A Documentary History of the Attitudes Affecting Offical Policy And the Australian Aborigine, 1967–1973. Adelaide 1974
321 Tindale, Norman B.: Aboriginal Tribes of Australia. 2 vols. Berkeley 1974
322 Western, John S.: Discrimination in Australia and New Zealand. In: Willem A. Veenhoven (Hrsg.): Case Studies on Human Rights and Fundamental Freedoms. A World Survey, 301–343. The Hague 1975

3. Südostasiat. Archipel

323 Bianco, Lucien (Hrsg.): Das moderne Asien. (Fischer Weltgeschichte Bd. 33) Frankfurt a. M. 1969
324 Bodrogi, Tibor: Kunst in Indonesien. Wien-München 1972
325 Chaffee, F. H. et al.: Area Handbook for the Philippines. Washington 1969
326 Dahm, B.: Indonesien. Geschichte eines Entwicklungslandes. Köln 1978
327 Downs, R. E.: The religion of the Bare'e-speaking Toradja of Central Celebes. Den Haag 1956
328 Drewes, G. und Voorhoeve P. (Hrsgg.): Adat Atieh. (Verhandelingen von het Kononklijk Instituut voor Taal-, Land-en Volkenkunde). Den Haag 1958
329 Dunkel, Peter (1975): Die Tatauierung in Borneo. (Dissertation Berlin). 1975
330 Fieldhouse, David K.: Die Kolonialreiche seit dem 18. Jahrhundert. (Fischer Weltgeschichte Bd. 19) Frankfurt a. M. 1965
331 Garang, Johannes Enos: Adat und Gesellschaft. Wiesbaden 1974
332 Gowing, Peter G.: The Muslims of the Philippines. In: H. Kähler (Hrsg.): Religionen, Band 2, Abschnitt 1: 81–116. Leiden/Köln 1975
333 Heine-Geldern, Robert von: Urheimat und früheste Wanderungen der Austronesier. In: Anthropos 17: 543–619. Fribourg 1932
334 Helbig, K.: Die Insel Borneo in Forschung und Schrifttum. In: Mitt. der Geogr. Gesellschaft in Hamburg 52: 105–395. Hamburg 1955
335 Josselin de Jong, P. E.: Minangkabau and Negri Sembilan. Leiden 1951
336 Kroeber, Alfred L.: Peoples of the Philippines. Reprint Westport (Conn.) 1974
337 Kruijt, A. C.: De West-Toradjas op Midden-Celebes, 4 Bde. Amsterdam 1938
338 Lambrecht, Francis: The main factors of resistance to culture change in Ifugaoland. In: Peter G. Gowing and William H. Scott (Hrgg.): Acculturation in the Philippines: 83–89. Quezon City 1971
339 Lebar, Frank M. (Hrsg.): Ethnic Groups of Insular Southeast Asia. Vol. 1: Indonesia, Andaman Islands, and Madagascar. Vol. 2: Philippines and Formosa. New Haven 1972
340 Lebar, Frank M. (Hrsg.): Insular Southeast Asia: Ethnographic Studies, 5 Bände. New Haven 1976
341 Sandin, B.: Sea Dayaks of Borneo before White Rajah rule. London 1967/68
342 Scott, William Henry: Some religious beliefs in Sagada Igorot 1967
343 Siegel, James T.: Religion, Trade, and family life in Atjeh. (Dissertation Berkeley 1966, Ann Arbor University Microfilms, 67–8652).
344 Stöhr, Waldemahr: Die Altindonesischen Religionen. Köln 1976
345 Tichy, Herbert: Tau-Tau. Bei Göttern und Nomaden der Sulu-See. Wien/München/Zürich 1973
346 Tobing, P. L.: The Structure of the Toba-Batak-Belief in the High-God. Amsterdam 1956
347 Vet, A. C. W. van der: The South Moluccans. In: Willem A. Veenhoven (Hrsg.): Case Studies in Human Rights and Fundamental Freedoms. A World Survey. Vol. V: 446–448. The Hague 1975
348 Villiers, John: Südostasien vor der Kolonialzeit. (Fischer Weltgeschichte Bd. 18) Frankfurt a. M. 1965
349 Zamora, Mario D. (Hrsg.): Studies in Philippine Anthropology. Quezon City 1967

4. Melanesien und Neuguinea

350 Bodrogi, Tibor: Kolonisation und religiöse Bewegung in Melanesien. Wiesbaden 1978
351 Cranstone, B. A. L.: Melanesia. A Short Ethnography. London 1960
352 Fischer, Hans: Negwa. Eine Papuagruppe im Wandel. München 1968
353 Fischer, Hans (1975): Gabsongek 1971. Verwandtschaft. Siedlung und Landbesitz in einem Dorf in Neuguinea. (Hamburger Reihe zur Kultur und Sprachwissenschaft 10) München 1975
354 Gardi, Rene: Tambaran. Zürich 1956
355 Gardner, Robert und Karl G. Heider: Dani – Leben und Tod der Steinzeitmenschen Neuguineas. Wiesbaden 1969
356 Gerbrands, A. A.: The Asmat of New Guinea. The Journal of Michael Clark Rockefeller. (The Museum of Primitive Art) New York 1967
357 Haberland, Eike und Siegfried Seyfarth: Die Yimar am oberen Korowori (Neuguinea), (Studien zur Kulturkunde, 36). Wiesbaden 1974
358 Harrer, Heinrich H. (Hrsg.): Unter Papuas. Mensch und Kultur seit ihrer Steinzeit. Innsbruck/Frankfurt 1976

359 Hauser-Schäublin, Brigitta: Frauen in Kararau. Zur Rolle der Frau bei den Iatmül am Mittelsepik, Papua New Guinea. Basel 1976
360 Kaufmann, Christian: Papua Niugini. Ein Inselstaat im Werden. (Ausstellungsführer Basel) 1975
361 Kiki, Albert Maori: Ich lebe seit 10 000 Jahren. (Autobiographie des heutigen Außenministers von Papua Neuguinea). Frankfurt 1968/69
362 Koch, Gerd: Kultur der Abelam. Die Berliner ›Maprik-Sammlung‹. Berlin 1968
363 Kroef, Justus M. van der: The Papuans of Irian Jaya (West New Guinea). In: Willem A. Veenhoven (Hrsg.): Case Studies on Human Rights and Fundamental Freedoms. A World Survey, Vol. 2. The Hague 1975
364 Lawrence, Peter und M. J. Meggitt (Hrsgg.): Gods, Ghosts, and Men in Melanesia: Some Religions of Australian New Guinea and the New Hebrides. Melbourne 1965
365 Oosterwal, Gottfried: Die Papua. Von der Kultur eines Naturvolkes. Stuttgart 1963
366 Ryan, Peter (Hrsg.): Encyclopaedia of Papua and New Guinea. 3 Vols. Melbourne 1972
367 Schlesier, Erhard: Die melanesischen Geheimkulte. Göttingen 1956
368 Schlesier, Erhard: Die Begriffe ›papua‹ und ›Melanesier‹ in den anthropologischen Wissenschaften. In: Zeitschrift für Ethnologie 95. Braunschweig 1970
369 Siemers, Günther (Hrsg.): Papua-Neuguinea. Neuer Staat im Aufbruch – Ein Überblick. (Aktueller Informationsdienst Asien. Sondernummer 3) Hamburg 1978
370 Stagl, Justin: Geschlechtsantagonismus in Melanesien. Wien 1971
371 Stagl, Justin: Die Morphologie segmentärer Gesellschaften. Dargestellt am Beispiel des Hochlandes von Neuguinea. Meisenheim/Glan 1974
372 Steinbauer, Friedrich: Melanesische Cargo-Kulte. Neureligiöse Heilsbewegungen in der Südsee. München 1971
373 Stöhr, Waldemar: Melanesien. Schwarze Inseln der Südsee. (Ausstellung des Rautenstrauch-Joest-Museums für Völkerkunde der Stadt Köln). Köln 1971
374 Strauß, Hermann und Herbert Tischner: Die Mi-Kultur der Hagenberg-Stämme im östlichen Zentral-Neuguinea. Hamburg 1962
375 Worsely, Peter: Die Posaune wird erschallen. Cargo-Kulte in Melanesien. Frankfurt a. M. 1973

5. Mikronesien

376 Alkire, W. H.: The Peoples and Cultures of Micronesia. London 1977
377 Koch, Gerd: Materielle Kultur der Gilbert-Inseln; Berlin 1965
378 Schlesier, Erhard: Die Erscheinungsformen des Männerhauses und des Klubwesens in Mikronesien. S'-Gravenhage 1953
379 Thönnissen, Ann: Mikronesien. Kreuzfahrt durch die Inseln der Angst. In: Geo Nr. 11 (November): 8–38; Hamburg 1978
380 Trumbull, Robert: Paradise in Trust: A Report on Americans in Micronesia, 1964–1958. New York 1959

6. Polynesien

381 Barrow, T.: Die Kunst der Maori Neuseelands. In: Kunst der Welt. Ozeanien und Australien: 193–210. Baden-Baden 1961
382 Barthel, Thomas S.: Das Achte Land. Die Entdeckung und Besiedlung der Osterinsel nach Eingeborenentraditionen übersetzt und erläutert. München 1974
383 Buck, Peter H. (Te Rangi Hiroa): The Coming of the Maori. Wellington 1950
384 Bunzendahl, Otto: Tahiti und Europa. Entdeckungsgeschichte der Gesellschaftsinseln. Leipzig 1935
385 Davidson, J. W.: Samoa mo Samoa. The Emergence of the Independant State of the Western Samoa. London 1967
386 Feher, Joseph: Hawaii: A Pictorial History. (Bernice P. Bishop Museum Special Publication 58). Honolulu 1969
387 Gilson, Richard P.: Samoa 1830 to 1900. The Politics of a Multicultural Community. London 1970
388 Goldman, Irving: Ancient Polynesian Society. Chicago 1970
389 Handy, E. S. C.: Ancient Hawaiian Civilization. Honolulu 1933
390 Heyerdahl, Thor: Aku-Aku. Das Geheimnis der Osterinsel. Berlin 1957
391 Jacobs, Paul et al.: Die Hawaiier. In: Brüder, sollen wir uns unterwerfen? Die verleugnete Geschichte Amerikas: 158–190. München 1975
392 Kaeppler, Adrienne: Eighteenth century Tonga: New interpretations of Tonga society and material culture at the time of Captain Cook (Bernice Pauahi Bishop Museum). Honolulu 1971
393 Koch, Gerd: Südsee – gestern und heute. Der Kulturwandel bei den Tonganern und Versuch einer Deutung dieser Entwicklung. Braunschweig 1955
394 Koch, Gerd: Zur Theorie der polynesischen Einwanderung. Beiträge zur Völkerforschung. In: Veröffentlichungen des Museums für Völkerkunde zu Leipzig 11:334–342. Berlin 1961
395 Krämer, Augustin: Die Samoa-Inseln. Entwurf einer Monographie mit besonderer Berücksichtigung Deutsch-Samoas. Band 1: Verfassung, Stammbäume und Überlieferungen; Band 2: Ethnographie. Stuttgart 1902/03

396 Kröber, Gerda: Das matai-System in Samoa. Rekonstruktion seiner traditionellen Ausprägung und Analyse seiner Resistenz gegenüber dem Akkulturationsdruck. (Dissertation Berlin). 1975
397 Kuykendall, Ralph S.: The Hawaiian Kingdom 1778–1854. Foundation and Transformation; Honolulu 1957
398 Mackenson, Götz (1974): Zum Beispiel Samoa. Der sozio-ökonomische Wandel Samoas vom Beginn der kolonialen Penetration im Jahre 1830 bis zur Gründung des unabhängigen Staates im Jahre 1962 mit einem Exkurs über die Planungstätigkeit des unabhängigen Staates in den Jahren 1962–70. (Dissertation Bremen). 1974
399 Mariner, William: An account of the Tongan Islands in the South Pacific Ocean. (Hrsg. von John Martin). 2 vols. Edinburgh 1827
400 Métraux, Alfred: Die Osterinsel. Stuttgart 1957
401 Oldofredi, Anton: Das Südsee-Königreich Tonga. Versuch einer Darstellung aus völkerkundlicher Sicht. (Dissertation Freiburg i. Br.) 1975
402 Putigny, Bob: Easter Island. Papeete 1976
403 Reed, A. W.: An Illustrated Encyclopedia of Maori Life. Wellington 1963
404 Suggs, Robert C.: The Island Civilization of Polynesia. New York 1960
405 Te Rangi Hiroa (P. H. Buck): Vikings of the Sunrise New York 1938
406 Te Rangi Hiroa (P. H. Buck): An Introduction to Polynesian Anthropology. (Bernice P. Bishop Museum Bulletin 187) Honolulu 1945
407 Wernhart, Karl R. (1974): Mensch und Kultur auf den Inseln unter den Winden in Geschichte und Gegenwart. Ein Beitrag zur Ethnohistorie der Gesellschaftsinseln, Zentralpolynesien. Wien 1974
408 Williamson, Robert W.: The Social and Political Systems of Central Polynesia (photomechan. Nachdruck der Ausgabe von 1924). 3 Bde; Oosterhout N. B. 1967
409 Wollack, Ewa: Samoa – Archipel der Segler. Leipzig 1974

NORDAMERIKA
(einschließlich Nord- und Zentralmexiko)

1. Allgemein

410 Bahr, Howard M., u. a. (Hrsg.): Native Americans Today. New York 1972
411 Basauri, Carlos: La población indígena de México. 3 Bde. México 1940
412 Caso, Alfonso: Indigenismo. México 1958
413 Dockstader, Frederick J.: Kunst in Amerika. Bd. I: Die Welt der Indianer und Eskimo (dt. Übers. von ›Indian Art in America‹. New York 1962). Stuttgart 1965
414 Driver, Harold: Indians of North America. Chicago 1961
415 Driver, Harold und William C. Massey: Comparative Studies of North American Indians (American Philosophical Society, Transactions 47, 2). Philadelphia 1957
416 Eggan, Fred (Hrsg.): Social Anthropology of North American Tribes. Chicago 1937, ²1955
417 Farb, Peter: Die Indianer. Wien 1975
418 Feest, Christian F.: Das rote Amerika. Wien 1976
419 Foster, George M.: Culture and Conquest. America's Spanish Heritage (Viking Fund Publications in Anthropology 27). New York 1960
420 Haberland, Wolfgang: Nordamerika (Kunst der Welt). Baden-Baden 1965
421 Hodge, F. W. (Hrsg.): Handbook of American Indians North of Mexico. 2 Bde (Bureau of American Ethnology, Bulletin 30). Washington 1907, 1910
422 Hultkrantz, Åke: Les religions des Indiens primitifs de l'Amérique (Acta Universitatis Stockholmienses 4). Stockholm 1963
423 Jenness, Diamond: The Indians of Canada (National Museum of Canada, Bulletin 65). Ottawa 1955
424 Josephy, Alvin M., Jr.: Red Power. The American Indians' Fight for Freedom. New York 1971
425 Krickeberg, Walter: Ältere Ethnographica aus Nordamerika im Berliner Museum für Völkerkunde (Baessler-Archiv NF 2). Berlin 1954
426 Kroeber, Alfred L.: Cultural and Natural Areas of Native North America (Univ. of California Publications in American Archaeology and Ethnology 38). Berkeley 1939
427 La Farge, Oliver: Die große Jagd (dt. Übers. von ›A Pictorial History of the American Indians‹ 1956). Olten 1961 (Fischer-Taschenbuch 1025, 1969)
428 Leacock, Eleanor B. and Nancy O. Lurie (Hrsgg.): North American Indians in Historical Perspective. New York 1971
429 Lindig, Wolfgang: Die Kulturen der Eskimo und Indianer Nordamerikas (Handbuch der Kulturgeschichte, Abt. 2). Frankfurt/M. 1972
430 Lindig, Wolfgang und Mark Münzel: Die Indianer. München 1976; dtv 1978
431 Lips, Eva: Das Indianerbuch. Leipzig 1956
432 McNickle, D'Arcy: Native American Tribalism. London 1973
433 McNickle, D.: The Indian Tribes of the United States. ²1975
434 Murdock, George P. und Timothy J. O'Leary: Ethnographic Bibliography of North America. 5 Bde (Behavior Science Bibliographies). New Haven ⁴1975
435 Nagler, Mark (Hrsg.): Perspectives on the North American Indians. Toronto 1972
436 Nostiz, Siegfried von: Die Vernichtung des Roten Mannes. Düsseldorf/Köln 1970

437 Oswalt, Wendell H.: This Land was Theirs. New York 1966
438 Owen, Roger, u. a.: The North American Indians. New York 1966
439 Pinnow, Hans-Jürgen: Die nordamerikanischen Indianersprachen. Wiesbaden 1964
440 Prucha, Francis P. (Hrsg.): Documents of United States Indian Policy. Lincoln 1975
441 Rubin de la Borbolla, Daniel: Arte popular de México. México 1963
442 Scherer, Joanna C. mit Jean B. Walker: Indianer (dt. Übers. von ›Indians‹. New York 1973). Rüschlikon-Zürich 1975
443 Schulze-Thulin, Axel: Weg ohne Mokassins. Düsseldorf 1976
444 Spencer, Robert F. u. a.: The Native Americans. New York 1965
445 Spicer, Edward H.: A Short History of the Indians of the United States. New York 1969
446 Spicer, Edward H. (Hrsg.): Perspectives in American Indian Culture Change. Chicago 1961
447 Steiner, Stan: The New Indians. New York
448 Steiner, Stan: The Vanishing White Man. New York 1976
449 Swanton, John R.: The Indian Tribes of North America (Bureau of American Ethnology, Bulletin 145), Washington 1952
450 Tax, Sol: Heritage of Conquest. Glencoe 1952
451 Waddell, Jack O. und O. M. Watson (Hrsgg.): The American Indian in Urban Society. Boston 1971
452 Wax, Murray L.: Indian Americans. Englewood Cliffs 1971
453 Wissler, Clark: Indians of the United States. New York 1948
454 Wolf, Eric R.: Sons of Shaking Earth. Chicago 1959

455 »Handbook of North American Indians«. 20 vols. Washington 1978 ff.
456 »Handbook of Middle American Indians«. 16 vols. Austin 1964/76

2. Die Arktis

457 ›The Eskimo People Today and Tomorrow‹. Paris 1973
458 Balikci, Asen: The Netsilik Eskimo. Garden City 1970
459 Birket-Smith, Kaj: Die Eskimos. Zürich 1948
460 Boas, Franz: The Central Eskimo. In: Bureau of American Ethnology, 6th Annual Report: 399–669, Washington 1888
461 Chance, Norman: The Eskimo of North Alaska. New York 1966
462 Drucker, Philip: The Native Brotherhoods. (Bureau of American Ethnology, Bulletin 168). Washington 1958
463 Erpf, Hans (Hg.): Das Große Buch der Eskimo. Oldenburg 1977
464 Graburn, Nelson H. H.: Eskimos without Igloos. Boston 1969
465 Gubser, Nicholas J.: The Nunamiut Eskimos. New Haven 1965
466 Hrdlicka, Ales: The Aleutian and Commander Islands and Their Inhabitants. Philadelphia 1945
467 Hughes, Charles C.: Under Four Flags: Recent Culture Change among the Eskimos. In: Current Anthropology 6:3–69. Chicago 1965
468 Israel, Heinz: Kulturwandel grönländischer Eskimo im 18. Jahrhundert (Abhandlungen und Berichte des Staatlichen Museums für Völkerkunde Dresden 29). Berlin 1969
469 Jones, Dorothy M.: Aleuts in Transition. Seattle 1976
470 Malaurie, Jean: The Last Kings of Thule. London 1956
471 Veniaminov, I.: Charakterzüge der Aleuten. In: Beiträge zur Kenntnis des Russischen Reiches I: 177–225. St. Petersburg 1839

3. Die Subarktis

472 Birket-Smith, Kaj: Contribution to Chipewyan Ethnology (Fifth Thule Expedition Report Vol. 6, Pt. 3). Kopenhagen 1930
473 Cardinal, Harold: The Unjust Society. The Tragedy of Canada's Indians. Edmonton 1969
474 Dewdney, Selwyn: The Sacred Rolls of the Southern Ojibway. Toronto 1975
475 Innis, Harold A.: The Fur Trade in Canada. Toronto ²1967
476 Lips, Eva: Die Reisernte der Ojibwa-Indianer. Berlin 1956
477 Mason, Leonard: The Swampy Cree: A Study in Acculturation (National Museum of Canada, Anthropological Papers 13). Ottawa 1967
478 Müller, Werner: Die blaue Hütte. Wiesbaden 1954
479 Nelson, Richard K.: Hunters of the Northern Forest. Chicago 1973
480 Smith, James G. E. (Hg.): Chipewyan Adaptation. In: Arctic Anthropology 13: 1–115. Madison 1976
481 VanStone, James W.: Athapaskan Adaptations. Chicago 1974
482 Watkins, Mel: Dene Nation. The Colony Within. Toronto 1977

4. Die Nordwestküste

483 Adams, John W.: The Gitksan Potlatch. Toronto 1973
484 Boas, Franz: Ethnology of the Kwakiutl. In: Bureau of American Ethnology. 35th Annual Report, Washington 1921

485 Codere, Helen: Fighting with Property. Seattle 1950
486 De Laguna, Frederica: Under Mount Saint Elias. 3 vols. (Smithsonian Contribution to Anthropology 7). Washington 1972
487 Drucker, Philip: Indians of the Northwest Coast. New York 1955 (American Museum Science Books B 3, New York 1963)
488 Drucker, Philip: The Native Brotherhoods (Bureau of American Ethnology, Bulletin 168). Washington 1958
489 Drucker, Philip: The Northern and Central Nootkan Tribes (Bureau of American Ethnology, Bulletin 144). Washington 1951
490 Drucker, Philip: Cultures of the North Pacific Coast. San Francisco 1965
491 Garfield, Viola E. and Paul S. Wingert: The Tsimshian Indians and Their Arts. Seattle 1967
492 Krause, Aurel: Die Tlinkit-Indianer. Jena 1885
493 McFeat, Tom: Indians of the North Pacific Coast. Toronto 1966
494 Müller, Werner: Weltbild und Kult der Kwakiutl-Indianer. Wiesbaden 1955
495 Rohner, R. P. and E. C.: The Kwakiutl. New York 1970
496 Ruby, Robert H. and John A. Brown: The Chinook Indians. Traders of the Lower Columbia River. Norman 1976
497 Swanton, John R.: Contributions to the Ethnology of the Haida (American Museum of Natural History, Memoir 8). New York 1909
498 Van den Brink, J. H.: The Haida Indians. Leiden 1974

5. Kalifornien, die Plateaus und Hochbecken des Westens

499 ›amedian‹ 6, No. 1–2, 1978 [Flathead]
500 Barrett, S. A.: Pomo Indian Basketry. In: University of California, Publications in American Archaeology and Ethnology 7: 133–308. Berkeley 1968
501 Beal, Merrill D.: I will fight no more forever. Seattle 1963
502 Bean, Lowell J.: Mukat's People: The Cahuilla Indians of Southern California. Berkeley 1972
503 Dorn, Edward: The Shoshoneans. New York 1966
504 Fahey, John: The Flathead Indians. Norman 1974
505 Haines, Francis: The Nez Percés. Norman 1955
506 Hooper, Lucille: The Cahuilla Indians. In: University of California, Publications in American Archaeology and Ethnology 16: 316–379. Berkeley 1920
507 Hultkrantz, Ake: Shoshone Indians on the Plains. In: Zeitschrift für Ethnologie 93: 49–72. Berlin 1968
508 Kroeber, A. L.: Handbook of the Indians of California (Bureau of American Ethnology, Bulletin 28). Washington 1925
509 Lang, Gottfried O.: A Study in Culture Contact and Culture Change: The Whiterock Utes in Transition (University of Utah, Anthropological Papers 15). Salt Lake City 1953
510 Lowie, Robert H.: The Northern Shoshone (American Museum of Natural History, Anthropological Papers 2). New York 1909
511 Murphy, Robert F. and Yolanda: Shoshone-Bannock Subsistence and Society (University of California, Anthropological Records 16). Berkeley 1960
512 Ray, Verne F.: Primitive Pragmatists: The Modoc Indians of Northern California. Seattle 1963
513 Smith, Anne M.: Ethnography of the Northern Utes (Papers in Anthropology 17). Santa Fe 1974
514 Stern, Theodore: The Klamath Tribe. Seattle 1961
515 Steward, Julian H.: Basin-Plateau Aboriginal Sociopolitical Groups (Bureau of American Ethnology, Bulletin 120). Washington 1938
516 Trenholm, Virginia and Maurine Carley: The Shoshonis. Norman 1964
517 Turney-High, Harry: The Flathead Indians of Montana (American Anthropological Association, Memoir 48). Menasha 1937

6. Östliches Waldland

518 Bass, Althea: Cherokee Messenger. Norman 1968
519 Burt, Jesse and Robert B. Ferguson: Indians of the Southeast: Then and Now. Nashville 1973
520 Clark, Jerry E.: The Shawnee. Lexington 1972
521 Corkran, David H.: The Creek Frontier, 1540–1783. Norman 1967
522 Debo, Angie E.: Rise and Fall of the Choctaw Republic. Norman ²1967
523 DeRosier, Arthur Jr.: The Removal of the Choctaw Indians. Knoxville 1970
524 Dräger, Lothar: Das Adlertanzkostüm bei den Shawnee-Indianern. In: Abhandl. und Berichte des Staatl. Mus. für Völkerkunde Dresden 34: 317–328. 1975
525 Feest, Christian: Powhatan. In: Wiener Völkerkundliche Mitteilungen 13: 69–83. Wien 1966
526 Fenton, William N.: Tonawanda Longhouse Ceremonies (Bureau of American Ethnology, Bulletin 128, Anthropological Paper No. 15). Washington 1941
527 Fenton, William N.: Iroquoian Culture History (ebd. Bulletin 180). Washington 1961
528 Fundaburk, Emma L.: Southeastern Indians. Luverne 1958
529 Garbarino, Merwyn S.: Big Cypress: A Changing Seminole Community. New York 1972

530 Gearing, Frederick O.: Priests and Warriors: Social Structures for Cherokee Politics in the 18th Century (American Anthropological Association, Memoir 93). 1962
531 Gibson, Arrel M.: The Chickasaws. Norman 1971
532 Heidenreich, Conrad: Huronia: A History and Geography of the Huron Indians, 1600–1650. Toronto 1971
533 Hewitt, J. N. B.: Iroquoian Cosmology. 2 Teile (Bureau of American Ethnology, 21st and 43rd Annual Reports). Washington 1903 und 1928
534 Hudson, Charles M. (Hg): Four Centuries of Southern Indians. Athens, Georgia 1975
535 Hudson, Charles: The Southeastern Indians. Knoxville 1976
536 Keesing, Felix M.: The Menominee Indians of Wisconsin. New York ²1971
537 Kilpatrick, Jack and A. G.: The Shadow of Sequoyah: Social Documents of the Cherokee, 1862–1964. Norman 1965
538 Lindig, Wolfgang: Geheimbünde und Männerbünde der Prärie- und der Waldlandindianer Nordamerikas (Studien zur Kulturkunde 23). Wiesbaden 1970
539 McReynolds, Edwin C.: The Seminoles. Norman 1957
540 Mooney, James: Myths of the Cherokee (Bureau of American Ethnology, 19th Annual Report, I). Washington 1900
541 Morgan, Lewis H.: League of the Ho-de-no-sau-nee or Iroquois. 2 Bde. Rochester 1851 (Reprint 1954)
542 Müller, Werner: Die Religionen der Waldlandindianer Nordamerikas. Berlin 1956
543 Newcomb, William W., Jr.: The Culture and Acculturation of the Delaware Indians (Museum of Anthropology, University of Michigan, Anthropological Papers 10). Ann Arbor 1956
544 Parker, Arthur C.: The Code of Handsome Lake, the Seneca Prophet (New York State Museum, Bulletin 163). Albany 1912
545 Radin, Paul: The Winnebago Tribe (Bureau of American Ethnology, 37th Annual Report). Washington 1923
546 Schlesier, Karl H.: Die Irokesenkriege und die Große Vertreibung 1609 bis 1656. In: Zeitschrift für Ethnologie 100: 157–194. Braunschweig 1975
547 Schulze-Thulin, Axel: Intertribaler Wirtschaftsverkehr und kulturökonomische Entwicklung (Studia Ethnologica 6). Meisenheim/Glan 1973
548 Schumacher, Irene: Gesellschaftsstruktur und Rolle der Frau. Das Beispiel der Irokesen (Soziologische Schriften 10). Berlin 1972
549 Shimony, Annemarie: Conservatism among the Iroquois at the Six Nations Reserve (Yale University, Publications in Anthropology 65). New Haven 1961
550 Spindler, George and Louise: Dreamers without Power: The Menominee Indians. New York 1971
551 Swanton, John R.: Social Organization and Social Usage of the Indians of the Creek Confederacy (Bureau of American Ethnology, 42nd Annual Report). Washington 1928
552 Swanton, John R.: Source Material for the Social and Ceremonial Life of the Choctaw Indians (Bureau of American Ethnology, Bulletin 103). Washington 1931
553 Swanton, John R.: The Indians of the Southeastern United States (Bureau of American Ethnology, Bulletin 137). Washington 1946
554 Tooker, Elisabeth: An Ethnography of the Huron Indians, 1615–1649 (Bureau of American Ethnology, Bulletin 190). Washington 1964
555 Tooker, Elisabeth (Hg): Iroquois Culture, History and Prehistory. Albany 1967
556 Trigger, Bruce G.: The Huron. New York 1969
557 Trigger, Bruce G.: The Children of Ataentsic. A History of the Huron People to 1660. 2 Bde. Montreal 1976
558 Wallace, Anthony F. C.: The Death and Rebirth of the Seneca. New York 1969
559 Weslager, C. A.: The Delaware Indians. New Brunswick 1972
560 Woodward, Grace S.: The Cherokees. Norman 1963

(Fox siehe 571, 573)

7. Prärien and Plains

561 Blish, Helen H.: A Pictorial History of the Oglala Sioux. Lincoln 1967
562 Bowers, Alfred W.: Mandan Social and Ceremonial Organization. Chicago 1950
563 Brant, Charles S. (Hg): Jim Whitewolf. The Life of a Kiowa Apache Indian. New York 1969
564 Carter, John G.: The Northern Arapaho Flat Pipe (Bureau of American Ethnology, Bulletin 119, Anthropological Paper 2). Washington 1938
565 Catlin, George: O-Kee-Pa. 1867. Reprint New Haven 1967
566 Dorsey, George A. and Alfred L. Kroeber: Traditions of the Arapaho (Field Museum, Anthropological Series 5). Chicago 1903
567 Dorsey, George A.: The Cheyenne (Field Columbian Museum, Anthropology Series 9). Chicago 1905
568 Ewers, John C.: The Horse in Blackfoot Indian Culture (Bureau of American Ethnology, Bulletin 159). Washington 1955
569 Ewers, John C.: The Blackfeet. Norman 1958
570 Fehrenbach, T. R.: Comanchen. Hannover 1974
571 Geary, Frederick O.: The Face of the Fox. Chicago 1970
572 Grinnell, George B.: The Cheyenne Indians. 2 Bde. New Haven 1923
573 Hagan, William T.: The Sac and Fox Indians. Norman 1958

574 Hartmann, Horst: Die Plains- und Prärieindianer Nordamerikas (Veröffentlichungen des Museums für Völkerkunde Berlin, N. F. 22). Berlin 1973

575 Hilger, M. Inez: Arapaho Child Life and Its Cultural Background (Bureau of American Ethnology, Bulletin 148). Washington 1952

576 Hoebel, E. Adamson: The Political Organization and Law-Ways of the Comanche Indians (American Anthropological Association, Memoir 43). Menasha 1940

577 Hoebel, E. Adamson: The Cheyennes. New York 1960

578 Holder, Preston: The Hoe and the Horse on the Plains. Lincoln 1970

579 Hyde, George E.: The Pawnee Indians. Norman ²1974

580 Jones, David E.: Sanapia. Comanche Medicine Woman. New York 1972

581 Jorgensen, Joseph G.: The Sun Dance Religion. Power for the Powerless. Chicago 1972

582 Kennedy, Michael (Hg): The Assiniboines. Norman 1961

583 Kroeber, Alfred L.: The Arapaho (American Museum of Natural History, Bulletin 18). New York 1902–1907

584 Landes, Ruth: The Mystic Lake Sioux: Sociology of the Mdewakantonwan Santee. Madison and London 1968

585 Läng, Hans: Die Pawnee. In: Ethnologische Zeitschrift Zürich 1972.

586 Linderman, Frank B.: Plenty Coups, Chief of the Crows. Lincoln ²1962

587 Lindig, Wolfgang: Geheimbünde und Männerbünde der Prärie- und der Waldlandindianer Nordamerikas (Studien zur Kulturkunde 23). Wiesbaden 1970

588 Lowie, Robert H.: The Material Culture of the Crow Indians (American Museum of Natural History, Anthropological Papers 9: 179–248). New York 1912

589 Lowie, Robert H.: The Crow Indians. New York ²1956

590 Lowie, Robert H.: Indians of the Plains. New York 1954

591 McFee, Malcolm: Modern Blackfeet. New York 1972

592 MacGregor, G.: Warriors Without Weapons. Chicago 1946

593 Marriott, Alice L.: The Ten Grandmothers. Norman 1945

594 Maximilian zu Wied-Neuwied: Reise in das Innere Nordamerika. 2 Bde. Coblenz 1839–41 [mit zahlr. Kupferstichen]

595 Mekeel, H. Scudder: The Economy of a Modern Teton Dakota Community (Yale University Papers in Anthropology 6). New Haven 1936

596 Meyer, Roy W.: History of the Santee Sioux. United States Indian Policy on Trial. Lincoln 1967

597 Mishkin, Bernard: Rank and Warfare Among the Plains Indians (American Ethnological Society, Memoir 3). 1940

598 Mooney, James: The Ghost-Dance Religion and the Sioux Outbreak of 1890. In: Bureau of American Ethnology, 14th Annual Report: 641–1110. Washington 1896

599 Müller, Werner: Glauben und Denken der Sioux. Berlin 1970

600 Nabokov, Peter: Two Leggings: The Making of a Crow Warrior. New York 1967

601 Nurge, Ethel: The Modern Sioux. Social Systems ans Reservation Culture. Lincoln 1970

602 Plummer, Norman B.: The Crow Tribe of Indian. New York 1974

603 Sandoz, Mari: Feuerstoß. 1963

604 Schusky, Ernest L.: The Forgotten Sioux. Chicago 1931, ²1975

605 Storm, Hyemeyohsts: Seven Arrows. New York 1972 (Dt. Übersetzung in Vorbereitung)

606 Swanton, John R.: Source Material on the History and Ethnology of the Caddo Indians (Bureau of American Ethnology, Bulletin 132). Washington 1942

607 Trenholm, Virginia C.: The Arapahoes, Our People. Norman 1970

608 Wallace, E. and Hoebel, E. A.: The Comanches. Norman 1952

609 Wallis, W. D.: The Canadian Dakota (American Museum of Natural History, Anthropological Papers 41). New York 1947

610 Wissler, Clark: Material Culture of the Blackfoot Indians (American Museum of Natural History, Anthropological Papers 5, Teil 1). New York 1910

611 Wissler, Clark: The Social Life of the Blackfoot Indians (Ebd. 7, Teil 1). New York 1911

8. Südwesten und Nordmexiko

612 Aberle, Dadid F.: The Peyote Religion among the Navaho (Viking Found, Publications in Anthropology 42). New York 1966

613 Adams, William Y.: Shonto. A Study of the Role of the Trader in a Modern Navaho Community (Bureau of American Ethnology, Bulletin 188). Washington 1963

614 Bahr, Donald M. et al.: Piman Shamanism and Staying Sickness. Tucson 1973

615 Basso, Keith and Morris Opler (Hrsgg): Apachean Culture History and Ethnology (University of Arizona Anthropological Papers 21). Tucson 1971

616 Beals, Ralph L.: The Aboriginal Culture of the Cahita Indians (Ibero-Americana 19). Los Angeles 1943

617 Beals, Ralph L.: The Contemporary Culture of the Cahita Indians (Bureau of American Ethnology, Bulletin 142). Washington 1945

618 Bennett, Wendell C. and Robert M. Zingg: The Tarahumara. Chicago 1935
619 Crumrine, N. Ross: The Mayo Indians of Sonora. Tucson 1977
620 Devereux, Georges: Mohave Ethnopsychiatry and Suicide (Bureau of American Ethnology, Bulletin 175). Washington 1961
621 Downs, James F.: The Navajo. New York 1972
622 Dozier, Edward P.: The Pueblo Indians of North America. New York 1970
623 Dyk, Walter: Son of Old Man Hat. New York 1938
624 Ezell, Paul H.: The Hispanic Acculturation of the Gila River Pima (American Anthropological Association, Memoir 90). Menasha 1961
625 Fontana, Bernhard L. u. a.: Papago Indian Pottery. Seattle 1962
626 Gilpin, Laura: The Enduring Navaho. Austin 1968
627 Goodwin, Grenville: The Social Organization of the Western Apache. Chicago 1942
628 Gunnerson, Dolores A.: The Jicarilla Apaches. A Study in Survival. DeKalb 1974
629 Hartmann, Horst: Kachina-Puppen der Hopi-Indianer. Berlin 1978
630 Ingstad, Helge: Die letzten Apachen. Berlin 1940
631 Iverson, Peter: The Navajos. A Critical Bibliography. Bloomington 1976
632 James, Harry C.: Pages from Hopi History. Tucson 1974
633 Kennedy, John G.: Tarahumara of the Sierra Madre. Arlington Heights 1978
634 Kluckhohn, Clyde and Dorothea Leighton: The Navaho. Cambridge 1946
635 Klucksohn, Clyde: Navaho Witchcraft. Boston 1976
636 Kluckhohn, Clyde u. a.: Navaho Material Culture. Cambridge 1971
637 König, René: Indianer wohin? Opladen 1973
638 LaFarge, Oliver: Laughing Boy (Dt. »Der Große Nachtgesang«, Rudolstadt, o. J.)
639 Lindig, Wolfgang: Die Seri: Ein Hoka-Wildbeuterstamm in Sonora, Mexiko. In: Internationales Archiv für Ethnographie 49: 1–116. Leiden 1959
640 Lindig, Wolfgang: Der Riesenkaktus in Wirtschaft und Mythologie der sonorischen Wüstenstämme. In: Paideuma 9: 27–62. Wiesbaden 1963
641 Lumholtz, Carl: Unknown Mexico. 2 Bde. New York 1902
642 Mails, Thomas E.: The People called Apache. New York 1974
643 Opler, Morris E.: An Apache Life-Way. Chicago 1941
644 Ortiz, Alfonso: The Tewa World. Chicago 1969
645 Pennington, Campbell W.: The Tarahumar of Mexico. Salt Lake City 1963
646 Reichard, Gladys A.: Navaho Religion. 2 Bde. New York 1950
647 Russell, Frank: The Pima Indians (Bureau of American Ethnology, 26th Annual Report). Washington 1908
648 Shepardson, Mary: Navayo Ways in Government (American Anthropoligical Association, Memoir 96). Menasha 1963
649 Spicer, Edward H.: Pascua: A Yaqui Village in Arizona. Chicago 1940
650 Spicer, Edward H.: Potam: A Yaqui Village in Sonora (American Anthropological Association, Memoir 77). Menasha 1954
651 Spicer, Edward H.: Cycles of Conquest. The Impact of Spain and the United States on the Indians of the Southwest, 1533–1960. Tucson 1962
652 Stephen, A. M.: Hopi Journal. Hrsg. von E. C. Parsons (Columbia University Contributions to Anthropology 23). New York 1936
653 Talayesva, Don C.: Sonnenhäuptling Sitzende Rispe. Kassel 1964
654 Thompson, Laura: Culture in Crisis. A Study of the Hopi Indians. New York 1950
655 Titiev, Mischa: The Hopi Indians of Old Oraibi. Change and Continuity. Ann Arbor 1972
656 Underhill, Ruth M.: Papago Indian Religion. New York 1946
657 Weaver, Thomas (Hrsg.): Indians of Arizona. Tucson 1974
658 Witherspoon, Gary: Navajo Kinship and Marriage. Chicago 1975
659 Worth, Sol and John Adair: Through Navajo Eyes. Bloomington 1972

9. Zentralmexiko

660 Benitez, Fernando: In the Magic Land of Peyote. Austin 1975
661 Carrasco, Pedro: Los Otomies (Publicaciones del Instituto de Historia, Serie 1, No. 15). México 1950
662 Chiñas, B. L.: The Isthmus Zapotecs. New York 1973
663 Foster, George M.: Culture and Conquest (Viking Fund, Publications in Anthropology 27). New York 1960
664 Grimes, Joseph E. and Thomas B. Hinton: The Huichol and Cora. In: Handbook of Middle American Indians 8: 792–813. Austin 1969
665 Iwànska, Alicja: Arbeitsteilung zwischen Männern und Frauen in einem Mazahua-Indianerdorf in Zentralmexiko. In: Sociologus 16. Berlin 1966
666 Kearney, Michael: The Winds of Ixtepeji. New York 1972
667 Kelly, Isabel T. and Angel Palerm: The Tajin Totonac (Smithsonian Institution, Institute of Social Anthropology, Publication 13). Washington 1952
668 Kemper, Robert V.: Migration and Adoption. Tzintzuntzan Peasants in Mexico City. London 1977
669 Krickeberg, Walter: Die Totonaken (Baessler-Archiv 7). Berlin 1918/22

670 Madsen, William: The Virgin's Children: Life in an Aztec Village Today. Austin 1960
671 Marschall, Wolfgang: Beiträge zur Ethnographie der Sierra-Totonaken (Das Mexiko-Projekt der Deutschen Forschungsgemeinschaft IV). Wiesbaden 1972
672 Myerhoff, Barbara G.: Peyote Hunt. New York 1974
673 Nader, Laura: Talea and Juquila. A Comparison of Zapotec Social Organization. In: Univ. of California, Publications in American Archaeology and Ethnology 48. Berkeley 1964
674 Sanders, William T.: The Anthropogeography of Central Veracruz. In: Rev. Mex. Estud. Antr. 13: 28–78. México 1953
675 Schultze-Jena, L. S.: Bei den Azteken, Mixteken und Tlapaneken der Sierra Madre del Sur von Mexiko (Indiana 3). Jena 1938
676 Selby, Henry A.: Zapotec Deviance. London 1974
677 Soustelle, George: Tequila: un village nahuatl du Mexique oriental (Univ. Paris, Inst. Ethnol., Travaux et Mémoires 62). Paris 1958
678 Staub, W.: Some data about the pre-Hispanic and the now living Huastec Indians. In: El México Antiguo 1: 1–65. México 1919
679 Weitlaner, Roberto J. and Howard F. Cline: The Chinantec. In: Handbook of Middle American Indians 7: 523–552. Austin 1969
680 Whitecotton, Joseph W.: The Zapotecs. Norman 1977
681 Zingg, Robert M.: The Huichols: Primitive Artists. Leipzig 1937

SÜD- UND MITTELAMERIKA

682 Altschuler, Milton: Notes on Cayapa Kinship. In: Ethnology 4: 440–447. Pittsburgh 1965
683 Arahuacos – oder: Wem gehört die Sierra Nevada? In: Terres des hommes. 4. Quartal 1976
684 Baer, Gerhard: Reise und Forschung in Ost-Peru. In: Verhandlungen der Naturforschenden Gesellschaft in Basel 80 (2), Basel 1969
685 Baer, Gerhard: Was Mythen aussagen: Das Beispiel der Matsigenka, Ost-Peru. In: Paideuma 22: 189–198. Wiesbaden 1976
686 Baldus, Herbert: Bibliografia crítica da etnologia brasileira. Vol. II. (Völkerkundliche Abhandlungen, IV). Hannover 1968
687 Baldus, Herbert: Die Guayaki von Paraguay. In: Anthropos 67: 465–529. Fribourg 1972
688 Baruzzi, R. G. et al.: Kren Akorore. In: Survival International Review, Vol. 3, No. 2 (22). London 1978
689 Bartolomé, Miguel et Scott S. Robinson: Indigenismo. In: Journal de la Société des Americanistes de Paris 60: 291–297. 1971
690 Becher, Hans: Poré/Perimbó. Einwirkungen der lunaren Mythologie auf den Lebensstil von drei Yanonámi-Stämmen – Surára, Pakidái und Ironasitéri. (Völkerkundliche Abhandlungen, VI). Hannover 1974
691 Bodley, John W.: Tribal Survival in the Amazon: The Campa Case. (IWGIA-documentation No. 5). Copenhagen 1972
692 Boglár, Lajos: Besuch bei den Piaroa-Indianern. In: Verhandlungen des XXXVIII Intern. Amerikanistenkongresses III: 23–27. München 1971 (a)
693 Boglár, Lajos: Zur kulturgeschichtlichen Stellung der Nambikuara-Indianer. In: Zeitschrift für Ethnologie 96: 266–270. Braunschweig 1971 (b)
694 Bonilla, Victor-Daniel: Serfs de Dieu et Maîtres d'Indiens. Paris 1972
695 Butt, Audrey: The Birth of a Religion. In: Journal of the Royal Anthropological Institute 90: 66–106. London 1960
696 Butt, Audrey J.: The Guianas. In: Bulletin of the International Committee on Urgent Anthropological and Ethnological Research 7: 69–90. Vienna 1965
697 Carneiro, Robert L.: Shifting Cultivation among the Amahuaca of Eastern Peru. In: Völkerkundliche Abhandlungen I: 9–18. Hannover 1964
698 Caron, Raymond: Curé d'Indiens. Paris 1971
699 Casevitz, F. M.: Les Matsiguenga. In: Journal de la Société des Américanistes de Paris 61: 215 bis 253. Paris 1972
700 Chagnon, Napoleon A.: Yanomamö – The Fierce People. New York 1966
701 Chagnon, Napoleon A.: Studying the Yanomami. New York 1974
702 Chiappino, Jean: The Brazilian Indigenous Problem and Policy: The Aripuana Park (AMAZIND/IWGIA Document No. 19). Copenhagen 1975
703 Clastres, Hélène: La terre sans mal. Le prophétisme tupi-guarani. Paris 1975
704 Clastres, Pierre: Chronique des indiens Guayaki. Paris 1972
705 Coe, Michael: Die Maya. Bergisch Gladbach 1967
706 Corry, Stephen: Towards Indian Self-Determination in Colombia. In: W. A. Veenhoven (Hrsg.) »Case Studies on Human Rights and Fundamental Freedoms«. Vol. 3: 33–70. The Hague 1976
707 Crocker, William H.: Observations Concerning Certain Ramkokamekra-Canela (Brazil) Indian Restrictive Taboo Practices. In: Verhandlungen des XXXVIII. Intern. Amerikanistenkongresses III: 337–340. München 1971
708 Davis, Shelton H.: Victims of the Miracle. Development and the Indians of Brazil. Cambridge 1977
709 Deluz, Ariana: L'initiation d'un chamane embera. In: Société suisse des Américanistes, Bulletin 39: 5–11. Genève 1975

710 Dole, Gertrude E.: Types of Amahuaca Pottery and Techniques of its Construction. In: Ethnologische Zeitschrift Zürich I: 145–159. Zürich 1974
711 Dostal, Walter (Hrsg): The Situation of the Indian in South America. Contributions to the Study of Inter-Ethnic Conflict in the Non-Andean Regions of South America. Geneva 1972
712 Dreyfus, Simone: Les Kayapo du Nord. Paris 1963
713 Dumont, Jean-Paul: Le sens de l'espace chez les Panare. In: Actes du XLIIe Congrès International des Américanistes II: 47–53. Paris 1977
714 Faron, Louis: Hawks of the Sun. Mapuche Morality and Its Ritual Attributes. Pittsburgh 1964
715 Faron, Louis: The Mapuche Indians of Chile. New York 1968
716 Fuerst, René: Erste Forschungsergebnisse von den südlichen Nambikwara. In: Verhandlungen des XXXVIII. Internationalen Amerikanistenkongresses III: 315–322. München 1971
717 Goeje, C. H. de: The Physical World, the World of Magic, and the Moral World of Guiana Indians. In: Proceedings of the XXIXth International Congress of Americanists III: 266–270. New York 1952
718 Goldman, Irving: The Cubeo: Indians of the Northwest Amazon. (Illinois Studies in Anthropology 2). Urbana 1973
719 Goldschmidt, W. and H. Hoijer (Hrsg): The Social Anthropology of Latin America. Los Angeles 1970
720 Golte, Jürgen: Bauern in Perú. (Indiana, Beiheft 1). Berlin 1973
721 Groot, Silvia W. de: Djuka Society and Social Change. History of an Attempt to Develop a Bush Negro Community in Surinam, 1917–1926. Assen/New York 1969
722 Groot, Silvia W. de: Maroons of Surinam. Problems of Integration into Colonial Labour Systems. In: Actes du XLIIe Congrès International des Américanistes I: 331–339. Paris 1977
723 Guyot, Mireille: Le système culturel Bora-Miraña. (Bulletin der Schweizer Ethnologischen Gesellschaft, Sondernummer). Genf 1976
724 Hardenburg, Walter E.: The Putumayo, the devil's paradise. London 1912
725 Hartmann, Günther: Litjoko. Puppen der Karaja, Brasilien. (Veröffentlichungen des Museums für Völkerkunde Berlin, N. F. 23, Abt. Amerikan. Naturvölker 3). Berlin 1973
726 Herskovits, Melville J. and Frances S.: Surinam Folk-lore. Chicago 1969
727 Hissink, Karin and Albert Hahn: Die Tacana. I. Erzählungsgut. Stuttgart 1961
728 Holmberg, Allan R.: Nomads of the Long Bow: The Siriono of Eastern Bolivia (Smithsonian Institution, Institute of Social Anthropology, Publication No. 10). Washington 1969
729 Hugh-Jones, Stephen: Like the Leaves on the Forest Floor...: Space and Time in Barasana Ritual. In: Actes du XLIIe Congrès International des Américanistes II: 205–215. Paris 1977
730 Hurault, Jean-Marcel: Les Indiens de Guyane française. (Les Cahiers d'Outre-Mer, Studies in Social Life, 7). La Haya 1963
731 Hurault, Jean-Marcel: Français et Indiens en Guyane. Paris 1972
732 Jaulin, Robert: La Paix Blanche. Introduction à l'ethnocide. Paris 1970
733 Jaulin, Robert (Hrsg): De l'ethnocide. Recueil de textes. Paris 1972
734 Jiménez, Nelly A.: The Dynamics of the Ye'cuana (»Maquiritare«). Political System: Stability and Crisis. (IWGIA Document 12). Copenhagen 1973
735 Kaplan, Joanna O.: The Piaroa. A People of the Orinoco Basin. Oxford 1975
736 Kelm, Heinz: Die Ayoré im Gran Chaco – Zauberer und Krieger. In: Umschau 62. Jg., Heft 17. Frankfurt/Main 1962
737 Kelm, Heinz und Mark Münzel: Herrscher und Untertanen. Indianer in Perú 1000 v Chr. – heute. (Roter Faden zur Ausstellung, Bd. 1, Museum für Völkerkunde Frankfurt am Main). 1974
738 Kensinger, Kenneth M. et al.: Cashinahua Notions of Social Time and Social Space. In: Actes du XLIIe Congrès International des Américanistes II: 233–244. Paris 1977
739 Kloos, Peter: The Maroni River Caribs of Surinam. Assen 1971
740 Knobloch, Francis J.: The Makú Indians and Racial Separation in the Valley of the Rio Negro. In: Mankind Quarterly 13/2: 100–109. Edinburgh 1972
741 Köhler, Ulrich: Gelenkter Kulturwandel im Hochland von Chiapas. Bielefeld 1969
742 Kramer, Fritz: Verkehrte Welten. Zur imaginären Ethnographie des 19. Jh. Frankfurt/M 1977
743 Lehmann, Henri: Contribution à l'ethnographie Kwaiker, Colombie. In: Journal de la Société des Américanistes de Paris 52: 256–270. Paris 1963
744 Lévi-Strauss, Claude: Anthropologie structurale. Paris 1958
745 Lewis, Norman: Eastern Bolivia: The White Promised Land. (IWGIA Document 31). Copenhagen 1978
746 Lind, Ulf: Zur Heilkunde der Ayoré-Indianer im Chaco Boreal. In: Saeculum 28: 122–134. Freiburg 1977
747 Lizot, Jaques: Le cercle des feux. Paris 1975
748 Lizot, Jaques: The Yanomami in the Face of Ethnocide. (IWGIA Document 22). Copenhagen 1976
749 Lyon, Patricia J. (Hrsg): Native South Americans. Boston 1974
750 Maybury-Lewis, David: Akwe-Shavante Society. Oxford 1967
751 Melía, Bartomeu et al.: La agonía de los Aché-Guayaki, historia y cantos. Asunción 1973
752 Migliazza, Ernest C.: The Integration of the In-

digenous Peoples of the Territory of Roraima, Brazil. (IWGIA Document 32). Copenhagen 1978
753 Münzel, Mark: Medizinmannwesen und Geistervorstellungen bei den Kamayurá (Alto Xingú-Brasilien). (Arbeiten aus dem Seminar für Völkerkunde Frankfurt/Main, 2). Wiesbaden 1971
754 Münzel, Mark: Erzählungen der Kamayurá, Alto Xingú – Brasilien. (Studien zur Kulturkunde, 30). Wiesbaden 1973
755 Münzel, Mark: Zwischen den Steinen. Die Übergangssituation einer Makú-Gruppe in Nordwest-Brasilien. In: Ethnologische Zeitschrift Zürich 1: 287–306. Zürich 1974
756 Münzel, Mark: The Manhunts: Aché Indians in Paraguay. In: W. A. Veenhoven (Hrsg) »Case Studies on Human Rights and Fundamental Freedoms« 4: 351–403, The Hague 1976
757 Münzel, Mark: Schrumpfkopfmacher? Jíbaro-Indianer in Südamerika. (Roter Faden zur Ausstellung, Bd. 4, Museum für Völkerkunde Frankfurt am Main). 1977
758 Münzel, Mark (Hrsg): Die indianische Verweigerung – Lateinamerikas Ureinwohner zwischen Ausrottung und Selbstbestimmung. Reinbek bei Hamburg 1978
759 Murphy, Robert F.: Headhunter's Heritage. Berkeley 1972
760 Nachtigall, Horst: Tierradentro. Zürich 1955
761 Nachtigall, Horst: Die Ixil. Maya-Indianer in Guatemala. Berlin 1978
762 Nimuendajú, Curt: The Apinayé. (The Catholic University of America, Anthropological Series No. 8). Washington 1939
763 Nimuendajú, Curt: The Eastern Timbira. In: University of California, Publications in American Archaeology and Ethnology 41: 1–358. Berkeley 1946
764 Oberem, Udo: Dringende ethnologische Forschungsaufgaben in Ost-Ecuador. (Bulletin of the International Committee on Urgent Anthropological and Ethnological Research 5). Vienna 1962
765 Oberem, Udo: Einige ethnographische Notizen über die Canelo Ost-Ecuadors. In: Ethnologische Zeitschrift Zürich I: 319–335. Zürich 1974
766 Paczensky, Gert von: Weiße Herrschaft. Eine Geschichte des Kolonialismus. Frankfurt/M 1979
767 Petrullo, Vincenzo M.: The Yaruros of the Capanaparo River, Venezuela. In: Bureau of American Ethnology, Smithsonian Institution, Bulletin 123: 163–289. Washington 1939
768 Preuß, Konrad Theodor: Religion und Mythologie der Uitoto. 2 Bde. Leipzig/Göttingen 1921/23
769 Preuß, Konrad Theodor: Forschungsreise zu den Kagaba. 2 Bde. Wien 1926/27
770 Price, David P.: Acculturation, Social Assistance and Political Context: The Nambiquara in Brazil. In: Actes du XLIIe Congrès International des Américanistes II: 603–610. Paris 1977
771 Ramos, Alcida R. et al.: The Yanoama in Brazil. (IWGIA Document 37). Copenhagen 1979
772 pogrom Nr. 47 (1977), 49 (1977), 53 (1975)
773 Recent Research in Central Brazil. In: Verhandlungen des XXXVIII. Internationalen Amerikanistenkongresses III: 333–391. München 1971
774 Reifler Bricker, Victoria: Les insurrections des Mayas: La pensée sauvage. In: Actes du XLIIe Congrès International des Américanistes III: 33–44. Paris 1978
775 Riester, Jürgen: Die materielle Kultur der Chiquitano-Indianer (Ostbolivien). In: Archiv für Völkerkunde 25: 143–230. Wien 1971 (a)
776 Riester, Jürgen: Medizinmänner und Zauberer der Chiquitano-Indianer. In: Zeitschrift für Ethnologie 92: 250–265. Braunschweig 1971 (b)
777 Riester, Jürgen: Entwicklungsplanung im Siedlungsraum der Chiquitano. In: Verhandlungen des XXXVIII. Internationalen Amerikanistenkongresses III: 77–86. München 1971 (c)
778 Schaden, Egon: Aspectos fundamentais da cultura guarani. São Paulo 1954
779 Schindler, Helmut: Das Wirtschaftsleben der Araukaner der Pampa im 19. Jh. In: Verhandlungen des XXXVIII. Internationalen Amerikanistenkongresses III: 105–112. München 1971
780 Schindler, Helmut: Führer zur Ausstellung Campa-Indianer von Hansgeorg Winkler (Staatl. Museum für Völkerkunde München). 1978
781 Schultz, Harald: Children of the Sun and the Moon. In: The National Geographic Magazine 115, No. 3. Washington 1959
782 Schuster, Meinhard: Dekuana. Beiträge zur Ethnologie der Makiritare. (Ergebnisse der Frobenius-Expedition 1954/1955 nach Südost-Venezuela, III). München 1976
783 Smith, Richard C.: The Amuesha People of Central Peru: Their Struggle to Survive. (IWGIA Document 16). Copenhagen 1974
784 Smith, Richard C.: The Multinational Squeeze on the Amuesha People of Central Peru. (IWGIA Document 35). Copenhagen 1979
785 Stähle, Vera-Dagny: Klotzrennen brasilianischer Indianer. (Arbeiten aus dem Seminar für Völkerkunde Frankfurt/Main, 1). Wiesbaden 1969
786 Stone, Doris: Las tribus Talamanqueñas de Costa Rica. San José 1961
787 Stone, Doris: The Boruca of Costa Rica. (Papers of the Peabody Museum of American Archeology and Ethnology 26, No. 2). Cambridge 1949
788 Tessmann, Günter: Menschen ohne Gott. Stuttgart 1969
789 Trimborn, Hermann: Indianer von gestern, heute und morgen. Beobachtungen zum Kulturwandel in den Anden Boliviens. Braunschweig 1968
790 Vossen, Rüdiger: Archäologische Interpretation und ethnologischer Befund. Hamburg 1969

791 Watson, Lawrence C.: Self and Ideal. A Guajiro Life History. (Acta Ethnologica et Linguistica 21, Series Americana 5). Wien 1970
792 Watson-Franke, Maria-Barbara: Tradition und Urbanisation. Guajiro-Frauen in der Stadt. (Ebd. 26, Series Americana 6) 1972
793 Weiss, Gerald: Campa Cosmology – The World of a Forest Tribe in South America. (Anthropological Papers of the American Museum of Natural History 52: 219–588. New York 1975
794 Whitten, Norman E., Jr.: Sacha Runa: Ethnicity and Adaptation of Ecuadorian Jungle Quichua. Urbana 1975
795 Whitten, Norman E., Jr.: Amazonian Ecuador: An Ethnic Interface in Ecological, Social, and Ideological Perspectives. (IWGIA Document 34). Copenhagen 1978
796 Wilbert, Johannes: Indios de la Región Orinoco-Ventuari. (Fundación La Salle de Ciencias Naturales, Monografía 8). Carácas 1963
797 Wilbert, Johannes (Hrsg): The Evolution of Horticultural Systems in Native South America, Causes and Consequences. Carácas 1961
798 Zerries, Otto: Dualorganisation und Weltbild bei brasilianischen Indianern. In: Staden-Jahrbuch 11/12: 61–92. São Paulo 1963/64
799 Zerries, Otto: Waika. (Ergebnisse der Frobenius-Expedition 1954/55 nach Südost-Venezuela, I). München 1964
800 Zerries, Otto und H. D. Disselhoff: Die Erben des Inkareiches und die Indios der Wälder. Berlin 1974
801 Zerries, Otto und Meinhard Schuster: Mahekodotedi. Monographie eines Dorfes der Waika-Indianer (Yanoama) am oberen Orinoco (Venezuela). München 1974
802 Zimmermann, Josef: Die Indianer am Cururú (Südwestpará). (Bonner Geographische Abhandlungen, 33). Bonn 1963

803 »Handbook of South American Indians« 7 Vols. (Bureau of American Ethnology, Bulletin 143). Washington 1945/1959

AFRIKA

1. Allgemein

804 Baumann, Hermann (Hg): Die Völker Afrikas. 2 Bde. (Studien zur Kulturkunde, 34, 35). Wiesbaden 1975/79
805 Bascom, W. R. and Melville J. Herskovits (eds): Continuity and Change in African Cultures. Chicago 1959
806 Bohannan, Paul J. and George Dalton (eds): Markets in Africa. Evanston 1961
807 Clark, J. Desmond: The Prehistory of Africa. Southampton 1970
808 Curtin, Philipp et al. (eds): African History. London 1978
809 Dammann, Ernst: Die Religionen Afrikas. Stuttgart 1963
810 Davidson, Basil: Afrika. Geschichte eines Kontinents. Frankfurt am Main 1966
811 Davidson, Basil: The Africans: An Entry into Cultural History. London 1969
812 Davidson, Basil: Can Africa Survive? Arguments against Growth without Development. London 1975
813 Fage, J. D.: An Atlas of African History. London ²1978
814 Freeman-Grenville, G. S. P.: Chronology of African History. Oxford 1973
815 Gibbs, James L., Jr. (ed): Peoples of Africa. New York 1965
816 Greenberg, Joseph H.: Studies in African Linguistic Classification. New Haven 1955
817 Hirschberg, Walter: Die Kulturen Afrikas (Handbuch der Kulturgeschichte). Frankfurt 1974
818 Murdock, George P.: Africa. New York 1959
819 Olderogge, D. A. und I. I. Potechin: Die Völker Afrikas. 2 Bde. Berlin 1961
820 Ottenberg, Simon and Phoebe (eds): Cultures and Societies of Africa. New York 1960
821 Schiffers, Heinrich: Afrika (Harms Erdkunde, 5). München 1967
822 Seligman, C. G.: Races of Africa. London 1966
823 Westermann, Dietrich: Geschichte Afrikas. Köln 1952

2. Nordafrika

824 Asad, T.: The Kababish Arabs. London 1970
825 Ayrout, H. H.: Fellahs d'Egypte. 6. Aufl. Kairo 1952
826 Bernus, Edmond: Les Illabakan (Niger). Paris 1974
827 Berque, Jean: Les Seksawa. Paris 1954
828 Bousquet, G. H.: Les Berbères. Paris 1957
829 Briggs, L. C.: Tribes of the Sahara. Cambridge 1960
830 Cauneille, A.: Les Chaanba. Paris 1968
831 Cline, Howard: The Teda of Tibesti, Borku and Kawar in the Eastern Sahara (General Series in Anthropology, 12). Menasha 1950
832 Coon, Carleton S.: Tribes of the Rif. (Harvard African Studies, 9). Cambridge 1931
833 Dafalla, H.: The Nubian Exodus. London 1975
834 Fuchs, Peter: Im Lande der verschleierten Männer. 1953
835 Fuchs, Peter: Die Völker der Südost-Sahara. Wien 1961
836 Fuchs, Peter: Tschad. Bonn 1966
837 Gardi, René: Tschad. Zürich 1952
838 Gast, Marceau: The history of sovereignty of

the Kel Ahaggar. In: World Anthropology [57]: 201–213. The Hague 1978
839 Gruner, Dorothee: Die Berber-Keramik (Studien zur Kulturkunde, 33). Wiesbaden 1973
840 Herzog, R.: Die Nubier. Berlin 1957
841 Keenan, Jeremy: The Tuareg. New York 1977
842 Köhler, Arthur: Verfassung, soziale Gliederung, Recht und Wirtschaft der Tuareg. Gotha 1904
843 Kronenberg, A. und W.: Die Bevölkerung im Stauseegebiet Sudanisch-Nubiens. In Paideuma 11: 119–124. 1965
844 Lhote, Henri: Les Touaregs du Hoggar. Paris 1955
845 MacMichael, H. A.: The Tribes of Northern and Central Kordofan. London 1967 (Reprint der Ausgabe von 1912)
846 MacMichael, H. A.: A History of the Arabs in the Sudan. London 1967 (Reprint der Ausgabe von 1922)
847 Marty, P.: Etudes sur l'Islam et les Tribus du Soudan. 4 vol. Paris 1920–1921
848 Marty, P.: Etudes sur l'Islam et les Tribus Maures. Les Brakna. Paris 1921
849 Marty, P.: Les Nimadi, Maures sauvages et chasseurs. In: Hespéris 11, 1930: 119–124.
850 Merner, P.-G.: Das Nomadentum in Nordwest-Afrika. Stuttgart 1937
851 Montagne, Robert: Les Berbères et le Makhzen dans le sud du Maroc. Paris 1905
852 Nicolaisen, Johannes: Ecology and culture of the pastoral Tuareg. Copenhagen 1963
853 Nicolas, Francis: Tamesna. Paris 1950
854 Norris, H. T.: Shinqiti Folk Literature and Songs. Oxford 1968
855 Norris, H. T.: The Tuaregs. Warminster 1975
856 Rennel of Rodd, F. J.: Peoples of the Veil. London 1926
857 Rohlfs, Gerhard: Kufra. Leipzig 1881
858 Schiffers, Heinrich: Die Sahara und ihre Randgebiete. 3 Bde. (IFO-Institut für Wirtschaftsforschung München. Afrika-Studien, 20–62). München 1971/73
859 Schramm, J.: Die Westsahara. Freilassing 1969
860 Slavin, Kenneth: The Tuareg. London 1973
861 Stühler, Hans-Joachim: Soziale Schichtung und gesellschaftlicher Wandel bei den Ajjer-Tuareg (Studien zur Kulturkunde, 47). Wiesbaden 1978
862 Wysner, G. M.: The Kabyle people. New York 1945

3. Sudan

863 Abraham, R. C.: The Tiv People. Lagos 1933, (Farnborough 1968)
864 Ankermann, Bernhard: Bericht über eine Ethnographische Forschungsreise ins Grasland von Kamerun. In: Zeitschrift für Ethnologie 42: 288–310. 1910
865 Arkell, A. J.: The History of Darfur, 1200–1700 A. D. In: Sudan Notes and Records 32/33. Khartoum 1951/52
866 Ba, A. H.: L'empire peul du Macina. Paris/La Haye 1953
867 Barth, Heinrich: Reisen und Entdeckungen in Nord- und Zentralafrika. 5 Bde. Gotha 1857–59
868 Baxter, P. T. W. und Butt, A.: The Azande. London 1953
869 Beaton, A. C.: The Fur. In: Sudan Notes and Records 29: 1–39. Khartoum 1948
870 Beuchelt, Eno: Kulturwandel bei den Bambara von Ségou. Bonn 1962
871 Bohannan, Laura and Paul: The Tiv of Central Nigeria. London 1953
872 Bohannan, Laura and Paul: The Tiv of Northern Nigeria. London 1962
873 Bowen, Elenore Smith: Return to Laughter. New York 1955
874 Brauer, E.: Züge aus der Religion der Haussa. Leipzig 1925
875 Braukämper, Ulrich: Zur kulturhistorischen Bedeutung der Hirten-Ful für das Staatswesen des Zentralsudan. In: Paideuma 17: 55–120. Wiesbaden 1971
876 Butt, A.: The Nilotes of the Sudan and Uganda. London 1952 (1964)
877 Carbou, H.: La région du Tchad et du Ouadaï, 2 Bde. Paris 1912
878 Clozel, F. J.: Les Bayas. Paris 1896.
879 Cohen, Ronald: The Kanuri of Bornu. New York 1967
880 Cohen, Ronald: The Kingship in Bornu. In: Crowder, M. and I. Obaro (eds) »West African Chiefs«: 187–210. New York 1970
881 Cremer, J.: Les Bobo. 2 Bde. Paris 1924–1927
882 Cunnison, Ian: Baggara Arabs. London 1966
883 Delafosse Maurice: Le peuple Siéna ou Senoufo. In: Revue des Etudes Ethnographiques et Sociologiques, 1, 2. Paris 1908–09
884 Denham, D. und Clapperton, H.: Narrative of Travels and Discoveries in Northern and Central Africa. London 1826
885 de Schlippe, Pierre: Shifting Cultivation in Africa: the Zande System of Agriculture. London 1956
886 Desplagnes, L.: Le plateau central nigérien. Paris 1907
887 Dieterlen, Germaine: Essai sur la religion Bambara. Paris 1924
888 Dieterlen, Germaine: Les âmes des Dogons. Paris 1941
889 Dim Delobsom, A. A.: L'Empire du Mogho-Naba. Paris 1932
890 Dittmer, Kunz: Die sakralen Häuptlinge der Gurunsi im Obervolta-Gebiet, Westafrika. Hamburg 1961
891 Dupire, Marguerite: Peuls nomades. Paris 1962
892 Evans-Pritchard, E. E.: The Nuer. Oxford 1940 (1950)
893 Evans-Pritchard, E. E.: Witchcraft, Oracles and Magic among the Azande. Oxford 1937

894 Fisch, Rudolf: Die Dagbamba. (Baessler-Archiv 3: 132–164). Berlin 1912
895 Forde, C. Daryll: Peoples of the Niger-Benue-Confluence. London 1955
896 Frobenius, Leo: Die Muntschi, ein Urwaldvolk in der Nachbarschaft der sudanischen Kulturvölker. (Atlantis Bd. XI). München 1924
897 Fuchs, Peter: Sudan. Wien 1977
898 Gamble, D. P.: The Wolof of Senegambia. London 1957
899 Gardi, René: Die Glasmacher von Bida. In: Unter afrikanischen Handwerkern. Bern 1969
900 Gulliver, P. und P. H. Gulliver: The Central Nilo-Hamites. London 1953 (1968)
901 Hammond, Peter B.: Yatenga. New York 1966
902 Haumant, J. C.: Les Lobi et leur coutume. Paris 1929
903 Hill, Polly: Rural Hausa, a village and a setting. Cambridge 1972
904 Himmelheber, Hans: Figuren und Schnitztechnik bei den Lobi, Elfenbeinküste. In: Tribus 15: 63–87. Stuttgart 1966
905 Hirschberg, Walter: Die Künstlerstraße. Wien 1962
906 Hogben, S. J. und A. H. M. Kirk-Greene: Emirates of Northern Nigeria. London 1966
907 Holas, B.: Les Sénoufo. Paris 1966
908 Hopen, Claire: The Pastoral Fulbe Family of Gwandu. London 1958
909 Huntingford, G. W. B.: The Northern Nilo-Hamites. London 1963
910 Huntingford, G. W. B.: The Southern Nilo-Hamites. London 1969
911 Hurault, J.: La structure sociale des Bamiléké. Paris 1962
912 Klingenheben, A.: Die Sprache der Ful. Hamburg 1963
913 Kohler, J. M.: Les Migrations des Mossi de L'Ouest. Paris 1972
914 Labouret, H.: Les tribus du rameau Lobi. (Travaux et Mémoires de l'Institut d'Ethnologie, 15). Paris 1931
915 Labouret, H.: Les Manding et leur langue (Bull. du Comité d'Etudes historiques et scientifiques de l'Afrique occidentale française, 7). Paris 1934
916 Lampen, G. D.: The Baggara Tribes of Darfur. In: Sudan Notes and Records 16. Khartum 1933
917 Lebeuf, A. M.-D.: Les populations du Tchad. Paris 1959
918 Lecoq, R.: Les Bamileke. Paris 1953
919 Leiris, M.: La langue secrète des Dogons. Paris 1948
920 Le Rouvreur, A.: Sahariens et Saheliens du Tchad. Paris 1962
921 Littlewood, M.: Bamum and Bamileke. In: Forde, D. (Hrsg) »Peoples of the Central Cameroons«. London 1954
922 Mangin, Eugène: Les Mossi. In: Anthropos 9 bis 11, 1914–16 (existiert auch als Buch, Paris 1921)
923 Manoukian, M.: Tribes of the Northern Territories of the Gold Coast. London 1951
924 Marc, L.: Le pays Mossi. Paris 1909
925 Meek, Ch. K.: The Northern Tribes of Nigeria. 2 Vols. London 1925
926 Miner, Horace: The primitive City of Timbuctoo. Princeton 1953
927 Mohr, Richard: Religiöse Grundvorstellungen und Kulte der Angas von Nord-Nigeria. In: Internationales Archiv für Ethnographie 48: 199 bis 226. 1958
928 Mohr, Richard: Zur sozialen Organisation der Angas in Nord-Nigeria. In: Anthropos 53: 457 bis 472. 1958
929 Monteil, Charles: Bambara de Ségou et du Kaarta. Paris 1924; 1951
930 Munzinger, W.: Ostafrikanische Studien. Schaffhausen 1864
931 Nachtigal, Gustav: Sahara und Sudan, 2 Bde. Berlin 1879–1881
932 Nadel, S. F.: A Black Byzantium: The Kingdom of Nupe in Nigeria. London 1942; 1951
933 Nadel, S. F.: The Nuba. London 1947
934 Nadel, S. F.: Nupe Religion. London 1954; 1970
935 O'Fahey, R. S.: State and society in Dar Fur. A study of the history of the sultanate between 1750 and 1916. London 1980
936 Oloruntimehin, B. O.: The Segu Tukulor Empire. London 1972
937 Pâques, Viviana: Les Bambara. Paris 1954
938 Paul, A.: A History of the Beja Tribes of the Sudan. Cambridge 1954
939 Paulme, Denise: Organisation sociale des Dogons. Paris 1940
940 Perham, Margery: Native Administration in Nigeria. London 1937
941 Poupon, A.: Etude ethnographiques des Baya. In: Anthropologie 26: 87–144. 1915
942 Rattray, R. S.: Hausa Folk-Lore. 2 Vols. Oxford 1913
943 Rein-Wuhrmann, A.: Mein Baumvolk im Grasland von Kamerun. Stuttgart 1925
944 Riefenstahl, L.: Die Nuba von Kau. München 1976
945 Riesman, P.: Freedom in Fulani Social Life: An Introspective Ethnography. Chicago 1977
946 Robinson, C. H.: Hausaland, or Fifteen Hundred Miles through the Central Sudan. London 1899
947 Rouch, Jean: Les Songhay. Paris 1954
948 Schultze, A.: Das Sultanat Bornu. Essen 1910
949 Schweinfurth, G.: Im Herzen von Afrika. Reisen und Entdeckungen im zentralen Äquatorial-Afrika 1868–71. Leipzig 1873
950 Skinner, Elliot P.: The Mossi of Upper Volta. Stanford 1964
951 Smith, Michael G.: The Economy of Hausa Communities of Zaria. London 1955
952 Smith, Michael G.: Government in Zazzau. London 1960
953 St. Croix, F. W. de: The Fulani of Northern Nigeria. Lagos 1945
954 Stenning, Derrick: Savannah Nomads. 1959

955 Tauxier, L.: Le noir du Soudan. Paris 1912
956 Tauxier, L.: Le noir de Boundoukou. Paris 1921.
957 Tauxier, L.: Nouvelles notes sur le Mossi et le Gourounsi. Paris 1924
958 Tauxier, L.: Moeurs et histoire des Peuls. Paris 1937
959 Tauxier, L.: Histoire des Bambara. Paris 1942
960 Temple, O.: Notes of the Tribes, Provinces, Emirates and States of the Northern Provinces of Nigeria. London 1922 (1965)
961 Tessmann, G.: Die Baja. 2 Bde. Stuttgart 1934–37
962 Thorbecke, F.: Im Hochland von Mittel-Kamerun. Hamburg 1919
963 Tremearne, A. J. N.: Hausa superstitions and customs. London 1913
964 Trenga, G.: Le Bura-Maba du Ouadaï (Travaux et Mémoires de l'Institut d'Ethnologie 49). Paris 1947
965 Wane, Y.: Les Toucouleurs du Fouta Toro. Stratification sociale et structure familiale. Dakar 1966
966 Westermann, Dietrich: Die Volkswerdung der Haussa. Berlin 1950
967 Westermann, Dietrich: Geschichte Afrikas. Köln 1952
968 Wilson-Haffenden, A. D. O.: The Red Men of Nigeria. London 1930
969 Zahan, Dominique: Les sociétés d'initiation Bambara. Paris 1960

4. Westafrika (Regenwald)

970 Ajisafe, A. K.: The Laws and Customs of the Yoruba People. London 1924
971 Afolabi Ojo, G. J.: Yoruba Culture. London 1966
972 Bascom, William: The Yoruba of Southwestern Nigeria. New York 1969
973 Basden, C. T.: The Tribes of the Niger Ibos. London 1938; 1966
974 Bernatzik, Hugo A.: Aethiopen des Westens. 2 Bde. Wien 1933
975 Bradbury, R. E.: The Benin Kingdom and the Edo-speaking peoples. London 1957
976 Burton, R. F.: A Mission to Gelele, King of Dahome, 2 Bde. London 1864
977 Busia, K. A.: The Position of the Chief in the Modern Political System of Ashanti. London 1951
978 Cornevin, R.: Histoire du Dahomey. Paris 1962
979 Danquah, J. B.: Akan Laws and Customs. London 1928
980 Danquah, J. B.: Obligation in Akan Society. London 1951
981 Donner, Etta: Hinterland Liberia. London/Glasgow 1939
982 Egharevba, J. U.: The Origin of Benin. Benin 1964
983 Ellis, Alfred B.: The Ewe-speaking peoples. London 1890
984 Ellis, G. W.: Negro Culture in West Africa. New York 1914
985 Fischer, Eberhard: Künstler der Dan. In: Baessler-Archiv 10: 161–263. Berlin 1962
986 Fischer, Eberhard: Der Wandel ökonomischer Rollen bei den westlichen Dan (Studien zur Kulturkunde, 21). Wiesbaden 1967
987 Forde, Daryll and G. I. Jones: The Ibo and the Ibibio-speaking Peoples of South-eastern Nigeria. London 1950; 1962
988 Forman, W. und P. Dark: die Kunst von Benin. Prag 1960
989 Frobenius, Leo: Und Afrika sprach. Band I: Auf den Trümmern des klassischen Atlantis. Berlin 1912
990 Germann, P.: Die Völkerstämme im Norden von Liberia. Leipzig 1933
991 Green, M. M.: Ibo Village Affairs. London 1947
992 Hall, H. U.: The Sherbro of Sierra Leone. Philadelphia 1938
993 Hamid Taqi: Das Tene Chiefship. Dissertation Wien 1968
994 Herskovits, Melville J.: Dahomey. 2 Bde. New York 1938
995 Himmelheber, Hans und Ulrike: Die Dan. Stuttgart 1958
996 Johnson, S.: The History of the Yorubas. London 1921; 1971
997 Klose, K.: Togo unter deutscher Flagge. Berlin 1899
998 Krapf-Askari, E.: Yoruba towns and cities. Oxford 1969
999 Lassort, P. et M. H. Lelong: Chez les Kpelle du Libéria et les Guerzés de la Guinée Française (Etudes Guinéennes, Nr. 2) 1947
1000 Le Herissé, A.: L'ancien royaume du Dahomey. Paris 1911
1001 Leith-Ross, Sylvia: African Women. London 1939
1002 Roth, H. Ling: Great Benin. Halifax 1903
1003 Lloyd, P. C.: Yoruba Land Law. London 1962
1004 Luschan, Felix von: Die Altertümer von Benin. 3 Bände. Berlin 1919
1005 Lystad, R. A.: The Ashanti. New Brunswick 1958
1006 Mabogunje, A. L.: Yoruba Towns. Ibadan 1962
1007 McCulloch, M.: Peoples of Sierra Leone Protectorate. London 1950
1008 Manoukian, Madeline: Alean and Ga-Adangme peoples of the Gold Coast. London 1950
1009 Manoukian, M.: The Ewe-speaking People of Togoland and the Gold-Coast. London 1950
1010 Meek, C. K.: Law and Authority in a Nigerian Tribe. London 1957
1011 Meyerowitz, Eva L. R.: The Sacred State of Akan. London 1951
1012 Meyerowitz, Eva L. R.: The early history of the Akan States of Ghana. London 1974
1013 Meyerowitz, Eva L. R.: The Akan: their ancient

beliefs. London 1958
1014 Paulme, D.: Les gens du riz. Paris 1954
1015 Rattray, R. S.: Religion and Art in Ashanti. Oxford 1927
1016 Schwab, G.: Tribes of the Liberian Hinterland. Cambridge (Mass.) 1947
1017 Sarpong, Peter: The sacred stools of the Akan. 1971
1018 Smith, R. S.: Kingdoms of the Yorubas. London 1969
1019 Spieth, J.: Die Ewe-Stämme. Berlin 1906
1020 Talbot, P. A.: The peoples of Southern Nigeria. 4 Bde. Oxford 1926
1021 Talbot, P. A.: Tribes of the Niger Delta. London 1932
1022 Thomas, N. W.: Anthropological report on the Edo-speaking peoples. 2 Bde. London 1910
1023 Westermann, Dietrich: Die Kpelle: Ein Negerstamm in Liberia. Göttingen 1921
1024 Westermann, Dietrich: Die Glidyi-Ewe in Togo. Berlin 1935
1025 Willett, Frank: Ife. Bergisch Gladbach 1967
1026 Wilson, J. L.: Western Africa. New York 1856

4. Ost- und Nordostafrika

1027 Baumann, O.: Durch Massailand zur Nilquelle. Berlin 1894
1028 Baxter, P. T. W.: Ethiopia's unacknowledged problem: the Oromo. In: African Affairs 77: 283–96, 1978
1029 Bieber, F. J.: Kaffa. 2 Bde. Münster 1920–23
1030 Braukämper, U.: Natürliche und anthropogene Katastrophen in Südost-Äthiopien. Geschichtliche Hintergründe einer Gegenwartskrise. In: Paideuma 21, 1975
1031 Braukämper, U.: Islamic Principalities in Southeast Ethiopia between the thirteenth and sixteenth centuries. In: Ethiopianist Notes I, 1, 1977; I, 2, 1977
1032 Braukämper, Ulrich: The Ethnogenesis of the Sidama. In: Abbay 9: 123–130, Meudon-Bellevue 1978
1033 Braukämper, Ulrich: Geschichte der Hadiya Süd-Äthiopiens. (Studien zur Kulturkunde, 50) Wiesbaden 1980
1034 Cerulli, Ernesta: Peoples of South West Ethiopia and Its Borderland. London 1956
1035 Cerulli, Ernesta: Somalia. Scritti vari editi ed inediti. 3 Bde. Roma 1957–1964
1036 Crazzolara, J. P.: The Lwoo. 3 Bde. Verona 1950–54
1037 Dempwolff, O.: Die Sandawe, Hamburg 1916
1038 Fallers, M. C.: The Eastern Lacustrine Bantu. London 1960 (1968)
1039 Girling, F. K.: The Acholi of Uganda. London 1960
1040 Grottanelli, V. L.: I Niloti dell'Etiopia alle stato attuale delle nostre conoscenze. In: Bolletino della Società Geografica Italiana. Ser. 7, 6. 1941
1041 Haberland, Eike: Verdienstfeste in Süd-Äthiopien. In: Paideuma 6: 326–341, 1957
1042 Haberland, Eike: Galla Süd-Äthiopiens. Stuttgart 1963
1043 Haberland, Eike: Untersuchungen zum äthiopischen Königtum. (Studien zur Kulturkunde, 18). Wiesbaden 1965
1044 Hallpike, C. R.: The Konso of Ethiopia. Oxford 1972
1045 Hammerschmidt, E. und R. Rauschenbach: Tonfiguren der Falascha. (Hamburger Beiträge zur Afrikakunde 5) Hamburg 1966
1046 Hertefelt, M. de, A. A. Trouwborst und J. H. Scherer: Les anciens royaumes de la zone interlacustre méridionale. Rwanda, Burundi. Buha. Tervuren 1962
1047 Hofmayr, W.: Die Schilluk. Mödling 1925
1048 Hollis, A. C.: The Masai. Oxford 1905
1049 Huntingford, G. B. W.: The southern Nilo-Hamites. London 1953
1050 Huntingford, G. W. B.: The Galla of Ethiopia. London 1955 (1969)
1051 Ingrams, H. W.: Zanzibar, its history and its people. London ²1967
1052 Irstam, T.: The king of Ganda. Lund 1944
1053 Jensen, Ad. E.: Im Lande des Gada. Stuttgart 1936
1054 Jensen, Ad. E. (Hg): Altvölker Süd-Äthiopiens. Stuttgart 1959
1055 Kenyatta, Y.: Facing Mount Kenya. London 1938
1056 Leakey, L. S. B.: Mau-Mau and the Kikuyu. London 1952
1057 Leslau, W.: Documents Tigriña. Paris 1941
1058 Leslau, Wolf: Coutumes et croyances des Falachas (Travaux et Mémoires de l'Institut d'Ethnologie 21). Paris 1957
1059 Levine, D. N.: Wax and Gold. Chicago 1965
1060 Lewis, I. M.: Peoples of the Horn of Africa. Somali, Afar and Saho. London 1955 (1967)
1061 Lewis, I. M.: A Pastoral Democracy. London 1961 (1967)
1062 Lewis, I. M.: The modern history of Somaliland. From nation to state. London 1965
1063 Lindblom, G.: The Akamba. Uppsala 1916
1064 Littmann, E.: Publications of the Princeton Expedition to Ethiopia. 4 Bde. Leiden 1910–15
1065 Lonfernini, B.: I Sidamo – un antico popolo cuscita. Bologna 1971
1066 Merker, M.: Die Massai. Berlin 1904
1067 Meyer, H.: Die Barundi, Leipzig 1916
1068 Middleton, John: Lugbara Religion: Ritual and Authority Among an East African people. London 1960
1069 Middleton, John: The Lugbara of Uganda. New York 1965
1070 Middleton J. und G. Kershaw: The Kikuyu and Kamba of Kenya. London 1965

1071 Nigmann, E.: Die Wahehe. Berlin 1908
1072 Nowack, E.: Land und Volk der Konso. Bonn 1954
1073 Onneken, D.: Die Königskultur Kaffa und der verwandten Königreiche. Frankfurt am Main 1956
1074 Orent, A: Lineage Structure and the Supernatural: the Kafa of Southwest Ethiopia. Ann Arbor 1969
1075 Pankhurst, S.: Ethiopia. A Cultural History. Woodward Green 1955
1076 Perham, M.: The Government of Ethiopia. London 1948
1077 Prins, H. J.: The Swahili-speaking peoples of Zanzibar and the East African Coast. London 1961 (1967)
1078 Ramponi, E.: Religion and Divination of the Logbara Tribe of North Uganda. In: Anthropos 32: 571–594, 849–874. 1937
1079 Rathjens, C.: Die Juden in Abessinien. 1921
1080 Reche, O.: Zur Ethnographie des abflußlosen Gebietes Deutsch-Ostafrikas. Hamburg 1914
1081 Roscoe, J.: The Baganda. London 1911
1082 Salim, A. I.: Swahili-speaking peoples of Kenya's coast 1895–1965. Nairobi 1973
1083 Shack, William: The Gurage: A People of the Ensete Culture. London 1966
1084 Shack, William: The Central Ethiopians. Amhara, Tigriña and Related Peoples. London 1974
1085 Southall, A. W.: Lineage formation among the Luo. London 1952
1086 Straube, Helmut: Westkuschitische Völker Süd-Äthiopiens. Stuttgart 1963
1087 Straube, Helmut: Die Stellung und die Funktion des Schilluk-Königs als zentrale Autorität. In: Paideuma 19/20: 213–257. 1973/74
1088 Taylor, B. K.: The Western Lacustrine Bantu. London 1962 (1969)
1089 Thompson, J.: Through Masai Land. London 1885
1090 Ullendorf, E.: The Ethiopians. London 1960
1091 Weissleder, Wolfgang: The Political Ecology of Amhara Dominanation. PhD Dissertation Chicago 1965
1092 Weissleder, Wolfgang: The Promotion of Suzerainty Between Sedentary and Nomadic Populations in Eastern Ethiopia. In: W. Weissleder (ed) »The Nomadic Alternative« (World Anthropology): 275–288. The Hague 1978
1093 Westermann, Dietrich: The Shilluk People. Berlin 1912
1094 Wright, M.: Buganda in the heroic age. Nairobi 1971
1095 Zache, H.: Sitten und Gebräuche der Swahili. In: Zeitschrift für Ethnologie 31: 61–86. 1899

(s. auch 930)

5. Zentralafrika

1096 Alexandre, Pierre und Jaques Binet: Le group dit Pahouin. Paris 1958
1097 Ardener, Enoch: Coastal Bantu of the Cameroons. London 1956
1098 Axelson, Sigbert: Culture Confrontation in the Lower Congo. Folköping 1970
1099 Balandier, Georges: Daily life in the Kingdom of the Kongo. London 1968
1100 Baumann, H.: Die materielle Kultur der Azande und Mangbetu. In: Baessler Archiv 11: 3–129, 1927
1101 Baumann, Hermann: Lunda. Berlin 1935
1102 Bertaut, M.: Le droit coutumier des Boulous. Paris 1935
1103 Brutsch, J.-R.: Les relations de parenté chez les Duala. In: Etudes camerounaises 3 (31–32): 211–230. 1950
1104 Carvalho, Henrique Augusto Dias de: Ethnographia e historia traditional dos povos da Lunda. Lisboa 1890
1105 Childs, G.: Umbundu Kinship and Character. London 1949
1106 Colle, P.: Les Baluba, 2 Bde. (Collections de Monographies ethnographiques 10, 11). Bruxelles 1913
1107 Cuvelier, J.: L'Ancien Royaume de Congo. Bruxelles 1946
1108 Edwards, Adrian C.: The Ovimbundu under two sovereignties. London 1962
1109 Elshout, P.: Les Batwa des Ekonda (Musée Royale de l'Afrique Centrale, Archives d'Ethnographie, 6) Tervuren 1963
1110 Engels, A.: Les Wangata. Bruxelles 1912
1111 Göhring, H.: Baluba. Studien zur Selbstzuordnung und Herrschaftsstruktur der baLuba. Meisenheim 1970
1112 Gusinde, Martin: Die Kongo-Pygmäen in Geschichte und Gegenwart. Halle 1942
1113 Gusinde, Martin: Die Twa-Pygmäen in Ruanda, 1949
1114 Gusinde, Martin: Die Twiden. Wien 1956
1115 Hambly, W. D.: The Ovimbundu of Angola. (Field Museum of National History, Anthr. Ss. 21, 2). Chicago 1934
1116 Hoover, J. Jeffrey: The Seduction of Ruwej: Reconstructing Ruund History. PhD Dissertation Yale University 1978
1117 Hulstaert, G.: Les Mongo, (Musée Royal de l'Afrique Centrale, Archives d'Ethnographie 5). Tervuren 1961
1118 Ittmann, J.: Bermerkungen zu den Altersklassen der Duala und ihrer Nachbarn. In: Afrika und Übersee 39: 83–88. Berlin 1955
1119 Laburthe-Tolra, P.: Mulaaba. 3 Bde. Lille/Paris 1977
1120 Lelong, M. H.: Mes frères du Congo. 2 Bde. Algier 1946
1121 McCulloch, Merran: The southern Lunda and related peoples. London 1951

1122 McCulloch, Merran: The Ovimbundu of Angola. London 1952
1123 MacGaffey, Wyatt: Custom and Government in the Lower Congo. Berkeley 1970
1124 Maes, J. et O. Boone: Les peuplades du Congo Belge. Bruxelles 1935
1125 Magyar, L.: Reisen in Süd-Afrika. Leipzig und Pest 1859
1126 Miller, Joseph C.: Cokwe Expansion 1850–1900. Spring 1969
1127 Mitchell, J. C.: The Yao Village. Manchester 1956
1128 Nicol, Y.: La tribu des Bakoko. Paris 1929
1129 Overbergh, C. van: Les Mangbetu. Brüssel 1909
1130 Peschuël-Loesche, Eduard: Volkskunde von Loango. Stuttgart 1907
1131 Pogge, P.: Im Reich des Mwuata Yamvo. Berlin 1880
1132 Randles, W. G. L.: L'ancien royaume du Congo des origines à la fin du XIX siècle. Paris 1968
1133 Redinha, José: Campanha etnográfica ao Tchiboco (Alto Tchicapa). 2 Bde. Lisboa 1953–55
1134 Richards, A. I.: Land, Labour, and Diet in Northern Rhodesia. London 1939
1135 Richards, A. I.: Chisungu. London 1956
1136 Roberts, Andrew: A History of the Bemba. London 1974
1137 Schebesta, Paul: Vollblutneger und Halbzwerge. Salzburg 1934
1138 Schebesta, Paul: Die Bambuti-Pygmäen vom Ituri. 3 Bde. Brüssel 1938–1950
1139 Schmidt, Wilhelm: Stellung der Pygmänvölker in der Entwicklungsgeschichte des Menschen. 1910
1140 Schumacher, P.: Die Kivu-Pygmäen. Brüssel 1950
1141 Seitz, Stefan: Die zentralafrikanischen Wildbeuterkulturen (Studien zur Kulturkunde, 45). Wiesbaden 1977
1142 Seiwart, J.: Die Bagielli. In: Anthropos 21: 127 bis 147. 1926
1143 Stannus, H. S.: The Wayao of Nyassaland. 1922
1144 Tessmann, Günther: Die Pangwe. 2 Bde. Berlin 1913
1145 Tessmann, Günther: Die Bubi auf Fernando Po. Hagen 1923
1146 Torday, E. et T. A. Joyce: Les Bushongo. Bruxelles 1910
1147 Torday, E.: On the trail of the Bushongo. London 1925
1148 Trilles, H.: Le totemisme chez les Fan. Münster 1912
1149 Trilles, H.: Les Pygmées de la forêt équatoriale. Paris 1932
1150 Turnbull, Colin M.: The Forest People. New York 1962. (dt.: Molimo, Drei Jahre bei den Pygmäen. Köln 1963)
1151 Turnbull, Colin M.: The Wayward Servants. Garden City 1965
1152 Vansina, Jan: Les tribus Ba-Kuba et les peuplades apparentées (Monographies ethnographiques, 1). Tervuren 1954
1153 Vansina, Jan: Kingdoms of the Savanna. Madison 1966
1154 Vansina, Jan: The Children of Woot. Madison 1978
1155 Van Wing, J.: Études Bakongo. Sociologie – Religions et Magie. ²1959 (Teil 1: 1921, Teil 2: 1938)
1156 Verhulpen, E.: Baluba et Balubaisés. Antwerpen 1936
1157 Weeks, J. H.: Among the primitive Bakongo. London 1914
1158 Werther, C. W.: Die mittleren Hochländer des nördlichen Deutsch-Ost-Afrika. Berlin 1898
1159 Whiteley, W.: Bemba and related peoples of Northern Rhodesia. London 1951
1160 Wissmann, H. et al.: Im Inneren Afrikas. Leipzig 1888

6. Südafrika

1161 Adams, H.: Südafrika. Soziologie einer Rassengesellschaft. Frankfurt/M. 1969
1162 Ashton, E. H.: The Basuto. London 1952
1163 Asmus, G.: Die Zulu. Essen 1939
1164 Bleek, D. F.: The Naron. Cambridge 1928
1165 Breutz, P-L.: Die politischen und gesellschaftlichen Verhältnisse der Sotho-Tswana. Hamburg 1941
1166 Bryant, N. T.: Olden Times in Zululand and Natal. London 1929
1167 Bullock, Charles: The Mashona and the Matebele. London 1956
1168 Carstens, W. Peter: The Social Structure of a Cape Coloured Reserve. London 1966
1169 Casalis, J.-E.: Les Bassoutos. Paris 1933 (Engl. edition: Cape Town 1965)
1170 Colson, Elizabeth: Social Organization of the Gembe Tonga. Manchester 1960
1171 Colson, Elizabeth: The Plateau Tonga of Northern Rhodesia. Social and religious Studies. Manchester 1962
1172 De Kiewit, C. W.: A Social and Economic History of South Africa. London 1957
1173 Ellenberger, D. F.: History of the Basuto. London 1912
1174 Ertle, D.: Das traditionelle Eigentumsrecht der Kap-Nguni. Bonn 1969
1175 Estermann, Carlos: The Ethnography of Southwestern Angola. Vol 1: The Non-Bantu Peoples. The Ambo Ethnic Group. New York 1976 (portug. Originalausgabe 1956)
1176 Fischer, Eugen: Die Rehobother Bastards. Jena 1913
1177 Fourie, H. C. M.: Amandebele van Fene Mahlangu en hul religieus-sociaal leven. Zwolle 1921
1178 Gelfand, M.: Medicine and magic of the Mashona. Cape Town 1956
1179 Gibson, G. D.: Double Descent and its Correla-

tes among the Herero of Ngami-Land. In: American Anthropologist 58: 109–139, 1956
1180 Goldman, I.: The Bathonga. New York 1937
1181 Hahn, C. H. L. et al.: The Native Tribes of South-West Africa. Capetown 1928 (1966)
1182 Halbach, A.: Die Südafrikanischen Bantu-Homelands. München 1976
1183 Halford, S. J.: The Griquas of Griqualand. Cape Town/Johannesburg 1949
1184 Hammond-Tooke, W. D. (Hrsg): The Bantu-Speaking Peoples of Southern Africa. London 1974
1185 Hughes, A. J. B. and J. van Velsen: The Ndebele. London 1953
1186 Irle, J.: Die Herero. Gütersloh 1906
1187 Jaques, A. A.: Notes on the Lemba tribe of Northern Transvaal. In: Anthropos 26: 245–251, 1931
1188 Junod, H. A.: The Life of a South African tribe. 2 Bde. London ²1928
1189 Köhler, O.: Tradition und Wandel bei den Kxoe-Buschmännern von Mutsiku. In: Sociologus 16: 122–140, 1966
1190 Kolb, Peter: Caput Bonae Spei Hodiernum. Nürnberg 1719
1191 Kriel, A.: An African horizon, ideals in Shona love and literature. Cape Town 1971
1192 Krige, E. J.: The Social System of the Zulus. London 1936
1193 Krige, E. J. und Krige J. D.: The Realm of a Rainqueen (Lobedu). London 1943
1194 Kropf, A.: Das Volk der Xosa-Kaffern im östlichen Südafrika. Berlin 1889
1195 Kuper, Hilda: An African Aristoacray. London 1947
1196 Kuper, Hilda: The Swazi. London 1952
1197 Kuper, Hilda: The Shona and Ndebele of Southern Rhodesia. London 1954
1198 Kuper, Hilda: A Southafrican Kingdom. New York 1963
1199 Lebzelter, Viktor: Eingeborenenkulturen in Südwest- und Südafrika. Leipzig 1934
1200 Lee, Richard and I. DeVore: Kalahari Hunter-gatherers. Boston 1978
1201 Leftwich (ed): South Africa. Economic Growth and Political Change. London 1974
1202 Lehmann, F. Rudolf: die Anthropogeographischen Verhältnisse des Ambo-Landes. In: Zeitschrift für Ethnologie 79: 8–58. 1954
1203 Loeb, E. M.: In Feudal Africa. International Journal of American Linguistics 28, 1962
1204 Luttig, H. G.: The religious system and social organization of the Herero. Utrecht 1933
1205 Marquardt, L.: The Peoples and Policies of South Africa. Cape Town 1960
1206 Marwick, Brian Allan: The Swazi. Cambridge 1940
1207 Mauder, K.: Landnutzung in Nordost-Transvaal. Regensburg 1976
1208 Meyer, P.: Townsmen or Tribesmen. Kapstadt 1961
1209 Mitchell, J. C.: The Native Peoples. In: Handbook Federation of Rhodesias and Nyasaland. London 1957
1210 Mönnig, H. G.: The Pedi. Pretoria 1967
1211 Mofolo, T.: Chaka, der Zulu. Zürich 1953
1212 Nienaber, G. S.: Hottentotts. Pretoria 1963
1213 Omer-Cooper, J. D.: The Zulu Aftermath. London 1966
1214 Post, L. van der: The Lost World of the Kalahari. London 1918
1215 Reader, D. H.: Zulu Tribe in Transition. Manchester 1966
1216 Rhodie, N. J. (ed): South African Dialogue. Leyden 1973
1217 Sanson, B.: Traditional Economic Systems. In: Hammond-Tooke, W. D. (Hrsg): The Bantu-Speaking Peoples of Southern Africa. London 1974
1218 Schapera, Isaac: The Khoisan peoples of South Africa. London 1930
1219 Schapera, Isaac: Early Cape Hottentots. Cape Town 1933
1220 Schapera, Isaac: (ed) The Bantu-speaking tribes of South Africa. London 1937
1221 Schapera, Isaac: Handbook of Tswana Law and Custom. London 1938
1222 Schapera, Isaac: The Tswana. London 1953
1223 Sheddick, V. G. J.: The Southern Sotho. London 1953
1224 Sicard, H. von: Ngoma Lugundu. Uppsala 1952
1225 Silberbauer, G. B.: Bushman Survey Report. Gaberones 1965
1226 Soga, J. H.: The Ama-Xosa. Life and Customs. Lovedale, C. P. 1932
1227 South African Institute of Race Relations: Survey of Race Relations in South Africa, Vol. 33. Johannesburg 1980
1228 Stayt, H. A.: The Bavenda. London 1931
1229 Stirniman: Nguni und Ngoni. Eine kulturgeschichtliche Studie. Wien 1963
1230 Tew, Marjorie: Peoples of the Lake Nyasa region. London 1950
1231 Thomas, Elizabeth M.: Meine Freunde, die Buschmänner. Berlin 1959
1232 Tönjes, H.: Ovamboland. Berlin 1911
1233 Van Velsen, J.: The Politics of kinship, a study in social manipulation and the Lakeside Tonga of Nyasaland. Manchester 1964
1234 Vedder, H.: Die Bergdama, 2 Bde. Hamburg 1923
1235 Vedder, H.: The Herero. Cape Town 1928
1236 Vilakazi, A.: Zulu Transformation. A Study of the Dynamics of Social Change. Pietermaritzburg 1962
1237 Warmelo, N. J. van: Venda Law. 5 Bde. Pretoria 1948, 1949, 1967
1238 Warmelo, N. J. van: The Classification of Cultural Groups. In: Hammond-Tooke, W. D. (ed): The Bantu-Speaking Peoples of Southern Africa. London 1974.
1239 Wilson, M. and Thompson, L.: Oxford History

of South Africa. 2 Bde. London 1969, 1971
1240 Ziervogel, D.: The Eastern Sotho. Pretoria 1954

7. Madagaskar

1241 Decary, R.: Moeurs et coutumes des Malgaches. Paris 1951
1242 Deschamps, H.: Histoire de Madagascar. Paris 1961/65
1243 Deschamps, H. et S. Vianès: Les Malgaches du sud-est. Paris 1958
1244 Faublée, J. et al.: Ethnographie de Madagascar. Paris 1946
1245 Grandidier, A. et G.: Ethnographie de Madagascar. 4 Bde. Paris 1908/1928
1246 Hedrich, M.: Standort der Industrie im entwicklungsstrategischen Konzept Madagaskars. Internationales Afrika Forum 1975
1247 Schomerus-Gernböck, Lotte: Madagascar. In: H. Baumann (Hg): Die Völker Afrikas und ihre traditionellen Kulturen I: 785–815 (Studien zur Kulturkunde, 34). Wiesbaden 1975
1248 Stülpner, K.: Der Tote im Brauch und Glauben der Madegassen. 1929

Ethnonymen-Register

(Ethnonyme und Untergruppen ohne eigenes Stichwort)

tsch = oft »ch«

Abakan Tataren s. Chakassen
Abessinier s. Amhara
Acholi s. Luo
Acoma s. Pueblo-Indianer
Aëta s. Igorot, Indonesier
Aguaruna s. Jíbaro
Ahaggar s. Tuareg
Aimara s. Aymara
Ajo s. Batak
Aka s. Pygmäen
Akha s. Lolo-Völker
Almoraviden s. Berber
Alur s. Luo
Amazulu s. Zulu
Ami s. Alt-Taiwanesen
Annamiten s. Vietnamesen
Antaisaka s. Madegassen
Antandroy s. Madegassen
Antessar s. Tuareg
Anyi s. Aschanti
Apayo s. Igorot
Apinayé s. Timbira
Araukaner s. Mapuche
Arussi s. Oromo
Arwae s. Melanesier
Asben s. Tuareg
Atayal s. Alt-Taiwanesen
Atchinesen s. Aceh
Atjeh, Atjeher s. Aceh

Babemba s. Bemba
Badjao s. Moros
Baganda s. Ganda
Bagielli s. Pygmäen
Bagobo s. Indonesier, Igorot
Bahau s. Dajak
Bahima s. Hima
Bahnar s. Montagnards
Baining s. Papua, Melanesier
Bakongo s. Kongo
Bakuba s. Kuba
Baluba s. Luba
Bamara s. Bambara
Bambuti s. Pygmäen
Bamongo s. Mongo
Baniwa s. Tukano
Banmana s. Bambara
Baqqara s. Baggara
Bara s. Madegassen
Barabra s. Nubier
Bari s. Niloten
Barito-Dusun s. Dajak
Barma s. Bagirmi
Batschokwe s. Cokwe

Battak s. Igorot
Batwa s. Pygmäen
Baule s. Aschanti
Bauré s. Mojos
Bayot s. Diola
Bedscha s. Bedja
Beja s. Bedja
Beltiren s. Chakassen
Beni-Amer s. Bedja
Beni Hilal s. Berber
Beni Mzab s. Berber
Beraber s. Berber
Berabich s. Mauren
Berberiner s. Nubier
Beriberi s. Kanuri
Betsileo s. Madegassen
Betsimisaraka s. Madegassen
Bhaca s. Nguni
Bhatu s. Sansi
Biadju s. Dajak
Bikinesen s. Mikronesier
Bikol s. Moros
Bilaan s. Indonesier, Igorot
Binga s. Pygmäen
Bini s. Edo
Bisaya s. Indonesier, Moros
Bischarin s. Bedja
Black Caribs s. Garífuna
Bongo s. Pygmäen
Boni s. Buschland-Kreolen
Bontoc s. Igorot
Borana s. Oromo
Bororo s. Fulbe (Afrika)
Bororo s. Orarimugudoge (Südamerika)
Bribri s. Talamanca
Bua s. Bobo
Bubi s. Duala
Bugi s. Indonesier, Dajak, Toradja
Buin s. Papua, Melanesier
Bukidnon s. Indonesier, Igorot
Bunun s. Alt-Taiwanesen
Burdji s. Sidama
Buschneger in Guyana s. Buschland-Kreolen
Bushongo s. Kuba

Cagayan s. Moros
Cáhita s. Mayo und Yaqui
Campa s. Asháninka
Canela s. Timbira
Canelos s. Runa
Carina s. Küsten-Kariben
Cayapa s. Cachi
Cayuga s. Irokesen
Chaanba s. Sha'amba
Chakma s. Chittagong-Bergvölker
Chamorro s. Mikronesier
Chaonam s. Moken
Chippewa s. Ojibwa
Chiricahua s. Apache

Chiriguano s. Avá-Chiriguano
Chiripá s. Guaraní
Chonqui s. Mapuche
Chuang s. Tai-Völker
Chung-chia s. Tai-Völker
Conibo s. Shipibo
Coreguaje s. Tukano
Cubeo s. Tukano
Cuna s. Tule

Dagbamba s. Dagomba
Dahomey s. Fon
Damara s. Bergdama
Danakil s. Afar
Dani s. Papua
Dendi s. Songhai
Desana s. Tukano
Dialonke s. Mande
Digoja s. Süd-Sotho
Dilling s. Nubier
Dimasa s. Bodo-Völker
Diula s. Dyula
Diwala s. Duala
Djerma s. Songhai
Djuka s. Buschland-Kreolen
Dorobo s. Sandawe
Dscharai s. Montagnards
Dusum s. Dajak
Dyola s. Diola

Efe s. Pygmäen
Egba s. Yoruba
Egede s. Nupe
Ekiti s. Yoruba
Ekonda s. Mongo
Embo s. Nguni
Engganesen s. Indonesier

Fang s. Pangwe
Fanti s. Aschanti
Fellani s. Fulbe
Fidschianer s. Melanesier, Polynesier
Fingu s. Nguni
Fiote s. Kongo
Fokeng s. Süd-Sotho
Fong s. Fon
Ful(a) s. Fulbe
Fulfulde s. Fulbe

Gaddang s. Igorot
Gajo s. Batak
Galibi s. Küsten-Kariben
Galla s. Oromo
Gallina s. Vai
Garo s. Bodo-Völker
Gaviões s. Timbira
Gbese s. Kpelle
Gerse s. Kpelle
Gilbertesen s. Mikronesier
Giljaken s. Niwchen

Golden s. Nanai
Griqua s. Hottentotten
Grusi s. Gurunsi
Guajiro s. Wayú
Guajajara s. Tenetehara
Guarayos s. Guaraní
Guaymí s. Talamanca

Habbe s. Dogon
Hadendoa s. Bedja
Hadiya s. Sidama
Hani s. Lolo-Völker
Hemba s. Luba
Himba s. Herero
Hmong s. Miao
Hova s. Madegassen
Hui Hui s. Dunganen
Huilliche s. Mapuche
Huitoto s. Murui
Hurutsche s. Tswana
Hutu s. Hima

Ibadan s. Yoruba
Ibaloy s. Igorot
Iban s. Dajak
Ibanang s. Moros
Ibibio s. Igbo
Ibo s. Igbo
Idoma s. Nupe
Ife s. Yoruba
Iforas s. Tuareg
Ifugao s. Igorot
Igala s. Nupe
Igbara s. Nupe
Ijebu s. Yoruba
Ijo s. Igbo
Iloko s. Moros
Ilongot s. Igorot
Ilorin s. Yoruba
Imuschagh s. Tuareg
Inuit s. Eskimo
Itonama s. Mojos
Iullemmeden s. Tuareg

Jao s. Yao
Jarai s. Montagnards
Jaunde s. Pangwe
Javaner s. Indonesier
Jenissei-Kirgisen s. Chakassen
Jenissei-Ostjaken s. Keten
Jinghpaw s. Kachin
Jolof s. Wolof
Jurak-Samojeden s. Nenzen

Kachari s. Bodo-Völker
Kadiwéu s. Guaikurú
Kaffitscho s. Kafa
Kagore s. Mande
Kajan s. Dajak
Kalanga s. Shona
Kalapalo s. Xinguanos

Kalifornische Indianer s. Maidu, Miwok, Pomo, Cahuilla
Kalinga s. Igorot
Kamayurá s. Xinguanos
Kamba s. Kikuyu
Kambodschaner s. Khmer
Kamtschadalen s. Itelmen
Kand s. Khond
Kaniok s. Luba
Kankanay s. Igorot
Kaonde s. Luba
Karamojong s. Niloten
Karanga s. Shona
Katschari s. Bodo-Völker
Katschin s. Chakassen
Kavirondo s. Luo
Kayah s. Karen
Kayapó s. Mẽ-be-ngô-kre
Kayowá s. Guaraní
Kel-Ajjer s. Tuareg
Kelabit s. Dajak
Kendayan s. Dajak
Kenja s. Dajak
Kete s. Luba
Kha s. Montagnards
Khmu s. Montagnards
Khoikhoin s. Hottentotten
Khün s. Tai-Völker
Kindiga s. Sandawe
Klamath s. Modoc
Kobewa s. Tukano
Koibalen s. Chakassen
Konda s. Khond
Koni s. Nord-Sotho
Konkonba s. Dagomba
Korana s. Hottentotten
Koranko s. Mande
Korekore s. Shona
Kota s. Bagada
Koya s. Lakshadsweeper
Krahó s. Timbira
Kran s. Kru
Kuienju s. Khond
Kuikuro s. Xinguanos
Kuiloka s. Khond
Kuki s. Chin
Kuna s. Tule
Kundu s. Mongo
Kurumba s. Bagada
Kuvale s. Herero
Kwena s. Süd-Sotho

Lahu s. Lolo-Völker
Lamuten s. Ewenen
Lango s. Luo
Laoten s. Tai-Völker
Larka Kol s. Ho
Lawangan s. Dajak
Lebu s. Wolof
Lemba s. Venda

Lenca s. Pipil
Lenni Lenape s. Delaware
Lisu s. Lolo-Völker
Lobedu s. Nord-Sotho
Lolo s. Mongo
Loven s. Montagnards
Lü s. Tai-Völker
Lua s. Lawa
Lulua s. Luba
Luoravetlan s. Tschuktschen
Lushai s. Chin
Lwo s. Luo

Ma s. Montagnards
Maanjan s. Dajak
Maduresen s. Indonesier
Maguindanao s. Moros
Mahafaly s. Madegassen
Makongo s. Kongo
Mali s. Mande
Man s. Yao (Hinterindien)
Malinke s. Mande
Mandingo s. Mande
Mansen s. Chanten
Makassaren s. Toradja, Indonesier
Makiritare s. Yekuana
Malagassy s. Madegassen
Malaien s. Indonesier
Malgaches s. Madegassen
Malmi s. Lakshadsweeper
Mangyan s. Indonesier, Igorot
Manobo s. Indonesier, Igorot
Marano s. Moros
Maricopa s. Pima
Marma s. Chittagong-Bergvölker
Marquesaner s. Polynesier
Mashona s. Shona
Matabele s. Ndebele
Matlazinca s. Otomí
Mazahua s. Otomí
Mayo s. Yaqui und Mayo
Mbaya s. Guaikurú
Mbowamb s. Papua
Mbyá s. Guaraní
Mehinaku s. Xinguanos
Meithei s. Chin
Mek s. Papua
Melacheri s. Lakshadsweeper
Mende s. Mande
Mentaweier s. Indonesier
Meo s. Miao
Merina s. Madegassen
Mescalero s. Apache
Mfengu s. Nguni
Miccosukee s. Seminolen
Minahasa s. Toradja, Indonesier
Minitari s. Hidatsa
Minusinsker Tataren s. Chakassen
Mixe s. Zoque
Mizo s. Chin
Mnong s. Montagnards

Mocoví s. Guaikurú
Mohawk s. Irokesen
Mohikaner s. Mohegan
Moi s. Montagnards
Monbuttu s. Mangbetu
Motilonen s. Bari
Mozabiten s. Berber
Mru s. Chittagong-Bergvölker
Munshi s. Tiv
Muong s. Vietnamesen
Muria s. Gond
Murut s. Dajak

Nago s. Yoruba
Nakanei s. Melanesier
Nama s. Hottentotten
Nambikuara s. Anuntsu
Ndau s. Shona
Ngadju s. Dajak
Ngandu s. Mongo
Niam-Niam s. Azande
Niasser s. Indonesier
Nil-Nuba s. Nubier
Ntum s. Pangwe
Nüa s. Tai-Völker
Nung s. Tai-Völker
Nuristani s. Kafiren

Obugrier s. Chanten
Ocuiltec s. Otomí
Omengen s. Melanesier
Oneida s. Irokesen
Onondaga s. Irokesen
Orang Asli s. Indonesier
Orang Batin s. Indonesier
Orang Benua s. Indonesier
Orang Darat s. Indonesier
Orang Kubu s. Indonesier
Orang Laut s. Moken
Orang Lom s. Indonesier
Orang Lubu s. Indonesier
Orang Mamak s. Indonesier
Orang Ulu s. Indonesier
Orang Utan s. Indonesier
Ostjak-Samojeden s. Selkupen
Ostjaken s. Chanten, Keten
Ot Danum s. Dajak
Ouadai s. Maba
Ovaherero s. Herero
Ovambo s. Ambo
Ovimbundu s. Mbundu
Owe s. Yoruba
Oyo s. Yoruba

Pahouin s. Pangwe
Pame s. Otomí
Paï-Tavyterä s. Guaraní
Paiwan s. Alt-Taiwanesen
Pamiwa s. Tukano
Pangangan s. Moros
Pangasinan s. Moros

Pathanen s. Paschtunen
Paviotso s. Paiute
Pedi s. Nord-Sotho
Peul s. Fulbe
Pehuenche s. Mapuche
Pilagá s. Guaikurú
Pondo s. Nguni
Pondomise s. Nguni
Popoluca s. Zoque und Mixe
Punan s. Dajak, Indonesier
Puyuma s. Alt-Taiwanesen

Quiboco s. Cokwe
Quichua s. Runa
Quijos s. Runa
Quechua s. Ketschua, Runa

Raglai s. Montagnards
Rehobother-Bastards s. Hottentotten
Rhadé s. Montagnards
Roka s. Nord-Sotho
Rolong s. Tswana
Rukai s. Alt-Taiwanesen

Sabuanum s. Indonesier, Igorot
Sagaier s. Chakassen
Sakalaven s. Madegassen
Sambal s. Moros
Samojeden s. Nenzen, Nganasan, Selkupen
Sanga s. Luba
Sasack s. Indonesier
Sauk s. Fox
Schan s. Tai-Völker
Schlöch s. Berber
Sedang s. Montagnards
Selung s. Moken
Semang s. Indonesier
Seneca s. Irokesen
Senoi s. Indonesier
Serer s. Wolof
Shan s. Tai-Völker
Shiriana s. Yanoama
Shuara s. Jíbaro
Siamesen s. Tai-Völker
Siene s. Senufo
Singhpo s. Kachin
Sioux s. Dakota
Sirionó s. Mbia
Sojoten s. Tuwinen
Songe s. Luba
Soninke s. Mande
Sonrhai s. Songhai
Sotho s. Nord-Sotho, Süd-Sotho
Stockbridge-Indianer s. Mahican
Suaheli s. Swahili
Sulka s. Papua, Melanesier
Sundanesen s. Indonesier
Susu s. Mande

Tabojan s. Dajak
Tagal s. Indonesier, Moros
Tagbuanun s. Indonesier, Igorot
Talaing s. Mon
Tanala s. Madegassen
Taos s. Pueblo-Indianer
Taosug s. Moros
Tariana s. Tukano
Tasaday s. Indonesier, Igorot
Tasmanier s. Australier
Tau s. Nord-Sotho
Tawgy-Samojeden s. Nganasans
Teda s. Tubu
Tehuelche s. Mapuche
Telengiten s. Altaier
Teleuten s. Altaier
Tembé s. Tenetehara
Ternatesen s. Indonesier
Thai s. Tai-Völker
Thembu s. Nguni
Tho s. Tai-Völker
Tibbu s. Tubu
Tigrinya s. Tigray
Tikuna s. Tukuna
Timoresen s. Indonesier
Tinggian s. Igorot
Toala s. Toradja, Indonesier
Toba s. Guaikurú
Toda s. Tubu
Tofalaren s. Altaier
Torobe s. Fulbe
Toucouleur s. Fulbe
Tschakossi s. Dagomba
Tscham s. Cham
Tschin s. Chin
Tschokwe s. Cokwe
Tsonga s. Tonga
Tsou s. Alt-Taiwanesen
Tubalaren s. Altaier
Tukulor s. Fulbe
Tung s. Tai-Völker
Tungusen s. Ewenken
Tuscarora s. Irokesen
Tutsi s. Hima
Twa s. Hima
Twiden s. Pygmäen

Ubde s. Makú
Udalan s. Tuareg
Urang Awak s. Minangkabau
Urang Padang s. Minangkabau
Urjanchaier s. Tuwinen

Visaya s. Indonesier, Moros

Wadai s. Maba
Wahehe s. Hehe
Wahima s. Hima
Waika s. Yanoama
Wangara s. Mande
Wassandaui s. Sandawe

Watussi s. Hima
Wayao s. Yao (Afrika)
Wemba s. Bemba
Winá s. Tukano
Witoto s. Murui
Wogulen s. Chanten
Wollo s. Oromo
Woni s. Lolo-Völker
Wyandot s. Huronen

Xavante s. Akwe
Xerente s. Akwe
Xesibe s. Nguni

Xiriana s. Yanoama
Xosa s. Xhosa

Yagua s. Ñihamwo
Yami s. Alt-Taiwanesen

Yawalapiti s. Xinguanos
Yi s. Lolo-Völker
Yirkalla s. Australier
Yola s. Diola
Yumbri s. Phi Tong Luang

Zande s. Azande
Zezuru s. Shona
Zuni s. Pueblo-Indianer

Vorderes Bild:

Speicher»siedlung« der Dogon in den Bergen von Bandiagara, südlich des Nigerbogens, Westafrika. (*Foto:* Chesi)

Hinteres Bild:

Großer Ksar (geschlossene Großsiedlung) zwischen der Flußoase des Dra-Tales und dem Djebel Saghro, Süd-Marokko. Mezguita ist seit dem 16. Jahrhundert der Stammsitz der Saditen. (*Foto:* Striedter).